Solaris 9 Systemadministration in 21 Tagen

Unser Online-Tipp
für noch mehr Wissen ...

... aktuelles Fachwissen rund
um die Uhr — zum Probelesen,
Downloaden oder auch auf Papier.

www.InformIT.de

Solaris 9
Systemadministration

IN 21 TAGEN

UTE HERTZOG

Markt+Technik

Bibliografische Information Der Deutschen Bibliothek

Die Deutsche Bibliothek verzeichnet diese Publikation in der Deutschen Nationalbibliografie;
detaillierte bibliografische Daten sind im Internet über <http://dnb.ddb.de> abrufbar.

Die Informationen in diesem Produkt werden ohne Rücksicht auf einen
eventuellen Patentschutz veröffentlicht.
Warennamen werden ohne Gewährleistung der freien Verwendbarkeit benutzt.
Bei der Zusammenstellung von Texten und Abbildungen wurde mit größter
Sorgfalt vorgegangen.
Trotzdem können Fehler nicht vollständig ausgeschlossen werden.
Verlag, Herausgeber und Autoren können für fehlerhafte Angaben
und deren Folgen weder eine juristische Verantwortung noch
irgendeine Haftung übernehmen.
Für Verbesserungsvorschläge und Hinweise auf Fehler sind Verlag und
Herausgeber dankbar.

Alle Rechte vorbehalten, auch die der fotomechanischen
Wiedergabe und der Speicherung in elektronischen Medien.
Die gewerbliche Nutzung der in diesem Produkt gezeigten
Modelle und Arbeiten ist nicht zulässig.

Fast alle Hardware- und Software-Bezeichnungen, die in diesem Buch
erwähnt werden, sind gleichzeitig auch eingetragene Warenzeichen
oder sollten als solche betrachtet werden.

Umwelthinweis:
Dieses Buch wurde auf chlorfrei gebleichtem Papier gedruckt.

10 9 8 7 6 5 4 3 2 1

05 04 03

ISBN 3-8272-6618-1

© 2003 by Markt+Technik Verlag,
ein Imprint der Pearson Education Deutschland GmbH,
Martin-Kollar-Straße 10–12, D–81829 München/Germany
Alle Rechte vorbehalten
Lektorat: Boris Karnikowski, bkarnikowski@pearson.de
Fachlektorat: Detlev Degenhardt, Freiburg
Herstellung: Philipp Burkart, pburkart@pearson.de
Korrektur: Brigitte Hamerski, manuscriptum
Satz: reemers publishing services gmbh, Krefeld, (www.reemers.de)
Coverkonzept: independent Medien-Design, München
Coverlayout: Sabine Krohberger
Druck und Verarbeitung: Bercker, Kevelaer
Printed in Germany

Inhaltsverzeichnis

Woche 1 – Vorschau...			17
Tag 1	**Einführung in Solaris 9**		19
	1.1	Wie ist Unix entstanden?..............................	20
	1.2	Welche Unix-Zweige gibt es?........................	21
	1.3	Welche Unix-Varianten gibt es?.....................	22
	1.4	Entstehung von Solaris	23
	1.5	Eigenschaften von Unix...............................	25
	1.6	Betriebssystemkomponenten	27
		Die Aufgaben des Kernels	28
		Die Aufgaben der Shell	28
		Die System- und Anwendungsprogramme (Tools)..........	29
	1.7	Die Aufgaben der Systemadministration	30
	1.8	Hilfe zu Solaris..	32
		Das AnswerBook......................................	33
		Websites im Internet	33
		Die Manual Pages von Solaris.......................	34
	1.9	Zusammenfassung	36
	1.10	F&A	36
	1.11	Übungen...	37
Tag 2	**Installation von Solaris 9**		39
	2.1	Installationsvorbereitungen	40
		Installationsdaten	40
		Installationsumfang	41
		Partitionierung	43
	2.2	Installationsarten	45
		Installations-CD-ROMs	45
		Installationsarten	45
		Systemtypen: Server, Client und Standalone-System	47
	2.3	Installation auf einem Sparc-System	48
	2.4	Installation auf einem INTEL-Rechner	54

	2.5	Flashinstallation	58
		Voraussetzungen und Einsatzmöglichkeiten	58
		Ein Flasharchiv mit Befehlen administrieren	59
		Ein Flasharchiv verwenden	61
	2.6	Zusammenfassung	64
	2.7	F&A	64
	2.8	Übungen	65
Tag 3		**Wichtige Solaris-Befehle**	67
	3.1	Aufbau von Unix-Befehlen	68
	3.2	Namenskonventionen	69
	3.3	Hilfebefehle	70
	3.4	Systeminformationsbefehle	71
	3.5	Befehle für die Verzeichnisverwaltung	80
	3.6	Befehle für die Datei- und Verzeichnisverwaltung	83
	3.7	Befehle für die Dateiverwaltung	86
		Dateien anzeigen und bearbeiten	86
		Mit Dateien arbeiten	92
	3.8	Suchbefehle	96
	3.9	Links	101
		Hard Links	102
		Symbolische Links	102
	3.10	Zusammenfassung	104
	3.11	F&A	104
	3.12	Übungen	105
Tag 4		**Der OpenBoot-PROM von Sparc-Systemen**	107
	4.1	Der OpenBoot-PROM (OPB)	108
		In den OpenBoot-PROM verzweigen	109
		Allgemeine OpenBoot-PROM-Befehle	110
		Das System hochfahren und ausschalten	113
		Hardwarekonfiguration anzeigen, überprüfen und definieren	115
		Variablen des OpenBoot-PROM	124
	4.2	NVRAM-Parameter mit Hilfe des Befehls eeprom verwalten	129
	4.3	Zusammenfassung	130
	4.4	F&A	131
	4.5	Übungen	132

Tag 5	Das System starten und anhalten	133
	5.1 Der Bootprozess	134
	5.2 Bootvorgang beim INTEL-Rechner	136
	5.3 Der Kernel und die Kernelmodule	137
	Die Kernelmodule	139
	Die Datei /etc/system	141
	5.4 Die Runlevel	144
	5.5 Der Prozess init und die Run Control-Skripte	146
	Die Datei /etc/inittab	147
	Die Run Control-Skripte	150
	5.6 Befehle zum Starten und Anhalten des Systems	157
	5.7 Zusammenfassung	160
	5.8 F&A	160
	5.9 Übungen	161
Tag 6	Zugriffsrechte unter Solaris	163
	6.1 Zugriffsrechte	164
	Benutzerkategorien	164
	Zugriffsrechte und ihre Bedeutung	166
	Überprüfen der Berechtigungen	167
	6.2 Setzen von Zugriffsrechten	168
	Symbolische Methode	168
	Oktalmethode	169
	Der Filter umask	172
	6.3 Befehle zur Änderung von Rechten, Besitzer und Gruppe	175
	6.4 Spezielle Zugriffsrechte	178
	6.5 Access Control Lists	183
	6.6 Zusammenfassung	191
	6.7 F&A	192
	6.8 Übungen	193
Tag 7	Shells und Shellprogrammierung	195
	7.1 Was ist eine Shell?	196
	7.2 Arten von Shells	198
	7.3 Sonderzeichen der Shells	200
	Metazeichen	200
	Jobkontrolle	207

		Ein-/Ausgabeumlenkung	210
		Pipe-Mechanismus	213
		Gesamtüberblick über die Sonderzeichen	214
	7.4	Grundlagen der Shellskriptprogrammierung	216
		Variablen der Shellskriptprogrammierung	217
		Bedingungsabfragen	219
		Ein Shellskriptbeispiel	223
	7.5	Die verschiedenen Shells unter Solaris 9	225
		Die Bourne-Shell	225
		Die Korn-Shell	239
		Die C-Shell	251
	7.6	Zusammenfassung	258
	7.7	F&A	259
	7.8	Übungen	261

Woche 2 – Vorschau 263

Tag 8	Benutzerverwaltung		265
	8.1	Grundlagen der Systemsicherheit	266
	8.2	Gruppen verwalten	267
	8.3	Benutzer verwalten	270
	8.4	Weitere Befehle zur Benutzerverwaltung	281
	8.5	Weitere Dateien zur Systemsicherheit	283
	8.6	Benutzerquoten	288
	8.7	Role Based Access Control (RBAC)	295
		Die RBAC-Dateien	296
		Die RBAC-Befehle	300
	8.8	Zusammenfassung	304
	8.9	F&A	305
	8.10	Übungen	306

Tag 9	Prozessverwaltung		307
	9.1	Aufbau und Funktion von Prozessen	308
		Aufbau von Prozessen	308
		Prozesserzeugung	309
		Multitasking und Multithreading	310
		Scheduler	311

	9.2	Arten von Prozessen	312
		Prozessklassen und Prioritätsverwaltung	312
		Daemonen	314
	9.3	Befehle für die Prozessverwaltung	318
	9.4	Automatisches Starten von Prozessen	333
		Einmaliges Einplanen von Prozessen	333
		Wiederholtes Einplanen von Prozessen	336
	9.5	Interprozesskommunikation	340
		Signale	340
		Named Pipes	343
		Sockets	343
		Doors	344
		Streams	344
		ToolTalk	345
		Interprozesskommunikation (Inter Process Communication – IPC)	346
	9.6	Zusammenfassung	348
	9.7	F&A	349
	9.8	Übungen	349
Tag 10		**Gerätekonfiguration unter Solaris**	351
	10.1	Gerätedateien	352
		Physikalische Gerätenamen	352
		Logische Gerätenamen	354
		Instanznamen und BSD-Namen	356
		Geräte auflisten	357
	10.2	Geräteverzeichnisse	360
	10.3	Neue Geräte anschließen	362
	10.4	Festplatten konfigurieren	366
		Hardwareaufbau	366
		Festplattencontroller	367
		Festplattenpartitionen	368
	10.5	Zusammenfassung	381
	10.6	F&A	382
	10.7	Übungen	383
Tag 11		**Dateisysteme**	385
	11.1	Der Verzeichnisbaum von Solaris	386
	11.2	Arten von Dateisystemen	390
		Plattenbasierte Dateisysteme	390
		Netzwerk- oder verteilte Dateisysteme	391
		Pseudo-Dateisysteme	391

	11.3	Das Dateisystem ufs	393
		Der Aufbau von ufs	393
		Die verschiedenen Dateitypen und ihre Inodes	398
	11.4	Dateisysteme anlegen	399
	11.5	Mounten von Dateisystemen	404
		Die Datei /etc/mnttab	405
		Die Datei /etc/vfstab	406
		Befehle zum Mounten	408
	11.6	Überprüfen von Dateisystemen	415
		Befehle zum Überprüfen	415
		Weitere Befehle	417
	11.7	Volume Management von Solaris	422
		Umgang mit CD-ROMs und Disketten	422
		Befehle und Dateien des Volume Managements	422
	11.8	Swaping unter Solaris	425
		Swaping und Paging	425
		Der Befehl swap	426
	11.9	RAID-Systeme	427
		Grundlagen von RAID	427
		Solaris Volume Manager-Software	432
		Die Meta-Befehle	433
	11.10	Zusammenfassung	449
	11.11	F&A	450
	11.12	Übungen	451
Tag 12	**Systemkonfiguration und -überwachung**		**453**
	12.1	Der Kernel	454
		Die Aufgaben des Kernels	454
		Kernelmodule	455
		Kernelvariablen	456
		Befehle zur Anzeige von Kernelvariablen	460
		Befehle zur Kernelkonfiguration	463
	12.2	Befehle und Dateien zur Systemkonfiguration	465
	12.3	Verwaltung von Crash-Dumps	469
	12.4	Tools zur Systemüberprüfung	474
	12.5	Systemmeldungen	478
	12.6	Systemüberwachung	483
	12.7	Systemabrechnung	488
		Systemabrechnungsbefehle	489
		Systemabrechnung mit Hilfe von crontab	492

	12.8	Powermanagement von Solaris	493
		Befehle und Dateien des Powermanagements	493
	12.9	Zusammenfassung	494
	12.10	F&A	495
	12.11	Übungen	495
Tag 13		**Softwareinstallation**	**497**
	13.1	Softwarepakete	498
		Befehle der Paketverwaltung	498
		Dateien der Paketverwaltung	510
	13.2	Patchverwaltung	513
		Allgemeines zu Patches	513
		Befehle und Dateien der Patchverwaltung	515
	13.3	Zusammenfassung	518
	13.4	F&A	518
	13.5	Übungen	519
Tag 14		**Datensicherung**	**521**
	14.1	Allgemeines	522
	14.2	Medien für Datensicherungen	523
		Bandgeräte	523
		Bezeichnungen von Bandgeräten	524
	14.3	Strategien	525
		Sicherungsarten	525
		Sicherungsstrategien	527
	14.4	Befehle zur Datensicherung	530
	14.5	Befehle und Dateien zur Dateisystemsicherung	543
		Wiederherstellung von Dateisystemen	549
	14.6	UFS-Snapshot	551
		Überblick über UFS-Snapshot	551
		Anlegen eines UFS-Snapshots	554
		Anzeige von Informationen zu UFS-Snapshots	554
		Löschen eines UFS-Snapshots	555
		Einen UFS-Snapshot sichern	556
	14.7	Zusammenfassung	558
	14.8	F&A	558
	14.9	Übungen	559

Inhaltsverzeichnis

Woche 3 – Vorschau 561

Tag 15	**Drucker- und Terminalverwaltung**		563
	15.1	Druckerverwaltung...	564
		Arbeitsweise der Druckerverwaltung......................	564
		Druckerarten	566
		Druckerkonfiguration	566
		Befehle zur Druckerverwaltung...........................	567
		Konfigurationsdateien der Druckerverwaltung..............	581
	15.2	Terminalverwaltung...	585
		Das Service Access Facility-System	585
		Portmonitore	585
		Befehle zur Terminalverwaltung..........................	586
		Weitere Befehle zur Terminalverwaltung.................	589
		Dateien der Terminalinstallation	592
	15.3	Zusammenfassung	594
	15.4	F&A	594
	15.5	Übungen...	595
Tag 16	**Netzwerkeinführung**		597
	16.1	Netzwerkgrundlagen	598
		Netzwerkarten	598
		Netzwerkkomponenten	599
		Das OSI-Referenzmodell....................................	600
		Aufbau von IP-Adressen und Subnetting...................	602
	16.2	Netzwerkkonfigurationsdateien	603
	16.3	Netzwerkprozesse...	614
	16.4	Netzwerkbefehle...	620
	16.5	Zusammenfassung	640
	16.6	F&A	640
	16.7	Übungen...	641
Tag 17	**Weiterführende Netzwerktechniken und NFS (Network Filesystem)**.............................		643
	17.1	Trusted Host-Umgebung	644
	17.2	Routing..	647
		Routingprozesse	648
		Der Befehl route	649
	17.3	Überblick über NFS	651
	17.4	NFS-Prozesse...	652

	17.5	Konfiguration eines NFS-Servers	655
		Befehle zur Konfiguration	655
		Dateien zur Konfiguration	662
	17.6	Konfiguration eines NFS-Clients	663
		Überprüfen von NFS-Funktionen	666
	17.7	Zusammenfassung	667
	17.8	F&A	667
	17.9	Übungen	668
Tag 18		**Der Automounter und das Dateisystem cachefs**	669
	18.1	Funktion und Zugriff des Automounters	670
	18.2	Das Dateisystem autofs	671
	18.3	Der Prozess automountd	672
	18.4	Die Befehle des Automounters	673
	18.5	Die Konfigurationsdateien des Automounters	674
		Das Master-Map	674
		Konfigurationsmöglichkeiten	675
		Das Direct-Map	677
		Das Indirect-Map	677
		Build-in-Maps	678
		Executable-Maps	678
	18.6	Das Dateisystem cachefs	679
		Die Verwaltung des Dateisystems cachefs	680
		Das Dateisystem cachefs und Auto-Clients	686
	18.7	Zusammenfassung	686
	18.8	F&A	686
	18.9	Übungen	687
Tag 19		**Autoinstallation (Jumpstart)**	689
	19.1	Voraussetzungen und Rechnertypen	690
	19.2	Regelwerk erstellen	691
		Die Datei rules	692
		Die class-Datei	696
		Start- und Endskripte	701
	19.3	Autoinstallation testen	701
		Die Syntaxprüfung	702
		Die Semantikprüfung	702

	19.4	Konfiguration des Installationsservers	704
		Die Datei sysidcfg	704
		Netzwerk-Autoinstallation	705
		Lokale Autoinstallation	706
	19.5	Konfiguration des Install-Clients	707
	19.6	Autoinstallation starten	709
	19.7	Zusammenfassung	709
	19.8	F&A	710
	19.9	Übungen	710
Tag 20		**Namensdienste**	**713**
	20.1	Einführung	714
		Arten von Namensdiensten	715
		Der Befehl getent	715
		Die Datei /etc/nsswitch.conf	716
		Der Name Service Cache Daemon (nscd)	719
	20.2	Network Information Service (NIS)	723
		Überblick über NIS	723
		NIS-Dateien und NIS-Maps	726
		NIS-Konfigurationsdateien	728
		NIS-Befehle	732
		NIS-Daemonen	737
		Konfiguration des NIS-Master-Servers	739
		Konfiguration eines NIS-Slave-Servers	741
		NIS-Client	742
	20.3	Network Information Service Plus (NIS+)	743
		Aufbau und Namensraum	743
		Tables von NIS+	744
	20.4	Domain Name Service (DNS)	747
		Der Befehl nslookup	748
		Einen DNS-Client einrichten	752
	20.5	Lightweight Directory Access Protocol (LDAP)	755
		Überblick und Einsatzmöglichkeiten	755
		Die Datei /etc/nsswitch.ldap	756
		LDAP-Client konfigurieren	757
	20.6	Zusammenfassung	762
	20.7	F&A	763
	20.8	Übungen	763

Tag 21	Solaris Management Console (SMC)	765
	21.1 Die Solaris Management Console anwenden	766
	Überblick über die SMC	766
	Den SMC-Server starten	767
	Die SMC starten	767
	Die Kategorie System Status	769
	Die Kategorie System Configuration	775
	Die Kategorie Services	798
	Die Kategorie Storage	800
	Die Kategorie Devices and Hardware	815
	21.2 Die Solaris Management Console anpassen	817
	Den SMC Toolbox-Editor starten	817
	Eine Toolbox-URL hinzufügen	817
	Ein Tool hinzufügen	821
	Einen Ordner hinzufügen	822
	Eine Legacy Application hinzufügen	823
	21.3 Zusammenfassung	826
	21.4 F&A	827
	21.5 Übungen	827
Anhang A	Installation von Free Solaris 9 für Intel-PCs	829
	A.1 Voraussetzungen	830
	Hardware-Anforderungen	830
	Installationsmedien	831
	A.2 Installation	831
	Partitionen	831
	Booten	831
	Installationsvorgang	832
Anhang B	Glossar	837
	Stichwortverzeichnis	849

WOCHE 1

Tag 1	Einführung in Solaris 9	19
Tag 2	Installation von Solaris 9	39
Tag 3	Wichtige Solaris-Befehle	67
Tag 4	Der OpenBoot-PROM von Sparc-Systemen	107
Tag 5	Das System starten und anhalten	133
Tag 6	Zugriffsrechte unter Solaris	163
Tag 7	Shells und Shellprogrammierung	195

WOCHE 2

Tag 8	Benutzerverwaltung	265
Tag 9	Prozessverwaltung	307
Tag 10	Gerätekonfiguration unter Solaris	351
Tag 11	Dateisysteme	385
Tag 12	Systemkonfiguration und -überwachung	453
Tag 13	Softwareinstallation	497
Tag 14	Datensicherung	521

WOCHE 3

Tag 15	Drucker- und Terminalverwaltung	563
Tag 16	Netzwerkeinführung	597
Tag 17	Weiterführende Netzwerktechniken und NFS (Network Filesystem)	643
Tag 18	Der Automounter und das Dateisystem cachefs	669
Tag 19	Autoinstallation (Jumpstart)	689
Tag 20	Namensdienste	713
Tag 21	Solaris Management Console (SMC)	765

Dieses Buch ist so aufgebaut, dass jeder Tag mit einem kleinen Workshop endet, der einige wichtige Wiederholungsfragen und Übungen enthält. Am Ende eines jeden Tages sollten Sie in der Lage sein, alle diese Fragen zu beantworten und die Übungen auszuführen. Die Antworten werden jeweils zu den Fragen aufgeführt, wobei es sich empfiehlt, zuerst in Ruhe die Frage zu lesen und für sich zu beantworten. Erst dann sollte die eigene Antwort mit der vorgegebenen verglichen werden.

Es reicht natürlich nicht aus, nur ein Buch über ein Betriebssystem zu lesen, um dieses vollständig zu beherrschen. Dazu benötigen Sie Erfahrungen in der täglichen Praxis. Mit Hilfe dieses Buchs können Sie sich aber grundlegende Kenntnisse der Systemadministration aneignen und viele der in der Praxis auftretenden Fragen beantworten.

Aufbau der ersten Woche

In der erste Woche wird grundlegendes Wissen erarbeitet, das notwendig ist, um Unix bzw. Solaris zu verstehen. An Tag 1 erfahren Sie, wie Unix und Solaris entstanden sind und welches die wichtigsten Unix-Varianten sind. Es wird erläutert, wie und wo Sie Hilfe zu Solaris erhalten. Am zweiten Tag werden die einzelnen Schritte für eine Installation von Solaris jeweils auf einem INTEL-Rechner und einem Sparc-System beschrieben. Tag 3 enthält die Auflistung der wichtigsten Unix-Befehle, um mit Dateien und Verzeichnissen zu arbeiten, Informationen über das System zu erhalten oder nach Dateien oder in Dateien nach Suchmustern zu suchen. An Tag 4 lernen Sie den OpenBoot-PROM von Sun Sparc-Systemen und dessen Aufgaben kennen (wie zum Beispiel das Testen von Hardware und das Booten des Betriebssystems). Sie lernen auch, wie Sie den OpenBoot-PROM Ihren Wünschen entsprechend anpassen können. An Tag 5 erfahren Sie, wie das Betriebssystem Solaris gestartet und beendet wird und welche verschiedenen Bootphasen durchlaufen werden. Es werden die einzelnen Runlevel und die Bedeutung von Run Control-Skripten erläutert. An Tag 6 lernen Sie, wie Sie mit Hilfe von Benutzerkategorien die Zugriffsrechte für Ihre Dateien einrichten können, und welche speziellen Zugriffsrechte es gibt. Am letzten Tag wird erklärt, was eine Shell ist und welche Eigenschaften und Aufgaben sie besitzt. Es werden die Metazeichen und ihre Bedeutung sowie die Grundlagen der Shellskriptprogrammierung erläutert. Dann lernen Sie die wichtigsten Shells unter Solaris und ihre Initialisierungsdateien genauer kennen.

Der Lernstoff der ersten Woche ist umfangreich, aber wenn Sie die Informationen auf die einzelnen Tage verteilen, werden Sie keine Probleme haben.

Einführung in Solaris 9

Einführung in Solaris 9

Willkommen bei Solaris 9 in 21 Tagen! Dieser Tag erklärt Ihnen einige grundlegende Dinge zu Solaris:

- wie Unix – und damit auch Solaris – überhaupt entstanden ist
- welche Unix-Zweige und welche Unix-Varianten es gibt
- woraus sich Solaris zusammensetzt
- welche Aufgaben die Systemadministration unter Solaris umfasst
- wie Sie schnelle Hilfe zu Solaris erhalten

1.1 Wie ist Unix entstanden?

Das Betriebssystem Unix wurde ursprünglich als Rechnerumgebung für die Forschung und Entwicklung der Computerwissenschaft entworfen. Heute sind dem System keine Grenzen mehr gesetzt, es ist in allen möglichen Bereichen zu finden: für CAD-, Buchhaltungs-, medizintechnische und Internetanwendungen und vieles mehr.

Eine große Stärke sind die Maschinenunabhängigkeit und die Stabilität von Unix, während die anfänglich etwas kryptisch wirkende Befehlssyntax oft als Schwäche angesehen wird. Diese Syntax ist aber durch die Entstehungsgeschichte von Unix geprägt, die Ende der sechziger Jahre in den AT&T Bell Laboratories begann.

Bells Labs besaß zu dieser Zeit ein Multiuser-fähiges, interaktives Betriebssystem Multics, aus dem Ken Thompson 1969 das Betriebssystem Unix entwickelte. Dieses war zur Unterstützung eines Programmierteams im Bereich Forschung und Entwicklung gedacht, wurde aber zunächst als Dokumentaufbereitungssystem für das Patentwesen bei Bells Labs eingesetzt.

1973 schrieb Dennis Ritchie das Unix-System in die Programmiersprache C um, wodurch Unix zu einem plattformunabhängigen Betriebssystem wurde. Diese Portabilität bedeutete, dass Unix auf allen Arten von Rechnern läuft und kein so genanntes proprietäres Betriebssystem mehr war, das heißt an eine bestimmte Hardware eines bestimmten Herstellers gebunden.

Mitte der siebziger Jahre stieß Unix innerhalb von AT&T auf große Akzeptanz und der Quellcode des Unix-Systems wurde an interessierte Dritte, speziell an akademische Institutionen, gegen eine geringe Gebühr lizenziert. Diese Bildungseinrichtungen, wie zum Beispiel die University of California in Berkeley (UCB), verwendeten Unix nicht nur, sondern entwickelten es weiter. Unix verbreitete sich auf diese Weise an vielen Institutionen, allerdings wurde es lange Zeit von der kommerziellen EDV-Welt nicht nur ignoriert, sondern sogar als nicht ernst zu nehmendes Akademiker-Betriebssystem betrachtet.

Welche Unix-Zweige gibt es?

Später jedoch wurden auch kommerzielle Unternehmen, wie zum Beispiel IBM, Hewlett Packard und Sun Microsystems, auf das Produkt aufmerksam und entwickelten ihre eigenen Unix-Betriebssysteme aus dem Quellcode von AT&T-Unix. AT&T versuchte eigentlich zu keinem Zeitpunkt, Unix selbst kommerziell zu vermarkten oder als zentrale Stelle für die Weiterentwicklung des Systems zu wirken. Daher entwickelten sich die einzelnen Unix-Varianten zunächst auseinander, so dass sie teilweise untereinander inkompatibel wurden.

Diese Inkompatibilität förderte nicht gerade das Ansehen von Unix im EDV-Markt. Es entstand der Bedarf, Unix zu standardisieren. Dies begründete sich vor allem darin, dass die Organisation X/Open Unix 1985 als Basis für Offene Systeme wählte. Bei diesem Versuch wollten verständlicherweise alle Unix-Hersteller die Hauptrolle spielen, so dass es anschließend darüber zu richtiggehenden »Unix-Kriegen« kam.

 Das Konzept der Offenen Systeme wurde 1984 von EDV-Herstellern entwickelt und bezeichnet Systeme, die gemeinsame Standards oder Spezifikationen besitzen. Daraus bildete sich die X/Open Company Ltd., die eine umfassende Beschreibung der Offenen Systeme definieren sollte.

Die Unix-Hersteller bildeten zwei Hauptfronten: Die eine Seite nannte sich Unix International (gegründet von AT&T und Sun), die andere konterte mit der Open Software Foundation (OSF). 1995 führte schließlich X/Open die Schutzmarke Unix95 für Computersysteme ein. Das dazugehörige Schutzmarkenprogramm Single Unix Specification stellte sicher, dass die Produkte der Unix-Hersteller vorgegebene Kriterien erfüllen.

Im Jahre 1996 wurde The Open Group als Fusion von X/Open und OSF gebildet. Sie führte schließlich 1998 die Schutzmarke Unix98 ein, die das Basissystem, Server und Workstation umfasst.

1.2 Welche Unix-Zweige gibt es?

Trotz der unruhigen Entwicklungsgeschichte von Unix lassen sich heute alle wichtigen Unix-Varianten auf einen der beiden Unix-Zweige zurückverfolgen:

- AT&T System V Release 4.2
- BSD (Berkely Software Distribution) v4

Der Zweig AT&T System V Release 4.2 wird auch oft als SVR4 .2 bezeichnet. Er wurde bei AT&T entwickelt, das später das Unternehmen Unix-Systems Laboratories (USL) gründete. USL produzierte den Quellcode für alle System-V-Unix-Varianten und entwickelte eine grafische Benutzerschnittstelle mit dem Namen Unix-Desktop. Novell erwarb 1993 USL und das Produkt System V und entwickelte es als UnixWare weiter. 1996 wurde dieser Geschäftszweig an das Unternehmen SCO verkauft, das den Unix-Quellcode und die dazugehörige Technologie weiterentwickelte, aber nicht die Rechte am Warenzeichen Unix erhielt. Die Firma SCO wurde inzwischen vom Unternehmen Caldera übernommen (heißt aber weiter SCO)

Der Quellcode befindet sich zwar im Besitz des Unternehmens Santa Cruz Operation, das Unix-Warenzeichen gehört aber The Open Group. Das bedeutet, dass jeder The Open Group kontaktieren muss, der die Unix-Bezeichnung auf einem Produkt anbringen möchte.

Der Zweig BSD v4 hat seinen Ausgangspunkt an der University of California in Berkeley. 1991 wurde von Computerwissenschaftlern der UCB ein eigenes kommerzielles Unternehmen mit dem Namen Berkeley Software Design Inc. (BSD) gegründet. BSD-Unix leistete wichtige Beiträge zur Weiterentwicklung des Unix-Systems. Dazu gehören unter anderem die erweiterte Netzwerkunterstützung, die C-Shell, der Editor vi, verbesserte Prozesskommunikation, virtuelle Speicherunterstützung und neue Programmiersprachen.

1.3 Welche Unix-Varianten gibt es?

Auf dem Markt wurden sehr viele Unix-Varianten angeboten, wobei in den letzten Jahren ein starker Rückgang zu verzeichnen ist. Dieser lässt sich zum Teil auf Fusionen und Aufkäufe von Unternehmen zurückführen, aber auch auf Entscheidungen von Unix-Herstellern, keine eigene Weiterentwicklung mehr zu betreiben.

So gab es bis Ende der neunziger Jahre neben vielen kleineren Unix-Herstellern auch große Unternehmen, die Unix entwickelten und vertrieben, wie zum Beispiel die Firma Digital Equipment Corporation (DEC) mit ihrer älteren Version ULTRIX und dann mit DEC-UNIX, bis das Unternehmen Compaq DEC aufkaufte und die Unix-Varianten der beiden Unternehmen zu einem integrierte. Ein weiteres Beispiel ist die Firma Siemens, die jahrelang ihre Variante SINIX vertrieb, aber Ende 1999 diese Entwicklung einstellte.

Selbst die Firma Microsoft hat noch in den frühen achtziger Jahren ein eigenes Unix-System für den PC entwickelt. XENIX wurde dann allerdings von SCO übernommen.

Heute lassen sich die bekanntesten kommerziellen Unix-Varianten auf die folgenden sechs begrenzen, wobei Sun Solaris und IBM AIX auf der Schutzmarke Unix98 und die übrigen auf der Schutzmarke Unix95 basieren:

Hersteller	Unix-Variante	Plattformen	Sonstiges
Compaq	Tru64 Unix	Compaq Alpha Workstations und Server	Entstand aus DEC-Unix und nutzt die 64-Bit-Fähigkeit der Alpha CPU
Hewlett-Packard	HP-UX	HP 9000 Server	Enthält einen Webserver, C/C++, WAP-Dienste, Linux APIs, Veritas FS usw.
IBM	AIX	IBM RS/6000 und PowerPC	64-Bit-Fähigkeit, Linux-Sourcecode-Portabilität, C/C++ Tools und Visual Age Java
Santa Cruz Operation (SCO)	UnixWare	Intel PC Workstations und Server	Enthält sehr gute Entwicklungstools; mächtigstes, vollständiges PC-Unix
Silicon Graphics Inc. (SGI)	Irix	SGI MIPS Server und Workstations	Skalierbar bis 512 CPUs und 1 TB RAM
Sun Microsystems	Solaris	Sun Sparc and Intel PC Workstations und Server	Breiteste Anwendungsunterstützung aller kommerziellen Unix-basierten Systeme

Tabelle 1.1: Die sechs wichtigsten kommerziellen Unix-Hersteller

Eventuell vermissen Sie die Erwähnung von Linux. Linux unterscheidet sich von diesen Unix-Varianten nicht nur darin, dass es nicht kommerziell ist, sondern auch darin, dass es aus keinem der lizenzierten Quellcodezweige BSD oder SVR4 stammt. Es wurde von Linus Torvalds und anderen Anfang der neunziger Jahre nachprogrammiert und wird daher als unixähnliches System bezeichnet.

1.4 Entstehung von Solaris

Dieses Buch konzentriert sich auf die Unix-Variante Solaris. Daher ist es interessant, etwas über die Entstehung von Solaris zu erfahren. Sun Microsystem entwickelte ursprünglich eine Unix-Variante mit der Bezeichnung SunOS, die zuletzt auf der Version 4.2 des BSD-Unix-Zweigs basierte. Als USL 1989 das Unix System V Release 4.0 (SVR4) entwickelte, war an der umfangreichen Überarbeitung und der Integration der Funktionalitäten der wichtigsten Unix-Varianten die Firma Sun beteiligt. Im Prinzip wurden dazu SunOS, BSD, AT&T-Unix und XENIX zusammengeführt. Ein Hauptkriterium war dabei, dass die bereits vorhandenen Anwendungen weiterhin auf der neuen Unix-Plattform laufen sollten.

Einführung in Solaris 9

Es wurde versucht, die besten Eigenschaften aller Unix-Derivate miteinander zu verbinden und gleichzeitig die Befehle zu verwenden, die den Benutzern aller Varianten am vertrautesten waren. Die Befehle erhielten zusätzliche Optionen, um sie an die unterschiedlichen Systeme anzupassen. Alle Befehle, die nicht in dieses Konzept passten, wurden aber in einem »Kompatibilitätsverzeichnis« mit so genannten BSD-Befehlen gespeichert. Auf diese Weise konnten diese Befehle und bereits vorhandene Shellskripte mit BSD-Befehlen weiterhin verwendet werden.

Die letzte Betriebssystemversion, die Sun aus dem BSD-Zweig heraus entwickelte, war SunOS 4.1.3. Die erste Version, die aus dem SVR4-Zweig entstand, war SunOS 5.x.

1992 entstand bei Sun die neue Rechnerumgebung Solaris 2.x, die außer der Betriebssystemsoftware eine erweiterte Arbeitsumgebung besitzt:

- Das SunOS 5.x Betriebssystem und die ONC+ Netzwerkprotokolle (Open Network Computing). Es handelt sich dabei um ein auf TCP/IP basierendes Netzwerkpaket.
- Ab Solaris 2.6 die grafische Oberfläche CDE (Common Desktop Environment). Sie entstand aus dem X-Window-System des Massachusetts Institute of Technology (MIT) und Motif, einer von OSF entwickelten grafischen Benutzeroberfläche.
- Die zuvor verwendete grafische Oberfläche OpenWindows von SunOS.
- DeskSet Tools, das heißt eine Reihe von in die grafische Oberfläche integrierten Utilities, wie zum Beispiel das Mailprogramm oder der Dateimanager.

Wenn Sie sich mit bestimmten Befehlen den Betriebssystemnamen von Solaris ausgeben lassen (vgl. Tag 3), dann erhalten Sie immer die Meldung SunOS, auch wenn Sie mit Solaris 9 arbeiten. Das liegt daran, dass SunOS weiterhin die Grundlage der Betriebssystemumgebung Solaris bildet. Die Ausgabe des Befehls lässt sich aber mit Hilfe der nachfolgenden Tabelle einfach interpretieren:

Ausgabe	Betriebssystemversion	alternative Bezeichnung
SunOS 4.1.3	SunOS 4.1.3	–
SunOS 5.2.5	Solaris 2.5	–
SunOS 5.2.7	Solaris 2.7	Solaris 7
SunOS 5.2.9	Solaris 2.9	Solaris 9

Tabelle 1.2: Versionsnummern von Solaris

Eigenschaften von Unix

 Erhalten Sie also die Ausgabe SunOS 5.2.9, dann ist das gleichbedeutend mit der Betriebssystemumgebung Solaris 9.

Solaris läuft auf verschiedenen Rechnerarchitekturen, sowohl auf Rechnern mit SPARC-Prozessoren als auch auf INTEL-basierten Computern. Es kann sowohl auf einem Notebook als auch auf Netzwerkservern, Workstations oder Computern mit mehreren Prozessoren eingesetzt werden.

Der Aufbau von Solaris lässt sich also folgendermaßen darstellen:

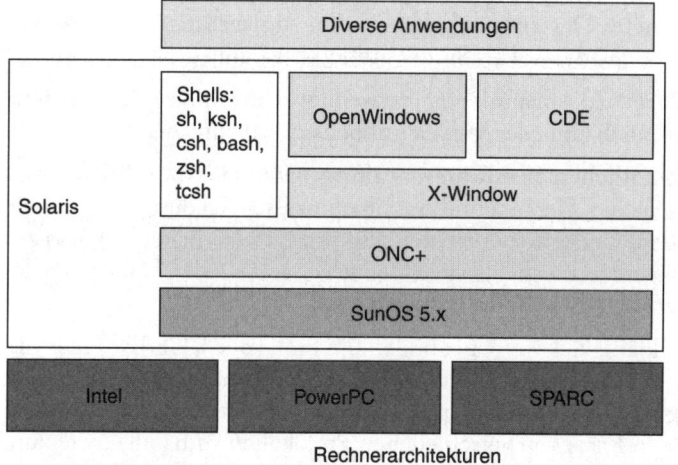

Abbildung 1.1:
Der Umfang des Betriebssystems Solaris

Ab Solaris 2.6 ist das Betriebssystem 64-Bit-fähig, so dass Programme mit einer 64-Bit-Adressierung ablaufen können. Dies gilt allerdings nur für die SPARC- und nicht für die Intel-Version, die nach wie vor nur 32-Bit-fähig ist.

1.5 Eigenschaften von Unix

Unix verfügt über alle Eigenschaften, die für ein Betriebssystem wichtig sind. Darüber hinaus ist es ein sehr stabiles System, das aufgrund seiner jahrzehntelangen Entwicklung ausgereift ist. Zu den wichtigsten Merkmalen von Unix gehören:

Durch die **Portabilität** lässt sich das Betriebssystem sehr leicht an verschiedene Computersysteme anpassen, was der Tatsache zuzuschreiben ist, dass der Großteil des Quellcodes in der Programmiersprache C vorliegt. Oft müssen nur kleine Änderungen vorgenommen werden, wenn das System auf einer neuen Hardwareplattform kompiliert wird.

Einführung in Solaris 9

Die **Multiuser-Fähigkeit** bewirkt, dass mehrere Benutzer unabhängig voneinander und zur gleichen Zeit dasselbe Rechnersystem verwenden können. Dazu muss das System das Timesharing-Verfahren beherrschen.

Die **Multitasking-Fähigkeit** bedeutet, dass Unix mehrere Tasks gleichzeitig bearbeiten kann, es werden also mehrere Programme oder Jobs eines Benutzers gleichzeitig ausgeführt.

Beim **Timesharing** wird die gesamte Verarbeitungszeit der CPU in so genannte Zeitscheiben oder Slices aufgeteilt und mehreren Benutzern zugeordnet, wobei die Reihenfolge und Prioritäten der Tasks berücksichtigt werden.

Mit Hilfe der **virtuellen Speicherverwaltung** können Prozesse seitenweise ausgelagert werden, wenn der Hauptspeicher nicht mehr ausreichend Platz bietet, um alle für den Prozess notwendigen Teile zu speichern. Der zur vorübergehenden Auslagerung von Prozessen verwendete Bereich auf der Festplatte wird als Swap-Partition bezeichnet.

Um die gespeicherten Daten zu organisieren, verwendet Unix eine **hierarchische Dateistruktur**, die auch als Dateibaum oder Verzeichnisbaum bezeichnet wird.

Unix arbeitet mit einer **einheitlichen Hardwareverwaltung**, das heißt, es existieren einheitliche Schnittstellen zu Dateien, Geräten und Nachbarprozessen, da diese wie normale Dateien angesprochen werden. Gerätetreiber werden also wie Dateien betrachtet, was zur Folge hat, dass unter Unix theoretisch beliebig viele Geräte versorgt werden können, da das System praktisch unbegrenzt viele Dateien unterstützen kann.

Die Grundlage der **Netzwerkfähigkeit** von Unix bilden die Protokolle TCP/IP (Transmission Control Protocol/Internet Protocol). Das System besitzt viele Funktionen, die in einem Netzwerk notwendig sind. Darüber hinaus sind sowohl die notwendigen Client- als auch die Server-Programme in Form von verschiedenen Protokollen vorhanden, wie zum Beispiel das Telnet-Protokoll, FTP (File Transfer Protocol), das NFS-Protokoll sowie die Dienste Internet und Mail.

NFS steht für Network File System und wurde von der Firma Sun Microsystems entwickelt, um Unix-Rechner so im Netzwerk miteinander zu verbinden, dass ein Rechner dem anderen Ressourcen freigeben konnte.

Das **verteilte Dateisystem** ist ebenfalls eine interessante Eigenschaft von Unix. Damit ist es möglich, Teile des Dateibaums auf verschiedene Festplattenlaufwerke in einem Rechner oder sogar mit Hilfe von NFS (Network File System) auf Festplatten von anderen Rechnern im Netzwerk aufzubringen. Da diese Teile aber einfach in den Dateibaum eingehängt werden, sieht der Benutzer nur die logische Dateistruktur, den Dateibaum. Für ihn sieht es so aus, als ob sich alle Daten auf demselben lokalen Laufwerk befinden.

Die Arbeit eines Anwenders unter Unix wird von der **Shell** oder dem so genannten Kommandointerpreter bestimmt. Die Shell liest und überprüft die vom Benutzer eingegebenen Befehle und Aufträge und interpretiert sie dann als Anfragen des Benutzers an das Betriebssystem.

Die Möglichkeit der **Hintergrundverarbeitung** bietet den Anwendern eine größtmögliche Effizienz und Wirkungsbreite bei der Benutzung des Systems, indem gleichzeitig mehrere Prozesse zur Bearbeitung in den Hintergrund gestellt werden können.

Redirektion oder Datenumlenkung bedeutet, dass die Ausgabe jedes Programms so manipuliert werden kann, dass sie zum Beispiel auf einen Drucker oder in eine Datei statt auf den Bildschirm geleitet werden kann.

Mit Hilfe des **Pipe-Mechanismus** lassen sich Befehle so miteinander verbinden, dass die Ausgabe des vorangehenden Befehls zur Eingabe des nachfolgenden Befehls wird. Auf diese Weise können in vielen Fällen für neue Aufgaben die existierenden Programme oder Dienstprogramme einfach mit Pipes kombiniert werden, was die Entwicklung neuer Programme überflüssig machen kann.

Unter Unix stehen Hunderte von **Dienstprogrammen** und Routinen zur Verfügung. Sie stellen eine effektive Sammlung von Werkzeugen für die Erledigung vieler Aufgaben dar. Darüber hinaus gibt es viele verschiedene Texteditoren, Textverarbeitungs- und Softwareentwicklungs-Tools.

1.6 Betriebssystemkomponenten

Das Betriebssystem Unix umfasst folgende Komponenten:

- den Kernel (Systemkern)
- den Kommandointerpreter oder die Shell
- Dienstprogramme und sonstige Anwendungen oder Utilities

Der Aufbau von Unix wird auch aus der folgenden Darstellung deutlich:

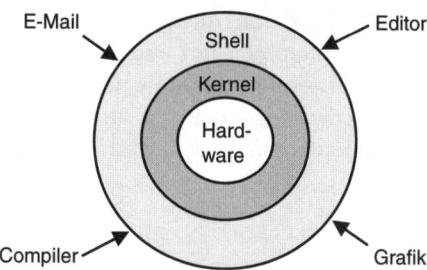

Abbildung 1.2:
Die Schichten des Betriebssystems Unix

Die Aufgaben des Kernels

Die innerste Schicht des Betriebssystems bildet der Kernel, der sich direkt über der Hardware befindet. Er hat die Aufgabe, die Hardware zu betreiben und zu nutzen. Im Kernel sind mit Ausnahme der Benutzerschnittstelle und einiger Dienstprogramme im Prinzip alle Betriebssystemaufgaben realisiert:

- Er sorgt für die Kommunikation mit den Hardwarekomponenten des Rechners.
- Er stellt den Programmen die erforderlichen Hardwareressourcen zur Verfügung, um deren geregelten Ablauf zu gewährleisten.
- Er kontrolliert die Kommunikation mit der Hardware, mit den Benutzern und von Programmen untereinander.
- Er verwaltet die Daten des Systems und legt fest, in welcher Form und an welcher Stelle diese abgelegt werden.
- Er sorgt für den Zugriffsschutz der Daten in der durch den Anwender festgelegten Form.
- Er steuert den Multitasking- und Multiuser-Betrieb.

Die Bestandteile des Kernels müssen auf die jeweilige Systemhardware zugeschnitten sein, da er direkt mit der Hardware in Verbindung steht. Er umfasst eine große Anzahl von Funktionen, die der Benutzer aber nicht direkt verwenden kann, sondern die in Systemprogrammen eingebettet zur Verfügung stehen.

Der Kernel wird am Tag 12 ausführlich behandelt.

Die Aufgaben der Shell

Die Shell dient dem Benutzer als Möglichkeit zur Eingabe von Anweisungen an das Betriebssystem. Dazu steht ein so genannter Kommandointerpreter mit einer einfachen, textbasierenden Oberfläche zur Verfügung. Die vom Anwender eingegebenen Befehle werden an das Betriebssystem weitergeleitet, das bei Bedarf wiederum Rückmeldungen (zum Beispiel Fehlermeldungen) ausgibt. Der Kommandointerpreter wird als Shell bezeichnet, weil er wie eine Schale den Kernel umgibt.

Die Shell hat folgende Aufgaben:

- Sie ist eine wichtige Benutzerschnittstelle des Unix-Systems, indem sie die vom Benutzer eingegebenen Befehle einliest und als Anfragen an das System interpretiert.

- Über die Benutzeroberfläche der Shell kann ein Anwender die Hardwareressourcen und die Betriebssystemleistungen des Kernels nutzen, ohne dafür eigene Programme erstellen zu müssen.

- Eine Standard-Shell ist Bestandteil eines jeden Unix-Systems, wobei sie in der Regel individuellen Bedürfnissen angepasst oder durch eine andere Shell ersetzt werden kann.

Die unterschiedlichen Shells werden am Tag 7 ausführlich behandelt.

Wenn ein Anwender einen Befehl in der entsprechenden Form eingibt, kann er die Interaktivität der Shell nutzen, das heißt, bei einer Eingabe erhält er nach Beendigung des Befehls eine Rückmeldung. Die Befehle der Shell sind sehr mächtig, flexibel und umfangreich. Sie können auch miteinander verkettet werden, was besonders für Verwaltungsaufgaben und zur Durchführung komplexer Abläufe von großer Bedeutung ist.

Ein Unix-System kann auch ohne grafische Oberfläche – nur mit der Shell – funktionieren. Es ist möglich, die grafische Oberfläche bei Bedarf zu deaktivieren, wobei das System trotzdem noch vollständig administriert werden kann. Das ist zum Beispiel eine nützliche Eigenschaft bei Datenbank- oder Webservern, die in der Regel nur für andere Computer zur Verfügung stehen und bei denen die grafische Oberfläche nicht unnötigerweise Ressourcen verbrauchen soll.

Die Shell ist wiederum selbst auch nur ein Programm, das aufgerufen wird, und kann daher natürlich unterschiedlich umfangreich sein. Es gibt unter Unix mehrere Shells, die im Laufe der Jahre entstanden sind und gegenüber ihrem Vorgänger jeweils um irgendwelche Funktionen erweitert wurden.

Die System- und Anwendungsprogramme (Tools)

Neben dem Kernel und der Shell gibt es noch eine große Anzahl von Systemprogrammen und Anwendungs- bzw. Dienstprogrammen. Sie werden häufig auch nur als Kommandos oder Befehle bezeichnet. Zu diesen gehören:

- Programme zur Datei- und Verzeichnismanipulation, wie sie in der Regel immer im Gesamtumfang eines Betriebsystems enthalten sind, beispielsweise Programme zum Kopieren, Löschen, Umbenennen von Dateien, Erzeugen und Löschen von Inhaltsverzeichnissen usw.

- Programme zur Textbearbeitung, wie zum Beispiel:
  - Zeileneditoren (ed)

- Fullscreen- oder Bildschirmeditoren (vi, emacs)
- Stream-Editoren (sed)
■ Programme zur elektronischen Kommunikation, wie zum Beispiel E-Mail-Programme
■ Software zur Unterstützung von Softwareentwicklern, wie zum Beispiel:
  - C-Compiler
  - C-Bibliotheken
■ eine Vielzahl von weiteren Utilities, die unter der grafischen Oberfläche von Unix genutzt werden können

1.7 Die Aufgaben der Systemadministration

Eine der wichtigsten Aufgaben der Systemadministration besteht in der Sicherstellung, dass die Arbeit von Benutzern problemlos durchgeführt werden kann und der Betrieb der Rechner ohne Störungen verläuft. Solaris stellt viele zusätzliche Möglichkeiten zur Verfügung, um den Administrationsaufwand zu vermindern. Dazu gehören zum Beispiel das Autoinstallationssystem oder die Namensdienste.

Wichtig ist auch, dass der Administrator bei der Verwaltung eines Netzwerks den Zugriff auf das System regelt und überwacht.

Unter Unix arbeitet der Administrator in der Regel mit der Benutzerkennung *root*, womit er alle erforderlichen Rechte besitzt, um die Verwaltungsaufgaben durchführen zu können.

Der Benutzer *root* wird auch Superuser genannt.

Wenn Sie sich als *root* am System angemeldet haben, sind Sie wirklich allmächtig unter Unix – eine quasi gottähnliche Stellung. Das bedeutet, Sie können nicht nur neue Dinge erzeugen oder Bestehendes ändern, sondern auch zerstören. Auch wenn das Zerstören des Systems als *root* in der Regel unbeabsichtigt erfolgt, ändert es nichts daran, dass dieser Vorgang häufig nicht mehr oder nur mit größtem Aufwand, zum Beispiel einer Datensicherung, rückgängig gemacht werden kann. Diesem Problem können Sie vorbeugen, indem Sie sich nur dann als *root* anmelden, wenn es tatsächlich erforderlich ist.

Die Aufgaben der Systemadministration

Zu den Aufgaben der Systemadministration gehören folgende Punkte:

- Hardwarebetreuung

  ▶ Diese Aufgabe umfasst zunächst einmal die Ermittlung des **Hardwarebedarfs**. Es ist wichtig, dass die vorhandene Hardware für die im Unternehmen notwendigen Applikationen nicht nur geeignet, sondern auch leistungsfähig genug und sicher ist.

  ▶ Auf der anderen Seite müssen ständig betriebsbedingte Erweiterungen an der **Hardwarekonfiguration** vorgenommen werden, dazu gehört zum Beispiel, dass neue Festplattenlaufwerke, Drucker oder Terminals angeschlossen oder wieder entfernt werden. Gleichzeitig müssen das Betriebssystem der Hardware entsprechend konfiguriert, Gerätetreiber ergänzt und gegebenenfalls für bestimmte Geräte Betriebssystemparameter eingestellt werden.

- Softwarebetreuung

  ▶ Dazu gehört natürlich zuerst einmal die **Installation** des Betriebssystems und das Einrichten der erforderlichen Dienste, wenn ein neu installierter Rechner bestimmte Aufgaben erfüllen soll, zum Beispiel als Fileserver oder Datenbankserver.

  ▶ Von Zeit zu Zeit sind dann auch **Softwareerweiterungen** notwendig. Das können Betriebssystem-Updates, aber auch neue Applikationen für Anwender sein.

  ▶ Im laufenden Betrieb ist es außerdem wichtig, dass gegebenenfalls eine rasche **Fehlerbebung** erfolgt, so dass die Anwender ihre vom System abhängige Arbeit möglichst unterbrechungsfrei durchführen können.

  ▶ Für jedes Betriebssystem sollte in der Regel auch eine ständige **Systemwartung** stattfinden. Das enthält sowohl die Aufgabe, die Anwender rechtzeitig vom Herunterfahren des Systems wegen Wartungsarbeiten zu benachrichtigen, als auch Platteninkonsistenzen zu entdecken und zu bereinigen oder Größe und Inhalt von Protokolldateien zu überwachen.

- Benutzerbetreuung

  ▶ Die **Benutzerverwaltung** ist hier ein wichtiger Punkt, das heißt das Anlegen, Ändern und Entfernen von Benutzerkonten. Als Systemadministrator sollten Sie auch den Anwendern mit Hilfe von Shellskripten etc. eine möglichst komfortable Benutzerumgebung einrichten. Außerdem sollten Benutzer auch in die Arbeit mit dem System eingewiesen und ihre diesbezüglichen Fragen beantwortet werden.

  ▶ Mit Hilfe von bestimmten Programmen kann eine **Systemabrechnung** erstellt werden, die feststellt, welche Benutzer oder Benutzergruppen in welchem Maß welche Ressourcen in Anspruch nehmen.

- Sicherheitsvorkehrungen

  ▶ Eine der Hauptaufgaben des Systemadministrators ist es, für die Sicherheit der im System gespeicherten Daten in Form einer **Datensicherung** zu sorgen. Bei den

Einführung in Solaris 9

Daten kann es sich sowohl um das Betriebssystem als auch um die vorhandenen Applikationen und die Dateien und Verzeichnisse der Benutzer handeln. Eine Datensicherung beinhaltet das Ausarbeiten einer geeigneten Datensicherungsstrategie, aber auch die Überprüfung, ob die Datensicherung fehlerfrei wieder zurückgesichert werden kann.

- Ein wichtiger Aspekt ist auch die **Sicherheit**. Einmal ist die Sicherheit in Bezug auf den Zugriff auf das System zu gewährleisten, das heißt, dass nur autorisierte Benutzer sich anmelden können und außerdem regelmäßige Passwortänderungen erfolgen. Die zweite Sicherheitsstufe besteht darin, dafür zu sorgen, dass Anwender nur auf ihre eigenen bzw. die zur Durchführung ihrer Arbeit notwendigen Daten zugreifen dürfen.

- Netzwerkbetreuung
  - Auch die **Netzwerkverwaltung** ist eine wichtige Aufgabe des Systemadministrators. Im Netzwerk muss der Zugriff durch nicht autorisierte Personen verhindert werden, während die berechtigten Anwender zugelassen werden müssen. Des Weiteren gilt es, die Erreichbarkeit von Rechnern im Netzwerk sicherzustellen, so dass der Zugriff von Anwendern auf Netzwerkressourcen, wie zum Beispiel ihren Festplattenbereich auf dem Fileserver, reibungslos funktioniert. Zusätzlich müssen in einem Netzwerk weitere Dienste, wie zum Beispiel ein Namensdienst, eingerichtet werden.

Die Systemadministration kann wesentlich erleichtert werden, indem ständig die Konfiguration des Betriebssystems, des Netzwerks usw. dokumentiert wird.

Wie diese Aufgaben im Einzelnen durchgeführt werden, erfahren Sie im Laufe der nächsten 21 Tage.

1.8 Hilfe zu Solaris

Besonders am Anfang ist es wichtig zu wissen, wo Sie Hilfe bei der Administration von Solaris erhalten können. Aber auch Administratoren mit langjähriger Erfahrung müssen sich immer wieder zu bestimmten neuen Themengebieten von Solaris informieren.

Sie können zu diesem Zweck natürlich Bücher lesen, aber es gibt noch weitere Möglichkeiten:

- Das Answerbook von Solaris
- Diverse Websites im Internet
- Die Online-Hilfe von Solaris, die so genannten Manual Pages

Das AnswerBook

Es ist ein selbst erläuterndes Tool zur Anzeige der auf CD-ROM abgespeicherten oder lokal installierten Online-Dokumentation von Sun Solaris unter OpenWindows oder CDE. Dabei bietet der AnswerBook2™ Documentation Server dem Kunden die Möglichkeit, die Sun-Dokumentation im gewünschten Browser anzusehen. Die Dokumentation ist im HTML-3.2-Format verfasst und unterstützt auch das Format der vorherigen Answerbook™-Dokumentation. Es bietet umfangreiche Navigationsmöglichkeiten und besitzt Such- und Druckfunktionen.

 Die Installation des Answerbook™ Documentation Servers ist ausführlich in den Dateien `Readme*.html` auf der CD-ROM erläutert.

Websites im Internet

Die hier genannten Websites stellen natürlich nur eine kleine Auswahl dafür dar, wie Sie Hilfe zu Solaris aus dem Internet erhalten. Die nachfolgend genannten Hyperlinks beschränken sich auf die Hilfe, die Sun zu Solaris bietet:

- Sie können die gesamte veröffentlichte Solaris-Dokumentation (Answerbook™) unter der Adresse *http://docs.sun.com* ansehen. Such- und Druckfunktion stehen Ihnen dort ebenfalls zur Verfügung.

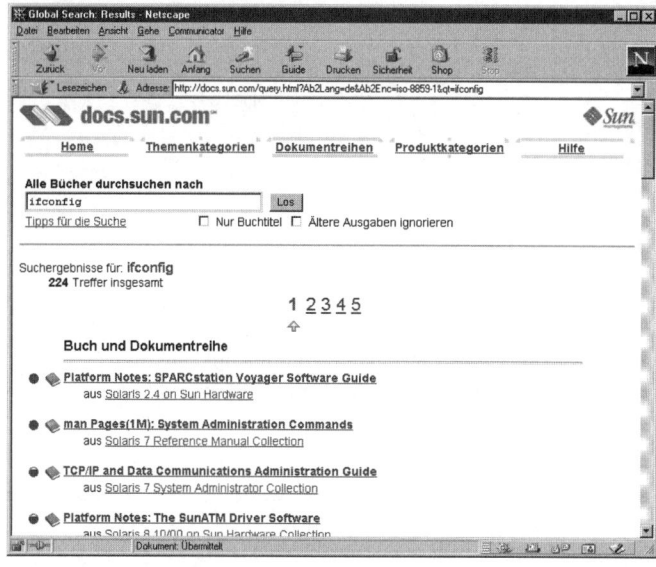

*Abbildung 1.3:
Sun Solaris-
Dokumentation im Web*

Einführung in Solaris 9

- Sun bietet außerdem zusätzliche Informationen in so genannten White Papers unter der Adresse *http://www.sun.com/software/whitepapers* an.

- Technische Informationen, die so genannten Tech Notes finden Sie unter der Adresse *http://soldc.sun.com/technotes/index.html*.

- Ein Diskussionsforum, das in verschiedene Unterbereiche aufgegliedert ist, wie zum Beispiel Solaris für Intel, Installation, Java etc., verbirgt sich unter der Adresse *http://forum.sun.com*.

Die Manual Pages von Solaris

Die ersten beiden Möglichkeiten setzen eine grafische Oberfläche und einen installierten Browser, eventuell noch eine Internetanbindung voraus. Die Online-Hilfe, die Sie mit dem Befehl man erhalten, steht Ihnen unabhängig davon, also auch ohne grafische Oberfläche, zur Verfügung.

Sie geben dazu an der Befehlszeile einfach den Befehl man und dann den Suchbegriff ein. In erster Linie wird der Befehl verwendet, um die Hilfeseiten zu einem bestimmten Befehl auszugeben. Es ist aber auch möglich, Hilfe zu Konfigurationsdateien, zu Systemaufrufen, C-Bibliotheksroutinen, Gerätedateien usw. zu erhalten. Die Befehlssyntax sieht folgendermaßen aus:

$ man [-*Optionen*] *befehlsname*

Wenn Sie Hilfe zu dem Befehl uname suchen, geben Sie an der Befehlszeile man uname ein. Sie erhalten folgende Ausgabe:

```
$ man uname
Reformatting page.  Please Wait... done
User Commands                                              uname(1)
NAME
     uname - print name of current system
SYNOPSIS
     uname [ -aimnprsvX ]
     uname [ -S system_name ]
DESCRIPTION
The uname utility prints information about the current  system on the standard
output. When options are specified, symbols representing one or more system
characteristics will be written to the standard output. If no options are
specified, uname prints the current operating system's  name. The options print
selected information returned by uname(2), sysinfo(2), or both.
<weitere Ausgabe wird nicht angezeigt>
```

Wenn Sie sich in der Anzeige »bewegen« möchten, dann verwenden Sie die folgenden Tasten zur Navigation.

Taste	Aktion
Leer	Auf die nächste Bildschirmseite der Online-Hilfe weiterblättern
↵	Zeilenweise durch die Online-Hilfe weiterblättern
B	Eine Bildschirmseite zurückblättern (»backwards«)
h	Eine Hilfe zu allen Navigationsfunktionen anzeigen (»help«)
/suchmuster	Die Online-Hilfe vorwärts nach dem eingegebenen Suchmuster durchsuchen
n	Nach der nächsten Übereinstimmung mit dem Suchmuster suchen (»next«)
q	Den Befehl man beenden (»quit«)

Tabelle 1.3: Navigationsmöglichkeiten in der Online-Hilfe

Die Unterteilung der Online-Hilfe in Sektionen

Die Ausgabe der Manual Pages erfolgt gegliedert. So gibt es zum Beispiel am Anfang der Ausgabe einen Abschnitt NAME mit der Kurzbeschreibung, dann einen Abschnitt SYNOPSIS mit der Befehlssyntax, anschließend folgt ein Abschnitt DESCRIPTION mit der ausführlichen Beschreibung usw. Wichtige Abschnitte sind der Abschnitt OPTIONS, der jede einzelne Option eines Befehls im Detail erklärt, und der Abschnitt SEE ALSO, der sich ganz unten in der Anzeige des Befehls man befindet und Querverweise zum gewählten Thema enthält. Hinter diesen Verweisen steht jeweils eine in Klammern geschriebene Nummer, die die Sektion der Online-Hilfe angibt, auf die Sie mit Hilfe der Option -s des Befehls man zugreifen können.

Wenn Sie zum Beispiel den Befehl

```
$ man passwd
```

eingeben, erhalten Sie Informationen zum Befehl passwd und im Abschnitt SEE ALSO folgende Verweise:

```
SEE ALSO
finger(1), login(1), nispasswd(1), nistbladm(1), yppasswd(1), domainname(1M),
eeprom(1M), id(1M), passmgmt(1M), pwconv(1M), su(1M), useradd(1M),
userdel(1M), passwd(4) ...
```

Wenn Sie den Befehl

```
$ man -s4 passwd
```

eingeben, erhalten Sie Informationen über die Datei /etc/passwd, während der Befehl

```
$ man -s1M pwconv
```

Sie über die Möglichkeit der Anpassung der Passwortdateien informiert.

> Die hier kurz erwähnten Befehle werden alle in den nachfolgenden Tagen noch ausführlich behandelt.

Da der Name eines Befehls nicht immer bekannt ist, gibt es auch eine Möglichkeit, die Online-Hilfe nach Stichwörtern zu durchsuchen. Geben Sie einfach den Befehl man einfach mit der Option -k und dem Stichwort ein, um eine Auflistung aller Befehle zu erhalten, die zum angegebenen Stichwort gefunden werden, zum Beispiel:

```
$ man -k calendar
cal     cal (1)- display a calendar
calendarcalendar (1)- reminder service
difftimedifftime (3c)- computes the difference between two calendar times
mktimemktime (3c)- converts a tm structure to a calendar time
$
```

1.9 Zusammenfassung

An diesem Tag haben Sie einiges über die Entstehungsgeschichte, die Eigenschaften und den Aufbau von Unix und Solaris erfahren. Mit diesem Hintergrundwissen ist es oft leichter, zu verstehen, warum Unix und vor allem die Shell ein wenig kryptisch bezüglich der Befehle wirken. Es hat auch enorme Vorteile, dass dieses Betriebssystem bereits einige Jahre hinter sich hat. Dazu zählen seine Stabilität und seine Ausgereiftheit. Im Laufe der Jahre sind sehr viele Eigenschaften hinzugekommen, die ein mächtiges Betriebssystem ausmachen.

Außerdem erhielten Sie einen kurzen Überblick über die Aufgaben des Systemadministrators. In den folgenden Tagen werden diese Aufgaben näher beschrieben und die zur Umsetzung der Aufgaben notwendigen Befehle und Tools gezeigt. Ein wichtiges Werkzeug haben Sie dabei schon in Form der Hilfefunktionen von Solaris kennen gelernt.

1.10 F&A

F *Bietet Unix Vorteile gegenüber mir bereits bekannten, grafisch orientierten Betriebssystemen?*

A Ja, denn Unix lässt sich sowohl grafisch als auch über die Kommandozeile vollständig administrieren. Das bedeutet, ein grafisch orientierter Administrator kann weiterhin auf der grafischen Oberfläche arbeiten, muss es aber nicht. Im Prinzip ist es oft vorteilhafter, die Befehle an der Kommandozeile einzugeben. Dies geht nicht nur schneller, sondern bietet auch noch die Möglichkeit, beliebig viele Befehle zu mächtigen Kommandos zu verbinden und Routinearbeiten zu automatisieren.

F   Kann ich Befehle, die ich unter Linux oder AIX gelernt habe, auch unter Solaris verwenden?

A   Ja, solange die verwendeten Befehle entweder BSD- oder SVR4-Befehle sind, was bei Linux und AIX der Fall ist. Solaris basiert inzwischen auf dem SVR4-Unix-Zweig, besitzt aber aus Kompatibilitätsgründen auch ein Verzeichnis mit BSD-Befehlen.

F   Aus welchen Gründen ist Unix relativ einfach auf viele verschiedene Plattformen portierbar?

A   Unix wurde 1972 von Dennis Ritchie in die maschinenunabhängige Programmiersprache C umgeschrieben und besteht bis heute überwiegend aus C-Sourcecode.

F   Aus welchen Komponenten besteht Unix und welche Bedeutung haben diese Komponenten?

A   Unix besteht zunächst einmal aus dem Kernel, der mit der Hardware des Rechners kommuniziert, die Daten und die Ressourcen des Systems verwaltet und den Multitasking- und Multiuser-Betrieb steuert. Dann gibt es die Shell, die als Schnittstelle zwischen Benutzer und Kernel die eingegebenen Befehle in ihrer Rolle als Kommandointerpreter einliest und zur Ausführung bringt. Die System- und Dienstprogramme oder Tools bilden die dritte Komponente.

F   In welche Hauptaufgaben lässt sich die Systemadministration aufteilen?

A   Zunächst einmal gehört dazu die Hardwarebetreuung, also das Ermitteln des Hardwarebedarfs und die Konfiguration, dann die Softwarebetreuung, das heißt die Installation, das Updaten und Hinzufügen von neuen Anwendungen sowie die Fehlerbehebung und Systemwartung, des Weiteren die Benutzerverwaltung, das Einhalten von Sicherheitsvorkehrungen und die Netzwerkbetreuung.

1.11 Übungen

1. Lassen Sie sich mit Hilfe des Befehls man die Hilfe zum Befehl ls anzeigen.
2. Suchen Sie mit Hilfe des Befehls man nach Kommandos, die zum Editieren verwendet werden können. Verwenden Sie dazu das Stichwort »Edit«.

Tag 2

Installation von Solaris 9

Dieser Tag beschreibt die einzelnen Schritte für eine Installation von Solaris 9 auf

- einem INTEL-Rechner und
- einem Sparc-System.

Viele Begriffe, die an diesem Tag zum ersten Mal vorkommen, werden in den nachfolgenden Tagen noch ausführlicher erläutert. Da eine Installation jedoch die Grundvoraussetzung für den Betrieb von Solaris darstellt, wird der Vorgang der Installation bereits an dieser Stelle behandelt.

> Nachfolgend wird die Installation der kommerziellen Version von Solaris 9 beschrieben. Wie Sie FreeSolaris für INTEL-PCs von den beiden beiliegenden CD-ROMs installieren, erfahren Sie im Anhang A.

2.1 Installationsvorbereitungen

Installationsdaten

Bevor Sie mit der Installation beginnen, sollten Sie sich über ein paar Dinge Gedanken machen. Dazu gehört auch das Bereitstellen der Daten, die Sie während der Installation eingeben müssen. Außerdem sollten Sie sich vor der Installation entscheiden, was Sie alles installieren und wie Sie Ihre Festplatte für das Betriebssystem aufteilen möchten. Weitere Informationen zum Einrichten eines Netzwerks finden Sie im Kapitel zu Tag 16.

Hostname

Sie müssen dem System einen eindeutigen Namen geben, der in der Regel kurz sein sollte. Den Namen Ihres aktuellen Rechners finden Sie zum Beispiel mit Hilfe des Befehls hostname heraus. Der Hostname darf im Netzwerk kein zweites Mal vorkommen. Achten Sie darauf, sinnvolle Rechnernamen zu vergeben. Beispielsweise können Sie sich bei der Vergabe auf den Standort des Rechners beziehen. Rechnern mit mehreren Netzwerkkarten können Sie auch mehrere Hostnamen zuweisen.

IP-Adresse

Bei der Internet Protocol-Adresse des Rechners handelt es sich um eine logische Adresse, mit deren Hilfe das System im Netzwerk adressiert werden kann. Die Rechner werden nicht direkt über den Hostnamen, sondern über die IP-Adresse identifiziert, wobei im System eine entsprechende Zuordnung des Hostnamen vorgenommen wird. Auch die IP-Adresse darf nur einmal im Netzwerk vorkommen.

Subneting

Die Subnetzmaske definiert, ob der vernetzte Rechner in einem bestimmten Subnetz (Teilnetz) betrieben werden soll. Wenn in einem lokalen Netzwerk Subnetze vorhanden sind, muss eingetragen werden, in welchem dieser Subnetze der Rechner integriert ist.

Namensdienste

Hier legen Sie fest, ob der Rechner einen bereits vorhandenen Namensdienst nutzen soll. Wenn in einem Netzwerk Namensdienste verwendet werden, wie zum Beispiel NIS, müssen Sie den Namen der NIS-Domäne eingeben, zu der das neue System gehören soll. Sie können hier die Namensdienste NIS, NIS+, Other (zum Beispiel DNS) oder None (kein Namensdienst) wählen.

Zeitzone

Legen Sie hier fest, auf welche Zeitzone oder geografische Region Sie den Rechner einstellen möchten.

root-Passwort

Sie müssen während der Installation für jeden Rechner ein *root*-Passwort eingeben. Für den Benutzer *root* oder Superuser gibt es keine Zugriffsbeschränkungen, daher sollte das Passwort sehr sorgfältig ausgewählt und nicht weitergegeben werden.

Sprache

Mit dieser Angabe bestimmen Sie die Sprache, die bei der Installation und im Betrieb von Solaris 9 verwendet werden soll.

Neuinstallation oder Upgrade

Sie müssen sich zu Beginn der Installation entscheiden, ob es sich um eine komplette Neuinstallation oder eine Aktualisierung einer älteren Solaris-Version handelt.

Installationsumfang

Die Software von Solaris 9 umfasst verschiedene Komponenten, die im Folgenden beschrieben werden.

Software-Pakete (Software Packages)

Zu einem Software-Paket gehören eine Gruppe von Dateien bzw. Verzeichnissen und außerdem Skripte zur Installation und Deinstallation. Pakete werden in Kategorien klassifiziert, wie zum Beispiel system oder application.

Software-Gruppen (Software-Cluster)

Wenn Sie das Betriebssystem installieren, werden inhaltlich zusammengehörende Software-Pakete in so genannte Software-Cluster zusammengefasst. Das Software-Cluster Audio enthält zum Beispiel folgende Software-Pakete:

SUNWauda   SUNWaudd   SUNWauddx   SUNWaudh   SUNWaudio   SUNWaudmo

Software-Konfigurationscluster

Mit Software-Konfigurationsclustern legen Sie den Konfigurationsumfang fest. Bei der Installation müssen Sie angeben, welches Software-Konfigurationscluster Sie verwenden möchten:

Bezeichnung	Umfang	Benötigter Festplattenplatz
SUNWCXall	Entire Solaris Software plus OEM	ca. 2,1 Gbyte
SUNWCall	Entire Solaris Software	ca. 1,9 Gbyte
SUNWCprog	Developer Solaris Software	ca. 1,5 Gbyte
SUNWCuser	End User Solaris Software	ca. 1,2 Gbyte
SUNWCreq	Core Solaris Software	ca. 700 Mbyte

Tabelle 2.1: Solaris Software-Gruppen

Die folgende Abbildung veranschaulicht das Schema:

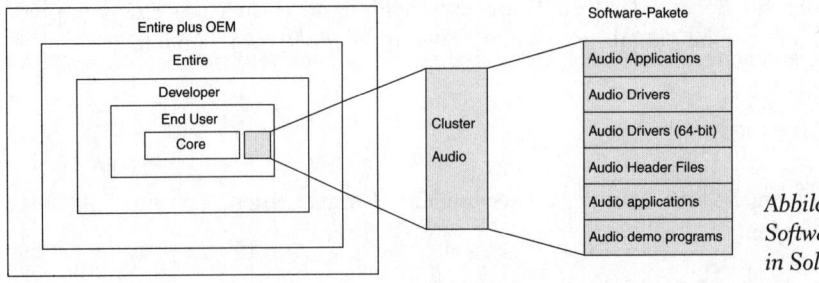

Abbildung 2.1: Software-Gruppen in Solaris

Core

Das Software-Konfigurationscluster *Core* beinhaltet nur die Software, die mindestens notwendig ist, um das Betriebssystem hochzufahren und zu betreiben, sowie grundlegende Netzwerkprogramme und die Treiber für CDE und OpenWindows. Die Software-Pakete CDE und die Manual Pages gehören nicht zum Umfang dieses Clusters.

End User

Im Software-Konfigurationscluster *End User System Support* sind sowohl das Core-System als auch die Applikationen für Endanwender, wie zum Beispiel CDE, enthalten.

Developer

Dieses Software-Konfigurationscluster umfasst zusätzlich zur End-User-Konfiguration Bibliotheken, die Manual Pages, Include-Dateien und diverse Programmiertools für die Software-Entwicklung.

Entire

Die *Entire Distribution* umfasst die gesamte Software des Betriebssystems Solaris 9.

Entire plus OEM

Diese Cluster-Konfiguration enthält nicht nur die gesamte Software des Betriebssystems Solaris 9, sondern darüber hinaus noch zusätzlichen Hardware-Support für Original Equipment Manufacturer (OEM). Die OEM-Unterstützung ist für SPARC-ähnliche Rechner von Drittherstellern notwendig.

Partitionierung

Vor der Installation sollten Sie auch planen, wie die Festplatte(n) des neu zu installierenden Systems aufgeteilt werden. Sie müssen während der Installation entscheiden, welche Partitionen Sie anlegen möchten und wie groß diese Partitionen sein sollen. Jede Partition enthält ein eigenes Dateisystem.

> Die Partitionierung einer Festplatte bietet Vorteile in Bezug auf Datensicherung und Performance.

Installation von Solaris 9

Das Betriebssystem Solaris kann auf bis zu acht Partitionen pro Festplatte verteilt werden, wobei eine Partitionsnummer für die Bezeichnung der gesamten Festplatte reserviert ist. Sie benötigen auf jeden Fall eine *root*-Partition, in der zumindest die zum Hochfahren und für den minimalen Betrieb von Solaris 9 notwendigen Dateien installiert sein müssen. Möglich ist aber auch eine Installation des kompletten Systems. Empfehlenswert ist das Anlegen einer Swap-Partition, die als Auslagerungsbereich für den RAM-Speicher dient. Deren Größe hängt wiederum davon ab, wozu das System verwendet wird und wie groß der RAM-Speicher ist.

> Es wird empfohlen, der Swap-Partition mindestens so viel Speicherplatz wie dem RAM-Speicher zuzuweisen.

Die nachfolgende Tabelle zeigt, welche Partitionen angelegt werden können. Sie ist allerdings nur ein Beispiel für eine Partitionierung:

Nr.	Name	Beschreibung
0	/ (*root*)	Auf einer Systemplatte muss die root-Partition immer vorhanden sein.
1	swap	Ein Bereich, der vom System zum Auslagern von Prozessen verwendet wird, wenn der RAM überlastet ist.
2	backup	Diese virtuelle oder Pseudo-Partition umfasst die gesamte Festplatte und kann zum Beispiel für Datensicherungen verwendet werden.
4	/var	Im Verzeichnis /var befinden sich Protokoll-, Spool-, Mail- und News-Dateien. Bei Rechnern, die als NIS+-, Print-, Mail- oder News-Server verwendet werden, empfiehlt es sich, eine eigene Partition mit einem eigenen Dateisystem dafür anzulegen.
5	/opt	In diesem Verzeichnis wird in der Regel optionale Software installiert. Wenn sehr viele zusätzliche Programme installiert werden, empfiehlt sich eine eigene Partition.
6	/usr	In diesem Verzeichnis befinden sich die meisten Systemprogramme und die Programme der grafischen Oberfläche. Es wird empfohlen, für dieses Verzeichnis eine eigene Partition zu verwenden.
7	/export/home	In dieser Partition werden die Daten der Anwender gespeichert. Unter Solaris wird das Verzeichnis /home mit Hilfe des Automounters über NFS in den Dateibaum eingehängt.

Tabelle 2.2: Partitionen unter Solaris 9

> Es ist möglich, die Partition 2 als reale Partition zu verwenden. Dies wird allerdings nicht empfohlen, da verschiedene Programme diese Partition als ganze Festplatte ansprechen.

> Die verschiedenen Dateisysteme werden ausführlich im Kapitel zu Tag 11 erläutert.

Die Einrichtung von verschiedenen Partitionen ist davon abhängig, zu welchem Zweck der Rechner eingesetzt werden soll. Soll das neue System zum Beispiel ein Fileserver werden, sollte man der Partition /export/home den Anforderungen entsprechend viel Speicherplatz zuweisen. Soll der Rechner ein Server für Diskless Clients werden, sind dagegen die Partitionen /export/swap und /export/exec entsprechend anzulegen.

2.2 Installationsarten

Installations-CD-ROMs

Zur Installation stehen Ihnen in der Regel drei CD-ROMs zur Verfügung:

- Solaris 9 Installation
- Solaris 9 Software 1/2
- Solaris 9 Software 2/2

Je nach Installationsart müssen Sie entweder die CD-ROM »Solaris 9 Installation« oder »Solaris 9 Software 1/2« verwenden.

> Sollten Sie auf der Festplatte Daten gespeichert haben, die Sie noch benötigen, müssen Sie unbedingt vor einer Installation eine Datensicherung durchführen.

Installationsarten

Solaris Webstart 3.0-Installation

Diese Installation führt Sie mit Hilfe einer in Java entwickelten grafischen Oberfläche durch den Installationsvorgang. Sie beginnen mit der CD-ROM »Solaris 9 Installation«.

Da bei dieser Vorgehensweise sofort ein Mini-Root-Dateisystem auf die Festplatte geschrieben wird, sollten Sie diese Installation nur bei einer kompletten Neuinstallation wählen. Der Installationsprozess stellt Ihnen zunächst einige Fragen zur Installationsprozedur und bootet dann mit dem Mini-Root-Dateisystem. Anschließend wird die grafische Installationsprozedur durchgeführt.

> Im nachfolgenden Abschnitt »Installation auf einem Sparc-System« wird die Webstart-Installation ausführlich beschrieben.

Der Webstart kann auf zwei Arten durchgeführt werden:

- über die grafische Benutzerschnittstelle (GUI)
- über die Befehlszeilenschnittstelle

Wenn das System eine Grafikkarte besitzt, wird die grafische Schnittstelle verwendet, ansonsten die Befehlszeilenschnittstelle.

Interaktives Solaris-Installationsprogramm

Dieses Installationsprogramm verwendet zur Durchführung der Installation eine grafische Benutzerschnittstelle. Sie beginnen dabei mit der CD-ROM »Solaris 9 Software1/2«. Da kein Mini-Root-Dateisystem zu Beginn der Installation auf die Festplatte gespeichert wird, können Sie die Installation jederzeit problemlos abbrechen, ohne den bisherigen Inhalt der Festplatte überschrieben zu haben. Erst wenn Sie die Schaltfläche zur endgültigen Installation betätigen, wird die Festplatte beschrieben.

> Die interaktive Installation wird im nachfolgenden Abschnitt »Installation auf einem INTEL-Rechner« ausführlich beschrieben.

Solaris-Installation über das Netzwerk

Auf diese Weise können Sie auf zahlreichen Systemen ohne CD-ROM-Laufwerk das Betriebssystem Solaris installieren. Dazu wird ein Installationsserver verwendet, auf dem die Images der Solaris 9 Installations-CD-ROMs gespeichert sind.

Solaris Jumpstartinstallation

Bei dieser Installationsart kann Solaris 9 auf einem neuen System installiert werden, indem ein Profil verwendet wird, das die zu installierenden Software-Komponenten enthält. Der Rechner wird dabei mit eingelegter CD-ROM »Solaris 9 Software 1/2« gebootet.

Solaris Jumpstartinstallation über das Netzwerk

Es ist auch möglich, das Profil auf einem Installationsserver abzulegen und während des Installationsprozesses dort abzufragen. Diese Installationsart empfiehlt sich vor allem für Unternehmen, die eine große Anzahl von Solaris-Systemen installieren müssen (vgl. Tag 19).

Solaris Webstart-Flashinstallation

Diese Installationsvariante ermöglicht es Ihnen, so genannte Klonsysteme auf der Basis eines Mastersystems automatisch zu installieren. Vom installierten und vorkonfigurierten Mastersystem wird ein Flasharchiv erstellt, wobei es auch möglich ist, verschiedene Flasharchive anzulegen und bei der Flashinstallation unter diesen auszuwählen.

Diese Installationsart ist wesentlich schneller als die paketorientierte Standardinstallation, da sie einfach eine Kopie eines bereits vorhandenen Systems ist.

> Die Flashinstallation wird im nachfolgenden Abschnitt »Flashinstallation« ausführlich beschrieben.

Systemtypen: Server, Client und Standalone-System

Dieser Abschnitt beschreibt kurz die verschiedenen Systemtypen und ihre Unterschiede.

Server

Ein Server ist ein System, das anderen Systemen im Netzwerk Dienste oder Dateisysteme anbietet, zum Beispiel für Homeverzeichnisse oder E-Mail-Dateien.

Installationsserver

Ein Installationsserver bietet Installationsclients die Solaris-Betriebssystemsoftware zur Installation an (vgl. Tag 19).

Installationsclient

Ein Installationsclient erhält die Dateien für seine Betriebssysteminstallation von einem Server (vgl. Tag 19).

Bootserver

Ein Bootserver wird dazu verwendet, einen Installationsclient hochzufahren, so dass er über das Netzwerk installiert werden kann (vgl. Tag 19).

Jumpstartserver

Ein Jumpstartserver ist ein System, das die Textdatei mit den Regeln zur Verfügung stellt, die die Hard- und Software-Konfiguration des Installationsclients beschreiben (vgl. Tag 19).

> Bei einem Installations-, Boot- oder Jumpstartserver handelt es sich häufig um dasselbe System.

Standalone-System

Ein Standalone-System speichert die Solaris-Betriebssystemsoftware auf seiner lokalen Festplatte und benötigt keine Installationsdienste eines Servers, da das System in der Regel vom lokalen CD-ROM-Laufwerk installiert wird.

2.3 Installation auf einem Sparc-System

Dieser Tag beschreibt die WebStart-Installation von Solaris 9, die eine Erweiterung der bisherigen Installation darstellt und während der Installation einen so genannten WebStart-Installationskiosk mit zusätzlichen Informationen bietet. Dazu wird die Installations-CD-ROM von Solaris 9 verwendet.

> Die WebStart-Installation benötigt ca. 25 Minuten mehr Zeit, um die Installation durchzuführen – das Endergebnis ist aber dasselbe wie bei einer Installation von der Betriebssystem-CD-ROM 1/2. Die Angaben, die während der verschiedenen Installationsarten eingegeben werden müssen, sind im Prinzip dieselben, sie werden aber in einer unterschiedlichen Reihenfolge abgefragt.

Wenn Sie eine Neuinstallation auf einem bereits installierten Rechner durchführen, dann legen Sie im laufenden Betrieb die Solaris 9 Installations-CD-ROM ein und bringen Sie das System mit dem Befehl `init 0` in den PROM-Monitor-Modus. Einen Rechner ohne Betriebssystem müssen Sie nur einschalten, um dann die CD-ROM einzulegen – er startet automatisch in den Runlevel 0.

Geben Sie den PROM-Befehl (vergleiche Tag 3) `set-defaults` bei einem System ein, das bereits konfiguriert war, aber auf die Standardwerte des PROM-Monitors zurückgesetzt werden soll. Booten Sie das System sowohl von einem bereits vorinstallierten als auch einem Rechner ohne Betriebssystem mit dem PROM-Befehl `boot cdrom` von der CD-ROM. Eventuell erhalten Sie Fehlermeldungen von nicht angeschlossenen Netzwerkschnittstellen, die Sie aber ignorieren können. Nach ungefähr 8 bis 10 Minuten müssen Sie Fragen zur Installationsprozedur beantworten. Das System möchte ein Mini-Root-Dateisystem auf die Festplatte schreiben und dann automatisch rebooten, was ungefähr weitere 10 bis 15 Minuten dauert.

> Wenn Sie dem System bestätigen, dass es ein Mini-Root-Dateisystem auf die Festplatte schreiben darf, sind alle bisherigen Daten der Festplatte unwiederbringlich verloren. Sichern Sie die noch von Ihnen benötigten Daten, bevor Sie diese Aktion durchführen!

Anschließend werden Ihnen folgende Fragen gestellt:

1. Möchten Sie eine Neu- oder eine Updateinstallation durchführen (INITIAL OR UPDATE)? In unserem Beispiel wird eine Neuinstallation gestartet.

2. Für den Fall einer Neuinstallation lautet die nächste Frage, ob die Festplatte formatiert werden darf (FORMAT ROOT DISK?). Geben Sie y ein. Wenn sich Daten bereits vor der Installation auf der Festplatte befanden, werden diese gelöscht.

3. Anschließend wird nach der Größe der Swap-Partition gefragt (SWAP SLICE SIZE). Der kleinstmögliche Wert beträgt auf der Hardware-Architektur `sun4m` 352 Mbyte, auf `sun4u` sind es 384 Mbyte. Sie können den vorgeschlagenen Wert übernehmen, wenn er mindestens der RAM-Größe entspricht.

4. Sie werden dann gefragt, ob die Swap-Partition am Anfang der Festplatte angelegt werden kann (CAN THE SWAP SLICE START AT THE BEGINNING OF THE DISK?). Wenn Sie damit einverstanden sind, dass die Swap-Partition die erste Partition auf der Festplatte ist, dann bestätigen Sie dies mit y. Andernfalls lehnen Sie den Vorschlag mit n ab.

5. Nun müssen Sie Ihre Angaben noch mit y bestätigen (CONFIRM SELECTIONS), um fortzufahren.

Die WebStart-Installation beginnt nach dem Booten des Systems vom Mini-Root-Dateisystem. Einige Minuten später wird ein Willkommen-Bildschirm angezeigt, auf dem Sie nur auf NEXT klicken können, um weiterzumachen.

> Wenn Sie während der WebStart-Installation auf die Schaltfläche EXIT klicken, wird die Installation abgebrochen.

Nacheinander erscheinen nun mehrere Fenster, die Sie darüber informieren, welche Informationen im nächsten Installationsschritt notwendig sind. Die Installation läuft in folgenden Teilschritten ab:

- Netzwerk
- Namensdienst
- Datum und Uhrzeit
- *root*-Passwort
- Informationen zum Proxy Server
- Power Management

Klicken Sie nach jedem konfigurierten Teilschritt auf NEXT. Nach Abschluss eines Teilschritts können Sie Änderungen der bereits durchgeführten Eingaben vornehmen, indem Sie auf die Schaltfläche BACK klicken und die Änderung durchführen.

Im Teilschritt »Netzwerk« (NETWORK CONNECTIVITY) werden Sie zuerst gefragt, ob der neu installierte Rechner mit einem Netzwerk verbunden sein wird oder nicht. Wenn Sie die Option »Netzwerkverbindung« (NETWORKED) wählen, müssen Sie weitere Fragen beantworten:

- Verwenden Sie einen DHCP-Server? Wenn ja, müssen Sie anschließend dessen IP-Adresse eingeben.

    Ein DHCP-Server (Dynamic Host Configuration Protocol) weist den Clients dynamisch oder statisch eine Adresse aus einem bestimmten IP-Adressen-Bereich zu.

- Geben Sie anschließend den eindeutigen Hostnamen ein, das heißt den Namen des Rechners, unter dem er im Netzwerk angesprochen werden kann.

- Nun wird die IP-Adresse des Rechners abgefragt. Geben Sie diese ein und klicken Sie wieder auf NEXT.

- Anschließend muss die Subnetzmaske hinterlegt werden. Geben Sie im Fall einer Class-B-Adresse (vgl. Tag 16) die Netzwerkmaske 255.255.0.0 ein und für eine Class-C-Adresse die Netzwerkmaske 255.255.255.0.

- In der nächsten Dialogbox können Sie angeben, ob das System den Netzwerkdienst IPv6 nutzen soll.

    IPv6 ist eine Weiterentwicklung des Internet Protocol Version 4 (IPv4), wobei die IP-Adresse von 4 auf 16 Bytes erweitert wurde. IPv6 besitzt Mechanismen, die es ermöglichen, bestehende IPv4-Adressen weiterhin zu nutzen. Darüber hinaus stellt es neue Internet-Funktionen zur Verfügung.

Installation auf einem Sparc-System

- In der letzten Dialogbox dieses Abschnitts können Sie entweder die IP-Adresse eines Defaultrouters angeben, indem Sie SPECIFY ONE wählen, oder diesen von der Software suchen lassen. Wenn Sie keinen Defaultrouter haben, wählen Sie die Option FIND ONE.

Der nächste Installationsabschnitt benötigt Informationen über einen eventuell installierten Namensdienst (NAME SERVICE):

- Wählen Sie den verwendeten Namensdienst (NIS+, NIS, DNS oder NONE) aus (vgl. Tag 20).

- Sollten Sie einen Namensdienst verwenden, müssen Sie anschließend den Name Server definieren.

Der folgende Abschnitt TIME ZONE bietet Ihnen die Möglichkeit, die Zeitzone, die das Datum und die Uhrzeit festlegt, entweder über eine geografische Region (GEOGRAPHIC REGION) oder einen Offset-Wert der Greenwich Meantime (OFFSET FROM GMT) oder eine Zeitzonendatei (TIME ZONE FILE) zu definieren.

- Wenn Sie zum Beispiel die geografische Region wählen, müssen Sie diese anschließend in einer Auswahlliste aussuchen, zum Beispiel EUROPE – MIDDLE EUROPE für Deutschland.

- Das Datum und die Uhrzeit werden anschließend angezeigt und können gegebenenfalls angepasst werden.

Der nächste Abschnitt ROOT PASSWORD verlangt die Eingabe eines *root*-Passworts:

- Geben Sie das *root*-Passwort zweimal ein. Es wird durch Sternchen verschlüsselt angezeigt.

Im nächsten Abschnitt POWER MANAGEMENT wird das Power-Management konfiguriert. Sie können das Power-Management entweder aktivieren oder deaktivieren. Falls Sie es deaktivieren, können Sie angeben, ob Sie beim nächsten Rebooten des Systems wieder gefragt werden wollen, ob es aktiviert werden soll.

Der letzte Konfigurationsabschnitt, bevor der WebStart-Installationskiosk beginnt, fordert Informationen zur Proxy-Server-Konfiguration (PROXY SERVER CONFIGURATION). Sie können hier entweder wählen, dass eine direkte Verbindung zum Internet gegeben sein soll, oder den Hostnamen des Proxy Servers angeben.

Das letzte Dialogfenster CONFIRM INFORMATION zeigt die angegebenen Antworten an und bietet die Möglichkeit, mit Hilfe der Schaltfläche BACK die Konfigurationsschritte nochmals zu überprüfen und gegebenenfalls zu verändern. Die Schaltfläche CONFIRM übernimmt die Angaben und startet nach einigen Minuten den WebStart-Installationskiosk, der eine Browseransicht und Informationen zu Dokumentationen, Webseiten usw. anbietet.

Installation von Solaris 9

Sie werden nun aufgefordert, die Solaris 9 Software CD-ROM 1/2 einzulegen (INSERT CD) und auf OK zu klicken. Das System benötigt einige Minuten zur Initialisierung und fordert Sie dann auf, den Installationstyp anzugeben (SELECT TYPE OF INSTALL):

- Die Standardinstallation (DEFAULT INSTALL) liefert für alle Konfigurationsschritte standardmäßige Antworten.

- Die angepasste Installation (CUSTOM INSTALL) verlangt von Ihnen bestimmte Entscheidungen, zum Beispiel auf welchen Festplatten das System installiert und in welche Partitionen die Festplatte(n) aufgeteilt werden soll(en).

Im nächsten Dialogfenster SELECT SOFTWARE LOCALIZATIONS können Sie die geografischen Regionen und Lokalisierungen auswählen, die installiert werden sollen. Standardmäßig wird NORTH AMERICA – ENGLISH (UNITED STATES) (EN_US) vorgeschlagen. Je nach Auswahl müssen Sie im nachfolgenden Fenster SELECT SYSTEM LOCALE den Zeichensatz auswählen, um die zuvor ausgewählte Sprache genauer zu definieren, wobei die Standardauswahl wie folgt aussieht:

- NORTH AMERICA – ENGLISH (UNITED STATES,ISO8859-1) (EN_US.ISO8859-1)

- NORTH AMERICA – ENGLISH (UNITED STATES,ISO8859-15) (EN_US.ISO8859-15)

- POSIX – ENGLISH (POSIX,C) (C)

Die erste Option ist defaultmäßig aktiviert. Im nächsten Dialogfenster SELECT PRODUCTS werden die Software-Produkte aufgelistet, die zusätzlich zum Betriebssystem Solaris 9 installiert werden können, wie z. B.:

- SOLARIS 9 DOCUMENTATION CD-ROM – sie enthält den Answerbook2 Documentation Server und die Dokumentationssammlung des Betriebssystems Solaris 9.

- SOLARIS 9 SOFTWARE CD-ROM 2 OF 2 – sie enthält die Early Access Software von Solaris 9.

- COMPUTER SUPPLEMENT CD-ROM – sie enthält weitere Software und Dokumentationen.

Wenn Sie weitere Software-Produkte (ADDITIONAL PRODUCTS) installieren möchten und über die entsprechenden CD-ROMs verfügen, dann markieren Sie die zusätzlich zu installierenden Produkte und klicken Sie auf NEXT. Andernfalls deaktivieren Sie die standardmäßig bereits aktivierten Kontrollkästchen.

Im nächsten Fenster können Sie angeben, ob Sie Produkte von Drittherstellern und sonstige Software installieren möchten. Sie haben folgende Auswahlmöglichkeiten:

- NONE – keine zusätzliche Software.

- PRODUCT CD – bei dieser Auswahl können Sie anschließend die entsprechende CD-ROM einlegen.

Installation auf einem Sparc-System

- KIOSK DOWNLOAD – diese Auswahl zeigt Ihnen ein Dialogfenster mit Suchfunktion an. Wenn das System den Kiosk-Bereich durchsucht hat, erhalten Sie eine Liste von Produkten, die Sie mit WebStart installieren können.

- LOCAL OR NETWORK FILE SYSTEM – diese Auswahl zeigt ein Dialogfenster an, in dem Sie den NFS-Verzeichnispfad eingeben können.

Das nächste Dialogfenster 64-BIT SELECTION bietet Ihnen die Möglichkeit, zwischen der 32- und der 64-Bit-Betriebssystemversion zu wählen. Bei der 32-Bit-Version nehmen Anwendungen eine direkte Adressierung ihres virtuellen Speichers über 32-Bit-Adressen vor, während bei der 64-Bit-Version Programme ablaufen können, die eine 64-Bit-Adressierung benötigen. Treffen Sie die entsprechende Auswahl und klicken Sie auf NEXT.

Im Anschluss müssen Sie die Software-Cluster-Konfiguration (SOLARIS CLUSTER CONFIGURATION), also den Installationsumfang, auswählen. Folgende Möglichkeiten werden Ihnen angeboten (vgl. weiter oben den Abschnitt „Installationsumfang"):

- ENTIRE SOLARIS SOFTWARE GROUP PLUS OEM
- ENTIRE SOLARIS SOFTWARE GROUP
- DEVELOPER SOLARIS SOFTWARE GROUP
- ENDUSER SOLARIS SOFTWARE GROUP
- CORE SOLARIS SOFTWARE GROUP

Sobald Sie eine Auswahl getroffen haben, werden Ihnen vom Dialogfenster DISK SELECTION die vorhandenen Festplatten im System angezeigt (AVAILABLE DISKS). Klicken Sie nacheinander die Festplatten an, die für die Installation verwendet werden sollen, und dann jeweils auf ADD. Die ausgewählten Festplatten werden in der rechten Fensterhälfte angezeigt (SELECTED DISKS). Standardmäßig wird die Festplatte, auf die Sie das Mini-Dateisystem aufgebracht haben, bereits rechts angezeigt. Die links verbliebenen Festplatten werden nicht für die Installation verwendet. Klicken Sie dann wieder auf NEXT.

Das nächste Dialogfenster LAYOUT FILE SYSTEM zeigt eine Standardpartitionierung und den dabei notwendigen Festplattenplatz an. Diese Vorgaben lassen sich verändern, indem Sie mit der rechten Maustaste jeweils auf die Festplatte und dann auf die Schaltfläche MODIFY klicken.

Im nun geöffneten Fenster DISK können Sie die ausgewählte Festplatte in bis zu sieben Partionen (0, 1, 3–7) unterteilen. Die Pseudo-Partitionsnummer 2 wird nicht angezeigt, da sie für die gesamte Festplatte reserviert ist. Tragen Sie in der Spalte FILE SYSTEM den Namen des Dateisystems ein, zum Beispiel /, /var, /export/home oder swap, und in der Spalte SIZE die Größe, die Sie der Partition zuweisen möchten. Rechts daneben wird die geforderte Mindestgröße (MIN. SIZE) angezeigt. Rechts unten erscheinen die vorhandene Kapazität (CAPACITY), der zugewiesene Festplattenplatz (ALLOCATED), der noch freie Bereich (FREE) und eventuelle Rundungsfehler (ROUNDING ERROR). Außerdem haben

Sie die Auswahl zwischen den Schaltflächen MB und CYL, um sich den Festplattenplatz in Megabyte oder Zylinder anzeigen zu lassen. Legen Sie nun die gewünschten Partitionen in der gewünschten Größe an.

> Wenn Sie den zur Verfügung stehenden Festplattenplatz bereits vollständig zugewiesen haben, müssen Sie eine oder mehrere Partitionen wieder verkleinern, um anderen Partitionen mehr Platz zuweisen zu können. Die Größe der Partition swap lässt sich nicht mehr verändern, wenn Sie die WebStart-Installation durchführen.

Das nächste Dialogfenster READY TO INSTALL zeigt alle für die Installation getroffenen Einstellungen an und bietet die Möglichkeit, diese Vorgaben noch einmal mit Hilfe der Schaltfläche BACK zu ändern oder mit INSTALL NOW die Installation endgültig zu beginnen. Es erscheint nun das Fenster INSTALLLING, das Ihnen den Fortschritt der Installation anzeigt. Die Dauer dieses Installationsteils hängt vom gewählten Installationsumfang ab.

Ein weiteres Dialogfenster bietet nach der Installation der Software von der CD-ROM Solaris 9 Software 1/2 eine Installationszusammenfassung (INSTALLATION SUMMARY) an. Sie können sich dazu nun Details anzeigen lassen oder auf NEXT klicken. Daraufhin wird die nächste zur Installation notwendige CD-ROM angefordert. Wenn alle Produkte installiert sind, erscheint ein letztes Dialogfenster, in dem Sie auf die Schaltfläche REBOOT NOW klicken. Der Rechner wird dann hochgefahren, so dass Sie die erfolgreiche Installation überprüfen können.

> Die Installation, die direkt von der CD-ROM Solaris 9 Software 1/2 erfolgt, verläuft sehr ähnlich, was die Installationsfragen betrifft, schreibt aber nicht sofort ein Mini-Dateisystem auf die Festplatte und benötigt ca. 25 Minuten weniger Zeit.

2.4 Installation auf einem INTEL-Rechner

Die INTEL-Installation kann entweder mit Hilfe einer Bootdiskette oder per CD-ROM erfolgen. Wenn Sie Solaris gemeinsam mit anderen Betriebssystemen auf dem PC installieren möchten, sollten Sie es als letztes Betriebssystem installieren. Dabei wird dann automatisch der Solaris-Bootmanager in den Master Boot Record geschrieben und zukünftig als Bootmanager geladen.

> Installieren Sie die INTEL-Version auf keinen Fall mit der Installations-CD-ROM, wenn Sie bereits weitere Betriebssysteme auf der Festplatte installiert haben. Der Installationsvorgang dieser CD-ROM schreibt sofort ein Mini-Dateisystem auf die Festplatte, wodurch alle darauf befindlichen Daten zerstört werden.

Solaris 9 für INTEL unterstützt leider nur relativ alte Grafikkarten. Vor der Installation der INTEL-Version von Solaris 9 sollten Sie auf der Website *http://soldc.sun.com/support/drivers/hcl/index.html* nachsehen, ob Ihre vorhandene Hardware kompatibel ist.

Nach Einlegen der Bootdiskette startet der Konfigurationsassistent `bootconf.exe`, der im Betriebssystem im Verzeichnis `/platform/i86pc/boot/solaris` oder auf der Bootdiskette unter `/solaris` abgelegt ist. Seine Aufgabe ist die Erkennung der Hardware und das Laden der notwendigen Gerätetreiber. Er ermöglicht aber auch das Ändern einiger Variablen des Bootinterpreters, die entweder auf der Bootdiskette oder im Verzeichnis `/platform/i86pc/boot/solaris` in der Datei `bootenv.rc` gespeichert werden, zum Beispiel das Gerät, von dem standardmäßig gebootet werden soll.

Wenn das System gestartet wird, können Sie die Hardware vom Konfigurationsassistenten überprüfen lassen, oder sobald die Meldung PRESS ESCAPE TO INTERRUPT AUTOBOOT IN 2 SECONDS erscheint. Der Einführungsbildschirm des Konfigurationsassistenten mit folgenden Optionen erscheint:

- F2 CONTINUE – weiter zum nächsten Auswahlfenster und gleichzeitig Identifizierung aller Gerätetreiber.
- F3 SPECIFIC SCAN – Diagnose von Fehlern bei der Identifizierung der Gerätetreiber.
- F4 ADD DRIVER – Aktualisierung der Gerätetreiber.

Sie werden anschließend gefragt, von welchem Gerät der Solaris-Kernel gebootet werden soll:

- DISK – Festplatte
- CD – CD-ROM

Anschließend wird die Installationsoberfläche gestartet und Sie können zwischen zwei Installationsarten auswählen:

- Solaris Interactive
- Custom Jumpstart

Die restliche Installation verläuft, wie wenn Sie ohne Bootdiskette direkt von CD-ROM installieren.

Bevor Sie mit der Installation von Solaris auf einem INTEL-Rechner beginnen, müssen Sie eine freie primäre Partition auf der Festplatte zur Verfügung stellen, in die das System installiert werden soll. Dies können Sie zum Beispiel mit dem Tool Partition Magic von PowerQuest durchführen. Sichern Sie aber unbedingt die Daten der anderen Betriebssysteme, bevor Sie die Festplatte umpartitionieren! Bedenken Sie auch, dass Solaris in eine primäre Partition installiert werden muss.

Startet man die Installation von Solaris auf einem INTEL-Rechner von CD-ROM, wird der Solaris-Kernel von der CD-ROM geladen und es werden Gerätedateien erstellt. Die Grafikkarte, Maus und Tastatur müssen anschließend manuell mit Hilfe des Programms kdmconfig konfiguriert werden. Dieses Programm lässt sich später auch im laufenden Betrieb aufrufen. Die entsprechenden Treiber werden nun geladen und in der Konfigurationsdatei /etc/openwin/server/etc/OWconfig gespeichert.

Anschließend startet die Installationsoberfläche und Sie können zwischen zwei Installationsarten auswählen:

- Solaris Interactive
- Custom Jumpstart

Die Jumpstartinstallation wird im Kapitel zu Tag 19 beschrieben. Wenn Sie keine Auswahl treffen, beginnt nach 30 Sekunden eine interaktive grafische Installation. Diese entspricht der Installation der Betriebssystem-CD-ROM 1/2 der Sparc-Version. Es werden die Verzeichnisse /dev und /devices konfiguriert, dann können Sie die Sprache wählen, in der Sie die Installation durchführen möchten. Die nächste Frage betrifft die Lokalisierung, das heißt die Auswahl des Zeichensatzes und die Darstellung des Datums usw.

Die weitere Installation wird danach in drei Hauptabschnitten durchgeführt.

- IDENTIFY PERIPHERAL DEVICES – Identifizierung der Peripherie
- IDENTIFY YOUR SYSTEM – Identifizierung des Systems
- INSTALL SOLARIS SOFTWARE – Installation des Betriebssystems Solaris

An dieser Stelle wird wieder das Programm kdmconfig gestartet, mit dessen Hilfe Sie die Grafikkarte, Maus und Tastatur konfigurieren. Im Anschluss wird die Solaris-Installationskonsole gestartet. Von nun ab verläuft die Installation identisch zur interaktiven Installation eines Sparc-Rechners.

Die Installationsroutine verlangt im ersten Abschnitt Angaben zum System (IDENTIFY THE SYSTEM):

- Soll der Rechner für ein Netzwerk konfiguriert werden (NETWORKED)?
- Wenn ja, wird DHCP verwendet (DHCP)?
- Wie lautet der Rechnername (HOST NAME)?
- Wie lautet die IP-Adresse (IP-ADDRESS)?
- Soll Subnetting verwendet werden (SUBNET MASK)?
- Soll IPv6 verwendet werden (IPV6)?

Anschließend erscheint ein Dialogfenster, das alle Angaben auflistet. Sie können diese nun mit Hilfe der Schaltfläche BACK korrigieren oder mit CONFIRM bestätigen.

Danach erfolgt die Abfrage der Zeitzone (TIME ZONE). Sie haben folgende Auswahlmöglichkeiten:

- Geografische Region (GEOGRAPHIC REGION)
- GREENWICH MEANTIME OFFSET
- Zeitzonendatei (TIME ZONE FILE)

Falls Sie sich für die erste Option entscheiden, müssen Sie anschließend noch die geografische Region (also zum Beispiel EUROPE) bestimmen. In einem weiteren Dialogfenster legen Sie das Datum und die Uhrzeit fest.

Der nächste Installationsabschnitt betrifft die zu installierende Software (SELECT SOFTWARE). Sie haben die Auswahl zwischen folgenden Optionen (vgl. Abschnitt „Installationsumfang" weiter oben):

- ENTIRE DISTRIBUTION PLUS OEM SUPPORT
- ENTIRE DISTRIBUTION
- DEVELOPER SYSTEM SUPPORT
- END USER SYSTEM SUPPORT
- CORE SYSTEM SUPPORT

> Über die Schaltfläche CUSTOMIZE können Sie den vorgegebenen Umfang Ihren Wünschen anpassen.

Im nächsten Dialogfenster werden die für die Installation zu verwendenden Festplatten ausgewählt. Dazu markieren Sie in der Spalte AVALAIBLE DISKS die entsprechenden Festplatte(n) und klicken auf die Schaltfläche >, so dass die Festplatte in der Spalte SELECTED DISKS erscheint.

> Wenn Ihre Festplatte bereits andere Betriebssysteme enthält, müssen Sie die für Solaris 9 freigehaltene Partition mit Hilfe der Option EDIT FDISK zuweisen. Ansonsten können Sie die komplette Festplatte für die Installation verwenden.

Im folgenden Schritt müssen Sie entscheiden, ob die Installationsroutine ein automatisches Layout (AUTOMATICALLY LAYOUT FILESYSTEMS) anbieten soll oder ob Sie es manuell konfigurieren möchten. In beiden Fällen können Sie anschließend die Partitionen für das Betriebssystem benennen und ihnen eine Größe zuweisen, wobei Sie die vorgeschriebene Mindestgröße berücksichtigen müssen. Im unteren Fensterbereich wird der freie Bereich in Megabyte angezeigt. Eventuell ergeben sich Rundungsdifferenzen, die ebenfalls an dieser Stelle angezeigt werden. Diese Differenzen können Sie ignorieren, da sie durch die Umrechnung von Megabyte in Zylinder verursacht werden.

Die nächste Frage lautet, ob Sie Remote-Dateisysteme mounten möchten. Das können Sie aber auch jederzeit noch nach der Installation durchführen.

Im letzten Dialogfenster erhalten Sie eine Übersicht Ihrer Eingaben und die Möglichkeit, mit diese Hilfe der Schaltfläche BACK zu korrigieren. Durch Auswahl von CONTINUE und dann BEGIN INSTALLATION werden die Installationspakete auf die Festplatte kopiert. Bis zu diesem Schritt können Sie eine interaktive Installation problemlos abbrechen, da erst jetzt auf die Festplatte geschrieben wird.

Nach der Installation müssen Sie noch das *root*-Passwort angeben und sich entscheiden, ob das Power Management System (vgl. Tag 12) aktiviert werden soll.

2.5 Flashinstallation

Voraussetzungen und Einsatzmöglichkeiten

Eine Flashinstallation bietet die Möglichkeit, auf einem Mastersystem eine bestimmte Installation zu verwenden und diese dann auf so genannte Klonsysteme zu übertragen. Dabei können verschiedene Konfigurationen auf dem Mastersystem erzeugt und als eigenständige Installationspakete definiert werden. Der Vorteil einer Flashinstallation ist die wesentlich schnellere Installation, da hier kopiert wird. Trotzdem können das Betriebssystem, die Hardware und Zusatzsoftware wunschgemäß vorkonfiguriert werden. Im Notfall kann ein Flasharchiv auch zur raschen Wiederherstellung eines Systems verwendet werden.

Die Flashinstallation kann entweder als interaktive Installation verwendet werden oder aber auch in Jumpstart-Installationen (vgl. Tag 19) integriert werden.

Für eine Flashinstallation werden bestimmte Hard- und Softwarevoraussetzungen empfohlen, die eingehalten werden sollten.

Bei der Software ist zu beachten, dass die Flashinstallation eine neue Eigenschaft von Solaris 9 ist. Sie ist Bestandteil des Betriebssystems und auch bei einer Minimalinstallation bereits enthalten. Allerdings ist zur Erzeugung eines Flasharchivs eine Komplettinstallation empfehlenswert. Sie können mit folgendem Befehl feststellen, ob Sie das Betriebssystem vollständig installiert hatten:

```
# cat /var/sadm/system/admin/CLUSTER
CLUSTER=SUNWCXall
```

Hardwareseitig ist zu beachten, dass ein Pentium-Prozessor empfohlen wird, ein SPARC-System für den geklonten Rechner und ein UltraSPARC-System für den Masterrechner verwendet werden sollte. Beide Systeme müssen unbedingt dieselbe Kernelarchitektur haben, also zum Beispiel sun4u. Vor der Archiverzeugung muss der Master mit genau der Software und den Treibern konfiguriert werden, die für die Klonsysteme gelten sollen.

Die Flashinstallation unterstützt nur das Dateisystem ufs und keine Metadevices. Es ist nicht möglich, Flasharchive mit unterschiedlichen Versionen des Betriebssystems Solaris zu erzeugen.

Bevor Sie ein Flasharchiv erstellen, müssen Sie folgende Punkte festlegen:

- Umfang des Konfigurationsclusters, damit die notwendige Hardware- und Treiberkonfiguration für das Klonsystem erfolgen kann. Dieser Punkt entfällt, wenn Sie sich für das Cluster Entire Distribution + OEM support entscheiden.
- Festlegen der Archivnamen
- Definition des genauen Archivinhalts

Ein Flasharchiv mit Befehlen administrieren

Bevor auf dem Klonsystem eine Flashinstallation erfolgen kann, muss auf dem Mastersystem ein Flasharchiv erzeugt werden. Während der Erstellung des Archivs sollten möglichst wenig I/O-Prozesse auf dem Mastersystem laufen.

Flasharchiv erzeugen

Mit dem Befehl flarcreate können Sie auf einem Mastersystem ein Flasharchiv erzeugen. Die Befehlssyntax sieht folgendermaßen aus:

flarcreate -n name [-Optionen] archiv

Der Befehl kennt folgende Optionen:

Option	Bedeutung
-a autor	Angabe des Autors des Flasharchivs.
-c	Komprimieren des Flasharchivs mit dem Befehl compress.
-e beschr	Angabe einer Beschreibung des Flasharchivs.
-m master	Angabe des Mastersystems, auf dem das Flasharchiv erstellt wurde.
-n name	Angabe des Archivnamens.
-R root	Angabe des Ursprungsverzeichnisses (root) des Flasharchivs.

Tabelle 2.3: Optionen des Befehls flarcreate

Option	Bedeutung
-s	Keine Aufnahme von Größenangaben in das Flasharchiv.
-x *ausschl*	Ausschluss des angegebenen Verzeichnisses aus dem Flasharchiv.
archiv	Angabe des Pfads zum Flasharchiv

Tabelle 2.3: Optionen des Befehls flarcreate *(Forts.)*

Im folgenden Beispiel wird vom Autor admin-sun mit der Beschreibung rootarchiv ein komprimiertes Flasharchiv mit dem Namen flashroot im Pfad flasharchiv1, ausgehend vom Wurzelverzeichnis /, erstellt. Das Verzeichnis /test wird dabei ausgeschlossen:

```
# flarcreate -n flashroot -c -R / -e rootarchiv -x /test -a admin-sun \
flasharchiv1
Determing which filesystems will be included in the archive ...
Determing the size of the archive ...
The archive will be approximately 623.76MB.
Creating the archive ...
Archive creation complete.
```

Flasharchiv verwalten

Ein Flasharchiv kann mit dem Befehl flar verwaltet werden. Die Befehlssyntax ist wie folgt:

flar [*-Option*] *archiv*

Der Befehl kennt folgende Optionen:

Option	Bedeutung
-c	Zusammenstellen von einzelnen Abschnitten aus einem vorhandenen Archiv in ein neues Archiv.
-i	Ausgabe von Informationen über vorhandene Archive.
-s	Aufsplittung eines Archivs, wobei jeder Abschnitt des Archivs eine Datei bildet.

Tabelle 2.4: Optionen des Befehls flar

Im folgenden Beispiel werden die Headerinformationen des zuvor erzeugten Flasharchivs flasharchiv1 ausgegeben:

```
# flar -i flasharchiv1
archive_id=21a47db4173ed80ba62cdae6448266d8
files_archived_method=cpio
creation_date=2002032030403041
creation_master=suso1
conten_name=flashroot
creation_node=suso1
creation_hardware_class=sun4u
creation_platform=SUNW,Ultra5_10
creation_processor=sparc
creation_release=5.9
creation_os_name=SunOS
creation_os_version=Generic
files_compressed_method=compress
files_archived_size=654059765
content_description=rootarchiv
content_author=admin_root
content_architectures=sun4u
```

Ein Flasharchiv verwenden

Eine Flashinstallation erfolgt in drei Schritten:

- Erzeugen des Mastersystems:

    Das Mastersystem enthält die so genannte Referenzkonfiguration, das heißt, es wird mit allen notwendigen Gerätetreibern und Dateien installiert. Gegebenenfalls werden nicht notwendige Softwarepakete entfernt bzw. Zusatz-Softwarepakete hinzugefügt. Auch die Run Control-Skripte und andere Konfigurationsdateien können auf diesem System schon für das Klonsystem entsprechend angepasst werden.

- Erzeugen des Flasharchivs:

    Das Flasharchiv enthält die Installation des Mastersystems und kann als Datei beliebig auf andere Systeme kopiert werden. Dazu muss das Verzeichnis und der Ort angegeben werden, auf dem sich das Flasharchiv befindet, zum Beispiel:

    - Auf einem NFS-Server (Network File System – vgl. Tag 17)
    - Auf einem HTTP-Server (Hypertext Transfer Protocol)
    - Auf einem lokalen oder entfernten Bandgerät
    - Auf der CD-ROM
    - Auf der lokalen Platte des Klonsystems

- Installation des Klonsystems mit Hilfe des Flasharchivs:

  Das Flasharchiv ersetzt das Installieren von einzelnen Paketen und kann auf das Klonsystem auf drei verschiedene Arten kopiert werden:

  - Mit der interaktiven Installation (mit CD-ROM Solaris Software 1 von 2)
  - Mit dem Solaris Web Start 3.0 Installer (mit CD-ROM Solaris Installation)
  - Mit einer Jumpstartinstallation

Flashinstallation mit dem Solaris Web Start 3.0 Installer

1. Diese Installationsart läuft zunächst genauso wie die in Abschnitt 2.3 beschriebene Webstart-Installation ab, das heißt, Sie booten vom OpenBoot PROM aus mit dem Befehl `boot cdrom` mit der CD-ROM Solaris 9 Installation. Anschließend geben Sie an, dass Sie eine Neuinstallation durchführen möchten, und geben die Netzwerkinformationen, die Zeitzone usw. an. Nachdem Sie die Informationen des ersten Installationsabschnittes bestätigt haben, erhalten Sie ein Webstart-Begrüßungsfenster und die eigentliche Phase der Flashinstallation beginnt.

2. Im Fenster SPECIFY MEDIA können Sie die Quelle der Flasharchiv-Dateien auswählen: CD, NETWORK FILE SYSTEM, HTTP (FLASH ARCHIVE ONLY) oder LOCAL TAPE (FLASH ARCHIVE ONLY).

3. Wenn Sie die Quelle NFS gewählt haben, müssen Sie im nächsten Fenster SPECIFY NETWORK FILE SYSTEM PATH die Flasharchiv-Datei in der Syntax *servername*: */pfadname* auswählen. Alternativ zum Servernamen können Sie auch die IP-Adresse des Servers angeben. Wenn der Rechner `suso1` zum Beispiel die IP-Adresse 193.161.48.15 hat und sich das Flasharchiv im Verzeichnis `/flasharchiv` befindet, dann geben Sie hier `193.161.48.15:/flasharchiv` ein.

4. Im nachfolgenden Fenster SELECT FLASH ARCHIVES werden alle Flasharchive aufgelistet, die in dem zuvor genannten Verzeichnis vorhanden sind. Das gewünschte Flasharchiv kann durch Aktivieren des Kontrollkästchens ausgewählt werden.

5. Im Fenster FLASH ARCHIVE SUMMARY werden die ausgewählten Optionen nochmals angezeigt und sollten bestätigt werden.

6. Es erscheint das Fenster ADDITIONAL FLASH ARCHIVES, in dem weitere Quellen für Flasharchive ausgewählt werden können. Diese können entweder ein anderes Dateisystem auf dem Masterrechner oder eine andere Quelle sein, wie CD, NFS, HTTP oder lokales Bandgerät. Sie können die Auswahl aber auch mit NONE – ARCHIVE SELECTION COMPLETE hier abschließen.

7. Im Fenster INSTALLER: FLASH ARCHIVE – DISK SELECTION wählen Sie die Festplatte, auf der installiert werden soll.

8. Im nächsten Fenster INSTALLER: FLASH ARCHIVE – LAY OUT FILE SYSTEMS werden die für die Partitionen festgelegten Größen angezeigt, die für die Flashinstallation notwendig sind. Bei Bedarf können Sie diese mit Hilfe der Schaltfläche MODIFY ändern.

9. Das letzte Fenster fasst die letzten Angaben nochmals zusammen. Wenn diese korrekt sind, klicken Sie auf die Schaltfläche INSTALL NOW, um das Flasharchiv zu installieren.

10. Nach durchgeführter Flashinstallation erhalten Sie das Fenster INSTALLATION SUMMARY. Durch Anklicken der Schaltfläche DETAILS erhalten Sie Einzelheiten zur Installation, die sich in der Datei `/tmp/install_log` befinden. Dieses Fenster kann mit `Dismiss` beendet werden.

11. Zuletzt wird das System neu gebootet.

Flashinstallation mit einer interaktiven Installation

1. Für diese Installationsart booten Sie vom OpenBoot PROM aus mit dem Befehl `boot CD-ROM - nowin` mit der CD-ROM Solaris 9 Software 1 von 2. Auch hier läuft zunächst eine Vorinstallationsphase ab, die bereits in den vorangegangenen Abschnitten beschrieben wurde. Sie werden dann gefragt, ob Sie eine Erst- oder Upgrade-Installation durchführen wollen. Wählen Sie hier auch die INITIAL INSTALLATION mit [F4].

2. Im nächsten Fenster haben Sie die Möglichkeiten, eine Standard- oder eine Flashinstallation auszuwählen. Wählen Sie mit [Esc]-4 die Flashinstallation.

3. Im Fenster FLASH ARCHIVE RETRIEVAL METHOD können Sie die Quelle der Flasharchiv-Dateien auswählen: HTTP, NFS, LOCAL FILE, LOCAL TAPE oder LOCAL DEVICE.

4. Wenn Sie die Quelle NFS gewählt haben, müssen Sie im nächsten Fenster FLASH ARCHIVE ADDITION die Flasharchiv-Datei in der Syntax `servername:/pfadname/archivname` auswählen. Alternativ zum Servernamen können Sie auch die IP-Adresse des Servers angeben. Wenn der Rechner suso1 zum Beispiel die IP-Adresse 193.161.48.15 hätte und sich das Flasharchiv `flash1` im Verzeichnis `/flasharchiv` befindet, dann geben Sie hier `193.161.48.15:/ flasharchiv/flash1` ein.

5. Im nachfolgenden Fenster FLASH ARCHIVE SELECTION werden alle Flasharchive aufgelistet, die Sie bereits ausgewählt haben. Mit [F5] New können Sie weitere Flasharchive hinzufügen oder mit [F2] CONTINUE mit der Installation fortfahren.

6. Im Fenster SELECT DISKS wählen Sie die Festplatte, auf der installiert werden soll.

7. Anschließend werden Sie gefragt, ob Sie irgendwelche auf der Festplatte befindlichen Daten retten möchten: Dies können Sie mit [F4] PRESERVE durchführen oder Sie wählen [F2] CONTINUE.

8. Im nächsten Fenster FILE SYSTEM AND DISK LAYOUT werden die für die Partitionen festgelegten Größen angezeigt, die für die Flashinstallation notwendig sind. Bei Bedarf können Sie diese mit Hilfe der Option [F4] CUSTOMIZE ändern.

9. Nun werden Sie gefragt, ob Sie entfernte Dateisysteme mounten möchten, weil Sie von diesen Servern Software benötigen. Wenn ja, wählen Sie [F4] REMOTE MOUNTS, ansonsten fahren Sie wieder mit [F2] CONTINUE fort.

10. Das letzte Fenster fasst Ihre Angaben nochmals zusammen. Wenn diese korrekt sind, wählen Sie [F2] CONTINUE.

11. Die letzte Frage lautet, ob nach der Installation neu gebootet werden soll. Nach der von Ihnen gewünschten Auswahl können Sie mit [Esc]+[2] BEGIN INSTALLATION beginnen, das Flasharchiv zu installieren.

12. Nach durchgeführter Flashinstallation, deren Schritte am Bildschirm angezeigt werden, wird das System neu gebootet.

2.6 Zusammenfassung

An diesem Tag lernten Sie die unterschiedlichen Systemtypen, die verschiedenen Installationsarten von Solaris 9 und die möglichen Software-Konfigurationscluster bei der Installation kennen. Sie wissen nun, dass Sie eine Installation im voraus planen müssen, indem Sie bestimmte Daten bereitstellen, wie zum Beispiel den Hostnamen oder die IP-Adresse. Außerdem planen Sie die Aufteilung der Partitionen, bevor Sie mit der Installation beginnen.

Dieser Tag beschrieb eine Webstart-Installation auf einem Sparc-System sowie eine interaktive Solaris-Installation auf einem INTEL-Rechner.

2.7 F&A

F *Ich möchte auf meinem Rechner, der bereits das Betriebssystem Microsoft Windows 98 enthält, zusätzlich Solaris 9 für INTEL-Rechner installieren. Kann ich damit sofort beginnen?*

A Nein, die Festplatte Ihres Rechners muss freien Speicherplatz enthalten, der nicht dem Dateisystem von Microsoft Windows 98 zugewiesen wurde. Sollte kein solcher Platz zur Verfügung stehen, müssen Sie zuerst eine Datensicherung durchführen und anschließend mit einem entsprechenden Tool eine Umpartitionierung vornehmen.

F Ich möchte auf meinem Rechner, der bereits das Betriebssystem Microsoft Windows 98 enthält, zusätzlich Solaris 9 für INTEL-Rechner installieren. Kann ich dafür die Solaris 9 Installations-CD-ROM verwenden?

A Nein, diese CD-ROM schreibt sofort ein Mini-Root-Dateisystem auf die Festplatte und zerstört dadurch bereits vorhandene Daten. Sie müssen daher die Installation mit der CD-ROM Solaris 9 Software 1/2 beginnen.

F Mein neues Sparc-System soll ein Fileserver werden. Soll ich eine eigene Partition für das Verzeichnis /export/home anlegen?

A Ja, dies ist sehr zu empfehlen.

F Auf meinem neuen Sparc-System möchte ich fünf Partitionen anlegen. Am liebsten würde ich sie einfach durchnummerieren von 0 bis 4. Ist das möglich?

A Ja, aber es wird nicht empfohlen, die Partition 2 als reale Partition zu verwenden. Verschiedene Programme nutzen sie unter Solaris als Bezeichnung für die gesamte Festplatte. Dadurch können Probleme auftreten, wenn die Partition 2 anderweitig verwendet wird.

2.8 Übungen

1. Installieren Sie das Betriebssystem Solaris 9 auf Ihrem Rechner. Verwenden Sie dazu die interaktive Solaris-Installation und das Konfigurationscluster »Entire plus OEM«. Richten Sie zumindest je eine Partition für /, /usr und swap ein. Die restlichen Installationsangaben, wie zum Beispiel Hostname oder IP-Adresse, können nach Ihrer Wahl erfolgen.

Tag 3

Wichtige Solaris-Befehle

Wichtige Solaris-Befehle

An diesem Tag lernen Sie die wichtigsten und gebräuchlichsten Unix-Befehle kennen. Zuerst werden Befehle für die Arbeit mit Dateien und Verzeichnissen erläutert und anschließend einige Befehle, mit deren Hilfe Sie Informationen über das System erhalten. Anschließend lernen Sie, wie Sie nach Dateien oder in Dateien nach Suchmustern suchen. Am Schluss erfahren Sie noch etwas über den Unterschied zwischen symbolischen und Hard Links und wie Sie diese erzeugen.

3.1 Aufbau von Unix-Befehlen

Befehle unter Unix werden an der Eingabeaufforderung hinter dem Promptzeichen eingegeben und haben in der Regel den folgenden Aufbau:

```
$ befehlsname [-Option(en)] [Argument(e)]
```

Nicht jeder Befehl kennt Optionen und Argumente und diese müssen bei den meisten Befehlen nicht unbedingt verwendet werden.

> Das Promptzeichen kann vom Benutzer seinen Anforderungen gemäß eingerichtet werden. Standardmäßig ist das Promptzeichen der Bourne- und Korn-Shell ein Dollarzeichen $ (vgl. Tag 7). Unabhängig von der Shell wird dem Benutzer *root* aber das Hashzeichen # zugeordnet.

Die einfachste Form eines Befehls besteht daher nur in der Eingabe des Befehlsnamens. Der nachfolgende Befehl gibt das aktuelle Verzeichnis aus, in dem Sie sich befinden:

```
$ pwd
```

Ein Befehl, der in der Regel ein Argument verwendet, ist der Befehl cd zum Wechseln des Verzeichnisses. Im nachfolgenden Beispiel wird in das Verzeichnis /etc gewechselt:

```
$ cd /etc
```

Der Befehl ls wird meist mit einer oder mehreren Optionen verwendet. Die Optionen beeinflussen die Ausgabe oder Verarbeitung des Befehls und können häufig aneinander gereiht eingegeben werden. Im nachfolgenden Beispiel wird der Inhalt eines Verzeichnisses ausführlich (-l = long) und einschließlich der versteckten Dateien (-a = all) aufgelistet:

```
$ ls -al
```

> Versteckte Dateien in Unix sind meist Konfigurationsdateien. Sie beginnen immer mit einem Punkt und werden normalerweise nicht angezeigt, wenn der Inhalt eines Verzeichnisses aufgelistet wird.

Der Befehl ls kann sowohl mit Optionen als auch mit Argumenten verwendet werden. Das nachfolgende Beispiel bewirkt ein ausführliches Listing aller Dateien in den Verzeichnissen /etc und /sbin:

```
$ ls -al /etc /sbin
```

> Die Verzeichnisstruktur von Solaris wird an Tag 11 erläutert.

3.2 Namenskonventionen

Bei der Erzeugung von Dateien und Verzeichnissen sollten Sie daran denken, dass Unix Groß- und Kleinschreibung unterscheidet. Aus diesem Grund werden die Dateien /export/home/her/bericht, /export/home/her/BERICHT, /export/home/her/Bericht, /export/home/her/berICHT usw. als separate Dateien unter Unix betrachtet.

> Um Probleme mit anderen Betriebssystemen, die die Groß- und Kleinschreibung nicht unterscheiden, bzw. Verwirrung zu vermeiden, verwenden Sie am besten immer die Kleinschreibung.

Ein Dateiname setzt sich unter Unix aus dem Pfadnamen und dem eigentlichen Dateinamen zusammen:

/export/home/her/bericht

Der erste Schrägstrich steht dabei für das Verzeichnis /, während die anderen Schrägstriche Trennzeichen zwischen den einzelnen Verzeichnissen darstellen. Der eigentliche Dateiname in diesem Beispiel wäre bericht, der Pfadanteil /export/home/her.

Sonderzeichen haben unter Unix oft eine spezielle Bedeutung und sollten daher vermieden werden. Die folgenden Zeichen

. , _

können problemlos verwendet werden. Einen Bindestrich (-) sollten Sie nie am Anfang eines Dateinamens verwenden. Außerdem sollten Sie die deutschen Sonderzeichen, wie zum Beispiel die Umlaute ä, ö, ü und das Zeichen ß, sowie Leerzeichen in Dateinamen unbedingt vermeiden, da diese bei einem Unix-System zu Problemen führen können.

> Die Sonderzeichen werden an Tag 7 ausführlich erläutert.

3.3 Hilfebefehle

Der Befehl man

Mit dem Befehl man erhalten Sie eine Online-Hilfe, die so genannten Manual Pages. Dazu geben Sie zuerst den Befehl man und dann den Suchbegriff ein. Die Befehlssyntax sieht folgendermaßen aus:

```
$ man [-Optionen] befehlsname
```

Wenn Sie Hilfe zu dem Befehl pwd suchen, geben Sie an der Befehlszeile man pwd ein. Sie erhalten folgende Ausgabe:

```
$ man pwd
Reformatting page.   Please Wait... done
User Commands                                           pwd(1)
NAME
     pwd - print working directory
<weitere Ausgabe wird nicht angezeigt>
```

Die Navigation in den Manual Pages erfolgt über bestimmte Tasten, die bereits an Tag 1 beschrieben wurden. Sie entspricht der des Befehls more, der in Abschnitt 3.7 erläutert wird.

Die Ausgabe der Manual Pages erfolgt gegliedert (vgl. Tag 1). Die Manual Pages sind in Sektionen aufgebaut. So enthält zum Beispiel die Sektion 1 Benutzerbefehle und die Sektion 4 verschiedene Dateiformate. Daher erhalten Sie mit dem Befehl

```
$ man passwd
```

Informationen zum Befehl passwd, während der Befehl

```
$ man -s4 passwd
```

Informationen über die Datei /etc/passwd ausgibt. Wenn Sie keine Sektionsnummer angeben, werden die Informationen der Sektion 1 ausgegeben.

Der Befehl apropos

Wenn Sie den Namen eines Befehls nicht kennen, durchsuchen Sie die Online-Hilfe nach Stichwörtern. Dazu verwenden Sie entweder den Befehl apropos oder den Befehl man mit der Option -k, zum Beispiel:

```
$ apropos edit
```

oder

```
$ man -k edit
```

Sie erhalten folgende Ausgabe:

```
align_equals
textedit_filters (1) - filters provided with textedit 1) atobm
bitmap (1) - bitmap editor and converter utilities for the X Windows System bitmap
<weitere Ausgabe wird nicht angezeigt>
```

Der Befehl whatis

Wenn Sie nur eine Kurzhilfe möchten, dann verwenden Sie den Befehl whatis, zum Beispiel:

```
$ whatis ls
ls (1) - list contents of directory
ls (1b) - list the contents of a directory
```

> Die Stichwort- und Kurzhilfe funktionieren nur, wenn zuvor vom Systemadministrator mit dem Befehl catman -w eine entsprechende Indexdatei erzeugt wurde.

3.4 Systeminformationsbefehle

Es gibt eine Anzahl von einfachen Befehlen, mit denen Sie einige Informationen über das System und die darin angemeldeten Benutzer erhalten. Die gebräuchlichsten werden in diesem Abschnitt aufgeführt.

Der Befehl hostname

Dieser Befehl gibt den Namen Ihres Rechners aus:

```
$ hostname
suso01
```

Der Befehl uname

Mit Hilfe des Befehls uname erhalten Sie detailliertere Informationen über die Hardware und die Betriebssystemversion des Systems. Ohne Option wird nur der Name des Betriebssystems ausgegeben:

```
$ uname
SunOS
```

Alle verfügbaren Optionen erhalten Sie mit der Option -a:

```
$ uname -a
SunOS suso01 5.8 Generic_108528-06 sun4u sparc SUNW,Sun-Blade-100
```

Die Ausgabe zeigt das Betriebssystem (SunOS), den Rechnernamen (suso01), die Releasenummer des Betriebssystems (5.8), die Betriebssystemversion (Generic), die Hardwarekategorie, den Prozessortyp und die Hardwarebezeichnung an.

> An Tag 1 wurde ausführlich erläutert, wie die Bezeichnungen und Releasenummern für das Betriebssystem SunOS zusammengesetzt sind.

Weitere mögliche Optionen des Befehls sind:

Option	Bedeutung
-i	Nur Hardwarebezeichnung ausgeben.
-m	Nur Hardwarekategorie anzeigen.
-n	Nur Rechnernamen anzeigen.
-p	Nur Prozessortyp anzeigen.
-r	Nur Releasenummer anzeigen.
-s	Nur Betriebssystemname anzeigen.
-S hostname	Ändern des Hostnamens.
-v	Nur Versionsnummer des Betriebssystems anzeigen.

Tabelle 3.1: Optionen des Befehls uname

Der Befehl showrev

Dieser Befehl gibt Informationen über die Soft- und Hardware aus. Wenn Sie keine Option verwenden, werden der Hostname und die HostID, die Releasenummer des Betriebssystems, die Hardwarekategorie und der Prozessortyp sowie die Kernelversionsnummer ausgegeben:

```
$ showrev
Hostname: suso2
Hostid: 83086231
Release: 5.8
Kernel architecture: sun4u
Application architecture: sparc
Hardware provider: Sun_Microsystems
```

Systeminformationsbefehle

```
Domain:
Kernel version: SunOS 5.8 Generic 108528-06 December 2000
```
Der Befehl kennt auch mehrere Optionen:

Option	Bedeutung
`-a`	Ausführliche Ausgabe.
`-c befehl`	Informationen zum angegebenen Befehl anzeigen.
`-p`	Nur Informationen über vorhandene Patches anzeigen.
`-s hostname`	Den Befehl auf einem anderen System ausführen.
`-w`	Nur Informationen zur OpenWindows-Version anzeigen.

Tabelle 3.2: Optionen des Befehls showrev

> **Neuer Begriff:** Ein Patch ist eine Ergänzung oder Ausbesserung zu einem Softwarepaket. Patches werden an Tag 13 ausführlich erläutert.

Die Option -s kann nur verwendet werden, wenn auf dem Zielrechner das Paket Solstice Adminsuite installiert wurde. Außerdem muss dort der Daemon *admind* aktiv sein.

Wenn Sie die Option -c verwenden, um Informationen über einen Befehl bzw. ein Programm zu erhalten, zeigt sich folgende Ausgabe:

```
$ showrev -c cp
PATH is:
/usr/sbin:/usr/bin:/usr/dt/bin:/usr/openwin/bin:/bin:/usr/ucb
PWD is:
/
LD_LIBRARY_PATH is not set in the current environment

File: /usr/bin/cp
==================
File type: ELF 32-bit MSB executable SPARC Version 1, dynamically linked, stripped
Command version: SunOS 5.8 Generic February 2000
File mode: r-xr-xr-x
User owning file: root
Group owning file: bin
Library information:
        libc.so.1 => /usr/lib/libc.so.1
        libdl.so.1 => /usr/lib/libdl.so.1
        /usr/platform/SUNW,Sun-Blade-100/lib/libc_psr.so.1
Sum: 48668
```

Wichtige Solaris-Befehle

In diesem Beispiel lassen Sie sich ausführliche Informationen zum installierten Befehl cp anzeigen. Dazu gehören die Zugriffs- und Besitzrechte, Bibliotheksverweise, die Befehlsversion, die Prüfsumme und der Dateityp. Beim Dateityp handelt es sich um ein ausführbares Programm für Sparc-Rechner, das im Format ELF als 32-Bit-Version vorliegt und dynamisch gelinkt ist.

Der Befehl date

Dieser Befehl gibt das Datum und die Uhrzeit des Systems aus:

```
$ date
Sat Jul   7 16:05:36 MEST 2001
```

> Das Ausgabeformat des Befehls hängt vom Wert der Variablen LANG ab. Shellvariablen werden an Tag 7 ausführlich erklärt.

Sie können das Ausgabeformat mit Hilfe der Option *+format* beeinflussen. Im nachfolgenden Beispiel wird das Datum im Format »zweistellige Tages- und Monats- und vierstellige Jahresangabe« ausgegeben:

```
$ date +"%d.%m.%Y"
07.07.2001
```

Es gibt sehr viele verschiedene Ausgabeformate, die Sie mit Hilfe des Befehls man date nachschlagen können. Außerdem lässt sich mit diesem Befehl die Systemzeit umstellen. Dazu muss das Format *mmddHHMM* (zweistellige Monats-, Tages-, Stunden- und Minutenangabe) eingehalten werden.

```
# date 07071605
Sat Jul   7 16:05:36 MEST 2001
```

> Die Änderung der Systemzeit ist allein dem Benutzer *root* vorbehalten.

Der Befehl kennt folgende Optionen:

Option	Bedeutung
-a sss.fff	Die Hardwareuhr beschleunigen oder verlangsamen (durch Voranstellen eines Minuszeichens), in Sekunden und Sekundenbruchteilen sss.fff.
-u	Das Datum in Greenwich Mean Time (GMT-Zeit) anzeigen oder setzen.

Tabelle 3.3: Optionen des Befehls date

Der Befehl cal

Der Befehl gibt den aktuellen Monatskalender zurück:

```
$ cal
     July 2001
 S  M Tu  W Th  F  S
 1  2  3  4  5  6  7
 8  9 10 11 12 13 14
15 16 17 18 19 20 21
22 23 24 25 26 27 28
29 30 31
```

Als Optionen kennt der Befehl die Monats- und die Jahresangabe. So gibt zum Beispiel der Befehl

```
$ cal 2 1999
```

den Monatskalender vom Februar 1999 aus.

Wenn Sie als Option nur die Jahreszahl mitgeben, erhalten Sie einen Jahreskalender. So gibt zum Beispiel der Befehl

```
$ cal 2001
```

den Jahreskalender für das Jahr 2001 aus.

Der Kalender reicht von Januar im Jahre 1 bis Dezember im Jahre 9999 und berücksichtigt auch die Schaltjahre entsprechend. Auch die Kalenderregulierung im September 1752 ist enthalten. Wenn Sie als Option das Jahr 99 mitgeben, erhalten Sie daher eine andere Ausgabe als bei Verwendung der Option 1999.

Der Befehl id

Dieser Befehl zeigt die Benutzeridentifikation an, das heißt den Namen und die Nummer des Benutzers:

```
$ id
uid=533(her) gid=102(buha)
```

Ein Benutzername kann als Argument des Befehls verwendet werden. Die Option -a gibt zusätzlich die sekundären Gruppen des Benutzers aus:

```
$ id -a olli
uid=541(olli) gid=107(entw) groups=107(entw),105(hw),102(buha)
```

Der Befehl who

Dieser Befehl zeigt an, welche Benutzer am System angemeldet sind:

```
$ who
root      console    Jul 7  15:25   (:0)
root      pts/4      Jul 7  15:25   (:0.0)
root      pts/5      Jul 7  16:22   (:0.0)
her       pts/7      Jul 7  15:39   (:0.0)
```

Die erste Spalte enthält den Benutzernamen und die zweite die Bezeichnung des Geräts, an dem sich der Benutzer angemeldet hat. Mögliche Geräte sind *console* (der physikalische Rechner), *pts* (das Pseudoterminal, zum Beispiel ein Terminalfenster der CDE) und *term* (ein physikalisch angeschlossenes Terminal). Die dritte und die vierte Spalte enthalten Datum und Uhrzeit der Anmeldung und die letzte Spalte zeigt an, ob sich ein Benutzer von einem Remote-System aus angemeldet hat.

> Der Befehl erhält seine Informationen aus der Datei /var/adm/utmpx.

Der Befehl kennt folgende Optionen:

Option	Bedeutung
-a	Ausführliche Ausgabe.
-b	Die Bootzeit des Systems anzeigen.
-d	Nur die Prozesse anzeigen, die einmal vom Prozess init gestartet und inzwischen beendet sind.
-H	Spaltenüberschriften ausgeben.
-l	Die Leitungen und den Portmonitor anzeigen, an denen Anmeldungen erwartet werden.
-m	Nur Informationen des aktuellen Terminals ausgeben.
-p	Nur die Prozesse anzeigen, die aktiv sind und vom Prozess init wieder gestartet werden, falls sie beendet werden.
-q	Nur Anzeige der Namen; diese Option ignoriert alle anderen Optionen.
-r	Nur aktuellen Runlevel ausgeben.
-s	Standardausgabe, kann auch weggelassen werden.

Tabelle 3.4: Optionen des Befehls who

Option	Bedeutung
-t	Anzeigen, wann die Systemzeit zuletzt mit dem Befehl date geändert wurde.
-u	Anzeigen, wie lange an einem Terminal keine Eingabe mehr durch den Benutzer erfolgte und wie die PID der Anmeldeshell des Benutzers lautet.

Tabelle 3.4: Optionen des Befehls who (Forts.)

> Die PID ist die Prozess-ID, also die Zahl, die ein Befehl während seiner Ausführung als Prozessnummer zugeordnet bekommt (vgl. Tag 9).

Mit folgendem Befehl erhalten Sie Ihren aktuellen Benutzernamen:

```
$ who am i
her     pts/7     Jul 7  15:25    (:0.0)
```

Es gibt einen ähnlichen Befehl im Verzeichnis /usr/ucb:

```
$ whoami
her
```

Der Befehl whoami gibt den aktuellen Benutzernamen an, während der Befehl who am i den ursprünglichen Anmeldenamen zeigt. Daher kann es nach einem Wechsel der Benutzeridentität mit dem Befehl su zu unterschiedlichen Ausgaben kommen. Der Befehl su wird am 8. Tag ausführlich erläutert.

Der Befehl last

Dieser Befehl zeigt an, welche Benutzer sich am System angemeldet bzw. abgemeldet haben und wann das System erneut gestartet wurde:

```
$ last
root       console       :0    Sat Jul   7 15:25   still logged in
root       console       :0    Sat Jul   7 15:24 - 15:24  (00:00)
reboot     system boot         Sat Jul   7 15:23
root       console       :0    Sun Jul   1 12:06 - 19:13  (07:07)
reboot     system boot         Sun Jul   1 11:24
root       console       :0    Sat Jun  30 17:59 - 22:36  (04:36)
reboot     system boot         Sat Jun  30 17:58
root       console       :0    Tue Jun  26 19:05 - 19:53  (00:47)
reboot     system boot         Tue Jun  26 19:04
root       console       :0    Tue Jun  26 18:54 - 19:03  (00:09)
reboot     system boot         Tue Jun  26 18:39
root       console       :0    Sun Jun  17 14:03 - down   (9+04:36)
```

Die erste Spalte zeigt die Benutzernamen oder die Reboot-Information und die zweite wiederum die Bezeichnung des Geräts, an dem sich der Benutzer angemeldet hat. Die dritte Spalte enthält den Rechnernamen, von dem sich der jeweilige Benutzer angemeldet hat (0 steht für lokal). Die vierte und fünfte Spalte informieren über Datum und Uhrzeit der Anmeldung. Die letzte Spalte zeigt an, wie lange ein Benutzer angemeldet war.

> Der Befehl erhält seine Informationen aus der Datei /var/adm/wtmpx.

Mit dem Argument reboot werden nur die Zeiten der Systemstarts angezeigt:

```
$ last reboot
reboot     system boot      Sat Jul  7 15:23
reboot     system boot      Sun Jul  1 11:24
reboot     system boot      Sat Jun 30 17:58
reboot     system boot      Tue Jun 26 19:04
```

Der Befehl kennt folgende Optionen:

Option	Bedeutung
-a	Den Rechnernamen in der letzten Spalte anzeigen.
-f *dateiname*	Die Datei *dateiname* statt der Datei /var/adm/wtmpx verwenden.
-n *nummer*	Die Anzahl der angezeigten Einträge begrenzen.

Tabelle 3.5: Optionen des Befehls last

Der Befehl finger

Der Befehl gibt Informationen zu einem Benutzer aus und kann für lokale und Remote-Abfragen von Benutzerkennungen verwendet werden.

```
$ finger
Login    Name              TTY      Idle    When       Where
root     Superuser         console          Mon 15:25  (:0)
her      Ute Hertzog       pts/3            Mon 16:23  (:0)
olli     Oliver Dorsch     pts/5    41      Mon 13:45  (:0)
```

Die erste Spalte enthält den Benutzernamen, die zweite Spalte weitergehende Informationen zum Benutzer, die dem Kommentarfeld der Datei /etc/passwd entnommen werden. Die nächste Spalte informiert über das Gerät, an dem der Benutzer angemeldet ist. In der vierten Spalte steht die Zeit in Minuten, seit der der Benutzer keine Aktionen mehr durchgeführt hat. Die fünfte Spalte zeigt an, wann er sich angemeldet hat, und die letzte Spalte enthält den Namen des Systems, von dem aus der Benutzer sich angemeldet hat.

Die Ausgabe des Befehls kann über die Datei /etc/default/finger gesteuert werden. Zur Ausführung des Befehls muss der Daemon *fingerd* aktiv sein.

Es ist auch möglich, gezielt Informationen zu einzelnen Benutzerkonten abzurufen, indem der Benutzername als Argument verwendet wird:

```
$ finger her
Login name: her
Directory: /export/home/her          Shell: /bin/bash
On since July 7 09:47:38 on pts/3 from :0
No unread mail
No Plan.
```

Bei einem Benutzer eines Remote-Systems geben Sie den Benutzernamen gemeinsam mit dem Rechnernamen in folgender Form ein: *benutzername@rechnername*. Wenn Sie aus Sicherheitsgründen vermeiden möchten, dass der Befehl auf einem Rechner im Netz ausgeführt werden kann, dann müssen Sie in der Datei /etc/inetd.conf den Start des Daemons *fingerd* deaktivieren.

Wenn der Benutzer in seinem Homeverzeichnis eine ASCII-Datei mit dem Namen .plan oder .project angelegt hat, wird der Inhalt dieser Datei auch angezeigt.

Einige Optionen des Befehls sind:

Option	Bedeutung
-b	Die Ausgabe des Homeverzeichnisses und der Shell des Benutzers unterdrücken.
-f	Die Ausgabe der Überschriftszeile unterdrücken.
-h	Die Ausgabe der Datei .project unterdrücken.
-p	Die Ausgabe der Datei .plan unterdrücken.
-s	Kurzausgabe.
-w	Die Ausgabe des ausführlichen Namens unterdrücken.

Tabelle 3.6: Optionen des Befehls finger

Der Befehl tty

Dieser Befehl gibt den Terminal- bzw. Leitungsnamen des angeschlossenen Terminals aus.

```
$ tty
/dev/pts/3
```

3.5 Befehle für die Verzeichnisverwaltung

Der Befehl mkdir

Mit diesem Befehl erzeugen Sie neue Verzeichnisse:

`$ mkdir /project`

Mit Hilfe der Option -m können Sie dem neu angelegten Verzeichnis die gewünschten Zugriffsrechte zuweisen.

> **Neuer Begriff** Zugriffsrechte steuern, wer welche Befehle mit einer Datei oder einem Verzeichnis durchführen darf. Sie werden an Tag 6 ausführlich behandelt.

Die Option -p ermöglicht es Ihnen, Verzeichnisse rekursiv zu erzeugen:

`$ mkdir -p /project/kunde1/auftrag200 /project/kunde1/auftrag300`

Mit diesem Befehl werden sowohl die Unterverzeichnisse `auftrag200` und `auftrag300` als auch das Verzeichnis `kunde1` angelegt.

Ein neu angelegtes Verzeichnis hat immer automatisch zwei Unterverzeichnisse: die Verzeichnisse . (das für das aktuelle Verzeichnis steht) und .. (das für das übergeordnete Verzeichnis steht).

Der Befehl rmdir

Mit diesem Befehl können Sie ein leeres Verzeichnis löschen:

`$ rmdir /project`

Ist das Verzeichnis nicht leer, wird der Befehl nicht ausgeführt und Sie erhalten eine entsprechende Fehlermeldung:

`rmdir: directory "/project": Directory not empty`

> **Tipp** Verzeichnisse, die nicht leer sind, können Sie mit dem Befehl rm löschen (vgl. Abschnitt 3.6).

Der Befehl ls

Dieser Befehl listet den Inhalt von Verzeichnissen auf. Wenn Sie kein Argument verwenden, wird der Inhalt des aktuellen Verzeichnisses angezeigt:

```
$ ls -l
total 8
-rw-r-----   1 root     other      146 Jul  8 11:28 bericht
-rw-r--r--   1 root     other       65 Jul  7 20:27 obst
-rw-r--r--   1 root     other       63 Jul  8 11:29 obst1
drwxr-xr-x   2 root     other      512 Jul  8 11:28 schulung
```

Die Option -l bewirkt ein ausführliches Auflisten des Verzeichnisinhalts mit folgenden Informationen:

- Das erste Zeichen der ersten Spalte gibt den Dateityp aus:
  - \- bedeutet, dass es sich um eine normale Datei handelt: entweder eine ASCII-Textdatei, eine Applikationsdatei oder eine binäre Datei.
  - d bedeutet, dass es sich um ein Verzeichnis handelt.
  - l bedeutet, dass es sich um einen symbolischen Link handelt (vgl. Abschnitt 3.9).
  - b bedeutet, dass es sich um eine blockorientierte Gerätedatei handelt.
  - c bedeutet, dass es sich um eine zeichenorientierte Gerätedatei handelt.
  - p bedeutet, dass es sich um eine spezielle Named Pipe-Datei (FIFO) der Interprozesskommunikation handelt.
  - s bedeutet, dass es sich um eine Socket-Datei für die Prozesse handelt.
  - D bedeutet, dass es sich um eine Door-Datei (Verweisdatei) für die Kommunikation handelt.

> Block- und zeichenorientierte Gerätedateien werden an Tag 11 ausführlich beschrieben. Dateien zur Interprozesskommunikation werden an Tag 9 behandelt.

- Der restliche Teil der ersten Spalte enthält die Zugriffsberechtigungen. Diese werden an Tag 6 ausführlich behandelt.
- Die dritte Spalte enthält den so genannten Link Counter. Dieser gibt bei Dateien die Anzahl der Hard Links (vgl. Abschnitt 3.9) und bei Verzeichnissen die Anzahl der Unterverzeichnisse zurück.
- Die vierte Spalte enthält den Besitzer der Datei.
- Die fünfte Spalte gibt die Gruppe an, die Rechte an der Datei hat.

- Die sechste Spalte enthält die Dateigröße in Bytes. Eine Datei belegt immer mindestens zwei Blöcke zu 512 Byte auf der Festplatte, auch wenn ihre tatsächlich angezeigte Größe kleiner ist, wie zum Beispiel bei der Datei obst. Die erste Ausgabe total 8 des Befehls ls -l zeigt die Anzahl der durch den Verzeichnisinhalt belegten Festplattenblöcke (zu 512 Byte) an (vgl. Tag 10).

> Gerätedateien zeigen statt einer Größe in Byte zwei Zahlen an: die Major und Minor Device Number (vgl. Tag 10).

- Die nächsten Spalten beinhalten das Datum und die Uhrzeit der Erstellung bzw. der letzten Änderung der Datei oder des Verzeichnisses. Wenn die Datei älter als ein halbes Jahr ist, wird statt der Uhrzeit die Jahreszahl ausgegeben.
- Die letzte Spalte enthält den Namen der Datei oder des Verzeichnisses.

> Unter Unix wird alles als Datei betrachtet. Verzeichnisse, Gerätedateien, symbolische Links sind nur Sonderformen von Dateien. Selbst Prozesse werden im Verzeichnis /proc als Verzeichnisse oder Dateien verwaltet (vgl. Tag 9).

Weitere wichtige Optionen des Befehls ls sind:

Option	Bedeutung
-a	Auch versteckte (mit einem Punkt beginnende) Dateien anzeigen.
-C	Mehrspaltige Ausgabe.
-c	Letzte Veränderung des Inode-Eintrags anzeigen (gemeinsam mit Option l).
-d	Ausgabe des Inhalts von Unterverzeichnissen unterdrücken.
-F	Kennung für den Dateityp hinter dem Dateinamen ausgeben: / steht für Verzeichnis, * für ausführbare Dateien, @ für symbolische Links, | für Pipe-Dateien, > für Door-Dateien und = für Socket-Dateien.
-i	Inode-Nummer anzeigen.
-R	Den Inhalt von Unterverzeichnissen rekursiv anzeigen.
-t	Sortierreihenfolge verändern: nicht alphabetisch sortieren, sondern nach Änderungsdatum.
-u	Datum des letzten Zugriffs auf die Datei anzeigen, statt des Änderungsdatums (gemeinsam mit Option l).

Tabelle 3.7: Optionen des Befehls ls

Ein Inode enthält sämtliche Informationen zu einer Datei oder einem Verzeichnis. Inodes werden an Tag 10 ausführlich erläutert.

Der Befehl cd

Mit diesem Befehl können Sie in ein anderes Verzeichnis wechseln. Im nachfolgenden Beispiel wird in das Verzeichnis /etc gewechselt:

```
$ cd /etc
```

Wenn Sie den Befehl ohne Argument verwenden, wechseln Sie in Ihr Homeverzeichnis. Wenn Sie als *root* angemeldet sind, wechseln Sie in das Verzeichnis /.

Mit dem Befehl

```
$ cd ..
```

wechseln Sie in das darüber liegende Verzeichnis.

Sie können als Argument des Befehls entweder einen relativen oder einen absoluten Pfadnamen verwenden. Der relative Pfadname geht von dem Verzeichnis aus, in dem Sie sich im Moment befinden. Im nachfolgenden Beispiel wechseln Sie mit einer relativen Pfadangabe vom Verzeichnis /export/home/her/berichte in das Verzeichnis /export/home/her/grafik:

```
$ cd ../grafik
```

Alternativ können Sie auch mit der absoluten Pfadangabe in das Verzeichnis wechseln, wobei der absolute Pfad in diesem Fall mehr Schreibaufwand erfordert:

```
$ cd /export/home/her/grafik
```

Der absolute Pfad beginnt immer ab dem Wurzelverzeichnis / und ist völlig unabhängig von der aktuellen Position im Verzeichnisbaum.

Ein absoluter Pfad beginnt immer, ein relativer Pfad niemals mit dem Schrägstrich /, der für das Wurzelverzeichnis *root* steht.

3.6 Befehle für die Datei- und Verzeichnisverwaltung

Die nachfolgenden Befehle können sowohl für Dateien als auch für Verzeichnisse verwendet werden.

Der Befehl rm

Mit diesem Befehl löschen Sie Dateien oder Verzeichnisse. Im folgenden Beispiel werden mehrere Dateien mit diesem Befehl gelöscht:

`$ rm prot1 prot2 prot3`

> Der Befehl löscht die Dateien normalerweise sofort ohne Rückfrage. Unter Solaris ist es nicht möglich, einen Löschvorgang wieder rückgängig zu machen. In diesem Fall könnten Sie nur noch auf die letzte Datensicherung zurückgreifen (vgl. Tag 14).

Sie können den Befehl auch interaktiv starten, dann werden Sie vor dem Löschen noch einmal gefragt, ob Sie sicher sind:

```
$ rm -i prot2000
rm: remove prot2000 (yes/no)? y
```

Mit diesem Befehl lassen sich auch Verzeichnisse löschen, die nicht leer sind. Dazu verwenden Sie die Option -r:

`$ rm -r bericht`

> Der gefährlichste Unix-Befehl überhaupt ist der Befehl `rm -rf *`, denn er löscht rekursiv alles ab der Stelle im Verzeichnisbaum, an der Sie sich gerade befinden. Die Option -f bedeutet, dass auch schreibgeschützte Dateien ohne zusätzliche Bestätigung gelöscht werden sollen. Bevor Sie einen solchen Befehl absetzen, sollten Sie zumindest zuvor mit dem Befehl `pwd` überprüfen, in welchem Verzeichnis Sie sich befinden.

Der Befehl cp

Mit diesem Befehl kopieren Sie Dateien und Verzeichnisse. Im nachfolgenden Beispiel wird die Datei `prot1` auf die Datei `prot1000` kopiert:

`$ cp prot1 prot1000`

> Der Befehl überschreibt die Datei `prot1000`, wenn sie bereits existiert.

Die Option -p kopiert auch die Zugriffsrechte und den Besitzer usw. über die Informationsdaten einer bereits bestehenden Datei.

Normalerweise werden die Informationsdaten beim Kopieren entsprechend dem kopierenden Benutzer gesetzt. Das heißt, er wird der Besitzer, seine primäre Gruppe (vgl. Tag 8) erhält Gruppenbesitz und das Erstellungsdatum ist das aktuelle Datum.

Sie können den Befehl auch interaktiv starten, dann werden Sie vor dem Überschreiben noch einmal gefragt, ob Sie sicher sind:

```
$ cp -i prot1 prot1000
rm: overwrite prot1000 (yes/no)? y
```

Der Befehl wird auch dazu verwendet, ganze Verzeichnisbäume zu kopieren. Dazu verwenden Sie die Option -r:

```
$ cp -r bericht bericht2001
```

Ist das Verzeichnis bereits vorhanden, wird das Verzeichnis bericht unterhalb des Verzeichnisses bericht2001 angelegt. Ansonsten wird das Verzeichnis bericht2001 mit dem Inhalt des Verzeichnisses bericht erzeugt.

Sie können auch mehrere Dateien in ein Verzeichnis kopieren:

```
$ cp prot1 prot1000 bericht2001
```

In diesem Fall muss das Verzeichnis bericht2001 bereits existieren.

> Es ist allerdings nicht möglich, mehrere Dateien in eine Datei zu kopieren. Dazu sollten Sie den Befehl cat verwenden (vgl. Abschnitt 3.7).

Der Befehl mv

Mit diesem Befehl können Sie Dateien und Verzeichnisse umbenennen und/oder verschieben. Im nachfolgenden Beispiel wird eine Datei umbenannt:

```
$ mv prot1 prot1111
```

> Der Befehl überschreibt die Datei prot1111, wenn sie bereits existiert.

Sie können den Befehl auch interaktiv starten. Dann werden Sie vor dem Überschreiben noch einmal gefragt, ob Sie sicher sind:

```
$ mv -i prot1 prot1111
rm: overwrite prot1111 (yes/no)? y
```

Sie können den Befehl auch verwenden, um eine Datei oder ein Verzeichnis zu verschieben:

```
$ mv prot1111 bericht
```

Hier wurde die Datei `prot1111` in das Verzeichnis `bericht` verschoben. Mit Hilfe dieses Befehls lassen sich auch ganze Verzeichnisbäume umbenennen:

```
$ mv bericht protokolle
```

Es ist auch möglich, gleichzeitig zu verschieben und umzubenennen:

```
$ mv protokolle/prot1111 prot1
```

Die Datei `prot1111` im Verzeichnis `protokolle` wird ins aktuelle Verzeichnis verschoben und wieder `prot1` genannt.

3.7 Befehle für die Dateiverwaltung

Dateien anzeigen und bearbeiten

Der Befehl cat

Mit diesem Befehl können Sie sich den Inhalt von kleinen Dateien anzeigen lassen. Zur Anzeige von großen Dateien ist er nicht geeignet, da der Befehl die Datei komplett bis zum Ende ausgibt:

```
$ cat prot1000
```

Eine wichtige Einsatzmöglichkeit des Befehls ist das Aneinanderketten von Dateien:

```
$ cat prot1 prot2 prot3 > protgesamt
```

Hier werden die Dateien `prot1`, `prot2` und `prot3` auf die Datei `protgesamt` kopiert.

Der Befehl more

Dieser Befehl listet den Inhalt von Dateien bildschirmweise auf:

```
$ more prot1000
Protokoll der Besprechung vom 4.7.2001
Anwesende:
.....
---More---(15%)
```

Befehle für die Dateiverwaltung

Sie haben die Möglichkeit, den Befehl mit Hilfe von internen Befehlen zu steuern. Die Tabelle führt die wichtigsten internen Befehle auf:

Eingabe	Funktion
⎵	Eine Bildschirmseite weiterblättern.
b	Eine Bildschirmseite zurückblättern.
↵	Eine Zeile weiterblättern.
? oder h	Hilfe anzeigen.
q	Den Befehl beenden.
seitenzahl	Anzahl von Seiten (seitenzahl) weiterblättern.
/suchbegriff	Nach Suchbegriff suchen und die dazugehörige Seite anzeigen.

Tabelle 3.8: Interne Befehle des Befehls more

> Ab Solaris 9 können Sie statt des Befehls more auch die Befehle less oder pg verwenden, die ebenfalls bildschirmweise blättern, sich allerdings bezüglich ihrer internen Befehle etwas unterscheiden.

Der Befehl head

Dieser Befehl gibt standardmäßig die ersten zehn Zeilen einer Datei aus. Sie können die Anzahl der auszugebenden Zeilen steuern, indem Sie diese als Option eingeben. Hier werden die ersten zwölf Zeilen ausgegeben:

```
$ head -12 prot1000
```

Der Befehl tail

Dieser Befehl gibt standardmäßig die letzten zehn Zeilen einer Datei aus. Sie können die Anzahl der auszugebenden Zeilen steuern, indem Sie diese als Option eingeben. Hier werden die letzten sieben Zeilen ausgegeben:

```
$ tail -7 prot1000
```

> Mit Hilfe der Option -f lassen sich Protokolldateien, deren neue Einträge am Ende eingefügt werden, sehr gut überwachen. Der Befehl endet mit dieser Option nicht am Dateiende, sondern wartet auf weitere angehängte Zeilen, die er dann anzeigt.

Wichtige Solaris-Befehle

Der Befehl vi

Dieser Befehl ist ein sehr mächtiger Texteditor. Er steht auf jedem Unix-System zur Verfügung. An dieser Stelle sollen nur kurz die wichtigsten Funktionen des vi erläutert werden, da eine ausführliche Erklärung den Umfang des Buchs sprengen würde.

> Natürlich gibt es unzählige Texteditoren unter Unix, wie zum Beispiel emacs, joe elvis oder den CDE-Editor dtpad. Allerdings stehen diese in der Regel auf alten Solaris-Systemen oder im Single-User-Modus nicht zur Verfügung.

Der Texteditor vi kennt drei Betriebsmodi:

- Befehlsmodus
- Eingabemodus
- Befehlszeilenmodus

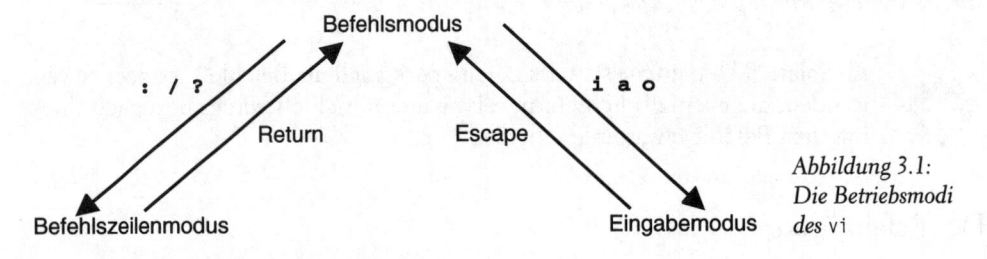

```
                    Befehlsmodus
                    ↗          ↖
            : / ?                    i a o
                Return      Escape
            ↙                              ↘
    Befehlszeilenmodus              Eingabemodus
```

Abbildung 3.1:
Die Betriebsmodi
des vi

Der Befehl wird folgendermaßen gestartet:

`$ vi protokoll_mai`

> Wenn Sie beim Aufruf keinen Dateinamen angeben, müssen Sie der neu angelegten Datei vor dem Speichern einen Namen zuweisen.

Standardmäßig befinden Sie sich jetzt im Befehlsmodus. Mit den nachfolgenden Befehlen wechseln Sie in den Eingabemodus und können dann Text erfassen. Wenn Sie die Taste `Esc` drücken, gelangen Sie wieder in den Befehlsmodus.

Die wichtigsten Befehle zum Hinzufügen von Text sind:

Befehl	Funktion
a	Hinter dem Cursor einfügen.
A	Am Zeilenende einfügen.
i	Vor dem Cursor einfügen.
I	Am Zeilenanfang einfügen.

Tabelle 3.9: Befehle, um Text hinzuzufügen

Die wichtigsten Befehle zum Löschen von Text sind:

Befehl	Funktion
x	Lösche ein Zeichen (fünf Zeichen löschen: 5x).
dw	Lösche ein Wort.
dd	Lösche eine Zeile (12 Zeilen löschen: 12dd).
D	Lösche bis zum Zeilenende.
d0	Lösche bis zum Zeilenanfang.
dG	Lösche bis zum Dateiende.

Tabelle 3.10: Befehle, um Text zu löschen

Die wichtigsten Befehle zum Bewegen im Text sind:

Befehl	Funktion
j	Den Cursor nach unten bewegen.
k	Den Cursor nach oben bewegen.
h	Den Cursor nach links bewegen.
l	Den Cursor nach rechts bewegen.
0	An den Zeilenanfang bewegen.

Tabelle 3.11: Befehle, um sich im Text zu bewegen

Wichtige Solaris-Befehle

Befehl	Funktion
$	Ans Zeilenende bewegen.
G	Sich ans Dateiende bewegen.
w	Ein Wort vorwärts gehen.
b	Ein Wort zurück gehen.

Tabelle 3.11: Befehle, um sich im Text zu bewegen (Forts.)

Die wichtigsten Befehle, um Text zu kopieren und einzufügen, sind:

Befehl	Funktion
Y	In einen Textpuffer schreiben.
3Y	Drei Zeilen in den Puffer schreiben.
p	Unterhalb des Cursors einfügen.
P	Oberhalb des Cursors einfügen.
O	Eine Zeile oberhalb des Cursors einfügen.
o	Eine Zeile unterhalb des Cursors einfügen.

Tabelle 3.12: Befehle, um Text zu kopieren und einzufügen

Die wichtigsten Befehle zum Ändern und Suchen von Text:

Befehl	Funktion
cw	Ein Wort ändern.
4cw	Vier Worte ändern.
C	Eine Zeile ändern.
r	Ein Zeichen ersetzen.
R	Eine Zeile überschreiben.
u	Letzte Änderung rückgängig machen.
.	Letzte Änderung wiederholen.

Tabelle 3.13: Befehle, um Text zu ändern und zu suchen

Befehle für die Dateiverwaltung

Befehl	Funktion
n	Letzte Suche wiederholen.
N	Letzte Suche in umgekehrter Richtung wiederholen.
/ausdruck	Vorwärts nach ausdruck suchen.
?ausdruck	Rückwärts nach ausdruck suchen.

Tabelle 3.13: Befehle, um Text zu ändern und zu suchen (Forts.)

Die wichtigsten Befehle, um Text zu speichern und zu laden, sind:

Befehl	Funktion
:w	Speichern.
:w datei	Speichern unter dem Namen datei.
:w! datei	Speichern unter dem Namen datei erzwingen.
:wq	Speichern und beenden (entspricht der Eingabe ZZ)
:q	Beenden, ohne zu speichern.
:q!	Beenden, ohne zu speichern, erzwingen.
:e!	Aktuelle Datei neu laden.
:e datei	Die Datei datei zum Editieren laden.

Tabelle 3.14: Befehle, um Text zu speichern und zu laden

Sehr viele Einstellungen können die Arbeit mit dem vi erleichtern:

Befehl	Funktion
:set nu	Zeilennummern anzeigen.
:set nonu	Keine Zeilennummern anzeigen.
:set all	Alle Einstellungen anzeigen.
:set list	Unsichtbare Zeichen anzeigen.
:set tabstop=4	Die Tabulatorweite auf vier Zeichen setzen.

Tabelle 3.15: Die wichtigsten Einstellungen des vi

Befehl	Funktion
:set wm=7	Die Zeilen um sieben Leerzeichen vom rechten Rand einrücken.
:set autoindent	Automatische Einrückung aktivieren.

Tabelle 3.15: Die wichtigsten Einstellungen des vi *(Forts.)*

> Um die Einstellungen dauerhaft zu erhalten, müssen diese im Homeverzeichnis in eine Datei mit der Bezeichnung .exrc eingegeben werden. Diese Datei wird beim Aufruf des vi gelesen, sofern sie vorhanden ist.

Mit Dateien arbeiten

Der Befehl touch

Mit diesem Befehl können neue leere Dateien erzeugt oder das letzte Änderungs- oder Zugriffsdatum von bestehenden Dateien geändert werden.

> Unter Solaris werden sowohl das Erstellungs- bzw. das letzte Änderungsdatum als auch das Zugriffsdatum mitprotokolliert. Das Erstellungs- bzw. letzte Änderungsdatum erhalten Sie mit dem Befehl ls -l, während der Befehl ls -lu das letzte Zugriffsdatum ausgibt. Das Zugriffsdatum wird geändert, wenn auf eine Datei oder ein Verzeichnis zugegriffen wurde, ohne dass eine Änderung erfolgte. Das ist zum Beispiel der Fall, wenn eine Datei mit dem Befehl more angezeigt wird.

Das nachfolgende Beispiel zeigt, wie das Änderungsdatum einer Datei manipuliert wird:

```
$ touch -m 03030101 prot1000
$ ls -l prot1000
-rw-r--r--   1    root    other    65   Mar  3  01:01   prot1000
```

Das Datum wird in folgender Form eingegeben:

[[CC]YY]MMDDhhmm [.SS]

Die Zeiteinheiten haben folgende Bedeutung:

- C = Jahrhundert
- Y = Jahr
- M = Monat

- D = Tag
- h = Stunde
- m = Minute
- S = Sekunde

Der Befehl kennt folgende Optionen:

Option	Bedeutung
-a	Änderung des Datums des letzten Zugriffs.
-c	Änderung nur bei bereits vorhandenen Dateien.
-m	Änderung des Datums der letzten Änderung.
-r	Änderung des Datums mit Hilfe einer Referenzdatei.
-t	Angabe des Änderungszeitpunkts.

Tabelle 3.16: Optionen des Befehls touch

Der Befehl which

Dieser Befehl zeigt an, in welchem Pfad sich ein Befehl befindet:

```
$ which ls
/usr/bin/ls
```

> Zur Suche wird die Variable PATH verwendet. Variablen werden in Tag 7 ausführlich behandelt.

Der Befehl erkennt auch definierte Aliase (vgl. Tag 7):

```
$ which ll
ll:     aliased to ls -al
```

Wenn sich ein Befehl nicht in einem der Pfade befindet, die in der Variablen PATH enthalten sind, erhalten Sie eine entsprechende Meldung:

```
$ no lx in /usr/sbin   /usr/bin   /usr/dt/bin   usr/openwin/bin
```

Der Befehl file

Dieser Befehl versucht, den Typ einer Datei zu ermitteln, indem der oberste Teil einer Datei ausgewertet wird.

```
$ file *
poem:         English text
gedicht:      ascii text
sammlung:     directory
testdatei:    empty file
prot10:       symbolic link
prog99:       ELF 32-bit MSB executable SPARC Version 1, statically linked,
stripped
```

> Das Ergebnis des Befehls stimmt nicht immer, da nur ein Teil der Datei ausgewertet wird.

> Die Informationen zur Auswertungen der Dateien sind in der Datei /etc/magic hinterlegt.

Der Befehl kennt folgende Optionen:

Option	Bedeutung
-c	Überprüfung der Datei magic auf Konsistenz.
-m	Verwendung einer anderen Datei als die Datei magic.

Tabelle 3.17: Optionen des Befehls file

Der Befehl wc

Dieser Befehl zählt Zeilen, Worte, Zeichen und Bytes in einer Datei:

```
$ wc prot1000
     17      39     108       prot1000
```

In dieser Ausgabe werden die Zeilen, Worte und Bytes für die Datei prot1000 angezeigt.

Der Befehl kennt folgende Optionen:

Option	Bedeutung
-c	Anzahl der Bytes ausgeben.
-l	Anzahl der Zeilen ausgeben.
-m	Anzahl der Zeichen ausgeben.
-w	Anzahl der Worte ausgeben.

Tabelle 3.18: Optionen des Befehls wc

Der Befehl diff

Dieser Befehl vergleicht den Inhalt von zwei Dateien und gibt alle unterschiedlichen Zeilen aus:

```
$ diff obst obst1
3a4
> pfirsich
7d7
< mandarinen
```

Zuerst wird die Nummer der abweichenden Zeilen und dann deren Inhalt angezeigt. In diesem Beispiel weicht die vierte Zeile der zweiten Datei mit dem Eintrag *pfirsich* von der ersten Datei ab und die erste Datei hat in der siebten Zeile den abweichenden Eintrag *mandarinen*.

Der Befehl cmp

Dieser Befehl vergleicht zwei Dateien und bricht an der ersten Stelle ab, an der sich diese unterscheiden.

```
$ cmp obst obst1
obst obst1 differ: char 21, line 4
```

Mit der Option -l werden auch die Stelle, an der sich die Dateien unterscheiden, und die unterschiedlichen Zeichen im Oktalformat ausgegeben.

Der Befehl od

Der Befehl od konvertiert Daten in andere Darstellungsformen, zum Beispiel in die hexadezimale Darstellung:

```
$ od -t cx1 obst
0000000    f    e    i    g    e   \n    z    i    t    r    o    n    e   \n    b    i
           66   65   69   67   65   0a   7a   69   74   72   6f   6e   65   0a   62   69
0000020    r    n    e   \n    m    e    l    o    n    e   \n    a    p    f    e    l
           72   6e   65   0a   6d   65   6c   6f   6e   65   0a   61   70   66   65   6c
0000040   \n    t    r    a    u    b    e    n   \n    m    a    n    d    a    r    i
           0a   74   72   61   75   62   65   6e   0a   6d   61   6e   64   61   72   69
0000060    n    e    n   \n    k    i    w    i    s   \n    m    a    n    g    o   \n
           6e   65   6e   0a   6b   69   77   69   73   0a   6d   61   6e   67   6f   0a
0000100   \n
           0a
0000101
```

Die Option -t kennt folgende Einstellungen:

- c = normales Zeichen oder a = named character
- f = Fließkommazahl
- d = Dezimalzahl mit Vorzeichen oder u = Dezimalzahl ohne Vorzeichen
- o = Oktalzahl oder x = Hexadezimalzahl

Zuletzt kann noch die Anzahl Bytes angegeben werden, aus denen sich die einzelnen Komponenten zusammensetzen.

3.8 Suchbefehle

Der Befehl find

Mit Hilfe dieses Befehls können Sie eine Datei im Verzeichnisbaum suchen, wobei sich bestimmte Suchkriterien festlegen lassen. Der Befehl führt eine rekursive Suche durch und gibt die gefundenen Dateien am Bildschirm aus. Die Befehlssyntax lautet:

`$ find` *suchpfad -suchkriterium/en [aktion(en)]*

Der Suchpfad kann ein relativer oder absoluter Pfad sein, die Suchkriterien sollen die Suche eingrenzen und die Aktionen werden mit den gefundenen Dateien ausgeführt.

> Wenn Sie die Suche im Verzeichnis / starten, dauert sie möglicherweise recht lang, da sie im Wurzelverzeichnis beginnt und sämtliche Verzeichnisse durchsucht. Ein solcher Befehl kann auch die Systemleistung stark in Anspruch nehmen.

Die Suchkriterien sind normalerweise über eine UND-Verknüpfung miteinander verbunden. Wenn Sie eine ODER-Verknüpfung verwenden möchten, dann geben Sie die Option -o zwischen den beiden Suchkriterien ein, die Sie mit ODER verbinden möchten.

Im nachfolgenden Beispiel wird im Homeverzeichnis und in den darunter liegenden Verzeichnissen nach einer Datei mit dem Namen fa.txt gesucht und die gesuchte Datei in Langform ausgegeben:

```
$ find ~ -name fa.txt -ls
661149    1  -rw-r--r--   1   her     buha       189  Jul  5 15:34 /export/home/her/
behoerden/text/fa.txt
```

Das Zeichen ~ ist ein Platzhalter für das Homeverzeichnis (vgl. Tag 7).

Es gibt eine ganze Reihe von Suchkriterien, die verwendet werden können:

Suchkriterium	Bedeutung
-name *datei*	Nach einem bestimmten Dateinamen suchen.
-type *typ*	Nach einem bestimmten Dateityp suchen; möglich ist: f für eine normale Datei, d für ein Verzeichnis, l für einen symbolischen Link, c für eine zeichen- und b für eine blockorientierte Gerätedatei, p für eine Named Pipe-Datei und s für eine Socket-Datei.
-user *benutzer*	Nach einem bestimmten Benutzer suchen.
-nouser	Nach Dateien ohne Benutzer suchen.
-group *gruppe*	Nach einer bestimmten Gruppe suchen.
-nogroup	Nach Dateien ohne Gruppe suchen.
-perm *rechte*	Nach bestimmten Berechtigungen suchen.
-size [+/-]*i*	Nach einer bestimmten Größe suchen. *i* steht für einen 512-Byte-Block. Bei Verwendung des Pluszeichens wird nach Dateien gesucht, die größer sind, bei einem Minuszeichen nach Dateien, die kleiner sind. Ohne Minus- oder Pluszeichen wird nach Dateien gesucht, die genau *i* Blöcke groß sind. Soll nach einer Größe in Byte gesucht werden, muss hinter der Größe ein c für die Byte-Angabe stehen.

Tabelle 3.19: Die wichtigsten Suchkriterien des Befehls find

Suchkriterium	Bedeutung
-atime [+/-]i	Nach einem bestimmten Zugriffsdatum in i Tagen suchen. Bei Verwendung des Pluszeichens wird nach Dateien gesucht, auf die vor mehr als i zuletzt zugegriffen wurde, bei einem Minuszeichen nach Dateien, auf die vor weniger als i Tagen zuletzt zugegriffen wurde. Wird kein Minus- oder Pluszeichen verwendet, wird nach Dateien gesucht, auf die zuletzt vor genau i Tagen zugegriffen wurde.
-mtime [+/-]i	Nach einem bestimmten Änderungsdatum in i Tagen suchen. Mit einem Pluszeichen wird nach Dateien gesucht, die vor mehr als i zuletzt geändert wurden, mit einem Minuszeichen nach Dateien, die vor weniger als i Tagen zuletzt geändert wurden. Wird kein Minus- oder Pluszeichen verwendet, wird nach Dateien gesucht, die zuletzt vor genau i Tagen geändert wurden.
-ctime [+/-]i	Nach einem bestimmten Erstellungsdatum in i Tagen suchen. Wenn das Pluszeichen verwendet wird, wird nach Dateien gesucht, die vor mehr als i erstellt wurden, bei einem Minuszeichen nach Dateien, die vor weniger als i Tagen erstellt wurden. Wird kein Minus- oder Pluszeichen verwendet, wird nach Dateien gesucht, die vor genau i Tagen erstellt wurden.
-newer datei	Nach Dateien suchen, die neuer sind als die angegebene Datei.
-inum inodenr	Nach bestimmten Inode-Nummern suchen.
-mount	Nur im angegebenen Dateisystem suchen.
-depth	Zuerst in den Unterverzeichnissen suchen.
-follow	Den symbolischen Links folgen.
-fstype typ	Nur in bestimmten Dateisystemtypen suchen.
-links i	Nur nach Dateien mit einer Anzahl i von Links suchen.

Tabelle 3.19: Die wichtigsten Suchkriterien des Befehls find *(Forts.)*

Die Aktionen des Befehls sind:

Aktion	Bedeutung
-print	Die gefundenen Dateien ausgeben. Dies ist die standardmäßige Aktion, die nicht unbedingt eingegeben werden muss.
-ls	Die gefundenen Dateien in Langform ausgeben.

Tabelle 3.20: Die Aktionen des Befehls find

Aktion	Bedeutung
-exec befehl {} \;	Den angegebenen Befehl für jede gefundene Datei ausführen. Dabei wird jeder gefundene Dateiname in die geschweiften Klammern übergeben. Wenn Sie einen Befehl zum Löschen der gefundenen Dateien verwenden, werden Ihnen die Dateien nicht mehr angezeigt, sondern sofort gelöscht, wenn sie mit den Suchkriterien übereinstimmen!
-ok befehl {} \;	Den angegebenen Befehl für jede gefundene Datei ausführen. Sie werden allerdings bei bestimmten Befehlen, wie zum Beispiel dem Löschen, gefragt, ob Sie die jeweils gefundene Datei wirklich löschen wollen.

Tabelle 3.20: Die Aktionen des Befehls find *(Forts.)*

Im nachfolgenden Beispiel wird ab dem aktuellen Verzeichnis nach allen normalen Dateien der Benutzer *her* und *olli* gesucht, die zuletzt vor weniger als sieben Tagen geändert wurden. Anschließend werden diese ausgegeben:

```
$ find . \( -user her -o -user olli \) -type f -mtime -7 -print
/export/home/her/brief-lg.txt
/export/home/her/mond.jpg
/export/home/olli/dokument1
```

Bei mehreren Auswahlkriterien, die mit der Option -o verknüpft werden, müssen die umgebenden Klammern mit Hilfe des Backslash maskiert werden (vgl. Tag 7).

Im nachfolgenden Beispiel wird ab dem Wurzelverzeichnis nach Dateien mit dem Namen core gesucht und die gefundenen Dateien werden sofort ohne Rückfrage gelöscht:

```
$ find / -name core -exec rm {} \;
```

Der Befehl grep

Dieser Befehl durchsucht Dateien nach Suchmustern. Im Gegensatz zum Befehl find kann er nicht rekursiv suchen. Die Syntax des Befehls lautet:

```
$ grep [-Option(en)] suchmuster datei(en)
```

Im folgenden Beispiel wird nach dem Suchmuster *Vielfalt* in der Datei prot1000 gesucht. Die gefundene Zeile wird mit Zeilennummer ausgegeben.

```
$ grep -n Vielfalt prot1000
19:eine grosse Vielfalt an verschiedenen Produkten bietet gerade
```

Der Befehl kennt folgende Optionen:

Option	Bedeutung
-b	Nummer des Plattenblocks ausgeben, in dem das Suchmuster steht.
-c	Anzahl der Zeilen ausgeben, die das Suchmuster enthalten.
-i	Groß- und Kleinschreibung ignorieren.
-n	Zeilennummer ausgeben, die das Suchmuster enthält.
-v	Umgekehrt suchen: nur Zeilen ausgeben, die das Suchmuster nicht enthalten.

Tabelle 3.21: Die Optionen des Befehls grep

> Es gibt zwei weitere Versionen des Befehls unter Solaris: fgrep und egrep. Der Befehl fgrep kennt keine regulären Ausdrücke (siehe nächster Abschnitt), während egrep weitere reguläre Ausdrücke kennt.

Da der Befehl grep nicht rekursiv arbeitet, muss er mit dem Befehl find kombiniert werden, wenn sich die Datei mit dem Suchmuster im Verzeichnisbaum unterhalb des aktuellen Verzeichnisses befindet. Im nachfolgenden Beispiel werden im Verzeichnis /etc und in den darunter liegenden Verzeichnissen Dateien gesucht, die das Suchmuster *PASSREQ* enthalten:

```
$ find /etc -type f -exec grep -n PASSREQ {} /dev/null \;
```

Da der Befehl grep normalerweise keine Dateinamen ausgibt, wenn er nur eine Datei durchsucht, wird ihm parallel die leere Datei /dev/null zum Durchsuchen »aufgezwungen«. Auf diese Weise erhalten Sie auch die Dateinamen mit den Fundstellen.

Reguläre Ausdrücke (regular expressions)

Der Befehl grep lässt sich über reguläre Ausdrücke steuern, die im Suchmuster verwendet werden. Im nachfolgenden Beispiel werden alle Dateien des Verzeichnisses *prog_sprachen* nach einem Suchmuster durchsucht, das *objektorientiert* lautet und am Zeilenanfang steht:

```
$ grep -in '^objektorientiert' ~/prog_sprachen/*
51:Objektorientierte Programmiersprachen
71:objektorientierte Sprachen haben bestimmte Merkmale, wie zum
331:Objektorientiert Programmieren
```

Zu den wichtigsten regulären Ausdrücken gehören:

Ausdruck	Beispiel	Bedeutung
.	M...e	Der Punkt steht für genau ein beliebiges Zeichen. Die Fundstellen für das Suchmuster im Beispiel könnten also *Masse, Messe, Mette, Motte, Matte, Mitte, Miete* usw. lauten.
*	Mat.*	Das vorangegangene Zeichen kann kein einziges Mal, einmal oder beliebig oft im Suchmuster vorkommen. Die Fundstellen für das Suchmuster im Beispiel könnten also *Math, Matt, Matte, Mathematik, Mat* usw. lauten.
[ ]	M[oaei]tte	Die eckigen Klammern stehen für genau ein beliebiges Zeichen, das im Auswahlbereich der eckigen Klammern enthalten sein muss. Die Fundstellen für das Suchmuster im Beispiel müssen also *Matte, Motte, Mette* und *Mitte* lauten.
[^]	M.[es].e	Die Zeichen des Auswahlbereichs in den eckigen Klammern, die wiederum für genau ein beliebiges Zeichen stehen, dürfen nicht vorkommen. Die Fundstellen für das Suchmuster im Beispiel könnten also *Mette, Motte, Matte, Mitte,* usw., aber nicht *Masse, Messe, Miete* usw. lauten.
^	^Masse	Die gefundene Zeile muss am Zeilenanfang das Suchmuster enthalten. Die Fundstellen für das Suchmuster im Beispiel müssen also am Anfang einer Zeile gesucht werden.
$	Masse$	Die gefundene Zeile muss am Zeilenende das Suchmuster enthalten. Die Fundstellen für das Suchmuster im Beispiel müssen also am Ende einer Zeile gesucht werden.

Tabelle 3.22: Reguläre Ausdrücke

> Außer den Befehlen `grep` und `egrep` verwenden auch die Befehle `vi` und `sed` reguläre Ausdrücke.

3.9 Links

Links sind Verweise auf Dateien und gegebenenfalls auf Verzeichnisse. Durch die Vergabe von Links ist es möglich, von verschiedenen Stellen im Verzeichnisbaum aus auf dieselbe Datei oder dasselbe Verzeichnis zuzugreifen, ohne eine redundante Kopie zu erstellen, die außerdem nochmals denselben Speicherplatz verbraucht. Links sind auch eine Möglichkeit, die Originaldatei vor versehentlichem Löschen durch den Benutzer zu schützen, indem diese an einer Stelle steht, die dem Benutzer nicht zugänglich ist.

Hard Links

Ein Hard Link vergibt einer Datei einen zweiten Namen, wobei diese nicht kopiert wird, sondern einfach ein weiterer logischer Verweis auf einen vorhandenen Dateieintrag erzeugt wird. Die logischen Dateinamen von Hard Links verweisen immer auf denselben Eintrag in der Inode-Tabelle (vgl. Tag 10). Einen Hard Link erzeugen Sie mit folgendem Befehl:

```
$ ln prot1000 prot1000a
$ ls -l prot*
$ -rw-r--r--   2   root    other   65   May   3   10:31   prot1000
$ -rw-r--r--   2   root    other   65   May   3   10:31   prot1000a
```

Die Einträge, die der Befehl ls -l für die beiden Dateien ausgibt, sind absolut identisch, bis auf den logischen Dateinamen. Da beide Dateinamen dieselbe Inode-Nummer haben, verweisen sie auch auf dieselben Dateiinformationen. Die zweite Spalte der Ausgabe enthält den so genannten Link Counter, der pro Hard Link um 1 erhöht wird.

Existieren für eine Datei Hard Links, so ist es nicht mehr möglich, den ursprünglichen Verweis auf die Originaldatei zu erkennen. Alle logischen Dateinamen verweisen einfach auf denselben Inode-Eintrag. Wenn Sie einen Hard Link löschen, wird die Zahl des Link Counters herabgesetzt, bis nur noch ein einziger Dateinamen mit dem Link Counter 1 übrig ist. Wenn Sie diesen löschen, entspricht dies dem Löschen einer normalen Datei: Dateieintrag und -name werden entfernt.

Ein Hard Link kann nur innerhalb derselben Partition zugewiesen werden, da für jede Partition die Inode-Nummern und die Inode-Tabelle (vgl. Tag 10) separat verwaltet werden. Daher ist es auch nicht möglich, den Befehl mv für einen Hard Link über Partitionen hinweg auszuführen. Eine weitere Einschränkung ist, dass Hard Links nicht für Verzeichnisse angelegt werden können.

Symbolische Links

Ein symbolischer Link ist eine Datei, die als Daten nur den Namen und den Pfad der Originaldatei speichert, auf die sie verweist. Ein symbolischer Link hat im Gegensatz zum Hard Link auch einen eigenen Inode-Eintrag. Einen symbolischen Link können Sie wie folgt erzeugen:

```
$ ln -s prot1000 prot1000s
$ ls -l prot*
$ -rw--r--r-- 1   root    other    65   May  3 10:31   prot1000
$ lrwxrwxrwx 1   root    other    65   May 27 12:52   prot1000s à prot1000
```

Wenn Sie einen Befehl für den symbolischen Link absetzen, wird in Wirklichkeit die Originaldatei verwendet. Sie können symbolische Links nicht nur über Partitionen hinweg, sondern auch für Verzeichnisse verwenden. Wenn Sie den Befehl cp oder chmod ausführen, kopieren bzw. verändern Sie die Rechte für die Originaldatei, nicht für den Link. Die Befehle ls, rm und mv zeigen, löschen und verschieben hingegen den symbolischen Link, nicht die Originaldatei.

Wenn Sie einen symbolischen Link löschen, hat dies keine Auswirkungen auf die Originaldatei. Wenn Sie die Originaldatei löschen, zeigt der Link ins Leere.

> Bei einem symbolischen Link haben Sie nur pro forma alle Rechte. Tatsächlich gelten die Rechte der Originaldatei, wenn Sie auf die Datei eine Operation ausführen möchten.

Die folgende Tabelle enthält die wichtigsten Unterschiede zwischen Hard Links und symbolischen Links.

Merkmal	Hard Link	Symbolischer Link
Partitions-übergreifend	nein	ja
Inode-Eintrag	wie Originaldatei	eigener Inode-Eintrag
Link Counter	wird erhöht	bleibt 1
Originaldatei	nicht mehr erkennbar	bleibt erkennbar
Quelldatei	muss existieren	muss nicht existieren (Verweis erfolgt ins Leere)
Linkdatei	darf nicht existieren	wird überschrieben, wenn sie existiert
Eigene Datenblöcke	nein	ja, mit Pfad-/Dateinamen der Originaldatei
Anwendbar auf	nur normale Dateien	auf normale Dateien, Verzeichnisse und Gerätedateien
Wesen	anderer Name für gleiche Datei	eigene Datei, die als Verweis dient

Tabelle 3.23: Vergleich Hard Links und symbolische Links

3.10 Zusammenfassung

In diesem Tag haben Sie grundlegende Unix-Befehle kennen gelernt. Mit Hilfe dieser Befehle lassen sich diverse System- und Benutzerinformationen abrufen. Außerdem können Sie nun Dateien und Verzeichnisse anzeigen, anlegen, kopieren, verschieben und löschen. Sie haben gelernt, mit welchen Befehlen Sie Dateien vergleichen und bearbeiten und wie Sie nach Dateien oder deren Inhalt suchen. Sie können nun symbolische oder Hard Links erzeugen und erkennen.

3.11 F&A

F *Ich versuche, mit dem Befehl* cp *mehrere Dateien in eine neue Datei zu kopieren. Ist das möglich?*

A Nein, dieser Befehl kann nur eine Datei auf eine andere, mehrere Dateien in ein Verzeichnis oder ein Verzeichnis auf ein Verzeichnis kopieren. Verwenden Sie in diesem Fall den Befehl cat.

F *Kann ich mit dem Befehl* rmdir *einen Teil meines Verzeichnisbaums (bestehend aus weiteren Unterverzeichnissen und Dateien, die ich nicht mehr benötige) im Unterverzeichnis* /export/home/otto/test *löschen?*

A Nein, dieser Befehl kann nur ein leeres Verzeichnis löschen. Verwenden Sie in diesem Fall den Befehl rm -r. Vergewissern Sie sich aber zuvor mit Hilfe des Befehls pwd, ob Sie sich im richtigen Verzeichnis befinden.

F *Ich soll einen Link anlegen, bin mir aber nicht sicher, ob ich einen symbolischen oder einen Hard Link verwenden soll. Was soll ich tun?*

A Es kommt darauf an, ob der Link für ein Verzeichnis oder eine Datei angelegt werden soll. Ein Hard Link kann nur für eine Datei angelegt werden. Außerdem spielt es eine Rolle, ob der Link innerhalb derselben Partition angelegt werden soll: Ein Hard Link lässt sich nicht partitionsübergreifend erzeugen. In diesen Fällen können Sie nur einen symbolischen Link verwenden. Ansonsten ist ein Hard Link schneller, da er einen direkten Zugriff auf den Inode-Eintrag bietet, ohne zunächst einen anderen Inode-Eintrag – wie beim symbolischen Link – auslesen zu müssen.

3.12 Übungen

1. Melden Sie sich unter einer einfachen Benutzerkennung am System an (also nicht als *root*). Legen Sie mit dem Befehl touch eine leere Datei mit dem Datum 3.1.01 an und suchen Sie dann mit dem Befehl find nach allen Dateien in Ihrem System, die von Ihnen als einfacher Benutzer erzeugt wurden, älter als 4 Wochen und leer sind. Die Datei muss dabei auf jeden Fall angezeigt werden.

2. Zählen Sie mit Hilfe der Befehle cat und wc, wie viele Benutzer in Ihrem System angelegt wurden. Verwenden Sie dazu die Datei /etc/passwd.

3. Erzeugen Sie mit dem Befehl mkdir rekursiv einen Verzeichnisbaum unterhalb Ihres Homeverzeichnisses: Direkt unter dem Homeverzeichnis soll das Verzeichnis X, darunter das Verzeichnis Y, darunter das Verzeichnis Z und im Verzeichnis Z sollen die Verzeichnisse Z1 und Z2 angelegt werden. Verwenden Sie dazu eine einzige Befehlszeile.

4. Verschieben Sie die Unterverzeichnisse Z1 und Z2 mit dem Befehl mv in das Verzeichnis Y.

5. Suchen Sie im Verzeichnis /etc rekursiv nach allen Dateien, die das Suchmuster *PATH* enthalten, und lassen Sie sowohl die Zeilennummern als auch die Dateinamen dabei ausgeben.

Der OpenBoot-PROM von Sparc-Systemen

Der OpenBoot-PROM von Sparc-Systemen

An diesem Tag lernen Sie den OpenBoot-PROM von Sun-Sparc-Rechnern kennen. Er wird als Erster nach dem Anschalten des Systems aktiv und startet nach einem Hardwaretest das Betriebssystem Solaris. Mit Hilfe des OpenBoot-PROM können Sie die Hardware prüfen und das System hochfahren. Sie können darüber hinaus die Hardware konfigurieren, indem Sie zum Beispiel das Gerät im OpenBoot-PROM definieren, von dem das System gebootet werden soll. Dazu werden die wichtigsten Befehle und Variablen des OpenBoot-PROMs vorgestellt. Außerdem erfahren Sie, wie Sie mit Hilfe eines Solaris-Befehls verschiedene OpenBoot-PROM-Einstellungen ändern können, während das System aktiv ist.

4.1 Der OpenBoot-PROM (OPB)

Jeder Sun-Rechner besitzt einen so genannten OpenBoot-PROM-Speicherchip, der genormt ist und sich in der Regel auf dem gleichen Systemboard wie die CPU befindet. Die Hauptaufgaben des OpenBoot-PROM bestehen darin, die Hardware zu testen und das Betriebssystem zu booten. Das übernehmen die speziellen Programme, die durch diesen Speicherchip zur Verfügung gestellt werden. Im Chip befindet sich zusätzlich ein Programm mit den erforderlichen Gerätetreibern, die dem System bekannt sein müssen, damit ein Zugriff und eine Steuerung auf Systembusse und das Bootgerät beim Hochfahren des Systems möglich sind. Nach dem Hardwaretest des OpenBoot-PROM steuert dieses Programm den Systemstart und lädt das Betriebssystem. Die OPB-Software wird in NVRAMs (Non Volatile Random Access Memory) oder in EEPROMs (Electrically Erasable Programmable Read Only Memory) gespeichert.

> Auf einem INTEL-Rechner gibt es kein OpenBoot-PROM; dort erfolgt die Durchführung dieser Funktionen teilweise mit Hilfe von Software.

Der OPB wird auch Monitorprogramm genannt, weil dort verschiedene Befehle und Variablen zur Konfiguration und Überprüfung der Hardware verwendet werden können. Dabei handelt es sich nicht um Solaris-Befehle. Sie können sogar eigene Befehle mit Hilfe des integrierten Forth-Interpreters hinzufügen.

Der NVRAM-Chip befindet sich auch sehr häufig auf dem Systemboard. Er speichert nicht nur die Konfigurationsparameter im EEPROM, sondern enthält auch noch die Ethernet-Adresse (MAC-Adresse), die Host-ID und die Uhr.

Wird der Rechner angeschaltet, läuft zunächst ein so genanntes POST-Programm (Power on self test), das im OpenBoot-PROM gespeichert ist. Damit wird die Funktionsfähigkeit der Hardware getestet. Anschließend übernimmt die PROM-Firmware die Steuerung. Sie initialisiert das System, testet den Hauptspeicher und die CPU und die Busse, deren Treiber eingelesen werden.

Der OpenBoot-PROM (OPB)

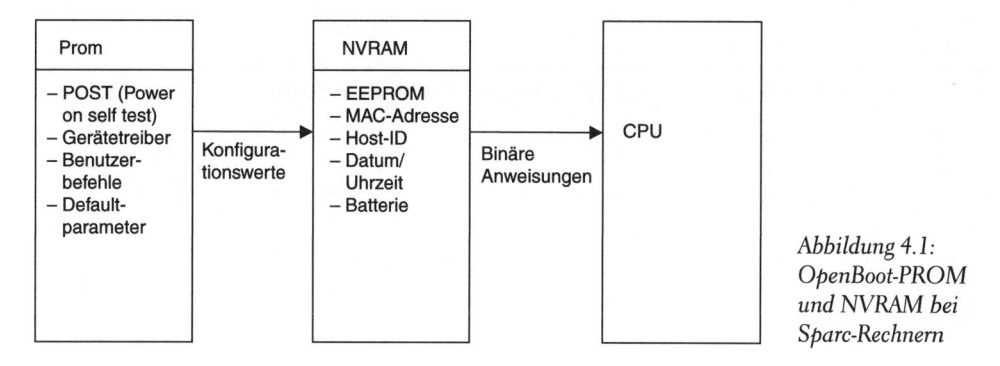

```
┌─────────────────┐                    ┌─────────────────┐                    ┌─────┐
│  Prom           │                    │  NVRAM          │                    │     │
│                 │                    │                 │                    │     │
│ – POST (Power   │                    │ – EEPROM        │                    │     │
│   on self test) │                    │ – MAC-Adresse   │                    │ CPU │
│ – Gerätetreiber │   Konfigura-       │ – Host-ID       │   Binäre           │     │
│ – Benutzer-     │   tionswerte       │ – Datum/        │   Anweisungen      │     │
│   befehle       │ ─────────────▶     │   Uhrzeit       │ ─────────────▶     │     │
│ – Default-      │                    │ – Batterie      │                    │     │
│   parameter     │                    │                 │                    │     │
└─────────────────┘                    └─────────────────┘                    └─────┘
```

Abbildung 4.1: OpenBoot-PROM und NVRAM bei Sparc-Rechnern

> Firmware sind Befehlsdaten, um eine Festplatte oder andere Geräte, wie zum Beispiel Grafikkarten, zu steuern. Sie werden in einem Chip, wie zum Beispiel dem Flash-ROM oder dem EEPROM, gespeichert und lassen sich in der Regel über Upgrades ändern.

In den OpenBoot-PROM verzweigen

Wenn auf Sparc-Rechnern noch kein Betriebssystem installiert ist oder die OBP-Variable `auto-boot?` auf den Wert »false« eingestellt wurde, dann verzweigt das System nach dem Einschalten automatisch in das Monitorprogramm. Fahren Sie einen Sparc-Rechner herunter, wird auch automatisch in den OpenBoot-PROM verzweigt und der Rechner kann problemlos ausgeschaltet werden.

> Der OpenBoot-PROM wird häufig auch als Monitorprogramm oder PROM-Monitor bezeichnet.

Starten Sie einen Rechner mit installiertem Betriebssystem, dann können Sie auch mit bestimmten Tastenkombinationen in den OpenBoot-PROM verzweigen. Dazu sollten Sie allerdings sofort nach dem Einschalten die Tasten drücken und ungefähr 10 Sekunden gedrückt halten.

Tasten	Bedeutung
[STOP]	Umgehen der POST-Phase
[STOP] + [d]	Durchführen einer ausführlichen Systemdiagnose (*diag-switch?=true*)
[STOP] + [n]	Zurücksetzen der NVRAM-Parameter auf die Defaultwerte

Tabelle 4.1: Die Tastenkombinationen zum Verzweigen in das Monitorprogramm

Tasten	Bedeutung
[STOP] + [f]	Umlenken der Konsole auf ein serielles Terminal (an Port a)
[STOP] + [a]	Stoppen des Betriebssystems und Verzweigen in das Monitorprogramm

Tabelle 4.1: Die Tastenkombinationen zum Verzweigen in das Monitorprogramm (Forts.)

> Sie sollten die Tastenkombination [STOP] + [a] nur im Notfall und niemals im laufenden Betrieb verwenden, da das Dateisystem dadurch zerstört werden kann.

> Bei älteren System gibt es eventuell keine [STOP]-Taste, verwenden Sie dann stattdessen die [L1]-Taste. Bedienen Sie den Server über ein angeschlossenes Terminal, so können Sie in diesem Fall die [BREAK]-Taste oder die Tastenkombination [CTRL]-[BREAK] verwenden.

Sobald Sie das Promptzeichen OK erhalten, sind Sie im Monitorprogramm und können Befehle zur Diagnose oder zum Starten des Betriebssystems eingeben.

> Bei älteren Rechnern mit einer älteren PROM-Version erscheint hier eventuell das Zeichen > als Promptzeichen. In dem Fall müssen Sie ein »c« (für *continue*) eingeben, um in das Monitorprogramm zu gelangen.

Allgemeine OpenBoot-PROM-Befehle

Die nachfolgenden Befehle bieten Ihnen Hilfe oder Informationen im Monitormodus an.

Der Befehl banner

Dieser Befehl gibt mehrere Zeilen mit nützlichen Informationen aus, wie zum Beispiel das Rechnermodell, die Größe des Hauptspeichers, die Ethernetadresse und die Host-ID.

```
ok banner
Sun Ultra 5/10 UPA/PCI (UltraSPARC-IIi 270 MHz), Keyboard Present
OpenBoot 3.11, 256 MB memory installed, Serial # 12834873.
Ethernet address 8:0:20:b5:92:21, Host ID: 80b59221.
```

> Jeder Sparc-Rechner besitzt eine so genannte Host-ID, ein eindeutiges Kennzeichen, das dazu verwendet wird, Software nur für einen bestimmten Rechner zu lizenzieren. Das Abfragen der Host-ID entspricht einem Kopierschutz.

Der Befehl help

Wenn Sie diesen Befehl verwenden, werden verschiedene Kategorien der Hilfe aufgelistet. Diese Hilfe ist in der OpenBoot-Firmware enthalten.

```
ok help
Enter 'help command-name' or 'help category-name' for more help
(Use ONLY the first word of a category description)
Examples: help select   -or-   help line
    Main categories are:
Repeated loops
Defining new commands
Numeric output
Radix (number base conversions)
Arithmetics
Memory access
Line editor
System and boot configuration parameters
Select I/O devices
Floppy eject
Power on reset
Diag (diagnostic routines)
Resume execution
File download and boot
nvramrc (making new commands permanent)
ok
```

Sie sehen eine Reihe von Schlüsselwörtern, die Sie eingeben können, um detailliertere Informationen zu einem Thema zu erhalten. Weitere Eingabemöglichkeiten wären nun:

```
ok help file
ok help floppy
```

Alternativ können Sie die Hilfe direkt zu einem Befehl anfordern, zum Beispiel

```
ok help banner
```

Der Befehl .version

Dieser Befehl gibt die Version des OpenBoot-PROM aus. Bei Systemen mit mehreren Boards werden die Einschübe, auf denen das Board steckt, sowie die Versionsnummer und der Typ des NVRAM und des POST-Programms angezeigt.

```
ok .version
Release 3.19 created 1999/04/28 15:05:03
OBP 3.19.4 1999/04/28 15:05:03
POST 3.07 1999/04/28 14:24
```

Der Befehl .enet-addr

Dieser Befehl zeigt Ihnen die Ethernet-Adresse bzw. die MAC-Adresse an.

```
ok .enet-addr
8:0:20:c1:99:6b
```

Der Befehl .time

Mit diesem Befehl erhalten Sie die aktuelle Uhrzeit.

```
ok .time
06:22:96
```

Der Befehl sync

Dieser Befehl versucht, den Festplattenpuffer im Hauptspeicher auf die Festplatte zurückzuschreiben. Auf diese Weise lässt sich zum Beispiel bei Systemabstürzen verhindern, dass das Dateisystem inkonsistent wird. Da der Befehl ein Crash-Dump des Hauptspeichers erzeugt, kann man mit seiner Hilfe auch einen Speicherabzug, also einen so genannten Dump, erzeugen.

Der Befehl words

Mit Hilfe dieses Befehls können Sie eine umfangreiche Liste aller vorhandenen Befehle und Variablen ausgeben lassen.

```
ok words
...
probe-all eject-floppyprobe-dieprobe-pci-slot
probe-upa-slotwatch-net-allwatch-net
probe-scsi-allprobe-scsi(set-scsi-id-prop
probe-i0 ?bannerbannersuppress-banner
...
More [<space>,<cr>,q]
```

Der Befehl cpu-info

Dieser Befehl liefert Informationen zum eingebauten CPU-Typ, der Geschwindigkeit des Systembus und des Speicherzugriffs.

```
ok cpu-info
CPU    PMI,MB86907 Rev. 2.7:    100,0 Mhz
Sbus (Divide by 4):              25,0 Mhz
DRAM Refresh Setting:            4
DRAM Speed Setting:              1
```

Das System hochfahren und ausschalten

Der Befehl boot

Dem Befehl boot können mehrere Werte und Optionen übergeben werden. Die Syntax lautet:

boot <gerätename> <kernelname> <-optionen>

Wenn keine Werte oder Optionen übergeben werden, dann wird die Einstellung der Variablen boot-device gelesen, was in der Regel bedeutet, dass von der lokalen Festplattenpartition 0 (root-Partition) gebootet wird. Dabei erhält die Partition 0 den Buchstaben »a« und die achte Partition den Buchstaben »h« usw. Bei einem Booten von einem anderen Gerät muss der entsprechende Gerätenamen mitgegeben werden, wobei ein Aliasname verwendet werden kann. Es ist auch möglich, mit einem anderen Kernel zu booten, wobei der komplette Pfadname dieses Kernels angegeben werden muss.

Die verschiedenen Optionen beim Booten können Sie der nachfolgenden Tabelle entnehmen.

Option	Bedeutung
-a	Das System wird interaktiv gebootet, das heißt, an verschiedenen Stellen kann der Systemadministrator Angaben zur Konfiguration machen, zum Beispiel, wie der Pfadname des Kernels lautet, welche Systemdatei eingelesen werden soll usw.
-v	Das System wird so gebootet, dass beim Hochfahren ausführliche Meldungen ausgegeben werden.
-s	Das System wird im Single-User-Modus gebootet.
-r	Beim Bootvorgang wird nach angeschlossenen Geräten gesucht und für neue Geräte werden Gerätedateien angelegt. Diese Option wird bei Änderungen der Hardwarekonfiguration verwendet, wenn zum Beispiel eine Festplatte neu eingebaut oder entfernt wurde. Um die entsprechenden Einträge im Verzeichnis /devices bzw. /dev vorzunehmen, werden Skripte wie zum Beispiel drvconfig ausgeführt.
-b	Diese Option wird für einen Notboot verwendet. Der Kernel wird dabei nur in einer Minimalkonfiguration geladen und das System steht hinterher nur mit sehr eingeschränkten Funktionen und dem Verzeichnis / zur Verfügung.
-f	Eine Bootoption für Autoclients, die den Neuaufbau des lokalen Festplattencache forciert.

Tabelle 4.2: Bootoptionen

Der OpenBoot-PROM von Sparc-Systemen

Der Befehl boot -a ist hervorragend dazu geeignet, Probleme zu beheben, wie zum Beispiel eine fehlerhafte Konfigurationsdatei /etc/system, die das normale Booten verhindert. Wenn nach dieser Datei gefragt wird, kann alternativ eine Sicherungskopie dieser Datei oder die Datei /dev/null zur Umgehung der Abfrage angegeben werden.

Ein Beispiel für das Booten mit einer Option kann wie folgt aussehen:

```
ok boot -a
Enter filename of the kernel (kernel/unix):
Enter default directory for modules (kernel, /usr/kernel):
Enter name of system file (etc/system):
Enter default root file system type (ufs):
Enter physical name of root device:
```

In Klammern werden die Defaultwerte angezeigt, die einfach mit der ⏎-Taste übernommen werden können.

In der nächsten Tabellen sehen Sie einige Möglichkeiten, von anderen Geräten als der Standardfestplatte mit der root-Partition sowie mit einem anderen Kernel zu booten.

Bootbefehle	Beschreibung
boot cdrom	In diesem Fall wird von der CD gebootet, es sollte also die bootfähige Solaris-Betriebssystem-CD eingelegt sein. CDs werden von der Partition »f« gebootet. Von der CD-ROM kann zum Beispiel gebootet werden, wenn es keine andere Möglichkeit mehr gibt, an das Betriebssystem auf der Festplatte heranzukommen.
boot tape	Theoretisch ist mit diesem Befehl ein Booten vom lokalen Bandlaufwerk möglich, was aber in der Praxis nicht funktioniert, da Solaris nicht auf Bändern erhältlich ist.
boot disk	Auf diese Weise kann ein Bootvorgang von einer anderen Festplatte als der Standardfestplatte mit Hilfe von Aliasnamen erfolgen. Wenn von einer bestimmten Partition gebootet werden soll, kann der Partitionsbuchstabe, zum Beispiel a für 0 (1. Partition) oder d für 3 (4. Partition), durch Doppelpunkt vom Aliasnamen getrennt angegeben werden.
boot net	Mit dieser Option ist ein Booten über das Netzwerk möglich, wobei sich der Rechner beim Booten wie ein Diskless Client verhält. Er schickt seine Ethernetadresse als Broadcast ins Netz, wird von einem bereits eingerichteten Bootserver erkannt und von diesem mit allen wichtigen Daten zum Booten versorgt.

Tabelle 4.3: Bootparameter

Der OpenBoot-PROM (OPB)

Bootbefehle	Beschreibung
`boot net-tpe`	Der Rechner wird über das Netz gebootet, wobei das Twisted Pair Interface zum Einsatz kommt.
`boot net-aui`	Der Rechner wird über das Netz gebootet, wobei die AUI-Netzwerkschnittstelle verwendet wird.
`boot <hardware-gerätename>`	Auf diese Weise kann genau definiert werden, von welchem Gerät aus gebootet wird, wobei der Gerätenamen aus dem Verzeichnis /devices verwendet wird, zum Beispiel: `boot /iommu/sbus/espdma@5,84000000/esp@5,88000000 /sd@0,0:a/platform/sun4m/kernel/unix`
`boot <kernelname>`	Es ist möglich, statt mit dem 64-Bit-Kernel mit dem 32-Bit-Kernel zu booten, indem die jeweiligen Pfade angegeben werden. Der 64-Bit-Kernel kann mit dem Argument `kernel/sparc9/unix` gebootet werden, der 32-Bit-Kernel mit `kernel/unix`.

Tabelle 4.3: Bootparameter (Forts.)

> Sie sollten der Einfachheit halber beim Booten von anderen Festplatten oder Partitionen aus die Aliasnamen verwenden, die Sie selbst definieren können, wie Sie in den nachfolgenden Abschnitten sehen.

Der Befehl reset

Mit diesem Befehl wird ein Hardwarereset durchgeführt, so als ob das System einfach aus- und wieder eingeschaltet wird. Um alle Systemkomponenten zu initialisieren, kann der Befehl `reset-all` verwendet werden.

Der Befehl power-off

Dieser Befehl schaltet das Netzteil des Rechners aus.

Hardwarekonfiguration anzeigen, überprüfen und definieren

Der Befehl printenv

Sie können diesen Befehl verwenden, um alle NVRAM-Variablen anzeigen zu lassen. Die Anzeige erfolgt in drei Spalten:

- Die erste Spalte enthält den Variablennamen.
- Die zweite Spalte enthält den aktuellen Wert der Variablen.
- Die dritte Spalte enthält den Defaultwert der Variablen, sofern das System einen Defaultwert vorhält.

Die Ausgabe des Befehls kann folgendermaßen aussehen:

```
ok printenv
Variable Name           Value           Default Value
tpe-link-test           true            true
scsi-initiator-id       7               7
ttya-rts-dtr-off        false           false
ttya-ignore-cd          true            true
ttya-mode               9600,8,n,1,-    9600,8,n,1,-
pcia-probe-list         1,2,3,4         1,2,3,4
diag-level              max             max
output-device           screen          screen
input-device            keyboard        keyboard
boot-command            boot            boot
auto-boot?              true            true
diag-device             net             net
boot-device             disk net        disk net
local-mac-address?      false           false
screen-#columns         80              80
screen-#rows            34              34
use-nvramrc?            false           false
security-mode           none
security-password
security-#badlogins     0
diag-switch?            false           false
```

> Diese Auflistung erhebt keinen Anspruch auf Vollständigkeit, sondern stellt nur einen kleinen Teil der Variablen des NVRAM dar.

Sie können den Befehl auch mit einem bestimmten Parameter eingeben, um nur die Werte dieses Parameters zu erhalten:

```
ok printenv auto-boot?
auto-boot? = true
```

> Bei Variablen, die mit einem Fragezeichen enden, handelt es sich um Variablen, die ausschließlich den Wert »true« oder »false« annehmen können.

Der Befehl setenv

Mit diesem Befehl können Sie die aktuellen Werte der Variablen verändern. Die Variable, die verändert werden soll, steht hinter dem Befehl setenv, danach folgt der neue Wert der Variablen. Im nachfolgenden Beispiel wird der Wert der Variablen auto-boot? von »true« auf »false« geändert. Das bedeutet, dass zukünftig der Rechner nicht automatisch das Betriebssystem hochfahren soll, sondern nur bis in den PROM-Monitor startet.

```
ok setenv auto-boot? false
auto-boot? = false
```

Genauso können Sie den Wert einer Variablen ändern, die keine boolesche Variable ist. Im folgenden Beispiel wird die Variable boot-device von ihrer Standardeinstellung disk net auf disk cdrom net verändert. Das bedeutet, dass zukünftig beim Hochfahren des Rechners zuerst von der Festplatte, alternativ von der CD-ROM und zuletzt über das Netzwerk gebootet werden soll.

```
ok setenv boot-device disk cdrom net
boot-device = disk cdrom net
```

Der Befehl set-default

Die veränderten Werte der Variablen lassen sich wieder auf die Defaultwerte zurücksetzen. Die Einstellungen der Defaultwerte werden mit dem Befehl printenv in der dritten Spalte ausgegeben. Wenn Sie einen Variablenwert zurücksetzen möchten, geben Sie hinter dem Befehlsnamen den entsprechenden Variablennamen ein, zum Beispiel:

```
ok set-default auto-boot?
auto-boot? = true
```

Der Befehl set-defaults

Wenn Sie alle durchgeführten Änderungen an Variablenwerten rückgängig machen möchten, geben Sie einfach den Befehl set-defaults ein:

```
ok set-defaults
Setting NVRAM parameters to default values
```

Der Befehl show-devs

Dieser Befehl zeigt die Bezeichnungen aller am Rechner angeschlossenen Geräte an, einschließlich deren Hardwarepfad. Nachfolgend sehen Sie einen Teil einer möglich Ausgabe des Befehls. Die Ausgabe hängt von der verwendeten Hardware ab.

```
ok show-devs
/SUNW,UltraSPARC-IIe@0,0
/pci@1f,0
/virtual-memory
/memory@0,0
/aliases
/options
/openprom
/chosen
/packages
/pci@1f,0/pci@5
/pci@1f,0/SUNW,m64B@13
/pci@1f,0/die@d
/pci@1f,0/sound@8
```

Der Befehl kann auch so eingegeben werden, dass er nur die Gerätenamen einer bestimmten Hardwaregruppe anzeigt. Zu diesem Zweck verwenden Sie die Befehle show-ttys, show-disks, show-tapes oder show-nets.

Der Befehl show-ttys

Dieser Befehl listet die Gerätenamen für serielle Monitoranschlüsse auf.

```
ok show-ttys
a) /pci@1f,0/isa@7/serial@0,2e8
b) /pci@1f,0/isa@7/serial@03f8
q) NO SELECTION
Enter selection, q to quit:
```

Sie können nun eines der Geräte auswählen, indem Sie den entsprechenden Buchstaben eingeben. Damit wird der Gerätename in einen Zwischenspeicher geschrieben, aus dem er jederzeit mit Hilfe der Tastenkombination [CTRL]-[Y] wieder ausgegeben werden kann. Das erspart Ihnen die mühsame Eingabe der komplexen Gerätenamen, wenn Sie Aliasnamen für Geräte definieren möchten. Diese Vorgehensweise wird im vorliegenden Abschnitt noch genau erläutert.

> Durch Eingabe des Buchstabens »q« können Sie die Anzeige ohne Auswahl beenden.

Der Befehl show-disks

Der Befehl show-disks entspricht dem Befehl show-ttys, listet aber die angeschlossenen Platten auf. Auch hier ist es wieder möglich, einen Gerätenamen mit Hilfe des entsprechenden Buchstabens in den Zwischenspeicher zu schreiben.

```
ok show-disks
a) /pci@1f,0/ide@d/cdrom
b) /pci@1f,0/ide@d/disk
q) NO SELECTION
Enter selection, q to quit:
```

Der Befehl show-tapes

Mit diesem Befehl listen Sie gegebenenfalls angeschlossene Bandgeräte auf.

Der Befehl show-nets

Diesem Befehl zeigt die Netzwerkgerätenamen an.

```
ok show-nets
a) /pci@1f,0/networks@c,1
q) NO SELECTION
Enter selection, q to quit:
```

Der Befehl probe-scsi

Dieser Befehl sucht nach Geräten (Platten, Bandlaufwerke, CD-ROMs) am ersten SCSI-Controller. Die Ausgabe beinhaltet die SCSI-Target-Adresse und den Typ der Geräte. Mit Hilfe dieses Befehls können Sie überprüfen, ob neu angeschlossene Hardware durch den Controller erkannt wird und welche Target-Adresse das Gerät erhielt.

```
ok probe-scsi
Target 3
Unit 0    Disk SEAGATE ST1480 SUN4.2G4628800193568
Target 6
Unit 0    Removable Read Only device SONY CDROM
```

> Bei einigen PROM-Versionen erhalten Sie den Hinweis, dass sich das System »aufhängen« könnte, wenn es zuvor mit [Stop]-[a] oder dem Befehl halt angehalten wurde. Sie werden aufgefordert, zuerst den Befehl reset-all einzugeben, um das System zurückzusetzen, bevor Sie den Befehl probe-scsi verwenden. Es ist empfehlenswert, sich an diese Vorgehensweise zu halten, um Probleme beim Aufruf des Befehls zu vermeiden.

Der Befehl probe-scsi-all

Dieser Befehl sucht nicht nur alle Geräte, die über den ersten SCSI-Controller mit dem System verbunden sind, sondern auch Geräte, die an einem separaten Sbus- oder PCI-SCSI-Controller angeschlossen sind.

```
ok probe-scsi-all
Target 3
Unit 0   Disk FUJITSU MAB3045S SUN4.2G1932
Target 4
Unit 0   Removable Tape EXABYTE EXB-9505SMBANSH32090
```

Der Befehl probe-ide

Dieser Befehl sucht nach Geräten (Platten, CD-ROMs), die an einem IDE-Controller angeschlossen sind. In diesem Fall werden keine Target-Adressen, sondern Gerätenummern ausgegeben.

```
ok probe-ide
Device 0 ( Primary Master )
     ATA Model: ST315320A
Device 1 ( Primary Slave )
     Removable ATAPI Model: LTN485S
Device 2 ( Secondary Master )
     Not Present
Device 3 ( Secondary Slave )
     Not Present
```

Der Befehl test-all

Dieser Befehl testet alle Geräte eines Rechners, zum Beispiel Grafikkarte, Tastatur, serielle Schnittstelle und Festplattencontroller.

```
ok test-all
Test hardware registers - passed Ok
Test RamDAC - passed Ok
Test Frame buffer - passed Ok
Testing /pci@1,f/die@d
```

Der Befehl test

Der Befehl test-all nimmt relativ viel Zeit in Anspruch. Daher ist es auch möglich, einzelne Geräte mit Hilfe des Befehls test zu überprüfen. Der Gerätenamen des zu überprüfenden Geräts wird dem Befehl als Parameter übergeben:

```
ok test floppy
Testing floppy
```

Es ist auch möglich, den Gerätenamen der zu testenden Hardware zu verwenden.

Der Befehl watch-clock

Mit diesem Befehl testen Sie die eingebaute Hardwareuhr. Es werden dabei die Sekunden hochgezählt. Wenn hier Verzögerungen auftreten, ist eventuell ein Austausch der eingebauten Batterie nötig.

```
ok watch-clock
Watching the 'seconds' register of the real time clock chip.
It should be 'ticking' once a second
Type any key to stop.
19
```

Der Befehl watch-net

Der Befehl überprüft die Funktion des Netzwerkadapters. Ethernetpakete, die als korrekt erkannt werden, erhalten einen Punkt, defekte Pakete dagegen werden mit einem X versehen. Dazu müssen von einem anderen Rechner im Netzwerk Daten an den zu prüfenden Rechner gesendet werden, zum Beispiel mit Hilfe des Befehls ping.

```
ok watch-net
Internal loopback test -- succeeded.
Link is -- up
Looking for Ehternet Packets.
'.' is a Good Packet. 'X' is a Bad Packet.
Type any key to stop.
....
```

Der Befehl watch-tpe

Dieser Befehl verhält sich wie watch-net, wobei allerdings das Twisted Pair Ethernet (TPE) verwendet wird. Dieses muss mit einem Netzwerk verbunden sein.

Der Befehl watch-aui

Dieser Befehl verhält sich wie watch-net, wobei allerdings das Attachment Unit Interface (AUI) verwendet wird. Dieses muss mit einem Netzwerk verbunden sein.

Der Befehl watch-net-all

Bei diesem Befehl werden alle Netzwerkadapter geprüft, auch zusätzlich vorhandene Netzwerkkarten.

Der Befehl devalias

Wenn Sie herausfinden möchten, wie der Gerätenamen des Bootgeräts lautet, verwenden Sie den Befehl devalias. In der ersten Spalte werden die Aliasnamen für die in der zweiten Spalte stehenden Gerätenamen angezeigt.

```
ok devalias
screen     /pci@1f,0/SUNW,m64B@13
mouse      /pci@1f,0/usb@c,3/mouse@4
keyboard   /pci@1f,0/usb@c,3/keyboard@2
dload      /pci@1f,0/network@c,1:,
net        /pci@1f,0/network@c,1
cdrom2     /pci@1f,0/ide@d/cdrom@2,0:f
cdrom1     /pci@1f,0/ide@d/cdrom@1,0:f
cdrom      /pci@1f,0/ide@d/cdrom@1,0:f
disk       /pci@1f,0/ide@d/disk@0,0
disk3      /pci@1f,0/ide@d/disk@3,0
disk2      /pci@1f,0/ide@d/disk@2,0
disk1      /pci@1f,0/ide@d/disk@1,0
disk0      /pci@1f,0/ide@d/disk@0,0
ide        /pci@1f,0/ide@d
floppy     /pci@1f,0/isa@7/dma/floppy
ttyb       /pci@1f,0/isa@7/serial@0,2e8
ttya       /pci@1f,0/isa@7/serial@0,3f8
name       aliases
```

Einige der Gerätealiase sind in der Firmware des OpenBoot-PROM hart codiert. Aliase haben den Vorteil, dass sie leichter einzugeben sind als die Originalnamen der Geräte.

Der Gerätealias disk steht zum Beispiel für das standardmäßige Bootgerät im System.

Der Befehl nvalias

Sie können dem NVRAM-Speicher weitere Aliasnamen hinzufügen. Dazu verwenden Sie den Befehl nvalias. Geben Sie dem Befehl den neuen Aliasnamen und den Gerätenamen als Argumente mit. Dabei müssen Sie sich allerdings nicht die langen komplexen Gerätenamen merken, sondern Sie schreiben zuerst den gewünschten Gerätenamen in den Zwischenspeicher:

```
ok show-disks
a) /pci@1f,0/ide@d/cdrom
b) /pci@1f,0/ide@d/disk
```

```
c) /pci@1f,0/die@d/disk1,0
q) NO SELECTION
Enter selection, q to quit: c
```

In diesem Beispiel wird der Name der Festplatte in den Zwischenspeicher geschrieben, die mit dem Buchstaben »c« angegeben wird. Definieren Sie nun den Aliasnamen, drücken Sie aber noch nicht die Taste [↵]:

```
ok devalias newdisk
```

Geben Sie nach diesem Teil des Befehls den langen Namen des Geräts nicht von Hand ein, sondern drücken Sie stattdessen die Tastenkombination [CTRL]-[Y]. Der Name wird aus dem Zwischenspeicher kopiert und an dieser Stelle eingefügt:

```
ok devalias newdisk /pci@1f,0/die@d/disk1
```

Wenn Sie sich nun die zugewiesenen Aliasnamen anzeigen lassen, erscheint auch die neu definierte Aliasbezeichnung:

```
ok devalias
newdisk/pci@1f,0/ide@d/disk@1,0
```

> Die Aliasbezeichnungen bleiben auch nach Abschalten des Rechners erhalten.

Der Befehl nvunalias

Um einen Alias wieder zu löschen, verwenden Sie den Befehl nvunalias gemeinsam mit der Aliasbezeichnung:

```
ok nvunalias newdisk
```

> Sun-Rechner mit PROM-Versionen 1.x und 2.x kennen die Befehle nvalias und nvunalias nicht. Trotzdem ist das Anlegen von Aliasnamen möglich. Zuerst muss allerdings die Variable use-nvramrc? auf »true« gesetzt werden:
>
> ```
> ok setenv use-nvramrc? true
> ```
>
> Anschließend können Sie mit dem Befehl nvedit den Befehl devalias aliasname gerätename eingeben und die Eingabe mit [CTRL]-[C] beenden. Zuletzt führen Sie die Befehle nvstore und reset zum Abspeichern der neuen Einstellungen aus.

Der OpenBoot-PROM von Sparc-Systemen

Variablen des OpenBoot-PROM

Die Variable ansi-terminal

Mit Hilfe dieser Variablen bestimmen Sie, ob Steuerungszeichen für den Konsolbildschirm interpretiert werden oder nicht. Steht die Variable auf »true«, werden die Ansi-Escape-Sequenzen interpretiert, bei »false« nicht. Die Interpretation dieser Zeichen kann bei einer Systeminstallation über zeichenorientierte Terminals von Bedeutung sein.

Die Variable auto-boot?

Wenn die Variable auto-boot? auf ihren Standardwert »true« gesetzt ist, wird das Betriebssystem automatisch nach dem Einschalten des Rechners hochgefahren. Bei der Einstellung »false« wird der Rechner im Monitor-Modus angehalten.

> Variablennamen, die mit einem Fragezeichen enden, sind so genannte boolesche Variablen, da sie nur den Wert »true« oder »false« annehmen können.

Die Variable boot-device

Diese Variable enthält den Aliasnamen des Geräts, von dem gebootet werden soll. Standardmäßig sind dieser Variablen die Geräte disk und net zugewiesen, Sie können die Einstellung aber Ihren Wünschen entsprechend anpassen. Bei Angabe mehrerer Geräte wird die Liste bis zum ersten Gerät, von dem gebootet werden kann, abgearbeitet. Wenn Sie das System im Diagnosemodus starten, wird diese Variable nicht verwendet.

Die Variable boot-file

Mit dieser Variablen lässt sich der Name des Kernels festlegen, der beim Starten des Systems verwendet werden soll. Die Standardeinstellung lautet »kernel/unix« und ist gültig, wenn die Variable keinen Eintrag enthält. »kernel/unix« ist eine Abkürzung für den Pfad, der je nach eingesetzter Hardware zum Beispiel »/platform/sun4u/kernel/unix« lauten kann (hier für eine Ultra-Sparc).

Die Variable boot-command

Standardmäßig lautet der beim Booten zu verwendende Befehl boot. Es ist aber möglich, den Bootbefehl mit Hilfe dieser Variablen zu verändern.

Die Variable diag-device

Diese Variable gibt das Gerät an, von dem aus zu Diagnosezwecken gebootet werden soll. Standardmäßig ist an dieser Stelle net festgelegt. Wenn die Variable diag-switch? auf »true« gesetzt wird, wird nach dem hier angegebenen Gerät gesucht.

Die Variable diag-file

Der Wert dieser Variable kann der Name eines Programms sein, das bei einer Systemdiagnose gestartet werden soll. Das Programm ist in der Regel ein Testprogramm für die Hardware, das auf dem zu bootenden Rechner geladen werden muss.

Die Variable diag-level

Mit Hilfe dieser Variablen können Sie festlegen, wie intensiv der Selbsttest beim Starten des Systems ausgeführt werden soll. Dabei können Sie zwischen den Werten »min«, »max« und »off« auswählen.

Die Variable diag-switch?

Wenn diese Variable auf »true« gesetzt wird, wird beim Starten des Systems eine Hardwarediagnose ausgeführt. Mit Hilfe der Variablen diag-level lässt sich zusätzlich einstellen, wie umfangreich die Diagnose sein soll. Die Variable boot-device wird gelesen, um die vorgegebenen Geräte als Bootgeräte zu verwenden. Standardmäßig ist die Variable auf »false« gesetzt.

> Die Meldungen der Diagnose werden auf das Terminal ausgegeben, das an der ersten seriellen Schnittstelle angeschlossen ist.

Die Variable env-monitor

Mit dieser Variablen lässt sich einstellen, dass das System auf Temperatur und Stromversorgung hin überwacht wird. Die Systemüberwachung kann durch den Variablenwert »disabled« deaktiviert werden, was nicht empfehlenswert ist. Die Aktivierung erfolgt durch den Wert »enabled«, wobei aber keine Überwachung der Ventilatoren stattfindet. Diese erfolgt nur nach Einstellung des Werts »enabled-with-fans«, was bewirkt, dass bei Überhitzung eine Warnmeldung erfolgt und bei Überschreiten der Höchsttemperatur das System sogar automatisch abgeschaltet wird.

Die Variable hardware-revision

Diese Variable gibt das Datum des letzten Kundendiensts für die Hardware wieder.

Die Variable input-device

Mit dieser Variablen legen Sie das Eingabegerät fest. Das kann zum Beispiel die Tastaturschnittstelle oder ein über eine serielle Leitung angeschlossenes Terminal sein.

Die Variable keymap

Diese Variable können Sie zur Tastaturumbelegung verwenden.

Die Variable last-hardware-update

Diese Variable gibt das Datum der letzten Aktualisierung der Hardware wieder. Dabei kann es sich um einen Ausbau oder eine Veränderung der Hardware handeln.

Die Variable local-mac-adddress?

Wenn diese Variable auf »true« gesetzt ist, wird die MAC-Adresse des Motherboard verwendet, wenn es mehrere Netzwerkkarten gibt. Die Adressen der einzelnen Netzwerkkarten können durch die Einstellung »false« aktiviert werden.

Die Variable mfg-switch?

Diese Variable ist standardmäßig auf »false« gesetzt. Andernfalls wird die Systemdiagnose beim Starten des Systems so lange wiederholt, bis die Tastenkombination [Stop]+[a] verwendet wird.

Die Variable oem-banner

Mit Hilfe dieser Variablen können Sie einen bis zu 80 Zeichen langen Text hinterlegen, der beim Starten des Systems statt des standardmäßigen Texts angezeigt werden soll. Gleichzeitig muss die Variable oem-banner? auf »true« gesetzt werden.

Die Variable oem-banner?

Die Standardeinstellung für diese Variable ist »true«, wodurch der Standardtext beim Systemstart angezeigt wird. Wenn Sie diese Variable auf »false« setzen, wird statt des Standardtexts der Inhalt der Variable oem-banner? ausgegeben.

Die Variable output-device

Diese Variable definiert das Standardausgabegerät für die Konsole. Dabei kann es sich um den an der Grafikkarte angeschlossenen Bildschirm oder um ein Terminal handeln, das an einer seriellen Schnittstelle angeschlossen ist. Auf diese Weise lässt sich die Konsole auf ein serielles Terminal umleiten, wobei die Tastatur und der Bildschirm, die direkt mit dem System verbunden sind, weiterhin für das Arbeiten mit der grafischen Oberfläche verwendet werden können.

Die Variable security-mode

Wenn diese Variable den Wert »none« enthält, können die Variablen und Befehle des OpenBoot-PROM jederzeit verwendet werden. Wird der Wert auf »command« gesetzt, dann wird der OpenBoot-PROM durch ein Passwort geschützt. Ohne Passwort können nur noch die Befehle boot und go verwendet werden. Die höchste Sicherheitsstufe bedeutet der Variablenwert »full«. In diesem Fall ist nur noch die Verwendung des Befehls go nach einer Systemunterbrechung ohne Passwort möglich. Bei allen anderen Eingaben wird nach dem Passwort gefragt, das im NVRAM des Systems gespeichert ist. Damit wird verhindert, dass Unberechtigte den Rechner booten oder Veränderungen im PROM-Monitor vornehmen. Eine Falscheingabe des Passworts hat eine Wartezeit von 10 Sekunden und einen Eintrag in der Variablen security-#badlogins zur Folge.

> Stoppen Sie das laufende Betriebssystem bei Problemen mit der Tastenkombination [Stop]+[a], gelangen Sie in den PROM-Monitor. Anschließend können Sie mit dem Befehl go in das Betriebssystem zurückkehren. Sie sollten zuvor aber unbedingt noch den Befehl sync ausführen (vgl. Abschnitt 4.2 weiter unten).

Wenn Sie den Security-Modus auf »full« oder »command« stellen, werden Sie aufgefordert, ein Passwort zu hinterlegen.

> Eine Passwortvergabe sollte nur erfolgen, wenn es unbedingt notwendig ist. Falls Sie das Passwort vergessen, wird der Rechner nach einem Ausschalten völlig gesperrt. Wenn der Security-Modus deaktiviert und später wieder aktiviert wird, wird das alte Passwort wieder aktiv. Wenn es nicht mehr bekannt ist, wird der Rechner ebenfalls gesperrt. Er kann nur durch den Austausch des NVRAM durch den technischen Kundendienst wieder aktiviert werden.

> Falls Sie den Security-Modus aktivieren, hinterlegen Sie am besten das Passwort in einem verschlossenen Umschlag in einem Safe im Unternehmen.

Die Variable security-passwd

Diese Variable enthält das gespeichert Passwort, wenn ein Security-Modus aktiviert wurde. Das Passwort ist nicht sichtbar gespeichert. Es ist möglich, das Passwort direkt mit Hilfe des Befehls password zu setzen.

Die Variable security-#badlogins

Diese Variable enthält die Anzahl der Versuche, mit einem falschen Passwort in den PROM-Monitor zu gelangen. Sie können der Variablen den Wert »reset« zuweisen, um sie wieder auf null zu setzen.

Die Variable ttya-mode

Mit Hilfe dieser Variablen können Sie die Übertragungsgeschwindigkeit und die Parität für die erste serielle Schnittstelle definieren. Die Geschwindigkeit hängt allerdings vom Rechnertyp ab, so kann diese bei Ultra-Sparc-Systemen bis zu 115.200 Baud betragen. Der Variablenwert enthält die Geschwindigkeit, übertragene Datenbits, die Parität, die Stopbits und das Protokoll. Eine Variable kann zum Beispiel wie folgt aussehen:

```
ttya-mode=38400,6,o,1,h
```

Das bedeutet eine Geschwindigkeit von 38.400 Bauds, 6 übertragene Datenbits, eine ungerade Parität, 1 Stopbit und das Protokoll »Hardware Handshake DTR/RTS«.

Folgende Einstellungen sind möglich:

Geschwindigkeit:

- 300
- 1200
- 4800
- 9600
- 19200
- 38400
- 57600
- 115200

Übertragene Datenbits:

- 5
- 6
- 7
- 8

Parität (Prüfbits):

- n (none = keine)
- e (even = gerade)
- o (odd = ungerade)
- m (mark = Markierung)
- s (space = Leerzeichen)

Stopbits:

- 1
- 2

Protokoll:

- s (Software Handshake XON/XOFF)
- h (Hardware Handshake DTR/RTS)

Die Variable watchdog-reboot?

Standardmäßig ist diese Variable auf »false« gesetzt. Das bedeutet, dass ein aufgrund eines erkannten Hardwarefehlers automatisch angehaltenes System nicht wieder neu gestartet wird. Wenn Sie die Variable auf »true« setzen, wird das System nach dem Anhalten sofort wieder gebootet.

4.2 NVRAM-Parameter mit Hilfe des Befehls eeprom verwalten

Die meisten der erläuterten Einstellungen und Variablen des OpenBoot-PROM können nur direkt im PROM-Monitor verändert werden. Unter Solaris gibt es allerdings den Befehl eeprom, mit dessen Hilfe Sie einige Parameter verändern können, ohne das System Solaris zuvor beenden zu müssen.

Allerdings darf nur *root* diesen Befehl ausführen. Außerdem sind alle Veränderungen dauerhaft, es gibt keinen Befehl reset wie im PROM-Monitor. In der C-Shell müssen Sie zudem alle Parameter, die mit einem Fragezeichen enden, in Apostrophe fassen.

Wenn Sie alle Parameter mit ihren aktuell gesetzten Werten anzeigen möchten, geben Sie in der Shell den Befehl eeprom ein. Einzelne Parameter zeigen Sie an, indem Sie dem Befehl ein entsprechendes Argument übergeben, zum Beispiel:

```
# eeprom boot-device
boot-device=disk
#
```

Wenn Sie eine Variable verändern möchten, geben Sie den neuen Wert an:

```
# eeprom boot-device=newdisk
boot-device=newdisk
#
```

Wenn Sie den Wert der Variable auto-boot? ändern möchten, geben Sie folgenden Befehl ein:

```
# eeprom auto-boot?=true
auto-boot =true
#
```

Wenn Ihr System auf keine Eingabe mehr reagiert, sollten Sie den Rechner nicht einfach so ausschalten oder die Tastenkombination [Stop]-[a] einfach so verwenden. Versuchen Sie vorher ein Remote-Login von einem anderen Rechner aus und fahren Sie dann das System, das sich aufgehängt hat, remote herunter. Damit vermeiden Sie eventuelle Beschädigungen des Betriebssystems. Sollte nur noch die Tastenkombination [Stop]-[a] möglich sein, führen Sie unmittelbar danach den Befehl sync aus, um die Dateisysteme manuell zu synchronisieren und dadurch Beschädigungen zu vermeiden.

4.3 Zusammenfassung

An diesem Tag haben Sie den OpenBoot-PROM kennen gelernt. Mit Hilfe dieses Monitorprogramms können Sie verschiedene Befehle und Variablen zur Konfiguration und Überprüfung der Hardware verwenden, wobei Sie in diesem Fall keine Solaris-Befehle aufrufen. Der OpenBoot-PROM steht auch nur bei Sparc-Rechnern zur Verfügung, da sich seine Informationen auf einem speziellen Speicherchip befinden.

Der OpenBoot-Vorgang testet und initialisiert die Hardware des Systems durch so genannte Power-On-Self-Tests und ermittelt anschließend die Hardwarekonfiguration. Aufgrund der definierten Parameter bootet der OpenBoot-PROM das Betriebssystem vom gewünschten Gerät. Darüber hinaus bietet er Ihnen verschiedene interaktive Möglichkeiten zur Untersuchung der Hardware. Die OpenBoot-Architektur ermöglicht es außerdem Drittherstellern, Boards bereitzustellen, die sich selbst identifizieren und ihren eigenen Gerätetreiber laden.

4.4 F&A

F *Mein Rechner hat sich »aufgehängt« und reagiert auf keine Tastatureingabe mehr. Soll ich ihn mit* Stop -a *unterbrechen und nachträglich neu booten?*

A Nein, nur wenn es keine andere Möglichkeit mehr gibt, da das Risiko besteht, dass dabei das Dateisystem beschädigt wird. Zuerst sollten Sie versuchen, sich remote auf diesem Rechner anzumelden, und entweder den Prozess beenden, der die Störung verursacht, oder den Rechner remote neu booten. Nur für den Fall, dass Sie keine remote Anmeldung mehr durchführen können, dürfen Sie diese Tastenkombination verwenden. Führen Sie anschließend den Befehl sync durch.

F *Ich möchte eine zweite Platte mit einer älteren Solaris-Betriebssystemversion einbauen und manchmal von dieser booten. Muss ich beim Booten jedes Mal den langen Gerätenamen angeben?*

A Nein, es ist einfacher, mit dem Befehl devalias einen Aliasnamen für diesen Gerätenamen anzulegen. Anschließend kann dem Befehl boot der Aliasname als Parameter übergeben werden.

F *Ich habe verschiedene Parameter des OpenBoot-PROM verändert, was Probleme beim Booten verursacht. Gibt es eine Möglichkeit, alle vorgenommenen Änderungen zurückzusetzen?*

A Ja. Verwenden Sie den Befehl set-defaults, um alle Parameter auf ihre Standardwerte zurückzusetzen. Eine Ausnahme bilden allerdings die Parameter, die keinen Standardwert hatten. Diese haben dann auch keinen zugewiesenen Wert. Überprüfen Sie anschließend die Parameter.

4.5 Übungen

1. Lassen Sie sich zuerst alle Gerätenamen und anschließend die Namen der Speichergeräte anzeigen.
2. Wählen Sie, falls vorhanden, den Gerätenamen der zweiten Festplatte aus und schreiben Sie diesen in den Zwischenspeicher.
3. Weisen Sie dem Gerätenamen den Aliasnamen »mydisk« zu.
4. Definieren Sie die zweite Platte als drittes Bootgerät.

Tag 5

Das System starten und anhalten

Das System starten und anhalten

An diesem Tag erfahren Sie, wie das Betriebssystem Solaris 9 gestartet und beendet wird. In diesem Zusammenhang lernen Sie die verschiedenen Bootphasen genau kennen:

- OpenBoot-PROM-Phase
- Bootprogrammphase
- Kernelinitialisierungsphase
- Die Phase des Prozesses `init`

Anschließend werden die einzelnen Runlevel beschrieben und die Datei /etc/inittab und die Run Control-Skripte werden vorgestellt. Außerdem erfolgt eine Erläuterung der verschiedenen Befehle zum Starten und Anhalten des Systems. Sie lernen auch, wie Sie die Bootphase mit Hilfe von eigenen Run Control-Skripten oder Befehlen beeinflussen können.

5.1 Der Bootprozess

Wie Sie bereits an Tag 3 erfahren haben, wird zuerst ein kurzer Hardwaretest vom Open-Boot-PROM gestartet, wenn Sie das System einschalten. Wenn die Hardware und der Speicher in Ordnung zu sein scheinen und die PROM-Variable `auto-boot?` auf »true« gesetzt ist, beginnt der automatische Bootvorgang. Der Bootvorgang läuft in vier Hauptphasen ab.

Die nachfolgende Abbildung zeigt die Phasen und die darin durchgeführten Aktionen:

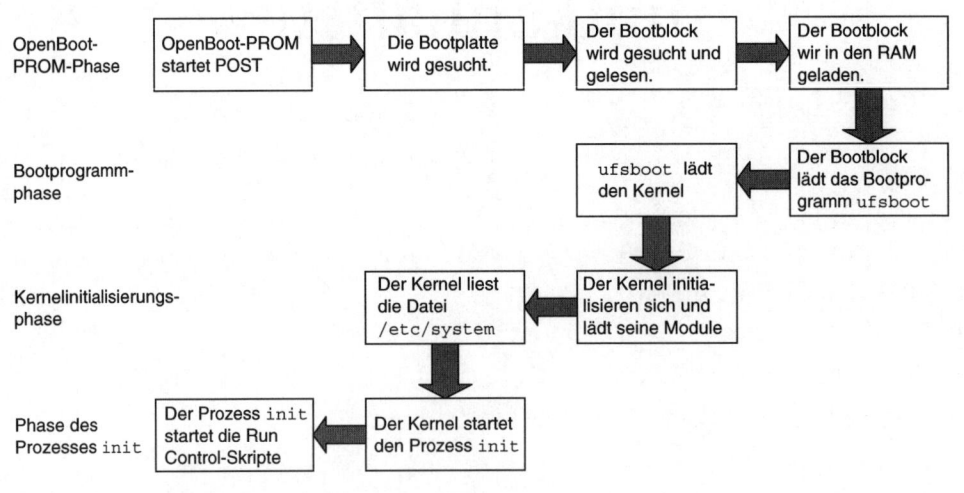

OpenBoot-PROM-Phase	OpenBoot-PROM startet POST	Die Bootplatte wird gesucht.	Der Bootblock wird gesucht und gelesen.	Der Bootblock wir in den RAM geladen.
Bootprogramm-phase			`ufsboot` lädt den Kernel	Der Bootblock lädt das Bootprogramm `ufsboot`
Kernelinitialisierungs-phase		Der Kernel liest die Datei /etc/system	Der Kernel initialisieren sich und lädt seine Module	
Phase des Prozesses `init`	Der Prozess `init` startet die Run Control-Skripte	Der Kernel startet den Prozess `init`		

Abbildung 5.1: Die Phasen des Bootprozesses in Solaris 9

Die OpenBoot-PROM-Phase

Diese Phase ist der hardwarenahe Teil des Bootens. Der OpenBoot-PROM startet das POST-Programm (Power-on-self-test), um die Hardware zu überprüfen. Die ersten Informationen zum Booten sind entweder im EEPROM (Electrically Erasable Programmable Read-Only Memory) oder im NVRAM (Non-volatile Random Access Memory) bei Sparc-Systemen gespeichert. Zu diesen Informationen gehören das Gerät, von dem gebootet werden soll, und welches Programm gestartet wird.

Nach dem Ermitteln der Bootplatte wird nach dem Bootblock gesucht, der sich in den ersten 16 Blöcken der Bootpartition der Festplatte befindet. Dieser wird gelesen und in den Speicher geladen.

> Diese Bootphase gilt nicht für INTEL-Rechner, da es dort keinen OpenBoot-PROM gibt. Im nachfolgenden Abschnitt wird der Bootvorgang für einen INTEL-Rechner erläutert.

Die Bootprogrammphase

Das Bootblockprogramm kennt das Dateisystem von Solaris und versucht nun mit Hilfe der Treiber des Monitorprogramms, das Bootprogramm /platform/<plattformname>/ufsboot zu laden. Dieses Bootprogramm muss sich unterhalb des Verzeichnisses / der Bootpartition befinden.

> Die Partitionen des Betriebssystems Solaris werden an Tag 10 ausführlich erläutert. Die wichtigste Partition ist die Bootpartition, die sich unterhalb des Verzeichnisses / befindet und die zum Systemstart notwendigen Dateien enthält.

> Wenn es beim Laden des Bootprogramms Probleme gibt, ist vermutlich der Bootblock nicht in Ordnung. Dieser sollte dann mit Hilfe des Befehls installboot neu installiert werden.

Das Programm ufsboot sucht den Kernel und lädt ihn. Der Kernel besteht aus zwei statischen Teilen:

- Der plattformunabhängigen Kerneldatei genunix
- Der plattformabhängigen Kerneldatei unix

Diese werden zum aktiven Kernel zusammengefasst, wenn sie in den RAM geladen werden.

> Den Plattformnamen können Sie mit Hilfe des Befehls uname -m ermitteln.

Die Kernelinitialisierungsphase

Anschließend erfolgt die Initialisierung des Kernels, gefolgt vom Laden der Module. Mit Hilfe des Bootprogramms ufsboot liest der Kernel die wichtigsten Kernelmodule ein, um das Dateisystem / zu starten. Der Kernel besteht aus den bereits genannten beiden statischen Teilen und aus einer großen Anzahl von dynamisch nachladbaren Modulen, wie zum Beispiel Gerätetreiber, Streamsmodule usw.

Während des Ladens der Module verwendet der Kernel die Konfigurationsdatei /etc/system, um von den Standardeinstellungen abzuweichen, das heißt, zusätzliche interne Variablen zu setzen und weitere Module zu laden. Die Liste der zu ladenden Module und Variablen wird normalerweise vom Bootprogramm bereitgestellt, lässt sich aber mit Hilfe der Konfigurationsdatei Ihren Wünschen entsprechend anpassen.

Dann allokiert und initialisiert der Kernel die benötigten Verwaltungsstrukturen und bringt das System in einen festgelegten Zustand. Schließlich startet der Kernel den Prozess init, der wiederum weitere Prozesse startet.

> Die Module des Kernels und die beiden Dateien /etc/system und /sbin/init werden in den nächsten Abschnitten ausführlich erläutert.

Die Phase des Prozesses init

Diese Phase ist die letzte Phase des Bootprozesses. Der Prozess init durchsucht die Datei /etc/inittab nach dem Default-Runlevel. Die zu diesem Runlevel gehörenden Run Control-Skripte werden gelesen und starten ihrerseits weitere Prozesse. Nach Abschluss dieser Phase wird der Anmeldebildschirm oder die Anmeldeaufforderung angezeigt.

5.2 Bootvorgang beim INTEL-Rechner

Da ein Personalcomputer kein NVRAM und keinen OpenBoot-PROM besitzt, verläuft hier der Bootvorgang etwas anders. Es gibt auch nur eingeschränkte Möglichkeiten zur Steuerung des Bootvorgangs.

Ein INTEL-Rechner ist mit einem BIOS und einem CMOS, das die Konfigurationsdaten enthält, ausgestattet. Aus dem CMOS werden die Angaben entnommen, in welcher Reihenfolge die Geräte auf ein bootfähiges System überprüft werden sollen. So kann zum Beispiel eingestellt werden, dass zuerst das CD-ROM-Laufwerk und dann erst die Festplatte durchsucht wird. Beim Starten eines Personalcomputers findet ebenfalls ein Selbsttest statt und anschließend wird die Partitionstabelle in den Speicher gelesen. Er enthält die Aufteilung der Festplatte in Partitionen und die Information, welche Partition die aktive ist. Danach wird der erste Block der aktiven Partition gelesen. Der erste Block der Solaris-Partition enthält das Partition-Bootprogramm, das die Initialisierung durchführt und dann das Bootblock-Programm des Solaris-Bootmanagers startet. Der Bootmanager bietet eine Auswahl aus den Betriebssystemen, die sich auf den verschiedenen Partitionen der Festplatte befinden.

Wählt man im Bootmanager die Solaris-Partition als aktive Partition, so wird anschließend das Programm /platform/i86pc/boot/solaris/boot.bin geladen, das nach der Hardwareinitialisierung die erforderlichen Treiber und den Solaris-Konfigurationsassistenten /platform/i86pc/boot/solaris/boot.rc startet. Mit Hilfe des Konfigurationsassistenten können verschiedene Einstellungen aktiviert werden, bevor das Betriebssystem gestartet wird, zum Beispiel die Verzweigung in den Single-User-Modus. Der Bootinterpreter besitzt einige der Möglichkeiten des OpenBoot-PROM, wie das Definieren von Variablen.

Um in den Bootinterpreter zu gelangen, müssen Sie beim Booten die Option »i« wählen.

5.3 Der Kernel und die Kernelmodule

Ab Solaris 2 wird ein dynamischer Kernel verwendet, der selbständig die notwendigen Module während der Laufzeit in den Hauptspeicher lädt oder diese aus dem Hauptspeicher entfernt. Aus diesem Grund ist es in der Regel nur selten nötig, die Kernelparameter zu ändern oder den Kernel neu zu konfigurieren. Dadurch benötigt der Kernel weniger Platz im Hauptspeicher.

Ab Solaris 2.5 sind die Bestandteile des Kernels in verschiedenen Verzeichnissen untergebracht. Der statische Teil des Kernels besteht aus den beiden Dateien genunix (dem plattformunabhängigen Teil) und unix (dem plattformspezifischen Teil). Wenn der Kernel in den Hauptspeicher geladen wird, werden diese beiden Teile zu einem laufenden Kernel zusammengefasst.

Die Kernelbestandteile befinden sich bei einem 32-Bit-System im Verzeichnis /platform/`uname -m`/kernel oder /kernel und bei einem 64-Bit-System im Verzeichnis /platform/`uname -m`/sparcv9/kernel, wobei der Befehl uname -m das Unterverzeichnis repräsentiert, das für die verwendete Hardware angelegt ist.

Mit Hilfe dieses Befehls können Sie die aktuelle Hardwarekategorie ermitteln.

Die nachfolgende Tabelle erläutert, welche Kernelteile bei einem 64- oder 32-Bit-System abhängig von der jeweiligen Hardwarekategorie geladen werden.

System	Hardwarekategorien	Kernelteile
32-Bit	sun4m oder sun4c oder sun4d	/kernel/genunix /platform/`uname -m`/kernel/unix
32-Bit	sun4u	/platform/sun4u/kernel/genunix /platform/sun4u/kernel/unix
64-Bit	nur sun4u	/platform/sun4u/kernel/sparcv9/genunix /platform/sun4u/kernel/sparcv9/unix

Tabelle 5.1: Die Bestandteile des statischen Kernels

Es gibt mehrere Verzeichnisse mit der Bezeichnung `kernel`:

Verzeichnis	Bedeutung
/kernel	Das Verzeichnis enthält Kernelkomponenten, die für alle Plattformen identisch sind. Diese Komponenten sind zum Systemstart unbedingt notwendig. Es handelt sich zum Beispiel um Treiber für Tastatur und Console, das Netzwerk oder SCSI-Geräte.
/platform/`uname - m`/kernel	Das Verzeichnis enthält Kernelkomponenten, die nur für eine spezifische Plattform notwendig sind. Es handelt sich zum Beispiel um Treiber für den Sbus, die Memory Management Unit (MMU) oder das I/O-Subsystem.
/usr/kernel	Das Verzeichnis enthält Kernelkomponenten, die für alle Plattformen identisch sind. Diese Komponenten sind zum Systemstart nicht notwendig. Es handelt sich zum Beispiel um Treiber für das Power Management oder das Audio-Device.

Tabelle 5.2: Die Verzeichnisse mit der Bezeichnung `kernel`

Beim Hochfahren des Systems werden nur die Standardtreiber oder alle vom Superuser eingestellten und zum Starten des Systems benötigten Kernelmodule geladen. Alle Module, die erst während der Laufzeit des Systems notwendig sind, werden auf Anforderung dynamisch in den Kernel nachgeladen. Dadurch ist der Kernel nie größer als unbedingt erforderlich und es werden weniger Ressourcen des Hauptspeichers verbraucht, wodurch die Leistungsfähigkeit des Systems wächst.

Zu dem Kernel werden anschließend dynamisch die Kernelmodule geladen, das heißt, alle Treiber müssen auch als ladbare Module vorhanden sein. Aus diesem Grund müssen Dritthersteller von standardmäßig nicht unterstützten Geräten entsprechende Module mitliefern.

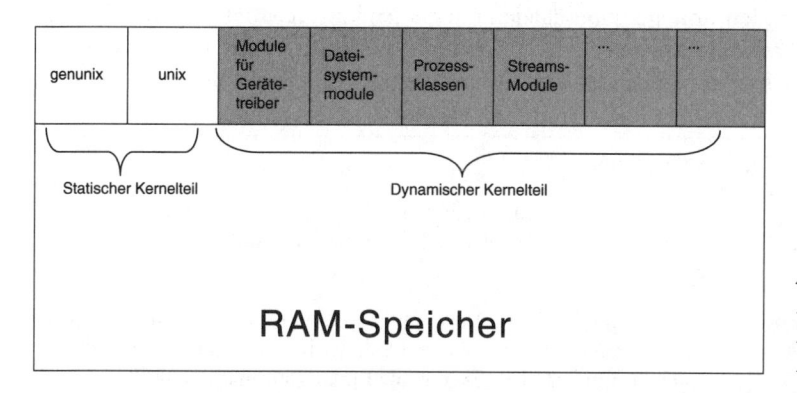

Abbildung 5.2:
Der Kernel und Kernelmodule im RAM-Speicher

Der Administrator kann die Zusammensetzung des Kernels mit Hilfe der Datei `/etc/system` festlegen, indem er in dieser Datei bestimmten Kernelvariablen Werte zuweist und festlegt, welche Module beim Booten unbedingt oder auf keinen Fall geladen werden sollen. Es ist möglich, durch interaktives Booten eine andere Datei als `/etc/system` mit entsprechenden Einstellungen für den Kernel aufzurufen.

Nach dem Laden der benötigten Module werden die Initialisierung und das Starten des Betriebssystems vom Kernel fortgesetzt. Er mountet zuerst das /-Dateisystem, das die für den Systemstart notwendigen Dateien enthält. Anschließend startet er den Prozess `/sbin/init`, der wiederum je nach eingestellten Default-Runlevel weitere Run Control-Skripte aufruft.

Der Kernel ist das Kernstück des Unixsystems, er bleibt als residenter Teil im RAM. Er stellt die Schnittstelle zwischen Anwendungen und Hardware dar und ist für die Speicher- und Dateisystemverwaltung sowie die Fehlerbehandlung zuständig. Er kommuniziert mit Programmen mit Hilfe von Systemaufrufen.

Die Kernelmodule

Die Kernelmodule befinden sich in verschiedenen Unterverzeichnissen. Die beim Bootvorgang notwendigen Module befinden sich in den Verzeichnissen `/kernel` und `/platform/`uname -m`/kernel`, also direkt im /-Dateisystem. Die erst während der Systemlaufzeit erforderlichen Module befinden sich im Verzeichnis `/usr/kernel`, also in der Regel im Dateisystem `/usr`.

Das System starten und anhalten

Wenn Sie neue Module benötigen, kopieren Sie diese in eines der oben genannten oder ein eigenes Verzeichnis, das Sie dann wiederum in der Datei /etc/system hinterlegen.

Häufig sind den Modulen Konfigurationsdateien mit der Endung .conf zugeordnet. Gerätetreiber können auf die darin enthaltenen Hardwareinformationen zugreifen. In den einzelnen Unterverzeichnissen der Verzeichnisse /kernel befinden sich in der Regel folgende Module:

Verzeichnis	Bedeutung	Erläuterung
drv	Treibermodule	In diesem Verzeichnis befinden sich alle Gerätetreiber für externe Geräte, wie zum Beispiel Festplatte, Netzwerkkarte oder serielle Schnittstelle.
exec	Ausführungsmodule	Die Module in diesem Verzeichnis werden für den Ablauf von Binärprogrammen mit verschiedenen Standards verwendet, wie zum Beispiel das Format ELF (Executable Linking Format), COFF (Common Object File Format) etc.
fs	Dateisystemtreiber	Die Module in diesem Verzeichnis sind notwendig, um auf verschiedene Dateisysteme zuzugreifen, wie zum Beispiel ufs, nfs, hsfs, cachefs, autofs etc.
misc	Sonstige Module	Die Module in diesem Verzeichnis sind sonstige allgemeine Module, wie zum Beispiel DES (Data Encryption Standard) oder IPC (Inter Process Communication).
sched	Scheduler-Module	Die Module in diesem Verzeichnis sind für die Prozessverwaltung notwendig. Ein solches Modul enthält die Funktionen, die einen Prozess in eine entsprechende Warteschlange einordnen oder dessen Priorität neu berechnen. Es gibt die folgenden Prozessklassen: RT = Realtime TS = Timesharing SYS = System IA = Interactive
strmod	Streams-Module	Die Module in diesem Verzeichnis sind Streams-Module, die zum Beispiel für die Netzwerkdienste und die Terminalsteuerung notwendig sind.
sys	Systemaufrufe	Dieses Verzeichnis enthält ladbare Systemaufrufe (System Calls), zum Beispiel für die Zugriffssynchronisation mit Hilfe von Semaphoren, oder Module für das Accounting und die Datensicherheit.

Tabelle 5.3: Kernelmodule

Die Datei /etc/system

Mit Hilfe der Datei /etc/system lassen sich weitere Verzeichnisse angeben, in denen sich Kernelmodule befinden, die in den Hauptspeicher geladen werden sollen. In dieser Datei kann aber auch festgelegt werden, welche Module auf keinen Fall beim Systemstart geladen werden sollen.

> Standardmäßig sind alle Zeilen dieser Datei mit einem * auskommentiert. Die Einträge pro Zeile dürfen höchstens 80 Zeichen lang sein.

Wenn die Datei /etc/system geändert wird, verändert sich das Verhalten des Kernels oder der Konfiguration. Die Liste der zum Systemstart zu ladenden Module, die das Bootprogramm enthält, kann durch diese Datei überschrieben werden. Neben der Möglichkeit, das Laden der Module zu beeinflussen, können auch Kernelparameter verändert werden, um das System zu tunen.

Über die Datei /etc/system lassen sich folgende Einstellungen verändern:

- Der Standardpfad für die beim Booten zu ladenden Module.
- Der Dateisystemtyp und die Bezeichnung der Bootplatte.
- Die zur Bootzeit nicht zu ladenden Module.
- Die zwingend zur Bootzeit zu ladenden Module.
- Kernelparameter.

Die standardmäßige Datei /etc/system sieht folgendermaßen aus:

```
*ident "@(#)system1.1897/06/27 SMI" /* SVR4 1.5 */
* SYSTEM SPECIFICATION FILE
* moddir:
*       Set the search path for modules.  This has a format similar
*       to the csh path variable. If the module isn't found in the
*       first directory it tries the second and so on. The default is
*       /kernel /usr/kernel
*       Example:
*           moddir: /kernel /usr/kernel /other/modules

* root device and root filesystem configuration:
*       The following may be used to override the defaults provided
*       by the boot program:
*       rootfs:Set the filesystem type of the root.
*       rootdev:Set the root device.  This should be a fully
*               expanded physical pathname.  The default is the
```

```
*               physical pathname of the device where the boot
*               program resides.  The physical pathname is
*               highly platform and configuration dependent.
*       Example:
*           rootfs:ufs
*           rootdev:/sbus@1,f8000000/esp@0,800000/sd@3,0:a
*       (Swap device configuration should be specified in /etc/vfstab.)

* exclude:
*       Modules appearing in the moddir path which are NOT to be
*       loaded, even if referenced. Note that `exclude' accepts
*       either a module name, or a filename which includes the
*       directory.
*       Examples:
*           exclude: win
*           exclude: sys/shmsys

* forceload:
*       Cause these modules to be loaded at boot time, (just before
*       mounting the root filesystem) rather than at first reference.
*       Note that forceload expects a filename which includes the
*       directory. Also note that loading a module does not
*       necessarily imply that it will be installed.
*       Example:
*           forceload: drv/foo

* set:
*       Set an integer variable in the kernel or a module to a new
*       value. This facility should be used with caution.  See
*       system(4).
*       Examples:
*       To set variables in 'unix':
*           set nautopush=32
*           set maxusers=40
*       To set a variable named 'debug' in the module named
*       'test_module'
*           set test_module:debug = 0x13
```

Die Datei wird in fünf verschiedene Sektionen aufgeteilt:

Sektion	Bedeutung
moddir	Hier wird der Suchpfad definiert, in dem der Kernel nach ladbaren Modulen suchen soll. Sie können als Trennzeichen den Doppelpunkt oder Leerzeichen verwenden. Wenn ein Modul im ersten Verzeichnis nicht gefunden wird, dann wird im nächsten angegebenen Verzeichnis weitergesucht. Beispiel: `moddir: /kernel /usr/kernel /platform/sun4u/kernel`

rootfs/rootdev	Hier wird der Dateisystemtyp bzw. die Bootplatte definiert. Das standardmäßige Dateisystem ist ufs und die standardmäßige Bootplatte ist der physikalische Name der Festplatte, die das Bootprogramm enthält. Beispiel (Dateisystem ufs und SCSI-Festplatte mit Target 3 und Partition 1):
	`rootfs:ufs`
	`roodev:/sbus@1,f8000000/esp@0,8000000/sd@3,0:a`

exclude	Hier wird festgelegt, dass ein Modul während des Systemstarts auf keinen Fall geladen wird. Das Modul wird auch dann nicht nachgeladen, wenn es zu einer späteren Zeit benötigt werden sollte. Beispiel: `exclude: sys/sysacct`
forceload	Hier wird festgelegt, dass ein Modul beim Booten unbedingt geladen werden soll. Normalerweise wird ein Modul erst geladen, wenn während der Laufzeit eine entsprechende Anforderung erfolgt. Mit dieser Option ist es möglich, Module in einer bestimmten Reihenfolge zu laden. Beispiel: `forceload: fs/nfs`
set	Hier werden entweder die Werte von Kernelparametern mit Hilfe der Syntax `set variable = `*`wert`* oder die Werte von Variablen in Modulen, die zum Kernel geladen werden, mit Hilfe der Syntax `set modul:variable = `*`wert`* verändert. Beispiel: `set maxusers=28` Das letzte Beispiel legt die Anzahl der Benutzer am System auf maximal 28 fest.

Tabelle 5.4: Die fünf Sektionen der Datei `/etc/system`

> Wenn Ihnen beim Ändern der Datei `/etc/system` Fehler unterlaufen, kann das System eventuell nicht mehr booten. Legen Sie daher vor dem Ändern eine Sicherungskopie der Originaldatei an. Booten Sie das System anschließend im interaktiven Modus, das heißt, geben Sie im PROM-Monitor `boot -a` ein. Statt der Datei `/etc/system` tragen Sie bei der entsprechenden Eingabeaufforderung den Namen der Sicherungsdatei oder `/dev/null` ein.

Die Befehle zur Steuerung der Kernelkonfiguration und die Variablen der Datei /etc/system lernen Sie an Tag 12 näher kennen.

5.4 Die Runlevel

Ein Runlevel ist ein Systemzustand unter Unix, der definiert, welche Dienste und Ressourcen im System zur Verfügung stehen. Sie können den Standard-Runlevel zum Starten des Systems mit Hilfe der Datei /etc/inittab definieren oder mit Hilfe des Befehls init oder anderer Befehle manuell in verschiedene Runlevel wechseln.

Der Befehl init und die Datei /etc/inittab werden in den nächsten Abschnitten ausführlich erläutert.

Bevor Sie den Runlevel des Systems verändern, sollten Sie unbedingt die am System arbeitenden Benutzer benachrichtigen, um Datenverlust zu vermeiden.

Den aktiven Runlevel können Sie mit Hilfe des Befehls who -r feststellen:

```
# who -r
 .      run-level 3    Jun 30 17:58     3      0    S
```

Die erste Spalte gibt den aktiven Runlevel aus, gefolgt vom Datum und der Uhrzeit der letzten Änderung des Runlevels. Anschließend wird erneut der aktive Runlevel ausgegeben, gefolgt von der Anzahl, wie oft das System seit dem letzten Systemstart in diesem Runlevel war. Die letzte Spalte enthält den Runlevel, in dem sich das System vor dem aktiven Runlevel befand.

Als Bezeichnung für einen Runlevel wird eine Zahl oder ein Buchstabe verwendet. Das System befindet sich grundsätzlich in einem der definierten Runlevel. Die acht Runlevel des Betriebssystems Solaris sind:

Runlevel 0 (Shutdown-Runlevel)

In diesem Runlevel wird das Solaris-Betriebssystem heruntergefahren und anschließend der Prompt »ok« des OpenBoot-PROM angezeigt. Alle laufenden Prozesse werden ordnungsgemäß beendet. Das System kann in diesem Zustand sicher ausgeschaltet werden.

> Bei PCs gelangen Sie mit dem Befehl `init 0` nicht in den PROM-Monitor, sondern Sie halten das System an.

Runlevel 1 (Single-User- oder Administrations-Runlevel)

In diesem Runlevel ist nur ein einzelner Benutzer, nämlich root, zugelassen. Es laufen nur noch die notwendigsten Prozesse, so dass in diesem Zustand Sicherungen oder Wiederherstellungen von Daten, Überprüfungen des Dateisystems, Installationen von Softwarepaketen oder andere Wartungsarbeiten durchgeführt werden können.

Im Gegensatz zum später beschriebenen Single-User-Runlevel s oder S bleiben alle bestehenden Mounts erhalten. Es ist aber kein Anmelden über das Netz möglich, der Systemadministrator muss sich an der Console befinden.

Runlevel 2 (Multi-User-Runlevel)

In diesem Runlevel ist die Mehrbenutzerumgebung aktiviert, das heißt, autorisierte Anwender sind im System zugelassen. Die grafische Oberfläche steht in der Regel auch zur Verfügung und das System hat die volle Multi-User- und Multitaskingfähigkeit. Es ist möglich, Dateisysteme lokal und im Netzwerk zu mounten, aber es werden keine Dateisysteme nach außen freigegeben. Das bedeutet, Ressourcen eines Rechners im Runlevel 2 sind nicht über NFS zu mounten. Die NFS-Serverfunktionalität ist also nicht aktiviert.

Runlevel 3 (Multi-User-Runlevel mit Netzwerkbetrieb)

Dieser Runlevel ist unter Solaris der Default-Runlevel, er bietet die volle Funktionalität eines Solaris-Systems. Dieser Runlevel ergänzt die Funktionen des Runlevels 2 um die Prozesse und Daemons, die für den NFS-Serverbetrieb notwendig sind.

Runlevel 4 (Benutzerdefinierter Runlevel)

Dieser Runlevel wird von Solaris im Moment nicht verwendet und könnte daher durch den Systemadministrator zum Beispiel für den zusätzlichen Start einer Datenbank definiert werden.

Runlevel 5 (Poweroff-Runlevel)

Dieser Runlevel entspricht dem Runlevel 0, allerdings wird zusätzlich softwaremäßig das Netzteil des Rechners ausgeschaltet, sofern dies unterstützt wird.

Runlevel 6 (Reboot-Runlevel)

Das System wird vollständig angehalten und heruntergefahren. Anschließend erfolgt ein Wiederhochfahren, wobei die Einstellungen der Datei /etc/inittab verwendet werden. In der Regel wird also in den Runlevel 3 gefahren.

Runlevel s oder S (Single-User-Runlevel)

In diesem Single-User-Modus werden nur die unbedingt notwendigen Dateisysteme, / und /usr, gemountet. Genau wie beim Runlevel 1 kann sich nur *root* am System anmelden. Auf diese Weise ist sichergestellt, dass während der Wartungsarbeiten keine Veränderungen am System stattfinden. Eine grafische Oberfläche steht im Single-User-Modus nicht zur Verfügung.

> Wenn Sie die Tastenkombination Ctrl-d drücken, wird das System aus dem Single-User- in den Multi-User-Modus hochgefahren.

Runlevel a, b, c (Spezielle Runlevel)

In die Datei /etc/inittab lassen sich zusätzliche Zeilen eintragen, die die Runlevel a, b oder c verwenden. Auf diese Weise könnten mit Hilfe des Befehls diese Zeilen eingelesen werden und zusätzliche Hintergrundprozesse im System gestartet werden, zum Beispiel um eine Schnittstelle zu überwachen. Diese Zeilen werden allerdings nicht separat, sondern zusätzlich zum bereits aktivierten Runlevel abgearbeitet.

Runlevel q, Q (Einlesen der Datei /etc/inittab)

Mit Hilfe des Befehls init q oder init Q lässt sich die Datei /etc/inittab erneut einlesen, während das System bereits aktiv ist. Dadurch könnten die Änderungen in dieser Datei verarbeitet werden, ohne dass das System neu gestartet werden muss.

5.5 Der Prozess init und die Run Control-Skripte

In der letzten Phase des Bootvorgangs wird der Prozess init gestartet, der wiederum die Run Control-Skripte des ausgewählten Runlevels startet. Nach Abschluss dieser Phase ist das System betriebsbereit. Es zeigt den Anmeldeprompt an oder startet den Login-Manager von CDE (Common Desktop Environment).

Der Prozess init und die Run Control-Skripte

> CDE ist die Abkürzung für Common Desktop Environment. Es handelt sich um die unter Solaris 9 standardmäßig eingesetzte grafische Oberfläche, die aber auch von anderen Unix-Herstellern verwendet wird.

Der Prozess init liest die Datei /etc/inittab, um das System in den gewünschten Runlevel zu bringen. Beim Hochfahren des Systems wird es in der Regel in den Standard-Runlevel 3 gebracht.

Die Datei /etc/inittab

Die Datei /etc/inittab besteht pro Zeile aus folgenden fünf Spalten, wobei die ersten vier Einträge durch Doppelpunkt und die letzte Spalte durch Leerzeichen voneinander getrennt sind:

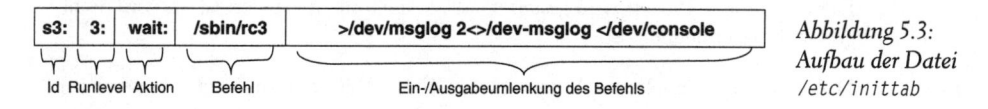

```
s3:  3:  wait:  /sbin/rc3   >/dev/msglog 2<>/dev/msglog </dev/console
 |   |    |       |                       |
 Id Runlevel Aktion Befehl       Ein-/Ausgabeumlenkung des Befehls
```

Abbildung 5.3: Aufbau der Datei /etc/inittab

Die Spalten haben folgende Bedeutung:

Spalte	Bedeutung
Id	Der ein- oder zweistellige Identifier des Eintrags.
Runlevel	Ein oder mehrere Runlevel, für die der Eintrag gilt.
Aktion	Die Art, wie der nachfolgende Befehl bearbeitet werden soll.
Befehl	Der Befehl oder das Skript, das ausgeführt werden soll.
Ein-/Ausgabeumlenkung des Befehls	Anweisung zur Umlenkung der Ein- oder Ausgabe des Befehls.

Tabelle 5.5: Aufbau der Datei /etc/inittab

Die folgende Tabelle listet die möglichen Aktionen auf, die der init-Prozess durch Lesen der Datei /etc/inittab ausführen kann:

Aktion	Bedeutung
boot	Diese Zeile wird nur während des Bootvorgangs gelesen und vor allen anderen Zeilen ausgeführt. Es wird nicht gewartet, bis die gestarteten Prozesse beendet sind.
bootwait	Mit Hilfe dieser Zeile wird das Betriebssystem hochgefahren. Sie wird vor allen anderen Zeilen ausgeführt und es wird gewartet, bis die gestarteten Prozesse beendet sind. Sie sollten in der Datei entweder die Aktion boot oder bootwait, nicht beide gleichzeitig verwenden.
initdefault	Diese Zeile enthält den Standard-Runlevel des Systems. Ist sie nicht vorhanden, wird beim Booten eine Eingabe verlangt. Ist sie leer, wird der Systemstart abgebrochen.
off	Falls ein Prozess, der in dieser Zeile hinterlegt ist, aktiv ist, wird er mit Hilfe des Signals 15 (TERMINATE) aufgefordert, sich zu beenden. Reagiert er darauf nicht, wird er mit Hilfe des Signals 9 (KILL) beendet.
once	Der angegebene Prozess wird gestartet, falls er noch nicht aktiviert ist. Es wird nicht gewartet, bis er beendet ist.
ondemand	Diese Aktion entspricht der Aktion respawn. Sie wird für die Runlevel a, b oder c verwendet.
powerfail	Wenn der Rechner eine Meldung von der USV erhält, dass ein Stromausfall aufgetreten ist, wird dieser Prozess gestartet, um den Rechner kontrolliert herunterzufahren.
powerwait	Diese Aktion entspricht powerfail, wobei gewartet wird, bis der Prozess beendet ist.
respawn	Der Prozess wird gestartet, wenn er noch nicht aktiviert ist. Falls er abbricht, wird er erneut gestartet. Alle Prozesse, die für den korrekten Ablauf eines Runlevels wichtig sind, werden mit dieser Aktion gestartet, wie zum Beispiel die Hintergrundprozesse des SAF-Systems für die Anmeldung.
sysinit	Der Prozess wird ausgeführt, bevor auf die Console zugegriffen und eine Anmeldung durchgeführt werden kann. Es wird gewartet, bis der Prozess beendet ist, bevor die Datei weiter abgearbeitet wird. Zeilen mit solchen Aktionen werden für die Systeminitialisierung verwendet.
wait	Der Prozess wird gestartet und es wird gewartet, bis er beendet ist. Diese Aktion wird für Hintergrundprozesse definiert, die für den Systemstart verwendet werden.

Tabelle 5.6: Die Aktionen der Datei /etc/inittab

SAF bedeutet Service Access Facility. Mit diesem System können serielle Schnittstellen verwaltet werden. Es wird an Tag 15 ausführlich erläutert.

Der Prozess init und die Run Control-Skripte

Die standardmäßig mit Solaris ausgelieferte Datei /etc/inittab sieht folgendermaßen aus:

```
ap::sysinit:/sbin/autopush -f /etc/iu.ap
ap::sysinit:/sbin/soconfig -f /etc/sock2path
fs::sysinit:/sbin/rcS sysinit>/dev/msglog 2<>/dev/msglog </dev/console
is:3:initdefault:
p3:s1234:powerfail:/usr/sbin/shutdown -y -i5 -g0 >/dev/msglog 2<>/dev/msglog
sS:s:wait:/sbin/rcS>/dev/msglog 2<>/dev/msglog </dev/console
s0:0:wait:/sbin/rc0>/dev/msglog 2<>/dev/msglog </dev/console
s1:1:respawn:/sbin/rc1>/dev/msglog 2<>/dev/msglog </dev/console
s2:23:wait:/sbin/rc2>/dev/msglog 2<>/dev/msglog </dev/console
s3:3:wait:/sbin/rc3>/dev/msglog 2<>/dev/msglog </dev/console
s5:5:wait:/sbin/rc5>/dev/msglog 2<>/dev/msglog </dev/console
s6:6:wait:/sbin/rc6>/dev/msglog 2<>/dev/msglog </dev/console
fw:0:wait:/sbin/uadmin 2 0>/dev/msglog 2<>/dev/msglog </dev/console
of:5:wait:/sbin/uadmin 2 6>/dev/msglog 2<>/dev/msglog </dev/console
rb:6:wait:/sbin/uadmin 2 1>/dev/msglog 2<>/dev/msglog </dev/console
sc:234:respawn:/usr/lib/saf/sac -t 300
co:234:respawn:/usr/lib/saf/ttymon -g -h -p "`uname -n` console login: " -T sun -d
/dev/console -l console -m ldterm,ttcompat
```

Diese Zeilen haben folgende Bedeutung:

1. Initialisierung des Streams-Dienstes des Systems
2. Konfiguration der Module des Socket Transports
3. Aufruf des Single-User-Modus beim Hochfahren des Systems
4. Festlegen des Default-Runlevels des Systems
5. Vorgehensweise (Shutdown) bei einem Stromausfall
6. Festlegen des Single-User-Modus (Runlevel S)
7. Festlegen von Runlevel 0
8. Festlegen von Runlevel 1
9. Festlegen von Runlevel 2
10. Festlegen von Runlevel 3
11. Festlegen von Runlevel 5
12. Festlegen von Runlevel 6
13. Festlegen des Übergangs in den OpenBoot-PROM
14. Festlegen des Übergangs für ein Ausschalten des Systems

Das System starten und anhalten

15. Festlegen des Übergangs für ein erneutes Hochfahren (Reboot) des Systems
16. Initialisierung des Service Access Controllers
17. Initialisierung der Console für die Anmeldung

Die Zeilen werden hintereinander gelesen. Je nachdem, welche Aktion definiert wurde, wird gewartet, ob der Prozess beendet wird oder nicht. Die Zeilen, die Definitionen für einen Runlevel enthalten, werden nur abgearbeitet, wenn der entsprechende Runlevel entweder als Default-Runlevel oder als Argument des Befehls init genannt wurde.

Wenn der Default-Runlevel gewählt wurde, werden folgende Zeilen abgearbeitet:

- Alle Prozesse mit der Aktion sysinit, um das System zu initialisieren.
- Die Zeile mit dem Eintrag initdefault, um den Standard-Runlevel zu identifizieren.
- Alle Prozesse, die im Runlevel-Feld eine 3 enthalten. Dazu gehören:
  - Die Zeile mit dem Eintrag /usr/sbin/shutdown
  - Die Zeile mit dem Eintrag /sbin/rcS
  - Die Zeile mit dem Eintrag /sbin/rc2
  - Die Zeile mit dem Eintrag /sbin/rc3
  - Die Zeile mit dem Eintrag /usr/lib/saf/sac
  - Die Zeile mit dem Eintrag /usr/lib/saf/ttymon

Die Run Control-Skripte

Es gibt unter Solaris eine große Anzahl von Run Control- oder rc-Skripten, um Prozesse für die Runlevel zu starten oder zu stoppen.

Das Verzeichnis /sbin

Für jeden Runlevel ist ein entsprechendes Run Control-Skript im Verzeichnis /sbin hinterlegt. Die Skripte enthalten Variablendeklarationen, die Prüfung von Bedingungen und Aufrufe von weiteren Skripten. Diese Skripte wiederum starten und stoppen Prozesse für den entsprechenden Runlevel.

Die folgende Auflistung zeigt, dass die Skripte der Runlevel 0, 5 und 6 Hard Links sind. Das heißt, es handelt sich um eine einzige Datei mit mehreren Namen:

```
# ls -il /sbin/rc*
   319257 -rwxr--r--   3 root    sys      2792 Jan  6  2000 /sbin/rc0
   319258 -rwxr--r--   1 root    sys      3177 Jan  6  2000 /sbin/rc1
   319259 -rwxr--r--   1 root    sys      2885 Jan  6  2000 /sbin/rc2
```

Der Prozess init und die Run Control-Skripte

```
319260 -rwxr--r--  1 root sys 2341 Jan  6 2000 /sbin/rc3
319257 -rwxr--r--  3 root sys 2792 Jan  6 2000 /sbin/rc5
319257 -rwxr--r--  3 root sys 2792 Jan  6 2000 /sbin/rc6
319261 -rwxr--r--  1 root sys 9973 Jan  6 2000 /sbin/rcS
```

> Hard Links und symbolische Links wurden an Tag 3 beschrieben.

Aus Kompatibilitätsgründen befinden sich dieselben Skripte im Verzeichnis /etc. Dieses Mal handelt es sich um symbolische Links:

```
# ls -l /etc/rc*
lrwxrwxrwx  1 root root 11 Jan 23 09:54 /etc/rc0 -> ../sbin/rc0
lrwxrwxrwx  1 root root 11 Jan 23 09:54 /etc/rc1 -> ../sbin/rc1
lrwxrwxrwx  1 root root 11 Jan 23 09:54 /etc/rc2 -> ../sbin/rc2
lrwxrwxrwx  1 root root 11 Jan 23 09:54 /etc/rc3 -> ../sbin/rc3
lrwxrwxrwx  1 root root 11 Jan 23 09:54 /etc/rc5 -> ../sbin/rc5
lrwxrwxrwx  1 root root 11 Jan 23 09:54 /etc/rc6 -> ../sbin/rc6
lrwxrwxrwx  1 root root 11 Jan 23 09:54 /etc/rcS -> ../sbin/rcS
```

Die Verzeichnisse /etc/rc?.d

> Das Fragezeichen im Namen des Run Control-Unterverzeichnisses bedeutet, dass an dieser Stelle ein beliebiges Zeichen stehen kann, zum Beispiel das Zeichen 0 oder 1 oder 2.

Für jedes Skript im Verzeichnis /sbin gibt es sowohl einen symbolischen Link als auch ein entsprechendes Unterverzeichnis im Verzeichnis /etc. Nachfolgend sehen Sie die Skripte im Unterverzeichnis /etc/rc2.d, mit denen die Dienste und Ressourcen im Runlevel 2 gestartet bzw. beendet werden:

```
# ls -l /etc/rc2.d/*
-rwxr--r--  6 root sys  344 Mar 20 2000 /etc/rc2.d/K06mipagent
-rwxr--r--  6 root sys  861 Jan  6 2000 /etc/rc2.d/K07dmi
-rwxr--r--  6 root sys  404 Jan  6 2000 /etc/rc2.d/K07snmpd
-rwxr--r--  6 root sys  572 Jan  6 2000 /etc/rc2.d/K16apache
-rwxr--r--  6 root sys 3080 Jan  6 2000 /etc/rc2.d/K28nfs.server
-rw-r--r--  1 root sys 1369 Jan  6 2000 /etc/rc2.d/README
-rwxr--r--  2 root sys 4301 Nov 13 1999 /etc/rc2.d/S00sunatm
-rwxr--r--  3 root sys 1881 Jan  6 2000 /etc/rc2.d/S01MOUNTFSYS
-rwxr--r--  2 root sys 2004 Jan  6 2000 /etc/rc2.d/S05RMTMPFILES
-rwxr--r--  2 root sys  611 Jan  6 2000 /etc/rc2.d/S20sysetup
-rwxr--r--  2 root sys  989 Jan  6 2000 /etc/rc2.d/S21perf
```

Das System starten und anhalten

```
-rwxr-xr-x   2 root    other  1995 Dec 16  1999 /etc/rc2.d/S30sysid.net
-rwxr--r--   5 root    sys     359 Jan  6  2000 /etc/rc2.d/S40llc2
-rwxr--r--   5 root    sys    1365 Jan  6  2000 /etc/rc2.d/S47asppp
-rwxr--r--   5 root    sys   11201 Jan  6  2000 /etc/rc2.d/S69inet
-rwxr--r--   2 root    sys     327 Jan  6  2000 /etc/rc2.d/S70uucp
-rwxr--r--   5 root    sys     413 Jan  6  2000 /etc/rc2.d/S71ldap.client
-rwxr--r--   5 root    sys    2839 Jan  6  2000 /etc/rc2.d/S71rpc
-rwxr-xr-x   2 root    other  1498 Dec 16  1999 /etc/rc2.d/S71sysid.sys
-rwxr-xr-x   2 root    other  1558 Dec 16  1999 /etc/rc2.d/S72autoinstall
-rwxr--r--   5 root    sys    7134 Jan  6  2000 /etc/rc2.d/S72inetsvc
-rwxr--r--   5 root    sys     525 Jan  5  2000 /etc/rc2.d/S72slpd
-rwxr--r--   2 root    sys    1101 Jan  6  2000 /etc/rc2.d/S73cachefs.daemon
-rwxr--r--   3 root    sys     836 Jan  6  2000 /etc/rc2.d/S73nfs.client
-rwxr--r--   5 root    sys     364 Jan  6  2000 /etc/rc2.d/S74autofs
-rwxr--r--   5 root    sys     911 Jan  6  2000 /etc/rc2.d/S74syslog
-rwxr--r--   5 root    sys     945 Jan  6  2000 /etc/rc2.d/S74xntpd
-rwxr--r--   5 root    sys     504 Jan  6  2000 /etc/rc2.d/S75cron
-rwxr--r--   2 root    sys    2519 Jan  6  2000 /etc/rc2.d/S75savecore
-rwxr--r--   5 root    sys     514 Jan  6  2000 /etc/rc2.d/S76nscd
-rwxr--r--   5 root    sys     460 Jan  6  2000 /etc/rc2.d/S80lp
-rwxr--r--   2 root    sys     256 Jan  6  2000 /etc/rc2.d/S80PRESERVE
-rwxr--r--   5 root    sys     610 Jan  6  2000 /etc/rc2.d/S80spc
-rwxr--r--   5 root    sys    1787 Jan  6  2000 /etc/rc2.d/S85power
-rwxr--r--   5 root    sys    1471 Jan  6  2000 /etc/rc2.d/S88sendmail
-rwxr--r--   5 root    sys     597 Jan  6  2000 /etc/rc2.d/S88utmpd
lrwxrwxrwx   1 root    root     31 Jan 23 09:59 /etc/rc2.d/S89bdconfig ->
../init.d/buttons_n_dials-setup
-rwxr--r--   5 root    sys     298 Dec  8  1999 /etc/rc2.d/S90loc.ja.cssd
-r-xr-xr-x   1 root    other   342 Jan 23 10:46 /etc/rc2.d/S90solaris
-rwxr--r--   5 root    sys     651 Dec 16  1999 /etc/rc2.d/S90wbem
-rwxr-xr-x   2 root    sys    1707 May  4  1998 /etc/rc2.d/S91afbinit
lrwxrwxrwx   1 root    other    19 Jan 23 12:37 /etc/rc2.d/S91caldera ->
/etc/init.d/caldera
-rwxr-xr-x   2 root    sys    2299 Jun 15  2000 /etc/rc2.d/S91ifbinit
-rwxr--r--   5 root    sys     391 Jan  6  2000 /etc/rc2.d/S92volmgt
-rwxr--r--   2 root    sys     364 Jan  6  2000 /etc/rc2.d/S93cacheos.finish
-rwxr--r--   5 root    sys    1181 Jan  6  2000 /etc/rc2.d/S94ncalogd
lrwxrwxrwx   1 root    root     14 Jan 23 10:26 /etc/rc2.d/S94Wnn6 ->
../init.d/Wnn6
-rwxr--r--   5 root    sys     367 Dec  9  1999 /etc/rc2.d/S95IIim
lrwxrwxrwx   1 root    other    18 Jan 23 12:50 /etc/rc2.d/S95lvm.sync ->
../init.d/lvm.sync
-rwxr--r--   5 root    sys     522 Apr 13  2000 /etc/rc2.d/S95ncad
lrwxrwxrwx   1 root    other    16 Jan 23 13:40 /etc/rc2.d/S96ab2mgr ->
../init.d/ab2mgr
-rwxr-xr-x   1 root    sys    1022 Dec 17  1999 /etc/rc2.d/S98nf_fddidaemon
```

Der Prozess init und die Run Control-Skripte

```
-rwxr-xr-x   1 root    sys     1236 May  4 2000 /etc/rc2.d/S98pf_fddidaemon
-rwxr--r--   5 root    other    440 Jun 23 1999 /etc/rc2.d/S99atsv
-rwxr--r--   5 root    sys      447 Jan  6 2000 /etc/rc2.d/S99audit
-rwxr--r--   5 root    sys     2804 Dec  2 1999 /etc/rc2.d/S99dtlogin
```

> Die README-Datei ist kein Skript, sondern eine Informationsdatei zu den Run Control-Skripten.

Es handelt sich hierbei um Start- und Stopskripte. Startskripte beginnen mit einem S und starten einen Prozess, Stopskripte beginnen mit einem K und beenden einen Prozess. Die Skripte werden in der Reihenfolge ausgeführt, wie sie mit dem Befehl ls angezeigt werden. Beim Herunterfahren des Systems werden alle mit einem K beginnenden Skripte ausgeführt, wobei die beiden dem K folgenden Ziffern die Reihenfolge festlegen, während bei einem Systemstart die mit einem S beginnenden Skripte in der entsprechenden Reihenfolge ausgeführt werden. Der erste Buchstabe des Namens legt also fest, ob es sich um ein Stop- oder Startskript handelt, die nächsten beiden Ziffern bestimmen die Reihenfolge der Ausführung und der letzte Teil des Namens des Skripts entspricht dem Namen des ursprünglichen Skripts, das sich im Verzeichnis /etc/init.d befindet.

> Alle Skripte sind Hard Links, die zu den Dateien im Verzeichnis /etc/init.d gehören. In der Regel finden Sie auch in anderen Run Control-Unterverzeichnissen weitere Hard Links zu diesen Dateien.

> Wenn Sie nicht möchten, dass ein bestimmtes Skript in einem der Run Control-Unterverzeichnisse ausgeführt wird, dann benennen Sie das Skript einfach um, indem Sie aus dem ersten Buchstaben einen Kleinbuchstaben machen. Auf diese Weise bleiben alle Informationen zum deaktivierten Skript erhalten, aber es wird nicht mehr ausgeführt, wenn in den entsprechenden Runlevel gefahren wird.

Das Verzeichnis /etc/init.d

In diesem Verzeichnis befinden sich die ursprünglichen Run Control-Skripte, für die in den Run Control-Unterverzeichnissen /etc/rc?.d entsprechende Hard Links erstellt wurden.

```
# ls /etc/init.d
```

ab2mgr	devfsadm.old	loc.ja.cssd	rootusr
acct	Devlinks	lp	rpc
acctadm	Dhcp	lvm.init	savecore

afbinit	Dhcpagent	lvm.sync	sendmail
ANNOUNCE	Drvconfig	mipagent	slpd
apache	Dtlogin	mkdtab	spc
asppp	Ifbinit	MOUNTFSYS	standardmounts
atsv	Iiim	ncad	sunatm
audit	Inetinit	ncakmod	sysetup
autofs	Inetsvc	ncalogd	sysid.net
autoinstall	init.dmi	network	sysid.sys
buildmnttab	init.mdlogd	nfs.client	syslog
buttons_n_dials-setup	init.snmpdx	nfs.server	ufs_quota
cachefs.daemon	init.wbem	nscd	utmpd
cachefs.root	init1394	perf	uucp
cacheos	initpcihpc	picld	volmgt
cacheos.finish	initpcihpc.old	power	Wnn6
caldera	initpcmcia	PRESERVE	xntpd
coreadm	Keymap	README	
cron	ldap.client	RMTMPFILES	

Diese Vorgehensweise mit Hilfe von Hard Links bietet zwei Vorteile: Ein Run Control-Skript wird immer nur an einer Stelle gepflegt und in den notwendigen Verzeichnissen wird ein entsprechender Hard Link dazu erstellt, so dass kein redundanter Datenbestand entsteht. Der zweite Vorteil besteht darin, dass alle Skripte von *root* im Verzeichnis /etc/init.d einzeln ausgeführt werden.

Wenn Sie zum Beispiel den Volume Management Daemon manuell stoppen und dann wieder starten möchten, verwenden Sie folgende Befehle:

/etc/init.d/volmgt stop
/etc/init.d/volmgt start

Überblick über die Run Control-Skripte

Die nachstehende Grafik zeigt nochmals deutlich die Verzeichnisse und die Zusammengehörigkeit von Run Control-Skripten:

Jedes der Run Control-Skripte hat eine bestimmte Funktion, um das System in den entsprechenden Runlevel zu bringen. Die nachfolgende Tabelle fasst noch einmal die wichtigsten Funktionen zusammen:

Der Prozess init und die Run Control-Skripte

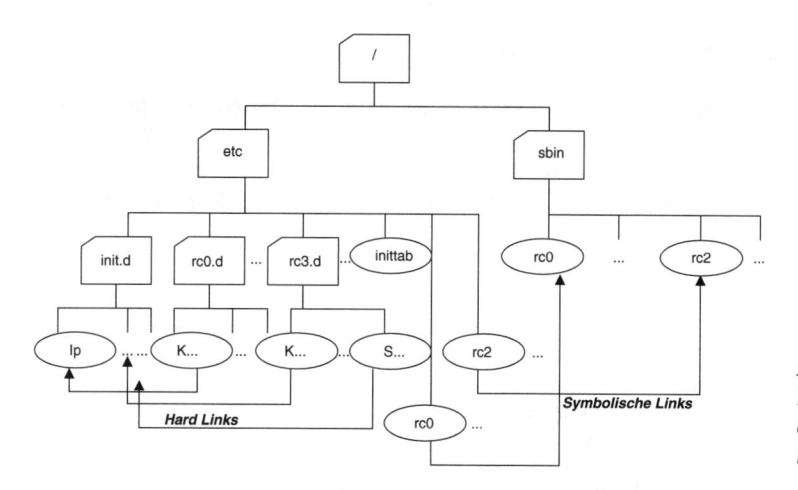

Abbildung 5.4: Die Verzeichnisse der Run Control-Skripte

Skripte	Aufgaben
/sbin/rc0 à /etc/rc0.d	Alle Dateisysteme unmounten, alle Dienste und Daemons des Systems stoppen und alle laufenden Prozesse beenden.
/sbin/rc1 à /etc/rc1.d	Remote-Dateisysteme unmounten, alle nicht unbedingt notwendigen Dienste und Daemons des Systems stoppen und alle nicht unbedingt notwendigen laufenden Prozesse beenden (zum Beispiel grafische Oberfläche).
/sbin/rc2 à /etc/rc2.d	Alle Dateisysteme mounten, das Verzeichnis /tmp löschen, Routing, Netzwerkdienste und Accounting konfigurieren, die meisten Daemons und Dienste des Systems starten.
/sbin/rc3 à /etc/rc3.d	NFS-Server-Dienste starten (nfsd und mountd).
/sbin/rc5 à /etc/rc5.d	Alle Dateisysteme unmounten und alle aktiven Prozesse beenden.
/sbin/rc6 à /etc/rc6.d	Alle Dateisysteme unmounten und alle aktiven Prozesse beenden.
/sbin/rcS à /etc/rcS.d	Alle Dateisysteme bis auf / und /usr unmounten, alle nicht unbedingt notwendigen Dienste und Daemons des Systems stoppen und alle nicht unbedingt notwendigen laufenden Prozesse beenden (zum Beispiel grafische Oberfläche), Pseudo-Dateisysteme procfs und fdfs mounten.

Tabelle 5.7: Aufgaben der Run Control-Skripte

> **HINWEIS** Die Bestandteile und der Aufbau eines Shellskripts, und damit auch eines Run Control-Skripts, werden an Tag 7 ausführlich erläutert.

Ein neues Run Control-Skript erstellen und einbinden

Wenn Sie neue Dienste oder weitere Prozesse in einem Runlevel starten möchten, erstellen Sie einfach ein neues Run Control-Skript und erzeugen zu diesem die entsprechenden Hard Links in den Run Control-Verzeichnissen. Im folgenden Beispiel erstellen Sie ein Skript dbservice, mit dem im Runlevel 2 ein Datenbankdienst gestartet wird, der im Runlevel 3 gestoppt wird.

Schritt 1: Skript erstellen

Im ersten Schritt erstellen Sie das Run Control-Skript im Verzeichnis /etc/init.d. Häufig ist es möglich, ein ähnliches Skript zu kopieren und zu verändern:

```
# cp /etc/init.d/volmgt /etc/init.d/dbservice
# vi /etc/init.d/dbservice
```

Schritt 2: Skript ausführbar machen

Im zweiten Schritt machen Sie das Run Control-Skript zu einem ausführbaren Programm, indem Sie die Rechte ändern. Außerdem übertragen Sie den Besitz an der Datei dem Benutzer *root* und der Gruppe *sys*:

```
# chmod 744 /etc/init.d/dbservice
# chown root:sys /etc/init.d/dbservice
```

> Dateirechte und Dateibesitz werden an Tag 6 ausführlich besprochen.

Schritt 3: Das Skript testen

Im dritten Schritt sollten Sie testen, ob das Skript wie gewünscht arbeitet. Dazu rufen Sie es jeweils mit dem Parameter start und stop auf:

```
# /etc/init.d/dbservice start
# /etc/init.d/dbservice stop
```

Schritt 4: Hard Links zum Skript erzeugen

Im vierten Schritt müssen Sie sich überlegen, in welchem Runlevel der Dienst gestartet und in welchem er gestoppt werden soll. Gleichzeitig sollten Sie sich Gedanken darüber machen, an welcher Stelle das Skript gestartet oder gestoppt werden soll, das heißt, ob zuvor bereits andere Dienste laufen oder beendet werden sollten.

In unserem Beispiel verwenden wir zum Starten Runlevel 2 und die laufende Nummer 95 und zum Beenden Runlevel 3 und die laufende Nummer 10:

```
# cd /etc/init.d
# ln dbservice /etc/rc3.d/S95dbservice
# ln dbservice /etc/rc2.d/K10dbservice
```

Gegebenenfalls erstellen Sie für weitere Runlevels weitere Hard Links zum neu angelegten Run Control-Skript.

5.6 Befehle zum Starten und Anhalten des Systems

Es gibt mehrere Befehle, um das System in einen anderen Runlevel zu bringen oder herunterzufahren. Vor einem Herunterfahren des Systems sollte sich der Systemadministrator vergewissern, dass er auf dem richtigen System angemeldet ist und die Anwender entsprechend informiert wurden, um Datenverluste zu verhindern. Er sollte sich auch darüber im Klaren sein, dass ein Server mit entsprechenden Funktionen (zum Beispiel Mail- oder Printserver) seine Aufgaben für die Clients nicht mehr ausführen kann.

> Es sollte nur dem Systemadministrator möglich sein, das System herunterzufahren. Eine Ausnahme bilden Workstations, an denen nur einzelne Benutzer tätig sind, oder eventuell Standalone-Server.

Der Befehl /usr/sbin/shutdown

Dieser Befehl ruft das Programm `init` auf und ermöglicht es, die Benutzer am System über das bevorstehende Herunterfahren zu informieren. Standardmäßig wird das System nach 60 Sekunden in den Single-User-Modus gebracht, nachdem die Nachfrage bestätigt wurde, ob der Shutdown wirklich durchgeführt werden soll.

Die Syntax des Befehls lautet:

```
# shutdown [-y] [-g zeit] [-i runlevel] [nachricht]
```

Wenn Sie die Option -y verwenden, entfällt die Nachfrage. Mit der Option -g können Sie die Zeit in Sekunden angeben, nach der das System heruntergefahren werden soll, und mit -i bestimmen Sie den Runlevel, in den es gebracht wird.

Das nachfolgende Beispiel zeigt einen Shutdown ohne besondere Benachrichtigung der Benutzer und ohne Verzögerung:

```
# shutdown -g 0 -i 5
Shutdown started.    Wed May 7 19:39 MET 2001
Do you want to continue? (y or n): y
```

Die am System angemeldeten Anwender erhalten eine Standardnachricht, ohne die Möglichkeit, ihre Daten zu speichern:

```
Broadcast Message from root (console) on suso1 Wed May 7 19:39 MET 2001
THE SYSTEM IS BEING SHUT DOWN NOW! ! !
Log off now or risk your files being damaged.
```

Im nächsten Beispiel soll ein Shutdown mit anschließendem Ausschalten des Rechners nach 5 Minuten ohne weitere Rückfragen stattfinden, wobei die Benutzer am System entsprechend informiert werden:

```
# shutdown -y -g 300 -i 0 "Das System wird in 5 Minuten heruntergefahren"
```

Nach Ablauf der angegebenen Zeit oder der vorgegebenen 60 Sekunden fährt das System mit einer Meldung auf dem Bildschirm des Administrators ähnlich der folgenden herunter (in diesem Beispiel in den Runlevel 0):

```
Changing to init state 0 - please wait
INIT: New run level: 0
The system is coming down. Please wait.
System services are now being stopped.
Print Services stopped.
...
The System is down.
syncing file systems ... [7] [3] done
ok
```

> Mit diesem Befehl ist es möglich, in die Runlevel 0, S, 1, 5 oder 6 zu verzweigen.

Der Befehl /sbin/init

Dieser Befehl wechselt in die verschiedenen Runlevel. Er liest die Datei /etc/inittab, um die erforderlichen Run Control-Skripte auszuführen. Das System wird damit ordnungsgemäß heruntergefahren, ausgeschaltet oder neu gestartet. Die Run Control-Skripte rc0 werden ausgeführt, aber es ist nicht möglich, den Benutzern am System eine Warnmeldung zukommen zu lassen. Auch eine zeitliche Verzögerung kann nicht eingestellt werden.

Die Syntax des Befehls lautet:

```
# init runlevel-nr
```

Im nachfolgenden Beispiel erfolgt ein Wechsel in den Runlevel 0:

```
# init 0
```

Mit diesem Befehl können Sie das System neu starten:

```
# init 6
```

Mit diesem Befehl wird das System heruntergefahren und ausgeschaltet:

```
# init 5
```

Der Befehl /usr/sbin/halt

Dieser Befehl fährt das System sofort bis in den OpenBoot-PROM herunter. Die Run Control-Skripte rc0 werden nicht ausgeführt und es ist auch nicht möglich, den Benutzern am System eine Warnmeldung mitzugeben oder eine zeitliche Verzögerung einzustellen.

Die Syntax des Befehls lautet:

```
# halt
```

Der Befehl /usr/sbin/poweroff

Dieser Befehl fährt das System sofort herunter und schaltet es aus, vorausgesetzt, die Hardware kann softwaremäßig deaktiviert werden. Die Run Control-Skripte rc0 werden nicht ausgeführt und es ist auch nicht möglich, den Benutzern am System eine Warnmeldung mitzugeben oder eine zeitliche Verzögerung einzustellen.

Die Syntax des Befehls lautet:

```
# poweroff
```

Der Befehl /usr/sbin/reboot

Dieser Befehl fährt das System sofort herunter und bringt es anschließend in den Default-Runlevel. Die Run Control-Skripte rc0 werden nicht ausgeführt und es ist auch nicht möglich, den Benutzern am System eine Warnmeldung mitzugeben oder eine zeitliche Verzögerung einzustellen.

Die Syntax des Befehls lautet:

```
# reboot
```

Die nachfolgende Grafik soll die unterschiedlichen Möglichkeiten zum Wechseln der Runlevel nochmals veranschaulichen.

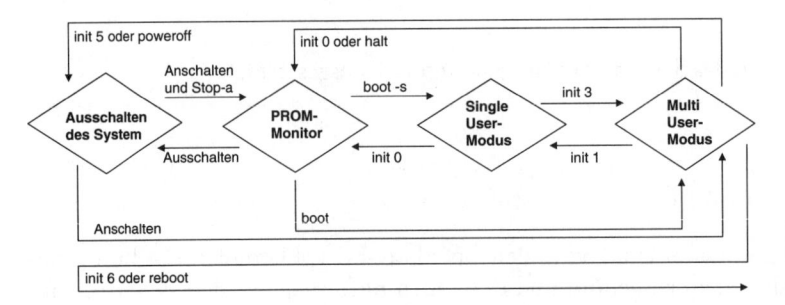

*Abbildung 5.5:
Das Wechseln der
Runlevel*

5.7 Zusammenfassung

An diesem Tag haben Sie die verschiedenen Phasen des Systemstarts kennen gelernt. Sie wissen nun, dass während des Systemstarts zunächst eine hardwarenahe Phase abläuft, die die Einstellungen des PROM-Monitors und anschließend das Bootprogramm ufsboot verwendet. Danach wird der Kernel initialisiert und die Kernelmodule werden geladen. Diese Phase lässt sich durch eine Veränderung der Datei /etc/system beeinflussen. Der Kernel startet schließlich den Prozess init, der wiederum die Datei /etc/inittab liest. Deren Einstellung bestimmt den Default-Runlevel, dessen Run Control-Skripte eingelesen werden.

Sie haben außerdem die verschiedenen Runlevel und deren Zweck kennen gelernt. Sie wissen auch, mit welchen Befehlen Sie in die einzelnen Runlevel verzweigen können und wie Sie zusätzliche Run Control-Skripte im System einbinden.

5.8 F&A

F *Ich möchte mein System warten, das heißt eine Überprüfung des Dateisystems vornehmen und eine Datensicherung durchführen. Muss ich den Runlevel wechseln?*

A Ja, es ist empfehlenswert, solche Tätigkeiten im Single-User-Modus durchzuführen, da in diesem Fall keine anderen Benutzer am System angemeldet sein können, die die Konsistenz des Dateisystems stören.

F *Ich habe mein System mit dem Befehl* init 0 *oder* halt *in den PROM-Monitor gefahren. Kann ich den Rechner nun gefahrlos ausschalten – auch einen INTEL-Rechner?*

A Ja, denn alle Prozesse wurden beendet.

F Ich möchte einen Prozess, der von einem Run Control-Skript gestartet wird, nicht aufrufen. Kann ich das Run Control-Skript einfach löschen?

A Nein, es ist besser, dieses Run Control-Skript einfach umzubenennen, falls Sie es später wieder verwenden möchten. Benennen Sie es um, indem Sie den Großbuchstaben S in einen Kleinbuchstaben verwandeln. Auf diese Weise wird es nicht mehr ausgeführt, aber alle notwendigen Informationen bleiben an der richtigen Stelle erhalten.

5.9 Übungen

1. Fahren Sie das System mit 10 Minuten Zeitverzögerung in den Runlevel 0 und benachrichtigen Sie dabei die Benutzer!

2. Wechseln Sie mit Hilfe des Befehls `init` zuerst in den Single-User-Modus 1 und anschließend in den Runlevel 2. Überprüfen Sie mit dem Befehl `who -r` den aktuellen und den vorherigen Runlevel. Kehren Sie schließlich in den Runlevel 3 zurück und überprüfen Sie den aktuellen Runlevel erneut.

3. Starten und stoppen Sie das Run Control-Skript für den Druckdienst `lp`, ohne den Rechner herunterzufahren.

4. Erläutern Sie die Schritte, um ein neues Run Control-Skript zu definieren.

Tag 6

Zugriffsrechte unter Solaris

Zugriffsrechte unter Solaris

An diesem Tag erfahren Sie, welche Benutzerkategorien und Rechte es unter Solaris gibt. Sie lernen, wie Sie die Berechtigungen für Ihre Dateien und Verzeichnisse einrichten, um diese vor unberechtigtem Zugriff zu schützen. Es wird erläutert, wie Sie die Voreinstellungen der Zugriffsrechte Ihren Wünschen entsprechend mit Hilfe eines Filters verändern können. Anschließend werden spezielle Zugriffsrechte beschrieben, wie zum Beispiel das setUID- und setGID- sowie das Sticky Bit. Zuletzt erfahren Sie, was Access Control Lists sind und wie Sie diese verwenden.

6.1 Zugriffsrechte

Benutzerkategorien

Das Betriebssystem Solaris verhindert mit zwei verschiedenen Methoden, dass nicht autorisierte Personen Zugang zum System und zu Daten erhalten. Bei der Anmeldung eines Benutzers werden zunächst der Benutzername und das dazugehörige Passwort überprüft. Die dafür notwendigen Informationen entnimmt das System den Dateien

- `/etc/passwd` und
- `/etc/shadow`

Wenn die Angaben zu Benutzername und Passwort mit denen der beiden Dateien übereinstimmen, ist die Anmeldung des Benutzers erfolgreich.

> Die beiden Dateien werden an Tag 8, in Zusammenhang mit der Benutzerverwaltung, ausführlich erläutert.

Die zweite Methode, um Daten vor unberechtigtem Zugriff zu schützen, ist die Vergabe von Zugriffsrechten. Mit ihnen lässt sich vorgeben, dass nur bestimmte Benutzer oder Gruppen von Benutzern auf bestimmte Dateien oder Verzeichnisse zugreifen.

Mit Hilfe des Befehls `ls -l` können Sie die Rechte in Zusammenhang mit Dateien und Verzeichnissen anzeigen. Dabei werden zuerst der Dateityp und dann die Zugriffsberechtigungen für drei verschiedene Benutzerkategorien angezeigt:

Im Folgenden ist die Bedeutung des Dateityps und der drei Benutzerkategorien beschrieben.

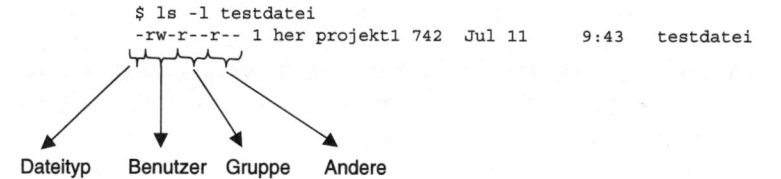

```
$ ls -l testdatei
-rw-r--r--  1 her projekt1 742  Jul 11    9:43   testdatei
```

Dateityp Benutzer Gruppe Andere

Abbildung 6.1: Benutzerkategorien

Dateityp

Der Dateityp ist das erste Zeichen, das aufgelistet wird. Die Dateitypen unter Solaris wurden bereits an Tag 3 erklärt.

Benutzer (User)

Die nächsten drei Zeichen legen die Rechte fest, die für den Besitzer der Datei gelten. Im Beispiel in der Abbildung hat die Besitzerin *her* sowohl Lese- (r = read) als auch Schreibrechte (w = write). Der Besitzer der Datei wird in der dritten Spalte der Ausgabe des Befehls `ls -l` angezeigt.

Gruppe (Group)

Der zweite Abschnitt des Rechteblocks, der die nächsten drei Zeichen umfasst, legt die Zugriffsrechte für die Gruppe fest. Für jeden Benutzer, der Mitglied in dieser Gruppe ist, gelten die definierten Rechte. In unserem Beispiel hat die Gruppe *projekt1* das Leserecht für die Datei. Die Gruppe wird in der vierten Spalte der Ausgabe des Befehls `ls -l` angezeigt.

Jeder Benutzer unter Solaris ist Mitglied in mindestens einer Gruppe. Beim Anlegen eines Benutzers (vgl. Tag 8) wird dieser automatisch einer Gruppe zugeordnet. Diese Gruppe bezeichnet man als die primäre Gruppe. Wird der Benutzer weiteren Gruppen zugeordnet, so handelt es sich dabei um Sekundärgruppen.

Das Gruppenkonzept vereinfacht die Systemverwaltung, da mehrere Benutzer, für die dieselben Rechte gelten sollen, einfach zu einer Gruppe zusammengefasst werden können. Mitgliedern einer Gruppe wird es außerdem erleichtert, sich gegenseitig Zugriffsrechte auf die Dateien und Verzeichnisse einzuräumen.

Wenn ein Benutzer eine Datei oder ein Verzeichnis erstellt, wird diese(s) automatisch der primären Gruppe des Benutzers zugeordnet. Es ist allerdings möglich, die Gruppenzugehörigkeit einer Datei anschließend noch zu ändern (vgl. Abschnitt 6.3).

Andere (Other)

Der letzte aus drei Zeichen bestehende Teil des Rechteblocks enthält die Zugriffsrechte, die für die anderen gelten, also alle Benutzer, die weder Besitzer noch Gruppenmitglied sind. In unserem Beispiel haben diese ebenfalls Leserecht.

Zugriffsrechte und ihre Bedeutung

Sobald eine Datei oder ein Verzeichnis erstellt werden, weist das Betriebssystem diesen automatisch vordefinierte Standardzugriffsrechte zu. Wie Sie diese steuern können, erfahren Sie in Abschnitt 6.2. Dadurch ist bereits mit dem Erstellen der Datei ein Schutz gewährleistet.

Über die Zugriffsrechte lässt sich festlegen, welche Benutzerkategorie welche Aktionen bei einer Datei oder einem Verzeichnis durchführen kann. Die Definition dieser Rechte erfolgt über einzelne Buchstaben; dabei bedeutet:

- r (read) – lesen
- w (write) – schreiben
- x (execute) – ausführen

Die Zugriffsrechte haben bei Dateien und Verzeichnissen unterschiedliche Bedeutung:

Zugriffsrecht	Bedeutung bei einer Datei	Bedeutung bei einem Verzeichnis
r (read)	Der Inhalt der Datei darf gelesen oder kopiert werden; mögliche Befehle: more, cat, pg, cp	Der Inhalt des Verzeichnisses darf aufgelistet werden; möglicher Befehl: ls
w (write)	Der Inhalt der Datei darf verändert oder gelöscht werden; mögliche Befehle: vi, dtpad, mv, rm	Dateien und Unterverzeichnisse dürfen hinzugefügt oder gelöscht werden; mögliche Befehle: mkdir, rmdir, touch, rm
x (execute)	Die Datei darf ausgeführt werden (nur bei Shellskripten oder ausführbaren Programmen sinnvoll)	Erlaubt ist Wechseln in das Verzeichnis und ein ausführliches Auflisten der Dateien und Unterverzeichnisse; mögliche Befehle: cd, ls -l

Tabelle 6.1: Zugriffsrechte bei Dateien und Verzeichnissen

Wenn Sie jemandem Schreibrecht auf ein Verzeichnis einräumen, dann darf dieser Benutzer alles löschen, was sich im Verzeichnis befindet, unabhängig davon, ob er für diese Dateien oder Unterverzeichnisse die erforderlichen Rechte besitzt.

Im folgenden Beispiel kann die Datei prog1 von ihrem Besitzer doo gelesen, geändert und ausgeführt werden, während die Gruppe projekt3 die Datei nur lesen und ausführen und die restlichen Benutzer am System diese nur ausführen dürfen.

```
$ ls -l prog1
-rwxr-x--x   1    doo    projekt3    142  Jul 17  11:24    prog1
```

Im nächsten Beispiel darf der Benutzer doo den Inhalt des Verzeichnisses auflisten und dort Dateien und Unterverzeichnisse anlegen und löschen, während die Gruppe projekt3 nur den Inhalt des Verzeichnisses – auch auf ausführliche Weise – auflisten und dorthin verzweigen darf. Die übrigen Benutzer dürfen weder ins Verzeichnis verzweigen noch dessen Inhalt anzeigen.

```
$ ls -ld projekt3
drwxr-x---   7    doo    projekt3    512  Jul 19  10:22    projekt3
```

> Durch die Option d wird nicht der Inhalt des Verzeichnisses, sondern das Verzeichnis projekt3 selbst aufgelistet.

Überprüfen der Berechtigungen

Wenn ein Zugriff auf eine Datei (oder ein Verzeichnis) erfolgt, werden die Benutzer-Identifikationsnummer (UID) und die Gruppen-Identifikationsnummer (GID) des zugreifenden Benutzers mit den für die Datei hinterlegten Nummern verglichen. Die UID bestimmt den Benutzer, der die Datei erstellt hat, also den Besitzer. Die GID legt die Gruppe von Benutzern fest, die Rechte an der Datei haben.

Mit dem Befehl ls -n können Sie die UID und die GID einer Datei oder eines Verzeichnisses ausgeben:

```
$ ls -n testdatei
-rw-r--r--   1    4220    67    742  Jul 11    9:43    testdatei
```

Wenn ein Benutzer auf eine Datei zugreifen möchte, wird seine UID mit der UID verglichen, die für die Datei gespeichert wurde. Sind diese Nummern identisch, dann gelten für den Benutzer die dem Besitzer zugewiesenen Rechte.

Unterscheiden sich die UIDs, so erfolgt ein Vergleich der GID, die für die Datei gespeichert wurde, mit den GIDs, zu denen der Benutzer gehört. Stimmt eine der Gruppen-IDs des Benutzers mit der GID der Datei überein, so gelten für ihn die Rechte, die für die Gruppe hinterlegt wurden.

Unterscheiden sich auch die GIDs, dann gelten für den Benutzer die Rechte der übrigen Benutzer, die für die Datei zugewiesen wurden.

Die nachfolgende Abbildung verdeutlicht nochmals die Überprüfung der Zugriffsrechte:

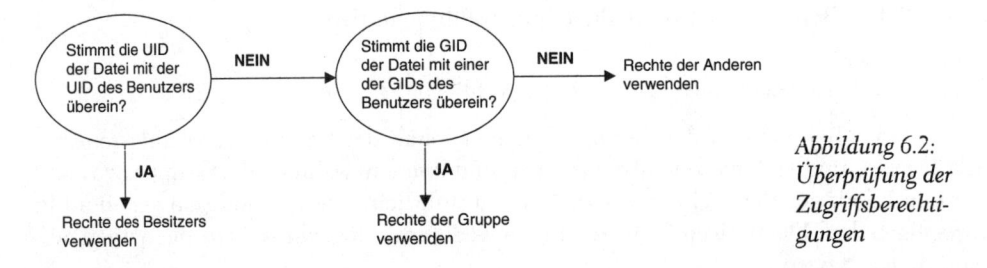

Abbildung 6.2: Überprüfung der Zugriffsberechtigungen

Die Zugriffsrechte sind disjunkt. Das bedeutet, dass für den Besitzer einer Datei auch nur die Rechte des Besitzers und nicht die der Gruppe gelten. In gleicher Weise sind der Besitzer und die Gruppe aus der Kategorie der anderen Benutzer ausgeschlossen.

Die Berechtigungen für Dateien und Verzeichnisse können nur vom Besitzer oder von *root* geändert werden.

6.2 Setzen von Zugriffsrechten

Es gibt zwei verschiedene Möglichkeiten, um die Zugriffsrechte für Dateien oder Verzeichnisse zu ändern. Für beide Methoden kommt der Befehl chmod zum Einsatz.

Die Syntax des Befehls lautet:

```
$ chmod zugriffsrechte dateiname(n)
```

Symbolische Methode

Die symbolische Methode verwendet eine Kombination aus Buchstaben und Symbolen, um Rechte für eine Benutzerkategorie zu verändern. Dabei wird angegeben, für welche Benutzerkategorie mit welcher Aktion welche Zugriffsrechte verändert werden. Mit der oktalen Methode setzt man die Zugriffsrechte in der Regel explizit. Es gibt aber auch die Möglichkeit, diese mit Hilfe der Aktion »=« absolut zuzuweisen.

Es gibt folgende Möglichkeiten, um die Zugriffsrechte mit der symbolischen Methode zu verändern:

Aus den drei Spalten werden die notwendigen Angaben entnommen, um Rechte zu ändern. Dabei ist es möglich, gleichzeitig verschiedene Rechte zu ändern. Die Kategorie »a« lässt sich verwenden, um allen Kategorien gemeinsam ein Recht zuzuweisen oder zu entfernen.

Abbildung 6.3:
Zugriffsrechte mit der symbolischen Methode zuweisen

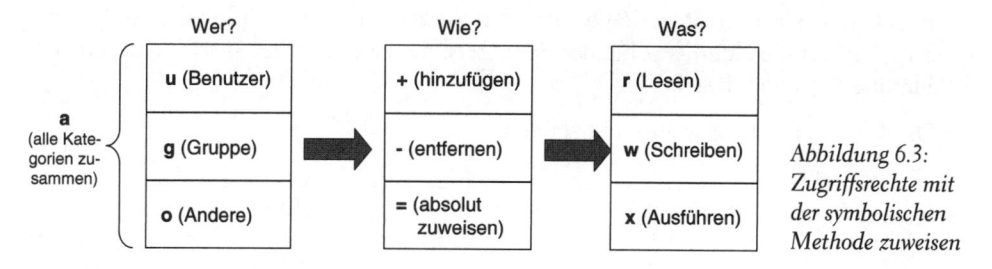

Im nachfolgenden Beispiel erhält die Gruppe projekt3 die Schreibrechte für die Datei prog1:

```
$ ls -l prog1
-rwxr-x--x   1   doo   projekt3   142  Jul 17  11:24   prog1
$ chmod g+w prog1
$ ls -l prog1
-rwxrwx--x   1   doo   projekt3   142  Jul 17  11:24   prog1
```

Im nächsten Beispiel wird das Recht zur Ausführung für alle Benutzerkategorien entfernt und den anderen ein Leserecht eingeräumt:

```
$ ls -l prog1
-rwxrwx--x   1   doo   projekt3   142  Jul 17  11:24   prog1
$ chmod a-x,o+r prog1
$ ls -l prog1
-rw-rw-r--   1   doo   projekt3   142  Jul 17  11:24   prog1
```

Im letzten Beispiel werden der Gruppe und den anderen alle Rechte genommen:

```
$ ls -l prog1
-rw-rw-r--   1   doo   projekt3   142  Jul 17  11:24   prog1
$ chmod g-rw,o-r prog1
$ ls -l prog1
-rw-------   1   doo   projekt3   142  Jul 17  11:24   prog1
```

Wenn Sie mehrere Rechte gleichzeitig ändern, achten Sie darauf, dass zwischen den einzelnen Aufzählungen kein Leerzeichen steht.

Oktalmethode

Die Oktalmethode bietet die Möglichkeit, die Zugriffsrechte numerisch zu ändern. Jedem Zugriffsrecht ist eine Oktalzahl zugeordnet, die statt der symbolischen Methode verwendet werden kann. Mit der Oktalmethode werden die Rechte immer absolut zugewiesen. Es ist also nicht möglich, einzelne Berechtigungen explizit zu ändern, sondern immer nur alle Rechte für alle Kategorien absolut.

Zugriffsrechte unter Solaris

Die Rechte der Benutzerkategorien werden mit dreistelligen Oktalzahlen definiert, wobei die erste Zahl für die Zugriffsrechte des Benutzers, die zweite für die der Gruppe und die dritte für die der anderen steht.

Die Oktalzahlen für die Zugriffsrechte lauten:

Zugriffsrecht	Kürzel	Oktalzahl
4	w	Schreibrecht
2	r	Leserecht
1	x	Ausführrecht

Tabelle 6.2: Zugriffsrechte in Oktalziffern definiert

Wenn Sie also nach der Oktalmethode zum Beispiel das Leserecht setzen möchten, verwenden Sie die Ziffer 2. Möchten Sie das Ausführ- und Leserecht zuweisen, dann addieren Sie die oktalen Werte für beide Rechte, verwenden Sie also die 3 usw.

Die nachfolgende Tabelle soll diese Kombination nochmals verdeutlichen:

Wert	Zusammensetzung	Rechte	Bedeutung
0	0+0+0	- - -	Kein Zugriffsrecht
1	0+0+1	- - x	Ausführrecht
2	0+2+0	- w -	Schreibrecht
3	0+2+1	- w x	Schreib- und Ausführrecht
4	4+0+0	r - -	Leserecht
5	4+0+1	r - x	Lese- und Ausführrecht
6	4+2+0	r w -	Lese- und Schreibrecht
7	4+2+1	r w x	Alle Rechte

Tabelle 6.3: Zusammensetzung der Zugriffsrechte

Die Rechte für die drei Benutzerkategorien werden aus diesen Zahlen zusammengefügt, zum Beispiel bedeutet 777 Lese-, Schreib- und Ausführrecht für alle drei Benutzerkategorien, 644 Lese- und Schreibrecht für den Besitzer und Leserecht für die Gruppe und die anderen.

Im nachfolgenden Beispiel werden dem Besitzer alle und der Gruppe und den anderen Leserechte für die Datei prog1 zugewiesen:

```
$ ls -l prog1
-rw-------   1   doo     projekt3    142  Jul 17  11:24    prog1
$ chmod 744 prog1
$ ls -l prog1
-rwxr--r--   1   doo     projekt3    142  Jul 17  11:24    prog1
```

Im nächsten Beispiel erhalten alle drei Benutzerkategorien das Lese- und Ausführrecht:

```
$ ls -l prog1
-rwxr--r--   1   doo     projekt3    142  Jul 17  11:24    prog1
$ chmod 555 prog1
$ ls -l prog1
-r-xr-xr-x   1   doo     projekt3    142  Jul 17  11:24    prog1
```

Im letzten Bespiel werden dem Besitzer das Lese- und Schreibrecht und der Gruppe das Leserecht zugewiesen. Die anderen erhalten kein Zugriffsrecht auf die Datei:

```
$ ls -l prog1
-r-xr-xr-x   1   doo     projekt3    142  Jul 17  11:24    prog1
$ chmod 640 prog1
$ ls -l prog1
-rw-r-----   1   doo     projekt3    142  Jul 17  11:24    prog1
```

Wenn nur eine Zahl beim Befehl chmod verwendet wird, dann gilt diese für die Benutzergruppe Andere. Daher entspricht der Befehl

```
$ chmod 7 prog1
$ ls -l prog1
-------rwx   1   doo     projekt3    142  Jul 17  11:24    prog1
```

dem Befehl

```
$ chmod 007 prog1
```

In diesem Fall haben die anderen alle Zugriffsrechte für die Datei, die Gruppe und der Besitzer aber kein Zugriffsrecht. Sollte der Besitzer oder die Gruppe jedoch Schreibrecht für das Verzeichnis haben, in dem sich die Datei befindet, dann ist es trotzdem möglich, die Datei zu löschen oder zu verschieben. Es ist ihm aber nicht mehr möglich, den Dateiinhalt anzuzeigen oder die Datei zu kopieren.

Der Filter umask

Wenn ein Benutzer oder ein Prozess eine neue Datei oder ein neues Verzeichnis erzeugt, dann erhalten diese die Standardzugriffsrechte. Diese Standardeinstellung ist in der Shell fest einprogrammiert, lässt sich aber mit Hilfe des Filters umask verändern. Verwenden Sie diesen Befehl ohne eine Option, erhalten Sie den aktuellen Filter:

```
$ umask
022
```

> Der Wert wird je nach Shell mit führenden oder ohne führende Null(en) ausgegeben. So erhalten Sie in der Bourne-Shell zum Beispiel 0022, in der Korn-Shell 022 und in der C-Shell 22.

Die erste Zahl definiert die Standardzugriffsberechtigungen des Besitzers, die zweite legt die der Gruppe und die letzte die Standardrechte für die anderen fest. Die Voreinstellung in Solaris lautet in der Regel 022.

Die Definition des Filters erfolgt entweder systemweit durch einen Eintrag in der Datei /etc/default/login oder in den Dateien /etc/profile oder /etc/.login (vgl. Tag 7). Jeder Benutzer kann diesen Wert allerdings individuell in einer seiner Initialisierungsdateien einstellen, wie zum Beispiel in $HOME/.profile oder $HOME/.cshrc.

Die Zugriffsberechtigungen werden als Oktalzahl ausgegeben. Es ist aber möglich, eine symbolische Ausgabe mit Hilfe der Option -S zu erhalten.

Der Filter umask gibt an, welche Rechte einer Datei oder einem Verzeichnis nicht zugewiesen werden. Standardmäßig werden für eine neu erstellte Datei unter Solaris die Berechtigungen 666 (rw-rw-rw-) und für ein Verzeichnis 777 (rwxrwxrwx) vergeben. Von diesen Standardvorgaben werden die durch umask definierten Berechtigungen weggenommen. Auf diese Weise erhalten neu angelegte Dateien und Verzeichnisse die durch den Systemadministrator oder Benutzer gewünschten Zugriffsrechte.

Der Filter umask mit dem Wert 022 hat folgende Auswirkungen für eine Datei:

Symbolische Schreibweise	Oktale Schreibweise	Bedeutung
rw-rw-rw-	666	Ursprünglich vom System vorgegebene Zugriffsrechte
----w--w-	022	Vom Filter umask nicht zugelassene Zugriffsrechte
rw-r--r--	644	Standardzugriffsrechte für eine neu erstellte Datei

Tabelle 6.4: Standardzugriffsrechte für eine neu erstellte Datei

Der Besitzer hat für die Datei das Lese- und Schreibrecht, während die Gruppe und die anderen nur das Leserecht besitzen.

Obwohl der Wert von umask für den Besitzer 0 lautet, werden trotzdem für eine Datei keine Ausführrechte vergeben. Ausführbare Programme sind stets ein gewisses Sicherheitsrisiko in einem System, daher wird keine Datei von vornherein auf ausführbar gesetzt. Wenn ein Benutzer ein Shellskript schreibt, muss er also hinterher mit dem Befehl

```
$ chmod u+x testscript1
```

die Ausführrechte für sich (und gegebenenfalls für die Gruppe und die anderen) setzen.

Der Filter umask mit dem Wert 022 hat folgende Auswirkungen für ein Verzeichnis:

Symbolische Schreibweise	Oktale Schreibweise	Bedeutung
rwxrwxrwx	777	Ursprünglich vom System vorgegebene Zugriffsrechte
----w--w-	022	Vom Filter umask nicht zugelassene Zugriffsrechte
rwxr-xr-x	755	Standardzugriffsrechte für eine neu erstellte Datei

Tabelle 6.5: Standardzugriffsrechte für ein neu erstelltes Verzeichnis

Der Besitzer hat für die Datei das Lese-, Schreib- und Ausführrecht, während die Gruppe und die anderen nur das Lese- und Ausführrecht besitzen.

Sie können den Filter umask verändern, indem Sie den Befehl mit einem Oktalwert verwenden:

```
$ umask 027
$ umask
027
```

Wenn Sie diesen Befehl an der Befehlszeile eingeben, ist er nur in der aktuellen Shell und deren Subshells gültig. Das heißt, wenn Sie ein weiteres Terminalfenster öffnen oder sich abmelden und erneut anmelden, dann wird wieder der Wert für umask verwendet, der in einer der oben genannten Dateien definiert wurde. Soll der von Ihnen neu festgelegte Wert dauerhaft erhalten bleiben, muss er in einer dieser Dateien definiert werden.

Das Ändern des Werts auf 027 hat auf eine neu erstellte Datei folgende Auswirkung:

Symbolische Schreibweise	Oktale Schreibweise	Bedeutung
Rw-rw-rw-	666	Ursprünglich vom System vorgegebene Zugriffsrechte
----w-rwx	027	Vom Filter umask nicht zugelassene Zugriffsrechte
rw-r-----	640	Standardzugriffsrechte für eine neu erstellte Datei

Tabelle 6.6: Standardzugriffsrechte für eine neu erstellte Datei

Der Besitzer hat für die Datei das Lese- und Schreibrecht, während die Gruppe nur das Leserecht besitzt. Für die anderen gelten keinerlei Berechtigungen.

Das Ändern des Werts auf 027 hat auf ein neu erstelltes Verzeichnis folgende Auswirkung:

Symbolische Schreibweise	Oktale Schreibweise	Bedeutung
rwxrwxrwx	777	Ursprünglich vom System vorgegebene Zugriffsrechte
----w-rwx	027	Vom Filter umask nicht zugelassene Zugriffsrechte
rwxr-x---	750	Standardzugriffsrechte für ein neu erstelltes Verzeichnis

Tabelle 6.7: Standardzugriffsrechte für ein neu erstelltes Verzeichnis

Der Besitzer hat für das Verzeichnis das Lese-, Schreib- und Ausführrecht, während die Gruppe nur das Lese- und Ausführrecht besitzt. Für die anderen gelten keinerlei Berechtigungen.

In der nachfolgenden Tabelle finden Sie weitere Beispiele für mögliche Werte von umask:

Wert	Dateirechte	Verzeichnisrechte	Bedeutung
777	---------	d---------	Keine Zugriffsrechte für alle drei Benutzerkategorien – nicht sehr sinnvoll, selbst der Besitzer kann seine Dateien nicht einmal ansehen.
277	-r--------	dr-x------	Diese Einstellung kann verhindern, dass der Besitzer ohne vorherigen Befehl chmod seine Dateien nicht verändern kann; vorausgesetzt er hat nicht das Schreibrecht für das übergeordnete Verzeichnis.
077	-rw-------	drwx------	Der Besitzer hat alle Rechte, die Gruppe und die anderen besitzen keine Rechte.
027	-rw-r-----	drwxr-x---	Der Besitzer hat Lese- und Schreibrecht für die Datei, alle Rechte für das Verzeichnis. Die Gruppe hat das Leserecht für die Datei und für das Verzeichnis auch das Ausführrecht. Die anderen haben keine Rechte.

Tabelle 6.8: Beispielwerte für umask

Wert	Dateirechte	Verzeichnisrechte	Bedeutung
022	-rw-r--r--	drwxr-xr-x	Standardeinstellung: Der Besitzer hat Lese- und Schreibrecht für die Datei und alle Rechte für das Verzeichnis. Die Gruppe und die anderen besitzen das Leserecht für die Datei und für das Verzeichnis auch das Ausführrecht.
002	-rw-rw-r--	drwxrwxr-x	Der Besitzer und die Gruppe haben Lese- und Schreibrecht für die Datei und alle Rechte für das Verzeichnis. Die anderen besitzen das Leserecht für die Datei und für das Verzeichnis auch das Ausführrecht.
007	-rw-rw----	drwxrwx---	Der Besitzer und die Gruppe haben Lese- und Schreibrecht für die Datei und alle Rechte für das Verzeichnis. Die anderen haben keine Rechte.
000	-rw-rw-rw-	drwxrwxrwx	Alle haben Lese- und Schreibrecht für die Datei und alle Rechte für das Verzeichnis. Eine sehr gefährliche Einstellung!

Tabelle 6.8: Beispielwerte für umask (Forts.)

6.3 Befehle zur Änderung von Rechten, Besitzer und Gruppe

Der Befehl chmod

Sie haben diesen Befehl bereits in Abschnitt 6.2 kennen gelernt. In diesem Abschnitt werden die möglichen Optionen erläutert.

Mit der Option -R ist es möglich, die Zugriffsrechte rekursiv zu ändern. So werden mit dem Befehl

```
$ chmod -R 755 projekt1
```

nicht nur die Zugriffsrechte für das Verzeichnis projekt1 geändert, sondern auch für alle in diesem Verzeichnis enthaltenen Verzeichnisse und Unterverzeichnisse rekursiv auf den Wert 755 gesetzt.

Die Option -f bewirkt dagegen, dass keine Rückmeldung ausgegeben wird, wenn das Zuweisen der Berechtigungen nicht ausgeführt werden kann.

Der Befehl chown

Mit diesem Befehl lässt sich der Besitzer einer Datei oder eines Verzeichnisses ändern. Die Syntax des Befehls lautet:

```
$ chown [-Option(en)] Besitzer Datei(en)
```

Die Angabe des neuen Besitzers erfolgt entweder mit seinem Benutzernamen oder seiner UID. Als Argument können Sie entweder einen oder mehrere Dateinamen angeben. Wenn Sie den Besitz rekursiv für ein komplettes Verzeichnis einschließlich der darunter liegenden Dateien und Unterverzeichnisse ändern möchten, dann verwenden Sie die Option -R:

```
$ ls -ld testverz
drwxr-xr-x   5   her    projekt3   512   Jun 22   20:17   testverz
$ chown -R olli testverz
$ ls -ld testverz
drwxr-xr-x   5   olli   projekt3   512   Jun 22   20:17   testverz
```

Dem neuen Besitzer gehört nicht nur das Verzeichnis testverz, sondern auch alle Dateien und Unterverzeichnisse in diesem Verzeichnis.

Mit dem Befehl chown können Sie auch gleichzeitig den Besitzer und die Gruppe ändern:

```
$ ls -l projekt99
-rw-r--r--   1   her    projekt3   745   Jun 29   12:27   projekt99
$ chown olli:projekt5 projekt99
$ ls -l projekt99
-rw-r--r--   1   olli   projekt5   745   Jun 29   12:27   projekt99
```

> Standardmäßig darf nur *root* den Befehl chown ausführen. Dieser Befehl kann aber auch für alle anderen Benutzer freigegeben werden, indem in der Datei /etc/system der Eintrag set rstchown=0 festgelegt und das System anschließend neu gestartet wird.

Der Befehl chgrp

Mit diesem Befehl lässt sich die zu einer Datei oder einem Verzeichnis gehörende Gruppe ändern. Die Syntax des Befehls lautet:

```
$ chgrp [-Option(en)] Gruppe Datei(en)
```

Die Angabe der neuen Gruppe erfolgt entweder mit ihrem Gruppennamen oder mit ihrer GID. Als Argument können Sie entweder einen oder mehrere Dateinamen angeben. Wenn Sie die Gruppenzugehörigkeit rekursiv für ein ganzes Verzeichnis einschließlich der darunter liegenden Dateien und Unterverzeichnisse ändern möchten, dann verwenden Sie die Option -R:

```
$ ls -ld testverz
drwxr-xr-x   5   olli   projekt3   512   Jun 22  20:17   testverz
$ chgrp -R einkauf testverz
$ ls -ld testverz
drwxr-xr-x   5   olli   einkauf    512   Jun 22  20:17   testverz
```

Die Gruppenzugriffsrechte für dieses Verzeichnis und alle Dateien und Unterverzeichnisse in diesem Verzeichnis gelten ab jetzt nicht mehr für die Gruppe projekt3, sondern für die Gruppe einkauf.

> Dieser Befehl kann von jedem Benutzer ausgeführt werden. Allerdings kann ein Benutzer seinen Dateien oder Verzeichnissen nur eine neue Gruppe zuweisen, in der er selbst Mitglied ist.

Der Befehl groups

Der Befehl groups zeigt an, zu welchen Gruppen ein Benutzer gehört. Um die Gruppen des aktuellen Benutzers anzuzeigen, wird der Befehl ohne weitere Argumente eingegeben.

```
$ groups
einkauf projekt3 other
```

Zur Anzeige der Gruppen eines anderen Benutzers wird dem Befehl der Benutzername übergeben:

```
$ groups her
projekt3 verkauf staff
```

Der Befehl newgrp

Wenn ein Benutzer Mitglied in mehr als einer Gruppe ist, kann er mit diesem Befehl seine Gruppenidentität wechseln. Er erhält dabei die neue effektive GID, zu der er wechselt. In eine Gruppe mit Gruppenpasswort (vgl. Tag 8) kann ein Benutzer auch wechseln, ohne darin Mitglied zu sein, wenn er dieses Passwort kennt.

Bei einem Aufruf ohne Argument oder einer nicht korrekten Gruppenzugehörigkeit wird eine neue Shell gestartet, wobei die GID beibehalten wird. Bei einem Aufruf einer korrekten Gruppenzugehörigkeit wird eine neue Shell gestartet und dem Benutzer eine neue effektive GID zugewiesen. Wenn er nun neue Dateien oder Verzeichnisse anlegt, erhalten diese die neue GID:

```
$ ls -l projekt99
-rw-r--r--   1   olli   projekt5   745   Jun 29  12:27   projekt99
$ id -a
uid=324(olli) gid=82(projekt5) groups=82(projekt5),73(neu),1(other)
```

Zugriffsrechte unter Solaris

```
$ newgrp neu
$ id -a
uid=324(olli) gid=73(neu) groups=82(projekt5),73(neu),1(other)
$ touch projekt100
$ ls -l projekt*
-rw-r--r--   1   olli   neu          0   Jul 15 18:42   projekt100
-rw-r--r--   1   olli   projekt5   745   Jun 29 12:27   projekt99
```

Die neue effektive Gruppenzugehörigkeit bleibt so lange erhalten, bis die Shell beendet wird.

6.4 Spezielle Zugriffsrechte

Neben den bereits vorgestellten Zugriffsrechten Lesen, Schreiben und Ausführen gibt es weitere spezielle Zugriffsrechte. Dazu gehören:

- Das SetUID-Zugriffsrecht für die vorübergehende Zuteilung einer anderen Benutzerkennung

- Das SetGID-Zugriffsrecht für die vorübergehende Zuteilung einer anderen Gruppenkennung

- Das Mandatory Locking-Zugriffsrecht für die obligatorische Gruppenzuweisung und Dateisperre

- Das Sticky Bit-Zugriffsrecht für das dauerhafte Laden eines Programms in den Hauptspeicher und für die Steuerung des Löschens in gemeinsamen Verzeichnissen

Das SetUID-Zugriffsrecht

Wenn das SUID-Bit (Set User Identification Bit) gesetzt ist, dann wird einem durch einen beliebigen Benutzer gestarteten Programm vorübergehend die Identität des tatsächlichen Besitzers zugewiesen. Dadurch erhält der Anwender für die Zeit der Ausführung des Programms die Zugriffsrechte des Besitzers. Das SUID-Bit lässt sich mit Hilfe des Befehls ls -l anzeigen:

```
$ ls -l /usr/bin/su
-r-sr-xr-x   1   root   sys   17156   May 1 21:24   /usr/bin/su
```

Statt des Ausführrechts »x« für den Besitzer wird ein »s« angezeigt. Steht an dieser Stelle stattdessen ein groß geschriebenes »S«, dann wurde nur das SetUID-Zugriffsrecht, aber nicht das Ausführrecht gesetzt, mit der Folge, dass das Programm nicht ausführbar ist.

Spezielle Zugriffsrechte

Ein weiteres interessantes Beispiel für ein Programm mit gesetztem SUID-Bit ist das Programm passwd, mit dessen Hilfe ein einfacher Anwender sein Passwort ändern kann. Dabei schreibt er das neue Passwort in die Datei /etc/shadow zurück, die er normalerweise nicht einmal lesen darf (vgl. Tag 8):

```
$ ls -l /usr/bin/passwd /etc/shadow
-r-sr-sr-x  1  root  sys  22208  May 1 21:24  /usr/bin/passwd
-r--------  1  root  sys    587  May 1 21:24  /etc/shadow
```

Während der Ausführung des Befehls passwd werden die Zugriffsrechte von *root* und die der Gruppe *sys* verwendet, da zugleich das SUID- und das SGID-Bit gesetzt wurden. Das SGID-Bit ist Thema des nächsten Abschnitts.

Aus Sicherheitsgründen kann das SUID-Bit nur für binäre Programme und nicht für Shellskripte definiert werden. Wenn das Bit für Verzeichnisse oder normale Dateien gesetzt wird, hat es keinerlei Bedeutung. Da Programme mit SetUID-Zugriffsrecht auch ein gewisses Sicherheitsrisiko darstellen, sollte deren Verwendung eingeschränkt werden.

Das SUID-Bit kann entweder von *root* oder vom Besitzer mit Hilfe des Befehls chmod gesetzt werden. Dies ist mit der symbolischen Methode oder der Oktalmethode möglich:

$ **chmod u+s** *binärdatei*

oder

$ **chmod 4555** *binärdatei*

> Sie können nach Programmen mit SUID-Bit mit dem Befehl find / -perm -4000 suchen.

Das SetGID-Zugriffsrecht

Wenn das SGID-Bit (Set Group Identification Bit) gesetzt ist, dann wird einem durch einen beliebigen Benutzer gestarteten Programm vorübergehend die Gruppenzugehörigkeit der tatsächlichen Gruppe zugewiesen. Dadurch erhält der Anwender für die Zeit der Ausführung des Programms die Zugriffsrechte der Gruppe. Das SGID-Bit kann mit Hilfe des Befehls ls -l angezeigt werden:

```
$ ls -l /usr/bin/mail
-r-x--s--x  1  root  mail  61288  May 1 21:24  /usr/bin/mail
```

Statt des Ausführrechts »x« für die Gruppe wird ein »s« angezeigt. Steht an dieser Stelle stattdessen ein »l«, dann wurde nur das SetGID-Zugriffsrecht, nicht aber das Ausführrecht gesetzt. Das bedeutet, dass das Mandatory Locking-Zugriffsrecht für die obligatorische Gruppenzuweisung und Dateisperre gesetzt wurde. Dieses Zugriffsrecht wird im nächsten Abschnitt genauer erläutert.

Das SUID-Bit kann entweder von root oder vom Besitzer mit Hilfe des Befehls chmod gesetzt werden. Dies ist mit der symbolischen Methode oder der Oktalmethode möglich:

```
$ chmod g+s binärdatei
```

oder

```
$ chmod 2555 binärdatei
```

Aus Sicherheitsgründen kann auch das SGID-Bit nur für binäre Programme und nicht für Shellskripte definiert werden. Wenn das Bit für Verzeichnisse gesetzt wird, hat es eine andere Bedeutung: In diesem Fall findet eine obligatorische Gruppenzuweisung statt.

Das Mandatory Locking-Zugriffsrecht

Dieses Zugriffsrecht kann für ein Verzeichnis oder eine Datei gesetzt werden.

Wird einem Verzeichnis das Mandatory Locking-Bit zugewiesen, statt des Ausführrechts »x« für die Gruppe wird also ein »s« oder »l« angezeigt, dann wird die Gruppenzugehörigkeit dieses Verzeichnisses an alle darin neu erstellten Dateien und Verzeichnisse vererbt. Das heißt, eine darin neu erzeugte Datei bzw. ein Verzeichnis erhalten nicht mehr die primäre Gruppenzugehörigkeit des Besitzers (vgl. Tag 8), sondern die des Verzeichnisses mit dem Mandatory Locking-Zugriffsrecht.

Das bietet sich vor allem bei gemeinsam genutzten Verzeichnissen an, deren Benutzer zu verschiedenen primären Gruppen gehören, aber in diesem Verzeichnis sich gegenseitig über eine gemeinsame Gruppe bestimmte Gruppenzugriffsrechte einräumen möchten.

```
$ ls -ld bau_projekt
drwxrwsr-x   5   braun   bau       512   Jun 17  12:12   bau_projekt
$ id -a
uid=324(olli) gid=82(projekt5) groups=82(projekt5),75(bau),1(other)
$ touch bau_projekt/projekt33
$ ls -l bau_projekt/projekt33
-rw-r--r--   1   olli    bau         0   Jul 15  18:42   projekt33
```

Die Gruppe bau hat Zugriffsrechte für das Verzeichnis bau_projekt. Der Benutzer olli, dessen primäre Gruppe projekt5 ist, legt eine neue Datei projekt33 in diesem Verzeichnis an. Die Gruppenzugehörigkeit der neuen Datei wird vom Verzeichnis vererbt und lautet bau.

Das Mandatory Locking-Bit für ein Verzeichnis mit obligatorischer Gruppenzuweisung muss mit der symbolischen Methode zugewiesen werden. Dabei ist es möglich, den Befehl

```
$ chmod g+s verzeichnis
```

zu verwenden oder den Befehl:

```
$ chmod +l verzeichnis
```

Wird einer Datei das Mandatory Locking-Bit zugewiesen, statt des Ausführrechts »x« für die Gruppe wird also ein »l« angezeigt, dann werden alle Zugriffe auf diese Datei vom System überprüft, unmittelbar bevor die Eingabe- oder Ausgabeoperation durchgeführt wird. Ist das Mandatory Locking für eine Datei aktiv, weil sie von einem Prozess in Bearbeitung ist, dann bleibt sie für andere Prozesse während der Dauer des Zugriffs gesperrt. Dieses Bit ist für Dateien nur aktiv, wenn das Ausführbit »x« nicht gesetzt wird – ansonsten ist das SGID-Bit aktiv:

```
$ ls -l lockdatei
-r--r-lr--   1   root   other   1228   Jun 21   8:22   lockdatei
```

Das Mandatory Locking-Bit für eine Datei wird ebenfalls mit der symbolischen Methode zugewiesen:

```
$ chmod +l datei
```

> In der Regel werden Dateisperren über das Advisory Record Locking vorgenommen, eine gemeinsame Zugriffsverwaltung der Prozesse. Bei Zugriffen wird überprüft, ob eine Sperre vorhanden ist. Wird das Advisory Record Locking aber von Programmen umgangen, dann kann stattdessen das Mandatory Locking Bit verwendet werden.

Das Sticky Bit-Zugriffsrecht

Auch dieses Zugriffsrecht kann für ein Verzeichnis oder eine Datei, das heißt ein Programm, gesetzt werden. Es steht für »Save text image after execution«.

Bei einem Programm sorgt das Betriebssystem dafür, dass dieses nach seiner Beendigung nicht wie üblich wieder aus dem Hauptspeicher entfernt wird. Vielmehr verbleibt es darin, bis der Rechner heruntergefahren wird. Diese Funktion wird heute in der Regel nicht mehr genutzt, war aber in früheren Zeiten wichtig, um ein Programm sofort wieder verfügbar zu haben, auch nachdem es schon beendet war. Das Sticky-Bit lässt sich mit Hilfe des Befehls ls -l anzeigen:

```
$ ls -l sticky_prog
-rwxr-xr-s   1   root   other   2188   Jul 2   22:12   sticky_prog
```

Statt des Ausführrechts »x« für die anderen wird ein »s« angezeigt. Steht an dieser Stelle stattdessen ein »T«, dann wurde nur das Sticky Bit-Zugriffsrecht, aber nicht das Ausführrecht gesetzt, wodurch die Ausführbarkeit des Programms fehlt.

Das Sticky Bit kann mit Hilfe des Befehls chmod gesetzt werden:

```
$ chmod 1555 binärdatei
```

Bei einem Verzeichnis regelt das Sticky Bit das Recht, Dateien oder Unterverzeichnisse darin zu löschen. Wenn alle Benutzerkategorien für ein Verzeichnis, wie zum Beispiel das Verzeichnis /tmp, Lese-, Schreib- und Ausführrecht haben, dann könnten sich die Benut-

Zugriffsrechte unter Solaris

zer gegenseitig die darin erstellten Dateien und Unterverzeichnisse löschen. Um das zu verhindern, wird das Sticky Bit gesetzt. Damit dürfen nur noch *root*, der Besitzer der zu löschenden Datei bzw. des zu löschenden Verzeichnisses und der Besitzer des Verzeichnisses den Inhalt dieses Verzeichnisses löschen:

```
$ ls -ld /tmp
drwxrwxrwt   5   root   sys   512   Jul 22   12:21   /tmp
```

Statt des Ausführrechts »x« für die anderen wird ein »t« angezeigt. Steht an dieser Stelle stattdessen ein »T«, dann wurde nur das Sticky Bit-Zugriffsrecht, aber nicht das Ausführrecht gesetzt.

```
$ id -a
uid=324(olli) gid=82(projekt5) groups=82(projekt5),75(bau),1(other)
$ cd /tmp
$ touch testdatei
$ id -a
uid=325(her) gid=73(projekt3) groups=73(projekt3),1(other)
$ cd /tmp
$ rm testdatei
rm: testdatei: override protection 644 (yes/no)? y
rm: testdatei not removed: Permission denied
```

Hier versuchte die Benutzerin *her*, eine Datei *testdatei* des Benutzers *olli* im Verzeichnis */tmp* zu löschen. Dies gelingt ihr nicht, da sie weder *root* noch der Besitzer der Datei bzw. des Verzeichnisses ist.

> Die speziellen Zugriffsrechte, wie zum Beispiel SUID- und SGID-Bit, können auch gemeinsam gesetzt werden. Dazu werden einfach ihre Oktalwerte aufaddiert, ehe der Befehl chmod 6555 *programm* ausgeführt wird.

Die nachfolgende Tabelle fasst die speziellen Rechte nochmals zusammen:

Kategorie	Spezielle Bits	Verzeichnis	Datei
Besitzer (User)	rwsr-xr-x	—	SUID-Bit: Ausführung des Programms mit Zugriffsrechten des Besitzers; Setzen mit chmod 4555 *programm*
Gruppe (Group)	rwxr-sr-x	Mandatory Locking-Bit: obligatorische Gruppenzuweisung; Setzen mit chmod g+s *verzeichnis*	SGID-Bit: Ausführung des Programms mit Zugriffsrechten der Gruppe; Setzen mit chmod 2555 *programm*

Tabelle 6.9: Übersicht über die speziellen Bits in Solaris

Kategorie	Spezielle Bits	Verzeichnis	Datei
Gruppe (Group)	`rwxr-lr-x`	Mandatory Locking-Bit: obligatorische Gruppenzuweisung; Setzen mit `chmod +l verzeichnis`	Mandatory Locking-Bit: obligatorische Dateisperre; Setzen mit `chmod +l datei`
Andere (Other)	`rwxrwxrwt`	Sticky Bit: schränkt Löschrechte in Verzeichnissen ein; Setzen mit `chmod 1777 verzeichnis`	Sticky Bit: Programm verbleibt dauerhaft im RAM; Setzen mit `chmod 1555 programm`

Tabelle 6.9: Übersicht über die speziellen Bits in Solaris (Forts.)

6.5 Access Control Lists

Die ursprünglichen Möglichkeiten von Unix zur Definition von Zugriffsrechten reichen manchmal nicht aus, um die Berechtigungen im gewünschten Umfang zuzuweisen. In diesem Fall bieten die Access Control Lists (ACLs) zusätzliche Möglichkeiten. Mit Hilfe von ACLs können Sie nicht nur für den Besitzer und die Gruppe einer Datei oder eines Verzeichnisses, sondern auch für weitere Benutzer oder Gruppen individuelle Berechtigungen definieren.

Wenn der Benutzer *doo* zum Beispiel der Benutzerin *her*, beide Mitglied der Gruppe *projekt3*, Schreibrechte für die Datei *projektbericht01* zuweisen möchte, konnte er traditionell nur der gesamten Gruppe Schreibrechte geben. Dies ist aber in der Regel nicht erwünscht. Mit ACLs ist es möglich, der Benutzerin *her* ein zusätzliches Schreibrecht einzuräumen, ohne dass dies auch für die Gruppe gilt.

Ein weiteres Beispiel: Die Benutzerin *her* möchte eine Datei nicht nur für ihre primäre Gruppe *projekt3*, sondern auch für ihre sekundäre Gruppe *einkauf* lesbar machen. Allerdings soll nicht jeder Systembenutzer die Datei lesen können, daher kann sie nicht einfach den anderen das Leserecht einräumen. Mit Hilfe von ACLs lässt sich dieser Konflikt lösen.

ACLs bilden also eine Erweiterung der Standardzugriffsrechte unter Unix. Sie werden mit einer Datei oder einem Verzeichnis gespeichert (vgl. Tag 12).

Der Befehl setfacl

ACLs werden mit dem Befehl `setfacl` zugewiesen. Die Syntax des Befehls lautet:

`$ setfacl` *-option(en) acl-einträge datei(en)*

oder

`$ setfacl` *-option(en) acl-datei datei(en)*

Zugriffsrechte unter Solaris

Der Befehl kennt folgende Optionen, die gemeinsam mit ACL-Einträgen verwendet werden:

Option	Bedeutung
-m acl-einträge	ACL-Einträge erzeugen oder ändern.
-s acl-einträge	Alle bisherigen ACL-Einträge löschen und komplett neu setzen.
-d acl-einträge	ACL-Eintrag bzw. -Einträge löschen.
-f acl-datei	Die in der Datei acl-datei gespeicherten ACL-Einträge werden zugewiesen.
-r	Die ACL-Maske wird neu berechnet. Diese Option kann nur gemeinsam mit einer der anderen Optionen verwendet werden.

Tabelle 6.10: Optionen des Befehls setfacl

ACL-Einträge bestehen aus zwei oder drei durch Doppelpunkte getrennten Feldern. Zuerst erfolgt die Angabe eines Eintragstyps, aus dem hervorgeht, was geändert wird: ein Eintrag für einen Benutzer, eine Gruppe, die anderen oder die Maske. Anschließend kann der Name des Benutzers oder die UID bzw. der Gruppenname oder die GID eingegeben werden, sofern es sich um einen Benutzer- oder Gruppeneintrag handelt. Zuletzt werden die Berechtigungen für diesen Eintrag angegeben. Sie können mit der symbolischen Methode oder der Oktalmethode gesetzt werden.

Folgende ACL-Einträge können verwendet werden:

ACL-Eintrag	Bedeutung
u[ser]::rechte	Mit diesem ACL-Eintrag werden die Rechte des Besitzers definiert. Der Name oder die UID des Besitzers müssen nicht angegeben werden.
g[roup]::rechte	Mit diesem ACL-Eintrag werden die Rechte der Gruppe definiert, die standardmäßig Zugriffsberechtigung auf die Datei oder das Verzeichnis hat. Der Name oder die GID der Gruppe muss nicht angegeben werden.
o[ther]:rechte	Mit diesem ACL-Eintrag werden die Rechte der anderen für die Datei oder das Verzeichnis definiert.

Tabelle 6.11: ACL-Einträge und ihre Bedeutung

ACL-Eintrag	Bedeutung
u[ser]:*UID*:*rechte*	Mit diesem ACL-Eintrag werden die Rechte für einen bestimmten Benutzer gesetzt. Es ist möglich, die UID oder den Benutzernamen zu verwenden. Der Benutzer muss einen Eintrag in der Datei /etc/passwd haben.
u[ser]:*name*:*rechte*	
g[roup]:*GID*:*rechte*	Mit diesem ACL-Eintrag werden die Rechte für eine bestimmte Gruppe gesetzt. Es ist möglich, die GID oder den Gruppennamen zu verwenden. Die Gruppe muss einen Eintrag in der Datei /etc/group haben.
g[roup]:*name*:*rechte*	
m[ask]:*rechte*	Mit diesem Eintrag wird die ACL-Maske gesetzt. Sie legt fest, welches die höchsten Zugriffsrechte für alle Benutzer und Gruppen sind, mit Ausnahme des Besitzers. Wenn Benutzer und Gruppen höhere Zugriffsrechte haben, können diese durch die Maske begrenzt werden. Die Maske bietet eine schnelle Möglichkeit, die Berechtigungen für alle Benutzer und Gruppen zu ändern.
d[efault]:user:*name*:*rechte*	Hinzufügen eines Default-ACL-Eintrags für einen Benutzer (nur bei Verzeichnissen möglich)
d[efault]:user:*UID*:*rechte*	
d[efault]:user:*gruppe*:*rechte*	Hinzufügen eines Default-ACL-Eintrags für eine Gruppe (nur bei Verzeichnissen möglich)
d[efault]:user:*GID*:*rechte*	

Tabelle 6.11: ACL-Einträge und ihre Bedeutung (Forts.)

Die Eintragstypen können abgekürzt werden, zum Beispiel u für user oder m für mask.

Der Befehl getfacl

Den Befehl `getfacl` verwenden Sie, um definierte ACL-Einträge anzusehen. Die Syntax des Befehls lautet:

$ **getfacl** *datei*

Zum Beispiel:

```
$ getfacl testdatei
# file: testdatei
# owner: her
# group: staff
user::rw-
user:doo:rw-    #effective:rw-
group::r--      #effective:r--
group:einkauf:rw-#effective:rw-
mask:rw-
other:r--
```

ACL-Einträge erkennen Sie auch mit Hilfe des Befehls `ls -l`. Hinter der Spalte mit den Zugriffsberechtigungen wird das Zeichen »+« angezeigt, wenn ACL-Einträge vorhanden sind:

```
$ ls -l testdatei
-rw-r--r--+   1    her     staff    281   Jul 22  21:41   testdatei
```

ACL-Einträge erzeugen und löschen

Mit Hilfe des Befehls `setfacl -m` können Sie einen oder mehrere ACL-Einträge zu einer Datei hinzufügen oder verändern. Im folgenden Beispiel werden der Datei *bericht0501* zwei ACL-Einträge hinzugefügt. Die Besitzerin *her* hat im Moment das Lese- und Schreibrecht, während der Gruppe *versand* das Leserecht eingeräumt wurde, die anderen haben kein Zugriffsrecht. Der Benutzer *doo* und die Gruppe *einkauf* erhalten das Lese- und Schreibrecht.

```
$ ls -l bericht0501
-rw-r-----   1    her    versand   188   Jul 12   9:13   bericht0501
$ setfacl -m user:doo:6,group:einkauf:4 bericht0501
$ ls -l bericht0501
-rw-r-----+  1    her    versand   188   Jul 12   9:13   bericht0501
$ getfacl bericht0501
# file: bericht0501
# owner: her
# group: versand
user::rw-
user:doo:rw- #effective:r--
```

```
group::r--     #effective:r--
group:einkauf:rw-#effective:r--
mask:r--
other:---
```

Da die Maske nicht gleichzeitig einen höheren Wert erhielt, bleiben die effektiven Rechte auf die der Maske beschränkt, nämlich auf das Leserecht. Die Maske enthält standardmäßig nur das Leserecht.

> Wenn die Maske beim Setzen von ACL-Einträgen erhöht wurde und später alle ACL-Einträge gelöscht werden, wird die Maske automatisch wieder auf das Leserecht zurückgesetzt.

Wenn Sie den Wert der Maske nicht gleichzeitig mit den anderen ACL-Einträgen neu setzen, müssen Sie hinterher folgenden Befehl durchführen:

```
$ setfacl -m m:6 bericht0501
$ getfacl bericht0501
# file: bericht0501
# owner: her
# group: versand
user::rw-
user:doo:rw- #effective:rw-
group::r--     #effective:r--
group:einkauf:rw-#effective:rw-
mask:rw-
other:---
```

Mit der Option -s können Sie einen vollständigen ACL-Eintrag setzen. Alle bisher definierten ACL-Einträge werden dabei überschrieben. Sie müssen bei dieser Option eine Angabe für jeden Eintrag definieren, auch für den Besitzer, die standardmäßige Gruppe und die anderen:

```
$ setfacl -s u::7,g::5,o:0,u:olli:5,g:verkauf:5,m:5 testscript1
$ getfacl testscript1
# file: testscript1
# owner: her
# group: staff
user::rwx
user:olli:r-x#effective:r-x
group::r-x     #effective:r-x
group:verkauf:r-x#effective:r-x
mask:r-x
other:---
```

Zugriffsrechte unter Solaris

In diesem Beispiel erhielt der Besitzer alle Rechte an seiner Skriptdatei. Die Standardgruppe *staff*, der Benutzer *olli* und die zusätzliche Gruppe *verkauf* erhielten das Lese- und Ausführrecht, und zwar effektiv, da die Maske gleichzeitig auf den Wert 5 (Lesen und Ausführen) erhöht wurde. Die anderen haben kein Zugriffsrecht auf die Datei.

Mit der Option -d können Sie einen oder mehrere ACL-Einträge löschen:

```
$ setfacl -d g:verkauf testscript1
$ getfacl testscript1
# file: testscript1
# owner: her
# group: staff
user::rwx
user:olli:r-x	#effective:r-x
group::r-x	#effective:r-x
mask:r-x
other:---
```

In diesem Beispiel wurde der ACL-Eintrag für die Gruppe *verkauf* gelöscht. Dabei genügt die Angabe des Namens oder der GID der Gruppe, der letzte Teil des ACL-Eintrags kann entfallen.

Wenn der letzte ACL-Eintrag für den Benutzer *olli* auch noch gelöscht wird, ist die Datei `testscript1` wieder eine Datei mit den traditionellen Dateirechten:

```
$ setfacl -d u:olli testscript1
$ getfacl testscript1
# file: testscript1
# owner: her
# group: staff
user::rwx
group::r-x	#effective:r-x
mask:r--
other:---
$ ls -l testscript1
-rwxr-x---   1 her    staf   2768   Jul  2  19:30   testscript1
```

Gleichzeitig wurde auch wieder die Maske auf das Leserecht zurückgesetzt.

> Dateirechte, Besitzwechsel und ACL-Einträge können auch mit Hilfe des Filemanagers der grafischen Oberfläche CDE definiert werden. Klicken Sie dazu im Filemanager mit der rechten Maustaste auf die zu ändernde Datei und wählen Sie die Option »Properties«. Anschließend können Sie die Zugriffsberechtigungen, den Besitzer, die Gruppe und die ACL-Einträge ändern, vorausgesetzt, Sie besitzen die erforderlichen Rechte.

Default-ACLs

Mit Hilfe von Default-ACLs können ACL-Einträge automatisch vom übergeordneten Verzeichnis an Dateien und Unterverzeichnisse vererbt werden. Sie können nur Verzeichnissen zugewiesen werden, da nur Verzeichnisse Zugriffsrechte an Dateien und Unterverzeichnisse weiterreichen können.

Default-ACL-Einträge müssen vollständig zugewiesen werden, das heißt, nicht nur für zusätzliche Gruppen oder Benutzer, sondern auch für den Besitzer, die Standardgruppe, die Anderen (Other) und die ACL-Maske.

Im folgenden Beispiel wird versucht, einen Default-ACL-Eintrag für eine zusätzliche Gruppe zu erzeugen. Der Befehl ergibt eine Fehlermeldung, weil es noch keinen Defaulteintrag für den Besitzer, die Standardgruppe, die Anderen und die ACL-Maske gibt:

```
# ls -ld verz1
drwxr--r-x+  2 root       other        512 Apr 17 18:32 verz1
# getfacl verz1
# file: verz1
# owner: root
# group: other
user::rwx
user:her:r-x            #effective:r-x
group::r-x              #effective:r-x
mask:r-x
other:r-x
# setfacl -m d:u:anna:7 verz1
Missing user/group owner, other, mask entry
aclcnt 6, file verz1
```

Beim erstmaligen Vergeben von Default-ACL-Einträgen müssen auch die Vorgabeeinstellungen für den Besitzer, die Gruppe, die Anderen und die ACL-Maske hinterlegt werden:

```
# setfacl -m d:u::7,d:g::5,d:o:5,d:m:7 verz1
# getfacl verz1
# file: verz1
# owner: root
# group: other
user::rwx
user:her:r-x            #effective:r-x
group::r-x              #effective:r-x
mask:r-x
other:r-x
default:user::rwx
default:group::r-x
default:mask:rwx
default:other:r-x
```

Anschließend oder parallel zu dieser Eingabe können weitere Default-ACL-Einstellungen durchgeführt werden:

```
# setfacl -m d:u:anna:7 verz1
# getfacl verz1
# file: verz1
# owner: root
# group: other
user::rwx
user:her:r-x               #effective:r-x
group::r-x                 #effective:r-x
mask:r-x
other:r-x
default:user::rwx
default:user:anna:rwx
default:group::r-x
default:mask:rwx
default:other:r-x
```

Wenn einem Verzeichnis Default-ACL-Einträge zugewiesen wurden, dann verliert beim Neuanlegen von Unterverzeichnissen und Dateien der Filter umask seine Bedeutung. Die Vorgabewerte werden statt dessen vom übergeordneten Verzeichnis auf das Unterverzeichnis kopiert.

```
# mkdir verz1/unter1
# ls -l verz1
total 2
drwxr-xr-x+  2 root        other          512 Apr 17 18:57 unter1
# getfacl verz1/unter1
# file: verz1/unter1
# owner: root
# group: other
user::rwx
user:anna:rwx              #effective:rwx
group::r-x                 #effective:r-x
mask:rwx
other:r-x
default:user::rwx
default:user:anna:rwx
default:group::r-x
default:mask:rwx
default:other:r-x
```

Die Default-ACL-Einträge werden auf das Unterverzeichnis vererbt. Außerdem wird der Default-ACL-Eintrag für die Benutzerin *anna* zu einem ACL-Eintrag des Unterverzeichnisses, wobei allerdings die Begrenzungen der ACL-Maske gelten.

Wird dagegen eine Datei in einem Verzeichnis mit Default-ACL-Werten erzeugt, so sieht das Ergebnis etwas anders aus:

```
# cd verz1
# touch dat1
# ls -l
total 2
-rw-r--r--+  1 root      other          0 Apr 17 19:02 dat1
drwxr-xr-x+  2 root      other        512 Apr 17 18:57 unter1
# getfacl dat1
# file: dat1
# owner: root
# group: other
user::rw-
user:anna:rwx           #effective:rw-
group::r--              #effective:r--
mask:rw-
other:r--
```

Da eine Datei keine Rechte vererben kann, erhält sie keine Default-ACL-Werte. Es wird aber ein ACL-Eintrag für die Benutzerin *anna* angelegt. Dieser ist jedoch auf das Lese-/Schreibrecht beschränkt, da die Rechte für die Maske niemals die Standardrechte einer Datei beim Neuanlegen übersteigen können. Aus diesem Grund erbt die Datei nur das Lese-/Schreibrecht für die Maske. Der Maske kann aber nachträglich das Ausführrecht hinzugefügt werden.

6.6 Zusammenfassung

An diesem Tag lernten Sie die verschiedenen Benutzerkategorien und Dateirechte kennen. Sie können die Berechtigungen für eine Datei oder ein Verzeichnis nun mit der symbolischen Methode oder der Oktalmethode sowie die Standardvorgaben ändern. Sie kennen die Befehle, um den Besitzer oder die Gruppe der Datei zu ändern. Sie kennen spezielle Zugriffsrechte, wie SetUID, SetGID und das Sticky Bit, und deren Bedeutungen. Sie sind auch in der Lage, solche speziellen Bits zu setzen oder zu löschen. Sie haben darüber hinaus die Access Control Lists (ACLs) und deren Einsatzmöglichkeiten kennen gelernt und wissen, wie Sie diese erzeugen oder löschen.

6.7 F&A

F Ich möchte meine Dateien in meinem Verzeichnis davor schützen, dass ich sie versehentlich lösche. Gelingt mir das, indem ich das Schreibrecht des Besitzers für alle Dateien entferne?

A Vermutlich nicht, da Sie weiterhin Schreibrecht auf das Verzeichnis haben. Damit können Sie weiterhin alle Dateien und Verzeichnisse Ihres eigenen Verzeichnisses löschen, indem Sie die Frage des Systems »override permission?« einfach mit »y« bestätigen. Sie müssen sich also zusätzlich das Schreibrecht für das Verzeichnis nehmen, wobei Sie dann in diesem Verzeichnis aber auch keine Dateien und Unterverzeichnisse mehr anlegen dürfen.

F Ich werde in den nächsten Wochen sehr viele Shellskripte erzeugen. Um nicht jedes Mal hinterher das Ausführrecht zuweisen zu müssen, möchte ich die Standardzugriffsrechte für eine neu erzeugte Datei mit dem Befehl umask 027 auf 750 setzen. Ist das möglich?

A Nein, es ist nicht möglich, die Standardzugriffsberechtigungen für neu erzeugte Dateien so zu setzen, dass das Ausführrecht automatisch vergeben wird. Aus Sicherheitsgründen sind die höchsten Standardzugriffsrechte des Systems für eine Datei 666.

F Ich möchte den Besitz einiger meiner Dateien meinem Kollegen peter übertragen. Der Befehl chown peter dateien erzeugt aber stets die Fehlermeldung, dass ich nicht der Besitzer wäre. Der Befehl ls -l zeigt aber klar an, dass ich doch der Besitzer bin. Ist der Befehl chown falsch?

A Nein, er ist völlig korrekt und Sie sind auch der Besitzer Ihrer Dateien. Nach POSIX-Standard darf aber ein normaler Benutzer den Befehl chown nicht ausführen. Sie sollten daher diese Aufgabe entweder als *root* durchführen, falls Sie dazu berechtigt sind, oder Ihrem Kollegen ein Leserecht auf die Dateien einräumen, so dass er sie in sein Verzeichnis kopieren kann. Hinterher können Sie die Dateien löschen, wenn Sie diese nicht mehr benötigen.

F Ich leite eine Projektgruppe und habe für diese ein Projektverzeichnis erstellt, auf das jeder Vollzugriff hat. Leider kommt es immer wieder vor, dass sich die Mitarbeiter ihre Dateien dort gegenseitig löschen. Lässt sich das verhindern?

A Ja, setzen Sie für dieses Verzeichnis das Sticky Bit mit dem Befehl chmod 1777 *verzeichnis*. Von nun an dürfen nur noch Sie als Besitzer des Verzeichnisses, *root* und der jeweilige Besitzer eine Datei oder ein Verzeichnis in diesem Verzeichnis löschen. Es hat aber weiterhin jeder das Schreibrecht auf das Verzeichnis.

6.8 Übungen

1. Legen Sie ein Verzeichnis mit dem Namen `testdir` an und kopieren Sie verschiedene Dateien und Unterverzeichnisse in das Verzeichnis. Ändern Sie die Zugriffsrechte für das komplette Verzeichnis einschließlich Inhalt auf nur Lesen für die Gruppe und nehmen Sie den anderen alle Rechte. Verwenden Sie den Befehl `chmod` und die symbolische Methode.

2. Verwenden Sie die Oktalmethode, um bei einer Datei Ihrer Wahl in diesem Verzeichnis für alle drei Benutzerkategorien den Vollzugriff zu definieren.

3. Definieren Sie den Filter `umask` wie folgt: Sie als Besitzer erhalten alle Berechtigungen für neu erstellte Dateien und Verzeichnisse, der Gruppe wird nur das Leserecht bei Dateien und zusätzlich das Ausführrecht bei Verzeichnissen eingeräumt, während die anderen kein Zugriffsrecht erhalten.

4. Suchen Sie alle Dateien und Verzeichnisse in Ihrem System, denen eines der speziellen Bits zugewiesen wurde. Verwenden Sie dazu den Befehl `find` mit der Option -perm.

5. Weisen Sie dem Verzeichnis `testdir` das Mandatory Locking Bit zu, damit für dieses Verzeichnis die obligatorische Gruppenzuweisung gilt.

6. Weisen Sie einer Datei Ihrer Wahl einen ACL-Eintrag für den Benutzer *lp* zu, der diesem das Lese- und Schreibrecht gewährt. Vergessen Sie nicht, gleichzeitig die ACL-Maske entsprechend zu erhöhen.

7. Entfernen Sie diesen ACL-Eintrag wieder und überprüfen Sie, wie der ACL-Eintrag für die Maske hinterher lautet.

Tag 7

Shells und Shell-programmierung

Shells und Shellprogrammierung

An diesem Tag lernen Sie, was eine Shell ist und welche Eigenschaften sie besitzt. Die Hauptaufgaben einer Shell, wie zum Beispiel die Analyse der Befehlseingabe, werden erläutert. Die wichtigsten Arten von Shells werden aufgezählt, wie zum Beispiel die Bourne, Korn-, C- und Bourne-Again-Shell. Sie lernen alle Metazeichen der Shells kennen, wie zum Beispiel die Wildcards oder die Befehlssubstitution oder die Quotierungszeichen. Sie werden Hintergrundprozesse starten und kontrollieren, die Ein- oder Ausgabe von der Tastatur oder dem Bildschirm umlenken und wissen, wie Sie den Pipe-Mechanismus verwenden, um mächtige Befehlsketten zu bilden.

Schließlich werden die Grundlagen der Shellskriptprogrammierung mit den wichtigsten Programmierelementen, wie zum Beispiel den Befehlen if, case und exit, und die Positionsparameter der Shell beschrieben. Zuletzt erfolgt eine Beschreibung, wie Sie ein kleines Shellskript interpretieren oder selbst erzeugen können.

7.1 Was ist eine Shell?

Die Hauptkomponenten eines Unix-Systems sind der Kernel, der Kommandointerpreter oder die Shell sowie die Dienst- und alle anderen Unix-Programme. Der Kernel wird an Tag 12 ausführlich erläutert.

Eine Shell ist eine Benutzerschnittstelle und zugleich ein Benutzerprogramm, das über einen Befehl aufgerufen werden kann. Sie ist also nicht Bestandteil des Betriebssystems und kann durch beliebige andere Benutzerschnittstellen ersetzt werden. Die Shell wird beim Anmelden des Benutzers gestartet und bleibt so lange aktiv, bis der Benutzer seine Sitzung wieder beendet hat. Welche Shell für einen Anwender gestartet wird, entscheidet der Eintrag für den Benutzer in der Datei /etc/passwd (vgl. Tag 11). Ein Benutzer kann aber über eine seiner Initialisierungsdateien oder durch Aufruf direkt an der Befehlszeile eine Shell seiner Wahl starten.

Ihre Bezeichnung leitet sich daraus ab, dass sich die Shell wie eine Schale um den Kernel legt. Sie wird aber auch als Befehlsinterpreter bezeichnet, da sie auf die Befehle des Benutzers reagiert und diese ausführt. Die Shell bildet die Schnittstelle zwischen dem Benutzer und dem System. Sie besitzt auch fest eingebaute Befehle, wie zum Beispiel set oder exit.

Eine Shell ist zugleich eine Art Programmiersprache, indem die Shellbefehle in einer Textdatei hinterlegt werden, die hinterher die Ausführrechte erhält. Diese Shellskriptsprache bietet als Programmiersprache neben den Befehlen wichtige Programmierelemente, wie zum Beispiel Variablen, Wiederholungen, Schleifen, Funktionsaufrufe oder Bedingungsabfragen wie die if- oder case-Anweisung.

> Um ein Shellskript zu kennzeichnen, wird am Anfang der Datei ein Kennzeichen angegeben. Die Kennzeichnung `#!-bin-sh` wird für Bourne-Shellskripte verwendet, während `#!/bin/ksh` oder `#!/bin/csh` für Korn- bzw. C-Shellskripte verwendet wird.

Die Shell ist interaktiv, so dass der Anwender sofort nach Eingabe eines Befehls eine entsprechende Rückmeldung erhält. Dazu muss er allerdings die interaktiven Optionen der Befehle verwenden, ansonsten erhält er nur eine Rückmeldung, wenn der Befehl nicht ausgeführt werden konnte. Dies ist zum Beispiel der Fall, wenn die Shell den Befehl nicht in einem der in der Variablen `PATH` (vgl. Tag 8) definierten Verzeichnisse findet oder eine Option oder ein Argument falsch eingegeben wurde.

Die Befehle einer Shell sind flexibel und umfangreich und lassen sich auch miteinander zu mächtigen Befehlen verketten. Ein Unix-System kann sehr gut auch ohne grafische Oberfläche nur mit einer Shell vollständig administriert werden.

Eine Shell besitzt in der Regel folgende Eigenschaften:

- Möglichkeiten zur interaktiven Verarbeitung
- Hintergrundverarbeitung
- Ein-/Ausgabeumlenkung
- Pipe-Mechanismus (Hintereinanderschalten von Befehlen)
- Verwendung von Metazeichen (Wildcards)
- Shellskriptprogrammierung
- Shellvariablen, die das Verhalten der Shell und anderer Programme durch Daten steuern, die in Variablen gespeichert werden
- Individuelle Einstellmöglichkeit durch den Benutzer

Zu den Hauptaufgaben von Shells gehören:

- Analyse der Befehlseingabe (Syntax)
- Suche nach Befehlen
- Ersetzen von Sonderzeichen
- Steuerung der Ein-/Ausgabe
- Steuerung des Ablaufs des Befehls
- Erzeugung von Vorder- und Hintergrundprozessen
- Prüfung der Zugriffsberechtigungen
- Erzeugen von Subshells (wiederholter Aufruf der Shell als eigenständiger Prozess)

Shells und Shellprogrammierung

In der nachfolgenden Abbildung werden diese Aufgaben nochmals hervorgehoben:

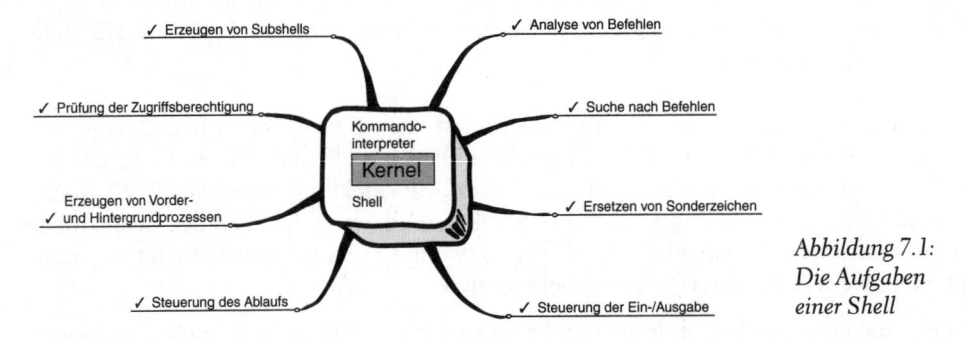

Abbildung 7.1: Die Aufgaben einer Shell

7.2 Arten von Shells

Da eine Shell auch nur ein aufrufbares Programm ist, sind die Shells unterschiedlich umfangreich. Die verschiedenen Shells unter Unix sind nach und nach entstanden und dabei durch bestimmte Funktionalitäten ergänzt worden.

Die Shells unterscheiden sich also hinsichtlich ihrer Funktionen. Einige Shells haben zum Beispiel keine History-Funktion. Die Befehle der verschiedenen Shells unterscheiden sich ebenfalls teilweise, was bei der Entwicklung von Shellskripten berücksichtigt werden muss. Die Shells verwenden zum Teil unterschiedliche Promptzeichen.

> Wenn Sie sich als Superuser *root* anmelden, haben Sie unabhängig von der Shell das Hash-Zeichen # als Promptzeichen.

Die folgende Tabelle listet einige der bekanntesten Shells auf.

Shell	Aufruf	Beschreibung
Bourne-Shell	sh	Sie wurde nach ihrem Entwickler Steven Bourne benannt und ist die ursprüngliche Shell für Unix. Als älteste Shell hat sie den kleinsten Befehlsumfang und kennt keine History- und Aliasfunktionen. Ihr Promptzeichen ist das Dollarzeichen $.
C-Shell	csh	Sie wurde von Bill Joy an der University of California in Berkeley gemeinsam mit der BSD-Unix-Variante entwickelt. Sie enthält die Alias- und History-Funktionen und einen Befehlszeileneditor. Ihr Promptzeichen ist das Prozentzeichen %.

Tabelle 7.1: Arten von Shells

Arten von Shells

Shell	Aufruf	Beschreibung
Korn-Shell	ksh	Diese von David Korn entwickelte Shell ist eine Weiterentwicklung der Bourne-Shell. Ihr Promptzeichen ist auch das Dollarzeichen. Sie enthält ähnliche Erweiterungen wie die C-Shell.
Bourne-Again-Shell	bash	Sie wurde von der Free Software Foundation als Bestandteil des GNU-Projekts entwickelt und ist die Standardshell unter Linux. Neben dem Befehlsumfang der Bourne-Shell enthält sie auch die Alias- und History-Funktionen und den Befehlszeileneditor.
T-Shell oder TC-Shell	tcsh	Sie ist eine erweiterte C-Shell, verfügt aber im Gegensatz zur C-Shell über einige zusätzliche nützliche Funktionen, wie zum Beispiel eine Syntaxkorrektur.
Public-Domain-Korn-Shell	pdksh	Sie ist eine Implementation der Korn-Shell, die das Unternehmen AT&T als »Public domain«-Version veröffentlicht hat. Sie ist der Korn-Shell sehr ähnlich, wobei ihr aber einige wichtige Funktionen fehlen, die der Korn-Shell als Shellskriptsprache zur Verfügung stehen.
Z-Shell	zsh	Sie ist mit der Korn-Shell am engsten verwandt, wobei sie aber auch viele Funktionen der Bourne-Again-Shell, der TC-Shell und der Korn-Shell miteinander verbindet. Darüber hinaus verfügt sie noch über einige zusätzliche Eigenschaften.

Tabelle 7.1: Arten von Shells (Forts.)

> Unter Solaris 7 wurden standardmäßig die Bourne-, Korn- und C-Shell mit dem Betriebssystem ausgeliefert. Ab Solaris 9 gehören zusätzlich noch die Bourne-Again-, TC- und die Z-Shell zum Lieferumfang.

Darüber hinaus gibt es noch weitere Shells. So wird zum Beispiel die Remote-Shell (rsh) für Remote-Zugriffe auf andere Rechner verwendet und eine so genannte Restricted Korn-Shell (rksh) dient dazu, die Möglichkeiten eines Anwenders im Betriebssystem deutlich einzugrenzen. Außerdem gibt es die Secure Shell (ssh), die ein sicheres Anmeldesystem als Ersatz für Remote-Anmeldungen (vgl. Tag 16) über telnet, rlogin usw. darstellt.

Wenn eine Shell aufgerufen, also zum Beispiel bei der Anmeldung gestartet wird, dann wird sie zum Vaterprozess aller Prozesse, die anschließend vom Benutzer in dieser Shell aufgerufen werden. Aus einer Shell heraus ist es auch möglich, andere Shells zu starten. Dabei erzeugt der Systemaufruf fork einen Kindprozess für die gestartete Shell. Eine Shell lässt sich jederzeit durch den Befehl exit beenden.

Die nachfolgende Abbildung zeigt, wie eine Shell aufgerufen und wieder beendet werden kann:

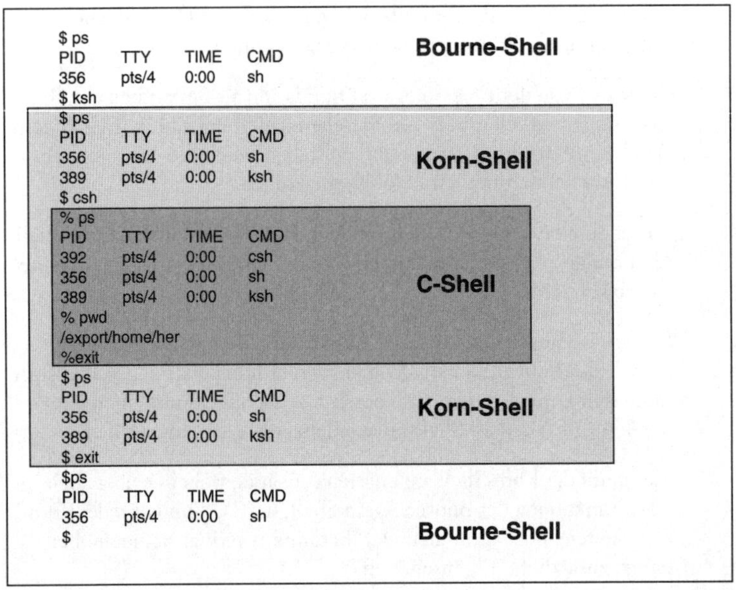

```
$ ps
PID    TTY    TIME   CMD           Bourne-Shell
356    pts/4  0:00   sh
$ ksh
  $ ps
  PID    TTY    TIME   CMD
  356    pts/4  0:00   sh          Korn-Shell
  389    pts/4  0:00   ksh
  $ csh
    % ps
    PID    TTY    TIME   CMD
    392    pts/4  0:00   csh
    356    pts/4  0:00   sh        C-Shell
    389    pts/4  0:00   ksh
    % pwd
    /export/home/her
    %exit
  $ ps
  PID    TTY    TIME   CMD
  356    pts/4  0:00   sh          Korn-Shell
  389    pts/4  0:00   ksh
  $ exit
$ps
PID    TTY    TIME   CMD
356    pts/4  0:00   sh
$                                  Bourne-Shell
```

Abbildung 7.2: Aufrufen und Beenden von Shells

Aus einer Bourne-Shell heraus wird zunächst eine Korn-Shell und schließlich eine C-Shell gestartet. Der Befehl ps (vgl. Tag 9) zeigt die aktiven Shells an. Der Befehl exit beendet die Shells wieder. Sind keine Subshells mehr aktiv, dann wird mit exit die aktuelle Shell beendet. An einem ASCII-Terminal bedeutet das, der Anwender meldet sich ab, unter der grafischen Oberfläche wird das aktuelle Terminalfenster geschlossen.

7.3 Sonderzeichen der Shells

Metazeichen

Metazeichen vereinfachen den Aufruf von Befehlen, die für viele Dateien oder Verzeichnisse gelten sollen. Dabei werden diese Metazeichen als Platzhalter für ein oder mehrere Zeichen in Dateinamen eingesetzt. Die Shell ersetzt Metazeichen noch vor Ausführung des Befehls, so dass dem Befehl selbst eine Liste von Dateinamen übergeben wird, die nach der Auflösung der Metazeichen gefunden wurden, zum Beispiel:

```
$ ls
her   her1  her2  her3  her4  her11  her12  her111  her99  herb  herd
$ ls her?
```

Das Fragezeichen ist ein Platzhalter für genau ein beliebiges Zeichen. Vor der Ausführung des Befehls `ls` sucht die Shell nach Dateien, die diesem Muster entsprechen und übergibt sie dem Befehl, so dass dieser anschließend folgendermaßen ausgeführt wird:

```
$ ls her1 her2 her3 her4 herb herd
her1  her2  her3  her4  herb  herd
```

> Wenn keine entsprechende Anmerkung gemacht wird, ist das jeweils erläuterte Metazeichen für alle Shells gültig.

Das Fragezeichen ?

Das Fragezeichen steht für genau ein beliebiges Zeichen in einem Dateinamen, allerdings nicht für ein Leerzeichen oder für den Punkt am Anfang des Dateinamens einer versteckten Datei.

> Versteckte Dateien beginnen unter Unix immer mit einem Punkt, wie zum Beispiel `.profile`. Dabei handelt es sich in der Regel um Initialisierungs- oder Konfigurationsdateien. Versteckte Dateien und Verzeichnisse lassen sich mit dem Befehl `ls -a` anzeigen.

Im nachfolgenden Beispiel steht das Fragezeichen für das vierte Zeichen eines Dateinamens:

```
$ ls
her   her1  her2  her3  her4  her11  her12  her111  her99  herb  herd
$ ls her?
her1  her2  her3  her4  herb  herd
```

Es werden nur die Dateien aufgelistet, die mit »her« beginnen und an vierter Stelle ein beliebiges Zeichen besitzen.

Der Stern *

Der Stern steht für kein, ein oder mehrere beliebige Zeichen in einem Dateinamen, auch für Leerzeichen. Aber auch er kann nicht als Platzhalter für eine mit einem Punkt beginnende Datei verwendet werden.

Shells und Shellprogrammierung

Im nachfolgenden Beispiel steht der Stern für eine Zeichenfolge am Ende eines Dateinamens:

```
$ ls
her   her1  her2  her3  her4  her11  her12  her111  her99  herb  herd
$ ls her*
her   her1  her2  her3  her4  her11  her12  her111  her99  herb  herd
```

Es werden alle Dateien aufgelistet, die mit »her« beginnen und beliebig enden.

Die eckigen Klammern [ ]

Die eckigen Klammern stehen für genau ein Zeichen in einem Dateinamen, das sich innerhalb der Klammern befindet. So steht der Auswahlbereich [cmx] für die Zeichen c oder m oder x. Der Auswahlbereich [L-O] umfasst die Zeichen L oder M oder N oder O (groß geschrieben!) und [6-9] bedeutet 6 oder 7 oder 8 oder 9.

Im nachfolgenden Beispiel steht die Auswahl in den eckigen Klammern für eines der darin enthaltenen Zeichen am Ende eines Dateinamens:

```
$ ls her[1-4]
her1  her2  her3  her4
```

Es werden alle Dateien aufgelistet, die mit »her« beginnen und entweder mit 1 oder 2 oder 3 oder 4 enden.

Das nächste Beispiel listet alle Dateien auf, die an der vierten und fünften Stelle jeweils das Zeichen 1 oder 9 haben und beliebig enden:

```
$ ls her[19][19]*
her11  her111  her99
```

Die eckigen Klammern mit vorangestelltem Ausrufezeichen definieren einen negierten Auswahlbereich. Dieser repräsentiert genau ein Zeichen, das nicht an der entsprechenden Stelle stehen darf. Es sind also alle Zeichen an der Stelle zugelassen, die nicht in den Klammern stehen, zum Beispiel:

```
$ ls her[!1-4]
herb  herd
```

Die Shell sucht hier nach allen Dateien, die mit »her« beginnen und vier Zeichen lang sind. Das vierte Zeichen darf weder die Zahl 1 noch 2 noch 3 noch 4 sein.

> Die C-Shell kennt keinen negierten Auswahlbereich, da das Ausrufezeichen bei der C-Shell für den History-Mechanismus verwendet wird.

Das Kommentarzeichen

Alle Zeichen, die einem Kommentarzeichen folgen, werden von der Shell nicht ausgewertet, sondern nur als Kommentar betrachtet.

```
$ echo "Jetzt kommt ein Kommentar" #Ende
Jetzt kommt ein Kommentar
```

Das Semikolon ;

Sie können mehrere Befehle in einer Befehlszeile eingeben und durch den Strichpunkt voneinander trennen. In diesem Fall wird ein Befehl nach dem anderen ausgeführt, genau so, als wenn die ⏎-Taste nach einer Befehlseingabe betätigt wird. Die Befehle werden völlig unabhängig voneinander ausgeführt. Das Semikolon kommt vor allem in Shellskripten zum Einsatz.

Im nachfolgenden Beispiel wird zuerst der Befehl cd /etc, dann der Befehl pwd abgesetzt:

```
$ cd /etc ; pwd
/etc
```

Das Ampersand-Zeichen &

Dieses Zeichen wird verwendet, um einen Prozess im Hintergrund zu starten, damit die Befehlszeile nicht blockiert wird.

> Die Bourne-Shell kennt keine Hintergrundprozessverarbeitung.

Im nachfolgenden Beispiel wird der Befehl find im Hintergrund ausgeführt, da er den gesamten Verzeichnisbaum nach Dateien mit dem Namen core durchsucht, was eine gewisse Zeit benötigt. Die Ausgabe wird in eine Datei core_liste und die Fehlerausgabe in eine Datei fehler_liste umgelenkt (vgl. Abschnitt 7.3). Da der Befehl in den Hintergrund gestellt wird, steht der Eingabeprompt für weitere Eingaben zur Verfügung:

```
$ find / -name core -ls > core_liste 2> fehler_liste &
```

In einem Shellskript kann mit Hilfe von zwei Ampersandzeichen eine UND-Verknüpfung programmiert werden. Die Zeile

```
befehl1 && befehl2
```

bedeutet, dass der zweite Befehl nur ausgeführt wird, wenn der erste Befehl erfolgreich war.

Shells und Shellprogrammierung

Die runden Klammern ( )

In runden Klammern aufgerufene Befehle werden in einer Subshell gestartet, also als eigenständiger Prozess abgearbeitet. Nach Beendigung der Subshell wird in die aktuelle Shell zurückgekehrt.

Im nachfolgenden Beispiel wird in einer Subshell in das Verzeichnis /usr verzweigt und der Befehl pwd abgesetzt. Anschließend befindet sich der Anwender wieder in seiner aktuellen Shell:

```
$ pwd
/etc
$ (cd /usr ; pwd)
/usr
$ pwd
/etc
```

Auch die runden Klammern werden vor allem in Shellskripten verwendet.

Das Dollarzeichen $

Wird das Dollarzeichen einer Variablen vorangestellt, so wird nicht mehr der Name, sondern der Wert einer Variablen ausgegeben.

> In Programmen oder Betriebssystemen, wie zum Beispiel Solaris, werden Variablen verwendet. Variablen enthalten Werte, die an bestimmten Stellen vom System abgefragt werden. Dies hat den Vorteil, dass der Wert nur an einer Stelle zugeordnet werden muss, aber von den verschiedensten Programmen abgerufen werden kann. Da dieser Wert bei Bedarf geändert werden kann, also variabel ist, spricht man von Variablen.

Die Variable SHELL enthält zum Beispiel als Wert die verwendete Anmeldeshell. Im nachfolgenden Beispiel wird der Wert mit Hilfe des Befehls echo und einem vorangestellten Dollarzeichen ausgelesen:

```
$ echo $SHELL
/bin/ksh
```

Die Anmeldeshell ist in diesem Fall die Korn-Shell.

Der Backslash \

Mit dem Backslash können Sonderzeichen maskiert werden. Man nennt dies auch Quotierung. Damit wird dem Zeichen seine besondere Bedeutung genommen und es wird wie ein gewöhnliches Zeichen interpretiert. Wird zum Beispiel der Stern maskiert mit *, dann hat er nur noch die Bedeutung des Zeichens * und gilt nicht mehr als Platzhalter für eine beliebige Menge von Zeichen.

Im nachfolgenden Beispiel maskiert der Backslash das Dollarzeichen:

```
$ echo $HOME
/export/home/her
$ echo \$HOME
$HOME
```

Da das Dollarzeichen nun seine tatsächliche Bedeutung erhält, wird statt des Pfads des Homeverzeichnisses nur der Ausdruck $HOME ausgegeben.

Die einfachen Hochkommata '...'

Eine weitere Möglichkeit, um die Bedeutung von Metazeichen zu quotieren, besteht darin, das gesamte Argument in einfache Hochkommata zu setzen. Diese maskieren ohne Ausnahme alle Sonderzeichen:

```
$ echo '$HOME'
$HOME
```

Das Dollarzeichen innerhalb der Hochkommata hat keine Sonderbedeutung mehr, sondern wird als Dollarzeichen ausgegeben.

Die doppelten Hochkommata »...«

Auch die doppelten Hochkommata lassen sich zur Quotierung von Metazeichen verwenden. Im nachfolgenden Beispiel wird ein Semikolon in einem Dateinamen mit Hilfe der Anführungszeichen quotiert:

```
$ ls
test.dat   test;dat
$ ls "test;dat"
test;dat
```

Ohne die Quotierung würde das Semikolon als Befehlstrenner betrachtet werden und daher zu einer Fehlermeldung führen.

Die doppelten Hochkommata quotieren allerdings nicht alle Sonderzeichen. Die drei Ausnahmen, die nicht maskiert werden, sind der Backslash \, das Dollarzeichen $ und die rückwärtigen Hochkommata `...` (siehe nächster Absatz):

```
$ echo "$HOME"
/export/home/her
```

Das Dollarzeichen innerhalb der Hochkommata behält seine Sonderbedeutung bei.

Die rückwärtigen Hochkommata `...`

Diese Hochkommata dienen der Befehlssubstitution. Das heißt, ein in rückwärtige Hochkommata gefasster Befehl wird ausgeführt und seine Ausgabe wird gegebenenfalls weiterverarbeitet. Im nachfolgenden Beispiel wird eine Befehlssubstitution mit dem Befehl date durchgeführt:

```
$ echo date
date
$ echo `date`
Thu Jul 2 12:32 MET DST 2001
```

Beim ersten Befehl wird nur die Zeichenfolge »date« zurückgegeben. Der zweite Befehl gibt die Zeichenfolge aus, die die Shell erhält, nachdem sie den Befehl date ausgeführt hat.

> Die rückwärtigen Hochkommata werden manchmal auch als Backquotes oder Backticks bezeichnet.

Eine alternative Schreibweise für die Befehlssubstitution ist:

```
$ echo $(date)
Thu Jul 2 12:32 MET DST 2001
```

Das Tildezeichen ~

Das Tildezeichen ist eine Abkürzung für das Homeverzeichnis eines Benutzers, zum Beispiel:

```
$ echo $HOME
/export/home/her
$ pwd
/etc
$ cd ~/protokoll/berichte/2001 ; pwd
/export/home/her/protokoll/berichte/2001
```

Mit Hilfe des Tildezeichens erfolgt hier eine Verzweigung in ein Unterverzeichnis des Homeverzeichnisses.

Das Tildezeichen lässt sich auch verwenden, um in ein bestimmtes Benutzerverzeichnis zu gelangen. Dabei wird dem Benutzernamen, dem das Benutzerverzeichnis gehört, das Tildezeichen vorangestellt:

```
$ pwd
/etc
$ cd ~/olli ; pwd
/export/home/olli
```

Das Tildezeichen wird von der Bourne-Shell nicht als Sonderzeichen erkannt.

Das Minuszeichen -

Zum schnellen Bewegen zwischen zwei Verzeichnissen kann das Minuszeichen verwendet werden. Dabei wird auch automatisch das Verzeichnis angezeigt, in das gewechselt wurde:

```
$ cd /etc ; pwd
/etc
$ cd /export/home/her/protokoll/berichte/2001 ; pwd
/export/home/her/protokoll/berichte/2001
$ cd -
/etc
$ cd -
/export/home/her/protokoll/berichte/2001
```

Das Minuszeichen wird nur von der Korn-Shell und der Bourne-Again-Shell verwendet.

Das Ausrufezeichen !

Das Ausrufezeichen wird in der C-Shell in Verbindung mit der History-Funktion verwendet.

Jobkontrolle

Die Jobverwaltung ist in den meisten Shells, wie zum Beispiel der Korn- und C-Shell, bereits integriert. Bei der Bourne-Shell hingegen muss diese Funktion mit der Jobshell `jsh` gestartet werden. Diese Shell stellt der Bourne-Shell dann die entsprechenden Jobverwaltungsfunktionen zur Verfügung.

Die Shell kann sehr viele Jobs gleichzeitig ausführen, wobei immer nur ein Job im Vordergrund, aber beliebig viele im Hintergrund ausgeführt werden können. Ein Job im Vordergrund hält Verbindung zu dem Terminal(fenster), von dem aus er gestartet wurde. Dabei wird dieses Terminal von dem Job belegt und eine erneute Befehlseingabe kann erst nach Beendigung des Jobs stattfinden. Ein Job wird gestartet, wenn zum Beispiel eine Anwendung geöffnet, ein Befehl aufgerufen oder ein Druckauftrag abgesendet wird.

Shells und Shellprogrammierung

Es ist aber auch möglich, Jobs von der Shell im Hintergrund ausführen zu lassen. Dadurch steht sofort wieder die Eingabeaufforderung im Terminalfenster zur Verfügung, um zum Beispiel erneut einen Job im Vordergrund zu starten. Die Shell ordnet jedem Job eine so genannte Job-ID zu und übernimmt die Steuerung der Jobs.

Ein Hintergrundprozess wird gestartet, indem an das Ende des Befehlsaufrufs ein Ampersand & angehängt wird:

Im nachfolgenden Beispiel sucht der Befehl find im Hintergrund nach allen Dateien mit dem Namen a.out rekursiv im Verzeichnis /export und schreibt anschließend die Pfadnamen aller gefundenen Dateien in die Datei gefunden.

```
$ find export -name a.out > gefunden &
[1]     4201
```

Direkt nach der Eingabe des Befehls wird eine Job-ID-Nummer in eckigen Klammern und eine PID-Nummer (vgl. Tag 9) für den Befehl ausgegeben. Es ist möglich, einen Job über seine Job-ID zu steuern.

Nachfolgend erhalten Sie einen Überblick über die Befehle zur Jobsteuerung. Dabei müssen Sie die Befehle allerdings in dem Terminalfenster verwenden, in dem Sie den Job gestartet haben:

Befehl	Wert
Jobs	Alle im Moment aktiven Jobs ausgeben
Fg	Den zuletzt in den Hintergrund gestellten Job in den Vordergrund stellen
fg %n	Einen Job mit der Job-ID n in den Vordergrund stellen
Ctrl+z	Einen Vordergrundjob stoppen
Bg	Den zuletzt gestoppten Job im Hintergrund wieder starten
bg %n	Einen gestoppten Job mit der Job-ID n im Hintergrund starten
stop %n	Einen Job mit der Job-ID n im Hintergrund stoppen
kill %n	Einen Job mit der Job-ID n im Hintergrund beenden

Tabelle 7.2: Befehle für die Hintergrundjobverarbeitung

Das Beenden eines Hintergrundjobs wird nicht sofort angezeigt. Erst wenn Sie im Terminalfenster die ⏎-Taste drücken, wird eine entsprechende Nachricht ausgegeben.

```
[1] + Done    find /export -name a.out > gefunden &
```

Mit dem Befehl jobs erhalten Sie alle im Moment gestarteten Hintergrundjobs:

```
$ jobs
[1] + Running  find /export -name a.out > gefunden &
[2] - Running  sleep 2000 &
[3]   Running  dtpad &
```

In der ersten Spalte steht die laufende Hintergrundjobnummer, in der zweiten Spalte ein Pluszeichen für den zuletzt in den Hintergrund gestellten Job oder ein Minuszeichen für den davor in den Hintergrund gestellten Job. Alle bereits früher im Hintergrund gestarteten Jobs haben kein Kennzeichen. Die dritte Spalte enthält den Status des Hintergrundjobs:

- running: der Job läuft gerade
- terminated: der Job wurde abgebrochen
- done: der Job ist fertig
- stopped: der Job wurde gestoppt

Die letzte Spalte enthält den Befehl, der als Hintergrundjob gestartet wurde.

Mit dem Befehl fg wird ein Hintergrundjob in den Vordergrund geholt:

```
$ fg %2
sleep 2000
```

Nun ist das Terminalfenster blockiert, bis der Job beendet ist oder erneut in den Hintergrund gestellt wird. Ein Job muss zuerst angehalten werden, um wieder in den Hintergrund gestellt zu werden. Dazu wird die Tastenkombination ⌈Ctrl⌉+⌈z⌉ verwendet und anschließend der Befehl bg aufgerufen.

```
sleep 2000
^Z [2] + Stopped (SIGTSTP)     sleep 2000 &
$ bg
[2]     sleep 2000 &
$ jobs
[2] + Running  sleep 2000 &
[1] - Running  find /export -name a.out > gefunden &
[3]   Running  dtpad &
```

Die nachfolgende Abbildung illustriert nochmals die Möglichkeiten der Hintergrundjobverarbeitung.

Abbildung 7.3: Befehle der Hintergrundjobverarbeitung

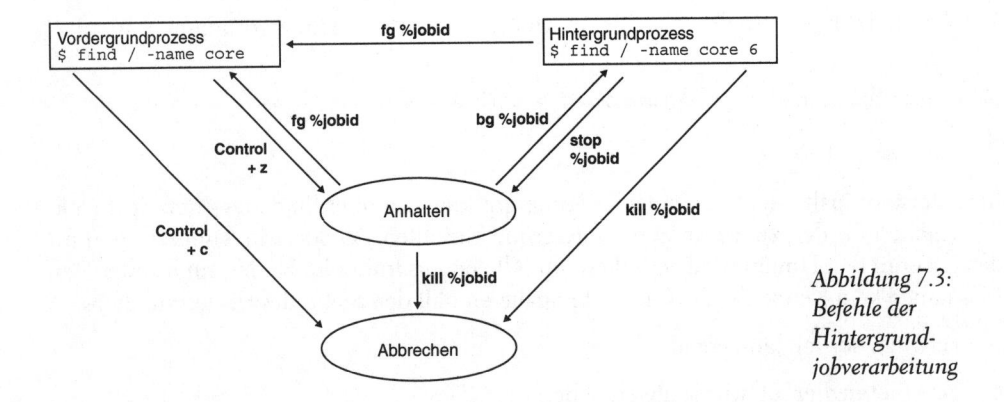

Ein-/Ausgabeumlenkung

Die Shell liest die Befehlseingaben von der Tastatur ein und gibt die Befehlsausgaben am Bildschirm aus. Mit Hilfe der Umlenkungszeichen < und > können Befehlseingaben und -ausgaben umgelenkt werden.

Durch die Eingabeumlenkung ist es zum Beispiel möglich, dass ein Befehl die erforderliche Eingabe aus einer Datei, statt von der Tastatur liest. Durch die Ausgabeumlenkung dagegen lässt sich die Ausgabe von einer Befehlszeile in eine Datei umlenken oder an einen anderen Befehl mit Hilfe einer Pipe (vgl. Abschnitt 7.3) senden.

Für die Kommunikation eines Programms sind unter Solaris standardmäßig drei Kanäle festgelegt:

- Die Standardeingabe (stdin) mit File Descriptor 0 (null)
- Die Standardausgabe (stdout) mit File Descriptor 1
- Die Standardfehlerausgabe (stderr) mit File Descriptor 2

> File Descriptors oder Dateizeiger werden vom Betriebssystem für den Zugriff auf Dateien verwendet. Sie entsprechen den Kanalnummern bei der Ein-/Ausgabeumlenkung. Wenn ein Programm eine Datei lesen oder schreiben möchte, muss diese Datei geöffnet werden, wobei die Shell mit dieser Datei einen File Descriptor verknüpft.

Mit Hilfe der Dateizeiger definiert die Shell, woher die Eingabe eines Befehls eingelesen wird und wohin die Ausgabe und Fehlermeldungen ausgegeben werden.

Kanalbezeichnung	Abkürzung	Kanalnummer	Verwendete Sonderzeichen
Standardeingabe	stdin	0	0< oder <
Standardausgabe	stdout	1	1> oder >
Standardfehlerausgabe	stderr	2	2>
Standardausgabe + Standardfehlerausgabe	stdout + stderr	1 + 2	1> *datei* 2>&1

Tabelle 7.3: Sonderzeichen der Datenumlenkung

Die C-Shell kennt die Standardfehlerausgabe nicht. In ihrem Fall erfolgt durch die Verwendung der Sonderzeichen >& eine gemeinsame Umlenkung von Standardausgabe und Fehlerausgabe in eine Datei.

Befehle, die den Inhalt von Dateien bearbeiten, lesen in der Regel von der Standardeingabe und geben auf die Standardausgabe aus. Der Befehl cat zum Beispiel liest von der Standardeingabe und schreibt auf die Standardausgabe. Im folgenden Beispiel bildet die erste Zeile das Lesen von der Tastatur und die zweite Zeile das Schreiben auf den Bildschirm ab:

```
$ cat
Dies ist die erste Zeile
Dies ist die erste Zeile
Dies ist die zweite Zeile
Dies ist die zweite Zeile
^D
```

Mit Ctrl+d wird die Eingabe abgebrochen.

Die vorgegebene Einstellung von Standardeingabe, Standardausgabe und Standardfehlerausgabe lässt sich mit Hilfe der oben genannten Sonderzeichen ändern.

Im nachfolgenden Beispiel wird die Standardeingabe umgelenkt. Der Befehl mailx liest normalerweise von der Standardeingabe, wenn ein Benutzer eine E-Mail verfasst. In diesem Beispiel wird dem Befehl aber die Eingabe aus der Datei protokoll vorgegeben, die E-Mail wird also mit dem Inhalt dieser Datei erstellt:

```
$ mailx her@suso1 < protokoll
```

In dem Fall wird die Datei wie ein an die E-Mail angehängtes Attachment an die Benutzerin *her* auf dem Rechner *suso1* versandt.

Die Befehlsausgabe kann ebenfalls in eine Datei umgelenkt werden. Existiert die Datei noch nicht, dann wird sie neu erzeugt. Ist sie bereits vorhanden, dann wird der Inhalt der Datei durch die Umlenkung überschrieben, wenn die Shelloption für den Überschreib-

Shells und Shellprogrammierung

schutz nicht aktiviert wurde. In diesem Beispiel wird der Inhalt eines Verzeichnisses ausgegeben und die Ausgabe in eine Datei umgelenkt:

`$ ls -l > dateiliste`

Existiert die Datei `dateiliste` schon, wird sie in diesem Fall überschrieben, ansonsten neu angelegt. Eine Befehlsausgabe lässt sich auch ans Ende einer bereits bestehenden Datei anhängen. Im folgenden Beispiel wird der Satz »Ende der Liste« an diese Datei gehängt:

`$ echo "Ende der Liste" >> dateiliste`

In einigen Shells, wie zum Beispiel der Bourne-, Korn- und Bourne-Again-Shell, ist eine getrennte Umlenkung von Ausgabe und Fehlerausgabe möglich. Das folgende Beispiel zeigt, wie die Ausgabe weiterhin an die Standardausgabe Bildschirm gesendet wird, während die Fehlerausgabe in eine Datei geleitet wird:

`$ ls /var /nix 2> /tmp/fehler`

adm	locale	run
apache	log	sadm
audit	lp	saf
crash	mail	snmp
cron	mle	spool
dmi	news	statmon
dt	nfs	tmp
inet	nis	uucp
ld	ntp	yp
ldap	opt	
lib.mle.japanese.kkcv	preserve	

`$ cat /tmp/fehler`
`/nix: No such file or directory`

Es ist auch möglich, die Standardausgabe und die Standardfehlerausgabe in unterschiedliche Dateien umzulenken (nicht bei der C-Shell oder TC-Shell möglich):

`$ ls /var /nix > /tmp/ausgabe 2> /tmp/fehler`

Eine weitere Möglichkeit ist, beide Ausgaben in eine Datei zu lenken. Die Syntax bei der C- oder TC-Shell lautet dann:

`$ ls /var /nix >& /tmp/ausgabe`

Bei den anderen in diesem Buch behandelten Shells lautet die Syntax für diesen Fall:

`$ ls /var /nix > /tmp/fehler 2>&1`

Außer den drei Standardkanälen kennt die Shell noch sieben andere Kanäle. Diese können beliebig verwendet werden, wovon meist in Shellskripten Gebrauch gemacht wird.

Pipe-Mechanismus

Mit Hilfe des Pipe-Mechanismus lassen sich auf effiziente Weise zwei Befehle miteinander verbinden. Eine Pipe wird durch das Zeichen | definiert und zwischen zwei Befehlen positioniert, wobei die Ausgabe des ersten Befehls direkt als Eingabe für den nachfolgenden Befehl dient. Die Syntax des Befehls lautet:

```
$ befehl1 | befehl2 | befehl3
```

Befehle lassen sich theoretisch unbegrenzt über Pipes verketten, vorausgesetzt, der vorangehende Befehl schreibt seine Ausgabe auf die Standardausgabe und der nachfolgende Befehl liest seine Eingabe von der Standardeingabe. In diesem Beispiel wird die Ausgabe des Befehls ls -l /etc dem Befehl grep übergeben, der nach dem Muster *rc* sucht und dann die Namen aller Dateien ausgibt, die das Suchmuster enthalten:

```
$ ls -l /etc | grep rc
lrwxrwxrwx   1 root    root         11 Jan 23  2001 rc0 -> ../sbin/rc0
drwxr-xr-x   2 root    sys        1024 Jan 23  2001 rc0.d
lrwxrwxrwx   1 root    root         11 Jan 23  2001 rc1 -> ../sbin/rc1
drwxr-xr-x   2 root    sys        1024 Jan 23  2001 rc1.d
lrwxrwxrwx   1 root    root         11 Jan 23  2001 rc2 -> ../sbin/rc2
drwxr-xr-x   2 root    sys        1536 Apr 28 10:05 rc2.d
lrwxrwxrwx   1 root    root         11 Jan 23  2001 rc3 -> ../sbin/rc3
drwxr-xr-x   2 root    sys         512 Jan 23  2001 rc3.d
lrwxrwxrwx   1 root    root         11 Jan 23  2001 rc5 -> ../sbin/rc5
lrwxrwxrwx   1 root    root         11 Jan 23  2001 rc6 -> ../sbin/rc6
lrwxrwxrwx   1 root    root         11 Jan 23  2001 rcS -> ../sbin/rcS
drwxr-xr-x   2 root    other      1024 Apr 28 10:03 rcS.d
-rw-r--r--   1 root    sys        1408 Jan 23  2001 ttysrch
```

Der nachfolgende Befehl gibt aus, wie viele Korn-Shells im System im Moment gestartet sind:

```
$ ps -ef | grep ksh | grep -v grep | wc -l
2
```

Der erste Befehl ps sendet eine Liste von allen aktiven Prozessen an den zweiten Befehl grep, der die Liste nach dem Muster *ksh* durchsucht. Das Ergebnis wird dann dem dritten Befehl grep übergeben, der aus der Liste nur noch die Zeilen als Ausgabe weitergibt, die nicht das Muster *grep* enthalten. Der vierte Befehl wc zählt schließlich die Zeilen, die der dritte Befehl grep als Ausgabe übergab, und gibt die Anzahl der Zeilen aus, was gleichbedeutend mit der Anzahl der aktiven Korn-Shell ist.

> Zu den gebräuchlichsten Befehlen, die mit einer Pipe verkettet werden, gehören die Befehle ls, ps, head, tail, more, cat, sort, lp, grep und wc.

In einem Shellskript kann mit Hilfe von zwei Pipe-Zeichen eine ODER-Verknüpfung programmiert werden. Die Zeile

`befehl1 || befehl2`

bedeutet, dass der zweite Befehl nur ausgeführt wird, wenn der erste Befehl nicht erfolgreich war.

Gesamtüberblick über die Sonderzeichen

Die folgende Tabelle fasst zusammen, welche Sonderzeichen von welchen Shells verwendet werden:

Sonderzeichen	Bourne-Shell	Korn-Shell/ Bourne-Again-Shell	C-Shell/ TC-Shell
Fragezeichen ?	ja	ja	ja
Stern *	ja	ja	ja
Eckige Klammern [ ]	ja	ja	ja
Negierte eckige Klammern [!]	ja	ja	nein
Kommentarzeichen #	ja	ja	ja
Semikolon ;	ja	ja	ja
Ampersand &	nein, nur mit `jsh`	ja	ja
Runde Klammern ( )	ja	ja	ja
Dollarzeichen $	ja	ja	ja
Backslash \	ja	ja	ja
Einfache Hochkommata '...'	ja	ja	ja
Doppelte Hochkommata »...«	ja	ja	ja
Rückwärtige Hochkommata `...`	ja	ja	ja
Tildezeichen ~	nein	ja	ja
Das Minuszeichen -	nein	ja	nein
Das Ausrufezeichen !	nein	nein	ja

Tabelle 7.4: Welche Shell kennt welche Sonderzeichen?

Sonderzeichen	Bourne-Shell	Korn-Shell/ Bourne-Again-Shell	C-Shell/ TC-Shell
Standardeingabeumlenkung <	ja	ja	ja
Standardausgabeumlenkung >	ja	ja	ja
Standardfehlerausgabeumlenkung 2>	ja	ja	nein
Pipe-Mechanismus |	ja	ja	ja

Tabelle 7.4: *Welche Shell kennt welche Sonderzeichen? (Forts.)*

Die nachfolgende Tabelle bietet einen Überblick über die Quotierungszeichen, mit deren Hilfe ein Sonderzeichen zu einem normalen Zeichen wird:

Sonderzeichen Quotierung	\ $ `...`	* ? [ ] ! ~ & ( ) ;	\	'...'	»...«
\	Quotierung	Quotierung	Quotierung	Quotierung	Quotierung
'...'	Quotierung	Quotierung	Quotierung	Ende der Quotierung	Quotierung
»...«	Keine Quotierung	Quotierung	Keine Quotierung	Quotierung	Ende der Quotierung

Tabelle 7.5: *Wirkung der unterschiedlichen Quotierungszeichen*

Die nachfolgende Tabelle enthält Schreibweisen von Befehlen und deren Bedeutung:

Schreibweise	Bedeutung
`befehl &`	Der Befehl wird im Hintergrund ausgeführt.
`befehl1 ; befehl2`	Mehrere Befehle werden in einer Befehlszeile hintereinander ausgeführt.
`(befehl1 ; befehl2)`	Die Befehle werden hintereinander in einer Subshell ausgeführt.
`befehl1 | befehl2`	Der erste Befehl übergibt mit Hilfe des Pipe-Symbols seine Ausgabe als Eingabe an den zweiten Befehl.
`befehl1 ˋbefehl2ˋ`	Beim zweiten Befehl wird eine Befehlssubstitution durchgeführt und seine Ausgabe wird dem ersten Befehl als Argument übergeben.

Tabelle 7.6: *Schreibweise von Befehlen*

Shells und Shellprogrammierung

Schreibweise	Bedeutung
befehl1 $(befehl2)	Beim zweiten Befehl wird eine Befehlssubstitution durchgeführt, und seine Ausgabe wird dem ersten Befehl als Argument übergeben.
befehl1 && befehl2	Bei dieser UND-Verknüpfung wird der zweite Befehl nur ausgeführt, wenn der erste Befehl erfolgreich war.
befehl1 || befehl2	Bei dieser ODER-Verknüpfung wird der zweite Befehl nur ausgeführt, wenn der erste Befehl fehlgeschlagen ist.
{ befehl1 ; befehl2 }	Die Befehle werden in der laufenden Shell ausgeführt.

Tabelle 7.6: Schreibweise von Befehlen (Forts.)

7.4 Grundlagen der Shellskriptprogrammierung

Shellskripte werden häufig von Systemadministratoren erstellt oder verwaltet, um das Verhalten des Betriebssystems zu steuern oder zu ändern. Ein Shellskript ist eine reine ASCII-Datei, in der Befehle und Kommentare eingetragen sind. Kommentare beginnen mit dem Hash-Zeichen # und dokumentieren, was die jeweiligen Zeilen im Skript beim Ausführen bewirken.

Das Shellprogramm wird in der ersten Zeile des Skripts festgelegt, bei einem Bourne-Shellskript zum Beispiel:

```
#!/bin/sh
```

> Wenn bei einem Shellskript nur normaler Textkommentar oder kein Kommentar in der obersten Zeile steht, wird die aufrufende Shell zur Ausführung des Skripts verwendet.

Sie erzeugen ein Shellskript mit einem beliebigen Texteditor, zum Beispiel vi. Anschließend machen Sie die Datei ausführbar, indem Sie die Ausführrechte zuweisen. Sie starten das neue Skript durch Aufruf mit seinem Namen:

```
$ vi testprog
...
:wq
$ chmod 755 testprog
$ ./ testprog
```

Sie sollten als Shellskriptnamen auf keinen Fall `script` oder `test` verwenden, da es unter Solaris bereits Befehle mit diesem Namen gibt.

Variablen der Shellskriptprogrammierung

Shellskripte können Variablen auswerten. Variablen können in der Shell gesetzt oder beim Aufruf als Positionsparameter übergeben werden. Positionsparameter sind besondere, in die Shell integrierte Variablen, um einem Skript Argumente der Befehlszeile zu übergeben. Dabei wird jede Zeichenkette der Befehlszeile, die durch ein Leerzeichen getrennt hinter dem Skriptnamen steht, als Argument betrachtet, auf das man sich mit Hilfe von Positionsparametern beziehen kann, zum Beispiel:

`$ testprog argument1 argument2 argument3 ...`

Bei Ausführung des Skripts *testprog* wird von der Shell das erste Argument der Befehlszeile automatisch dem Positionsparameter $1, das zweite Argument dem Positionsparameter $2 usw. übergeben. Die Bourne-Shell kennt die Positionsparameter $1 bis $9 und der Name des Skripts wird mit der Variablen $0 abgerufen.

Im nachfolgenden Beispiel werden mit Hilfe des Befehls `set` die Positionsparameter definiert. Dieser Befehl erhält als Argument die Ausgabe des Befehls `uname -a` und zerlegt diese Ausgabe in einzelne Positionsparameter, wobei immer nach einem Leerzeichen der Ausgabe ein neuer Positionsparameter zugewiesen wird. Geben Sie zuerst den Befehl `uname -a` ein, um dessen Ausgabe zu sehen:

```
$ uname -a
SunOS suso1 5.8 Generic_108538-06 sun4u sparc SUNW,Sun-Blade-100
```

Erstellen Sie ein Shellskript und machen Sie es zum ausführbaren Skript:

```
$ vi os_script
#!/bin/sh
set `uname -a`
echo "Die gesetzten Positionsparameter lauten:"
echo "Nr. 1 ist:" $1
echo "Nr. 2 ist:" $2
echo "Nr. 3 ist:" $3
echo "Nr. 4 ist:" $4
echo "Nr. 5 ist:" $5
echo "Nr. 6 ist:" $6
echo "Nr. 7 ist:" $7
echo "Der Programmname lautet:" $0
:wq
$ chmod 755 os_script
```

Shells und Shellprogrammierung

Rufen Sie das neue Skript auf:

```
$ ./os_script
Die gesetzten Positionsparameter lauten:
Nr. 1 ist: SunOS
Nr. 2 ist: suso1
Nr. 3 ist: 5.8
Nr. 4 ist: Generic_108538-06
Nr. 5 ist: sun4u
Nr. 6 ist: sparc
Nr. 7 ist: SUNW,Sun-Blade-100
Der Programmname lautet: os_script
```

Es gibt zwei weitere Positionsparameter:

- Der Positionsparameter $# enthält die Anzahl der Argumente der Befehlszeile, die in den Positionsparametern $1 bis $9 gespeichert sind.
- Der Positionsparameter $@ gibt alle Werte der Positionsparameter auf einmal aus.

Das nächste Beispiel verwendet diese beiden Positionsparameter. Erstellen Sie dazu ein weiteres ausführbares Shellskript:

```
$ vi pos_script
#!/bin/sh
echo "Das Skript hat den Namen:" $0
echo "Das erste Argument ist:" $1
echo "Das zweite Argument ist:" $2
echo "Die Gesamtzahl der Parameter ist:" $#
echo "Die Parameter lauten:" $@
:wq
$ chmod 755 pos_script
```

Rufen Sie das Skript mit den beiden Argumenten *hallo* und *welt* auf:

```
$ ./pos_script hallo welt
Das Skript hat den Namen: pos_script
Das erste Argument ist: hallo
Das zweite Argument ist: welt
Die Gesamtzahl der Parameter ist: 2
Die Parameter lauten: hallo welt
```

Bedingungsabfragen

Der Befehl if

Die Shellskriptsprache kann auch Bedingungen abfragen und damit Aktionen ausführen, abhängig davon, ob eine Bedingung erfüllt ist oder nicht. Dazu wird der Befehl if verwendet. Die Syntax des Befehls lautet:

```
if befehl1
then
     befehl2
     befehl3
fi
```

Wird ein Programm beendet, dann gibt es einen Wert an die Shell zurück. Dieser Rückgabewert ist eine Integerzahl zwischen 0 und 255. Der Rückgabewert 0 (null) bedeutet, dass der Befehl erfolgreich ausgeführt wurde. Bei der Anweisung if heißt das Folgendes: Wenn befehl1 den Wert 0 zurückgibt, werden die Anweisungen von befehl1 ausgeführt, die zwischen then und fi stehen.

Bei einem Rückgabewert größer 0 wurde die Bedingung nicht erfüllt und die Anweisungen zwischen then und fi werden übersprungen.

Die Shellvariable $? enthält den Rückgabewert des zuletzt ausgeführten Befehls, zum Beispiel:

```
$ ls -l /nix
/nix: No such file or directory
$ echo $?
2
```

Der Befehl test wird häufig gemeinsam mit if verwendet. Dieser in die Shell eingebaute Befehl prüft einen Ausdruck und gibt bei einem wahren Ergebnis den Wert 0 zurück. Bei einem falschen Ergebnis ist der Rückgabewert ungleich 0. Im folgenden Beispiel wird der Wert der Variablen TERM überprüft:

```
if test "$TERM" = "sun"
then
     echo "Das Terminal heisst sun"
fi
```

Der Befehl test wird normalerweise in Shellskripten nicht ausgeschrieben, sondern in der Kurzschreibweise mit den eckigen Klammern verwendet, zum Beispiel:

```
if [ "$TERM" = "sun" ]
then
     echo "Das Terminal heisst sun"
fi
```

Shells und Shellprogrammierung

> Vor und nach den eckigen Klammern sowie den Vergleichsoperatoren muss jeweils ein Leerzeichen stehen.

Im nächsten Beispiel wird über ein Skript wieder die Variable TERM abgefragt:

```
$ vi neu_script
#!/bin/sh
TERM=sun
if [ "$TERM" = "sun" ]
then
        echo $?
fi
TERM=vt100
if [ "$TERM" = "sun" ]
then
        echo $?
fi
$ ./neu_script
0
1
```

Die erste if-Abfrage bringt den Ergebniswert 0, die zweite führt zu einem Returncode ungleich 0, was auf die Nichterfüllung des Ausdrucks hinweist.

Der Befehl test kann nicht nur Zeichenketten vergleichen, sondern kennt viele spezielle Prüfoperatoren für Dateien, die mit der Syntax

```
$ test option datei
```

verwendet werden. Zu den wichtigsten gehören:

Operator	Abfrage
-b	Ist die Datei ein blockorientiertes Gerät?
-c	Ist die Datei ein zeichenorientiertes Gerät?
-d	Ist die Datei ein Verzeichnis?
-e	Ist die Datei vorhanden?
-f	Ist die Datei nur eine reguläre Datei?
-h	Ist die Datei ein symbolischer Link?
-p	Ist die Datei ein Named Pipe?

Tabelle 7.7: Die Operatoren des Befehls test

Operator	Abfrage
-r	Ist die Datei für den Benutzer lesbar?
-s	Ist die Datei größer als 0 Byte?
-w	Ist die Datei für den Benutzer schreibbar?
-x	Ist die Datei ausführbar?

Tabelle 7.7: Die Operatoren des Befehls test *(Forts.)*

Im nächsten Beispiel wird mit Hilfe eines Dateioperators überprüft, ob eine ausführbare Datei vorliegt:

```
$ vi exe_script
#!/bin/sh
if [ -x /export/home/her/pos_script ]
then
        echo "Die Datei ist ein ausfuehrbares Skript!"
        echo $?
fi
:wq
$ chmod 755 exe_script
$ ./exe_script
Die Datei ist ein ausfuehrbares Skript!
0
```

Der Befehl case

Mit dem Befehl case lassen sich mehrere Bedingungen überprüfen. Die Syntax lautet:

```
case wert in
wert1 )   befehl
          befehl    ;;
wert2 )   befehl
          befehl    ;;
wert3 )   befehl
          befehl    ;;
* )       befehl    ;;
esac
```

Der Anweisung case wird ein Wert übergeben, der in einem Mustervergleich nacheinander mit den Werten wert1, wert2 usw. verglichen wird, bis eine Übereinstimmung vorliegt. Dann werden die diesem Wert zugeordneten Befehle ausgeführt, bis die beiden Strichpunkte erreicht sind. Anschließend erfolgt ein Sprung direkt auf die Zeile nach dem Abschlusselement esac.

Stimmt kein Wert mit dem der Variablen überein, werden die Befehle nach dem Wert *) aufgerufen.

```
$ vi ver_script
#!/bin/sh
version=`uname -a | cut -f 3 -d " "`
echo $version
case "$version" in
      5*)
          echo "Sie arbeiten mit Solaris" ;;
      [1-4]*)
          echo "Sie arbeiten mit SunOS." ;;
      *)
          echo "Unbekanntes Betriebssystem." ;;
esac
:wq
$ chmod 755 ver_script
$ ./ver_script
5.8
Sie arbeiten mit Solaris.
```

Mit Hilfe des Befehls cut wird das dritte Feld der durch Leerzeichen getrennten Ausgabe des Befehls uname -a ausgeschnitten und der Variablen version übergeben. Diese wird anschließend ausgegeben, sie enthält die Versionsnummer des Betriebssystems, vorausgesetzt, der Rechnername ist nur fünf Stellen lang, wie in unserem Beispiel. Der Inhalt der Variablen version wird anschließend mit den Möglichkeiten der Anweisung case verglichen.

Zuerst wird überprüft, ob der Wert mit der Ziffer 5 beginnt und dann beliebig endet. In diesem Fall erfolgt die Ausgabe, dass es sich um das Betriebssystem Solaris handelt. Anschließend wird überprüft, ob der Wert mit der Ziffer 1 oder 2 oder 3 oder 4 beginnt und dann beliebig endet. In diesem Fall erfolgt die Ausgabe, dass es sich um das Betriebssystem SunOS handelt. In allen anderen Fällen wird ausgegeben, dass es sich um ein unbekanntes Betriebssystem handelt.

Der Befehl exit

Mit Hilfe des Befehls exit können Sie die Ausführung eines Shellskripts sofort beenden und dabei gleichzeitig einen Rückgabewert zwischen 0 und 255 zuweisen. Die Syntax lautet:

exit wert

Der Befehl lässt sich mehrmals in einem Skript verwenden, um dieses zu beenden, wenn eine bestimmte Bedingung eintritt. Da Sie unterschiedliche Argumente für jeden Befehl exit mitgeben können, lässt sich nach einem Abbruch feststellen, wo im Skript dieser Abbruch stattgefunden hat. Wenn das Skript erfolgreich abläuft, verwenden Sie einen exit-Wert von 0, ansonsten definieren Sie den Returncode mit einem Wert größer 0.

Grundlagen der Shellskriptprogrammierung

Ein Shellskriptbeispiel

Das folgende Skriptbeispiel ist eines der Run Control-Skripte im Verzeichnis /etc/init.d. Das Skript wird beim Hochfahren und beim Herunterfahren des Systems verwendet, indem die Argumente start und stop eingesetzt werden. Sie können als *root* das Skript lp zum Beispiel manuell stoppen oder starten, indem Sie folgende Befehle verwenden:

```
# /etc/init.d/lp stop
# /etc/init.d/lp start
```

Verwenden Sie keines dieser Argumente, erhalten Sie eine Fehlermeldung:

```
Usage: /etc/init.d/lp { start | stop }
```

Nachfolgend wird das Skript /etc/init.d/lp angezeigt und erläutert:

```
1   #!/sbin/sh
2   # Copyright (c) 1997 by Sun Microsystems, Inc.
3   # All rights reserved.
4   #ident"@(#)lp1.997/12/08 SMI"
5   case "$1" in
6   'start')
7       if [ -z "$_INIT_PREV_LEVEL" ]; then
8           set -- `/usr/bin/who -r`
9           _INIT_PREV_LEVEL="$9"
10      fi
11      [ $_INIT_PREV_LEVEL = 2 -o $_INIT_PREV_LEVEL = 3 ] && exit 0
12      [ -f /usr/lib/lpsched ] && /usr/lib/lpsched
13      ;;
14  'stop')
15      [ -f /usr/lib/lpshut ] && /usr/lib/lpshut
16      ;;
17  *)
18      echo "Usage: $0 { start | stop }"
19      exit 1
20  esac
21  exit 0
```

In Zeile 1 wird die Shell festgelegt, die zur Ausführung dieses Programms verwendet werden soll, in diesem Beispiel ist dies die Bourne-Shell. Die Zeilen 2 bis 4 sind Kommentarzeilen.

Zeile 5 enthält eine case-Anweisung, deren übergebene Variable der Positionsparameter $1 ist. Damit wird also das erste Argument der dem Skript übergebenen Befehlszeile ausgewertet.

In Zeile 6 wird als erster Wert start definiert, dessen Übereinstimmung mit der Variablen überprüft werden soll. Stimmen beide Werte überein, das heißt, das Ergebnis ist wahr, dann lautet der Rückgabewert 0 (null) und die nächste Zeile wird gelesen. Existiert dagegen keine Übereinstimmung, dann ist das Ergebnis falsch und das Skript verzweigt auf die Zeile direkt nach den beiden Strichpunkten, in diesem Fall auf Zeile 14.

Shells und Shellprogrammierung

Zeile 7 beginnt mit einer if-Bedingung. Mit Hilfe des Befehls test wird festgestellt, ob die Variable _INIT_PREV_LEVEL noch nicht gesetzt ist. In diesem Fall wird die Ausgabe des Befehls /usr/bin/who -r in Zeile 8 dem Befehl set übergeben, um die Ausgabe in Positionsparameter aufzugliedern. Der Positionsparameter $9 enthält den Runlevel, in dem das System vor dem aktuellen Runlevel war. In Zeile 9 wird der Variablen _INIT_PREV_LEVEL der Wert des Positionsparameters $9 zugewiesen. Zeile 10 enthält das Ende der Bedingungsabfrage if. Dorthin wird sofort verzweigt, wenn der Variablen _INIT_PREV_LEVEL bereits ein Wert zugeordnet war.

Zeile 11 überprüft, ob der Wert der Variablen _INIT_PREV_LEVEL 2 oder 3 lautet. Trifft dies zu, wird der Befehl exit ausgeführt, das heißt, das Programm wird mit einem Returncode 0 verlassen. Andernfalls erfolgt eine Verzweigung auf Zeile 12, in der überprüft wird, ob die reguläre Datei /usr/lib/lpsched existiert. Ist dies der Fall, so wird dieses Programm aufgerufen und damit der Druckdienst gestartet.

Zeile 13 schickt die Ablaufsteuerung zur letzten Zeile direkt nach dem Element esac, wodurch die Zeilen 14 bis 20 ignoriert werden.

Zeile 14 definiert den zweiten Wert mit stop, dessen Übereinstimmung mit der Variablen überprüft wird. Stimmen beide Werte überein, das heißt, das Ergebnis ist wahr, dann lautet der Rückgabewert 0 (null) und die nächste Zeile wird gelesen. Gibt es dagegen keine Übereinstimmung, dann ist das Ergebnis falsch und das Skript verzweigt auf die Zeile direkt nach den beiden Strichpunkten, in diesem Fall auf Zeile 18.

Zeile 15 enthält wieder eine if-Bedingung. Mit Hilfe des Befehls test wird festgestellt, ob die Datei /usr/lib/lpshut existiert. Ist dies der Fall, wird der nachfolgende Befehl /usr/lib/lpshut aufgerufen, der den Druckdienst beendet. Wenn die Datei nicht existiert, dann wird auf die Zeile 17 direkt nach den beiden Strichpunkten verzweigt.

Zeile 16 schickt die Ablaufsteuerung zur letzten Zeile direkt nach dem Element esac, wodurch die Zeilen 17 bis 20 ignoriert werden.

Zeile 17 legt fest, dass die nachfolgenden Befehle ausgeführt werden, wenn die case-Variable mit keinem der beiden Werte in Zeile 6 oder Zeile 14 übereinstimmt. Zeile 18 ruft den Befehl echo auf und gibt den Text Usage: /etc/init.d/lp { start | stop } am Bildschirm aus. Zeile 19 ruft den Befehl exit auf, wodurch die Ausführung des Skripts sofort beendet und die Steuerung der Befehlszeile übergeben wird. Das weist darauf hin, dass ein Fehler im Programm aufgetreten ist.

Zeile 20 beendet die case-Anweisung und Zeile 21 ruft den Befehl exit auf, wodurch die Ausführung des Skripts beendet und die Steuerung der Befehlszeile übergeben wird. In diesem Fall ist der Rückgabewert 0, was bedeutet, dass das Programm erfolgreich ausgeführt wurde.

7.5 Die verschiedenen Shells unter Solaris 9

Dieser Abschnitt beschreibt die wichtigsten Shells von Solaris. Sie interpretieren sowohl die systemweiten als auch die standardmäßig für den Benutzer vorgegebenen Initialisierungsdateien, wie zum Beispiel /etc/profile oder /etc/.login. Sie lernen den Unterschied zwischen lokalen und Umgebungsvariablen und die wichtigsten Shellvariablen kennen. Nach dem Durcharbeiten dieses Tages können Sie selbst Variablen in den unterschiedlichen Shells definieren, verändern und wieder entfernen. Die Optionen der unterschiedlichen Shells und die wichtigsten in die Shells integrierten Befehle werden erklärt. Schließlich erfolgt noch eine ausführliche Beschreibung der zusätzlichen Funktionen von Korn- und C-Shell, wie zum Beispiel die History-Funktion, der Dateiergänzungsmechanismus und die Aliasdefinition.

Die Bourne-Shell

Die Bourne-Shell ist als Befehl in einem Standard-Solaris-System zweimal zu finden. Der Befehl /usr/bin/sh ruft die Bourne-Shell als dynamisch gelinkte Shell auf, das heißt, die notwendigen Bibliotheken werden beim Aufruf erst eingebunden. Diese Bibliotheken stehen in der Regel im Verzeichnis /usr/lib, also im selben Hauptverzeichnis, das manchmal als separates Dateisystem gemountet wird (vgl. Tag 11). Die zweite Version /sbin/sh ist eine statisch gebundene Version, die in der Regel dem Superuser *root* zugewiesen wird, da sie immer im *root*-Dateisystem steht.

> Damit steht *root* die Bourne-Shell auch zur Verfügung, wenn zum Beispiel das beschädigte Dateisystem /usr nicht mehr gemountet werden kann. Damit wird verhindert, dass *root* sich nicht mehr anmelden kann, weil ihm keine Shell mehr zur Verfügung steht.

Wurde einem Benutzer in der Datei /etc/passwd die Bourne-Shell als Anmeldeshell zugewiesen (vgl. Tag 8), dann wird zuerst die Datei /etc/profile als systemweite Initialisierungsdatei eingelesen. Dies gilt auch für die Korn- und Bourne-Again-Shell.

Die standardmäßige Initialisierungsdatei /etc/profile sieht folgendermaßen aus.

```
$ cat /etc/profile
#ident "@(#)profile1.1898/10/03 SMI"/* SVr4.0 1.3*/
# The profile that all logins get before using their own .profile.
```

Den Beginn machen zwei einleitende Kommentarzeilen. Anschließend wird definiert, welche Signale zur Laufzeit des Skripts ignoriert werden sollen und es werden die Shellvariablen für den Anmeldenamen und den Suchpfad für Befehle exportiert:

```
trap "" 2 3
export LOGNAME PATH
```

Anschließend erfolgt eine Abfrage, ob die Terminalvariable noch nicht definiert ist. In diesem Fall wird sie bei einem INTEL-System auf *sun-color* und bei einem SPARC-System auf *sun* gesetzt.

```
if [ "$TERM" = "" ]
then
        if /bin/i386
        then
            TERM=sun-color
        else
            TERM=sun
        fi
        export TERM
fi
```

Nun erfolgt eine Abfrage, welcher Shelltyp vorliegt. Handelt es sich um eine Bourne-, Korn- oder Jobshell, wird die nachfolgende Bedingung abgefragt:

```
#       Login and -su shells get /etc/profile services.
#       -rsh is given its environment in its .profile.
case "$0" in
-sh | -ksh | -jsh)
```

Diese legt fest, dass die Anzeige der Datei /etc/motd (diese Datei enthält eventuell eine vom Systemadministrator hinterlegte Nachricht »message of the day«), Mail und Quoten unterdrückt wird, wenn eine Datei .hushlogin im Homeverzeichnis des Benutzers vorliegt:

```
        if [ ! -f .hushlogin ]
        then
            /usr/sbin/quota
            # Allow the user to break the Message-Of-The-Day only.
            trap "trap '' 2" 2
            /bin/cat -s /etc/motd
            trap "" 2
            /bin/mail -E
            case $? in
            0)
                echo "You have new mail."
                ;;
            2)
                echo "You have mail."
                ;;
            esac
        fi
esac
```

Schließlich werden noch die Standardzugriffsrechte mit Hilfe des Filters umask gesetzt (vgl. Tag 6) und die abgefangenen Signale wieder freigegeben.

```
umask 022
trap 2 3
```

Anschließend kann ein Systemadministrator der Initialisierungsdatei weitere Einträge hinzufügen, die systemweit gelten sollen.

Nach dem Abarbeiten dieser Datei wird im Homeverzeichnis des Benutzers nach der Initialisierungsdatei .profile gesucht und diese eingelesen. Entweder wird diese beim Neuanlegen eines Benutzers automatisch aus der Vorlagendatei /etc/skel/local.profile kopiert oder sie muss manuell erstellt werden. Diese sieht standardmäßig wie folgt aus:

```
$ cat ~/.profile
# @(#)local.profile 1.899/03/26 SMI
stty istrip
PATH=/usr/bin:/usr/ucb:/etc:.
export PATH
```

Mit dem Befehl stty lassen sich serielle Datenleitungen konfigurieren, der Parameter istrip bedeutet, dass die Eingabezeichen auf sieben Bit verkürzt werden. Anschließend wird die Variable PATH definiert und exportiert. Der nächste Teil startet die grafische Oberfläche, wenn die Terminalvariable einen entsprechenden Wert enthält:

```
# If possible, start the windows system
if [ "`tty`" = "/dev/console" ] ; then
      if [ "$TERM" = "sun" -o "$TERM" = "sun-color" -o "$TERM" = "AT386" ]
      then
           if [ ${OPENWINHOME:-""} = "" ] ; then
               OPENWINHOME=/usr/openwin
               export OPENWINHOME
           fi
           echo ""
           echo "Starting OpenWindows in 5 seconds (type Control-C to interrupt)"
           sleep 5
           echo ""
           $OPENWINHOME/bin/openwin
           clear  # get rid of annoying cursor rectangle
           exit   # logout after leaving windows system
      fi
fi
```

Am Ende der standardmäßigen Datei kann ein Benutzer jederzeit Ergänzungen vornehmen, um seine eigene Arbeitsumgebung anzupassen, zum Beispiel seine eigenen Variablen definieren oder den Filter umask neu setzen. Normalerweise werden in dieser Datei Umgebungsvariablen und Terminaleinstellungen definiert oder es wird der notwendige Befehl zum Starten einer Anwendung beim Anmelden festgelegt.

Die Initialisierungsdatei .profile wird nur einmal von der Anmeldeshell ausgeführt oder beim Aufrufen eines Konsolfensters gelesen und muss sich immer im Homeverzeichnis des Benutzers befinden. Änderungen der Datei werden normalerweise erst bei der nächsten Anmeldung aktiv. Diese Änderungen lassen sich aber auch sofort aktivieren, indem die Datei mit Hilfe des Punktbefehls ».« neu eingelesen wird:

```
$ . ~/.profile
```

> Für die grafische Oberfläche CDE gibt es außerdem die Initialisierungsdatei .dtprofile, die ebenfalls im Homeverzeichnis eines Benutzers steht. Mit Hilfe dieser Datei können Standardeinstellungen von CDE-Variablen verändert werden. Diese Datei ist eine Kopie der systemweiten CDE-Initialisierungsdatei /usr/dt/config/sys.dtprofile. An deren Ende wird die Variable DTSOURCEPROFILE auf true gesetzt. Enthält diese Variable den Wert false oder ist sie nicht vorhanden oder auskommentiert, dann werden die lokalen Initialisierungsdateien des Benutzers nicht gelesen.

Shellvariablen

Anzeige von Shellvariablen

Der in der Shell integrierte Befehl set zeigt alle definierten Variablen einer Shell an. Eine Variable ist ein festgelegter Name, der sich auf einen temporären Bereich im RAM bezieht und dem ein bestimmter Wert zugeordnet wurde. Mit Hilfe der in Variablen gespeicherten Informationen kann die Shell verändert werden. Diese Informationen sind auch für andere Prozesse notwendig, um ablaufen zu können.

Es gibt zwei Arten von Variablen, die vor allem eine unterschiedliche Bedeutung für die Shellprogrammierung haben:

- Lokale Variablen, die nur in der Shell bekannt sind, in der sie erzeugt wurden. Sie werden nicht an von der Shell aufgerufene Prozesse oder an andere Shells übergeben.
- Exportierte Variablen oder Umgebungsvariablen, die vom Elternprozess an den Kindprozess weitervererbt werden.

Der Befehl set gibt alle lokalen und Umgebungsvariablen und deren Werte aus:

```
$ set
DTSOURCEPROFILE=true
DTUSERSESSION=root-suso2-0
DTXSERVERLOCATION=local
EDITOR=/usr/dt/bin/dtpad
HELPPATH=/usr/openwin/lib/locale:/usr/openwin/lib/help
HOME=/
IFS=
LANG=en_US.ISO8859-1
```

```
LC_COLLATE=en_US.ISO8859-1
LC_CTYPE=en_US.ISO8859-1
LC_MESSAGES=C
LC_MONETARY=en_US.ISO8859-1
LC_NUMERIC=en_US.ISO8859-1
LC_TIME=en_US.ISO8859-1
LOGNAME=root
MAIL=/var/mail/root
MAILCHECK=600
MANPATH=/usr/dt/man:/usr/man:/usr/openwin/share/man
OPENWINHOME=/usr/openwin
OPTIND=1
PATH=/usr/sbin:/usr/bin:/usr/dt/bin:/usr/openwin/bin:/bin:/usr/ucb
PS1=#
PS2=>
PWD=/
SESSION_SVR=suso2
SHELL=/sbin/sh
TERM=dtterm
TERMINAL_EMULATOR=dtterm
TZ=MET
USER=her
```

> Diese Auflistung ist nur ein Auszug und keine vollständige Ausgabe. Die Variablen werden im nachfolgenden Abschnitt erläutert.

Der Inhalt von Variablen kann mit einem der Variablen vorangestellten Dollarzeichen abgefragt und dann zum Beispiel mit Hilfe des Befehls echo ausgegeben werden:

```
$ echo $USER
her
```

Setzen und Löschen von Shellvariablen

Eine Shellvariable lässt sich ganz einfach definieren, indem dem Variablennamen ein Wert zugewiesen wird. Im nachfolgenden Beispiel wird die Variable BER definiert, die als Wert den Pfadnamen eines Verzeichnisses enthält:

```
$ BER=/export/home/her/protokolle/projekt1/berichte
$ echo $BER
/export/home/her/protokolle/projekt1/berichte
$ set | grep BER
BER=/export/home/her/protokolle/projekt1/berichte
$ pwd
/etc
$ cd $BER ; pwd
/export/home/her/protokolle/projekt1/berichte
```

Mit Hilfe dieser Variablen kann die Benutzerin *her* schneller in das entsprechende Unterverzeichnis wechseln.

> Verwenden Sie vor und nach dem Gleichheitszeichen »=« keine Leerzeichen!

Mit dem Befehl unset werden definierte Shellvariablen wieder gelöscht. Im folgenden Beispiel wird die Variable BER gelöscht:

```
$ unset BER
```

Es ist nicht möglich, mit diesem Befehl die vom System gepflegten Variablen IFS, MAILCHECK, PATH, PS1 und PS2 zu löschen.

Mit Hilfe des Befehls readonly wird eine Variable so definiert, dass sie nicht mehr verändert oder gelöscht werden kann, solange die Shell aktiv ist. Diese Eigenschaft wird aber nicht an Kindprozesse vererbt:

```
$ readonly BER
```

Variablen exportieren

Wenn eine Umgebungsvariable in einer Subshell verwendet werden soll, dann müssen Sie diese mit Hilfe des Befehls export exportieren. Dadurch wird eine gesetzte Variable der Shell als globale Umgebungsvariable weitergegeben, zum Beispiel:

```
$ PROG=/export/home/her/protokolle/projekt1/programme
$ echo $PROG
/export/home/her/protokolle/projekt1/programme
$ sh
$ echo $PROG

$ exit
$ export PROG
$ sh
$ echo $PROG
/export/home/her/protokolle/projekt1/programme
```

Wenn Sie den Befehl ohne Argumente verwenden, wird eine Liste von allen exportierten Variablen angezeigt, zum Beispiel:

```
$ export
DISPLAY=:0.0
EDITOR=/usr/bin/vi
HELPPATH=/usr/openwin/lib/locale:/usr/openwin/lib/help
HOME=/export/home/her
LANG=C
```

```
LOGNAME=her
MAIL=/var/mail/her
MANPATH=/usr/openwin/share/man:/usr/man
OPENWINHOME=/usr/openwin
PATH=/usr/openwin/bin:/bin:/usr/bin:/usr/ucb:/usr/sbin
PWD=/sbin
SHELL=/bin/bash
TERM=sun
TZ=MET
USER=her
```

Der Befehl env ohne Argumente zeigt alle Umgebungsvariablen an, die im Moment definiert sind, und wie sie an Folgeprozesse weitergegeben werden. Das Betriebssystem legt dabei alle wichtigen Standardvariablen der Shell automatisch als Umgebungsvariable fest. Sie können mit Hilfe des Befehls Variablen für Folgeprozesse verändern.

Die Option -i ignoriert die bereits bestehenden Umgebungsvariablen. Wird dabei ein Befehl mit angegeben, dann wird dieser unter der so geänderten Umgebung ausgeführt. So ruft zum Beispiel der nachfolgende Befehl die Utility *mygrep* mit einem neuen Wert für PATH auf, wobei PATH verwendet wird, um *mygrep* zu suchen, das sich im Verzeichnis *meineprog* befinden muss:

```
$ env -i PATH=/meineprog mygrep testmuster meinedatei
Dies ist ein Testmuster.
```

Die folgende Tabelle fasst alle Befehle zum Setzen, Löschen oder Anzeigen von Variablen nochmals zusammen:

Lokale Variable	Exportierte Variable	Bedeutung
VAR=wert	export VAR=wert	Setzen einer Variablen
unset VAR		Löschen einer Variablen
---	set	Anzeige aller lokalen und Umgebungsvariablen
export	---	Anzeige aller exportierten Variablen
env	---	Anzeige aller Umgebungsvariablen
print $VAR oder echo $VAR		Anzeige des Variablenwerts

Tabelle 7.8: Überblick über Befehle zum Arbeiten mit Variablen

Standardvariablen der Shell

Außer den Variablen, die ein Benutzer oder der Systemadministrator selbst festlegen können, gibt es auch Shellvariablen, die bereits von vornherein für bestimmte Zwecke definiert sind. Teilweise lassen sich deren Werte von einem Benutzer verändern. Solche Variablen sind in der Bourne-Shell grundsätzlich groß geschrieben. Im Folgenden werden die Standardvariablen der Bourne-Shell beschrieben.

CDPATH

Diese Variable ist standardmäßig nicht mit einem Wert belegt, dies muss vom Benutzer durchgeführt werden. Sie enthält alle Verzeichnisse, die vom Befehl cd nach einem Unterverzeichnis durchsucht werden sollen (entsprechend der Variablen PATH). Dies dient der Abkürzung der Pfadeingabe. Im nachfolgenden Beispiel wird auf diese Weise direkt ins Unterverzeichnis /etc/skel verzweigt:

```
$ CDPATH=/export/home/her:/usr:/etc:.
$ export CDPATH
$ pwd
/sbin
$ cd skel
/etc/skel
$ pwd
/etc/skel
```

> Wenn Sie diese Variable verwenden, müssen Sie ihr unbedingt als Verzeichnis auch den Punkt ».« für das aktuelle Verzeichnis angeben. Ansonsten funktioniert die Angabe von relativen Pfaden nicht mehr!

EDITOR

Diese Variable definiert den Standardeditor der Shell. Bestimmte Programme, wie zum Beispiel der Befehl crontab (vgl. Tag 9), verwenden diese Variable, da sie einen Editor zur Ausführung benötigen. Diese Variable wird nur verwendet, wenn die Variable VISUAL nicht definiert wurde.

HOME

Diese Variable enthält den Verzeichnispfad für das Homeverzeichnis des Benutzers, in das der Befehl cd wechselt, wenn er ohne Argument an der Befehlszeile eingegeben wird.

HZ

Diese Variable enthält die grundlegende Taktfrequenz für den Kernel. Normalerweise beträgt der Wert 100 Hz (10 ms). Sie sollte auf keinen Fall verändert werden, da sie auch die Verarbeitungszeit bestimmt, die einem Prozess zugewiesen wird.

IFS

Diese Variable enthält das interne Feldtrennzeichen, das zum Erkennen von getrennten Worten verwendet wird. In der Regel ist ein solches Feldtrennzeichen das Leerzeichen oder ein Tabulatorzeichen oder der Zeilenumbruch oder ein Doppelpunkt.

LANG

Diese Variable wird zur Einstellung der Sprachumgebung verwendet. Gleichzeitig hat der Wert der Variable Auswirkung auf Datums- und Zeitausgaben, Währungsangaben und Sortierreihenfolgen. Die Standardeinstellung ist C für US-Englisch. Die Einstellung für die deutsche Sprache lautet de.

LOGNAME

Diese Variable enthält den Anmeldenamen des Benutzers.

MAIL

Diese Variable setzt den Pfad für die Maildatei des Benutzers, die in der Regel /var/mail/*benutzername* lautet.

MAILCHECK

Diese Variable gibt in Sekunden an, wie oft die Mails für einen Benutzer abgefragt werden sollen. Lautet der Wert 0, dann wird nach jeder Befehlseingabe geprüft, ob neue E-Mails angekommen sind.

MAILPATH

Diese Variable ist eine Ergänzung zur Variablen MAIL und enthält eine Liste von Dateien, in die eingehende E-Mails abgelegt werden sollen. Die Eingabe erfolgt durch Kommas getrennt.

OPTIND

Diese Variable wird für die Shellprogrammierung benötigt. Sie enthält den Indexwert des letzten Arguments, der standardmäßig 1 lautet.

PATH

Diese Variable enthält eine durch Doppelpunkte getrennte Liste von Verzeichnisnamen, die durchsucht werden, wenn die Shell nach einem an der Befehlszeile angegebenen Befehl sucht. Diese Verzeichnisse werden dabei von links nach rechts durchsucht, um den auszuführenden Befehl zu finden. Der erste gefundene Befehl wird von der Shell ausgeführt.

Findet die Shell den Befehl nicht in den aufgelisteten Verzeichnissen, erhalten Sie folgende Fehlermeldung:

befehl: not found

Shells und Shellprogrammierung

Wenn der Befehl in einem Verzeichnis abgelegt ist, das nicht in der Variablen PATH angegeben wurde, kann dieser an der Befehlszeile nur mit Hilfe des absoluten Pfadnamens eingegeben werden, zum Beispiel:

$ /usr/bin/who

Bei Bedarf lässt sich die Variable PATH auch erweitern. In diesem Beispiel wird sie um das Homeverzeichnis eines Benutzers ergänzt.

```
$ echo $PATH
/usr/bin:/usr/openwin:/bin/usr/ucb:
$ PATH=$PATH:~
$ echo $PATH
/usr/bin:/usr/openwin/bin:/usr/ucb:/export/home/her
```

> Wenn Sie dieser Variable einen Punkt ».« für das jeweilige aktuelle Verzeichnis mitgeben, bedeutet das eine gewisse Sicherheitslücke im System. Daher sollte man dies besser vermeiden.

PS1

Diese Variable enthält das primäre Promptzeichen der Shell, also das Dollarzeichen $ für einen einfachen Benutzer und das Hash-Zeichen # für *root*. Es kann aber jederzeit von Ihnen Ihren eigenen Wünschen entsprechend angepasst werden. Im folgenden Beispiel zeigt das Promptzeichen den Benutzer- und den Hostnamen an:

```
$ PS1="$LOGNAME@`hostname`> "
her@suso1>
```

Der Wert für den Benutzernamen wird aus der Variablen LOGNAME ausgelesen und die Ausgabe des Hostnamens erfolgt durch Befehlssubstitution des Befehls hostname.

PS2

Diese Variable enthält das sekundäre Promptzeichen, in der Regel das Größerzeichen >. Dieser Prompt wird von der Shell verwendet, wenn ein Befehl noch nicht abgeschlossen wurde, das heißt, sie wartet auf weitere Eingaben. Der Sekundärprompt kann durch [Ctrl]+[c] abgebrochen werden.

PWD

Diese Variable enthält das aktuelle Verzeichnis.

SHACCT

Diese Variable enthält einen Dateinamen für Abrechnungsinformationen. Diese Datei kann von den Befehlen acctcom und /usr/lib/acct/acctcms ausgewertet werden (vgl. Tag 12).

SHELL

Diese Variable enthält den Namen der Anmeldeshell, zum Beispiel /bin/sh. Auch Programme, wie zum Beispiel vi, verwenden diese Variable, wenn sie in eine Shell verzweigen.

TERM

Diese Variable enthält den Bildschirmtyp und wird von Programmen ausgewertet, die bildschirmorientiert arbeiten.

TERMCAP

Diese Variable enthält als Alternative zur Variablen TERM eine Bildschirmbeschreibung für Programme, die für die Bildschirmsteuerung die Variable TERMCAP benötigen.

TZ

Diese Variable enthält eine Abkürzung für die eingestellte Zeitzone, die in der Regel bei der Systeminstallation eingegeben wird. Der Wert für die Variable wird der Datei /etc/default/init oder /etc/TIMEZONE entnommen, wodurch auf eine Datei im Verzeichnis /usr/share/lib/zoneinfo verwiesen wird.

VISUAL

Diese Variable definiert den Standardeditor der Shell. Bestimmte Programme, wie zum Beispiel der Befehl crontab (vgl. Tag 9), verwenden diese Variable, da sie einen Editor zur Ausführung benötigen.

> Einige der Variablen werden bei der Anmeldung des Benutzers definiert, wie zum Beispiel HOME und LOGNAME. Andere werden während der Arbeit am System von der Shell gesetzt, wie zum Beispiel PWD und PS1, und manche werden durch einen Benutzer oder eine Datei zugewiesen, wie zum Beispiel TERM.

Optionen der Bourne-Shell

Optionen sind Schalter, die das Verhalten der Shell steuern. Durch Angabe des Minuszeichens »-« wird die Option aktiviert, durch das Pluszeichen »+« wird sie deaktiviert. Im nachfolgenden Beispiel wird der Schalter -f gesetzt, wodurch Metazeichen nicht mehr als solche interpretiert werden:

```
$ set -f
$ ls *
*: No such file or directory
```

Nun wird diese Option wieder deaktiviert:

```
$ set +f
$ ls *
her  her1  her2  her3  her4  her11  her99  her111  herb  herd
```

Die folgende Tabelle enthält weitere Optionen der Bourne-Shell.

Option	Bedeutung
-a	Variablen, die neu erzeugt oder geändert werden, werden ohne den Befehl export automatisch exportiert.
-e	Die Shell wird sofort beendet, wenn ein Befehl einen Returncode ungleich 0 zurückgibt, also ein Fehler auftritt. Dadurch lassen sich Fehler in Shellskripten abfangen.
-n	Die Shell liest Befehle und prüft deren Syntax, führt sie aber nicht aus.
-t	Die Shell wird nach Ausführung eines Befehls sofort beendet.
-u	Die Verwendung nicht existierender Variablen führt zu Fehlermeldungen.
-v	Befehle werden so angezeigt, wie von der Shell gelesen.
-f	Befehle werden so angezeigt, wie von der Shell ausgeführt.

Tabelle 7.9: Optionen der Bourne-Shell

Integrierte Befehle der Bourne-Shell

Die nachfolgende Auflistung enthält nur einige der wichtigsten in die Bourne-Shell integrierte Befehle. Eine vollständige Liste mit ausführlichen Erläuterungen erhalten Sie mit dem Befehl man sh.

Der Befehl cd

Mit diesem Befehl kann zwischen Verzeichnissen gewechselt werden (vgl. Tag 3).

Der Befehl exec

Wenn Sie dem Befehl exec einen Programmnamen als Argument übergeben, wird dieses Programm statt der aktuellen Shell ausgeführt. Das bedeutet, dass die Shell durch die Ausführung des Programms ersetzt wird.

Der Befehl exit

Dieser Befehl beendet die Shell.

Der Befehl hash

Dieser Befehl gibt eine so genannte Hash-Tabelle aus. In dieser sind die absoluten Pfade für die Ausführung von Befehlen gespeichert, die entweder eingegeben oder über die Variable PATH gesucht wurden. Beim nächsten Aufruf eines Programms müssen auf diese Weise nicht wieder alle Verzeichnisse der Variablen PATH durchsucht werden, falls sich bereits ein entsprechender Eintrag in der Tabelle befindet.

```
$ hash
hits    cost    command
2       2       /usr/bin/more
1       2       /usr/bin/su
1       2       /usr/bin/grep
4       2       /usr/bin/ls
```

Die Spalte »hits« enthält die Anzahl der Aufrufe für den Befehl, die Spalte »cost« gibt den Aufwand für die Suche wieder. Wurde ein relativer Pfad für einen Befehl verwendet, um in das entsprechende Verzeichnis des Befehls zu wechseln, dann wird der gespeicherte Ort für diesen Befehl erneut berechnet, was den Wert in der Spalte »cost« erhöht und zur Abbildung eines Sterns in der Spalte »hits« führt. Die dritte Spalte enthält den vollen Pfadnamen des Befehls.

Die Hash-Tabelle kann durch Verwendung der Option -r neu aufgebaut werden. Sie wird außerdem gelöscht, wenn die Variable PATH verändert wird.

Der Befehl login

Mit Hilfe dieses Befehls kann man sich unter einer anderen Benutzerkennung am System anmelden. Dabei wird allerdings die aktuelle Shell durch die des neuen Benutzers ersetzt, daher empfiehlt sich zum Anmelden unter einer anderen Kennung eher der Befehl rlogin (vgl. Tag 16). Das folgende Beispiel zeigt, wie die Shell ersetzt wird:

```
$ ps
PID     TTY     TIME    CMD
366     pts/5   0:00    ksh
$ exec login
login: her
passwd:
$ ps
PID     TTY     TIME    CMD
387     pts/5   0:00    bash
```

Der Befehl pwd

Dieser Befehl gibt das aktuelle Verzeichnis aus.

Der Befehl trap

Mit Hilfe des Befehls trap lassen sich an ein Shellskript gesandte Signale abfangen, wie Sie zum Beispiel in der systemweiten Initialisierungsdatei /etc/profile schon gesehen haben. Es können alle Signale bis auf Signal 9 (KILL) abgefangen werden (vgl. Tag 9).

In der Regel werden Signale am Anfang eines Shellskripts oder einer Routine eines Skripts wie folgt abgefangen, in diesem Beispiel das Signal 2 (INT) und 3 (QUIT):

```
trap "" 2 3
```

und am Ende des Skripts oder der Routine wieder freigegeben:

```
trap 2 3
```

> Der Befehl und die Bedeutung von Signalnummern werden ausführlicher an Tag 9, Prozessverwaltung, besprochen.

Der Befehl type

Dieser Befehl gibt aus, wie ein Befehl von der Shell interpretiert wird. Im ersten Beispiel wird der Befehl als selbständiges Unix-Programm erkannt:

```
$ type cat
cat is /usr/bin/cat
```

Es werden auch Einträge der Hash-Tabelle entsprechend erkannt:

```
$ type more
more is hashed (/usr/bin/more)
```

Im nächsten Beispiel handelt es sich um einen in die Shell integrierten Befehl:

```
$ type pwd
pwd is a shell builtin
```

Der Befehl ulimit

Mit Hilfe dieses Befehls können Benutzern Grenzen für den Verbrauch von Systemressourcen gesetzt werden (vgl. Tag 8).

Der Befehl umask

Mit Hilfe dieses Befehls können die Standardzugriffsrechte gesetzt werden (vgl. Tag 6).

Die Korn-Shell

Die Korn-Shell entspricht in ihren Grundzügen der Bourne-Shell, weist aber beträchtliche Erweiterungen auf. Ihr Standardpromptzeichen ist ebenfalls das Dollarzeichen $ für den einfachen Benutzer und das Hash-Zeichen # für *root*. Sie liest und verarbeitet auch zuerst die systemweite Initialisierungsdatei /etc/profile (vgl. Abschnitt 7.5) und anschließend die Initialisierungsdatei .profile im Homeverzeichnis des Benutzers. Die Korn-Shell kann zusätzlich auch eine zweite Initialisierungsdatei des Benutzers interpretieren, die Datei .kshrc in seinem Homeverzeichnis.

Die Datei .profile wird nur einmal von der Anmeldeshell oder beim Aufruf eines Konsolfensters ausgeführt und enthält in der Regel Umgebungsvariablen und Terminaleinstellungen. Alternativ kann ein Befehl zum Starten einer Anwendung beim Anmelden hinterlegt werden. Enthält die Datei .profile eine Umgebungsvariable mit dem Namen ENV, dann wird als Nächstes die Datei ausgeführt, deren Name dieser Variablen zugeordnet ist, in der Regel lautet diese .kshrc:

ENV=~/.kshrc

Diese Datei enthält Variablen und Aliase der Korn-Shell und wird jedes Mal ausgeführt, wenn eine Subshell der Korn-Shell gestartet wird.

> Es ist möglich, dieser Datei einen anderen Namen zu geben. Dieser muss dann allerdings auch der Variablen ENV zugeordnet werden.

Ein Benutzer kann folgende Einstellungen in der Datei definieren:

Festlegen der Promptzeichen mit Hilfe der Variablen PS1 und PS2

- Aliasdefinitionen
- Erstellung von Korn-Shell-Funktionen
- Festlegen von Variablen für die History-Umgebung
- Definieren von Korn-Shell-Optionen
- Einlesen weiterer Initialisierungsdateien

Änderungen in diesen Initialisierungsdateien werden genau wie bei der Bourne-Shell nur aktiv, wenn Sie sich das nächste Mal anmelden oder sie mit dem Punkt-Befehl neu einlesen:

```
$ . ~/.profile
$ . ~/.kshrc
```

Auch bei der Korn-Shell werden diese Dateien beim Systemstart nur gelesen, wenn die Variable DTSOURCEPROFILE in den Dateien .dtprofile und /usr/dt/config/sys.dtprofile den Wert true enthält (vgl. Abschnitt 7.5).

Shellvariablen

Die Shellvariablen der Korn-Shell werden auf genau dieselbe Weise wie bei der Bourne-Shell definiert, geändert, gelöscht und exportiert.

Die Korn-Shell kennt aber einige Standardvariablen mehr als die Bourne-Shell. Nachfolgend werden nur die Variablen vorgestellt, die in der Bourne-Shell nicht bekannt sind.

COLUMNS

Diese Variable definiert die Breite der Befehlszeile für die Ausgabe, der Standardwert ist 80 Spalten.

ENV

Diese Variable enthält den Namen der zweiten Initialisierungsdatei der Korn-Shell.

ERRNO

Diese Variable enthält den Returncode des letzten Systemaufrufs der Shell und kann zur Fehlersuche verwendet werden.

FCEDIT

Diese Variable enthält den Standardeditor für den History-Befehl fc, Standardwert ist der Editor ed.

FPATH

Diese Variable enthält den Suchpfad für Funktionsdefinitionen. Standardmäßig werden die Pfadangaben von FPATH nach denen von PATH durchsucht. Gibt es einen Befehl in einer der Pfadangaben von PATH mit demselben Namen wie eine gesuchte Funktion, so wird dieser Befehl zuerst gefunden.

HISTFILE

Diese Variable enthält den Namen der Datei, in der die History-Liste gespeichert wird. Standardmäßig heißt die Datei .sh_history.

HISTSIZE

Diese Variable definiert, wie viele Befehle in der History-Liste gespeichert werden sollen. Der Standardwert ist 128.

LINENO

Diese Variable enthält die Nummer der im Moment ausgeführten Zeile eines Skripts. Wird nur eine Kommandozeile verwendet, lautet der Wert 1.

LINES

Diese Variable enthält die Zeilenlänge des Bildschirms, die standardmäßig 25 Zeilen beträgt.

OLDPWD

Diese Variable enthält den Namen des Verzeichnisses, in das vor dem aktuellen Verzeichnis verzweigt wurde.

PPID

Diese Variable enthält die Prozess-ID der übergeordneten Shell.

PS3 und PS4

Die Variable PS3 enthält das Promptzeichen, das von der Shell-Anweisung select verwendet wird, und lautet standardmäßig »#?«. Die Variable PS4 enthält das Promptzeichen für die Shelloption -x und lautet standardmäßig »+«.

RANDOM

Diese Variable gibt eine Zufallszahl zwischen 0 und 32.767 aus.

SECONDS

Diese Variable enthält die Zeit in Sekunden, die vergangen ist, seit die Shell gestartet wurde.

TMOUT

Diese Variable enthält die Zeit in Sekunden, nach der ein automatisches Abmelden des Benutzers erfolgen soll, wenn dieser eine bestimmte Zeitspanne nicht mehr aktiv ist.

Optionen der Korn-Shell

Mit diesen Optionen können Sie das Verhalten der Korn-Shell steuern. Die Werte der Optionen sind entweder on oder off. Mit dem Befehl set -o geben Sie die gesetzten Optionen aus:

```
$ set -o
Current option settings
allexport        off
bgnice           on
emacs            off
errexit          off
gmacs            off
ignoreeof        off
interactive      on
keyword          off
markdirs         off
```

Shells und Shellprogrammierung

```
monitor      on
noexec       off
noclobber    off
noglob       off
nolog        off
notify       off
nounset      off
privileged   off
restricted   off
trackall     off
verbose      off
vi           on
viraw        off
xtrace       off
```

Mit Hilfe des Befehls

$ **set -o** *option*

aktivieren Sie eine Option, das heißt, Sie setzen diese auf on. Der Befehl

$ **set +o** *option*

deaktiviert die Option, das heißt, Sie setzen diese auf off.

Die folgende Tabelle erläutert diese Optionen.

Option	Beschreibung
Allexport	Durch die Aktivierung dieser Option werden neu definierte Shellvariablen automatisch zu Umgebungsvariablen.
Bgnice	Durch die Aktivierung dieser Option werden Hintergrundprogramme mit einer niedrigeren Prozesspriorität als die der startenden Shell versehen.
emacs	Durch die Aktivierung dieser Option kann die Befehlszeile mit Hilfe der Funktionen des Editors emacs bearbeitet werden.
errexit	Durch die Aktivierung dieser Option wird die Shell bei der Rückgabe eines Statuswerts ungleich 0 beendet, also sobald ein Fehler auftritt.
gmacs	Durch die Aktivierung dieser Option kann die Befehlszeile mit Hilfe der Funktionen des Editors gemacs (GNU-Version von emacs) bearbeitet werden.
ignoreeof	Durch die Aktivierung dieser Option ist es nicht mehr möglich, eine Shell durch Betätigen von [Ctrl]+[d] zu beenden.

Tabelle 7.10: Optionen der Korn-Shell

Option	Beschreibung
interactive	Durch die Aktivierung dieser Option werden alle Zeichen, die dem Hash-Zeichen # folgen, als Kommentare behandelt.
keyword	Durch die Aktivierung dieser Option werden alle Variablen eines Befehls automatisch als Shellvariablen definiert.
markdirs	Durch die Aktivierung dieser Option werden alle Verzeichnisse bei der Ausgabe mit einem nachfolgenden Schrägstrich / gekennzeichnet, wenn der aufrufende Befehl ein Metazeichen beinhaltet, zum Beispiel ls *.
monitor	Durch die Aktivierung dieser Option werden beim Beenden von Hintergrundprozessen Meldungen ausgegeben.
noexec	Durch die Aktivierung dieser Option werden Befehle nicht ausgeführt, sondern nur auf ihre Richtigkeit hin überprüft.
noclobber	Durch die Aktivierung dieser Option wird verhindert, dass bei der Ausgabeumlenkung bereits bestehende Dateien überschrieben werden.
noglob	Durch die Aktivierung dieser Option wird verhindert, dass die Shell Dateinamen mit Hilfe von Sonderzeichen erzeugen kann.
nolog	Durch die Aktivierung dieser Option werden keine definierten Funktionen in der History-Liste gespeichert.
notify	Durch die Aktivierung dieser Option wird dem Benutzer angezeigt, dass ein Hintergrundprozess beendet wurde, ohne dass zuvor die ⏎-Taste an der Befehlszeile betätigt werden muss.
nounset	Durch die Aktivierung dieser Option wird ein Befehl abgebrochen, wenn er nicht existierende Variablen verwendet.
privileged	Durch die Aktivierung dieser Option wird verhindert, dass die Initialisierungsdateien (.profile und .kshrc) im Homeverzeichnis des Benutzers verwendet werden. Stattdessen wird die Datei /etc/suid_profile gelesen.
restricted	Durch die Aktivierung dieser Option werden die Möglichkeiten für den Benutzer bei der Bedienung der Shell stark eingeschränkt. Er arbeitet dann mit einer so genannten Restricted Shell.
trackall	Durch die Aktivierung dieser Option erhält jeder Befehl beim ersten Aufruf einen so genannten »tracked alias«, das heißt, der Befehl wird mit seinem Pfad als Alias angelegt und nicht mehr über die Variable PATH gesucht.
verbose	Durch die Aktivierung dieser Option wird jeder Befehl vor seiner Ausführung nochmals so angezeigt, wie er von der Shell gelesen wurde.

Tabelle 7.10: Optionen der Korn-Shell (Forts.)

Option	Beschreibung
vi	Durch die Aktivierung dieser Option kann die Befehlszeile mit Hilfe der Funktionen des Editors vi bearbeitet werden.
viraw	Durch die Aktivierung dieser Option wird jedes einzelne Zeichen so bearbeitet, wie wenn es im Editor vi eingegeben würde.
xtrace	Durch die Aktivierung dieser Option wird jeder Befehl vor seiner Ausführung nochmals so angezeigt, wie er von der Shell interpretiert wird.

Tabelle 7.10: Optionen der Korn-Shell (Forts.)

Im folgenden Beispiel werden durch die Verwendung der Korn-Shell-Option noclobber Dateien bei der Ausgabeumlenkung geschützt. Wenn die Standardausgabe in eine bereits vorhandene Datei umgelenkt wird, wird normalerweise diese Datei überschrieben, was zu Datenverlust führen kann. Wurde die Option noclobber aktiviert, dann lässt die Shell nicht zu, dass die Standardausgabe in eine bereits vorhandene Datei umgelenkt wird, und gibt eine Fehlermeldung aus.

```
$ set -o noclobber
$ set -o | grep noclobber
noclobber         on
$ ls -l > dateiliste
$ cat /etc/system > dateiliste
ksh: dateiliste: file already exists
```

Sie deaktivieren die Option noclobber einmalig, indem Sie in der Befehlszeile statt > die Syntax >| verwenden. In diesem Fall wird trotz der aktivierten Option noclobber der Inhalt der Datei überschrieben.

```
$ ls -al >| dateiliste
```

Um die Option noclobber wieder dauerhaft zu deaktivieren, geben Sie folgenden Befehl ein:

```
$ set +o noclobber
```

Integrierte Befehle der Korn-Shell

Die Korn-Shell kennt außer den bereits in der Bourne-Shell integrierten Befehlen noch einige weitere. Die nachfolgende Liste erhebt keinen Anspruch auf Vollständigkeit. Eine vollständige Liste aller Korn-Shell-Befehle erhalten Sie mit dem Befehl man ksh.

Der Befehl command

Der Befehl kann ein Programm, das als Argument übergeben wurde, ausführen, wobei nicht nach definierten Funktionen gesucht wird. Mit Hilfe der Option -p wird der Befehl mit einem Standardwert für PATH durchgeführt, um zu gewährleisten, dass alle Standardprogramme gefunden werden. Die Option -v gibt zusätzlich den Pfad an, der für den angegebenen Befehl verwendet wird. Die Option -V informiert darüber, wie die Shell den Befehl interpretiert:

```
$ command -v more
/usr/bin/more
$ command -V ls
more is a tracked alias for /usr/bin/ls
```

Der Befehl fc

Die Korn-Shell verwaltet mit diesem Befehl ihre History-Liste. Sie können die letzten 16 Befehle mit `fc -l` anzeigen lassen. Die Ausgabe erfolgt dann mit einer Nummer, die anzeigt, in welcher Reihenfolge die Befehle eingegeben wurden.

```
$ fc -l
32      fc -l
33      cd /user
34      pwd
35      cd /usr
36      pwd
37      cd -
38      ls /sbin
39      pwd
40      set -o
41      set -o noclobber
42      ls
43      ls /usr
44      ls /test
45      cp /test/liste /test/liste1
46      fc -l
47      fc -l > fc.txt
```

Sie können aber auch die Nummern der aufzulistenden Befehle als Parameter übergeben:

```
$ fc -l 33 41
```

Die Option -n unterdrückt die Ausgabe der Zeilennummer, während die Option -r die Liste in umgekehrter Reihenfolge ausgibt. Wenn Sie die Option -e verwenden, können Sie die History-Liste an der Befehlszeile mit dem Editor ed editieren. Alternativ können Sie mit der Option -e einen anderen Editor angeben, zum Beispiel den vi:

```
$ fc -e /bin/vi 45
```

Der vi wird geöffnet und Sie können die angegebene Zeile darin editieren. Wenn Sie den vi beenden, wird der geänderte Befehl ausgeführt.

Der Befehl typeset

Dieser Befehl zeigt die exportierten Variablen und deren Typ an. Die folgende Auflistung ist nur ein Ausschnitt der kompletten Ausgabe eines standardmäßigen Solaris-Systems:

```
$ typeset
export PATH
export AB_CARDCATALOG
function ERRNO
export DTUSERSESSION
export XMICONBMSEARCHPATH
export SESSION_SVR
integer OPTIND
export WINDOWID
function LINENO
export OPENWINHOME
export EDITOR
export LOGNAME
export MAIL
export DTSCREENSAVERLIST
function SECONDS
integer PPID
```

Die Syntax des Befehls lautet:

`$ typeset [option] [variable] [wert]`

Mit einem Pluszeichen »+« werden Optionen einer Variablen oder Funktion zugewiesen, mit einem Minuszeichen »-« werden sie wieder deaktiviert.

Die Option -f zeigt die Funktionen zusammen mit dem Quellcode an. Die Funktion -x exportiert die Variablen oder Funktionen automatisch, sobald diese definiert werden.

Der Befehl whence

Dieser Befehl zeigt an, ob ein Programm ein in die Shell integrierter Befehl oder ein selbständiger Befehl ist. Der Befehl cd ist zum Beispiel in die Shell integriert:

```
# whence cd
cd
```

Der Befehl more dagegen ist ein selbständiger Befehl, was daran ersichtlich ist, dass der komplette Pfad ausgegeben wird:

```
# whence more
/usr/bin/more
```

Weitere Funktionen der Korn-Shell

Die History-Funktion

Die Korn-Shell führt eine History-Liste mit den zuletzt verwendeten Befehlen in Form einer Datei, die standardmäßig .sh_history lautet. Auf diese Weise kann der Benutzer bereits ausgeführte Befehle wiederholen, editieren oder ändern.

> Der Name der History-Datei und ihre Größe lassen sich mit Hilfe der Variablen HISTFILE bzw. HISTSIZE ändern.

Bereits eingegebene Befehle können mit Hilfe eines Inline-Editors, wie zum Beispiel dem vi, editiert und wiederholt werden. Dazu muss die Umgebungsvariable EDITOR oder VISUAL entsprechend definiert werden.

Der Befehl history gibt standardmäßig die letzten 16 Befehle aus, wobei ein Befehl mittels seiner Zeilennummer wieder aufgerufen werden kann. Zum Beispiel zeigt der Befehl

```
$ history -4
```

den letzten und die vier vorherigen Befehle an.

Mit Hilfe des Befehls r können Sie einen bestimmten Befehl durch Aufruf seiner Nummer wiederholen:

```
$ r 210
```

Die Dateiergänzungsfunktion

Sie können sich bei der Korn-Shell Schreibarbeit sparen, indem Sie den File Completion-Mechanismus bzw. die Dateiergänzungsfunktion verwenden. Mit ihrer Hilfe werden Namen von Dateien und Verzeichnissen im aktuellen Verzeichnis ergänzt. Dabei sollte der Variablen EDITOR allerdings der Befehl vi zugewiesen werden:

```
$ EDITOR=/bin/vi
```

Nun ist es möglich, mit Hilfe der Tastenkombination [ESC]+[\] unvollständige Datei- und Verzeichnisnamen automatisch zu ergänzen. Geben Sie den Verzeichnisnamen teilweise ein, zum Beispiel:

```
$ cd /ex
```

Drücken Sie dann die Tastenkombination [ESC]+[\] und der Eintrag lautet anschließend:

```
$ cd /export
```

Shells und Shellprogrammierung

Wenn Ihre Eingabe nicht eindeutig ist, wird der Pfad nicht ergänzt. Alternativ können Sie dann die Tastenkombination [ESC]+[=] drücken und Sie erhalten eine Auswahlliste der möglichen Verzeichnisnamen.

Mit der Tastenkombination [ESC]+[*] können Sie alle möglichen Alternativen eines Datei- oder Verzeichnisnamens in einen Befehl einfügen, zum Beispiel:

```
$ ls
her1   her2   her3   her4   testdatei   nocheinedatei   letztedatei
$ cp h
```

Drücken Sie nun die Tastenkombination [ESC]+[*] und der Eintrag lautet anschließend:

```
$ cp her1 her2 her3 her4
```

Sie können den Befehl dann zum Beispiel noch manuell ergänzen und aufrufen:

```
$ cp her1 her2 her3 her4 /tmp
```

Die Aliasfunktion

Ein Alias ist eine Abkürzung für einen UNIX-Befehl und wird mit Hilfe des Befehls alias definiert, zum Beispiel:

```
$ alias dir='ls -l | more'
$ alias dir
ls -l | more
```

Die Shell durchsucht vor der Ausführung eines Befehls eine Liste von Aliasen und ersetzt gegebenenfalls das erste Wort der Befehlszeile durch den Text des Alias.

> Vor und nach dem Gleichheitszeichen einer Aliasdefinition dürfen keine Leerzeichen stehen. Die Aliaszuweisung muss außerdem quotiert werden, wenn darin Sonder- oder Leerzeichen enthalten sind. Trennen Sie mehrere Aliasdefinitionen durch Strichpunkte voneinander.

Die Korn-Shell enthält bereits standardmäßig mehrere vordefinierte Aliase, die gemeinsam mit vom Benutzer definierten Aliasen mit dem Befehl alias angezeigt werden können.

```
$ alias
autoload='typeset -fu'
command='command '
functions='typeset -f'
history='fc -l'
integer='typeset -i'
local=typeset
nohup='nohup '
```

```
r='fc -e -'
stop='kill -STOP'
suspend='kill -STOP $$'
```

Die folgende Tabelle fasst die Bedeutung dieser Aliasdefinitionen zusammen.

Alias	Zuweisung	Bedeutung
autoload	typeset -fu	Automatisches Laden einer Funktion
command	Command	Ausführung eines einfachen Befehls bei gleichzeitiger Unterdrückung des Suchens der Shellfunktion
functions	typeset -f	Ausgabe einer Liste aller definierten Funktionen
history	fc -l	Ausgabe der History-Datei
integer	typeset -i	Definition von Integervariablen
local	Typeset	Definition eines lokales Attributs für Shellvariablen und Shellfunktionen
nohup	Nohup	Jobs laufen weiter, auch wenn der Benutzer sich abgemeldet hat
r	fc -e -	Wiederholen des letzten Befehls
stop	kill -STOP	Anhalten eines Jobs
suspend	kill -STOP $$	Anhalten der aktuellen Shell (nicht einer Anmeldeshell!)

Tabelle 7.11: Aliasdefinitionen der Korn-Shell

Aliasdefinitionen sind häufig Abkürzungen für lange Befehle. Sie können mit Hilfe von Aliasen aber auch interaktive Optionen bei Befehlen standardmäßig aktivieren, wie zum Beispiel bei den Befehlen rm, cp und mv:

```
$ alias rm="rm -i"
$ rm her1
rm: remove her1: (yes/no)? n
```

In diesem Fall werden Sie von der Shell erst gefragt, bevor Sie eine vorhandene Datei löschen können.

Eine Aliasdefinition lässt sich einmalig deaktivieren, indem Sie vor den Alias einen Backslash (\) schreiben:

```
$ rm her2
rm: remove her2 (yes/no)? n
```

```
$ \rm her2
$ ls her2
her2: No such file oder directory
```

Mit Hilfe des Befehls `unalias` können Sie Aliase aus der Aliasliste wieder löschen, zum Beispiel:

```
$ unalias dir
$ dir
ksh: dir:   not found
```

> Aliasdefinitionen müssen in Initialisierungsdateien hinterlegt werden, wie zum Beispiel die Dateien ~/.profile oder ~/.login, damit sie nach jedem Systemstart in jeder Shell bekannt sind.

Korn-Shell-Funktionen

Mit Hilfe von Funktionen können Sie angepasste Befehle konstruieren, da im Gegensatz zu Aliasen die Übergabe von Argumenten möglich ist. Um den im vorherigen Abschnitt definierten Alias `dir` für ein bestimmtes Verzeichnis aufzurufen, mussten Sie zuvor in dieses Verzeichnis wechseln. Einer Funktion können dagegen ein oder mehrere Verzeichnisnamen als Argument(e) übergeben werden.

> Eine Funktion ist eine Ansammlung von Befehlen, die als eigenständige Routinen definiert sind.

Eine Funktion definieren Sie mit folgender Syntax:

```
$ function name { befehl; . . . befehl; }
```

Im folgenden Beispiel wird eine Funktion mit dem Namen *anzahl* erzeugt, die den Befehl `ls` aufruft und die Ausgabe dem Befehl `wc` übergibt, der die Gesamtanzahl aller Dateien und Unterverzeichnisse ausgibt. $1 ist der Parameter für das Argument, das der Funktion übergeben wird.

```
$ function anzahl { ls -al $1 | wc -l; }
$ anzahl /usr
    51
```

> Wenn Sie sowohl einen Alias als auch eine Funktion mit demselben Namen erstellt haben, dann wird die Aliasdefinition vorrangig behandelt.

Mit folgendem Befehl erhalten Sie eine Liste aller definierten Funktionen:

`$ typeset -f`

> Sie können Funktionen auch definieren, ohne den Begriff `function` im Befehl anzuwenden. Die obige Funktion ließe sich auch wie folgt definieren: `anzahl () { who | wc -l; }`.

Sie können eine Funktion auch wieder löschen, indem Sie den folgenden Befehl verwenden:

`$ unset -f funktionsname`

Die C-Shell

Die C-Shell erhielt ihren Namen aufgrund der Ähnlichkeit ihrer Shellprogrammierung mit der Programmiersprache C. Das Standardpromptzeichen ist das Prozentzeichen %, wobei unter Solaris vor dem Prozentzeichen in der Regel der Rechnername angezeigt wird. Auch in der C-Shell hat *root* das Hash-Zeichen als Prompt. Bei der C-Shell bleiben gestartete Hintergrundprozesse erhalten, auch wenn der Vaterprozess beendet wird, zum Beispiel durch das Abmelden eines Benutzers.

Wenn sich ein Benutzer, dem in der Datei `/etc/passwd` die C-Shell zugewiesen wurde, am System anmeldet, dann wird zuerst die systemweite Initialisierungsdatei `/etc/.login` gelesen. Die standardmäßig von Solaris vorgegebene Datei `/etc/.login` ähnelt inhaltlich der Initialisierungsdatei `/etc/profile` der Bourne- und Korn-Shell. Die ersten Zeilen sind Kommentarzeilen:

```
suso1% cat /etc/.login
#ident "@(#)login.csh1.798/10/03 SMI"
# The initial machine wide defaults for csh.
```

Es folgt die Abfrage und gegebenenfalls die Zuweisung der Variablen TERM:

```
if ( $?TERM == 0 ) then
      if { /bin/i386 } then
          setenv TERM sun-color
      else
          setenv TERM sun
      endif
else
      if ( $TERM == "" ) then
          if { /bin/i386 } then
              setenv TERM sun-color
          else
```

```
            setenv TERM sun
        endif
    endif
endif
```

Die folgende Bedingungsschleife legt fest, dass die Anzeige der Datei /etc/motd von Mail und Quoten unterdrückt wird, wenn eine Datei .hushlogin im Homeverzeichnis des Benutzers vorliegt:

```
if (! -e .hushlogin ) then
    /usr/sbin/quota
    /bin/cat -s /etc/motd
    /bin/mail -E
    switch ( $status )
    case 0:
        echo "You have new mail."
        breaksw;
    case 2:
        echo "You have mail."
        breaksw;
    endsw
endif
```

Nachdem diese Datei gelesen wurde, wird im Homeverzeichnis des Benutzers nach der Initialisierungsdatei .login gesucht und diese eingelesen und verarbeitet, wenn sie vorhanden ist. In der Regel wurde diese beim Anlegen des Benutzers aus der Vorlagendatei /etc/skel/local.login automatisch oder manuell kopiert (vgl. Tag 8). Sie wird nur beim Anmelden gelesen und enthält Umgebungsvariablen. Sie sieht standardmäßig wie folgt aus:

```
suso1% cat ~/.login
# @(#)local.login 1.5      98/10/03 SMI
stty -istrip
# setenv TERM `tset -Q -`
```

Zuerst enthält die Datei Kommentarzeilen und dieselbe Konfiguration für serielle Datenleitungen wie die Datei .profile. Anschließend wird die grafische Oberfläche gestartet, wenn die Terminalvariable einen entsprechenden Wert enthält:

```
# if possible, start the windows system. Give user a chance to bail out
if ( "`tty`" == "/dev/console" ) then
    if ( "$TERM" == "sun" || "$TERM" == "sun-color" || "$TERM" ==
    "AT386" ) then
        if ( ${?OPENWINHOME} == 0 ) then
            setenv OPENWINHOME /usr/openwin
        endif
        echo ""
        echo -n "Starting OpenWindows in 5 seconds (type
        Control-C to interrupt)"
```

Die verschiedenen Shells unter Solaris 9

```
            sleep 5
            echo ""
            $OPENWINHOME/bin/openwin
            clear  # get rid of annoying cursor rectangle
            logout # logout after leaving windows system
        endif
endif
```

Dann wird die Initialisierungsdatei .cshrc gelesen, die sich ebenfalls im Homeverzeichnis des Benutzers befindet. Hier werden in der Regel Definitionen für Aliasnamen und für den History-Mechanismus hinterlegt. Die standardmäßige .cshrc in Solaris 9 hat folgenden Inhalt:

```
suso1% cat ~/.login
# @(#)cshrc 1.11 89/11/29 SMI
umask 022
set path=(/bin /usr/bin /usr/ucb /etc .)
if ( $?prompt ) then
        set history=32
endif
```

Hier wird der Filter umask definiert und den Variablen path und history wird ein Wert zugewiesen.

Im Homeverzeichnis lässt sich auch eine Datei mit dem Namen .logout erzeugen, um Aktionen für den Abmeldevorgang eines Benutzers zu definieren.

Shellvariablen

Die C-Shell verwendet ebenfalls lokale und Umgebungsvariablen. Lokale Variablen werden dabei in der Regel klein und Umgebungsvariablen groß geschrieben. Bestimmte lokale Variablen werden auch automatisch von der Shell zu Umgebungsvariablen umgesetzt. Werden die Umgebungsvariablen TERM oder PATH verändert, dann ändert sich automatisch auch der Wert der entsprechenden lokalen Variablen term oder path.

Lokale Variablen werden mit dem Befehl set erzeugt, der ohne Optionen eine Liste von Variablen anzeigt:

```
suso1% set path=($path /export/home/her)
suso1% echo $path
/usr/bin /usr/ucb /export/home/her
suso1% set
cwd        /etc
home       /export/home/her
path       (/usr/bin /usr/ucb /export/home/her)
prompt     suso1%
```

253

Shells und Shellprogrammierung

```
shell    /bin/csh
status   0
user     her
```

Mit dem Befehl unset *variable* lässt sich eine lokale Variable wieder löschen.

Umgebungsvariablen werden mit dem Befehl setenv erzeugt und mit unsetenv wieder entfernt:

```
suso1% setenv BER /export/home/her/protokolle/bericht
suso1% echo $BER
/export/home/her/protokolle/bericht
suso1% unsetenv
suso1% echo $BER
BER: Undefined variable
```

Beachten Sie die unterschiedliche Syntax von set und setenv. Der Befehl set verwendet ein Gleichheitszeichen, der Befehl setenv dagegen ein Leerzeichen, um eine Variable zu definieren.

Die folgende Tabelle fasst alle Befehle zum Setzen, Löschen oder Anzeigen von Variablen der C-Shell nochmals zusammen.

Lokale Variable	Umgebungsvariable	Bedeutung
set var=wert	setenv VAR wert	Setzen einer Variablen
unset var	unsetenv VAR	Löschen einer Variablen
---	set	Anzeige aller lokalen und Umgebungsvariablen
env	---	Anzeige aller Umgebungsvariablen
echo $var	echo $VAR	Anzeige des Variablenwerts

Tabelle 7.12: Überblick über Befehle zum Arbeiten mit Variablen

In der folgenden Tabelle sehen Sie einige weitere lokale Variablen der C-Shell.

Variable	Bedeutung
cwd	Enthält das aktuelle Arbeitsverzeichnis.
filec	Definiert den File-Completion-Mechanismus.
home	Enthält das Homeverzeichnis des Benutzers.

Tabelle 7.13: Lokale Variablen der C-Shell

Variable	Bedeutung
shell	Enthält die Anmeldeshell des Benutzers.
term	Enthält den Terminaltyp.
user	Enthält den aktuellen Benutzernamen.

Tabelle 7.13: Lokale Variablen der C-Shell (Forts.)

Optionen der C-Shell

Sie können beim Aufrufen einer C-Shell das Verhalten mit Hilfe der folgenden Optionen festlegen:

Option	Bedeutung
-e	Im Fehlerfall, das heißt, wenn ein Programm einen Returncode ungleich 0 zurückgibt, soll die Shell beendet werden.
-f	Kein Lesen von .cshrc oder .login beim Starten der Shell.
-n	Zur Syntaxüberprüfung von Skripten: Befehle werden nur gelesen, nicht ausgeführt.
-v	Befehle werden vor ihrer Ausführung angezeigt, wobei nur History-Ersetzungen ausgeführt werden.
-V	Befehle werden vor ihrer Ausführung angezeigt, wobei nur History-Ersetzungen ausgeführt werden. Diese Anzeige wird schon vor dem Lesen von .cshrc aktiviert.
-x	Befehle werden vor ihrer Ausführung angezeigt und alle Ersetzungen werden dabei durchgeführt.
-X	Befehle werden vor ihrer Ausführung angezeigt und alle Ersetzungen werden dabei durchgeführt. Diese Anzeige wird schon vor dem Lesen von .cshrc aktiviert.

Tabelle 7.14: Optionen der C-Shell

Die Optionen ignoreeof, noclobber, noglob, notify und verbose, die Sie bereits bei der Korn-Shell kennen gelernt haben, haben in der C-Shell dieselbe Bedeutung sowie einige weitere Optionen (vgl. man csh). Sie werden auch mit dem Befehl set, aber mit einer anderen Syntax als bei der Korn-Shell aktiviert:

susol% **set noclobber**

Auch die Syntax, um einen durch noclobber aktivierten Überschreibschutz einmalig zu übergehen, lautet etwas anders:

suso1% `ls -al >! dateiliste`

Integrierte Befehle der C-Shell

Die C-Shell kennt auch die eingebauten Befehle login, exit und exec wie die Bourne- und die Korn-Shell. Die folgende Auflistung weiterer in die C-Shell integrierter Befehle erhebt keinen Anspruch auf Vollständigkeit.

hashstat

Dieser Befehl zeigt die Hash-Tabelle an (vgl. Befehl hash der Bourne-Shell).

rehash

Mit diesem Befehl wird die Hash-Tabelle neu aufgebaut, zum Beispiel nach dem Verändern der Variable path.

unhash

Dieser Befehl schaltet die Hash-Funktion ab.

logout

Dieser Befehl beendet die Anmeldeshell und zeigt eine neue Anmeldeaufforderung an.

Weitere Funktionen der C-Shell

Die History-Funktion

Auch die C-Shell führt eine History-Liste mit den zuletzt verwendeten Befehlen. Aktiviert wird diese Funktion durch das Setzen der Variablen history mit einem numerischen Wert, der die Anzahl der zu speichernden Befehle bestimmt:

suso1% `set history=60`

Der Befehl history gibt die History-Liste aus, wobei ein Befehl mittels seiner Zeilennummer, der ein Ausrufezeichen ! vorangestellt wird, wieder aufgerufen werden kann:

```
susol% history
1    ls -a
2    cd /etc
3    pwd
4    vi /etc/passwd
5    cd /sbin
susol% !2
cd /etc
```

Es ist auch möglich, einen Befehl durch Angabe der ersten Zeichen erneut aufzurufen, zum Beispiel:

```
susol% !vi
vi /etc/passwd
```

Der letzte Befehl lässt sich durch Eingabe von

```
susol% !!
vi /etc/passwd
```

wiederholen.

Die Dateiergänzungsfunktion

Sie können sich auch bei der C-Shell Schreibarbeit sparen, indem Sie die Dateiergänzungsfunktion bzw. den File Completion-Mechanismus verwenden. Mit ihrer Hilfe werden Namen von Dateien und Verzeichnissen im aktuellen Verzeichnis ergänzt. Dazu muss die Variable filec gesetzt werden:

```
susol% set filec
```

Mit Hilfe der Taste [ESC] lassen sich nun Datei- und Verzeichnisnamen ergänzen. Geben Sie den Verzeichnisnamen teilweise ein, zum Beispiel:

```
susol% cd /ex
```

Drücken Sie die Taste [ESC] und der Eintrag lautet anschließend:

```
susol% cd /export
```

Wenn Ihre Eingabe nicht eindeutig ist, wird der Pfad nicht ergänzt. Alternativ können Sie die Tastenkombination [Ctrl]+[d] drücken und Sie erhalten eine Auswahlliste der möglichen Verzeichnisnamen.

Die Aliasfunktion

Auch die C-Shell kennt Aliase als Abkürzung für einen UNIX-Befehl und wird ebenfalls mit Hilfe des Befehls alias definiert, allerdings mit einer etwas anderen Syntax:

```
suso1% alias dir 'ls -l | more'
suso1% alias dir
suso1% dir='ls -l | more'
```

Die C-Shell durchsucht vor der Ausführung eines Befehls eine Liste von Aliasen und ersetzt gegebenenfalls das erste Wort der Befehlszeile durch den Text des Alias.

Eine Aliasdefinition kann auch in der C-Shell einmalig deaktiviert werden, indem Sie vor den Alias einen Backslash (\) schreiben:

```
suso1% alias rm "rm -i"
suso1% rm her2
rm: remove her2 (yes/no)? n
suso1% \rm her2
suso1% ls her2
her2: No such file oder directory
```

Mit Hilfe des Befehls unalias können Sie Aliase aus der Aliasliste wieder löschen, zum Beispiel:

```
suso1% unalias dir
suso1% dir
dir: command not found
```

> Aliasdefinitionen sollten auch in der C-Shell in Initialisierungsdateien hinterlegt werden, damit sie nach jedem Systemstart in jeder Shell bekannt sind.

7.6 Zusammenfassung

An diesem Tag haben Sie erfahren, was eine Shell ist und welche Eigenschaften eine Shell besitzt. Sie kennen die Hauptaufgaben einer Shell, wie zum Beispiel die Analyse der Befehlseingabe und das Ausführen von Befehlen, und die wichtigsten Arten der Shells, wie zum Beispiel die Bourne, Korn-, C- und Bourne-Again-Shell. Sie haben alle Metazeichen der Shells kennen gelernt, wie zum Beispiel die Wildcards, die Befehlssubstitution oder die Quotierungszeichen. Sie können nun Hintergrundprozesse starten und kontrollieren, die Ein- oder Ausgabe von der Tastatur oder dem Bildschirm umlenken und Sie wissen, wie Sie den Pipe-Mechanismus verwenden, um mächtige Befehlsketten zu bilden.

Außerdem wurden die Grundlagen der Shellskriptprogrammierung mit den wichtigsten Programmierelementen, wie zum Beispiel die Befehle if, case und exit, beschrieben. Sie kennen die Positionsparameter der Shell und können ein kleines Shellskript interpretieren oder selbst erzeugen.

Anschließend haben Sie die wichtigsten Shells von Solaris genauer kennen gelernt. Sie haben gelernt, wie die systemweiten und die standardmäßig für den Benutzer vorgegebenen Initialisierungsdateien heißen, wie zum Beispiel /etc/profile oder /etc/.login, und deren Aufbau gesehen. Sie sind in der Lage, diese Dateien Ihren eigenen Bedürfnissen anzupassen. Außerdem wurden der Unterschied zwischen lokalen Variablen und Umgebungsvariablen und die wichtigsten Shellvariablen beschrieben. Sie können nun selbst Variablen in den unterschiedlichen Shells definieren, verändern und wieder entfernen. Die Optionen der unterschiedlichen Shells und die wichtigsten in den Shells integrierten Befehle sind bekannt. Die zusätzlichen Funktionen von Korn- und C-Shell, wie zum Beispiel die History-Funktion, der Dateiergänzungsmechanismus und die Aliasdefinition, wurden ausführlich beschrieben.

7.7 F&A

F *Als Standardshell wurde mir die Korn-Shell zugewiesen. Ich möchte vorübergehend mit der C-Shell arbeiten. Ist das möglich?*

A Ja, entweder durch Aufruf des Befehls csh an der Befehlszeile oder durch den Eintrag /usr/bin/csh in der Initialisierungsdatei .kshrc in Ihrem Homeverzeichnis. Die erste Möglichkeit bleibt nur so lange gültig, wie Ihre aufrufende Shell aktiv ist, mit der zweiten Möglichkeit wird die C-Shell jedem geöffneten Terminalfenster zugewiesen.

F *Ich suche in einem Verzeichnis nach allen Dateinamen, die mit den Buchstaben a oder e oder i oder o oder u beginnen und sechs Zeichen lang sind. Ist die Syntax* ls [a-u]* *korrekt?*

A Nein, mit dieser Syntax werden alle Dateien aufgelistet, deren Name mit einem der Buchstaben a bis »u« beginnt, also auch »b« oder »c«, und anschließend kein, ein oder beliebig viele Zeichen hat. Die korrekte Syntax lautet: ls [aeiou]?????

F *Ich arbeite mit der C-Shell und versuche, in einem Verzeichnis mit dem Befehl* ls [!az]* *alle Dateien aufzulisten, deren Name mit einem Buchstaben beginnt, der weder »a« noch »z« lautet. Warum funktioniert das nicht?*

A Den negierten Auswahlbereich kennt die C-Shell nicht, da das Ausrufezeichen für die History-Funktion der C-Shell reserviert ist. Die Suchabfrage muss also positiv formuliert werden, zum Beispiel ls [b-y]*.

Shells und Shellprogrammierung

F   Ein Kunde hat mir eine Datei mit dem Namen projekt$21;99#4 zugesandt. Wenn ich versuche, die Datei mit dem Befehl mv umzubenennen, erhalte ich die Fehlermeldung insufficient arguments und 99#4 not found. Ist ein Umbenennen nicht möglich?

A   Doch, aber die Sonderzeichen der Datei müssen dabei durch Backslashes oder durch einfache Hochkommata quotiert werden, damit die Shell ihre Sonderbedeutung ignoriert. Der Befehl mv muss lauten: mv 'projekt$21;99#4' projekt21.99.4 oder mv projekt\$21\;99\#4 projekt21.99.4.

F   Als einfacher Benutzer habe ich ein kleines Shellskript geschrieben. Wenn ich es aufrufe, passiert einfach nichts. Dabei habe ich jeden Befehl des Skripts einzeln an der Befehlszeile aufgerufen und es funktioniert. Darf ich als einfacher Benutzer keine Shellskripts schreiben?

A   Doch, aber Sie müssen das Skript hinterher noch ausführbar machen, indem Sie die Ausführrechte zum Beispiel mit dem Befehl chmod 755 meinskript zuweisen.

F   Ich habe als Superuser root die Datei /etc/profile verändert, das heißt ein paar Anpassungen vorgenommen, die für alle Benutzer des Systems gelten sollen. Die Änderungen werden aber nicht wirksam. Kann das daran liegen, dass meine Benutzer mit der C-Shell arbeiten?

A   Ja, denn die C-Shell verwendet nicht die Datei /etc/profile, sondern die Datei /etc/.login. Sie sollten also diese verwenden.

F   Meine Standardshell als einfacher Benutzer ist die Korn-Shell. Ich habe nun Änderungen in der Datei .profile in meinem Homeverzeichnis vorgenommen, doch diese werden nicht wirksam. Gibt es irgendwo noch eine Einstellung, die das verhindert?

A   Ja, überprüfen Sie in den Dateien ~/.dtprofile und /usr/dt/config/sys.dtprofile die Variable DTSOURCEPROFILE: Diese muss den Wert true enthalten.

F   In der Bourne-Shell habe ich eine Variable mit dem Befehl VAR=wert definiert. Wenn ich eine Subshell aufrufe, ist die Variable dort nicht bekannt. Muss ich sie zusätzlich exportieren?

A   Ja, verwenden Sie nach der Zuweisung des Werts den Befehl export, um die Variable von einer lokalen Variablen zu einer Umgebungsvariablen zu machen.

F   Ich möchte den History-Mechanismus der Korn-Shell verwenden. Muss ich dazu etwas beachten?

A   Ja, Sie müssen die Umgebungsvariable EDITOR oder VISUAL entsprechend definieren, das heißt einer der Variablen den Wert /usr/bin/vi zuweisen.

7.8 Übungen

1. Listen Sie im Verzeichnis zuerst alle Dateien auf, die mit »rc« beginnen und beliebig enden. Anschließend lassen Sie alle Dateien anzeigen, die mit »rc« beginnen und drei Zeichen lang sind. Schließlich sollen alle Dateien angezeigt werden, die mit »rc« beginnen und an der dritten Stelle eine Ziffer haben und dann beliebig enden.

2. Starten Sie zuerst den Befehl sleep 1000 und dann den Befehl sleep 2000 im Hintergrund (der Befehl sleep wartet einfach die Anzahl in Sekunden, die ihm übergeben wurden, und endet dann wieder). Lassen Sie sich alle Hintergrundprozesse anzeigen und holen Sie den ersten Befehl dann wieder in den Vordergrund. Anschließend stoppen Sie diesen und stellen ihn erneut in den Hintergrund.

3. Suchen Sie mit dem Befehl find nach allen Dateien im Verzeichnis /etc, die das Suchmuster PASS enthalten. Das Ergebnis soll in eine Datei /tmp/ergebnis und die Fehlermeldungen in eine Datei /tmp/fehler geschrieben werden. Verwenden Sie dazu die Bourne- oder Korn-Shell.

4. Zählen Sie mit Hilfe einer Pipe, wie viele Befehle das Verzeichnis /usr/bin enthält.

5. Schreiben Sie ein kleines Shellskript, um mit Hilfe der Befehle cut und date auszuwerten, was für ein Wochentag der aktuelle Tag ist. Wenn es sich um einen Montag handelt, soll die Meldung »Die Woche beginnt« ausgegeben werden. Für Freitag soll die Meldung »Bald ist Wochenende« erscheinen und bei einem Samstag oder Sonntag soll die Meldung »Hurra, Wochenende« ausgegeben werden. Bei allen übrigen Tagen lautet die Ausgabe »Jetzt geht es los!«.

6. Ändern Sie die Promptvariable PS1 der Korn-Shell so, dass sie den aktuellen Pfad anzeigt.

7. Erweitern Sie die Variable PATH um die Verzeichnisse /etc und Ihr Homeverzeichnis.

8. Leiten Sie die Auflistung des Inhalts des Verzeichnisses /etc in eine Liste /tmp/datei um. Lenken Sie anschließend die Ausgabe des Befehls ps -ef in dieselbe Datei um. Überprüfen Sie den Inhalt der Datei. Aktivieren Sie den Überschreibschutz noclobber (verwenden Sie die Korn- oder C-Shell). Lenken Sie nun nochmals die Ausgabe des Verzeichnisses /etc in diese Datei um. Ist das möglich? Erzwingen Sie anschließend ein Überschreiben der Datei bei der Ausgabeumlenkung.

9. Definieren Sie einen Alias, der hintereinander die Befehle clear, who am i, ls und date verarbeitet.

10. Erstellen Sie eine Korn-Shell-Funktion, die den Inhalt eines Verzeichnisses, das als Parameter übergeben wird, in Langform und bildschirmweise ausgibt.

Tag 1	Einführung in Solaris 9	19
Tag 2	Installation von Solaris 9	39
Tag 3	Wichtige Solaris-Befehle	67
Tag 4	Der OpenBoot-PROM von Sparc-Systemen	107
Tag 5	Das System starten und anhalten	133
Tag 6	Zugriffsrechte unter Solaris	163
Tag 7	Shells und Shellprogrammierung	195

Tag 8	Benutzerverwaltung	265
Tag 9	Prozessverwaltung	307
Tag 10	Gerätekonfiguration unter Solaris	351
Tag 11	Dateisysteme	385
Tag 12	Systemkonfiguration und -überwachung	453
Tag 13	Softwareinstallation	497
Tag 14	Datensicherung	521

Tag 15	Drucker- und Terminalverwaltung	563
Tag 16	Netzwerkeinführung	597
Tag 17	Weiterführende Netzwerktechniken und NFS (Network Filesystem)	643
Tag 18	Der Automounter und das Dateisystem cachefs	669
Tag 19	Autoinstallation (Jumpstart)	689
Tag 20	Namensdienste	713
Tag 21	Solaris Management Console (SMC)	765

Sie haben nun eine Woche lange Ihre ersten Erfahrungen mit der Verwaltung des Betriebssystems Solaris gesammelt. Sie können das Betriebssystem installieren, wissen, wie Sie Hilfe zu Solaris erhalten, können Befehle absetzen und kleine Shellskripte lesen. Sie kennen den OpenBoot-PROM, sind in der Lage, das System hochzufahren und anzuhalten, und wissen, wie Sie die Zugriffsrechte unter Solaris definieren.

Aufbau der zweiten Woche

Die zweite Woche baut zum Teil auf den Themen der ersten Woche auf. An Tag 8 werden die Grundlagen der Systemsicherheit eines Unix-Systems erläutert und Gruppen und Benutzer angelegt, verändert und gelöscht. Das Thema von Tag 9 ist die Prozessverwaltung – hier erfahren Sie, wie Prozesse aufgebaut sind und wie sie erzeugt werden. Die Prozesshierarchie unter Solaris wird ausführlich erläutert. An Tag 10 werden Geräte unter Solaris konfiguriert und die unterschiedlichen Arten von Gerätedateien sowie ihre Bedeutung beschrieben. An Tag 11 erhalten Sie genauen Einblick in den Verzeichnisbaum von Solaris sowie in die verschiedenen Arten von Dateisystemen und den Aufbau des Solaris-Dateisystems ufs. An Tag 12 vertiefen wir verschiedene Bereiche der Betriebssystemkonfiguration, wie zum Beispiel die Aufgaben des Kernels und die einzelnen Kernelmodule. In der zweiten Hälfte dieses Tages werden Befehle zur Systemkonfiguration, die Verwaltung von Crash-Dumps und die Systemprotokollierung erklärt. Am vorletzten Tag der zweiten Woche lernen Sie, wie Sie Softwarepakete installieren und deinstallieren und wie Sie Patches verwalten. Am letzten Tag werden das Thema Datensicherung und die Gründe für eine Datensicherung und -wiederherstellung behandelt. Sie lernen verschiedene Strategien zur Datensicherung und einige dazu benötigte Geräte sowie die Grundlagen für RAID-Systeme kennen.

In der ersten Woche haben Sie die Grundlagen des Betriebssystems Solaris kennengelernt. Nach Abschluss der zweiten Woche sollten Sie in der Lage sein, die wichtigsten Verwaltungsaufgaben unter Solaris durchzuführen.

Tag 8

Benutzerverwaltung

Benutzerverwaltung

An diesem Tag lernen Sie die Grundlagen der Systemsicherheit eines Unix-Systems kennen. Sie werden Gruppen und Benutzer anlegen, verändern und löschen und dabei die Auswirkungen auf die entsprechenden Systemdateien, wie zum Beispiel die Datei /etc/passwd, beobachten. Außer den Befehlen zur Benutzerverwaltung, wie zum Beispiel useradd, usermod und userdel, werden Sie weitere Befehle und Dateien kennen lernen, mit deren Hilfe Sie die Tätigkeiten von Benutzern am System überprüfen können.

Anschließend werden die Möglichkeiten erläutert, Festplattenplatz durch Benutzerquoten und Limitierung der Dateigrößen zu verwalten. Im letzten Teil dieses Tages lernen Sie eine neue Methode von Solaris 9 kennen, wie Sie mit Hilfe von Role Base Access Control (RBAC) die herkömmlichen Unix-Berechtigungen erweitern, um zum Beispiel einige administrative Tätigkeiten zu delegieren.

8.1 Grundlagen der Systemsicherheit

Da Solaris ein multiuserfähiges Netzwerk-Betriebssystem ist, stellt die Zugriffskontrolle ein wichtiges Thema unter Solaris dar. Um diese zu realisieren, werden Benutzerkonten und Passwörter benötigt. Die System- und Datensicherheit wird unter Unix auf zwei Arten gesteuert: einmal über die Authentifizierung aller Systembenutzer und einmal über die Zugriffsberechtigungen auf die Dateien im System, wobei die letztere Möglichkeit bereits an Tag 6 erläutert wurde. Aus diesem Grund liegt der Schwerpunkt des Tages auf der Kontrolle, wer Zugang zum Solaris-System erhält.

Um die Sicherheit in einem Netzwerksystem zu gewährleisten, müssen nicht nur die Anmeldung und die Passwörter überwacht werden, sondern auch die aktuelle Nutzung des Systems. Neben der Zugriffsbeschränkung auf Dateien sollten unbedingt die Anmeldungen des Benutzers *root* und Programme, die das SGID- und SUID-Bit zugewiesen haben, regelmäßig überprüft werden. Darüber hinaus sollten auch generell Netzwerkzugriffe kontrolliert werden.

Das Betriebssystem Solaris hat bereits ein Mindestmaß an Sicherheit implementiert, wie zum Beispiel die Zugangskontrolle. Generell werden immer die Dateien /etc/passwd und /etc/shadow auf den Anmeldenamen und das richtige Passwort überprüft. Weichen die Eingaben von denen der Dateien ab, wird die Anmeldung abgelehnt. Es können aber jederzeit Zusatzpakete für die Sicherheit implementiert werden, wie zum Beispiel Solaris C2.

> Bitte beachten Sie, dass an diesem Tag die Benutzerverwaltung für ein Stand-Alone-System beschrieben wird. Auf die Benutzerverwaltung in einem Netzwerk mit NIS, die aber relativ ähnlich funktioniert, wird noch an Tag 21 eingegangen.

8.2 Gruppen verwalten

Bevor ein Systemadministrator neue Benutzer anlegt, sollte er sich Gedanken über die Zusammenfassung der Benutzer in Gruppen machen. Um die Systemverwaltung zu vereinfachen, werden jeweils aus mehreren Benutzern Gruppen gebildet. Dabei ist zu beachten, dass die Benutzer einer Gruppe zumeist gleiche Tätigkeiten ausführen bzw. zur selben Abteilung gehören und daher Zugriff auf dieselben Dateien und Verzeichnisse benötigen. Dies lässt sich dann über die Gruppenzugehörigkeit steuern (vgl. Tag 6). Jeder Benutzer muss Mitglied in mindestens einer Gruppe sein. Beim Anlegen eines Benutzers wird dieser automatisch der so genannten primären Gruppe zugeordnet. Darüber hinaus kann er in bis zu 15 weiteren Gruppen, den so genannten Sekundärgruppen, Mitglied sein.

Gruppen anlegen

Eine neue Gruppe wird vom Benutzer *root* mit dem Befehl `groupadd` angelegt, zum Beispiel:

```
# groupadd einkauf
```

Dabei wurde der neuen Gruppe automatisch die nächste freie Gruppen-ID (GID) zugewiesen. Es ist aber auch möglich, diese manuell zuzuweisen:

```
# groupadd -g 555 verkauf
```

Der Gruppenname und die GID müssen eindeutig sein, trotzdem gibt es die Möglichkeit, eine mehrfache Vergabe der GID mit der Option -o zu erzwingen:

```
# groupadd -g 555 -o vertrieb
```

> Für Solaris handelt es sich hierbei aber nur um eine einzige Gruppe, da das Betriebssystem intern nur die GID und nicht den Gruppennamen verwendet. Dies kann zu Problemen bezüglich der Zugriffsberechtigungen führen.

Die Datei /etc/group

Die Informationen zu den im System vorhandenen Gruppen befinden sich in der Datei `/etc/group`:

```
# cat /etc/group
root::0:root
other::1:
bin::2:root,bin,daemon
sys::3:root,bin,sys,adm
adm::4:root,adm,daemon
```

```
uucp::5:root,uucp
mail::6:root
tty::7:root,tty,adm
lp::8:root,lp,adm
nuucp::9:root,nuucp
staff::10:
daemon::12:root,daemon
sysadmin::14:
nobody::60001:
noaccess::60002:
nogroup::65534:
test::100:her,olli,doo
einkauf::101:
verkauf::555:
vertrieb::555:
```

Die Datei enthält pro Zeile den Eintrag für eine Gruppe. Sie besteht aus vier durch Doppelpunkte getrennten Feldern mit folgendem Inhalt:

- Das erste Feld enthält den Gruppennamen, der maximal acht Zeichen lang sein kann.

- Im zweiten Feld steht das Gruppenpasswort. Dieses Feld wird in der Regel nicht verwendet, ist aber seit der Entstehung von Unix vorhanden. Da es keinen Befehl gibt, um das Gruppenpasswort zu füllen, müssen Sie bei Bedarf erst einem Benutzer das gewünschte Passwort zuweisen, dieses aus der Datei /etc/shadow (vgl. nächster Abschnitt) kopieren und in das Gruppenpasswortfeld in der Datei /etc/group einfügen. Das Gruppenpasswort wird zum Beispiel vom Befehl newgrp (vgl. Tag 6) verwendet, der temporär die primäre Gruppe eines Benutzers ändert.

- Das dritte Feld enthält die GID der Gruppe. Sie sollte eindeutig sein. Die Ziffern 0 bis 99 und 60.001 und 60.002 sind Systemgruppen vorbehalten. Weitere angelegte Benutzergruppen können von 100 bis 60.000 reichen.

- Das letzte Feld enthält eine Liste von Benutzernamen, für die diese Gruppe die sekundäre Gruppe ist.

Systemgruppen unter Solaris

Die folgende Tabelle fasst die unter Solaris bereits in der Datei /etc/group vorhandenen Standardeinträge zusammen.

Name	GID	Beschreibung
root	0	Die Gruppe für Systemadministratoren.
other	1	Primäre Gruppe für *root* und standardmäßige Defaultgruppe für neue Benutzerkonten.
bin	2	Gruppe, die Besitzer der meisten Befehle ist.
sys	3	Gruppe, die Besitzer der meisten Systemdateien ist.
adm	4	Gruppe, die Besitzer von einigen administrativen Dateien ist.
uucp	5	Gruppe für Objekt- und Spooldateien für das Programm Unix-To-Unix-Copy.
mail	6	Gruppe für das Mailprogramm.
tty	7	Gruppe für Pseudogeräte, Dateizeiger im Verzeichnis /proc und die Befehle write und wall.
lp	8	Gruppe für den Druckdienst.
nuucp	9	Gruppe für die Anmeldung von Remote-Systemen und Dateitransfer.
staff	10	Weitere vorgegebene Gruppe für einfache Benutzer.
daemon	12	Gruppe für die Hintergrundprozesse.
sysadmin	14	Gruppe für Systemadministratoren, die das Admintool verwenden dürfen.
nobody	60001	Gruppe für den NFS-Zugriff.
noaccess	60002	Gruppe für einen Zugriff auf das System über eine Anwendung ohne wirkliche Anmeldung.
nogroup	65534	Ältere SunOS-Version der Gruppe *nogroup*.

Tabelle 8.1: Systemgruppen unter Solaris

Gruppen ändern

Mit dem Befehl groupmod ändern Sie eine bereits vorhandene Gruppe, zum Beispiel:

groupmod -n beschaff einkauf

Mit der Option -n können Sie der Gruppe einen neuen Namen zuweisen. Die GID einer bereits bestehenden Gruppe lässt sich mit der Option -g verändern:

groupmod -g 666 beschaff

Dabei sollten Sie aber unbedingt beachten, dass Dateien und Verzeichnisse, denen diese Gruppe bereits zugeordnet wurde, nicht die neue GID erhalten. Der Befehl `ls -l` zeigt in solchen Fällen nur die GID an, weil kein Gruppenname mehr vorhanden ist. Solche Dateien können mit dem Befehl `find` und der Option `-nogroup` gesucht werden.

Auch bei diesem Befehl lässt sich die doppelte Vergabe einer GID erzwingen, zum Beispiel:

```
# groupmod -g 666 -O buha
```

Gruppen löschen

Mit dem Befehl `groupdel` löschen Sie eine Gruppe wieder, zum Beispiel:

```
# groupdel buha
```

Die Gruppe wird unter Solaris auch gelöscht, wenn es sich um die primäre Gruppe eines Benutzers handelt.

Wenn Sie mit der grafischen Oberfläche CDE arbeiten, können Sie Gruppen auch mit dem grafischen Programm Admintool anlegen, ändern und löschen. Starten Sie das Tool, indem Sie an der Befehlszeile `admintool &` eingeben oder das Admintool aus dem Kontextmenü des Desktops auswählen, das Sie aufrufen, indem Sie mit der rechten Maustaste auf den freien Desktopbereich klicken.

8.3 Benutzer verwalten

Wenn Sie neue Benutzer anlegen, sollten Sie pro Benutzer folgende Informationen bereit halten:

- Der Benutzer- oder Anmeldename, den Sie vergeben möchten, muss eindeutig sein und darf aus zwei bis acht Zahlen und Buchstaben bestehen. Das erste Zeichen muss ein Buchstabe und mindestens ein Zeichen muss ein Kleinbuchstabe sein. Als Sonderzeichen sind nur Unterstriche, Punkte und Bindestriche, aber keine Leerzeichen oder sonstigen Sonderzeichen zugelassen. Sie können den Benutzernamen aus dem Vor- oder Nachnamen oder einer Kombination aus beidem bilden. Es ist aber auch möglich, die Namensvorgabe nach eigenen Vorstellungen zu definieren, zum Beispiel durch Angabe der Abteilung und einer laufenden Nummer.

- Das Passwort muss zunächst vom Administrator vorgegeben werden, um zu vermeiden, dass ein Benutzerkonto ohne Passwort am System existiert. Es sollte aber sofort nach dem ersten Anmelden vom Benutzer geändert werden.

- Das Homeverzeichnis, in das der Benutzer nach der Anmeldung positioniert wird und in dem er Dateien und Verzeichnisse anlegen, ändern und löschen kann.

- Die Anmeldeshell des Benutzers, mit der er arbeiten soll, zum Beispiel die C- oder Korn-Shell. Davon hängt ab, welche systemweiten und benutzereigenen Initialisierungsdateien beim Anmelden oder Starten einer Shell gelesen werden.

Defaultwerte zum Anlegen von Benutzern

Sie legen einen neuen Benutzer mit dem Befehl `useradd` an. Bevor Sie damit beginnen, sollten Sie aber die Defaultwerte, mit denen ein neuer Benutzer angelegt wird, überprüfen und gegebenenfalls ändern, wenn Sie diese Vorgabewerte nicht überschreiben. Der folgende Befehl gibt die Defaultwerte aus:

```
# useradd -D
group=other,1  project=,3  basedir=/home
skel=/etc/skel  shell=/bin/sh  inactive=0
expire=  auths=  profiles=  roles=
```

Sie erhalten die Defaultwerte für die primäre Gruppe, in diesem Beispiel *other*, das Basisverzeichnis für das Homeverzeichnis, in diesem Beispiel /home, das Verzeichnis, in dem sich die Vorlagedateien der benutzereigenen Initialisierungsdateien befinden, in diesem Beispiel /etc/skel, die Anmeldeshell, in diesem Beispiel /bin/sh, die Anzahl der Tage, an denen ein Konto inaktiv sein darf, bevor es automatisch gesperrt wird, in diesem Beispiel 0 (kein Wert) und das Ablaufdatum, das in diesem Beispiel auch keinen Wert hat. Die übrigen Anzeigen betreffen die Role Based Access Control, die in Abschnitt 8.7 genauer erläutert wird.

Nach dem ersten Aufruf des Befehls wird eine entsprechende Datei /usr/sadm/defadduser angelegt, die auch von Hand editiert werden kann:

```
# cat /usr/sadm/defadduser
# Default values for useradd.  Changed Wed Aug  8 17:16:14 2001
defgroup=1
defgname=other
defparent=/export/home
defskel=/etc/skel
defshell=/bin/sh
definact=0
defexpire=
defauthorization=
defprofile=
defproj=3
defprojname=
defrole=
```

Benutzerverwaltung

Sie können die Defaultwerte mit Hilfe der folgenden Optionen ändern, die Sie dem Befehl `useradd -D` übergeben.

Option	Beschreibung
-b	Ändern des Standardbasisverzeichnisses für das Homeverzeichnis des Benutzers.
-e	Ändern des Standardablaufdatums für neue Benutzerkonten.
-f	Ändern der standardmäßigen Anzahl der inaktiven Tage, bevor das Konto automatisch gesperrt wird.
-g	Ändern der Standardgruppe für ein neues Benutzerkonto.

Tabelle 8.2: Optionen zum Ändern von Standardwerten für den Befehl `useradd`

> Die Vorgaben für das Vorlagenverzeichnis und die Shell können Sie nur direkt in der Datei `/usr/sadm/defadduser` ändern.

Im folgenden Beispiel werden die Vorgaben so geändert, dass zukünftig neu angelegte Benutzerkonten das Basishomeverzeichnis `/export/home`, den Wert 30 für die Anzahl inaktiver Tage und die primäre Gruppe `einkauf` zugewiesen bekommen:

```
# useradd -D -b /export/home -g einkauf -i 30
group=einkauf,555  project=,3  basedir=/export/home
skel=/etc/skel  shell=/bin/sh  inactive=30
expire=  auths=  profiles=  roles=
```

Benutzer anlegen

Ein neuer Benutzer wird von *root* mit dem Befehl `useradd` angelegt, wobei der Befehl sehr viele Optionen kennt:

Option	Beschreibung
-A *autorisierung*	Diese Option weist dem Benutzer eine oder mehrere Autorisierungen zu (vgl. Abschnitt 8.7.2).
-c *kommentar*	Diese Option weist dem Benutzerkonto eine ausführliche Beschreibung zu.
-d *verzeichnis*	Diese Option weist dem Benutzerkonto explizit ein Homeverzeichnis zu.

Tabelle 8.3: Optionen zum Ändern von Standardwerten für den Befehl `useradd`

Option	Beschreibung
-e mm/dd/yy	Das Benutzerkonto erhält ein Ablaufdatum.
-f tage	Diese Option weist der Anzahl der inaktiven Tage einen Wert zu, bevor das Konto automatisch gesperrt wird.
-g gid	Diese Option weist die primäre Gruppe zu.
-G gid,gid,...	Diese Option weist die sekundären Gruppen zu.
-k verzeichnis	Diese Option bewirkt, dass die Initialisierungsdateien aus einem anderen Verzeichnis kopiert werden.
-m	Wenn das Homeverzeichnis noch nicht existiert, wird es angelegt.
-o	Diese Option erzwingt die mehrfache Vergabe derselben UID.
-P profil	Diese Option weist dem Benutzer ein oder mehrere Profile zu (vgl. Abschnitt 8.7.2).
-R rolle	Diese Option weist dem Benutzer eine oder mehrere Rollen zu (vgl. Abschnitt 8.7.2).
-s shell	Diese Option weist dem Benutzerkonto eine bestimmte Shell zu.
-u uid	Diese Option weist dem Benutzerkonto eine bestimmte UID zu.

Tabelle 8.3: Optionen zum Ändern von Standardwerten für den Befehl useradd *(Forts.)*

Im nachfolgenden Beispiel wird der Benutzer *hans* einschließlich seines Homeverzeichnisses angelegt. Er erhält die C-Shell, die primäre Gruppe *buha* und die sekundären Gruppen *einkauf* und *versand*. Die Anzahl der inaktiven Tage wird auf 25 gesetzt:

```
# useradd -m -g buha -G einkauf,versand -s /bin/csh -c "Hans Hansen, Raum 327" -f 25 hans
```

Im nächsten Beispiel wird die Benutzerin *anna* mit ihrem Homeverzeichnis angelegt. Sie erhält die Korn-Shell und die primäre Gruppe *einkauf*. Ihr Konto wird am 30.6.2002 ablaufen und ihr wird die UID 999 zugewiesen:

```
# useradd -m -g einkauf -u 999 -s /bin/ksh -c "Anna Anders, Raum 217" -e 06/30/02 anna
```

Die einfachste Möglichkeit, einen Benutzer anzulegen, besteht darin, alle Defaultwerte zu übernehmen. Sie sollten allerdings die Option -m immer verwenden, damit der Benutzer auch ein Homeverzeichnis hat:

```
# useradd -m berta
```

Benutzerverwaltung

Wenn Sie die Option -m vergessen, dann gibt es Probleme bei der Anmeldung des Benutzers, weil kein Homeverzeichnis existiert. Sie müssen dann hinterher manuell den Befehl mkdir verwenden. Vergessen Sie anschließend nicht, mit dem Befehl chown dem entsprechenden Benutzer und seiner Gruppe den Besitz an seinem Homeverzeichnis zu übertragen, sonst kann er darin nicht arbeiten. In diesem Fall sind dann auch keine Vorgabedateien für .profile oder .login vorhanden.

Wenn Sie mit der grafischen Oberfläche CDE arbeiten, können Sie Benutzer genau wie Gruppen auch mit dem grafischen Programm Admintool anlegen, ändern und löschen.

Die Datei /etc/passwd

Die Informationen zu den im System vorhandenen Benutzern befinden sich in der Datei /etc/passwd:

```
# cat /etc/passwd
root:x:0:1:Super-User:/:/sbin/sh
daemon:x:1:1::/:
bin:x:2:2::/usr/bin:
sys:x:3:3::/:
adm:x:4:4:Admin:/var/adm:
lp:x:71:8:Line Printer Admin:/usr/spool/lp:
uucp:x:5:5:uucp Admin:/usr/lib/uucp:
nuucp:x:9:9:uucp Admin:/var/spool/uucppublic:/usr/lib/uucp/uucico
listen:x:37:4:Network Admin:/usr/net/nls:
nobody:x:60001:60001:Nobody:/:
noaccess:x:60002:60002:No Access User:/:
nobody4:x:65534:65534:SunOS 4.x Nobody:/:
olli:x:100:1::/export/home/test2:/bin/sh
her:x:101:1::/export/home/her:/bin/bash
hans:x:102:1:Hans Hansen, Raum 327:/export/home/hans:/bin/csh
anna:x:999:1:Anna Anders, Raum 217:/export/home/anna:/bin/bash
berta:x:1000:1::/export/home/berta:/bin/sh
```

Die Datei enthält pro Zeile den Eintrag für einen Benutzer. Sie besteht aus sieben durch Doppelpunkte getrennte Felder mit folgendem Inhalt:

- Das erste Feld enthält den Benutzernamen, der maximal acht Zeichen lang sein kann.
- Im zweiten Feld steht der Platzhalter für das Passwort. Das verschlüsselte Passwort wird inzwischen aus Sicherheitsgründen in der Datei /etc/shadow (siehe nächsten Abschnitt) gespeichert.

- Das dritte Feld enthält die UID des Benutzers. Sie sollte unbedingt eindeutig sein. Die Ziffern 0 bis 99 und 60.001 und 60.002 sind Systemkonten vorbehalten. Weitere angelegte Benutzergruppen können von 100 bis 60.000 reichen. Seit Solaris 2.6 ist der Maximalwert 2.147.483.647. Sie sollten sich aber auf den Höchstwert 60.000 beschränken, da einige Programme mit höheren Werten Probleme haben, und ihr System außerdem Inkompatibilitäten zu älteren Betriebssystemversionen aufweisen kann.

- Das vierte Feld nimmt die GID der primären Gruppe des Benutzers auf.

- Das fünfte Feld kann einen Kommentar zur näheren Beschreibung des Benutzers enthalten.

- Im sechsten Feld steht das Homeverzeichnis des Benutzers, in dem er sich nach der Anmeldung befindet.

- Das siebte Feld nennt die Anmeldeshell des Benutzers. Alternativ kann hier auch der Name eines Anwendungsprogramms stehen, mit dem der Benutzer arbeiten soll, zum Beispiel eine Buchhaltungs- oder PPS-Anwendung. Dieses wird dann anstelle der Shell gestartet. Auf diese Weise erhält der Benutzer in der Regel keine Shell, denn sobald er das Programm beendet, ist der Benutzer auch vom System abgemeldet.

Systemkonten unter Solaris

Die folgende Tabelle fasst die unter Solaris bereits in der Datei /etc/passwd vorhandenen Standardeinträge zusammen.

Name	UID	Beschreibung
root	0	Das Konto für den Systemadministrator oder Superuser, für das die Einschränkungen der einfachen Benutzer nicht gelten. *root* hat Zugriff auf das gesamte lokale Solaris-System.
daemon	1	Systemkonto für den Ablauf von Hintergrundprozessen.
bin	2	Systemkonto, das Besitzer der meisten Befehle ist.
sys	3	Systemkonto, das Besitzer der meisten Systemdateien ist.
adm	4	Systemkonto, das Besitzer von einigen administrativen Dateien ist.
lp	71	Systemkonto für den Druckdienst.
uucp	5	Systemkonto für Objekt- und Spooldateien für das Programm Unix-To-Unix-Copy.

Tabelle 8.4: Systemkonten unter Solaris

Name	UID	Beschreibung
nuucp	9	Systemkonto für die Anmeldung von Remote-Systemen und Dateitransfer.
listen	37	Systemkonto für bestimmte Netzwerkdienste.
nobody	60001	Anonymes Benutzerkonto für den NFS-Zugriff.
noaccess	60002	Konto für einen Zugriff auf das System über eine Anwendung ohne wirkliche Anmeldung.
nobody4	65534	Ältere SunOS-Version des Kontos *nobody*.

Tabelle 8.4: Systemkonten unter Solaris (Forts.)

Passwortablauf und die Datei /etc/shadow

Im Gegensatz zu *root* muss sich ein Benutzer an bestimmte Regeln bei der Passwortvergabe halten: Das Passwort darf nicht zu kurz sein, es darf nicht mit dem Benutzernamen übereinstimmen, es muss aus mindestens zwei Buchstaben und einem Sonderzeichen oder einer Zahl bestehen. Bei einer Passwortänderung muss sich das neue Passwort vom alten in mindestens drei Zeichen unterscheiden.

> Standardmäßig ist für das Passwort unter Solaris eine Länge von 6 Zeichen vorgegeben. Dieser Wert sollte unbedingt auf 8 erhöht werden, um den Passwortschutz zu verbessern. Mehr als 8 Zeichen bei einem Passwort werden nicht ausgewertet.

Wenn Sie das Admintool verwenden, können Sie das Passwort sofort festlegen oder bestimmen, ob das Passwort bis zur ersten Anmeldung leer sein soll (»Cleared until first login«), was aber eine Sicherheitslücke bedeutet. Alternativ können Sie die Option »No password – setuid only« wählen, wenn Sie ein Systemkonto definieren, das nicht von Benutzern zum Anmelden verwendet wird. Die vierte Möglichkeit des Admintools besteht darin, dass Sie das Konto sofort auf gesperrt setzen, »Account is locked«, so dass keine Anmeldung möglich ist.

Der Befehl `useradd` setzt zwar einige Werte in der Datei `/etc/shadow`, die nachfolgend noch genauer erläutert wird, aber das verschlüsselte Passwort und die Passwortoptionen, wie zum Beispiel das Sperren des Kontos, erfolgen mit dem Befehl `passwd`.

Option	Beschreibung
-a	Diese Option gibt den Status der Passwörter aller Benutzerkonten aus, wenn sie gemeinsam mit -s verwendet wird.
-d *user*	Diese Option löscht das Passwort des Benutzers.
-D *domain*	Bei NIS- und NIS+-Datenbanken wird mit dieser Option angegeben, für welche Domain Informationen geändert werden sollen.
-e *user*	Diese Option ändert die Anmeldeshell eines Benutzers in der Datei /etc/passwd.
-f *user*	Diese Option verlangt vom Benutzer, dass er beim nächsten Anmelden ein neues Passwort vergibt.
-g *user*	Diese Option ändert den Kommentareintrag eines Benutzers in der Datei /etc/passwd.
-h *user*	Diese Option ändert das Homeverzeichnis eines Benutzers in der Datei /etc/passwd
-l *user*	Diese Option sperrt das Konto eines Benutzers.
-n *anzahl*	Diese Option gibt an, wie viele Tage das Passwort mindestens gültig sein muss.
-r *datei*	Diese Option definiert, in welchen Datenbanken (lokal, NIS oder NIS+) das Passwort geändert werden soll.
-s *user*	Diese Option gibt Informationen über den Status des Passworts eines Benutzers aus.
-w *anzahl*	Diese Option gibt an, wie viele Warntage vor dem Ablauf des Passworts bestehen.
-x *anzahl*	Diese Option gibt an, nach wie vielen Tagen das Passwort geändert werden muss.

Tabelle 8.5: Optionen des Befehls passwd

Nachfolgend wird dem Benutzer hans ein Passwort zugewiesen:

passwd hans
New passwd:
Re-enter new passwd:
passwd (SYSTEM): passwd successfully changed for hans

In der Datei /etc/shadow werden die verschlüsselten Passwörter und die Angaben zum Passwortablauf etc. gespeichert:

cat /etc/shadow
root:Ux6rNqA9qIvOU:10528:::::::
daemon:NP:6445:::::::
bin:NP:6445:::::::
sys:NP:6445:::::::
adm:NP:6445:::::::

Benutzerverwaltung

```
lp:NP:6445::::::
uucp:NP:6445::::::
nuucp:NP:6445::::::
listen:*LK*:::::::
nobody:NP:6445::::::
noaccess:NP:6445::::::
nobody4:NP:6445::::::
olli:b3oWDX5vkIKAU:11499::::::
her:Yut/Ua7PXavtE:11539::::::
hans:PnwolhFhBsjA:::::25::
anna:*LK*:::::::11868:
berta:*LK*:::::::
```

Die Datei enthält pro Zeile den Eintrag für einen Benutzer. Sie besteht aus neun durch Doppelpunkte getrennten Feldern mit folgendem Inhalt:

- Das erste Feld enthält den Benutzernamen.

- Das zweite Feld enthält ein 13 Zeichen langes verschlüsseltes Passwort oder die Zeichenkette *LK* für ein gesperrtes Konto oder NP für ein Konto ohne gültiges Passwort.

- Das dritte Feld zeigt das Datum, an dem das Passwort zuletzt geändert wurde. Dieses Datum wird in Tagen ab dem 1.1.1970 gezählt (»lastchg«).

- Im vierten Feld steht die Anzahl der Tage, die vergehen müssen, bevor das Passwort wieder geändert werden darf (»min«).

- Das fünfte Feld nennt die Anzahl der Tage, die vergehen müssen, bevor das Passwort verändert werden muss (»max«).

- Das sechste Feld enthält die Anzahl der Tage, an denen der Benutzer gewarnt wird, dass sein Passwort abläuft (»warn«).

- Das siebte Feld gibt die Anzahl der Tage an, an denen das Konto inaktiv sein muss, bevor es gesperrt wird (»inactive«).

- Das achte Feld enthält das Ablaufdatum des Kontos. Dieses Datum wird in Tagen ab dem 1.1.1970 gezählt (»expire«).

- Das letzte Feld ist zurzeit noch nicht belegt.

> Im Gegensatz zur Datei /etc/passwd, die von jedem gelesen werden darf, hat nur *root* das Leserecht für die Datei /etc/shadow. Dadurch, dass nicht einmal die verschlüsselten Passwörter gelesen werden dürfen, wird die Passwortsicherheit wesentlich erhöht. Da dem Befehl passwd das SUID-Bit zugewiesen wurde, ist es trotzdem möglich, dass ein Benutzer sein in der Datei /etc/shadow hinterlegtes Passwort ändert. Das bedeutet, dass dieser Befehl mit den Rechten seines Besitzers, nämlich *root*, ausgeführt wird, wodurch die einzelnen Benutzer die Möglichkeit haben, ihr Passwort zu ändern.

Defaultwerte für den Passwortablauf

Sie können mit Hilfe der Datei /etc/default/passwd einige Werte für die Passwortvergabe bzw. den Passwortablauf vorgeben:

```
# cat /etc/default/passwd
#ident  "@(#)passwd.dfl1.392/07/14 SMI"
MAXWEEKS=
MINWEEKS=
PASSLENGTH=6
```

Sie können über die Variable MAXWEEKS die maximale Anzahl von Wochen steuern, die ein Passwort seine Gültigkeit behält. Über die Variable MINWEEKS kann die minimale Anzahl von Wochen vorgegeben werden, für die ein Passwort gültig sein muss.

Die Variable PASSLENGTH, die standardmäßig den Wert 6 enthält, regelt, aus wie vielen Zeichen ein Passwort mindestens bestehen muss. Der höchste Wert ist 8.

> Um die Systemsicherheit zu erhöhen, sollten Sie den Wert für PASSLENGTH auf 8 setzen. Ein längeres Passwort bietet immer mehr Sicherheit als ein kürzeres Passwort.

Benutzer ändern

Mit dem Befehl usermod ändern Sie einen bereits vorhandenen Benutzer. Dieser Befehl hat fast dieselben Optionen wie der Befehl useradd, mit Ausnahme der Optionen -l und -m:

Option	Beschreibung
-c kommentar	Diese Option weist dem Benutzerkonto eine ausführliche Beschreibung zu.
-d verzeichnis	Diese Option weist dem Benutzerkonto explizit ein Homeverzeichnis zu.
-e mm/dd/yy	Das Benutzerkonto erhält ein Ablaufdatum.
-f tage	Diese Option bestimmt die Anzahl der inaktiven Tage, bevor das Konto automatisch gesperrt wird.
-g gid	Diese Option weist die primäre Gruppe zu.
-G gid,gid,...	Diese Option weist die sekundären Gruppen zu.
-k verzeichnis	Diese Option bewirkt, dass die Initialisierungsdateien aus einem anderen Verzeichnis kopiert werden.

Tabelle 8.6: Optionen, um Standardwerte für den Befehl useradd zu ändern

Option	Beschreibung
-l neuername	Diese Option verändert den Anmeldenamen eines Benutzers.
-m	Diese Option benennt das Homeverzeichnis des Benutzers in das mit der Option -d angegebene Verzeichnis um.
-o	Diese Option erzwingt die mehrfache Vergabe derselben UID.
-s shell	Diese Option weist dem Benutzerkonto eine bestimmte Shell zu.
-u uid	Diese Option weist dem Benutzerkonto eine bestimmte UID zu.

Tabelle 8.6: Optionen, um Standardwerte für den Befehl useradd zu ändern (Forts.)

In diesem Beispiel wird der Anmeldenamen und das Homeverzeichnis der Benutzerin *berta* in tina verändert:

usermod -d /export/home/tina -m -l tina berta

Im nächsten Beispiel erhält *anna* nun die Bourne-Again-Shell und die Anzahl der inaktiven Tage werden bei ihr auf 40 gesetzt:

usermod -s /usr/bin/bash -f 40 anna

Mit der Option -u können Sie dem Benutzer eine neue UID zuweisen:

usermod -u 120 tina

> Dabei sollten Sie aber unbedingt beachten, dass Dateien und Verzeichnisse, denen diese UID bereits zugeordnet wurde, nicht die neue UID erhalten. Der Befehl ls -l zeigt in solchen Fällen nur die UID an, weil kein Benutzername mehr vorhanden ist. Solche Dateien können mit dem Befehl find und der Option -nouser gesucht werden.

Auch bei diesem Befehl lässt sich die doppelte Vergabe der UID erzwingen, zum Beispiel:

usermod -u 100 -o otto

Vor diesem Gebrauch muss aber wieder ausdrücklich gewarnt werden, weil Benutzer mit derselben UID dieselben Zugriffsrechte unter Solaris haben, ja, sogar dieselben Benutzer für das System sind.

Benutzer löschen

Sie können mit dem Befehl userdel einen Benutzer wieder löschen, zum Beispiel:

userdel tina

Um gleichzeitig das Homeverzeichnis des Benutzers zu löschen, verwenden Sie die Option -r:

```
# userdel -r tina
```

> Vergewissern Sie sich aber zuvor, dass sich keine wichtigen Dateien mehr in dem zu löschenden Homeverzeichnis befinden.

8.4 Weitere Befehle zur Benutzerverwaltung

Der Befehl pwconv

Dieser Befehl aktualisiert die Datei /etc/shadow oder erzeugt sie, wenn sie noch nicht vorhanden ist. Dazu wird die Datei /etc/passwd als Basis verwendet:

- Existiert die Datei /etc/shadow noch nicht, wird sie auf der Grundlage der Einträge der Datei /etc/passwd erzeugt.
- Existiert die Datei /etc/shadow bereits, aber es fehlen Einträge aus der Datei /etc/passwd, dann werden diese entsprechend erzeugt.
- Existiert die Datei /etc/shadow bereits, aber sie hat zusätzliche Einträge im Vergleich zur Datei /etc/passwd, dann werden diese gelöscht.

Der Befehl pwck

Dieser Befehl überprüft die Datei /etc/passwd auf Inkonsistenzen. Diese können durch manuelles Editieren der Datei entstehen:

```
# pwck
TEST:x:107::/export/home/TEST:/bin/ksh
    Logname contains no lower-case letters
chris:x:109::/export/home/chris:/bin/csh
    Login directory not found
```

Hier ist die erste Fehlermeldung zum Beispiel relativ harmlos, da sie nur besagt, dass der Anmeldenamen entgegen der Solaris-Regeln nur aus Großbuchstaben und keinem Kleinbuchstaben besteht.

Die zweite Fehlermeldung ist allerdings kritischer: Sie stellt fest, dass der Benutzer *chris* kein Homeverzeichnis hat, also am System nicht arbeiten kann. Vermutlich wurde *chris* mit dem Befehl useradd ohne die Option -m angelegt.

Der Befehl grpck

Dieser Befehl überprüft die Datei /etc/group auf Inkonsistenzen. Diese können ebenfalls durch manuelles Editieren der Datei entstehen:

```
# grpck
bin::2:root,bin,daemon
    bin - Duplicate logname entry (gid first occurs in passwd entry)
```

Diese Fehlermeldung ist wieder vergleichsweise harmlos, da sie nur besagt, dass es in der Datei /etc/passwd einen Benutzer mit demselben Namen wie diese Gruppe gibt.

Der Befehl logname

Dieser Befehl gibt den Anmeldenamen zurück, zum Beispiel:

```
# logname
root
```

Im Gegensatz zu diesem Befehl gibt der Befehl id die effektive UID zurück (vgl. Tag 3).

Der Befehl su

Mit diesem Befehl ist es möglich, zwischen verschiedenen Benutzerkennungen zu wechseln. Wenn die Option - verwendet wird, erhält man beim Ändern der Benutzerkennung auch gleichzeitig die Umgebung des neuen Benutzers, zum Beispiel:

```
# su - her
$ pwd
/export/home/her
$ id -a
uid=101(her)  gid=1(other)  groups=1(other),101(einkauf)
$ logname
root
```

Die effektive UID lautet nun *her*, aber der Anmeldename bleibt *root*. Im nächsten Beispiel wird von der Benutzerkennung *her* zur Benuterkennung *olli* gewechselt:

```
$ su olli
passwd:
Aug 3 13:50:48 suso1: su: 'su olli' succeeded for root on /dev/pts/4
$ pwd
/export/home/her
$ id -a
uid=111(olli)  gid=1(other)  groups=1(other),107(verkauf)
$ logname
root
```

Hier wird nach dem Passwort gefragt, weil der Wechsel von der Benutzerin *her* zu einem anderen Benutzer erfolgt. Außerdem wird durch den Wechsel der Benutzerkennung nicht in das entsprechende Homeverzeichnis gewechselt, weil die Option – nicht verwendet wurde.

Man gelangt wieder zur vorherigen Kennung zurück, indem man den Befehl exit verwendet:

```
$ exit
$ id -a
uid=111(her)  gid=1(other)  groups=1(other),101(einkauf)
$ exit
# id
uid=0(root)  gid=1(other)
```

> Wenn *root* den Befehl su verwendet, um zu einem einfachen Benutzer zu werden, wird er nicht nach einem Passwort gefragt.

8.5 Weitere Dateien zur Systemsicherheit

Die Datei /var/adm/sulog

Standardmäßig werden alle Versuche, den Befehl su zu verwenden, in der Datei /var/adm/sulog mit protokolliert:

```
# cat /var/adm/sulog
SU 07/07 16:40 + pts/4 root-her
SU 07/07 17:19 + pts/5 root-root
SU 07/08 17:19 - pts/7 her-root
SU 08/01 15:25 + pts/4 root-her
SU 08/09 12:32 + console root-anna
SU 08/09 13:48 + pts/4 root-her
SU 08/09 13:50 + pts/4 root-her
SU 08/09 13:50 + pts/4 root-olli
SU 08/09 13:51 - pts/4 root-anna
```

Die erste Spalte zeigt den Befehl su nochmals an, die zweite den Tag und die dritte die Uhrzeit, zu welcher der Wechsel durchgeführt wurde. Die vierte Spalte zeigt an, ob der Versuch zu wechseln erfolgreich »+« oder erfolglos »-« war. Die fünfte Spalte sagt aus, auf welchem Gerät der Befehl ausgeführt wurde, und die sechste Spalte informiert darüber, welcher Benutzer zu welcher Benutzerkennung wechselte.

Am 8.7. unternahm die Benutzerin *her* einen erfolglosen Versuch, zu *root* zu werden. Das bedeutet, dass *her* das falsche Passwort für *root* eingegeben hat. Am 9.8. war der Versuch von *root*, zu *anna* zu werden, erfolglos. *root* muss normalerweise kein Passwort eingeben, aber hatte zuvor zu *her* und dann zu *olli* gewechselt. Bei allen Wechseln aus einer normalen Benutzerkennung wird ein Passwort verlangt, auch wenn der Anmeldename *root* lautet.

Die Datei /etc/default/su

Aus Sicherheitsgründen sollte man immer überwachen, wer wann den Befehl su verwendet hat. Besonders gründlich sollte kontrolliert werden, welche Benutzer erfolgreich oder erfolglos versuchten, zu *root* zu wechseln. Diese Überprüfung wird durch die Datei /etc/default/su gesteuert:

```
# cat /etc/default/su
#ident  "@(#)su.dfl1.693/08/14 SMI"/* SVr4.0 1.2*/
# SULOG determines the location of the file used to log all su
# attempts
```

Nach den ersten Kommentarzeilen wird festgelegt, in welcher Datei die Versuche protokolliert werden. Standardmäßig handelt es sich um die Datei /var/adm/sulog, Sie können der Variablen SULOG bei Bedarf aber auch einen anderen Wert zuweisen:

```
SULOG=/var/adm/sulog
```

Wenn die Variable CONSOLE auskommentiert ist, was standardmäßig der Fall ist, dann wird nur in die oben genannte Datei protokolliert. Ist die Variable CONSOLE allerdings definiert, wird jeder Aufruf von su an der Console ausgegeben, ausgenommen der Wechsel von *root* zu einem einfachen Benutzer.

Eine solche Meldung lautet dann zum Beispiel:

```
SU 08/09 14:31 + pts/5 root-root
Aug 9 14:15:12 suso1 su: 'su root' succeeded for root on /dev/pts/5
Aug 9 14:16:22 suso1 su: 'su olli' succeeded for root on /dev/pts/5
Aug 9 14:17:21 suso1 su: 'su her' failed for root on /dev/pts/5
```

Die Datei /var/adm/sulog enthält parallel auch alle Versuche.

```
# CONSOLE determines whether attempts to su to root should be logged
# to the named device
# CONSOLE=/dev/console
```

Mit der Variablen PATH lässt sich der Suchpfad definieren, der für einen Benutzer nach dem Wechsel der Benutzerkennung gelten soll. Standardmäßig ist das /usr/bin.

```
# PATH sets the initial shell PATH variable
#PATH=/usr/bin:
```

Mit der Variablen SUPATH kann der Suchpfad definiert werden, der für *root* nach dem Wechsel der Benutzerkennung gelten soll. Standardmäßig ist das /usr/sbin:/usr/bin.

```
# SUPATH sets the initial shell PATH variable for root
#SUPATH=/usr/sbin:/usr/bin
```

Die Variable SYSLOG bestimmt, ob alle Aufrufe von su protokolliert werden sollen (vgl. Tag 12). Dazu muss ihr der Wert yes zugeordnet werden:

```
# SYSLOG determines whether the syslog(3) LOG_AUTH facility should
# be used to log all su attempts.  LOG_NOTICE messages are generated
# for su's to root, LOG_INFO messages are generated for su's to
# other users, and LOG_CRIT messages are generated for failed su
# attempts.
SYSLOG=YES
```

Die Datei /etc/default/login

Diese Datei steuert das Verhalten des Systems bei der Anmeldung von Benutzern. Sie können hier zum Beispiel das Benutzerkonto *root* schützen, indem Sie den Zugriff nur über ein bestimmtes Gerät erlauben:

```
# cat /etc/default/login
#ident   "@(#)login.dfl   1.10   99/08/04 SMI"   /* SVr4.0 1.1.1.1 */
```

Nach der ersten Kommentarzeile kann mit Hilfe der Variablen TZ die Zeitzone eingestellt werden. In der Regel wird diese aber bereits in der Datei /etc/default/init gesetzt.

```
# Set the TZ environment variable of the shell.
#TIMEZONE=EST5EDT
```

Mit der Variablen ULIMIT ist es möglich, die Größe von Dateien auf Blöcke von 512 Byte zu beschränken. Ein Benutzer darf keine Dateien anlegen, die größer als der hier hinterlegte Wert sind. Standardmäßig lautet der Wert 0, das heißt, es gibt keine Beschränkung. Sie können den gesetzten Wert mit dem Befehl ulimit abfragen (vgl. Abschnitt 8.6).

```
# ULIMIT sets the file size limit for the login.  Units are disk
# blocks.
# The default of zero means no limit.
#ULIMIT=0
```

Die Variable CONSOLE legt fest, von wo aus sich *root* anmelden darf. Standardmäßig ist /dev/console eingestellt, das bedeutet, *root* kann sich nur an der Systemkonsole anmelden. Ein Anmeldeversuch über ein anderes Gerät (zum Beispiel mit rlogin, vgl. Tag 16) führt zu einer Fehlermeldung. Ist die Variable dagegen auskommentiert, dann kann sich *root* von überall aus im Netzwerk anmelden. Wird der Variablen kein Wert zugewiesen, zum Beispiel CONSOLE=, dann kann sich *root* nirgends direkt anmelden, auch nicht an der Konsole. In diesem Fall ist nur ein su nach *root* möglich, der aber standardmäßig mit protokolliert wird.

```
# If CONSOLE is set, root can only login on that device.
# Comment this line out to allow remote login by root.
CONSOLE=/dev/console
```

Wenn die Variable PASSREQ den Wert YES enthält, ist eine Anmeldung ohne Passwort nicht möglich. Ein Benutzer ohne Passwort wird beim ersten Anmelden aufgefordert, ein Passwort zu wählen. Der Wert NO lässt auch Anmeldungen ohne Passwort zu:

```
# PASSREQ determines if login requires a password.
PASSREQ=YES
```

Diese Variable legt fest, ob nach dem Anmelden die Shellvariable SHELL auf die dem Benutzer zugewiesene Anmeldeshell gesetzt werden soll. Lautet der Wert NO, dann wird als Standardshell /usr/bin/sh zugeordnet:

```
# ALTSHELL determines if the SHELL environment variable should be
# set
ALTSHELL=YES
```

An dieser Stelle kann der Standardsuchpfad für Befehle für alle Benutzer definiert werden:

```
# PATH sets the initial shell PATH variable
#PATH=/usr/bin:
```

Durch die Variabel SUPATH lässt sich der Standardsuchpfad für Befehle für *root* definieren:

```
# SUPATH sets the initial shell PATH variable for root
#SUPATH=/usr/sbin:/usr/bin
```

Die Variable TIMEOUT bestimmt, wie viele Sekunden zwischen der Eingabe des Benutzernamens und des Passworts vergehen dürfen, bevor die Anmeldung abgebrochen wird:

```
# TIMEOUT sets the number of seconds (between 0 and 900) to wait
# before abandoning a login session.
#TIMEOUT=300
```

Die Variable UMASK definiert den ursprünglichen Wert für den Filter umask, der die Zugriffsberechtigungen für neu erzeugte Dateien und Verzeichnisse steuert:

```
# UMASK sets the initial shell file creation mode mask. See
# umask(1).
#UMASK=022
```

Weitere Dateien zur Systemsicherheit

Die nächste Variable legt fest, ob alle Anmeldungen von *root* bei Eingabe eines falschen Passworts mit protokolliert werden sollen. Diese Protokollierung erfolgt standardmäßig an der Konsole, in der Datei /etc/syslog.conf kann aber eine entsprechende Protokolldatei definiert werden (vgl. Tag 12). NO unterdrückt jede Protokollierung.

```
# SYSLOG determines whether the syslog(3) LOG_AUTH facility should
# be used to log all root logins at level LOG_NOTICE and multiple
# failed login attempts at LOG_CRIT.
SYSLOG=YES
```

Die Variable SLEEPTIME bestimmt die Anzahl von Sekunden, die vor der Ausgabe der Meldung »login incorrect« bei der Eingabe eines falschen Passworts vergehen sollen.

```
# SLEEPTIME controls the number of seconds that the command should
# wait before printing the "login incorrect" message when a
# bad password is provided.  The range is limited from
# 0 to 5 seconds.
#SLEEPTIME=4
```

Die nächste Variable legt fest, wie viele fehlerhafte Anmeldungen zugelassen sind, bevor der Anmeldedialog verschwindet.

```
# RETRIES determines the number of failed logins that will be
# allowed before login exits.
#RETRIES=5
```

Diese Variable bestimmt, wie viele fehlerhafte Anmeldungen stattfinden müssen, bevor diese mitprotokolliert werden. Eine Protokollierung erfolgt aber nur, wenn zuvor eine entsprechende Protokolldatei angelegt wurde (vgl. nächster Abschnitt).

```
# The SYSLOG_FAILED_LOGINS variable is used to determine how many
# failed login attempts will be allowed by the system before a
# failed login message is logged, using the syslog(3) LOG_NOTICE
# facility.  For example, if the variable is set to 0, login will
# log -all- failed login attempts.
SYSLOG_FAILED_LOGINS=5
```

Die Datei /var/adm/loginlog

Diese Datei protokolliert erfolglose Anmeldeversuche an einer ASCII-Oberfläche in einer Datei. Sie existiert standardmäßig nicht unter Solaris und muss daher manuell angelegt werden:

```
# touch /var/adm/loginlog
# chmod 600 /var/adm/loginlog
# chgrp sys /var/adm/loginlog
```

Wenn nun ein Benutzer an einer ASCII-Konsole oder per rlogin oder telnet (vgl. Tag 16) versucht, sich am System anzumelden, werden alle fehlerhaften Anmeldeversuche standardmäßig nach fünf Versuchen mitprotokolliert. Die Angaben enthalten den Benutzernamen, den Namen des Terminals und den Zeitpunkt des Anmeldeversuchs. Dieser Wert lässt sich ändern, indem Sie den Wert der Variablen SYSLOG_FAILED_LOGIN in der Datei /etc/default/login entsprechend verändern.

8.6 Benutzerquoten

Unter Solaris lassen sich Quoten für jeden Benutzer individuell einrichten, um deren Verbrauch an Festplattenplatz einzuschränken. Dazu stehen verschiedene Befehle zur Verfügung, die meist nur von *root* verwendet werden dürfen. Es gibt zwei Arten von Quotenbegrenzungen:

- Die Angabe der Obergrenze in Kilobyte
- Die Angabe der Obergrenze in Anzahl Dateien oder Inodes

Die Begrenzungen können jeweils als Soft- und Hard-Limit definiert werden:

- Wenn das Soft-Limit erreicht wird, erhält der Benutzer einen Warnhinweis.
- Wenn das Hard-Limit erreicht wird, kann der Benutzer keine Dateien mehr anlegen.

Das Soft-Limit darf für einen bestimmten Zeitraum überschritten werden, um dem Benutzer die Möglichkeit zu geben, sein Homeverzeichnis »aufzuräumen«. Nach Ablauf dieser Zeitspanne, die standardmäßig sieben Tage beträgt, wird das Soft-Limit zum Hard-Limit. Das Zeitlimit kann nicht individuell, sondern nur für alle Quoten-Benutzer des Systems zugewiesen werden.

> Diese Quoten gelten nicht für den Superuser. Er kann zudem auch weiterhin in Homeverzeichnissen von Benutzern Dateien anlegen, obwohl deren Hard-Limit bereits erreicht ist.

Der Befehl quot

Dieser Befehl zeigt an, wie viel Festplattenplatz pro Benutzer in den Dateisystemen (vgl. Tag 11) verbraucht wird bzw. wie viele Dateien pro Benutzer vorhanden sind. Die Option -a wird verwendet, um eine Ausgabe für alle Dateisysteme zu erhalten, und die Option -f zeigt auch die Anzahl der Dateien pro Benutzer an:

```
# quot -af
/dev/rdsk/c0t0d0s0 (/):
3087286   54467  root
1255909   63463  bin
  42707     681  daemon
   8743     173  lp
    812      46  uucp
    178      11  adm
/dev/rdsk/c0t0d0s7 (/export/home):
   7143     217  her
    612      41  olli
    197      15  hans
```

Sie können den Befehl auch nur für ein einzelnes Dateisystem ausführen, zum Beispiel:

```
# quot -af /dev/rdsk/c0t0d0s0
```

Der Befehl quota

Dieser Befehl prüft die Benutzerquoten bezüglich Platzverbrauch und Quotenbeschränkungen, wobei die Option -v verwendet werden muss, sonst werden nur überschrittene Quoten gemeldet:

```
# quota -v benutzer
Disk quotas for her (uid 101).
Filesystem    usage quota limit timeleft files quota limit timeleft
/home/export  320   10000 10000          0     0     0
```

Die Spalten enthalten folgende Informationen:

Feld	Beschreibung
Filesystem	Das Dateisystem, in dem die Quota eingerichtet wird.
Usage	Der belegte Festplattenplatz in Kilobyte.
Quota	Das Soft-Limit für die Quota in Kilobyte. Aus diesem wird ein Hard-Limit, wenn der Wert Timeleft überschritten wird.
Limit	Das Hard-Limit für die Quota in Kilobyte, das nie überschritten werden darf.
Timeleft	Die Zeitspanne, bevor aus dem Soft-Limit ein Hard-Limit wird.
Files	Die Anzahl der Dateien im Dateisystem, die einem Anwender gehören.

Tabelle 8.7: Ausgabefelder des Befehls quota

Feld	Beschreibung
Quota	Das Soft-Limit für die zulässige Anzahl von Dateien. Aus diesem wird ein Hard-Limit, wenn der Wert Timeleft überschritten wird.
Limit	Das Hard-Limit für die zulässige Anzahl von Dateien, das nie überschritten werden darf.
Timeleft	Die Zeitspanne, bevor aus dem Soft-Limit der Dateien ein Hard-Limit wird.

Tabelle 8.7: Ausgabefelder des Befehls quota (Forts.)

Die Befehle quotaon/quotaoff

Bevor Sie Quoten verwenden können, müssen Sie das Quotasystem mit Hilfe des Befehls quotaon aktivieren. Durch den Befehl quotaoff deaktivieren Sie Quoten in einem Dateisystem. Hinterher werden die Quoten für jeden Benutzer individuell definiert. Bevor Sie das Quotasystem aktivieren und den Benutzern Quoten zuweisen, benötigen Sie eine Datei mit der Bezeichnung quotas im entsprechenden Dateisystem, zum Beispiel:

```
# touch /export/home/quotas
# chmod 600 /export/home/quotas
```

Die Option -v aktiviert den ausführlichen Modus für beide Befehle und meldet den Status, nachdem die Quota aktiviert oder deaktiviert wurde, zum Beispiel:

```
# quotaon -v /export/home
/export/home: quotas turned on
# quotaoff -v /export/home
/export/home: quotas turned off
```

Die Befehle quotaon und quotaoff führen zu Änderungen in der Datei /etc/mnttab (vgl. Tag 11), die alle aktuell gemounteten Dateisysteme enthält. Sind Quoten für ein Dateisystem aktiv, dann enthält der entsprechende Eintrag in der Spalte »mount opts« (Mountoptionen) den Hinweis quota. Bei einer Deaktivierung der Quoten mit dem Befehl quotaoff lautet der Eintrag noquota.

Sie können schon beim Starten des Systems alle Quoten der Dateisysteme aktivieren, die im Feld »mount opts« der Datei /etc/vfstab den Eintrag rq besitzen. Die Datei /etc/vfstab steuert das Mounten von Dateisystemen (vgl. Tag 11) und ist manuell editierbar.

Die Option -a des Befehls quotaon aktiviert das Quotasystem bei allen Dateisystemen, die im Feld »mount opts« der Datei /etc/vfstab den Eintrag rq haben. Mit dem Befehl quotaoff wird das Quotasystem für alle Dateisysteme in der Datei /etc/mnttab deaktiviert.

Der Befehl edquota

Verwenden Sie diesen Befehl, um die Quoten von einzelnen Benutzern zu bearbeiten, zum Beispiel:

edquota benutzer

Standardmäßig verwendet der Befehl edquota den Editor vi, um die Quoten zu definieren. Durch den Aufruf des Befehls edquota wird eine temporäre Datei erstellt, die zum Verändern der Quoten des angegebenen Benutzers bearbeitet werden kann. Die Quoten werden erst aktualisiert, wenn der Editor beendet wurde. Sie können nun für den genannten Benutzer die Quota in folgender Form erfassen:

fs mountpunkt **block (soft =** wert, **hard =** wert**) inodes (soft =** wert, **hard =** wert**)**

Diese Datei kann zum Beispiel folgenden Inhalt haben:

fs /export/home blocks (soft = 900, hard = 1000) inodes (soft = 0, hard = 0)

Zuerst wird das Dateisystem aufgeführt, dann die vier Zahlenwerte für die Quoten in Kilobytes oder die Anzahl der Inodes, jeweils die Soft- und Hard-Limits.

Der Befehl edquota kann mit der Option -t verwendet werden. Damit ändern Sie die Zeitvorgabe des Soft-Limits für das Dateisystem. Wenn Sie es auf 0 setzen, wird die in /usr/include/sys/fs/ufs_quota.h festgelegte Standardzeit verwendet. Im folgenden Beispiel wird das Zeitlimit für den Wert in Kilobyte auf einen Tag und für die Anzahl von Inodes auf einen Monat festgelegt:

edquota -t
fs /export/home blocks time limit = 1 day, files time limit = 1 month

Mit der Option -p können Sie einen Prototypanwender verwenden. Die Quoten des genannten Benutzers werden kopiert und für den Anwender verwendet, dessen Quoten bearbeitet werden, zum Beispiel:

edquota -p her olli

Der Befehl repquota

Dieser Befehl zeigt Quoteninformationen für mehrere Benutzer gleichzeitig an. Sie können entweder das gewünschte Dateisystem als Argument übergeben oder die Option -a verwenden, um alle Dateisysteme mit aktivierten Quoten anzuzeigen, das heißt alle, die in der Datei /etc/vfstab den Eintrag quota haben. Die Option -v gibt eine Zusammenfassung der Quoten aller Benutzer aus, unabhängig von der Nutzung der Systemressourcen.

repquota -v /export/home
/dev/dsk/c0t0d0s7 (/export/home):
        Block limits   File limits

Benutzerverwaltung

```
User      used    soft   hard   timeleft    used   soft   hard   timeleft
her --    356    10000  10000               4      1000   1000
doo -+    1298   10000  10000               41     40     40
```

Die beiden Zeichen nach dem Benutzernamen geben an, ob ein Limit überschritten wurde. Ist das erste Zeichen ein »+«, wurde das Soft-Limit für die Kilobyte-Anzahl überschritten, ist das zweite Zeichen ein »+«, ist das Soft-Limit für die Anzahl der Inodes überschritten.

Der Befehl quotacheck

Dieser Befehl untersucht jedes gemountete ufs-Dateisystem (vgl. Tag 10) und erstellt eine Tabelle des aktuellen Festplattenverbrauchs. Er vergleicht den Festplattenverbrauch mit den eingerichteten Quoten und aktualisiert die Datei quotas und berichtigt alle Abweichungen.

root sollte für jeden neuen Benutzer den Befehl quotacheck durchführen, nachdem mit dem Befehl edquota eine Quota definiert wurde. Außerdem sollte der Befehl von Zeit zu Zeit ausgeführt werden, um die Quotendateien aktuell und fehlerlos zu halten. Dabei ist es zwar nicht notwendig, den Single-User-Modus zu verwenden, aber das Dateisystem sollte nicht zu aktiv sein, um Probleme zu vermeiden. Der Befehl hat die folgende Syntax, wenn Sie alle Dateisysteme, die den Eintrag rq im Feld »mount opts« in der Datei /etc/vfstab haben, parallel überprüfen:

```
# quotacheck -ap
```

Die Option -a steht für alle Dateisysteme mit einem entsprechenden Eintrag in /etc/vfstab und die Option -p für eine parallele Überprüfung der Quotendateien.

Sie können aber auch ein einzelnes Dateisystem überprüfen, in diesem Fall im ausführlichen Modus, der Informationen über die Quoten aller Benutzer ausgibt:

```
# quotacheck -v /export/home
```

Der Befehl ulimit

Dieser Befehl bietet eine weitere Möglichkeit, um den Verbrauch von Systemressourcen durch Benutzer einzuschränken. Wenn kein Limit gesetzt wurde, gibt der Befehl die Meldung »unlimited« zurück. Auch hier lassen sich sowohl ein Soft-Limit als untere Grenze, und zwar durch den Benutzer selbst, als auch eine obere Grenze als Hard-Limit, durch den root, setzen.

Der Befehl kennt folgende Optionen:

Option	Beschreibung
-H	Definition eines Hard-Limits.
-S	Definition eines Soft-Limits.
-a	Ausgabe aller gesetzten Begrenzungen.
-c	Ausgabe der Maximalgröße von Core-Dateien in Blöcken zu 512 Byte. »Unlimited« bedeutet, es gibt keine Begrenzung; »0« bewirkt, dass keine Core-Datei erzeugt wird, wenn ein Fehler in einem Benutzerprozess auftritt.
-d	Ausgabe der Maximalgröße des Datensegments oder Heap-Speichers in Kilobyte.
-f	Ausgabe der Maximalgröße von Dateien in Blöcken zu 512 Byte.
-n	Ausgabe der Maximalanzahl von Dateizeigern (File Descriptors) plus 1, die von einem Prozess erzeugt werden können.
-s	Ausgabe der Maximalgröße des Stackspeichers in Kilobyte.
-t	Ausgabe des maximalen Verbrauchs an CPU-Zeit in Sekunden.
-v	Ausgabe des maximalen Verbrauchs an virtuellem Speicher in Kilobyte.

Tabelle 8.8: Optionen des Befehls `ulimit`

Wird weder die Option -H noch die Option -S angegeben, dann werden beide Limits gleichzeitig gesetzt.

Der Befehl `ulimit -aH` gibt alle gesetzten Hard-Limits aus:

```
# ulimit -aH
core file size (blocks)     unlimited
data seg size (kbytes)      unlimited
file size (blocks)          unlimited
open files                  1024
pipe size (512 bytes)       10
stack size (kbytes)         unlimited
cpu time (seconds)          unlimited
max user processes          1877
virtual memory (kbytes)     unlimited
```

Der Befehl `ulimit -aS` gibt alle gesetzten Soft-Limits aus:

```
# ulimit -aS
core file size (blocks)     unlimited
data seg size (kbytes)      unlimited
file size (blocks)          unlimited
open files                  256
pipe size (512 bytes)       10
stack size (kbytes)         8192
cpu time (seconds)          unlimited
max user processes          1877
virtual memory (kbytes)     unlimited
```

Im folgenden Bespiel wird die Stackgröße auf 512 Kilobyte begrenzt:

```
# ulimit -s 512
# ulimit -a
time(seconds)               unlimited
file(blocks)                100
data(kbytes)                523256
stack(kbytes)               512
coredump(blocks)            200
nofiles(descriptors)        64
memory(kbytes)              unlimited
```

Im nächsten Beispiel wird die Anzahl der Dateizeiger auf 12 als Soft-Limit begrenzt:

```
$ ulimit -Sn 12
$ ulimit -a
time(seconds)               unlimited
file(blocks)                41943
data(kbytes)                523256
stack(kbytes)               8192
coredump(blocks)            200
nofiles(descriptors)        12
vmemory(kbytes)             unlimited
```

Der Befehl `ulimit` ist ein in die Bourne- und Korn-Shell integrierter Befehl. In der C-Shell gibt es dafür die beiden Befehle `limit` und `unlimit`, die ein Limit setzen oder anzeigen bzw. wieder entfernen. Wenn `ulimit` keine Optionen übergeben werden, führt das zur Entfernung aller Limits. Die Option -h definiert/deaktiviert Hard-Limits. Zusätzlich können folgende Optionen verwendet werden:

Option	Beschreibung
cputime	Maximaler Verbrauch an CPU-Zeit pro Prozess in Sekunden.
filesize	Maximal zulässige Dateigröße.
datasize	Maximale Größe des Heap-Speichers eines Prozesses in Kilobyte.
stacksize	Maximale Stackgröße eines Prozesses.
coredumpsize	Maximale Größe für eine core-Datei.
descriptors	Maximale Anzahl von Dateizeigern (*file descriptors*).
memorysize	Maximale Größe des virtuellen Speichers.

Tabelle 8.9: Optionen des Befehls limit *und* unlimit

Im folgenden Bespiel wird in der C-Shell die Größe von core-Dateien auf 0 Kilobyte beschränkt, das heißt, es werden keine core-Dateien mehr angelegt:

```
% limit coredumpsize 0
% limit
cputime          unlimited
filesize         unlimited
datasize         523256 kbytes
stacksize        8192 kbytes
coredumpsize     0 kbytes
descriptors      64
memorysize       unlimited
```

8.7 Role Based Access Control (RBAC)

Role Based Access Control ist eine neue Sicherheitsoption von Solaris 9. Mit Hilfe von RBAC definiert *root* so genannte Rollen für Benutzer. Bisher hatte *root* alle Rechte, Verwaltungsaufgaben auszuführen, und ein einfacher Benutzer keine. Nun ist es möglich, dass ein Benutzer aufgrund von RBAC zumindest einfache Verwaltungsaufgaben ausführt. Eine Rolle definiert bestimmte Privilegien für Anwendungen, zu denen auch das setUID-Bit gehören kann.

RBAC enthält folgende Konzepte:

- Bei der Autorisierung (»Authorization«) handelt es sich um ein definiertes Recht mit Zugriff auf bestimmte Funktionen.

Benutzerverwaltung

- Das Ausführungsprofil (»Execution profile«) umfasst eine definierte Menge von Autorisierungen und Befehlen mit bestimmten Attributen.

- Die Rolle (»Role«) stellt ein besonderes Benutzerkonto dar, mit dem eine bestimmte Anzahl von Verwaltungstätigkeiten durchgeführt werden kann.

Die RBAC-Dateien

Die entsprechenden Berechtigungen werden in der Datei /etc/user_attr gespeichert und mit Hilfe der Dateien auth_attr, prof_attr und exec_attr geprüft, die sich jeweils im Verzeichnis /etc/security befinden.

Die folgende Abbildung veranschaulicht das Verhältnis der Dateien zueinander. In exec_attr lassen sich Befehle mit Attributen definieren, die Profilen zugewiesen werden. Die in auth_attr definierten Autorisierungen können ebenfalls Profilen oder Benutzern zugeordnet werden. Die in prof_attr wiederum definierten Profile können Benutzern zugewiesen werden, denen in user_attr Rollen zugeordnet werden:

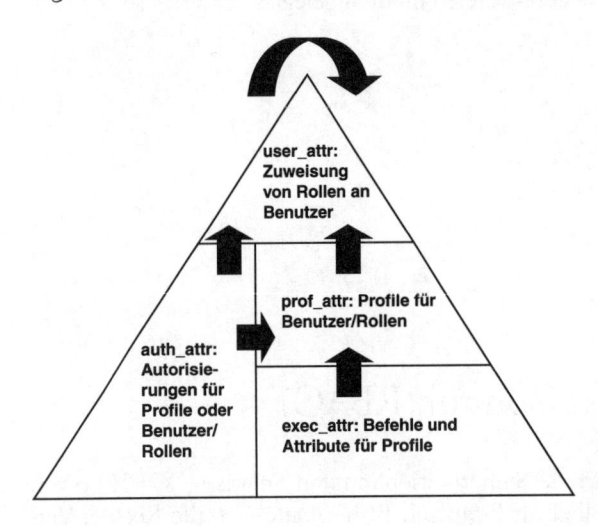

Abbildung 8.1: Zusammenspiel der RBAC-Dateien

Die Datei /etc/user_attr

Diese Datei wird verwendet, um Benutzer oder Rollen mit Autorisierungen und Profilen zu verknüpfen oder einem Benutzer die Rechte einer Rolle zuzuweisen. Eine Rolle ist ein besonderes Benutzerkonto, das bestimmte Verwaltungstätigkeiten ausführen darf, allerdings kann es nur über den Befehl su verwendet werden. Die Datei besteht aus durch Doppelpunkte getrennten Feldern:

benutzer:res1:res2:res3:attribute

Das Feld *benutzer* enthält den Benutzernamen, die nächsten drei Felder sind reserviert und werden im Moment noch nicht verwendet. Das Feld *attribute* enthält eine Liste von Schlüsselwerten, mit deren Hilfe die Rechte des Benutzers beim Ausführen von Befehlen definiert werden. Folgende Schlüsselwerte sind möglich:

Schlüsselwert	Beschreibung
auths	Definiert eine durch Kommas getrennte Liste von Autorisierungen aus der Datei auth_attr. Der Stern * wird als Platzhalter für alle Autorisierungen verwendet.
profiles	Definiert eine durch Kommas getrennte Liste von Profilen aus der Datei prof_attr. Ein Profil legt fest, welche Befehle mit welchen Attributen der Benutzer verwenden darf. Die Profile werden in der vorgegebenen Reihenfolge abgearbeitet. Das Profil All weist einem Benutzer alle Befehle ohne Attribute zu.
roles	Definiert eine durch Kommas getrennte Liste von Rollen aus der Datei user_attr. Rollen können nur Benutzern und nicht anderen Rollen zugewiesen werden.
type	Definiert mit normal, ob das Konto für einen Benutzer, oder mit role, ob das Konto für eine Rolle angelegt wird.

Tabelle 8.10: Schlüsselwerte der Datei user_attr

Ein Auszug aus der Datei kann zum Beispiel folgendermaßen aussehen:

```
root::::type=normal;auth=solaris.*,solaris.grant;profiles=All
sysadm::::type=role; profiles=Device Management,Printer Management,All
her::::type=normal;auth=solaris.system.date;roles=sysadm;profiles=All
```

Die Benutzerin *her* erhielt hier die Rolle *sysadm*, die zuvor definiert wurde. Die Profile Device Management, Printer Management und All wurden der Benutzerin zugewiesen.

Die Datei /etc/security/auth_attr

Diese Datei wird zur Definition von Autorisierungen und ihren Attributen verwendet. Ein Benutzer erhält durch eine Autorisierung den Zugriff auf einen bestimmten Bereich. Es sind bestimmte Programme zur Überprüfung von Autorisierungen notwendig. So bedeutet die Autorisierung solaris.jobs.admin, dass die Datei crontab eines anderen Benutzers bearbeitet werden darf. Autorisierungen können einem Benutzer oder einer Rolle direkt zugewiesen oder zu einem Profil zusammengefasst werden. Die Datei besteht aus durch Doppelpunkte getrennten Feldern:

autorisierung:res1:res2:kurzbeschr:langbeschr:attribute

Das Feld *autorisierung* ist eine eindeutige Zeichenkette mit dem Aufbau *vorsilbe.[nachsilbe]*. Die Vorsilbe solaris bedeutet, dass es sich um eine Autorisierung für Solaris handelt.

Eine Vorsilbe sollte ansonsten aus dem Internet-Domänennamen in der Schreibweise *com.domänenname* bestehen. Die Nachsilbe definiert den Funktionsbereich und die Operation. Ein Autorisierungsname kann auch nur aus Vorsilbe und Funktionsbereich bestehen, wie zum Beispiel solaris.printmgr. – er endet mit einem Punkt und wird nicht für die Autorisierung, sondern als Heading von GUI-Anwendungen verwendet. Ein Autorisierungsname mit der Endung grant bedeutet, dass ein Benutzer mit dieser Autorisierung anderen Benutzern alle Autorisierungen des Funktionsbereichs zuweisen kann. Ein Benutzer kann beispielsweise mit der Autorisierung solaris.printmgr.grant anderen Benutzern die Autorisierung solaris.printmgr.admin zuweisen.

Die Felder *res1* und *res2* sind reservierte Felder. Das Feld *kurzbeschr* enthält eine Kurzbeschreibung und das Feld *langbeschr* eine ausführliche Beschreibung für die Autorisierung. Das Feld *attribute* enthält eine durch Strichpunkte getrennte Liste von Schlüsselwerten für die Beschreibung der Autorisierungsattribute. So kann zum Beispiel der Schlüsselwert help auf eine Hilfe-Datei im HTML-Format verweisen.

Ein Auszug aus der Datei sieht beispielsweise wie folgt aus:

```
solaris.*:::Primary Administrator::help=PriAdmin.html
solaris.grant:::Grant All Rights::help=PriAdmin.html
...
solaris.device.:::Device Allocation::help=DevAllocHeader.html
solaris.device.allocate:::Allocate Device::help=DevAllocate.html
solaris.device.config:::Configure Device Attributes:: help=DevConfig.html
solaris.device.grant:::Delegate Device Administration:: help=DevGrant.html
solaris.device.revoke:::Revoke or Reclaim Device:: help=DevRevoke.html
```

Die in der Datei definierten Autorisierungen, wie zum Beispiel solaris.grant, werden in der Datei user_attr verwendet.

> Über das Verzeichnis /usr/lib/help/auths/locale/C kann auf die Hilfe-Dateien zugegriffen werden.

Die Datei /etc/security/prof_attr

Diese Datei wird verwendet, um Profile zu definieren und diesen Autorisierungen zuzuweisen. Ein Profil fasst mehrere Autorisierungen und Attribute zusammen, wodurch eine vereinfachte Verwaltung erzielt wird. Die Datei besteht aus durch Doppelpunkte getrennten Feldern:

profil:res1:res2:beschr:attribute

Das Feld *profil* enthält den Profilnamen. Die nächsten beiden Felder sind reserviert. Das Feld *desc* enthält eine Beschreibung des Profils. Das Feld *attribute* enthält eine Liste von durch Strichpunkte getrennten Schlüsselwerten, wobei der Wert auth eine durch Kommas getrennte Liste von Autorisierungen beinhaltet. Der Stern * kann hier wieder als Platzhalter verwendet werden. Der Schlüsselwert help verweist wiederum auf eine HTML-Hilfe-Datei.

Ein Auszug aus der Datei kann beispielsweise folgendermaßen aufgebaut sein:

```
All:::Standard Solaris user:help=All.html
Audit Control:::Administer the audit subsystem:auths=
solaris.audit.config,solaris.jobs.admin;help=AuditControl.html
Audit Review:::View the audit trail:auths=solaris.audit.read;
help=AuditReview.html
Device Management:::Control Access to Removable Media:
auths=solaris.device.*;help=DevMgmt.html
Printer Management:::Control Access to Printer:help=PrinterMgmt.html
```

Das Profil Printer Management wurde zum Beispiel in der Datei user_attr verwendet.

Die Datei /etc/security/exec_attr

Diese Datei wird verwendet, um die Befehle und ihre Attribute zu definieren, die einem bestimmten Profil zugeordnet sind. Darüber hinaus können für einen Befehl Sicherheitsattribute bestimmt werden, wobei im Moment nur Wertdefinitionen für die Prozesskennungen UID, GID, EUID und EGID wichtig sind. Die Datei besteht aus durch Doppelpunkten getrennten Feldern:

profil:policy:typ:res1:res2:string:attribute

Das Feld *profil* enthält wieder den Profilnamen, das zweite Feld *policy* nimmt die Sicherheits-Policy des Eintrags auf, zum Beispiel suser als Superuser-Policy. Das Feld *typ* definiert den Objekttyp, für den die Attribute gelten, zum Beispiel cmd für Befehl (»command«). Die nächsten beiden Felder sind reserviert. Das Feld *string* ist eine Zeichenfolge, um das Objekt zu identifizieren, wobei der volle Pfadnamen des Befehls angegeben werden muss. Es ist hier möglich, den Platzhalter * zu verwenden. Argumente müssen in einem Skript erfasst und dieses Skript muss in diesem Feld definiert werden. Das Feld *attribute* enthält eine Liste von durch Strichpunkte getrennten Schlüsselwerten zur Bestimmung der Sicherheitsattribute. Die im Moment gültigen Schlüsselwerte enthalten entweder einen Benutzernamen oder eine Benutzernummer bzw. einen Gruppennamen oder eine Gruppennummer und lauten:

- uid – wenn sie definiert wird, erhält sowohl die reelle als auch die effektive UID diesen Wert zugewiesen.

- euid – wenn sie definiert wird, werden Befehle mit dieser effektiven UID gestartet, zum Beispiel bei zugewiesenem SUID-Bit.

Benutzerverwaltung

- `gid` – wenn sie definiert wird, erhält sowohl die reelle als auch die effektive GID diesen Wert zugewiesen.
- `egid` – wenn sie definiert wird, werden Befehle mit dieser effektiven GID gestartet, zum Beispiel bei zugewiesenem SGID-Bit.

Ein Auszug aus der Datei kann zum Beispiel folgendermaßen aufgebaut sein:

```
All:suser:cmd:::*:
...
Printer Management:suser:cmd:::/etc/init.d/lp:euid=0
Printer Management:suser:cmd:::/usr/bin/cancel:euid=0
Printer Management:suser:cmd:::/usr/bin/lpset:egid=14
Printer Management:suser:cmd:::/usr/bin/enable:euid=lp
Printer Management:suser:cmd:::/usr/bin/disable:euid=lp
Printer Management:suser:cmd:::/usr/sbin/accept:euid=lp
Printer Management:suser:cmd:::/usr/sbin/reject:euid=lp
Printer Management:suser:cmd:::/usr/sbin/lpadmin:egid=14
Printer Management:suser:cmd:::/usr/sbin/lpfilter:euid=lp
Printer Management:suser:cmd:::/usr/sbin/lpforms:euid=lp
Printer Management:suser:cmd:::/usr/sbin/lpmove:euid=lp
Printer Management:suser:cmd:::/usr/sbin/lpshut:euid=lp
Printer Management:suser:cmd:::/usr/sbin/lpusers:euid=lp
```

Die Befehle, wie `/etc/init.d/lp`, und deren Attribute werden zu Profilen zusammengefasst, wie zum Beispiel `Printer Management`.

> Alle zu einem Profil zusammengefassten Befehle werden in so genannten Profile-Shells ausgeführt, beispielsweise in der `pfsh` (Profile-Bourne-Shell), `pfksh` (Profile-Korn-Shell) oder `pfcsh` (Profile-C-Shell).

Die RBAC-Befehle

Der Befehl roleadd

Dieser Befehl erstellt eine neue Rolle, wobei die Dateien `/etc/passwd`, `/etc/shadow` und `/etc/user_attr` verändert werden. Die Syntax des Befehls lautet:

`# roleadd [optionen] [rolle]`

Bevor Sie eine neue Rolle erzeugen, sollten Sie die Defaultwerte überprüfen und gegebenenfalls ändern, mit denen eine neue Rolle angelegt wird:

```
# roleadd -D
group=other,1  project=,3  basedir=/home
skel=/etc/skel  shell=/bin/pfsh  inactive=0
expire=  auths=  profiles=All
```

Sie erhalten dieselben Defaultwerte wie beim Befehl `useradd -D`, ergänzt um den Wert `profiles=All` und `shell=/bin/pfsh`. Nach dem ersten Aufruf des Befehls wird eine Datei `/usr/sadm/defaddrole` angelegt, die auch von Hand editiert werden kann. Die Defaultwerte lassen sich mit Hilfe der folgenden Optionen ändern, die Sie dem Befehl `roleadd -D` übergeben.

Option	Beschreibung
`-b`	Ändern des Standardbasisverzeichnisses für das Homeverzeichnis der Rolle.
`-e`	Ändern des Standardablaufdatums für neue Rollen.
`-f`	Ändern der standardmäßigen Anzahl der inaktiven Tage, bevor die Rolle automatisch gesperrt wird.
`-g`	Ändern der Standardgruppe für eine neue Rolle.
`-A`	Zuweisen von Standardautorisierungen für neue Rollen.
`-P`	Zuweisen von Standardprofilen für neue Rollen.

Tabelle 8.11: Optionen, um Standardwerte für den Befehl `roleadd` zu ändern

Der Befehl `roleadd` kennt außer der Option `-D` folgende Optionen, von denen viele den Optionen des Befehls `useradd` ähneln (vgl. Abschnitt 8.3).

Option	Erklärung
`-A`	Zuweisen von Autorisierungen für eine neue Rolle.
`-c`	Angabe einer kurzen Textbeschreibung der Rolle in `/etc/passwd`.
`-d`	Angabe des Homeverzeichnisses der neuen Rolle.
`-e`	Angabe des Ablaufdatums für die neue Rolle.
`-f`	Angabe der Anzahl der Tage, an denen eine Rolle inaktiv sein kann, bevor sie ungültig wird.
`-g`	Angabe der Primärgruppe für eine Rolle.
`-G`	Angabe von zusätzlichen Gruppen für eine Rolle.
`-k`	Angabe des Verzeichnisses mit Vorlagen für eine neue Rolle.
`-m`	Anlegen eines neues Homeverzeichnisses für die Rolle.

Tabelle 8.12: Optionen des Befehls `roleadd`

Option	Erklärung
-o	Erzwingt die Verwendung von mehrfachen UIDs.
-P	Zuweisen von Profilen für eine neue Rolle.
-s	Angabe der Anmeldeshell der Rolle.
-u	Angabe der UID der Rolle.

Tabelle 8.12: Optionen des Befehls roleadd *(Forts.)*

Im nachfolgenden Beispiel wird eine Rolle *prman* hinzugefügt, die das Profil Printer Manager erhält. Das heißt, dass mit dieser Rolle die Druckerverwaltung durchgeführt werden darf:

```
# roleadd -m -d /export/home/prman -c "Druckermanager" -P All,"Printer Manager" prman
```

Dieser Befehl erzeugte in der Datei /etc/passwd den folgenden Eintrag, der besagt, dass die neue Rolle zur Gruppe 1 gehört und die Shell /bin/pfsh als Anmeldeshell hat:

```
prman:x:1001:1:Druckermanager:/export/home/prman:/bin/pfsh
```

In der Datei /etc/shadow wurde ein entsprechender Eintrag hinterlegt. Das Konto ist gesperrt, weil noch kein Passwort zugewiesen wurde:

```
prman:*LK*:::::::
```

Die Datei /etc/user_attr wurde um folgenden Eintrag ergänzt:

```
prman::::type=role;profiles=All,Printer Management
```

Nach dem Einrichten der Rolle muss dieser unbedingt ein Passwort zugewiesen werden:

```
# passwd prman
```

Anschließend können sich Benutzer, die das Passwort kennen und damit die Rolle verwenden dürfen, mit dem Befehl su *rolle* als diese Rolle anmelden und die entsprechenden Systemarbeiten durchführen, wie in diesem Beispiel den Befehl lpadmin.

Der Befehl roledel

Dieser Befehl entfernt Rollen aus dem RBAC-System. Die Syntax des Befehls lautet:

```
# roledel [optionen] [rolle]
```

Die Option -r entfernt die Rolle einschließlich ihres Homeverzeichnisses.

Der Befehl rolemod

Dieser Befehl verändert eine Rolle im RBAC-System, die Syntax lautet:

rolemod [*optionen*] [*rolle*]

Der Befehl kennt dieselben Optionen wie roleadd, mit Ausnahme der folgenden:

Option	Erklärung
-l	Diese Option ändert den Anmeldenamen der Rolle in einen anderen ab.
-m	Diese Option benennt das Homeverzeichnis der Rolle in das Verzeichnis um, das mit der Option -d angegeben wird.

Tabelle 8.13: Zusätzliche Optionen des Befehls rolemod

Sie können den Befehl rolemod zum Beispiel verwenden, wenn Sie zuerst eine neue Rolle anlegen und erst hinterher das Profil und die Befehle dazu definieren möchten. Hier wird eine Rolle definiert, um den Rechner herunterzufahren, und anschließend werden der entsprechende Befehl und das Profil festgelegt:

```
# roleadd -m -d /export/home/sysstop sysstop
# passwd sysstop
# vi /etc/security/exec_attr
Stop:suser:cmd::/usr/sbin/shutdown:uid=0
# vi /etc/security/prof_attr
Stop::Herunterfahren des Systems:
# rolemod -P Stop,All sysstop
```

Danach wird die Rolle dem gewünschten Benutzer zugeordnet:

usermod -R sysstop her

Durch diesen Befehl wird *her* in die Datei user_attr eingetragen:

```
her::::type=normal;roles=sysstop
```

Sie können die Einstellungen testen, indem Sie sich als der Benutzer mit der neu definierten Rolle anmelden, mit dem Befehl su zum Rollenkonto wechseln und den autorisierten Befehl aufrufen:

```
$ id
uid=101(her) gid=1(other)
$ su sysstop
$ /usr/sbin/shutdown -g 60
Shutdown started. ...
```

Auf diese Weise erhält ein einfacher Benutzer das Recht, das System herunterzufahren.

Der Befehl roles

Dieser Befehl listet auf, welche Rollen einem Benutzer gewährt wurden. Sie können gleichzeitig mehrere Benutzer abfragen, indem Sie deren Namen durch Leerzeichen getrennt dem Befehl als Argument übergeben. Ohne Argument werden die Rollen des aktuellen Benutzers angezeigt.

```
$ roles her anna
her : sysstop
anna : No roles
```

Der Befehl profiles

Dieser Befehl listet auf, welche Profile einem Benutzer gewährt wurden.

Der Befehl auths

Dieser Befehl listet auf, welche Autorisierungen einem Benutzer gewährt wurden.

8.8 Zusammenfassung

Dieser Tag erläuterte die Grundlagen der Systemsicherheit eines Unix-Systems. Sie können nun Gruppen und Benutzer anlegen, verändern und löschen und wissen, welche Auswirkungen dies auf die entsprechenden Systemdateien hat, wie zum Beispiel die Datei /etc/passwd. Sie kennen die Befehle zur Benutzerverwaltung, wie zum Beispiel useradd, usermod und userdel, und weitere Befehle und Dateien, mit deren Hilfe Sie die Tätigkeiten von Benutzern am System überprüfen können.

Es wurden Möglichkeiten aufgezeigt, Festplattenplatz durch Benutzerquoten und Limitierung der Dateigrößen zu verwalten. Schließlich lernten Sie eine neue Methode von Solaris 9 kennen, um mit Hilfe von Role Base Access Control (RBAC) die herkömmlichen Unix-Berechtigungen zu erweitern und einem einfachen Benutzer einige administrative Tätigkeiten delegieren zu können.

8.9 F&A

F Da ich mir Befehle nicht merken möchte, will ich meine Benutzer anlegen, indem ich die Dateien /etc/passwd und /etc/shadow von Hand editiere. Ist das möglich?

A Theoretisch ja, aber es ist nicht sehr empfehlenswert, da es sich um eine sehr fehleranfällige Methode handelt. Wenn Sie sich beim Editieren vertippen, funktioniert das entsprechende Benutzerkonto nicht. Außerdem müssen Sie das Passwort unbedingt mit dem Befehl passwd vergeben, weil es verschlüsselt wird.

F Ich muss jede Menge Benutzer für die Abteilung CAD anlegen. Dabei stört es mich, dass die Gruppe other vorgegeben ist. Muss ich die neue Gruppe bei jedem Befehl useradd extra angeben?

A Nein, verändern Sie einfach die vorgegebene Gruppe, entweder mit dem Befehl useradd -D -g CAD oder indem Sie in der Datei /usr/sadm/defadduser die Defaultgruppe ändern. Sie können auch ein Skript oder eine Funktion erstellen.

F Ich bekomme ständig eine Fehlermeldung, wenn ich mich als root per rlogin auf einem anderen Rechner im Netzwerk anmelden möchte. Ist das denn generell nicht möglich?

A Doch, diese Fehlermeldung wird erzeugt, weil Sie in der Datei /etc/default/login der Variable CONSOLE den Wert /dev/console zugewiesen haben. Sie müssen diesen Eintrag auskommentieren, wenn Sie sich als *root* remote anmelden möchten.

F Ich versuche, mit dem Befehl quotaon das Quotensystem zu aktivieren, was aber nicht funktioniert. Muss ich vor dem Befehl quotaon noch etwas anderes durchführen?

A Ja, Sie müssen in dem Dateisystem, für das Sie die Quotierung aktivieren möchten, zuerst eine Datei mit dem Namen quotas anlegen und ihr dann mit der Oktalmethode die Rechte 600 zuweisen.

F Einer meiner einfachen Benutzer soll regelmäßig das Systemdatum überwachen und gegebenenfalls korrigieren. Standardmäßig darf er den Befehl date nur als Anzeigebefehl ausführen. Muss ich ihm die UID 0 in der Datei /etc/passwd zuweisen, damit er das Datum zukünftig auch ändern darf?

A Nein, auf keinen Fall, damit hätte er alle Rechte von *root*. Sie können stattdessen eine Rolle definieren, die das Recht zur Änderung des Systemdatums hat, und hinterher die Rolle Ihrem Benutzer zuweisen.

8.10 Übungen

1. Legen Sie die beiden neuen Gruppen *einkauf* und *verkauf* mit den GIDs 300 und 3001 an.

2. Legen Sie einen neuen Benutzer *hans* mit dem Homeverzeichnis /export/home/hans, der TC-Shell, dem Kommentar »Hans Hauser, Zimmer 333«, der UID 555, der primären Gruppe *staff* und den sekundären Gruppen *einkauf* und *verkauf* an. Sein Benutzerkonto soll auf den 31.12.2003 begrenzt werden.

3. Erhöhen Sie die standardmäßige Länge für ein Passwort von 6 auf 8.

4. Aktivieren Sie das Quotensystem für das Dateisystem /export/home und weisen Sie dem Benutzer *hans* ein Soft- und Hard-Limit in Blöcken von jeweils 10.000 zu. Verwenden Sie *hans* dann als Prototypanwender, um dieselben Quoten auch anderen Benutzern zuzuweisen.

5. Definieren Sie ein Profil mit der Bezeichnung *Datum einstellen*, die aus dem Befehl /usr/bin/date besteht und deren effektive UID (euid) Sie auf 0 setzen. Sie müssen dafür also zuerst die Datei exec_attr und dann prof_attr editieren.

6. Definieren Sie dann eine Rolle mit dem Befehl roleadd, der Sie das Profil *Datum einstellen* und ein Passwort zuweisen. Ordnen Sie anschließend die Rolle dem Benutzer *hans* zu.

Tag 9

Prozessverwaltung

Prozessverwaltung

An diesem Tag erfahren Sie, wie Prozesse aufgebaut sind und wie sie erzeugt werden. Sie lernen den Unterschied zwischen Multitasking und Multithreading und die Bedeutung des Schedulers kennen. Es wird erläutert, welche Prozessklassen unter Solaris existieren und wie die Prozesskonkurrenz geregelt wird. Der Begriff Daemon wird ebenfalls erklärt und Sie machen Bekanntschaft mit den wichtigsten Daemonen des Solaris-Systems.

Sie erfahren, welche Befehle es gibt, um Prozesse anzuzeigen und zu verwalten, sie zum Beispiel zu stoppen und wieder zu starten oder endgültig zu beenden. Nach Abschluss des Tages können Sie einen Prozess einmalig zu einer bestimmten Zeit oder zu bestimmten Zeiten periodisch wiederkehrend einplanen. Den Abschluss macht eine Erläuterung der Interprozesskommunikation, wie zum Beispiel Named Pipes und Sockets.

9.1 Aufbau und Funktion von Prozessen

Aufbau von Prozessen

Ein Programm stellt die Lösung einer Programmieraufgabe dar, wobei Teillösungen als Prozeduren oder Unterprogramme realisiert werden. Ein Programm oder eine Prozedur besteht aus Befehlen im Codesegment bzw. Textsegment und aus Programmdaten im Datenbereich. Das Ausführen einer Prozedur bezeichnet man als Prozess oder Task. Es ist möglich, dass mehrere Programme gleichzeitig parallel als Prozesse auf einem Rechner ablaufen, wobei die erforderlichen Daten vom Betriebssystemkern verwaltet werden. Diese so genannten Statusinformationen sind systemabhängig, wie zum Beispiel Registerinhalte.

Ein Prozess besteht aus drei Teilen:

- das Codesegment, das die Befehle enthält
- das Daten- oder Heapsegment, das die Variablen enthält
- das Stacksegment, das als zusätzlicher Arbeitsbereich während der Programmausführung verwendet wird

Wenn mehrere Benutzer auf einem System dasselbe Programm aufrufen, dann verwenden deren Prozesse dasselbe Codesegment, wodurch Speicherplatz gespart wird. Damit keine Konflikte zwischen den Prozessen entstehen, ist es nicht beschreibbar. Die folgende Abbildung soll diese Aufteilung nochmals verdeutlichen:

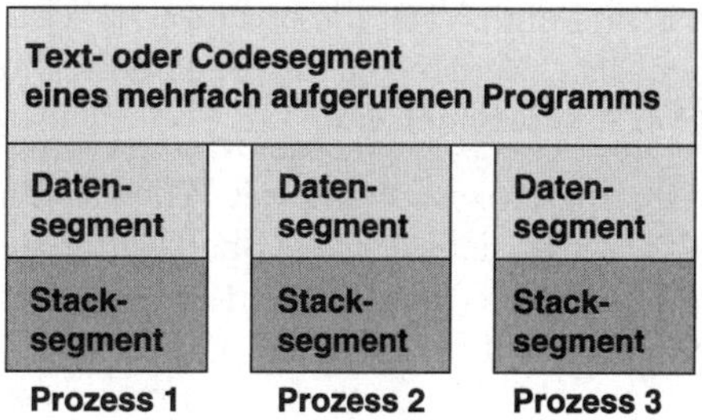

Aufbau und Funktion von Prozessen

```
Text- oder Codesegment
eines mehrfach aufgerufenen Programms

Daten-      Daten-      Daten-
segment     segment     segment

Stack-      Stack-      Stack-
segment     segment     segment

Prozess 1   Prozess 2   Prozess 3
```

Abbildung 9.1:
Aufbau von Prozessen

Ein Prozess oder eine Task ist also ein Programm während der Ausführung. Obwohl sich in der Regel immer mehrere Prozesse gleichzeitig im Speicher befinden, ist immer nur ein Prozess aktiv und wird von der CPU bearbeitet. Der Prozess wird vom Scheduler (vgl. Abschnitt 9.1.4) ausgewählt und erhält einen gewissen Anteil an der CPU-Zeit. Jeder Prozess kann wiederum weitere Prozesse erzeugen (vgl. nachfolgenden Abschnitt), die eventuell vom übergeordneten Prozess abhängen und mit anderen Prozessen kommunizieren (vgl. Abschnitt 9.5).

Das Betriebssystem verwaltet jeden Prozess in einer Prozesstabelle, die alle wichtigen Informationen über den Prozess enthält, wie zum Beispiel den Zustand des Prozesses (vgl. Abschnitt 9.3), die eindeutige Prozesskennung (PID), die Priorität des Prozesses, seine Speicherbelegung und seine Registerwerte sowie die von ihm benutzten Ressourcen, wie zum Beispiel Dateien.

Prozesserzeugung

Ein neuer Prozess kann nur dadurch entstehen, dass er von einem bereits aktiven Prozess erzeugt wird. Das heißt, ein so genannter Elternprozess startet einen neuen Kindprozess.

Beim Booten des Betriebssystems Solaris wird der Scheduler (vgl. den Abschnitt zum Scheduler) mit dem Prozessnamen sched und der PID 0 erzeugt. Dieser Prozess sched erzeugt den Prozess init, bei dem es sich um den Elternprozess aller nachfolgenden Timesharing-Prozesse handelt (vgl. den Abschnitt zu Timesharing-Prozessen). Die vom Prozess init mit dem Systemaufruf fork() erzeugten Kindprozesse übernehmen viele Eigenschaften des übergeordneten Prozesses.

Wenn ein Prozess nicht als Hintergrundprozess mit dem Ampersand-Zeichen & gestartet wird, geschieht dies über den Systemaufruf wait(). Das bedeutet, dass der aufrufende Elternprozess auf die Beendigung des Kindprozesses warten muss. Dies ist zum Beispiel der Fall, wenn Sie aus einer Shell heraus einen umfangreichen Befehl ls starten. Die Shell wartet dann auf das Ende des Befehls, bevor sie wieder ein Eingabeaufforderungszeichen zur Verfügung stellt. Die Alternative ist, den Kindprozess zusammen mit dem Befehl nohup zu starten (vgl. Abschnitt 9.3), wodurch der Prozess init zum Vater dieses Prozesses wird. Bis auf wenige Prozesse, wie zum Beispiel init oder sched, werden alle Prozesse im System irgendwann abgeschlossen, wozu der Systemaufruf exit verwendet wird.

In der nachfolgenden Abbildung wird vom Timesharing-Prozess sh mit der PID 451 ein Kindprozess ls -R durch den Systemaufruf fork() erzeugt (siehe 1.). Die Shell wartet auf die Ausführung (Systemaufruf wait() (siehe 2.)) und Ausgabe (siehe 3.) des Kindprozesses und der Kindprozess wird schließlich durch den Systemaufruf exit() (siehe 4.) beendet.

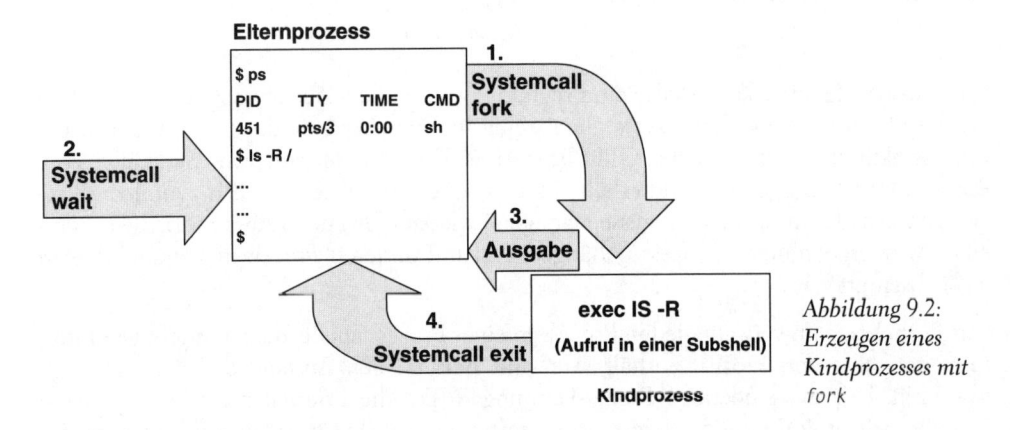

Abbildung 9.2: Erzeugen eines Kindprozesses mit fork

Multitasking und Multithreading

Multitasking oder Multiprocessing bedeutet, dass auf einem System viele Tasks oder Prozesse scheinbar gleichzeitig verarbeitet werden können. Dabei wird die vorhandene CPU-Zeit in so genannte Zeitscheiben von einigen Millisekunden aufgeteilt, um sie zwischen den Prozessen zu verteilen. Da die Zeitabstände zwischen der Verarbeitung der einzelnen Prozesse sehr kurz sind, scheint es dem Benutzer, als würden alle Prozesse quasi gleichzeitig bearbeitet.

Solaris ist außerdem ein multithreadingfähiges Betriebssystem. Wenn einem Rechner mehrere Prozessoren zur Ausführung von Programmen zur Verfügung stehen, dann können diese mehrere Prozesse oder einen Prozess gleichzeitig bearbeiten. Dazu wird der Programmteil des Prozesses in so genannte Threads aufgeteilt, die Teilaufgaben des Programms bilden und einzeln verarbeitet werden können. Da diese Threads nun tatsächlich gleichzeitig auf mehreren Prozessoren abgearbeitet werden, wird der Gesamtablauf wesentlich beschleunigt. Programme müssen allerdings schon vom Programmierer multithreadingfähig entwickelt werden.

Unter Solaris gibt es außer der Zerlegung in Threads auch noch eine weitere Aufteilung in so genannte Leight-Weight-Prozesse (LWP). Diese bearbeiten und synchronisieren die Threads, um den Kernel zu entlasten. Ein Leight-Weight-Prozess kann dabei einen oder mehrere Threads verarbeiten. Diese Zuteilung von Leight-Weight-Prozessen muss auch bereits vom Programmierer berücksichtigt werden.

> Es gibt aber auch weitere Möglichkeiten, um Multithreading ohne den Einsatz von mehreren Prozessoren zu nutzen. Im multithreaded Webserver von Apache beispielsweise führt ein Thread den Systemaufruf `listen()` aus und wartet dann, während andere Threads eingehende Anfragen beantworten. Diese Threads teilen sich Daten, wodurch ein Performancegewinn entsteht, da nicht für jede Anfrage ein eigener Prozess gestartet werden muss.

Scheduler

Da Solaris ein Multitasking-System ist, konkurrieren ständig mehrere Prozesse um die Vergabe der Rechenzeit der CPU. Um diesen Prozessen gerecht zu werden, wird die CPU-Zeit in Zeitscheiben aufgeteilt und den einzelnen Prozessen zugeordnet. Bei der Auswahl des nächsten auszuführenden Prozesses werden sowohl die Prioritäten und die Prozessklassen (vgl. nachfolgenden Abschnitt) als auch der Prozesszustand und die Wartezeiten berücksichtigt.

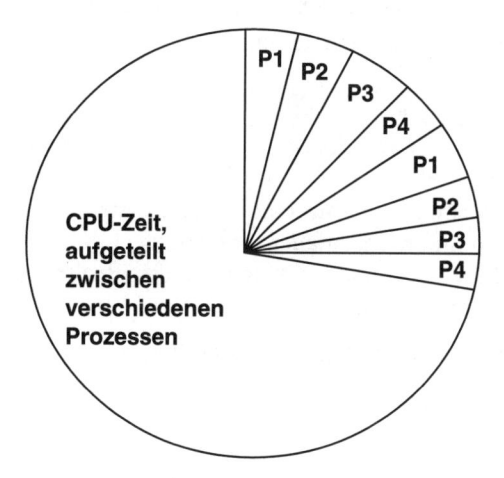

Abbildung 9.3:
Aufteilung der CPU-Zeit zwischen Prozessen

Ein aktiver Prozess erhält so lange die CPU-Zeit, bis seine ihm zugeordnete Zeit verbraucht ist oder er eine Ausgabe-/Eingabe-Operation durchführt.

Die Prioritäten werden über einen Scheduling-Algorithmus berechnet, um jedem einzelnen Prozess einen bestimmten Teil der Rechenzeit zuzuweisen. Das bedeutet, dass der Prozess mit der zurzeit höchsten Priorität die CPU-Zeit zugeteilt bekommt. Nach Ablauf einer bestimmten Zeitspanne wird dieser dann angehalten und später wieder reaktiviert.

9.2 Arten von Prozessen

Prozessklassen und Prioritätsverwaltung

Es gibt vier Prozessklassen, die unterschiedlich von der CPU verarbeitet werden. Dazu gehören:

- Realtime-Klasse (RT)
- Systemklasse (SY)
- Timesharing-Klasse (RT)
- Interaktive Klasse (IA)

Die Verarbeitungsart jeder Klasse wird über Kernelmodule gesteuert, die sich in den Verzeichnissen /kernel/sched und /usr/kernel/sched befinden (vgl. Tag 12).

Realtime-Prozesse

Unter Solaris gibt es standardmäßig keine Realtime-Prozesse. Sie werden in der Regel für das Ansteuern von Geräten oder die Video- bzw. Musikausgabe verwendet. Realtime-Prozesse werden ereignisgesteuert in einer festgelegten Zeitspanne und einer vorgegebenen Priorität von der CPU verarbeitet. Sie erhalten allerhöchste Priorität von der CPU, was allerdings nicht durch das System, sondern durch den Systemadministrator oder den Programmierer bestimmt wird.

Systemprozesse

Systemprozesse sind sehr wichtig für den problemlosen Ablauf eines Betriebssystems. Sie können nur vom Betriebssystem erzeugt werden und werden daher auch häufig als Kernelprozesse bezeichnet. Zu diesen Prozessen gehören sched, pageout und fsflush. Realtime-Prozesse sollten so gestaltet sein, dass sie Systemprozesse nicht blockieren.

Die standardmäßigen Systemprozesse unter Solaris haben folgende Bedeutung:

Systemprozess	Bedeutung
sched	Dieser Systemprozess ist der Scheduler, der die CPU-Leistung an Prozesse zuteilt.
pageout	Dieser Prozess steuert das Paging, das Aus- und Einlagern von Programmen zwischen Hauptspeicher und Swapbereich (vgl. Tag 11).

Tabelle 9.1: Die Bedeutung der Systemprozesse

Systemprozess	Bedeutung
fsflush	Dieser Prozess schreibt in bestimmten Zeitabständen den Festplattenpuffer auf die Festplatte zurück.

Tabelle 9.1: Die Bedeutung der Systemprozesse (Forts.)

Timesharing-Prozesse

Zu den Timesharing-Prozessen gehören durch Befehle, wie zum Beispiel find oder more, und durch Anwendungen erzeugte Prozesse. Auch der Prozess init gehört dazu. Sie erhalten abwechselnd gemäß dem Zeitscheibenverfahren die Leistung der CPU zugeteilt. Auf diese Weise entsteht eine gleichmäßige und benutzerfreundliche Verteilung der Systemleistung. Dabei berechnet der Scheduler die Bearbeitungszeiten und Prioritäten von allen Prozessen immer wieder auf der Grundlage der bisherigen Zeitzuteilung neu. An dieser Stelle wird auch die mit Hilfe des Befehls nice benutzerdefinierte Priorität (vgl. Abschnitt 9.3) berücksichtigt.

Interaktive Prozesse

Interaktive Prozesse werden als Sonderform eines Timesharing-Prozesses betrachtet. Man verwendet sie für interaktive Arbeiten mit dem Betriebssystem, zum Beispiel für die grafische Oberfläche. Da hier gewährleistet sein muss, dass das System dem Benutzer schnell antwortet, erhalten diese Prozesse in der Regel eine höhere Priorität als die Timesharing-Prozesse.

Prioritätsverwaltung

Prozesse konkurrieren sowohl untereinander innerhalb ihrer eigenen Klasse als auch mit den Prozessen anderer Klassen. Die Prioritäten der Prozesse werden pro Klasse in Listen verwaltet. Der Prozess mit der höchsten Gesamtpriorität erhält zuerst CPU-Zeit zugewiesen. Daher werden als Erstes immer Realtime-Prozesse, dann die Systemprozesse und schließlich erst interaktive und Timesharing-Prozesse verarbeitet.

Jeder Prozess besitzt eine interne Klassenpriorität und eine globale Priorität. Die interne Priorität kann bei Realtime-Prozessen und Timesharing-Prozessen vom Systemadministrator oder Programmierer und teilweise auch vom Benutzer mit Hilfe von Befehlen (vgl. Abschnitt 9.3) beeinflusst werden. Realtime-Prozesse haben eine interne Priorität zwischen 0 und 59 und eine globale Priorität zwischen 100 und 159. Timesharing- und interaktive Prozesse haben eine interne Priorität zwischen -60 und 60 und eine globale Priorität zwischen 0 und 59. Systemprozesse haben eine globale Priorität zwischen 60 und 99.

Die folgende Abbildung soll die Prioritäten der einzelnen Klassen nochmals verdeutlichen.

Prozessverwaltung

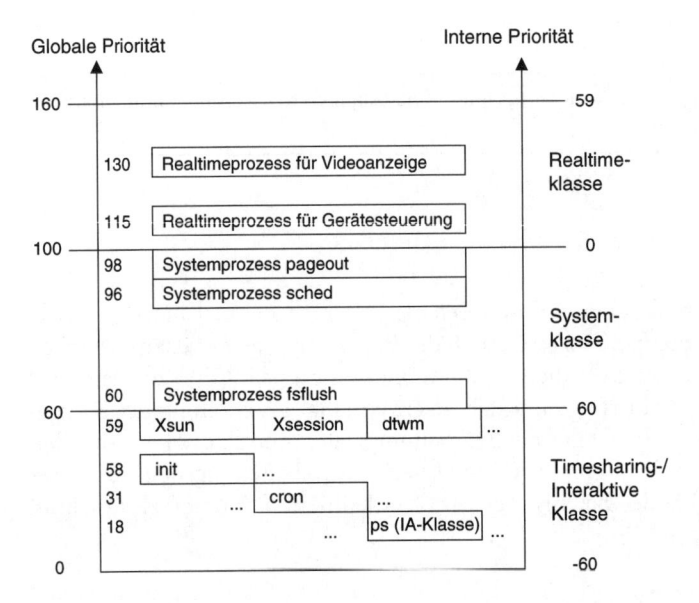

Abbildung 9.4: Prozessklassen und Prioritäten

Daemonen

Programme, die im System laufen, ohne von einem Terminal kontrolliert zu werden, bezeichnet man als Daemonen oder Hintergrundprozesse. Sie überwachen in der Regel die Steuerung von Zugriff und Kommunikation und gewährleisten verschiedene Systemdienste, wie zum Beispiel die Protokollierung oder das Drucken im System. Daher werden sie häufig beim Hochfahren des Systems gestartet und warten im Hintergrund auf ein bestimmtes Ereignis, um ihren Dienst anbieten zu können.

Diese Prozesse sind durch ein Fragezeichen ? in der Spalte TTY bei der Ausgabe des Befehls ps gekennzeichnet (vgl. Abschnitt 9.3) und ihr Name endet oft mit dem Buchstaben »d«.

Die folgende Tabelle listet Daemonen auf, die standardmäßig unter Solaris als interaktive Prozesse laufen.

Daemon	Beschreibung
Dsdm	Der Daemon Drop Site Database Manager verwaltet die Drag&Drop-Funktion der grafischen Oberfläche.
Dtfile	Der Daemon für den CDE File Manager.
Dthelpvi	Der Daemon für den CDE Help Viewer.

Tabelle 9.2: Daemonen, die unter Solaris als interaktive Prozesse laufen

Daemon	Beschreibung
Dtlogin	Der Daemon für den Anmeldebildschirm von CDE.
Dtsession	Der Daemon unter CDE zur Einrichtung der Benutzeroberfläche.
Dtterm	Der Daemon für ein Terminalfenster von CDE.
Dtwm	Der Daemon für CDE Windows Manager.
Fbconsole	Der Daemon Fallback Console ist für Systemmeldungen der grafischen Oberfläche notwendig, da er Meldungen statt auf die physikalische Konsole auf ein Konsolfenster ausgibt.
sdtperfmeter	Der Daemon Performance Meter ist im Frontpanel integriert und zeigt die Auslastung der CPU und der Festplatte grafisch an.
Sdtvolcheck	Der Daemon überprüft unter der grafischen Oberfläche, ob eine CD-ROM oder eine Diskette eingelegt wurde und startet in diesem Fall den File Manager (vgl. Tag 11).
Speckeysd	Der Daemon steuert die Tastatureingabe unter CDE.
Ttsession	Der Daemon ToolTalk Messages Server, der zwischen Prozessen von ToolTalk-Sitzungen Informationen austauscht (vgl. den Abschnitt zu ToolTalk gegen Ende des Kapitels).
Xsession	Der Daemon für das Startskript der grafischen Oberfläche, das die Konfigurationsdateien der Benutzer einliest.
Xsun	Der Daemon für den X-Window Server von Sun für die grafische Oberfläche.

Tabelle 9.2: Daemonen, die unter Solaris als interaktive Prozesse laufen (Forts.)

Es gibt aber auch Daemonen, die standardmäßig unter Solaris als Timesharing-Prozesse laufen:

Daemon	Beschreibung
Automountd	Der Daemon für das Automounting, mit dessen Hilfe Dateisysteme bei Bedarf automatisch in das lokale Dateisystem gemountet oder ungemountet werden (vgl. Tag 18).
Cron	Der Daemon, mit dessen Hilfe wiederholt Befehle ausgeführt werden (vgl. Abschnitt 9.4.2).
Devfsadmd	Der Daemon zur Verwaltung der Geräteverzeichnisse /dev und /devices.

Tabelle 9.3: Daemonen, die unter Solaris als Timesharing-Prozesse laufen

Prozessverwaltung

Daemon	Beschreibung
Dmispd	Der Daemon für das Desktop Management Interface (DMI).
Dwhttpd	Der Daemon für den http-Server des Answerbook 2 von Sun.
htt	Der Daemon für den X Input Method Server, der eine Schnittstelle zu internationalen X-Window-Anwendungen bildet.
in.ndpd	Der Daemon für die Ipv6-Autokonfiguration.
in.routed	Der Daemon für das Netzwerkrouting.
inetd	Der Internet-Daemon für die Überwachung der Netzwerkschnittstellen, um Anfragen von Clients nach einem TCP/IP-Dienst zu erfüllen.
init	Der Daemon zur Systeminitialisierung.
keyserver	Der Daemon, um Passwörter im Netzwerk für Secure-NIS und -NIS+ zu verschlüsseln.
lockd	Der Daemon für die Einrichtung von Zugriffssperren auf NFS-Dateien.
lpsched	Der Daemon für den Druckdienst.
mibiisa	Der Daemon, der als SNMP-Agent dient und Informationen an den Sun Enterprisemanager versendet. SNMP bedeutet Simple Network Management Protocol und kann zur Verwaltung kleinerer lokaler Netze verwendet werden.
nscd	Der Daemon für das Caching der Namensdienste NIS oder NIS+.
picld	Der Daemon Platform Information and Control Library bietet einen Mechanismus, um plattformspezifische Informationen für Clients auf eine plattformunabhängige Weise zur Verfügung zu stellen.
powerd	Der Daemon für das Power Management, der Geräte bei Nichtbenutzung in einen Stromsparmodus versetzt.
rpc.rstatd	Der Daemon für die Abfrage von Systemzuständen (Remote Procedure Calls) im Netzwerk.
rpc.ttdbserverd	Der Daemon für den Datenbankserver für ToolTalk-Objekte (vgl. den Abschnitt zu ToolTalk gegen Ende des Kapitels).
rpcbind	Der Daemon, der die Kommunikation von Remote-Procedure-Call-Programmen im Netzwerk steuert.
sac	Der Daemon für das Service Access Facility (SAF) System, das die Schnittstellen des Systems kontrolliert.

Tabelle 9.3: Daemonen, die unter Solaris als Timesharing-Prozesse laufen (Forts.)

Daemon	Beschreibung
sendmail	Daemon für das Weiterleiten von E-Mails.
snmpdx	Der Daemon, der als Hauptagent für den SNMP-Dienst arbeitet.
snmpXdmi	Der Daemon, der als Unteragent für den SNMP-Dienst arbeitet und eine Schnittstelle zum Desktop Management Interface bildet.
statd	Der Daemon zur Überwachung des Status von Netzwerkrechnern, wie zum Beispiel NFS-Clients.
syslogd	Der Daemon für die Protokollierung von Systemmeldungen (vgl. Tag 12).
ttymon	Der Daemon, der als Portmonitor serielle Schnittstellen überwacht (vgl. Tag 15).
utmpd	Der Daemon verwaltet die Einträge in der Datei /var/adm/utmpx (vgl. Tag 3), in der die aktiven Benutzer am System mit protokolliert werden.
vold	Der Daemon für das Volume Management von Solaris, mit dessen Hilfe das automatische Mounten von CD-ROM und Diskette ausgeführt wird (vgl. Tag 11).

Tabelle 9.3: Daemonen, die unter Solaris als Timesharing-Prozesse laufen (Forts.)

Parallel zu diesen Prozessen ist (sind) auch immer mindestens eine oder mehrere Shells als Hintergrundprozess(e) aktiv. Je nach gestarteten Programmen können auch weitere Daemonen im Hintergrund laufen:

Daemon	Beschreibung
sh	Eine gestartete Shell, möglich sind hier auch csh, ksh, bash usw. Wenn die Shell mit einem vorangestellten Bindestrich – angezeigt wird, ist sie die Anmeldeshell.
dtpad	Der Prozess für ein geöffnetes Editorfenster von CDE.
java	Der Prozess für einen gestarteten Java-Interpreter.
dtscreen	Der Prozess für den Bildschirmschoner von CDE.
mountd	Der Daemon für Anforderungen von NFS-Mounts und für NFS-Zugriffsüberwachung (vgl. Tag 18).
nfsd	Der Daemon, um NFS-Anforderungen der Clients zu steuern.

Tabelle 9.4: Weitere Daemonen unter Solaris

9.3 Befehle für die Prozessverwaltung

Nachfolgend werden die wichtigsten Befehle für die Prozessverwaltung erklärt. Der Vollständigkeit halber wird an dieser Stelle nochmals kurz die Möglichkeit der Jobkontrolle im Hintergrund mit Hilfe des Ampersand-Zeichens & und der Befehle `jobs`, `bg` und `fg` erwähnt. Die ausführliche Beschreibung dazu finden Sie im Kapitel zu Tag 7.

Der Befehl ps

Dieser Befehl gibt Informationen über im Moment aktive Prozesse aus. In seiner einfachsten Form gibt er alle Prozesse in einer Shell aus:

```
# ps
   PID   TTY    TIME   CMD
  2009  pts/5   0:00   ps
   802  pts/5   0:00   sh
```

Sie erhalten in diesem Fall die Prozessnummer, das Gerät, auf dem der Prozess läuft, die durch den Prozess verbrauchte CPU-Zeit in Minuten und Sekunden und den Namen des Befehls. Ein Gerät kann entweder ein Terminalfenster, ein so genanntes Pseudoterminal, sein, zum Beispiel /dev/pts/5, oder die Konsole `console` oder es wird ein Fragezeichen angezeigt, wenn es sich um einen Daemonprozess handelt.

Der Befehl kennt sehr viele Optionen:

Option	Beschreibung
-a	Anzeige aller Prozesse, die von einem Terminalprozess kontrolliert werden und viel Bearbeitungszeit zugewiesen bekommen.
-A	Anzeige aller Prozesse, wie -e.
-c	Formatierte Anzeige, die Scheduler-Prioritäten wiedergibt, wie zum Beispiel Prozessklasse.
-d	Anzeige aller Prozesse mit Ausnahme der kontrollierenden Prozesse.
-e	Anzeige aller aktiven, nicht im Wartezustand befindlichen Prozesse.
-f	Ausführliche Ausgabe mit zusätzlichen Informationen.
-g *pid*	Anzeige aller Prozesse der Prozessgruppe, die zur PID *pid* gehört.
-G *gid*	Anzeige aller Prozesse mit einer realen GID, die in *gid* enthalten ist.

Tabelle 9.5: Optionen des Befehls ps

Befehle für die Prozessverwaltung

Option	Beschreibung
-j	Anzeige mit Sitzungsnummer und Prozessgruppennummer.
-l	Ausführliche Ausgabe mit zusätzlichen Informationen.
-L	Ausgabe von Informationen über jeden Light Weight-Prozess, der von einem Prozess verwendet wird.
-o format	Formatierte Ausgabe wie in format angegeben, zum Beispiel durch die Argumente user, group, uid, gid, pid, ppid, sid usw. Vergleichen Sie dazu die Erklärung zur Ausgabe des Befehls.
-p pid	Anzeige der Prozesse mit in pid enthaltenen Prozessidentifikationsnummern.
-P	Ausgabe des Prozessors, auf dem der Prozess läuft.
-s sid	Anzeige aller kontrollierenden Prozesse, die in sid enthalten sind.
-t term	Anzeige aller Prozesse des durch term definierten Terminals.
-u uid	Anzeige aller Prozesse, die dieselbe effektive UID wie in uid enthalten.
-U uid	Anzeige aller Prozesse mit einer realen UID, die in uid enthalten ist.
-y	Anzeige der *Resident Set Size* von Prozessen in Kilobyte, das heißt des im Hauptspeicher verbleibenden Teils des Prozesses. Die Option muss gemeinsam mit -l verwendet werden.

Tabelle 9.5: Optionen des Befehls ps *(Forts.)*

Die Optionen -l und -f bewirken eine recht ausführliche Ausgabe, zum Beispiel:

```
# ps -ef
     UID    PID  PPID  C    STIME TTY      TIME CMD
    root     0     0   0 13:02:52 ?        0:13 sched
    root     1     0   0 13:02:54 ?        0:00 /etc/init -
    root     2     0   0 13:02:54 ?        0:00 pageout
    root     3     0   0 13:02:54 ?        0:20 fsflush
    root   375     1   0 13:03:40 ?        0:00 /usr/lib/saf/sac -t 300
# ps -el
 F  S UID   PID PPID  C PRI NI  ADDR   SZ WCHAN TTY     TIME CMD
19  T  0     0    0   0   0 SY     ?    0       ?       0:13 sched
 8  S  0     1    0   0  40 20     ?   99     ? ?       0:00 init
19  S  0     2    0   0   0 SY     ?    0     ? ?       0:00 pageout
19  S  0     3    0   0   0 SY     ?    0     ? ?       0:20 fsflush
 8  S  0   375    1   0  41 20     ?  220     ? ?       0:00 sac
```

Prozessverwaltung

Die Spalten haben folgende Bedeutung:

Überschrift	Bedeutung
F	Prozesskennzeichen oder Flags, die heute keine Bedeutung mehr haben.
S	Prozessstatus: O: Der Prozess wird im Moment von der CPU ausgeführt. S: Der Prozess wartet auf ein Ereignis, das heißt, er schläft (»sleeping«). R: Der Prozess ist laufbereit und wartet auf CPU-Zuteilung (»runable«). Z: Zombieprozess T: Der Prozess ist angehalten; das ist zum Beispiel durch die Jobkontrolle der Shell möglich (»traced«).
UID	Die effektive UID, die den Prozess gestartet hat.
PID	Die eindeutige Prozess-ID.
PPID	Die Prozess-ID des Elternprozesses, also des Prozesses, der den aktuellen Prozess gestartet hat (Parent Prozess-ID).
C	Die CPU-Belastung durch den Scheduler, die heute keine Bedeutung mehr hat, das heißt, dieses Feld wird nicht mehr gepflegt.
CLS	Die Prozessklasse, zum Beispiel RT, SY, TS oder IA.
PRI	Die Priorität des Prozesses.
NI	Der Wert für Timesharing-Prozesse, der in die Berechnung der Priorität eingeht.
ADDR	Die Speicheradresse des Prozesses.
SZ	Die Größe des belegten Speicherplatzes in Seiten (Pages).
WCHAN	Die Adresse des Prozesses, auf den der aktuelle Prozess wartet.
STIME	Die Startzeit des Prozesses in Stunden, Minuten und Sekunden.
TTY	Das kontrollierende Terminal, von dem aus der Prozess gestartet wurde. Ein Fragezeichen bedeutet, es handelt sich um einen Daemon.
TIME	Die verbrauchte CPU-Zeit des Prozesses in Minuten und Sekunden.
CMD	Der vollständige Befehlsname.
PGID	Die PID des Prozesses, der die Prozessgruppe erzeugt.

Tabelle 9.6: Spaltenüberschriften bei der Ausgabe des Befehls ps

Befehle für die Prozessverwaltung

Überschrift	Bedeutung
SID	Die PID des Prozesses, der die Prozesse der Prozessgruppe ursprünglich gestartet hat.
LWP	Die Nummer des entsprechenden Light Weight-Prozesses.
NLWP	Die Anzahl der Light Weight-Prozesse eines Prozesses.

Tabelle 9.6: Spaltenüberschriften bei der Ausgabe des Befehls ps *(Forts.)*

Ein Zombieprozess, der mit der Kennzeichnung defunct vom Befehl ps ausgegeben wird, ist ein Prozess, der beendet wurde, aber seinen Elternprozess davon nicht mehr in Kenntnis setzen konnte. Das kann zum Beispiel vorkommen, wenn der Elternprozess abgestürzt ist. Ein Zombieprozess hat nur noch einen Eintrag in der Prozesstabelle, aber er belegt keinen Hauptspeicher mehr. Spätestens bei einem Neustart des Systems verschwinden solche Zombieprozesse.

Der Befehl prstat

Dieser Befehl gibt Informationen über die aktuellen aktiven Prozesse aus, ähnlich dem in anderen Unix-Systemen bekannten Befehl top. Er ist erst ab Solaris 9 bekannt. Standardmäßig zeigt der Befehl Informationen zu allen Prozessen an. Der Befehl kann durch die Eingabe von [q] oder [Ctrl]+[d] abgebrochen werden. Es gibt folgende Optionen:

Option	Beschreibung
-a	Zusätzliche Anzeige zu Benutzern.
-c	Aktualisierung durch die Anzeige einer neuen Liste.
-C proc	Anzeige der Prozesse, die dem Prozessor proc zugeordnet sind.
-L	Anzeige von Informationen zu Light Weight-Prozessen (LWP).
-m	Anzeige von mikrostatischen Prozessinformationen.
-n ntop	Begrenzung der Anzahl von Ausgabezeilen.
-p pid	Anzeige der Prozesse mit der definierten PID.
-P cpu	Anzeige der Prozesse mit dem definierten Prozessor.
-R	Startet prstat als Echtzeitprozesse und räumt dem Befehl Priorität vor anderen Prozessen ein.

Tabelle 9.7: Optionen des Befehls prstat

Option	Beschreibung
-s *key*	Sortiert die Ausgabe nach einem angegebenen Schlüssel in absteigender Reihenfolge: cpu – verbrauchte CPU-Zeit time – Ausführungszeit size – Prozessgröße rss – Hauptspeichergröße pri – Prozesspriorität
-S	Entspricht -s, Sortierung erfolgt aber in aufsteigender Reihenfolge.
-t	Anzeige der zusammenfassenden Informationen für jeden Benutzer.
-u *euid*	Anzeige der Prozesse mit effektiven UIDs, die mit *euid* definiert wurden.
-U *uid*	Anzeige der Prozesse mit realen UIDs, die mit *uid* definiert wurden.
-v	Ausführliche Ausgabe.

Tabelle 9.7: Optionen des Befehls prstat *(Forts.)*

Die Ausgabespalten haben folgende Bedeutung:

Überschrift	Bedeutung
PID	Die Prozessidentifikationsnummer
USERNAME	Der reelle Benutzername.
SIZE	Der verbrauchte virtuelle Speicherplatz.
STATE	Der Status des Prozesses (vergleiche Befehl ps).
PRI	Die Priorität des Prozesses.
NICE	Der Nice-Wert des Prozesses (vergleiche Befehl ps).
TIME	Die kumulierte Ausführungszeit.
CPU	Die verbrauchte CPU-Zeit in Prozent.
PROCESS	Der Prozessname bzw. der Name der ausgeführten Datei.
LWPID	Die Nummer des Leight-Weight-Prozesses.
NLWP	Die Anzahl der Light Weight-Prozesse.

Tabelle 9.8: Spaltenüberschriften des Befehls prstat

Überschrift	Bedeutung
USR	Die prozentuale Zeit im Benutzermodus.
SYS	Die prozentuale Zeit im Systemmodus.
TRP	Die prozentuale Zeit zum Verwalten von Systemunterbrechungen.
TFL	Die prozentuale Zeit zum Verwalten von Fehlern im Codesegment.
DFL	Die prozentuale Zeit zum Verwalten von Fehlern im Datensegment.
SLP	Die prozentuale Zeit des Wartemodus.
VCX	Ein frei wählbarer Kontextschalter.
ICX	Ein nicht frei wählbarer Kontextschalter.
SCL	Systemaufrufe.
SIG	Empfangene Signale.

Tabelle 9.8: Spaltenüberschriften des Befehls prstat *(Forts.)*

Der Befehl sdtprocess (grafischer Prozessmanager)

Dieser Befehl startet den Prozessmanager der grafischen Oberfläche CDE. Die aktuellen Prozesse werden alle angezeigt. Diese Prozesse lassen sich stoppen und wieder starten oder beenden. Das Tool kann auch aus dem Frontpanel der CDE heraus gestartet werden.

Der Befehl kill

Mit diesem Befehl können Sie Prozesse beenden bzw. spezielle Signale an die Prozesse senden, wenn Sie die PID des Prozesses mit Hilfe von ps oder prstat ermittelt haben. Sie müssen die Option -s verwenden, um einem Prozess ein Signal zu senden. Im nächsten Beispiel wird das Signal INT, das die Signalnummer 2 hat, dem Prozess mit der PID 3861 gesandt, um ihn zu beenden:

```
# kill -2 3861
```

Es ist auch möglich, statt der Signalnummer den Signalnamen zu verwenden. Im nachfolgenden Beispiel wird die grafische Anzeige einer Uhr mit Sekundenzeiger gestartet und mit Hilfe des Signals STOP angehalten:

```
# /usr/openwin/bin/xclock -update 1 &
[1] 2112
# kill -STOP 2112
```

Prozessverwaltung

Der Sekundenzeiger und die Anzeige der Uhr können auch wieder aktiviert werden durch das Signal CONT (»continue«):

`# kill -CONT 2112`

Mit Hilfe der Option -l erhalten Sie eine Liste der Signale, die mit dem Befehl verwendet werden können.

```
# kill -l
HUP   INT    QUIT  ILL    TRAP  ABRT   EMT   FPE    KILL      BUS
SEGV  SYS    PIPE  ALRM   TERM  USR1   USR2  CLD    PWR       WINCH
URG   POLL   STOP  TSTP   CONT  TTIN   TTOU  VTALRM PROF      XCPU
XFSZ  WAITING LWP  FREEZE THAW  CANCEL LOST  RTMIN  RTMIN+1   RTMIN+2
RTMIN+3 RTMAX-3 RTMAX-2 RTMAX-1 RTMAX
```

Die Signale werden zu Beginn von Abschnitt 9.5 ausführlich erläutert.

Es gibt mehrere Möglichkeiten, mit Hilfe des Befehls kill einen Prozess zu beenden, zum Beispiel:

`# kill 334`

Auf diese Weise wird das standardmäßige Signal 15, das heißt TERM (»terminate«), dem Prozess mit der Prozess-ID 334 übermittelt. Weitere Möglichkeiten sind die Signale 2 (INT) oder 3 (QUIT). Das Signal 9 oder KILL sollte nur in Notfällen verwendet werden, da es dem Prozess keine Möglichkeit mehr bietet, irgendwelche Daten zurückzuschreiben. Dadurch könnte zum Beispiel im Falle eines Datenbankprozesses die Datenbank zerstört werden.

Der Befehl killall

Dieser Befehl sendet an alle Benutzerprozesse das standardmäßige Signal INT als Aufforderung, sich zu beenden. Er wird vom Befehl shutdown verwendet, damit die Dateisysteme anschließend unbenutzt sind, so dass das Betriebssystem beendet werden kann.

Der Befehl trap

Dieser Befehl wird oft in Shellskripten verwendet, um Unterbrechungssignale abzufangen, die eventuell an das Skript gesendet werden. Auf diese Weise wird ein unerwünschter Abbruch der Skriptausführung verhindert und das Skript kann sich mit den richtigen Aktionen beenden. Das einzige Signal, das allerdings nicht abgefangen werden kann, ist das Signal KILL mit der Nummer 9. Die Syntax des Befehls lautet:

trap befehle signale

In der Datei /etc/profile wird zum Beispiel der Befehl trap zusammen mit den Signalen 2 und 3 verwendet:

`trap "" 2 3`

Durch die leere Zeichenkette »«, die als Befehl übergeben wird, ignoriert die Shell die Signale. Wird das Argument *befehle* weggelassen, wie am Ende der Datei /etc/profile, dann werden die Signale auf ihre Standardwerte zurückgesetzt:

trap 2 3

Wird zum Beispiel das Signal INT mit der Nummer 2 abgefangen, dann lässt sich das Skript nicht durch die Tastenkombination [Ctrl]+[c] abbrechen.

Das nächste Beispiel könnte eine Zeile eines Shellskripts sein. Die Befehle rm core und exit werden ausgeführt, wenn das Shellskript endet (Signal 0), der Benutzer sich abmeldet (Signal 1) oder die Tastenkombination [Ctrl]+[c] drückt (Signal 2):

trap "rm core;exit" 0 1 2

Der Befehl nohup

Dieser Befehl verhindert ein »Hangup« eines Prozesses, das heißt, das Programm läuft weiter, auch wenn der Elternprozess beendet wird. Von einem mit nohup gestarteten Prozess werden die Signale HUP, INT, WUIT und TERM ignoriert (vgl. Beginn von Abschnitt 9.5). Der Prozess init tritt an die Stelle des Elternprozesses. Standardmäßig wird die Ausgabe eines auf diese Weise gestarteten Prozesses in die Datei nohup.out umgeleitet. Der Befehl ist vor allem dann von Bedeutung, wenn ein Hintergrundprozess von einem Benutzer gestartet und nach seinem Abmelden weiter ausgeführt werden soll, zum Beispiel:

```
$ nohup testskript1 &
Sending output to nohup.out
[1] 3561
```

Der Befehl nice

Dieser Befehl startet einen Befehl und weist eine vorgegebene Priorität zu, um die CPU besser auszulasten. Ein einfacher Benutzer kann damit die Priorität seiner Prozesse sofort bei deren Aufruf herabstufen, *root* dagegen kann die Priorität von Prozessen mit Hilfe dieses Befehls erhöhen. Die Syntax des Befehls lautet:

nice [-n *Priorität*] *befehl*

Die Nice-Werte werden in 40 Stufen unterteilt, wobei der positive Bereich von 1 bis 20 und der negative Bereich von −1 bis −20 reicht. Positive Zahlen stufen die Priorität herab, negative Zahlen erhöhen die Priorität. Je höher also der Nice-Wert ist, desto niedriger ist die Prozesspriorität. Der Standardwert ist 10.

```
# nice -n 20 sleep 1000 &
[1]    616
# ps -lp 616
```

Prozessverwaltung

```
F S UID  PID PPID C PRI NI ADDR SZ WCHAN TTY   TIME CMD
8 S 0    619 618  0 90  39 ?    119 ?    pts/5 0:13 sleep
```

Der Prozess erhielt den höchstmöglichen Nice-Wert, das bedeutet die niedrigste Priorität.

Der Befehl renice

Dieser Befehl ändert die Priorität mit Hilfe des Nice-Werts für Prozesse, die bereits laufen. Einfache Benutzer können die Priorität wiederum nur herabstufen, während *root* die Prioritäten auch erhöhen darf. Dieser Befehl kennt folgende Optionen:

Option	Beschreibung
-g *gid*	Angabe einer Prozessgruppe *gid*, für die der Nice-Wert verändert werden soll.
-n *zahl*	Erhöhen oder Herabsetzen der Priorität des Prozesses um *zahl*.
-p *pid*	Angabe einer Prozessidentifikationsnummer.
-u *uid*	Angabe eines Benutzernamens oder einer UID.

Tabelle 9.9: Optionen des Befehls renice

Im folgenden Beispiel wird die Priorität des Prozesses mit der PID 417 auf den Maximalwert gesetzt:

`# renice -n 19 417`

Der Befehl time

Dieser Befehl führt einen Befehl aus und zeigt dabei die Ausführungsdauer in Sekunden an. Die Anzeige enthält die verstrichene Zeit sowie die vom Benutzer und vom System verbrauchten CPU-Zeiten, zum Beispiel:

```
# time ls
...
real    0m0.10s
user    0m0.01s
sys     0m0.07s
```

Der Befehl lässt sich für einfache Performance-Messungen verwenden.

> Es gibt auch einen Befehl `timex`, der standardmäßig dieselben Ausgaben wie der Befehl `time` anzeigt. Allerdings verfügt dieser Befehl über einige zusätzliche Optionen, die zusätzliche Prozessabrechnungsdaten ausgeben (vgl. `man timex`).

Der Befehl pkill

Dieser Befehl beendet Prozesse, die mit einem angegebenen Suchmuster übereinstimmen. Er stellt eine Kombination der Befehle `ps` und `kill` dar. Zu seinen wichtigsten Optionen gehören:

Option	Beschreibung
-d *delim*	Angabe des Feldtrennzeichens zwischen den PIDs. Die Standardeinstellung ist das Zeilenvorschubzeichen.
-f	Das Suchmuster wird mit der gesamten Zeichenfolge eines Prozesses verglichen und nicht nur mit dem ausführbaren Prozessnamen.
-g *groups*	Suche nur nach Prozessen mit den übereinstimmenden Prozessgruppen.
-G *gids*	Suche nur nach Prozessen mit übereinstimmenden realen GIDs.
-n	Ausgabe des zuletzt gestarteten jüngsten Prozesses, der mit dem Suchmuster übereinstimmt.
-P *ppids*	Suche nur nach Prozessen mit den übereinstimmenden Elternprozess-IDs.
-s *sids*	Suche nur nach Prozessen mit den übereinstimmenden Sitzungs-IDs.
-t *term*	Suche nur nach Prozessen mit dem übereinstimmenden Terminal.
-u *euids*	Suche nur nach Prozessen mit den übereinstimmenden effektiven UIDs.
-U *uids*	Suche nur nach Prozessen mit den übereinstimmenden realen UIDs.
-v	Umkehrung des Suchmusterbefehls, das heißt, nur die nicht dem Muster entsprechenden Prozesse werden ausgegeben.
-x	Suche nur nach Prozessen, deren ausführbarer Name genau mit dem angegebenen Namen übereinstimmt.
-*signal*	Angabe des Signals, das an jeden gefundenen Prozess gesendet wird. Das Standardsignal ist TERM.

Tabelle 9.10: Optionen des Befehls `pkill`

Im nachfolgenden Beispiel werden mit dem Signal 15 oder INT alle Sendmail-Prozesse beendet:

```
# pkill sendmail
```

Das nächste Beispiel zeigt, wie alle Prozesse eines bestimmten Benutzers mit der Nummer 375 beendet werden:

```
# pkill -U 375
```

Der Befehl pgrep

Dieser Befehl ist eine Kombination der Befehle ps und grep. Er gibt Prozessidentifikationsnummern (PIDs) aus, die mit dem Suchmuster übereinstimmen. Dieses Suchmuster wird mit dem Prozessnamen verglichen, wenn nicht die Option -f verwendet wurde. Der Befehl verwendet dieselben Optionen wie der Befehl pkill.

Im folgenden Beispiel wird die PID des Prozesses Sendmail ausgegeben:

```
# pgrep sendmail
498
```

Im nächsten Beispiel wird das Signal KILL an alle Prozesse des Pseudoterminals 4 gesendet:

```
# pgrep -t pts/4 -KILL
```

Der Befehl pmap

Dieser Befehl zeigt an, wie der Hauptspeicher von einem Prozess belegt wird. Zur Ausgabe gehören Informationen über die PID und den Prozessaufruf sowie die belegten Speicheradressen, die Größe des Programms, die Major- und Minor-Gerätenummer (vgl. Tag 11), die Inode-Nummer (vgl. Tag 10), die Pfadangabe und die Größe des Heaps und Stacks des Programms. Zusätzlich werden gegebenenfalls die dynamisch gebundenen Bibliotheken des Prozesses, deren Verbrauch an Hauptspeicher und die dazugehörigen Zugriffsrechte ausgegeben. Im Beispiel werden diese Informationen für den Prozess init mit der PID 1 ausgegeben:

```
# pmap 1
1:      /etc/init -
00010000     496K read/exec        /sbin/init
0009A000      24K read/write/exec  /sbin/init
000A0000     104K read/write/exec  [ heap ]
FF390000       8K read/write/exec  [ anon ]
FF3A0000       8K read/exec        /etc/lib/libdl.so.1
FF3B0000     136K read/exec        /etc/lib/ld.so.1
FF3E2000       8K read/write/exec  /etc/lib/ld.so.1
FFBEE000       8K read/write/exec  [ stack ]
 total       792K
```

Der Befehl psig

Dieser Befehl gibt aus, wie ein Prozess auf bestimmte Signale reagieren soll (vgl. Beginn von Abschnitt 9.5), zum Beispiel für den Prozess sendmail:

```
# psig 498
498:    /usr/lib/sendmail -bd -q15m
HUP     caughtRESTART,SIGINFO
INT     ignored
QUIT    ignored
ILL     default
TRAP    default
ABRT    default
...
```

Der Befehl ptree

Dieser Befehl zeigt in einer übersichtlichen Struktur an, über welche Prozesse ein bestimmter Prozess erzeugt wurde. Im Beispiel wurde der Befehl auf eine aus einer Korn-Shell heraus gestarteten Bourne-Again-Shell angewandt:

```
# ptree 762
362   /usr/dt/bin/dtlogin -daemon
  380   /usr/dt/bin/dtlogin -daemon
    399   /bin/ksh /usr/dt/bin/Xsession
      445   /usr/dt/bin/sdt_shell -c     unset DT;   DISPLAY=:0;    /u
        448   -sh -c    unset DT;   DISPLAY=:0;   /usr/dt/bin/dtsess
          461   /usr/dt/bin/dtsession
            468   dtwm
              557   /usr/dt/bin/dtexec -open 0 -ttprocid 2.xTucU
                558   dtaction -execHost localhost Terminal
                  560   /usr/dt/bin/dtexec -open 0 -ttprocid 8.xTucU
                    561   /usr/dt/bin/dtterm
                      563   /sbin/sh
                        600   ksh
                          762   bash
                            778   ptree 762
```

Es gibt weitere dieser so genannten Proctools, die verschiedene Informationen über Prozesse ausgeben können. Sie können diese mit Hilfe des Befehls man pmap oder man psig usw. ausfindig machen.

Der Befehl priocntl

Mit Hilfe dieses Befehls kann *root* Prozesse in einer bestimmten Prozessklasse erzeugen oder diese verändern. Das bedeutet zum Beispiel, dass ein Prozess aus der Timesharing-Klasse zur Realtime-Klasse verändert wird. Der Befehl kennt folgende Optionen:

Option	Beschreibung
-c *klasse*	Angabe der Prozessklasse, die zugewiesen werden soll (TS, IA oder RT).
-d	Anzeige der Prozessparameter. Es werden die Parameter von priocntl ausgegeben, wenn nicht die Option -i gleichzeitig verwendet wird.
-e	Ausführen eines bestimmten Befehls mit Angabe der Parameter der Prozessklasse.
-i *pid*	Angabe eines oder mehrerer Prozesse, auf die sich der Befehl beziehen soll. Die Option -i uid 457 bedeutet zum Beispiel, dass sich der Befehl auf alle Prozesse mit dieser UID bezieht.
-l	Ausgabe der im Moment vorhandenen Prozessklassen.
-m *limit*	Definition des Prioritätslimits des Benutzers eines bestimmten Prozesses.
-p *prio*	Angabe der Priorität des Prozesses.
-s	Angabe von Parametern für Prozesse.
-t *zeit*	Angabe der Zeitmenge eines Prozesses. Das ist die Menge der Zeitintervalle, in denen der Prozess CPU-Zeit erhält, bevor die Prozesswarteschlange neu berechnet wird.

Tabelle 9.11: Die Optionen des Befehls priocntl

Die Option -l gibt die definierten Prozessklassen im System aus:

```
# priocntl -l
CONFIGURED CLASSES
==================
SYS (System Class)
RS (Time Sharing)
        Configured TS User Priority Range: -60 through 60
IA (Interactive)
        Configured IA User Priority Range: -60 through 60
```

In diesem Fall ist die Realtime-Klasse nicht enthalten, da das dazugehörige Modul noch nicht verwendet und daher noch nicht vom Kernel geladen wurde. Es kann aber mit folgendem Befehl dynamisch nachgeladen werden:

```
# priocntl -s -c RT
```

Im nächsten Beispiel wird zuerst die globale Priorität mit dem Befehl ps angezeigt und dann die klasseninterne Priorität:

```
# ps -c
  PID   CLS   PRI   TTY    TIME   CMD
  554   IA    48    pts/4  0:00   bash
# priocntl -d -i pid 554
TIME SHARING PROCESSES:
    PID   IAUPRILIM    IAUPRI      IAMODE
    554       0           0           0
```

Die klasseninterne Priorität lautet 0 und könnte vom Benutzer herabgesetzt werden.

Die gebräuchlichsten Ausgabespalten sind:

Feldname	Beschreibung
PID	Die Prozessidentifikationsnummer.
IAUPRILIM	Das Interactive User Priority Limit, das die Priorität für die interaktive Klasse angibt, die ein Benutzer höchstens dem Prozess zuordnen kann.
IAUPRI	Die Interactive User Priority gibt die im Moment gültige Prozesspriorität für die interaktive Klasse aus. Sie bildet die Grundlage für die globale Prioritätsberechnung.
TSUPRILIM	Das Timesharing User Priority Limit, das die Priorität für die Timesharing-Klasse angibt, die ein Benutzer höchstens dem Prozess zuordnen kann.
TSUPRI	Die Timesharing User Priority gibt die im Moment gültige Prozesspriorität für die Timesharing-Klasse aus. Sie bildet die Grundlage für die globale Prioritätsberechnung.
RTPRI	Die Realtime-Priorität.
TQNTM	Die Zeitmenge für den Realtime-Prozess, das heißt die Zeitdauer, die der Prozess maximal ohne Unterbrechung von der CPU bearbeitet werden darf.

Tabelle 9.12: Ausgabespalten des Befehls priocntl

Im nächsten Beispiel wird aus dem interaktiven Prozess für die Bourne-Again-Shell mit der PID 554 ein Realtime-Prozess erzeugt:

```
# priocntl -d -i class RT
priocntl: Process(es) not found
# priocntl -s -c RT -p 30 -t 100 -i pid 554
# priocntl -d -i class RT
REAL TIME PROCESSES:
```

Prozessverwaltung

```
PID    RTPRI   TQNTM
554     30      100
861     30      100
```

Der Prozess der Bourne-Again-Shell ist nun ein Realtime-Prozess mit der Priorität 30 und einer Realtime-Zeitmenge von 100.

Der Befehl dispadmin

Mit Hilfe dieses Befehls lässt sich der Prozess-Scheduler verwalten, das heißt, dass dessen Konfiguration während des laufenden Betriebssystems temporär verändert wird. Eine dauerhafte Veränderung ist nur über eine Kompilierung der Konfigurationsmodule /kernel/sched/ts_dptbl oder /kernel/sched/rt_dptbl zu erreichen.

Auch mit diesem Befehl können die im System konfigurierten Klassen angezeigt werden:

```
# dispadmin -l
CONFIGURED CLASSES
==================
SYS (System Class)
RS (Time Sharing)
IA (Interactive)
RT (Real Time)
```

Mit folgendem Befehl wird die Konfiguration des Schedulers zum Beispiel für die Realtime-Klasse angezeigt. Die Variable RES bestimmt die Einheit der zeitlichen Zuordnung, hier lautet sie auf Millisekunden. Die Spalte TIME QUANTUM gibt den Zeitabschnitt wieder, den ein Prozess bei einer bestimmten Priorität erhält, die in der Spalte PRIORITY LEVEL hinterlegt ist. Je niedriger die Priorität, desto höher wird die zugeteilte Zeiteinheit.

```
# dispadmin -c RT -g
RES=1000
# TIME QUANTUM   PRIORITY
# (rt_quantum)   LEVEL
      1000    #     0
      1000    #     1
      1000    #     2
              ...
       800    #    10
       800    #    11
              ...
       600    #    20
       600    #    21
              ...
       100    #    57
       100    #    58
       100    #    59
```

9.4 Automatisches Starten von Prozessen

Manchmal ist es notwendig, eine bestimmte Tätigkeit am System zu einer bestimmten Zeit auszuführen. Dazu gibt es den Befehl `at`, mit dessen Hilfe ein oder mehrere Befehle automatisch zur gewünschten Zeit ausgeführt werden. Wollen Sie einen oder mehrere Befehle immer wieder zu bestimmten Zeiten ausführen, dann verwenden Sie den Befehl `crontab`.

Einmaliges Einplanen von Prozessen

Der Befehl at

Mit Hilfe dieses Befehls reihen Sie einen oder mehrere Befehle in eine Warteschlange ein. Diese werden dann zur angegebenen Zeit ausgeführt. Die Jobs werden im Verzeichnis `/var/spool/cron/atjobs` gespoolt und in einer Subshell gestartet. Wenn eine Ausgabe des Befehls erfolgt und diese nicht umgelenkt wird, wird sie an den Anwender per E-Mail gesandt. Ein Job kann zum Beispiel um 9:30 morgens eingeplant werden:

```
# at 9:30 am
at> lp -d Listendrucker /export/home/her/monatsbericht
at> Ctrl + d
```

Sobald das Promptzeichen `at` erscheint, können Sie pro Zeile einen Befehl eingeben. Sie beenden die Eingabe mit der Tastenkombination Ctrl + d. Wenn ein Job erfolgreich in die Warteschlange eingereiht wurde, erhalten Sie eine entsprechende Meldung:

```
commands will be executed using /sbin/sh
job 997774200.a at Tue Aug 2 09:30:00 2001
```

Der Befehl kennt folgende Optionen:

Option	Beschreibung
-c	Ausführung des Befehls in der C-Shell.
-f datei	Einlesen der Befehle aus einer Datei statt von der Standardeingabe.
-k	Ausführung des Befehls in der Korn-Shell.
-l	Anzeige aller eingeplanten Jobs.
-m	Versenden einer E-Mail an den Benutzer nach Beendigung des Jobs.

Tabelle 9.13: Die Optionen des Befehls `at`

Option	Beschreibung
-q queue	Angabe der Warteschlange für den Job; möglich sind Warteschlangen mit den Buchstaben »a« bis »z«.
-r jobid	Entfernen eines Jobs durch Angabe der Job-ID.
-s	Ausführung des Befehls in der Bourne-Shell.
-t zeit	Ausführung eines Jobs zu einer bestimmten Uhrzeit.

Tabelle 9.13: Die Optionen des Befehls at *(Forts.)*

Die Angabe der Ausführungszeit kann auch ohne die Option -t erfolgen. Folgende Formate sind möglich:

- Die Angabe in Stunde(n) oder Stunden und Minuten: H, HH, HH:MM. Diese Angabe kann im 24-Stunden-Format oder durch die Definition von am/AM oder pm/PM erfolgen.
- Die Angabe now
- Die Angabe noon
- Die Angabe midnight
- Die Angabe tomorrow
- Die Angabe today

Das nächste Beispiel führt einen Befehl morgen um dieselbe Zeit aus:

at now tomorrow testscript1

Den Befehl at dürfen nicht unbedingt alle Benutzer ausführen. Standardmäßig existiert unter Solaris eine Datei namens /etc/cron.d/at.deny, die alle Benutzer enthält, die den Befehl nicht verwenden dürfen. Standardmäßig handelt es sich dabei um Systemkonten. *root* kann dieser Datei pro Zeile einen weiteren Benutzer hinzufügen, der den Befehl nicht aufrufen darf. Ist die Datei leer, dürfen alle Benutzer den Befehl starten.

Alternativ kann eine Datei namens /etc/cron.d/at.allow angelegt werden, in der *root* alle Benutzer erfasst, die den Befehl ausdrücklich verwenden dürfen. Existiert diese Datei, wird sie vor der Datei /etc/cron.d/at.deny gelesen. In beiden Dateien aufgeführten Benutzern wird die Verwendung von at nicht gestattet.

Existiert keine der beiden Dateien, so darf nur *root* diesen Befehl anwenden.

```
                    nur die in at.allow
  at.allow ist  ja  aufgeführten Be-
   vorhanden   ───▶ nutzer dürfen den
                    Befehl verwenden
        │
       nein
        ▼
   at.deny ist
   vorhanden,  ja   alle Benutzer
   aber eine  ───▶  dürfen den
   leere Datei       Befehl verwenden
        │
       nein
        ▼
                    alle Benutzer
   at.deny ist      dürfen den Befehl
   vorhanden    ja  verwenden mit
   und keine   ───▶ Ausnahme der in
   leere Datei       at.deny aufge-
                    führten Benutzer
        │
       nein
        ▼
nur root darf den Befehl verwenden
```

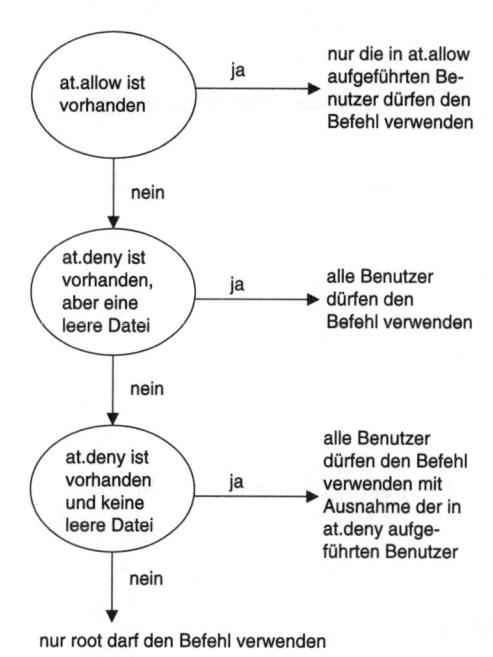

Abbildung 9.5:
Wer darf den Befehl at *verwenden?*

Der Befehl batch

Dieser Befehl funktioniert wie der Befehl at, mit der Ausnahme, dass Sie keine Zeitangabe machen und keine Optionen verwenden können. Der Job wird ebenfalls in eine Warteschlange im Verzeichnis /var/spool/cron/atjobs eingereiht und zurzeit der niedrigsten Systembelastung automatisch ausgeführt.

Der Befehl atq

Dieser Befehl zeigt alle Jobs an, die durch den Befehl at oder batch in die Warteschlange gestellt wurden. Dabei können Sie entweder die Option -c verwenden, um die Jobs in der ursprünglichen Reihenfolge anzuzeigen, oder die Option -n, um die Gesamtzahl der Jobs zu erhalten.

```
# atq
Rank  Execution Date      Owner   Job           Queue   Job Name
1st   Aug 2, 2001 09:30   root    997774200.a   a       stdin
```

Die Ausgabe ist etwas ausführlicher als die des Befehls at -l:

```
# at -l
user = root    997774200.a    Aug 2, 2001 09:30
```

Der Befehl atrm

Dieser Befehl entfernt Jobs, die zuvor mit dem Befehl at oder batch angelegt wurden. Sie können dabei folgende Optionen verwenden:

Option	Beschreibung
-a	Entfernen aller Jobs aus der Warteschlange.
-f	Unterdrücken von Meldungen.
-i	Erzwingen einer Bestätigung vor dem Löschen eines Jobs.

Tabelle 9.14: Die Optionen des Befehls atrm

Der im vorherigen Beispiel angelegte Job wird noch vor der Ausführung gelöscht:

atrm 997774200.a

Wiederholtes Einplanen von Prozessen

Der Befehl crontab

Im Gegensatz zum Befehl at kann dieser Befehl einen oder mehrere Befehle wiederholt und regelmäßig ausführen. Er verwaltet die crontab-Datei des Benutzers. Der cron-Daemon ist dafür zuständig, dass die Jobs dieser Dateien ausgeführt werden.

Die crontab-Datei besteht aus sechs durch Leerzeichen oder Tabulatoren getrennten Spalten, wobei die ersten fünf Felder definieren, wann der Befehl der sechsten Spalte ausgeführt werden soll:

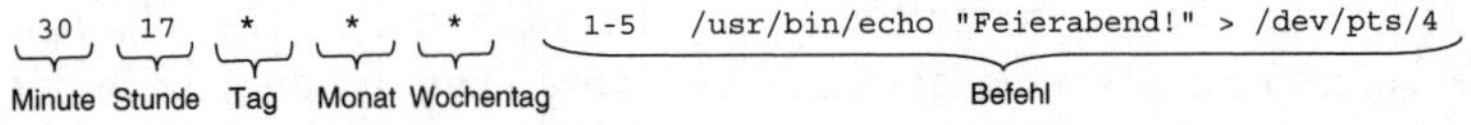

```
  30     17     *      *        *      1-5    /usr/bin/echo "Feierabend!" > /dev/pts/4
Minute Stunde  Tag   Monat  Wochentag                         Befehl
```

Abbildung 9.6: Aufbau der Datei crontab

In diesem Beispiel wird jeden Montag bis Freitag um 17.30 Uhr die Meldung »Feierabend« auf dem Pseudoterminal pts/4 ausgegeben. In den einzelnen Spalten können folgende Werte stehen:

Automatisches Starten von Prozessen

Zeiteinheit	Mögliche Werte
Minute	0 bis 59 oder * als Platzhalter für jede Minute
Stunde	0 bis 23 oder * als Platzhalter für jede Stunde
Tag im Monat	1 bis 31 oder * als Platzhalter für jeden Tag des Monats
Monat	1 bis 12 oder Jan, Feb, Mar, ... oder * für jeden Monat
Wochentag	0 bis 6 (Sonntag 0, Montag 1 usw.) oder Sun, Mon, Tue ... oder * für jeden Wochentag

Tabelle 9.15: Werte der Datei `crontab`

> Die einzelnen Feldeinträge werden durch UND-Verknüpfungen miteinander verbunden. Die einzige Ausnahme bilden die Spalten für den Monats- und den Wochentag – wenn beide gefüllt sind, bilden sie eine ODER-Verknüpfung.

Mit dem Befehl `crontab -l` werden alle Einträge der Datei `crontab` Ihrer aktuellen Benutzerkennung angezeigt:

```
# crontab -l
#ident "@(#)root1.1998/07/06 SMI"/* SVr4.0 1.1.3.1*/
# The root crontab should be used to perform accounting data
# collection.
# The rtc command is run to adjust the real time clock if and when
# daylight savings time changes.
#
10 3 * * 0,4 /etc/cron.d/logchecker
10 3 * * 0   /usr/lib/newsyslog
15 3 * * 0 /usr/lib/fs/nfs/nfsfind
1 2 * * * [ -x /usr/sbin/rtc ] && /usr/sbin/rtc -c > /dev/null 2>&1
30 3 * * * [ -x /usr/lib/gss/gsscred_clean ] && /usr/lib/gss/gsscred_clean
```

Diese Einträge sind für die `crontab` von *root* bereits standardmäßig in Solaris 9 hinterlegt:

- 1. Zeile: Jeden Sonntag und Freitag um 3.10 Uhr wird das Programm `logchecker` gestartet, das die Größe der Protokolldatei von `cron` überwacht. Wenn die durch `ulimit` gesetzte Größe der Datei erreicht ist, benennt der Befehl die Protokolldatei `/var/cron/log` in `olog` um und leert die Datei `log`. Gibt es keine Begrenzung durch `ulimit`, wird keine neue Datei erzeugt.

- 2. Zeile: Jeden Sonntag um 3.10 Uhr wird das Programm `newsyslog` gestartet, das die Protokolldateien des Prozesses `syslogd` in unterschiedliche Dateiversionen speichert. Zu diesen Protokolldateien gehört die Datei `/var/adm/messages` zur Protokollierung von Systemmeldungen, deren letzte vier Versionen durch newsyslog mitgeführt werden. Hinzu kommt noch die Datei /var/log/syslog, die sendmail-Meldungen protokolliert und von der immer acht Versionen existieren.

- 3. Zeile: Jeden Sonntag um 3.15 Uhr wird das Programm nfsfind gestartet, das die Dateisysteme der Server, die Clients zur Verfügung stehen, auf Dateien mit der Endung »nfs« überprüft. Solche Dateien entstehen, wenn sich Zugriffe auf eine Datei gegenseitig überschneiden. Sind diese Dateien älter als eine Woche, werden sie von nfsfind gelöscht.

- 4. Zeile: Täglich um 2.01 Uhr wird das Programm rtc gestartet, das überprüft, ob eine Umstellung auf Sommerzeit nötig ist. Dieses Programm ist nur für PCs und nicht für SPARC-Rechner notwendig.

- 5. Zeile: Täglich um 3.30 Uhr wird das Programm gsscred_clean gestartet, das die Generic Security Service-Tabelle gsscred_db auf doppelte Einträge überprüft und diese gegebenenfalls löscht.

Wenn Sie versehentlich den Befehl crontab ohne eine Option eingeben, beenden Sie ihn mit [Ctrl]+[c]. Wenn Sie stattdessen [Ctrl]+[d] drücken, löschen Sie die bestehenden Einträge.

root kann auch die crontab von anderen Benutzern einsehen, indem er sie unter Angabe des Benutzernamens aufruft, zum Beispiel:

```
# crontab -l lp
...
13 3 * * 0 cd /var/lp/logs; if [ -f requests ]; then if [ -f requests.1 ]; then
/bin/mv requests.1 requests.2; fi; /usr/bin/cp requests requests.1; >requests; fi
...
15 3 * * 0 cd /var/lp/logs; if [ -f lpsched ]; then if [ -f lpsched.1 ]; then
/bin/mv lpsched.1 lpsched.2; fi; /usr/bin/cp lpsched lpsched.1; >lpsched; fi
```

Die erste Zeile enthält den Eintrag, dass jeden Sonntag um 3.13 Uhr das Programm logs gestartet wird, das die Protokolldatei /var/lp/logs/requests in die Datei requests.1 umbenennt. Die Datei requests enthält alle Druckaufträge des Vortags.

In der zweiten Zeile befindet sich der Eintrag, dass jeden Sonntag um 3.15 Uhr das Programm logs gestartet wird, das die Protokolldatei /var/lp/logs/lpsched umkopiert.

Um eine crontab-Datei zu bearbeiten, muss die Variable EDITOR oder VISUAL einen Eintrag enthalten, das heißt, es muss ein Standardeditor definiert sein, zum Beispiel vi oder dtpad. Anschließend wird mit crontab -e die Datei geöffnet und im definierten Editor bearbeitet, das heißt, es werden Einträge hinzugefügt. Der folgende hinzugefügte Eintrag würde zum Beispiel bedeuten, dass jeden Werktag um 23:00 Uhr eine Datensicherung gestartet wird:

```
0 23 * * 1-5 /export/home/her/meinbackup
```

Automatisches Starten von Prozessen

Der Eintrag

```
0,10,20,30,40,50 6,18 * * * /export/home/her/testcheck
```

bewirkt, dass um 6.00, 6.10, 6.20, 6.30, 6.40, 6.50 Uhr und 18.00, 18.10, 18.20, 18.30, 18.40, 18.50 Uhr jeden Tag das Programm *testcheck* läuft.

Der Eintrag

```
* * * * * befehl
```

führt dazu, dass der Befehl jeden Tag in jeder Minute ausgeführt wird. Ein solcher Eintrag kann gegebenenfalls die Performance des Systems sehr beeinträchtigen.

> In der crontab-Datei sollten die Befehle immer mit den Pfadangaben eingetragen werden, da crontab die Variable PATH nicht auswertet. Alternativ kann der Pfad in der Datei /etc/default/cron hinterlegt werden. Dort sollte auch immer unbedingt die Variable CRONLOG auf YES gesetzt sein, damit die Aktivitäten von crond in der Datei /var/cron/log mit protokolliert werden.

> Wenn Sie die crontab-Datei direkt mit ihrem Pfad /var/spool/cron/crontabs/ *benutzername* aufrufen und editieren, statt über den Befehl crontab -e, werden die Änderungen anschließend nicht vom cron-Daemon eingelesen.

Mit dem Befehl

crontab -r *benutzer*

löschen Sie eine komplette crontab-Datei. Ihre eigene löschen Sie mit dem Befehl crontab -r.

Auch den Befehl crontab dürfen nicht alle Benutzer ausführen. Standardmäßig existiert unter Solaris eine Datei namens /etc/cron.d/cron.deny, die alle Benutzer enthält, die den Befehl nicht verwenden dürfen. Standardmäßig handelt es sich dabei um Systemkonten. *root* kann dieser Datei pro Zeile einen weiteren Benutzer hinzufügen, der den Befehl nicht aufrufen darf. Ist die Datei leer, dürfen alle Benutzer den Befehl starten.

Alternativ kann eine Datei namens /etc/cron.d/cron.allow angelegt werden, in der *root* alle Benutzer erfasst, die den Befehl ausdrücklich verwenden dürfen. Existiert diese Datei, wird sie vor der Datei /etc/cron.d/cron.deny gelesen. In beiden Dateien aufgeführten Benutzern wird die Verwendung von cron nicht gestattet.

Wenn keine der beiden Dateien existiert, darf nur *root* diesen Befehl anwenden.

Die Datei /etc/default/cron

Diese Datei steuert, ob die Aktivitäten des cron-Daemons mitprotokolliert werden sollen. Sie enthält standardmäßig nur den Eintrag:

```
# cat /etc/default/cron
CRONLOG=yes
```

Dies bedeutet, dass die Protokollierung in die standardmäßige Protokolldatei /var/cron/log erfolgen soll. Durch Zuweisen des Werts no kann die Protokollierung verhindert werden.

9.5 Interprozesskommunikation

Zu den Mitteln der Kommunikation zwischen Prozessen gehört auch der Pipe-Mechanismus, der bereits an Tag 7 ausführlich erklärt wurde. Weitere Methoden der Interprozesskommunikation werden in den nachfolgenden Abschnitten beschrieben.

> Dieser Abschnitt behandelt fortgeschrittene Themen der Systemprogrammierung und soll in erster Linie dem Systemadministrator dabei helfen, Begriffe wie zum Beispiel Semaphor oder Named Pipe zu klären.

Signale

Signale unter Unix sind eine Methode, um einen Prozess über das Eintreten eines bestimmten Systemereignisses zu informieren. Signale übermitteln dabei nicht direkt Informationen, sondern sie werden nur dazu verwendet, das Eintreten eines Ereignisses anzuzeigen. Sie lassen sich auch als Softwareinterrupts bezeichnen und können auf verschiedene Weise entstehen:

- Ein Prozess oder ein Benutzer verwendet den Befehl kill, um einer bestimmten PID ein Signal zu senden.

- Ein Benutzer kann ein Programm durch die Tastenkombination [Ctrl]+[c] beenden. Der Kernel erkennt diesen Vorgang und sendet dem Programm und der Shell das Signal INT zu.

- Sie können von der Hardware ausgelöst werden. Wird zum Beispiel eine Division durch 0 versucht, dann wird das Signal FPE gesendet.

Ein Prozess, der ein Signal empfängt, kann auf unterschiedliche Weise darauf reagieren. Programm und Shell weisen hier zum Beispiel ein unterschiedliches Verhalten auf, wenn ein Signal eintrifft: Normalerweise bricht das Programm ab, während die Shell das Signal ignoriert. Die Reaktionen auf ein Signal können vordefiniert sein: Der Prozess kann es ignorieren, sich beenden oder anhalten. Signale lassen sich mit dem Befehl trap abfangen, mit Ausnahme des Signals KILL.

Die Verwendung von Signalen erfolgt über Namen, die in der Include-Datei signal.h hinterlegt sind. Zu den vordefinierten Signalbezeichnungen, die aber bei Bedarf vom Programmierer geändert werden können, gehören:

Name	Wert	Standard	Beschreibung
SIGHUP	1	Exit	Hangup, zum Beispiel Terminalleitung unterbrechen.
SIGINT	2	Exit	Programm unterbrechen (Interrupt), wie [Ctrl]+[c]
SIGQUIT	3	Core	Programm unterbrechen und Coredump erstellen.
SIGILL	4	Core	Unzulässige Maschinenanweisung (illegal instruction).
SIGTRAP	5	Core	Abbruchpunkt von speziellen Debuggern.
SIGABRT	6	Core	Programm abbrechen (abort).
SIGEMT	7	Core	Emulator Trap.
SIGFPE	8	Core	Arithmetischer Fehler.
SIGKILL	9	Exit	Programm zwingend abbrechen (Killed).
SIGBUS	10	Core	Adressfehler (bus error), zum Beispiel bei einer Anweisung mit unzulässigem Datenzugriff.
SIGSEGV	11	Core	Fehler durch Zugriff auf ungültigen Speicherbereich.
SIGSYS	12	Core	Fehlerhafter Systemaufruf.
SIGPIPE	13	Exit	Ausgabe in eine Datei, ohne dass ein Prozess daraus liest (unterbrochene Pipe).
SIGALRM	14	Exit	Ablaufen der Signaluhr.
SIGTERM	15	Exit	Aufforderung an den Prozess, sich zu beenden. Das Standardsignal, das vom Befehl kill gesendet wird.
SIGUSR1	16	Exit	Benutzerdefiniertes Signal 1.

Tabelle 9.16: Die wichtigsten Signale unter Solaris

Name	Wert	Standard	Beschreibung
SIGUSR2	17	Exit	Benutzerdefiniertes Signal 2.
SIGCHLD	18	Ignore	Prozessstatuswechsel des Kindprozesses; dieser wurde angehalten oder beendet.
SIGPWR	19	Ignore	Neu starten nach Stromausfall (*powerfail*).
SIGWINCH	20	Ignore	Veränderung der Fenstergröße.
SIGURG	21	Ignore	Wichtige Änderung der Netzwerkverbindung (SocketZustand).
SIGPOLL	22	Exit	Asynchrone Ein-/Ausgabe am Dateizeiger.
SIGSTOP	23	Stop	Prozess durch Signal anhalten.
SIGTSTP	24	Stop	Prozess durch Benutzer anhalten, wie [Ctrl]+[Z].
SIGCONT	25	Ignore	Prozess fortsetzen.
SIGTTIN	26	Stop	Wegen Terminaleingabe anhalten.
SIGTTOU	27	Stop	Wegen Terminalausgabe anhalten.
SIGVTALRM	28	Exit	CPU-Timer abgelaufen.
SIGPROF	29	Exit	Prozessüberwachungstimer abgelaufen.
SIGXCPU	30	Core	CPU-Zeitlimit überschritten.
SIGFSZ	31	Core	Maximale Dateigröße überschritten.
SIGWAITING	32	Ignore	Steuerungssignal für Threads.
SIGGLWP	33	Ignore	Steuerungssignal für Leight-Weight-Prozesse (LWP).
SIGFREEZE	34	Ignore	Check point freeze.
SIGTHAW	35	Ignore	Check point thaw.
SIGCANCEL	36	Ignore	Stornierungssignal für Threads.

Tabelle 9.16: Die wichtigsten Signale unter Solaris (Forts.)

Die meisten Signale bewirken standardmäßig einen Programmabbruch, entsprechend dem Aufruf des Befehls exit für den betroffenen Prozess. Die Signale QUIT, ILL, SYS, TRAP und FPE bewirken dagegen ein etwas anderes Ende des Prozesses, da vor der Beendigung ein Speicherauszug des Prozesses auf Platte geschrieben wird. Das bietet die Möglichkeit, den aufgetretenen Fehler mit Hilfe eines passenden Werkzeugs zu analysieren.

Named Pipes

Eine wichtige Möglichkeit von Unix ist das Umlenken der Ausgabe eines Befehls auf die Eingabe eines anderen Befehls, die Sie bereits als Pipe-Mechanismus kennen gelernt haben (vgl. Tag 7). Dazu werden in der Befehlszeile temporäre anonyme Pipes verwendet, die aber nicht immer zur Systemsteuerung ausreichend sind. Die Grenzen der anonymen Pipe werden erreicht, wenn die mit Hilfe von Pipes kommunizierenden Prozesse mittels Vererbung (über den Aufruf fork) nicht miteinander verwandt sind, wie zum Beispiel Server-Client-Prozesse. Außerdem sind anonyme Pipes nicht permanent und sie müssen jedes Mal neu erzeugt werden.

Daher gibt es die flexiblere Möglichkeit unter Unix, so genannte Named Pipes zu erstellen, so dass zwei oder mehr Prozesse mit Hilfe einer Datei, die sich wie eine Pipe verwenden lässt, miteinander kommunizieren. Named Pipes sind ein spezieller Dateityp, der bei der Ausgabe des Befehls ls -l mit einem »p« an der ersten Stelle des Rechteblocks gekennzeichnet ist. Mit Hilfe von Named Pipes können alle Arten von Prozessen miteinander kommunizieren, wobei sie dazu bestimmte Lese- oder Schreibrechte an der Datei benötigen. Genau wie eine Pipe an einer Befehlszeile arbeiten Named Pipes nach dem FIFO-Prinzip (first in, first out) und stellen einen Ein-Weg-Kommunikationskanal zur Verfügung, weshalb sie auch als FIFO-Dateien bezeichnet werden. Sie haben dieselben Eigenschaften wie alle Dateien unter Unix, das heißt, sie besitzen einen Namen, einen Besitzer, eine Gruppe und Zugriffsrechte usw. Um sie zu verwenden, müssen sie über ihren Namen geöffnet werden. Anschließend können sie über die zurückgegebene Dateinummer in den Lese- und Schreiboperationen angesprochen werden.

Named Pipes werden mit dem Befehl mknod erzeugt, das folgende Beispiel legt eine Pipe mit dem Namen *testpipe* an:

```
# /usr/sbin/mknod testpipe p
# ls -l testpipe
prw-r--r--   1    root      other      0 Aug 14  10:27  testpipe
```

Sockets

Sockets sind Verbindungen zwischen Prozessen, um diesen eine Kommunikation zu ermöglichen. Es gibt verschiedene Arten von Sockets unter Unix, wobei die meisten für das Netzwerk verwendet werden, da sie dazu in der Lage sind, Daten zwischen zwei Prozessen zu übermitteln, die nicht auf einem Rechner laufen. Die unterschiedlichen Arten von Sockets arbeiten mit verschiedenen Adressfamilien und bedingen die verschiedenen Netzwerkprotokolle. In ihrer Eigenschaft als Kommunikationsendpunkte werden ihnen Daten übergeben oder sie senden Daten. Standardmäßig werden Sockets für Webbrowser, das Drucksystem, das X Window System und syslog unter Unix verwendet.

Sockets können durch den Systemaufruf `socket()` erstellt werden. Durch den Systemaufruf `bind()` werden ihm eine lokale Netzwerkadresse und eine Portnummer zugewiesen, über die ein Serverprozess seine Dienste mit Hilfe des Systemaufrufs `listen()` abfragen kann. Der Aufbau der Kommunikation zwischen Server und Client erfolgt über `connect()` und wird mit dem Systemaufruf `accept()` vom Server bestätigt. Die Daten werden mit Hilfe der Systemaufrufe `send()` und `recv()` gesendet und empfangen. Ein Socket kann mit dem Befehl `rm` bzw. mit dem Systemaufruf `unlink()` wieder entfernt werden.

Streams bilden die Grundlage von Sockets unter Solaris (vgl. den Abschnitt zu Sockets weiter unten). Der Befehl `soconfig` wird zur Konfiguration verwendet und die Datei `/etc/init/sock2path` enthält die Konfigurationen. Zur Abfrage von Socket-Verbindungen kann der Befehl `netstat -a` verwendet werden.

Doors

Doors sind Dateisystemobjekte, mit deren Hilfe Prozesse von einem Serverprozess Dienste in Anspruch nehmen können und dabei ähnlich wie mit Named Pipes und Sockets miteinander kommunizieren können. Dabei agiert ein Prozess als so genannter »Door Server« unter Verwendung des Systemaufrufs `door_create()` und stellt Client-Prozessen Funktionen zur Verfügung. Ein Client kann über eine Door auf eine Funktion mit Hilfe des Systemaufrufs `door_call()` zugreifen. Doors gibt es unter Solaris ab Version 2.6. Der Kernel stellt ein Pseudodateisystem *doorfs* zur Verfügung, über das Doors gesteuert werden.

Streams

Es gibt zwei verschiedene TCP/IP-Implementierungen unter Unix: eine für das BSD-System, die andere für das System V-System, das den Streams-Mechanismus verwendet. Streams repräsentieren eine Verbindung zu einem Gerät, wie zum Beispiel ein Terminal, oder zu einer Pipe oder einem Socket, um mit einem anderen Prozess oder einer normalen Datei zu kommunizieren. Der Streams-Mechanismus bildet die Grundlage für Sockets und Pipes.

Streams bilden eine Kommunikationsmethode zwischen Benutzerprozessen und dem Kernel. Dazu ist eine Voll-Duplex-Verbindung zum Datenaustausch notwendig, das heißt die Möglichkeit, Daten gleichzeitig in beide Richtungen zu übertragen. Die dafür benötigten Treiber werden in den Kernel geladen und können mit Hilfe von Systemaufrufen angesprochen werden, wie zum Beispiel `open()`, `close()` oder `write()`. Die Benutzerprozesse greifen auf diese Weise nur über die Treiber auf die Ressourcen des Kernels zu.

Die Verwendung von Streams-Modulen hat mehrere Vorteile, so können die Netzmodule zum Beispiel problemlos auf neue Rechner portiert werden oder durch neue Module mit derselben Schnittstelle ersetzt werden. Streams-Module lassen sich mit Hilfe der Befehle `strconf` und `strchg` konfigurieren.

ToolTalk

Der ToolTalk-Dienst ermöglicht es unabhängigen Anwendungen, miteinander zu kommunizieren, ohne dass sie einander direkt kennen. Dazu erstellen sie ToolTalk-Nachrichten. Der ToolTalk-Dienst empfängt diese Nachrichten, stellt die Empfänger fest und leitet sie an die entsprechende Anwendung weiter. Es handelt sich um ein genormtes Kommunikationsverfahren, bei dem für die Sende- und Empfangsseite ein entsprechendes ToolTalk API (Application Programming Interface) verwendet wird. Der Prozess ttsession wird dabei als Message Server und Sitzungsmanager eingesetzt.

Die meisten Dateien des Dienstes ToolTalk befinden sich in den Verzeichnissen /usr/dt/bin oder /usr/openwin/bin. Zu ihnen gehören:

Datei	Beschreibung
ttsession	Kommuniziert über das Netzwerk, um Nachrichten zuzustellen.
rpc.ttdbserverd	Speichert und verwaltet ToolTalk-Objektinformationen.
ttcp, ttmv, ttrm, ttrmdir, tttar	Befehle, die den ToolTalk-Dienst informieren, wenn Dateien, die ToolTalk-Objekte enthalten, kopiert, verschoben oder gelöscht werden sollen.
ttrace	Dieses Tool verfolgt die Nachrichtenübergabe.
ttsnoop	Dieses Tool stellt die Funktionalität für ttrace zur Verfügung, um Nachrichten und Suchmuster nachzuvollziehen.
ttdbck	Dieses Tool überprüft und wartet die ToolTalk-Datenbanken.
tt_type_comp	Kompiliert Dateien und installiert sie automatisch in die ToolTalk-Datenbanken.
libtt.a, libtt.so, tt_c.h, tttk.h	Application Programming Interface (API) Bibliotheken und Header-Dateien, die die ToolTalk-Funktionen beinhalten.

Tabelle 9.17: Die wichtigsten Dateien für ToolTalk

Wenn der Daemon ttsession noch nicht aktiv ist, wird er durch einen Eintrag in der Datei /usr/dt/bin/Xsession automatisch bei der Anmeldung an CDE gestartet. Der Daemon rpc.ttdbserverd wird durch einen Eintrag in der Datei /etc/inet/inetd.conf gestartet (vgl. Tag 16).

Interprozesskommunikation
(Inter Process Communication – IPC)

Unter System V-Unix gibt es mehrere Mechanismen zur Kommunikation zwischen Prozessen (Inter Process Communication Facility). Dazu gehören:

- Message-Queues oder Message-Passing
- Semaphoren
- Shared Memory

Diese Objekte des IPC-Mechanismus müssen erzeugt werden, wobei für jedes der Objekte ein Eintrag in einer Systemtabelle erfolgt, der Informationen über die erzeugende Person und die Zugriffsrechte speichert. Zur Erzeugung von IPC-Objekten werden die Systemaufrufe msgget(), semget() und shmget() verwendet, zur Steuerung msgctl(), semctl() und shmctl() und für den eigentlichen Informationsaustausch kommen msgop(), semop() und shmop() zum Einsatz.

Auf ein IPC-Objekt, wie zum Beispiel einen Semaphor, wird über einen Schlüssel zugegriffen. Wenn mehrere Prozesse zur selben Zeit über den gleichen Schlüssel auf ein IPC-Objekt zugreifen, wird dieses Objekt von den Prozessen gemeinsam genutzt. Die Systemgrenzen für IPC-Objekte sind bereits beim Systemstart definiert und können anschließend nicht mehr geändert werden. Änderungen können mit Hilfe der Datei /etc/system vorgenommen werden (vgl. Tag 12).

Message-Queues

Eine Message-Queue kann alternativ zu einer Named Pipe verwendet werden. Diese Kommunikationsmöglichkeit ist allerdings nicht verbindungsorientiert. Eine Message Queue ist ein Pufferbereich des Kernels, in den Prozesse Nachrichten ablegen oder aus diesem abholen können. Es funktioniert also wie eine Warteschlange, wobei die Nachrichten in Paketform abgelegt und abgeholt werden. Die Verwaltung erfolgt über Schlüssel, durch deren Hilfe die abholenden Prozesse über den Nachrichtentyp und die Prioritäten informiert werden.

Shared-Memory

Es ist möglich, mit Hilfe von gemeinsamen Speichersegmenten, so genanntem Shared Memory, systemweite Variablen zu erzeugen und bereitzustellen. Dieser Speicherbereich ist ein gemeinsam genutzter Teil des virtuellen Adressraums, den jeder Prozess im System erhält. Diese Speicherbereiche werden allen Prozessen des Systems zum Datenaustausch zur Verfügung gestellt.

Dabei bieten gemeinsame Speichersegmente aber keinen Schutz vor gleichzeitigen ändernden Zugriffen. Zu diesem Zweck müssen Semaphore verwendet werden (vergleiche nächster Abschnitt). Shared Memory setzt dazu eine Art Protokoll voraus, mit dessen Hilfe alle Zugriffe von konkurrierenden Prozessen geregelt werden. Es wird über den Systemaufruf shmget() unter Angabe der Größe des Speichers angefordert.

Semaphoren

Semaphoren werden verwendet, um den exklusiven Zugriff auf Ressourcen eines Systems sicherzustellen oder um die Anzahl von Prozessen zu begrenzen, die gleichzeitig eine Ressource verwenden. Dabei wird von Semaphoren nicht selbst ein Datenaustausch zwischen Prozessen durchgeführt, statt dessen werden die Aktionen der Prozesse auf Shared Memory geregelt. Die Prozesse fragen vor dem Zugriff auf eine Ressource deren Zustand über ein Flag ab und warten dann gegebenenfalls auf die Freigabe des Zugriffs.

Der Befehl ipcs

Mit Hilfe dieses Befehls lässt sich der Status der IPC-Objekte abfragen. Sie erhalten Informationen über die aktiven Speicherbereiche im Kernel, wobei diese Angaben nur für genutzte IPC-Dienste ausgegeben werden.

Der Befehl kennt folgende Optionen:

Option	Beschreibung
-a	Ausgabe einer ausführlichen Liste.
-b	Ausgabe der maximal erlaubten Größe der IPC-Objekte.
-c	Ausgabe des Benutzers, der die Ressourcen in Anspruch nimmt.
-m	Ausgabe von Shared Memory-Informationen.
-o	Ausgabe der Anzahl und der Größe der Nachrichten in der Warteschlange.
-p	Ausgabe der PIDs der Prozesse, die Nachrichten in der Warteschlange abgelegt oder abgeholt haben.
-q	Ausgabe von Message-Queue-Informationen.
-s	Ausgabe von Semaphoren-Informationen.
-t	Ausgabe der Zeiteinheiten für IPC-Operationen.
-C	Verwendung einer core-Datei zum Einlesen der Informationen.

Tabelle 9.18: Optionen des Befehls ipcs

Der Befehl `ipcs -a` ergibt folgende Ausgabe:

```
# ipcs -a
IPC status from <running system> as of Tue Aug 14 13:09:27 MEST 2001
T     ID      KEY        MODE       OWNER GROUP CREATOR CGROUP CBYTES  QNUM QBYTES LSPID LRPID    STIME    RTIME
CTIME
Message Queues:
q     0    0x2e781d5  --rw-r--r--   root  root    root   root      0     0   4096     0     0 no-entry no-entry 10:02:45
q     1    0x2e781d2  -Rr---w--w-   root  root    root   root      0     0   4096     0     0 no-entry no-entry 10:02:45
q     2    0x25b8     -Rrw-rw-rw-   root  root    root   root      0     0   4096     0     0 no-entry no-entry 10:02:57
T     ID      KEY        MODE       OWNER GROUP CREATOR CGROUP NATTCH      SEGSZ  CPID LPID    ATIME    DTIME
CTIME
Shared Memory:
m     0   0x500005dc  --rw-r--r--   root  root    root   root      1         4   262   262 10:02:45 10:02:45 10:02:45
T     ID      KEY        MODE       OWNER GROUP CREATOR CGROUP NSEMS    OTIME    CTIME
Semaphores:
```

Der Befehl ipcrm

Mit Hilfe dieses Befehls können Message Queues, Semaphoren oder Shared Memory-Objekte gelöscht werden. Der Befehl kennt folgende Optionen:

Option	Beschreibung
-m shmid	Löscht das angegebene Shared Memory-Objekt aus dem System.
-q msqid	Löscht das angegebene Message Queue-Objekt aus dem System.
-s semid	Löscht die angegebene Semaphor aus dem System.
-M shmkey	Löscht das Shared Memory-Objekt aus dem System, das mit dem angegebenen Schlüssel erzeugt wurde.
-Q msgkey	Löscht das Message Queue-Objekt aus dem System, das mit dem angegebenen Schlüssel erzeugt wurde.
-S semkey	Löscht die Semaphor aus dem System, die mit dem angegebenen Schlüssel erzeugt wurde.

Tabelle 9.19: *Die Optionen des Befehls* ipcrm

9.6 Zusammenfassung

An diesem Tag haben Sie den Aufbau von Prozessen kennen gelernt. Sie wissen, wie Prozesse erzeugt werden. Sie lernten den Unterschied zwischen Multitasking und Multithreading und die Bedeutung des Schedulers kennen. Sie kennen die unterschiedlichen Prozessklassen unter Solaris und wissen, wie die Prozesskonkurrenz geregelt wird. Sie wissen auch, was ein Daemon ist, und welches die wichtigsten Daemonen unter Solaris sind.

Es wurden alle Befehle erläutert, mit deren Hilfe Sie Prozesse anzeigen und verwalten können. Sie können nun Prozesse anhalten und wieder starten oder endgültig beenden. Sie haben erfahren, wie Sie einen Prozess einmalig zu einer bestimmten Zeit oder zu bestimmten Zeiten periodisch wiederkehrend ausführen. Die Begriffe der Interprozesskommunikation, wie zum Beispiel Named Pipes und Sockets, sind Ihnen nun vertraut.

9.7 F&A

F *Das Drucken funktioniert bei mir nicht. Kann das daran liegen, dass der Daemon* lpsched *nicht in der Liste der aktiven Prozesse zu finden ist?*

A Ja, der Druckdienst lpsched muss unbedingt laufen, wenn Sie drucken möchten. Sie können ihn als *root* mit dem Befehl /etc/init.d/lp start wieder starten.

F *Ich möchte alle aktiven Prozesse, die mir als Benutzerin* her *gehören, ausführlich mit dem Befehl* ps -uf her *anzeigen lassen. Ich erhalte eine Fehlermeldung. Sind die Optionen nicht korrekt?*

A Doch, aber sie wurden in der falschen Reihenfolge eingegeben. Die Option -u hat das Argument her, das direkt hinter der Option stehen muss. Also muss der Befehl richtig lauten: ps -fu her.

F *Ein von mir geschriebenes und dann getestetes Programm befindet sich in einer Endlosschleife. Kann ich es mit dem Signal* KILL *abbrechen?*

A Ja, in diesem Fall verursacht das Signal wohl keine Probleme. Sie können aber auch zuerst die etwas »harmloseren« Signale TERM, QUIT oder INT versuchen.

F *Ich möchte, dass ein bestimmter Befehl jeden Samstag eine halbe Stunde nach Mitternacht ausgeführt werden soll. Ist mein Eintrag »*30 24 * * 7 befehl*« in der Datei* crontab *korrekt?*

A Nein, der Eintrag in der zweiten Spalte für die Uhrzeit muss 0 für 0 Uhr heißen und der Eintrag in der fünften Spalte muss 6 für Samstag lauten.

9.8 Übungen

1. Geben Sie alle im System aktiven Prozesse mit dem Befehl ps in folgendem Format aus: user, group, pid, ppid, cls, stime, tty, comm.

2. Starten Sie aus einem Terminalfenster heraus ein weiteres Terminalfenster mit dem Befehl dtterm &. Versuchen Sie, es mit den Signalen INT, QUIT oder TERM zu beenden.

Öffnen Sie dann ein weiteres Terminalfenster aus dem Kontextmenü des Desktops heraus, ermitteln Sie mit dem Befehl ps seine PID und versuchen Sie, dieses mit denselben Signalen zu beenden. Wenn diese nicht funktionieren, verwenden Sie das Signal KILL.

3. Lassen Sie sich mit dem Befehl ptree die Hierarchie Ihres aktuellen Terminalfensters anzeigen.

4. Überprüfen Sie, welche Prozessklassen in Ihrem System bereits definiert sind.

5. Lassen Sie sich mit dem Befehl tty den Gerätenamen Ihres Terminalfensters ausgeben und erstellen Sie dann einen at-Job, der in 10 Minuten laufen und in die Queue c gestellt werden soll. Der Job soll die Meldung »Es klappt!« im Terminalfenster ausgeben.

6. Editieren Sie die Datei crontab, indem Sie eine Zeile hinzufügen, die jeden Montag oder an jedem 1. eines Monats um 8.30 Uhr die Meldung ausgibt »Eine neue Woche oder ein neuer Monat beginnt!«.

Tag 10

Gerätekonfiguration unter Solaris

Gerätekonfiguration unter Solaris

An diesem Tag erfahren Sie, wie Geräte unter Solaris konfiguriert werden. Sie lernen die unterschiedlichen Arten von Gerätedateien und ihre Bedeutung kennen und wie Sie Geräte auflisten lassen. Anschließend wird erläutert, mit welchen Methoden Sie neue Geräte anschließen können.

Sie erhalten eine ausführliche Erklärung, wie Festplatten konfiguriert werden. In diesem Zusammenhang lernen Sie den Aufbau einer Festplatte und die Typen von Festplattencontrollern kennen. Sie erfahren, was Partitionen unter Solaris sind, welche es gibt und wie diese erzeugt werden. Dazu wird der Befehl format im Detail erläutert. Schließlich folgt noch eine Beschreibung weiterer Befehle zur Festplattenkonfiguration, die in bestimmten Situationen notwendig sind.

10.1 Gerätedateien

Gerätetreiber bilden die Schnittstelle zwischen dem Betriebssystem und der Hardware, indem sie zwischen diesen Daten übertragen. Für diesen Zweck werden vom Kernel Systemaufrufe, wie zum Beispiel read(), open(), write() usw., verwendet. Gerätetreiber unter Solaris sind dynamisch ladbare Kernelmodule. Ein Programm oder ein Anwender kommuniziert dabei nicht direkt über diese Gerätetreiber mit der Hardware, sondern sie verwenden Gerätedateien, die auch Device oder Special Files genannt werden. Daher muss jedes angeschlossene Gerät unter Solaris eine Gerätedatei besitzen. Jede Gerätedatei wiederum kann mit unterschiedlichen Namen angesprochen werden. Es gibt logische, physikalische, BSD- und Instanznamen.

Abstrakt betrachtet wird die Hardware wie eine geöffnete Datei angesprochen, die vom Kernel mit einem entsprechenden Gerätetreiber verbunden wird.

> Die in diesem Abschnitt mehrfach verwendeten Begriffe IDE und SCSI werden in Abschnitt 10.4 unter „SCSi" ausführlich erläutert.

Physikalische Gerätenamen

Physikalische Gerätenamen entsprechen den Namen, die Sie bereits im OpenBoot-PROM kennen gelernt haben (vgl. Tag 4). Sie befinden sich im Verzeichnis /devices, das die physikalische Zusammensetzung der Geräte hierarchisch widerspiegelt, in Abhängigkeit von der Hardwareplattform. Direkt im Verzeichnis /devices befinden sich Unterverzeichnisse der Geräte, die ihrerseits Geräte steuern, wie zum Beispiel der Systembus.

Der physikalische Name einer Festplatte in einer SunBlade lautet zum Beispiel:

/devices/pci@1f,0/ide/dad@0,0:a

Dies bedeutet, dass unterhalb des Verzeichnisses /devices ein Verzeichnis pci@1f,0 existiert, das stellvertretend für den PCI-Bus steht. Darunter befindet sich das Verzeichnis ide, das den IDE-Controller repräsentiert, und schließlich der Name der IDE-Festplatte, die als Direct Access Device (dad) mit der 0 und der LUN-Nummer 0 angegeben wird. Es handelt sich zudem um die erste Partition, die hier mit »a« bezeichnet wird (vgl. „Festplattenpartitionen" in Abschnitt 10.4).

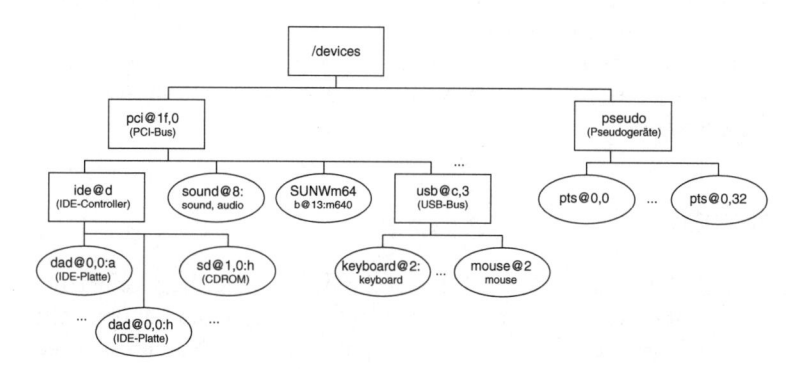

Abbildung 10.1:
Gerätebaumauszug
für eine SunBlade
100

Am PCI-Bus hängen in diesem Beispiel auch noch die Sound- und die Grafikkartendatei. Im Verzeichnis ide@d befinden sich Gerätenamen für alle unter Solaris möglichen Partitionen (vgl. „Festplattenpartitionen" in Abschnitt 10.4):

```
# ls -l /devices/pci@1f,0/ide@d
total 0
brw-r-----   1 root     sys      136,   0 Apr 28 17:48 dad@0,0:a
crw-r-----   1 root     sys      136,   0 Apr 28 17:48 dad@0,0:a,raw
brw-r-----   1 root     sys      136,   1 Aug 14 10:01 dad@0,0:b
crw-r-----   1 root     sys      136,   1 Apr 28 17:48 dad@0,0:b,raw
brw-r-----   1 root     sys      136,   2 Apr 28 17:48 dad@0,0:c
crw-r-----   1 root     sys      136,   2 Apr 28 17:48 dad@0,0:c,raw
brw-r-----   1 root     sys      136,   3 Apr 28 17:48 dad@0,0:d
crw-r-----   1 root     sys      136,   3 Apr 28 17:48 dad@0,0:d,raw
brw-r-----   1 root     sys      136,   4 Apr 28 17:48 dad@0,0:e
crw-r-----   1 root     sys      136,   4 Apr 28 17:48 dad@0,0:e,raw
...
```

Gerätedateien enthalten keine Größenangaben in Byte, da alle 0 Byte groß sind. Statt dessen erscheinen an der Stelle der Dateigröße die Gerätenummern. Die erste Nummer, im obigen Beispiel 136, ist die so genannte Major Device Number, die den vom Kernel zu verwendenden spezifischen Gerätetreiber beschreibt, der für den Zugriff auf das Gerät notwendig ist, in diesem Fall den dad-Gerätetreiber. Die zweite Nummer, in unserem Beispiel die Ziffern 0 bis 4, stellt die so genannte Minor Device Number dar, die das entsprechende einzelne Gerät beschreibt, das von dem Gerätetreiber gesteuert wird, in diesem Fall die Partitionen 0 bis 4 der Masterplatte am ersten IDE-Controller.

Es gibt zwei Typen von Gerätedateien. Die zeichenorientierten Gerätedateien werden auch als Character oder Raw Device bezeichnet. Wie aus der obigen Auflistung ersichtlich ist, ist dieser Typ von Gerätedatei durch den Buchstaben »c« am Beginn des Rechteblocks und durch den Zusatz »raw« gekennzeichnet. Zeichenorientierte Gerätedateien verwenden für die Ein-/Ausgabeoperationen von Festplatten die kleinste adressierbare Einheit, nämlich einen Sektor der Größe 512 Byte. Zu den zeichenorientierten Geräten gehören auch die Tastatur und der Monitor. Blockorientierte Geräte werden auch Block Devices genannt und haben das Kennzeichen »b«. Sie verwenden für die Ein-/Ausgabeoperationen von Festplatten die durch das Dateisystem definierte Blockgröße, bei einem ufs-Dateisystem (vgl. Tag 11) sind das 8 Kilobyte.

Logische Gerätenamen

Logische Gerätenamen befinden sich im Verzeichnis /dev und sind in der Regel einfacher zu merkende Aliasnamen, mit deren Hilfe Sie auch auf ein Gerät zugreifen können. Alle logischen Gerätenamen sind symbolische Links zu den physikalischen Namen im Verzeichnis /devices. Im Verzeichnis /dev/dsk stehen zum Beispiel die logischen Gerätenamen für die zeichenorientierten Einträge der Festplattenpartitionen:

```
# ls -l /dev/dsk
total 32
lrwxrwxrwx   1 root     root           38 Apr 28 10:03 c0t0d0s0 -> ../../devices/
    pci@1f,0/ide@d/dad@0,0:a
lrwxrwxrwx   1 root     root           38 Apr 28 10:03 c0t0d0s1 -> ../../devices/
    pci@1f,0/ide@d/dad@0,0:b
lrwxrwxrwx   1 root     root           38 Apr 28 10:03 c0t0d0s2 -> ../../devices/
    pci@1f,0/ide@d/dad@0,0:c
lrwxrwxrwx   1 root     root           38 Apr 28 10:03 c0t0d0s3 -> ../../devices/
    pci@1f,0/ide@d/dad@0,0:d
lrwxrwxrwx   1 root     root           38 Apr 28 10:03 c0t0d0s4 -> ../../devices/
    pci@1f,0/ide@d/dad@0,0:e
lrwxrwxrwx   1 root     root           38 Apr 28 10:03 c0t0d0s5 -> ../../devices/
    pci@1f,0/ide@d/dad@0,0:f
lrwxrwxrwx   1 root     root           38 Apr 28 10:03 c0t0d0s6 -> ../../devices/
    pci@1f,0/ide@d/dad@0,0:g
lrwxrwxrwx   1 root     root           38 Apr 28 10:03 c0t0d0s7 -> ../../devices/
    pci@1f,0/ide@d/dad@0,0:h
```

Ein logischer Gerätename einer Festplatte besteht immer aus vier Teilen, zum Beispiel /dev/dsk/c0t0d0s0:

- c0 ist die Controller-Nummer, wobei der erste Controller am System eine 0 erhält, der zweite eine 1 usw. Der Controller oder Host Bus Adapter steuert den Datentransfer zwischen dem Rechner und den Festplatten.

- t0 ist die Target-Nummer, wobei das erste Target die Nummer 0 hat usw. Es ist die physikalische Zieladresse der Festplatte am SCSI-Bus, damit der Controller sie ansprechen kann. Fast SCSI-2 hat Target-Nummern im Bereich 0-7 und Fast-Wide-SCSI im Bereich 0-15, wobei der SCSI-Controller selbst immer die Nummer 7 hat. Die erste Festplatte im System erhält per Konvention in der Regel die Nummer 0 und ein CD-ROM-Laufwerk die Nummer 6. Bei externen Festplatten lässt sich die Target-Adresse über einen Schalter auf der Rückseite des Gehäuses des Geräts einstellen, interne Festplatten können auf die Zieladresse gejumpert werden.

- d0 ist die Disk- oder LUN-Nummer (Logical Unit Number) und bewegt sich im Bereich von 0 bis 3. Eine direkt am Bus angeschlossene Festplatte hat immer die Nummer 0, während bei SUN Storage Array-Systemen die Nummern 0 bis 4 vergeben werden.

- s0 ist die Slice oder Partitionsnummer. Unter Solaris kann es bis zu acht Partitionen mit den Nummern 0 bis 7 geben. Bei den physikalischen Gerätenamen werden die Partitionen mit den Buchstaben a bis h bezeichnet. Die erste Partition einer SCSI-Festplatte am ersten Target des SCSI-Bus erhält also die Bezeichnung c0t0d0s0.

Die nächste Abbildung zeigt eine SCSI-Konfiguration von Festplatten:

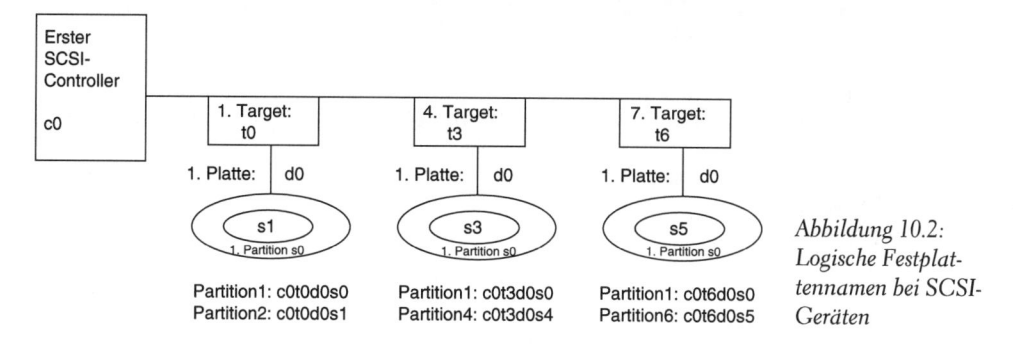

Abbildung 10.2: Logische Festplattennamen bei SCSI-Geräten

Bei IDE-Festplatten gestaltet sich die Namenskonvention hardwarebedingt anders:

- Die erste Partition einer Primary Master-Platte am ersten Controller heißt c0t0d0s0, die zweite Partition c0t0d0s1 usw.

- Die erste Partition einer Primary Slave-Platte am ersten Controller erhält die Bezeichnung c0t1d0s0, die zweite Partition c0t1d0s1 usw.

- Die erste Partition einer Secondary Master-Platte am ersten Controller heißt c0t2d0s0, die zweite Partition c0t2d0s1 usw.

- Die erste Partition einer Secondary Slave-Platte am ersten Controller wird mit c0t3d0s0 bezeichnet, die zweite Partition mit c0t3d0s1 usw.

Instanznamen und BSD-Namen

Instanznamen sind Abkürzungen für Gerätenamen, die der Kernel statt der physikalischen Bezeichnungen verwendet. Der Instanzname sd0 bezeichnet zum Beispiel die erste SCSI-Festplatte am System, während dad0 für die erste IDE-Platte steht.

Die Umsetzung der physikalischen Namen in Instanznamen erfolgt in der Datei /etc/path_to_inst, die vom Kernel gewartet wird und daher nicht manuell verändert werden sollte:

```
# cat /etc/path_to_inst
#
#     Caution! This file contains critical kernel state
#
"/pci@1f,0" 0 "pcipsy"
"/pci@1f,0/isa@7" 0 "ebus"
"/pci@1f,0/isa@7/power@0,800" 0 "power"
"/pci@1f,0/isa@7/dma@0,0" 0 "isadma"
"/pci@1f,0/isa@7/dma@0,0/parallel@0,378" 0 "ecpp"
"/pci@1f,0/isa@7/dma@0,0/floppy@0,3f0" 0 "fd"
"/pci@1f,0/isa@7/serial@0,2e8" 1 "su"
"/pci@1f,0/isa@7/serial@0,3f8" 0 "su"
"/pci@1f,0/pmu@3" 0 "pmubus"
"/pci@1f,0/pmu@3/i2c@0" 0 "smbus"
"/pci@1f,0/pmu@3/i2c@0/temperature@30" 0 "max1617"
"/pci@1f,0/pmu@3/i2c@0/card-reader@40" 0 "scmi2c"
"/pci@1f,0/pmu@3/i2c@0/dimm@a0" 0 "seeprom"
"/pci@1f,0/pmu@3/fan-control@0" 0 "grfans"
"/pci@1f,0/pmu@3/ppm@0" 0 "grppm"
"/pci@1f,0/pmu@3/beep@0" 0 "grbeep"
"/pci@1f,0/ebus@c" 1 "ebus"
...
```

Die Datei zeigt zuerst den physikalischen Gerätenamen, dann die Instanznummer und den Instanznamen an. Einige Beispiele für die Bedeutung von Instanznamen sind:

Name	Bedeutung
pci	PCI-Bus
sd	CD-ROM
dad	IDE-Festplatte
ebus	Extended Bus
fd	Floppy Disk
su	Maus
se	Serielle Ports A und B
su	Tastatur
ecpp	Parallele Schnittstelle (ECP-Schnittstelle)
audiocs	Soundkarte
power	Power Management Bus
hme	Fast Ethernet-Adapter
m64	Mach64-basierende Grafikkarte

Tabelle 10.1: Beispiele für Instanznamen

> Unter Solaris existieren auch BSD-Gerätenamen, wenn das BSD-Kompatibilitätspackage installiert wurde. Diese Gerätenamen werden für die Kompatibilität mit älteren Skripts benötigt und befinden sich ebenfalls im Verzeichnis /dev. Das Gerät /dev/sd0a bezeichnet zum Beispiel die erste Partition der ersten SCSI-Festplatte am System.

Geräte auflisten

Der Befehl prtconf

Dieser Befehl zeigt die Hardwarekonfiguration des Systems in Form eines Gerätebaums an. Dabei werden alle verfügbaren Treiber angezeigt, unabhängig davon, ob das entsprechende Gerät am System angeschlossen ist oder nicht. Dadurch können Sie feststellen, ob ein Gerät prinzipiell vom System erkannt werden kann. Der dabei erzeugte Gerätebaum bildet die Grundlage für das Verzeichnis /devices.

Gerätekonfiguration unter Solaris

Der Befehl kennt folgende Optionen:

Option	Beschreibung
-D	Für jedes Peripheriegerät des Systems wird der Name des Gerätetreibers angezeigt, mit dem das Gerät verwaltet wird.
-F	(Nur für SPARC.) Gibt den Gerätepfadnamen der Systemkonsole zurück, sofern diese vorhanden ist.
-p	Zeigt Informationen an, die dem Gerätebaum entnommen werden, der durch die Firmware (PROM) bei SPARC- oder das Bootsystem bei INTEL-Plattformen zur Verfügung gestellt wird.
-P	Gibt Informationen zu Pseudogeräten aus, die sonst standardmäßig weggelassen werden.
-v	Ausführlicher Modus.
-V	Gibt plattformabhängige Informationen zur PROM-Version bei SPARC- und zur Version der Konfigurationssoftware bei INTEL-Systemen aus.
-x	Berichtet, ob die Firmware des Systems 64-Bit-fähig ist.

Tabelle 10.2: Optionen des Befehls `prtconf`

```
# prtconf
System Configuration:  Sun Microsystems   sun4u
Memory size: 128 Megabytes
System Peripherals (Software Nodes):
SUNW,Sun-Blade-100
    packages (driver not attached)
        SUNW,builtin-drivers (driver not attached)
        deblocker (driver not attached)
        disk-label (driver not attached)
        terminal-emulator (driver not attached)
        obp-tftp (driver not attached)
        dropins (driver not attached)
        kbd-translator (driver not attached)
        ufs-file-system (driver not attached)
    chosen (driver not attached)
    openprom (driver not attached)
        client-services (driver not attached)
    options, instance #0
    aliases (driver not attached)
    memory (driver not attached)
    virtual-memory (driver not attached)
    pci, instance #0
```

```
        ebus, instance #1
            flashprom (driver not attached)
            eeprom (driver not attached)
            idprom (driver not attached)
        isa, instance #0
            dma, instance #0
                floppy, instance #0
                parallel, instance #0 (driver not attached)
            power, instance #0
            serial, instance #0 (driver not attached)
            serial, instance #1 (driver not attached)
        network, instance #0
        firewire, instance #0
        usb, instance #0
            keyboard, instance #2
            mouse, instance #3
        pmu, instance #0
            i2c, instance #0
                temperature, instance #0
                card-reader, instance #0 (driver not attached)
                dimm, instance #0 (driver not attached)
            ppm, instance #0
            beep, instance #0
            fan-control, instance #0
        sound, instance #0 (driver not attached)
        ide, instance #0
            disk (driver not attached)
            cdrom (driver not attached)
            dad, instance #0
            sd, instance #0
        pci, instance #0
        SUNW,m64B, instance #0
    SUNW,UltraSPARC-IIe, instance #0
    os-io (driver not attached)
    pseudo, instance #0
```

Dies ist der aufgelistete Gerätebaum einer SunBlade 100 mit einem RAM-Speicher von 128 Megabyte. Der Rechner gehört zur Hardwarekategorie sun4u. Der Hinweis Driver not attached bedeutet, dass sich ein solches Gerät an dem Rechner anschließen ließe, aber im Moment nicht angeschlossen ist.

10.2 Geräteverzeichnisse

Zu den wichtigsten Verzeichnissen für logische Gerätenamen gehören:

Verzeichnis	Inhalt
/dev/cua	Gerätedateien für serielle Schnittstellen, zum Beispiel zur Kommunikation mit Modems.
/dev/dsk	Blockorientierte Gerätedateien für Festplatten und CD-ROMs.
/dev/fbs	Gerätedateien für die Grafikkarte (Frame Buffer).
/dev/fd	Dateien für Dateizeiger (File Descriptors), um geöffnete Dateien zu verwalten.
/dev/isdn	Gerätedateien für ISDN-Karte.
/dev/md	Gerätedateien für Metadevices der Solstice Disksuite, ein grafisches Tool zur Verwaltung und Konfiguration von Hardware (ein separates Produkt, das nicht im Standardlieferumfang von Solaris 9 enthalten ist).
/dev/printers	Dateien für zusätzliche Parallelschnittstellenkarten.
/dev/pts	Gerätedateien für Pseudoterminals (Terminalfenster der grafischen Oberfläche).
/dev/rdsk	Zeichenorientierte Gerätedateien für Festplatten und CD-ROMs, so genannte Raw Devices.
/dev/rmt	Gerätedateien für Bandlaufwerke.
/dev/sad	Dateien für Streams.
/dev/sound	Gerätedateien für Soundkarten.
/dev/swap	Dateien für den Zugriff auf den Swapbereich der Festplatte.
/dev/term	Gerätedateien für serielle Anschlüsse, zum Beispiel für Terminals.
/dev/usb	Gerätedateien für Geräte des USB-Bus.
/dev/vx	Gerätedateien für das Veritas Volume Management (ein optionales Dateisystem unter Solaris, das zusätzlich erworben werden muss).

Tabelle 10.3: Die wichtigsten Verzeichnisse des Verzeichnisses /dev

Geräteverzeichnisse

Im Verzeichnis /dev befinden sich außer den soeben erläuterten Unterverzeichnissen auch viele Dateien, von denen die wichtigsten im Folgenden aufgelistet sind:

Datei	Beschreibung
/dev/audio	Gerätedatei, um die Soundkarte anzusprechen.
/dev/console	Gerätedatei, um den Konsolbildschirm anzusprechen, entweder ein physikalisch angeschlossenes Gerät oder ein Konsolfenster von CDE.
/dev/diskette	Gerätedatei, um eine Diskette anzusprechen.
/dev/ecpp0	Gerätedatei, um die (erste) parallele Schnittstelle für den Drucker anzusprechen.
/dev/fb	Gerätedatei, um die Grafikkarte anzusprechen.
/dev/fd0	Blockorientierte Gerätedatei, um eine Diskette anzusprechen.
/dev/hme	Gerätedatei, um eine Fast-Ethernetkarte anzusprechen.
/dev/kbd	Gerätedatei, um die Tastatur anzusprechen.
/dev/kmem	Gerätedatei für den virtuellen Speicher des Rechners.
/dev/le	Gerätedatei, um eine Lance-Ethernetkarte anzusprechen.
/dev/m64	Gerätedatei, um die ATI-Mach64-Grafikkarte anzusprechen.
/dev/mem	Gerätedatei für den physikalischen Hauptspeicher.
/dev/mouse	Gerätedatei, um die Maus anzusprechen.
/dev/null	Nullgerät. Dieses Gerät funktioniert wie eine Art »Papierkorb ohne Boden«, das heißt, dass alle Ausgaben auf dieses Gerät im Nichts verschwinden.
/dev/openprom	Gerätedatei, um den NVRAM von SPARCs anzusprechen.
/dev/pm	Gerätedatei für das Power Management System.
/dev/ptmajor	Gerätedatei, um Pseudoterminals anzusprechen.
/dev/ptmx	Gerätedatei, um Pseudoterminals anzusprechen.
/dev/ptyp0	Gerätedatei, um Pseudoterminals anzusprechen.
/dev/qe	Gerätedatei, um eine Quad-Ethernetkarte anzusprechen.
/dev/rdiskette	Zeichenorientierte Gerätedatei, um eine Diskette anzusprechen.
/dev/rfd0	Zeichenorientierte Gerätedatei, um eine Diskette anzusprechen.

Tabelle 10.4: Die wichtigsten Dateien des Verzeichnisses /dev

Datei	Beschreibung
/dev/rts	Gerätedatei für die Hardwareuhr.
/dev/stderr	Standardfehlerausgabe (Bildschirm).
/dev/stdin	Standardeingabe (Tastatur).
/dev/stdout	Standardausgabe (Bildschirm).
/dev/syscon	Gerätedatei, um den Konsolbildschirm anzusprechen, entweder ein physikalisch angeschlossenes Gerät oder ein Konsolfenster von CDE.
/dev/systty	Gerätedatei, um den Konsolbildschirm anzusprechen, entweder ein physikalisch angeschlossenes Gerät oder ein Konsolfenster von CDE.
/dev/tty	Gerätedatei für das aktuelle Terminal.
/dev/winlock	Gerätedatei, um die grafische Oberfläche zu sperren, bis das Passwort eingegeben wird.
/dev/wscons	Gerätedatei, um direkt auf den Konsolbildschirm zu schreiben, ohne die Konsolfenster der grafischen Oberfläche zu beachten.
/dev/zero	Gerätedatei, um eine unendliche Folge von Nullen einzulesen.

Tabelle 10.4: Die wichtigsten Dateien des Verzeichnisses /dev *(Forts.)*

Die Gerätetreiber werden bei Bedarf als Kernelmodule geladen, sie sind also nicht statisch im Kernel enthalten. Sie befinden sich in den Verzeichnissen /kernel/drv und /platform/plattformname/kernel/drv. Häufig befinden sich dort außer den Gerätetreibern auch Konfigurationsdateien mit der Endung conf, die gegebenenfalls von root bearbeitet werden können. Diskettenlaufwerke lassen sich zum Beispiel über die Datei fd.conf, parallele Schnittstellen über lp.conf, Bandlaufwerke über st.conf usw. konfigurieren. Dabei sollte aber die Originaldatei vor den Änderungen gesichert werden.

10.3 Neue Geräte anschließen

Der Befehl drvconfig

Bis Solaris 7 wird der Befehl drvconfig verwendet, um Geräte zu konfigurieren, also einen physikalischen Geräteeintrag im Verzeichnis /devices zu erzeugen. Anschließend muss einer der Befehle disks, tapes, devlinks oder ports ausgeführt werden, um die entsprechenden logischen Gerätedateien im Verzeichnis /dev zu erzeugen:

Neue Geräte anschließen

- `disks` erzeugt logische Geräteeinträge für neu angeschlossene Festplatten.
- `tapes` erzeugt logische Geräteeinträge für neu angeschlossene Bandlaufwerke.
- `ports` erzeugt logische Geräteeinträge für serielle Leitungen.
- `devlinks` erzeugt logische Geräteeinträge für neu angeschlossene Grafikkarten oder Pseudoterminals.

> Der Befehl `devlinks` erhält die notwendigen Informationen zur Gerätekonfiguration aus der Datei `/etc/devlink.tab`.

Um vor Solaris 9 eine neue IDE-Festplatte hinzuzufügen, gehen Sie wie folgt vor:

```
# drvconfig -i dad
# disks
```

Um bis Solaris 7 eine neue SCSI-Festplatte hinzuzufügen, wählen Sie folgendes Vorgehen:

```
# drvconfig -i sd
# disks
```

Um bis Solaris 7 ein neues Bandlaufwerk hinzuzufügen, gehen Sie wie folgt vor:

```
# drvconfig -i st
# tapes
```

> Der Befehl `drvconfig` erzeugt gleichzeitig mit den Gerätedateien auch deren Zugriffsrechte, Besitzer und Gruppe. Diese Informationen entnimmt der Befehl der Datei `/etc/minor_perm`.

Der Befehl devfsadm

Ab Solaris 9 gibt es für die Gerätekonfiguration diesen Befehl, der die beiden bisher notwendigen Befehle vereinigt. Der Befehl kann mit folgender Syntax auf eine bestimmte Geräteklasse angewendet werden:

```
# devfsadm -c klasse
```

Die möglichen Werte der Geräteklasse sind `disk`, `tape`, `port`, `pseudo` und `audio`. Mit dem Befehl

```
# devfsadm -c disk
```

konfigurieren Sie zum Beispiel eine neue Festplatte, während der Befehl

```
# devfsadm -c tape -c pseudo
```

sowohl Bandlaufwerke als auch Pseudogeräte konfiguriert.

Gerätekonfiguration unter Solaris

Alternativ ist es möglich, die Konfiguration eines Geräts mit Hilfe der Option -i auf einen bestimmten Treiber zu beschränken, zum Beispiel werden Geräte, die nur der Treiber dad unterstützt, wie folgt konfiguriert:

`# devfsadm -i dad`

Vom Treiber sd unterstützte SCSI-Festplatten konfigurieren Sie wie folgt:

`# devfsadm -i sd`

Vom Treiber st unterstützte Bandgeräte konfigurieren Sie wie folgt:

`# devfsadm -i st`

Der Befehl kdmconfig

Auch bei der INTEL-Version von Solaris ist es möglich, Gerätedateien für die vorhandene Hardware zu erzeugen. Um die Gerätedateien automatisch zu erzeugen, müssen Sie am Promptzeichen des Bootinterpreters »Select (b)oot or (i)nterpreter« den Befehl b -r eingeben. Sie können auch die in den vorherigen Abschnitten erwähnten Befehle zur Konfiguration verwenden, wobei dies nur bei sich selbst identifizierenden Geräten, wie zum Beispiel SCSI-Geräten, funktioniert.

Alle anderen Geräte müssen mit Hilfe des Befehls kdmconfig manuell konfiguriert werden. Diesen Befehl gab es nur in der INTEL-Version vorhanden ist. Bereits bei der Systeminstallation (vgl. Tag 2) wird dieses Programm verwendet und bei jedem Systemstart prüft es, ob die Hardwarekonfiguration mit der angeschlossenen Hardware übereinstimmt. Die Konfiguration wird dabei in den Dateien /etc/openwin/server/etc/OWconfig und /platform/i86pc/boot/solaris/bootenv.rc abgelegt.

Der Befehl kennt folgende Optionen:

Option	Beschreibung
-c	Das Programm wird im Konfigurationsmodus gestartet und erstellt oder aktualisiert die Datei OWconfig.
-d datei	Eine Datei sysidcfg wird für die Hardwarekonfiguration erstellt und mit Pfadangabe als Argument übergeben. Sie kann für eine Autokonfiguration verwendet werden.
-f	Die vorhandenen Geräte werden nicht überprüft. Die Option wird zusammen mit der Option -s verwendet.
-s host	Eine Datei bootparams wird auf dem Rechner für den angegebenen Rechner erstellt.

Tabelle 10.5: Die Optionen des Befehls kdmconfig

Option	Beschreibung
-t	Das Programm läuft im Testmodus und prüft, ob die vorhandene Hardware mit der angegebenen übereinstimmt.
-u	Die Konfiguration wird auf die Standardwerte zurückgesetzt.
-v	Ausführlicher Modus mit zusätzlichen Meldungen.

Tabelle 10.5: Die Optionen des Befehls kdmconfig *(Forts.)*

Der Befehl add_drv

Dieser Befehl informiert das System über einen neu installierten Gerätetreiber. Jedes Gerät im System hat einen Namen, der auf das entsprechende Gerät hinweist. Das Gerät kann außerdem eine Namensliste von Treibern enthalten, die ihm zugeordnet wurden. Diese Liste bestimmt die Kompatibilität des Geräts. Das System legt fest, welche Geräte von einem hinzugefügten Treiber verwaltet werden, indem der Name und die Kompatibilität geprüft werden. Die Optionen des Befehls lauten:

Option	Beschreibung
-b *basisverz*	Der Treiber wird in das Verzeichnis *basisverz* anstelle des Standardverzeichnisses installiert.
-c *klasse*	Der Treiber wird zu einer bestimmten Treiberklasse hinzugefügt.
-i *namen*	Dem Treiber werden Aliasnamen zugeordnet, in Form einer durch Leerzeichen getrennten Liste.
-m *rechte*	Dem Treiber werden bestimmte Dateisystemrechte zugewiesen.
-n	Der Treiber wird nicht geladen und angeschlossen, sondern nur die entsprechenden Systemdateien werden geändert.
-f	Erzwingt die Installation eines Treibers, auch wenn ein Neustart zur Rekonfiguration notwendig ist.
-v	Ausführlicher Modus.

Tabelle 10.6: Die Optionen des Befehls add_drv

Mit Hilfe des Befehls rem_drv können Treiber wieder entfernt werden.

Rekonfigurationsreboot des Systems

Alternativ zu den oben genannten Befehlen ist auch ein Rekonfigurationsreboot möglich, damit das System neu angeschlossene Geräte erkennt. Dies ist auf drei verschiedene Weisen möglich:

- Sie erzeugen im Verzeichnis / eine leere Datei mit dem Namen reconfigure (touch reconfigure) und starten das System mit dem Befehl reboot neu.
- Sie wechseln den Runlevel mit dem Befehl init 0, so dass Sie sich im PROM-Monitor befinden und starten das System mit dem PROM-Befehl boot -r neu.
- Sie geben an der Befehlszeile den Befehl reboot -- -r ein.

10.4 Festplatten konfigurieren

Hardwareaufbau

Eine Festplatte besteht aus einem Stapel von magnetischen Scheiben, die auf eine Spindel montiert sind. Diese dreht sich, während sich die auf einem beweglichen Plattenarm befindlichen Schreib-/Leseköpfe zwischen den Scheiben bewegen, um Daten zu schreiben oder zu lesen. Eine Festplatte wird in Spuren oder Tracks unterteilt, die in konzentrischen Kreisen auf der Festplatte liegen und auf denen Daten Bit für Bit hintereinander gespeichert werden. Eine Spur wird wiederum in Sektoren oder Blöcke zu 512 Byte unterteilt, wodurch Daten blockweise gelesen oder geschrieben werden können. Die äußeren Spuren sind länger und enthalten bei Festplatten neuerer Bauart daher mehr Sektoren.

Einen Stapel von Spuren, die auf den einzelnen Scheiben der Festplatten übereinander liegen, bezeichnet man als Zylinder. Daten werden zylinderweise abgelegt, da auf diese Weise mit einer einzigen Positionierung der Schreib-/Leseköpfe mehrere Spuren gleichzeitig beschrieben oder gelesen werden können.

Die Festplatte wird über einen Controller an das System angeschlossen, wobei es IDE- oder SCSI-Controller gibt.

Festplattencontroller

IDE (Intelligent Drive Electronics oder Integrated Device Equipment)

IDE-Controller und -Festplatten sind preisgünstiger als SCSI-Controller und -Festplatten, aber gleichzeitig weniger flexibel. Sie werden nur bei SPARC-Rechnern Ultra5, Ultra10 und SunBlades sowie Personalcomputern verwendet.

SCSI (Small Computer Systems Interface)

Die meisten Festplatten und CD-ROM-Laufwerke unter Solaris sind SCSI-Geräte, wobei verschiedene Typen von SCSI-Schnittstellen erhältlich sind:

- SCSI-1 war ursprünglich der Standard und ermöglichte Übertragungsgeschwindigkeiten von 3 bis 5 Megabyte pro Sekunde.
- SCSI-2 stellte eine Erweiterung mit verbesserten Kabeln und Anschlussbuchsen dar und wird auch als Slow Narrow SCSI-2 bezeichnet.
- Wide SCSI-2 verwendet wiederum ein breiteres Kabel mit mehr Datenleitungen und verdoppelt auf diese Weise die Übertragungsrate gegenüber Narrow SCSI-2. Es bietet eine maximale Übertragungsrate von 10 Megabyte pro Sekunde und die Möglichkeit, statt 7 nun 15 Geräte am Bus anzuschließen.
- Fast Wide SCSI-2 bietet auf Basis des breiteren Kabels eine Übertragungsrate von 20 Megabyte pro Sekunde und Sie können bis zu 15 Geräte an den SCSI-Bus anschließen.
- Ultra SCSI wird manchmal auch als SCSI FAST-20 bezeichnet und erreicht Übertragungsraten von bis zu 20 Megabyte pro Sekunde mit Hilfe des einfachen Kabels.
- Ultra Wide SCSI ermöglicht Übertragungsraten von 40 Megabyte pro Sekunde.
- Eine weitere Variante ist das Differential-SCSI, das wesentlich größere Kabellängen ermöglicht. Die Länge kann nun bis zu 25 Meter statt 3 Meter betragen. Es gibt Wide-Differential SCSI mit einer Übertragungsgeschwindigkeit von 20 Megabyte pro Sekunde, Ultra2-Wide-Low Voltage Differential SCSI mit 80 Megabyte pro Sekunde und Ultra160-Wide-Low Voltage Differential SCSI mit 160 Megabyte pro Sekunde.

> Narrow SCSI-2-Kabel haben in der Regel 50-polige Anschlussbuchsen und Wide SCSI-2, Differential- und Ultra SCSI-Kabel haben meist 68-polige Anschlussbuchsen.

Festplattenpartitionen

Partitionierung

Festplatten werden unter Unix in einzelne Partitionen oder Slices aufgeteilt. Dabei werden zusammenhängende Zylindergruppen verwendet. Eine Festplatte lässt sich unter Solaris in bis zu acht Partitionen unterteilen, wobei die Partition Nummer 2 allerdings bereits für die Bezeichnung der ganzen Festplatte reserviert ist. Teile des Betriebssystems werden in der Regel auf mehrere Partitionen aufgeteilt, so befinden sich zum Beispiel die zum Booten und Betreiben des Systems notwendigen Teile in einer root-Partition und die Benutzerdaten auf einer /export/home-Partition.

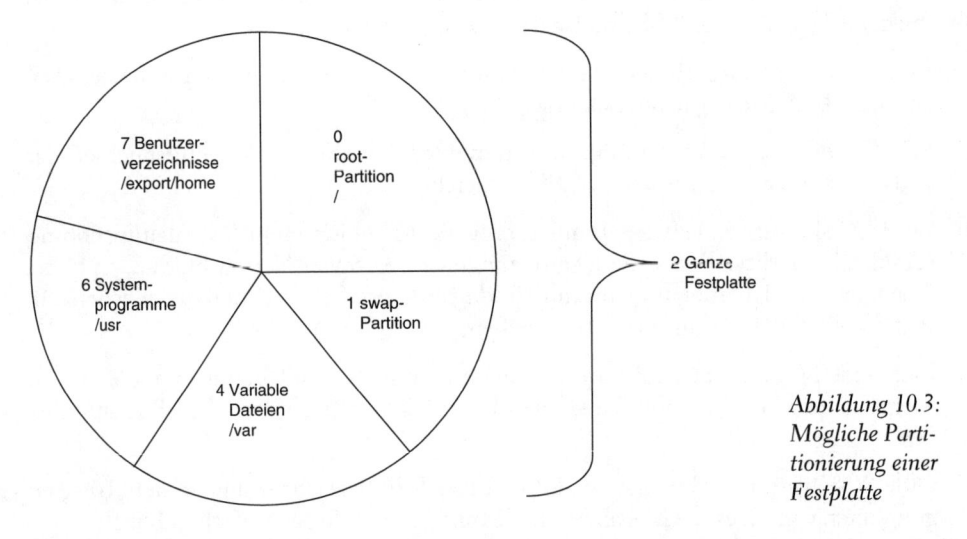

Abbildung 10.3: Mögliche Partitionierung einer Festplatte

Eine Festplatte kann zum Beispiel wie in der obigen Abbildung partitioniert werden. Eine weitere mögliche Partitionierung wäre:

Partitionsnummer	Bezeichnung	Erklärung
0	/	root-Partition mit den wichtigsten Systemdateien
1	Swap	Swap-Partition (vgl. Tag 11)
2	Backup	Ganze Festplatte
4	/var	Variable Dateien, zum Beispiel Spooldateien, Maildateien etc.

Tabelle 10.7: Mögliche Partitionierung einer Festplatte

Partitionsnummer	Bezeichnung	Erklärung
5	/usr	Systemprogramme
6	/opt	Optionale Software
7	/export/home	Benutzerverzeichnisse

Tabelle 10.7: Mögliche Partitionierung einer Festplatte (Forts.)

VTOC und Partitionstabellen

Jede Festplatte unter Solaris hat einen bestimmten Bereich, in dem Informationen über den Plattentyp, die Plattengeometrie und die vorhandenen Partitionen gespeichert sind. Dieses Plattenlabel oder der so genannte Volume Table of Content (VTOC) ist im ersten Sektor der Festplatte gespeichert. Wenn eine Festplatte ein Label erhält, bedeutet das, dass Informationen über die Festplatte in diesem Sektor gespeichert und gegebenenfalls die bisherigen Informationen überschrieben werden.

Partitionstabellen werden mit Hilfe des Befehls format angelegt und gespeichert. Dabei ist darauf zu achten, dass weder überlappende Partitionen noch Partitionslücken, also verschwendeter Plattenplatz, beim Partitionieren entstehen. Es ist auch möglich, die Partitionstabelle mit Hilfe des Befehls format ausgeben zu lassen (vgl. nächster Abschnitt):

```
Current partition table (original):
Total disk cylinders available: 29649 + 2 (reserved cylinders)
Part      Tag    Flag    Cylinders        Size            Blocks
  0       root    wm     1041 - 13524     6.00GB      (12484/0/0) 12583872
  1       swap    wu        0 -  1040   512.37MB       (1041/0/0)  1049328
  2     backup    wm        0 - 29648    14.25GB      (29649/0/0) 29886192
  3       home    wm     13525 - 29648    7.75GB      (16122/0/0) 16250976
  4  unassigned   wm        0                 0          (0/0/0)        0
  5  unassigned   wm        0                 0          (0/0/0)        0
  6  unassigned   wm        0                 0          (0/0/0)        0
  7  unassigned   wm        0                 0          (0/0/0)        0
```

Die Partitionstabelle legt die Partitionsbegrenzungen in Zylinder, die Größe und die Anzahl der Blöcke einer Festplatte fest. Im obigen Beispiel reicht die root-Partition 0 von Zylinder 1041 bis 13534 und ist 6 Gigabyte groß. Die Swap-Partition 1 reicht von Zylinder 0 bis 1040 und ist 512 Megabyte groß, während die Home-Partition von Zylinder 13525 bis 29648 reicht und 7,75 Gigabyte groß ist. Die komplette Festplatte, Partition 2, reicht von Zylinder 0 bis Zylinder 29 und ist 14,25 Gigabyte groß.

Die Spalten haben folgende Bedeutungen:

- Part gibt die Partitionsnummer an, mögliche Werte sind 0 bis 7.

Gerätekonfiguration unter Solaris

- Tag gibt die Verwendung der Partition an, möglich sind hier:
  - 0 = unassigned
  - 1 = boot
  - 2 = root
  - 3 = swap
  - 4 = usr
  - 5= backup
  - 6 = stand
  - 7 = var
  - 8 = home
  - 9 = alternates
- Flag legt fest, ob die Festplatte als beschreibbar und/oder mountbar oder nicht betrachtet wird:
  - wm = Partition ist beschreibbar und mountbar
  - wu = Partition ist beschreibbar und nicht mountbar
  - rm = Partition ist nur lesbar und mountbar
  - ru = Partition ist nur lesbar und nicht mountbar
- Cylinders gibt die Nummer des Start- und Endezylinders an.
- Size gibt die Größe der Partition in Megabyte, Gigabyte, Blöcken oder Zylinder an.
- Blocks gibt die gesamte Zylinderzahl und die Sektorenzahl pro Partition an.

> **HINWEIS** Die Tags und Flags für die Partitionierung müssen im Prinzip nicht gepflegt werden, da sie nur als Information für den Systemadministrator dienen, aber vom Betriebssystem selbst ignoriert werden.

> **HINWEIS** Bei modernen Festplatten entsprechen die im Betriebssystem sichtbaren Zylinderangaben nicht mehr der Hardware. Es handelt sich nur um eine logische Aufteilung.

Der Befehl format

Mit Hilfe dieses Befehls können Sie gegebenenfalls eine von mehreren Festplatten auswählen, in Partitionen aufteilen und die Partitionstabelle auf die Festplatte schreiben. Die Verwendung des Befehls ist allein *root* vorbehalten.

> Wenn Sie eine Festplatte mit vorhandenen Daten umpartitionieren, gehen die Daten dabei verloren. Sie müssen diese Daten also unbedingt vor dem Partitionieren und erneuten Labeln der Festplatte sichern.

Der Befehl kennt folgende Optionen:

Option	Beschreibung
-d gerät	Wenn der Befehl format in einem Shellskript verwendet wird, kann mit dieser Option der Name der Festplatte angegeben werden.
-e	Anzeige eines Sondermenüpunkts für SCSI-Konfigurationen.
-f datei	Der Befehl format erhält die Eingabe aus einer Datei statt von der Tastatur.
-l datei	Alle Tätigkeiten des Befehls werden in einer Datei mit protokolliert.
-m	Ausgabe von zusätzlichen Meldungen.
-M	Ausgabe von zusätzlichen Meldungen und Diagnoseinformationen.
-p tabelle	Angabe der Partitionstabelle, die verwendet werden soll.
-s	Unterdrückung aller Nachrichten.
-t typ	Angabe des Plattentyps, der verwendet werden soll.
-x datei	Angabe der Datei, die verwendet werden soll und eine Liste von Festplatten enthält.

Tabelle 10.8: Die Optionen des Befehls format

Wenn Sie den Befehl aufrufen, liest er die Informationen zum Aufbau der Festplatte aus der Datei /etc/format.dat ein. Sie können dafür eine andere Datei verwenden, wenn Sie die Shellvariable FORMAT_PATH entsprechend definieren.

Der Befehl format kann aber auch ohne Option aufgerufen werden.

```
# format
Searching for disks...done
AVAILABLE DISK SELECTIONS:
       0. c0t0d0 <ST315320A cyl 29649 alt 2 hd 16 sec 63>
          /pci@1f,0/ide@d/dad@0,0
       1. c1t3d0 <SUN4.2G cyl 3880 alt 2 hd 16 sec 135>
          /pci@1f,0/pci@1/pci@2/SUNW,isptwo@4/sd@3,0
Specify disk (enter its number): 1
selecting c0t0d0
[disk formatted, no defect list found]
Warning: Current Disk has mounted partitions.
```

Der Befehl sucht nach allen angeschlossenen Festplatten und gibt zu diesen Informationen aus, wie zum Beispiel den logischen und physikalischen Gerätenamen und die physikalischen Parameter. Sie können die zu partitionierende Festplatte durch Eingabe der Nummer auswählen, worauf das Format-Menü erscheint:

```
FORMAT MENU:
        disk       - select a disk
        type       - select (define) a disk type
        partition  - select (define) a partition table
        current    - describe the current disk
        format     - format and analyze the disk
        repair     - repair a defective sector
        show       - translate a disk address
        label      - write label to the disk
        analyze    - surface analysis
        defect     - defect list management
        backup     - search for backup labels
        verify     - read and display labels
        save       - save new disk/partition definitions
        volname    - set 8-character volume name
        !<cmd>     - execute <cmd>, then return
        quit
```

Die Menüpunkte haben folgende Bedeutung:

Menüpunkt	Beschreibung
disk	Anzeige und Auswahl der vorhandenen Festplatten.
type	Auswahl von vordefinierten Partitionstabellen aus der Datei /etc/format.dat oder Neuerstellen einer Tabelle unter Verwendung der Menüoption other.
partition	Mit diesem Menü ist die Partitionierung möglich. Es hat wiederum selbst ein komplettes Untermenü, das im folgenden Abschnitt erklärt wird.
select	Ausgabe von Informationen über die ausgewählte Festplatte.
format	Formatierung und Analyse der Festplatte.
fdisk	Nur bei der INTEL-Version verfügbar; Möglichkeit, das Programm fdisk aufzurufen (vgl. nächster Abschnitt).
repair	Untersuchung und gegebenenfalls Reparatur eines als defekt gemeldeten Blocks der Festplatte.
label	Zurückschreiben des Festplattenlabels (VTOC) auf die Festplatte.

Tabelle 10.9: Menüpunkte des Befehls format

Menüpunkt	Beschreibung
analyze	Analyse der Festplatte mit verschiedenen Testmöglichkeiten.
defect	Anzeige und Änderung einer Liste mit defekten Blöcken der Festplatte.
backup	Überprüfung, ob ein Backuplabel auf der Festplatte existiert.
verify	Ausgabe von Partitionierungs- und Hardwareinformationen.
save	Speichern der Partitionsinformationen in eine Datei. Standardmäßig wird dazu die Datei /etc/format.dat verwendet.
volname	Vergabe eines acht Zeichen langen Namens für die Festplatte und Ablage des Namens im Plattenlabel.
!<cmd>	Sie können aus format heraus auch Befehle starten, zum Beispiel eine Shell durch den Aufruf !ksh. Mit exit kehren Sie zurück.
quit	Programm beenden.

Tabelle 10.9: Menüpunkte des Befehls format (Forts.)

Sie müssen nicht immer die kompletten Menünamen eingeben. Es reicht, wenn Sie nur einen oder mehrere Buchstaben eingeben, zum Beispiel p für das Menü partition. Die Eingaben müssen eindeutig sein. Das Menü können Sie jederzeit durch Eingabe eines Fragezeichens erneut anzeigen lassen.

Der Menüpunkt partition ermöglicht die eigentliche Partitionierung:

```
format> p
PARTITION MENU:
        0       - change `0' partition
        1       - change `1' partition
        2       - change `2' partition
        3       - change `3' partition
        4       - change `4' partition
        5       - change `5' partition
        6       - change `6' partition
        7       - change `7' partition
        select  - select a predefined table
        modify  - modify a predefined partition table
        name    - name the current table
        print   - display the current table
        label   - write partition map and label to the disk
        !<cmd>  - execute <cmd>, then return
        quit
```

Gerätekonfiguration unter Solaris

> Bedenken Sie vor einer Neupartitionierung, dass Sie damit alle auf der Festplatte bereits vorhandenen Daten zerstören!

Die Menüpunkte von `partition` haben folgende Bedeutung:

Menüpunkt	Beschreibung
0, 1, 2, 3, 4, 5, 6, 7	Bearbeitung der durch die Nummer angegebenen Partition. Sie erhalten zuerst eine Anzeige der aktuellen Einstellung und können diese dann anschließend verändern.
select	Auswahl einer bereits bestehenden Partitionstabelle.
modify	Veränderung der kompletten Partitionstabelle mit Hilfe einer »Gummipartition« (Free Hog Partition). Wird eine andere Partition vergrößert, wird dieser Platz von der Gummipartition entnommen, wird eine andere Partition verkleinert, wird dieser Platz der Gummipartition zugewiesen. Am Ende werden Sie gefragt, ob Sie das Label abspeichern wollen. Wenn Sie dies bestätigen, wird es auf die Platte geschrieben; wenn Sie mit n(ein) antworten, wird nur die Tabelle erzeugt und kann noch weiter bearbeitet werden. Diese können Sie anschließend mit save im Hauptmenü sichern, ansonsten geht sie verloren, wenn Sie den Befehl format beenden.
name	Vergabe eines Namens für die aktuelle Partitionstabelle.
print	Ausgabe der aktuellen Partitionstabelle.
label	Zurückschreiben des Festplattenlabels (VTOC) auf die Festplatte.
!<cmd>	Sie können aus format heraus auch Befehle starten, zum Beispiel eine Shell durch den Aufruf !ksh. Mit exit kehren Sie zurück.
quit	Programm beenden.

Tabelle 10.10: Menüpunkte des Untermenüs `partition`

Nachfolgend wird die Partitionstabelle einer zweiten Festplatte im System verändert. Zuerst wird die aktuelle Tabelle angezeigt:

```
partition> p
Current partition table (original):
Total disk cylinders available: 29649 + 2 (reserved cylinders)
Current partition table (original):
Total disk cylinders available: 29649 + 2 (reserved cylinders)
Part      Tag    Flag     Cylinders        Size            Blocks
```

```
0          root    wm    1041 - 13524     6.00GB    (12484/0/0)  12583872
1          swap    wu       0 -  1040   512.37MB     (1041/0/0)   1049328
2        backup    wm       0 - 29648    14.25GB    (29649/0/0) 29886192
3          home    wm   13525 - 29648     7.75GB    (16122/0/0) 16250976
4    unassigned    wm       0                 0        (0/0/0)         0
5    unassigned    wm       0                 0        (0/0/0)         0
6    unassigned    wm       0                 0        (0/0/0)         0
7    unassigned    wm       0                 0        (0/0/0)         0
```

Anschließend wird Partition 0 zum Ändern ausgewählt:

```
partition> 0
Part      Tag  Flag  Cylinders        Size          Blocks
0         root  wm   1041 - 13524    6.00GB    (12484/0/0)  12583872
Enter partition id tag[root]: alternates
Enter partition permission flags[wm]: ⏎
Enter new starting cylinder[0]: ⏎
Enter partition size[0b, 0c, 0.00mb, 0.00gb]: 1gb
```

Die Partitionsgröße kann in Blöcken, Zylindern, Megabyte oder Gigabyte angegeben werden. Die übrigen Partitionen lassen sich genauso verändern. Das Programm bringt keine Fehlermeldung, wenn Sie überlappende Partitionen oder Partitionslücken definieren. Rufen Sie daher nach jeder Änderung wieder das Menü `print` auf. Wenn Sie die neu erstellte Partitionstabelle auf die Festplatte zurückschreiben möchten, verwenden Sie den Menüpunkt `label`.

> **Warnung:** Mit diesem Programm können Sie auch die Partition 2 ändern, die aber per Konvention für die ganze Festplatte steht. Es gibt Befehle, die diese Konvention voraussetzen. Aus diesen Gründen ist eine Änderung nicht empfehlenswert.

Wenn Sie die Partitionstabelle weiterhin verwenden möchten, dann können Sie diese unter einem Namen abspeichern:

```
partition> name
Enter table name (remember quotes): TAB4.2G
```

Sie benötigen die Anführungszeichen nur, wenn der von Ihnen angegebene Name Leerzeichen enthält. Anschließend verlassen Sie den Menüpunkt `partition` und speichern den Namen ab:

```
partition> q
format> save
Saving new partition definition
Enter file name [./format.dat]: /etc/format.dat
```

Im Menü `partition` können Sie die gespeicherte Tabelle mit der Option `select` wieder aufrufen.

Wenn Sie die Option modify verwenden, werden Sie gefragt, ob Sie die Standardvorgaben verwenden möchten oder alle Partitionen Gummipartitionen sein sollen:

```
partition> modify
Select partitioning base:
   0. Current partition table (TAB4.2G)
   1. All Free Hog
Choose base (enter number) [0]? ↵
```

Die aktuelle Partitionstabelle wird angezeigt und Sie werden gefragt, ob Sie die Partitionierung fortsetzen möchten. Falls ja, müssen Sie eine Gummipartition eingeben. Wählen Sie dazu eine Partition, die bereits eine gewisse Größe hat, da das System sonst keinen zusätzlichen Platz von dieser Partition entnehmen kann. In diesem Fall würden Sie auch noch eine entsprechende Warnmeldung erhalten. Anschließend können Sie die Größe der anderen Partitionen festlegen, in unserem Fall wurde Partition 5 als Gummipartition gewählt:

```
Enter size of partition '0' [820800b, 380c, 400.78mb, 0.39gb]: 1gb
Enter size of partition '1' [820800b, 380c, 400.78mb, 0.39gb]: 1gb
Enter size of partition '3' [0b, 0c, 0mb, 0gb]: ↵
Enter size of partition '4' [0b, 0c, 0mb, 0gb]: ↵
Enter size of partition '6' [0b, 0c, 0mb, 0gb]: ↵
Enter size of partition '7' [0b, 0c, 0mb, 0gb]: ↵
```

Im vorliegenden Fall wird nun der restliche Festplattenplatz der Partition 5 zugewiesen. Wenn Sie die Option modify verwenden, können Sie die Partition 2 nicht verändern. Sie werden außerdem auch über bestehende überlappende Partitionen informiert. Es können keine Partitionslücken entstehen, da der nicht zugewiesene Rest vollständig der Gummipartition zugewiesen wird. Anschließend müssen Sie die neue Partitionstabelle wieder mit der Option label auf die Festplatte zurückschreiben.

Der Befehl fdisk

Dieser Befehl ist nur für die INTEL-Version notwendig. Bei Personalcomputern lassen sich mehrere Betriebssysteme auf einer Festplatte gleichzeitig installieren. Dazu muss zunächst eine Aufteilung für die verschiedenen Betriebssysteme erfolgen. Diese Aufteilung wird am Anfang der Festplatte im so genannten Master Boot Record gespeichert, wobei bis zu vier primäre Partitionen möglich sind. Davon ist jeweils eine Partition aktiv und von dieser Partition wird standardmäßig der Bootvorgang gestartet. Wenn Sie auf einer Partition die INTEL-Version des Betriebssystems Solaris installieren, können Sie diese Partition wie im vorherigen Abschnitt erläutert in Solaris-Partitionen aufteilen:

Wenn Sie das Programm starten, werden mehrere Menüpunkte zur Auswahl angeboten:

Festplatten konfigurieren

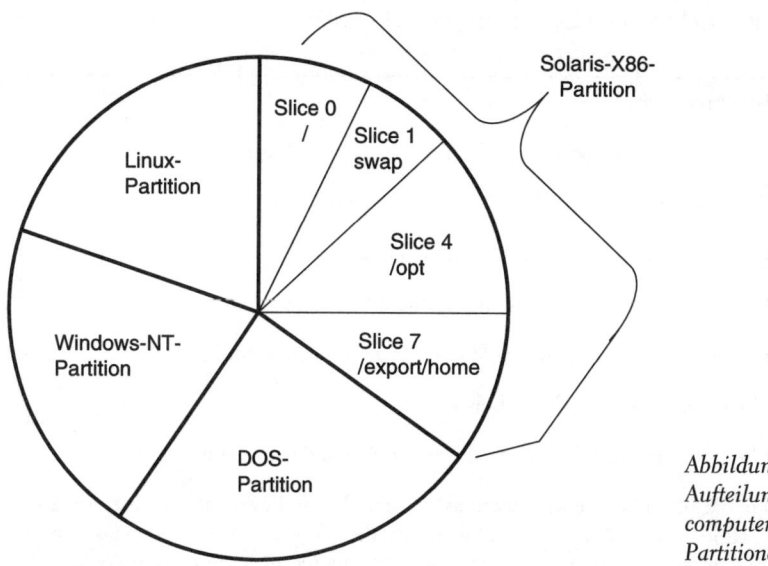

Abbildung 10.4: Aufteilung einer Personalcomputer-Festplatte in Partitionen

Menüpunkt	Beschreibung
Create a partition	Mit dieser Option kann eine neue Partition angelegt werden, wobei bis zu vier Partitionen möglich sind. Es wird nach dem Partitionstyp gefragt (Solaris, MS-DOS, UNIX oder andere) und nach der Größe in Prozentangabe der Gesamtplatte. Alternativ können durch Angabe eines »c« die Größen auch in Zylinder angegeben werden. Bei überlappenden Partitionen erscheint eine Warnmeldung und das Programm kehrt ins Hauptmenü zurück.
Change Active (Boot from) partition	Mit dieser Option kann die Partition bestimmt werden, von der das System gebootet werden soll, das heißt, es wird die aktive Partition definiert.
Delete a partition	Mit dieser Option kann eine bereits erstellte Partition gelöscht werden, wobei aber alle Daten der Partition zerstört werden.
Exit	Mit dieser Option wird die neu erstellte Partitionstabelle auf die Festplatte zurückgeschrieben und das Programm wird beendet.
Cancel	Mit dieser Option wird das Programm beendet, ohne die Änderungen zu speichern.

Tabelle 10.11: Die Menüpunkte des Befehls `fdisk`

Der Befehl kann mit verschiedenen Optionen gestartet werden:

Option	Beschreibung
-A argumente	Eine Partition mit bestimmten Argumenten hinzufügen.
-B	Die gesamte Festplatte als Solaris-Partition einrichten.
-d	Den ausführlichen Debug-Modus aktivieren.
-D argumente	Eine Partition mit bestimmten Argumenten löschen.
-F datei	Eine Partitionstabelle mit Hilfe einer Datei initialisieren.
-g	Die Geometriedaten des Labels anzeigen.
-G	Die physikalischen Geometriedaten der Festplatte anzeigen.
-n	Die Partitionstabelle wird nicht aktualisiert, bevor dies nicht von einer anderen Option ausdrücklich bestimmt wird. Auf diese Weise wird nur der Master Boot Record aus der Datei /usr/platform/i86pc/ufs/mboot in den ersten Sektor geschrieben.
-o offset	Angabe des Block-Offsetwerts, wenn dieser nicht 0 sein soll. Diese Option wird gemeinsam mit -P, -r und -w verwendet.
-P füllmuster	Füllen aller Blöcke der Festplatte mit dem angegebenen Muster, zum Beispiel einer dezimalen oder hexadezimalen Zahl, die als Zahl von #0 bis FFFFFF verwendet wird.
-r	Lesen von der Festplatte und Ausgabe an stdout. Diese Option wird gemeinsam mit -o und -s verwendet.
-R	Die Festplatte wird im Nur-Lesemodus für Testzwecke verwendet.
-s grösse	Angabe der Anzahl von Blöcken, um Operationen durchzuführen. Diese Option wird gemeinsam -o verwendet.
-S datei	Definiert die Geometrie des Labels mit den Daten der angegebenen Datei.
-t	Automatisches Anpassen von falschen Einträgen der Partitionstabelle, um Überlappungen zu vermeiden.
-T	Entfernen von falschen Einträgen der Partitionstabelle, die Partitionsgrenzen überschreiten.

Tabelle 10.12: Die Optionen des Befehls fdisk

Option	Beschreibung
-v	Ausgabe der virtuellen Geometrieabmessungen. Diese Option muss gemeinsam mit der Option -W verwendet werden.
-W datei	Ausgabe der Partitionstabelle in eine Datei. Bei Angabe eines Bindestrichs anstelle eines Dateinamens erfolgt die Ausgabe am Bildschirm.

Tabelle 10.12: Die Optionen des Befehls `fdisk` *(Forts.)*

Der Befehl prtvtoc

Dieser Befehl gibt den Inhalt des aktuellen VTOC für das Raw Device aus:

```
# prtvtoc /dev/rdsk/c0t0d0s2
* /dev/rdsk/c0t0d0s2 partition map
* Dimensions:
*     512 bytes/sector
*      63 sectors/track
*      16 tracks/cylinder
*    1008 sectors/cylinder
*   29651 cylinders
*   29649 accessible cylinders
* Flags:
*   1: unmountable
*  10: read-only
*                          First     Sector    Last
* Partition  Tag  Flags   Sector     Count    Sector  Mount Directory
       0      2    00    1049328  12583872  13633199  /
       1      3    01          0   1049328   1049327
       2      5    00          0  29886192  29886191
       3      8    00   13633200  16250976  29884175  /space
       7      0    00   29884176      2016  29886191
```

Es werden zuerst im Sektor `Dimensions` die physikalischen Abmessungen der Festplatte beschrieben. Der Sektor `Flags` enthält die Beschreibung der in der Tabelle aufgeführten Flags. Die Spalte `Partition` enthält die Partitionsnummer, `Tag` die Art der Verwendung der Partition und `Flags` die Angabe, ob die Partition beschreibbar und mountbar oder nicht sein soll. Dann werden der erste Sektor, die Anzahl der Sektoren und der letzte Sektor ausgegeben. Schließlich erfolgt noch die Angabe, auf welches Verzeichnis das Dateisystem gemountet wurde.

> Die Angabe `Tag` und `Flag` sind wiederum nur rein informative Angaben, die vom Betriebssystem ignoriert werden.

Der Befehl kennt folgende Optionen:

Option	Beschreibung
-f	Bericht über den freien Festplattenplatz, einschließlich des Startblocks für den freien Platz, der Anzahl der Blöcke und nicht verwendeter Partitionen.
-h	Keine Ausgabe von Überschriften.
-m mtab	Verwendet die angegebene Datei statt der Datei /etc/mttab (vgl. Tag 11) als Liste der aktuell gemounteten Dateisysteme.
-s	Keine Ausgabe von Überschriften mit Ausnahme der Spaltenüberschriften.
-t vfstab	Verwendet die angegebene Datei statt der Datei /etc/vfstab (vgl. Tag 11) als Liste der Standardvorgaben der Dateisysteme.

Tabelle 10.13: Die Optionen des Befehls prtvtoc

Der Befehl devinfo

Dieser Befehl gibt auch Informationen über den Aufbau von Festplatten aus:

```
# devinfo -p /dev/rdsk/c0t0d0s2
/dev/rdsk/c0t0d0s2    88    2    0    29886192    0    5
```

Die Option -p gibt den Gerätenamen, die Major und Minor Gerätenummer in hexadezimaler Form, die Nummer des ersten Blocks sowie die Anzahl der verwendeten Blöcke der angegebenen Partition und das Partition-Tag und -Flag zurück.

```
# devinfo -i /dev/rdsk/c0t0d0s2
/dev/rdsk/c0t0d0s2    0    0    1008    512    5
```

Die Option -i gibt zuerst den Gerätenamen zurück. Die nächsten beiden Spalten sind nicht in Verwendung. Dann folgen die Anzahl der verwendeten Festplattenblöcke pro Zylinder und die pro Block verwendeten Bytes sowie die Anzahl der Partitionen der Festplatte.

Der Befehl fmthard

Wenn Sie mit Hilfe des Befehls prtvtoc den VTOC einer Festplatte in eine Datei gesichert haben, können Sie mit dem Befehl fmthard die Festplatte jederzeit neu labeln, wenn das VTOC der Festplatte zerstört wurde oder Sie versehentlich die Partitionstabelle verändert und keine Sicherungskopie in der Datei /etc/format.dat hinterlegt haben.

Sichern Sie dazu zunächst die Angaben von VTOC:

```
# prtvtoc /dev/rdsk/c0t0d0s2 > /vtoc/c0t0d0
```

Sollte der oben geschilderte Problemfall eintreten, dann schreiben Sie zuerst auf die Festplatte mit Hilfe des Befehls format ein Standardlabel zurück. Der Befehl kann das VTOC nämlich nur auf bereits gelabelte Platten zurückschreiben, daher ist dieser Schritt zuvor notwendig. Anschließend gehen Sie wie folgt vor:

```
# fmthard -s /vtoc/c0t0d0 /dev/rdsk/c0t0d0s0
fmthard: New volume table of contents now in place
```

Der Befehl installboot

Mit Hilfe dieses Befehls können die notwendigen Startprogramme in den Bootblock einer Festplatte geschrieben werden. Bei SPARC-Rechnern befindet sich dort das Programm bootblk und bei der INTEL-Version das Programm pboot. Um den Bootblock wiederherzustellen, nachdem er zerstört wurde, müssen Sie gegebenenfalls von einer Installations-CD-ROM booten (vgl. Tag 11) und anschließend wie folgt vorgehen:

```
# cd /usr/platform/`uname -m`/lib/fs/ufs
# /usr/sbin/installboot bootblk /dev/rdsk/c0t0d0s0
```

Da das Startprogramm je nach Hardware in verschiedenen Unterverzeichnissen abgelegt ist, wird statt der Hardwarekategorie die Kommandosubstitution des Befehls uname -m verwendet, um die richtige Hardwarekategorie einzusetzen

10.5 Zusammenfassung

An diesem Tag haben Sie gelernt, wie Geräte unter Solaris konfiguriert werden. Sie kennen nun die unterschiedlichen Arten von Gerätedateien und ihre Bedeutung sowie die Möglichkeit, Geräte auflisten zu lassen. Sie wissen außerdem, mit welchen Methoden Sie neue Geräte anschließen können.

Es wurde erläutert, wie Festplatten aufgebaut sind, welche Typen von Festplattencontrollern es gibt und wie Festplatten konfiguriert werden. Sie wissen, was Partitionen unter Solaris sind, welche es gibt und wie diese erzeugt werden. Sie können mit Hilfe des Befehls format Partitionen anlegen, verändern und die Partitionstabelle auf die Festplatte zurückschreiben. Sie kennen weitere Befehle zur Festplattenkonfiguration, die Sie gegebenenfalls in bestimmten Situationen benötigen.

10.6 F&A

F Die Solaris-Partitionen auf meinem SPARC-Rechner sind nicht so angelegt, wie ich sie gerne hätte. Ich möchte die Partition /export/home verkleinern und /opt vergrößern. Kann ich das problemlos mit Hilfe von format durchführen?

A Nein, nicht ohne zuvor den Inhalt der bestehenden Partitionen zu sichern. Eine Umpartitionierung zerstört die vorhandenen Daten auf der Festplatte.

F Der Befehl format gibt mir Informationen zu zwei Festplatten aus. Bedeutet das, dass ich nur zwei Festplatten an meinem System installiert habe?

A Nein, es könnten mehr Festplatten angeschlossen sein, aber das System ist noch nicht neu konfiguriert. Sie müssen alle weiteren Festplatten anschalten, falls es externe Festplatten sind, und anschließend den Befehl devfsadmin oder einen Rekonfigurationsreboot starten.

F Ich muss eine ganze Reihe von identischen Festplatten für mehrere Rechner so vorbereiten, dass sie identisch partitioniert sind. Muss ich dafür jedes Mal jede einzelne Partition mit Hilfe des Befehls format einrichten?

A Nein, Sie können die Partitionstabelle einmal auf diese Weise einrichten. Anschließend vergeben Sie innerhalb des Menüs partition der Tabelle mit der Option name einen Namen und dann sichern Sie diesen im Menü format mit der Option save in die Datei /etc/format.dat. Anschließend verwenden Sie diese Partitionstabelle für die weiteren Festplatten.

F Ich habe versehentlich im Menü format meine aktuelle Platte statt der neu zu partitionierenden externen Festplatte ausgewählt und eine Partitionstabelle erstellt. Habe ich damit alle Daten meiner aktuellen Festplatte bereits zerstört?

A Nein, wenn Sie den Befehl label noch nicht ausgeführt haben, wurde die Partitionstabelle noch nicht auf die Festplatte zurückgeschrieben. Sollten Sie den Befehl bereits durchgeführt, aber noch keine weitere Aktion aufgerufen haben, dann gibt es zwei Möglichkeiten, um die ursprüngliche Partitionstabelle sofort wieder zurückzuschreiben. Sie kopieren entweder den zuvor mit dem Befehl prtvtoc gesicherten VTOC mit dem Befehl fmthard zurück oder Sie verwenden die hoffentlich früher in der Datei /etc/format.dat hinterlegte Partitionstabelle und schreiben diese mit dem Befehl format zurück.

10.7 Übungen

1. Schließen Sie eine externe Festplatte an, die noch keine Daten enthält, und rekonfigurieren Sie die Geräteverzeichnisse Ihres Systems.
2. Lassen Sie sich die vorhandene Partitionstabelle der externen Festplatte anzeigen.
3. Partitionieren Sie die externe Festplatte so, dass sie hinterher drei Solaris-Partitionen aufweist für swap, /opt und /var.
4. Sichern Sie mit Hilfe des Befehls prtvtoc die Partitionstabelle.
5. Zerstören Sie mit dem Befehl dd if=/dev/zero of=/dev/rdsk/*gerätename-der-festplatte* bs=512 count=1 den VTOC und stellen Sie das Plattenlabel mit Hilfe des Befehls fmthard und der unter Punkt 4 gesicherten Datei wieder her.

Tag 11

Dateisysteme

Dateisysteme

An diesem Tag lernen Sie zuerst den Verzeichnisbaum von Solaris genauer kennen. Im Anschluss wird erklärt, welche Arten von Dateisystemen existieren und wie das Dateisystem ufs von Solaris aufgebaut ist. Sie erfahren, dass es sich aus dem VTOC, dem Bootblock, dem Superblock und Zylindergruppenblöcken mit Inode-Tabellen und Datenblöcken zusammensetzt.

In den nachfolgenden Abschnitten werden Sie neue Dateisysteme anlegen und anschließend in den Verzeichnisbaum von Solaris einhängen. Sie erfahren, über welche Dateien eingehängte Dateisysteme verwaltet werden und mit welchen Befehlen Sie die Dateisysteme wieder aushängen und überprüfen können. Anschließend lernen Sie das Volume Management von Solaris kennen, mit dem bewegliche Datenträger wie CD-ROM und Diskette automatisch gemountet werden. Zuletzt folgt noch eine Beschreibung der Begriffe Swaping und Paging sowie der Vorgehensweise zum Anzeigen, Anlegen und Löschen von Swap-Bereichen. Abschließend erhalten Sie noch eine kurze Einführung in RAID-Systeme unter Solaris.

11.1 Der Verzeichnisbaum von Solaris

Dieser Abschnitt erläutert den Inhalt der wichtigsten Verzeichnisse des Betriebssystems Solaris. Die Aufzählung erhebt keinen Anspruch auf Vollständigkeit.

Verzeichnis	Unterverzeichnis	Bedeutung
/ (root)		root-Verzeichnis
/bin		Enthält die Unixbefehle für alle Benutzer und ist aus Kompatibilitätsgründen ein Link auf /usr/bin.
/dev		Enthält die logischen Gerätenamen, die Links auf die physikalischen Namen im Verzeichnis /devices sind.
	cua	Enthält Gerätenamen für Modemgeräte.
	dsk	Enthalten blockorientierte Gerätenamen, zum Beispiel für blockorientierte Zugriffe auf Festplatten.
	fbs	Enthält Gerätenamen für die Grafikkarte (Frame Buffer).
	pts	Enthält Gerätenamen für Pseudogeräte, wie zum Beispiel Pseudoterminals.

Tabelle 11.1: Die wichtigsten Verzeichnisse des Betriebssystems Solaris

Verzeichnis	Unterverzeichnis	Bedeutung
/devices	rdsk	Enthalten die zeichenorientierten Gerätenamen oder Raw Devices, zum Beispiel für zeichenorientierte Zugriffe auf Festplatten.
	rmt	Enthält die Bandlaufwerkgerätenamen.
	sacl	Enthält Gerätenamen für STREAM-Treiber.
	term	Enthält Gerätenamen für serielle Schnittstellen, zum Beispiel physische Terminals.
		Enthält physikalische Gerätenamen. Die nachfolgenden Unterverzeichnisse hängen von der jeweiligen Hardware ab und stellen daher nur einen kleinen Auszug von möglichen Namen dar.
	pseudo	Enthält Gerätenamen für Pseudogeräte.
	pci@1,f...	Enthält Gerätenamen für den PCI-Bus.
	sbus@1,f...	Enthält Gerätenamen für den Systembus.
	zs@1,f...	Enthält Gerätenamen für serielle Leitungen.
/etc		Enthält Systemkonfigurationsdateien, wie zum Beispiel passwd, shadow.
	cron.d	Enthält Dateien zur Kontrolle von cron-Aktivitäten.
	default	Enthält Vorgabedateien für die Standardsystemkonfiguration.
	dfs	Enthält Konfigurationsdateien für Distributed Filesysteme.
	dhcp	Enthält Konfigurationsdateien für das Dynamic Host Configuration Protocol (vgl. Tag 11).
	inet	Enthält Internet Service Konfigurationsdateien.
	init.d	Enthält Dateien zur Änderung von Runleveln.
	lib	Enthält Bibliotheken (Shared Libraries), die von C-Programmen benötigt werden.
	lp	Enthält Dateien für die Druckerkonfiguration.
	mail	Enthält Verwaltungsdateien für das Mailsystem.

Tabelle 11.1: Die wichtigsten Verzeichnisse des Betriebssystems Solaris (Forts.)

Verzeichnis	Unterverzeichnis	Bedeutung
	net	Enthält Konfigurationsdateien für den Transport Independent Network Service.
	rc?.d	Die Verzeichnisse rcS.d, rc0.d, rc1.d usw. enthalten Bootskripte, die für die jeweiligen Runlevel ausgeführt werden.
	saf	Enthält Administrationsdateien für das Service Access Facility (vgl. Tag 15).
	skel	Enthält Vorlagen für Benutzerinitialisierungsdateien.
/export	home	Enthält die Benutzerverzeichnisse.
/home		Enthält unter Solaris standardmäßig die vom Automounter gemounteten Dateisysteme mit den Benutzerverzeichnissen (vgl. Tag 18).
/kernel		Enthält den plattformunabhängigen Teil des Kernels und die plattformunabhängigen Kernelmodule.
/lost+found		Enthält die vom Programm fsck gefundenen und nicht zuordbaren Dateien, wenn Probleme mit dem Dateisystem aufgetreten sind.
/mnt		Ein leeres Verzeichnis, das jederzeit als Mountpoint verwendet werden kann (vgl. „Befehle zum Mounten" in Abschnitt 11.5).
/net		Enthält gemountete Ressourcen von Rechnern im Netzwerk.
/opt		Enthält optionale Software, wie zum Beispiel StarOffice, Netscape usw.
/platform		Enthält den plattformabhängigen Teil des Kernels und die plattformabhängigen Kernelmodule.
/proc		Enthält laufende Prozesse und ist ein spezielles Dateisystem (vgl. „Pseudo-Dateisysteme" in Abschnitt 11.2).
/sbin		Enthält die Systemstartbefehle, wie zum Beispiel mount, und die rc-Skripte, mit denen die Runlevel initialisiert werden.
/tmp		Enthält temporäre Dateien und ist ein eigenes Dateisystem (vgl. „Pseudo-Dateisysteme" in Abschnitt 11.2), dessen Inhalt beim Neustarten des Systems gelöscht wird.

Tabelle 11.1: Die wichtigsten Verzeichnisse des Betriebssystems Solaris (Forts.)

Verzeichnis	Unterverzeichnis	Bedeutung
/usr		Enthält die Unix-Systemsoftware (*unix system resources*).
	4lib	Enthält Bibliotheken für BSD-Programme.
	bin	Enthält Benutzerbefehle.
	ccs	Enthält Ansi-C-Entwicklungstools.
	dt	Enthält Programme und Dateien für die grafische Oberfläche CDE.
	include	Enthält Include-Dateien für Systemprogrammierer.
	java	Enthält Java-Entwicklungstools.
	kvm	Enthält architekturspezifische Binaries/Libraries.
	lib	Enthält für Programmiersprachen relevante Standardbibliotheken.
	openwin	Enthält Programme und Dateien für die grafische Oberfläche OpenWindows.
	platform	Enthält plattformunabhängige Dateien von verschiedenen Hardwareanbietern.
	proc	Enthält Programme zur Untersuchung des Status von /proc.
	sadm	Enthält Systemadministrationsbefehle.
	sbin	Enthält Systemadministrationsbefehle.
	share	Enthält architekturunabhängige Dateien, die über das Netzwerk freigegeben werden können.
	share/man	Enthält die Unix-Dokumentation, die so genannten Manual Pages.
	snadm	Enthält Dateien für das Admintool.
	ucb	Enthält Binärpakete für die BSD-Kompatibilität.
	ucblib	Enthält Bibliothekspakete für die BSD-Kompatibilität.
	ucbinclude	Enthält Header-Dateien für die BSD-Kompatibilität.
/var		Enthält Dateien variabler Größe, wie zum Beispiel Protokolle, Spooldateien usw.

Tabelle 11.1: Die wichtigsten Verzeichnisse des Betriebssystems Solaris (Forts.)

Verzeichnis	Unterverzeichnis	Bedeutung
	adm	Enthält Systemprotokolle und Accounting-Dateien.
	cron	Enthält Protokolldateien für den Daemon cron.
	nis	Enthält die NIS+-Datenbasis.
	ntp	Enthält Statusdateien des Network Time Protocol (NTP).
	sadm	Enthält Protokolldateien für die Softwareverwaltung.
	spool	Enthält Spooldateien für den Maildienst, Druckdienst usw.
	yp	Enthält die NIS-Datenbasis.
/vol		Dient als Mountverzeichnis für den Volume Manager (vgl. Abschnitt 11.7).

Tabelle 11.1: Die wichtigsten Verzeichnisse des Betriebssystems Solaris (Forts.)

Der Verzeichnis- oder Dateibaum unter Solaris ist die logische Ablage der Dateien und Verzeichnisse des Betriebssystems und gleichzeitig die, die der Benutzer sieht. Die physikalische Ablage der Daten wird durch das Dateisystem selbst geregelt (siehe nächster Abschnitt).

11.2 Arten von Dateisystemen

Plattenbasierte Dateisysteme

Ein Dateisystem regelt die Ablage von Daten auf dem physikalischen Datenträger. Während ein Benutzer seine Dateien und Verzeichnisse mit logischen Namen versieht, um sie wiederzuerkennen und einzuordnen, organisiert im Hintergrund das Dateisystem die tatsächliche Ablage über ein ausgeklügeltes Nummernsystem (vgl. Beginn von Abschnitt 11.3). Nachdem eine Festplatte partitioniert wurde, müssen auf den einzelnen Partitionen Dateisysteme aufgebracht werden, damit das Betriebssystem diese verwalten kann.

Lokale Dateisysteme sind alle Dateisysteme, die auf Datenträgern abgelegt sind, die sich in direkt am System angeschlossenen Geräten befinden.

Zu den mit dem Dateisystem von Solaris kompatiblen plattenbasierten Dateisystemen gehören:

- ufs – das Standard Unix Filesystem, das unter Solaris auf dem BSD Fast File System basiert. Es wird in Abschnitt 11.3 näher erläutert.
- hsfs – das High Sierra Filesystem für CD-ROMs, das auf dem CD-ROM-Dateisystem iso9660 basiert und herstellerübergreifend genormt ist.
- pcfs – das PC-Filesystem ist eine Implementierung unter Unix des FAT32-Filesystems von DOS. Damit kann unter Solaris auf DOS-formatierte Dateisysteme, zum Beispiel Disketten, zugegriffen werden.
- udfs – Das Universal Disk Format Filesystem, das für optische Speichermedien wie DVDs und CD-ROMs verwendet wird.
- vxfs – das Veritas Filesystem des Veritas Volume Managers, ein Drittherstellerprodukt, das oft optional zusammen mit Solaris eingesetzt wird.
- s5 – das System V Filesystem, das aus Kompatibilitätsgründen verwendet werden kann.

Der Vollständigkeit halber sollen einige weitere bekannte Dateisysteme erwähnt werden, mit denen ufs aber nicht kompatibel ist:

- ext2fs – das Standard-Filesystem für die meisten Linux-Distributionen.
- reiserfs – ein relativ neu entwickeltes Dateisystem mit zusätzlichen Optionen, das zunehmend unter Linux Verwendung findet.
- ntfs – das New Technology Filesystem, das unter Windows NT und Windows 2000 verwendet wird.
- hpfs – das High Performance Filesystem, das vom Betriebssystem OS/2 verwendet wird.

Netzwerk- oder verteilte Dateisysteme

Verteilte Dateisysteme basieren auf einem Netzwerk. Zu ihnen gehören nfs (Network Filesystem) und rfs (Remote Filesystem). nfs erlaubt es den Benutzern, Dateien auf verschiedene Systeme im Netzwerk zu verteilen, wodurch Ressourcen von bestimmten Rechnern im Netz für andere Systeme zur Verfügung gestellt werden. Es wird ausführlich an Tag 17 erläutert. rfs ist mittlerweile veraltet und wird nicht mehr von Solaris unterstützt.

Pseudo-Dateisysteme

Pseudo-Dateisysteme sind spezielle Dateisysteme, die sich zum Teil nur im RAM befinden und unter anderem Zugriff auf Kernelinformationen bieten. Zu den Pseudo-Dateisystemen gehören:

Dateisysteme

- procfs – das Prozess-Filesystem für die Verwaltung der Prozesse in einem System ist ein virtuelles Dateisystem, das sich nur im RAM befindet und keinen Festplattenplatz belegt. Dieses Dateisystem wird standardmäßig während des Bootens in den Verzeichnisbaum von Unix eingehängt. Die Prozesse werden mit ihrer PID als Verzeichnisse mit Besitzer und Gruppe im Verzeichnis /proc aufgelistet. In den jeweiligen Prozessverzeichnissen befinden sich Pseudo-Dateien für den Zugriff auf die Prozessadresse und für die Prozessverwaltung. Das Verzeichnis /proc wird von root nie direkt bearbeitet, sondern mit Hilfe der Befehle ps, kill, prstat usw. (vgl. Tag 9).

- tmpfs – das temporäre Filesystem befindet sich ebenfalls im RAM, wobei Solaris erweiterte Möglichkeiten zu einer RAM-Disk bietet, wie sie in anderen Systemen genannt wird. Das temporäre Dateisystem unter Solaris wächst dynamisch mit den Kapazitätsanforderungen. Wird der notwendige Platz zu groß für den RAM-Speicher, dann werden Teile des tmpfs auf den Swap-Bereich auf der Festplatte ausgelagert. Für dieses Dateisystem wird bis Solaris 7 das Verzeichnis /tmp verwendet. Ab Solaris 9 kommt /tmp nur noch für temporäre Dateien von einfachen Benutzern zum Einsatz, während das neue tmpfs unter /var/run als Zwischenspeicher für temporäre Systemdateien verwendet wird. Beachten Sie, dass der Inhalt dieser Verzeichnisse bei einem Neustart des Systems gelöscht wird. Es ist möglich, weitere temporäre Dateisysteme mit dem Befehl mount swap *mountpoint* zu mounten (vgl. „Befehle zum Mounten" in Abschnitt 11.5).

- mntfs – das erste standardmäßige Mount-Filesystem gibt es ab Solaris 9. Hier wird die Tabelle /etc/mttab (vgl. Beginn von Abschnitt 11.5), die bis dahin eine reine ASCII-Datei war und alle aktuell gemounteten Dateisysteme enthielt, als mntfs verwaltet, das dem Rechner die Informationen des Kernels über gemountete Dateisysteme anbietet.

- swapfs – das Swap-Filesystem wird vom Kernel für die Verwaltung der Swap-Partition verwendet. Es ist möglich, im laufenden Betrieb neue Swap-Dateien hinzuzufügen (vgl. Abschnitt 11.8). swapfs hat keine hierarchische Organisationsstruktur, sondern besteht nach dem Erstellen nur aus binären Nullen.

- fdfs – das File Descriptor Filesystem verwaltet die Dateizeiger der offenen Dateien. Aktive Programme können mit Hilfe von Dateizeigern oder File Descriptors auf Dateien zugreifen.

- fifofs – das First-in-first-out-Filesystem wird von Named Pipes zur Interprozesskommunikation verwendet (vgl. Tag 9).

- namefs – das Name Filesystem wird vom Streams-Systemdienst verwendet (vgl. Tag 9).

- specfs – dieses Filesystem wird für den Zugriff auf Gerätedateien im Verzeichnis /devices verwendet.

- cachefs – das Cache Filesystem ist notwendig für die Pufferung von langsamen Dateisystemen (vgl. Tag 18).

- `lofs` – das Loopback-Filesystem wird benötigt, um virtuelle Dateisysteme zu erzeugen, um einen zweiten Mountpoint für ein bereits gemountetes Dateisystem bereitzustellen und dieses über zwei Verzeichnisse ansprechen zu können.

- `volfs` – das Volume Management Filesystem wird für die Verwaltung des Volume Managements benötigt (vgl. Abschnitt 11.7).

- `autofs` – das Automounter Filesystem ist für das automatische Mounten von Dateisystemen erforderlich (vgl. Tag 18).

11.3 Das Dateisystem ufs

Der Aufbau von ufs

Bevor das Betriebssystem Solaris eine Partition verwenden kann, muss darauf das Dateisystem ufs erzeugt werden. Ein solches Dateisystem kann bis zu 1 Terabyte groß sein, wobei eine darin enthaltene Datei bis zu 0,8 Terabyte groß sein darf. Die Dateiinformationen des Systems werden durch Inodes verwaltet, die auch die Adressen der Datenblöcke einer Datei speichern. Standardmäßig wird bei einem neu angelegten Dateisystem ufs eine Inode pro zwei Kilobyte Festplattenplatz zugewiesen. Diese Größe lässt sich allerdings mit Hilfe des Befehls `newfs` steuern, der das Dateisystem erzeugt (vgl. Abschnitt 11.4). Der Zugriff auf eine Festplatte lässt sich dadurch beschleunigen, dass die Zylinder einer Partition in Gruppen aufgeteilt werden, wobei eine Zylindergruppe standardmäßig aus 16 Zylindern besteht.

Dieses Dateisystem umfasst folgende Komponenten:

- VTOC oder Plattenlabel
- Bootblock
- Superblock und Backup-Superblöcke
- Zylindergruppe mit
    - Zylindergruppenblöcken
    - Inode-Tabelle
    - Datenblöcken

Dateisysteme

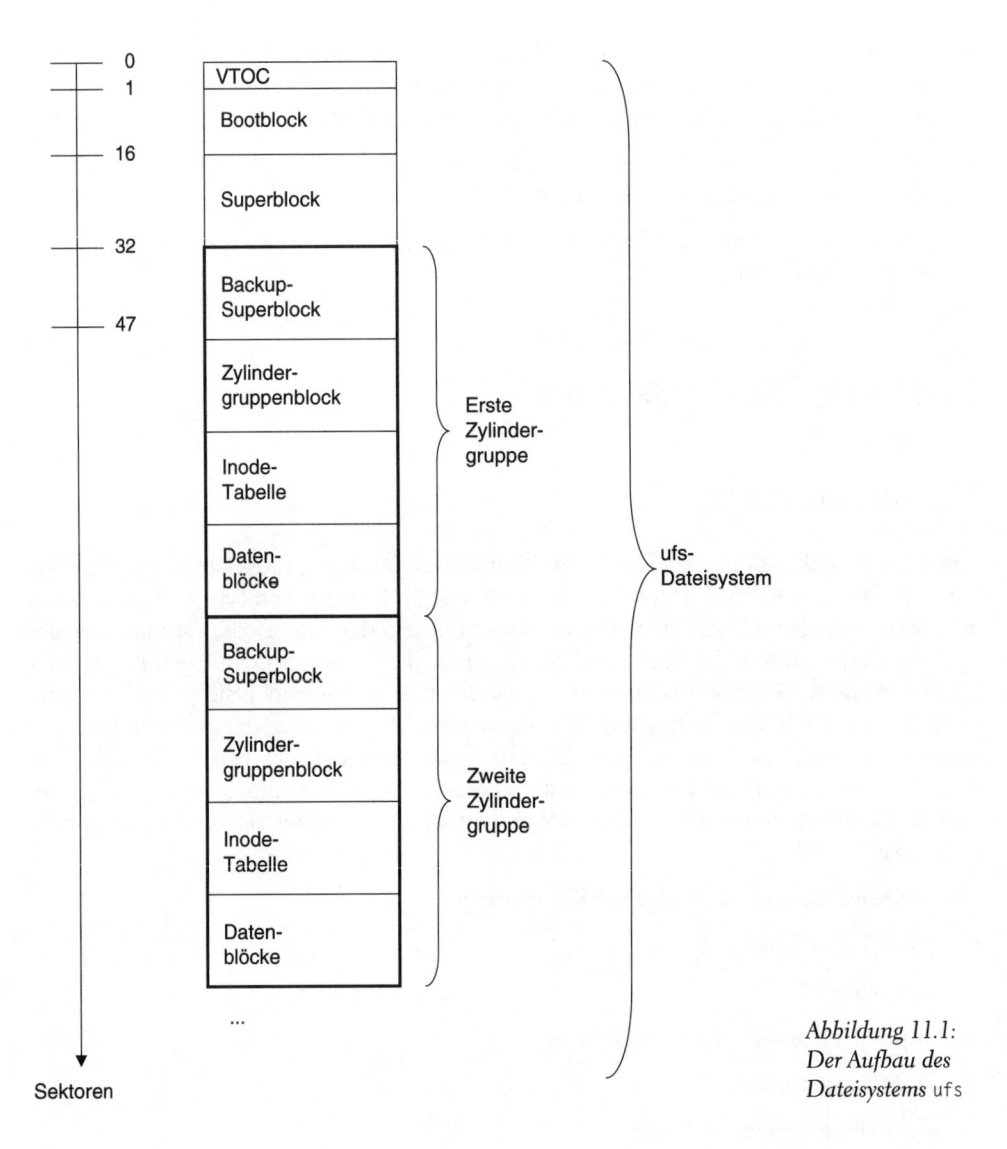

Abbildung 11.1: Der Aufbau des Dateisystems ufs

Der VTOC

Das Plattenlabel befindet sich im ersten Sektor der Festplatte und enthält hardwareabhängige Informationen, wie zum Beispiel die Plattengeometrie und die Partitionstabelle. Bei jedem Dateisystem wird der erste Sektor für das Plattenlabel reserviert, wobei nur die erste Partition, die sich außen auf der Platte befindet, einen aktiven VTOC enthält.

Der Bootblock

In den nächsten 15 Plattensektoren befindet sich der Bootblock mit dem `bootstrap`-Programm. Nur das Dateisystem `root` hat einen aktiven Bootblock, wobei jedoch auf jedem Dateisystem der entsprechende Platz dafür vorgehalten wird.

Der Superblock

Der Superblock enthält Informationen über das Dateisystem und befindet sich in den nächsten 16 Sektoren der Festplatte. Zu den gespeicherten Informationen gehören:

- Anzahl und Größe der Zylindergruppen
- Datenblock- und Fragmentgröße
- Anzahl der freien und belegten Datenblöcke
- Maximale Zahl von Dateien (Inode-Anzahl)
- Belegte Inodes
- Namen der Mountverzeichnisse
- Informationen über die Hardware (entsprechend dem VTOC)
- Zustand des Dateisystems

Die Daten des Superblocks werden im laufenden Betrieb ständig aktualisiert, wozu eine Kopie in den Hauptspeicher geladen und verändert wird. Ein Systemausfall vor der Aktualisierung des Superblocks auf der Festplatte führt zu einer automatischen Überprüfung des Dateisystems durch den Befehl `fsck` (vgl. Abschnitt 11.6). Da der Superblock selbst auch beschädigt werden könnte, werden Kopien von ihm auf der Festplatte abgelegt, die so genannten Backup-Superblöcke, die sich am Anfang von jeder Zylindergruppe befinden. Der erste Backup-Superblock beginnt also bei Sektor 32, wo auch die erste Zylindergruppe beginnt.

Zylindergruppen

Partitionen werden in Zylindergruppen unterteilt, um den Zugriff auf die Festplatte zu beschleunigen. Dateien werden vom Dateisystem, so weit möglich, immer innerhalb einer Zylindergruppe gespeichert und eine Fragmentierung von Dateien wird vermindert. Am Anfang jeder Zylindergruppe befindet sich ein Backup-Superblock.

Anschließend folgt der Zylindergruppenblock, der die notwendigen Informationen für die Zylindergruppe enthält, wie zum Beispiel:

- Anzahl der Zylinder
- Anzahl der freien und belegten Inodes

- Anzahl der freien und belegten Datenblöcke
- Anzahl der Verzeichnisse

Des Weiteren enthält eine Zylindergruppe eine Inode-Tabelle und die Datenblöcke, in denen die Daten selbst gespeichert sind.

Inodes

Die Inode-Tabelle verwaltet die Inodes der Zylindergruppe. Eine Inode beschreibt eine Datei und ihre Datenblöcke und enthält folgende Informationen:

- Dateityp
- Zugriffsrechte
- Linkzähler
- Besitzer der Datei (UID)
- Gruppenzugehörigkeit der Datei (GID)
- Dateigröße
- Letztes Änderungsdatum
- Letztes Zugriffsdatum
- Anzahl der Datenblöcke und Adressverweise auf die verwendeten Datenblöcke

Es gibt zwölf direkte Zeiger, die direkt auf einen Datenblock verweisen. Damit können standardmäßig 12 * 8 Kilobyte = 96 Kilobyte Daten gespeichert werden.

Ein einfach indirekter Zeiger zeigt auf einen Dateisystemblock, der wiederum auf 2048 weitere Adressen von 8 Kilobyte großen Datenblöcken verweist. Damit können standardmäßig 2048 * 8 Kilobyte = 16 Megabyte Daten gespeichert werden.

Es gibt einen zweifach indirekten Zeiger, der auf einen Dateisystemblock mit zwei einfach indirekten Zeigern zeigt, die wiederum jeweils auf 2048 weitere Adressen von 8 Kilobyte großen Datenblöcke verweisen. Damit können standardmäßig 2048 * 2048 * 8 Kilobyte = 32 Gigabyte Daten gespeichert werden.

Ein dreifach indirekter Zeiger zeigt auf einen Dateisystemblock, der auf zwei zweifach indirekte Zeiger verweist. Damit können theoretisch bis zu 2048 * 2048 * 2048 * 8 Kilobyte = 64 Terabyte Daten gespeichert werden. Aufgrund von physikalischen Beschränkungen ist im Moment die tatsächliche maximale Dateigröße aber auf 0,8 Terabyte beschränkt.

Das Dateisystem ufs

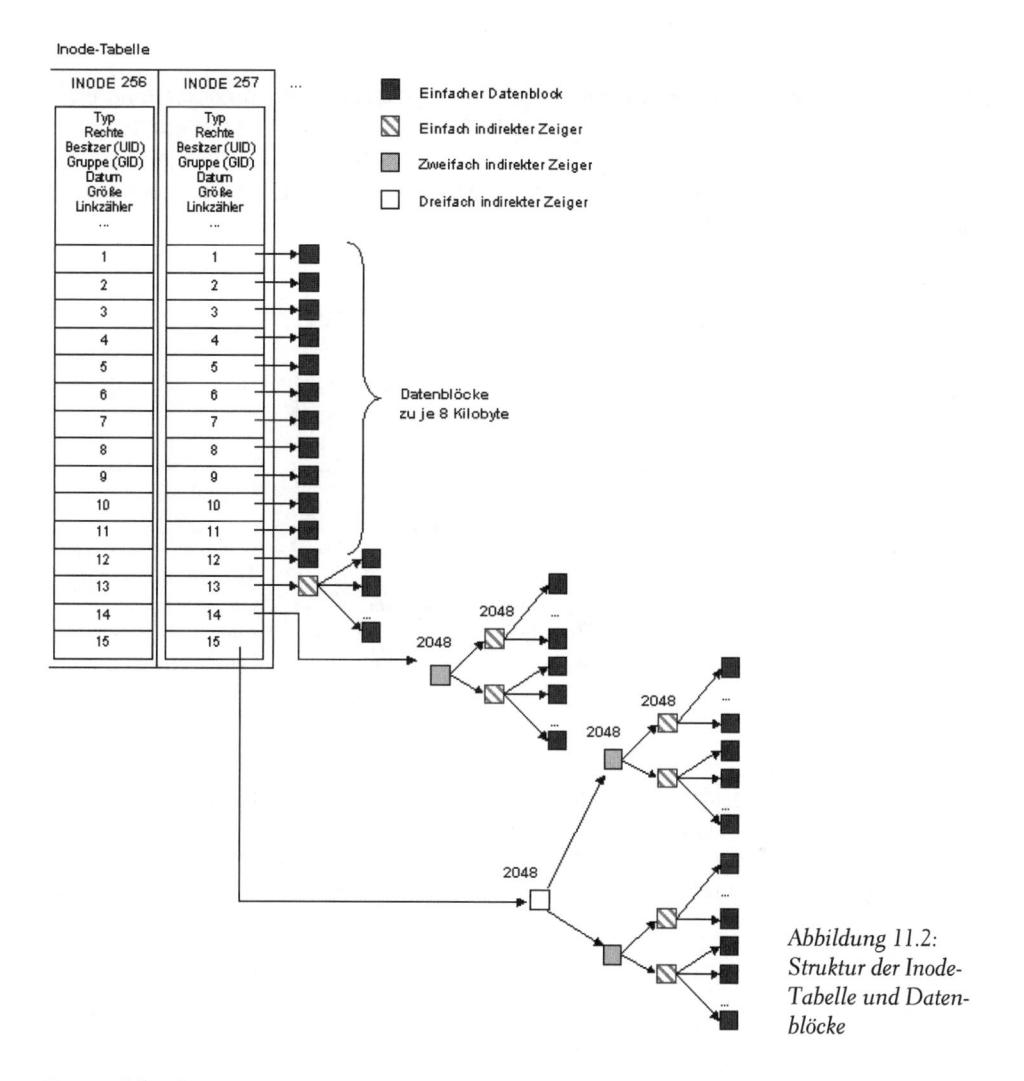

*Abbildung 11.2:
Struktur der Inode-Tabelle und Datenblöcke*

Datenblöcke

Die Datenblöcke enthalten die tatsächlichen Daten der Dateien, zum Beispiel ASCII-Text, Anwendungsdaten oder binäre Daten. Standardmäßig sind unter Solaris die Datenblöcke 8 Kilobyte groß. Ein Standardblock wird dabei in Blockfragmente zu jeweils 1 Kilobyte aufgeteilt. Kleinere Dateien werden in diesen Blockfragmenten gespeichert, um eine Verschwendung eines kompletten Datenblocks zu vermeiden. Wächst eine dieser kleineren Dateien an und benötigt mehr Fragmente, als im Datenblock übrig sind, wird sie komplett in einen neuen Datenblock verlagert.

Shadow Inode

Dateien, denen ACLs zugewiesen wurden (vgl. Tag 6), besitzen zwei Inodes: die normale Inode des ufs-Dateisystems und eine so genannte Shadow Inode. Das Speichern der ACL-Liste auf der Festplatte erfolgt genau wie bei normalen Daten in einem Datenblock. Auf die Shadow Inode wird durch einen direkten Zeiger der Inode der Datei verwiesen und er verweist selbst wiederum auf die Datenblöcke mit der ACL-Liste.

Die verschiedenen Dateitypen und ihre Inodes

Die unterschiedlichen Dateitypen, auf die bereits in Tag 6 eingegangen wurde, haben verschiedene Informationen in ihren Inodes und Datenblöcken hinterlegt:

Typ	Verwendung	Inode-Information	Gespeicherte Daten	Entstehung
-	Normale Datei	Typ, Rechte, UID, GID, Linkzähler, Größe, letztes Änderungs- und Zugriffsdatum, Verweise auf Datenblöcke oder Shadow Inode	Text Binärdaten Grafiken Anwendungsdaten Datenbankdaten	Texteditor Compiler Anwendung Datenbankanwendung Befehle (zum Beispiel touch)
d	Verzeichnis	Typ, Rechte, UID, GID, Linkzähler, Größe, letztes Änderungs- und Zugriffsdatum, Verweise auf Datenblöcke oder Shadow Inode	Verzeichnisinformationen: Datei- und Unterverzeichnisnamen und Inode-Nummern	Befehl mkdir
l	Symbolischer Link	Typ, Rechte, UID, GID, Linkzähler, Größe, letztes Änderungs- und Zugriffsdatum, Verweise auf Datenblöcke	Pfadname auf Originaldatei	Befehl ln -s
-	Hard Link – ein weiterer Dateiname für eine bereits vorhandene Datei	Typ, Rechte, UID, GID, Linkzähler, Größe, letztes Änderungs- und Zugriffsdatum, Verweise auf Datenblöcke oder Shadow Inode	Text Binärdaten Grafiken Anwendungsdaten Datenbankdaten	Befehl ln

Tabelle 11.2: Die verschiedenen Dateitypen und ihre Inode-Einträge

Typ	Verwendung	Inode-Information	Gespeicherte Daten	Entstehung
c	Zeichenorientierte Gerätedatei	Typ, Rechte, UID, GID, Linkzähler, Major und Minor Gerätenummer, letztes Änderungs- und Zugriffsdatum, Verweise auf Datenblöcke oder Shadow Inode	–	Befehle drvconfig oder devfsadm
b	Blockorientierte Gerätedatei	Typ, Rechte, UID, GID, Linkzähler, Major und Minor Gerätenummer, letztes Änderungs- und Zugriffsdatum, Verweise auf Datenblöcke oder Shadow Inode	–	Befehle drvconfig oder devfsadm

Tabelle 11.2: Die verschiedenen Dateitypen und ihre Inode-Einträge (Forts.)

11.4 Dateisysteme anlegen

Der Befehl newfs

In früheren SunOS-Versionen wurden neue Dateisysteme mit dem relativ komplexen Befehl mkfs erstellt. Der Befehl newfs wurde als Front-End-Befehl zu mkfs hinzugefügt, um das Anlegen von ufs-Dateisystemen zu vereinfachen. Er kann nur von *root* verwendet werden. newfs legt die Struktur des Dateisystems an, wie zum Beispiel Superblock, Backup-Superblöcke, Zylindergruppen usw.

Der Befehl verwendet den Raw Device-Namen. Ein bereits im Dateibaum eingehängtes Gerät kann nicht verwendet werden. Wenn bereits Daten auf dem Gerät vorhanden sind, auf das newfs ein neues Dateisystem aufbringen soll, dann werden diese überschrieben. Die Syntax des Befehls lautet:

```
# newfs [-optionen] raw-device
```

Der Befehl kennt folgende Optionen:

Dateisysteme

Option	Beschreibung
-a anzahl	Definiert alternative Zylinderblöcke für SCSI-Geräte, die als Ersatzblöcke für beschädigte Blöcke verwendet werden. Die Standardeinstellung ist 0.
-b größe	Definiert die logische Blockgröße des Dateisystems in Byte, entweder 4096 oder 8192. Die Standardvorgabe ist 8192.
-c anzahl	Definiert die Zylinderanzahl pro Zylindergruppe im Bereich von 1 bis 32. Die Standardeinstellung ist 16.
-C anzahl	Definiert die maximale Blockanzahl, bevor eine Verzögerungszeit verwendet wird. Die Standardeinstellung ist bei 4-Kilobyte-Systemen 14 und bei 8-Kilobyte-Systemen 7. Es ist möglich, diese Option mit tunefs wieder zu ändern.
-d zeit	Definiert eine plattenspezifische Zeitfrequenz in Millisekunden, die eine Verzögerungszeit zwischen Plattenzugriffen festlegt. Es ist möglich, diese Option mit tunefs wieder zu ändern.
-f größe	Definiert die kleinste Fragmentgröße einer Datei. Der Standardwert muss 2^n betragen. n muss zwischen 512 und der lokalen Blockgröße liegen.
-i anzahl	Definiert die Anzahl von Bytes pro Inode und damit die Gesamtanzahl der Inodes des Dateisystems. Weniger Inodes werden mit einer höheren Zahl, mehr Inodes mit einer kleinere Zahl spezifiziert. Die Standardvorgabe ist 2048.
-m prozent	Definiert den minimalen freien Speicherplatz als Prozentsatz des gesamten Speicherplatzes, der auf der Festplatte für die Verwaltung durch *root* freigehalten werden soll. Die Standardvorgabe ist 10%.
-N	Gibt alle Konfigurationsdaten für die Erstellung eines neues Dateisystems als Testlauf aus, führt aber keine wirklichen Änderungen durch.
-n anzahl	Definiert die Anzahl der Einheiten in einer Zylindergruppe, die standardmäßig mit 8 festgelegt ist.
-o opt	Führt eine Optimierung durch. Entweder wird durch Angabe von time für *opt* die Zeit für die Lokalisierung von Blöcken minimiert, das heißt der Zugriff optimiert, oder durch Angabe von space die Fragmentierung der Festplatte minimiert, das heißt der Platz optimiert. Wenn weniger als 10% des Speicherplatzes frei ist, ist nur noch die Speicherplatzoptimierung möglich.
-r anzahl	Definiert die Umdrehungszahl der Festplatte pro Minute. Die Standardvorgabe ist 3600.

Tabelle 11.3: Die Optionen des Befehls newfs

Option	Beschreibung
-s *größe*	Definiert die Größe des Dateisystems in Sektoren, wodurch es möglich ist, ein Dateisystem kleiner als eine Partition anzulegen. Standardmäßig wird die ganze Partition für das Dateisystem verwendet.
-t *anzahl*	Definiert die Anzahl der Spuren pro Zylinder auf der Festplatte. Die Standardeinstellung hängt von der Festplatte ab und wird dem VTOC entnommen.
-v	Ausführliche Ausgabe von allen Operationen und Informationen.

Tabelle 11.3: Die Optionen des Befehls newfs *(Forts.)*

Im nachfolgenden Beispiel wird ein neues Dateisystem mit Standardwerten erstellt:

```
# newfs /dev/rdsk/c0t0d0s6
newfs: construct a new filesystem /dev/rdsk/c0t0d0s6: (y/n)? y
/dev/rdsk/c0t0d0s6:  410720 sectors in 302 cylinders 17 tracks 80 sectors
    200.5 MB in 19 cyl groups (16 c/g, 10.62MB/g, 5120 i/g)
super-block backups (for fsck -F ufs -o b=#) at:
32, 21872, 43712, 65552, 87392, 109232, 131072 ...
```

Die erste Zeile gibt die Plattengeometrie aus. Die nächste Zeile enthält Angaben zum Dateisystem, das auf der Partition erstellt wurde, wie zum Beispiel die Größe der Partition und die Anzahl der Zylindergruppen. Die letzten Zeilen geben die Sektoren aus, an denen sich Backup-Superblöcke befinden.

Der Befehl mkfs

Der Befehl mkfs erzeugt ein Dateisystem und unterstützt dabei verschiedene Dateisystemtypen.

> Wenn Sie ein ufs-Dateisystem erzeugen, sollten Sie besser den Befehl newfs verwenden, da er nicht so komplex wie mkfs ist.

Der Befehl kennt folgende Optionen:

Option	Beschreibung
-F	Definiert den Dateisystemtyp. Wenn diese Option nicht angegeben wird, werden die Dateien /etc/vfstab und /etc/default/fs überprüft, um den Dateisystemtyp festzulegen.
-o	Definition von Optionen für das Dateisystem ufs:
apc=*zahl*	Definiert den reservierten Speicherplatz als Ersatz für beschädigte Blöcke auf SCSI-Festplatten. Die Standardeinstellung ist 0.
Bsize=*zahl*	Definiert die logische Blockgröße entweder mit 4096 (4 Kilobyte) oder 8192 (8 Kilobyte). Der Standardwert ist 8192.
cgsize= *zahl*	Definiert die Anzahl der Zylinder pro Zylindergruppe. Die Standardeinstellung ist 16.
fragsize=*zahl*	Definiert die kleinste Fragmentgröße einer Datei. Der Wert muss 2^n betragen. *n* muss zwischen 512 und der lokalen Blockgröße liegen. Der Standardwert ist 1024.
free=*zahl*	Definiert die Mindestmenge an freiem Speicherplatz für die Systemwartung. Die Standardeinstellung ist 60.
gap=*zahl*	Definiert eine plattenspezifische Zeitfrequenz in Millisekunden. Der Standardwert ist von der Festplatte abhängig.
maxcontig=*zahl*	Definiert die maximale Anzahl Blöcke, die zusammengefasst werden können, bevor eine Verzögerungszeit verwendet wird. Die Standardeinstellung lautet bei 4-Kilobyte-Systemen 14 und bei 8-Kilobyte-Systemen 7.
N	Das Dateisystem wird nicht erzeugt, sondern nur die verwendeten Werte werden für Testzwecke angezeigt.
nbpi=*zahl*	Definiert die Anzahl der Blöcke pro Inode. Die Standardvorgabe ist 2048.
nrpos=*zahl*	Definiert die Anzahl der Einheiten in einer Zylindergruppe Die Standardvorgabe ist 8.
nsect=*zahl*	Definiert die Anzahl der Sektoren je Spur. Die Standardvorgabe ist 32.
ntrack=*zahl*	Definiert die Anzahl der Spuren pro Zylinder. Die Standardvorgabe ist 16.
opt=*wert*	Definiert den Optimierungstyp, und zwar entweder mit s den Speicherplatz oder mit t die Zugriffszeit.
rps=*zahl*	Definiert die Plattengeschwindigkeit in Umdrehungen pro Sekunde. Die Standardvorgabe ist 60.
-V	Ausführliche Ausgabe ohne Ausführung der Befehle für Testzwecke.

Tabelle 11.4: Die Optionen des Befehls mkfs

Der Befehl tunefs

Bei einem ungemounteten Dateisystem lässt sich der Befehl verwenden, um die Leistung sowie die Parameter der Festplatte zu ändern. Das Dateisystem muss in der Datei /etc/vfstab eingetragen sein, wenn Sie statt des Gerätenamens den Namen des Dateisystems verwenden möchten. Der Befehl kennt folgende Optionen:

Option	Beschreibung
-a anzahl	Definiert die maximale Anzahl von Blöcken, die beschrieben werden, bevor eine Verzögerungszeit eintritt.
-d zeit	Definiert für die Festplatte die Verzögerungszeit zwischen Plattenzugriffen in Millisekunden.
-e anzahl	Definiert die maximale Blockanzahl pro Zylindergruppe.
-m prozent	Definiert den Mindestplatz an freiem Speicher, der im Dateisystem für Verwaltungsarbeiten reserviert werden soll.
-o typ	Definiert den Optimierungstyp, und zwar entweder mit space eine Speicherplatzoptimierung oder mit time eine Zugriffszeitoptimierung.

Tabelle 11.5: Die Optionen des Befehls tunefs

> Der Befehl mount zum Mounten von Dateisystemen und der Befehl umount zum Unmounten von Dateisystemen werden in „Befehle zum Mounten" in Abschnitt 11.5 genau erläutert.

Der nachfolgende Befehl optimiert die Geschwindigkeit für das Gerät /dev/rdsk/c1t3d0s5:

```
# tunefs -o time /dev/rdsk/c1t3d0s5
```

Im nächsten Beispiel wird der Mindestprozentsatz des freien Speichers für das Dateisystem /export/home auf zwei Prozent gesetzt:

```
# tunefs -m 2 /export/home
```

Der Befehl fstyp

Dieser Befehl gibt den Dateisystemtyp eines Geräts zurück. Das Gerät muss mit dem zeichenorientierten Gerätenamen angesprochen werden.

```
# fstyp /dev/rdsk/c0t0s0d0
ufs
```

Die Option -v gibt die Informationen des Superblocks aus:

```
# fstyp -v /dev/rdsk/c0t0s0d0
ufs
magic     11954       format            dynamic   time              Sun Aug 19 17:50:55 2001
sblkno    16          cblkno            24        iblkno    32      dblkno    720
sbsize    2048        cgsize            8192      cgoffset 32        cgmask    0xfffffff0
ncg       142         size              6291936   blocks    6191949
bsize     8192        shift             13        mask      0xfffe000
fsize     1024        shift             10        mask      0xfffffc00
frag      8           shift             3         fsbtodb   1
minfree   1%          maxbpg            2048      optim     time
maxcontig 16          rotdelay 0ms rps            90
csaddr    720         cssize            3072      shift     9         mask    0xffffe00
ntrak     16          nsect             63        spc       1008      ncyl    12484
cpg       88          bpg               5544      fpg       44352     ipg     5504
nindir    2048        inopb             64        nspf      2
nbfree    220463      ndir              13138     nifree    662079    nffree  4425
cgrotor   6           fmod              0         ronly     0         logbno  0
fs_reclaim is not set
file system state is valid, fsclean is 0
blocks available in each rotational position
cylinder number 0:
    position 0:    0    4    8    12   16   20   24   28
    position 1:    32   36   40   44   48   52   56   60
    position 2:    1    5    9    13   17   21   25   29
    position 3:    33   37   41   45   49   53   57   61
    position 4:    2    6    10   14   18   22   26   30
    position 5:    34   38   42   46   50   54   58   62
    position 6:    3    7    11   15   19   23   27   31
    position 7:    35   39   43   47   51   55   59
cs[].cs_(nbfree,ndir,nifree,nffree):
      (1081,114,5006,6) (0,42,4268,0) (1048,114,4768,1) (1367,114,4920,2)
...
```

Der Befehl gibt unter anderem den Zeitpunkt (time) der letzten Änderung des Systems, den Sektor des Superblocks (sblkno), die Größe der Zylindergruppe (cgsize), die Anzahl der Zylindergruppen (ncg), die Größe der Festplatte in Kilobyte und die eingestellte Blockgröße (bsize) und Fragmentgröße (fsize) aus.

11.5 Mounten von Dateisystemen

Nachdem ein Dateisystem erzeugt wurde, muss es in den Verzeichnisbaum eingehängt werden, um damit arbeiten zu können. Dazu wird ein so genannter Mountpoint verwendet, ein leeres Verzeichnis, unter welchem das Dateisystem gemountet wird. Anschließend muss das Dateisystem nicht mehr mit dem Gerätenamen angesprochen werden, sondern Sie können dazu den Verzeichnisnamen verwenden. Den Befehl mount darf nur *root* verwenden.

Es gibt zwei Möglichkeiten, um ein Dateisystem zu mounten:

- Ein temporäres Mounten mit Hilfe des Befehls mount für Dateisysteme, die nur einmalig benötigt werden. Durch einen Neustart des Systems oder den Befehl umount wird dieses Dateisystem wieder aus dem Verzeichnisbaum ausgehängt.
- Durch einen Eintrag in der Datei /etc/vfstab, die beim Systemstart gelesen wird. Die darin enthaltenen Dateisysteme mit dem Vermerk mount at boot = yes werden bei jedem Neustart gemountet.

Gemountete Dateisysteme sind für einen Benutzer im Prinzip nicht erkennbar. Sie können nur mit bestimmten Befehlen angezeigt werden, wie zum Beispiel dem Befehl df oder mount, aber nicht mit dem Befehl ls. Sie sind integraler Bestandteil des Verzeichnisbaums.

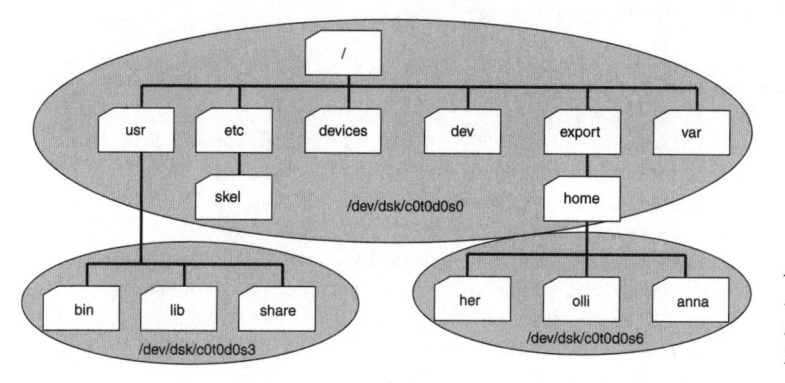

Abbildung 11.3: Im Verzeichnisbaum eingehängte Dateisysteme

Die Datei /etc/mnttab

Alle aktuell gemounteten Dateisysteme werden in diese Datei einschließlich ihrer Optionen eingetragen. Wird ein Dateisystem ungemountet, erfolgt eine automatische Löschung des entsprechenden Eintrags. Ab Solaris 9 handelt es sich bei der Datei /etc/mnttab nicht mehr um eine einfache ASCII-Datei, sondern um ein eigenes mntfs-Dateisystem (vgl. „Pseudo-Dateisysteme" in Abschnitt 11.2). Die Tabelle sollte nicht von Hand bearbeitet werden.

Der Aufbau der Tabelle sieht folgendermaßen aus:

```
# cat /etc/mnttab
/dev/dsk/c0t0d0s0/ufsrw,intr,largefiles,onerror=panic, suid,dev=2200000998227423
/proc  /procprocdev=3a40000998227423
fd     /dev/fdfdrw,suid,dev=3b00000998227424
mnttab /etc/mnttabmntfsdev=3c00000998227426
```

Dateisysteme

```
swap    /var/runtmpfsdev=1998227426
swap    /tmptmpfsdev=2998227429
/dev/dsk/c0t0d0s3/usrufsrw,intr,largefiles,onerror=panic, suid,dev=2200003
998227429
-hosts /netautofsindirect,nosuid,ignore,nobrowse,dev=3cc0001998227449
auto_home /homeautofsindirect,ignore,nobrowse,dev=3cc0002998227449
-xfn    /xfnautofsindirect,ignore,dev=3cc0003998227449
suso2:vold(pid284)/volnfsignore,dev=3c80001998227457
/vol/dev/diskette0/noname/floppy/nonamepcfsrw,nohidden, nofoldcase,dev=16c0001
998236264
```

Die Tabelle listet die Bezeichnung der gemounteten Ressource auf, anschließend das Verzeichnis bzw. den Mountpoint, an dem das Dateisystem eingehängt wurde, und den Dateisystemtyp (ufs, mntfs, tmpfs usw.). Es folgen die Mountoptionen, die im nächsten Abschnitt ausführlich erklärt werden, und der Zeitpunkt, zu dem gemountet wurde.

Eine übersichtlichere Ausgabe des Inhalts der Datei /etc/mnttab erhalten Sie, wenn Sie den Befehl mount ohne Option verwenden:

```
# mount
/ on /dev/dsk/c0t0d0s0 read/write/setuid/intr/largefiles/ onerror=panic/
dev=2200000 on Sun Aug 19 15:23:43 2001
/proc on /proc read/write/setuid/dev=3a40000 on Sun Aug 19 15:23:43 2001
/dev/fd on fd read/write/setuid/dev=3b00000 on Sun Aug 19 15:23:44 2001
/etc/mnttab on mnttab read/write/setuid/dev=3c00000 on Sun Aug 19 15:23:46 2001
/var/run on swap read/write/setuid/dev=1 on Sun Aug 19 15:23:46 2001
/tmp on swap read/write/setuid/dev=2 on Sun Aug 19 15:23:49 2001
/usr on /dev/dsk/c0t0d0s3 read/write/setuid/intr/largefiles/ onerror=panic/
dev=2200003 on Sun Aug 19 15:23:49 2001
/floppy/noname on /vol/dev/diskette0/noname read/write/setuid/ nohidden/
nofoldcase/dev=16c0001 on Sun Aug 19 17:51:04 2001
```

Diese Ausgabe beginnt mit dem Mountpoint, listet dann die gemountete Ressource auf und anschließend die Mountoptionen und den Zeitpunkt des Mountens.

Die Datei /etc/vfstab

Die Datei /etc/vfstab enthält alle Dateisysteme, die immer wieder, in der Regel beim Booten des Systems, gemountet werden sollen. Dabei können gleichzeitig die gewünschten Mountoptionen bestimmt werden:

```
# cat /etc/vfstab
#device             device          mount   FS      fsck    mount   mount
#to mount           to fsck         point   type    pass    at boot options
#
#/dev/dsk/c1d0s2 /dev/rdsk/c1d0s2   /usr    ufs     1       yes     -
```

```
/proc              -                     /proc       proc   -   no    -
fd                 -                     /dev/fd     fd     -   no    -
swap               -                     /tmp        tmpfs  -   yes   -
/dev/dsk/c0t0d0s0  /dev/rdsk/c0t0d0s0    /           ufs    1   no    -
/dev/dsk/c0t0d0s3  /dev/rdsk/c0t0d0s3    /usr        ufs    1   no    -
/dev/dsk/c0t0d0s1  -                     -           swap   -   no    -
```

Die ersten Zeilen sind Kommentarzeilen. Jede Zeile der Datei enthält sieben durch Leerzeichen abgegrenzte Felder mit folgender Bedeutung:

Feld	Beschreibung
device to mount	Enthält den Namen der zu mountenden Ressource.
device to fsck	Enthält den Namen des Geräts als Raw Device, dessen Dateisystem auf Konsistenz überprüft werden soll.
mount point	Enthält den Standard-Mountpoint.
FS type	Enthält den Dateisystemtyp (zum Beispiel ufs, pcfs, nfs oder hsfs).
fsck pass	Enthält eine Nummer, die festlegt, in welcher Reihenfolge der Befehl fsck automatisch das Dateisystem überprüfen soll. Eine 0 oder ein Bindestrich bedeutet, dass keine Prüfung erfolgen soll.
mount at boot	Enthält die Angabe yes, wenn ein Dateisystem mit Hilfe des Befehls mountall beim Booten des Systems gemountet werden soll. Für das Dateisystem / bzw. /usr wird hier no angegeben, weil beide Dateisysteme vom Kernel als Teil des Bootvorgangs bereits vor dem Lesen der Datei gemountet wurden.
mount options	Enthält die Mountoptionen, die beim Mounten der Ressource verwendet werden sollen (vgl. „Befehle zum Mounten" in Abschnitt 11.5).

Tabelle 11.6: Aufbau der Datei /etc/vfstab

Wenn Sie ein Feld nicht verwenden und leer lassen, dann müssen Sie einen Bindestrich – in die entsprechende Spalte schreiben.

root kann bei Bedarf die Datei /etc/vfstab jederzeit bearbeiten und Einträge löschen oder ergänzen.

Befehle zum Mounten

Der Befehl mount

Mit Hilfe dieses Befehls kann *root* Dateisysteme in den Verzeichnisbaum einhängen, damit Benutzer es verwenden können. Alle gemounteten Dateisysteme sind in der Datei /etc/mnttab enthalten. Die Syntax des Befehls lautet:

mount [-*optionen*] *blockgerät mountpoint*

Dateisysteme mit einem Eintrag in /etc/vfstab können einfach durch Angabe des Namens des Mountpoints oder der Ressource gemountet werden. Der Befehl kennt folgende Optionen:

Option	Erklärung
-a	Alle Dateisysteme mit dem Eintrag yes in mount at boot werden gemountet. Wird der Befehl umount verwendet, werden alle diese Dateisysteme ungemountet.
-a *mountpoints*	Nur die aufgelisteten Mountpoints werden gemountet oder ungemountet.
-F *typ*	Definiert den Typ des zu mountenden Dateisystems, zum Beispiel ufs oder nfs, das heißt, alle Mounteinträge der Datei /etc/vfstab mit diesem Dateityp werden gemountet.
-m	Ein Dateisystem wird gemountet, ohne dass ein Eintrag in der Datei /etc/mnttab hinzugefügt wird.
-o	Definiert Mountoptionen, die durch Kommas getrennt angegeben werden müssen.
-O	Bewirkt eine Überlagerung, indem das Dateisystem auf einen bereits gemounteten Mountpoint eingehängt wird. Auf das darunter liegende Dateisystem kann anschließend nicht mehr zugegriffen werden.
-p	Ausgabe des Dateisystems aus der Datei /etc/vfstab.
-r	Das Dateisystem wird als nur lesbar (read-only) gemountet.
-v	Ausgabe des Dateisystems aus der Datei /etc/vfstab und ausführliche Anzeige aller Informationen.
-V	Anzeige des Befehls, aber keine wirkliche Durchführung.

Tabelle 11.7: Die Optionen des Befehls mount

Es gibt sehr viele verschiedene Mountoptionen, die Dateisystemen zugewiesen werden können:

Option	Beschreibung
f	Nimmt einen Eintrag in der Datei /etc/mnttab vor, wobei das Dateisystem aber nicht wirklich gemountet wird.
m	Mountet ein Dateisystem, ohne einen Eintrag in der Datei /etc/mnttab hinzuzufügen.
atime	Protokolliert das letzte Zugriffsdatum auf Dateien und Verzeichnisse in der Inode-Tabelle mit (Standardeinstellung).
noatime	Verhindert, dass das letzte Zugriffsdatum auf Dateien und Verzeichnisse in der Inode-Tabelle mitprotokolliert wird, wodurch die Performance etwas erhöht wird. Diese Einstellung sollte nur bei Dateisystemen verwendet werden, wo das Zugriffsdatum nicht von Bedeutung ist.
dfratime	Schreibzugriffe auf eine Datei werden zeitlich verzögert in der Inode-Tabelle hinterlegt (Standardeinstellung).
nodfratime	Erzwingt, dass Schreibzugriffe auf eine Datei sofort in der Inode-Tabelle hinterlegt werden, was die Systemleistung vermindern kann.
forcedirectio	Erzwingt, dass Schreibzugriffe auf das Dateisystem sofort auf die Festplatte geschrieben und nicht zwischengespeichert werden, wodurch die Schreibgeschwindigkeit niedriger, aber die Datensicherheit größer wird.
noforcedirectio	Definiert, dass Schreibzugriffe auf das Dateisystem zwischengespeichert und nicht sofort auf die Festplatte geschrieben werden (Standardeinstellung).
global	Diese Option wird für Dateisysteme verwendet, die Bestandteil eines Clusters sind und global im Cluster sichtbar sein sollen.
noglobal	Diese Option wird für Dateisysteme verwendet, die Bestandteil eines Clusters sind und nicht global im Cluster sichtbar sein sollen (Standardeinstellung).
intr	Lässt Interrupts mit der Tastenkombination [Ctrl]+[C] zu, mit deren Hilfe auch Prozesse beendet werden können, die auf gesperrte Dateisysteme zugreifen (Standardeinstellung).
nointr	Lässt nicht zu, dass Prozesse, die auf gesperrte Dateisysteme zugreifen, mit der Tastenkombination [Ctrl]+[C] beendet werden.
largefiles	Lässt zu, dass die Dateien des eingehängten Dateisystems größer als 2,2 Gigabyte, und zwar bis zu 1 Terabyte, sein dürfen.

Tabelle 11.8: Mögliche Mountoptionen

Dateisysteme

Option	Beschreibung
nolargefiles	Verhindert, dass die Dateien des eingehängten Dateisystems größer als 2,2 Gigabyte sein dürfen. Besteht oder bestand auf dem Dateisystem eine solche Datei, ist ein Mounten nicht möglich. Nach dem Löschen einer solchen Datei muss außerdem der Befehl `fsck` verwendet werden, um die Informationen im Superblock entsprechend zu aktualisieren (vgl. Beginn von Abschnitt 11.6).
logging	Aktiviert die Zwischenprotokollierung von Änderungen in der Struktur des Dateisystems, die in bestimmten Zeitabständen auf die Festplatte zurückgeschrieben werden. Beim Unmounten des Dateisystems erfolgt ein vollständiges Abgleichen mit der Protokolldatei. Bei einem Systemabsturz o. Ä. muss daher nicht der Befehl `fsck` gestartet werden, sondern nur der entsprechende Abgleich erfolgen, was bei großen Dateisystemen viel Zeit spart. Es können aber trotzdem Daten von Anwendungen verloren gehen. Der Bereich zur Protokollierung wird automatisch vom Dateisystem festgelegt. Es verwendet ungefähr 1 Megabyte Speicherplatz pro 1 Gigabyte des Dateisystems.
nologging	Verhindert die Zwischenprotokollierung von Änderungen in der Struktur des Dateisystems. Bei einem Systemabsturz o. Ä. wird daher der Befehl `fsck` gestartet (Standardeinstellung).
onerror=aktion	Definiert eine Aktion, die nach einer Fehlermeldung durchgeführt werden soll. Zu den möglichen Aktionen gehören: `panic`: Sofortiges Herunterfahren des Systems (Standardeinstellung). `lock`: Sperren des Dateisystems. `umount`: Sofortiges Unmounten des Dateisystems.
quota	Aktiviert Benutzerquoten für das Dateisystem, um den Festplattenverbrauch der Benutzer einzuschränken.
remount	Mountet ein bereits gemountetes Dateisystem erneut. Diese Option lässt sich verwenden, um einem mit Lesezugriff gemounteten Dateisystem auch einen Schreibzugriff einzuräumen.
ro	Mountet das Dateisystem nur mit Lesezugriff (read-only).
rq	Mountet das Dateisystem mit Lese- und Schreibzugriff (read-write) und aktiviert gleichzeitig die Benutzerquoten.
rw	Mountet das Dateisystem mit Lese- und Schreibzugriff (read-write).
suid	Lässt die Ausführung von Programmen mit SetUID-Bit zu (Standardeinstellung).
nosuid	Verhindert die Ausführung von Programmen mit SetUID-Bit.

Tabelle 11.8: Mögliche Mountoptionen (Forts.)

Mounten von Dateisystemen

Option	Beschreibung
toosoon=*zeit*	Definiert die Zeitspanne, die zwischen automatisch erkannten Dateisysteminkonsistenzen vergehen muss, um zu verhindern, dass zu viele Korrekturen oder Prüfungen in derselben Zeit stattfinden und sich eventuell gegenseitig aufheben. Die Zeitspanne kann in Sekunden (s), Minuten (m), Stunden (h), Tagen (d), Wochen (w) oder Jahren (y) angegeben werden, so steht zum Beispiel 30m für 30 Minuten.
-O	Erzwingt, dass ein bereits verwendetes Mountverzeichnis ein weiteres Mal als Mountpoint verwendet wird, wodurch das zuerst gemountete Dateisystem überlagert und nicht mehr sichtbar wird.

Tabelle 11.8: Mögliche Mountoptionen (Forts.)

Wenn mehrere Rechner miteinander verknüpft werden, um zum Beispiel rechenintensive Aufgaben durchzuführen, spricht man von einem Cluster.

Mit dem folgenden Befehl wird das Dateisystem /dev/dsk/c0t0d0s7 mit den Optionen noatime und nosuid unter den Mountpoint /export/home gemountet:

`# mount -o noatime,nosuid /dev/dsk/c0t0d0s7 /export/home`

Wenn ein zu mountendes Dateisystem bereits einen Eintrag in der Datei /etc/vfstab besitzt, dann genügt es, wenn an der Befehlszeile entweder nur der Name des Dateisystems oder des Mountpoints genannt wird. Die fehlenden Angaben werden dann der Datei entnommen. Im nachfolgenden Beispiel wird das Dateisystem /opt mit den Optionen logging und nolargefiles gemountet, das bereits einen Eintrag in der Datei /etc/vfstab hat:

`# mount -o logging,nolargefiles /opt`

Eine DOS-formatierte Diskette kann zum Beispiel mit folgendem Befehl gemountet werden, allerdings nur, wenn der Volume Manager nicht aktiv ist (vgl. Abschnitt 11.7):

`# mount -F pcfs -o foldcase /dev/diskette /floppy`

Das Dateisystem pcfs kennt eine zusätzliche Option foldcase, die Dateinamen von Großbuchstaben in Kleinbuchstaben umsetzt, wobei die Option nofoldcase die Standardeinstellung ist. Außerdem steht die Option hidden zur Verfügung, die auch versteckte Dateien anzeigt, während nohidden deren Anzeige verhindert. Letzteres ist die Standardeinstellung.

Eine CD-ROM kann auf folgende Weise gemountet werden, wenn der Volume Manager nicht aktiv ist (vgl. Abschnitt 11.7):

`# mount -F hsfs -o ro,nomaplcase /dev/dsk/c0t6d0s2 /cdrom`

411

Das Dateisystem `hsfs` kennt die zusätzliche Option `nomaplcase`, die Dateinamen von Großbuchstaben in Kleinbuchstaben umwandelt sowie die Option `nrr`, die die Rock Ridge-Erweiterung für ein Dateisystem unterdrückt. Außerdem steht die Option `notraildot` zur Verfügung. Diese verhindert, dass der Punkt der DOS-Namenskonvention als normaler Bestandteil des Namens gesehen wird. DOS-Dateinamen bestehen in der Regel aus bis zu acht Stellen vor dem Punkt und drei Stellen nach dem Punkt, die die Dateinamenserweiterung bilden.

> Es gibt weitere Mountoptionen für andere Dateisysteme als `ufs`. Informationen zu diesen Optionen erhalten Sie über die Manual Pages, zum Beispiel mit den Befehlen `man mount_nfs`, `mount_tmpfs` usw.

Der Befehl umount

Der Befehl `umount` wird verwendet, um Dateisysteme zu unmounten, das heißt, aus dem Verzeichnisbaum wieder auszuhängen. Gleichzeitig wird der Eintrag in der Datei `/etc/mnttab` gelöscht. Für bestimmte Verwaltungstätigkeiten ist es unbedingt erforderlich, das Dateisystem zuvor zu unmounten, wie zum Beispiel bei der Durchführung des Befehls `fsck` oder einer Wiederherstellung von Daten eines Dateisystems.

Sie können dem Befehl entweder den Namen des Dateisystems oder des Mountpoints als Argument übergeben. Das nachfolgende Beispiel verwendet den Mountpoint:

```
# umount /opt
```

Es wäre aber auch möglich, die Bezeichnung des Dateisystems zu verwenden:

```
# umount /dev/dsk/c0t0d0s6
```

Ein Dateisystem, das gerade von einem Benutzer oder einem Prozess verwendet wird, kann nicht mit diesem Befehl ungemountet werden:

```
# umount /opt
umount: /opt busy
```

Sie können nun mit Hilfe des Befehls `fuser`, der auch in diesem Abschnitt erläutert wird, feststellen, welche Prozesse oder Benutzer noch auf dem Dateisystem aktiv sind, und gegebenenfalls das Unmounten mit der Option -f erzwingen:

```
# umount -f /opt
```

> Die Dateisysteme `/`, `/proc` und `/dev/fd` lassen sich nicht unmounten.

Der Befehl mountall

Mit diesem Befehl können Sie alle Dateisysteme auf einmal mounten, die in der Spalte mount at boot in der Datei /etc/vfstab den Eintrag yes haben. Sie können die Option -F typ verwenden, um nur Dateisysteme eines bestimmten Typs zu mounten, oder die Option -l, um nur lokale Dateisysteme zu mounten. Die Option -r mountet dagegen nur Remote-Dateisysteme.

Der Befehl umountall

Dieser Befehl unmountet alle Dateisysteme mit Ausnahme von /, /usr, /proc, /dev/fd, /var, /var/run und /tmp. Er kennt ebenfalls die Optionen -F, -l und -r sowie die Option -h host, um alle Dateisysteme des angegebenen NFS-Servers unzumounten. Mit Hilfe der Option -k wird Dateisystemen, die nicht vom System verwendet werden, ein KILL-Signal gesendet, um diese auch abzuhängen, obwohl sie von Benutzern oder Prozessen verwendet werden. Des Weiteren kennt der Befehl die Option -s, mit der ein paralleles Unmounten von mehreren Dateisystemen vermieden wird.

Der Befehl fuser

Dieser Befehl stellt fest, welche Benutzer oder Prozesse noch auf einem ufs-Dateisystem, das ungemountet werden soll, aktiv sind. Der Befehl kennt folgende Optionen:

Option	Beschreibung
-c	Gibt Informationen über Dateien aus, die als Mountpoints verwendet werden, und über die Dateien innerhalb des gemounteten Dateisystems.
-f	Gibt Informationen für die angegebene Datei aus, aber nicht für die Dateien eines gemounteten Dateisystems.
-k	Sendet das KILL-Signal an jeden Prozess, um alle Prozesse abzubrechen.
-u	Gibt den Benutzernamen zusammen mit der Prozess-ID aus.

Tabelle 11.9: Die Optionen des Befehls fuser

Die Ausgabe des Befehls kann zum Beispiel folgendermaßen aussehen:

```
# fuser -cu /mnt
/mnt:     783c(root)     696c(root)
```

Die Kennzeichen der Ausgabe haben folgende Bedeutung:

Kennzeichen	Beschreibung
c	Der Prozess verwendet das Verzeichnis als aktuelles Verzeichnis.
o	Der Prozess hat in diesem Pfad eine geöffnete Datei.
r	Der Prozess verwendet das Verzeichnis als /-Verzeichnis.
t	Der Prozess verwendet ein Programm in diesem Verzeichnis.

Tabelle 11.10: Die Bedeutung der Ausgabe von `fuser`

Der Befehl lockfs

Mit diesem Befehl können Sie den Zugriff auf ein Dateisystem sperren bzw. eine Sperre wieder rückgängig machen. Der Befehl kennt folgende Optionen:

Option	Beschreibung
-a	Zustand aller gemounteten Dateisysteme anzeigen.
-c kommentar	Eingabe eines Kommentars zu einer Sperrung.
-d	Verhindern, dass ein Verzeichnis auf einem Dateisystem gelöscht wird (dlock).
-e	Automatisches Sperren eines Dateisystems im Falle einer Dateisysteminkonsistenz (elock).
-h	Absolutes Sperren eines Dateisystems (hlock).
-n	Verhindern, dass Einträge in Verzeichnissen geändert werden können (nlock).
-u	Aufheben der Sperren nlock und dlock (ulock).
-w	Verhindern von Schreibzugriffen auf ein Dateisystem.

Tabelle 11.11: Die Optionen des Befehls `lockfs`

Im nachfolgenden Beispiel werden die Zustände aller Dateisysteme angezeigt:

```
# lockfs -a
Filesystem  Locktype  Comment
/           unlock
/usr        unlock
/test       dlock
```

Die Datei /etc/default/fs

Diese Datei enthält den Dateisystemtyp, mit dem standardmäßig gemountet werden soll, wenn weder an der Befehlszeile noch in der Datei /etc/vfstab ein entsprechender Eintrag vorhanden ist. Sie sieht standardmäßig wie folgt aus:

```
# cat /etc/default/fs
LOCAL=ufs
```

11.6 Überprüfen von Dateisystemen

Befehle zum Überprüfen

Der Befehl fsck

Der Befehl fsck ist ein interaktives Programm, das Dateisysteme auf Inkonsistenzen überprüft und zu reparieren versucht. Dateisystemfehler können durch Stromausfall oder Systemabstürze usw. entstehen. Standardmäßig wird das Programm gestartet, wenn ein Dateisystem nicht korrekt ungemountet wurde. In diesem Fall enthält der Superblock des Dateisystems ein entsprechendes Kennzeichen, nämlich FSBAD. Der Superblock kann folgende Statuskennzeichen enthalten:

Flag	Beschreibung
FSCLEAN	Einhängen ohne weitere Prüfungen, da das Dateisystem ordnungsgemäß ungemountet wurde.
FSSTABLE	Einhängen des Dateisystems, da es konsistent ist. Eventuell wurden die letzten Daten des Zwischenspeichers nicht zurückgeschrieben, wodurch kleinere Datenverluste aufgetreten sein könnten.
FSACTIVE	Das Dateisystem ist noch aktiv oder war noch aktiv beim Unmounten und muss daher überprüft werden.
FSBAD	Das Dateisystem muss überprüft werden, da es unsauber beendet wurde.
FSSUSPEND	Kein Auswerten des Flags.
FSLOG	Für das Dateisystem wurde der Loggingmechanismus aktiviert, der anstelle von fsck durchgeführt werden soll.

Tabelle 11.12: Flags des Superblocks

Dateisysteme

Normalerweise muss *root* während der Ausführung bestätigen, ob Korrekturen durchgeführt werden sollen. Der Befehl `fsck` ist in der Lage, die am häufigsten auftretenden Festplattenprobleme zu lösen, wobei die Korrekturen aber manchmal zum Datenverlust im Dateisystem führen. Vor der Ausführung des Befehls sollten Sie die zu prüfenden Dateisysteme unbedingt unmounten.

Der Befehl kennt folgende Optionen:

Option	Beschreibung
`-F typ`	Angabe des Dateisystemtyps.
`-m`	Überprüfen, ob das Dateisystem Inkonsistenzen hat und repariert werden sollte.
`-N / -n`	Während der Verarbeitung auftretende Fragen mit no beantworten (ohne Rückfrage an *root*).
`-o`	Angabe von dateisystemspezifischen Optionen, die in einer durch Kommas getrennten Liste angegeben werden können. Zu den Optionen des `ufs`-Dateisystems gehören: b=*n* Block *n* statt des Superblocks verwenden. Die Backup-Superblocks können Sie mit dem Befehl `newfs -N` anzeigen. c Tabellenformate so konvertieren, dass alte statische Formattabellen in neue dynamische Tabellen konvertiert werden und umgekehrt. f Die Dateisystemüberprüfung erzwingen. p Der nicht interaktive Modus überprüft und repariert ein Dateisystem ohne Eingreifen von *root*, bis ein schwerer Fehler auftritt. w `fsck` nur auf beschreibbaren Dateisystemen durchführen.
`-V`	Anzeige von Befehlszeilen, ohne die Befehle auszuführen.
`-Y / -y`	Während der Verarbeitung auftretende Fragen mit yes beantworten (ohne Rückfrage an *root*).

Tabelle 11.13: Die Optionen des Befehls `fsck`

Der Befehl muss als Argument das Raw Device erhalten oder den Mountpoint, falls ein entsprechender Eintrag in der Datei `/etc/vfstab` hinterlegt wurde. Er kann bei einem ungemounteten Dateisystem zum Beispiel wie folgt verwendet werden:

```
# fsck -o b=32 /dev/rdsk/c0t0d0s7
```

Der Befehl läuft in fünf Phasen ab:

```
# fsck /space
** /dev/rdsk/c0t0d0s3
** Last Mounted on /space
** Phase 1 - Check Blocks and Sizes
** Phase 2 - Check Pathnames
```

```
** Phase 3 - Check Connectivity
** Phase 4 - Check Reference Counts
** Phase 5 - Check Cyl groups
2 files, 9 used, 7995924 free (12 frags, 999489 blocks,  0.0% fragmentation)
```

In der ersten Phase werden die Blöcke und die Größen überprüft, also die Inode-Tabelle des Dateisystems geprüft. Es werden der Inode-Typ, das Inode-Format und die Inode-Größe, die Links und die angegebenen Datenblöcke auf fehlerhafte oder doppelte belegte Blöcke hin gecheckt und eventuell auftretende Fehler bereinigt.

In der zweiten Phase werden Pfadnamen überprüft und dabei fehlerhafte Linkverweise der ersten Phase aus den Verzeichnisblöcken entfernt. Außerdem werden Verweise in Verzeichnissen auf defekte Inodes hin untersucht und die Integrität von Verzeichnissen überprüft.

In der dritten Phase werden Verknüpfungen im Dateisystem überprüft, das heißt, ob Verknüpfungen zueinander in Zusammenhang stehen. In dieser Phase wird nach Verzeichnissen gesucht, auf die kein anderes Verzeichnis verweist.

In der vierten Phase werden die Verweise überprüft, indem der Linkzähler aus den Phasen 2 und 3 mit der aktuellen Einstellung verglichen und gegebenenfalls korrigiert wird. Diese Phase sucht nach Dateien, auf die kein Verweis existiert, sowie nach inkorrekten Links und doppelt belegten Blöcken in Dateien und Verzeichnissen. Jede nicht zugewiesene Inode wird in das Verzeichnis lost+found gestellt.

In der fünften Phase wird die Liste der zur Verfügung stehenden Blöcke und Inodes mit der Angabe der verbrauchten und freien Blöcke und Inodes verglichen und gegebenenfalls angepasst.

Falls der Befehl fsck in einer Phase irgendeine Bereinigung vornimmt, sollten Sie ihn ein weiteres Mal starten. Sie sollten den Befehl fsck so oft laufen lassen, bis er keine Fehler mehr findet, da die Bereinigung einer späteren Phase unter Umständen dazu führen kann, dass eine frühere Phase wieder korrupt wird.

Weitere Befehle

Der Befehl df

Sie können den Befehl df verwenden, um den freien Speicherplatz von Dateisystemen anzuzeigen. Der Befehl kennt folgende Optionen:

Dateisysteme

Option	Beschreibung
-a	Anzeige des Festplattenplatzes aller in der Datei /etc/mnttab enthaltenen Dateisysteme.
-b	Anzeige des freien Speicherplatzes in Kilobyte.
-e	Ausgabe der Anzahl von freien Inodes im Dateisystem.
-F typ	Definition des Dateisystemtyps.
-g	Ausgabe einer ausführlichen Dateisystemstruktur.
-k	Anzeige aller Informationen in Kilobyte.
-l	Anzeige der lokalen Dateisysteme und nicht der NFS-Dateisysteme.
-n	Ausgabe des Dateisystemtyps.
-o option	Definition von dateisystemspezifischen Optionen.
-P	Ausgabe aller Informationen in 512-Byte-Einheiten.
-t	Ausgabe aller Informationen einschließlich Summenangaben.
-v	Ausgabe der Befehlszeile ohne Ausführung der Befehle.

Tabelle 11.14: Optionen des Befehls df

Im nachfolgenden Beispiel wird der Befehl df -k verwendet, um eine Anzeige in Kilobyte zu erhalten:

```
# df -k
Filesystem           kbytes    used   avail capacity  Mounted on
/dev/dsk/c0t0d0s0    204435   56083  148352     72%   /
/dev/dsk/c0t0d0s6   6191949 4425151 1704879     73%   /usr
/proc                     0       0       0      0%   /proc
fd                        0       0       0      0%   /dev/fd
mnttab                    0       0       0      0%   /etc/mnttab
swap                 545736       0  545736      0%   /var/run
swap                 546112     376  545736      0%   /tmp
```

Der Befehl du

Dieser Befehl gibt aus, wie viel Festplattenplatz von Verzeichnissen und/oder Dateien belegt wird. Die Ausgabe kann in 512-Byte-Blöcken oder in Kilobyte erfolgen. Der Befehl kennt folgende Optionen:

Option	Beschreibung
-a	Anzeige des verbrauchten Festplattenplatzes auch für Dateien.
-d	Einschränkung der Anzeige auf das aktuelle Dateisystem.
-k	Anzeige in Kilobyte.
-L	Symbolische Links werden aufgelöst.
-o	Anzeige des verbrauchten Festplattenplatzes nur für das Verzeichnis, nicht für die Unterverzeichnisse.
-r	Ausgabe einer Fehlermeldung, wenn eine Datei oder ein Verzeichnis nicht gelesen werden können.
-s	Ausgabe der Summe eines Verzeichnisses.

Tabelle 11.15: Optionen des Befehls du

Im nachfolgenden Beispiel wird der verbrauchte Festplattenplatz des Verzeichnisses /etc in Kilobyte als Summe ermittelt:

```
# du -ks /etc
6936    /etc
```

Der Befehl sync

Normalerweise werden die noch nicht auf die Festplatte zurückgeschriebenen Schreiboperationen in bestimmten Zeitabständen durch den Prozess fsflush aus dem Zwischenspeicher auf die Platte geschrieben. Dies lässt sich aber auch manuell mit Hilfe des Befehls sync durchführen.

Der Befehl ff

Mit dem Befehl ff können Sie Pfadnamen und Inode-Nummern für alle Dateien eines Dateisystems ausgeben, wobei das Dateisystem gemountet sein kann, aber nicht gemountet sein muss. Die Optionen des Befehls lauten:

Option	Beschreibung
-a anzahl	Zeigt nur Dateien an, auf die innerhalb einer bestimmten Anzahl von Tagen zugegriffen wurde.
-c anzahl	Zeigt nur Dateien an, deren Status sich innerhalb einer bestimmten Anzahl von Tagen verändert hat.
-F typ	Definiert den Dateisystemtyp.
-I	Verhindert die Ausgabe der Inode-Nummer zu einem Pfadnamen.
-i liste	Zeigt nur Dateien an, deren Inodes in der definierten Liste enthalten sind.
-l	Ausgabe einer Liste für Dateien mit mehreren Links.
-m anzahl	Zeigt nur Dateien an, die innerhalb einer bestimmten Anzahl von Tagen geändert oder erzeugt wurden.
-n datei	Zeigt nur Dateien an, die nach dem Änderungsdatum der angegebenen Datei verändert wurden.
-o	Definiert dateisystemspezifische Optionen. Die Optionen des ufs-Dateisystems sind: a Zusätzliche Ausgabe der Verzeichnisse . und .. m Anzeige der Dateizugriffsrechte. s Ausschließliche Anzeige von SetUID- und speziellen Dateien.
-p präfix	Fügt vor jedem aufgeführten Pfadnamen eine Vorsilbe ein.
-s	Ausgabe der Dateigröße in Byte.
-u	Ausgabe des Eigentümers der Datei.
-V	Ausgabe der Befehlszeile ohne Ausführung des Befehls.

Tabelle 11.16: Optionen des Befehls ff

Im folgenden Beispiel werden die Inodes und Pfadnamen des Dateisystems /dev/dsk/c0t0d0s7 einschließlich der Dateigröße in Byte ausgegeben:

```
# ff -us /dev/dsk/c0t0d0s7
11375    /export/home/test       287678
25678    /export/home/olli       345679
15987    /export/home/her        886543
...
```

Der Befehl ncheck

Dieser Befehl erstellt eine Liste von Pfadnamen mit den entsprechenden Inode-Nummern für ein blockorientiertes Gerät, das an der Befehlszeile definiert werden kann. Die wichtigsten Optionen des Befehls lauten:

Option	Beschreibung
-a	Zusätzliche Ausgabe der Verzeichnisse . und ...
-F	Definition des Dateisystemtyps, für den der Befehl ausgeführt werden soll.
-i liste	Zeigt nur Dateien an, deren Inodes in der definierten Liste enthalten sind.
-s	Ausschließliche Anzeige von SetUID- und speziellen Dateien.
-V	Ausgabe der Befehlszeile ohne Ausführung des Befehls.

Tabelle 11.17: Die Optionen des Befehls ncheck

Der Befehl labelit

Mit Hilfe des Befehls labelit können Sie Dateisystemen ein Label zuweisen, wobei das Dateisystem zuvor ungemountet werden muss. Mit der Option -F *typ* können Sie den Dateisystemtyp angeben und mit -V wird nur die Befehlszeile angezeigt, ohne dass der Befehl tatsächlich ausgeführt wird:

```
# labelit /dev/dsk/c0t0d0s3 my_fs my_vol
fsname:    my_fs
volname: my_vol
```

Der Befehl clri

Mit Hilfe dieses Befehls können Sie den Inhalt einer Inode auf Null setzen, wodurch auch Datenblöcke, auf die die Inode verwiesen hat, nicht mehr gefunden werden. Die Datei ist damit gelöscht und die Datenblöcke werden beim Überprüfen des Dateisystems durch den Befehl fsck wieder freigegeben. Die Syntax des Befehls lautet:

```
# clri -F typ gerätedatei inode-nr.
```

11.7 Volume Management von Solaris

Umgang mit CD-ROMs und Disketten

Durch das Volume Management von Solaris werden CD-ROMs und Disketten automatisch gemountet, wodurch auch Benutzer ohne *root*-Rechte oder andere Systeme im Netzwerk auf diese Medien zugreifen können. Der Dienst wird durch den Daemon /usr/bin/vold gesteuert, der standardmäßig unter Solaris 9 aktiviert wird.

Der Daemon kann von *root* mit dem Befehl

/etc/init.d/volmgt stop

angehalten und mit

/etc/init.d/volmgt start

gestartet werden.

Der Dienst prüft ungefähr alle 30 Sekunden, ob eine CD in das CD-ROM-Laufwerk eingelegt wurde. Wenn das der Fall ist, wird diese gemountet und vordefinierte Aktionen (vgl. folgender Abschnitt) öffnen zum Beispiel den File Manager, um den Inhalt der CD-ROM anzuzeigen.

Da die automatische Erkennung von Disketten häufige Lesezugriffe auf ein Diskettenlaufwerk erfordern würde, die zu einem raschen Verschleiß des Geräts führen würden, muss für das Erkennen von eingelegten Disketten der Befehl volcheck abgesetzt werden. Dieser Befehl mountet automatisch die im Laufwerk befindliche Diskette.

Wenn der Volume Management Daemon ein bekanntes Dateisystem auf dem gemounteten Datenträger entdeckt, wird dieser im Falle einer CD-ROM in /cdrom/cdrom0 und im Falle einer Diskette in /floppy/floppy0 gemountet. Andernfalls greift er auf das Raw Device zu und mountet eine CD-ROM in /vol/dev/rdsk/c?t?d?/cdrom oder /vol/dev/aliases/cdrom0 und im Falle einer Diskette in /vol/dev/rdsk/c?t?d?/floppy oder /vol/dev/aliases/floppy0.

Befehle und Dateien des Volume Managements

Die Datei /etc/vold.conf

Diese Datei ist die Konfigurationsdatei des Volume Managers. In dieser definieren Sie die Aktionen, die stattfinden sollen, wenn ein Medium eingelegt oder ausgeworfen wird. Sie können auch definieren, welche Geräte benutzt werden und welche Dateisystemtypen vor dem Auswerfen des Mediums ausgehängt werden müssen. Nachfolgend sehen Sie einen Auszug aus dieser Datei:

```
# cat /etc/vold.conf
...
# Labels supported
label cdrom label_cdrom.so cdrom
label dos label_dos.so floppy rmdisk pcmem
label sun label_sun.so floppy rmdisk pcmem
# Devices to use
use cdrom drive /dev/rdsk/c*s2 dev_cdrom.so cdrom%d
use floppy drive /dev/rdiskette[0-9] dev_floppy.so floppy%d
...
# Actions
eject dev/diskette[0-9]/* user=root /usr/sbin/rmmount
eject dev/dsk/* user=root /usr/sbin/rmmount
insert dev/diskette[0-9]/* user=root /usr/sbin/rmmount
insert dev/dsk/* user=root /usr/sbin/rmmount
...
# List of file system types unsafe to eject
unsafe ufs hsfs pcfs udfs
```

Die Datei /etc/rmmount.conf

Diese Datei ist die Konfigurationsdatei für den Befehl rmmount, der auswechselbare Medien mountet. Er wird vom Volume Management Daemon aufgerufen, wenn eine CD-ROM oder Diskette eingelegt wird. Nachfolgend sehen Sie einen Auszug aus dieser Datei:

```
# cat /etc/rmmount.conf
...
# File system identification
ident udfs ident_udfs.so cdrom floppy rmdisk
ident hsfs ident_hsfs.so cdrom
...
# Actions
action cdrom action_sunpci.so
action cdrom action_filemgr.so
action floppy action_filemgr.so
action rmdisk action_filemgr.so
# Mount
mount * hsfs udfs ufs -o nosuid
```

Der Befehl volcheck

Diesen Befehl verwenden Sie, um eine Diskette mit Hilfe des Volume Managers zu mounten.

Der Befehl eject

Mit diesem Befehl können Sie veranlassen, dass eingelegte CDs oder Disketten aus dem Laufwerk ausgeworfen werden. Der Befehl unmountet das entsprechende Gerät bei diesem Vorgang. Wenn Sie kein Argument verwenden, wird das Standardgerät ausgeworfen. Es gibt folgende Optionen:

Option	Beschreibung
-d	Ausgabe des Standardgeräts.
-f	Erzwingt das Auswerfen, auch wenn das Gerät noch aktiv ist.
-n	Anzeige der abgekürzten Namen der auswechselbaren Datenträger.
-p	Versucht nicht, ein grafisches Fenster zu öffnen.
-q	Überprüft, ob ein Medium eingelegt wurde, und gibt dessen Namen aus.

Tabelle 11.18: Die Optionen des Befehls eject

Mit folgendem Befehl ermitteln Sie das Standardgerät:

```
$ eject -d
Default device is: /vol/dev/rdiskette0/noname
```

Mit diesem Befehl können Sie feststellen, unter welchem Namen das eingelegte Medium angesprochen wird:

```
$ eject -q
/vol/dev/rdiskette0/noname is available
```

Mit der Option -n erhalten Sie die Abkürzungen der Gerätenamen:

```
$ eject -n
        fd -> floppy0
        fd0 -> floppy0
        fd1 -> floppy1
        diskette -> floppy0
        diskette0 -> floppy0
        diskette1 -> floppy1
        rdiskette -> floppy0
        rdiskette0 -> floppy0
        rdiskette1 -> floppy1
        cd -> cdrom0
        cd0 -> cdrom0
        cd1 -> cdrom1
        sr -> cdrom0
```

```
sr0 -> cdrom0
/dev/sr0 -> cdrom0
/dev/rsr0 -> cdrom0
floppy0 -> /vol/dev/rdiskette0/noname
```

Eine CD-ROM können Sie zum Beispiel mit folgendem Befehl auswerfen lassen:

```
$ eject cdrom
```

11.8 Swaping unter Solaris

Swaping und Paging

Gestartete Programme werden als Prozesse in den realen Speicher geladen, das heißt in den Haupt- oder RAM-Speicher. Alle Prozesse im Hauptspeicher werden in so genannte Seiten oder Pages zu je x Kilobyte unterteilt, die nach Bedarf ein- oder ausgelagert werden können. Wird der Speicherplatz des RAM zu klein, dann beginnt Solaris damit, alle Seiten von Prozessen, die im Moment nicht zur Verarbeitung eines Prozesses notwendig sind, in den virtuellen Speicherbereich, den so genannten Swap Space oder Swap-Bereich, auszulagern. Auf diese Weise wird der Arbeitsspeicher virtuell vergrößert, indem die im Moment nicht benötigten Daten ausgelagert werden. Unter Solaris befindet sich dieser Auslagerungsbereich in der Regel auf der Festplatte als eigene Partition, der so genannten Swap-Partition. Auf diese Weise können wesentlich mehr Programme im RAM ablaufen, als ursprünglich durch die Hauptspeichergröße möglich.

> Der Swap Space sollte mindestens so groß wie der Hauptspeicher sein, damit er im Falle eines Systemabsturzes ein Speicherabbild des RAM, einen so genannter Crashdump, aufnehmen kann. Bei sehr speicherintensiven Anwendungen sollte der Swap Space entsprechend vergrößert werden.

Ist das System sehr stark belastet, wird nicht mehr das Paging-Verfahren angewandt, sondern es kommt zum Swaping, das heißt, statt einzelner Pages werden ganze Prozesse vorübergehend in den Swap-Bereich ausgelagert.

Die Größe einer Swap-Partition wird normalerweise bei der Installation festgelegt, es ist aber auch möglich, später weitere Swap-Bereiche oder im Notfall auch Swap-Dateien hinzuzufügen. Swap-Partitionen müssen in die Datei /etc/vfstab eingetragen werden, damit sie automatisch bei jedem Bootvorgang erkannt werden. Swap-Dateien sollte man vermeiden, da sich bei deren Verwendung die Systemleistung deutlich verringert.

Dateisysteme

> Sie können sich die Größe einer Seite (Page) mit dem Befehl `pagesize` ausgeben lassen. Die Standardeinstellung beträgt 8 Kilobyte.

Wenn Sie Ihrem System eine weitere Swap-Partition hinzufügen möchten, müssen Sie eine entsprechende Partition auf einer Ihrer Festplatten einrichten (vgl. Tag 10) und dann einen entsprechenden Eintrag in der Datei /etc/vfstab vornehmen, zum Beispiel:

```
# cat /etc/vfstab
...
#device              device      mount   FS    fsck  mount    mount
#to mount            to fsck     point   type  pass  at boot  options
/dev/dsk/c0t0d0s1    -           -       swap  -     no       -
...
```

> Eine Swap-Partition kann auch temporär mit Hilfe des Befehls `swap` in das System eingebunden werden (siehe nächster Abschnitt).

Der Befehl swap

Mit Hilfe des Befehls `swap` können Sie sich bereits vorhandene Swap-Bereiche oder Dateien anzeigen lassen sowie Swap-Dateien erstellen und löschen. Der Befehl kennt folgende Optionen:

Option	Beschreibung
-a	Hinzufügen einer Swap-Partition oder einer Swap-Datei.
-d	Löschen eines Swap-Bereichs.
-l	Anzeige der vorhandenen Swap-Bereiche.
-s	Ausgabe von Informationen zum virtuellen Speicherverbrauch. Der Wert »byte allocated« gibt den momentan vom System verbrauchten Swapspeicher in Kilobyte aus und der Wert »reserved« den von Prozessen reservierten Bereich. Zusammengerechnet bilden diese Werte den Wert »used«, also den verbrauchten Bereich. Zuletzt wird der insgesamt verfügbare Wert »available« ausgegeben.

Tabelle 11.19: Die Optionen des Befehls swap

Der nachfolgende Befehl zeigt die Statistik des Swap Space an:

```
# swap -s
total: 52816k bytes allocated + 9600k reserved = 62416k used, 544528k available
```

Zur Einrichtung einer zusätzlichen Swap-Datei gehen Sie wie folgt vor:

1. Erstellen Sie eine Datei mit der gewünschten Größe. Im nachfolgenden Beispiel ist die Datei 20 Megabyte groß:

   ```
   # mkfile 20m /space/swapdatei
   ```

2. Definieren Sie die Datei als Swap-Datei:

   ```
   # swap -a /space/swapdatei
   ```

Der nachfolgende Befehl zeigt die vorhandenen Swap Spaces an:

```
# swap -l
swapfile              dev      swaplo   blocks   free
/dev/dsk/c0t0d0s1     136,1    16       1049312  1049312
/space/swapdatei      -        16       40944    40944
```

Die Spalte `dev` enthält die Major und Minor Gerätenummer (vgl. Tag 10). Die Spalte `swaplo` ist der Offset-Wert (Startwert) in 512 Byte großen Blöcken, die den Beginn des Swap-Bereichs angibt. `blocks` enthält die Größe des Swap Space in 512 Byte-Blöcken und `free` zeigt den freien Bereich an.

11.9 RAID-Systeme

Grundlagen von RAID

RAID (»Redundant Array of Inexpensive Disks« oder »Redundant Array of Independent Disks«) definiert mehrere Methoden, um Daten auf mehrere Festplatten zu verteilen und dort zu speichern. Die Grundidee besteht bei RAID-Systemen darin, dass mehrere kleine Festplatten zu einem logischen großen Festplattenverbund zusammengefasst werden, um damit Kosten zu senken und die Performanz und Zuverlässigkeit zu erhöhen. Das hohe Ausfallrisiko von Datenträgern soll dadurch verkleinert werden: Innerhalb eines RAID-Arrays kommt es in der Regel nicht zu Datenverlusten, wenn eine einzelne Festplatte ausfällt.

> Die theoretische Basis für die heutigen Standards von RAID-Level wurden 1987 von David Patterson, Garth Gibson und Randy Katz an der Berkeley University mit der Veröffentlichung von »A Case for Redundant Arrays of Inexpensive Disks (RAID)« geschaffen.

Mit Hilfe eines RAID-Systems werden im laufenden Betrieb die einzelnen Festplatten ständig kontrolliert. Wenn eine Festplatte nicht mehr ordnungsgemäß funktioniert, wechselt der RAID-Array vom Normalbetrieb in den Fehlerzustand, sendet eine Nachricht an den Systemadministrator und die fehlerhafte Festplatte wird vom Betrieb entfernt.

Da ein RAID-System nur Hardware-Probleme abfängt, werden Datensicherungen natürlich nicht überflüssig, denn ein RAID-System kann nicht verhindern, dass zum Beispiel versehentlich eine Datei gelöscht wird.

RAID-Systeme werden meist über Hardware-Lösungen realisiert, indem mehrere, an einen Controller angeschlossene Festplatten von diesem gesteuert werden. Die auf dem EDV-Markt angebotenen Software-Lösungen für RAID-Systeme sind hinsichtlich der Leistungsfähigkeit in der Regel nicht mit den hardwareseitig implementierten Lösungen vergleichbar.

Folgende RAID-Level-Standards gibt es (nicht standardisierte, herstellerspezifische RAID-Level werden hier nicht aufgezählt):

RAID-Level	Beschreibung
0	Data Striping
1	Data Mirroring (Gespiegeltes Festplattenarry)
2	Data Striping + Hamming Code Parity
3	Data Striping + Byte level parity
4	Data Striping + Block level parity
5	Interleave Parity (gleichmäßige Verteilung von Daten und Parität)
6	Zweifache Parität, Erweiterung von RAID 5
1+0	Mirrored Striping Array = RAID 1 + RAID 0
0+1	Gegenseitige Spiegelung von Stripes = RAID 0 + RAID 1

Tabelle 11.20: RAID-Level-Standards

RAID 0

Dieser RAID-Level bietet keine zusätzliche Datensicherheit, da er keine redundanten Daten erzeugt. Die Daten werden hier über die Partitionen mehrerer Festplatten verteilt, wodurch sich die Schreib- und Lesegeschwindigkeit erhöht. Es sind mindestens zwei Festplatten für RAID 0 notwendig, die Anzahl kann jedoch jederzeit vergrößert werden. Der Ausfall einer einzigen Festplatte führt bereits zu Datenverlust.

Unter Solaris gibt es zwei Möglichkeiten, um RAID 0 zu realisieren:

- Durch Konkatenierung
- Durch Striping

Konkatenierung

Das logische Volume besteht aus aneinander gehängten Partitionen, die nacheinander beschrieben werden. Damit ist es möglich, auch im laufenden Betrieb, ein Dateisystem als logisches Volume zu vergrößern. Durch das dem Betriebssystem Solaris eigenen Round-Robin-Verfahren werden die Partitionen zum Teil auch gleichmäßig beschrieben. Dies ist aber keine Eigenschaft der Konkatenierung.

Striping

Beim Striping werden die Daten gleichmäßig über alle Partitionen verteilt, die zu dem logischen Volume gehören. Es können mehrere Controller bzw. Festplatten parallel zugleich auf die Daten zugreifen, wodurch der Datendurchsatz deutlich erhöht wird. Striping kann unter Solaris nicht im laufenden Betrieb erzeugt werden. Zuerst muss das entsprechende Dateisystem gesichert, dann das Stripe erzeugt und das gesicherte Dateisystem auf das Stripe kopiert werden.

Die Software Solaris Volume Manager liest bei Datenoperationen alle Datenblöcke beim Striping in einem Interlace, das heißt, ein Segment von Blöcken einer bestimmten Partition, die hintereinander liegen.

RAID 1

Dieser RAID-Level garantiert Datenredundanz, indem die Daten auf mehrere Festplatten dupliziert werden, das heißt, über zwei oder mehr (eine gerade Anzahl von) Festplatten werden Schreib- und Leseanforderungen verteilt. Dabei findet eine Schreiboperation jeweils zweimal statt, da auf zwei Festplatten exakt dieselben Daten abgelegt werden, während eine Leseoperation auf die gespiegelten Festplatten gleichmäßig verteilt durchgeführt wird.

Der Schreibvorgang ist daher etwas langsamer als bei RAID 0, während der Lesevorgang genau so schnell ist. Ein Ausfall einer Festplatte hat aber keinen Datenverlust zur Folge, die zur Schadensbehebung ausgetauschte Festplatte wird anschließend automatisch mit der noch intakten Festplatte abgeglichen. Durch den Einsatz von mindestens zwei gespiegelten Festplatten für den Datenbestand entstehen aber relative hohe Speicherplatzkosten.

Dieses so genannte Mirroring ist für Anwendungen, Datenbanken oder Dateisysteme mit unternehmenskritischen oder hochverfügbaren Daten zu empfehlen, die hohen Datendurchsatz und hohe Datensicherheit benötigen.

Ein Mirror oder Spiegel besteht aus zwei oder mehreren logischen RAID 0-Volumes, die durch Striping oder Konkatenierung entstanden sind und von derselben Größe sein sollten, andernfalls bildet die Größe des kleinsten Volumes die Begrenzung für alle Volumes.

Diese Volumes werden als Submirror oder Subspiegel bezeichnet. Ein aus zwei Subspiegeln bestehender Mirror ist ein so genannter Zwei-Wege-Spiegel, besteht er aus drei Subspiegeln, nennt man ihn Drei-Wege-Spiegel.

Wenn ein Subspiegel aus Fehler- oder Wartungsgründen deaktiviert wird, werden von der Solaris Volume Manager-Software alle Änderungen mit protokolliert und mit dem wieder aktivierten Subspiegel abgeglichen. Die Software zeigt auch nur ein logisches Volume an, nachdem alle Subspiegel eingehängt wurden.

RAID 2

Dieser RAID-Level unterscheidet Festplatten, die die eigentlichen Daten enthalten, von denen, die für die Parität verantwortlich sind und damit die Prüfinformationen speichern. Diese Informationen werden benötigt, damit die Daten einer ausgefallenen Festplatte wieder hergestellt werden können. Der so genannte Hamming-Algorithmus wird zur Fehlerkorrektur verwendet. Dies ist vor allem für Festplatten interessant, bei denen es keine eigene Fehlererkennung und -korrektur gibt (in der Regel nur bei Nicht-SCSI-Festplatten).

RAID 2 arbeitet auf Wort- oder Bytebasis, das bedeutet, ein Byte wird in zwei Halbbytes aufgeteilt, die jeweils zu einem 7-Bit-Wort werden, wenn ein Hamming-Code ergänzt wird. Je nach der Größe der Worte wird eine entsprechende Menge an Datenfestplatten benötigt, das heißt pro Bit muss eine Festplatte bereitgestellt werden und zusätzlich noch die Paritätsfestplatten. Ein 7-Bit-Wort besitzt Bit 1, 2 und 7 als Paritätsbits und wird auf 7 Festplatten verteilt, was einem nahezu siebenfachem Datendurchsatz gleichkommen kann, da Leseoperationen im optimalen Fall auf allen 7 Festplatten parallel erfolgen können.

Mit Hilfe der Paritätsprüfung können im laufenden Betrieb Fehler korrigiert werden oder eine Festplatte ausfallen, ohne dass die Leistung abnimmt. Diesem Vorteil stehen aber aufgrund der notwendigen Anzahl von Festplatten verhältnismäßig hohe Hardwarekosten gegenüber. Dieser RAID-Level wird deshalb in der Praxis nur selten implementiert.

RAID 3

Die Daten sind in diesem RAID-Level ebenfalls byte- oder bitweise über mehrere Festplatten verteilt, während sich die Paritätsdaten, also die Prüfsummen, auf einer anderen Festplatte befinden. Das Paritätsverfahren benötigt gegenüber dem Hamming-Verfahren aber weniger Speicherplatz, da es auf der einfachen Operation XOR basiert. Eine Schreiboperation wird in eine definierte Größe aufgeteilt und auf mehrere Datenfestplatten geschrieben. Die Paritätsfestplatte speichert das Prüfbit für zwei Bits, die auf den Datenfestplatten geschrieben werden. Die Schreib- und Leseleistung wird dadurch recht effizient. Es entstehen also pro Datenbyte zusätzliche Püfbits.

Das Byte-Level-Striping muss allerdings durch die Hardware unterstützt werden, die Controller für diese RAID-Technologie sind deshalb aufwändiger gebaut als für die bisher beschriebenen RAID-Level. Die Paritätsfestplatte kann sich in Zeiten hoher Belastung auch als Engpass erweisen, denn das Paritätsbit wird bei jeder Schreiboperation geprüft oder gespeichert. Auch bei diesem RAID-Level darf höchstens eine Festplatte zu einem Zeitpunkt ausfallen.

RAID 4

Dieser RAID Level bildet eine Erweiterung zu Level 3, denn die Paritätsberechnung erfolgt nicht mehr bitweise, sondern in definierten Blockgrößen. Mit Hilfe der Prüfsummen können beim Ausfall einer Festplatte die Daten wieder hergestellt werden. Der Anteil der Prüfbits an den Datenbytes ist wegen der blockweisen Berechnung niedriger als in RAID 3. Die Geschwindigkeit der Leseoperation entspricht der von RAID-Level 0, wobei Schreiboperation jedoch langsamer sein können, da die Prüfsummen immer wieder aktualisiert werden. Die Kosten sind relativ niedrig, da nur eine zusätzliche Festplatte die redundanten Daten administriert.

RAID 5

Dieser RAID-Level ähnelt Level 4, aber die Prüfsummen werden in diesem Fall auf alle Festplatten verteilt, wodurch kleinere Schreiboperationen beschleunigt werden. Dieser Vorteil führt allerdings dazu, dass die Leseoperationen wiederum etwas langsamer als bei Level 4 werden.

Bei dieser Technologie wird im ersten Durchgang nur ein Datenblock auf zwei Festplatten verteilt und auf einer weiteren Festplatte wird die Prüfsumme geschrieben. Beim zweiten Durchgang wird ein Datenblock auf die Festplatten 2 und 3 und die Prüfsumme auf die erste Festplatte geschrieben. Beim dritten Durchgang wird ein Datenblock auf die Festplatten 1 und 3 und die Prüfsumme auf die zweite Festplatte geschrieben, dadurch werden alle Festplatten gleichmäßig benutzt.

Die Kosten für den Festplattenplatz sind bei beiden Level dieselben, aber trotz guter Performance und Verfügbarkeit angemessen. Die Daten werden in kleinen Stücken wie beim Striping gespeichert, wobei die Blockgröße, die so genannte Chunksize, frei gewählt werden kann. Eine Festplatte kann bei dieser Technologie als so genannte Spare Disk verwendet werden, die sofort eingesetzt werden, wenn eine andere Festplatte ausfällt.

Diese RAID-Technologie wird in der Praxis recht häufig eingesetzt. Da dieser RAID-Level gleichzeitig die Vorteile der Datensicherheit und Geschwindigkeit bietet, wird er häufig bei File-, Web- oder Datenbankservern angewandt.

RAID 6

Dieser RAID-Level verwendet zwei Paritätseinheiten, so dass im Vergleich mit RAID 5 zwei Festplatten ausfallen können, ohne dass dies zu einem Datenverlust führt. Ein Nachteil ist allerdings die Rechenzeit, die sich deutlich erhöht, da eine weitere Paritätseinheit berechnet werden muss. Dies führt wiederum zu geringerer Schreibgeschwindigkeit. Dieser RAID-Level wird in der Praxis kaum verwendet.

RAID 1+0

Dieser RAID-Level ist eine Kombination aus Mirroring (RAID 1) und Striping (RAID 0). Es werden mehrere RAID 1-Arrays mit der RAID 0-Technologie zu einem großen Array verbunden. Die im Prinzip nicht vorhandene Datensicherheit eines RAID 0-Systems wird somit durch die darin untergeordnete RAID 1 – Spiegelung gewährleistet und die Leistung des Systems steigert sich, da die Zugriffe auf die Spiegelplatten verteilt werden. Es werden für RAID 1+0 mindestens vier Festplatten benötigt.

Da dieser RAID-Level über die hohe Sicherheit und Leistung der beiden kombinierten RAID-Level verfügt, wird er häufig bei unternehmenskritischen Datenbanken verwendet, die eine hohe Performance verlangen. In jedem der RAID 1-Arrays kann eine Festplatte ausfallen, ohne dass ein Datenverlust auftritt. Sobald allerdings ein RAID 1-Array komplett ausfällt, ist das gesamte RAID 1+0-System nicht mehr funktionsfähig. Die Kosten sind relativ hoch, weil die Hälfte der Festplatten lediglich zum Spiegeln von Daten verwendet wird.

RAID 0+1

Dieser RAID-Level ist eine Kombination aus RAID 0 und RAID 1. Im Vergleich zu RAID 1+0 wird hier ein RAID 1 über jeweils zwei RAID Level 0-Arrays gebildet. Ein Ausfall einer Festplatte führt hier zum Ausfall des kompletten Subspiegels. Wenn zwei Festplatten verschiedener Subspiegel zugleich ausfallen, fällt damit der gesamte Spiegel aus.

Dieser RAID-Level hat nicht ganz die Vorteile wie RAID 1+0, das heißt niedrigere Datensicherheit, aber hohe Schreib- und Lesegeschwindigkeit. Die Kosten sind ebenfalls relativ hoch, weil die Hälfte der Festplatten lediglich zum Spiegeln von Daten verwendet wird.

Solaris Volume Manager-Software

Überblick

Mit Hilfe der Software Solaris Volume Manager können physikalische Partitionen zu logischen Volumes zusammengefügt werden, um die Datensicherheit und/oder die Performance zu verbessern. Der Status und die Konfiguration der Volumes werden von der so genannten Statusdatenbank überwacht, die mehrere Repliken oder Kopien besitzt, um auch noch funktionsfähig zu sein, wenn eine Kopie beschädigt wurde.

RAID-Systeme

Die Statusdatenbank sollte aus Sicherheitsgründen auch auf verschiedene Festplatten verteilt werden. Wird eine Replika der Statusdatenbank beschädigt, dann verwendet der Solaris Volume Manager einen so genannten Mehrheitskonsens-Algorithmus, um die korrekten Daten zu ermitteln. Dazu muss die Mehrheit der Repliken, also die Hälfte + 1, noch erreichbar sein und außerdem dieselben Informationen enthalten. Damit der Algorithmus funktioniert, müssen mindestens drei Repliken eingerichtet werden. In diesem Fall bilden zwei Repliken die Mehrheit, wenn die dritte ausfällt. Wenn mehr als die Hälfte der Repliken verfügbar sind, funktionieren die logischen Volumes weiterhin. Wenn nicht, verhindert die so genannte Panik-Routine des Rechners, dass die Volume Manager-Software gestartet wird. In diesem Fall kann nur bis in den Single-User-Modus gebootet und von dort aus die beschädigten Repliken gelöscht werden, um mit den verbleibenden Repliken wieder den Mehrheitskonsens zu erhalten.

Die Solaris Volume Manager-Software lässt sich entweder über den Menüpunkt »Enhanced Storage Tool« der Solaris Management Console grafisch oder über die Befehlszeile mit Hilfe der so genannten Meta-Befehle verwalten. An diesem Tag werden nur die Meta-Befehle besprochen, die grafische Verwaltung wird ausführlich an Tag 21 erläutert.

Die Meta-Befehle

Der Befehl metadb

Eine Statusdatenbank wird mit dem Befehl `metadb` erstellt. Die Syntax des Befehls lautet:

`metadb -a [-f] [-c n] [-l nnnn] partition`

Wenn Sie keine Optionen verwenden, gibt der Befehl den Status aller Repliken aus. Es gibt folgende Optionen:

Option	Beschreibung
-a	Hinzufügen einer Replika der Statusdatenbank.
-f	Erzwingt den Vorgang, auch wenn es noch keine Repliken gibt. Diese Option ist beim Erstellen der ersten Replika notwendig.
-c n	Definiert, wie viele Repliken auf der Partition erstellt werden sollen.
-l nnnn	Definiert die Größe der Repliken in Blöcken.
partition	Angabe des Namens der Partition, auf der die Replika erstellt werden soll.

Tabelle 11.21: Die Optionen des Befehls `metadb`

433

Dateisysteme

Im nächsten Beispiel werden Repliken für die Statusdatenbank erzeugt:

```
# metadb -a -f c1t1d0s0 c1t2d0s1 c1t3d0s3
# metadb
  flags     first blk    block count
  a   u     16           8192           /dev/dsk/c1t1d0s0
  a   u     16           8192           /dev/dsk/c1t2d0s1
  a   u     16           8192           /dev/dsk/c1t3d0s3
```

In diesem Beispiel werden drei Repliken erzeugt und anschließend angezeigt. Jede beginnt bei Block 16 auf jeder verwendeten Partition und ist 8192 Blöcke oder 4 MByte groß. Die Repliken sind aktiv (a) und aktuell (u = up to date).

Der Befehl metainit

Mit diesem Befehl können logische Volumes, so genannte Metadevices, und Hot Spares gemäß der an der Befehlszeile übergebenen Informationen konfiguriert werden. Ein Hot Spare ist eine betriebsbereite Partition, die im Moment nicht verwendet wird, aber als Reserve für den Ausfall einer Partition eines Subspiegels oder eines RAID 5-Volumes zur Verfügung steht. Die Syntax des Befehls lautet:

metainit -*generische_option(en) metadevice-typ [-metadevice-option(en)]*

Alternativ kann der Befehl metainit auch mit der Option -a (für alle eingetragenen Metadevices) oder mit der Angabe des gewünschten Metadevices aufgerufen werden, damit die in der Datei /etc/lvm/md.tab angegebenen Konfigurationseinträge gelesen werden. Die Datei wird in diesem Abschnitt noch genauer erläutert. Metadevices können nur verwendet werden, wenn sie mit Hilfe des Befehls metainit eingerichtet wurden.

Zu den generischen Optionen gehören:

Option	Beschreibung
-f	Zwingt den Befehl metainit fortzufahren, wenn eine der Partitionen ein gemountetes Dateisystem enthält oder als Swap verwendet wird.
-h	Zeigt eine n einfachen Hilfetext zu den Aufrufparametern des Befehls an. Nur diese Option darf von allen Benutzern verwendet werden.
-n	Prüft die Syntax der Befehlszeile oder des Eintrags in der Datei md.tab, ohne das Metadevice tatsächlich einzurichten. Die Option kann gemeinsam mit -a verwendet werden, um alle Geräte zu überprüfen.

Tabelle 11.22: Die generischen Optionen des Befehls metainit

RAID-Systeme

Option	Beschreibung
-r	Wird nur zur Bootzeit in einem Shellskript verwendet. Richtet alle Metadevices ein, die konfiguriert waren, bevor das System abstürzte oder heruntergefahren wurde. Diese Information befindet sich in der Statusdatenbank.
-s setname	Gibt den Namen eines Festplattensets an, für das der Befehl metainit durchgeführt werden soll. Ohne diese Option verwendet der Befehl Ihre lokalen Metadevices und/oder Hotspares.

Tabelle 11.22: Die generischen Optionen des Befehls metainit *(Forts.)*

Zu den Optionen zur Erstellung von Stripes und Konkatenierungen gehören:

Option	Beschreibung
concat/stripe	Gibt den Namen des Metadevices für die Konkatenierung oder das Stripe an.
numstripes	Definiert eine Anzahl von einzelnen Stripes für das Metadevice. Bei einem einfachen Stripe lautet diese Zahl immer 1. Bei einer Konkatenierung entspricht diese Zahl der Anzahl von Partitionen.
width	Definiert die Anzahl von Partitionen, die ein Stripe bilden. Wenn der Wert größer als 1 ist, werden die Partitionen zu einem Stripe zusammengefasst.
component	Der logische Name für die physikalische Partition auf einer Festplatte, zum Beispiel /dev/dsk/c0t0d0s2. Bei Metadevices des RAID-Levels 5 sind mindestens drei Partitionen notwendig, damit die Paritätsinformationen über mehrere Partitionen verteilt werden können.
-i interlace	Gibt die Interlace-Größe an. Dieser Wert gibt dem Volume Manager darüber Auskunft, wie viele Daten in eine Partition eines Stripe- oder RAID 5-Devices gestellt werden dürfen, bevor er mit der nächsten Partition fortfährt. Dem Wert folgt entweder ein k für KByte, ein m für MByte oder ein b für Blöcke. Ein Interlace kann nicht kleiner als 16 Blöcke oder größer als 100 MByte sein. Der Standardwert sind 16 Blöcke.
-h hotsparepool	Definiert den Hotspare-Pool, der mit dem Metadevice verbunden ist. Der Hotspare-Pool muss zuvor mit dem Befehl metainit erstellt werden und hat die Form hsp*nnn*, wobei *nnn* für den Zahlenbereich 000 – 999 steht.

Tabelle 11.23: Die Stripe- und Konkatenierungsoptionen des Befehls metainit

Zu den Optionen zur Erstellung von Spiegeln gehören:

Option	Beschreibung
`mirror -m` `submirror`	Gibt den Namen des Metadevices für die Spiegelung an. Die Option -m weist darauf hin, dass die Konfiguration ein Spiegel (Mirror) ist. Die Angabe submirror bezieht sich auf ein Stripe oder eine Konkatenierung, die den anfänglichen Ein-Wege-Spiegel bildet. Es werden bis zu Vier-Wege-Spiegel unterstützt.
`pass-num`	Eine Zahl zwischen 0 und 9 am Ende einer Spiegeldefinition, die die Reihenfolge festlegt, in der dieser Spiegel während eines Neustarts resynchronisiert wird. Standardwert ist 1. Kleinere Zahlen werden zuerst und gleiche Werte werden parallel resynchronisiert. Bei 0 wird die Resynchronisation übersprungen. Dies sollte nur bei Spiegeln eingestellt werden, die nur lesbar oder als Swap gemountet sind.
Leseoptionen	Wenn weder die Option -g noch -r angegeben werden, werden Lesevorgänge im so genannten Round-Robin-Verfahren über alle Submirror des Spiegels durchgeführt, wodurch eine Lastverteilung entsteht.
`-g`	Aktiviert die geometrische Leseoption, die zu einer höheren Leistung bei sequentiellen Lesevorgängen führt.
`-r`	Lenkt alle Leseoperationen zum ersten Submirror. Diese Option sollte nur verwendet werden, wenn die Geräte des ersten Submirrors erheblich schneller als die des zweiten Submirros sind.
Leseoptionen	Wenn die Option -S nicht angegeben ist, werden Schreibvorgänge repliziert und an alle Spiegel gleichzeitig gesandt.
`-S`	Führt serielle Schreiboperationen auf Spiegel durch. Der erste Submirror-Schreibvorgang wird beendet, bevor der zweite gestartet wird. Dies ist hilfreich, wenn die Hardware vermutlich partielle Sektorfehler hat.

Tabelle 11.24: Die Spiegeloptionen des Befehls `metainit`

Um mit dem Befehl `metainit` einen RAID-Level 5 einzurichten, gibt es drei weitere Optionen:

Option	Beschreibung
`RAID -r`	Gibt den Namen des Metadevices für den RAID-Level 5 an. Die Option -r weist darauf hin, dass die Konfiguration ein RAID-Level 5 ist.
`-k`	Verwenden Sie diese Option, um ein bereits zuvor erstelltes RAID-Level 5-Gerät erneut zu erzeugen. Damit wird der Treiber informiert, dass eine Initialisierung nicht notwendig ist.

Tabelle 11.25: Die RAID-Level 5-Optionen des Befehls `metainit`

Option	Beschreibung
RAID -r	Gibt den Namen des Metadevices für den RAID-Level 5 an. Die Option -r weist darauf hin, dass die Konfiguration ein RAID-Level 5 ist.
-o original_column_count	Diese Option wird gemeinsam mit der Option -k verwendet, um die Anzahl der ursprünglichen Partitionen zu definieren, für den Fall, dass das ursprüngliche erstellte Metadevice vergrößert wurde. Dies ist notwendig, da die Paritätssegmente nicht über die konkatenierten Geräte verteilt werden.

Tabelle 11.25: Die RAID-Level 5-Optionen des Befehls metainit *(Forts.)*

Die beiden Optionen -k und -o sollten äußerst vorsichtig verwendet werden, da sie die Festplattenblöcke in den OK-Zustand versetzen. Wenn auf den Festplattenblöcken innerhalb des Metadevices irgendwelche Fehler existieren, könnte der Volume Manager eventuell fehlerhafte Daten produzieren. Es wird empfohlen, das Gerät zu initialisieren und die Daten vom Band wiederherzustellen, anstatt diese Optionen zu verwenden.

Aufgrund der heutigen Größen von Festplatten und logischen Volumes erweist sich die historische Begrenzung des Betriebssystems Solaris auf 8 Partitionen pro Festplatte häufig als zu gering. Dies kann durch so genannte Soft Partitions aufgehoben werden, die große Speicherbereiche in kleinere Abschnitte unterteilen können und damit die notwendige Flexibilität bieten. Auf einem RAID-1- oder RAID-5-Volume, das den Speicherplatz eines Fileservers für Benutzer zur Verfügung stellt, kann zum Beispiel pro Benutzer-Homeverzeichnis (bis zu 8192) ein separates Dateisystem mit Hilfe von Soft Partitions erzeugt werden. Eine Soft Partition kann später jederzeit vergrößert werden.

Weitere Optionen des Befehls metainit:

Option	Beschreibung
hotsparepool [hotspare ...]	Die Angabe hotsparepool definiert den Namen eines Hotspare-Pools und die Angabe hotspare ist der logische Name für die physikalischen(n) Partition(en), die in diesem Pool zur Verfügung stehen. Die Angabe erfolgt in der Form hsp*nnn*, wobei *nnn* für den Zahlenbereich 000 – 999 steht

Tabelle 11.26: Weitere Optionen des Befehls metainit

Dateisysteme

Option	Beschreibung
softpart -p [-e] component size	Die Angabe softpart definiert den Namen einer Soft Partition. Die Option -p weist darauf hin, dass die Konfiguration eine Soft Partition ist. Die Angabe component definiert die Festplatte in der Form c*t*d*, Partition c*t*d*s* oder das Metadevice d*, für das die Soft Partition erzeugt wird. Das Argument size definiert die Größe für die anzulegende Soft Partition und kann in K oder k für KByte, M oder m für MByte, G oder g für GByte, T oder t für TByte und B oder b für Blöcke angegeben werden (Maximum ist 1 TByte). Die Option -e definiert, dass die gesamte Festplatte (component c*t*d*) repartitioniert und für Soft Partitions reserviert werden soll. Das bedeutet, dass Partition 7 Platz für das System (Statusdatenbank-Repliken) reserviert und Partition 0 den restlichen Festplattenplatz aufbewahrt. Partition 7 ist mindestens 4 MByte groß, kann aber abhängig von der Festplattengeometrie größer werden.
metadevicename	Wenn der Befehl metainit nur mit dem Namen eines Metadevices als Argument aufgerufen wird, durchsucht er die Datei /etc/lvm/md.tab, um den Namen und seinen entsprechenden Eintrag zu finden. Die Reihenfolge der Einträge in der Datei ist unbedeutend. Ein Eintrag kann zum Beispiel wie folgt aufgebaut sein: d0 2 1 c1t0d0s0 1 c2t1d0s0 Wenn der Befehl metainit d0 aufgerufen wird, konfiguriert er das Metadevice d0 entsprechend der Informationen in der Datei md.tab.
-a	Aktiviert alle Metadevices, die in der Datei md.tab definiert sind.

Tabelle 11.26: Weitere Optionen des Befehls metainit

Das nachfolgende Beispiel erstellt eine Konkatenierung für die root-Partition. Dieser Befehl ist auch der erste Schritt, der beim Erzeugen eines Mirrors für die root-Partition oder eine andere nicht abhängbare Partition durchgeführt werden muss.

metainit d1 1 1 c0t0d0s0

Dieser Befehl erzeugt die Konkatenierung für die root-Partition. Der nächste Befehl konfiguriert einen Ein-Wege-Spiegel der root-Partition:

metainit d0 -m d1

Im zweiten Beispiel werden vier Partitionen von derselben Größe zu einem Metadevice, /dev/md/dsk/d4 per Konkatenierung zusammengefasst:

metainit d4 4 1 c0t1d0s0 1 c0t2d0s0 1 c0t3d0s0 1 c0t4d0s0

Die Zahl 4 weist darauf hin, dass vier einzelne Stripes in der Konkatenierung enthalten sind. Jeder Stripe besteht aus einer Partition, da die Zahl 1 vor dem logischen Namen jeder Partition steht.

Der erste Festplattensektor aller oben aufgeführten Geräte enthält einen Festplattenlabel. Um die Labels zu bewahren, muss der Metadisk-Treiber mindestens den ersten Sektor dieser Festplatten überspringen, wenn die Zugriffe über die Konkatenierungsgrenzen hinweg erfolgen. Da es zu einer unregelmäßigen Festplattengeometrie führen würde, wenn nur der erste Sektor übersprungen wird, wird der gesamte erste Zylinder dieser Festplatten übersprungen.

Im dritten Beispiel wird aus zwei Partitionen eine Stripe gebildet, das Metadevice trägt die Bezeichnung /dev/md/dsk/d15:

```
# metainit d15 1 2 c0t1d0s2 c0t2d0s2 -i 32k
```

Die Parameter mit den Werten 1 und 2 besagen, dass 1 Stripe, bestehend aus 2 angegebenen Partitionen, erzeugt werden soll. Die Option -i 32k definiert die Interlace-Größe mit 32 KByte (Standard wäre 16 KByte).

Der Befehl metainit muss auch verwendet werden, wenn Sie einen Festplattenspiegel anlegen. Im nächsten Beispiel wird ein Spiegel für das root-Dateisystem angelegt, das heißt, mit RAID 1-Volumes werden redundante Volumes angelegt, um nach Ausfall eines darunter befindlichen RAID 0-Volumes keine Daten zu verlieren. Diese Vorgang erfordert mehrere Schritte:

1. Erstellen eines ersten RAID 0-Systems (Konkatenierung) auf dem zu spiegelnden root-Dateisystem
2. Erstellen eines zweiten RAID 0-Systems, das den zweiten Subspiegel des RAID 1-Volumes enthalten soll
3. Erstellen eines Ein-Wege-Spiegels mit dem RAID 0-Volume
4. Aktualisieren der Rechnerkonfiguration mit dem Befehl metaroot und Neustart des Rechners
5. Hinzufügen eines zweiten Subspiegels

```
# metainit -f d21 1 1 c0t0d0s0
# metainit d22 1 1 c1t0d0s1
# metainit d20 -m d21
# metaroot d10
# metattach d20 d22
```

Der erste Befehle metainit muss mit der Option -f aufgerufen werden, um die Erzeugung eines Volumes auf der gemounteten Partition zu erzwingen. Die Option -m erzeugt einen Spiegel d20 und fügt diesem einen Ein-Wege-Spiegel d21 hinzu. Damit ist d21 Submirror von d20.

Der Befehl metaroot ändert automatisch den Eintrag des gemounteten Dateisystems /dev/dsk/c0t0d0s0 in der Datei /etc/vfstab auf den eines Metadevices /dev/md/dsk/d10 ab. Außerdem ergänzt der Befehl in der Datei /etc/system eine Zeile mit dem Eintrag rootdev, die festgelegt, dass die root-Partition ein logisches Volume ist. In der letzten Zeile wird mit dem Befehl metattach dem RAID 5-Volume d20 ein zweiter Subspiegel hinzugefügt.

> Die Befehle metaroot und metattach werden in den nachfolgenden Abschnitten genauer erklärt.

Die Solaris Volume Manager-Software unterstützt maximal Vier-Wege-Spiegelung. Der erste Mirror wird mit dem Befehl metainit als Ein-Wege-Spiegel definiert, die nachfolgenden Submirror werden mit dem Befehl metattach erzeugt. Dadurch wird sichergestellt, dass der Volume Manager die Spiegel ordnungsgemäß synchronisiert.

Im nächsten Beispiel wird ein Zwei-Wege-Spiegel /dev/md/dsk/d40 erzeugt, der aus zwei Submirror besteht, die keine Daten enthalten.

```
# metainit d41 1 1 c0t1d0s2
# metainit d42 1 1 c0t2d0s2
# metainit d40 -m d41
# metattach d40 d42
```

Im nächsten Beispiel wird eine Soft Partition auf dem Metadevice d80 mit einer Größe von 200 MByte erstellt:

```
# metainit d1 -p d80 200M
```

Das Metadevice könnte in diesem Beispiel ein RAID-Level 5, ein Stripe, eine Konkatenierung oder ein Spiegel sein.

Eine Soft Partition kann auch für eine komplette Festplatte angelegt werden, in diesem Beispiel für c3t3d0:

```
# metainit d1 -p -e c3t3d0 8Gb
```

Die Festplatte wird umpartitioniert und eine Soft Partition wird angelegt, die den gesamten Speicherplatz von 10 GByte der Festplatte c3t3d0 belegt.

Im letzten Beispiel wird ein Hotspare mit drei Komponenten gleichzeitig mit dem Zwei-Wege-Spiegel /dev/md/dsk/d70 angelegt, der keine Daten enthält.

```
# metainit hsp001 c2t2d0s2 c3t2d0s2 c1t2d0s2
# metainit d71 1 1 c1t0d0s2 -h hsp001
# metainit d72 1 1 c3t0d0s2 -h hsp001
# metainit d70 -m d71
# metattach d70 d72
```

In diesem Beispiel wird der Hotspare-Pool hsp001 mit drei Festplatten erzeugt, die als Hotspares verwendet werden sollen. Dann werden die beiden Submirror d71 und d72 erzeugt, die einfache Konkatenierungen sind. Durch die Option -h wird der Hotspare-Pool hsp001 jedem Submirror zugewiesen. Anschließend wird ein Ein-Wege-Spiegel mit der Option -m erzeugt und zuletzt wird der zweite Submirror mit dem Befehl metattach hinzugefügt.

Der Befehl metastat

Dieser Befehl gibt den aktuellen Status für jedes Metadevice (Stripes, Konkatenierungen, Spiegel, RAID 5, Soft Partitions) oder einen Hotspare-Pool oder für jedes angegebene Metadevice bzw. Komponenten aus. Es wird empfohlen, den Befehl metastat nach der Verwendung von metattach aufzurufen, um den Status des Metadevices zu überprüfen. Die Syntax des Befehls lautet:

metastat [-option(en)] [argument(e)]

Die Optionen des Befehls lauten:

Option	Beschreibung
-h	Zeigt einen einfachen Hilfetext zu den Aufrufparametern des Befehls an.
-i	Prüft den Status aller aktiven Metadevices und Hotspares. Dabei werden die Komponenten jedes Metadevices auf Erreichbarkeit geprüft. Beim Auftreten von Problemen werden die Statusdatenbanken der Metadevices aktualisiert, als hätte sich tatsächlich ein Fehler ereignet.
-p	Zeigt die Liste der aktiven Metadevices und Hotspare-Pools in demselben Format wie die Datei md.tab an.
-r	Zeigt an, ob Subdevices verlegbar sind. Am Ende der Ausgabe werden die Geräte und ihre zugehörige Geräte-ID angezeigt.
-s setname	Gibt den Namen eines Festplattensets an, für das der Befehl metastat durchgeführt werden soll. Ohne diese Option verwendet der Befehl Ihre lokalen Metadevices und/oder Hotspares.
-t	Gibt den aktuellen Status und Zeitstempel für die angegebenen Metadevices und Hotspare-Pools aus. Der Zeitstempel liefert das Datum und die Uhrzeit der letzten Statusänderung.

Tabelle 11.27: *Die Optionen des Befehls* metastat

Die Argumente des Befehls lauten:

Argument	Beschreibung
component	Zeigt den Status der Komponente einer Soft Partition an, einschließlich der Abmessungen, der Startblöcke und des Blockzählers.
hotsparepool	Zeigt den Status des angegebenen Hotspare-Pools an.
metadevice	Zeigt den Status des angegebenen Metadevices an.

Tabelle 11.28: *Die Argumente des Befehls* metastat

Im ersten Beispiel wird der Status eines Spiegels d2 mit zwei Submirror d30 und d40 angezeigt:

```
# metastat d2
d2: Mirror
    Submirror 0: d30
      State: Okay
    Submirror 1: d40
      State: Resyncing
    Resync in progress: 15 % done
    Pass: 1
    Read option: roundrobin (default)
    Write option: parallel (default)
    Size: 3361760 blocks
```

Das nächste Beispiel zeigt einen Teil der Ausgabe des Befehls metastat, nachdem eine Soft Partition d8 auf der Konkatenierung d4 erstellt wurde, das wiederum aus einer Soft Partition d2 erzeugt wurde:

```
# metastat
d4: Concat/Stripe
    Size: 144320 blocks
    Stripe 0:
        Device      Start Block     Dbase State     Hot Spare
        D2               0          No              Okay
D2: Soft Partition
    Component: c0t1d0s0
    Status: Okay
    Size: 364750 blocks
        Extent      Start Block     Block count
          0             129            364750
d8: Soft Partition
    Component: d4
    Status: Okay
    Size: 224572 blocks
        Extent      Start Block     Block count
          0             129            224572
```

Der Befehl metattach

Dieser Befehl fügt Submirrors einem Spiegel oder Festplattenplatz einem Metadevice oder einer Soft Partition hinzu, um diese zu vergrößern. Metadevices können im laufenden Betrieb vergrößert werden. Wenn ein neues Metadevice einem Spiegel hinzugefügt wurde, wird automatisch eine Resynchronisation für den neuen Submirror durchgeführt. Der Befehl hat folgende Syntax:

metattach [-option(en)] [argument(e)]

RAID-Systeme

Der Befehl kennt folgende Optionen:

Option	Beschreibung
-h	Zeigt einen einfachen Hilfetext zu den Aufrufparametern des Befehls an.
-i size	Definiert den Interlace-Wert für Stripes und kann in K oder k für KByte, M oder m für MByte und B oder b für Blöcke angegeben werden. Der Standardwert ist die Interlace-Größe des letzten Stripes des Metadevices.
-s setname	Gibt den Namen des Festplattensets an, für das der Befehl metattach durchgeführt werden soll. Ohne diese Option verwendet der Befehl Ihre lokalen Metadevices und/oder Hotspares.

Tabelle 11.29: Die Optionen des Befehls metattach

Die wichtigsten Argumente des Befehls lauten:

Argument	Beschreibung
component	Definiert den logischen Namen der physikalischen Partition einer Festplatte.
concat/stripe	Definiert den Metadevice-Namen der Konkatenierung oder des Stripes.
Metadevice	Definiert den Namen des Metadevices, das dem Spiegel als Submirror hinzugefügt werden soll. Dieses Metadevice muss zuvor mit dem Befehl metainit erzeugt worden sein.
Mirror	Definiert den Spiegel.
RAID	Definiert den Namen des RAID 5-Metadevices.
Size	Definiert die Menge an Festplattenplatz, die der Soft Partition hinzugefügt werden soll und kann in K oder k für KByte, M oder m für MByte, G oder g für GByte, T oder t für TByte und B oder b für Blöcke angegeben werden.
Softpart	Definiert den Metadevice-Namen der vorhandenen Soft Partition.

Tabelle 11.30: Die Argumente des Befehls metattach

Im ersten Beispiel wird eine neue Partition per Konkatenierung an das vorhandene Metadevice d12 hinzugefügt. Anschließend könnte der Befehl growfs verwendet werden, um das Dateisystem zu vergrößern.

```
# metattach d12 /dev/dsk/c1t3d0s2
```

Im zweiten Beispiel wird ein RAID5-Metadevice d52 erweitert, indem eine Partition hinzugefügt wird:

`# metattach d52 /dev/dsk/c0t1d0s2`

Wenn Sie zusätzliche Partitionen einem RAID5-Metadevice hinzufügen, steht der zusätzliche Festplattenplatz nur Daten zur Verfügung. Es werden keine neuen Paritätsblöcke belegt. Die Daten der hinzugefügten Partitionen werden aber in die gesamten Paritätsberechnungen aufgenommen und sind daher gegen einen Ausfall geschützt.

Im nächsten Beispiel wird eine Soft Partition d33 durch Hinzufügen von 250 MByte erweitert:

`# metattach d33 250M`

Wenn Sie einer Soft Partition zusätzlichen Festplattenplatz hinzufügen, wird dieser vom verfügbaren Platz der Partition genommen und muss nicht an die vorhandene Soft Partition angrenzen.

Im letzten Beispiel wird Festplattenplatz einem Zwei-Wege-Spiegel hinzugefügt, indem jeder Submirror um eine Partition erweitert wird. Hinterher sollten Sie den Befehl `growfs` verwenden, um das Dateisystem zu erweitern.

```
# metattach d19 /dev/dsk/c0t1d0s6
# metattach d20 /dev/dsk/c0t2d0s6
```

Der Befehl metadetach

Dieser Befehl entfernt Submirror von einem Spiegel. Es ist nicht möglich, den einzigen vorhandenen Submirror von einem Spiegel zu entfernen. Ohne die Option `-f` ist es nicht möglich, einen Submirror zu entfernen, der Partitionen besitzt, die laut Ausgabe des Befehls `metastat` Wartung benötigen. Der Befehl hat folgende Syntax:

`metadetach [-option(en)] [argument(e)]`

Der Befehl kennt dieselben Optionen und Argumente wie der Befehl `metattach`. Zusätzlich gibt es noch die bereits erwähnte Option `-f`.

Im nachfolgenden Beispiel wird ein Submirror d5 von einem Spiegel d7 entfernt.

`# metadetach d7 d5`

Der Befehl metaclear

Dieser Befehl löscht das angegebene, aktive Metadevice oder den Hotspare-Pool oder entfernt alle Soft Partitionen von der gewünschten Komponente. Wenn ein Metadevice oder Hotspare-Pool gelöscht wurde, muss es mit dem Befehl `metainit` wieder erzeugt werden, bevor es wieder verwendet werden kann. Ein im Moment geöffnetes und verwendetes Metadevice kann nicht gelöscht werden. Die Syntax lautet:

`metaclear [-option(en)] [argument(e)]`

Die Optionen des Befehls lauten:

Option	Beschreibung
-a	Löscht alle Metadevices und konfigurierten Hotspare-Pools im mit der Option -s angegebenen Set oder standardmäßig das lokale Set.
-f	Erzwingt das Löschen eines Metadevices, das eine Unterkomponente im Fehlerzustand enthält.
-h	Zeigt einen einfachen Hilfetext zu den Aufrufparametern des Befehls an.
-p	Löscht (reinigt) alle Soft Partitionen vom angegebenen Metadevice oder der angegebenen Komponente.
-r	Löscht rekursiv die angegebenen Metadevices und Hotspare-Pools, aber keine Metadevices, von denen andere abhängig sind.
-s setname	Gibt den Namen eines Festplattensets an, für das der Befehl metaclear durchgeführt werden soll. Ohne diese Option verwendet der Befehl Ihre lokalen Metadevices und/oder Hotspares.
-t	Gibt den aktuellen Status und Zeitstempel für die angegebenen Metadevices und Hotspare-Pools aus. Der Zeitstempel liefert das Datum und die Uhrzeit der letzten Statusänderung.

Tabelle 11.31: Die Optionen des Befehls `metaclear`

Die Argumente des Befehls lauten:

Argument	Beschreibung
component	Definierte den Namen von Komponenten, die zu löschende Soft Partitions enthalten.
hotsparepool	Definiert den Namen der zu löschenden Hotspare-Pools.
metadevice	Definiert den Namen der zu löschenden Metadevices.

Tabelle 11.32: Die Argumente des Befehls `metaclear`

Im ersten Beispiel wird ein Metadevice d44 gelöscht:

`# metaclear /dev/md/dsk/d44`

Das zweite Beispiel erzwingt das Löschen eines Spiegel d40, dessen Submirror im Fehlerzustand ist:

`# metaclear -f d40`

Das nächste Beispiel löscht (reinigt) Soft Partitions vom Metadevice d12:

```
# metaclear -p d12
13: Soft Partition is cleared
14: Soft Partition is cleared
15: Soft Partition is cleared
```

Das letzte Beispiel löscht das Metadevice d20 rekursiv:

```
# metaclear -r d20
d20: Mirror is cleared
d21: Concat/Stripe is cleared
```

Der Befehl metaroot

Der Befehl metaroot editiert die Dateien /etc/vfstab und /etc/system, so dass das System mit dem passenden Metadevice als root-Dateisystem gebootet werden kann. Die Syntax lautet:

`metaroot [-option(en)] [gerät]`

Die Optionen und das Argument des Befehls lauten:

Option	Beschreibung
-c mddb.cf-name	Verwendet die Angabe mddb.cf-name anstatt der standardmäßigen Datei /etc/lvm/mddb.cf als Quelle für die Metadevice-Datenbanken.
-h	Zeigt einen einfachen Hilfetext zu den Aufrufparametern des Befehls an.
-k system-name	Editiert eine vom Benutzer mit system-name angegebene Datei anstatt der standardmäßigen Systemkonfigurationsdatei /etc/system.
-n	Gibt aus, was durchgeführt würde, ohne es tatsächlich auszuführen.
-s vfstab-name	Editiert die Datei vfstab-name anstatt der standardmäßigen Datei /etc/vfstab.
gerät	Definiert entweder das Metadevice oder die konventionelle Partition, die für das root-Dateisystem verwendet wird.

Tabelle 11.33: Die Optionen des Befehls metaroot

Im ersten Beispiel werden die Dateien /etc/system und /etc/vfstab editiert, um anzugeben, dass das root-Dateisystem sich nun auf dem Metadevice d7 befindet.

```
# metaroot d7
# grep d7 /etc/vfstab
/dev/md/dsk/d7   /dev/md/rdsk/d7   ufs   1   no   -
```

Im zweiten Beispiel werden die Einträge in den Dateien /etc/system und /etc/vfstab wieder dahingehend korrigiert, dass sich das root-Dateisystem nun auf dem Gerät /dev/dsk/c0t1d0s0 befindet.

```
# metaroot /dev/dsk/c0t1d0s0
# grep /dev/dsk/c0t1d0s0 /etc/vfstab
/dev/dsk/c0t1d0s0   /dev/rdsk/c0t1d0s0   ufs   1   no   -
```

Die Dateien md.tab

Die Datei /etc/lvm/md.tab kann von den Befehlen metainit und metadb verwendet werden, um Metadevices (Stripes, Konkatenierungen, Spiegel, Soft Partitions, RAID 5), Hotspare-Pools und Statusdatenbanken-Repliken für Metadevices in einem batchähnlichen Modus zu erstellen. Die Solaris Volume Manager-Software selbst speichert keine Konfigurationsinformationen in dieser Datei, sie kann nur von Hand editiert werden. Jedes Metadevice, jeder Hotspare-Pool und jede Statusdatenbank-Replika muss in der Datei einen eindeutigen Eintrag haben.

In der Datei sind Tabulatoren, Leerzeichen, durch das Hashzeichen eingeleitete Kommentare und durch den Backslash gekennzeichnete Weiterführungen von Zeilen erlaubt. Pro Zeile wird ein Konfigurationseintrag hinterlegt. Dabei wird dieselbe Syntax für Metadevices analog zum Befehl metainit.

Statusdatenbank-Repliken werden wie folgt definiert:

mddbnumber optionen [partition ...]

Die Angabe *mddbnumber* besteht aus den Zeichen mddb gefolgt von einer zweistelligen Zahl, die die Statusdatenbank-Replika identifiziert, zum Beispiel mddb05 /dev/dsk/c0t1d0s2.

Nach dem Anlegen der Datei rufen Sie den Befehl metainit entweder mit der Option -a auf, um alle in der Datei eingetragenen Metadevices zu aktivieren, oder mit dem gewünschten Metadevice-Namen auf. Denken Sie daran, dass der Volume Manager diese Datei niemals aktualisiert. Die vollständigen Konfigurationsinformationen sind in der Metadevice-Statusdatenbank und nicht in md.tab gespeichert!

Im ersten Beispiel wird in der Datei md.tab ein Eintrag für das Metadevice /dev/md/dsk/d17 hinterlegt, das aus einer Konkatenierung von vier Festplatten besteht:

```
#
# (Konkatenierung von vier Festplatten)
#
d17 4 1 c0t1d0s0 1 c0t2d0s0 1 c0t3d0s0 1 c0t4d0s0
```

Die Zahl 4 gibt an, das vier einzelne Stripes zur Konkatenierung gehören. Jedes Stripe besteht aus einer Partition, daher steht die Nummer 1 vor jeder Partition.

Im zweiten Beispiel wird ein Eintrag für einen Drei-Wege-Spiegel /dev/md/dsk/d32 gezeigt, der aus drei Submirror besteht und keine Daten enthält.

```
#
# (Spiegel)
#
d32 -m d35
d35 1 1 c0t1d0s2
d36 1 1 c0t2d0s2
d37 1 1 c0t3d0s2
```

Zuerst wird ein Ein-Wege-Spiegel mit der Option -m definiert, der aus dem Submirror d35 besteht. Die anderen beiden Submirror d36 and d37 werden später mit dem Befehl metattach hinzugefügt.

Das nächste Beispiel zeigt einen Eintrag für eine Soft Partition d75, die eine komplette 10 GByte Festplatte neu formatiert. Die Partition 0 enthält den gesamten Festplattenplatz mit Ausnahme der wenigen MByte, die Partition 7 für die Statusdatenbank-Repliken enthält.

```
#
# (Soft Partitions)
d75 -p -e c1t2d0 10g
```

Im letzten Beispiel wird ein Eintrag für Statusdatenbank-Repliken hinterlegt. Es werden eine anfängliche Statusdatenbank und drei Repliken auf einem Server mit drei Festplatten hinterlegt:

```
#
# (Statusdatenbank und Repliken)
#
mddb01 -c 3 c1t2d0s0 c1t3d0s0 c1t4d0s0
```

Jede Datenbank-Replika wird hier auf einer der drei Festplatten gespeichert. Nach diesem Eintrag in der Datei /etc/lvm/md.tab muss anschließend der Befehl metadb sowohl mit der Option -a als auch mit -f aufgerufen werden, zum Beispiel:

`# metadb -a -f mddb01`

Die Datei md.conf

Die Datei /etc/lvm/md.cf ist eine Sicherung der Konfiguration, die in Notfällen verwendet werden kann. Wenn sich die Konfiguration des Volume Manager ändert, wird diese Datei automatisch aktualisiert. Die Datei sollte nicht manuell editiert werden.

Die Datei mddb.cf

Die Datei /etc/lvm/mddb.cf wird erstellt, wenn der Befehl metadb aufgerufen wird. Sie enthält die Statusdatenbank-Repliken der Metadevices und sollte niemals manuell editiert werden.

Sie wird vom Befehl metainit verwendet, um die Statusdatenbank-Repliken zu finden. Der Befehl metadb erzeugt die Datei und aktualisiert sie bei jedem Aufruf. Ähnliche Informationen werden in der Datei /etc/system eingetragen. Jede Statusdatenbank-Replika hat einen eindeutigen Eintrag in dieser Datei, der den Treiber und die Minor Unit-Nummer enthält, die mit dem blockorientierten Gerät der Replika verknüpft sind. Außerdem enthält jeder Eintrag die Blocknummer des Masterblocks, der eine Liste aller anderer Blocks der Replika enthält.

Die Einträge in der Datei haben die Form:

driver_name minor_t daddr_t checksum

Die Angaben *driver_name* und *minor_t* repräsentieren die Gerätenummer des physikalischen Geräts, das die Replika speichert. Die Angabe *daddr_t* enthält die Festplatten-Blockadresse und die Prüfsumme *checksum* wird verwendet, um sicherzustellen, dass der Eintrag nicht beschädigt wurde.

Nachfolgende sehen Sie ein Beispiel für die Datei mddb.cf. Der Wert addr zeigt an, dass 16 der Startzylinder der zur Verfügung stehenden Partition ist:

```
#metadevice database location file do not hand edit
# driver minor_t daddr_t device id                         checksum
   sd     152     16      id1,sd@SSEAGATE_JDD288110MC9LH/a  -3724
```

11.10 Zusammenfassung

An diesem Tag lernten Sie zunächst den Verzeichnisbaum von Solaris genauer kennen. Im Anschluss wurde erläutert, welche Arten von Dateisystemen existieren und wie das Dateisystem ufs von Solaris aufgebaut ist. Sie können nun den Inhalt des VTOC, des Bootblocks, des Superblocks und der Zylindergruppenblöcke sowie der Inode-Tabellen und der Datenblöcke beschreiben.

Danach erfuhren Sie, wie Sie neue Dateisysteme anlegen und anschließend in den Verzeichnisbaum von Solaris einhängen. Sie lernten, über welche Dateien eingehängte Dateisysteme verwaltet werden und mit welchen Befehlen Sie die Dateisysteme wieder aushängen und überprüfen können. Das Volume Management von Solaris, mit dem bewegliche Datenträger wie CD-ROM und Diskette automatisch gemountet werden, wurde beschrieben. Sie erfuhren auch, was Swaping bedeutet und wie Sie zusätzlichen Swap Space verfügbar machen können. Zuletzt erhielten Sie noch eine kurze Einführung zu RAID-Systemen und Metadevices unter Solaris.

11.11 F&A

F   Die beiden Verzeichnisse /bin und /lib sind ja nur symbolische Links auf /usr/bin und /usr/lib. Sind diese nicht überflüssig und können gelöscht werden?

A   Nein, die symbolischen Links werden aus Kompatibilitätsgründen noch benötigt und sollten unbedingt beibehalten werden.

F   Ich möchte kleinere Datenmengen von meinem Windows-NT-Rechner auf meinen Unix-Rechner übertragen, habe aber die beiden Rechner nicht miteinander vernetzt. Gibt es dann einen Weg, ein paar Dateien von einem Rechner zum anderen zu übertragen?

A   Ja, Sie können kleinere Datenmengen, also einzelne Dateien, jederzeit auf eine DOS-formatierte Diskette kopieren und die Daten von der Diskette auf den Unix-Rechner kopieren. Wenn bei Ihnen der Volume Manager aktiv ist, dann verwenden Sie zuerst den Befehl volcheck, um die Diskette automatisch zu mounten und anschließend den Befehl cp, mit dem Sie auf das gemountete Verzeichnis (beim Volume Manager ist es das Verzeichnis /floppy) zugreifen können.

F   Wenn ich den Befehl fsck für mein /-Dateisystem laufen lasse, erscheint jedes Mal die Fehlermeldung FILE SYSTEM STATE IN SUPERBLOCK IS WRONG: FIX? Wenn ich mit y(es) bestätige, dass der Fehler behoben werden soll, erscheint er beim nächsten Durchlauf schon wieder. Ist mein Dateisystem korrupt?

A   Nein, aber Sie haben den Befehl auf ein ungemountetes Filesystem abgesetzt, dessen Dateisystemkennzeichen auf FSACTIVE eingestellt ist. Der Befehl fsck möchte es auf FSCLEAN stellen, was aber bei einem aktiv gemounteten Dateisystem nicht möglich ist. Wenn Sie keine weiteren Fehlermeldungen erhalten, ist Ihr /-Dateisystem konsistent.

11.12 Übungen

1. Legen Sie auf der im vorherigen Tag partitionierten externen Festplatte ein `ufs`-Dateisystem an, dessen logische Blockgröße 4096 Byte groß sein soll.

2. Weisen Sie dem Dateisystem mit dem Befehl `tunefs` einen Mindestplatz an freiem Speicher von 8% zu.

3. Lassen Sie sich mit dem Befehl `fstyp` den Dateisystemtyp ausgeben.

4. Legen Sie ein neues Verzeichnis `/meine_mounts` an und mounten Sie das Dateisystem unter diesem Mountpoint. Verwenden Sie die Mountoptionen `logging` und `noatime`.

5. Kopieren Sie verschiedene Dateien und Verzeichnisse auf das Dateisystem und unmounten Sie es anschließend wieder. Überprüfen Sie es dann mit dem Befehl `fsck`.

6. Legen Sie eine Swapdatei mit dem Namen `/test/swapdatei` und der Größe 50 Megabyte an.

Tag 12

Systemkonfiguration und -überwachung

Systemkonfiguration und -überwachung

Dieser Tag dient der Vertiefung verschiedener Bereiche der Betriebssystemkonfiguration. Zunächst werden die Aufgaben des Kernels und die einzelnen Kernelmodule beschrieben. Sie lernen die Variablen der Datei /etc/system genauer kennen, mit deren Hilfe Sie Einstellungen zum Kernel vornehmen können. Anschließend werden verschiedene Kernelvariablen aufgeführt und ihre Bedeutung erklärt. Sie erfahren, wie Sie mit Hilfe von verschiedenen Befehlen Informationen über die Kernelvariablen ausgeben können. Außerdem werden Befehle erläutert, mit denen Sie den Kernel umkonfigurieren können.

Im nächsten Abschnitt des Tages werden Befehle zur Systemkonfiguration genannt und die Verwaltung von Crash-Dumps beschrieben. Anschließend lernen Sie die Möglichkeiten kennen, um die Systemprotokollierung nach Ihren Wünschen zu gestalten. Im Anschluss daran werden Befehle zur Systemüberwachung aufgeführt. Sie erfahren, welche Möglichkeiten zur Systemabrechnung das Betriebssystem Solaris bietet. Schließlich lernen Sie noch die Steuerung des Powermanagements von Solaris kennen.

12.1 Der Kernel

Die Aufgaben des Kernels

Der Betriebssystemkern hat die Aufgabe, die Hardware zu betreiben und zu nutzen. Daher sind im Kernel alle eigentlichen Betriebssystemaufgaben realisiert, wie zum Beispiel die Kommunikation mit den Hardwarekomponenten des Rechners. Der Kernel stellt den Programmen die notwendigen Hardwareressourcen zur Verfügung, um einen geregelten Ablauf zu gewährleisten. Außerdem kontrolliert er die Kommunikation zwischen Programmen sowie zwischen Programmen und der Hardware und den Benutzern. Er verwaltet die dem System bekannten Daten und legt fest, in welcher Form und an welcher Stelle die Daten abgelegt werden. Darüber hinaus steuert der Kernel die gleichzeitige Durchführung mehrerer Aufgaben (Multitasking) und das gleichzeitige Arbeiten mehrerer Anwender mit dem System (Multiuser-Betrieb).

Der Kernel steht direkt mit der Hardware in Verbindung, weshalb seine Komponenten auf die entsprechende Systemhardware der verschiedenen Solaris-Rechner zugeschnitten sein müssen. Dazu werden die hardwareabhängigen Teile des Kernels, wie zum Beispiel für die unterschiedlichen Arten der Hauptspeicherverwaltung oder für die Hardwareeigenschaften der Ein-/Ausgabegeräte, also die so genannten Gerätetreiber, für jede Hardware angepasst, das heißt portiert.

Der Betriebssystemkern verfügt über eine große Anzahl von Funktionen, die aber nicht direkt vom Benutzer verwendet werden können. Diese Funktionen stehen nur eingebettet in Systemprogrammen zur Verfügung.

Die Hauptaufgaben des Kernels lassen sich wie folgt zusammenfassen:

- Einplanen und Aktivieren von Prozessen
- Steuerung der Ein- und Ausgabe
- Gerätesteuerung
- Kommunikation von Prozessen
- Verwaltung des Dateisystems
- Zugangskontrolle und Abrechnung

Wie bereits an Tag 5 beschrieben, ist der Kernel von Solaris ein dynamischer Kernel, der während der Laufzeit immer nur die Module lädt, die im Moment notwendig sind. Daher beansprucht er wesentlich weniger Platz im Hauptspeicher als ein statischer Kernel. Die Unterverzeichnisse, in denen sich die Kernelmodule befinden, wurden ebenfalls schon an Tag 5 erläutert.

Kernelmodule

Die Kernelmodule befinden sich in unterschiedlichen Verzeichnissen, davon abhängig, zu welchem Zeitpunkt und von welcher Hardware sie benötigt werden. Beim Systemstart notwendige Module befinden sich in den Verzeichnissen /kernel und /kernel/`uname -m`/kernel, während später benötigte Module unter /usr/kernel abgelegt sind. Alle drei Verzeichnisse für die Kernelmodule enthalten folgende Unterverzeichnisse:

Verzeichnis	Bedeutung
Drv	Treibermodule
Exec	Ausführungsmodule
Fs	Dateisystemtreiber
Misc	Sonstige Module
Sched	Scheduler-Module
strmod	Streams-Module
Sys	Systemaufrufe

Tabelle 12.1: Kernelmodule

Eine ausführliche Beschreibung der Kernelmodule erfolgte bereits an Tag 5.

Kernelvariablen

Wie bereits beschrieben, befinden sich verschiedene Einstellungen zur Zusammensetzung des Kernels sowie die Kernelparameter in der Datei /etc/system (vgl. Tag 5). Sie wird nur einmal beim Booten des Systems gelesen und ist eine manuell editierbare ASCII-Datei. Sie sollten aber vor dem Ändern eine Sicherungskopie von der Datei anlegen, da das System bei fehlerhaften Einstellungen nicht booten kann.

Sollte Ihr System aufgrund einer fehlerhaften Datei /etc/system nicht booten, so können Sie es aus dem PROM-Monitor interaktiv mit dem Befehl boot -a hochfahren. Geben Sie statt der vorgeschlagenen Datei /etc/system den Namen der Sicherungskopie oder /dev/null ein und das System wird problemlos gestartet.

Mit Hilfe des Befehls set können Sie Parameter ändern. Verwenden Sie dazu folgende Syntax:

set parameter = wert

Die Variablen werden meist nicht über einen festen Wert definiert, sondern mit Hilfe einer Formel berechnet. Aus diesem Grund kann die Veränderung einer Variablen auch Auswirkungen auf weitere Variablen haben. Sie sollten auch beachten, dass ein Verändern der Werte oft nur sinnvoll ist, wenn auch genügend Hauptspeicher zur Verfügung steht, ansonsten kommt es zur verstärkten Auslagerung von Prozessen aus dem Hauptspeicher, was die Systemleistung beeinträchtigen kann. Viele Variablen werden für systeminterne Zwecke verwendet und sollten auf keinen Fall verändert werden.

Zu den wichtigsten Variablen gehören:

Variable	Default	Beschreibung
autoup	300	Diese Variable enthält die maximale Anzahl von Sekunden, für die Änderungen am Dateisystem im Hauptspeicher zwischengespeichert werden sollen, bevor sie auf die Festplatte geschrieben werden.
bufhwm	2% des physikalischen Speichers	Maximale Größe des Speichers, der Ein- und Ausgabepuffer zwischenspeichert, die zum Schreiben von Systemdaten verwendet werden (Superblocks, Inodes usw.).

Tabelle 12.2: Die wichtigsten Kernelvariablen

Variable	Default	Beschreibung
desfree	kein Defaultwert	Wenn die Anzahl der freien Speicherseiten länger als 30 Sekunden unter dem hier angegebenen Wert liegt, soll das Paging-Verfahren beginnen.
dnlc_dir_enable	1	Aktiviert das Zwischenspeichern von großen Verzeichnissen. Die Variable ist standardmäßig mit dem Wert 1 aktiviert.
fastscan	kein Defaultwert	Diese Variable enthält die Anzahl von Seiten, die das System auslagern soll, wenn sich die Anzahl der freien Speicherseiten dem Wert 0 nähert.
hires-tick	0	Wenn diese Variable mit 1 definiert wird, erhält die Systemuhr eine höhere Auflösung mit einer Hertz-Frequenz von 1000 anstatt 100.
kmem_flags	0	Diese Variable ist standardmäßig mit 0 deaktiviert. Wird sie auf 1 gesetzt, wird der Solaris Kernel Memory Allocator mit seinen verschiedenen Debug- und Testoptionen aktiviert.
lotsfree	kein Defaultwert	Das System soll mit dem Auslagern von Seiten (Pages) beginnen, wenn der hier angegebene Wert an freien Pages unterschritten wird.
lwp_default_stksize	8192 (32-Bit-System) 16.384 (64-Bit-System)	Defaultwert der Stackgröße, die verwendet werden soll, wenn ein Light Weight-Prozess erzeugt wird und die aufrufende Routine keine explizite Größe angibt.
max_nprocs	10 + (16 x maxusers)	Diese Variable definiert die maximale Anzahl von Prozessen, die auf einem System erzeugt werden können, wobei diese Anzahl auch von der Hardware, also dem Prozessor, abhängig ist.
maxpgio	kein Defaultwert	Diese Variable enthält die maximale Anzahl von Speicherseiten, die pro Sekunde in die Auslagerungswarteschlange gestellt werden dürfen. Dies soll verhindern, dass eine Festplatte zu stark durch das Swaping belastet wird.
maxuprc	max_nprocs-5	Maximale Anzahl von Prozessen pro Benutzer.

Tabelle 12.2: Die wichtigsten Kernelvariablen (Forts.)

Variable	Default	Beschreibung
maxusers	kein Defaultwert	Maximale Anzahl von Benutzern. Der Wert wird abhängig von der Hauptspeichergröße automatisch vom Kernel gesetzt und hat auf andere Variablen des Systems Auswirkungen. Eine Erhöhung sollte nur erfolgen, wenn zusätzlicher RAM zur Verfügung gestellt wurde.
minfree	kein Defaultwert	Wenn der Wert dieser Variablen 5 Sekunden lang unterschritten wird, sollen ganze Prozesse ausgelagert werden.
moddebug	0	Diese Variable veranlasst, dass beim Laden von Modulen Nachrichten über die verschiedenen Schritte angezeigt werden. Sie ist standardmäßig mit 0 deaktiviert.
ncsize	4 x (v.v_proc + maxusers) + 320	Diese Variable enthält die Anzahl der Einträge, die für die Zwischenspeicherung von Zugriffspfaden auf Dateien eingesetzt werden (directory name look-up cache = DNLC). Sie wird von den Dateisystemen ufs und nfs verwendet, um einzelne Teile der aufgelösten Pfadnamen zwischenzuspeichern.
ndquot	((maxusers x 40) / 4) + max_nprocs	Anzahl von Quotenstrukturen, die in einem Dateisystem angelegt werden dürfen.
ngroups_max	16	Definiert die maximale Anzahl der Anwender pro Gruppe.
physmem	kein Defaultwert	Ändert die Systemvorgabe der Anzahl von physikalischen Seiten des Speichers, die nach den Vorgaben des Betriebssystems und der Firmware berechnet werden.
pidmax	30.000	Diese Variable definiert die maximale Prozess-ID.
pt_cnt	48	Maximale Anzahl der unterstützten Pseudoterminals (ptys). Nach einer Änderung dieser Variablen muss ein Rekonfigurationsreboot, zum Beispiel mit dem Befehl boot -r, erfolgen.
reserved_procs	5	Definiert die Anzahl der Systemprozess-Slots, die in der Prozesstabelle für Prozesse der UID 0 (root) reserviert werden sollen, zum Beispiel fsflush.

Tabelle 12.2: Die wichtigsten Kernelvariablen (Forts.)

Der Kernel

Variable	Default	Beschreibung
rlim_fd_cur	512	Definiert das Softlimit der maximalen Anzahl von Dateizeigern (*file descriptors*), also offenen Dateien pro Prozess. Alternativ kann diese Einstellung mit dem Befehl ulimit durchgeführt werden.
rlim_fd_max	1024	Definiert das Hard-Limit für die maximale Anzahl von Dateizeigern, das nicht überschritten werden kann.
rstchown	1	Wenn diese Variable auf 0 gesetzt wird, kann jeder Benutzer den Besitz seiner eigenen Dateien mit Hilfe des Befehls chown auf einen anderen Benutzer übertragen, was standardmäßig nicht möglich ist. Diese Einstellung wird nicht empfohlen!
sd:sd_max_throttle	kein Defaultwert	Maximale Anzahl aneinander gereihter Befehle. Diese auf 10 zu reduzieren, löst unter Umständen einige SCSI/RAID-Probleme.
shmsys:shminfo_shmmax	1 Megabyte	Maximale Größe, die ein Shared Memory-Segment haben kann.
shmsys:shminfo_shmmin	1 Byte	Minimale Größe, die ein Shared Memory-Segment haben muss.
shmsys:shminfo_shmmni	100	Systemweites Limit der Anzahl möglicher Shared Memory-Segmente.
shmsys:shminfo_shmseg	6	Begrenzt die Anzahl von Shared Memory-Segmenten, auf die ein Prozess zugreifen kann.
tune_t_flsflushr	50	Diese Variable enthält die Anzahl von Sekunden, in denen der Zwischenspeicher für Dateisysteme im RAM geschrieben werden soll.
ufs_ninode	ncsize	Diese Variable enthält die Anzahl der Inodes von Dateien, auf die häufig zugegriffen wird, um über diesen Zwischenspeicher ein schnelleres Einlesen zu erreichen.

Tabelle 12.2: Die wichtigsten Kernelvariablen (Forts.)

Systemkonfiguration und -überwachung

Befehle zur Anzeige von Kernelvariablen

Es gibt mehrere Möglichkeiten, um sich den Wert von Kernelvariablen anzeigen zu lassen.

Der Befehl sysdef

Dieser Befehl gibt die im aktuellen Kernel verwendeten Kernelvariablen und ihre Werte in Systembereiche angeordnet aus. Zuerst wird der Wert, dann eine Beschreibung und schließlich die Kernelvariable selbst ausgegeben. Der Befehl führt zuerst allgemeine Systeminformationen auf, wie zum Beispiel die Host-ID:

```
# sysdef
* Hostid   83086231
* Devices
...
 pci, instance #0
     ebus, instance #1
         flashprom (driver not attached)
         eeprom (driver not attached)
         idprom (driver not attached)
 isa, instance #0
 dma, instance #0
     floppy, instance #0
     parallel, instance #0 (driver not attached)
 power, instance #0
     serial, instance #0 (driver not attached)
     serial, instance #1 (driver not attached)
 network, instance #0
 firewire, instance #0
 usb, instance #0
     keyboard, instance #4
     mouse, instance #5...
```

Am Ende werden die Kernelvariablen aufgeführt:

```
* Tunable Parameters
 2457600    maximum memory allowed in buffer cache (bufhwm)
    1882    maximum number of processes (v.v_proc)
      99    maximum global priority in sys class (MAXCLSYSPRI)
    1877    maximum processes per user id (v.v_maxup)
      30    auto update time limit in seconds (NAUTOUP)
      25    page stealing low water mark (GPGSLO)
       5    fsflush run rate (FSFLUSHR)
      25    minimum resident memory for avoiding deadlock (MINARMEM)
      25    minimum swapable memory for avoiding deadlock (MINASMEM)
```

```
* Utsname Tunables
 5.8    release (REL)
 suso2  node name (NODE)
 SunOS  system name (SYS)
 Generic_108528-06  version (VER)
* Process Resource Limit Tunables (Current:Maximum)
            Infinity:Infinity           cpu time
            Infinity:Infinity           file size
            Infinity:Infinity           heap size
0x0000000000800000:Infinity             stack size
            Infinity:Infinity           core file size
0x0000000000000100:0x0000000000000400   file descriptors
            Infinity:Infinity           mapped memory
* Streams Tunables
       9    maximum number of pushes allowed (NSTRPUSH)
   65536    maximum stream message size (STRMSGSZ)
    1024    max size of ctl part of message (STRCTLSZ)
* IPC Messages
    2048    max message size (MSGMAX)
    4096    max bytes on queue (MSGMNB)
      50    message queue identifiers (MSGMNI)
      40    system message headers (MSGTQL)
* IPC Semaphores
      10    semaphore identifiers (SEMMNI)
      60    semaphores in system (SEMMNS)
      30    undo structures in system (SEMMNU)
      25    max semaphores per id (SEMMSL)
      10    max operations per semop call (SEMOPM)
      10    max undo entries per process (SEMUME)
   32767    semaphore maximum value (SEMVMX)
   16384    adjust on exit max value (SEMAEM)
* IPC Shared Memory
 1048576    max shared memory segment size (SHMMAX)
       1    min shared memory segment size (SHMMIN)
     100    shared memory identifiers (SHMMNI)
       6    max attached shm segments per process (SHMSEG)
* Time Sharing Scheduler Tunables
      60    maximum time sharing user priority (TSMAXUPRI)
     SYS    system class name (SYS_NAME)
```

Der Befehl adb

Der Befehl adb ist ein Standarddebugger unter Solaris, mit dessen Hilfe Programme und der Kernel untersucht werden können. Ein Modul, das von diesem Befehl überprüft wird, sollte auch geladen worden sein (vgl. „Der Befehl modinfo" in Abschnitt 12.1). Um den

Systemkonfiguration und -überwachung

Kernel zu prüfen, verwenden Sie die Gerätedatei /dev/ksyms oder /dev/mem oder eine Core-Datei. Der Befehl verzweigt in einen interaktiven Modus, in dem Sie die Werte der Variablen abfragen können. Da normalerweise kein Promptzeichen angegeben wird, ist es möglich, selbst eins zu definieren. Die wichtigsten Optionen des Befehls sind:

Option	Beschreibung
-k	Notwendige Option zur Untersuchung des Kernels.
-P	Definition des Promptzeichens.
-w	Notwendige Option zur Durchführung von Änderungen.

Tabelle 12.3: Die wichtigsten Optionen des Befehls adb

Die Eingabe interaktiver Befehle sollte im Format

`variable,länge/format`

erfolgen. Die Variable ist eine Kernelvariable und die Länge der Anzeige einer Variablen kann hinter dem Variablennamen und einem Komma eingegeben werden. Mögliche Formate sind:

- a = aktuelle Adresse
- D = lange Dezimalzahl
- d = kurze Dezimalzahl
- F = doppelte Fließkommazahl
- f = einfache Fließkommazahl
- i = Maschinenanweisung
- s = Zeichenkette
- X = lange Hexadezimalzahl
- x = kurze Hexadezimalzahl
- Y = langes Datumsformat

Das standardmäßig verwendete Variablenformat kann in den Headerdateien im Verzeichnis /usr/include ermittelt werden. Wenn Sie das falsche Format verwenden, erhalten Sie eine falsche Ausgabe. Die meisten Variablen liegen allerdings im Format »D« vor.

Im folgenden Beispiel wird der Wert der Variablen maxusers ermittelt, wobei das Promptzeichen ein Größerzeichen > sein soll:

```
# adb -P ">" -k /dev/ksyms
physmem 3ac8
>maxusers /D
```

```
maxusers:
maxusers:        117
>$q
```

Mit $q wird der Befehl beendet.

Befehle zur Kernelkonfiguration

Im Gegensatz zu älteren SunOS-Versionen können benötigte Module während des laufenden Betriebs dynamisch geladen oder aus dem Speicher entfernt werden. Daher ist es meistens nicht notwendig, den Kernel neu aufzubauen oder Module manuell zu konfigurieren oder zu laden. Es gibt aber weiterhin Möglichkeiten, ein Modul manuell zu installieren oder aus dem Hauptspeicher zu entfernen.

Der Befehl modinfo

Mit diesem Befehl können Sie alle Module anzeigen, die gerade zum Kernel geladen sind. Der Befehl kennt folgende Optionen:

Option	Beschreibung
-c	Gibt die Anzahl von Instanzen und den aktuellen Status des geladenen Moduls aus.
-i modul	Gibt Informationen über das angegebene Modul aus.
-w	Schneidet die Modulinformationen nicht nach 80 Zeichen ab.

Tabelle 12.4: Die Optionen des Befehls modinfo

Das folgende Beispiel zeigt den Status von Modul 3 an:

```
# modinfo -i 3
Id  Loadaddr  Size  Info  Rev  Module Name
3   f5a7a000  3bc0  1     1    spedfs (filesystem for specfs)
```

Die Spalte Id zeigt die Module-Identifikationsnummer an. Loadaddr enthält die Startadresse und Size die Modulgröße in hexadezimaler Darstellung. Info gibt modulspezifische Informationen aus und Rev enthält die Versionsnummer des Moduls. Module Name zeigt den Namen und die Beschreibung des Moduls an.

Der Befehl modload

Mit diesem Befehl können Sie in den laufenden Kernel ein weiteres Modul laden, ohne das System neu starten zu müssen. Der Befehl kennt folgende Optionen:

Option	Beschreibung
-e skript	Definiert den Namen eines Shellskripts oder ausführbaren Programms, das nach dem erfolgreichen Laden des Moduls ausgeführt werden soll.
-p	Sucht den Modulnamen im Standardpfad.

Tabelle 12.5: Die Optionen des Befehls modload

Der Modulname kann entweder als absoluter Pfadname eingegeben oder mit Hilfe der Option -p über den Standardpfad für Module (definiert durch die Variable modpath) gesucht werden. Dieser lautet normalerweise /kernel und /usr/kernel.

Wenn Sie den Befehl

modload drv/foo

verwenden, sucht der Kernel nach einem Treiber über den relativen Pfad ./drv/foo.

Verwenden Sie dagegen

modload -p drv/foo

so sucht der Kernel nach den Modulen /kernel/drv/foo und /usr/kernel/drv/foo.

Der Befehl modunload

Mit diesem Befehl können Sie aus dem laufenden Kernel ein Modul entfernen, ohne das System neu starten zu müssen. Es lässt sich aber nur entfernen, wenn es gerade nicht verwendet wird. Der Befehl verlangt als Argument die Nummer des zu entfernenden Moduls, die Sie mit Hilfe des Befehls modinfo ermitteln können. Der Befehl kennt folgende Optionen:

Option	Beschreibung
-i modul	Definiert den Namen des zu entfernenden Moduls.
-e skript	Definiert den Namen eines Shellskripts oder ausführbaren Programms, das nach dem erfolgreichen Entfernen des Moduls ausgeführt werden soll.

Tabelle 12.6: Die Optionen des Befehls modload

Der Befehl

```
# modunload -i 35
```

entfernt zum Beispiel das Modul mit der Nummer 35.

12.2 Befehle und Dateien zur Systemkonfiguration

Der Befehl sys-unconfig

Mit Hilfe dieses Befehls ist es möglich, alle Systemparameter eines installierten Systems auf die ursprünglichen Standardwerte zurückzusetzen, um das System anschließend erneut zu konfigurieren. Nach Ausführung des Befehls wird das System automatisch angehalten und dann wieder gestartet. Beim Neustart werden Sie wie bei einer Installation nach den notwendigen Konfigurationsinformationen gefragt, wie zum Beispiel dem Namensdienst, der Zeitzone usw.

Die nachfolgende Tabelle enthält die Namen der Dateien, die von dieser Umkonfiguration betroffen sind, und beschreibt die Aktionen, die mit diesen Dateien durchgeführt werden:

Datei	Ergebnis
/etc/hostname.*	Diese Dateien werden entfernt, daher empfiehlt es sich eventuell, vorher von diesen mit den Befehlen cp /etc/hostname.hme0 /etc/hostname.hme0.old und cp /etc/hostname.le0 /etc/hostname.le0.old usw. eine Sicherungskopie zu machen.
/etc/inet/hosts	Die vorhandene Datei hosts wird unter dem Namen /etc/inet/hosts_saved gesichert und durch die Standarddatei hosts ersetzt.
/etc/inet/netmasks	Diese Datei wird entfernt.
/etc/net/*/hosts	Alle Einträge für den lokalen Rechner werden entfernt.
/etc/nodename	Der Rechnername wird entfernt.
/etc/shadow	Das *root*-Passwort wird entfernt.
/etc/TIMEZONE	Die Zeitzone wird auf den Standardwert PST8PDT zurückgesetzt.

Tabelle 12.7: Dateien, die vom Befehl sys-unconfig *verändert werden*

Systemkonfiguration und -überwachung

Datei	Ergebnis
/etc/domainname	Die Domain wird gelöscht und Namensdienste werden deaktiviert.
/etc/.rootkey	Diese Authentifizierungsdatei wird einschließlich der enthaltenen Schlüssel gelöscht.

Tabelle 12.7: Dateien, die vom Befehl sys-unconfig *verändert werden (Forts.)*

> Wenn Sie nur den Rechnernamen verändern möchten, können Sie den Befehl uname -S *neuername* verwenden.

Der Befehl kdb

Mit diesem Befehl kann die Tastatur konfiguriert werden. Die Standardeinstellungen sind in der Datei /etc/default/kbd hinterlegt. Die Tastatur kann über den Gerätenamen /dev/kbd angesprochen werden. Der Befehl kennt folgende Optionen:

Option	Beschreibung
-a disable oder -a enable	Deaktivieren oder Aktivieren der Möglichkeit, das System über die Tastenkombination [Stop]+[a] zu unterbrechen.
-c on oder -c off	Aktivieren oder Deaktivieren des Tastaturklicks.
-d *gerät*	Angabe einer alternativen Gerätedatei anstelle von /dev/kbd.
-i	Einlesen der Standardkonfiguration aus der Datei /etc/default/kbd.
-r	Zurücksetzen der Tastatur.
-t	Ausgabe des Tastaturtyps.

Tabelle 12.8: Die Optionen des Befehls kbd

Der folgende Befehl gibt den Tastaturtyp aus:

```
# kbd -t
USB keyboard
```

Die Einstellungen mit dem Befehl kbd sind nur temporär. Wenn sie dauerhaft sein sollen, müssen Sie diese über Variablen in der Datei /etc/default/kbd hinterlegen:

Befehle und Dateien zur Systemkonfiguration

Variable	Beschreibung
KEYBOARD_ABORT	Beeinflusst das Verhalten bei Eingabe der Tastenkombination [Stop]+[a]. Standardmäßig enthält die Variable den Wert enable. Durch Zuweisen des Werts disable wird die Möglichkeit eines Systemabbruchs mit [Stop]+[a] deaktiviert.
KEYCLICK	Bestimmt, ob ein Tastaturklick aktiviert sein soll oder nicht. Standardmäßig enthält die Variable den Wert off. Mit on kann der Tastaturklick aktiviert werden.

Tabelle 12.9: Die Variablen der Datei /etc/default/kbd

Der Befehl m64config

Mit diesem Befehl kann die Grafikkarte konfiguriert werden. Im folgenden Beispiel wird die Auflösung des Bildschirms auf 1024x768 Pixel und 85 Hertz eingestellt:

```
# m64config -res 1024x768x85
```

> Der Befehl kennt unzählige Optionen und Konfigurationsmöglichkeiten. Ausführliche Informationen darüber erhalten Sie mit Hilfe des Befehls man m64config. Dieser Befehl konfiguriert MACH-Grafikkarten, während der Befehl ffbconfig zur Konfiguration von SUNWffb-Grafikkarten dient.

Die Datei /etc/default/init

Die Datei /etc/TIMEZONE ist ein symbolischer Link auf diese Datei, die Einstellungen zur Zeitzone mit Hilfe von folgenden Variablen festlegt:

Variable	Defaultwerte	Beschreibung
TZ	MET	Festlegen der Zeitzone. Die Variable wird bereits bei der Installation des Systems definiert.
LC_COLLATE	en_US.ISO8859-1	Darstellen der Sortierreihenfolge.
LC_TIME	en_US.ISO8859-1	Darstellen von Uhrzeit und Datum.
LC_MONETARY	en_US.ISO8859-1	Darstellen von Dezimalstellen bei Währungsbeträgen.
LC_NUMERIC	en_US.ISO8859-1	Darstellen von numerischen Werten.
LANG	en_US.ISO8859-1	Definition der Sprachumgebung.

Tabelle 12.10: Die Variablen der Datei /etc/default/init

Die Datei /etc/default/utmpd

Diese Datei enthält die Variable SCAN_PERIOD. Diese legt fest, in welchen Zeitintervallen in Sekunden die Datei utmp auf mehrfache Einträge hin überprüft werden soll. Standardmäßig wird alle fünf Minuten geprüft:

```
# more /etc/default/utmpd
SCAN_PERIOD=300
```

Die Datei /etc/default/sys-suspend

In dieser Datei können Benutzer eingetragen werden, die den Befehl sys-suspend ausführen dürfen, der das System anhält. Standardmäßig darf dies nur console-owner, der standardmäßig *root* ist:

```
# cat /etc/default/sys-suspend
# Copyright (c) 1999 by Sun Microsystems, Inc.
# All rights reserved.
# pragma ident   "@(#)sys-suspend.dfl   1.3     99/11/09       SMI"
# This file contains user(s) with permission to
# execute sys-suspend(1M).
# The following settings are recognized:
#     all                   any user can use this command
#     -                     nobody except super-user can
#                           use this command
#     <user1, user2, etc.>  a user in this user list or
#                           super-user can use this command.
#                           The list of user is a space and/or
#                           comma (,) seperated list enclosed
#                           in < and > characters.
#     console-owner         a user who owns the system
#                           console device node or super-user
#                           can use this command
#                           (default)
#
PERMS=console-owner
```

Die Datei /etc/nologin

Wenn diese Datei vorhanden ist, kann kein Benutzer sich am System anmelden. Jeder, der eine Anmeldung versucht, erhält als Ausgabe den Inhalt der Datei. Die Datei hat keine Auswirkung auf bereits angemeldete Benutzer oder *root*.

> Dies ist für Wartungsarbeiten am Server geeignet, bei denen der Runlevel nicht geändert werden darf, aber keine Anmeldungen möglich sein sollen.

12.3 Verwaltung von Crash-Dumps

Der Befehl dumpadm

Mit diesem Befehl kann die Verwaltung von Crash-Dumps konfiguriert werden. Ein Crash-Dump ist eine Kopie von Teilen des physikalischen Speichers, die bei einem Systemabsturz erstellt wird. Wenn das System in einem Zustand ist, in dem es nicht mehr sicherstellen kann, dass die vom Rechner gelieferten Daten in Ordnung sind, spricht man von einer »Kernel Panic«. Das System wird dann durch einen automatisch durchgeführten Halt beendet, das heißt, es werden alle Programme abgebrochen und ein Speicherabbild des RAM erzeugt. Dieser so genannte Crash-Dump wird auf dem Dump-Device gespeichert, bei dem es sich in der Regel um eine lokale Partition handelt und das über den Befehl dumpadm konfiguriert werden kann.

Der Crash-Dump ist notwendig für die technische Auswertung der Ursache des Systemabsturzes. Dies kann ein Fehler im Kernel, in einem Gerätetreiber oder in einem anderen Kernelmodul sein, aber auch fehlerhafte Hardware kann einen solchen Absturz verursachen. Nach dem automatischen Systemhalt wird das System wieder hochgefahren und vom Befehl savecore wird der Crash-Dump vom Dump-Device in das Dateisystem kopiert. Das Dump-Device ist standardmäßig die Swap-Partition, weshalb diese auch mindestens die Größe des RAM-Speichers haben sollte. Es werden jeweils zwei Dateien mit den Namen /var/crash/`uname -n`/unix.nr und /var/crash/`uname -n`/vmcore.nr erzeugt, wobei nr der Platzhalter für den Zähler im Falle von mehrfachen Dumps ist. Auch das Verzeichnis, in das der Crash-Dump gesichert werden soll, kann vom Befehl dumpadm konfiguriert werden.

Der Befehl kennt folgende Optionen:

Option	Beschreibung
-c typ	Definiert den Inhalt des Crash-Dumps. Als Argument können kernel (das heißt, nur der Speicherbereich des Kernels soll enthalten sein) oder all (gesamter Speicherbereich) verwendet werden.
-d gerät	Definiert die Dump-Gerätedatei, in die bei einem Systemabsturz gesichert wird. Normalerweise ist das die Swap-Partition. Mögliche Gerätebezeichnungen sind zum Beispiel /dev/dsk/c?t?d?s? oder swap. Im letzteren Fall sucht sich das System den passenden Swap-Bereich selbst aus.

Tabelle 12.11: Die Optionen des Befehls dumpadm

Systemkonfiguration und -überwachung

Option	Beschreibung
-m *anzahl*	Definiert die Mindestgröße, die auf dem Dateisystem nach Sicherung eines Crash-Dumps frei bleiben soll. Die Option legt eine Datei minfree im aktuellen Verzeichnis savecore an. Die freizulassende Restkapazität des vom Crash-Dump betroffenen Dateisystems kann in Kilobyte (k), Megabyte (m) oder in Prozent (%) angeben werden, zum Beispiel -m 100k oder -m 2m oder -m 5%.
-n	Das Programm savecore wird nicht automatisch nach dem Neustart ausgeführt, das heißt, es werden keine Crash-Dumps im Dateisystem gesichert.
-r *root-verz*	Definiert ein alternatives *root*-Verzeichnis, das vom Befehl dumpadm als Sicherungsverzeichnis relativ zum *root*-Verzeichnis interpretiert wird. Wenn diese Option nicht verwendet wird, ist / das *root*-Verzeichnis.
-s *sich-verz*	Definiert das Sicherungsverzeichnis für Crash-Dumps. Standardmäßig wird das Verzeichnis /var/crash/*rechnername* verwendet.
-u	Aktualisiert die Konfigurationsdatei /etc/dumpadm.conf gemäß den aktuellen Kerneleinstellungen.
-y	Führt den Befehl savecore automatisch bei einem Neustart des Systems aus. Dies ist die Standardeinstellung.

Tabelle 12.11: Die Optionen des Befehls dumpadm *(Forts.)*

Der Befehl dumpadm ohne Optionen gibt die aktuelle Dump-Konfiguration aus, in diesem Fall sind es die Standardeinstellungen:

```
# dumpadm
      Dump content: kernel pages
       Dump device: /dev/dsk/c0t0d0s1 (swap)
Savecore directory: /var/crash/suso2
  Savecore enabled: yes
```

Es wird nur der Speicherbereich des Kernels bei einem Systemabsturz gesichert und zwar auf das Dump-Device /dev/dsk/c0t0d0s1, bei dem es sich um eine Swap-Partition handelt. Das Verzeichnis, in das der Befehl savecore die Dump-Dateien kopiert, ist /var/crash/*rechnername* und der Befehl savecore soll bei jedem Reboot automatisch ausgeführt werden. Diese Werte sind in der Datei /etc/dumpadm.conf hinterlegt:

```
# cat /etc/dumpadm.conf
# dumpadm.conf
# Configuration parameters for system crash dump.
# Do NOT edit this file by hand -- use dumpadm(1m) instead.
DUMPADM_DEVICE=/dev/dsk/c0t0d0s1
DUMPADM_SAVDIR=/var/crash/suso2
DUMPADM_CONTENT=kernel
DUMPADM_ENABLE=yes
```

Verwaltung von Crash-Dumps

Diese Datei sollte nicht manuell editiert werden, da ein solches Vorgehen eine inkonsistente Konfiguration nach sich ziehen könnte.

Um die Standardwerte der Datei zu ändern, verwenden Sie den Befehl dumpadm. Im folgenden Beispiel werden das Dump-Device auf einem lokalen Laufwerk und ein neues Sicherungsverzeichnis konfiguriert

```
# dumpadm -d /dev/dsk/c0t2d0s6 -s /dumpdir
```

Das Sicherungsverzeichnis muss bereits angelegt sein.

Der Befehl coreadm

Wenn eine Anwendung oder ein Befehl zu einem unvorhergesehenen Abbruch führt, werden häufig Core-Dateien erzeugt, die Speicherabzüge des Prozesses zum Zeitpunkt des Absturzes darstellen. Diese Dateien sind in der Regel recht groß, könnten aber technisch nach der Absturzursache ausgewertet werden.

Der Befehl coreadm ist neu unter Solaris 9 und soll die Verwaltung der Core-Dateien vereinfachen. Beispielsweise lässt sich steuern, wo diese abgelegt werden. Bisher wurden diese Dateien immer im aktuellen Verzeichnis des verursachenden Prozesses gespeichert, jetzt kann dafür ein zentrales Verzeichnis definiert werden, das aber bereits vorhanden sein muss. Konfigurationseinstellungen lassen sich entweder global für alle Core-Dateien oder für bestimmte Prozesse definieren.

Die Syntax des Befehls lautet:

coreadm [-*option(en)*] [*pid*]

Der Befehl kennt folgende Optionen:

Option	Beschreibung
-g *muster*	Weist das angegebene Muster dem globalen Core-Datei-Muster zu. Das Muster muss mit einem / beginnen und kann jede der speziellen %-Variablen enthalten, die in der nächsten Tabelle beschrieben werden. Die Option kann nur von *root* verwendet werden.
-i *muster*	Weist das angegebene Muster dem Core-Datei-Muster pro Prozess zu. Die Einstellung bleibt nach einem Neustart erhalten. Die Option kann nur von *root* verwendet werden.

Tabelle 12.12: Die Optionen des Befehls coreadm

Systemkonfiguration und -überwachung

Option	Beschreibung
-e *option*	Aktiviert die angegebene Core-Datei-Option. Für *option* sind die folgenden Angaben möglich: global – lässt zu, dass Core-Dumps das globale Core-Muster verwenden. process – lässt zu, dass Core-Dumps das Muster pro Prozess verwenden. global-setid – lässt zu, dass Setid-Core-Dumps das globale Core-Muster verwenden. proc-setid – lässt zu, dass Setid-Core-Dumps das Muster pro Prozess verwenden. log – erzeugt eine Nachricht, wenn versucht wird, eine globale Core-Datei zu erzeugen. Nur *root* kann diese Option verwenden.
-d *option*	Deaktiviert die angegebene Core-Datei-Option (vgl. Option -e). Nur *root* kann diese Option verwenden.
-p *muster*	Weist das für die definierten Prozess-IDs angegebene Muster dem Core-Datei-Muster pro Prozess zu. Das Muster muss nicht mit einem / beginnen und kann jede der speziellen %-Variablen enthalten, die in der nächsten Tabelle beschrieben werden. Wenn es nicht mit / beginnt, wird es relativ zum aktuellen Verzeichnis wirksam, wenn der Prozess eine Core-Datei erzeugt. Die Option kann auch von nicht privilegierten Benutzern für die eigenen Prozesse verwendet werden. *root* kann die Option auf alle Prozesse anwenden.
-u	Aktualisiert die systemweiten Core-Datei-Optionen mit den Inhalten der Konfigurationsdatei /etc/coreadm.conf. Wenn die Datei nicht vorhanden ist oder ungültige Werte enthält, werden Defaultwerte eingestellt. Die Option kann nur von *root* verwendet werden.

Tabelle 12.12: Die Optionen des Befehls coreadm *(Forts.)*

Ein Core-Datei-Muster ist ein normaler Pfadname mit eingebetteten Variablen, die durch ein vorangestelltes Prozentzeichen % definiert und bei der Erzeugung von Core-Dateien ausgewertet werden. Mögliche Variablen sind:

Muster	Beschreibung
%p	Prozess-ID
%u	Effektive Benutzer-ID
%g	Effektive Gruppen-ID
%f	Ausführbarer Dateiname
%n	Rechnername (`uname -n`)

Tabelle 12.13: Die Muster der Optionen des Befehls coreadm

Verwaltung von Crash-Dumps

Muster	Beschreibung
%m	Hardwarename (`uname -m`)
%t	Dezimalwert von time
%%	Maskiertes Prozentzeichen %

Tabelle 12.13: Die Muster der Optionen des Befehls coreadm *(Forts.)*

Das Core-Datei-Muster /var/core/core.%f.%p hätte zum Beispiel für den Befehl ls mit der Prozess-ID 1234 im Absturzfall eine Core-Datei namens /var/core/core.ls.1234 zum Ergebnis.

Der Befehl coreadm gibt ohne Optionen die Standardeinstellungen aus:

```
# coreadm
     global core file pattern:
       init core file pattern: core
            global core dumps: disabled
         per-process core dumps: enabled
      global setid core dumps: disabled
 per-process setid core dumps: disabled
      global core dump logging: disabled
```

Die erste Zeile enthält die Namen der Core-Dateien, wenn sie in einem globalen Verzeichnis abgelegt werden. In der zweiten Zeile wird der Core-Dateiname für den Prozess init definiert. In der dritten Zeile wurde die Erzeugung von globalen Core-Dateien deaktiviert. In der vierten Zeile erfolgt eine Anzeige, dass Core-Dateien im entsprechenden Arbeitsverzeichnis des Prozesses erstellt werden. Die fünfte Zeile besagt, dass Setid-Core-Dateien deaktiviert sind. In der letzten Zeile ist die globale Protokollierung von Core-Dateien deaktiviert.

Die Defaulteinstellungen werden in der Datei /etc/coreadm.conf gespeichert:

```
# more /etc/coreadm.conf
# coreadm.conf
# Parameters for system core file configuration.
# Do NOT edit this file by hand -- use coreadm(1) instead.
COREADM_GLOB_PATTERN=
COREADM_INIT_PATTERN=core
COREADM_GLOB_ENABLED=no
COREADM_PROC_ENABLED=yes
COREADM_GLOB_SETID_ENABLED=no
COREADM_PROC_SETID_ENABLED=no
COREADM_GLOB_LOG_ENABLED=no
```

> Core-Dateien von setUID-Prozessen enthalten unter Umständen sicherheitsrelevante Informationen (entschlüsselte Passwörter) und sollten daher als Sicherheitslücke betrachtet werden. Aus diesem Grund sie auch standardmäßig deaktiviert. Die Datei /etc/coreadm.conf sollte nicht manuell editiert werden.

Im nachfolgenden Beispiel wird von einem Benutzer das Muster für den Core-Dateinamen definiert. Der Befehl muss in eine der Konfigurationsdateien ~/.profile oder ~/.login des Benutzers gestellt werden, damit das Core-Namensmuster für alle Prozesse definiert wird, die in der aktuellen Benutzersitzung laufen:

```
$ coreadm -p core.%f.%p $$
```

Hier ist $$ die Prozess-ID der aktuellen Shell. Das Muster für die Core-Dateinamen pro Prozess wird von allen Kindprozessen geerbt.

Im nächsten Beispiel werden die Core-Dateien eines Benutzers in einem Unterverzeichnis des Homeverzeichnisses mit der Bezeichnung coredateien gespeichert, wobei der Rechnername im Muster durch %n angegeben wird. Dies ist für Benutzer sinnvoll, die auf verschiedenen Rechnern arbeiten, aber immer dasselbe über NFS freigegebene Homeverzeichnis verwenden:

```
$ coreadm -p $HOME/coredateien/%n.%f.%p $$
```

Im letzten Beispiel wird für systemweit erzeugte Core-Dateien ein Namensmuster definiert. Sie sollen im Verzeichnis /core unter Angabe ihrer Prozess-ID (%p) und ihres Dateinamens (%f) abgelegt werden:

```
# coreadm -g /core/%p.%f.core -e global
```

Ein Absturz des Programms test11 mit der Prozess-ID 345 führt zu einer Core-Datei mit der Bezeichnung /core/345.test11.core.

12.4 Tools zur Systemüberprüfung

Der Befehl truss

Dieser Befehl verfolgt die Systemaufrufe und Signale eines angegebenen Befehls. Statt des Befehlsnamens kann alternativ mit Hilfe der Option -p *pid* auch die Prozess-ID verwendet werden. Der Befehl kennt folgende Optionen:

Tools zur Systemüberprüfung

Option	Beschreibung
-p *pid*	Angabe einer PID oder einer Liste von PIDs anstelle von Befehlsnamen.
-f	Alle Systemaufrufe fork() und vfork() werden nachvollzogen.
-c	Ermittelt nur die Anzahl nachvollzogener Systemaufrufe, Fehler und Signale, statt diese zeilenweise anzuzeigen.
-a	Zeigt alle Argumente an, die von jedem Systemaufruf exec() übergeben wurden.
-e	Zeigt alle Umgebungsvariablen an, die von jedem Systemaufruf exec() übergeben wurden.
-i	Zeigt die Systemaufrufe open() und read() nicht an.
-l	Gibt auf jeder Ausgabezeile die ID des verantwortlichen Leight Weight-Prozesses aus.
-d	Gibt auf jeder Ausgabezeile einen Zeitstempel aus.
-D	Gibt auf jeder Ausgabezeile die Differenzzeiten aus.
-t *syscalls*	Nur die angegebenen Systemaufrufe werden nachvollzogen. Wenn ein Ausrufezeichen ! vor einem Systemaufruf steht, wird dieser aus der Überprüfung ausgeschlossen.
-T *syscalls*	Das Nachvollziehen wird beendet, sobald der angegebene Systemaufruf gefunden wird.
-v *syscalls*	Der Aufbau und die Informationen des angegebenen Systemaufrufs werden im ausführlichen Modus angezeigt.
-x *signals*	Gibt die Argumente der mit der Option -t angegebenen Systemaufrufe in hexadezimaler Form aus.
-s *signals*	Nur die angegebenen Signale werden nachvollzogen. Wenn ein Ausrufezeichen ! vor einem Signal steht, wird dieses von der Überprüfung ausgeschlossen.
-S *signals*	Das Nachvollziehen wird beendet, sobald das angegebene Signal gefunden wird.
-m *fehler*	Nur die angegebenen Fehler des Rechners werden nachvollzogen. Wenn ein Ausrufezeichen ! vor einem Fehler steht, wird dieser von der Überprüfung ausgeschlossen.
-M *fehler*	Das Nachvollziehen wird beendet, sobald der angegebene Fehler gefunden wird.
-r *fd*	Die Inhalte des I/O-Puffers für jeden Lesezugriff auf den angegebenen Dateizeigern (File Descriptors) werden ausführlich angezeigt.

Tabelle 12.14: Die Optionen des Befehls truss

Systemkonfiguration und -überwachung

Option	Beschreibung
-w fd	Die Inhalte des I/O-Puffers für jeden Schreibzugriff auf den angegebenen Dateizeigern (File Descriptors) werden ausführlich angezeigt.
-o datei	Die Ausgabe wird in die angegebene Datei gespeichert.

Tabelle 12.14: Die Optionen des Befehls truss *(Forts.)*

Der nachfolgende Befehl verfolgt den Befehl ls -l /etc:

```
# truss ls -l /etc
```

Im nächsten Beispiel wird der Befehl ls nachvollzogen, wobei aber nur eine Ausgabe der Anzahl von Systemaufrufen erfolgt:

```
# truss -c ls /etc/passwd
/etc/passwd
syscall                seconds   calls  errors
_exit                      .00       1
write                      .00       1
open                       .00       4       1
close                      .00       3
time                       .00       1
brk                        .00       4
stat                       .00       1
fstat                      .00       3
ioctl                      .00       3       1
execve                     .00       1
mmap                       .00       8
munmap                     .00       2
memcntl                    .00       1
llseek                     .00       1
lstat64                    .00       1
                       -------  ------    ----
sys totals:                .00      35       2
usr time:                  .00
elapsed:                   .02
```

In diesem Beispiel werden alle Systemaufrufe open() des Befehls ls nachvollzogen:

```
# truss -t open ls /etc/passwd
open("/var/ld/ld.config", O_RDONLY)               Err#2 ENOENT
open("/usr/lib/libc.so.1", O_RDONLY)              = 3
open("/usr/lib/libdl.so.1", O_RDONLY)             = 3
open("/usr/platform/SUNW,Sun-Blade-100/lib/libc_psr.so.1", O_RDONLY) = 3
/etc/passwd
```

Der Befehl apptrace

Dieser Befehl wird zum Debuggen von Anwendungen verwendet. Er verfolgt alle Funktionsaufrufe vom angegebenen Befehl bis zu den Solaris-Bibliotheken. Es ist möglich, mit Hilfe der Option -v die Ausgabe zu formatieren und Objekte oder Funktionsaufrufe durch ein vorangestelltes Ausrufezeichen ! bei den Optionen -F, -T, -f und -t auszuschließen. Der Befehl kennt folgende Optionen:

Option	Beschreibung
-F liste	Aufrufe von gemeinsamen Objekten, die in einer durch Kommas separierten Liste definiert sind, werden nachvollzogen und angezeigt.
-T liste	Aufrufe an gemeinsame Objekte, die in einer durch Kommas separierten Liste definiert sind, werden nachvollzogen und angezeigt.
-o datei	Die Ausgabe erfolgt in die angegebene Datei.
-f	Es erfolgt eine Ablaufprotokollierung für alle Prozesse, die der Systemaufruf fork() erzeugt hat.
-t aufruf	Die angegebenen Funktionsaufrufe werden nachvollzogen.
-v aufruf	Die Ausgabe der angegebenen Funktionsaufrufe erfolgt in einem ausführlichen Format.

Tabelle 12.15: Die Optionen des Befehls apptrace

Im nachfolgenden Beispiel wird der Befehl date nachvollzogen:

```
# apptrace date
  date     -> libc.so.1:atexit(func = 0xff3ba1c8) = 0x0
  date     -> libc.so.1:atexit(func = 0x117e4) = 0x0
  date     -> libc.so.1:setlocale(category = 0x6, locale = "") = "C"
  date     -> libc.so.1:textdomain(domainname =
                  "SUNW_OST_OSCMD") = "SUNW_OST_OSCMD"
...
```

12.5 Systemmeldungen

Der Dienst syslogd

Unter Solaris verwaltet der Daemon zur Systemprotokollierung `syslogd` zentral alle Fehler-, Protokoll- und sonstigen Systemmeldungen. Er kann diese je nach Priorität an die richtigen Protokolldateien oder Benutzer senden. Der Dienst wird automatisch durch das Run Control-Skript `/etc/init.d/syslog` beim Hochfahren des Systems gestartet. Nur ein Systemprotokollierungsdaemon darf im System aktiv sein.

Die Meldungen können in eine systemweite Protokolldatei, wie zum Beispiel `/var/adm/messages`, geschrieben, an der Systemkonsole bzw. an bestimmte Benutzer ausgegeben oder über das Netz an einen `syslogd` eines anderen Rechners gesendet werden. Sie können den Dienst durch das manuelle Editieren der Datei `/etc/syslog.conf` konfigurieren.

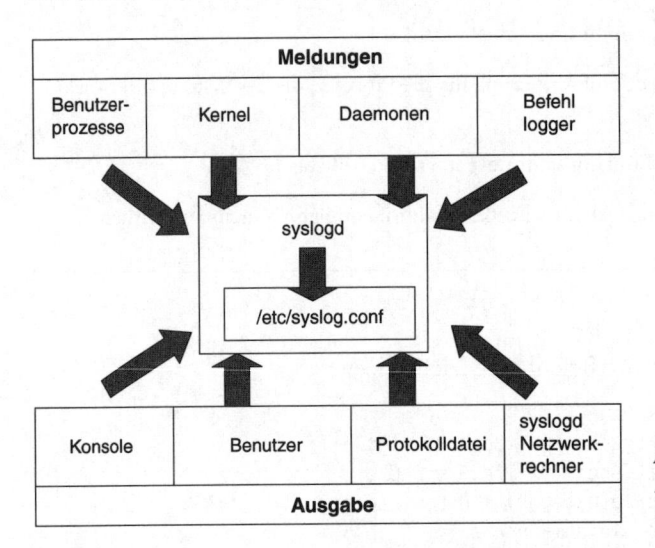

Abbildung 12.1: Funktionsweise des Daemons `syslogd`

Der Daemon `syslogd` kann mit den folgenden Optionen gestartet werden:

Option	Beschreibung
-d	Diese Option aktiviert den Debug-Modus, der nicht in Startskripten verwendet werden darf.
-f datei	Diese Option verwendet die angegebene Konfigurationsdatei statt der standardmäßigen Konfigurationsdatei `/etc/syslog.conf`.

Tabelle 12.16: Die Optionen des Daemons `syslogd`

Systemmeldungen

Option	Beschreibung
-m *intervall*	Diese Option verwendet die angegebenen Intervalle in Minuten zwischen den Meldungen der Gruppe mark (vgl. nächste Tabelle).
-p *protokoll*	Diese Option verwendet die angegebene Protokolldatei bzw. das Protokollgerät anstelle der Standarddatei /var/adm/messages.
-t	Diese Option deaktiviert den syslog-Port (UDP), wodurch Remote-Nachrichten nicht protokolliert werden.

Tabelle 12.16: Die Optionen des Daemons syslogd *(Forts.)*

Die Einträge der Datei /etc/syslog.conf haben folgende Syntax:

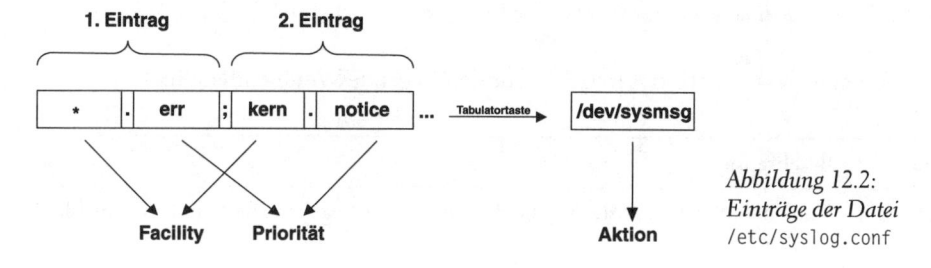

```
1. Eintrag        2. Eintrag

| * | . | err | ; | kern | . | notice | ...  Tabulatortaste  → /dev/sysmsg

        Facility    Priorität                                 Aktion
```

Abbildung 12.2: Einträge der Datei /etc/syslog.conf

Einträge in der Datei bestehen aus jeweils zwei durch einen Punkt getrennten Feldern: die Facility und die Priorität. Mit Hilfe von Semikolons können beliebig viele Einträge aneinander gereiht werden. Nach den Einträgen wird die Aktion aufgeführt, die aber hinter einem Tabulatorsprung eingegeben werden muss.

Facilities sind Gruppen, die Meldungen nach ihrer Art zusammenfassen:

Facility	Beschreibung
Kern	Vom Kernel erzeugte Meldungen.
User	Von Benutzerprozessen erzeugte Meldungen.
Mail	Vom Mailsystem erzeugte Meldungen.
daemon	Von Systemhintergrundprozessen erzeugte Meldungen.
auth	Vom Autorisierungssystem erzeugte Meldungen, das heißt Mitteilungen, die durch die Befehle su und login erzeugt werden.
lpr	Vom Druckdienst erzeugte Meldungen.

Tabelle 12.17: Die Facilities der Datei /etc/syslog.conf

Systemkonfiguration und -überwachung

Facility	Beschreibung
news	Vom USENET-Nachrichtensystem erzeugte Meldungen.
uucp	Vom UUCP-Dienst erzeugte Meldungen.
cron	Vom cron-System erzeugte Meldungen.
local0-7	Diese Facilities können frei verwendet werden.
*	Der Stern steht stellvertretend für alle Facilities gemeinsam, außer mark.
mark	Ermöglicht die Ausgabe eines Zeitstempels. Die Intervalle des Zeitstempels werden beim Aufruf von syslogd mit Hilfe der Option -m definiert, das Standardintervall beträgt 20 Minuten.

Tabelle 12.17: Die Facilities der Datei /etc/syslog.conf *(Forts.)*

Die Prioritäten der Datei /etc/syslog.conf können folgende Werte enthalten:

Priorität	Beschreibung
emerg	Panikmeldungen höchster Wichtigkeit, die in der Regel an alle Benutzer gemeldet werden.
alert	Alarmmeldung von Fehlern, die den Systembetrieb behindern können.
crit	Warnmeldung von kritischen Zuständen, wie zum Beispiel einem Gerätefehler.
err	Weitere Fehlermeldungen, die nicht zu den oben genannten Meldungen gehören.
warning	Allgemeine Warnmitteilungen des Systems.
notice	Mitteilungen, die beachtet werden sollten, aber keine Fehlermeldungen sind.
info	Informative Mitteilungen des Systems.
debug	Meldungen für Debug-Informationen.
none	Meldungen der entsprechenden Facility werden verhindert.

Tabelle 12.18: Die Prioritäten der Datei /etc/syslog.conf

Zu den möglichen Aktionen, die in der Datei /etc/syslog.conf konfiguriert werden können, gehören:

Aktionen	Beschreibung
/dateiname	Protokollierung der Meldungen im angegebenen Dateinamen.
benutzer,benutzer	Protokollierung der Meldungen an die angegebenen Benutzer.
@hostname	Weiterleitung der Meldungen an den syslog-Daemon des angegebenen Rechners.
*	Weiterleiten der Meldungen an alle angemeldeten Benutzer.

Tabelle 12.19: Die Aktionen der Datei /etc/syslog.conf

Die Datei /etc/syslog.conf ist standardmäßig wie folgt aufgebaut:

```
# more /etc/syslog.conf
#ident  "@(#)syslog.conf   1.5     98/12/14 SMI"   /* SunOS 5.0 */
# Copyright (c) 1991-1998 by Sun Microsystems, Inc.
# All rights reserved.
# syslog configuration file.
# This file is processed by m4 so be careful to quote (`') names
# that match m4 reserved words.  Also, within ifdef's, arguments
# containing commas must be quoted.
*.err;kern.notice;auth.notice                   /dev/sysmsg
*.err;kern.debug;daemon.notice;mail.crit        /var/adm/messages
*.alert;kern.err;daemon.err                     operator
*.alert                                         root
*.emerg                                         *
# if a non-loghost machine chooses to have authentication messages
# sent to the loghost machine, un-comment out the following line:
#auth.notice                    ifdef(`LOGHOST', /var/log/authlog, @loghost)
mail.debug                      ifdef(`LOGHOST', /var/log/syslog, @loghost)
# non-loghost machines will use the following lines to cause "user"
# log messages to be logged locally.
ifdef(`LOGHOST', ,
user.err                                        /dev/sysmsg
user.err                                        /var/adm/messages
user.alert                                      `root, operator'
user.emerg                                      *
)
```

Die Zeile *.err;kern.notice;auth.notice /dev/sysmsg bedeutet zum Beispiel, dass Fehlermeldungen aller Facilities sowie Hinweismeldungen des Kernels und des Autorisierungssystems in der Datei /dev/sysmsg mit protokolliert werden sollen.

Die Datei wird bei jedem Systemstart gelesen werden. Der Daemon kann aber auch gestoppt:

`# /etc/init.d/syslog stop`

und neu gestartet werden:

`# /etc/init.d/syslog start`

Dadurch wird die Datei erneut gelesen. Alternativ können Sie die Datei auch mit dem Befehl

`# kill -HUP `cat /etc/syslog.pid``

neu einlesen.

Der Befehl logger

Dieser Befehl, der vor allem in Shellskripts verwendet wird, lässt sich zur Erzeugung von Protokolleinträgen verwenden. Der Befehl kennt folgende Optionen:

Option	Beschreibung
-f datei	Angabe einer Datei, in die protokolliert werden soll.
-i	Die PID des Befehls logger wird mit protokolliert.
-p priorität	Angabe der Facility und Priorität einer Meldung, zum Beispiel mail.error.
-t kennzeichen	Angabe eines beliebigen Fehlerkennzeichens, das dem Protokolleintrag hinzugefügt werden soll.

Tabelle 12.20: Die Optionen des Befehls logger

Die standardmäßige Einstellung für das Facility ist user und für die Priorität notice. Diese Einstellung ist allerdings nicht in der Datei /etc/syslog.conf enthalten, daher erzeugt der Befehl

`# logger +++++ System neu gestartet +++++`

dort keinen Eintrag. Es muss eine entsprechende Zeile user.notice in der Datei /etc/syslog.conf ergänzt oder ein bereits vorhandener Eintrag genutzt werden, zum Beispiel:

`# logger -p user.err +++++ System neu gestartet +++++`

Nun erscheint in der Datei /var/adm/messages die Zeile:

`Sep  3 19:30:52 suso2 her: [ID 702911 user.error] +++++ System neu gestartet +++++`

Der Befehl dmesg

Dieser Befehl zeigt den Kernelpuffer ausführlich an und gibt Meldungen aus, die beim Starten des Systems und während des Systembetriebs auftreten, wobei der Kernelpuffer ständig aktualisiert wird:

```
# dmesg | more
Mon Sep  3 19:39:51 MEST 2001
Sep  2 10:01:51 suso2 pcipsy: [ID 370704 kern.info] PCI-device: pmu@3, pmubus0
Sep  2 10:01:51 suso2 pcipsy: [ID 370704 kern.info] PCI-device: ppm@0, grppm0
Sep  2 10:01:51 suso2 genunix: [ID 936769 kern.info] grppm0 is /pci@1f,0/pmu@3/p
pm@0
Sep  2 10:02:02 suso2 pcipsy: [ID 370704 kern.info] PCI-device: ide@d, uata0
Sep  2 10:02:02 suso2 genunix: [ID 936769 kern.info] uata0 is /pci@1f,0/ide@d
Sep  2 10:02:03 suso2 uata: [ID 114370 kern.info] dad0 at pci10b9,52290
Sep  2 10:02:03 suso2 uata: [ID 347839 kern.info]   target 0 lun 0
Sep  2 10:02:03 suso2 genunix: [ID 936769 kern.info] dad0 is /pci@1f,0/ide@d/dad
@0,0
Sep  2 10:02:03 suso2 dada: [ID 365881 kern.info]       <ST315320A cyl 29649 alt
 2 hd 16 sec 63>
...
```

12.6 Systemüberwachung

Das System sollte regelmäßig bezüglich seiner Auslastung überwacht werden, damit Engpässe in der Systemleistung gegebenenfalls behoben werden können. Zur Systemüberwachung können die bereits an Tag 10 beschriebenen Proctools oder das grafische CDE-Programm `/usr/dt/bin/sdtperfmeter` oder die in diesem Tag beschriebenen Befehle verwendet werden.

Der Befehl busstat

Dieser Befehl überwacht die Busleistung und zeigt Informationen zur Busauslastung an, wobei die am Bus angeschlossenen Geräte die Funktion des Zählers der Busleistung unterstützen müssen. Diese Geräte können Sie mit Hilfe der Option -l auflisten. Weitere Optionen des Befehls sind:

Option	Beschreibung
-a	Anzeige der absoluten Zählerwerte statt der Durchschnittswerte.
-e gerät-instanz	Anzeige einer Liste mit allen vom Gerät unterstützten Ereignissen. Es muss eine Instanznummer nach dem Gerätenamen eingegeben werden, ansonsten wird die erste Instanz verwendet.
-h	Anzeige der Auslastung.
-l	Anzeige der Geräte, die die Zählerfunktion der Busleistung unterstützen.
-n	Unterdrücken der Titelausgabe.
-r gerät-instanz	Anzeige von bestimmten Werten des angegebenen Geräts.
-w gerät-instanz [,pic0=event] [,picn=event]	Auflisten der Geräte, um die angegebenen Ereignisse zu zählen. Nur *root* darf diese Option verwenden.

Tabelle 12.21: Die Optionen des Befehls busstat

Im nächsten Beispiel werden die Ereignisse überwacht, die auf dem sbus1-Gerät 100 Mal in Intervallen zu einer Sekunde gezählt werden sollen.

```
# busstat -r sbus0 1 100
   time dev    event0        pic0      event1        pic1
   1    sbus1  pio_cycles    2321      pio_cycles    2321
   2    sbus1  pio_cycles    48        pio_cycles    48
   3    sbus1  pio_cycles    49        pio_cycles    49
   4    sbus1  pio_cycles    2281      pio_cycles    2281
   ...
```

Der Befehl iostat

Dieser Befehl zeigt Informationen über die Ein- und Ausgabeleistung des Systems an, wie zum Beispiel für Diskettenlaufwerke, serielle Schnittstellen, Bandlaufwerke und SCSI-Festplatten. Es ist möglich, ein Intervall für die Informationsausgabe zu verwenden. Der Befehl hat folgende Syntax:

iostat [*-Option(en)*] *festplatte zeitfaktor wiederholungszeit*

und kennt folgende Optionen:

Option	Beschreibung
-c	Gibt die Zeit in Prozent an, die das System im Benutzer-, im Systemmodus, auf I/0 wartend und im Ruhezustand verbrachte.
-C	Gibt gemeinsam mit den Optionen -n und -x verwendet erweiterte Festplattenstatistiken nach Controller-ID sortiert aus.
-d	Gibt für jede Festplatte die Anzahl Kilobyte aus, die in Sekunden übertragen werden, sowie die Anzahl von Übertragungen pro Sekunde und die durchschnittliche Zeit für Operationen in Millisekunden.
-D	Gibt für jede Festplatte die Lese- und Schreibvorgänge pro Sekunde und den Prozentsatz der Plattenausnutzung an.
-e	Zeigt die Statistik zu Gerätefehlern an. Es werden die Gesamtsumme der Fehler, die Hard-, Soft- und Transportfehler ausgegeben.
-E	Anzeige aller Fehlerstatistiken.
-I	Zeigt die Statistik über die Länge eines Intervalls an.
-l anzahl	Beschränkt die Anzahl der im Bericht aufgeführten Festplatten auf die angegebene Zahl. Die Standardeinstellung ist 4.
-m	Zeigt die Anzahl der Mountpoints des Dateisystems an.
-M	Zeigt den Datendurchsatz in Megabyte pro Sekunde statt Kilobyte pro Sekunde an.
-n	Zeigt die Gerätenamen im logischen Format an.
-p	Zeigt die Statistikdaten nicht nur für die gesamte Festplatte, sondern auch für die einzelnen Partitionen an.
-P	Zeigt die Statistikdaten nicht für die gesamte Festplatte, sondern nur für die einzelnen Partitionen an.
-r	Gibt die Daten in einem durch Kommas getrennten Format aus.
-s	Unterdrückt Meldungen, die sich auf »Zustandsänderungen« beziehen.
-t	Gibt die Anzahl der auf Terminals ein- und ausgegebenen Zeichen aus.
-T	Gibt einen Zeitstempel aus.
-x	Gibt ausführlichere Festplattenstatistiken für jede Festplatte aus.
-z	Gibt keine Zeilen aus, die mit Nullen gefüllt sind.

Tabelle 12.22: Die Optionen des Befehls iostat

Systemkonfiguration und -überwachung

Im nachfolgenden Beispiel wird eine Statistik über die bei Geräten aufgetretenen Fehler angezeigt:

```
# iostat -ne
      ---- errors ---
   s/w  h/w  trn  tot
     0    0    0    0 c0t0d0
     0    0    0    0 fd0
     0    2    0    2 c0t1d0
     0    0    0    0 suso2:vold(pid284)
```

Der Befehl mpstat

Dieser Befehl zeigt bei Multiprozessorrechnern Informationen über die Verteilung der Prozesse auf die zur Verfügung stehenden Prozessoren an.

Der Befehl vmstat

Dieser Befehl gibt Informationen über Systemdaten aus, wie zum Beispiel die Auslastung des virtuellen Speichers und die Aktivität der Festplatten und des Prozessors. Der Befehl hat folgende Syntax:

vmstat [-*Option(en)*] *festplatte zeitfaktor wiederholungszeit*

und kennt folgende Optionen:

Option	Beschreibung
-c	Gibt die Anzahl der Abgleiche des Cache- mit dem Hauptspeicher aus.
-i	Gibt die Anzahl von Interrupts seit dem Systemstart aus.
-S	Gibt die Swapaktivität aus.
-s	Gibt Informationen über aufgetretene Systemereignisse seit dem Systemstart aus.

Tabelle 12.23: Die Optionen des Befehls vmstat

```
# vmstat -s | more
        0 swap ins
        0 swap outs
        0 pages swapped in
        0 pages swapped out
    57620 total address trans. faults taken
     6138 page ins
       17 page outs
```

```
 8887 pages paged in
   18 pages paged out
13680 total reclaims
13679 reclaims from free list
    0 micro (hat) faults
57620 minor (as) faults
 5304 major faults
11630 copy-on-write faults
```
...

Der Befehl sar

Mit Hilfe dieses Befehls können Sie Systemressourcen auch längerfristig überwachen. Auch dieser Befehl benötigt die Angabe eines Zeitintervalls und eines Wiederholungsfaktors:

`sar [-Option(en)] zeitintervall wiederholungsfaktor`

Die wichtigsten Optionen dieses Befehls lauten:

Option	Beschreibung
-a	Gibt einen Bericht über die Dateisystemroutinen aus und zeigt die Anzahl der Inode-Einträge im Inode-Cache (`iget/s`), die Auflösung von Pfadnamen im Dateisystem (`namei/s`) und die Anzahl vom System gelesener Verzeichnisblöcke (`dirbk/s`) an.
-A	Gibt alle verfügbaren Daten aus.
-b	Gibt Informationen über die Verwendung von Systempuffern aus.
-c	Gibt Informationen über Systemaufrufe aus.
-d	Gibt Informationen über die Aktivitäten jedes Block Devices aus.
-e `zeit`	Angabe einer Uhrzeit, bis zu der die Statistiken erfasst werden sollen. Der Standardwert ist 18.00 Uhr.
-f `datei`	Angabe einer Datei, in der die Informationen gespeichert werden sollen.
-g	Gibt Informationen zur Pagingaktivität des Systems in Bezug auf die Auslagerung von Speicherseiten aus.
-i `sek`	Wählt Daten im angegebenen Sekundenintervall aus.
-k	Gibt Statistiken über die Speicherreservierung und -verwendung durch Prozesse aus.
-m	Gibt Informationen zu Aktivitäten zu Message-Queues und Semaphoren aus.

Tabelle 12.24: Die Optionen des Befehls sar

Option	Beschreibung
-o datei	Speichert die Ausgabe des Befehls zusätzlich in der angegebenen Datei.
-p	Gibt Informationen zur Pagingaktivität des Systems in Bezug auf die Einlagerung von Speicherseiten in den RAM aus.
-q	Gibt die durchschnittliche Länge und Verwendungsdauer der Prozesswarteschlange aus.
-r	Gibt die Anzahl von freien Hauptspeicherseiten und Festplattenblöcken aus.
-s zeit	Angabe der Uhrzeit, ab wann die Erfassung der Informationen beginnen soll. Die Standardvorgabe ist 8.00 Uhr.
-u	Gibt Informationen zur Verwendung der CPU aus.
-v	Gibt den Status der Prozess-, der Inode- und der Dateitabelle aus.

Tabelle 12.24: Die Optionen des Befehls sar *(Forts.)*

Im folgenden Beispiel wird ein Bericht mit Hilfe der Option -a 30 Mal wiederholt alle 10 Sekunden ausgegeben:

```
# sar -a 10 30
SunOS suso2 5.8 Generic_108528-06 sun4u     09/05/01
19:29:04    iget/s  namei/s  dirbk/s
19:29:14      0        1        0
19:29:24      0        0        0
19:29:34      0        2        1
19:29:44     43      383       60
19:29:54      8      106       22
```

12.7 Systemabrechnung

Solaris kennt ein Abrechnungssystem oder so genanntes Accounting-System, das aus vielen verschiedenen Programmen besteht. Sie haben damit die Möglichkeit, den Verbrauch an Systemleistung pro Benutzer zu berechnen und entsprechende Berichte zu erzeugen. Sie haben bereits die Dateien /var/adm/wtmp und /var/adm/utmp kennen gelernt, die mit protokollieren, ob und wie lange ein Benutzer sich am System angemeldet hat. Es gibt aber weitere Dateien, die ebenfalls für die Systemabrechnung verwendet und an diesem Tag vorgestellt werden.

Das Abrechnungssystem muss zuerst aktiviert werden. Dazu ist es notwendig, dass die Programmpakete SUNWaccr und SUNWaccu installiert sind. Um die Abrechnung für die Runlevel 2 und 3 zu aktivieren, müssen Sie einen symbolischen Link auf das entsprechende Run Control-Skript erstellen:

ln -s /etc/init.d/acct /etc/rc2.d/S22acct

Beim Hochfahren des Systems wird die Meldung Starting process accounting erzeugt. Zum Beenden des Abrechnungssystems muss ebenfalls ein Link erzeugt werden:

ln -s /etc/init.d/acct /etc/rc0.d/K22acct

Das Accounting-System kann auch manuell aktiviert:

/etc/init.d/acct start

und deaktiviert werden:

/etc/init.d/acct stop

Systemabrechnungsbefehle

Der Befehl /usr/lib/acct/dodisk

Dieser Befehl sollte vor dem Abrechnungsbefehl runacct gestartet werden, damit seine Ergebnisse in den Tagesbericht mit eingebunden werden. Mit seiner Hilfe lassen sich die Dateisysteme auswählen, die durchsucht werden sollen.

Der Befehl /usr/lib/acct/acctdusg

Dieser Befehl kann nach dem Befehl dodisk gestartet werden, um die Statistiken in der Datei /var/adm/acct/nite/disktacct zu erfassen.

Der Befehl /usr/lib/acct/runacct

Sie können das Programm runacct zur Erstellung eines Tagesberichts verwenden. Dazu muss dieses Skript einmal am Tag gestartet werden, am besten durch einen Eintrag in der crontab (vgl. Ende dieses Abschnitts). Es werden verschiedene Statistikdaten ausgewertet und in Dateien eingetragen. Das Programm bearbeitet Dateien, die Festplatten-, Gebühren- und Prozessstatistiken enthalten, und kann auch Summendateien für Tagesberichte und Berechnungszwecke erstellen.

Systemkonfiguration und -überwachung

Der Befehl untergliedert seine Bearbeitung in unterschiedliche Zustände, dazu gehören:

Zustand	Beschreibung
SETUP	Verschiebt aktive Abrechnungsdateien in Arbeitsdateien.
WTMPFIX	Überprüft die Datei wtmpx auf Integrität und korrigiert gegebenenfalls Änderungen.
CONNECT	Erzeugt den Bericht über den Verbindungsaufbau.
PROCESS	Erzeugt den Bericht über die Prozessabrechnung.
MERGE	Führt die Berichte von CONNECT und PROCESS zusammen.
FEES	Erzeugt einen Bericht über die Gebührenabrechnung und fügt diesen dem oben genannten Bericht hinzu.
DISK	Führt den Bericht zur Festplattenabrechnung mit dem oben genannten Bericht zusammen.
MERGETACCT	Erzeugt den Tagesbericht.
CMS	Erzeugt einen Bericht über die verwendeten Befehle.
USEREXIT	Für diesen Zustand können eigene Systemabrechnungsprogramme verwendet werden.
CLEANUP	Löscht die temporären Arbeitsdateien.

Tabelle 12.25: Die Zustände des Programms runacct

Im nachfolgenden Beispiel wird der Befehl runacct gestartet:

nohup runacct 2> /var/adm/acct/nite/fd2log &

Im nächsten Beispiel wird der Befehl mit einem bestimmten Zustand erneut gestartet:

nohup runacct 0601 MERGE 2>> /var/adm/acct/nite/fd2log &

Der Befehl legt folgende Dateien an:

```
/var/adm/acct/nite/owtmp
/var/adm/acct/nite/lineuse
/var/adm/acct/nite/active
/var/adm/acct/nite/daytacct
/var/adm/acct/nite/daycms
/var/adm/acct/nite/cms
/var/adm/acct/nite/lastdate
/var/adm/acct/nite/statefile
/var/adm/sum/loginlog
/var/adm/sum/rprt<datum>
```

Der Befehl /usr/lib/acct/prdaily

Dieses Programm gibt Tagesberichte auf der Basis der Ergebnisse des Befehls runacct aus, zum Beispiel:

```
# /usr/lib/acct/prdaily
Sep  6 15:42 2001  DAILY REPORT FOR irland-t Page 1
from Fri Aug 31 12:48:03 2001
to   Thu Sep  6 15:41:39 2001
5        system boot
5        run-level 3
1        run-level 5
1        acctg on
1        runacct
1        acctcon
TOTAL DURATION IS 8814 MINUTES
LINE         MINUTES   PERCENT   # SESS   # ON   # OFF
/dev/pts/6   0         0         0        0      7
console      1292      15        10       10     23
pts/6        2         0         3        3      4
/dev/pts/5   0         0         0        0      2
TOTALS       1294      --        13       13     36
...
UID NAME  PRIME  PRIME  PRIME  NPRIME  PRIME  NPRIME  BLOCKS   PROCS  SESS  SAMPLES
0   TOTAL 0      0      276    0       1294   0       6923298  128    32    0
0   root  0      0      271    0       19     0       6006104  120    31    0
1   daemon 0     0      0      0       0      0       8        0      01    0
2   bin   0      0      0      0       0      0       439760   0      01    0
...
```

Ein Tagesbericht wird mit dem Dateinamen /var/adm/acct/sum/rprt<*MMTT*> abgespeichert.

Der Befehl /usr/lib/acct/monacct

Dieser Befehl kann Tagesberichte einmal monatlich zusammenfassen.

Der Befehl /usr/lib/acct/ckpacct

Dieser Befehl überwacht die Größe der Protokolldatei für Prozesse mit dem Namen /var/adm/pacct, kopiert sie gegebenenfalls und legt die alte Version unter einer Versionsnummer ab.

Der Befehl /usr/lib/acct/chargefee

Dieser Befehl kann Benutzerkonten mit Gebühren für bestimmte Administrationsaufgaben belasten und hat folgende Syntax:

`# /usr/lib/acct/chargefee` benutzer gebühren

Der Befehl /usr/lib/acct/acctcom

Dieser Befehl erzeugt einen Bericht über die Prozessaktivität.

Der Befehl /usr/lib/acct/acctcon

Dieser Befehl erzeugt einen Bericht über die Anmeldevorgänge von Benutzern.

Die Datei /etc/acct/holidays

In dieser Datei können Sie die Abrechnungszeit für Kernarbeitszeiten (Prime Time) und die sonstigen Zeiten (None Prime-Time) sowie die Feiertage des Jahres hinterlegen.

Systemabrechnung mit Hilfe von crontab

Eine `crontab`-Datei für die Systemabrechnung könnte zum Beispiel wie folgt aufgebaut sein:

```
# MinutenStundenTagMonatWochentagBefehl
# Überprüfung der Größe der Protokolldatei jede halbe Stunde
0,30   *  *  *  *  /usr/lib/acct/ckpacct
# Starten von runacct um 3 Uhr mit Fehlerumlenkung
0      3  *  *  *  /usr/lib/acct/runacct 2> /var/adm/rerr.log
# Starten der Monatsabrechnung um 20 Uhr immer am 30. des Monats
0     20 30  *  *  /usr/lib/acct/monacct
# Erzeugen des Tagesberichts um 5 Uhr in der Datei /var/adm/tb.log
0      5  *  *  *  /usr/lib/acct/prdaily > /var/adm/tb.log
```

In der ersten Zeile wird die Protokolldatei überprüft, damit diese nicht zu groß wird. Gegebenenfalls wird eine neue Protokolldatei angelegt. In der zweiten wird der Befehl runacct gestartet und seine Fehlerausgabe in ein Fehlerprotokoll umgelenkt. Die dritte Zeile startet am Ende des Monats eine Monatsabrechnung und die letzte Zeile erzeugt vormittags einen Tagesbericht in einer Protokolldatei.

12.8 Powermanagement von Solaris

Unter Solaris ist ein Powermanagementsystem implementiert, das auf Sparc-Rechnern der Hardwarekategorien sun4u und sun4m aktiviert werden kann, um in den Energiesparmodus zu gelangen. Dabei ist allerdings zu beachten, dass cron-Jobs oder Hintergrundprogramme während des aktivierten Powermanagements nicht möglich sind. Das Powermanagement kontrolliert keine externen Geräte, sondern steuert nur die Energieversorgung des Bildschirms und der CPU. Wurde ein Rechner mittels des Powermanagements in den Suspendmodus versetzt, so kann eine Reaktivierung (Resume) über die Powertaste der Tastatur (Taste ganz oben rechts) erfolgen. In diesem Fall wird statt des Programms ufsboot der Befehl cprboot verwendet, da die entsprechende PROM-Monitor-Variable bootfile dann den Wert -F cprbooter cprboot enthält.

> Bei der INTEL-Version steht das Powermanagement nur begrenzt zur Verfügung.

Befehle und Dateien des Powermanagements

Der Befehl /etc/init.d/power

Dieses Skript legt die Datei /etc/power.conf an und startet den Daemon powerd, der das Powermanagement verwaltet.

Der Befehl pmconfig

Dieser Befehl konfiguriert den Daemon powerd und wird beim Systemstart vom Powermanagementskript aufgerufen. Mit Hilfe der Option -r lässt sich das Powermanagement deaktivieren.

Der Befehl /usr/openwin/bin/sys-suspend

Mit diesem Befehl kann das System in den Suspendmodus gebracht werden. Dabei werden die aktuellen Systemeinstellungen in eine Datei geschrieben und beim Reaktivieren des Systems wird diese Datei wieder ausgelesen.

Benutzer, die diesen Befehl verwenden dürfen, müssen in die Datei /etc/default/sys-suspend eingetragen werden.

Die Datei /etc/power.conf

In dieser Datei findet sich die Konfiguration des Powermanagements. Die Sektion Statefile enthält die Angabe, wo die Datei .CPR gespeichert werden soll, die benötigt wird, um die Kernel- und Benutzerprozesse beim Aktivieren des Suspendmodus zu speichern. Die Sektion Auto-Shutdown enthält die Informationen, dass die Inaktivität des Systems 30 Minuten dauern und zwischen 9:00 und 18:00 Uhr liegen muss, bevor der Suspendmodus aktiviert wird.

```
# more /etc/power.conf
# Copyright (c) 1996 - 1999 by Sun Microsystems, Inc.
# All rights reserved.
#pragma ident    "@(#)power.conf 1.14    99/10/18 SMI"
# Power Management Configuration File
# NOTE: The entry below is only used when no windowing environment
# is running.  When running windowing environment, monitor power
# management is controlled by the window system.
# Statefile              Path
statefile                /etc/.CPR
# Auto-Shutdown  Idle(min)      Start/Finish(hh:mm)     Behavior
autoshutdown     30             9:00 18:00              noshutdown
device-dependency /dev/fb /dev/kbd
device-dependency-property removable-media /dev/fb
autopm           enable
```

> Das Powermanagementsystem kann auch mit Hilfe des CDE-Tools dtpower eingerichtet werden.

12.9 Zusammenfassung

An diesem Tag wurden verschiedene Bereiche der Betriebssystemkonfiguration vertieft. Es beschrieb die Aufgaben des Kernels und die einzelnen Kernelmodule. Sie lernten die Datei /etc/system genauer kennen, mit deren Hilfe Sie Einstellungen zum Kernel vornehmen können. Anschließend wurden verschiedene Kernelvariablen und ihre Bedeutung erklärt. Es wurde erläutert, wie Sie mit Hilfe von verschiedenen Befehlen Informationen über die Kernelvariablen ausgeben können. Außerdem wurden Befehle vorgestellt, mit denen Sie den Kernel rekonfigurieren können.

Im Anschluss wurde die Verwaltung von Crash-Dumps und Core-Dateien beschrieben. Sie lernten die erforderlichen Möglichkeiten kennen, um die Systemprotokollierung Ihren Wünschen entsprechend zu gestalten. Danach wurden Befehle zur Systemüberwachung aufgeführt. Sie erfuhren, welche Möglichkeiten zur Systemabrechnung das Betriebssystem Solaris bietet. Schließlich wurde noch die Steuerung des Powermanagements von Solaris vorgestellt.

12.10 F&A

F *Ich möchte den Namen meines Systems verändern. Soll ich den Befehl* `sys-unconfig` *verwenden?*

A Nein, dieser Befehl setzt die komplette Systemkonfiguration so zurück, dass Sie ein neu installiertes System haben. Verwenden Sie in Ihrem Fall den Befehl `uname -S`.

F *Ich habe das Gefühl, dass der Befehl* `df -k` *die per Automounter gemounteten Dateisysteme automatisch in den Verzeichnisbaum einhängt. Kann ich den Befehl* `truss -t open,read df -k` *verwenden, wenn ich diese Vermutung nachvollziehen möchte?*

A Ja, dieser Befehl wird Ihnen zeigen, dass Ihre Vermutung nicht begründet ist. Der Befehl `df` mountet keine Dateisysteme, auch nicht indirekt.

F *Ich habe die Datei* `/etc/syslog.conf` *um einen Eintrag erweitert. Es scheint mir aber, als würde dieser Eintrag ignoriert. Warum?*

A Sie müssen den Daemon `syslogd` erneut starten, damit er diese Veränderung erkennt. Dies lässt sich manuell mit Hilfe des Befehls `kill -HUP `cat /etc/syslog.pid`` durchführen.

12.11 Übungen

1. Konfigurieren Sie den Dienst `syslogd` so, dass er die Aktivitäten der Daemons `telnet` und `login` mit protokolliert. Fügen Sie dazu die Zeile

   `*.err;kern.debug;daemon.notice;mail.crit;auth.notice    /var/adm/messages`

   in der Datei `/etc/syslog.conf` hinzu. Erweitern Sie dann die Zeile

   `/usr/sbin/inetd -s -t &`

   um die Option -t in der Datei `/etc/init.d/inetsvc`.

2. Starten Sie den Daemon `syslogd` und den Prozess `/etc/init.d/inetsvc` erneut.

3. Melden Sie sich von einem anderen Terminalfenster aus mit `telnet` auf Ihrem Rechner mehrere Male an und beobachten Sie mit dem Befehl `tail -f /var/adm/messages`, was dabei mit protokolliert wird.

4. Legen Sie für Core-Dateien ein neues Verzeichnis `/core` an. Die Core-Dateien sollen zukünftig in diesem Verzeichnis erzeugt werden. Ihre Namen sollen aus dem Programmnamen, der Prozessnummer und der Endung `.core` bestehen.

Tag 13

Softwareinstallation

Softwareinstallation

An diesem Tag lernen Sie, wie Sie Softwarepakete nachträglich installieren oder gegebenenfalls deinstallieren. Sie erfahren, wie Sie mit Hilfe des Befehls pkginfo überprüfen, ob ein Paket auf Ihrem System installiert wurde oder ob sich ein Softwarepaket auf einer bestimmten CD-ROM befindet.

Anschließend werden Patches, ihr Aufbau und ihre Bedeutung erläutert. Sie erhalten die Information, woher Patches bezogen werden können. Sie lernen, Patches zu installieren und gegebenenfalls wieder zu entfernen.

13.1 Softwarepakete

Dieser Tag beschäftigt sich ausführlich, aber auch ausschließlich mit dem von Solaris unterstützten Paketsystem. Es sollte aber darauf hingewiesen werden, dass dies nicht die einzige mögliche Art ist, um neue Software auf dem System zu installieren. Es gibt eine Vielzahl von sehr guter und frei verfügbarer Software, die üblicherweise als Programmquellcode in gepackter Form vorliegt. Zur Installation benötigen Sie also auf jeden Fall einen Compiler für die jeweilige Sprache, meistens C oder C++. Genaue Anweisungen für die Kompilierung und die nachfolgende Installation der Software werden in den Paketen in Form von Readme-Dateien angeboten.

> Ein guter Einstiegspunkt, um sich über frei verfügbare Software zu informieren, ist die Website *http://www.gnu.org*.

Befehle der Paketverwaltung

Software für das Betriebssystem Solaris und die Anwendungen unter Unix wird in Paketen oder Packages zusammengefasst, zu denen auch Installations- und Informationsdateien gehören. Solche Pakete werden unter Solaris mit dem Befehl pkgmk erstellt, damit ein Systemadministrator Softwarepakete immer auf dieselbe Weise einspielen oder wieder entfernen kann. Alle Veränderungen am System werden bei der Installation mit protokolliert, so dass sich diese auch bei einer Deinstallation wieder vollständig rückgängig machen lassen.

Ein Paket liegt entweder in Form eines Verzeichnisses vor, das alle Installationsprogramme und die einzelnen zu installierenden Dateien enthält, oder als Datei. Zwischen den beiden Formaten kann mit Hilfe des Befehls pkgtrans eine Konvertierung durchgeführt werden.

Der Befehl pkginfo

Dieser Befehl zeigt Informationen über die auf dem System installierten Pakete oder über die auf einem anderen Datenträger befindlichen Softwarepakete an. Die Syntax des Befehls lautet:

`pkginfo [-option(en)] [paketname]`

Der Befehl kennt folgende Optionen:

Option	Beschreibung
-a architektur	Definiert den Typ der Architektur der anzuzeigenden Pakete, zum Beispiel mit `sparc` oder `i386` oder `ppc`.
-c kategorie	Zeigt die installierten Pakete der angegebenen Kategorie an, zum Beispiel `system` oder `application`.
-d gerät	Definiert das Gerät, auf dem sich die Software befindet. Als Gerät kann ein absoluter Verzeichnisname oder der Gerätename eines Band-, eines Disketten- oder eines CD-ROM-Laufwerks verwendet werden. Das standardmäßige Spool-Verzeichnis für Softwarepakete lautet `/var/spool/pkg`.
-i	Gibt nur Informationen über vollständig installierte Pakete aus.
-l	Definiert das ausführliche Format, das alle verfügbaren Informationen eines Pakets enthält.
-p	Gibt nur Informationen für teilweise installierte Pakete aus.
-q	Keine Angabe von Informationen. Stattdessen wird nur mit dem Returncode gemeldet, ob ein Paket installiert ist oder nicht. Diese Option wird in Shellskripten verwendet.
-r	Listet die Verzeichnisse auf, in die ein Softwarepaket installiert wurde.
-R verzeichnis	Definiert den vollständigen Pfadnamen eines Verzeichnisses, das als root-Verzeichnis für die Installation verwendet werden soll. Alle zu installierenden Dateien werden relativ zu diesem Verzeichnis eingespielt.
-v version	Gibt die Version des Pakets aus.
-x	Zeigt ausführlichere Informationen über ein Paket an, wie zum Beispiel den abgekürzten und vollständigen Paketnamen, die Paketarchitektur und die Version.

Tabelle 13.1: Die Optionen des Befehls `pkginfo`

Softwareinstallation

> Die Optionen -p und -i sind in Verbindung mit der Option -d ohne Bedeutung.
> Die Optionen -q, -x und -l schließen sich gegenseitig aus.

Ohne Optionen zeigt der Befehl alle auf dem System installierten Pakete an. In der ersten Spalte steht die Paketkategorie, in der zweiten Spalte der Paketname und die dritte Spalte enthält die ausführliche Beschreibung des Pakets.

```
# pkginfo | more
...
application SUNWAhwfr    Solaris on Sun Hardware Collection - French
application SUNWAhwit    Solaris on Sun Hardware Collection - Italian
application SUNWAhwsv    Solaris on Sun Hardware Collection - Swedish
application SUNWaadm     Solaris 9 System Administrator Collection
system      SUNWab2r     AnswerBook2 Documentation Server
system      SUNWab2s     AnswerBook2 Documentation Server
system      SUNWab2u     AnswerBook2 Documentation Server
system      SUNWabcp     Asian SunOS 4.x Binary Compatibility
application SUNWabe      Solaris 9 User Collection
application SUNWabhdw    Solaris 9 10/00 on Sun Hardware Collection
application SUNWabict    Solaris ABI Application Certification Tools (unbundled
version)
application SUNWabido    Appcert ABI Models
application SUNWabimo    Solaris ABI Models
application SUNWabsdk    Solaris 9 Software Developer Collection
system      SUNWaccr     System Accounting, (Root)
system      SUNWaccu     System Accounting, (Usr)
system      SUNWadmap    System administration applications
system      SUNWadmc     System administration core libraries
system      SUNWadmfw    System & Network Administration Framework
system      SUNWadmj     Admin/Install Java Extension Libraries
...
```

Der folgende Befehl gibt weitere Informationen zum installierten Paket SUNWman aus, das die Manual Pages enthält:

```
# pkginfo -l SUNWman
   PKGINST:  SUNWman
      NAME:  On-Line Manual Pages
  CATEGORY:  system
      ARCH:  sparc
   VERSION:  41.0,REV=31
   BASEDIR:  /usr
    VENDOR:  Sun Microsystems, Inc.
      DESC:  System Reference Manual Pages
    PSTAMP:  tinkertoym09133331
```

```
INSTDATE:   Jan 23 2001 01:05
HOTLINE:    Please contact your local service provider
STATUS:     completely installed
FILES:       6569 installed pathnames
               13 shared pathnames
               78 directories
               75743 blocks used (approx)
```

Die Manual Pages verwenden 75.743 Blöcke zu je 512 Byte Größe.

Wenn Sie sich ein auf der CD-ROM befindliches Paket genauer anzeigen lassen möchten, verwenden Sie den folgenden Befehl:

```
# pkginfo -d /cdrom/cdrom0/s0/Solaris_8/Product -l SUNWcdrw
   PKGINST:  SUNWcdrw
      NAME:  CD read and write utility for Solaris
  CATEGORY:  system
      ARCH:  sparc
   VERSION:  1.0,REV=2000.07.12.10.09
   BASEDIR:  /
    VENDOR:  Sun Microsystems, Inc.
      DESC:  Utility to write CD-R/RW for Solaris
    PSTAMP:  niceair20000712100942
  INSTDATE:  Jan 23 2001 03:39
   HOTLINE:  Please contact your local service provider
    STATUS:  spooled
     FILES:     7 spooled pathnames
                5 directories
                1 executables
                1 setuid/setgid executables
                221 blocks used (approx)
```

Der Befehl pkgadd

Dieser Befehl entpackt und kopiert Dateien vom verwendeten Installationsmedium auf die lokale Festplatte beim Hinzufügen eines neuen Softwarepakets. Der Befehl kennt folgende Optionen:

Option	Beschreibung
-a *datei*	Angabe einer Datei für die Konfiguration des Verhaltens des Befehls pkgadd. Standardmäßig wird die Datei /var/sadm/install/admin/default verwendet.
-d *verzeichenis*	Angabe des Pfads für das zu installierende Softwarepaket.

Tabelle 13.2: Die Optionen des Befehls pkgadd

Option	Beschreibung
-n	Starten einer nicht interaktiven Installation von Paketen.
-r *datei*	Angabe des Pfads und des Namens für eine mit Hilfe des Befehls pkgask angelegte Informationsdatei.
-R *verzeichnis*	Definiert den vollständigen Pfadnamen eines Verzeichnisses, das als root-Verzeichnis für die Installation verwendet werden soll. Alle zu installierenden Dateien werden relativ zu diesem Verzeichnis eingespielt.
-s *verzeichnis*	Installiert ein Paket nicht, sondern legt es nur im angegebenen Spool-Verzeichnis ab. Standardmäßig wird /var/spool/pkg als Spool-Verzeichnis verwendet.
-v	Aktiviert eine ausführliche Ausgabe.
-V *datei*	Angabe einer Datei, in der alternativ zur Datei /etc/vfstab nach Dateisysteminformationen gesucht werden kann.

Tabelle 13.2: Die Optionen des Befehls pkgadd *(Forts.)*

Sie werden nach dem Entpacken gefragt, ob Sie mit der Installation fortfahren möchten. Der folgende Befehl installiert das Paket SUNWaudio:

```
# pkgadd -d /cdrom/cdrom0/s0/Solaris_8/Product SUNWaudio
Processing package instance <SUNWaudio> from
</cdrom/cdrom0/s0/Solaris_8/Product>
Audio applications
(sparc) 3.6.4,REV=1.98.12.03
Copyright 1999 by Sun Microsystems, Inc. All rights reserved.
Using </> as the package base directory.
## Processing package information.
## Processing system information.
   2 package pathnames are already properly installed.
## Veryfying package dependencies.
## Veryfying disk space requirements.
## Checking for conflicts with packages already installed.
## Checking for setuid/setgid programs.
This package contains scripts which will be executed with super-user
permission during the process of installing this package.
Do you want to continue with the installation of <SUNWaudio> [y,n,?] y
Installing Audio applications as <SUNWaudio>
## Installing part 1 of 1
Installation of <SUNWaudio> was successful.
```

Im nachfolgenden Beispiel wird das Paket SUNWman in das standardmäßige Spool-Verzeichnis /var/spool/pkg kopiert, um von dort aus später über das Netzwerk auf verschiedene andere Rechner installiert zu werden:

```
# pkgadd -d /cdrom/cdrom0/s0/Solaris_8/Product -s spool SUNWman
Transferring <SUNWman> package instance
```

Alternativ lässt sich ein Paket auch in ein bereits vorhandenes Verzeichnis einspielen:

```
# pkgadd -d /cdrom/cdrom0/s0/Solaris_8/Product -s /spoolverz SUNWman
Transferring <SUNWman> package instance
# ls /spoolverz
SUNWman
```

Der Befehl pkgrm

Dieser Befehl löscht Softwarepakete aus dem System, wobei Abhängigkeiten zwischen Paketen berücksichtigt werden. Der Befehl kennt folgende Optionen:

Option	Beschreibung
-a datei	Angabe einer Datei für die Konfiguration des Verhaltens des Befehls pkgrm. Standardmäßig wird die Datei /var/sadm/install/admin/default verwendet.
-n	Starten einer nicht interaktiven Deinstallation von Paketen.
-R verzeichnis	Entfernt ein Softwarepaket relativ zum angegebenen Verzeichnis.
-s verzeichnis	Deinstalliert ein Paket nicht, sondern entfernt es nur aus dem Spool-Verzeichnis. Standardmäßig wird /var/spool/pkg als Spool-Verzeichnis verwendet.
-V datei	Angabe einer Datei, in der alternativ zur Datei /etc/vfstab nach Dateisysteminformationen gesucht werden kann.

Tabelle 13.3: Die Optionen des Befehls pkgrm

Sie werden gefragt, ob Sie mit der Deinstallation fortfahren möchten.

Der folgende Befehl deinstalliert das Paket SUNWcodte (Simplified Chinese (EUC) Core OPENLOOK Desktop Package):

```
# pkgrm SUNWcodte
The following package is currently installed:
   SUNWcodte      Simplified Chinese (EUC) Core OPENLOOK Desktop Package
                  (sparc) 8.0,REV=1999.12.26.12.55
Do you want to remove this package?    y
## Removing installed package instance <SUNWcodte>
```

Softwareinstallation

```
This package contains scripts which will be executed with super-user
permission during the process of removing this package.
Do you want to continue with the removal of this package [y,n,?,q] y
## Veryfing package dependencies
## Processing package information
...
/usr/openwin/lib/oldlocale <shared pathname not removed>
/usr/openwin/lib/locale/zh/OW_FONT_SETS/OpenWindows.fs
/usr/openwin/lib/locale/zh/OW_FONT_SETS
/usr/openwin/lib/locale/zh/LC_MESSAGES/olwmslave.mo
/usr/openwin/lib/locale/zh/LC_MESSAGES/olwm_messages.mo
/usr/openwin/lib/locale/zh/LC_MESSAGES/SUNW_DESKSET_OWOBSOLETE.mo
/usr/openwin/lib/locale/zh/LC_MESSAGES <shared pathname not removed>
/usr/openwin/lib/locale/zh.UTF-8/LC_MESSAGES/SUNW_DESKSET_OWOBSOLETE.mo
/usr/openwin/lib/locale/zh.UTF-8/LC_MESSAGES <shared pathname not removed>
/usr/openwin/lib/locale/zh.UTF-8 <shared pathname not removed>
/usr/openwin/lib/locale/zh.GBK/LC_MESSAGES/SUNW_DESKSET_OWOBSOLETE.mo
/usr/openwin/lib/locale/zh.GBK/LC_MESSAGES <shared pathname not removed>
/usr/openwin/lib/locale/zh.GBK <shared pathname not removed>
/usr/openwin/lib/locale/zh <shared pathname not removed>
/usr/openwin/lib/locale/chinese <shared pathname not removed>
/usr/openwin/lib/locale <shared pathname not removed>
/usr/openwin/lib <shared pathname not removed>
/usr/openwin <shared pathname not removed>
## Updating system information.
Removal of <SUNWcodte> was successful.
```

Auch gespoolte Softwarepakete können auf diese Weise aus dem System entfernt werden:

```
# pkgrm -s /spoolverz SUNWman
```

Zur Anzeige, Installation und Deinstallation von Softwarepaketen lässt sich auch das grafische Verwaltungsprogramm admintool verwenden. Rufen Sie dazu im Menü Browse die Option Software und dann im Menü Edit die gewünschte Funktion auf, zum Beispiel Add oder Remove.

Der Befehl pkgask

Dieser Befehl kann zur Speicherung der Antworten in einer Datei verwendet werden, die auf die Fragen bei der Installation eines Softwarepakets bereitgestellt werden sollen. Auf diese Weise können Pakete ohne Benutzereingaben installiert werden. Der Befehl kennt folgende Optionen:

Option	Beschreibung
-d verzeichnis	Angabe des Verzeichnisses, das das Softwarepaket enthält. Standardmäßig wird das Verzeichnis /var/spool/pkg verwendet.
-r datei	Angabe des kompletten Pfadnamens der Datei, die die Antworten zur Installation des Softwarepakets enthalten soll.
-R verzeichnis	Installiert ein Softwarepaket relativ zum angegebenen Verzeichnis.

Tabelle 13.4: Die Optionen des Befehls pkgask

Der folgende Befehl zeigt die Erstellung einer Antwortdatei für das Paket SUNWman, das sich auf der ersten Software-CD-ROM des Installationspakets befindet:

pkgask -d /cdrom/cdrom0/s0/Solaris_8/Product -r /install/response SUNWman

Der Befehl pkgchk

Dieser Befehl kann Softwarepakete vor oder nach ihrer Installation auf ihre Konsistenz hin überprüfen, basierend auf einer vom Hersteller mitgelieferten Datei. Wird ein Softwarepaket vor der Installation überprüft und das Ergebnis ist fehlerhaft, dann kann das Paket nicht installiert werden, zum Beispiel wenn das Paket unvollständig ist. Der Befehl kennt folgende Optionen:

Option	Beschreibung
-a	Nur Dateiattribute und nicht die Dateigröße werden überprüft.
-c	Nur die Dateigröße und nicht die Dateiattribute wird überprüft.
-d verzeichnis	Angabe des Verzeichnisses, das das Softwarepaket enthält.
-e datei	Die Überprüfung findet auf der Basis der angegebenen Datei statt.
-f	Anzeige von fehlenden Dateien und Korrektur von abweichenden Dateiattributen.
-i datei	Eine Liste von Pfadnamen wird aus der Datei gelesen und mit der Basisdatei verglichen.
-l	Auflisten aller Informationen eines Pakets.
-n	Keine Überprüfung von veränderlichen Dateien.

Tabelle 13.5: Die Optionen des Befehls pkgchk

Softwareinstallation

Option	Beschreibung
-p verzeichnis	Nur die angegebenen Verzeichnisnamen werden überprüft.
-q	Diese Option unterdrückt Meldungen und lässt sich daher gut in Shellskripten anwenden.
-R verzeichnis	Angabe des relativen Verzeichnisses.
-v	Ausführlicher Ausgabemodus.
-V datei	Angabe einer Datei, in der alternativ zur Datei /etc/vfstab nach Dateisysteminformationen gesucht werden kann.
-x	Es werden Dateien in den Verzeichnissen des Softwarepakets gesucht, die nicht zu diesem Paket gehören.

Tabelle 13.5: Die Optionen des Befehls pkgchk *(Forts.)*

Der folgende Befehl zeigt die Überprüfung des installierten Pakets SUNWbash an:

```
# pkgchk -v SUNWbash
ERROR: /usr
    group name <sys> expected <other> actual
/usr
/usr/bin
/usr/bin/bash
/usr/share
/usr/share/man
/usr/share/man/man1
/usr/share/man/man1/bash.1
```

Im nächsten Beispiel werden mit Hilfe des Befehls pkgchk Informationen zur Paketinstallation von /usr/bin/ls angezeigt:

```
# pkgchk -l -p /usr/bin/ls
Pathname: /usr/bin/ls
Type: regular file
Expected mode: 0555
Expected owner: root
Expected group: bin
Expected file size (bytes): 18844
Expected sum(1) of contents: 34850
Expected last modification: Jan 06 00:57:54 2000
Referenced by the following packages:
        SUNWcsu
Current status: installed
```

Sie können auch überprüfen, ob sich eine Datei nach einer Paketinstallation verändert hat. Dazu sollte aber auch bereits vor der Installation eine Überprüfung erfolgt sein, um einen Vergleichswert zu besitzen:

```
# pkgchk -p /etc/passwd
ERROR: /etc/passwd
    permissions <0644> expected <0444> actual
    file size <414> expected <778> actual
    file cksum <34239> expected <151> actual
```

Die Datei /etc/passwd hat sich seit der Installation verändert, da neue Benutzer hinzugefügt wurden. Wenn Sie nun ein Paket installieren und die Datei anschließend erneut mit pkgchk überprüfen, weicht die neue Ausgabe nur von der alten Ausgabe ab, wenn die Datei durch die Paketinstallation verändert wurde.

Der Befehl pkgmk

Dieser Befehl erzeugt ein installierbares Softwarepaket für den Befehl pkgadd. Der Paketinhalt wird im Verzeichnisformat erzeugt. Der Befehl verwendet eine Prototypdatei als Eingabe und erzeugt eine pkgmap-Datei, wobei der Inhalt jedes Eintrags der Prototypdatei auf den passenden Ausgabeort kopiert wird. Gleichzeitig werden Informationen bezüglich des Inhalts berechnet, wie zum Beispiel die Prüfsumme, die Größe der Datei und das Änderungsdatum, und in der Datei pkgmap gespeichert. Der Befehl kennt folgende Optionen:

Option	Beschreibung
-a architektur	Überschreiben des Architekturtyps der Datei pkginfo mit dem angegebenen Typ.
-b basisverz	Stellt das angegebene Basisverzeichnis voran, um Objekte auf dem Quellrechner zu finden.
-d gerät	Erzeugt das Paket auf dem angegebenen Gerät. Als Gerät kann ein absoluter Verzeichnisname oder der Gerätename eines Band- oder eines Diskettenlaufwerks verwendet werden. Das standardmäßige Spool-Verzeichnis für Softwarepakete lautet /var/spool/pkg.
-f prototyp	Verwendet die angegebene Prototypdatei als Eingabe für den Befehl. Der Standarddateiname lautet [Pp]rototype.
-l limit	Definiert die maximale Größe des Ausgabegeräts in Blöcken zu 512 Byte. Diese Option ist in Verbindung mit dem Befehl pkgtrans sehr nützlich, um ein Paket in einem anderen Format zu erzeugen.
-o	Überschreibt das Paket, falls es bereits existiert.

Tabelle 13.6: Die Optionen des Befehls pkgmk

Option	Beschreibung
`-p zeitstempel`	Überschreibt den Zeitstempel der Paketerstellung in der Datei `pkginfo`.
`-r verzeichnis`	Ignoriert die Zielverzeichnisse der Prototypdatei und verwendet stattdessen das angegebene Verzeichnis.
`-v version`	Überschreibt die Version des Pakets mit der angegebenen Version.
`variable=wert`	Definiert die angegebene Variable in der Paketumgebung.

Tabelle 13.6: Die Optionen des Befehls `pkgmk` (Forts.)

> Dieser Befehl ist ein sehr komplexer Befehl. Ausführliche Hinweise zu seiner Verwendung bietet die Firma Sun Microsystems auf der Website *http://docs.sun.com* an.

Der Befehl pkgparam

Dieser Befehl zeigt die Werte an, die der Hersteller zur Paketinformation in der Datei `pkginfo` eingetragen hat. In jeder Zeile wird eine Variable zusammen mit ihrem Wert ausgegeben. Der Befehl kennt folgende Optionen:

Option	Beschreibung
`-d gerät`	Definiert das Gerät, auf dem ein Paket gespeichert ist. Als Gerät kann ein absoluter Verzeichnisname oder der Gerätename eines Band-, eines Disketten- oder eines CD-ROM-Laufwerks verwendet werden. Das standardmäßige Spool-Verzeichnis für Softwarepakete lautet `/var/spool/pkg`.
`-f datei`	Durchsucht die Datei nach Parameterwerten.
`-R verzeichnis`	Definiert den vollständigen Pfadnamen eines Unterverzeichnisses als root-Verzeichnis. Alle Datei sind relativ zu diesem root-Verzeichnis abgelegt.
`-v`	Ausführliche Ausgabe mit Anzeige der Parameter und ihrer Werte.

Tabelle 13.7: Die Optionen des Befehls `pkgparam`

Die Ausgabe der Parameter für das Paket `SUNWaudio` kann zum Beispiel wie folgt aussehen:

```
# pkgparam -v SUNWaudio | more
CLASSES='none'
BASEDIR='/'
LANG=''
TZ='US/Pacific'
```

```
PATH='/sbin:/usr/sbin:/usr/bin:/usr/sadm/install/bin'
OAMBASE='/usr/sadm/sysadm'
PKG='SUNWaudio'
NAME='Audio applications'
ARCH='sparc'
VERSION='3.6.20,REV=1.1999.12.03'
SUNW_PKGVERS='1.0'
CATEGORY='system'
SUNW_PRODNAME='Audio'
SUNW_PRODVERS='3.6.2'
DESC='Audio binarics'
VENDOR='Sun Microsystems, Inc.'
HOTLINE='Please contact your local service provider'
EMAIL=''
MAXINST='1000'
SUNW_PKGTYPE='usr'
PSTAMP='dtbuild38s19991204142646'
PATCHLIST=''
PKGINST='SUNWaudio'
PKGSAV='/var/sadm/pkg/SUNWaudio/save'
INSTDATE='Jan 23 2001 00:58'
```

Der Befehl pkgtrans

Dieser Befehl kann Paketformate übersetzen und dadurch zum Beispiel Pakete auf Datenträger kopieren und konvertieren. Dabei kann er ein Paket im Verzeichnisformat in ein Paket im Dateiformat und umgekehrt umwandeln. Der Befehl kennt folgende Optionen:

Option	Beschreibung
-i	Nur die Dateien pkginfo und pkgmap werden kopiert.
-n	Erzeugt eine neue Paketinstanz auf dem Zielgerät. Existiert dort bereits eine Instanz (Version), dann wird die neue Instanz durch eine höhere Zahl gekennzeichnet.
-o	Überschreibt dieselbe Instanz auf dem Zielgerät.
-s	Das Paket in Dateiform wird nicht im Verzeichnisformat auf den Datenträger geschrieben.

Tabelle 13.8: Die Optionen des Befehls pkgtrans

Im nachfolgenden Beispiel werden alle Pakete auf dem Diskettenlaufwerk /dev/diskette umgewandelt und das Ergebnis wird in das Verzeichnis /tmp gestellt:

```
# pkgtrans /dev/diskette /tmp all
```

Im nächsten Beispiel werden die Pakete *pkg1* und *pkg2* im Verzeichnis /tmp umgewandelt und das Ergebnis wird auf die Diskette im Datenstromformat geschrieben:

```
# pkgtrans -s /tmp /dev/diskette pkg1 pkg2
```

Dateien der Paketverwaltung

Die Datei /var/sadm/install/admin/default

Diese Datei steuert die Konfiguration der Softwareverwaltung mit Hilfe verschiedener Variablen, die regeln, wie Pakete standardmäßig eingespielt werden. Diese Variablen können entweder direkt in der Datei verändert oder mit Hilfe der Option -a und dem Befehl pkgadd verändert werden.

```
# cat /var/sadm/install/admin/default
#ident  "@(#)default   1.4    92/12/23 SMI"  /* SVr4.0  1.5.2.1   */
mail=
instance=unique
partial=ask
runlevel=ask
idepend=ask
rdepend=ask
space=ask
setuid=ask
conflict=ask
action=ask
basedir=default
```

Die Variablen haben folgende Bedeutung:

Variable	Beschreibung
mail	Angabe der Mailadresse von Benutzern, die über Paketinstallationen informiert werden sollen.
instance	Steuert die Aktion für den Fall, dass ein Paket schon zum Teil oder vollständig installiert ist. Mögliche Werte sind unique, overwrite, quit und ask.
partial	Überprüfen von Teilinstallationen. Mögliche Werte sind nocheck, quit und ask.

Tabelle 13.9: Die Variablen der Datei /var/sadm/install/admin/default

Variable	Beschreibung
runlevel	Überprüfen, ob der Runlevel mit den Paketangaben übereinstimmt. Mögliche Werte sind nocheck, quit und ask.
idepend	Überprüfung der Abhängigkeiten bei der Installation. Mögliche Werte sind nocheck, quit und ask.
rdepend	Überprüfung der Abhängigkeiten beim Entfernen eines Pakets. Mögliche Werte sind nocheck, quit und ask.
space	Überprüfung des vom Paket benötigten minimalen Speicherplatzes. Mögliche Werte sind nocheck, quit und ask.
setuid	Überprüfung des Pakets auf Installation von SUID- und SGID-Programmen. Mögliche Werte sind nochange, nocheck, quit und ask.
conflict	Definiert die Aktion für den Fall, dass ein bereits vorhandenes Paket durch die Installation überschrieben wird. Mögliche Werte sind nochange, nocheck, quit und ask.
action	Überprüfung der Installationsskripte auf das SUID- und SGID-Bit. Mögliche Werte sind nocheck, quit und ask.
basedir	Festlegen des Installationsverzeichnisses für den Fall, dass es vom Hersteller nicht angegeben wurde. Mögliche Werte sind default und ask.

Tabelle 13.9: Die Variablen der Datei /var/sadm/install/admin/default *(Forts.)*

Als Werte der Variablen können folgende Angaben hinterlegt werden:

Variablenwert	Beschreibung
unique	Neues Paket installieren, ohne das alte zu überschreiben.
overwrite	Überschreiben der vorhandenen Installationsdateien.
quit	Abbrechen der Installation.
ask	Interaktives Nachfragen beim Benutzer.
nocheck	Teilinstallationen ignorieren.
nochange	Beibehalten der alten Werte.
default	Das Basisverzeichnis des Pakets verwenden.

Tabelle 13.10: Die Werte der Variablen in /var/sadm/install/admin/default

Die Datei /var/sadm/install/contents

Alle Dateien und Verzeichnisse, die durch eine Paketinstallation in das System eingespielt werden, werden in diese Datei eingetragen.

```
# more /var/sadm/install/contents
/bin=./usr/bin s none SUNWcsr
/dev d none 0755 root sys SUNWcsr SUNWcsd
/dev/arp=../devices/pseudo/arp@0:arp s none SUNWcsd
/dev/conslog=../devices/pseudo/log@0:conslog s none SUNWcsd
...
/etc/apache/zone.properties e preserve 0644 root bin 5741 9119 954414952 SUNWapchr
/etc/asppp.cf e preserve 0744 root sys 360 27915 947116578 SUNWapppr
/etc/auto_home e preserve 0644 root bin 50 4502 947117318 SUNWatfsr
/etc/auto_master e automaster 0644 root bin 113 9773 947117318 SUNWatfsr
/etc/autopush=../sbin/autopush s none SUNWcsr
...
```

Jeder Eintrag enthält den Installationspfad, die Zugriffsrechte, den Besitzer und die Gruppe, die Größe der Datei und den Namen des Pakets.

Mit Hilfe des folgenden Befehls finden Sie heraus, durch welches Paket eine bestimmte Datei installiert oder verändert wurde:

```
# grep passwd /var/sadm/install/contents
/etc/default/passwd e preserve 0444 root sys 74 4934 947116785 SUNWcsr
/etc/passwd e passwd 0644 root sys 414 34239 947116290 SUNWcsr
...
```

Die Datei /var/sadm/install/adm/logs

In dieser Datei werden Fehler mit protokolliert, die während der Installation von Paketen auftreten.

Das Verzeichnis /var/sadm/install/pkg

In diesem Verzeichnis befindet sich für jedes installierte Paket ein Unterverzeichnis, das sowohl die Informationsdatei pkginfo als auch eine Protokolldatei enthält. In der Protokolldatei wird jede Veränderung am System erfasst, die beim Installieren des Pakets vorgenommen wurde.

13.2 Patchverwaltung

Allgemeines zu Patches

Ein Patch kann sowohl eine Erweiterung bzw. Verbesserung einer Software als auch eine Ausbesserung eines Programmfehlers sein. Er liegt in Form eines Verzeichnisses vor, das als Bezeichnung die Patchnummer kombiniert mit der Versionsnummer des Patches trägt, zum Beispiel `102412-03`. Dieses Verzeichnis hat die Patchnummer `102412` und die Versionsnummer `03`.

Kunden mit Supportvertrag können eine CD-ROM mit Patchupdates anfordern, die in der Regel alle sechs bis acht Wochen erscheint. Parallel dazu können Patches aber auch aus dem Internet von der Website *http://sunsolve.sun.com* heruntergeladen werden. Dabei sollte ein Sun-Kunde seinen Benutzernamen und sein Passwort verwenden, um auf alle Patches Zugriff zu haben. Besucher der Website ohne Supportvertrag wird nur Zugriff auf die öffentlich zugänglichen Patches gewährt, die mit `Public Access Patches` gekennzeichnet sind.

> Patches lassen sich natürlich auch per FTP herunterladen, indem Sie eine FTP-Verbindung zu Sun herstellen, mit dem Befehl `ftp sunsolve.sun.com` oder im Browser die Adresse `ftp://sunsolve.sun.com` eingeben.

Zu den wichtigsten Patchdokumenten gehören:

- Die Datei `Solaris9.PatchReport`, die alle empfohlenen Patches für Solaris 9 zusammenfasst.

- Die Datei `9_Recommended.zip`, die alle empfohlenen Patches für Solaris 9 als Patchcluster enthält.

- Die Datei `9_Recommended.README`, die wichtige Informationen zur Installation der empfohlenen Patches für Solaris 9 enthält.

Patches können in unterschiedlichen Formaten vorliegen, je nachdem, für welche Solaris-Version sie gelten und woher sie stammen:

- Patches von Solaris 7, 8 und 9 liegen im `zip`-Format vor, zum Beispiel `107211-04.zip`, und können mit dem Befehl `unzip` entpackt werden.

- Patches bis einschließlich Solaris 2.6 sind komprimierte Dateien im `tar.Z`-Format, zum Beispiel `107211-04.tar.Z`. Diese können mit dem Befehl `compress` entpackt und mit dem Befehl `tar` dearchiviert werden.

Softwareinstallation

- Die CD-ROMs für Patches bis einschließlich Solaris 2.6 enthalten komprimierte Dateien im tar.gz-Format, zum Beispiel 107211-04.tar.gz, und können mit dem Befehl gunzip entpackt und mit dem Befehl tar dearchiviert werden.

Im nachfolgenden Beispiel wird der aus dem Internet heruntergeladene Patch 111234-01.zip für Solaris 8 entpackt:

```
# unzip 111234-01.zip
Archive:  111234-01.zip
   creating: 111234-01/
  inflating: 111234-01/.diPatch
   creating: 111234-01/SUNWcsu/
  inflating: 111234-01/SUNWcsu/pkgmap
  inflating: 111234-01/SUNWcsu/pkginfo
   creating: 111234-01/SUNWcsu/install/
  inflating: 111234-01/SUNWcsu/install/checkinstall
  inflating: 111234-01/SUNWcsu/install/copyright
  inflating: 111234-01/SUNWcsu/install/i.none
  inflating: 111234-01/SUNWcsu/install/patch_checkinstall
  inflating: 111234-01/SUNWcsu/install/patch_postinstall
  inflating: 111234-01/SUNWcsu/install/postinstall
  inflating: 111234-01/SUNWcsu/install/preinstall
   creating: 111234-01/SUNWcsu/reloc/
   creating: 111234-01/SUNWcsu/reloc/usr/
   creating: 111234-01/SUNWcsu/reloc/usr/bin/
  inflating: 111234-01/SUNWcsu/reloc/usr/bin/finger
  inflating: 111234-01/README.111234-01
```

Der Inhalt des Patchverzeichnisses ist in der Regel wie folgt aufgebaut:

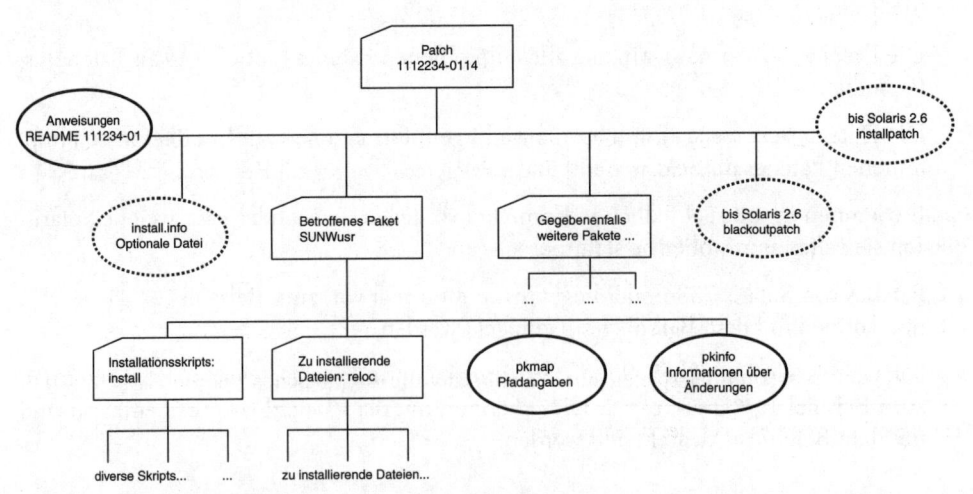

Abbildung 13.1: Aufbau eines Patchverzeichnisses

Befehle und Dateien der Patchverwaltung

Wenn Sie einen Patch mit Hilfe des Befehls patchadd einspielen und dieser anschließend Probleme mit Ihrem System verursacht, können Sie den Patch jederzeit wieder komplett mit Hilfe des Befehls patchrm entfernen, da die durch den Patch ausgetauschte Software standardmäßig aufbewahrt wird.

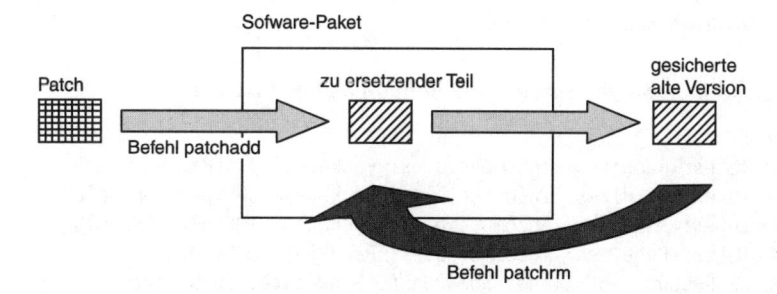

Abbildung 13.2: Einspielen von Patches

Der Befehl patchadd

Mit Hilfe dieses Befehls lässt sich ein Patch im System einspielen. Der Befehl kennt folgende Optionen:

Option	Beschreibung
-B verzeichnis	Angabe eines Verzeichnisses, in das die Dateien gesichert werden, die beim Einspielen des Patch verändert werden. Standardmäßig ist dies das Verzeichnis /var/sadm/patch.
-C verzeichnis	Angabe des Bootverzeichnisses eines Bootservers, um Clients beim Booten mit Patches zu versorgen.
-d	Der Patch wird ohne Sicherung der veränderten Dateien eingespielt. Dadurch lässt sich der Patch nicht wieder mit Hilfe des Befehls patchrm entfernen.
-M verzeichnis patchid	Angabe des Verzeichnisses und der Patchnummer, um aus diesem Verzeichnis den entsprechenden Patch auszulesen.
-p	Zeigt eine Liste aller auf dem Rechner eingespielten Patches an.
-R verzeichnis patchid	Einspielen eines Patch relativ zum angegebenen Verzeichnis.

Tabelle 13.11: Die Optionen des Befehls patchadd

Option	Beschreibung
-S version patchid	Definiert einen alternativen Dienst, zum Beispiel Solaris_2.3. Dieser Dienst ist Teil des Client-/Server-Modells und kann nur von der Serverkonsole aus verwendet werden.
-u	Einspielen des Patch, ohne die zu verändernde Datei zu überprüfen.

Tabelle 13.11: Die Optionen des Befehls patchadd *(Forts.)*

Mit Hilfe der Option -p können Sie die bereits installierten Patches anzeigen:

```
# patchadd -p | more
Patch: 109087-01 Obsoletes: Requires: Incompatibles: Packages: JSat8xw
Patch: 108664-04 Obsoletes: Requires: Incompatibles: Packages: SMEvplr, SMEvplu
Patch: 108664-06 Obsoletes: Requires: Incompatibles: Packages: SMEvplr, SMEvplu
Patch: 109157-07 Obsoletes: Requires: Incompatibles: Packages: SUNW5ddst,
SUNW5ddte, SUNW5dezt, SUNW5dwm, SUNW5leue, SUNWcddst, SUNWcddte, SUNWcdezt,
SUNWcdwm, SUNWcleue, SUNWcudez, SUNWcudst, SUNWcudte, SUNWcudwm, SUNWculee,
SUNWcwsr, SUNWgddst, SUNWgddte, SUNWgdezt, SUNWgdwm, SUNWgleue, SUNWhddst,
SUNWhddte, SUNWhdezt, SUNWhdwm, SUNWhleue, SUNWhudez, SUNWhudst, SUNWhudte,
SUNWhudwm, SUNWhulee, SUNWkddst, SUNWkddte, SUNWkdezt, SUNWkdwm, SUNWkleue,
SUNWkudda, SUNWkuddt, SUNWkudwm, SUNWkudzt, SUNWkulee
...
```

Im nachfolgenden Beispiel wird der entpackte Patch 1112234-01 in das System eingespielt:

```
# patchadd 111234-01
Checking installed patches...
Verifying sufficient filesystem capacity (dry run method)...
Installing patch packages...
Patch number 111234-01 has been successfully installed.
See /var/sadm/patch/111234-01/log for details
Patch packages installed:
  SUNWcsu
```

Bis Solaris 2.6 wird das zum Patch mitgelieferte Skript installpatch zum Einspielen von Patches verwendet.

Der Befehl showrev

Dieser Befehl zeigt ebenfalls die installierten Patches an. Wird die Option -p verwendet, entspricht seine Ausgabe der des Befehls patchadd -p.

Der Befehl patchrm

Mit Hilfe dieses Befehls können Sie den Patch wieder entfernen, falls er Ihnen Probleme bereitet. Es kann allerdings vorkommen, dass das Entfernen aus folgenden Gründen nicht möglich ist:

- Sie haben den Patch mit dem Befehl `patchadd -d` installiert und dadurch die alte Version nicht aufbewahrt.
- Der Patch ist für die Funktion eines anderen Patch notwendig.
- Der Patch wurde durch einen späteren Patch ersetzt.

Im folgenden Beispiel wird der Patch 111234-01 wieder aus dem System entfernt:

```
# patchrm 111234-01
Checking installed patches...
Backing out patch 111234-01...
Patch 111234-01 has been backed out.
```

> Bis Solaris 2.6 wird das zum Patch mitgelieferte Skript `backoutpatch` zum Entfernen von Patches verwendet.

Das Verzeichnis /var/adm/patch

In diesem Verzeichnis wird für jeden installierten Patch ein entsprechendes Unterverzeichnis angelegt, das sowohl die geänderten Dateien als auch die Packageinformationen und die Patchprotokolle enthält:

```
# ls -l /var/sadm/patch
total 30
drwxr-x---   2 root      root          512 Jan 23  2001 108528-06
drwxr-x---   2 root      root          512 Jan 23  2001 108576-12
drwxr-x---   2 root      root          512 Jan 23  2001 108606-08
drwxr-x---   2 root      root          512 Jan 23  2001 108664-06
...
drwxr-x---   2 root      root          512 Jan 23  2001 110383-01
drwxr-x---   2 root      root          512 Jan 23  2001 110723-01
drwxr-x---   2 root      other         512 Sep  9 12:04 111234-01
```

13.3 Zusammenfassung

Dieser Tag beschrieb, wie Sie Softwarepakete nachträglich installieren oder gegebenenfalls deinstallieren können. Sie erfuhren, wie Sie mit Hilfe des Befehls pkginfo überprüfen, ob ein Paket auf Ihrem System installiert wurde oder ob sich ein Softwarepaket auf einer bestimmten CD-ROM befindet.

Anschließend wurden Patches, ihr Aufbau und ihre Bedeutung erläutert. Sie wissen nun, woher Patches bezogen werden können. Sie lernten, Patches zu installieren und gegebenenfalls wieder zu entfernen.

13.4 F&A

F *Ich möchte auf meinem Rechner überprüfen, ob das Paket* SUNWaudio *installiert ist. Kann ich dazu den Befehl* pkginfo *verwenden?*

A Ja, am besten verwenden Sie den Befehl pkginfo -l SUNWaudio. Auf diese Weise erhalten Sie eine ausführliche Anzeige des installierten Pakets.

F *Da ich über eine große Festplatte verfüge, möchte ich bei zukünftigen Paketinstallationen vermeiden, dass erst der freie Speicherplatz auf meinem Rechner überprüft wird. Ist das möglich?*

A Ja, dazu müssen Sie der Variablen space in der Datei /var/sadm/install/admin/default den Wert nocheck zuweisen.

F *Ich habe gehört, dass es empfehlenswert ist, die von Sun unter dem Namen* Recommended Patches *zur Verfügung gestellten Patches einzuspielen. Ist das korrekt und wo kann ich mir diese Patches besorgen?*

A Ja, eine Installation dieser Patches wird empfohlen, da diese allgemein bekannte Fehler oder Sicherheitslücken des Systems beheben. Sie können sie zum Beispiel von der Internetadresse *http://sunsolve.sun.com* herunterladen.

13.5 Übungen

1. Überprüfen Sie, ob die Manual Pages (Paket SUNWman) auf Ihrem System installiert sind.
2. Löschen Sie das Paket SUNWman und überprüfen Sie, ob Sie das Paket noch finden.
3. Legen Sie die CD-ROM 2/2 Solaris 9 Software ein und installieren Sie die Manual Pages wieder.
4. Legen Sie die beiden neuen Gruppen *einkauf* und *verkauf* mit den GIDs 300 und 3001 an.
5. Laden Sie den Patch 111234-01 von der Website *http://sunsolve.sun.com* herunter und entpacken Sie ihn im Verzeichnis /tmp. Installieren Sie den Patch und überprüfen Sie anschließend die Protokolldatei /var/sadm/patch/111234-01/log.

Tag 14

Datensicherung

Datensicherung

Dieser Tag ist dem Thema Datensicherung gewidmet. Sie erfahren die Gründe für eine Datensicherung und -wiederherstellung und lernen verschiedene Strategien zur Datensicherung kennen. Es werden verschiedene Geräte für die Datensicherung näher beschrieben, wie zum Beispiel das Bandlaufwerk, so dass Sie anschließend in der Lage sind, ein Bandlaufwerk anzusprechen.

Sie lernen allgemeine Benutzerbefehle zum Archivieren und Komprimieren von Daten kennen, wie zum Beispiel tar und compress. Schließlich wird erläutert, wie Sie komplette Dateisysteme mit Hilfe der Befehle ufsdump und ufsrestore sichern und wiederherstellen können. Zuletzt lernen Sie noch, wie Sie Online-Backups mit der Funktion »UFS Copy on Write Snapshots« erzeugen und bearbeiten können.

14.1 Allgemeines

Wenn Sie eine Datensicherung oder ein so genanntes Backup erstellen, legen Sie Kopien von Dateien und Verzeichnissen für den Fall an, dass die ursprünglichen Daten verloren gehen oder beschädigt werden. Dazu verwendet man meist bewegliche Datenträger, wie zum Beispiel Magnetbänder. Datensicherungen zu erstellen, ist eine der wichtigsten Aufgaben eines Systemadministrators, die eine gute Planung erfordert und regelmäßig durchgeführt werden muss.

Folgende Gründe können eine Datensicherung erforderlich machen:

- Daten werden versehentlich durch einen Benutzer oder Administrator gelöscht.

- Durch einen Stromausfall kann zum Beispiel ein Systemabsturz erfolgen, wobei das Dateisystem beschädigt werden und Daten verloren gehen können.

- Probleme oder Fehler der Hardware, wie zum Beispiel der Festplatte, können zu Datenverlusten führen.

- Hacker oder Einbrecher, die im System mutwillig Daten zerstören.

- Umweltkatastrophen, wie zum Beispiel ein Erdbeben, Überschwemmungen oder ein Brand.

> Datensicherungen sollten vor allem wegen des zuletzt genannten Grunds außerhalb des Firmengeländes aufbewahrt werden.

14.2 Medien für Datensicherungen

Es gibt sehr viele verschiedene Medien für Datensicherungen, die sich im Preis, in der Kapazität und in der Zugriffsgeschwindigkeit oder Datenübertragungsrate unterscheiden. Die Leistungsfähigkeit dieser Medien wird ständig verbessert. Zu den wichtigsten Datensicherungsmedien gehören:

- Diskettenlaufwerke, die nur für sehr kleine Datenmengen verwendet werden können.

- Schnelle Festplatten, deren Einsatz für Datensicherungszwecke allerdings relativ gesehen hohe Kosten pro Speichereinheit verursacht. Es ist aber denkbar, nur die Festplatten mit den Benutzerdaten zu spiegeln oder regelmäßig komplette Kopien zu ziehen.

- Wechselplatten, zum Beispiel »Jaz-« oder »Zip-Drives«, sind als Backupmedium recht beliebt. Die Vorteile dieser Wechselplatten liegen in ihrer hohen Sicherungsgeschwindigkeit und der möglichen getrennten räumlichen Aufbewahrung.

- Bandlaufwerke oder so genannte Streamer oder Tape Devices, die im nachfolgenden Abschnitt im Detail erläutert werden.

Weitere Backupmedien sind:

- MO-Datenträger (Magnetoptische Datenträger), die aufgrund ihrer relativ hohen Kosten seltener eingesetzt werden, wobei der Zugriff darauf ähnlich wie bei Wechselplatten erfolgt. Der große Vorteil von MO-Disks ist die lange Haltbarkeit der gespeicherten Daten.

- Wiederbeschreibbare CD-ROMs können auch für Datensicherungszwecke verwendet werden.

- WORM-Geräte (write-once, read many) werden eher zu Archivierungszwecken verwendet, da sie nur einmal beschrieben, aber beliebig oft gelesen werden können.

- DVD-Geräte vereinen sowohl relativ schnelle Zugriffszeiten als auch hohe Speicherkapazitäten.

Bandgeräte

Bandlaufwerke kommen sehr häufig als Backupmedium zum Einsatz, da ihr Anschaffungspreis relativ niedrig, aber die Datenübertragungsrate akzeptabel ist, vor allem bei SCSI-Geräten. Ein weiterer Vorteil liegt darin, dass die Hardware zusätzliche Aufgaben ausführen kann, wie zum Beispiel die Komprimierung der gespeicherten Daten. Zu den wichtigsten Magnetbandgeräten gehören:

- 4-mm DAT-Cartrigdes (Digital Audio Tape): DDS-2 oder DDS-3
- DLT (Digital Linear Tape)

- Exabyte 8-mm Cartridges
- QIC ¼-inch Cartridges (Quarter Inch Cartridge)

DAT-Laufwerke (Digital Audio Tape) sind ein weit verbreitetes, sehr preisgünstiges Backupmedium mit relativ hohen Übertragungsraten. Die Daten werden auf kleinen 4-Millimeter-Kassetten gespeichert, wobei DDS-2 (Digital Date Storage) bis zu ca. 8 Gigabyte Daten, DDS-3 bis zu ca. 12 Gigabyte und DDS-4 zwischen 20 und 40 Gigabyte speichern. Die Kapazität kann durch die Hardwarekomprimierung verdoppelt werden. Die Lebensdauer dieser Bänder ist allerdings relativ kurz.

DLT-Geräte (Digital Linear Tape) können zu ca. 20 Gigabyte unkomprimierte Daten und bis zu ca. 70 Gigabyte Daten mit Hilfe der Hardwarekomprimierung speichern. Die Bänder sind mit einer Höhe von einem halben Zoll verhältnismäßig groß. Das automatische Vergleichen der Daten bewirkt eine ausgezeichnete Datenintegrität. Die Lebensdauer der Bänder ist sehr hoch.

Exabyte 8-mm Cartridges können unkomprimiert je nach Länge bis zu ca. 20 Gigabyte Daten speichern, wobei sich die Speicherkapazität durch die Hardwarekomprimierung verdoppeln lässt. Die Bänder können lange aufbewahrt werden, sollten aber nicht zu oft beschrieben oder gelesen werden, da die Verschleißrate relativ hoch ist.

QIC ¼-inch Cartridges (Quarter Inch Cartridge) sind ¼-Zoll-Bandlaufwerke mit einer Kapazität von bis zu ca. 25 Gigabyte. Die Bänder sind relativ preiswert, die Übertragungsrate ist allerdings recht niedrig.

> Zur automatischen Datensicherung gibt es so genannte Jukeboxes oder Tape-Roboter, die mehrere Hundert oder Tausend Bänder in Storage-Libraries verwalten können, was eine riesige Speicherkapazität ermöglicht. Die Bänder werden automatisch ausgetauscht, so dass kein Superuser oder Benutzer während der Datensicherung anwesend sein muss.

Bezeichnungen von Bandgeräten

Bandgeräte können mit einem logischen Gerätenamen angesprochen werden, der immer das folgende Format hat:

/dev/rmt/#dbn

Der Platzhalter # steht für die laufende Nummer des Bandgeräts. So wird zum Beispiel das erste Bandlaufwerk am System mit der Bezeichnung /dev/rmt/0 angesprochen, das zweite mit dem Namen /dev/rmt/1 usw.

Der Buchstabe d steht als Platzhalter für die Banddichte. Hier lassen sich folgende Werte einsetzen:

- l für low (keine Komprimierung)
- m für medium
- c für compressed
- h für high
- u für ultra high

Der nächste Platzhalter b bezieht sich auf das Verhalten des Bands. Der Buchstabe b bedeutet hier, dass sich das Band BSD-kompatibel verhält, das heißt, nachdem eine Endemarke gelesen wurde, wird der nächste Datensatz gelesen, ohne das Band mit Hilfe des Befehls mt (vgl. Abschnitt 14.4) positionieren zu müssen.

Der letzte Platzhalter n (norewind) bedeutet, dass das Band nach einer Operation nicht zurückgespult werden soll.

Für jedes Band werden 24 Gerätenamen im Verzeichnis /dev/rmt erzeugt:

```
# ls /dev/rmt
0    0bn   0cb   0cn   0hb   0hn   01b   01n   0mb   0mn   0u    0bn
0b   0c    0cbn  0h    0hbn  01    01bn  0m    0mnn  0n    0ub   0un
```

Die Komprimierungsrate hängt vom Bandlaufwerk ab. Um diese zu ermitteln, sollte die Herstellerdokumentation verwendet werden. In der Gerätedatei /kernel/drv/st.conf werden auch Standardeinträge hinterlegt.

Bandlaufwerke verfügen oft über eine hardwareseitig realisierte Datenkomprimierung, die nicht ganz so effektiv wie die softwaremäßige Komprimierung, aber schneller ist.

> Eine Datei, die bereits softwaremäßig komprimiert ist, wird in der Regel größer statt kleiner, wenn sie auch noch hardwaremäßig komprimiert wird.

14.3 Strategien

Sicherungsarten

Datensicherungen lassen sich nach dem Umfang der gesicherten Daten unterscheiden, indem zum Beispiel nur Dateien und/oder Verzeichnisse oder aber ganze Partitionen, Dateisysteme oder die komplette Festplatte gesichert werden.

Logische und physikalische Sicherung

Datensicherungen lassen sich nach logischer und physikalischer Sicherung unterscheiden:

- Die physikalische Sicherung umfasst entweder die vollständige Sicherung einer Partition oder einer Festplatte: Bei vollständiger Sicherung einer Partition wird das Dateisystem auf einem Datenträger gespeichert, wodurch die komplette Struktur des Dateisystems gesichert wird, also nicht nur die Dateiinhalte, sondern auch die Pfade, die Inodes, die Betriebssystemkonfiguration usw. Diese Methode ist sehr schnell, da das Dateisystem während der Sicherung sequentiell gelesen wird. Die Rücksicherung kann allerdings nur auf einer identischen Partition und nur komplett erfolgen. Das bedeutet, einzelne Dateien können nicht separat wiederhergestellt werden. Bei der vollständigen Sicherung einer Festplatte wird eine komplette physikalische Kopie erstellt, einschließlich aller Systemdateien und Bootblöcke. Diese Sicherung kann als kompletter Ersatz einer Festplatte dienen, wobei auf eine identische Festplatte zurückgesichert werden muss.

- Die logische Sicherung umfasst die vollständige Sicherung von Dateien oder deren inkrementelle Sicherung: Wenn alle Dateien und Verzeichnisse eines Dateisystems gesichert werden, spricht man von einer Vollsicherung, wobei die physikalische Struktur des Dateisystems nicht berücksichtigt wird, denn jede Datei und jedes Verzeichnis wird einzeln gesichert. Auf diese Weise ist aber eine Wiederherstellung einzelner Dateien ohne großen Aufwand möglich. Die Basis für eine inkrementelle Sicherung bildet eine in bestimmten Zeitabständen durchgeführte Vollsicherung eines Systems. Danach werden nur noch die Daten gesichert, die sich seit der letzten Sicherung verändert haben. Diese Art der Datensicherung ist schneller und benötigt weniger Speichermedien. Der Zeitaufwand bei der Wiederherstellung von Daten wächst allerdings, da zuerst die Vollsicherung und im Anschluss alle inkrementellen Sicherungen wieder eingespielt werden müssen.

Unterscheidung der Sicherung nach Zweck und Umfang

Datensicherungen können auch nach Umfang und Zweck unterschieden werden:

- Vollsicherung
- Inkrementelle Sicherung
- Selektive Sicherung
- Differentielle Sicherung

Die Vollsicherung bzw. das Vollbackup wird auch Level-0-Backup genannt und sichert den kompletten Inhalt einer Festplatte oder Partition. Auch einzelne Dateien können einfach wiederhergestellt werden, wobei der Nachteil im großen Verbrauch an Speichermedien und im hohen Zeitaufwand besteht. Eine regelmäßige Vollsicherung muss jedoch in jedem System durchgeführt werden.

Inkrementelle Sicherungen verwenden die Level $\geqq 1$ und sichern nur die Daten, die seit der letzten Voll- oder inkrementellen Sicherung verändert oder neu erzeugt wurden. Bei einer Wiederherstellung der Daten müssen zuerst die Vollsicherung und dann in der richtigen Reihenfolge alle nachfolgenden inkrementellen Sicherungen zurückgespielt werden.

Bei einer selektiven Sicherung werden nicht alle Dateien gesichert, sondern nur die, die für den Betrieb des Systems oder für einen bestimmten Benutzer von Bedeutung sind.

Differentielle Sicherungen sichern alle seit der letzten Vollsicherung veränderten oder erzeugten Daten, wobei bei einer Rücksicherung nur die letzte Vollsicherung und die letzte differentielle Sicherung notwendig sind.

Sicherungsstrategien

Sie sollten Ihre Backupstrategie unbedingt vor der ersten Datensicherung genau planen und dabei die aufzuwendende Zeit sowohl für die durchzuführenden Datensicherungen als auch für die eventuellen Rücksicherungen berücksichtigen. Auch die Menge der zu verwendenden Sicherungsmedien muss vorher fest- und bereitgestellt werden.

> Sie sollten Ihre Datensicherungen immer zu Zeiten durchführen, in denen wenig oder am besten keine Benutzer am System arbeiten. Testen Sie auch unbedingt regelmäßig, ob die Sicherungsmedien korrekt beschrieben wurden und eine Rücksicherung möglich ist.

Nachfolgend werden zwei Beispiele für eine Sicherungsstrategie unter der Annahme beschrieben, dass eine Sicherung auf ein Magnetband passt. Dabei werden zwei Magnetbandsätze zu je sechs Bändern verwendet, so dass im Fehlerfall in der aktuellen Sicherungswoche auch noch die Bänder der Vorwoche zur Verfügung stehen.

Strategie mit geringerem Zeitaufwand

Im ersten Beispiel erfolgt jeden Freitag eine differentielle Sicherung (Level 1) auf die monatliche Vollsicherung (Level 0). Diese bildet die Basis für die inkrementellen Sicherungen (Level 2–5) der folgenden Woche, wobei jeden Tag nur die seit dem Vortag veränderten Daten gesichert werden.

Diese Strategie lässt sich mit den zwei Datenträgersätzen so durchführen, dass nur alle vier Wochen eine komplette Vollsicherung notwendig wird. Jeden Freitag erfolgt eine differentielle Sicherung auf die Vollsicherung (Level 1) und an den übrigen Wochentagen werden inkrementelle Sicherungen der Level 2–5 durchgeführt:

Datensicherung

Freitag Vormonat	Montag	Dienstag	Mittwoch	Donnerstag	Freitag
Level 0	Level 2	Level 3	Level 4	Level 5	Level 1
	Level 2	Level 3	Level 4	Level 5	Level 1
	Level 2	Level 3	Level 4	Level 5	Level 1
	Level 2	Level 3	Level 4	Level 5	Level 1

Tabelle 14.1: Sicherungsstrategie mit geringerem Zeitaufwand

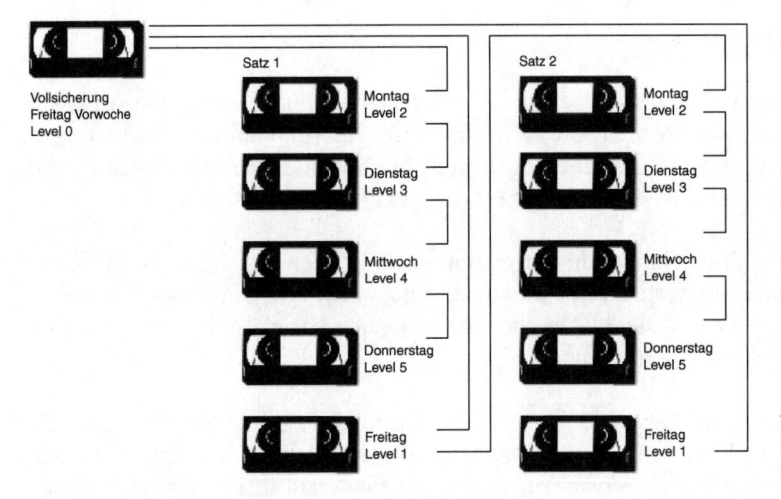

Abbildung 14.1: Sicherungsstrategie mit Zeitersparnis

Diese Methode hat folgende Vorteile:

- Bei inkrementellen Sicherungen wird Zeit gespart.
- Bei großen Datenmengen sind weniger Datenträger erforderlich.

Die Nachteile dieser Methode sind:

- Die Rücksicherung erfordert viel Zeit, da eine große Menge von Bändern zurückzusichern sind. Am Freitag der zweiten Woche sind sechs Bänder zur Wiederherstellung notwendig.
- Die Datenwiederherstellung ist sehr umständlich, was zu Fehlern führen kann.

> Alternativ könnte auch jeden Samstag eine Vollsicherung durchgeführt werden.

Strategie mit geringerem Rücksicherungsaufwand

Im nächsten Beispiel erfolgt jeden Tag eine differentielle Sicherung auf die monatliche Vollsicherung in der ersten Woche. In den folgenden drei Wochen wird täglich eine inkrementelle Sicherung auf die differentielle Sicherung des vorangegangenen Freitags gestartet.

Diese Strategie kann ebenfalls mit zwei Datenträgersätzen so durchgeführt werden, dass nur alle vier Wochen eine komplette Vollsicherung notwendig ist. Dazu erfolgt eine Vollsicherung (Level 0) pro Monat und jeden Freitag eine Level-1-Sicherung auf die Vollsicherung oder die inkrementelle Sicherung des vorangegangenen Freitags. An den übrigen Wochentagen erfolgen Level-2-Sicherungen auf die Vollsicherung oder die inkrementelle Sicherung des vorangegangenen Freitags.

Freitag Vormonat	Montag	Dienstag	Mittwoch	Donnerstag	Freitag
Level 0	Level 2	Level 2	Level 2	Level 2	Level 1
	Level 2	Level 2	Level 2	Level 2	Level 1
	Level 2	Level 2	Level 2	Level 2	Level 1
	Level 2	Level 2	Level 2	Level 2	Level 1

Tabelle 14.2: Sicherungsstrategie mit geringerem Rücksicherungsaufwand

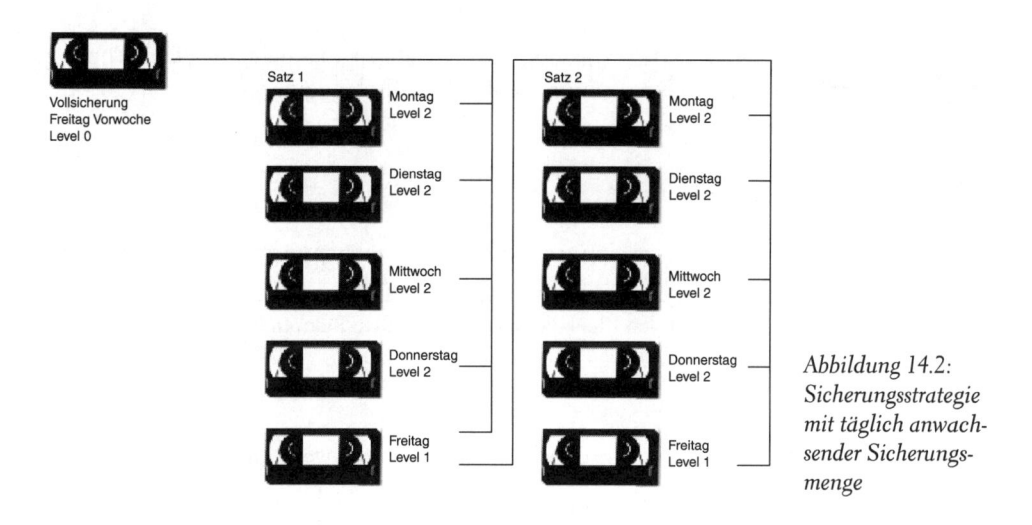

Abbildung 14.2: Sicherungsstrategie mit täglich anwachsender Sicherungsmenge

Datensicherung

Diese Methode hat folgende Vorteile:

- Bei einer eventuellen Rücksicherung sind weniger Bänder erforderlich, wodurch Zeit gespart wird.
- Die Datenwiederherstellung ist relativ einfach.

Die Nachteile dieser Methode sind:

- Das tägliche Sicherungsvolumen vergrößert sich pro Tag.

Neben diesen beiden Beispielen gibt es unzählige weitere Backupstrategien, wie zum Beispiel die Großvater-Vater-Sohn-Methode oder die Methode »Türme von Hanoi«, deren Erläuterung den Rahmen des Buchs sprengen würde.

14.4 Befehle zur Datensicherung

Der Befehl tar

Dieser Befehl archiviert und extrahiert Dateien in eine oder aus einer Datei, die als tar-Archiv bezeichnet wird. Ein tar-Archiv kann ein Magnetband, aber auch eine beliebige Datei sein. Die Syntax des Befehls lautet:

```
$ tar option(en) archiv dateiname(n)
```

> Sie sollten die von Ihnen erzeugten tar-Dateien manuell mit einer Endung .tar versehen, da diese Endung nicht automatisch angefügt wird.

Der Befehl kennt folgende Optionen:

Option	Beschreibung
B	Definiert den Blockungsfaktor in 512 Byte-Blöcken für das Schreiben auf blockorientierte Magnetträger.
C	Erstellt ein neues tar-Archiv.
-C verzeichnis datei	Erstellt eine tar-Datei aus dem Inhalt des angegebenen Verzeichnisses.
E	Sofortiges Beenden im Fehlerfall.

Tabelle 14.3: Die Optionen des Befehls tar

Option	Beschreibung
F	Definiert die Archivdatei oder das Bandgerät. Das Standardbandgerät lautet /dev/rmt/0.
F	Schließt alle Verzeichnisse mit dem Namen SCCS und RCS von der Archivierung aus.
FF	Schließt alle Verzeichnisse mit dem Namen SCCS und RCS und alle Dateien mit der Endung .o von der Archivierung aus.
H	Archiviert die Originaldateien von symbolischen Links statt der Links.
I	Prüfsummenfehler werden ignoriert.
-I *datei*	Archiviert jede Datei, die in der angegebenen Datei enthalten ist.
L	Gibt Fehlermeldungen aus, wenn die Originaldatei eines symbolischen Links nicht gefunden wird.
M	Wird diese Option gemeinsam mit x verwendet, wird das Änderungsdatum der Archivdatei mit dem Datum der letzten Dearchivierung gleichgesetzt.
o	Macht den Benutzer, der den Befehl ausführt, zum Besitzer der extrahierten Dateien.
p	Behält die Zugriffsrechte der archivierten Dateien beim Extrahieren bei.
P	Ergänzt Verzeichnisnamen nicht mit einem nachfolgenden Schrägstrich.
r	Speichert neuere Dateien am Ende der Archivdatei.
t	Gibt das Inhaltsverzeichnis der Archivdatei aus.
u	Die angegebenen Dateien werden nur dann an das Ende der Archivdatei angehängt, wenn sie noch nicht in der Datei enthalten sind.
x	Extrahiert die Dateien der Archivdatei.
v	Ausführliche Ausgabe bei der Ausführung.
w	Die Anforderung muss bestätigt werden.

Tabelle 14.3: Die Optionen des Befehls tar (Forts.)

Im nachfolgenden Beispiel wird vom Verzeichnis projekt1 ein Magnetbandarchiv auf das Standardbandgerät /dev/rmt/0 im ausführlichen Meldemodus erzeugt:

```
$ tar cv .
a projekt1/ 0 tape blocks
a projekt1/bericht1 106 tape blocks
a projekt1/besprechung 1 tape blocks
a projekt1/protokoll 5 tape blocks
...
```

> Sichern Sie Ihre Dateien und Unterverzeichnisse immer relativ zum aktuellen Verzeichnis, denn wenn Sie mit absoluten Pfaden sichern, müssen auf dem Zielsystem ebenfalls alle übergeordneten Verzeichnisse bereits vorhanden sein, um die Dateien wieder auspacken zu können.

Der folgende Befehl extrahiert alle Dateien aus einem Magnetbandarchiv archiv.tar und zeigt diese an:

```
$ tar vxf archiv.tar
```

Sie können den Befehl tar auch benutzen, um aus Dateien Archivdateien zu erzeugen und diese zum Beispiel als Anhang für E-Mails zu verwenden:

```
$ tar cvf bericht.tar bericht1 bericht2 bericht3
a bericht1 2K
a bericht2 1K
a bericht3 1K
```

Der Befehl cpio

Mit Hilfe des Befehls cpio (*copy in/copy out*) kopieren Sie Dateiarchive, wobei die Dateizugriffsrechte beibehalten werden. Der Befehl archiviert oder extrahiert Dateien auf Magnetbänder oder in eine Archivdatei.

Der Befehl bietet einige Vorteile gegenüber anderen Befehlen, wie zum Beispiel dem Befehl tar:

- Die Daten werden effizienter auf das Magnetband als mit Hilfe des Befehls tar gepackt.
- Beim Wiederherstellen der Daten werden eventuell beschädigte Stellen des Magnetbands übersprungen.
- Es können Dateien mit verschiedenen Headerformaten erzeugt werden, um die Portabilität zwischen verschiedenen Systemtypen zu ermöglichen.
- Der Medienwechsel wird unterstützt.
- Es können Dateien archiviert werden, ohne dass das Änderungsdatum der Dateien geändert wird.

Die Syntax des Befehls lautet:

`$ cpio optionen dateiname(n)`

Der Befehl kennt folgende Optionen:

Option	Beschreibung
-a	Zurücksetzen der Zugriffszeiten für kopierte Dateien.
-A	Hinzufügen von Dateien zu einer Archivdatei.
-B	Angabe eines Blockungsfaktors von 5.120 Byte pro Aufzeichnung für die Ein- und Ausgabe. Der Standardblockungsfaktor beträgt 8.192 Byte.
-c	Beibehalten von Informationen über Kopfzeilen im ASCII-Zeichenformat beim Lesen oder Schreiben aus Portabilitätsgründen.
-C größe	Angabe der Größe des Zwischenspeichers für die Ein- und Ausgabe. Die Standardgröße für den Zwischenspeicher beträgt 512 Byte.
-d	Anlegen von Verzeichnissen, falls notwendig.
-E datei	Angabe eines Dateinamen, aus dem die Liste der zu extrahierenden Dateien gelesen wird.
-H header	Schreiben oder Lesen von Headerinformationen im angegebenen Headerformat. Mögliche Headerformate sind: bar Von SunOS 4.x verwendetes cpio-Format. crc/CRC cpio-Format, das eine Prüfsumme für jede Datei verwendet. odc POSIX-konformes Übertragungsformat. tar/TAR Mit tar archivierte Dateien können von cpio eingelesen werden. ustar/USTAR IIEE-normiertes Datenformat.
-i	Extrahieren der Archivdatei vom Bandgerät oder aus der Archivdatei und Beibehalten der Dateizugriffsrechte. Wenn der Benutzer *root* ist, werden auch der Besitzer und die Gruppe der Datei beibehalten.
-I datei	Lesen des Inhalts einer Archiv- oder Gerätedatei (Bandarchiv) als Eingabearchiv.
-k	Ignorieren von defekten Datei-Headern.
-l	Kopieren der symbolischen Links statt der Originaldateien.
-L	Auflösen der symbolischen Links und Kopieren der Originaldateien.
-m	Beibehalten der Änderungszeiten von Dateien.
-M message	Definiert eine Nachricht für den Medienwechsel.

Tabelle 14.4: Die Optionen des Befehls `cpio`

Datensicherung

Option	Beschreibung
-o	Erzeugen einer Archivdatei, indem eine Liste von Dateien oder Pfadnamen auf das Bandgerät oder in die Datei kopiert wird.
-O datei	Umlenken der Ausgabe von cpio in die angegebene Datei oder das angegebene Gerät.
-p	Lesen einer Liste von Pfadnamen und Kopieren der entsprechenden Dateien und Verzeichnisse an die angegebene Stelle.
-P	Beibehalten von Access Control Lists (ACLs), vergleiche Tag 6.
-r	Interaktives Umbenennen von Dateien durch den Benutzer möglich.
-R id	Erneutes Zuweisen des Besitzers und der Gruppe für jede Datei. Nur *root* darf diese Option ausführen.
-t	Ausgabe eines Inhaltsverzeichnisses des Dateiarchivs.
-u	Bedingungsloses Kopieren: Wird diese Option nicht verwendet, ersetzen ältere Dateien keine neueren Dateien desselben Namens.
-v	Ausführliche Ausgabe einer Liste von Dateinamen in einem dem Befehl ls -l ähnlichen Format.
-V	Besondere Ausgabe: Statt der Dateinamen werden nur Punkte ausgegeben, um anzuzeigen, dass der Befehl noch arbeitet.

Tabelle 14.4: Die Optionen des Befehls cpio *(Forts.)*

> Sie müssen immer eine der Optionen -o, -i oder -p angeben, wenn Sie den Befehl cpio verwenden.

Im folgenden Beispiel wird der Befehl find gemeinsam mit dem Befehl cpio verwendet, um ein Archiv aus dem Inhalt des aktuellen Verzeichnisses zu erstellen und es in die Datei verz.cpio zu kopieren.

```
$ find . | cpio -ocv -O verz.cpio
```

Sie können den Befehl find auch mit dem Befehl cpio kombinieren, um alle Dateien in einer Archivdatei sich.cpio zu archivieren, die in den letzten vier Tagen geändert wurden:

```
$ find . -mtime -4 | cpio -ocv -O sich.cpio
```

Sie können eine Archivdatei wie folgt anzeigen lassen:

```
$ cpio -ivt -I verz.cpio
```

Im nächsten Beispiel werden mit Hilfe des Befehls `cpio` Dateien und Verzeichnisse des Homeverzeichnisses der Benutzerin *her* auf ein Magnetband kopiert:

```
$ cd /export/home/her
$ ls | cpio -oc -O /dev/rmt/0
45 blocks
```

Den Inhalt eines Magnetbands können Sie folgendermaßen auflisten lassen:

```
$ cpio -civt -I /dev/rmt/0
```

Das Inhaltsverzeichnis enthält acht Felder mit Informationen zu jeder archivierten Datei. Das erste Feld zeigt die Zugriffsrechte im Oktalmodus an, das zweite Feld enthält den Dateibesitzer, das dritte Feld gibt die Größe der Datei in Byte an, die nächsten vier Felder enthalten den Monat, das Datum, die Uhrzeit und das Jahr der letzten Änderung der Datei. Im letzten Feld steht der Dateiname.

Um alle auf einem Magnetband enthaltenen Dateien wieder zu extrahieren, wechseln Sie in das Verzeichnis, in dem die Dateien wiederhergestellt werden sollen. Anschließend führen Sie folgenden Befehl aus:

```
$ cpio -icv -I /dev/rmt/0
```

Der Befehl dd

Dieser Befehl wird zum Kopieren und Konvertieren von Dateien verwendet. Das Programm ist besonders beim Kopieren auf Magnetbänder nützlich, da die Blockgrößen der Eingabe- und Ausgabedatenströme konvertiert werden können. Die Syntax des Befehls lautet:

```
$ dd operand=wert ...
```

Folgende Werte können als Operand verwendet werden:

Operand	Beschreibung
bs=*zahl*	Zuweisung der Blockgröße für Ein- und Ausgabe.
cbs=*zahl*	Definition der Konvertierungsblockgröße (in Zusammenhang mit ASCII- und EBCDIC-Konvertierungen).
count=*zahl*	Angabe der Anzahl der zu kopierenden Eingabeblöcke.
files=*zahl*	Angabe der Anzahl der zu kopierenden Dateien.

Tabelle 14.5: Die Operanden des Befehls dd

Operand	Beschreibung
conv=konvertierung	Konvertierung der Eingabe unter Verwendung eines angegebenen Konvertierungsformats: ascii Konvertierung von EBCDIC nach ASCII. block Zeilenvorschübe werden wie ein Datensatzende behandelt, statt dies von der Blocklänge abhängig zu machen. ebcdic Konvertierung von ASCII nach EBCDIC. ibm Konvertierung von ASCII nach IBM-EBCDIC. lcase Konvertierung von Groß- in Kleinschreibung. noerror Fehler werden ignoriert. notrunc Die Ausgabedatei wird nicht abgeschnitten. swab Bei ungerader Byteanzahl im Eingabedatensatz wird das letzte Byte ignoriert. sync Eingabeblöcken wird durch das Anhängen von Nullen die Größe des angegebenen Puffers zugewiesen. ucase Konvertierung von Klein- in Großschreibung. unblock Konvertierung einer fest vorgegebenen Länge in eine variable Länge, wobei nachfolgende Leerzeichen entfernt und abschließende Zeilenvorschübe hinzugefügt werden.
ibs=zahl	Angabe der Blockgröße der Eingabe.
if=datei	Angabe der Datei, aus der die Eingabe gelesen werden soll. Der Standardwert ist die Standardeingabe.
iseek=zahl	Suche nach der angegebenen Anzahl von Blöcken der Eingabedatei, bevor kopiert und konvertiert wird. Diese Vorgehensweise ist schneller als das Überspringen von Dateien.
obs=n	Angabe der Blockgröße der Ausgabe.
of=datei	Angabe der Datei, in die die Ausgabe geschrieben werden soll. Der Standardwert ist die Standardausgabe.
oseek=zahl	Suche nach der angegebenen Anzahl von Blöcken der Ausgabedatei, bevor kopiert wird.
skip=zahl	Die angegebene Anzahl von Blöcken werden übersprungen, bevor kopiert und konvertiert wird.

Tabelle 14.5: Die Operanden des Befehls dd *(Forts.)*

Im nachfolgenden Beispiel wird ein im ASCII-Zeichenformat beschriebenes Magnetband in eine EBCDIC-Datei konvertiert:

```
$ dd if=/dev/rmt/0 of=ausgabe conv=ebcdic
```

Im nächsten Beispiel wird ein Magnetband im ersten Bandlaufwerk auf ein Magnetband im zweiten Bandlaufwerk des Systems kopiert:

```
$ dd if=/dev/rmt/0 of=/dev/rmt/1
```

Der Befehl jar

Dieser Befehl ist in der Anwendung und Syntax dem Befehl tar sehr ähnlich. Im Gegensatz zu tar werden aber die Dateien gleichzeitig komprimiert. Der Befehl wurde im Prinzip für Java™-Programmierer entwickelt, damit diese gleichzeitig mehrere Dateien in einem Archiv statt einzelner Dateien herunterladen und archivieren konnten. Der Befehl jar wird standardmäßig ab Solaris 8 mit ausgeliefert und ist auch auf jedem System verfügbar, auf dem Java Virtual Machine™ (JVM™) installiert wurde.

Die Syntax des Befehls sieht wie folgt aus:

```
$ jar optionen ausgabearchiv dateinamen/verzeichnisse
```

Die wichtigsten Optionen des Befehls lauten:

Option	Beschreibung
c	Ein neues jar-Archiv erzeugen.
f datei	Angabe des Namens des Dateiarchivs, das heißt eines Bandgeräts oder einer Datei.
o	Archiviert nur, ohne zu komprimieren.
t	Den Inhalt eines jar-Archivs auflisten.
v	Ausführliche Ausgabe der Archivierungsinformationen.
x datei	Die angegebenen Dateien aus dem jar-Archiv extrahieren.

Tabelle 14.6: Die Optionen des Befehls jar

In diesem Beispiel werden mehrere Dateien in die Archivdatei save.jar kopiert und komprimiert:

```
$ pwd
/export/home/her
$ jar cvf /tmp/bundle.jar *
added manifest
adding: bericht (in=54120) (out=1095) (deflated 89%)
adding: prot1 (in=368) (out=242) (deflated 37%)
adding: finanzen/ (in=0) (out=0) (stored 0%)
adding: finanzen/briefe/ (in=0) (out=0) (stored 0%)
adding: finanzen/briefe/prot99 (in=12288) (out=3161) (deflated 77%)
...
```

Die Befehle compress/uncompress

Dieser Befehl kann die Größe einer Datei reduzieren, was besonders nützlich bei der Arbeit mit großen Archivdateien ist, da auf diese Weise der Festplattenplatzverbrauch und die Netzwerkübertragungszeiten reduziert werden können. Der Komprimierungsgrad hängt vom zu komprimierenden Dateityp ab, wobei eine Textdatei in der Regel um 60 bis 80 Prozent reduziert wird.

Beim Komprimieren wird die Datei durch eine neue Datei mit der Endung .Z ersetzt. Der Besitzer und das Änderungsdatum der Originaldatei bleiben aber erhalten. Der Befehl kennt folgende Optionen:

Option	Beschreibung
-c	Ausgabe des Inhalts der komprimierten Datei.
F	Erzwungene Komprimierung, auch wenn die Datei nur minimal reduziert werden kann.
v	Ausgabe des Komprimierungsgrads in Prozent und des neuen Dateinamens.

Tabelle 14.7: Die Optionen des Befehls compress

Im nachfolgenden Beispiel wird die Datei sich.tar komprimiert und die neu komprimierte Datei ersetzt die Originaldatei:

```
$ compress -v sich.tar
sich.tar: Compression: 65.60% -- replaced with sich.tar.Z
```

Dateien mit der Endung .Z sollen signalisieren, dass die Datei komprimiert wurde und vor einer Dekomprimierung nicht angezeigt oder ausgedruckt werden sollte.

Werden bereits komprimierte Dateien erneut komprimiert, werden sie größer anstatt kleiner.

Der Befehl uncompress dekomprimiert eine komprimierte Datei, so dass diese wieder im Originalzustand vorliegt. Im folgenden Beispiel wird die Datei sich.tar.Z dekomprimiert:

```
$ uncompress sich.tar.Z
```

Sie können den Befehl uncompress mit der Option -c verwenden, um den Inhalt der komprimierten Datei am Bildschirm anzuzeigen, ohne die Datei dabei zu dekomprimieren.

```
$ uncompress -c sich.tar.Z | more
```

Die Befehle pack/unpack

Diese Befehle komprimieren und dekomprimieren nicht so effizient wie `compress` und `uncompress` und werden daher nur selten verwendet. Mit dem Befehl `pack` komprimierte Dateien erhalten die Endung .z.

Der Befehl zcat

Mit Hilfe dieses Befehls lässt sich ebenfalls der Inhalt einer Datei ansehen, die mit dem Befehl `compress` komprimiert wurde. Der Befehl zeigt den Inhalt der komprimierten Dateien an, als wären sie nicht komprimiert, wobei die komprimierte Datei nicht verändert wird.

Der folgenden Befehl zeigt den Inhalt der Datei sich.tar.Z an:

```
$ zcat sich.tar.Z | more
```

Die Befehle gzip/gunzip

Mit Hilfe von `gzip` können Sie Dateien komprimieren, wobei aber jede Datei einzeln komprimiert wird. Dem Dateinamen wird jeweils die Erweiterung .gz hinzugefügt. Die Befehle werden auch zum Komprimieren und Dekomprimieren von Patches verwendet (vgl. Tag 13). Die Syntax des Befehls lautet:

```
$ gzip datei datei datei ...
```

Im nachfolgenden Beispiel werden vier Dateien komprimiert:

```
$ gzip bericht1 bericht2 bericht3 bericht4
$ ls
bericht1.gz
bericht2.gz
bericht3.gz
bericht4.gz
```

Mit dem Befehl `gunzip` wird eine mit `gzip` komprimierte Datei wiederhergestellt:

```
$ gunzip bericht1.gz
```

> Die Programme `gzip` und `gunzip` sind GNU-Tools und daher frei verfügbar. Sie sind aber erst ab Solaris 8 im Lieferumfang des Betriebssystems enthalten. Sie können aber von der Website *http://www.gzip.org* heruntergeladen werden.

Die Befehle zip/unzip

Der Befehl zip ähnelt dem Befehl jar dahingehend, dass er Dateien in einem einzigen Archiv komprimiert. Der Befehl zip ist allerdings ein UNIX-Programm, während es sich beim Befehl jar um ein Java-Anwendungsprogramm handelt. Wenn Sie Dateien mit Hilfe des Befehls zip komprimieren, dann wird eine Archivdatei mit der Namenserweiterung .zip erzeugt.

Die Syntax des Befehls lautet:

```
$ zip archivdatei datei datei ...
```

Die Optionen der Befehle zip und unzip werden aufgelistet, wenn Sie einen der Befehle ohne Option an der Befehlszeile eingeben. Die wichtigsten Optionen lauten:

Option	Beschreibung
-0	Nur speichern, nicht komprimieren.
-1	Schneller komprimieren.
-9	Effizienter komprimieren.
-A	Eine selbstextrahierende Exe-Datei erstellen.
-c	Einzeiligen Kommentar hinzufügen.
-d	Einträge in der Zipdatei löschen.
-D	Keine Verzeichniseinträge hinzufügen.
-f	Nur geänderte Dateien erneuern.
-h	Alle Optionen auflisten.
-i	Nur die angegebenen Dateien hinzufügen.
-l	Das Zeichen LF (Linefeed) in CR LF (Carriage Return Linefeed) umwandeln.
-ll	Die Zeichen CR LF (Carriage Return Linefeed) in LF (Linefeed) umwandeln.
-o	Der Zipdatei das Datum des letzten Eintrags zuweisen.
-R	Rekursiv in Verzeichnisse verzweigen.
-T	Die Integrität der Zipdatei testen.
-u	Nur geänderte Dateien aktualisieren oder neue Dateien hinzufügen.

Tabelle 14.8: Die Optionen des Befehls zip

Option	Beschreibung
-v	Ausführlicher Modus mit zusätzlichen Informationsausgaben.
-x	Die folgenden Dateinamen ausschließen.
-y	Den symbolischen Link anstelle der referenzierten Datei speichern.
-z	Kommentar zur Zipdatei hinzufügen.

Tabelle 14.8: Die Optionen des Befehls zip *(Forts.)*

Im folgenden Beispiel werden drei Dateien in einer Archivdatei archiv komprimiert:

```
$ zip archiv bericht2 bericht3 bericht4
adding: bericht2 bericht3 bericht4 (deflated 65%)
$ ls
bericht2
bericht3
bericht4
archiv.zip
```

Die gepackte und komprimierte Datei hat nach dem Vorgang den Namen archiv.zip.

Mit dem Befehl unzip extrahieren Sie die Dateien aus einem zip-Archiv, wobei dieses nach der Archivierung weiterhin existiert:

```
$ unzip archiv.zip
```

> Mit dem Befehl unzip können auch jar-Dateien dekomprimiert werden.

Der Befehl mt

Dieser Befehl wird zur Steuerung des Bandgeräts verwendet, wobei allerdings nicht alle Bandgeräte den Befehl unterstützen. Die Syntax des Befehls lautet:

```
$ mt [-f gerätename] kommando
```

Der Befehl kann unter anderem mit folgenden Kommandos verwendet werden:

Kommando	Beschreibung
fsf *zähler*	Das Band wird vorgespult auf das durch den angegebenen Zähler definierte EOF-Zeichen und vor dem nachfolgenden Datensatz positioniert.
fsr *zähler*	Das Band wird vorgespult auf die durch den angegebenen Zähler definierte Anzahl von Dateien.
bsf *zähler*	Das Band wird zurückgespult auf das durch den angegebenen Zähler definierte EOF-Zeichen und vor der EOF-Marke positioniert.
nbsf *zähler*	Das Band wird zurückgespult auf das durch den angegebenen Zähler definierte EOF-Zeichen und vor dem Anfang der Datei positioniert.
bsr *zähler*	Das Band wird zurückgespult auf die durch den angegebenen Zähler definierte Anzahl von Dateien.
eof	Schreiben einer Endemarke an der aktuellen Position des Bands.
eom	Das Band wird bis zum Ende des bereits verwendeten Bereichs vorgespult, so dass an dieser Stelle weitere Datensicherungen problemlos angehängt werden können.
erase	Das gesamte Band wird gelöscht.
offline	Das Magnetband wird zurückgespult und das Band ausgeworfen.
retension	Das Magnetband wird vor- und zurückgespult. Das ist sinnvoll bei Bändern, die lange gelagert wurden.
rewind	Das Magnetband wird zurückgespult.
status	Anzeige von Statusinformationen über das Bandgerät.

Tabelle 14.9: Die Kommandos des Befehls mt

Im folgenden Beispiel wird ein Magnetband, auf dem sich vier Datensicherungen befinden, auf die dritte Datensicherung positioniert, nachdem das Band nach der letzten Datensicherung zurückgespult wurde:

$ **mt -f /dev/rmt/1n fsf 2**

Der Befehl tcopy

Diesen Befehl verwendet man, um den Inhalt eines Magnetbands auf ein zweites Magnetband in einem anderen Bandgerät zu kopieren. Es setzt also die Existenz von zwei Bandgeräten voraus. Die Syntax des Befehls lautet:

$ **tcopy** [*quellgerät*] [*zielgerät*]

Wird nur das Quellgerät angegeben, dann wird der Inhalt des Bands angezeigt.

14.5 Befehle und Dateien zur Dateisystemsicherung

Der Befehl ufsdump

Dieser Befehl kann Dateisysteme sichern. Dabei ist es möglich, entweder bestimmte Dateien oder vollständige Dateisysteme auf das Sicherungsgerät, wie zum Beispiel ein Magnetband, zu kopieren. Standardmäßig wird auf das Gerät `/dev/rmt/0` gesichert.

Das Dateisystem, das gesichert werden soll, sollte unbedingt inaktiv sein, es darf also darin weder gelesen noch geschrieben werden. Deshalb sollte das Dateisystem entweder ungemountet sein oder sich im Single-User-Modus befinden. Der Befehl darf nur von *root* verwendet werden.

> Ein aktives Dateisystem zu sichern, kann dazu führen, dass Daten verfälscht werden und es unter Umständen unmöglich wird, Dateien aus der Sicherung wiederherzustellen.

Die Syntax des Befehls lautet:

`# ufsdump option(en) datenquelle`

Der Befehl kennt folgende Optionen:

Option	Beschreibung
0-9	Dumplevel bzw. Sicherungslevel für inkrementelle Sicherungen.
a	Erstellen eines Inhaltsverzeichnisses der Archivdatei, mit dessen Hilfe der Befehl ufsrestore überprüfen kann, ob eine wiederherzustellende Datei in der vorliegenden Archivdatei enthalten ist.
b faktor	Angabe eines Blockungsfaktors für die Bandgeräte. Der Standardwert der Schreibdichte beträgt 20 Blöcke zu je 512 Byte Größe für Bänder mit einer Schreibdichte von weniger als 6.250 Byte pro Inch.
c	Verwendung von Kassettenmagnetbändern (Cartridges) mit 1000 Byte pro Inch anstelle von Datenbändern. Der Blockungsfaktor beträgt hier 126 Blöcke.
D	Sicherung auf Diskette.
d bpi	Angabe der Schreibdichte eines Geräts.
f datei	Angabe des Geräts oder der Datei, das bzw. die für die Sicherung verwendet werden soll.

Tabelle 14.10: Die Optionen des Befehls ufsdump

Option	Beschreibung
l	Durchführung eines automatischen Wechselns von Bändern, falls ein Autoloader vorhanden ist.
n	Benachrichtigung aller Benutzer der Gruppe sysadm, falls bei der Sicherung ein Eingriff erforderlich wird.
o	Offline-Setzen des Magnetbandgeräts nach Durchführung der Sicherung oder bei Erreichen des Bandendes.
S	Durchführung eines Probelaufs, um den Platzbedarf für die Sicherung zu berechnen.
s größe	Angabe der Größe des Magnetbands.
t spuren	Angabe der Anzahl von Spuren eines Magnetbands. Der Standardwert ist 9.
u	Hinzufügen eines Eintrags in die Datei /etc/dumpdates, der den Namen des Dateisystems, das Datum und den Sicherungslevel enthält.
v	Vergleich des gesicherten Dateisystems mit der Sicherungskopie.
w	Ausgabe von Dateisystemen, die gemäß der Datei /etc/dumpdates länger als einen Tag nicht gesichert wurden.
W	Ausführliche Ausgabe von Dateisystemen, die gemäß der Datei /etc/dumpdates länger als einen Tag nicht gesichert wurden.

Tabelle 14.10: Die Optionen des Befehls ufsdump *(Forts.)*

Ein Sicherungslevel ist ein Integerwert von 0 bis 9, mit dessen Hilfe entschieden wird, welche Dateien während einer inkrementellen Sicherung gesichert werden. Der Sicherungslevel 0 sichert alle Dateien im Dateisystem, führt also eine Vollsicherung durch. Bei einem Sicherungslevel größer 0 werden alle Dateien gesichert, die seit der letzten Sicherung mit einem niedrigeren Sicherungslevel als dem angegebenen Level verändert wurden. So sichert der Dumplevel 2 zum Beispiel alle Dateien, die sich seit der letzten Sicherung mit Level 1 oder 0 verändert haben.

Im nachfolgenden Beispiel wird das Dateisystem, das unter dem Verzeichnis /export/home gemountet ist, auf das zweite Bandlaufwerk am System gesichert. Zuvor wird das Dateisystem ausgehängt und überprüft:

```
# umount /export/home
# fsck /export/home
# ufsdump 0uf /dev/rmt/1 /export/home
DUMP: Writing 65 Kilobyte records
DUMP: Date of this level 0 dump: Tue Aug 12 2001 17:10:17 PM MDT
DUMP: Date of last level 0 dump: the epoch
```

```
DUMP: Dumping /dev/rdsk/c0t0d0s6 (suso2:/export/home) to /dev/rmt/1
DUMP: Mapping (Pass I) [regular files]
DUMP: Mapping (Pass II) [directories]
DUMP: Estimated 234554 blocks (120.09MB)
DUMP: Dumping (Pass III) [regular files]
DUMP: Dumping (Pass IV) [directories]
DUMP: Tape rewinding
DUMP: 234468 blocks (120.05 MB) on 1 volume at 658 KB/sec
DUMP: DUMP IS DONE
DUMP: Level 0 dump on Tue Aug 12 2001 17:10:17 PM MDT
```

Die Datei /etc/dumpdates

Bei Verwendung der Option u mit dem Befehl ufsdump wird in dieser Datei protokolliert, mit welchem Sicherungslevel eine Sicherung des Dateisystems zu welchem Zeitpunkt durchgeführt wurde. Diese Datei wird auch bei einer inkrementellen Sicherung verwendet, um nur die Dateien zu sichern, die sich seit der letzten Sicherung verändert haben. Die Datei kann zum Beispiel folgendermaßen aussehen:

```
# cat /etc/dumpdates
/dev/rdsk/c0t0d0s6 0 Thu Jul  5  20:23:19  2001
/dev/rdsk/c0t0d0s7 0 Thu Jul  5  22:43:17  2001
```

In diesem Beispiel wurden folgende Datensicherungen erstellt:

- Am Donnerstag wurden für die Dateisysteme /dev/rdsk/c0t0d0s6 und /dev/rdsk/c0t0d0s7 Vollsicherungen mit Dumplevel 0 durchgeführt.

Wenn später weitere Sicherungen für die Dateisysteme durchgeführt wurden, dann wird der Inhalt der Datei entsprechend aktualisiert:

```
# cat /etc/dumpdates
/dev/rdsk/c0t0d0s6 3 Fri Jul  8  20:19:11  2001
/dev/rdsk/c0t0d0s7 5 Sat Jul  9   8:12:12  2001
```

- Am Freitag wurde eine inkrementelle Sicherung mit Dumplevel 3 auf die Vollsicherung des Dateisystems /dev/rdsk/c0t0d0s6 durchgeführt.

- Am Samstag wurde eine inkrementelle Sicherung mit Dumplevel 5 auf die Vollsicherung des Dateisystems /dev/rdsk/c0t0d0s7 durchgeführt.

Weitere Sicherungen ersetzen wiederum diese Einträge:

```
# cat /etc/dumpdates
/dev/rdsk/c0t0d0s6 1 Mon Jul 11  21:02:31  2001
/dev/rdsk/c0t0d0s7 7 Mon Jul 11  22:48:51  2001
```

Datensicherung

- Am Montag wurde eine inkrementelle Sicherung mit Dumplevel 1 auf die Vollsicherung des Dateisystems `/dev/rdsk/c0t0d0s6` durchgeführt. Dadurch wird die Sicherung vom Freitag überflüssig.

- Am Montag wurde eine inkrementelle Sicherung mit Dumplevel 7 auf die inkrementelle Sicherung vom Samstag mit Dumplevel 5 des Dateisystems `/dev/rdsk/c0t0d0s7` durchgeführt. Dadurch wird man bei einer Rücksicherung alle drei Bänder benötigen.

> Wenn eine Datensicherung wegen eines Fehlers nicht beendet wurde, befindet sich auch kein entsprechender Eintrag in dieser Datei.

Der Befehl ufsrestore

Dieser Befehl stellt Dateisysteme aus einer Datensicherung wieder her. Ein Dateisystem muss zum Beispiel wiederhergestellt werden, wenn es beschädigt wurde oder eine Neuorganisation von Dateisystemen auf Festplatte durchgeführt wurde.

Wenn mehrere Dumplevel der Datensicherung existieren, muss man zuerst die Vollsicherung zurückspielen und dann die inkrementellen Sicherungen in der Reihenfolge ihrer Erstellung. Die Zugriffsrechte und das Änderungs- und Zugriffsdatum werden bei der Rücksicherung nicht verändert. Der Befehl hat folgende Syntax:

`# ufsrestore` *option(en) [argument(e)] [dateisystem]*

Der Befehl kennt folgende Optionen:

Option	Beschreibung
a *datei*	Das Inhaltsverzeichnis der angegebenen Datei und nicht das des Sicherungsmediums wird verwendet. Die Datei muss mit dem Befehl `ufsdump -a` erstellt worden sein.
b *faktor*	Angabe des Blockungsfaktors, der für die Sicherung verwendet wurde. Die Standardgröße eines Blocks beträgt 512 Byte.
c	Konvertierung von Datensicherung mit dem Befehl `dump` von SunOS 4.x in das neue Format `ufs`.
d	Ausgabe von Debuginformationen.
f *datei*	Die Sicherung wird aus der angegebenen Datei und nicht vom Standardgerät `/dev/rmt/0` zurückgelesen.

Tabelle 14.11: Die Optionen des Befehls `ufsrestore`

Befehle und Dateien zur Dateisystemsicherung

Option	Beschreibung
h	Nur die Verzeichnisse werden angelegt, das rekursive Einlesen von Dateien und Unterverzeichnissen wird verhindert.
i	Der Befehl ufrestore wird interaktiv ausgeführt. Der Benutzer kann mit bestimmten Befehlen die Datenwiederherstellung steuern. Die Befehle werden in der nächsten Tabelle erläutert.
m	Statt der Datei- und Verzeichnisnamen werden beim Wiederherstellen die Inode-Nummern verwendet.
o	Stellt das Wiederherstellungsmedium nach der Rücksicherung auf offline.
r	Ein ganzes Dateisystem wird rekursiv im aktuellen Verzeichnis wiederhergestellt.
R	Das Wiederherstellen der Daten von einem bestimmten Punkt des Sicherungsmediums wird nach einer Unterbrechung fortgesetzt.
s n	Die Daten werden ab der *n*-ten Datei vom Sicherungsmedium wiederhergestellt.
v	Ausführliche Ausgabe mit zusätzlichen Informationen bei der Wiederherstellung.
t	Ausgabe des Inhaltsverzeichnisses des Sicherungsmediums.
x	Die angegebenen Dateien werden vom Sicherungsmedium zurück ins Dateisystem gespielt.
y	Auch im Fehlerfall soll die Wiederherstellung ohne Rückfrage weiter durchgeführt werden.

Tabelle 14.11: Die Optionen des Befehls ufsrestore *(Forts.)*

Der interaktive Modus kennt folgende Befehle:

Befehl	Beschreibung
add datei	Die angegebene Datei wird der Liste von Dateien hinzugefügt, die vom Sicherungsmedium extrahiert werden sollen.
cd verzeichnis	Es wird in das angegebene Verzeichnis in der Sicherungsdatei gewechselt.
delete datei	Die angegebene Datei oder das angegebene Verzeichnis wird aus der Liste der Dateien entfernt, die vom Sicherungsmedium extrahiert werden sollen.
extract	Extrahiert alle selektierten Dateien der Liste, die wiederhergestellt werden sollen. Die Liste wird mit Hilfe der Befehle add und delete verwaltet.

Tabelle 14.12: Die Befehle des interaktiven Modus von ufsrestore

Befehl	Beschreibung
help	Ausgabe aller verfügbaren Befehle.
ls	Alle Dateien und Verzeichnisse des aktuellen Arbeitsverzeichnisses der Sicherungsdatei werden aufgelistet.
pwd	Das aktuelle Arbeitsverzeichnis in der Sicherungsdatei wird ausgegeben.
quit	Beendet das Programm.
setmodes	Angabe, ob die zu setzenden Zugriffsrechte unverändert bleiben sollen oder nicht.
verbose	Gibt ausführlichere Informationen aus, zum Beispiel werden Inode-Nummern angezeigt, wenn der Befehl ls verwendet wird.
what	Informationen des Sicherungsmediums werden ausgegeben.

Tabelle 14.12: Die Befehle des interaktiven Modus von ufsrestore *(Forts.)*

Wenn eine komplette Rücksicherung eines Dateisystems von einem Band erfolgt, wird eine Datei restoresymtable erzeugt, die nach der erfolgreichen Rücksicherung gelöscht werden kann.

Im nachfolgenden Beispiel wird eine interaktive Rücksicherung der Dateien /etc/passwd und /etc/group vom zweiten Bandlaufwerk am System durchgeführt. Dazu wird in das Verzeichnis /tmp gewechselt, um dort die Extrahierung durchzuführen, und anschließend der interaktive Modus von ufsrestore gestartet:

```
# cd /tmp
# ufsrestore ivf /dev/rmt/1
Verify volume and initialize maps
Media block size is 64
Dump date: Tue Jul 07 17:35:10 2001
Dumed from: the epoch
Level 0 dump of / on suso2:/dev/dsk/c0t0d0s0
Label: none
Extract directories from tape
Initialize symbol table.
ufsrestore> ls
2   *./        45    devices/    30917  net/
2   *../     6188    etc/        17829  opt/
...
```

Zuerst werden die Datei /etc/passwd, /etc/group und /etc/shadow ausgewählt, anschließend wird /etc/shadow aus der Auswahlliste wieder entfernt und die beiden anderen Dateien werden extrahiert:

```
ufsrestore> cd etc
ufsrestore> add passwd group shadow
```

Die wiederherzustellenden Dateien sind nun durch einen Stern am Dateinamenanfang markiert, zum Beispiel *passwd *group *shadow. Bei der Wiederherstellung werden Sie nach der Nummer des Volume gefragt, bei Bändern heißt das erste Volume 1.

```
ufsrestore> delete shadow
ufsrestore> extract
Extract requested files
You have not read any volumes yet
Unless you know which volume your file(s) are on you should start
with the last volume and work towards the first.
Specify next volume #: 1
extract file ./etc/passwd
extract file ./etc/group
Add links
Set directory mode, owner, and times.
set owner/mode for '.'? [yn] n
```

Bei der letzten Frage müssen Sie sich entscheiden, ob die Zugriffsrechte unverändert bleiben sollen (no) oder die des Verzeichnisses übernommen werden sollen (yes).

```
ufsrestore> quit
```

Im letzten Schritt überprüfen Sie die Daten, um Sie dann in das Verzeichnis /etc zu verschieben:

```
# cat ./etc/passwd ./etc/group
# mv /tmp/etc/passwd /etc/passwd
# mv /tmp/etc/group /etc/group
```

Wiederherstellung von Dateisystemen

Wiederherstellung des /-Dateisystems

Wenn das /-Dateisystem oder die Dateisysteme /usr oder /var beschädigt sind, bootet der Rechner nicht. Daher müssen Sie in diesem Fall von der Solaris Betriebssystem CD-ROM 1/2 booten:

```
ok boot cdrom -s
```

Datensicherung

Anschließend müssen Sie auf der beschädigten Partition ein neues Dateisystem erzeugen und unter den leeren Mountpoint /a auf der CD-ROM mounten:

```
# newfs /dev/rdsk/c0t0d0s0
# mount /dev/dsk/c0t0d0s0 /a
```

Dann können Sie das Dateisystem vom Sicherungsband, in diesem Beispiel eingelegt ins erste Bandlaufwerk des Systems, wiederherstellen:

```
# cd /a
# ufsrestore rf /dev/rmt/0
# rm restoresymtable
```

Anschließend müssen Sie noch den Bootblock neu installieren. Dazu wechseln Sie in das Verzeichnis, das den Bootblock enthält und starten den Befehl installboot:

```
# cd /usr/platform/`uname -m`/lib/fs/ufs
# installboot bootblk /dev/rdsk/c0t0d0s0
```

Abschließend unmounten Sie das Dateisystem, überprüfen es mit fsck und rebooten das System:

```
# cd /
# umount /a
# fsck /dev/rdsk/c0t0d0s0
# reboot
```

Wiederherstellung der Dateisysteme /var und /usr

Sie können bei der Wiederherstellung dieser Dateisysteme genauso vorgehen, mit Ausnahme der Erstellung des Bootblocks, zum Beispiel:

```
ok boot cdrom -s
# newfs /dev/rdsk/c0t0d0s6
# mount /dev/dsk/c0t0d0s6 /a
# cd /a
# ufsrestore rf /dev/rmt/0
# rm restoresymtable
# cd /
# umount /a
# fsck /dev/rdsk/c0t0d0s6
# reboot
```

Wiederherstellung eines anderen Dateisystems

Sie können bei der Wiederherstellung jedes anderen Dateisystems ähnlich vorgehen, mit Ausnahme der Erstellung des Bootblocks und des Bootens von CD-ROM, zum Beispiel um das unter /export/home gemountete Dateisystem /dev/dsk/c0t0d0s7 wiederherzustellen:

```
# newfs /dev/rdsk/c0t0d0s7
# mount /dev/dsk/c0t0d0s7 /mnt
# cd /mnt
# ufsrestore rf /dev/rmt/0
# rm restoresymtable
# cd /
# umount /mnt
# fsck /dev/rdsk/c0t0d0s7
```

14.6 UFS-Snapshot

Überblick über UFS-Snapshot

Ein UFS-Snapshot ist eine Funktion, mit der ein Systemverwalter ein temporäres, read-only Online-Backup von ufs-Dateisystemen durchführen kann, das heißt, es wird ein momentanes Abbild oder »Instant Image« vom Dateisystem aufgezeichnet. Der Vorteil liegt darin, dass damit ein Backup für gemountete Dateisysteme erzeugt werden kann, auf denen die Benutzer aktiv arbeiten.

Es gibt allerdings Unterschiede zwischen UFS-Snapshots und Instant Images:

UFS-Snapshots	Instant Images
Die Größe der Backing-Store-Datei ist davon abhängig, wie viele Daten seit der Aufnahme des Snapshots verändert wurden.	Die Größe der Backing-Store-Datei entspricht immer der Größe des ganzen zu kopierenden Dateisystems.
Ein UFS-Snapshot bleibt während System-Neustarts nicht erhalten.	Ein Instant Image bleibt während System-Neustarts erhalten.
UFS-Snapshots können für alle UFS-Dateisysteme verwendet werden.	Ein Instant Image kann nicht für das root (/) oder /usr Dateisystem verwendet werden.
Bestandteil des Betriebssystems Solaris seit Januar 2001.	Bestandteil des Enterprise Services Packages.

Tabelle 14.13: Vergleich von UFS-Snapshots und Instant Images

Datensicherung

> Obwohl UFS-Snapshots auch große Dateisysteme kopieren können, sind Instant Images besser für Systeme auf Enterprise-Ebene geeignet. UFS-Snapshots werden eher für kleinere Systeme empfohlen.

Zum Anlegen, Löschen oder zur Ausgabe von Informationen von UFS-Snapshots wird der Befehl `fssnap` verwendet. Der Befehl erzeugt ein virtuelles Gerät und eine so genannte Backing-Store-Datei. Anschließend können Sie das virtuelle Gerät, das sich wie ein reelles Gerät verhält, mit den üblichen Backup-Befehlen sichern. Die Backing-Store-Datei ist eine binäre Datei, die Kopien von Daten enthält, die vor dem Snapshot erzeugt und hinterher geändert wurden. Die Befehlssyntax lautet:

`fssnap -F` fstyp `-V -o` option(en) mountpoint | spezial

Der Befehl kennt folgende Optionen und Argumente:

Option	Beschreibung
`-F` fstyp	Angabe des Dateisystemtyps.
`-d`	Löschen des Snapshots für das genannte Dateisystem.
`-i`	Ausgabe des Status eines Snapshots.
`-o`	Verwendung von speziellen Optionen, wie zum Beispiel `-o unlink`.
`-V`	Ausgabe der Befehlszeile, ohne dass der Befehl selbst ausgeführt wird.
mountpoint	Das Verzeichnis, in dem sich das Dateisystem befindet.
spezial	Der physikalische Gerätenamen des Dateisystems, zum Beispiel `/dev/dsk/c0t0d0s7`.

Tabelle 14.14: Die Optionen des Befehls `fssnap`

Beim Erzeugen eines UFS-Snapshots müssen das zu sichernde Dateisystem und die so genannte Backing-Store-Datei angegeben werden. Das Subsystem des UFS-Snapshots verwendet die Backing-Store-Datei, um darin alte Dateisystemdaten zu speichern, bevor diese überschrieben werden. Daher muss im Zielverzeichnis ausreichend freier Festplattenplatz zur Verfügung stehen, da die Größe der Backing-Store-Datei entsprechend der Anzahl der Aktivitäten im Dateisystem variiert.

> Die Backing-Store-Datei darf sich nicht im Dateisystem befinden, von dem ein Snapshot angelegt wird. Sie kann sich auf einem anderen UFS- oder auch auf einem NFS-Dateisystem befinden.

UFS-Snapshot

Folgende spezielle Optionen werden unterstützt:

Option	Beschreibung
snapnumber	Anzeige der Snapshot-Nummer.
blockdevname	Anzeige des blockorientierten Gerätpfads.
rawdevname	Anzeige des zeichenorientierten Gerätpfads.
mountpoint	Anzeige des Mountpoints des Master-Dateisystems.
state	Anzeige des Status des Snapshot-Geräts.
backing-store=*pfad*	Anzeige der Position der Backing-Store-Datei. Die Option kann mit bf oder bs abgekürzt werden. Wenn die Pfadangabe ein Verzeichnis ist, wird eine temporäre Datei erzeugt und offen gehalten.
backing-store-len	Anzeige der Größe der Backing-Store-Datei.
maxsize=*n* [k,m,g]	Anzeige der maximalen Größe der Backing-Store-Datei. Diese darf den Wert *n* nicht überschreiten. Der Snapshot wird automatisch gelöscht, wenn maxsize überschritten wird. Die Angabe kann in Kilobyte, Megabyte oder Gigabyte erfolgen.
createtime	Anzeige der Erstellungszeit des Snapshots.
chunksize=*n* [k,m,g]	Anzeige der Granularität der Daten, die zur Backing-Store-Datei gesandt werden. Die Angabe kann in Kilobyte, Megabyte oder Gigabyte erfolgen. Standardmäßig ist der Wert vier Mal so groß wie die Blockgröße des Dateisystems (in der Regel 32 KByte).
unlink	Beim Löschen des Snapshots wird die Backing-Store-Datei gleichzeitig gelöscht, ansonsten muss sie manuell gelöscht werden.
raw	Angabe des zeichenorientierten anstatt des blockorientierten Gerätenamens als Standardausgabe. Wenn raw nicht angegeben wird, wird das blockorientierte Gerät ausgegeben. Diese Option erleichtert die Einbettung des Befehls fssnap in die Befehlszeile bei Befehlen, die das zeichenorientierte Gerät benötigen. Es werden aber immer beide Gerätenamen erzeugt, die Option beeinflusst nur die Ausgabe.

Tabelle 14.15: Die speziellen Optionen des Befehls fssnap

> Wenn zum ersten Mal ein Snapshot von einem Dateisystem angelegt wird, ist es möglich, dass die Benutzer des Dateisystems eine leichte Verzögerung wahrnehmen, die abhängig von der Größe des Dateisystems ist. Die Verzögerungen treten nur bei Schreibzugriffen auf, Lesezugriffe sind davon nicht betroffen.

Anlegen eines UFS-Snapshots

Beim Anlegen eines UFS-Snapshots sollten Sie beobachten, wie viel Festplattenplatz die Backing-Store-Datei verbraucht. Zuerst verbraucht sie keinen Plattenplatz und dann wächst sie sehr schnell, je nachdem wie aktiv das System genutzt wird. Stellen Sie sicher, dass die Datei genügend Platz hat, um zu wachsen, oder begrenzen Sie ihre Größe mit der Option -o maxsize.

> Denken Sie daran, dass ein Snapshot automatisch gelöscht wird, wenn der Festplattenplatz nicht ausreicht. Dadurch misslingt ein Backup. In der Datei /var/adm/messages werden Fehlermeldungen zu UFS-Snapshots gespeichert.

Mit folgenden Schritten können Sie ein UFS-Snapshot anlegen:

1. Sie müssen root sein und sicherstellen, dass das Dateisystem ausreichend Festplattenplatz für die Backing-Store-Datei zur Verfügung hat. Verwenden Sie dazu den Befehl df -k.
1. Vergewissern Sie sich mit Hilfe des Befehls ls /dateisystem/backing-store-datei, dass noch keine Backing-Store-Datei mit demselben Namen und Verzeichnis existiert.
1. Erstellen Sie den UFS-Snapshot mit folgendem Befehl:

```
# fssnap -F ufs -o bs=/dateisystem/backing-store-datei /dateisystem
```

Das folgende Beispiel erstellt einen Snapshot vom Dateisystem /usr. Die Backing-Store-Datei heißt /test/usr.back.datei und das virtuelle Gerät lautet /dev/fssnap/1. Die Größe der Backing-Store-Datei wird auf 500 MByte begrenzt:

```
# fssnap -F ufs -o maxsize=500m,bs=/test/usr.back.datei \ /export/home /dev/fssnap/1
```

Anzeige von Informationen zu UFS-Snapshots

Sie können alle aktuellen Snapshots anzeigen lassen, indem Sie den Befehl fssnap -i ohne weitere Argumente verwenden. Wenn Sie dabei ein Dateisystem angeben, erhalten Sie ausführliche Informationen zu diesem Snapshot.

```
# fssnap -i
    0    /
    1    /usr
    2    /export/home
```

Um ausführliche Informationen zu einem bestimmten Snapshot zu erhalten, verwenden Sie folgenden Befehl:

```
# fssnap -i /usr
Snapshot number              : 1
Block Device                 : /dev/fssnap/1
Raw Device                   : /dev/rfssnap/1
Mount point                  : /usr
Device state                 : idle
Backing store path           : /scratch/usr.back.file
Backing store size           : 480 KB
Maximum backing store size   : Unlimited
Snapshot create time         : Tue Aug 08 09:57:07 2000
Copy-on-write granularity    : 32 KB
```

Löschen eines UFS-Snapshots

Wenn Sie einen UFS-Snapshot erstellen, können Sie mit der Option `-o unlink` angeben, dass die Backing-Store-Datei gleichzeitig mit dem Snapshot gelöscht werden soll. Andernfalls müssen Sie diese Datei später manuell löschen. Die Backing-Store-Datei belegt Festplattenplatz, bis der Snapshot gelöscht wird, abhängig davon, ob die Option `unlink` verwendet wird oder nicht.

Sie können einen Snapshot entweder durch einen Neustart des Systems löschen oder indem Sie den Befehl `fssnap -d` verwenden und dabei den Pfad des Dateisystems angeben, das den Snapshot enthält. Gehen Sie dazu wie folgt vor:

1. Werden Sie root und stellen Sie mit dem Befehl `fssnap -i` fest, welchen Snapshot Sie löschen möchten.

2. Löschen Sie den Snapshot mit dem Befehl :

   ```
   # fssnap -d /file-system
   Deleted snapshot 1.
   ```

Abhängig davon, ob Sie die Option unlink beim Erstellen des Snapshots verwendet haben oder nicht, müssen Sie anschließend noch die Backing-Store-Datei manuell mit dem Befehl `rm /dateisystem/backing-store-datei` löschen.

Im folgenden Beispiel wird ein Snapshot gelöscht (unter der Annahme, dass die Option `unlink` nicht verwendet wurde):

```
# fssnap -i
    0    /    1    /usr
# fssnap -d /usr
Deleted snapshot 1.
# rm /test/usr.back.datei
```

Einen UFS-Snapshot sichern

Das virtuelle Gerät, das den UFS-Snapshot enthält, funktioniert wie ein standardmäßiges read-only Gerät, das heißt, dass Sie dieses Gerät wie jedes andere Gerät zum Beispiel mit den Befehlen tar, ufsdump usw. sichern können.

Wenn Sie den Befehl tar zur Sicherung des Snapshots verwenden, mounten Sie diesen zuvor. Gehen Sie dazu wie folgt vor:

```
# mkdir /sicherung/home.sich
# mount -F UFS -o ro /dev/fssnap/1 /sicherung/home.sich
# cd /sicherung/home.sich
# tar cvf /dev/rmt/0 .
```

Hier wurde auf das Verzeichnis /sicherung/home.sich gemountet und das Gerät anschließend mit dem Befehl tar auf das erste Bandgerät des Systems gesichert.

Wenn Sie den Befehl ufsdump zum Sichern eines UFS-Snapshots verwenden, können Sie den Namen des Snapshots während der Sicherung angeben. Gehen Sie dazu in folgenden Schritten vor:

1. Werden Sie root und informieren Sie sich über den zu sichernden UFS-Snapshot, zum Beispiel:

   ```
   # fssnap -i /usr
   Snapshot number              : 1
   Block Device                 : /dev/fssnap/1
   Raw Device                   : /dev/rfssnap/1
   Mount point                  : /usr
   Device state                 : idle
   Backing store path           : /scratch/usr.back.file
   Backing store size           : 480 KB
   Maximum backing store size   : Unlimited
   Snapshot create time         : Tue Aug 08 09:57:07 2000
   Copy-on-write granularity    : 32 KB
   ```

2. Sichern Sie den UFS-Snapshot mit dem Befehl:

   ```
   # ufsdump 0ucf /dev/rmt/0 /dev/rfssnap/1
   ```

3. Überprüfen Sie, dass die Sicherung des Snapshots erfolgreich verlief, mit dem Befehl:

   ```
   # ufsrestore ta /dev/rmt/0
   ```

Eine inkrementelle Sicherung eines UFS-Dateisystems erstellen

Es ist auch möglich, eine inkrementelle Sicherung eines Dateisystems zu erzeugen, das heißt, es werden nur die Dateien gesichert, die sich seit der Sicherung des letzten Snapshots geändert haben. Verwenden Sie dazu den Befehl ufsdump mit der unter Solaris 9 neuen Option N. Diese Option veranlasst, dass der Gerätenamen des Dateisystems in die Datei /etc/dumpdates eingetragen wird, um inkrementelle Sicherungen nachzuvollziehen.

Das nachfolgende Beispiel verwendet den Befehl ufsdump gemeinsam mit dem Befehl fssnap, um eine inkrementelle Sicherung eines Dateisystems durchzuführen:

```
# ufsdump 1ufN /dev/rmt/0 /dev/rdsk/c0t1d0s0 `fssnap -F ufs \
-o raw,bs=/export/test,unlink /dev/rdsk/c0t1d0s0`
```

Die Option -o raw wird in diesem Beispiel verwendet, um den Namen des zeichen- anstatt des blockorientierten Geräts anzuzeigen. Damit kann der Befehl fssnap einfacher in Befehle eingebettet werden, die eine Angabe des zeichenorientierten Geräts benötigen, wie zum Beispiel der Befehl ufsdump.

Überprüfen Sie hinterher wieder, dass der Snapshot wirklich gesichert wurde:

```
# ufsrestore ta /dev/rmt/0
```

Daten aus einer UFS-Snapshot-Sicherung wieder herstellen

Die aus dem virtuellen Gerät erzeugte Sicherung ist im wesentlichen nur eine Sicherung davon, wie das ursprüngliche Dateisystem aussah, als der Snapshot angelegt wurde. Wenn Sie die Sicherung wieder herstellen, gehen Sie genau so vor, als hätten Sie die Sicherung direkt vom ursprünglichen Dateisystem gemacht, das heißt, Sie verwenden den Befehl ufsrestore.

Gehen Sie zur Wiederherstellung des Verzeichnisses bin aus der Sicherung des Snapshots für das Dateisystem /usr zum Beispiel wie folgt vor:

Legen Sie das Band mit der Sicherung ins Bandlaufwerk und wechseln Sie in das wiederherzustellende Verzeichnis /usr. Anschließend führen Sie den Befehl ufsrestore aus:

```
# cd /usr
# ufsrestore if /dev/rmt/0
ufsrestore> add bin
ufsrestore> extract
Specify next volume #: 1
Set owner/mode for '.'? [yn] n
ufsrestore> quit
```

14.7 Zusammenfassung

Dieser Tag behandelte das Thema Datensicherung. Sie lernten die Gründe für eine Datensicherung und -wiederherstellung und verschiedene Strategien zur Datensicherung kennen. Es wurden verschiedene Geräte für die Datensicherung beschrieben, wie zum Beispiel das Bandlaufwerk, so dass Sie nun in der Lage sind, ein Bandlaufwerk anzusprechen.

Sie lernten allgemeine Benutzerbefehle zum Archivieren und Komprimieren von Daten kennen, wie zum Beispiel tar und compress. Zuletzt wurde erläutert, wie Sie komplette Dateisysteme mit Hilfe der Befehle ufsdump und ufsrestore sichern und wiederherstellen. Zuletzt lernten Sie noch die Möglichkeit kennen, von einem gemounteten Dateisystem einen UFS-Snapshot zu erstellen und zu sichern.

14.8 F&A

F *Ich mache seit längerer Zeit regelmäßig Datensicherungen auf Bänder für meine Firma. Dabei bewahre ich immer einen ordentlich beschrifteten Satz im feuerfesten Tresor in der Firma und einen bei mir zuhause auf. Muss ich sonst noch etwas beachten?*

A Ja, Ihre Vorkehrungen sind zwar schon sehr gut, aber Sie sollten von Zeit zu Zeit testen, ob eine Rücksicherung auch möglich ist. Das heißt, befinden sich tatsächlich Daten auf den Bändern und sind es auch die korrekten Daten. Es ist auch möglich, dass die Bänder nach einiger Zeit verschleißen und daher beschädigte Daten enthalten.

F *Wie kann ich erkennen, dass das Bandgerät an meinem System aktiviert ist, und wie kann ich es konfigurieren, falls es nicht vom System erkannt wird?*

A Das Bandgerät sollte aktiviert sein, wenn Sie im Verzeichnis /dev/rmt entsprechende Einträge, zum Beispiel 0, 0n usw., finden. Sollte es nicht konfiguriert sein, führen Sie einen Rekonfigurationsreboot, zum Beispiel mit dem Befehl reboot -- -r durch oder starten Sie den Befehl devfsadm.

F *Bei mir in der Firma fallen täglich große Datenmengen für Benutzer an. Rücksicherungen kommen nur in den seltensten Fällen vor. Was für eine Backupstrategie empfiehlt sich in diesem Fall?*

A Sie können entweder einmal im Monat eine Vollsicherung und dann täglich inkrementelle Sicherungen auf den Vortag durchführen. An jedem Freitag sollte eine inkrementelle Sicherung auf die Vollsicherung stattfinden und an den Folgetagen inkrementelle Sicherungen auf den Freitag. Der Nachteil liegt in der großen Anzahl von Bändern im Falle einer Rücksicherung. Alternativ können Sie auch jeden Freitag eine Vollsicherung und an den übrigen Tagen eine inkrementelle Sicherung zum Freitag durchführen.

14.9 Übungen

1. Sichern Sie mit Hilfe des Befehls tar alle Dateien Ihres Homeverzeichnisses auf das erste Bandlaufwerk im System.

2. Übertragen Sie alle Daten des Verzeichnisses /etc mit Hilfe des Befehls cpio in ein neu angelegtes Verzeichnis /save.

3. Komprimieren Sie Ihr tar-Archiv.

4. Lassen Sie sich den Inhalt des tar-Archivs anzeigen und dekomprimieren Sie anschließend das Archiv wieder.

5. Verpacken Sie mehrere Dateien in Ihrem Verzeichnis mit Hilfe des Befehls gzip und entpacken Sie diese wieder.

6. Sichern Sie eines Ihrer Dateisysteme mit Hilfe von ufsrestore auf ein Magnetband. Lassen Sie sich dann den Inhalt der Sicherung anzeigen und spielen Sie die Sicherung in das Verzeichnis /var/tmp ein. Stellen Sie auf jeden Fall sicher, dass Sie sich im richtigen Verzeichnis für die Rücksicherung befinden!

Tag 1	Einführung in Solaris 9	19
Tag 2	Installation von Solaris 9	39
Tag 3	Wichtige Solaris-Befehle	67
Tag 4	Der OpenBoot-PROM von Sparc-Systemen	107
Tag 5	Das System starten und anhalten	133
Tag 6	Zugriffsrechte unter Solaris	163
Tag 7	Shells und Shellprogrammierung	195

Tag 8	Benutzerverwaltung	265
Tag 9	Prozessverwaltung	307
Tag 10	Gerätekonfiguration unter Solaris	351
TAG 11	DATEISYSTEME	385
Tag 12	Systemkonfiguration und -überwachung	453
Tag 13	Softwareinstallation	497
Tag 14	Datensicherung	521

Tag 15	Drucker- und Terminalverwaltung	563
Tag 16	Netzwerkeinführung	597
Tag 17	Weiterführende Netzwerktechniken und NFS (Network Filesystem)	643
Tag 18	Der Automounter und das Dateisystem cachefs	669
Tag 19	Autoinstallation (Jumpstart)	689
Tag 20	Namensdienste	713
Tag 21	Solaris Management Console (SMC)	765

Sie haben nun die zweite Woche mit Lernstoff zu Solaris beendet. Damit haben Sie die wichtigsten Bereiche des Betriebssystems kennen gelernt und sollten bereits gut mit ihm vertraut sein.

Aufbau der dritten Woche

In der dritten Woche werden Sie Ihr Studium des Betriebssystems Solaris abschließen, dabei werden zum Teil die Themen der ersten beiden Wochen vertieft, zum Teil aber auch neue Themenbereiche angeschnitten.

An Tag 15 wird erklärt, wie Drucker und Terminals eingerichtet und verwaltet werden. Dabei erfahren Sie, wie das Drucksystem arbeitet und welche Druckertypen es gibt. Tag 16 behandelt Netzwerkgrundlagen, die wichtigsten Dateien zur Netzwerkkonfiguration sowie Netzwerkprozesse und -befehle. Tag 17 baut auf dem vorhergehenden Tag auf und stellt weiterführende Netzwerktechniken vor, wie zum Beispiel eine Trusted Host-Umgebung und die Paketevermittlung via Routing. Anschließend erhalten Sie einen Überblick über das Network Filesystem (NFS) und seine Bedeutung. An Tag 18 werden der Automounter und die Dateisysteme `autofs` und `cachefs` vorgestellt. An Tag 19 lernen Sie, was ein Jumpstart ist und wie ein Jumpstart-Server konfiguriert ist. Sie lernen die Vorteile einer automatischen Installation von Auto-Clients und das Erstellen eines Regelwerks für eine Autoinstallation kennen. Am 20. Tag erhalten Sie eine Einführung in Namensdienste. Sie erhalten hier jeweils einen kurzen Überblick über NIS+, LDAP und DNS und erfahren, wie Sie den Namensdienst NIS einrichten können. Am letzten Tag lernen Sie die grafische Systemadministration mit der Solaris Management Console (SMC) kennen. Damit können Sie die meisten der Administrationsaufgaben grafisch durchführen.

Tag 15

Drucker- und Terminalverwaltung

Drucker- und Terminalverwaltung

Dieser Tag beschreibt die Einrichtung und Verwaltung von Druckern und Terminals. Zunächst erfahren Sie, wie das Drucksystem arbeitet und welche Druckertypen es gibt. Anschließend werden die verschiedenen Möglichkeiten zur Druckerkonfiguration und die Befehle zur Druckerverwaltung erläutert. Sie werfen einen Blick auf die verschiedenen Verzeichnisse und Dateien, die zur Druckerverwaltung gehören.

Sie lernen die Möglichkeiten und Befehle der Terminalverwaltung kennen und erfahren, wie die Terminalverwaltung aufgebaut ist. Zuletzt werden die Befehle der Terminalverwaltung näher betrachtet.

15.1 Druckerverwaltung

Arbeitsweise der Druckerverwaltung

Die meisten Unix-Varianten verwenden die beiden Druckmodelle BSD-Spoolsystem und SVR4-Spoolsystem, wobei das BSD-System mit dem Druckbefehl lpr und dem lpd-Daemon arbeitet, während das SVR4-System den Druckbefehl lp und den lpsched-Daemon verwendet. Das BSD-Drucksystem eignet sich besser für das Drucken in einer Netzwerkumgebung.

> Unter Solaris können aus Kompatibilitätsgründen sowohl die Befehle des BSD- als auch des SVR4-Drucksystems verwendet werden.

Das SVR4-Drucksystem wurde ab Solaris 2.6 durch das SunSoft-Drucksystem ersetzt, wobei aber die meisten Befehle beibehalten wurden. In erster Linie erfuhr das System netzwerkspezifische Erweiterungen. Für den Druckserver unter Solaris sind die Pakete SUNWpsr und SUNWpsu, für den Druckclient die Pakete SUNWpcr und SUNWpcu notwendig, wobei auf Servern die Server- und Clientpakete installiert werden sollten.

> Die Druckerkonfiguration älterer Solaris-Versionen (unter Solaris 2.6) lässt sich mit Hilfe des Befehls /usr/lib/print/conf_lp umstellen.

Wenn ein Benutzer mit dem Befehl lp oder lpr eine Druckanforderung an den lokalen Drucker sendet, geht diese Anforderung an den Druckscheduler lpsched. Dieser ermittelt den Druckertyp und sucht gegebenenfalls nach dem Standarddrucker des Systems.

Druckerverwaltung

Dabei werden die Druckaufträge in folgenden Verzeichnissen gespoolt:

- Im Verzeichnis /var/spool/lp/requests/*hostname*, auf das nur *root* und der Druckdienst zugreifen können.

- Im Verzeichnis /var/spool/lp/tmp/*hostname*, auf das der Benutzer zugreifen kann, der den Druckauftrag abgeschickt hat.

Die Druckaufträge erhalten eine Druckjobnummer, die sich aus dem Druckernamen und einer laufenden Nummer zusammensetzt. Vor dem Ausdrucken wird ein Druckjob noch eventuell gefiltert, das heißt, der Dateityp wird in einen Typ umgewandelt, der vom Drucker bearbeitet werden kann. So kann zum Beispiel eine Textdatei mit einem PostScript-Filter versehen werden, wenn sie auf einem PostScript-Drucker ausgedruckt werden soll. Direkt vor jedem Ausdruck wird der Drucker mit Hilfe eines speziellen Interfaceprogramms initialisiert.

Nach dem Abarbeiten der Druckanforderung werden die beiden Dateien gelöscht, die für den Druckauftrag in diesem Verzeichnis in eine Warteschlange gestellt wurden. Informationen zum Druckauftrag werden dann in der Protokolldatei /var/lp/logs/requests hinterlegt.

Die folgende Abbildung soll den lokalen Druckprozess nochmals verdeutlichen:

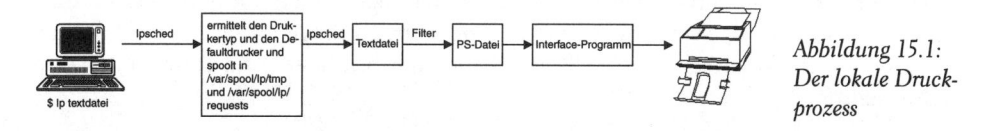

Abbildung 15.1:
Der lokale Druckprozess

Beim Remote-Druckprozess wird durch den Befehl lp oder lpr eine Druckanforderung direkt über das Netzwerk an den Printserver geschickt. Dieser bearbeitet den Auftrag und sendet ihn weiter an den Zieldrucker. Die Überwachung der Druckaufträge übernimmt der Internet Service Daemon inetd. Wenn eine Druckanforderung eingeht, wird vom Prozess inetd der Protokolladapter in.lpd gestartet, der den Druckauftrag interpretiert und in den Spoolbereich kopiert. Anschließend kommuniziert das Programm mit dem Druckscheduler lpsched, der das Interface-Programm des Druckers startet und den Druckauftrag an den Zieldrucker weiterleitet.

Die nachfolgende Abbildung soll den Remote-Druckprozess näher erläutern:

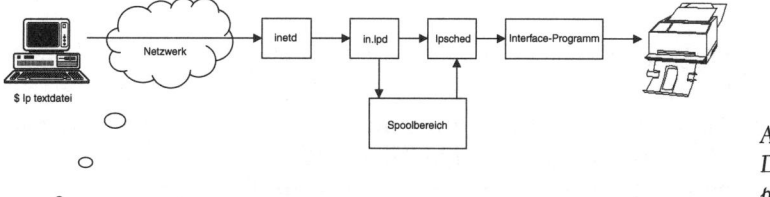

Abbildung 15.2:
Der Remote-Druckprozess

Drucker- und Terminalverwaltung

Damit das Drucken überhaupt möglich ist, muss der Druckdienst gestartet sein. *root* hat die Möglichkeit, den Druckdienst mit Hilfe eines Run Control-Skripts zu starten oder zu stoppen. Mit Hilfe dieses Befehls starten Sie den Druckdienst:

```
# /etc/init.d/lp start
Print services started
```

Der folgende Befehl stoppt den Druckdienst:

```
# /etc/init.d/lp stop
Print services stopped
```

Druckerarten

Es gibt unter Solaris drei verschiedene Druckertypen, die installiert werden können:

- Den lokalen Drucker, der physikalisch an einem Rechner über eine parallele oder serielle Schnittstelle angeschlossen wird.

- Den Remote-Drucker, der in seiner Eigenschaft als lokaler Drucker über das Netzwerk für andere Rechner verfügbar gemacht wird. Der Rechner, an dem der lokale Drucker angeschlossen wird, wird in diesem Fall als Printserver (Druckserver) bezeichnet, und die Rechner, die die Druckdienste in Anspruch nehmen, sind die so genannten Printclients (Druckclients). Ein Client sendet seine Druckaufträge an den Server, der die Aufträge in die Warteschlange stellt, gegebenenfalls bearbeitet und dann weiter zum Drucker sendet.

- Den Netzwerkdrucker, der nicht mit einem Rechner verbunden sein muss, sondern direkt im Netzwerk angeschlossen werden kann, da er eine eigene IP-Adresse (vgl. Tag 16) besitzt, zum Beispiel ein HP-Drucker mit JetDirect-Schnittstelle. Dieser Drucker wird von den Clients wie ein Rechner mit Drucker betrachtet. Er unterstützt häufig mehrere Protokolle und Druckertypen, wobei die Printclients über den Namen definieren, welches Protokoll und welchen Druckertyp sie verwenden. Es ist möglich, diese Drucker mit dem Befehl telnet (vgl. Tag 16) zu konfigurieren. Die Übertragungsgeschwindigkeit bei einem Netzwerkdrucker ist in der Regel höher als bei einem Remote-Drucker. Allerdings können einige Netzwerkdrucker keine Druckaufträge spoolen und müssen daher einem Spoolserver zugeordnet werden, der diese Aufgabe für sie übernimmt.

Druckerkonfiguration

Es gibt mehrere Möglichkeiten, einen Drucker einzurichten. Einerseits können die grafischen Tools Admintool, Solaris 9 Printmanager und die Solstice Adminsuite dazu verwendet werden, andererseits ist dies auch mit dem Befehl lpadmin möglich.

Sie müssen auf alle Fälle folgende Informationen für die Installation eines Remote- oder Netzwerkdruckers bereitstellen:

- Den Druckernamen, der eindeutig im Netzwerk sein muss und maximal 14 alphanumerische Zeichen lang sein darf, wobei auch Binde- und Unterstriche erlaubt sind.
- Den Printserver des Druckers.
- Die ausführlichere Beschreibung des Druckers, die aber optional ist.
- Den Druckertyp (`Printer Type`), das heißt den generischen Namen des Druckers, wie zum Beispiel PostScript, HP Drucker usw. Der Druckdienst identifiziert einen Drucker anhand seines Druckertyps, der im Verzeichnis `/usr/share/lib/terminfo` hinterlegt sein muss (vgl. „Das Verzeichnis /usr/share/lib/terminfo" am Ende dieses Abschnitts).
- Den Dateityp (`Content type`), den der Drucker ohne spezielle Filter, wie zum Beispiel ASCII oder PostScript, verarbeiten kann.
- Die Angabe, wie oder ob der Systemadministrator im Fehlerfall benachrichtigt werden soll.
- Den eindeutigen Namen des Druckers (`Destination`), bei dem es sich entweder um den Druckernamen oder seine IP-Adresse handeln kann. Wenn der Drucker nicht durch diese Angaben erkannt wird, müssen Sie in der Regel den vom Hersteller unterstützten Namen verwenden, der in der Druckerdokumentation hinterlegt ist.
- Das Druckprotokoll, also entweder `BSD` oder `TCP`.
- Sonstige Druckoptionen, wie zum Beispiel, ob der Drucker der Standarddrucker werden oder ob immer eine Bannerseite gedruckt werden soll.
- Welche Benutzer den Drucker verwenden dürfen.

Befehle zur Druckerverwaltung

Zu den wichtigsten Befehlen der Druckerverwaltung gehören im Überblick:

Befehl	Funktion	Ausführbar durch
`lp/lpr`	Druck starten	Jeder Benutzer
`cancel/lprm`	Druckauftrag stornieren	Jeder Benutzer für seine eigenen Druckaufträge, *root* kann beliebige Druckaufträge stornieren

Tabelle 15.1: Überblick über die wichtigsten Druckerverwaltungsbefehle

Drucker- und Terminalverwaltung

Befehl	Funktion	Ausführbar durch
lpstat/lpq	Statusabfrage von Druckern	Jeder Benutzer
lpadmin	Konfiguration von Druckern	root
accept/reject	Druckerwarteschlange aktivieren/deaktivieren	root
enable/disable	Drucker aktivieren/deaktivieren	root
lpmove	Druckaufträge in eine andere Warteschlange verschieben	root
lpset	Konfiguration des Zugriffs auf den Drucker	root
lpusers	Prioritäten definieren	root
lpfilter	Filter definieren	root
lpforms	Formulare definieren	root

Tabelle 15.1: Überblick über die wichtigsten Druckerverwaltungsbefehle (Forts.)

In den nächsten Abschnitten werden diese Befehl im Detail erläutert. Die nachfolgende Abbildung soll die Funktion der Befehle im Überblick verdeutlichen:

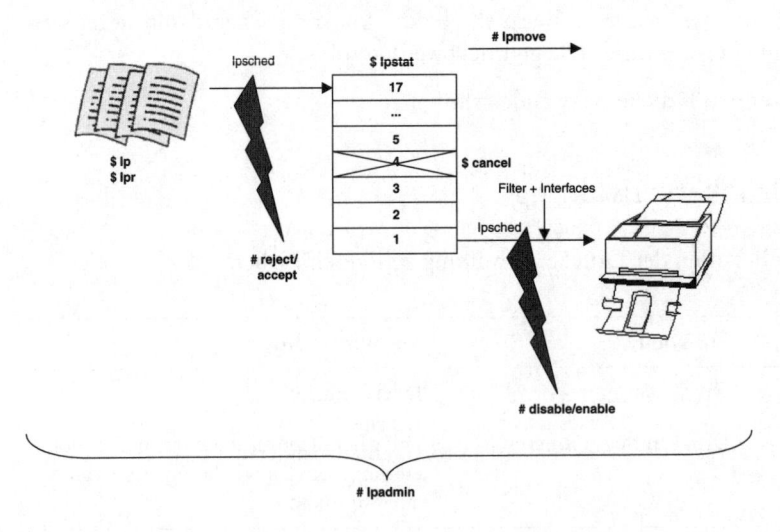

Abbildung 15.3: Überblick über die wichtigsten Druckerverwaltungsbefehle

Die Befehle lp/lpr

Der Befehl `lp` reiht zu druckende Dateien in eine Warteschlange ein. Der Befehl `lpr` ist ein Befehl aus dem BSD-Drucksystem mit derselben Aufgabe. Von der Befehlszeile aus können mit diesem Befehl sowohl ASCII-Textdateien als auch PostScript-Dateien, aber keine Binärdateien oder von Anwendungen, wie zum Beispiel Framemaker, erzeugte Dateien gedruckt werden. Die Syntax des Befehls lautet:

`$ lp -option(en) datei`

Der Befehl kennt folgende Optionen:

Option	Beschreibung
-c	Die auszudruckende Datei wird als Kopie im Verzeichnis /var/spool/lp/tmp/hostname abgelegt und mit der Namenserweiterung -1 versehen, wodurch der Ausdruck unabhängig von Veränderungen der Originaldatei wird.
-d drucker	Angabe des Zieldruckers. Wird diese Option nicht verwendet, erfolgt der Ausdruck auf den Standarddrucker.
-f formular	Für den Ausdruck wird ein bestimmtes Formular angefordert (vgl. Befehl lpforms).
-H key	Angabe eines Schlüsselworts, um den Druckauftrag auf eine bestimmte Art zu behandeln. Gültige Schlüsselworte sind: hold Einreihen des Auftrags in die Warteschlange, aber keine Abarbeitung. Der aktuelle Auftrag wird durch dieses Schlüsselwort abgebrochen und zurückgestellt. immediate Zuteilung der höchsten Priorität 0 für einen Druckauftrag, wodurch dieser sofort ausgedruckt wird. resume Freigabe eines mit dem Schlüsselwort hold gestoppten Druckauftrags.
-m	Versenden einer E-Mail an den Benutzer, dessen Druckauftrag abgeschlossen ist.
-n zahl	Angabe der zu druckenden Kopien.
-o option	Angabe von weiteren Optionen, wie zum Beispiel: cpi=zahl Veränderung der Zeichendichte pro Inch für den Ausdruck. Alternative Optionen sind pica, elite und compressed. length=zahl Veränderung der Länge einer gedruckten Seite in Zeilen. lpi=zahl Veränderung der Zeilendichte pro Inch für den Ausdruck. nobanner Ausdruck ohne Bannerseite. nofilebreak Ausdruck der Dateien hintereinander ohne Seitenvorschub. stty='optionen' Veränderung der Leitungsparameter. width=zahl Veränderung der Breite einer gedruckten Zeile in Spalten.

Tabelle 15.2: Die Optionen des Befehls lp

Option	Beschreibung
`-q` *zahl*	Angabe der Druckpriorität von 0 bis 39, wobei 0 die höchste Priorität ist.
`-r`	Unterdrücken des Einsatzes eines Filters beim Ausdruck. Diese Option muss gemeinsam mit `-T` verwendet werden.
`-t` *titel*	Angabe eines Titels für den Ausdruck.
`-T` *dateityp*	Ausdruck des Druckauftrags mit dem angegebenen Dateityp.
`-w`	Der Benutzer soll nach Beendigung des Druckauftrags am Bildschirm eine Nachricht erhalten. Wenn er nicht angemeldet ist, wird die Nachricht per E-Mail übermittelt.
`-y` *filter*	Angabe einer Filteroption, zum Beispiel Drucken im Querformat mit `-y landscape` oder im Hochformat mit `-y portrait`. Die vierfache Vergrößerung des Texts beim Ausdruck wird mit `-y magnify=4` erreicht und vier kleine Seiten auf einer gedruckten Seite erscheinen durch `-y group=4`.

Tabelle 15.2: Die Optionen des Befehls lp *(Forts.)*

Im nachfolgenden Beispiel wird die Datei *testdatei* im Homeverzeichnis des Benutzers nicht auf dem Standarddrucker, sondern auf dem Drucker *brother3050* gedruckt:

```
$ lp -d brother3050 ~/testdatei
request id is brother3050-1 (1 file(s))
```

Der Name des Druckers kann entweder beim Drucken angegeben werden oder das System sucht nach einem hinterlegten Standarddrucker.

Dazu werden zunächst die Variablen LPDEST und PRINTER gesucht und gegebenenfalls gelesen, wobei der Befehl lp zuerst die Variable LPDEST und dann die Variable PRINTER liest, während der Befehl lpr in umgekehrter Reihenfolge vorgeht.

Enthalten beide Variablen keinen Wert, wird im Homeverzeichnis des Benutzers nach einer Datei .printers gesucht und dort nach einem Eintrag _default. Ist dieser Eintrag oder diese Datei nicht vorhanden, wird die Datei /etc/printers.conf nach demselben Eintrag durchsucht (vgl. „Das Verzeichnis /usr/share/lib/terminfo" am Ende dieses Abschnitts). Zuletzt wird in der NIS-Datenbank printers.conf.byname nach einem solchen Eintrag gesucht. Findet das System keinen entsprechenden Eintrag in einer dieser Dateien, erhält der Benutzer, der den Druckauftrag starten wollte, eine entsprechende Fehlermeldung.

> Die Optionen des Befehls lpr weichen von denen des Befehls lp ab und sollten bei Bedarf in den Manual-Seiten nachgesehen werden.

Der Befehl cancel

Mit Hilfe dieses Befehls kann ein Benutzer einen Druckauftrag löschen, den er zuvor mit dem Befehl lp gestartet hat. Eventuell muss man mit Hilfe des Befehls lpstat (vgl. nächster Abschnitt) die Nummer des Druckauftrags (request-ID) herausfinden. Der im vorherigen Beispiel gestartete Druckauftrag lässt sich mit dem folgenden Befehl stornieren:

```
$ lpstat brother3050
brother3050-1 her    551Jun 10 17:45
brother3050-2 her    632Jun 10 17:47
$ cancel brother3050-1
request " brother3050-1" cancelled
```

Mit Hilfe der Option -u *benutzer* können alle Druckaufträge des angegebenen Benutzers entfernt werden, zum Beispiel:

```
$ cancel -u her
request " brother3050-2" cancelled
request " brother3050-3" cancelled
```

Der Befehl lpstat

Dieser Befehl zeigt den Status von Druckern und Druckerwarteschlangen an. Ohne Argument werden sämtliche Aufträge der Druckerwarteschlange ausgegeben. Der Befehl kennt folgende Optionen:

Option	Beschreibung
-a [*drucker*]	Ohne Angabe eines Druckernamens werden alle konfigurierten Drucker und ihr aktueller Status angezeigt. Bei Verwendung eines Druckernamens werden diese Informationen nur für den angegebenen Drucker ausgegeben.
-c [*klasse*]	Wenn kein Druckername angegeben wird, werden alle konfigurierten Druckerklassen und ihr aktueller Status angezeigt. Bei Verwendung einer Druckerklasse werden diese Informationen nur für diese Druckerklasse ausgegeben.
-d	Ausgabe des Standarddruckers des Systems.
-f [*formular*]	Ausgabe aller definierten oder eines angegebenen Formulars.
-o [*drucker*]	Ausgabe des Status aller Druckaufträge aller definierten oder des angegebenen Druckers.
-p [*drucker*]	Ausgabe des Druckstatus aller Drucker bzw. eines angegebenen Druckers.

Tabelle 15.3: Die Optionen des Befehls lpstat

Drucker- und Terminalverwaltung

Option	Beschreibung
-r	Ausgabe, ob der Druckdienst lpsched gestartet ist.
-R	Ausgabe der anstehenden Druckaufträge und ihrer Prioritäten.
-s	Ausgabe einer Statusübersicht für alle Drucker des Systems.
-t [drucker]	Ausgabe einer vollständigen Statusinformationen für alle oder den angegebenen Drucker.
-u [benutzer]	Ausgabe aller Druckaufträge des angegebenen Benutzers. Auch mehrere Benutzer können hier spezifiziert werden.
-v [drucker]	Ausgabe der Gerätedatei, über die ein Drucker angeschlossen ist, oder des Rechnernamens von Remote-Druckern. Ohne Option werden diese Informationen für alle Drucker des Systems ausgegeben.

Tabelle 15.3: Die Optionen des Befehls lpstat *(Forts.)*

Mit folgendem Befehl wird der Status aller Druckaufträge angezeigt:

```
$ lpstat -o
brother3050-6doo491 Jun 10 18:30   on brother3050
lexmark-2her751 Jun 10 18:34    filtered
```

Die Angabe filtered (gefiltert) bedeutet, dass der Druckauftrag gerade ausgedruckt wird.

Mit Hilfe des nachfolgenden Befehls werden nur die Druckaufträge einer bestimmten Druckerwarteschlange angezeigt:

```
$ lpstat brother3050
brother3050-2   her521 Jun 10 17:45
brother3050-3   doo682 Jun 10 17:47
```

Mit dem nächsten Befehl erfolgt eine Anzeige des Status aller konfigurierten Drucker am System:

```
$ lpstat -t
scheduler is running
system default destination: printerA
system for brother3050: suso2
system for lexmark: suso5
brother3050 accepting requests since Fri Jun 8 09:21:00 EST 2001
lexmark accepting requests since Sat Jun 9 20:31 EST 2001
```

Der Befehl lpadmin

Mit Hilfe dieses Befehls können Drucker installiert, konfiguriert und deinstalliert werden. Der Befehl legt allgemeine Konfigurationsdaten im Verzeichnis /etc/lp und spezielle Konfigurationsdaten für jeden Drucker im Verzeichnis /etc/lp/printers/*drucker* ab. Remote-Drucker werden nur in der Datei /etc/printers.conf hinterlegt (vgl. „Das Verzeichnis /nor/share/lib/terminfo" am Ende dieses Abschnitts).

Der Befehl kennt folgende Optionen:

Option	Beschreibung
-A *alarmtyp* [-W *minuten*]	Definiert, wie der Systemadministrator über Probleme des Drucksystems informiert werden soll: list — Anzeige der Konfiguration der Meldungen. mail — Benachrichtigung per E-Mail. none — Keine Benachrichtigung. quiet — Keine Wiederholung der Benachrichtigung. showfault — Benachrichtigung jedes Druckclients. write — Benachrichtigung auf dem Bildschirm. *shellskript* — Ausführen des angegebenen Shellskripts im Fehlerfall. Die Option -W steuert, in welchen Zeitabständen in Minuten die Fehlermeldung wiederholt werden soll. 0 bedeutet keine Wiederholung der Meldung.
-c *klasse*	Konfiguration einer Druckerklasse. Eine Druckerklasse ist ein Pool von gleichartigen Druckern, von denen der nächste freie Drucker die nächste anstehende Druckanforderung entgegennimmt. Dabei werden die Drucker in der Reihenfolge abgefragt, in der sie der Klasse hinzugefügt wurden, weshalb die leistungsfähigsten zuerst zugeordnet werden sollten.
-d	Definition des Standarddruckers des Systems.
-D *kommentar*	Definition eines Kommentars für einen neu konfigurierten Drucker.
-e *drucker*	Übernahme eines Interface-Programms von einem vorhandenen für einen neu konfigurierten Drucker.
-f allow|deny *formular*	Zulassen oder Verbieten von Formularen für einen Drucker. Standardmäßig sind keine Formulare erlaubt. Die Option -f allow:all lässt alle Formulare zu.

Tabelle 15.4: Die Optionen des Befehls lpadmin

Option	Beschreibung
`-F key`	Definition des Verhaltens im Fehlerfall. Schlüsselworte sind: `beginning` — Der Druckauftrag soll komplett neu ausgedruckt werden. `continue` — Fortsetzen des unterbrochenen Druckauftrags. `wait` — Wiederaufnahme des unterbrochenen Druckauftrags erst nach Auftrag durch den Administrator, wobei der Druck komplett neu erfolgt.
`-i interface`	Definition eines Interface-Programms für den neu konfigurierten Drucker. Ohne diese Option wird das Standard-Interface-Programm verwendet.
`-I dateityp`	Definition des Dateityps, den der Drucker verarbeiten kann, ohne zu filtern. Mögliche Werte sind: `PS` — PostScript `simple` — Einfache Textdatei `any` — Beliebiger Dateityp, das heißt, der Drucker erkennt Dateitypen selbst oder ist ein Remote-Drucker.
`-M -f formular [-a] [-o filebreak] [-t zahl]`	Definition von eingelegten Formularen für den Drucker. Die zusätzliche Option -a steuert den Druck einer Formularmusterseite, `filebreak` bewirkt einen Seitenvorschub. Die Option -t steuert den Papierschacht für das Formular.
`-o option`	Konfiguration des Interface-Programms mit den angegebenen Optionen: `banner` — Ausgabe einer Bannerseite. `bsdctrl=typ` — Angabe, ob eine Steuerdatei vor oder nach den Daten zum Drucker gesendet werden soll. Standardeinstellung ist `first`, alternativ ist auch `last` möglich. `dest=ziel` — Angabe des Zieldruckers im Netzwerk oder des entsprechenden Ports. `nobanner` — Keine Bannerseite ausgeben. `protocol=typ` — Angabe des Protokolltyps für die Netzwerkverbindung: `bsd` oder `raw` (TCP). `timeout=sek` — Angabe der Wartezeit in Sekunden für Versuche, den Drucker zu erreichen. Der Standardwert beträgt 10 Sekunden.

Tabelle 15.4: Die Optionen des Befehls `lpadmin` *(Forts.)*

Option	Beschreibung
`-p` *drucker*	Definition des Druckernamens, für den die Konfiguration gelten soll. Durch Angabe von `all` gelten die Änderungen für alle Drucker.
`-r` *klasse*	Entfernt den angegebenen Drucker aus der angegebenen Klasse.
`-t` *zahl*	Definition der Anzahl der Papierschächte des zu konfigurierenden Druckers.
`-T` *druckertyp*	Angabe des Namens der Druckertypdatei in der Datenbank `terminfo` (vgl. Absatz 15.11.5), um den Typ und die Fähigkeiten des Druckers zu definieren.
`-u deny|allow` *benutzer*	Definition der zugelassenen (`allow`) oder nicht zugelassenen (`deny`) Benutzer eines Druckers.
`-v` *datei*	Definition der Gerätedatei, über die ein Drucker angeschlossen ist, zum Beispiel `/dev/lp1` oder `/dev/bpp0` oder `/dev/ecpp0` für den parallelen Port. Serielle Gerätenamen wären zum Beispiel `/dev/term/a` und `/dev/term/b`.
`-x` *drucker*	Deinstallation einer Druckerkonfiguration.

Tabelle 15.4: Die Optionen des Befehls `lpadmin` *(Forts.)*

Im nächsten Beispiel wird ein Drucker mit der Bezeichnung *hp400* an die parallele Schnittstelle /dev/ecpp0 angeschlossen. Der Druckertyp und der Dateityp sind PostScript und es soll keine Bannerseite gedruckt werden. Bei Problemen soll der Administrator in Abständen von 5 Minuten eine Nachricht auf dem Bildschirm erhalten:

```
# lpadmin -p hp400 -v /dev/ecpp0 -T PS -I postscript -o nobanner \
> -D "HP-Drucker Raum 314" -A write -W 5
```

Im folgenden Beispiel sollen nur die Benutzer *her* und *doo* vom System *suso2* auf den Drucker *brother3050* drucken dürfen. Außerdem soll im Fehlerfall eine unterbrochene Datei komplett neu gedruckt werden:

```
# lpadmin -p brother3050 -u allow:suso2!her,suso2!doo -F beginning
```

Mit folgendem Befehl fassen Sie die Drucker *hplaser1* und *hplaser2* zu einer Druckerklasse zusammen:

```
# lpadmin -p hplaser1 -c ps-klasse
# lpadmin -p hplaser2 -c ps-klasse
# accept ps-klasse
```

Eine Druckerklasse muss nicht mit `enable` (vgl. nachfolgende Abschnitte) aktiviert werden, da zuvor die einzelnen Drucker entsprechend aktiviert werden müssen, aber ihre Warteschlange muss mit `accept` aktiviert werden.

Drucker- und Terminalverwaltung

Beachten Sie beim Anlegen von Druckerklassen, dass die Drucker vom gleichen Typ (zum Beispiel PostScript) und räumlich zusammengefasst sein sollten.

Sie entfernen einen Drucker auf folgende Weise wieder aus einer Druckerklasse:

```
# lpadmin -p hplaser1 -r ps-klasse
```

Die komplette Druckerklasse entfernen Sie mit dem Befehl:

```
# lpadmin -x ps-klasse
```

Die Befehle accept/reject

Mit Hilfe des Befehls accept lassen sich Druckaufträge in die Warteschlange eines neu konfigurierten Druckers oder einer Druckerklasse einreihen. Er kann auch dazu verwendet werden, eine Druckerwarteschlange wieder zu aktivieren, wenn diese mit dem Befehl reject deaktiviert wurde:

```
# accept brother3050
destination brother3050 is now accepting requests
```

Mit dem Befehl reject deaktivieren Sie eine Druckerwarteschlange, so dass keine Druckaufträge mehr gespoolt werden können. Mit der Option -r können Sie einen Grund dafür angeben, zum Beispiel:

```
# reject -r "Drucker wird repariert" brother3050
destination brother3050 will no longer accept requests
```

Bei Statusabfragen erhält der Benutzer eine entsprechende Angabe:

```
# lpstat -a brother3050
brother3050 not accepting requests since Fri Aug 31 18:33:40 MET 2001 - Drucker
wird repariert
```

Die Befehle enable/disable

Mit Hilfe des Befehls enable können Sie einen neu konfigurierten Drucker aktivieren oder einen mit dem Befehl disable deaktivierten Drucker wieder aktivieren:

```
# enable brother3050
printer 'brother3050' now enabled
```

Mit dem Befehl disable deaktivieren Sie einen Drucker, so dass keine gespoolten Druckaufträge mehr an den Drucker gesendet werden können. Mit der Option -r lässt sich ein Grund dafür angeben, zum Beispiel:

```
# disable -r "Toner wird gewechselt" brother3050
printer 'brother3050' now disabled
```

Druckerverwaltung

Diese Meldung wird ausgegeben, wenn sich Benutzer den Status des Druckers anzeigen lassen. Es gibt außerdem die Option -c, mit der sich der aktuell gedruckte Druckjob abbrechen lässt, und die Option -W, die den aktuellen Druckjob noch komplett beendet.

Der Befehl lpmove

Mit diesem Befehl können Druckaufträge von einer Warteschlange in eine andere verschoben werden, zum Beispiel weil eine Druckerwarteschlange deaktiviert wurde. Dabei ist es möglich, alle Druckaufträge einer Warteschlange komplett in eine andere Warteschlange zu verschieben:

```
# lpmove brother3050 hplaser2
```

Alternativ können auch einzelne Druckaufträge verschoben werden:

```
# lpmove brother3050-7 brother3050-8 hplaser2
```

Der Befehl lpset

Die Datei /etc/printers.conf, die die Druckerkonfigurationen enthält, kann entweder manuell (vgl. „Das Verzeichnis /usr/share/lib/terminfo" am Ende dieses Abschnitts) oder mit Hilfe des Befehls lpset konfiguriert werden. Der Befehl konfiguriert nur den Zugriff auf einen Drucker und nicht den Drucker selbst. Alternativ zur Datei /etc/printers.conf lässt sich auch die entsprechende Datei auf dem NIS-Master-Server konfigurieren (vgl. Tag 20). Die Syntax des Befehls lautet:

```
# lpset -option(en) zieldatei
```

Der Befehl kennt folgende Optionen:

Option	Beschreibung
-a drucker=wert	Definition von Werten der Datei /etc/printers.conf (vgl. „Das Verzeichnis /usr/share/lib/terminfo" am Ende dieses Abschnitts).
-d variable	Löschen einer Variablen der Datei /etc/printers.conf.
-n system|fns	Einbinden der Daten entweder in die lokale Datei /etc/printers.conf oder in die des Namensdienstes (FNS = Federal Naming Service).
-x	Entfernen des angegebenen Eintrags aus der Datei.

Tabelle 15.5: Die Optionen des Befehls lpset

Im nachfolgenden Beispiel wird der Drucker *brother3050* als Defaultdrucker in die Datei /etc/printers.conf eingetragen:

```
# lpset -a use=brother3050 _default
```

Der Befehl lpusers

Mit Hilfe dieses Befehls kann eine Standardvoreinstellung der Prioritäten von Druckaufträgen und Prioritätsgrenzen für Benutzer definiert werden. Der Befehl kennt folgende Optionen:

Option	Beschreibung
`-d priorität`	Definition einer systemweiten Druckpriorität. Die Standardeinstellung ist 20. Dieser Wert wird einem Druckauftrag ohne Prioritätsvergabe zugewiesen.
`-l`	Anzeigen der definierten Prioritäten für Benutzer.
`-q priorität -u benutzer`	Die angegebenen Benutzer haben die Möglichkeit, die Priorität eines Druckauftrags bis zu der hier festgelegten Priorität zu erhöhen.

Tabelle 15.6: Die Optionen des Befehls `lpusers`

Im folgenden Beispiel wird die Priorität für den Benutzer *doo* auf dem aktuellen System und die Benutzerin *her* vom System *suso2* auf 13 gesetzt:

```
# lpusers -q 13 -u doo,suso2!her
```

Diese Benutzer können nun die Priorität ihrer Druckaufträge bis zum Wert 13 erhöhen, zum Beispiel:

```
$ lp -i brother3050-7 -q 13
```

Der Befehl lpfilter

Mit Hilfe dieses Befehls lassen sich Filter im Drucksystem aktivieren. Filter werden benötigt, um Dateien vor dem Ausdruck für das passende Format aufzubereiten. Solaris stellt standardmäßig folgende Filter im Verzeichnis `/etc/lp/fd` zur Verfügung:

Filter	Beschreibung
`catv`	Ausgabe von Textdateien als Textdatei.
`dpost`	Umwandlung von Manual Pages (troff-Dateien) in PostScript-Format.
`download`	Laden von Zeichensätzen im PostScript-Format für einen Druckauftrag in den Drucker.

Tabelle 15.7: Filter unter Solaris

Druckerverwaltung

Filter	Beschreibung
`postio`	Steuerung der Dateiübertragung auf einen seriellen PostScript-Drucker.
`postprint`	Umwandlung einer ASCII-Datei in das PostScript-Format.
`postreverse`	Umwandlung einer Datei so, dass die letzte Seite zuerst gedruckt wird.

Tabelle 15.7: Filter unter Solaris (Forts.)

Der Befehl hat folgende Syntax:

`# lpfilter -f` *filter -option(en)*

Zu den Optionen des Befehls gehören:

Option	Beschreibung
`-f` *name*	Angabe des Filternamens. Mit `all` werden alle Filter angesprochen.
`-F` *verzeichnis*	Angabe des Verzeichnisses der Filter.
`-i`	Zurücksetzen der angegebenen Filter auf den Standardwert.
`-l`	Auflisten aller aktiven Filter. Gemeinsame Verwendung mit der Option `-f all`.
`-x`	Löschen des angegebenen Filters.

Tabelle 15.8: Die Optionen des Befehls `lpfilter`

Nach der Installation können alle Filter gemeinsam mit Hilfe eines kleinen Skripts der Kommandozeile aktiviert werden:

```
# cd /etc/lp/fd
# for FILTER in *.fd; do
> NAME=`basename $FILTER .fd`
> lpfilter -f $NAME -F $FILTER
> done
```

Im nachfolgenden Beispiel wird die Beschreibung aller `postprint`-Filter aufgelistet:

```
# lpfilter -f postprint -l
Input types: simple
Output types: postscript
Printer types: any
Printers: any
Filter type: slow
Command: /usr/lib/lp/postscript/postprint
Options: PAGES * = -o*
```

```
Options: LENGTH * = -1*
Options: MODES group = -n2
Options: MODES group\=\([2-9]\) = -n\1
Options: MODES portrait = -pp
Options: MODES landscape = -pl
Options: MODES x\=\(\-*[\.0-9]*\) = -x\1
Options: MODES y\=\(\-*[\.0-9]*\) = -y\1
Options: MODES magnify\=\([\.0-9]*\) = -m\1
Options: MODES catv_filter = -I
```

Input types gibt an, welcher Dateityp umgewandelt werden kann, und zwar in welches Format mit Output types. Die Option Any printer types bedeutet, dass der Filter für jeden Drucker zugelassen ist. Ein slow filter type braucht mehr Konvertierungszeit als ein fast filter type. Der eigentliche Aufruf des Filters wird unter command angezeigt. Die für den Filter definierten Optionen finden Sie in den Manual Pages des Befehls lp.

Der Befehl lpforms

Mit Hilfe dieses Befehls können Sie Druckformulare definieren und administrieren. Der Befehl verwaltet die Verwendung von vorgedruckten Formularen, wie zum Beispiel von Firmenbriefpapier, mit dem Druckdienst. Ein Formular wird durch seinen Formularnamen definiert. Benutzer können ein Formular angeben, wenn sie einen Druckauftrag absenden. Der Befehl ermöglicht es außerdem dem Administrator, Formulare hinzuzufügen, zu ändern und zu löschen und die Attribute von vorhandenen Formularen anzuzeigen sowie bestimmten Benutzern die Verwendung von Formularen zu erlauben oder zu verweigern. Mit Hilfe dieses Befehls können Sie auch dem Administrator eine Mitteilung senden, dass ein bestimmtes Formular in einem Drucker verwendet wird. Die Syntax des Befehls lautet:

lpforms -f formular -option(en)

Die wichtigsten Optionen des Befehls sind:

Option	Beschreibung
-A typ	Konfiguration und Anzeige der Art des Benachrichtigungstyps, wenn ein Formular angefordert wird.
-f formular	Angabe des Formularnamens. Mit all werden alle Formulare und mit any alle Formulare ohne eigene Alarmmeldung angesprochen.
-F verzeichnis	Angabe des Verzeichnisses des Formulars. Durch Angabe von - wird von der Standardeingabe gelesen.

Tabelle 15.9: Die Optionen des Befehls lpforms

Option	Beschreibung
-1	Anzeige der Definition eines Formulars.
-P *name*	Angabe des Papiernamens eines Formulars.
-Q *zahl*	Ausgabe einer Meldung über eine Formularanforderung nach der angegebenen Anzahl von Anforderungen.
-u allow:*datei*	Einschränken der Verwendung von Formularen auf alle Benutzer, die in der angegebenen Datei enthalten sind.
-W *zahl*	Zeitspanne in Minuten, in der die Benachrichtigungsmeldung wiederholt wird. Standardmäßig wird nur eine Nachricht versendet.
-x	Löschen der Definition des angegebenen Formulars.

Tabelle 15.9: Die Optionen des Befehls lpforms *(Forts.)*

Mit folgendem Befehl wird ein Formular aus einem Drucksystem entfernt:

```
# lpforms -f meinformular -x
```

Konfigurationsdateien der Druckerverwaltung

Die Datei /etc/printers.conf

Diese Datei regelt den Zugriff auf die lokal installierten Drucker und kann zum Beispiel wie folgt aussehen:

```
# more /etc/printers.conf
# If you hand edit this file, comments and structure may change.
# The preferred method of modifying this file is through the use of
# lpset(1M)
hplaser:\
        :bsdaddr=suso2,hplaser,Solaris:\
        :description=HP Laser Testinstallation:
_default:\
        :use=hplaser:
Test2:\
        :bsdaddr=suso2,Test2,Solaris:\
        :description=Nur zu Testzwecken:
```

Der Zugriff auf einen Drucker wird pro Zeile konfiguriert, wobei die Zeile beliebig lang sein kann und die Einträge durch Doppelpunkte getrennt werden. Das erste Feld enthält den Namen des Druckers und gegebenenfalls zusätzliche Aliasnamen, die durch das Pipe-Zeichen voneinander getrennt werden. Es folgen der Name des Druckservers und des Zieldruckers. Die Datei kann folgende Schlüsselwörter enthalten:

Schlüsselwort	Beschreibung
`bsaddr=`*rechner*,*drucker*,`Solaris`	Angabe des Druckservernamens und des Namens des Zieldruckers sowie des Systems Solaris.
`use=`*drucker*	Ein Verweis auf eine Konfigurationsinformation, die bei einem anderen Druckernamen definiert wird.
`_all=`*drucker*,*drucker*	Angabe einer Liste von Druckernamen, die durchsucht werden können, wenn zum Beispiel ein Druckauftrag abgebrochen werden soll.
`spooling-type=`*flag*	Angabe der Spoolingart für Druckaufträge. `lpsched` spoolt für lokal angeschlossene Drucker und `cascade` für auf anderen Rechnern zwischengespeicherte Aufträge.
`spooling-type-path=`*verzeichnis*	Angabe des Verzeichnisses von Modulen, die für ein Transportprotokoll notwendig sind.
`user-equivalence=true|false`	Mit `true` wird zugelassen, dass ein Remote-Druckauftrag abgebrochen werden darf, mit `false` wird das unterbunden.

Tabelle 15.10: Die Schlüsselwörter der Datei `/etc/printers.conf`

> Ein Benutzer kann in seinem Homeverzeichnis eine Datei `.printers` anlegen und sich darin zum Beispiel den Standarddrucker einrichten.

Das Verzeichnis /etc/lp

Dieses Verzeichnis enthält die Konfigurationsdateien. Zu den wichtigsten Konfigurationsdateien und -verzeichnissen gehören:

Druckerverwaltung

Datei-/Verzeichnisname	Beschreibung
/etc/lp/alerts	Enthält Programme, die vom Drucksystem zum Versenden von Nachrichten an Benutzer benötigt werden.
/etc/lp/classes	Enthält Dateien mit dem Namen der vorhandenen Druckerklassen, die die entsprechenden Drucker aufführen.
/etc/lp/fd	Enthält Filterbeschreibungsdateien, die die Eigenschaften von Filtern definieren und auf das jeweilige Filterprogramm weisen. Eine Übersicht bietet die Datei /etc/lp/filter.table.
/etc/lp/forms	Enthält Beschreibungen für Formulare.
/etc/lp/interfaces	Enthält Interface-Programme für jeden Drucker.
/etc/lp/model	Enthält die Standard-Interface-Programme für den lokalen (standard) und den Remote-Anschluss (netstandard).
/etc/lp/printers	Enthält Unterverzeichnisse mit den Namen der konfigurierten Drucker und den Konfigurationsinformationen dieser Drucker.

Tabelle 15.11: Die Konfigurationsdateien des Verzeichnisses /etc/lp

Das Verzeichnis /usr/lib/lp

Dieses Verzeichnis enthält verschiedene Interfaceprogramme und Filter sowie weitere binäre Dateien und den Druckdienst-Daemon lpsched. Zu den wichtigsten Dateien und Verzeichnissen gehören:

Datei-/Verzeichnisname	Beschreibung
/usr/lib/lp/lpsched	Der Druckdienst-Daemon.
/usr/lib/lp/model	Enthält die Standard-Interface-Programme standard und netstandard.
/usr/lib/lp/postscript	Enthält alle vom Solaris-Druckdienst unterstützten PostScript-Filterprogramme.

Tabelle 15.12: Die Konfigurationsdateien des Verzeichnisses /usr/lib/lp

Das Verzeichnis /var/lp

Dieses Verzeichnis enthält Protokolldateien des Drucksystems und der Druckaufträge. Zu den wichtigsten Dateien und Verzeichnissen gehören:

Drucker- und Terminalverwaltung

Datei-/Verzeichnisname	Beschreibung
/var/lp/logs/lpsched	Enthält die Protokollierung der Aktivitäten des Druckdienst-Daemons.
/var/lp/logs/requests	Enthält die Protokollierung für jeden abgearbeiteten Druckauftrag.

Tabelle 15.13: Die Konfigurationsdateien des Verzeichnisses /var/lp

Das Verzeichnis /var/spool/lp

Dieses Verzeichnis spoolt Druckaufträge und legt Zustandsinformationen ab. Zu den wichtigsten Dateien und Verzeichnissen gehören:

Datei-/Verzeichnisname	Beschreibung
/var/spool/lp/requests	Enthält Unterverzeichnisse für die Druckserver, die wiederum Druckaufträge in Warteschlangen enthalten.
/var/spool/lp/tmp/*hostname*	Enthält Druckaufträge in Warteschlangen.
/var/spool/lp/SCHEDLOCK	Verhindert, dass der Daemon lpsched mehrmals gestartet werden kann.
/var/spool/lp/system/pstatus	Protokolliert die Zustandsänderungen jedes Druckers mit.

Tabelle 15.14: Die Konfigurationsdateien des Verzeichnisses /var/spool/lp

Das Verzeichnis /usr/share/lib/terminfo

Das Verzeichnis /usr/share/lib/terminfo enthält viele Unterverzeichnisse, die nur mit einem Zeichen benannt sind. Dabei handelt es sich um die ersten Buchstaben oder Zahlen, die die Hersteller von Druckern, Terminals oder Modems verwendet haben. Der Druckertyp für einen IBM-Drucker wird zum Beispiel im Unterverzeichnis i stehen:

```
# ls /usr/share/lib/terminfo/i
i100         ibmc+basic      ibmpc            ibmxl-1x1-hi     intext
i279         ibmc+color      ibmproprinter    ibmxl-1x1-hi80   intext2
i3101        ibmc+low+1x1    ibmxl            ibmxl-80         intextii
i400         ibmc+low+5x6    ibmxl+basic      ibmxlagm+basic   iq120
ibm          ibmcolor        ibmxl+high+1x1   infoton          iq140
ibm-pc       ibmcolor-1x1    ibmxl+low+1x1    infotonKAS       isc
```

```
ibm-system1    ibmg+basic      ibmxl+low+5x6    intertec     isc8001
ibm3101        ibmg+low        ibmxl-1x1        intertube    it
ibm5051        ibmgraphics     ibmxl-1x1-80     intertube2   it2
```

Auch Terminal- und Modembeschreibungen befinden sich in diesem Verzeichnis. Für die Drucker-, Terminal- oder Modemtypen, für die keine Beschreibung in dieser Datenbank vorliegt, muss entweder die Datenbank um einen entsprechenden Eintrag erweitert werden oder vorhandene Einträge müssen entsprechend ergänzt werden.

15.2 Terminalverwaltung

Das Service Access Facility-System

An die seriellen Schnittstellen eines Rechners lassen sich Terminals anschließen, damit mehrere Benutzer über Terminals am Rechner arbeiten können. Dazu wird das SAF-System (Service Access Facility) verwendet. Dieses System besteht aus verschiedenen Verwaltungs- und Überwachungsdaemons, wobei das zentrale Programm sac ständig als Hintergrundprozess aktiviert ist. Dieses wird beim Systemstart in den Multiuser-Modus automatisch gestartet und startet und beendet bei Bedarf wiederum so genannte Portmonitore. Portmonitore verbinden serielle Schnittstellen mit einem beliebigen Dienst. Meistens handelt es sich bei diesen Diensten um den Login-Dienst für einen Benutzer oder eine Shell.

Portmonitore

Es gibt zwei Arten von Portmonitoren, die beide über den Befehl pmadmin verwaltet werden:

- Portmonitore, die die serielle Schnittstelle überwachen und vom Typ ttymon sind. Sie basieren auf dem Streams-Mechanismus, um mit anderen Programmen zu kommunizieren, und werden mit Hilfe des Befehls sacadm konfiguriert (vgl. nächster Abschnitt). Terminalmodus, die Baudrate und die Leitungsangaben werden mit Hilfe der Befehle pmadm und ttyadm gesetzt, bevor ein gewünschter Service zur Verfügung gestellt wird. Dabei kann ein ttymon-Prozess mehrere Ports gleichzeitig überwachen.

- Portmonitore, die für den Netzwerkdienst zur Verfügung stehen und den Namen listen haben. Das Programm listen horcht an den Schnittstellen des Netzwerks, ob eine Serviceanforderung eingeht. Die notwendigen Dienste können mit den Programmen pmadm und nlsadmin konfiguriert werden.

Portmonitore können sich in verschiedenen Zuständen befinden:

Zustand	Beschreibung
DISABLED	Der Portmonitor nimmt keine Verbindungsanforderungen entgegen, obwohl er aktiv ist.
ENABLED	Der Portmonitor nimmt Verbindungsanforderungen entgegen und ist aktiv.
FAILED	Der Portmonitor ist nicht aktiv, da er nicht starten konnte.
NOTRUNNING	Der Portmonitor läuft nicht und bietet keinen Dienst für Verbindungsanforderungen an.
STARTING	Der Portmonitor startet und ist demnächst aktiv.
STOPPING	Der Portmonitor wird beendet.

Tabelle 15.15: Die Zustände von Portmonitoren

Befehle zur Terminalverwaltung

Der Befehl sacadm

Dieser Befehl kann Portmonitore sowohl vom Typ ttymon als auch vom Typ listen hinzufügen, anzeigen und wieder entfernen bzw. aktivieren und deaktivieren. Nur ein aktiver (enabled) Portmonitor kann Dienste anbieten, die an einem Terminal angefordert werden, zum Beispiel durch Drücken einer Taste.

> Standardmäßig sind unter Solaris schon zwei Portmonitore mit den Bezeichnungen zsmon zur Überwachung der seriellen Schnittstelle und tcp zur Überwachung des Netzwerks vorhanden. Zusätzliche Portmonitore müssen nur angelegt werden, wenn weitere Schnittstellen eingebaut werden.

Die Syntax des Befehls lautet:

sacadm -*option* -p *portmonitor* -*option(en)*

Der Befehl kennt folgende Optionen:

Terminalverwaltung

Option	Beschreibung
-a	Hinzufügen eines Portmonitors und Anlegen der Verwaltungsdateien unter /etc/saf.
-c	Verzeichnis- und Befehlsangabe zum Starten des Portmonitors, zum Beispiel /usr/lib/saf/ttymon oder /usr/lib/saf/listen.
-f	Definition des Zustands des Portmonitors.
-l	Anzeige des aktuellen Zustands des Portmonitors.
-n zahl	Angabe der Anzahl, wie oft versucht werden soll, einen Portmonitor zu starten.
-p portmonitor	Angabe des Namens des Portmonitors.
-t typ	Angabe des Portmonitortyps, entweder ttymon oder listen.
-v	Ausgabe der Versionsnummer des Portmonitors. Bei seriellen Terminals wird der Befehl ttyadm -V verwendet und bei Netzwerken der Befehl nlsadmin -V.
-y	Angabe eines Kommentars zum Portmonitor.

Tabelle 15.16: Die Optionen des Befehls sacadm

Im folgenden Beispiel wird mit Hilfe des Befehls sacadm ein Portmonitor eingerichtet, der serielle Schnittstellen nach Loginmeldungen überwacht:

```
# sacadm -a -p pm1 -t ttymon -c /usr/lib/saf/ttymon -v `ttymon -V` \
> -y "neuer portmonitor"
```

Nach diesem Befehl muss noch mit dem Befehl pmadm ein Service für die Schnittstelle definiert werden (vgl. nächster Abschnitt).

Vorhandene Portmonitore können mit folgendem Befehl angezeigt werden:

```
# sacadm -l
PMTAG      PMTYPE      FLGS RCNT STATUS    COMMAND
zsmon      ttymon      -    0    ENABLED   /usr/lib/saf/ttymon #
```

Der Befehl pmadm

Dieser Befehl verbindet Portmonitore mit einem Dienst, wie zum Beispiel dem Login-Dienst. Dies erzeugt ein Verzeichnis mit dem Namen des Portmonitors im Verzeichnis /etc/saf und legt dort eine Konfigurationsdatei _pmtab an. Ein Service muss eindeutig einem Portmonitor und einer Schnittstelle zugeordnet werden.

Drucker- und Terminalverwaltung

Die Syntax des Befehls lautet:

`pmadm` -option -p portmonitor -option(en)

Der Befehl kennt folgende Optionen:

Option	Beschreibung
-a	Verknüpft einen Dienst mit einem Portmonitor und einer Schnittstelle.
-f u	Bei jeder Anmeldung erfolgt ein Eintrag in der Datei /var/adm/utmp.
-i benutzer	Angabe der Benutzer-ID, mit der der Dienst gestartet werden soll. Standardmäßig ist das *root*.
-l	Anzeige der definierten Dienste des Portmonitors.
-m	Angabe der Konfiguration, die spezifisch für ttymon ist.
-p portmonitor	Angabe des Namens des Portmonitors, mit dem der Dienst verbunden werden soll.
-s tag	Angabe des Namen des Portmonitordienstes, wie zum Beispiel ttya.
-v	Ausgabe der Versionsnummer der Verwaltungsdateien des Portmonitors.
-y	Angabe eines Kommentars zum Dienst.

Tabelle 15.17: Die Optionen des Befehls pmadm

Im folgenden Beispiel wird mit Hilfe des Befehls pmadm der Dienst ttya mit einem Portmonitor verbunden:

```
# pmadm -a -p pm1 -s ttya -i root -v `ttyadm -V` -f u -m "'ttyadm \
> -b -I 'Terminaldienst deaktiviert' -l 9600 -m ldterm,ttcompat \
> -d /dev/term/a -s /user/bin/login'"
```

Bereits definierte Dienste lassen sich mit folgendem Befehl anzeigen:

```
# pmadm -l
PMTAG   PMTYPE    SVCTAG         FLGS  ID        <PMSPECIFIC>
zsmon   ttymon    ttya           u     root      /dev/term/a I - /usr/bin/login -
9600 ldterm,ttcompat ttya login: - tvi925 y  #
zsmon   ttymon    ttyb           u     root      /dev/term/b I - /usr/bin/login -
9600 ldterm,ttcompat ttyb login: - tvi925 y  #
```

Der Befehl ttyadm

Dieser Befehl wird als Unterbefehl für die beiden bereits erläuterten Befehle verwendet und wird von diesen beim Aufruf integriert. Der Befehl kennt folgende Optionen:

Option	Beschreibung
-b	Kennzeichnet eine gleichberechtigte Verbindung (bidirektional).
-d	Angabe des Verzeichnisses und der Schnittstelle des Dienstes.
-i	Angabe der Meldung beim Abschalten des Portmonitors.
-l	Angabe der Startpunkte der Datei /etc/ttydefs, um die anfängliche Baudrate beim Aufbau der Verbindung festzulegen.
-m	Angabe der zu startenden Streams-Module, um die Schnittstelle vor der Aktivierung des Dienstes zu initialisieren.
-s	Angabe des Verzeichnisses und des im Fall einer Anforderung bereitzustellenden Dienstes.

Tabelle 15.18: Die Optionen des Befehls ttyadm

Der Befehl nlsadm

Dieser Befehl dient zum Einrichten und Konfigurieren des Dienstes listen für die Netzwerkschnittstelle. Er wird ähnlich wie ttyadm von den Programmen pmadm und sacadm verwendet, um Konfigurationsdaten zu übergeben. Dazu kommen die Option -V für die Übergabe der Versionsnummer und die Option -o für die Übergabe des Kommunikationstyps zum Einsatz.

Weitere Befehle zur Terminalverwaltung

Der Befehl infocmp

Mit diesem Befehl lässt sich der Inhalt einer Terminalbeschreibung von terminfo anzeigen. Ohne zusätzliche Optionen wird der terminfo-Eintrag angezeigt, der durch die Variable TERM der aktuellen Shell definiert ist:

```
# echo $TERM
ansi
# infocmp
#	Reconstructed via infocmp from file: /usr/share/lib/terminfo/a/ansi
```

```
ansi|generic ansi standard terminal,
    am, xon,
    cols#80, lines#24,
    bel=^G, blink=\E[5m, bold=\E[1m, cbt=\E[Z,
    clear=\E[H\E[J, cr=\r, cub=\E[%p1%dD, cub1=\b,
    cud=\E[%p1%dB, cud1=\n, cuf=\E[%p1%dC, cuf1=\E[C,
    cup=\E[%i%p1%d;%p2%dH, cuu=\E[%p1%dA, cuu1=\E[A,
    dch1=\E[P, dl=\E[%p1%dM, dl1=\E[M, ed=\E[J, el=\E[K,
    home=\E[H, hpa=\E[%p1%{1}%+%dG, ht=\t, hts=\EH,
    ich=\E[%p1%d@, ich1=\E[@, il=\E[%p1%dL, il1=\E[L,
    ind=\n, invis=\E[8m, kbs=\b, kcub1=\E[D, kcud1=\E[B,
    kcuf1=\E[C, kcuu1=\E[A, khome=\E[H,
    rep=%p1%c\E[%p2%{1}%-%db, rev=\E[7m, rmso=\E[m,
    rmul=\E[m,
    sgr=\E[%?%p1%t7;%;%?%p2%t4;%;%?%p3%t7;%;%?%p4%t5;%;%?%p6%t1;%;m,
    sgr0=\E[0m, smso=\E[7m, smul=\E[4m, tbc=\E[3g,
    vpa=\E[%p1%{1}%+%dd,
```

In diesem Beispiel wurde der Befehl über eine telnet-Sitzung gestartet, wodurch die Variable TERM den Wert ansi enthält und der Inhalt des Verzeichnisses /usr/share/lib/terminfo/a/ansi angezeigt wird.

Der Befehl stty

Dieser Befehl zeigt die Konfiguration von seriellen Datenleitungen an oder konfiguriert sie neu. Die Option -a bewirkt eine Ausgabe aller Parameter, während die Option -g eine spezielle Form ausgibt, die sich als Parameter für den Befehl stty verwenden lässt:

```
# stty -a
speed 38400 baud;
csdata ?
eucw 1:0:0:0, scrw 1:0:0:0
intr = ^c; quit = ^\; erase = ^?; kill = ^u;
eof = ^d; eol = <undef>; eol2 = <undef>; swtch = <undef>;
start = ^q; stop = ^s; susp = ^z; dsusp = ^y;
rprnt = ^r; flush = ^o; werase = ^w; lnext = ^v;
-parenb -parodd cs8 -cstopb -hupcl cread -clocal -loblk -crtscts -crtsxoff -parext
-ignbrk brkint ignpar -parmrk -inpck -istrip -inlcr -igncr icrnl -iuclcixon -ixany
-ixoff imaxbel
isig icanon -xcase echo echoe echok -echonl -noflsh
-tostop echoctl -echoprt echoke -defecho -flusho -pendin iexten
opost -olcuc onlcr -ocrnl -onocr -onlret -ofill -ofdel tab3
```

Zu den wichtigsten Parameter von stty gehören:

Parameter	Beschreibung
eof	EOF-Kennzeichen, zum Beispiel [Ctrl]+[d].
erase	Angabe der Taste, die Zeichen auf dem Bildschirm löscht, in der Regel [←] oder [Del] mit der Sequenz ^H.
intr	Angabe der Taste, die das Interruptsignal zu einem Prozess sendet.
ispeed	Übertragungsgeschwindigkeit für die Terminaleingabe.
istrip	Verkürzen der Eingabezeichen auf 7 Bit.
ospeed	Übertragungsgeschwindigkeit für die Terminalausgabe.
parenb	Aktivieren der Paritätserkennung.
parodd	Aktivieren der ungeraden Parität für Datenübertragung.
sane	Zurücksetzen der Standardeinstellungen.
start	Taste für die Freigabe eines gestoppten Bildschirms.
stop	Taste für das Anhalten eines Bildschirms.

Tabelle 15.19: Die Parameter des Befehls stty

Der Befehl sttydefs

Dieser Befehl bearbeitet die Datei /etc/ttydefs (vgl. nächster Abschnitt) und kann die Leitungskonfigurationen für serielle Terminal- und Modemleitungen definieren. Der Befehl kennt folgende Optionen:

Option	Beschreibung
-a	Anlegen eines neuen Eintrags und der Parameter für die fünf Spalten.
-b	Aktivieren der Autobaud-Option.
-f	Konfiguration der Terminals vor dem Starten eines Service.
-i	Angabe der Anfangskonfiguration, um zum Beispiel den Anmeldeprompt anzuzeigen.

Tabelle 15.20: Die Optionen des Befehls sttydefs

Option	Beschreibung
-l	Ausgabe des Inhalts der Datei /etc/ttydefs.
-n	Angabe des Labels der nächsten angesprungenen Zeile.
-r	Löschen der Zeile mit dem angegebenen Label.

Tabelle 15.20: Die Optionen des Befehls sttydefs *(Forts.)*

Mit folgendem Befehl wird ein Eintrag der Datei /etc/ttydefs aufgelistet:

```
# sttydefs -l | more
-----------------------------------------
460800:460800 hupcl:460800 hupcl::307200
-----------------------------------------
ttylabel:         460800
initial flags:    460800 hupcl
final flags:      460800 hupcl
autobaud:         no
nextlabel:        307200
```

Dateien der Terminalinstallation

Soll ein Solaris-Rechner multiuserfähig sein, müssen so genannte MultiIO-Karten eingebaut werden, wodurch für jedes Terminal eine serielle Schnittstelle bereitgestellt wird. Da diese Karten häufig eigene Prozessoren haben, wird der Prozessor des Rechners nicht übermäßig zusätzlich belastet. An diesen Terminalschnittstellen lassen sich alternativ auch Modems oder Drucker anschließen. Zur Konfiguration der neuen Schnittstellen müssen anschließend die in den vorherigen Tagen vorgestellten Befehle verwendet werden. Die Konfigurationsdaten werden in den nachfolgend erläuterten Dateien abgelegt.

Die Datei /etc/ttydefs

Diese Datei wird vom Programm sttydefs erzeugt und verwaltet und enthält die Informationen für das Programm ttymon, wie zum Beispiel Leitungsgeschwindigkeit usw. Das Programm ttymon liest diese Datei immer, wenn ein Terminaldienst gestartet wird. Die Datei ist in der Regel wie folgt aufgebaut:

```
# cat /etc/ttydefs
...
115200E:115200 hupcl evenp:115200 evenp::76800
76800E:76800 hupcl evenp:76800 evenp::57600
...
```

```
auto:hupcl:sane hupcl:A:9600
console:9600 hupcl opost onlcr:9600::console
console1:1200 hupcl opost onlcr:1200::console2
console2:300 hupcl opost onlcr:300::console3
console3:2400 hupcl opost onlcr:2400::console4
console4:4800 hupcl opost onlcr:4800::console5
console5:19200 hupcl opost onlcr:19200::console
contty:9600 hupcl opost onlcr:9600 sane::contty1
contty1:1200 hupcl opost onlcr:1200 sane::contty2
contty2:300 hupcl opost onlcr:300 sane::contty3
contty3:2400 hupcl opost onlcr:2400 sane::contty4
...
```

Die erste Spalte enthält das Zeilenlabel, die zweite Spalte die Konfigurationsparameter, die für das Terminal gelten. Diese Parameter entsprechen den Parametern des Befehls stty. Die dritte Spalte enthält die Terminalkonfiguration für den nicht aktiven Zustand. Die vierte Spalte gibt die Autobaudoption an. Das bedeutet, dass der Befehl ttymon bei einem gesetzten A selbst die richtige Übertragungsgeschwindigkeit ermitteln soll. Die letzte Spalte enthält das Label der Zeile, die als Nächstes abgearbeitet werden soll.

Die Datei /etc/logindevperm

Mit Hilfe dieser Datei können für Geräte die entsprechenden Zugriffsrechte definiert werden, wenn ein Benutzer sich anmeldet. Die Datei ist in der Regel folgendermaßen aufgebaut:

```
# more /etc/logindevperm
# Copyright 1999 by Sun Microsystems, Inc.
# All rights reserved.
#pragma ident    "@(#)logindevperm    1.5    99/03/02 SMI"
# /etc/logindevperm - login-based device permissions
# If the user is logging in on a device specified in the "console"
# field of any entry in this file, the owner/group of the devices
# listed in the "devices" field will be set to that of the user.
# Similarly, the mode will be set to the mode specified in the
# "mode" field. "devices" is a colon-separated list of device names.
# A device name ending in "/*", such as "/dev/fbs/*", specifies all
# entries (except "." and "..") in a directory.  A '#' begins a
# comment and may appear anywhere in an entry.
# console       mode       devices
/dev/console    0600       /dev/mouse:/dev/kbd
/dev/console    0600       /dev/sound/*        # audio devices
/dev/console    0600       /dev/fbs/*          # frame buffers
/dev/console    0600       /dev/rtvc0          # nachos capture device 0
/dev/console    0400       /dev/rtvcctl0       # nachos control device 0
/dev/console    0600       /dev/rtvc1          # nachos capture device 1
```

```
/dev/console     0400    /dev/rtvcctl1   # nachos control device 1
/dev/console     0600    /dev/rtvc2      # nachos capture device 2
/dev/console     0400    /dev/rtvcctl2   # nachos control device 2
...
```

Wenn sich ein Benutzer über ein Gerät mit der Bezeichnung console anmeldet, werden dem Gerät in der Spalte devices die Zugriffsrechte in der Spalte mode zugewiesen. Nach dem Abmelden werden die Zugriffsrechte wieder aufgehoben.

15.3 Zusammenfassung

Dieser Tag beschrieb die Einrichtung und Verwaltung von Druckern und Terminals. Zuerst erfuhren Sie, wie das Drucksystem arbeitet und welche Druckertypen es gibt. Anschließend wurden die verschiedenen Möglichkeiten zur Druckerkonfiguration und die Befehle zur Druckerverwaltung erläutert. Es folgte eine Vorstellung der verschiedenen Verzeichnisse und Dateien, die zur Druckerverwaltung gehören.

Schließlich lernten Sie die Möglichkeiten und Befehle der Terminalverwaltung kennen. Sie wissen nun, wie sich die Terminalverwaltung aufbaut. Zuletzt wurden die Befehle und Dateien der Terminalverwaltung näher betrachtet.

15.4 F&A

F *Ich möchte einen Drucker in einem Solaris 9-System anlegen. Muss ich dazu den komplexen Befehl* lpadmin *verwenden?*

A Nein, Sie können alternativ den grafischen Solaris 9 Printmanager verwenden, indem Sie auf dem Desktop von CDE mit der rechten Maustaste klicken und unter *Tools* den *Printer Manager* wählen. Alternativ können Sie die Solstice Adminsuite verwenden, wenn Sie diese installiert haben. Verwenden Sie nicht das Admintool, wenn Sie den Drucker auch als Remote-Drucker einsetzen möchten, da dies Probleme verursacht.

F *Ich muss einen Drucker zur Reparatur geben. Muss ich ihn zuvor komplett deinstallieren?*

A Nein, es genügt, wenn Sie die Druckerwarteschlange mit dem Befehl reject deaktivieren, so dass keine neuen Druckaufträge gespoolt werden können. Anschließend verwenden Sie den Befehl lpmove, um die restlichen gespoolten Druckaufträge in die Warteschlange eines aktiven Druckers zu verschieben. Wenn der Drucker aus der Reparatur zurück ist, müssen Sie nur die Warteschlange mit dem Befehl accept wieder aktivieren.

F Ich habe eine Druckerklasse mit Hilfe des Befehls `lpadmin` angelegt. Aber das Drucken funktioniert nicht. Was muss ich tun?

A Sie haben vermutlich die Warteschlange der Druckerklasse noch nicht aktiviert. Verwenden Sie dazu den Befehl `accept`. Außerdem sollten die der Druckerklasse zugeordneten Drucker jeweils mit dem Befehl `enable` aktiviert worden sein.

15.5 Übungen

1. Öffnen Sie zwei Terminals unter CDE und lassen Sie sich mit dem Befehl `tty` die Gerätenamen ausgeben. Legen Sie nun entweder mit dem Befehl `lpadmin` oder mit einem grafischen Werkzeug zwei Testdrucker an, die jeweils auf eines der Terminalfenster ausdrucken.

2. Drucken Sie mehrmals eine große Protokolldatei, zum Beispiel `/var/adm/messages`, auf eines der Terminalfenster aus. Deaktivieren Sie dann diesen Testdrucker und verschieben Sie die Druckerwarteschlange auf den anderen Testdrucker.

3. Bilden Sie aus den Druckern eine Druckerklasse und drucken Sie testweise wieder eine Datei auf die Klasse aus.

4. Löschen Sie die Druckerklasse und die beiden Drucker wieder. Wenn Sie kein grafisches Tool, sondern den Befehl `lpadmin` dazu verwenden, sollten Sie zunächst die Drucker und dann die Warteschlangen deaktivieren, bevor Sie die Drucker löschen.

5. Lassen Sie sich den Inhalt der Terminalbeschreibung von `terminfo` für die aktuell gesetzte Variable `TERM` anzeigen.

Tag 16

Netzwerkeinführung

Netzwerkeinführung

Dieser Tag befasst sich zunächst mit Netzwerkgrundlagen. Dazu gehören die Arten, Elemente und Topologien von Netzwerken. Das OSI-Referenzmodell und der Aufbau von IP-Adressen werden kurz erläutert. Anschließend lernen Sie alle Dateien kennen, die von Bedeutung für die Netzwerkkonfiguration sind. Die wichtigsten Netzwerkprozesse und -befehle werden vorgestellt, mit deren Hilfe Sie eine Netzwerkverbindung herstellen, überprüfen oder konfigurieren können.

> Dieser Tag kann das Thema Netzwerke und Solaris nur ansatzweise abdecken, da diese umfangreiche Thematik bereits ganze Bücher füllt.

16.1 Netzwerkgrundlagen

In der Regel werden die Rechner eines Unternehmens miteinander vernetzt, um Daten austauschen und Ressourcen, wie zum Beispiel Dateien oder Drucker, teilen zu können. Die Aufgabenverteilung im Netzwerk erfolgt häufig nach dem Client-Server-Prinzip. Das bedeutet, dass bestimmte Rechner (Server) anderen Rechnern (Clients) Dienste anbieten. So gibt es zum Beispiel Fileserver, Proxyserver, Mailserver, Datenbankserver, Bootserver, Lizenzserver oder NIS- oder NIS+-Server (vgl. Tag 20). Dabei kann ein Rechner auch mehrere Dienste zugleich anbieten.

Um die Kommunikation zwischen zwei oder mehreren Rechnern zu ermöglichen, bedarf es bestimmter Voraussetzungen. Einerseits müssen die Rechner über Netzwerkkarten verfügen und über Netzwerkkabel miteinander verbunden sein. Andererseits müssen Vereinbarungen über die Art und Weise des Informationsaustausch getroffen werden. Dieser Austausch von Daten im Netzwerk erfolgt mit Hilfe von Netzwerkprotokollen, die mittels Zusatzprogrammen auch Verschlüsselungsfunktionen anbieten, wie zum Beispiel Kerberos oder Secure-NFS.

Netzwerkarten

Netzwerke können räumlich unterschieden werden:

- Ein LAN (Local Area Network) ist ein lokales Netzwerk in einem örtlich begrenzten Bereich, wie zum Beispiel einem Gebäude oder Firmengelände. Die Verbindung von LAN-Segmenten erfolgt über Elemente wie Hubs, Switches, Bridges oder Router.

- Ein WAN (Wide Area Network) wird auch Weitverkehrsnetz genannt und erstreckt sich über große Entfernungen, zum Beispiel über Städte oder Länder hinweg. Die einzelnen Netze werden hier über Router oder Gateways miteinander verbunden und nutzen auch öffentliche Kommunikationsnetze.

Eine weitere Unterscheidung erfolgt aufgrund der Netzwerktopologie:

- Bei der Stern-Topologie werden die Netzwerkrechner sternförmig um die zentrale Komponente, zum Beispiel einen Hub, angeordnet.
- Bei der Ring-Topologie befinden sich alle Rechner in einer in sich geschlossenen, ringförmigen Netzwerkleitung.
- Bei der Bus-Topologie werden alle Rechner an eine zentrale Netzwerkleitung angeschlossen, die zwei Enden hat.

Die dritte Unterscheidung orientiert sich an der Art, wie ein Netzwerk aufgebaut ist:

- Ein homogenes Netzwerk besteht aus Rechnern, auf denen dasselbe Betriebssystem installiert ist, zum Beispiel Unix.
- Ein heterogenes Netzwerk verbindet Rechner mit unterschiedlichen Betriebssystemen, zum Beispiel Unix-, Microsoft Windows- und Novell-Rechner.

Netzwerkkomponenten

Ein Netzwerk kann folgende Hardwarekomponenten enthalten:

Komponente	Beschreibung
Server	Ein Rechner oder Prozess, der anderen Rechnern Dienste anbietet, zum Beispiel Fileserver, Mailserver, Datenbankserver etc.
Client	Ein Rechner, der die Dienste eines Servers in Anspruch nimmt. Es gibt außerdem so genannte Autoclients, die das ganze Betriebssystem und alle Anwendungen über das Netzwerk vom Server beziehen. Ähnlich funktionieren auch so genannte Diskless und Dataless Workstations, wobei die Dataless Workstation eine Festplatte mit einem eigenen *root*- und swap-Dateisystem besitzt. Auch X-Terminals, JavaStations und SunRays verhalten sich wie Clients.
Bridge	Eine Verbindung zwischen Teilen eines logischen Netzwerks, um den Datenverkehr auf Teilnetzwerke zu begrenzen und die Netzwerkleistung zu erhöhen.
Router	Eine Verbindung zwischen unterschiedlichen physikalischen Netzwerken mit gleichen Protokollen, um die Datenpakete entsprechend zu konvertieren und weiterzuleiten.
Hub	Ein Konzentrator, der eine Verbindungsstelle in einem Netzwerk darstellt, an der die Netzwerkanbindungen von Rechnern zusammengeführt werden, um die Ausfallsicherheit zu erhöhen und die Netzwerkverwaltung zu verbessern.
Switch	Eine intelligente Verbindung zwischen Teilsegmenten von Netzwerken, um die gesamte Bandbreite der Netzwerkhardware zu erhöhen.

Tabelle 16.1: Netzwerkkomponenten

Komponente	Beschreibung
Repeater	Eine Verbindung zwischen mehreren Ethernetsegmenten, deren Aufgabe es ist, Signale zu empfangen und inhaltlich unverändert, aber physikalisch verstärkt in ein anderes Segment weiterzuleiten.
Gateway	Ein Rechner oder Gerät, um unterschiedliche Netzwerktopologien zu verbinden, die eigentlich nicht miteinander kompatibel sind. Die Protokolle der Netzwerke sind meist unterschiedlich, weshalb ein Gateway-Rechner notwendig wird.

Tabelle 16.1: Netzwerkkomponenten (Forts.)

Das OSI-Referenzmodell

Um unterschiedliche Rechnerarchitekturen und Betriebssysteme zusammenschalten zu können, war eine Schematisierung und Gliederung des Kommunikationsprozesses in hierarchische Schichten erforderlich. Dabei werden die einzelnen Kommunikationsfunktionen bestimmten logischen Schichten zugeordnet. Von Vorteil ist, dass Änderungen in einer Schicht keinen Einfluss auf die anderen Schichten haben.

Die International Standard Organization (ISO) entwickelte für offene Netzwerke ein 7-Schichten-Modell, das so genannte OSI-Modell (Open Systems Interconnection). Auf diesem Modell basieren heute fast alle Kommunikationsgeräte und -verfahren. Die grundsätzlichen Funktionen der einzelnen Schichten und die Schnittstellen zwischen den Ebenen sind im OSI-Modell festgelegt und stellen eine universell anwendbare logische Struktur für alle Anforderungen der Datenkommunikation verschiedener Systeme dar.

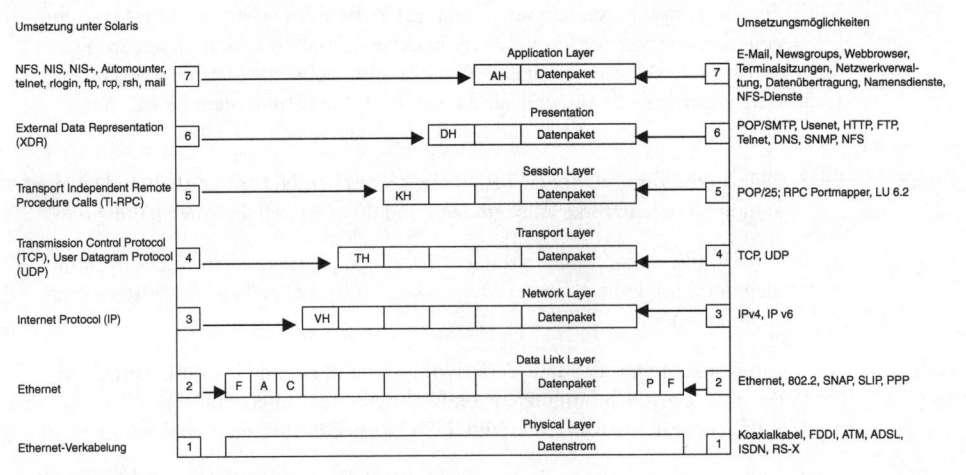

Abbildung 16.1: Das OSI-Referenzmodell

Die Abbildung 16.1 soll einen Überblick über das OSI-Modell und die damit verbundenen Protokolle geben.

Die Schichten 1 bis 4 werden der Transportfunktion und die Schichten 5 bis 7 den Anwendungsfunktionen zugeordnet. In der nachfolgenden Tabelle werden die Funktionen der einzelnen Schichten erläutert:

Schicht (Layer)	Funktion
1. Physical Layer (Bitübertragungsschicht)	Regelt die physikalische Übertragung von Daten als Bitstrom, wobei Übertragungsgeschwindigkeit und -art (duplex, simplex usw.) und Bitdarstellung geregelt werden. Verschiedene Transportmedien können in dieser Schicht verwendet werden, wie zum Beispiel Koaxial-, Glasfaser- oder Kupferkabel. Auf dieser Ebene arbeitet ein Repeater.
2. Data Link Layer (Sicherungsschicht)	Die Daten werden in dieser Schicht in Übertragungsblöcken (Frames) zusammengefasst und auf Übertragungsfehler überprüft. Auf dieser Ebene arbeitet eine Bridge oder ein Switch. Die MAC-Adresse ist ebenfalls auf dieser Ebene anzusiedeln.
3. Network Layer (Vermittlungsschicht)	Diese Schicht errichtet virtuelle Pfade zwischen Knotenrechnern und sorgt für einen optimierten Übertragungsweg zwischen den Systemen. Die Adressierung von Rechnern erfolgt auf der Basis der IP-Adresse. Auf dieser Ebene arbeitet ein Router.
4. Transport Layer (Transportschicht)	Diese Schicht übernimmt den Transport von Nachrichten und die Steuerung des Verbindungsab- und -aufbaus. Außerdem steuert sie den Datenfluss und stellt die Integrität der übermittelten Daten sicher.
5. Session Layer (Kommunikationssteuerschicht)	Diese Schicht steuert den Austausch von Nachrichten, wie zum Beispiel den Neustart einer abgebrochenen Sitzung. Hier wird auch gesteuert, welche der verbundenen Anwendungen Daten sendet und welche Daten empfängt.
6. Presentation Layer (Darstellungsschicht)	Diese Schicht legt fest, wie Datentypen kodiert werden, damit ein Austausch zwischen unterschiedlichen Systemen möglich ist.
7. Application Layer (Anwendungsschicht)	In dieser Schicht wird eine allgemeine Schnittstelle für Anwendungen zur Verfügung gestellt, wie zum Beispiel für den Datentransfer, Terminalsitzungen usw.

Tabelle 16.2: Die Schichten des OSI-Modells

Aufbau von IP-Adressen und Subnetting

IP-Adressen bestehen aus einer 32 Bit langen Zahl, die in 4 Bytes zu je 8 Bit unterteilt wird. Bei diesen Bytes handelt es sich um durch Punkte getrennte Dezimalzahlen, wie zum Beispiel 142.184.201.7 oder 193.102.139.11. Die Adresse besteht aus zwei Teilen, der Netzwerkadresse und der Rechneradresse, wobei für die Adressteile unterschiedlich viele Bytes verwendet werden. Die Bereiche für eine Netzwerkadresse werden durch das erste Byte wie folgt zugeordnet:

Netzklasse	Erstes Byte enthält	Erstes Byte als Binärzahl	Netzwerkadresse	Rechneradresse
Class A	1–126	01xxxxxx	Byte 1	Byte 2–4
Class B	128–191	10xxxxxx	Byte 1–2	Byte 3–4
Class C	192–223	110xxxxx	Byte 1–3	Byte 4
Class D	224–239	1110xxxx	Hostgruppe	

Tabelle 16.3: Aufbau von IP-Adressen

Die Tabelle fasst folgende Informationen zu IP-Adressen zusammen: Bei einer Class-A-Adresse ist das erste Bit im ersten Byte auf 0 gesetzt, wodurch der Rest des ersten Byte dem Netzwerkanteil der Adresse zugeordnet wird. Durch die übrigen 7 Bits können 126 verschiedene Netzwerke adressiert werden und innerhalb dieser Netzwerke bis zu 16.888.214 Rechner. Ein Beispiel für eine solche Adresse wäre 124.100.7.12. Die komplementäre Subnetzmaske lautet hier 255.0.0.0.

> Ein Subnetz oder eine Subnetzmaske stellt eine Möglichkeit dar, ein Netzwerk in kleinere Netzwerke zu unterteilen, um eine größere Anzahl von Rechnern in einem Netzwerk mit einer IP-Adresse zu betreiben. Dabei handelt es sich um eine Zahl, die an die IP-Adresse angehängt wird. So sind zum Beispiel die IP-Adressen 193.110.51.73/4, 193.110.51.73/5 und 193.110.51.73/6 IP-Adressen mit den Subnetznummern 4, 5 und 6.

Bei einer Class-B-Adresse sind die ersten beiden Bits auf 10 gesetzt, wodurch die ersten beiden Bytes abzüglich dieser beiden Bits für die Netzwerkadresse verwendet werden können. Es sind also bis zu 16.382 Class-B-Netzwerke möglich und pro Netzwerk lassen sich 65.534 Rechner adressieren. Der Adressbereich reicht von 128 bis 191. Entsprechend lautet eine Class-B-Adresse zum Beispiel 132.102.7.14 und die komplementäre Netzwerkmaske 255.255.0.0.

Bei einer Class-C-Adresse sind die ersten drei Bits des ersten Byte auf 110 gesetzt, so dass die ersten 3 Bytes abzüglich der ersten drei Bits für die Netzwerkadresse verwendet werden können. Daher lassen sich sehr viele Class-C-Netzwerkadressen vergeben, aber pro Netzwerk können maximal 254 Rechner adressiert werden. Der Adressbereich reicht von 192 bis 223. Eine Class-C-Adresse lautet zum Beispiel 193.103.139.5 und hat die komplementäre Subnetzmaske 255.255.255.0.

Die Netzadressen der Class D reichen von 224.x.x.x bis 239.x.x.x und werden für besondere Zwecke verwendet, wie zum Beispiel 224.x.x.x für Multicast-Anwendungen. Die Adressen über 239.x.x.x gehören zur Class E und sind für die Hersteller reserviert.

Grundsätzlich gilt, dass alle Rechner mit derselben Netzwerkadresse zu einem Netzwerk gehören und sich gegenseitig erreichen können. Um Netzwerke mit unterschiedlichen Adressen zu verbinden, benötigt man einen Router.

Lokale Netze lassen sich auch ohne Internetanbindung mit TCP/IP betreiben und ohne dafür IP-Nummern beantragen zu müssen oder einzelne Rechnerverbindungen zu testen. Man verwendet einfach einen »privaten« Nummernkreis, der nicht von einem Router nach außen gegeben wird. Dazu wurden ein Class-A-Netz, 16 Class-B-Netze und 255 Class-C-Netze festgelegt:

- Class-A-Netz: 10.0.0.0 bis 10.255.255.255
- Class-B-Netze: 172.16.0.0 bis 172.31.255.255
- Class-C-Netze: 192.168.0.0 bis 192.168.255.255

Um das Routing (vgl. Tag 17) innerhalb von großen Teilnetzwerken zu ermöglichen, wird der Rechneranteil der IP-Adresse weiter in eine so genannte Subnetznummer und eine Stationsnummer unterteilt. Mit Hilfe der Subnetznummer erfolgt dann innerhalb des Teilnetzwerks eine Verzweigung in interne Unternetze, wobei das ganze Netzwerk aber weiterhin nach außen als Einheit erscheint.

> Ab Solaris 9 ist das Netzwerkprotokoll IPv6 integriert. Dieses erweitert den Adressbereich auf 6 Byte, erhöht die Sicherheit und bietet verbesserte Funktionalitäten, zum Beispiel für Multimedia.

16.2 Netzwerkkonfigurationsdateien

Die Datei /etc/inet/hosts

Diese Datei ist auch über den symbolischen Link /etc/hosts erreichbar und enthält Verknüpfungen zwischen den Rechnernamen und deren IP-Adressen. Auf diese Weise muss ein Rechner nicht über die IP-Adresse angesprochen werden.

Netzwerkeinführung

```
# cat /etc/inet/hosts
127.0.0.1         localhost    loghost
140.51.0.1        irland1      irland1.
140.51.0.100      suso2
```

Jede Zeile enthält einen Eintrag für einen Rechner, wobei zwei Zeilen für den lokalen Rechner vorgesehen sind. Die erste Zeile lautet in der Regel 127.0.0.1 und wird für Loopback-Zwecke verwendet, wenn also der Rechner intern mit sich selbst kommuniziert. Daneben existiert ein zweiter Eintrag für den lokalen Rechner mit seiner eigentlichen IP-Adresse.

In der ersten Spalte jeder Zeile steht immer die IP-Adresse, die zweite Spalte enthält den Rechnernamen und die dritte Spalte gegebenenfalls einen Aliasnamen. Der Aliasname loghost bedeutet zum Beispiel, dass der Dienst syslogd Meldungen in Dateien auf diesem Rechner protokolliert. Es kann auch ein Rechner mit dem Aliasnamen timehost versehen werden, wenn alle Rechner im Netzwerk von diesem die Systemzeit beziehen sollen. Ein Rechner mit dem Alias mailhost wird für die Weiterleitung der E-Mails verwendet.

> Auch die nachfolgend erläuterten Dateien /etc/inet/networks, /etc/inet/netmasks, /etc/inet/services, /etc/inet/inetd.conf und /etc/inet/protocols haben im Verzeichnis /etc entsprechende symbolische Links.

Die Datei /etc/inet/networks

Diese Datei wird für die Umsetzung von Netzwerk-IP-Adressen in Netzwerknamen verwendet. Der Befehl netstat greift zum Beispiel auf diese Datei zu (vgl. Abschnitt 16.4). Der Aufbau der Datei entspricht dem der Datei /etc/inet/hosts:

```
# cat /etc/inet/networks
loopback    127
einkauf     171.103.1      # Netzwerk einkauf
verkauf     171.103.1      # Netzwerk verkauf
...
arpanet     10       arpa  # Historical
```

Die Datei /etc/ethers

Diese Datei muss manuell oder mit Hilfe des Admintools angelegt werden. Sie ordnet die MAC-Adresse der Internetadresse zu und könnte beispielsweise wie folgt aussehen:

```
# cat /etc/ethers
8:0:c0:8e:a2:85suso2
0:0:20:2:2d:61irland1
```

> Eine MAC-Adresse (Medium Access Control) oder Ethernet-Adresse ist eine eindeutige, 6 Byte lange Adresse für ein Gerät. Eine solche Adresse wird als eine durch Doppelpunkte getrennte Sequenz von ein- oder zweistelligen Hexadezimalzahlen geschrieben, zum Beispiel 8:0:c0:8a:b2:c5.

Die Datei /etc/inet/netmasks

Mit dieser Datei lässt sich die Subnetzmaske einstellen, sofern Subnetting verwendet wird. Sie wird beim Hochfahren des Systems gelesen und könnte zum Beispiel wie folgt aufgebaut sein:

```
# cat /etc/inet/netmasks
# The netmasks file associates Internet Protocol (IP) address
# masks with IP network numbers.
#       network-number   netmask
# The term network-number refers to a number obtained from the
# Internet Network Information Center.  Currently this number is
# restricted to being a class A, B, or C network number.  In the
# future we should be able to support arbitrary network numbers per
# the Classless Internet Domain Routing guidelines.
# Both the network-number and the netmasks are specified in
# "decimal dot" notation, e.g:
#    128.32.0.0      255.255.255.0
192.168.0.0       255.255.0.0
```

Die Datei /etc/inet/services

Diese Datei wird für die Zuordnung der Portnummern zu den einzelnen Diensten, wie zum Beispiel Telnet, FTP, WWW, Mail, verwendet. Die Datei enthält den Namen des Dienstes, die Portnummer, das Transportprotokoll (UDP oder TCP) und die Dienste. Ein Eintrag wird in folgender Form hinterlegt:

Service-Name   Portnummer/Protokoll   Aliase

Hier werden nur Portnummern für Server spezifiziert, da Client-Programme beim Verbindungsaufbau eine beliebige freie Portnummer zugewiesen wird. Die angegebenen Portnummern sind auf allen Rechnern im Netzwerk gleich und die Server-Programme erhalten aus dieser Datei die Information, auf welchen Port sie zugreifen müssen. Die Client-Programme wiederum finden in der Datei die entsprechenden Portnummern ihrer Server. Es werden die Portnummern für alle TCP- und UDP-Dienste definiert, die für beide Transportprotokolle unabhängig voneinander sind. Es ist aber üblich, dieselben Portnummern für beide Protokolle zu verwenden, wenn ein Dienst über beide Transportprotokolle zur Verfügung steht. Nachfolgend ein Ausschnitt der Datei:

Netzwerkeinführung

```
# more /etc/inet/services
#ident  "@(#)services   1.25    99/11/06 SMI"   /* SVr4.0 1.8   */
# Copyright (c) 1999 by Sun Microsystems, Inc.
# All rights reserved.
# Network services, Internet style
tcpmux          1/tcp
echo            7/tcp
echo            7/udp
discard         9/tcp       sink null
discard         9/udp       sink null
systat          11/tcp      users
daytime         13/tcp
daytime         13/udp
netstat         15/tcp
qotd            17/tcp      quote
msp             18/tcp                      # message send protocol
msp             18/udp                      # message send protocol
chargen         19/tcp      ttytst source
chargen         19/udp      ttytst source
ftp             21/tcp
#               22 - unassigned
telnet          23/tcp
#               24 - private
smtp            25/tcp      mail
#               26 - unassigned
...
```

Um einen Dienst zu aktivieren, muss das Kommentarzeichen entfernt werden.

Die Datei /etc/inet/protocols

Diese Datei enthält die über IP arbeitenden Protokolle in folgender Form:

Protokollname   Protokollnummer   Protokollaliase ...

Das Netzwerk entnimmt hier die erforderlichen Einträge, um das Protokoll im Header von Netzwerkpaketen zu kennzeichnen. Die Datei ist folgendermaßen aufgebaut:

```
# cat /etc/inet/protocols
#ident  "@(#)protocols  1.5     99/03/21 SMI"   /* SVr4.0 1.1   */
# Internet (IP) protocols
ip      0    IP       # internet protocol, pseudo protocol number
icmp    1    ICMP     # internet control message protocol
ggp     3    GGP      # gateway-gateway protocol
tcp     6    TCP      # transmission control protocol
egp     8    EGP      # exterior gateway protocol
pup     12   PUP      # PARC universal packet protocol
```

```
udp         17      UDP         # user datagram protocol
hmp         20      HMP         # host monitoring protocol
xns-idp     22      XNS-IDP     # Xerox NS IDP
rdp         27      RDP         # "reliable datagram" protocol
# Internet (IPv6) extension headers
hopopt      0       HOPOPT      # Hop-by-hop options for IPv6
ipv6        41      IPv6        # IPv6 in IP encapsulation
...
```

Die Datei /etc/netconfig

Diese Datei enthält Informationen und Zugriffsmöglichkeiten über die im Netzwerk verwendeten Transportprotokolle. Auf diese Weise erkennt das System zum Beispiel Gerätedateien, die von bestimmten Protokollen benötigt werden. Die Datei ist folgendermaßen aufgebaut:

```
# more /etc/netconfig
#pragma ident   "@(#)netconfig 1.16    99/10/25 SMI"
# The "Network Configuration" File.
# Each entry is of the form:
#       <network_id> <semantics> <flags> <protofamily> <protoname> \
#               <device> <nametoaddr_libs>
# The "-" in <nametoaddr_libs> for inet family transports indicates
# redirection to the name service switch policies for "hosts" and
# "services". The "-" may be replaced by nametoaddr libraries that
# comply with the SVr4 specs, in which case the name service switch
# will not be used for netdir_getbyname, netdir_getbyaddr,
# gethostbyname, gethostbyaddr, getservbyname, and getservbyport.
# There are no nametoaddr_libs for the inet family in Solaris anymore.
udp6    tpi_clts        v       inet6   udp     /dev/udp6       -
tcp6    tpi_cots_ord    v       inet6   tcp     /dev/tcp6       -
udp     tpi_clts        v       inet    udp     /dev/udp        -
tcp     tpi_cots_ord    v       inet    tcp     /dev/tcp        -
rawip   tpi_raw         -       inet    -       /dev/rawip      -
```

Das Verzeichnis /etc/net

Im Verzeichnis /etc/net befinden sich Dateien, mit deren Hilfe die Transport Independent Network Services konfiguriert werden können. Darunter befinden sich drei Unterverzeichnisse für diese Dienste, die jeweils die Dateien host und services beinhalten. Die Datei host enthält die Adresse und den Namen des lokalen Rechners. Die drei Unterverzeichnisse sind:

Netzwerkeinführung

- Das Verzeichnis /etc/net/ticlts (Transport Independent Connectionless Mode Transport Services)
- Das Verzeichnis /etc/net/ticots (Transport Independent Connection Orientated Transport Services)
- Das Verzeichnis /etc/net/ticotsord (Transport Independent Connection Orientated Transport Services with Orderly release)

Die Datei /etc/bootparams

Der Boot Parameter-Server oder BOOTP-Server gibt Bootparameter an Netzwerk-Clients weiter, die keine eigene Festplatte besitzen, oder an so genannte Install-Clients (vgl. Tag 19). Bootparameter können in den Dateien /etc/nsswitch.conf (vgl. Tag 20) und /etc/bootparams definiert werden. Die Datei hat Einträge im Format *hostname eintrag*.

Das erste Feld *hostname* ist der Rechnername eines Diskless Clients, wobei das Wildcardsymbol * für alle Clients verwendet werden kann. Werden sowohl das Wildcardsymbol als auch einzelne Clients angegeben, dann haben die clientspezifischen Zeilen Vorrang. Lange Zeilen können durch den Backslash (\) unterteilt werden.

Das zweite Feld *eintrag* ist das Identifikationsfeld, das eine der folgenden Formen annehmen kann:

- Eine dateispezifische Form: *eintrag=hostname:verzeichnis*
- Eine nicht dateispezifische Form: *eintrag=domain*

Dateispezifische Einträge bedeuten, dass der Diskless Client die exportierte Datei oder das Dateisystem auf dem angegebenen Rechner verwenden soll. Der Rechner und der Verzeichnisname oder das Dateisystem sind durch einen Doppelpunkt getrennt. Der nicht dateispezifische Eintrag weist dem Client den angegebenen Domainnamen zu. Wird an dieser Stelle kein Domainname angegeben, dann wird der des Servers verwendet. Diskless Clients können nur die Einträge root, swap und dump verwenden.

Die Datei /etc/bootparams sieht zum Beispiel wie folgt aus:

```
# cat /etc/bootparams
sun1 root=suso2:/export/cslab/root
    ice9 root= suso2:/export/ice9/root
    swap= suso2:/export/ice9/swap
    ns=mach:nis(255.255.255.0)
```

Es können folgende Werte angegeben werden:

Wert	Beschreibung
root=*server*:*verzeichnis*	Angabe des Rechners und des Verzeichnisses, das das root-Dateisystem des Diskless Clients enthält und das per NFS eingehängt werden soll.
swap=*server*:*verzeichnis*	Angabe des Rechners und des Verzeichnisses, das den Swap-Bereich des Diskless Clients enthält.
domain=*domainname*	Angabe der Domäne des Clients.
ns=*server*:*namensdienst*:*netzmaske*	Angabe des Nameservers, des Namensdienst (nis, nisplus oder none) und der Subnetzmaske.
boottype=:*boottyp*	Angabe des Boottyps des Rechners: in bedeutet über das Netz booten (internet). st bedeutet unabhängiger Rechner (standalone). co bedeutet Auto-Client.
install=*verzeichnis*	Angabe des Autoinstallationsverzeichnisses.
rootops=:rsize=8192	Angabe der NFS-Option rsize für den Lesezugriff beim Einhängen des *root*-Dateisystems. An dieser Stelle können auch weitere Mountoptionen angegeben werden (vgl. Tag 17).

Tabelle 16.4: Werte der Datei /etc/bootparams

Die Datei /etc/hostname.hme0

In dieser Datei steht nur der Name oder die Internetadresse des Rechners, der mit dieser Netzwerkkarte verbunden ist. Die Datei kann je nach Netzwerkkarte eine unterschiedliche Endung haben:

- hostname.le0 für Lance Ethernet 10 Mbit
- hostname.hme0 für Fast Ethernet

Für jede eingebaute Netzwerkkarte wird eine solche Datei angelegt.

Die Datei /etc/nodename

Diese Datei enthält den Rechnernamen eines Systems, der bei der Installation automatisch eingetragen wird. Sie können den Systemnamen mit Hilfe des Befehls uname -S verändern.

Die Datei /etc/rpc

Diese Datei enthält die Verknüpfung der Programmnamen, die Remote Procedure Calls (RPC) verwenden, mit der Nummer, die sie identifiziert, und dem Aliasnamen. Die Datei kann zum Beispiel wie folgt aufgebaut sein:

```
# more /etc/rpc
#ident   "@(#)rpc     1.12    99/07/25 SMI"   /* SVr4.0 1.2   */
#        rpc
rpcbind         100000  portmap sunrpc rpcbind
rstatd          100001  rstat rup perfmeter
rusersd         100002  rusers
nfs             100003  nfsprog
ypserv          100004  ypprog
mountd          100005  mount showmount
ypbind          100007
walld           100008  rwall shutdown
yppasswdd       100009  yppasswd
etherstatd      100010  etherstat
rquotad         100011  rquotaprog quota rquota
sprayd          100012  spray
3270_mapper     100013
rje_mapper      100014
selection_svc   100015  selnsvc
database_svc    100016
rexd            100017  rex
alis            100018
...
```

Die Datei /etc/inet/inetd.conf

Es gibt unter Unix zwei Möglichkeiten, um einen Netzwerkdienst anzubieten. Einmal kann ein eigener Serverdaemon beim Systemstart aufgerufen werden oder der Serverdaemon wird über den Netzwerkdaemon `inetd` gestartet. Die erste Möglichkeit empfiehlt sich bei häufig verwendeten Diensten, wie zum Beispiel `http` oder `smtp`, da in diesem Fall der Server gleich angesprochen werden kann und nicht erst gestartet werden muss. In allen anderen Fällen wird der Daemon `inetd` verwendet, der die Datei `/etc/inet/inetd.conf` liest, um herauszufinden, für welchen Port welches Programm gestartet werden soll. Wenn Sie zum Beispiel einen neuen FTP-Server einsetzen, dann müssen Sie nur den entsprechenden Eintrag in der Datei `/etc/inet/inetd.conf` ändern und den Daemon `inetd` zum Beispiel mit dem Befehl `telinit q` neu starten. Sie können auch Zeilen in der Datei auskommentieren, um nicht benötigte Netzdienste zu sperren und auf diese Weise den Rechner gegen Hacker sicherer zu machen.

Netzwerkkonfigurationsdateien

Diese Vorgehensweise wird auch sehr empfohlen. Nicht benötigte Netzwerkdienste sollten aus Performance- und Sicherheitsgründen in dieser Datei auskommentiert werden.

Die Datei kann wie folgt aussehen:

```
# cat /etc/inet/inetd.conf
#ident  "@(#)inetd.conf 1.44     99/11/25 SMI"    /* SVr4.0 1.5   */
# Configuration file for inetd(1M).   See inetd.conf(4).
# To re-configure the running inetd process, edit this file, then
# send the inetd process a SIGHUP.
# Syntax for socket-based Internet services:
#  <service_name> <socket_type> <proto> <flags> <user> <server_pathname> <args>
# Syntax for TLI-based Internet services:
#  <service_name> tli <proto> <flags> <user> <server_pathname> <args>
# IPv6 and inetd.conf
# By specifying a <proto> value of tcp6 or udp6 for a service, inetd
# will pass the given daemon an AF_INET6 socket.  The following
# daemons have been modified to be able to accept AF_INET6 sockets
#       ftp telnet shell login exec tftp finger printer
#       ftp telnet shell login exec tftp finger printer

# The remote shell server (shell) and the remote execution server
# (exec) must have an entry for both the "tcp" and "tcp6" <proto> values.
# Ftp and telnet are standard Internet services.
ftp     stream  tcp6    nowait  root    /usr/sbin/in.ftpd       in.ftpd
telnet  stream  tcp6    nowait  root    /usr/sbin/in.telnetd    in.telnetd
# Tnamed serves the obsolete IEN-116 name server protocol.
name    dgram   udp     wait    root    /usr/sbin/in.tnamed     in.tnamed
# Shell, login, exec, comsat and talk are BSD protocols.
shell   stream  tcp     nowait  root    /usr/sbin/in.rshd       in.rshd
shell   stream  tcp6    nowait  root    /usr/sbin/in.rshd       in.rshd
login   stream  tcp6    nowait  root    /usr/sbin/in.rlogind    in.rlogind
exec    stream  tcp     nowait  root    /usr/sbin/in.rexecd     in.rexecd
exec    stream  tcp6    nowait  root    /usr/sbin/in.rexecd     in.rexecd
# comsat dgram   udp     wait    root    /usr/sbin/in.comsat in.comsat
# talk   dgram   udp     wait    root    /usr/sbin/in.talkd  in.talkd
# Must run as root (to read /etc/shadow); "-n" turns off logging in utmp/wtmp.
uucp    stream  tcp     nowait  root    /usr/sbin/in.uucpd      in.uucpd
# Tftp service is provided primarily for booting.  Most sites run this
# only on machines acting as "boot servers."
#tftp   dgram   udp6    wait    root    /usr/sbin/in.tftpd      in.tftpd -s /tftpboot
# Finger, systat and netstat give out user information which may be
# valuable to potential "system crackers."  Many sites choose to disable
# some or all of these services to improve security.
```

```
finger   stream  tcp6   nowait  nobody  /usr/sbin/in.fingerd   in.fingerd
#systat  stream  tcp    nowait  root    /usr/bin/ps            ps -ef
#netstat stream  tcp    nowait  root    /usr/bin/netstat       netstat
-f inet
# Time service is used for clock synchronization.
time     stream  tcp6   nowait  root    internal
time     dgram   udp6   wait    root    internal
# Echo, discard, daytime, and chargen are used primarily for testing.
echo     stream  tcp6   nowait  root    internal
echo     dgram   udp6   wait    root    internal
discard  stream  tcp6   nowait  root    internal
discard  dgram   udp6   wait    root    internal
daytime  stream  tcp6   nowait  root    internal
daytime  dgram   udp6   wait    root    internal
chargen  stream  tcp6   nowait  root    internal
chargen  dgram   udp6   wait    root    internal
#
...
```

In der ersten Spalte steht der Name des Dienstes und die zweite Spalte enthält den Sockettyp, den der Dienst verwendet. Mögliche Sockettypen sind:

- `stream` für TCP-Dienste
- `dgram` für Datagramm-Dienste
- `raw` für Roh-Sockets
- `rdm` für Reliably Delivered Messages

Die dritte Spalte enthält das Transportprotokoll, das für die Kommunikation verwendet wird. In der vierten Spalte steht der Wait-Status:

`wait`   lässt jeweils nur eine Verbindung zu
`nowait` lässt mehrere eingehende Verbindungsanfragen zu

In der fünften Spalte befindet sich der Name des Benutzers, dem der laufende Serverprozess gehört. Die sechste Spalte enthält den Namen des Daemons einschließlich des Pfadnamens und die letzte Spalte kann Befehlszeilenargumente zur korrekten Bearbeitung der Anfrage enthalten.

Die Datei /etc/defaultrouter

Diese Datei ist standardmäßig nicht vorhanden. Sie enthält statische Einträge von Routern und die Routingtabelle. Von einem Rechner in ein anderes Netzwerk gesendete Pakete werden an einen der eingetragenen Standardrouter geleitet, wenn kein entsprechender Eintrag in der Routingtabelle existiert.

Die Datei /etc/gateways

Auch diese Datei ist standardmäßig nicht vorhanden. Sie kann Einträge für das Verhalten des Daemons `in.routed` (siehe nächster Abschnitt) enthalten.

Die Datei /etc/notrouter

Diese Datei ist standardmäßig ebenfalls nicht vorhanden. Wird sie angelegt, dann wird ein Rechner nicht automatisch beim Systemstart als Router konfiguriert, auch wenn er mehrere Netzwerkschnittstellen besitzt.

Die Datei /etc/ftpusers

Diese Datei wird vom `ftp`-Serverdaemon beim Aufruf einer `ftp`-Sitzung gelesen. In dieser Datei enthaltene Benutzer dürfen sich nicht per `ftp` anmelden. Standardmäßig sieht diese Datei unter Solaris 9 wie folgt aus:

```
# more /etc/ftpusers
root
daemon
bin
sys
adm
lp
uucp
nuucp
listen
nobody
noaccess
nobody4
```

Das bedeutet, dass sich standardmäßig auch *root* nicht per `ftp` anmelden darf.

Die Datei /etc/shells

Diese Datei existiert standardmäßig nicht. Wenn ein Benutzer den Befehl `ftp` nicht ausführen kann, verwendet er möglicherweise eine nicht zulässige Shell, das heißt eine Shell, die nicht in dieser Datei aufgeführt wird. Die Shells müssen in der Datei mit dem vollständigen Pfad eingetragen sein.

Existiert die Datei nicht, dürfen folgende Standardshells verwendet werden:

```
/bin/csh        /bin/jsh        /bin/ksh
/bin/sh         /sbin/jsh       /sbin/sh
/usr/bin/csh    /usr/bin/jsh    /usr/bin/ksh
/usr/bin/sh
```

16.3 Netzwerkprozesse

Um den reibungslosen Ablauf des Netzwerkbetriebs zu gewährleisten und auf Anforderungen im Netzwerk reagieren zu können, werden bereits beim Hochfahren des Systems wichtige Netzwerkprozesse oder -daemons automatisch gestartet. Zu diesen Daemons gehören die im Folgenden beschriebenen.

Der Daemon rpcbind

Das Remote Procedure Call-Protokoll (RPC) definiert eine Client-Server-Technologie, bei der ein Client eine Anfrage startet und dann die Steuerung dem Server übergibt. Dieser führt die notwendige Aktion aus und gibt schließlich die gewünschten Informationen und die Steuerung dem Client zurück. RPC wurde von der Firma Sun Microsystems für den Einsatz von NFS (vgl. Tag 18) entwickelt, wird aber auch für andere Netzwerkaktivitäten verwendet. Der dazu erforderliche Daemon rpcbind muss sowohl auf Client- als auch auf Serverseite aktiviert sein.

Wenn ein Client versucht, ein RPC-Programm auf dem Server zu kontaktieren, erhält er entweder den angeforderten Dienst über einen bereits festgelegten Port (vgl. Datei /etc/rpc im vorherigen Abschnitt) oder die Verbindung wird über die Portnummer 111 des Prozesses rpcbind hergestellt. Im zweiten Fall teilt der Prozess dem Client anschließend die notwendige Portnummer mit und die Verbindung kann hergestellt werden.

Die belegten Portnummern lassen sich mit dem Befehl rpcinfo abfragen (siehe nächster Abschnitt). Zu den wichtigsten Portnummern gehören:

- 0   Reservierte Portnummer
- 1–2023   Privilegierte Portnummern
- 2049   Privilegierte Portnummer für nfsd
- 4045   Privilegierte Portnummer für lockd
- 2024–5999   Portnummern für Clientprozesse
- 6000–6099   Portnummern für das X11-Grafiksystem
- 6100–32767   Portnummern für Clientprozesse
- 32768–65535   Portnummern für Clientprozesse

Der Daemon rpcbind sollte vor allen anderen RPC-Diensten gestartet werden. Dies geschieht über das Run Control-Skript /etc/rc2.d/S72inetsvc. Normalerweise werden Standard-RPC-Server von Portmonitoren gestartet. Daher muss rpcbind vor dem Aufruf der Portmonitore gestartet werden. Nach dem Start des Daemons überprüft dieser, ob bestimmte Aufrufe, die Namen in Adressen übersetzen, richtig funktionieren. Sollte dies nicht der Fall sein, sind möglicherweise die Datenbanken der Netzwerkkonfiguration falsch konfiguriert. Da in diesem Fall RPC-Dienste nicht richtig funktionieren können, gibt rpcbind eine entsprechende Meldung aus und beendet sich. Der Daemon kann nur vom Superuser gestartet werden.

Der Befehl kennt folgende Optionen:

Option	Beschreibung
-d	Der Daemon startet im Debugmodus und gibt zusätzliche Informationen während der Laufzeit aus. Bei bestimmten Fehlern bricht er ab.
-w	Führt einen Warmstart aus. Wenn rpcbind aufgrund eines SIGINT- oder SIGTERM-Signals abbricht oder endet, schreibt er die aktuelle Liste der registrierten Dienste in die Dateien /tmp/portmap.file und /tmp/rpcbind.file. Wird der Daemon dann mit dieser Option gestartet, werden diese Dateien gelesen, wodurch der Betrieb wieder aufgenommen werden kann, ohne dass alle RPC-Dienste erneut gestartet werden müssen.

Tabelle 16.5: Die Optionen des Prozesses rpcbind

Der Daemon inetd

Dieser Internetdaemon steuert die vom System angebotenen Internetdienste. Der Start des Daemons inetd erfolgt normalerweise, sobald das System in einen Runlevel mit Netzwerkdiensten gestartet wird. Beim Starten wird die Konfigurationsdatei /etc/inetd.conf gelesen. In der Regel wird inetd nicht manuell gestartet, in einem solchen Fall können aber die folgenden Optionen verwendet werden:

Optionen	Erklärung
-d	Der Daemon läuft im Vordergrund statt im Hintergrund, um Debuginformationen auszugeben.
-r zahl intervall	Entdeckt unterbrochene Dienste und startet einen solchen Dienst in der angegebenen Anzahl im angegebenen Sekundenintervall wiederholt. Ist der Dienst trotzdem nicht stabil, dann wird er für zehn Minuten angehalten. Die Standardeinstellung ist -r40 60.
-s	Der Daemon läuft unabhängig vom SAF-System (vgl. Tag 15).
-t	Protokolliert mit Hilfe des Daemons syslogd für die Gruppe daemon.notice (vgl. Tag 12) alle TCP-Dienste mit, die inetd für Netzwerkanfragen zur Verfügung stellt.

Tabelle 16.6: Die Optionen des Prozesses inetd

Sie sollten in der Datei /etc/inetd.conf **nie einen UDP-Dienst auf** nowait **einstellen, da dies eventuell Probleme zwischen** inetd **und dem UDP-Dienst verursacht. Denn es kann eine große Anzahl an UDP-Servern erzeugt werden, worunter die Performance des Systems leiden kann.**

Der Daemon listen

Dieser Daemon ist Teil des SAF-Systems (Service Access Facility) und überwacht die Schnittstellen im System, indem er im Netzwerk nach Serveranfragen horcht. Wird eine Anfrage entdeckt, dann ruft der Daemon eine neue Instanz des entsprechenden Servers für die angeforderte Verbindung auf. Ab Solaris 2.6 wird dieser Prozess standardmäßig nicht mehr verwendet, da der Daemon inetd die meisten Aufgaben von listen übernommen hat.

Der Daemon rarpd

Dieser Daemon wird auf einem als Bootserver eingesetzten Rechner benötigt, um auf eine rarp-Anforderung, die ein Bootclient über das Netzwerk sendet, antworten zu können. Die MAC-Adresse des Bootclients muss in der Datei /etc/ethers des Servers enthalten sein und wird dann in die IP-Adresse umgesetzt, die der Client als Antwort erhält. Für jede zu überwachende Schnittstelle werden zwei rarpd-Daemons gestartet, die ständig laufen. Der Daemon lässt sich mit folgenden Optionen starten:

Optionen	Erklärung
-a	Die rarpd-Daemons werden für alle existierenden Netzwerkschnittstellen gestartet.
-d	Der Daemon läuft im Debugmodus, wodurch zusätzliche Informationen ausgegeben werden.

Tabelle 16.7: Die Optionen des Prozesses rarpd

Der Daemon rpc.bootparamd

Dieser Daemon läuft auf Bootservern und gibt Rechnern, die über das Netzwerk booten möchten, Informationen über die Datei /etc/bootparams.

Der Daemon rpld

Dieser Daemon wird für das Booten von INTEL-Rechnern über das Netzwerk verwendet. Er horcht auf Anfragen nach dem Dienst RPL (Remote Program Load) von INTEL-Rechnern. Bootanfragen können von Clients mit Hilfe der Bootdiskette der INTEL-Version erzeugt werden. Wenn ein Server eine Anfrage erhält, bewertet er den Client und fügt ihn einer internen Liste hinzu. Auf weitere Anfragen des Clients hin, Bootdateien herunterzuladen, sendet der Server dem Client die entsprechenden Datenpakete und beginnt den Bootprozess des Clients. Die Konfigurationsdaten werden der Datei /etc/rpld.conf entnommen. Der Daemon kennt folgende Optionen:

Optionen	Erklärung
-b modus	Angabe, ob der Prozess als Vorder- (0) oder Hintergrundprozess (1) laufen soll.
-f datei	Verwendung einer alternativen Datei zu /etc/rpld.conf.
-d debuglevel	Angabe des Debuglevels für die Ausgabe der Aktivität des Daemons.
-D debugdatei	Angabe der Debugdatei.
-g anzahl	Angabe der Abweichung von der vorgegebenen Zeitverzögerung der Option -s.
-l datei	Angabe der Protokolldatei, die standardmäßig /var/spool/rpld.log heißt.
-M anzahl	Angabe der Anzahl der gleichzeitig zu bearbeitenden Clientanfragen.
-s anzahl	Angabe einer Zeitverzögerung bei der Datenübertragung, um zu verhindern, dass beim Client ein Überlauf eintritt.
-z größe	Angabe der Fenstergröße für die Netzwerkübertragung.

Tabelle 16.8: Die Optionen des Prozesses rpld

Der Daemon in.ftpd

Dieser Daemon für das File Transfer Protocol (FTP) bearbeitet von FTP-Clients gesendete Übertragungsanfragen. Er wird vom Daemon inetd gestartet. Standardmäßig können nur Benutzer mit gültigem Anmeldenamen und Passwort FTP-Anfragen an das System stellen. Den in der Datei /etc/ftpusers aufgeführten Benutzern wird der Zugang verweigert. Der Daemon kann mit folgenden Optionen gestartet werden:

Optionen	Beschreibung
-d	Zusätzliche Debuginformationen werden mit Hilfe des Daemons `syslogd` protokolliert.
-l	Jeder Zugriff des FTP-Daemons wird mit Hilfe von `syslogd` zur Sicherheit mit protokolliert.
-t *timeout*	Definiert die inaktive Zeit in Sekunden, nach der der Daemon unterbricht.

Tabelle 16.9: Die Optionen des Daemons `in.ftpd`

> Auch dieser Daemon sollte deaktiviert werden, wenn er nicht unbedingt benötigt wird. Es werden dabei Passwörter unverschlüsselt im Netzwerk übertragen, die sich mit entsprechenden Tools abfangen lassen. Stattdessen sollte man sichere Alternativen wie Secure Shell (`ssh`) oder Secure Copy (`scp`) verwenden, die über die Website *http://www.ssh.com* heruntergeladen werden können.

Der Daemon in.tftpd

Dieser Daemon steuert das Trivial File Transfer Protocol (TFTP) und wird für eine einfache Art der Datenübertragung zwischen Rechnern verwendet. Diese wird ohne Benutzerüberprüfung durchgeführt und kommt zum Beispiel für einen Clientrechner in Frage, der eine Datenübertragung der Bootdateien anfordert. Der Client erhält darauf das Programm `inetboot` im Homeverzeichnis von `tftp`. Die Sicherheit lässt sich mit Hilfe der Option -s erhöhen, da in diesem Fall nur Dateien aus diesem Homeverzeichnis übertragen werden.

Der Daemon rstatd

Dieser Daemon antwortet auf Anfragen des Befehls `rup` (vgl. nächster Abschnitt). Er entnimmt die Informationen dem Kernel und versendet sie über das Netzwerk. Wenn dieser Daemon nicht unbedingt benötigt wird, sollte er aus Sicherheitsgründen durch Auskommentieren der entsprechenden Zeile in der Datei `/etc/inetd.conf` deaktiviert werden.

Der Daemon fingerd

Dieser Daemon verarbeitet Anfragen nach Informationen des Befehls `finger` an Port 79/tcp. Standardmäßig werden solche Anfragen nicht mitprotokolliert und es können dabei Informationen an nicht autorisierte Dritte weitergegeben werden. Die Aktivierung dieses Daemons stellt also ein Sicherheitsrisiko dar und sollte nur in Notfällen erfolgen. Sie deaktivieren den Daemon, indem Sie die entsprechende Zeile in der Datei `/etc/inetd.conf` auskommentieren.

Der Daemon rpc.rusersd

Dieser Daemon antwortet auf Anfragen des Befehls `rusers` (siehe nächster Abschnitt). Er wird gestartet, wenn entweder der Daemon `listen` oder der Daemon `inetd` eine entsprechende Anfrage im Netzwerk erhalten.

Der Daemon rpc.rwalld

Dieser Daemon reagiert auf Anfragen des Befehls `rwall` (siehe nächster Abschnitt). Der Daemon übergibt die Anfrage dem Befehl `wall` auf allen Netzwerkrechnern. Auch dieser Daemon sollte standardmäßig deaktiviert werden, indem die entsprechende Zeile in der Datei `/etc/inetd.conf` auskommentiert wird.

Der Daemon rpc.rlogind

Dieser Daemon bearbeitet die Remote Login-Anfragen des Befehls `rlogin`, indem er am Port `514/tcp` horcht. Nur authentifizierte Benutzer können sich anmelden, wenn nicht mit Hilfe der Datei `$HOME/.rhosts` oder der Datei `/etc/hosts.equiv` eine Vertrauensstellung eingerichtet wurde (vgl. Abschnitt 17.1.).

Der Daemon rpc.rshd

Dieser Daemon bearbeitet durch den Befehl `rsh` erzeugte Anfragen zur Befehlsausführung. Dazu muss eine Vertrauensstellung mit Hilfe der Dateien `/etc/hosts.equiv` und `$HOME/.rhosts` eingerichtet worden sein (vgl. Abschnitt 17.1.).

> Die Daemonen `rpc.rlogind` und `rprc.rshd` sollten nur in sehr vertrauenswürdigen, also in sich geschlossenen Netzwerken verwendet werden, da sie ein Sicherheitsrisiko darstellen. Es wird empfohlen, diese möglichst nicht zu verwenden.

Der Daemon rpc.rwhod

Dieser Daemon bearbeitet Anfragen der Client-Programme `rwho` und `ruptime`. Er sammelt Informationen über das lokale System und versendet diese über das Netzwerk, in dem andere `rwho`-Prozesse sie aufnehmen.

> Dieser Daemon kann zu einer überhöhten Aktivität im Netzwerk führen, da er permanent Systeminformationen versendet. Aus diesem Grund und aus Sicherheitsgründen sollte dieser Daemon nur aktiviert werden, wenn es unbedingt notwendig ist.

Der Daemon in.telnetd

Dieser Daemon ermöglicht es Benutzern, sich mit Hilfe des Befehls `telnet` über das Netzwerk im System anzumelden. Er horcht aus Port 23/tcp nach Verbindungsanfragen. Während die Sitzung hergestellt wird, können über den Daemon Umgebungsvariablen übergeben werden, zum Beispiel die Variable DISPLAY, um CDE zu verwenden.

> Auch dieser Daemon sollte deaktiviert werden, wenn er nicht unbedingt benötigt wird. Es werden Passwörter unverschlüsselt im Netzwerk übertragen, die sich mit entsprechenden Tools abfangen lassen. Stattdessen sollte man eine sichere Alternative wie Secure Shell (`ssh`) verwenden.

16.4 Netzwerkbefehle

Der Befehl ping

Dieses Programm, das das Internet Control Message Protocol (ICMP) verwendet, überprüft, ob ein Remote-Rechner im Netzwerk erreichbar ist. Dazu werden Datenpakete ausgetauscht. Das Programm erzeugt ICMP-Echo-Request-Pakete, die mit ICMP-Echo-Response-Paketen beantwortet werden, wenn das angegebene System aktiv ist. Sie können den Systemnamen oder die IP-Adresse des Zielsystems angeben. Der Befehl kennt folgende Optionen:

Option	Beschreibung
`-i` *schnittstelle*	Angabe der für ausgehende Pakete zu verwendenden Schnittstelle.
`-I` *zahl*	Angabe des zu wartenden Zeitintervalls in Sekunden.
`-l`	Auswahl von Routern, um eventuelle Routingprobleme zwischen zwei Rechnern im Netzwerk zu ermitteln.
`-L`	Es erfolgt kein Loopback von Multicast-Paketen.
`-n`	Anzeige von IP-Adressen anstelle von DNS-Namen.
`-r`	Routingtabellen werden übersprungen und Pakete direkt an den Rechner gesendet.
`-R`	Die Route des Pakets wird in der IP-Kopfzeile gespeichert.

Tabelle 16.10: Die Optionen des Befehls `ping`

Option	Beschreibung
-s	Es wird ein ICMP-Datenpaket pro Sekunde versandt und die Informationen über die Netzlast werden angezeigt.
-t livetime	Angabe der Lebenszeit der Pakete, das heißt, über wie viele Router hinweg ein Paket geroutet werden soll. Standardeinstellung ist ein Router.
-v	Ausführliche Ausgabe, die alle empfangenen ICMP-Pakete auflistet.

Tabelle 16.10: Die Optionen des Befehls ping *(Forts.)*

Im nachfolgenden Beispiel wird getestet, ob der Rechner *suso2* im Netzwerk aktiv ist:

```
$ ping -s suso2
PING suso2: 56 data bytes
64 bytes from suso2 (192.168.6.1): icmp_seq=0. time=0. ms
64 bytes from suso2 (192.168.6.1): icmp_seq=1. time=0. ms
64 bytes from suso2 (192.168.6.1): icmp_seq=2. time=0. ms
64 bytes from suso2 (192.168.6.1): icmp_seq=3. time=0. ms
64 bytes from suso2 (192.168.6.1): icmp_seq=4. time=0. ms
64 bytes from suso2 (192.168.6.1): icmp_seq=5. time=0. ms
64 bytes from suso2 (192.168.6.1): icmp_seq=6. time=0. ms
64 bytes from suso2 (192.168.6.1): icmp_seq=7. time=0. ms
64 bytes from suso2 (192.168.6.1): icmp_seq=8. time=0. ms
64 bytes from suso2 (192.168.6.1): icmp_seq=9. time=0. ms
64 bytes from suso2 (192.168.6.1): icmp_seq=10. time=0. ms
64 bytes from suso2 (192.168.6.1): icmp_seq=11. time=0. ms
^C
----suso2 PING Statistics----
17 packets transmitted, 11 packets received, 0% packet loss
round-trip (ms)  min/avg/max = 0/0/0
```

Der Befehl traceroute

Dieser Befehl verfolgt den Weg eines IP-Pakets von einem Rechner zu einem anderen Rechner. Damit lässt sich feststellen, welchen Weg die Datenpakete zu einem Remote-Rechner nehmen. Es werden nur der Rechnername oder die IP-Adresse als Parameter übergeben.

Der Befehl kann sowohl für IPv4, das heißt »Lebensdauer«, als auch für IPv6, das heißt Routerbegrenzung, verwendet werden. Standardmäßig können höchstens 30 Routersprünge stattfinden, wenn dies nicht durch die Option -m geändert wurde. Die Optionen des Befehls sind:

Netzwerkeinführung

Option	Beschreibung
-A *adressen*	Angabe der Adressfamilie für den Zielrechner, zum Beispiel inet für IPv4 und inet6 für IPv6.
-a	Alle IP-Adressen von Rechnern mit mehreren Netzwerkkarten werden geprüft.
-c *class*	Angabe der Paketklasse des Netzwerkverkehrs als Wert zwischen 0 und 255.
-d	Definiert die Debugoption auf Socketebene (SO_DEBUG).
-F	Die Fragmentierung von Netzpaketen wird unterdrückt.
-f *firsthop*	Überschreibt den Wert, ab welchem Zwischensystem das Routing angezeigt werden soll, der standardmäßig auf 1 gesetzt ist.
-g *gateway*	Definiert die Verwendung von bis zu acht zusätzlichen Gateways.
-I	ICMP ECHO wird anstelle von UDP-Paketen verwendet.
-i *interface*	Definiert die Ursprungsadresse für die IP-Netzwerkschnittstelle für IPv4 oder die Paketübermittlungsschnittstelle für IPv6 mit einem Wert für einen Schnittstelleneintrag oder einen Schnittstellennamen, zum Beispiel le0.
-L *flow*	Definiert den IPv6 Durchsatzbereich für die Pakete mit einem Wert zwischen 0 und 1.048.575.
-l	Angabe der Restlebenszeit für jedes empfangene Paket.
-m *maxhop*	Die Standardeinstellung für die maximale Restlebenszeit mit einem Wert von 30 wird ignoriert und neu definiert.
-n	IP-Adressen werden nicht in Namen umgesetzt.
-P *sekunden*	Definiert eine Wartezeit in Sekunden zwischen Testpaketen.
-p *port*	Definiert den Basis-UDP-Port, der beim Testen verwendet wird und dessen Standardwert 33.434 lautet.
-Q *timeouts*	Beendet den Befehl, nachdem die angegebene Anzahl von Timeouts empfangen wurde.
-q *abfragen*	Angabe der Anzahl von Abfragen beim Testen, die standardmäßig 3 ist.
-r	Die Routing-Tabellen werden übersprungen und die Pakete werden direkt an den Rechner im Netzwerk gesendet.
-s *quelladresse*	Definiert die Quelladresse für das Senden von Paketen.

Tabelle 16.11: Die Optionen des Befehls traceroute

Netzwerkbefehle

Option	Beschreibung
-t *diensttyp*	Definiert den Typ des Dienstes für ausgehende Pakete mit einem Wert zwischen 0 und 255. Der Standardwert ist 0.
-v	Angabe von ausführlichen Informationen, einschließlich der Paketgröße und des Zielorts.
-w *sekunden*	Angabe der Zeit, um auf eine Antwort eines Testpakets zu warten. Der Standardwert ist 5.
-x	Die Prüfsummen werden bei der Verwendung von IPv4 übersprungen.

Tabelle 16.11: Die Optionen des Befehls traceroute *(Forts.)*

Der Befehl sendet jeweils drei Datenpakete. Erfolgt auf ein Paket keine Antwort, dann wird ein Stern * ausgegeben. Wenn ein Gateway nicht erreichbar ist, wird statt einer Zeitangabe '!N' = network unreachable oder '!H' = host unreachable ausgegeben.

Im folgenden Beispiel wird traceroute verwendet, um den Weg zu einer Internetseite nachzuvollziehen:

```
$ traceroute www.linux.org
traceroute to www.linux.org (198.182.196.56), 30 hops max, 40 byte packets
 1  space-gw2m (194.97.64.8)  2.758 ms  3.637 ms  2.491 ms
 2  munich-ebs2-s0-0-0.ebone.net (192.121.158.189)  14.415 ms  17.018 ms  8.575 ms
...
13  www.linux.org (198.182.196.56)  584.957 ms  300.612 ms  380.004 ms
```

Der Befehl ifconfig

Mit Hilfe dieses Befehls können Sie die Netzwerkschnittstellen konfigurieren. TCP/IP wird unter Unix durch Shell-Skripte konfiguriert und die Initialisierung von Netzwerkschnittstellen erfolgt durch diesen Befehl.

Es gibt folgende Arten von Schnittstellen:

- Das Loopback-Interface, das eine spezielle zum lokalen System zurückführende Schnittstelle darstellt, so dass alle über die Loopback-Schnittstelle versendeten Daten wieder im lokalen System empfangen werden. Dadurch ist eine Kommunikation von lokalen Prozessen über TCP/IP möglich. Das Loopback-Interface wird mit Hilfe des Befehls ifconfig lo0 127.0.0.1 initialisiert.

- Broadcast-Interfaces sind Schnittstellen zu lokalen Netzwerken, über die Nachrichten an alle versendet werden können. Zur Initialisierung des Broadcast-Interface müssen die IP-Adresse, die Netzmaske und die Broadcast-Adresse angegeben werden, zum Beispiel:
  ifconfig eth0 192.168.0.1 netmask 255.255.255.0 broadcast 192.168.0.255

Netzwerkeinführung

- Die Point-to-Point-Schnittstellen sind notwendig, um ein anderes System zu erreichen, wie zum Beispiel SLIP (Serial Line IP) oder das Point-to-Point-Protokoll (PPP). Sie lassen WAN-Verbindungen über die serielle Schnittstelle oder per Modem oder ISDN-Karte zu und werden folgendermaßen initialisiert:
  `ifconfig ppp0 192.168.1.1 192.168.1.2 netmask 255.255.255.240`

Die wichtigsten Optionen des Befehls `ifconfig` fasst die folgende Tabelle zusammen:

Option	Beschreibung
`-a`	Die Befehle sollen auf alle Netzwerkschnittstellen des Systems angewandt werden.
`-d`	Die Befehle sollen auf alle Netzwerkschnittstellen des Zustands »down« angewandt werden.
`-D`	Die Befehle sollen auf alle Netzwerkschnittstellen angewandt werden, die nicht unter DHCP-Kontrolle stehen.
`-u`	Die Befehle sollen auf alle Netzwerkschnittstellen des Zustands »up« angewandt werden.
`-4`	Die Befehle sollen auf alle IPv4-Netzwerkschnittstellen angewandt werden.
`-6`	Die Befehle sollen auf alle IPv6-Netzwerkschnittstellen angewandt werden.
`arp`	Aktiviert das Address Resolution Protocol (ARP) für die Adressumsetzung. Es lässt sich mit -arp deaktivieren. Mit dem ARP kann eine IP-Adresse auf die MAC-Adresse umgesetzt werden.
`aut-revarp`	Aktiviert das Reverse Address Resolution Protocol (RARP) für die Adressumsetzung. Mit dem RARP kann eine MAC-Adresse auf die IP-Adresse umgesetzt werden.
`broadcast adresse`	Definition der IP-Adresse für einen allgemeinen Rechneraufruf im gleichen Netzwerk mit Angabe des Netzwerk- und Rechneranteils der Adresse. Durch diese Option können alle im Netzwerk angeschlossenen Rechner angesprochen werden.
`down`	Deaktiviert eine Netzwerkschnittstelle.
`metric zahl`	Festlegen des Routingwerts für eine Netzwerkschnittstelle.
`mtu zahl`	Definiert die Maximalgröße des Übertragungsrahmens einer Netzwerkschnittstelle.

Tabelle 16.12: Die Optionen des Befehls `ifconfig`

Option	Beschreibung
netmask *maske*	Definiert die Netzmaske bei IPv4.
plumb	Konfiguration einer neuen Netzwerkschnittstelle.
private	Veranlasst den Prozess in.routed, die Netzwerkschnittstelle nicht im Routingprotokoll zu verwenden.
subnet	Definiert die Subnetzadresse einer Netzwerkschnittstelle.
unplomb	Entfernt die Unterstützung für eine Netzwerkschnittstelle.
up	Aktiviert eine Netzwerkschnittstelle.

Tabelle 16.12: Die Optionen des Befehls ifconfig *(Forts.)*

Im nachfolgenden Beispiel wird mit dem Befehl ifconfig -a die aktuelle Konfiguration der Netzwerkschnittstelle ausgegeben:

```
# ifconfig -a
lo0: flags=1000849<UP,LOOPBACK,RUNNING,MULTICAST,IPv4> mtu 8232 index 1
        inet 127.0.0.1 netmask ff000000
eri0: flags=1000843<UP,BROADCAST,RUNNING,MULTICAST,IPv4> mtu 1500 index 2
        inet 192.168.6.1 netmask ffff0000 broadcast 192.168.255.255
        ether 0:3:ba:8:62:31
```

Der Befehl arp

Das Address Resolution Protocol (ARP) ordnet IP-Adressen MAC-Adressen oder Ethernetadressen zu. Dafür wird eine Adressumwandlungstabelle verwendet, die das Protokoll ARP normalerweise selbständig aktualisiert. Mit dem Befehl arp kann diese Tabelle manuell verändert werden. Der Befehl kennt folgende Optionen:

Option	Beschreibung
-a	Ausgabe des aktuellen Inhalts der Tabelle.
-d *hostname*	Löschen des angegebenen Rechners aus der Tabelle.
-f *datei*	Einlesen der Einträge aus der angegebenen Datei.
-s	Hinzufügen eines Eintrags für einen Rechner.

Tabelle 16.13: Die Optionen des Befehls arp

Im nachfolgenden Beispiel wird der aktuelle Inhalt der Tabelle ausgegeben:

```
# arp -a
Net to Media Table: IPv4
Device  IP Address           Mask              Flags  Phys Addr
------  -------------------  ----------------  -----  -----------------
eri0    192.168.2.1          255.255.255.255          00:40:95:41:64:cf
eri0    suso2                255.255.255.255   SP     00:03:ba:08:62:31
eri0    224.0.0.0            240.0.0.0         SM     01:00:5e:00:00:00
```

Der Befehl spray

Mit Hilfe dieses Befehls kann einem Rechner eine bestimmte Anzahl von Paketen übertragen werden. Die Anzahl der aufgrund des zu hohen Sendeaufkommens nicht empfangenen Pakete sowie der empfangenen Pakete wird angezeigt.

Der Befehl kennt folgende Optionen:

Option	Beschreibung
-c zahl	Anzahl der zu übertragenden Pakete.
-d zahl	Angabe der Verzögerungszeit zwischen den Paketen in Millisekunden.
-t zahl	Angabe der Länge des zu übertragenden Pakets in Byte.

Tabelle 16.14: Die Optionen des Befehls spray

Im nachfolgenden Beispiel werden dem Rechner *suso2* 1000 Pakete gesandt:

```
# spray -c 1000 suso2
sending 1000 packets of length 86 to suso2 ...
        890 packets (89.000%) dropped by suso2
        7 packets/sec, 629 bytes/sec
```

Der Befehl netstat

Dieser Befehl gibt aktuelle Netzwerkinformationen des lokalen Rechners aus und kann dazu verwendet werden, alle Netzwerkverbindungen des lokalen Systems, Routingtabellen und Informationen der Netzwerkschnittstelle anzuzeigen. Der Befehl kennt folgende Optionen:

Option	Beschreibung
-a	Anzeige aller Informationen zu aktiven Socketverbindungen. Die Anzeige erfolgt nach UDP und TCP getrennt. Die Ausgabe enthält den Namen oder die IP-Adresse des lokalen und Remote-Rechners und die verwendeten Sockets sowie deren Status (siehe nächste Tabelle).
-D	Anzeige des Status von durch DHCP kontrollierten Schnittstellen.
-f adressen	Anzeige von Informationen zur angegebenen Adressfamilie: inet: AF_INET-Adressfamilie unix: AF_Unix-Adressfamilie
-g	Anzeige der Tabellen mit den eingetragenen Multicast-Mitgliedern für jede Netzwerkschnittstelle.
-i	Anzeige des Status der Schnittstellen, die für TCP/IP verwendet werden.
-I interface	Anzeige des Status der angegebenen Schnittstelle.
-m	Anzeige von Informationen zur Belastung und Konfiguration der Streamspuffer im Kernel.
-M	Anzeige von Multicast-Routingtabellen.
-n	Netzwerkadressen werden nicht in Rechnernamen umgesetzt.
-p	Anzeige der Adressauflösung von MAC-Adressen wie beim Befehl arp.
-P protokoll	Anzeige der Statistiken nur für die angegebenen Protokolle.
-r	Anzeige der aktuellen Routingtabelle eines Rechners, um die Routingkonfiguration zu überprüfen.
-s	Anzeige von Statistiken, die nach Protokoll sortiert werden, wie zum Beispiel tcp oder udp.
-v	Ausführliche Ausgabe von Informationen.

Tabelle 16.15: Die Optionen des Befehls netstat

Der Befehl netstat überprüft, welche Remote-Rechner mit dem lokalen System verbunden sind, und gibt das Netzwerkprotokoll aus:

```
# netstat
TCP: IPv4
Local Address        Remote Address       Swind Send-Q Rwind Recv-Q  State
-------------------  -------------------  ----- ------ ----- ------  -------
suso2.telnet         192.168.2.1.1031      7768      0 24820      0  ESTABLISHED
```

Netzwerkeinführung

```
Active UNIX domain sockets
Address        Type         Vnode        Conn      Local Addr      Remote Addr
30000c05738 stream-ord 30000d588e8 00000000 /tmp/.X11-unix/X0
30000c058e0 stream-ord 00000000    00000000
30000c05a88 stream-ord 30000c496a0 00000000 /tmp/jd_sockV6
30000c05c30 stream-ord 30000a60090 00000000 /dev/ccv
30000c05dd8 stream-ord 30000a60268 00000000 /dev/kkcv
```

Der Status eines TCP-Socket (Kommunikationsport) kann einen der folgenden Werte annehmen:

Status	Beschreibung
CLOSED	Der Socket ist geschlossen und wird nicht verwendet.
CLOSE_WAIT	Der Remote-Rechner hat die Verbindung beendet und der lokale Rechner wartet auf das Schließen des Sockets.
CLOSING	Der Socket ist geschlossen und die Remote-Verbindung beendet, aber der Socket wartet noch auf die Bestätigung.
ESTABLISHED	Eine TCP/IP-Verbindung wurde aufgebaut und ist aktiv.
FIN_WAIT_1	Der Socket wurde erfolgreich geschlossen und wartet auf das Beenden der Verbindung.
FIN_WAIT_2	Der Socket wurde geschlossen und wartet auf das Beenden der Verbindung durch den Remote-Rechner.
LAST_ACK	Die Verbindung des Remote-Rechners wurde geschlossen und beendet und der Rechner wartet auf die Bestätigung.
LISTEN	Der Socket horcht im Moment, das heißt, es werden von Daemons und Servern Prozesse gestartet, die Sockets öffnen.
SYN_SENT	Der Socket versucht, eine Verbindung mit einem Remote-Rechner herzustellen.
SYN_RECEIVED	Auf eine Synchronisationsanfrage wurde eine Antwort gesendet und die Verbindung wird hergestellt.
TIME_WAIT	Der Socket wurde geschlossen und wartet auf die Rückmeldung des Remote-Rechners, dass dieser die Verbindung beendet hat.

Tabelle 16.16: Status der TCP-Sockets

Netzwerkbefehle

Der Befehl rpcinfo

Dieser Befehl verwendet RPC-Aufrufe, um RPC-Informationen für den lokalen und den Remote-Rechner anzuzeigen. Er kann die Ports der `rpcbind`-Dienste abfragen und verändern oder die Verfügbarkeit eines Dienstes überprüfen. Die Syntax des Befehls lautet:

`# rpcinfo [-option(en)] hostname`

oder

`# rpcinfo [-option(en)] programm`

Der Befehl kennt folgende Optionen:

Option	Beschreibung
-a adresse	Verwendet die universelle Adresse eines Dienstes statt des Hostnamens. Die Universaladresse setzt sich aus IP-Adresse und Portnummer zusammen.
-b dienst version	Versenden eines Broadcasts an alle Rechner im Netzwerk mit der Anfrage, welche Dienste aktiv sind, unter Angabe eines Dienstes und seiner Versionsnummer.
-d dienst version	Löscht den Dienst aus der `rpcbind`-Tabelle, dessen Programm- und Versionsnummer angegeben wird.
-l dienst version	Anzeige aller Einträge, die mit dem angegebenen Programm und dessen Versionsnummer übereinstimmen.
-m	Anzeige einer Gesamtstatistik über `rcpbind` eines Rechners nach Versionen getrennt.
-p	Der Rechner wird mit der Version 2 des `rcpbind`-Protokolls getestet.
-s	Kurze Ausgabe der verwendeten RPC-Dienste des angegebenen Rechners.
-T transport	Angabe des Transportprotokolls aus der Datei `/etc/netconfig`, über das der RPC-Dienst angesprochen werden soll.

Tabelle 16.17: Die Optionen des Befehls `rpcinfo`

Im folgenden Beispiel wird der Befehl `rpcinfo` für den Rechner *suso2* verwendet:

```
# rpcinfo suso2 | more
   program version netid     address     service  owner
   100000   4       ticots    suso2.rpc   rpcbind  superuser
   100000   3       ticots    suso2.rpc   rpcbind  superuser
   100000   4       ticotsord suso2.rpc   rpcbind  superuser
   100000   3       ticotsord suso2.rpc   rpcbind  superuser
```

```
100000    4    ticlts   suso2.rpc        rpcbind    superuser
100000    3    ticlts   suso2.rpc        rpcbind    superuser
100000    4    tcp      0.0.0.0.0.111    rpcbind    superuser
100000    3    tcp      0.0.0.0.0.111    rpcbind    superuser
100000    2    tcp      0.0.0.0.0.111    rpcbind    superuser
100000    4    udp      0.0.0.0.0.111    rpcbind    superuser
100000    3    udp      0.0.0.0.0.111    rpcbind    superuser
100000    2    udp      0.0.0.0.0.111    rpcbind    superuser
100000    4    tcp6     ::.0.111         rpcbind    superuser
100000    3    tcp6     ::.0.111         rpcbind    superuser
100000    4    udp6     ::.0.111         rpcbind    superuser
100000    3    udp6     ::.0.111         rpcbind    superuser
...
```

Der Befehl telnet

Mit diesem Befehl lassen sich Verbindungen zwischen Rechnern herstellen, deren Betriebssysteme unterschiedlich sein können. Er meldet sich mit dem `telnet`-Protokoll an einem Remote-Rechner an. Mit Hilfe dieses Befehls kann man auch einen ausgewählten Port oder Dienst mit einem Remote-Rechner verbinden. Der Befehl kennt folgende Optionen:

Option	Beschreibung
-8	Aktivieren des 8-Bit-Betriebs.
-c	Die Konfigurationsdatei `.telnetrc` wird nicht gelesen.
-d	Aktivieren des Debugmodus.
-e *zeichen*	Definition des Escape-Zeichens.
-E	Unterdrücken aller Escape-Sequenzen.
-L	Aktivieren des 8-Bit-Betriebs für die Ausgabe.
-l *benutzer*	Definition des aktuellen Benutzernamens.
-n *datei*	Angabe der Protokolldatei für die Sitzung.
Ctrl+)	Escape-Sequenz, um in den Befehlsmodus zu verzweigen.

Tabelle 16.18: Die Optionen des Befehls `telnet`

Für die Kommunikation gibt es folgende Befehle:

Befehl	Beschreibung
?	Anzeige aller verfügbaren Befehle. Nach dem Fragezeichen kann man auch den Namen des Befehls eingeben, zu dem Hilfe benötigt wird.
close	Die aktuelle Sitzung wird geschlossen und das Programm beendet.
display	Anzeige der definierten Parameterwerte.
environ	Definition von Variablen und Übergabe an den Remote-Rechner, in Zusammenhang mit weiteren Befehlen: environ define *variable wert* environ undefine *variable* environ export *variable* environ unexport *variable* environ list
open *rechner*	Öffnen einer Verbindung mit dem angegebenen Rechner.
quit	Siehe close.
send	Senden von Steuersequenzen an den Remote-Rechner; send ip zum Beispiel bricht Prozesse auf einem blockierten Terminal ab. Weitere Steuersequenzen sind: escape, synch, brk, ip, abort, ao, ayt, ec, el, eof, eor, ga, getstatus, nop, susp
set *arg wert*	Setzt zum Beispiel eines der folgenden Argumente: Echo Aktivieren des lokalen Echos. Escape Definiert das Escape-Zeichen. Interrupt Definiert das Interrupt-Zeichen. Quit Definiert das Zeichen zum Beenden. Erase Definiert das Zeichen zum Löschen. Eof Definiert das EOF-Zeichen. Start Definiert das Start-Zeichen. Stop Definiert das Stop-Zeichen. Tracefile Definiert die Protokolldatei.
status	Anzeige des Status von telnet.
toggle *arg*	Aktiviert oder deaktiviert die folgenden Parameter: autoflush, autosynch, binary, inbinary, outbinary, crlf, crmode, debug, localchars, netdata, options, prettydump, skiprc, termdata Mit dem Befehl toggle ? werden alle verfügbaren Parameter angezeigt.

Tabelle 16.19: Die Befehle für eine Verbindung mit telnet

Befehl	Beschreibung
unset *arg*	Löscht eines der mit set definierten Argumente.
z	Stellt telnet in den Hintergrund und ermöglicht die Arbeit mit einer Shell.

Tabelle 16.19: Die Befehle für eine Verbindung mit telnet *(Forts.)*

Im nachfolgenden Beispiel wird eine Verbindung zum Rechner *suso2* hergestellt:

```
$ telnet suso2
Trying 192.168.6.1...
Connected to suso2.
Escape character is '^]'.
login:
```

Mit dem folgenden Befehl wird Port 25 angewählt, wobei der horchende Prozess den Dienst smtp erwartet:

```
# telnet suso2 25
```

Mit dem folgenden Befehl wird Port 80 angewählt, wobei der horchende Prozess den Dienst http erwartet:

```
# telnet suso2 80
```

Der Befehl ftp

Das File Transfer Protocol (FTP) kann Dateien über das Netzwerk zwischen Rechnern übertragen, wobei auf dem Remote-Server der Daemon in.ftpd aktiviert sein muss. Der Befehl kennt folgende Optionen:

Option	Beschreibung
-d	Aktivieren des Debugmodus.
-i	Keine interaktive Abfrage für jede Datei beim Übertragen von mehreren Dateien.
-n	Die automatische Anmeldung wird gesperrt, das heißt, die Datei .netrc wird nicht gelesen.
-v	Ausführliche Anzeige aller Meldungen.

Tabelle 16.20: Die Optionen des Befehls ftp

Netzwerkbefehle

Im Homeverzeichnis eines Benutzers lässt sich eine Datei .netrc erstellen, um die Datenübertragung mit ftp zu automatisieren. Diese Datei muss Informationen über den Rechnernamen, den Anmeldenamen und das Passwort enthalten. Um zu vermeiden, dass andere Benutzer diese Datei lesen, sollten die Zugriffsrechte auf den Wert 600 gesetzt werden.

Für eine FTP-Sitzung können verschiedene Befehle verwendet werden:

Befehl	Beschreibung
? befehl	Siehe help.
! befehl	Ausführung des angegebenen Befehls in einer Shell bzw. ohne Angabe eines Befehls Verzweigen in eine Shell und anschließendes Beenden mit exit.
append datei1 datei2	Anhängen einer lokalen Datei an eine Remote-Datei.
ascii	Einstellen des Übertragungsmodus auf ASCII.
bell	Senden eines Signaltons nach jeder Dateiübertragung.
binary	Einstellen des Übertragungsmodus auf binär.
bye	Schließen der Sitzung und Beenden des Programms.
case	Aktiviert die Unterscheidung von Groß- und Kleinschreibung. Standardmäßig ist die Unterscheidung ausgeschaltet (off).
cd verzeichnis	Wechseln in das angegebene Verzeichnis auf dem Remote-Rechner.
cdup	Wechseln in das übergeordnete Verzeichnis auf dem Remote-Rechner.
close	Schließen der FTP-Sitzung.
cr	Aktiviert die Unterdrückung der Zeilenschaltung (carriage return) beim ASCII-Modus.
delete datei	Löscht eine Datei auf dem Remote-Rechner.
debug	Aktivieren des Debugmodus. Die Standardeinstellung ist off.
dir	Anzeige des Inhalts eines Verzeichnisses.
disconnect	Siehe close.
get datei [dateineu]	Kopiert eine Datei vom Remote-Rechner auf den lokalen Rechner, gegebenenfalls auf einen neuen Dateinamen, wenn dieser angegeben wird.

Tabelle 16.21: Befehle des FTP-Protokolls

Befehl	Beschreibung
help *befehl*	Ausgabe einer Hilfe zu einem Befehl bzw. ohne Angabe eines Befehls Ausgabe der Liste mit den möglichen Befehlen.
lcd *verzeichnis*	Wechseln in das angegebene Verzeichnis auf dem lokalen Rechner.
ls	Anzeige des Inhalts eines Verzeichnisses.
mdelete *dateien*	Löschen aller angegebenen Dateien.
mdir *dateien*	Auflisten aller angegebenen Dateien oder Verzeichnisse.
mget *dateien*	Herunterladen aller angegebenen Dateien vom Remote-Rechner.
mkdir *verzeichnis*	Erstellen eines Verzeichnisses auf dem Remote-Rechner.
mls *dateien*	Auflisten aller angegebenen Dateien oder Verzeichnisse.
mput *dateien*	Kopieren aller angegebenen Dateien auf den Remote-Rechner.
put *datei [dateineu]*	Kopiert eine Datei auf den Remote-Rechner. Wenn ein weiterer Dateiname angegeben wird, wird die Datei beim Kopieren in diesen Dateinamen umbenannt.
pwd	Anzeige des aktuellen Arbeitsverzeichnisses auf dem Remote-Rechner.
quit	Siehe bye.
rename *datei1 datei2*	Umbenennen einer Datei.
rmdir *verzeichnis*	Löschen des angegebenen Verzeichnisses auf dem Remote-Rechner.
status	Anzeige des aktuellen Status.
verbose	Aktivieren des ausführlichen Modus.

Tabelle 16.21: Befehle des FTP-Protokolls (Forts.)

Der Befehl kann auch gemeinsam mit einem Rechnernamen aufgerufen werden:

```
$ ftp suso2
Connected to suso2.
220 suso2 FTP server (SunOS 5.8) ready.
Name (suso2:her):
```

Der Benutzer muss dann wie bei telnet den Benutzernamen und sein Passwort angeben. Bei erfolgreicher Verbindung erscheint ein Anmeldeprompt des Remote-Rechners.

FTP kann auch funktionieren, wenn man auf dem fernen Rechner keine Benutzerberechtigung hat, denn viele Rechner bieten einen Zugang über so genanntes *anonymes* FTP an.

Es gibt auch eine vereinfachte Variante von ftp mit der Bezeichnung tftp, die vor allem bei der Übertragung von Bootdateien zum Starten des Betriebssystems von Diskless Clients verwendet wird.

Der Befehl finger

Dieser Befehl wurde bereits ausführlich an Tag 3 erläutert, wird aber hier der Vollständigkeit halber nochmals kurz erwähnt. Er gibt Informationen über Benutzer am aktuellen System oder auf Remote-Rechnern aus, wobei auf dem Remote-Rechner der Daemon in.fingerd aktiviert sein muss (vergleiche vorheriger Abschnitt).

Der Befehl rlogin

Mit diesem Befehl können Sie sich an einem Remote-Rechner in einem homogenen Unix-Netzwerk anmelden, statt telnet zu verwenden. In einer Trusted Host-Umgebung ist durch die Verwendung der Dateien $HOST/.rhosts oder /etc/hosts.equiv gegebenenfalls keine Angabe des Passworts notwendig (vgl. Abschnitt 17.1.). Der Befehl lässt sich mit der Option -l aufrufen, wenn auf dem Remote-System ein anderer Benutzername verwendet werden soll. So kann sich zum Beispiel der Benutzer *doo* als Benutzerin *her* auf dem Rechner *suso2* anmelden, sofern er das entsprechende Passwort kennt:

```
$ rlogin -l her suso2
```

Der Befehl rcp

Mit Hilfe dieses Befehls können zwischen zwei Rechnern einer homogenen Unix-Umgebung Dateien kopiert werden, wobei die Funktion des Befehls der von ftp entspricht. Dieser Befehl benötigt eine Trusted Host-Umgebung, da er kein Passwort übergeben kann (vgl. Abschnitt 17.1.). Es gibt folgende Optionen:

Option	Beschreibung
-p	Den kopierten Dateien oder Verzeichnissen werden wenn möglich die Eigenschaften der Originale zugewiesen, wie zum Beispiel dieselben Zugriffsrechte, Änderungsdatum und Zugriffsdatum und gegebenenfalls dieselben ACLs.
-r	Das Verzeichnis wird rekursiv kopiert, also einschließlich seiner Unterverzeichnisse.

Tabelle 16.22: Die Optionen des Befehls rcp

In diesem Beispiel wird die Datei /etc/passwd vom lokalen Rechner auf den Rechner *suso2* in das Verzeichnis /tmp kopiert:

```
$ rcp /etc/passwd suso2:/tmp
```

Im nächsten Beispiel wird die Datei /export/home/her/test11 vom Rechner *suso2* auf den Rechner *sun10* in das Verzeichnis /test kopiert:

```
$ rcp suso2:/export/home/her/test11 sun10:/test
```

Der Befehl rsh

Dieser Befehl erzeugt eine Shell auf einem Remote-Rechner in einer homogenen Unix-Umgebung, wobei die Ausgabe über die lokale Shell erfolgt. Wenn die Ausgabe auf dem Rechner umgelenkt werden soll, muss das Umleitungssymbol > quotiert werden, zum Beispiel durch einen vorangestellten Backslash: \>.

Die Remote-Shell kann Befehle auf einem Remote-Rechner über das Netzwerk ausführen. Ohne Angabe eines Befehls verhält sich rsh wie rlogin und meldet den Anwender am Remote-Rechner an. Auch dieser Befehl verwendet evtl. die Dateien $HOME/.rhosts oder /etc/hosts.equiv, wenn eine Trusted Host-Umgebung implementiert wurde. Die Optionen des Befehls lauten:

Option	Beschreibung
-l benutzer	Anmeldung mit dem angegebenen Benutzernamen statt des aktuellen Benutzernamens.
-n	Die Standardausgabe von rsh wird unterdrückt und die Ausgabe wird nach /dev/null gesendet.

Tabelle 16.23: Die Optionen des Befehls rsh

Im nachfolgenden Beispiel wird eine Textdatei des Remote-Rechners angezeigt:

```
$ rsh suso2 more /export/home/her/bericht.txt
```

Der Befehl rusers

Dieser Befehl verhält sich wie der Befehl who, wobei er allerdings nicht nur feststellt, wer lokal, sondern auch wer an einem Remote-Rechner angemeldet ist. Dem Befehl können aber auch ein oder mehrere Rechnernamen an der Befehlszeile übergeben werden. rusers sendet eine Übertragung auf der Basis des rusersd-Protokolls Version 3, gefolgt von einer Übertragung auf Basis der Version 2. Auf den Rechnern muss der Daemon rusersd laufen, damit diese antworten können. Der Befehl kennt folgende Optionen:

Option	Beschreibung
-a	Ausgabe von Informationen zu einem Rechner, auf dem niemand angemeldet ist.
-h	Ausgabe sortiert nach Rechnernamen.
-i	Ausgabe sortiert nach der Leerlaufzeit.
-l	Ausführliches Ausgabeformat mit zusätzlichen Informationen.
-u	Ausgabe sortiert nach der Zahl der angemeldeten Benutzer.

Tabelle 16.24: Die Optionen des Befehls rusers

Der Befehl rup

Dieser Befehl zeigt Informationen zu Remote-Rechnern an, auf denen der Daemon rstatd aktiv sein muss, damit diese antworten. Der Befehl kennt folgende Optionen.

Option	Beschreibung
-h	Ausgabe sortiert nach Rechnernamen.
-l	Ausgabe sortiert nach dem Auslastungsgrad.
-t	Ausgabe sortiert nach der vergangenen Zeit seit dem letzten Systemstart.

Tabelle 16.25: Die Optionen des Befehls rup

Der Befehl ruptime

Dieser Befehl überprüft die Informationen für einen Remote-Rechner. Der Befehl kennt folgende Optionen:

Option	Beschreibung
-a	Ausgabe einschließlich aller Benutzer, die in der letzten Stunde aktiv waren.
-l	Ausgabe sortiert nach dem Auslastungsgrad.
-r	Ausgabe sortiert in umgekehrter Reihenfolge.
-t	Ausgabe sortiert nach der vergangenen Zeit seit dem letzten Systemstart.
-u	Ausgabe sortiert nach Anzahl der Benutzer

Tabelle 16.26: Die Optionen des Befehls ruptime

Der Befehl rwho

Mit diesem Befehl finden Sie heraus, wer auf welchem Rechner im Netzwerk angemeldet ist. Auf dem Remote-Rechner muss dazu aber der Daemon `in.rwhod` aktiv sein.

Der Befehl rwall

Dieser Befehl sendet eine Nachricht an alle Benutzer im Netzwerk, die mit der Kopfzeile `Broadcast message` beginnt. Auf dem Remote-Rechner muss der Daemon `walld` aktiv sein. Der Befehl kennt folgende Optionen:

Option	Beschreibung
`-n netzwerk`	Die Mitteilung wird an das angegebene Netzwerk gesendet.
`-h hostname`	Die Mitteilung wird an den angegebenen Rechner gesendet.

Tabelle 16.27: Die Optionen des Befehls `rwall`

Der Befehl snoop

Mit Hilfe dieses Befehls können Netzwerkpakete abgefangen und angezeigt werden, wobei auch ein Filtern von Paketen möglich ist. Darüber hinaus stehen verschiedene Formate zur Verfügung, um die abgefangenen Pakete anzuzeigen. Viele der Optionen können auch für abgefangene und in Dateien gespeicherte Pakete angewendet werden:

Option	Beschreibung
`-a`	Horcht nach Paketen für die Audioausgabe über `/dev/audio`.
`-C`	Listet entweder den Code auf, der durch den eigenen Filter des Befehls `snoop` oder durch den Kernel-Paketfilter erzeugt wurde.
`-c anzahl`	Abfangen einer bestimmten Anzahl von Paketen und Beenden.
`-D`	Ausgabe einer Zusammenfassung über die Anzahl der abgesetzten Pakete.
`-d gerät`	Empfangen von Paketen aus dem Netzwerk über das angegebene Gerät. Das Standardgerät lautet `/dev/le0`.
`-i datei`	Anzeige von bereits abgefangenen Paketen aus der angegebenen Datei.

Tabelle 16.28: Die Optionen des Befehls `snoop`

Option	Beschreibung
-N	Erstellung einer Umwandlungsdatei für IP/DNS-Namen, die alle IP-Adressen und damit verbundene Namen enthält. Diese Option muss gemeinsam mit der Option -i verwendet werden.
-n datei	Verwenden der angegebenen Datei, um IP-Adressen in logische Namen umzuwandeln.
-o datei	Speichern der abgefangenen Pakete in der angegebenen Datei.
-P	Verwendung des non-promiscuous Modus und ausschließliche Anzeige der an den Rechner adressierten Pakete einschließlich der Broadcast- und Multicast-Pakete.
-p erstes,letztes	Auswahl eines oder mehrerer Pakete aus einer Datei, wobei die Nummer des ersten und letzten anzuzeigenden Pakets durch Komma begrenzt übergeben wird.
-q	Keine Anzeige der Paketanzahl, wenn die Netzwerkpakete in eine Datei gestellt werden.
-r	Kein Auflösen der IP-Adresse in den symbolischen Namen.
-S	Anzeige der kompletten Größe der Ethernet-Frames in Byte.
-s länge	Kürzen der Pakete auf die angegebene Länge.
-t zeitstempel	Zuweisen eines der folgenden Zeitstempel für Pakete: r: Relativ – basiert auf der Zeit des ersten Pakets. a: Absolut – Systemzeit. D: Delta – Differenzzeit zwischen Paketen.
-v	Ausführliche Ausgabe von kompletten Paket-Kopfzeilen.
-V	Ausführliche Zusammenfassung mit mehr Einzelheiten als im normalen Modus, aber weniger Einzelheiten als im ausführlichen Modus.
-x offset,länge	Ausgabe der Inhalte von Paketen im hexadezimalen und ASCII-Format, wobei ein Startwert (offset) und eine Länge angegeben werden können. Ein Startwert von 0 gibt das gesamte Paket aus.

Tabelle 16.28: Die Optionen des Befehls snoop *(Forts.)*

Im nachfolgenden Beispiel werden die zwischen dem Rechner *suso2* und *sun10* übertragenen Pakete abgehört:

```
# snoop suso2 sun10
192.168.2.1 -> suso2        FTP C port=1041
```

```
192.168.2.1  -> suso2           TELNET C port=1031
      suso2  -> 192.168.2.1     TELNET R port=1031        suso2 -> 192.
192.168.2.1  -> suso2           TELNET C port=1031
      suso2  -> 192.168.2.1     TELNET R port=1031  192.168.2.1 -> suso
192.168.2.1  -> suso2           FTP C port=1041 USER her\r\n
      suso2  -> 192.168.2.1     FTP R port=1041
      suso2  -> 192.168.2.1     FTP R port=1041 331 Password require
192.168.2.1  -> suso2           FTP C port=1041
192.168.2.1  -> suso2           TELNET C port=1031
...
```

16.5 Zusammenfassung

Dieser Tag befasst sich zunächst mit den Netzwerkgrundlagen, wie zum Beispiel die Arten, Elemente und Topologien von Netzwerken. Im Anschluss wurden das OSI-Referenzmodell und der Aufbau von IP-Adressen erläutert. Sie lernten alle Dateien kennen, die von Bedeutung für die Netzwerkkonfiguration sind. Die wichtigsten Netzwerkprozesse und -befehle zur Herstellung, Überprüfung und Konfiguration einer Netzwerkverbindung wurden vorgestellt.

16.6 F&A

F Ich möchte ein privates kleines Netzwerk einrichten und muss dazu IP-Adressen vergeben. Kann ich beliebige IP-Adressen dafür nehmen, da das Netz keinen Zugang nach außen hat?

A Theoretisch ja, aber es ist prinzipiell besser, die dafür vorgesehenen und reservierten privaten Adressbereiche zu verwenden: 10.0.0.0–10.255.255.255 oder 172.16.0.0–172.31.255.255 oder 192.168.0.0–192.168.255.255.

F Ich möchte mein Netzwerk möglichst sicher machen. Ist es sinnvoll, dazu bestimmte Daemonen am besten gar nicht erst zu starten? Wie gehe ich dazu vor?

A Sie sollten die Datei /etc/inetd.conf nach allen Diensten durchsuchen, die nicht gestartet werden sollen und die Einträge mit dem Kommentarzeichen # versehen, wie zum Beispiel rstatd, fingerd, rpc.whod usw.

16.7 Übungen

1. Verwenden Sie den Befehl `ping`, um herauszufinden, ob sich ein bestimmter Rechner in Ihrem Netzwerk meldet.
2. Lassen Sie sich mit dem Befehl `ifconfig` die Konfiguration der Netzwerkkarten ausgeben.
3. Lassen Sie sich mit dem Befehl `netstat` aktuelle Netzwerkinformationen zum lokalen Rechner ausgeben.
4. Hören Sie die Übertragung zwischen zwei Rechnern in Ihrem Netzwerk mit dem Befehl `snoop` ab.

Tag 17

Weiterführende Netzwerktechniken und NFS (Network Filesystem)

Weiterführende Netzwerktechniken und NFS (Network Filesystem)

An diesem Tag lernen Sie, wie Sie unter Solaris eine Trusted Host-Umgebung einrichten und wie Pakete mit Routing vermittelt werden.

Anschließend erhalten Sie einen Überblick über das Network Filesystem und seine Bedeutung. Sie erfahren, wie NFS funktioniert, welche Hintergrundprozesse für NFS notwendig sind und wie ein NFS-Server konfiguriert wird. Dabei werden die notwendigen Befehle und die Konfigurationsdateien beschrieben. Im Anschluss folgt eine Erklärung, wie sich ein NFS-Client einrichten lässt und welche Befehle und Dateien auf Client-Seite notwendig sind.

> Auch dieser Tag über NFS erhebt keinen Anspruch auf Vollständigkeit. Es bietet stattdessen einen Überblick über NFS, um die tägliche Arbeit des Systemadministrators mit NFS zu erleichtern.

17.1 Trusted Host-Umgebung

Im vorherigen Tag wurden einige Remote-Befehle der homogenen Unix-Umgebung erläutert, die man auch als »R-Kommandos« bezeichnet, weil sie alle mit dem Buchstaben »r« beginnen. Sie ermöglichen im Prinzip eine komfortable Kommunikation zwischen Unix-Rechnern auf der Basis von TCP/IP.

Es werden zwei Dateien verwendet, um die Berechtigung für die Befehle `rlogin`, `rsh` und `rcp` zu überprüfen: `$HOST/.rhosts` und `/etc/hosts.equiv`. In diesen können sich Einträge befinden, die Remote-Zugriffe der genannten Befehle steuern. Wenn sich ein Benutzer normalerweise auf einem anderen Rechner anmelden möchte, muss er sich durch Angabe des Benutzernamens und Passworts authentifizieren. Bei einer Trusted Host-Umgebung ist dies nicht notwendig. Allerdings muss der Benutzer sowohl auf dem lokalen als auch auf dem Remote-Rechner über dieselbe Benutzerkennung und damit ein Benutzerkonto verfügen.

Die Dateien `$HOST/.rhosts` und `/etc/hosts.equiv` umgehen den standardmäßigen Passwortmechanismus, wobei zuerst nach der Datei `/etc/hosts.equiv` und anschließend nach der Datei `$HOST/.rhosts` gesucht wird. Wenn eine dieser Dateien existiert, wird der Zugriff aufgrund der darin enthaltenen Informationen zugelassen oder verweigert.

Die Einträge der Dateien können folgendermaßen aussehen:

```
rechnername
rechnername benutzername
+
+ benutzername
```

- Wenn nur der Rechnername verwendet wird, dann wird allen Benutzern dieses Rechners vertraut, wenn diese auch auf dem lokalen Rechner bekannt sind.

- Wenn der Rechner- und der Benutzername verwendet werden, dann kann mit der Option -l auf jeden beliebigen Benutzer ohne Passwortangabe auf dem lokalen Rechner zugegriffen werden.

- Wenn nur ein Pluszeichen + angegeben wird, dann darf jeder Benutzer von jedem Rechner im Netzwerk ohne Passwortangabe auf den lokalen Rechner zugreifen.

- Wenn das Pluszeichen gemeinsam mit einem Benutzernamen verwendet wird, darf dieser Benutzer von jedem Rechner aus auf den lokalen Rechner zugreifen.

> Die Trusted Host-Umgebung sollte wirklich nur in einem abgeschlossenen Netzwerk verwendet werden, da sie ein großes Sicherheitsrisiko darstellt.

Sie sollten beachten, dass diese beiden Dateien zu den Hauptursachen für Sicherheitsrisiken zählen. Wenn Sie die Trusted Host-Umgebung verwenden müssen, berücksichtigen Sie unbedingt die folgenden Punkte:

- Verwenden Sie niemals die Form *rechnername benutzername*, sondern geben Sie immer entweder einen Anwender- oder einen Rechnernamen an.

- Verwenden Sie niemals das Pluszeichen als Eintrag.

- Tragen Sie nur Rechner in die Dateien ein, die absolut vertrauenswürdig und sehr sicher sind.

- Überprüfen Sie die Dateien regelmäßig dahingehend, ob sie irgendwie geändert wurden oder ob auf sie ein unberechtigter Zugriff erfolgte.

Die Datei /etc/hosts.equiv

Die Datei /etc/hosts.equiv ist für das gesamte System gültig und enthält Rechnernamen und Benutzernamen, denen »vertraut« werden soll. Die Datei wird allerdings nicht geprüft, wenn *root* einen Zugriff zum lokalen System verlangt. Ein Remote-Anwender, der sich auf Basis dieser Datei anmelden kann, muss auch als lokaler Anwender einen Eintrag in der Datei /etc/passwd haben, sonst wird der Zugriff verweigert. Die Datei existiert standardmäßig nicht.

Wenn nur ein Rechnername in der Datei eingetragen ist, bedeutet das, dass allen Benutzern dieses Rechners vertraut wird und diese sich ohne Passwortangabe anmelden können. In der nachfolgenden Abbildung müssen die Benutzer, die sich vom Rechner *sun10* auf dem Rechner *sun12* anmelden wollen, kein Passwort angeben:

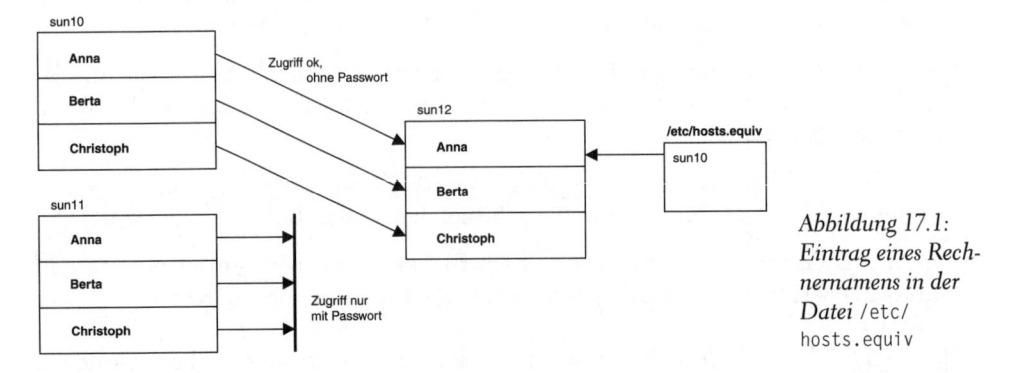

Weiterführende Netzwerktechniken und NFS (Network Filesystem)

Abbildung 17.1: Eintrag eines Rechnernamens in der Datei /etc/hosts.equiv

Im zweiten Beispiel darf sich nur die Benutzerin Anna vom Rechner *sun10* ohne Passwortangabe auf dem Rechner *sun12* anmelden:

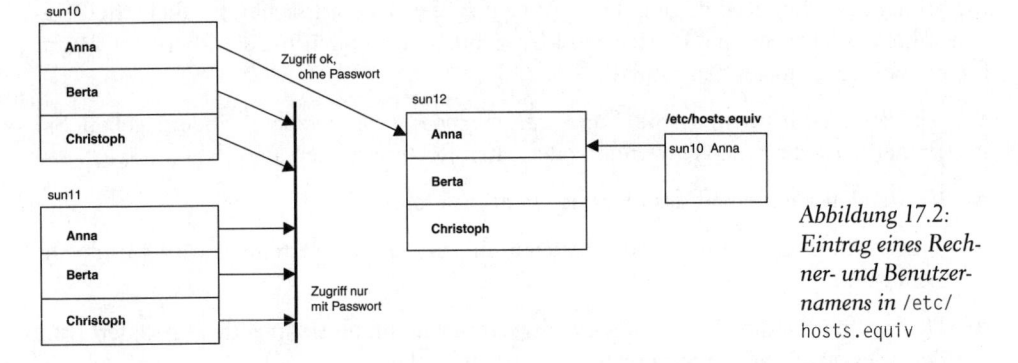

Abbildung 17.2: Eintrag eines Rechner- und Benutzernamens in /etc/hosts.equiv

Die Datei ~/.rhosts

Diese Datei befindet sich im Homeverzeichnis eines Benutzers und kann alle Rechner und Benutzer enthalten, die die Erlaubnis haben, sich an diesem lokalen Benutzerkonto anzumelden. Die Datei hat normalerweise auch Einträge in der Form *rechnername benutzername*. Ohne Angabe des Benutzernamens haben alle Benutzer des angegebenen Rechners Zugriffsrechte. Auch diese Datei existiert standardmäßig nicht.

Im nachfolgenden Beispiel muss Anna aufgrund des Eintrags in ihrer Datei .rhosts kein Passwort angeben, wenn sie sich vom Rechner *sun10* aus anmeldet:

Im folgenden Beispiel wird der Benutzerin *Berta* vom Rechner *sun10* erlaubt, sich am Benutzerkonto von *Anna* auf dem Rechner *sun12* ohne Passwort anzumelden:

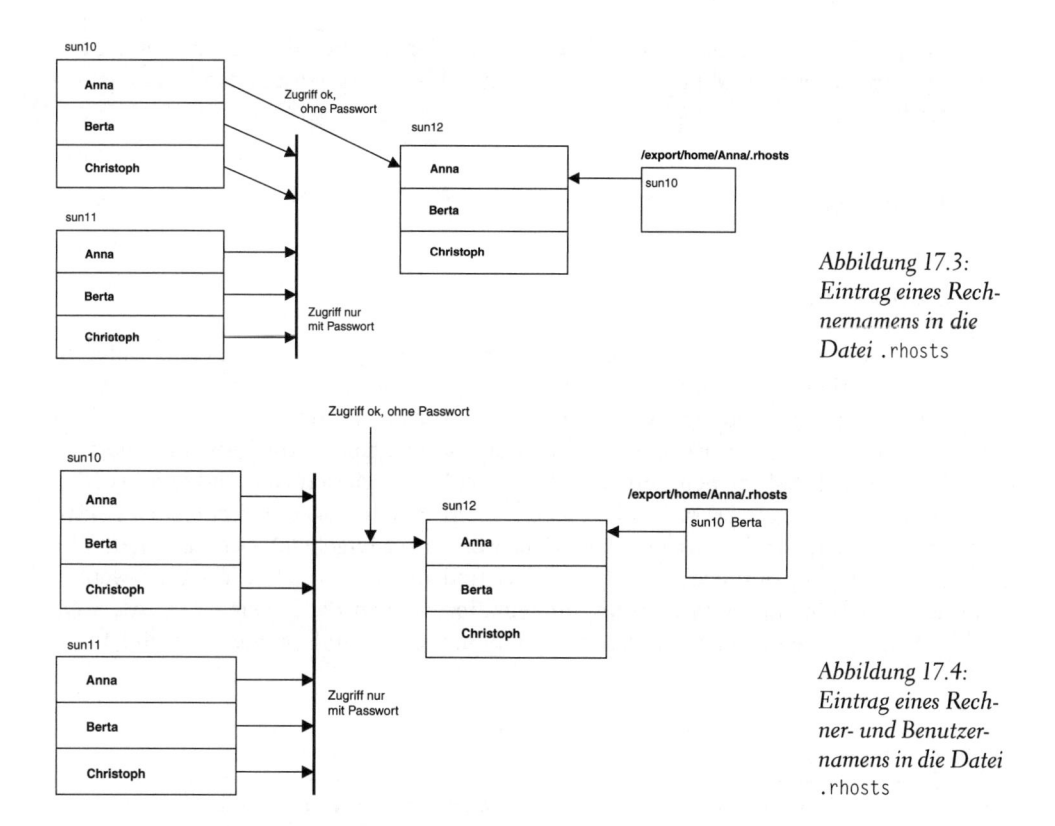

Abbildung 17.3:
Eintrag eines Rechnernamens in die Datei .rhosts

Abbildung 17.4:
Eintrag eines Rechner- und Benutzernamens in die Datei .rhosts

17.2 Routing

Das Betriebssystem Solaris kann Datenpakete über verschiedene Netzwerke hinweg vermitteln und damit Routingfunktionen übernehmen. Rechner führen Routingtabellen, die bestimmen, auf welchem Weg ein Datenpaket weitergeleitet werden soll. Wenn sich der Absender- und der Zielrechner im gleichen Netzwerk befinden, ist kein Routing notwendig. Dies ist erst erforderlich, wenn beide Rechner sich in unterschiedlichen Netzwerken befinden, da in diesem Fall ein Datenpaket über Zwischennetze weitergeleitet werden kann. Diese Aufgabe übernimmt ein Router, der in der Regel mehrere Netzwerkkarten enthält, um die verschiedenen Netzwerke zu erreichen.

Rechner verwenden die Dienste eines Routers durch Einträge in ihre Routingtabellen, die entweder statisch vom Systemadministrator mit dem Befehl route vorgegeben (vgl. nächster Abschnitt) oder dynamisch aufgebaut werden können. Im letzteren Fall werden spezielle Routingprotokolle im Netzwerk verwendet, wie zum Beispiel RIP (Routing Information Pro-

Weiterführende Netzwerktechniken und NFS (Network Filesystem)

tocol) oder ICMP Router Discovery (RDISC). Die Informationen der Router werden von den Rechnern abgehört und für einen dynamischen Eintrag in den eigenen Routingtabellen verwendet.

Routingprozesse

Der Daemon in.routed

Dieser Daemon wird beim Hochfahren des Systems gestartet, wenn kein Defaultrouter im System konfiguriert ist. Er überprüft die System-Routingtabellen auf Netzwerkaktivität und den Port 520/udp nach Routingpaketen. Kommt der Rechner als Routingrechner zum Einsatz, werden auch anderen Rechnern Kopien der Routingtabelle zur Verfügung gestellt. Der Daemon sucht sofort nach seinem Aufruf nach konfigurierten Netzwerkschnittstellen und nimmt bei der Existenz von zwei Netzwerkkarten an, dass Pakete zwischen den beiden Schnittstellen und damit zwischen zwei Netzwerken weitergeleitet werden sollen. Bei Bedarf werden die Routingtabellen aktualisiert und nicht verwendete Einträge werden etwa alle fünf Minuten gelöscht. Zur Konfiguration werden die Dateien /etc/gateways und /etc/networks eingesetzt. Der Daemon kann mit folgenden Optionen verwendet werden:

Option	Beschreibung
-g	Definition eines Standardeintrags für einen Router, wenn kein dynamisches Routing durchgeführt wird, zum Beispiel für den Einsatz eines Standardgateway.
-q	Der Rechner liefert keine Routingtabellen, auch wenn er mehrere Netzwerkschnittstellen hat.
-s	Ausgabe von Routinginformationen in alle angeschlossenen Netzwerke.
-S	Verwendung einer abgespeckten Routingtabelle mit Standardrouten, um Ressourcen zu sparen.
-t datei	Protokollierung aller Routinginformationen in die angegebene Datei oder an der Standardausgabe.
-v datei	Protokollierung von Veränderungen der Routingtabelle einschließlich der Uhrzeit in die angegebene Datei.

Tabelle 17.1: Die Optionen des Prozesses in.routed

Der Daemon in.rdisc

Dieser Daemon nimmt Einträge in die Netzwerk-Routingtabellen vor, wenn das System mit Hilfe des ICMP Router Discovery-Protokolls gestartet wurde. Er sucht über die Multicastadresse ALL_HOSTS (224.0.0.1) nach anderen Routern und trägt Router mit der höchsten Priorität in die Routingtabelle ein. Handelt es sich bei einem Rechner um einen Routingrechner, dann wird anderen Systemen die Information über die Anwesenheit des Routers ca. alle zehn Minuten über die Multicastadresse ALL_HOSTS mitgeteilt. Der Daemon kann mit folgenden Optionen gestartet werden.

Option	Beschreibung
-a	Alle entdeckten Routen werden unabhängig von ihrer Priorität in die Routingtabelle übernommen.
-f	Der Daemon bleibt auch aktiv, wenn keine Router entdeckt wurden.
-p router	Definition des bevorzugten Routers.
-r	Alle Routinginformationen sollen unabhängig von der Anzahl der Netzwerkschnittstellen übermittelt werden.
-s	Der Daemon wird beim Hochfahren des Systems nach drei Versuchen beendet, wenn keine anderen Router gefunden werden.
-T zeit	Definition der Zeitspanne zwischen aufeinander folgenden Sendungen. Der Standardwert beträgt 600 Sekunden.

Tabelle 17.2: Die Optionen des Prozesses in.rdisc

Der Befehl route

Mit diesem Befehl kann die Routingtabelle manuell geändert werden, wobei der Befehl über Schlüsselwörter gesteuert wird. Die Einträge der Routingtabelle lassen sich hinterher mit netstat -r ausgeben. Der Befehl hat folgende Syntax:

route [-*option(en)*] *schlüsselwort* **net|host|default** *rechner gateway sprünge*

Es können folgende Optionen verwendet werden:

Option	Beschreibung
-f	Löschen aller Tabelleneinträge.
-g	Unterdrückung der Ausgabe von Informationen.

Tabelle 17.3: Die Optionen des Befehls route

Weiterführende Netzwerktechniken und NFS (Network Filesystem)

Option	Beschreibung
-n	Unterdrückung der Umsetzung von IP-Adressen in Netzwerk- oder Rechnernamen.
-v	Ausgabe von zusätzlichen Informationen.

Tabelle 17.3: Die Optionen des Befehls route *(Forts.)*

Der Befehl kennt folgende Schlüsselwörter:

Schlüsselwort	Beschreibung
add	Hinzufügen einer Route.
change	Verändern einer bestehenden Routenkonfiguration.
delete	Löschen einer Route.
flush	Löschen aller Router aus der Tabelle.
get	Überprüfung einer Route mit Anzeige der Informationen.
monitor	Anzeige der Veränderungen der Routingtabelle.

Tabelle 17.4: Die Schlüsselwörter des Befehls route

Im folgenden Beispiel wird eine Standardroute angegeben, die sämtliche Pakete weiterleiten soll:

```
# route add default sun11 1
add net default: gateway sun11
# netstat -r
Routing Table: IPv4
    Destination       Gateway         Flags  Ref   Use    Interface
---------------   ------------------  -----  ----- ------ ---------
192.168.0.0       suso2               U      1     11     eri0
224.0.0.0         suso2               U      1     0      eri0
default           sun11               UG     1     0
localhost         localhost           UH     2     6      lo0
Routing Table: IPv6
  Destination/Mask  Gateway                        Flags Ref  Use   If
------------------- ---------------------------    ----- ---- ----- -----
fe80::/10           fe80::203:baff:fe08:6231       U     1    0     eri0
ff00::/8            fe80::203:baff:fe08:6231       U     1    0     eri0
default             fe80::214:baff:fe08:1611       U     1    0     eri0
localhost           localhost                      UH    1    0     lo0
```

17.3 Überblick über NFS

NFS ist ein verteiltes Dateisystem (Distributed Filesystem), über das ein Rechner auf das Dateisystem eines anderen Rechners im Netzwerk zugreifen kann. NFS wurde von der Firma Sun Microsystems entwickelt und kann unabhängig von der Hardware eingesetzt werden, wenn das TCP/IP-Protokoll entsprechend portiert wird. Die Grundlage von NFS bildet wie bei jedem verteilten Dateisystem das Client-Server-Prinzip, wobei der Server in diesem Fall seine Dateisysteme den Clients verfügbar macht.

Zur NFS-Umgebung gehören immer die Komponenten NFS-Server, der die Ressourcen bereitstellt und freigibt, und NFS-Client, der auf die freigegebenen Ressourcen über das Netzwerk zugreift.

Durch NFS lassen sich eine beliebige exportierte Festplattenpartition eines anderen Rechners in das lokale Dateisystem einbinden und die exportierten Daten lesen und verändern, selbst wenn der andere Rechner ein anderes Betriebssystem verwendet. Wenn ein Client auf ein Verzeichnis oder eine Datei des NFS-Servers zugreift, wird ein so genanntes Filehandle vom Server erzeugt, und über das Sperren von Dateien werden Inkonsistenzen vermieden.

Client und Server müssen beim NFS-Protokoll nicht über eine feste Kommunikationsverbindung verfügen, das heißt, sie sind »zustandslos«. Dies hat den Vorteil, dass der Client von einem Verbindungsproblem, wie zum Beispiel einem kurzfristigen Serverausfall, nur eine zeitliche Verzögerung bemerkt und ein nicht beantwortetes Datenpaket einfach erneut sendet. Für den Server wiederum ist der Ausfall eines Clients ohne Bedeutung, da sich dieser mit einer Anfrage beim Server melden muss.

Die folgende Abbildung soll ein Mounten per NFS verdeutlichen. Der NFS-Server gibt ein lokales Dateisystem frei, das der NFS-Client in seinen Verzeichnisbaum einhängt:

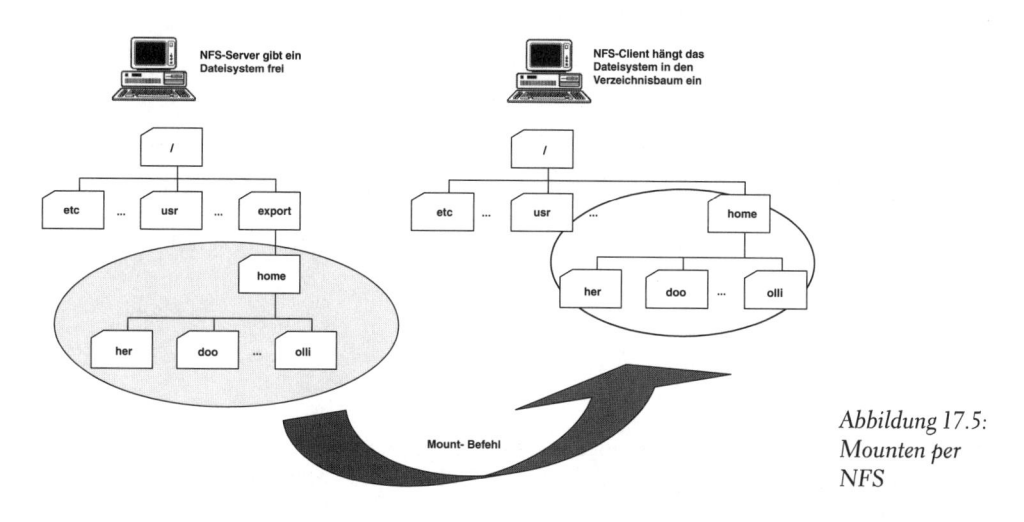

Abbildung 17.5: Mounten per NFS

Weiterführende Netzwerktechniken und NFS (Network Filesystem)

Zu den Vorteilen von NFS gehören:

- Die zentrale Datenverwaltung, da sich alle Dateien auf einem zentralen Server befinden, wodurch zum Beispiel die Verwaltung und Datensicherung der Homeverzeichnisse erleichtert wird.
- Die zentralisierte Softwareverwaltung, die dazu führt, dass weniger Festplattenplatz auf den Clients benötigt wird, was ebenfalls den Verwaltungsaufwand verringert.
- Die Transparenz für den Benutzer, der sich mit den gewohnten Befehlen im Verzeichnisbaum bewegen kann.

Zur Verwaltung von NFS werden verschiedene Komponenten benötigt:

	NFS-Server	NFS-Client
NFS-Prozesse	nfsd mountd lockd statd nfslogd	mountd lockd statd
Dateien	/etc/dfs/dfstab /etc/dfs/sharetab /etc/dfs/fstypes /etc/nfs/nfslog.conf /etc/nfs/nfslogtab /etc/default/nfslogd /etc/rmtab	/etc/vfstab /etc/mnttab /etc/dfs/dfstypes
Befehle	share - unshare shareall - unshareall dfmounts showmounts dfshares nftstat	mount - umount mountall - umountall dfshares dfmounts

Tabelle 17.5: *Die Komponenten zur Verwaltung von NFS*

Diese Komponenten werden in den nachfolgenden Abschnitten ausführlich beschrieben.

17.4 NFS-Prozesse

Wenn der Rechner in den Runlevel 2 gefahren wird, wird das Run Control-Skript /etc/rc2.d/S73nfs.client ausgeführt und die Clientfunktion des Rechners aktiviert. Es ist nun möglich, NFS-Dateisysteme in den Verzeichnisbaum einzuhängen. Die NFS-Dienste des Runlevel 2 werden durch die Skripte /etc/rc2.d/K45nfs.client und /etc/rc2.d/K60nfs.server beendet. Für den Runlevel 3 wird auch das Skript /etc/rc3.d/S15nfs.server ausgeführt. Wenn ein entsprechender Eintrag in der Datei /etc/dfs/dfstab (vgl. Abschnitt „Die Datei /etc/dfs/dfstab" weiter unten) enthalten ist, wird damit auch die NFS-Serverfunktion aktiviert.

Der Daemon nfsd

Dieser Daemon prüft die Anforderungen von Clients nach Dateisystemen im Netzwerk. Er ist nur auf NFS-Servern notwendig und muss gegebenenfalls mehrmals gestartet werden, um Clients optimal zu unterstützen. Unter Solaris unterstützt nfsd das Multithreading, wodurch der Prozess effizienter arbeitet.

Wird der Daemon über ein Run Control-Skript automatisch gestartet, dann wird die Option -a verwendet, wodurch der Prozess sowohl für das UDP- als auch für das TCP-Protokoll gültig ist. NFS-Serverprozesse werden allerdings nur gestartet, wenn in der Datei /etc/dfs/dfstab (vgl. Abschnitt „Die Datei /etc/dfs/dfstab" weiter unten) Ressourcen freigegeben wurden. Der Prozess kann mit folgenden Optionen gestartet werden:

Option	Beschreibung
-a	Der Daemon wird sowohl für das UDP- als auch für das TCP-Protokoll gestartet.
-c anzahl	Definition einer maximalen Anzahl von zulässigen Verbindungen auf dem NFS-Server.
-p protokoll	Der Daemon wird nur mit dem angegebenen Protokoll gestartet, entweder UDP oder TCP.
-t gerät	Der Daemon wird mit dem Protokoll des angegebenen Geräts gestartet.

Tabelle 17.6: Die Optionen des Prozesses nfsd

Der Daemon mountd

Dieser Daemon läuft ebenfalls auf Servern und überprüft die Anforderungen von Clients, die Dateisysteme des Servers zu mounten oder zu unmounten. Der Prozess liefert einen so genannten Filehandle zurück, wenn eine Mountanforderung erfolgt. Dazu werden die Einträge der Datei /etc/dfs/sharetab gelesen (vgl. Abschnitt „Die Datei /etc/dfs/dfstab" weiter unten), ob eine entsprechende Freigabe vorgesehen ist. Auch dieser Prozess wird durch das Run Control-Skript /etc/init.d/nfs.server aufgerufen.

Weiterführende Netzwerktechniken und NFS (Network Filesystem)

> **Neuer Begriff**
> Eine eindeutige Referenz auf ein Verzeichnis oder eine Datei eines NFS-Servers wird als Filehandle bezeichnet.

Der Daemon verwaltet außerdem in der Datei /etc/rmtab eine Liste aller Clients, die eine Freigabe des Servers gemountet haben. Wenn ein Dateisystem ungemountet wird, wird der entsprechende Eintrag aus der Datei entfernt. Es ist möglich, dass ein Eintrag weiterhin in der Liste verbleibt, wenn der Client ausfällt. In diesem Fall ist es zulässig, die Datei manuell zu bearbeiten und den Eintrag zu entfernen.

Der Prozess mountd auf NFS-Clients wiederum speichert den erhaltenen Filehandle gemeinsam mit weiteren Informationen zur gemounteten Ressource in der Datei /etc/mnttab.

Der Daemon kann mit folgenden Optionen gestartet werden:

Option	Beschreibung
-r	Der Daemon reagiert auf keine weiteren Mountanforderungen des Clients.
-v	Ausgabe der Daemon-Aktivitäten auf der Konsole.

Tabelle 17.7: Die Optionen des Prozesses mountd

Der Daemon lockd

Eigentlich kann bei NFS kein gesperrter Zugriff erfolgen, da eine zustandslose Verbindung zwischen Client und Server besteht. Dies wird aber durch den Daemon lockd dennoch ermöglicht, der eine überwachte Sperrung durchführt. Dabei kommunizieren immer zwei Prozesse lockd im Netzwerk, wenn sie zum Beispiel eine Datei über das Netzwerk verfügbar machen. Der Daemon auf dem NFS-Client leitet die von Anwendungen angeforderten Dateisperren an den Daemon des NFS-Servers weiter, der wiederum eine lokale Sperre auf die Datei aktiviert.

Der Daemon kontrolliert mit Hilfe der Funktionsaufrufe fcntl() und lockf() die Sperren für die Dateien, wobei eine Datei ein Kennzeichen für den gemeinsamen oder ausschließlichen Zugriff erhält. Wird der Daemon während der Ausführung gestoppt, dann gehen die Sperrinformationen verloren. Der Daemon wird durch das Run Control-Skript /etc/init.d/nfs.client gestartet und zwar sowohl auf dem Server als auch auf dem Client. Er kennt folgende Optionen:

Option	Beschreibung
-g *sekunden*	Angabe der Wartezeit in Sekunden, die beim Systemstart auf die Anmeldung von Sperren durch Clients gewartet wird. Die Standardeinstellung sind 45 Sekunden.
-t *timeout*	Angabe der Wartezeit in Sekunden, bevor eine Sperranforderung erneut an einen NFS-Server gesendet wird.

Tabelle 17.8: Die Optionen des Prozesses lockd

Der Daemon statd

Dieser Daemon kann in Verbindung mit dem Daemon lockd verwendet werden, um den Status eines Systems zu überwachen. Der Prozess informiert andere Systeme, wenn ein System wieder erfolgreich hochgefahren wurde. Anschließend wird versucht, alle Sperren wiederherzustellen und den Betrieb fortzusetzen. Der Daemon verwendet folgende Dateien, um die notwendigen Informationen abzulegen:

Datei	Beschreibung
/var/statmon/sm	In dieser Datei werden die Rechner aufgelistet, die nach einem Systemabsturz und Neustart benachrichtigt werden sollten.
/var/statmon/sm.bak	Diese Datei enthält eine vom Daemon erstellte Liste aller Rechner, die nach dem letzten Systemabsturz nicht kontaktiert werden konnten.
/var/statmon/state	Diese Datei enthält eine einzelne Nummer, die den Systemstatus angibt.

Tabelle 17.9: Die Dateien des Prozesses statd

17.5 Konfiguration eines NFS-Servers

Befehle zur Konfiguration

Der Befehl share

Dieser Befehl gibt NFS-Dateisysteme für andere Rechner frei. Ohne weiteres Argument zeigt der Befehl alle im Moment freigegebenen Dateisysteme an. Der Befehl hat folgende Syntax:

share [-F *dateisystem*] [-o *option(en)*] *pfadname Ressource*

Weiterführende Netzwerktechniken und NFS (Network Filesystem)

und kennt folgende Optionen:

Option	Beschreibung
`-F dateisystem`	Definition des Dateisystemtyps. Ohne diese Option wird der erste in der Datei `/etc/dfs/fstypes` enthaltene Dateisystemtyp verwendet.
`-d kommentar`	Angabe einer Beschreibung zur freigegebenen Ressource.
`-o option`	Angabe von dateisystemspezifischen Optionen, dazu gehören:
`aclok`	Diese Option deaktiviert die ACL-Überwachung für Zugriffe. Wenn diese Option verwendet wird, haben alle Clients volle Rechte, das heißt, ein Leserecht für einen Benutzer gilt auch für alle anderen Benutzer. Das bedeutet ein erhöhtes Sicherheitsrisiko!
`anon=uid`	Versieht alle nicht authentifizierten Benutzer mit der angegebenen UID. Wird die UID auf -1 gesetzt, wird allen nicht bekannten Benutzern der Zugang verweigert. Ohne diese Option wird die UID mit der des Benutzers `nobody` gleichgesetzt.
`index=datei`	Diese Option lädt anstelle eines Verzeichnislistings eine HTML-Datei, wenn das Verzeichnis durch eine NFS URL referenziert wird.
`kerberos`	Kerberos wird zur Authentifizierung verwendet und nicht bekannte Benutzer werden wie in der Option `anon` behandelt.
`log=tag`	Aktiviert das NFS Server Logging für das angegebene Dateisystem. Dies ist eine neue Option unter Solaris 9, durch die alle Lese- oder Schreibzugriffe auf dem NFS-Dateisystem mitprotokolliert werden. Das optionale Tag bestimmt den Ablageort der entsprechenden Protokolldateien. Das Tag wird in der Datei `/etc/nfs/nfslog.conf` definiert. Wenn kein Tag angegeben wird, dann wird das Tag `global` aus dieser Datei verwendet.`nosub`Es können keine Verzeichnisse gemountet werden, die dem freigegebenen Verzeichnis untergeordnet sind, was die Sicherheit der freigegebenen Dateisysteme erhöht.
`nosuid`	Den Benutzern ist es nicht erlaubt, Dateien mit den Rechten `setuid` oder `setgid` zu erstellen.
`public`	Erlaubt das Anzeigen eines Dateisystems bei WebNFS. WebNFS wird allerdings nur vom HotJava-Browser von Sun unterstützt.

Tabelle 17.10: Die Optionen des Befehls `share`

Option		Beschreibung
-o option	ro	Nur Lesezugriff (Read-only) ist auf das freigegebene Dateisystem erlaubt. Dabei kann genauer definiert werden, welcher Client welche Rechte erhalten soll, zum Beispiel ro=hostname:hostname1:hostname2.
	root=hostname	Diese Option bewirkt, dass ein root-Zugriff von den aufgeführten Rechnernamen aus durchgeführt werden kann.
	rw	Lese- und Schreibzugriff (Read-Write) ist auf das freigegebene Dateisystem erlaubt. Dabei kann genauer definiert werden, welcher Client welche Rechte erhalten soll, zum Beispiel rw=hostname:hostname1:hostname2.
	sec=modus	Angabe des gewünschten Sicherheitsmodus beim Verbindungsaufbau des Clients zum Server. Es gibt folgende Modi: none – keine Sicherheit. sys – Standardeinstellung: Echtheitsbestätigung durch das Unix-System. dh – Diffie-Hellman-Sicherheitsmechanismus krb4 – Kerberos-Version 4-Sicherheitsbestätigung.
	window=wert	Angabe der maximalen Lebenszeit eines Sicherheitszertifikats.

Tabelle 17.10: Die Optionen des Befehls share *(Forts.)*

Von der Befehlszeile aus kann ein NFS-Verzeichnis zum Beispiel wie folgt freigegeben werden:

```
# share -F nfs -o ro,rw=suso2 -d "Freigabe Testverzeichnis" /export/home/test
```

Der Befehl share ohne Optionen zeigt alle freigegebenen Ressourcen an:

```
# share
-       /usr/share/man      ro      ""
-       /export/home/test   ro,rw=suso2   "Freigabe Testverzeichnis"
```

Der Befehl unshare

Dieser Befehl entfernt eine freigegebene Ressource aus der Datei /etc/sharetab, wodurch diese nicht länger als NFS-Dateisystem exportiert wird. Der Befehl kennt folgende Optionen:

Option	Beschreibung
-F typ	Angabe des Dateisystemtyps, der standardmäßig nfs ist. Weitere gültige Typen können in der Datei /etc/dfs/fstypes aufgeführt werden.
-o	Angabe von dateisystemspezifischen Optionen.

Tabelle 17.11: Die Optionen des Befehls unshare

Im folgenden Beispiel wird eine Freigabe rückgängig gemacht:

```
# unshare /export/home/test
```

Der Befehl shareall

Mit diesem Befehl werden alle Ressourcen, die in der Datei /etc/dfs/dfstab aufgelistet sind, freigegeben. Mit der Option -F *typ* lässt sich der Dateisystemtyp angeben, auf den sich der Befehl beziehen soll.

Der Befehl unshareall

Dieser Befehl hebt die Freigaben aller im Moment freigegebenen Dateisysteme wieder auf. Mit der Option -F *typ* kann der Dateisystemtyp angegeben werden, auf den sich der Befehl beziehen soll.

Der Befehl dfmounts

Dieser Befehl zeigt an, welche Ressourcen im Moment von Client-Rechnern gemountet sind. Er hat folgende Syntax:

```
# dfmounts [-F typ] [hostname]
```

Mit der Option -F *typ* kann der Dateisystemtyp eingeschränkt werden, auf den sich der Befehl bezieht. Ohne Argumente bezieht sich der Befehl auf den lokalen Rechner, zum Beispiel:

```
# dfmounts
RESSOURCE    SERVER    PATHNAME              CLIENTS
-            suso2     /export/home/her      sun11,sun12
```

Der Befehl showmounts

Dieser Befehl ist dem Befehl dfmounts sehr ähnlich. Er gibt auch eine Liste von Clients aus, die auf einem Server Ressourcen gemountet haben. Der Befehl liest dazu die Datei /etc/rmttab (vgl. Abschnitt „Die Datei /etc/dfs/dfstab" weiter unten). Er kennt folgende Optionen:

Option	Beschreibung
-a	Anzeige der Namen der Clients und der von Ihnen gemounteten Ressource.
-d	Nur Anzeige der verwendeten Dateisystemverzeichnisse.
-e	Ausgabe einer Liste aller durch den Befehl share freigegebenen Ressourcen.

Tabelle 17.12: Die Optionen des Befehls showmounts

Der Befehl dfshares

Dieser Befehl zeigt alle im Moment freigegebenen NFS-Ressourcen an. Ohne Optionen werden die freigegebenen Ressourcen des lokalen Systems angezeigt. Der Befehl kennt folgende Optionen:

Option	Beschreibung
-F typ	Angabe des Dateisystemtyps, dessen Freigaben angezeigt werden sollen.
-h	Keine Ausgabe der Überschriftszeile.

Tabelle 17.13: *Die Optionen des Befehls* dfshares

Im folgenden Beispiel werden die lokalen Freigaben aufgeführt:

```
# dfshares
RESSOURCE                  SERVER       ACCESS      TRANSPORT
suso2:/export/home/her     sus02        -           -
```

Der Befehl nfsstat

Dieser Befehl gibt statistische Informationen über das NFS-System aus, wobei die Informationen direkt aus dem Kernel des lokalen Rechners entnommen werden. Es ist möglich, aus den angegebenen Daten Rückschlüsse auf Konfigurationsfehler oder Hardwareprobleme zu ziehen. Wenn *root* den Befehl mit der Option -z verwendet, können diese Informationen mit diesem Befehl auch zurückgesetzt werden. Der Befehl kennt folgende Optionen:

Option	Beschreibung
-c	Ausgabe von NFS- und RPC-Informationen des Clients.
-m	Anzeige von zusätzlichen Informationen für jedes gemountete Dateisystem. Dazu gehören unter anderem die Mount Flags, die Lese-/Schreibgröße, die Serveradresse und der Servername. Für die Zustandsinformationen werden diese internen Flags verwendet: acl – ACLs werden vom Server unterstützt. printed – es wurde mindestens einmal vom Server »not responding« gemeldet. down – der Server ist nicht aktiv. dynamic – zwischen Client und Server wird eine automatische Paketgröße verwendet. readdir – Verzeichnisinhalte werden mit der Zugriffsart der NFS Version 2 gelesen. link – Links werden vom Server unterstützt. symlink – symbolische Links werden vom Server unterstützt.

Tabelle 17.14: *Die Optionen des Befehls* nfsstat

Weiterführende Netzwerktechniken und NFS (Network Filesystem)

Option	Beschreibung
-n	Eingeschränkte Ausgabe mit Informationen über das NFS-Protokoll von Client und Server.
-r	Eingeschränkte Ausgabe mit Informationen über das RPC-Protokoll von Client und Server.
-s	Eingeschränkte Ausgabe mit Server-Informationen.
-z	Alle Statistiken werden zurückgesetzt und neu begonnen.

Tabelle 17.14: Die Optionen des Befehls nfsstat *(Forts.)*

Die Ausgabe der Client-Statistiken umfasst alle RPC-Aufrufe und gibt anschließend Einzelheiten zu den RPC-Aufrufen aus, die NFS betreffen, zum Beispiel:

```
# nfsstat -c
Client rpc:
Connection oriented:
calls    badcalls   badxids    timeouts    newcreds    badverfs
22788    23         19         0           0           0
timers   cantconn   nomem      interrupts
0        0          0          38
...
Client nfs:
calls    badcalls   clgets     cltoomany
24781    39         24781      0
Version 2: (3564 calls)
null     getattr    setattr    root        lookup      readlink
0 0%     3 0%       0 0%       0 0%        112 4%      75 1%
...
```

Die nachfolgende Tabelle beschreibt die Bedeutung der wichtigsten angezeigten Felder:

Feld	Beschreibung
access	Anzahl der Aufrufe, um Zugriffsrechte zu überprüfen.
badcalls	Anzahl der zurückgewiesenen Aufrufe.
badlen	Anzahl der Aufrufe mit unzulässiger Länge.
badverfs	Anzahl der ungültigen Zeitstempel.
badxids	Anzahl der Antworten ohne Anfragen.

Tabelle 17.15: Ausgabefelder des Befehls nfsstat

Feld	Beschreibung
calls	Anzahl der erhaltenen Aufrufe.
cantconn	Anzahl der erfolglosen Versuche, eine Verbindung zum Server aufzubauen (TCP).
cantsend	Anzahl der erfolglosen Versuche, eine Verbindung zum Server aufzubauen (UDP).
clgets	Anzahl der empfangenen Clienthandles.
cltoomany	Gibt an, wie oft der Cache für Clienthandles des Clients durch zu viele Zugriffe überlastet war.
commit	Anzahl der Client-Abfragen nach Schreibzugriffsbestätigungen auf dem Server.
create	Anzahl der Vorgänge beim Neuanlegen von Dateien.
dupchecks	Anzahl der mehrfachen Aufrufe von Prozeduren auf dem Server.
dupreqs	Anzahl der doppelten RPC-Aufrufe.
fsinfo	Aufruf, um Informationen über das Dateisystem zu erhalten.
fsstat	Aufruf, um Informationen über das Dateisystem auszugeben.
getattr	Anzahl der Lesevorgänge auf Dateiattribute.
interrupts	Anzahl der Unterbrechungen von Aufrufen.
link	Anzahl der angelegten Hard Links.
lookup	Rückgabe eines Filehandle für eine bestimmte Datei, über das der Client angesprochen werden kann.
mkdir	Anzahl des Anlegens von Verzeichnissen.
mknod	Anzahl des Anlegens von Gerätedateien.
newcreds	Anzahl der Erneuerung einer Secure NFS-Authentifizierung.
nomen	Anzahl der erfolglosen Aufrufe aufgrund fehlenden Speicherplatzes.
null	Kennzeichen für die Automounter-Aktivität.
nullrecv	Anzahl, wie viele vom Client nicht verwendete Threads der Server besitzt.
read	Anzahl der Lesevorgänge auf dem Server.
readlink	Anzahl der Lesevorgänge auf symbolische Links.

Tabelle 17.15: Ausgabefelder des Befehls nfsstat *(Forts.)*

Feld	Beschreibung
remove	Anzahl der Vorgänge zum Löschen einer Datei.
rename	Anzahl der Vorgänge zum Umbenennen einer Datei.
retrans	Anzahl, wie oft ein Aufruf erneut gesendet wurde.
setattr	Anzahl der Veränderungen von Dateiattributen.
symlik	Anzahl, wie oft ein symbolischer Link erzeugt wurde.
timeouts	Anzahl der Aufrufe mit Wartezeitangabe.
timers	Anzahl, wie oft ein Timeout für eine Verbindung größer als das vorgegebene Minimum war.
write	Anzahl der Schreibvorgänge auf dem Server.
xdrcall	Anzahl der Aufrufe mit falschen XDR-Kopfzeilen.

Tabelle 17.15: Ausgabefelder des Befehls `nfsstat` *(Forts.)*

Dateien zur Konfiguration

Die Datei /etc/dfs/dfstab

In dieser Datei stehen alle Freigaben, die nach dem Systemstart erfolgen sollen. Die Prozesse des NFS-Servers werden beim Starten in den Runlevel 3 nur gelesen, wenn diese Datei einen Eintrag enthält. Die Datei kann zum Beispiel wie folgt aufgebaut sein:

```
# cat /etc/dfs/dfstab
# Place share(1M) commands here for automatic execution
# on entering init state 3.
# Issue the command '/etc/init.d/nfs.server start' to run the NFS
# daemon processes and the share commands, after adding the very
# first entry to this file.
# share [-F fstype] [ -o options] [-d "<text>"] <pathname> [Ressource]
# .e.g,
# share   -F nfs   -o rw=engineering  -d "home dirs"    /export/home2
share   -F nfs   -o rw=suso2       -d Vertriebsdaten   /vertrieb       VERTRIEB
share   -F nfs   -o ro             -d Manuals          /usr/share/man  MAN
```

Die Datei /etc/dfs/sharetab

Diese Datei enthält alle freigegebenen Ressourcen. Sie ist folgendermaßen aufgebaut:

```
verzeichnis  Ressource  dateisystemtyp  optionen  beschreibung
```

Der Verzeichnisname enthält den Pfadnamen der freigegebenen Ressource in der zweiten Spalte. Anschließend werden der Dateisystemtyp und die Optionen angezeigt. In der letzten Spalte folgt eine Beschreibung der Freigabe.

Die Datei /etc/dfs/fstypes

Diese Datei enthält den standardmäßigen Dateisystemtyp für Netzwerk-Dateisysteme, in der Regel nfs, und andere Dateisystemtypen:

```
# cat /etc/dfs/fstypes
nfs NFS Utilities
autofs AUTOFS Utilities
cachefs CACHEFS Utilities
```

17.6 Konfiguration eines NFS-Clients

Ein NFS-Client bindet eine NFS-Ressource unter Angabe des Server- und Verzeichnisnamens entweder durch den Befehl mount an der Befehlszeile ein oder permanent in der Datei /etc/vfstab.

Der Befehl mount

Die Befehle mount und umount werden nicht nur für lokale Mountvorgänge verwendet, sondern auch, um Freigaben eines NFS-Servers in den Verzeichnisbaum ein- oder auszuhängen. Wie bereits an Tag 11 beschrieben, wird eine Tabelle der gemounteten Dateisysteme in der Datei /etc/mnttab abgelegt. Auch die Optionen des Befehls mount wurden bereits ausführlich erläutert.

Es gibt allerdings Optionen, die nur für das Mounten von NFS-Dateisystemen verwendet werden:

Option	Beschreibung
acdirmax=zahl	Attribute werden nur die angegebene Anzahl von Sekunden nach einer Verzeichnisaktualisierung zwischengespeichert. Der Standardwert ist 60.
acdirmin=zahl	Attribute werden die angegebene Anzahl von Sekunden nach einer Verzeichnisaktualisierung zwischengespeichert. Der Standardwert ist 30.
acregmax=zahl	Attribute werden nur die angegebene Anzahl von Sekunden nach einer Dateiänderung zwischengespeichert. Der Standardwert ist 60.

Tabelle 17.16: NFS-Mountoptionen

Option	Beschreibung
acregmin=zahl	Attribute werden die angegebene Anzahl von Sekunden nach einer Dateiänderung zwischengespeichert. Der Standardwert ist 30.
actimeo=zahl	Definiert sowohl die Mindest- als auch die Maximalzeiten für Dateien und Verzeichnisse. Die Zeiten werden durch die angegebene Zahl in Sekunden spezifiziert.
bg	Ist der erste Mountversuch erfolglos, wird im Hintergrund gemountet. Dadurch wird vermieden, dass der aufrufende Prozess die in der Datei /etc/vfstab anschließend aufgeführten Mountvorgänge blockiert.
fg	Das Dateisystem wird im Vordergrund gemountet.
grpid	Die Gruppenbesitzrechte eines neu erstellten Verzeichnisses werden vom übergeordneten Verzeichnis geerbt.
hard	Die Mountversuche werden wiederholt, auch wenn der Server beim ersten Mal nicht antwortet.
intr	Ein Mountversuch lässt sich durch einen Keyboard-Interrupt mit [Ctrl]+[C] abbrechen. Dies ist eine Standardeinstellung.
noac	Daten oder Attribute werden nicht zwischengespeichert.
nointr	Es ist nicht erlaubt, einen Mountversuch durch einen Keyboard-Interrupt mit [Ctrl]+[C] abzubrechen.
noquota	Deaktivierung von Benutzerquoten.
nosuid	Setuid-Programme dürfen nicht ausgeführt werden.
port=zahl	Definition der IP-Portnummer des NFS-Servers. Der Standardport für NFS ist 2049.
posix	Das Server-Dateisystem muss POSIX.1-konform sein.
proto=netid	Definition des zu verwendenden Protokolls über die Netzwerk-ID, wobei das Protokoll in der Datei /etc/netconfig vorhanden sein muss.
quota	Aktivierung von Benutzerquoten.
remount	Ein Dateisystem wird erneut mit geändertem Zugriffsrecht gemountet, zum Beispiel rw (read-write) anstelle von ro (read-only).
retrans=zahl	Definition der Anzahl von Übertragungswiederholungen, bevor eine Fehlermeldung ausgegeben werden soll.

Tabelle 17.16: NFS-Mountoptionen (Forts.)

Option	Beschreibung
retry=*zahl*	Anzahl von Wiederholungen nach einem misslungenen Mountversuch.
ro	Mounten mit Read-only-Zugriff (nur lesen).
rsize=*zahl*	Definition der Puffergröße für Lesevorgänge mit der angegebenen Anzahl von Bytes. Die Standardeinstellung sind 32 Kilobyte bei NFS-Version 3 und 8 Kilobyte bei NFS-Version 2.
rw	Mounten mit Read-write-Zugriff (lesen und schreiben).
sec=*typ*	Auswahl des Sicherheitsverfahrens für NFS-Übertragungen. Ohne Angabe wird die standardmäßige Unix-Authentifizierung verwendet. Mögliche Werte sind: krb4 – Kerberos-Authentifizierung dh – Diffie-Hellman-Authentifizierung sys – Unix-Authentifizierung
soft	Eine Fehlermeldung wird nach einer bestimmten Anzahl von erfolglosen Mountversuchen ausgegeben.
suid	Die Ausführung von setuid-Programmen wird zugelassen.
timeo=*zahl*	Definition der Wartezeit in Zehntelsekunden für Wiederholungsversuche eines Zugriffs auf den Server.
vers=*zahl*	Definition der NFS-Versionsnummer.
wsize=*zahl*	Definition der Puffergröße für Schreibvorgänge mit der angegebenen Anzahl von Bytes. Die Standardeinstellung sind 32 Kilobyte bei NFS-Version 3 und 8 Kilobyte bei NFS-Version 2.

Tabelle 17.16: NFS-Mountoptionen (Forts.)

Im nachfolgenden Beispiel wird ein Dateisystem des Remote-Rechners *suso2* auf dem lokalen Rechner unter dem Verzeichnis /testmount nur lesend gemountet. Da die Datei /etc/dfs/fstypes einen entsprechenden Eintrag für das Netzwerkdateisystem nfs enthält, muss der Dateisystemtyp nicht zwingend angegeben werden:

mount -o ro suso2:/export/home/her /testmount

Im nächsten Beispiel wird das Remote-Dateisystem /daten des Rechners *sun11* unter das Verzeichnis /testdaten auf dem lokalen System gemountet. Wenn die Datei /etc/dfs/fstypes keinen entsprechenden Eintrag für das Netzwerkdateisystem nfs enthält, muss der Dateisystemtyp zwingend angegeben werden:

mount -F nfs sun11:/daten /testdaten

Die Datei /etc/vfstab

Wenn ein NFS-Dateisystem jedes Mal beim Hochfahren des Systems automatisch gemountet werden soll, müssen Sie einen entsprechenden Eintrag in der Datei /etc/vfstab hinzufügen. In diesem Beispiel werden unter anderem NFS-Dateisysteme auf *suso2* und *sun11* gemountet.

```
# more /etc/vfstab
#device      device                   mount           FS    fsck  mount    mount
#to mount    to fsck                  point           type  pass  at boot  options
#/dev/dsk/c1d0s2 /dev/rdsk/c1d0s2 /usr               ufs   1     yes      -
...
/dev/dsk/c0t0d0s0 /dev/rdsk/c0t0d0s0 /                ufs   1     no       -
...
suso2:/home/networkdata   -          /mnt            nfs   -     yes      rw,intr
sun11:/usr/share/man      /usr/share/man              nfs   -     yes      soft
```

Überprüfen von NFS-Funktionen

Die Ursache von Problemen im Netzwerk ist häufig sehr schwer zu finden. Die nachfolgend aufgeführten Schritte zur Fixierung des Problems können bei der Suche eventuell hilfreich sein:

1. Setzen Sie den Befehl ping auf den Rechner ab, von dem Sie nicht mehr sicher sind, ob er im Netzwerk erreichbar ist. Wenn dieser Befehl keine positive Rückmeldung bringt, kann auch die Netzwerkhardware ein Problem haben.

2. Überprüfen Sie mit Hilfe des Befehls ps, ob die benötigten Daemons auf dem Server laufen.

3. Testen Sie mit Hilfe des Befehls rpcinfo, ob der Daemon mountd noch läuft, zum Beispiel rpcinfo -T tcp suso2 mountd. Wenn Sie die Meldung ready and waiting erhalten, ist alles in Ordnung.

4. Überprüfen Sie mit Hilfe des Befehls rpcinfo, ob der Daemon lockd noch arbeitet, zum Beispiel rpcinfo -T tcp suso2 nlockmgr. Wenn Sie die Meldung ready and waiting erhalten, ist alles in Ordnung.

5. Prüfen Sie mit Hilfe des Befehls rpcinfo, ob die Verbindung über die Protokolle TCP und UDP noch aktiv ist, zum Beispiel rpcinfo -T tcp suso2 sun11 oder rpcinfo -T udp suso2 sun11. Wenn Sie die Meldung ready and waiting erhalten, ist alles in Ordnung.

6. Überprüfen Sie mit Hilfe des Befehls ps, ob die benötigten Daemons auf dem Client laufen.

7. Verwenden Sie den Befehl `dfshares` auf dem Client oder den Befehl `share` auf dem Server, um zu sehen, ob die Freigaben korrekt sind, und dann, ob das richtige Mountverzeichnis auf dem Client verwendet wurde.

8. Überprüfen Sie anschließend die Zugriffsrechte und die Benutzerkennung auf ihre Richtigkeit hin.

9. Eine weitere Möglichkeit ist, dass der Server zu stark belastet ist. Dies können Sie mit dem Befehl `nfsstat` überprüfen. Parallel dazu können Sie untersuchen, ob die Netzwerklast zu hoch ist.

10. Testen Sie, wie und ob Ihre Router und/oder Firewalls NFS-Pakete weiterleiten.

11. Zugriffsfehler lassen sich auch mit Hilfe des Befehls `snoop` ermitteln.

17.7 Zusammenfassung

Dieser Tag hat gezeigt, wie Sie unter Solaris eine Trusted Host-Umgebung einrichten. Es wurde erläutert, wie Pakete mit Routing vermittelt werden.

Anschließend erhielten Sie einen Überblick über das Network Filesystem und seine Bedeutung. Sie erfuhren, wie NFS funktioniert, welche Hintergrundprozesse für NFS notwendig sind und wie ein NFS-Server konfiguriert wird. Dabei wurden die notwendigen Befehle und die Konfigurationsdateien erläutert. Schließlich erfuhren Sie noch, wie ein NFS-Client eingerichtet werden kann und welche Befehle und Dateien auf Client-Seite notwendig sind.

17.8 F&A

F *Ich muss jede Menge Benutzer für die Abteilung CAD anlegen. Dabei haben einige meiner Anwender auf einem zweiten Rechner ein weiteres Benutzerkonto, da sie in verschiedenen Geschäftsbereichen tätig sind. Gibt es eine Möglichkeit, ihnen die lästige Anmeldung über das Netzwerk zu ersparen, wenn sie den Befehl `rlogin` verwenden?*

A Ja, Sie können eine Trusted Host-Umgebung einrichten. Dies kann zum Beispiel auf Benutzerebene über die Datei `.rhosts` in dem jeweiligen Homeverzeichnis erfolgen. Darin sollte der Rechner- und der Benutzername stehen, denen vertraut wird.

Weiterführende Netzwerktechniken und NFS (Network Filesystem)

F Ich habe auf meinem System vergeblich den Daemon nfsd gesucht. Kann das daran liegen, dass ich noch keine Freigaben in der Datei /etc/dfs/dfstab definiert habe?

   A Ja, der Daemon wird nur gestartet, wenn in dieser Datei zumindest eine Freigabe eingetragen ist.

F Ich möchte auf einen NFS-Server zugreifen. Muss ich ihn jedes Mal manuell von Hand mit Hilfe der Option -F nfs vom Client aus mounten?

   A Nein, Sie können den Mountvorgang auch durch einen Eintrag in der Datei /etc/vfstab auf dem Client automatisieren.

17.9 Übungen

1. Kopieren Sie mit dem Befehl rcp eine Datei von einem Netzwerkrechner auf einen anderen. Richten Sie dazu eine entsprechende Trusted Host-Umgebung ein.
2. Geben Sie auf einem Server eines der Verzeichnisse frei und verwenden Sie dazu die Datei /etc/dfs/dfstab.
3. Überprüfen Sie, ob auf dem NFS-Server der Daemon nfsd läuft und starten Sie ihn gegebenenfalls.
4. Überprüfen Sie, ob auf dem NFS-Server und auf dem Client die Daemons mountd und lockd aktiv sind.
5. Mounten Sie auf dem Client an der Befehlszeile, also temporär, die Freigabe auf Ihrem Server im Read-only-Zugriff.
6. Automatisieren Sie den Mountvorgang des Clients durch einen entsprechenden Eintrag in der Datei /etc/vfstab.

Tag 18

Der Automounter und das Dateisystem cachefs

Der Automounter und das Dateisystem cachefs

In diesem TagTag erfahren Sie, was der Automounter ist und wie er arbeitet. Sie lernen das Dateisystem `autofs` kennen und wie Sie auf ein `autofs`-Verzeichnis zugreifen. Die für den Automounter notwendigen Prozesse werden erläutert und Sie erfahren, mit welchen Befehlen Sie den Automounter konfigurieren bzw. Einstellungen zum Automounter anzeigen können. Anschließend werden die Konfigurationsdateien des Automounters und die unterschiedlichen Arten von Automounter-Maps, wie zum Beispiel die Master-Map, beschrieben.

Nach einer Erläuterung des Zwecks des Dateisystems `cachefs` und der Befehle zur Verwaltung dieses Dateisystems beschäftigt sich der letzte Abschnitt mit dem Thema `cachefs` und Auto-Clients.

18.1 Funktion und Zugriff des Automounters

Der Automounter wurde von der Firma Sun Microsystems entwickelt und erfüllt den Zweck, dass ein Dateisystem nur bei Bedarf und dann automatisch in den Verzeichnisbaum eingehängt wird. In der Regel wird der Automounter für `nfs`-Dateisysteme eingesetzt, aber er kann auch für die Dateisysteme `ufs`, `hsfs` oder `pcfs` verwendet werden. Auch das Volume Management von Solaris wird per Automounter gesteuert. Der Automounter ist nicht von einem bestimmten Betriebssystem oder einer bestimmten Hardware abhängig, da er nur den Mountvorgang mit Hilfe der Möglichkeiten von NFS automatisiert.

Der Daemon `automountd`, der das Automounter-System steuert und verwaltet, wird vom Run Control-Skript `/etc/init.d/autofs` gestartet. Das Dateisystem `autofs` überwacht die als Mountpoints für `autofs` konfigurierten Verzeichnisse.

Das Dateisystem `autofs` erkennt eine Anforderung der von ihm kontrollierten Ressource, sobald darauf zugegriffen wird, und fordert wiederum den Daemon `automountd` auf, das Dateisystem zu mounten. Der Daemon erhält die Informationen, welche Ressourcen und welcher Server an einer Mountanforderung beteiligt sind, durch die Einträge in den automount-Konfigurationsdateien (vgl. Abschnitt 18.5).

Ein automatisches Mounten kann zum Beispiel durch die Anmeldung eines Benutzers oder durch den Befehl `cd` in ein automatisch gemountetes Verzeichnis angestoßen werden. Dadurch ist es möglich, in ein Verzeichnis zu verzweigen, das zuvor zum Beispiel mit dem Befehl `ls` noch nicht sichtbar war. Erst beim Aktivieren des Automounters wird es in den Verzeichnisbaum eingehängt. Der Daemon `automountd` meldet das erfolgreiche Mounten dem Kernel, so dass anschließend ein Zugriff auf das automatische Dateisystem erfolgen kann. Es wird auch ein Eintrag in die Datei `/etc/mnttab` vorgenommen und eine Anzeige mit den Befehlen `mount` oder `df` ist möglich. Der Mountpoint bleibt auch nach dem automatischen Unmounten erhalten und wird bei Bedarf wiederverwendet, bis das System heruntergefahren wird. Nach einem Neustart werden die benötigten Mountpoints wieder neu erzeugt, wenn darauf zugegriffen wird.

Die Vorteile des Automounters gegenüber statischen Mounts sind:

- Die Verwaltung von Mountvorgängen wird zentral im Netzwerk durchgeführt und die Konfigurationsdateien des Automounters werden zentral verwaltet.
- Dateisysteme werden erst gemountet, wenn ein Bedarf besteht.
- Dateisysteme werden wieder ungemountet, wenn sie nicht mehr benötigt werden.
- Es ist möglich, alternative Mountressourcen zu verwenden.

Der Automounter setzt sich im Prinzip aus dem Dateisystem autofs, dem Daemon automountd und dem Befehl automount zusammen.

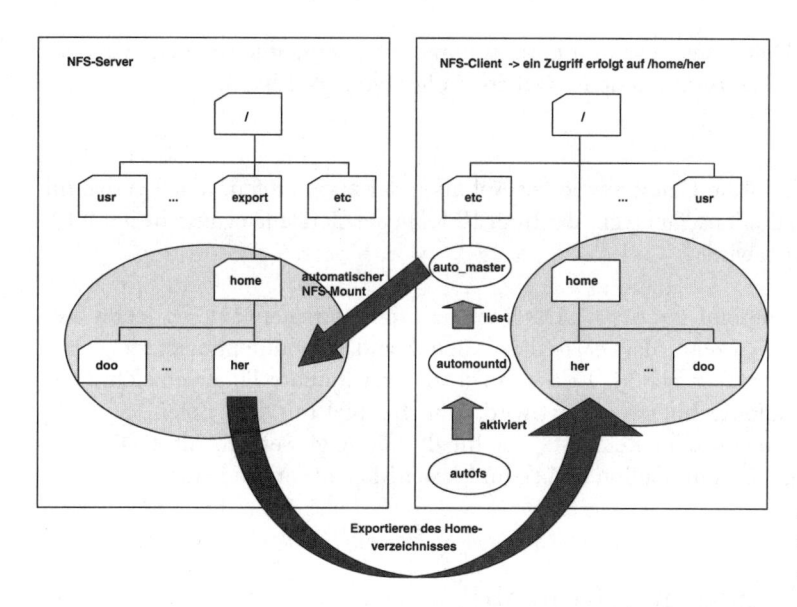

Abbildung 18.1:
Aktivierung des Automounters

18.2 Das Dateisystem autofs

Dieses Dateisystem bildet die Grundlage des Automounters in Form eines Kernelmoduls, das ein virtuelles Dateisystem bietet. Wenn ein bestimmtes Ereignis eintritt, der Benutzer wechselt zum Beispiel in ein Verzeichnis des vom Automounter verwalteten Dateisystems, dann wird ein Mountvorgang durchgeführt. Das angesprochene Dateisystem wird in diesem Fall per NFS in das als Mountpoint verwendete Verzeichnis lokal eingebunden.

Durch diese Automatisierung muss der Administrator nicht mehr manuell mounten oder unmounten oder einen entsprechenden Eintrag in der Datei /etc/vfstab vornehmen. Der Hintergrundprozess automountd (vgl. Abschnitt 18.3) mountet erst, wenn eine entsprechende Anforderung gestellt wird. Solange auf die Ressource zugegriffen wird, bleibt das Dateisystem mit dem lokalen Rechner verbunden. Erfolgt länger als 5 Minuten kein Zugriff mehr darauf, wird das Dateisystem automatisch wieder ausgehängt. Das ermöglicht eine flexible Handhabung der Zuteilung einer Ressource.

Es ist trotz des Automounters weiterhin möglich, manuell zu mounten oder zu unmounten. Dies sollte allerdings nicht auf die Dateisysteme, die der Automounter verwaltet, angewendet werden, da der Automounter in diesem Fall keine entsprechenden Aktualisierungsmeldungen über den Zustand des Dateisystems erhält. Die Dateisysteme / und /usr können – auch bei Diskless Clients – nicht per Automounter gemountet werden, da diese zu den für den Betrieb von Solaris unbedingt notwendigen Dateisystemen gehören.

> Auf nfs-Dateisysteme kann nur per Automounter gemountet werden, wenn auf dem Server entsprechende Freigaben erfolgt sind (vgl. Tag 17).

Es ist auch möglich, lokale Dateisysteme per Automounter zu mounten, wenn in der entsprechenden Konfigurationsdatei (vgl. Abschnitt 18.5.1) eine Gerätedatei anstelle der NFS-Ressource eingetragen wird.

> Ein Mountpoint des autofs-Dateisystems wird normalerweise als leeres Verzeichnis angezeigt, da nobrowse zu den Standardmountoptionen der Datei /etc/auto_master gehört. Erst wenn in das gewünschte Unterverzeichnis für den Remote-Rechner verzweigt wird, zum Beispiel mit dem Befehl cd /net/suso2 kann mit dem Befehl ls der Inhalt angezeigt werden. Alternativ ist es möglich, die Mountoption browse im Master-Map zu verwenden.

18.3 Der Prozess automountd

Das Dateisystem autofs aktiviert den Daemon automountd, wenn auf ein vom autofs kontrolliertes Verzeichnis zugegriffen oder längere Zeit nicht mehr zugegriffen wird. Der Daemon ist ein RPC-Server, der Mount- und Unmountanforderungen des Dateisystems autofs beantwortet. Dazu liest er die entsprechenden Konfigurationsdateien (vgl. Abschnitt 18.5), um festzustellen, welche Dateisysteme auf welchen Servern gemountet oder ungemountet werden sollen. automountd kann mit verschiedenen Optionen gestartet werden und für die Konfigurationsdateien lassen sich Variablen definieren.

Der Daemon kann mit folgenden Optionen gestartet werden:

Option	Beschreibung
-D variable=wert	Mit Hilfe dieser Option können Variablen definiert werden, was durch Übergabe eines festen Werts oder durch Befehlssubstitution (vgl. Tag 7) erfolgen kann. Auf diese Weise ist es zum Beispiel möglich, einem Mountvorgang einen Ausführungszeitpunkt zuzuweisen.
-n	Deaktivierung der Anzeige von allen autofs-Mountpoints.
-T	Mit dieser Option können die Aktivitäten des Automounters nachvollzogen werden. Jeder RPC-Aufruf wird an der Standardausgabe angezeigt.
-v	Ausgabe von Statusmeldungen des Automounters am Bildschirm.

Tabelle 18.1: Die Optionen des Prozesses automountd

Im nachfolgenden Beispiel wird der Rechner *suso2* über eine Build-in-Datei (vgl. Abschnitt 18.5) aktiviert und es wird mit LOOKUP überprüft, ob der Rechner erreicht wurde. Anschließend wird eine MOUNT-Anforderung gesendet, auf die der Server mit einem REPLY reagiert:

```
# /usr/lib/autofs/automountd -vT
# cd /net/suso2
t1    LOOPUP REQUEST: Tue Sep 10 13:23:04 2001
t1       name=suso2[] map=-hosts opts=browse,nosuid path=/net direct=0
t1    LOOKUP REPLY    : status=0
t6    MOUNT REQUEST: Tue Sep 10 13:23:05 2001
t6       name=suso2[]map=-hosts opts=browse,nosuid path=/net direct=0
...
```

18.4 Die Befehle des Automounters

Der Befehl automount

Wenn eine Konfigurationsdatei des Automounters geändert wurde, kann diese mit Hilfe des Befehls automount neu eingelesen werden, um den Daemon automountd über den aktuellen Stand zu informieren. Der Befehl kennt folgende Optionen:

Option	Beschreibung
-t	Angabe der Zeit in Sekunden, bis ein nicht mehr benötigtes Dateisystem ausgehängt werden soll. Der Standardwert beträgt 5 Minuten.
-v	Ausgabe von zusätzlichen Meldungen.

Tabelle 18.2: Die Optionen des Befehls automount

Der Befehl df

Dieser Befehl wurde bereits in Tag 12 ausführlich beschrieben. Verwenden Sie diesen Befehl mit der Option -a, um alle gemounteten Dateisysteme anzuzeigen. Auch die vom autofs-Dateisystem kontrollierten Dateisysteme werden aufgeführt:

```
# df -a
/                (/dev/dsk/c0t0d0s0 ):14295530 blocks    999500 files
/proc            (/proc             ):        0 blocks      3843 files
/dev/fd          (fd                ):        0 blocks         0 files
/etc/mnttab      (mnttab            ):        0 blocks         0 files
/var/run         (swap              ):   829072 blocks     26368 files
/tmp             (swap              ):   829072 blocks     26368 files
/net             (-hosts            ):        0 blocks         0 files
/home            (auto_home         ):        0 blocks         0 files
/xfn             (-xfn              ):        0 blocks         0 files
/vol             (suso2:vold(pid208)):        0 blocks        -1 files
```

18.5 Die Konfigurationsdateien des Automounters

Diese Dateien werden als Maps bezeichnet und bestimmen, welche Mountpoints das autofs-Dateisystem verwenden und welche Mountvorgänge durchgeführt werden sollen. Im Folgenden sind die verschiedenen Arten von Maps aufgelistet:

- Das Master-Map wird zuerst gelesen und muss den Namen auto_master haben. Es enthält die Bezüge zu den anderen Maps.
- Das Direct-Map enthält die Mountpoints des autofs als absolute Pfade.
- Das Indirect-Map enthält die Mountpoints des autofs als relative Pfade.
- Spezielle Maps bieten Zugriff auf NFS-Ressourcen, zum Beispiel Build-in-Maps oder Executable-Maps.

In der Datei /etc/vfstab sind keine Einträge mehr notwendig und die Verwaltung kann auch zentral über NIS oder NIS+ erfolgen.

Das Master-Map

Die Datei /etc/auto_master enthält alle Mountpoints von autofs. Sie wird beim Start des Daemons automountd gelesen. Standardmäßig enthält die Datei die folgenden Einträge:

```
# cat /etc/auto_master
# Master map for automounter
```

```
+auto_master
/net         -hosts      -nosuid
/home        auto_home
/xfn         -xfn
```

Jede Zeile enthält einen Mountpoint, der mit dem Namen einer weiteren Map verbunden sein kann. Die erste Spalte zeigt den Pfadnamen des Mountpoints, die zweite den Namen eines direkten oder indirekten Maps, das die eigentlichen Informationen zum Mounten enthält, und die letzte Spalte beherbergt die Mountoptionen des Maps.

Die Namen der Maps sind relativ zum Verzeichnis /etc gültig, wenn nicht anders angegeben. Der Eintrag +auto_master ist ein Bezug auf eine externe NIS- oder NIS+-Master-Map. Ist eine solche vorhanden, werden deren Einträge gelesen.

Ein Eintrag in der Datei auto_master, der auf ein direktes Map verweist, kann wie folgt aufgebaut sein:

```
/-      /etc/auto_direct    -ro
```

Die Zeichen /- bedeuten hier, dass auf ein direktes Map verwiesen wird. Der eigentliche Mountpoint befindet sich dann auch in der Datei, auf die verwiesen wird, in diesem Beispiel auto_direct, und muss dort mit einem absoluten Pfadnamen aufgeführt werden.

Ein Eintrag in der Datei auto_master, der auf ein indirektes Map verweist, kann wie folgt aufgebaut sein:

```
/home    /etc/auto_indirect    -fstype=cachefs,cachedir=/cachefs
```

Der erste Teil des gewünschten Mountpoints wird hier mit /home festgelegt. Der zweite Teil zur Bestimmung des zu mountenden Dateisystems wird durch eine Datei definiert, in diesem Beispiel auto_indirect. Diese Datei darf nur relative Pfadnamen enthalten.

Die Einträge -hosts und -xfn verweisen auf spezielle Maps, so genannte Build-in-Maps (vgl. den Abschnitt „Build-in-Maps" weiter unten).

Konfigurationsmöglichkeiten

Die Syntax der Konfigurationsdateien lässt sich mit Hilfe von Sonderzeichen erweitern. So kann ein Map-Eintrag durch Angabe eines Backslash \ am Ende einer Zeile in der Folgezeile fortgesetzt werden und mit Hilfe des Hash-Zeichens lassen sich Zeilen auskommentieren.

Das Ampersand-Zeichen & ist ein Platzhalter für das am Anfang stehende Schlüsselwort einer indirekten Map, zum Beispiel:

```
her    suso2:/home/&
```

Hier wird & durch her ersetzt.

Der Automounter und das Dateisystem cachefs

Das Wildcard-Zeichen * setzt eine beliebige Zeichenkette ein. Gemeinsam mit dem Ampersand-Zeichen ist es auf diese Weise möglich, eine Auflistung von Benutzern und ihrer Homeverzeichnisse zu erhalten, zum Beispiel:

```
*       &:/export/config/&
```

Damit werden alle Verzeichnisse, die sich unterhalb von config befinden, automatisch gemountet.

> Der Stern darf nur einmal in einer Datei und nur als letzter Eintrag verwendet werden. Nachfolgende Einträge werden nicht gelesen.

Mit Hilfe des Pluszeichens + kann man in einer beliebigen Zeile auf andere Dateien oder Namensdienste verweisen. Der Eintrag +auto_anw bewirkt zum Beispiel, dass ein Namensdienst nach dem Inhalt dieser Datei durchsucht werden soll. Zur Ermittlung des Namensdienstes wird die Datei /etc/nsswitch.conf verwendet (vgl. Tag 20).

Es ist auch möglich, Client-spezifische Variablen für eine Konfigurationsdatei des Automounters zu verwenden. Gibt man zum Beispiel die Variable $HOST in einem Map an, dann wird deren aktueller Wert verwendet. Mögliche Variablen sind:

Variable	Beschreibung
ARCH	Angabe des Hardware-Architekturnamens, zum Beispiel sun4u. Der Name kann auch mit uname -m ermittelt werden.
CPU	Ausgabe des Prozessortyps, zum Beispiel sparc. Der Typ lässt sich auch mit uname -p ermitteln.
HOST	Ausgabe des Hostnamens, zum Beispiel suso2. Der Name kann auch mit uname -n ermittelt werden.
OSNAME	Ausgabe des Namens des Betriebssystems, zum Beispiel SunOS. Der Name kann auch mit uname -s ermittelt werden.
OSREL	Ausgabe der Releasenummer des Betriebssystems, zum Beispiel 5.8. Die Nummer lässt sich auch mit uname -r ermitteln.
OSVERS	Ausgabe der Version des Betriebssystems, zum Beispiel beta1.0. Der Name kann auch mit uname -v ermittelt werden.
NATISA	Ausgabe des von der CPU unterstützten Instruktionssatz für Programme, zum Beispiel sparcv9. Der Name kann auch mit isainfo -n ermittelt werden.

Tabelle 18.3: Die Variablen der Konfigurationsdateien des Automounters

Auch die Angabe eines mehrfachen Mounteintrags ist möglich, wenn mehrere Ressourcen eines oder mehrerer NFS-Server gleichzeitig an einen NFS-Client gehängt werden sollen, zum Beispiel:

```
/test          \
    /bin                -rw     sun11,sun12:/export/source/beta   \
    /manual             -ro     suso2:/export/source/manual       \
    /manual/scripts     -rw     sun11:/export/source/beta/manual
```

Sobald eines der angegebenen Verzeichnisse angesprochen wird, werden alle aufgeführten Dateisysteme automatisch gemountet.

Das Direct-Map

Ein direktes Map enthält den absoluten Pfadnamen der gemounteten Ressource. Es muss immer zuerst einen Eintrag in der Datei /etc/auto_master enthalten, zum Beispiel:

```
# cat /etc/auto_master
...
/-         auto_direct
```

Die Datei auto_direct muss dann im Verzeichnis /etc angelegt werden. Sie muss den absoluten Pfadnamen der Mountpoints, die spezifischen Mountoptionen und die gemounteten Ressourcen in der Form *rechnername:verzeichnisname* enthalten, zum Beispiel:

```
# cat /etc/auto_direct
/usr/share/man      -ro     suso2,sun11:/usr/share/man
```

In diesem Beispiel werden mehrfache Serverlokationen verwendet, was aber nur Sinn bei einem Read-only-Zugriff Sinn macht.

Wenn Konfigurationsdateien des Automounters geändert werden, muss der Daemon mit Hilfe des Befehls automount neu aktiviert werden:

```
# automount -v
automount:  /usr/share/man mounted
automount:  no unmounts
```

Das Indirect-Map

Der Name für indirekte Maps ist frei wählbar, muss aber mit dem in der Datei /etc/auto_master angegebenen Namen übereinstimmen. Der Mountpoint ist in diesem Fall zweistufig, da der erste Teil im Master-Map vorgegeben wird und der zweite Teil im indirekten Map. Der Eintrag im Master-Map kann zum Beispiel wie folgt aussehen:

```
# cat /etc/auto_master
...
/dienste        auto_dienste
```

Die Datei `auto_dienste` muss dann im Verzeichnis /etc angelegt werden. Sie enthält den relativen Pfadnamen in der ersten Spalte, dem Schlüsselfeld, dann gegebenenfalls spezifische Mountoptionen und die gemounteten Ressourcen in der Form *rechnername:verzeichnisname*. Im Folgenden sehen Sie ein Beispiel:

```
# cat /etc/auto_dienste
appl    -rw     suso2:/dienste/appl
```

Aus den beiden Teilen der Pfadangabe /dienste und appl wird der absolute Pfadname /dienste/appl gebildet. Auch in diesem Fall muss der Daemon mit Hilfe des Befehls automount neu aktiviert werden.

Build-in-Maps

Der standardmäßige Eintrag -hosts kennzeichnet ein spezielles Build-in-Map, über das auf freigegebene Dateisysteme aller NFS-Server der Datei /etc/hosts zugegriffen werden kann. Alternativ kann die Datenbasis auch aus einer NIS-, NIS+- oder DNS-Tabelle bestehen. Alle Ressourcen, die diese Systeme freigeben, werden unter dem Verzeichnis /etc/*rechnername* gemountet.

Auch der Eintrag -xfn verweist auf ein Build-in-Map, über das auf die Ressourcen des X/Open Federal Naming Service (XFN) oder des Federal Naming Service (FNS) zugegriffen werden kann. Dies stellt eine neutrale Schnittstelle für Anwendungen dar, die Namensdienste wie DNS, NIS oder NIS+ benötigen.

Es ist möglich, mit Hilfe des Build-in-Maps -null in der Master-Map die Verzeichnisse auszublenden, die für die lokale Konfiguration nicht erwünscht sind. Im nachfolgenden Beispiel wird das Verzeichnis /net nicht vom Automounter verwaltet, obwohl es im Master-Map eingetragen ist:

```
# cat /etc/auto_master
...
/net    -null
```

Executable-Maps

Eine weitere Sonderform von Maps ist das ausführbare Map, das im Prinzip ein Shellskript ist und zum Beispiel den Namen `auto_skript` haben könnte. Es wird in folgender Form in das Master-Map eingetragen:

```
# cat /etc/auto_master
...
/test/orga      auto_skript
```

In diesem Beispiel wird vom Automounter das Shellskript /etc/auto_skript gestartet, sobald das Verzeichnis /test/orga angesprochen wird. Das Skript kann beliebig aufgebaut sein, muss aber eine Zeile ausgeben, deren Syntax einer Zeile einer Automounter-Konfigurationsdatei entspricht.

18.6 Das Dateisystem cachefs

Dieses Dateisystem wird verwendet, um die Leistung von Netzwerkdateisystemen, wie zum Beispiel NFS, oder den Zugriff auf langsame Geräte, wie zum Beispiel das CD-ROM-Laufwerk, zu verbessern. Dazu werden die Leseoperationen auf die Dateisysteme zwischengespeichert. cachefs wird wie ein selbständiges Dateisystem angesprochen, unabhängig davon, welches Dateisystem zugrunde liegt. Der Einsatz dieses Dateisystems ist transparent und fällt Benutzern nur durch die Leistungssteigerung auf. Wenn ein Dateisystem gemountet wird, lässt sich mit Hilfe einer Option der Einsatz von cachefs aktivieren.

Für den Einsatz von cachefs muss auf einem lokalen ufs-Dateisystem ein beliebiges Verzeichnis zur Zwischenspeicherung angelegt werden. In diesem Fall sollte aber der Platzbedarf von cachefs begrenzt werden. Es empfiehlt sich sogar, ein eigenes ufs-Dateisystem nur für das Caching zu verwenden. Die Zwischenspeicherung von cachefs erfolgt nur auf der Clientseite, das heißt, der NFS-Server wird davon nicht beeinflusst.

Das Dateisystem mit den Originaldaten, also entweder ein nfs- oder ein hsfs-Dateisystem, wird als Back-Filesystem bezeichnet. Das Front-Filesystem ist das gemountete Dateisystem, auf das über den lokalen Mountpoint zugegriffen wird. Es ist mit dem Daten-Cache verbunden. Den Grad der Übereinstimmung zwischen Front- und Back-Filesystem bezeichnet man als Konsistenz.

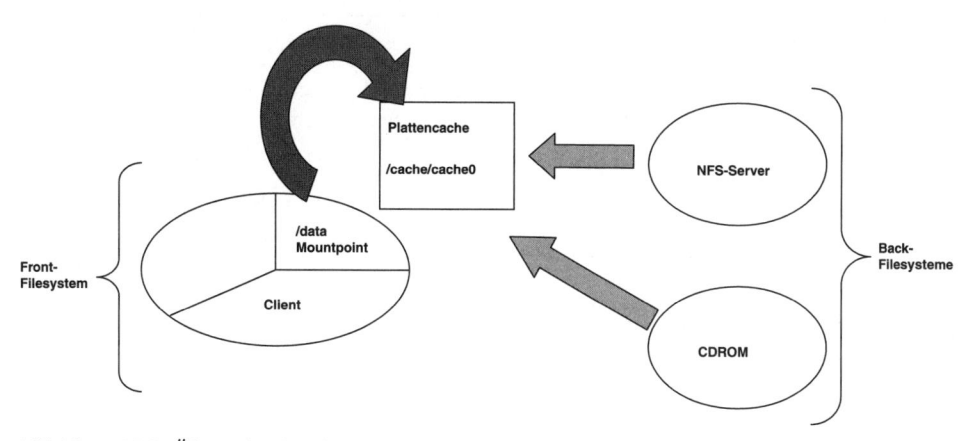

Abbildung 18.2: Übersicht über das Dateisystem cachefs

Die Verwaltung des Dateisystems cachefs

Die Verwaltung erfolgt mit Hilfe der folgenden Befehle:

Befehl	Beschreibung
cfsadmin	Anlegen, Anzeigen oder Löschen des Cache.
cachefslog	Protokollierung der Cache-Aktivitäten.
cachefsstat	Anzeige einer Cache-Statistik.
cachefswssize	Ausgabe der verwendeten Cache-Größe.
cachefspack	Festlegen von immer zwischenzuspeichernden Dateien oder Verzeichnissen.

Tabelle 18.4: Die Befehle zur Verwaltung von cachefs

Ein cachefs-Dateisystem wird mit dem Befehl cfsadmin konfiguriert. Der dabei verwendete Mountpoint muss gegebenenfalls mit dem Befehl mkdir noch erstellt werden. Anschließend muss das cachefs mit Hilfe des Befehls mount gemountet werden. Die dazu notwendigen Optionen von mount werden in diesem Abschnitt genauer beschrieben.

Der Befehl cfsadmin

Mit Hilfe dieses Befehls können Sie ein cachefs-Dateisystem anlegen, löschen und Konfigurationsdaten anzeigen lassen. Der Befehl kennt folgende Optionen:

Option	Beschreibung
-c	Anlegen eines Cache-Verzeichnisses für die Zwischenspeicherung eines Dateisystems. Das Verzeichnis darf noch nicht vorhanden sein.
-d cacheid	Zurücknehmen der Zwischenspeicherung eines Dateisystems unter Angabe der Cache-ID. Diese kann mit der Option -l ausgegeben werden.
-l verzeichnis	Anzeigen einer Liste von allen im angegebenen Verzeichnis gecachten Dateisystemen.

Tabelle 18.5: Die Optionen des Befehls cfsadmin

Option	Beschreibung
-o *option*	Angabe von Konfigurationsoptionen für das `cachefs`-Dateisystem. Folgende Optionen sind möglich:
	`maxblocks=zahl` — Angabe der maximalen Anzahl an Festplattenblöcken, die für die Zwischenspeicherung verwendet werden dürfen. Die Angabe muss in Prozent relativ zur Gesamtzahl der Datenblöcke des Front-Filesystems erfolgen. Die Standardeinstellung ist 90%.
	`maxfiles=zahl` — Angabe der maximalen Anzahl von Dateien, die zwischengespeichert werden dürfen. Die Angabe muss in Prozent relativ zur Gesamtzahl der Dateien des Front-Filesystems erfolgen. Die Standardeinstellung ist 90%.
	`maxfilesize=zahl` — Angabe der maximalen Größe von zwischengespeicherten Dateien in Megabyte.
	`minblocks=zahl` — Angabe der minimalen Anzahl an Festplattenblöcken, die für die Zwischenspeicherung verwendet werden dürfen. Die Angabe muss in Prozent relativ zur Gesamtzahl der Datenblöcke des Front-Filesystems erfolgen. Die Standardeinstellung ist 0%.
	`minfiles=zahl` — Angabe der minimalen Anzahl von Dateien, die zwischengespeichert werden dürfen. Die Angabe muss in Prozent relativ zur Gesamtzahl der Dateien des Front-Filesystems erfolgen. Die Standardeinstellung ist 0%.
	`threshblocks=zahl` — Anzahl der Gesamtblöcke im gesamten Front-Filesystem in Prozent, ab der von `cachefs` nur noch der unter `minblocks` angegebene Wert verwendet werden darf. Die Standardeinstellung ist 85%.
	`threshfiles=zahl` — Anzahl der Dateien im gesamten Front-Filesystem in Prozent, ab der von `cachefs` nur noch der unter `minfiles` angegebene Wert verwendet werden darf. Die Standardeinstellung ist 85%.
-s	Wenn ein `cachefs` mit der Option `demandconst` gemountet wurde, erfolgt mit dieser Option eine Konsistenzüberprüfung.
-u	Erhöhen der Konfigurationsparameter des `cachefs`, wobei die zwischengespeicherten Dateisysteme zuerst ungemountet werden müssen. Beim erneuten Mounten werden die erhöhten Werte gültig.

Tabelle 18.5: Die Optionen des Befehls `cfsadmin` *(Forts.)*

Im nachfolgenden Beispiel wird das Verzeichnis /cache1 für die Zwischenspeicherung von Dateisystemen unter Angabe der maximalen und minimalen Blockanzahl erstellt:

```
# cfsadmin -c -o maxblocks=40,minblocks=30,threshblocks=35 /cache1
```

Der nächste Befehl gibt die Informationen zum neu angelegten `cachefs`-Dateisystem aus:

```
# cfsadmin -l /cache1
cfsadmin: list cache FS information
   maxblocks     40%
   minblocks     30%
   threshblocks  35%
   maxfiles      90%
   minfiles       0%
   threshfiles   85%
   maxfilesize    3MB
```

Der Befehl cachefslog

Dieser Befehl protokolliert die Aktivitäten des `cachefs` mit. Die Syntax des Befehls lautet:

```
# cachefslog -option(en) cachefs
```

Der Befehl kennt folgende Optionen:

Option	Beschreibung
-f datei	Schreibt das Protokoll in eine Datei. In der Regel befindet sich die Protokolldatei mit dem Namen `cachefslog` im Verzeichnis `/var/adm`.
-h	Beenden der Protokollierung.

Tabelle 18.6: Die Optionen des Befehls `cachefslog`

Mit folgendem Befehl lässt sich die Protokollierung aktivieren:

```
# cachefslog -f /var/adm/cachefslog /cache1
```

Der Befehl cachefsstat

Dieser Befehl gibt eine Statistik zu einem `cachefs` aus, mit deren Hilfe die Effektivität des Cache überprüft werden kann. Ohne Angabe des Dateisystems wird die Statistik für alle vorhandenen `cachefs`-Dateisysteme ausgegeben. Die Option -z setzt die Statistik zurück. Vor der Ausgabe der Statistik muss die Protokollierung mit Hilfe des Befehls `cachefslog` aktiviert werden.

Im folgenden Beispiel wird die Statistik für im vorherigen Abschnitt angelegte `cachefs` ausgegeben:

```
# cachefsstat /usr/share
   /usr/share
     cash hit rate:          67% (12821 hits, 5876 misses)
```

```
consistency checks:      23451 (23447 pass, 4 fail)
modifies:                19
garbage collection:      1
last garbage collection: Wed Sep  3 12:34:12 2001
```

Der Befehl cachefswssize

Mit Hilfe dieses Befehls lässt sich ausgeben, wie viel Platz die Zwischenspeicherung für die durch `cachefs` verwalteten Dateisysteme als Höchststand (`high water size`) und als Endstand (`end size`) beansprucht. Auch die Gesamtgröße des Zwischenspeichers seit Beginn der Statistikprotokollierung (`initial`) wird ausgegeben. Damit lässt sich ermitteln, wie viel Platz das `cachefs` benötigt, und die Einstellungen können entsprechend angepasst werden:

```
# cachefswssize /var/adm/cachefslog
    /usr/share
        end size:           138k
        high water size:   2514k
...
    total for cache:
        initial size:      1884k
        end size:          3450k
        high water size:   4124k
```

Der Befehl cachefspack

Mit diesem Befehl ist es möglich, bestimmte Dateien und Verzeichnisse schon von vornherein zwischenzuspeichern, um den Zugriff darauf zu beschleunigen. Der Befehl kennt folgende Optionen:

Option	Beschreibung
-f *datei*	Angabe einer Datei, die eine Liste von Dateien und Verzeichnissen enthält, die von vornherein zwischengespeichert werden sollen. Sie befindet sich in der Regel im Homeverzeichnis eines Benutzers unter dem Namen .packingrules.
-i	Ausgabe von Informationen über fest gecachte Dateien.
-h	Ausgabe einer Übersicht über diese Optionen.
-i *datei(en)*	Zwischenspeichern der angegebenen Dateien. Verzeichnisse werden rekursiv gecacht.

Tabelle 18.7: Die Optionen des Befehls cachefspack

Option	Beschreibung
-u datei(en)	Entfernen der angegebenen Dateien aus dem Zwischenspeicher.
-U verzeichnis	Entfernen aller Dateien und Unterverzeichnisse des angegebenen Verzeichnisses aus dem Cache-Speicher.
-v	Anzeige von weiteren Ausgaben.

Tabelle 18.7: Die Optionen des Befehls cachefspack *(Forts.)*

Der Befehl mount

Der Befehl mount wurde bereits in Tag 12 und 17 hinsichtlich des Mountens von ufs- und nfs-Dateisystemen ausführlich erläutert. Dieser Tag beschreibt nur zusätzlich die Mountoptionen für das cachefs:0

Option	Beschreibung
acdirmax=zahl	Änderungen bei einem Verzeichnis werden höchstens für die angegebene Anzahl von Sekunden zwischengespeichert. Der Standardwert ist 30.
acdirmin=zahl	Änderungen bei einem Verzeichnis werden mindestens für die angegebene Anzahl von Sekunden zwischengespeichert. Der Standardwert ist 30.
acregmax=zahl	Dateiattribute werden höchstens für die angegebene Anzahl von Sekunden nach einer Dateiänderung zwischengespeichert. Der Standardwert ist 30.
acregmin=zahl	Dateiattribute werden mindestens für die angegebene Anzahl von Sekunden nach einer Dateiänderung zwischengespeichert. Der Standardwert ist 30.
actimeo=zahl	Die Werte der Optionen acregmin, acregmax, acdirmin und acdirmax werden auf den angegebenen Wert in Sekunden gesetzt.
backfstype=fstyp	Angabe des Dateisystemtyps, der durch cachefs zwischengespeichert wird.
backpath=verzeichnis	Angabe des Mountpoints eines bereits zwischengespeicherten und eingehängten Dateisystems.
cachedir=verzeichnis	Angabe des Verzeichnisses, das cachefs für die Zwischenspeicherung der Daten verwenden soll und das bereits mit cfsadmin angelegt worden sein muss.
cacheid=id	Angabe einer Cache-ID, um ein zwischengespeichertes Dateisystem zu kennzeichnen. Ohne diese Option erfolgt eine automatische Kennzeichnung.

Tabelle 18.8: Mountoptionen des Dateisystems cachefs

Option	Beschreibung
demandconst	Die Konsistenz zwischen den gecachten Daten und denen des Back-Filesystems wird nur auf ausdrücklichen Wunsch durch den Befehl cfsadmin überprüft.
local-access	Die Zugriffsrechte für Dateien werden aus dem Zwischenspeicher gelesen. Standardmäßig werden diese Rechte dem Back-Filesystem entnommen.
noconst	Zwischen gecachten Daten und denen des Back-Filesystems soll keine Konsistenzprüfung stattfinden.
not_shared	Ein Schreibvorgang wird sowohl auf die gecachte Datei als auch auf die Originaldatei im Back-Filesystem durchgeführt. Dies sollte nur verwendet werden, wenn nur ein Benutzer schreibend auf eine Datei zugreifen kann.
purge	Löschen von eventuell bereits gecachten Daten.
write_around	Schreibvorgänge werden direkt auf dem Back-Filesystem vorgenommen und die Datei wird aus dem Zwischenspeicher gelöscht.

Tabelle 18.8: Mountoptionen des Dateisystems cachefs (Forts.)

Im nachfolgenden Beispiel wird ein cachefs unter Angabe des Dateisystemtyps des Back-Filesystems, des Cache-Verzeichnisses und der Cache-ID gemountet:

```
# mount -F cachefs -o backfstype=nfs,cachedir=/cache1, cacheid=cachedata suso2:/export/home/daten /daten
```

Der Befehl fsck

Der Befehl fsck wurde bereits ausführlich in Zusammenhang mit der Überprüfung von ufs-Dateisystemen in Tag 12 erläutert. Mit der Option -F cachefs kann der Befehl auch cachefs-Dateisysteme überprüfen, wobei ein entsprechender Eintrag in der Datei /etc/vfstab möglich ist. Der Befehl kennt in diesem Fall folgende Optionen:

Option	Beschreibung
-m	Überprüfung ohne Durchführung einer Reparatur.
-o noclean	Erzwingen einer Überprüfung, auch wenn das Statusflag keinen Fehler des Dateisystems ausweist.

Tabelle 18.9: Die cachefs-Optionen des Befehls fsck

Das Dateisystem cachefs und Auto-Clients

Ein Auto-Client erhält sein Betriebssystem und seine Anwendungen von einem NFS-Server. Dadurch vermindert sich der Verwaltungsaufwand für einen Administrator. Im Gegensatz zu Diskless-Clients wird der Swap-Bereich beim Auto-Client lokal konfiguriert, um die Netzwerkbelastung zu verringern und die Performance zu verbessern. Außerdem werden in der Regel die Lesezugriffe über ein cachefs zwischengespeichert, was zu einer weiteren Zugriffsbeschleunigung führt.

> Installation und Verwaltung eines Auto-Clients erfolgen entweder mit der Solstice Adminsuite oder mit Hilfe des Befehls admhostadd.

18.7 Zusammenfassung

In diesem Tag erfuhren Sie, was der Automounter ist und wie er arbeitet. Sie kennen nun das Dateisystem autofs und wissen, wie Sie auf ein autofs-Verzeichnis zugreifen. Die für den Automounter notwendigen Prozesse wurden erläutert. Sie kennen die Befehle zur Konfigurierung des Automounters bzw. zur Anzeige der Einstellungen zum Automounter. Im Anschluss wurden die Konfigurationsdateien des Automounters erklärt und Sie lernten die unterschiedlichen Arten von Automounter-Maps, wie zum Beispiel die Master-Map, kennen.

Schließlich wurden noch der Zweck des Dateisystems cachefs und die Befehle zur Verwaltung dieses Dateisystems beschrieben. Der letzte Abschnitt beschäftigte sich mit dem Thema cachefs und Auto-Clients.

18.8 F&A

F   In meinem Netzwerk werden verschiedene NFS-Ressourcen per Automounter gemountet. Ich habe nun in den Konfigurationsdateien einen weiteren Automount-Eintrag hinzugefügt. Muss ich das System neu starten?

   A   Nein, es genügt, wenn Sie den Befehl automount aufrufen, denn dadurch liest der Daemon automountd die Konfigurationsdateien neu ein.

F   Ich habe eine neue indirekte Map erzeugt, um einen neuen Automount-Eintrag zu erzeugen. Obwohl ich den Befehl `automount` gestartet habe, wird der neue Automount-Eintrag ignoriert. Woran kann das liegen?

A   Überprüfen Sie, ob Sie die neu erzeugte Map auch in das Master-Map integriert haben. Alle Maps werden über das Master-Map eingelesen.

F   Ich möchte die Statistiken der Aktivitäten meines neu erzeugten `cachefs` ausgeben, aber ich erhalte keine Daten. Ich verwende dazu den Befehl `cachefsstat`, ist das korrekt?

A   Ja, der Befehl ist korrekt, um die Statistiken auszugeben. Allerdings müssen Sie zuvor mit dem Befehl `cachefslog` die Protokollierung der `cachefs`-Aktivitäten gestartet haben, um mit dem Befehl `cachefsstat` eine Ausgabe zu erhalten.

18.9 Übungen

1. Konfigurieren Sie einen NFS-Server so, dass das Verzeichnis `/usr/share/man` freigegeben ist. Legen Sie nun auf einem Client ein Verzeichnis `/manual` an und fügen Sie im Master-Map einen Bezug auf ein Direct-Map ein.

2. Erstellen Sie das Direct-Map und fügen Sie einen Eintrag für das automatische Mounten der NFS-Freigabe aus Punkt 1 unter dem Verzeichnis `/manual` hinzu.

3. Verwenden Sie den Befehl `automount`, um den neuen Eintrag zu aktivieren, und überprüfen Sie, ob der Automount-Vorgang erfolgreich ist.

4. Mounten Sie das Verzeichnis `/usr/share/man` des NFS-Servers als `cachefs`-Dateisystem und lassen Sie sich die Daten des `cachefs`-Dateisystems anzeigen.

5. Aktivieren Sie die Protokollierung des `cachefs` mit dem Befehl `cachefslog` und lassen Sie sich die Statistiken mit dem Befehl `cachefsstat` anzeigen.

Tag 19

Autoinstallation (Jumpstart)

Autoinstallation (Jumpstart)

An diesem Tag erfahren Sie, was Jumpstart bedeutet und wie ein Jumpstart-Server konfiguriert ist. Das heißt, Sie lernen die Vorteile einer automatischen Installation von Clients kennen. Es wird erläutert, wie ein Regelwerk für die Installation erstellt und wie die Installationsdatei für die Autokonfiguration aufgebaut ist. Danach erfahren Sie, wie die Autoinstallation getestet und der Install-Client konfiguriert wird. Es werden kurz die Möglichkeiten einer lokalen Autoinstallation beschrieben, bevor eine Erläuterung der Autoinstallation über das Netzwerk im Detail erfolgt. Dabei werden die Rechnertypen und die Serverkonfiguration näher betrachtet. Schließlich sehen Sie noch, wie eine Autoinstallation gestartet werden kann.

19.1 Voraussetzungen und Rechnertypen

Mit Hilfe der Autoinstallation lässt sich die Installation von Solaris in einem Netzwerk automatisieren. Die Rechner im Netz werden dazu in Kategorien bzw. Klassen anhand ihrer Eigenschaften eingeteilt, wodurch sie einem bestimmten Installationsprofil zugeordnet werden können. Dies bietet den Vorteil, dass der Verwaltungsaufwand in Netzwerken mit häufig notwendigen Installationen des Betriebssystems beträchtlich verringert werden kann.

Der Install-Client startet dabei genau wie ein Diskless-Client über das Netzwerk, die Installation wird über Namensdienste wie NIS oder NIS+ oder die Konfigurationsdatei `sysidcfg` automatisch durchgeführt. Dazu sendet der Install-Client ein Broadcast, um den Nameserver zu kontaktieren. Bleibt der Broadcast erfolglos, wird das System interaktiv über die Konsole identifiziert. Das System wird anschließend über die Autoinstallation konfiguriert.

Die Grundlage der Autoinstallation bildet ein in Dateien abgebildetes Regelwerk, mit dessen Hilfe ein Install-Client ausgewählt und die Installationsart und -konfiguration definiert werden.

> Die Konfiguration der Autoinstallation erfolgt entweder mit den in den nachfolgenden Abschnitten vorgestellten Shellskripten oder mit Solstice Adminsuite.

Einem Administrator bieten sich folgende Vorteile, wenn er Jumpstart verwendet:

- Bei der Installation von vielen gleichartigen Systemen bedeutet diese Vorgehensweise eine große Zeitersparnis.
- Die Installation erfolgt nicht interaktiv, so dass zusätzlich Zeit gespart wird, weil keine Fragen beantwortet werden müssen.
- Ohne großen Mehraufwand ist es möglich, zusätzliche Software zu installieren.

- Mit Hilfe von Postinstallationsskripten lässt sich außerdem auch die Systemkonfiguration automatisch verändern.
- Es kann mit vielen System gleichzeitig eine parallele Installation durchgeführt werden.
- Auch die Aktualisierung von Anwendungen wird dadurch vereinfacht.

Für eine Jumpstart-Konfiguration sind drei Komponenten notwendig, die gemeinsam verwendet werden müssen:

- Ein Installationsserver mit dem auf der Festplatte oder CD-ROM befindlichen Image des Betriebssystems Solaris, das der Client per NFS mounten kann.

- Ein Bootserver, der sich im gleichen Subnetz wie der Install-Client befindet und diesem das primäre Bootprogramm, das root-Dateisystem und die wichtigsten Installationsdaten, wie zum Beispiel die IP-Adresse, zur Verfügung stellt. Des Weiteren liefert er zentrale Bootparameter mit den Namen des Installations- und Konfigurationsservers und auch die Verzeichnispfade für notwendige NFS-Mounts. Normalerweise kann der Installationsserver diese Aufgaben mit übernehmen und ein separater Bootserver ist nur notwendig, wenn sich der Installationsserver nicht im gleichen Subnetz wie der Client befindet.

- Ein Konfigurations- oder Regelwerkserver, der in einem bestimmten Verzeichnis die Regeln für die Konfiguration für den Client zur Verfügung stellt. Diese legen die Partitionierung des Clients und den Umfang der Installation fest. Dieser Server kann außerdem für unterschiedliche Arten von Install-Clients verschiedene Installationsprofile liefern.

Eventuell benötigt man noch einen Identifikationsserver, wenn vom Namensdienst nicht alle Daten zur Verfügung gestellt werden, um auf die Datei `sysidcfg` zuzugreifen. Diese Funktionen können von einem oder von verschiedenen physikalischen Servern zur Verfügung gestellt werden. Die einzige Bedingung dabei ist, dass der Bootserver und der Install-Client im gleichen Subnetz eingebunden sein müssen.

> Wird eine der oben genannten Komponenten fehlerhaft oder nicht konfiguriert, dann bootet der Install-Client entweder nicht oder er findet kein Image des Betriebssystems oder er beginnt damit, interaktiv zu fragen.

19.2 Regelwerk erstellen

Zuerst sollte eine `rules`-Datei oder ein so genanntes Regelwerk erstellt werden. Im Anschluss erfolgt über `profile`- oder so genannte `class`-Dateien eine Definition der Installation und Skripte für die vorherige oder nachträgliche Bearbeitung der Installation können erstellt werden. Im nächsten Schritt können die Boot- und Installationsserver konfiguriert und gegebenenfalls die Datei sysidcfg oder ein Namensdienst bereitgestellt werden.

Der Install-Client kann dann über das Netzwerk oder lokal hochgefahren werden, wobei der Bootserver und der Namensdienst oder die Datei sysidcfg ihm seine Identität zuweisen. Außerdem erfolgt die Installation der ihm zugeordneten Pakete des Betriebssystems und der Anwendungen.

Das für den Installationsumfang und die Betriebssystemkonfiguration notwendige Regelwerk besteht aus verschiedenen Dateien, die nach dem Erstellen getestet, in ein bestimmtes Verzeichnis abgelegt und für den NFS-Zugriff freigegeben werden müssen.

Die Datei rules

Wenn der Install-Client hochgefahren wird, ermittelt das Installationsprogramm die vorhandene Hardware und gegebenenfalls auch die bereits installierte Betriebssystemsoftware. Davon abhängig ist es möglich, gleichartige Rechner in Klassen einzuteilen, wobei ein Klassenmerkmal zum Beispiel die Festplattengröße, der Netzwerkanteil der IP-Adresse oder der Hauptspeicher des Rechners sein kann. Ein zu installierender Rechner erhält dann abhängig von seiner Klasse einen bestimmten Installationsumfang, wobei die Spezifikationen der Klasse durch eine Datei , die zwingend rules oder rules.ok heißen muss, auf dem Installationsserver definiert werden.

> Sie finden im Verzeichnis /cdrom/cdrom0/s0/Solaris_8/Misc/ Jumpstart_sample auf der Betriebssystem-CD-ROM 1 von 2 zu Solaris 9 eine Beispieldatei.

Die Datei rules klassifiziert also die Rechner im Netzwerk. Sie wird Zeile für Zeile gelesen und für jede Zeile wird überprüft, ob diese für das Clientsystem gültig ist. Die im ersten übereinstimmenden Eintrag angegebene class-Datei wird dann verwendet. Jede Zeile der Datei rules hat fünf Felder und folgende Syntax:

[!] id-schlüssel id-wert [&& [!] id-schlüssel id-wert]* startskript class-datei endeskript

Die Felder haben folgende Bedeutung:

Feld	Beschreibung
id-schlüssel	Ein vorgegebenes Schlüsselwort, um eine Eigenschaft des Install-Clients zu beschreiben, wie zum Beispiel die Hauptspeichergröße, die Festplattengröße oder die Kernelarchitektur.
id-wert	Der dem Schlüsselwort zugewiesene Wert.

Tabelle 19.1: Die Felder der Datei rules

Regelwerk erstellen

Feld	Beschreibung
startskript	Der Name des Skripts, das als Startskript dient. Es muss ein Minuszeichen - angegeben werden, wenn kein Startskript verwendet wird.
class-datei	Der Name der class-Datei, der frei wählbar ist.
endeskript	Der Name des Endeskripts oder ein Minuszeichen.

Tabelle 19.1: Die Felder der Datei rules (Forts.)

Es können außerdem folgende Sonderzeichen verwendet werden:

Sonderzeichen	Beschreibung
&&	Mit Hilfe dieser Symbole verknüpfen Sie mehrere Bedingungen durch ein logisches *Und*.
!	Über dieses Symbols negieren Sie eine Bedingung.
#	Um Kommentare in der Datei rules einzufügen, verwenden Sie dieses Symbol.

Tabelle 19.2: Die Sonderzeichen der Datei rules

In der Datei rules können bestimmte Schlüsselwörter verwendet werden:

Schlüsselwörter	Beschreibung
any	Jeder Rechner wird für die in dieser Zeile angegebene Installationsart ausgewählt, es wird also keine Klassifizierung vorgenommen. Wird diese Zeile als letzte in der Datei rules angegeben, werden alle Rechner, die nicht zu den vorherigen Klassifizierungen passten, auf diese Weise konfiguriert. Die Zeile hat in diesem Fall folgende Syntax: **any** - startskript class-datei endeskript
arch	Dieses Schlüsselwort definiert die Hardware-Architektur eines Systems als Installationsmerkmal, zum Beispiel mit sparc oder i386. Die Hardware-Architektur kann mit dem Befehl uname -p ausgegeben werden. Die Zeile hat in diesem Fall folgende Syntax: **arch** architektur startskript class-datei endeskript

Tabelle 19.3: Die Schlüsselwörter der Datei rules

Schlüsselwörter	Beschreibung
disksize	Dieses Schlüsselwort verwendet die Festplattengröße als Merkmal. Es muss der Gerätename, zum Beispiel c1t3d0, oder die Variable root_disk für die Systemfestplatte und eine Größe in Megabyte angegeben werden. Die Zeile hat in diesem Fall folgende Syntax: **disksize** *gerätename grösse startskript class-datei endeskript*
domainname	Wenn ein Namensdienst verwendet wird, kann der Domainname das Schlüsselwort für den Install-Client sein. Wenn das Schlüsselwort mit dem Domainnamen des Install-Clients übereinstimmt, wird die Installation begonnen. Die Information kann auf dem Client mit dem Befehl domainname ausgegeben werden. Die Zeile hat in diesem Fall folgende Syntax: **domainname** *domainname startskript class-datei endeskript*
hostname	Mit Hilfe dieses Schlüsselworts lässt sich abhängig vom Rechnernamen eine für diesen Rechner definierte Installationsroutine aufrufen. Der Rechnername kann mit dem Befehl uname -n oder hostname ausgegeben werden. Die Zeile hat in diesem Fall folgende Syntax: **hostname** *rechnername startskript class-datei endeskript*
installed	Dieses Schlüsselwort überprüft, ob sich auf der angegebenen Partition, zum Beispiel c1t3d0s3, eine bestimmte Version des Betriebssystems befindet, zum Beispiel Solaris_2.6. Es ist möglich, statt einer Version das Schlüsselwort any einzugegeben, wenn eine beliebige Version installiert sein darf, oder auch das Schlüsselwort upgrade, das für alle aktualisierbaren Versionen verwendet werden kann. Die Zeile hat in diesem Fall folgende Syntax: **installed** *partition version startskript class-datei endeskript*
karch	Dieses Schlüsselwort gibt den Plattformtyp, das heißt die Kernelarchitektur, als Kriterium an. Die Zeile hat in diesem Fall folgende Syntax: **karch** *kernelarchitektur startskript class-datei endeskript*
memsize	Mit diesem Schlüsselwort wird die Hauptspeichergröße des Rechners definiert, die in Megabyte oder als Bereich in Megabyte angegeben werden kann. Die Zeile hat in diesem Fall folgende Syntax: **memsize** *grösse startskript class-datei endeskript* Ein Bereich wird mit Start- und Endgröße angegeben, getrennt durch einen Bindestrich.
model	Dieses Schlüsselwort definiert das Hardware-Modell des Install-Clients. Modellnamen mit Leerzeichen müssen in Hochkommata gefasst werden. Die Zeile hat in diesem Fall folgende Syntax: **model** *modellname startskript class-datei endeskript*

Tabelle 19.3: Die Schlüsselwörter der Datei rules *(Forts.)*

Schlüsselwörter	Beschreibung
network	Mit diesem Schlüsselwort werden Systeme im genannten Netzwerk neu installiert. Es muss die IP-Adresse des Netzwerks verwendet werden, wobei die Subnetzmaske des Systems vorgibt, welcher Anteil der IP-Adresse als Netzwerkadresse gelesen wird. Alle Rechner mit dieser Netzwerkadresse werden dann installiert. Die Zeile hat in diesem Fall folgende Syntax: **network** *netzwerkadresse startskript class-datei endeskript*
osname	Mit diesem Schlüsselwort wird eine bestimmte Version des Betriebssystems definiert, zum Beispiel Solaris_2.6, wodurch alle Rechner mit dieser Betriebssystemversion neu installiert werden. Die Zeile hat in diesem Fall folgende Syntax: **osname** *version startskript class-datei endeskript*
totaldisk	Dieses Schlüsselwort kann einen Bereich für die komplette Größe aller Festplatten eines Rechners in Megabyte als Kriterium verwenden. Wenn die Kapazität in diesem Bereich liegt, wird eine Installation vorgenommen. Die Zeile hat in diesem Fall folgende Syntax: **totaldisk** *festplattengrösse startskript class-datei endeskript*

Tabelle 19.3: Die Schlüsselwörter der Datei rules *(Forts.)*

Im Folgenden sehen Sie ein Beispiel für eine rules-Datei:

```
# cat rules
hostname   suso1                         -    host_class      set_root_passwd
hostname   sun11                         -    basic_class     -
network    192.103.139.0 && ! model 'SUNW,Sun-Blade-100'   -    class_net    -
model      'SUNW,Sun-Blade-100'          -    class_sparc     all_ultra
memsize    128  && arch sparc            -    prog_class      -
any        -                             -    general_class   -
```

Die erste Regel gilt für einen Client mit dem Rechnernamen *suso1*, für den die class-Datei host_class und das Endeskript set_root_passwd ausgeführt wird.

Die nächste Regel gilt für einen Client mit dem Rechnernamen *sun11*, dessen class-Datei basic_class heißt.

Die dritte Regel gilt für einen Client in einem Netzwerk mit der Adresse 192.103.139.0, der keine SunBlade ist. Verwendet wird die class-Datei class_net und es gibt kein Start- oder Endeskript.

Die vierte Regel gilt für einen Rechner vom Modell SunBlade, für den die class-Datei class_sparc und das Endeskript all_ultra ausgeführt wird.

Die fünfte Regel gilt für einen Client mit einem RAM-Speicher von 128 Megabyte Größe und einer Sparc-Hardware. Die auszuführende class-Datei heißt prog_class.

Die letzte Regel gilt für alle übrigen Rechner, wobei es kein Start- und Endeskript gibt und die class-Datei general_class verwendet wird.

Die class-Datei

Nachdem die Datei `rules` erstellt ist, müssen alle darin verwendeten `class`-Dateien angelegt werden. Die Namen dieser Dateien sind frei wählbar. Die `class`-Datei bestimmt den Installationstyp, die Partitionierung, die Konfiguration des Swapbereichs und den Installationsumfang. Auch diese Parameter werden wieder durch Schlüsselwerte definiert.

Es können folgende Schlüsselwörter verwendet werden:

Schlüsselwort	Beschreibung
`backup_media` *gerätetyp gerät*	Dieses Schlüsselwort wird nur für Upgrades des Betriebssystems verwendet. Es legt das Sicherungsmedium fest, das verwendet wird, wenn ein Dateisystem zu wenig Festplattenplatz hat und während des Upgrades gesichert werden muss: `local_diskette` – Angabe des Gerätenamens des Diskettenlaufwerks, zum Beispiel `/dev/rdiskette`. `local_filesystem` – Angabe einer lokalen Festplattenpartition, zum Beispiel `/dev/dsk/c0t0d0s5`, oder eines lokalen Mountpoints. `local_tape` – Angabe des Gerätenamens des Bandlaufwerks, zum Beispiel `/dev/rmt/0`. `remote_filesystem` – Angabe eines NFS-Dateisystems, zum Beispiel `suso1:/backup`. `remote_system` – Angabe eines Rechners im Netzwerk, auf den ein Remote-Copy durchgeführt wird, zum Beispiel `her@suso1:/backup`, wobei eine Trusted-Host-Umgebung eingerichtet sein muss (vgl. Tag 18).
`boot_device` *gerät eeprom*	Angabe der Festplatte, von der nach der Installation der Install-Client das System hochfahren soll und die als Bootgerät in den NVRAM eingetragen werden soll. Es kann entweder der Gerätename oder das Schlüsselwort `existing` verwendet werden, womit die bisherigen Einstellungen des Install-Clients übernommen werden. Das Schlüsselwort `any` bedeutet, dass eine beliebige Festplatte vom System gewählt werden kann. Der NVRAM-Eintrag lässt sich mit folgenden Schlüsselwörtern festlegen: `update` – neue Einstellung im NVRAM übernehmen. `preserve` – Einstellungen des NVRAM beibehalten.
`client_arch` *architektur*	Wenn als Systemtyp `server` ausgewählt wurde (siehe auch Schlüsselwort `system_type` in der folgenden Tabelle), kann mit Hilfe dieses Schlüsselworts der Typ der Architektur der unterstützten Autoclients und Diskless Clients angegeben werden.

Tabelle 19.4: Die Schlüsselwörter der `class`-*Datei*

Regelwerk erstellen

Schlüsselwort	Beschreibung
client_root *grösse*	Wenn als Systemtyp server ausgewählt wurde (siehe auch Schlüsselwort system_type in der folgenden Tabelle), kann mit Hilfe dieses Schlüsselworts die Größe des *root*-Dateisystems für jeden Diskless-Client auf dem Server angegeben werden. Der Standardwert sind 15 Megabyte.
client_swap *grösse*	Wenn als Systemtyp server ausgewählt wurde (siehe auch Schlüsselwort system_type in der folgenden Tabelle), kann mit Hilfe dieses Schlüsselworts die Größe des Swap-Bereichs für jeden Diskless-Client auf dem Server angegeben werden. Der Standardwert sind 24 Megabyte.
cluster *clustername* add | delete	Angabe eines der Clusternamen zur Definition des zu installierenden Betriebssystemumfangs. Mögliche Werte sind: SUNWCreq – Solaris Basissystem SUNWCuser – Solaris Endbenutzersystem SUNWCprog – Solaris Entwicklersystem SUNWCall – Vollständige Installation SUNWCXall – Vollständige Installation plus OEM-Pakete
dontuse *gerät*	Mit diesem Schlüsselwort lassen sich Festplatten angeben, die von der Installation nicht verwendet werden dürfen, auch wenn sie vorhanden sind. Der Eintrag darf mehrmals in einer Installationsdatei verwendet werden.
fdisk *gerät typ grösse*	Dieses Schlüsselwort steht nur bei der INTEL-Version zur Verfügung und ermöglicht die Einteilung der Festplatte eines INTEL-Rechners in verschiedene Partitionen, wobei eine Partition für Solaris verwendet werden muss. Zuerst wird als Argument der Gerätename der Festplatte angegeben oder eines der folgenden Schlüsselwörter verwendet: all – Auswahl aller Platten. rootdisk – Auswahl der Systemfestplatte. Im Anschluss erfolgt die Angabe des Partitionstyps, zum Beispiel solaris oder dosprimary. Zuletzt wird die Partitionsgröße angegeben, wobei für die Angabe in Megabyte ein m an die Zahl gehängt wird. Weitere Möglichkeiten für die Angabe der Größe sind: all – die Partition reicht über die ganze Festplatte. maxfree – die Partition belegt den restlichen freien Platz der Festplatte. delete – Löschen der angegebenen Partition.

Tabelle 19.4: Die Schlüsselwörter der class*-Datei (Forts.)*

Schlüsselwort	Beschreibung
filesys *gerät grösse datei-system parameter*	Mit Hilfe dieses Schlüsselworts kann eine Festplatte auf einem Sparc-Rechner explizit definiert und mit Dateisystemen versehen werden. Auch dieses Schlüsselwort lässt sich mehrmals in einer Installationsdatei verwenden. Das erste Argument kann der logische Gerätename der Festplatte oder ein weiteres Schlüsselwort sein, und zwar: any – Auswahl einer beliebigen Partition durch die Installationssoftware. rootdisk.*partition* – Angabe der Partition. Das zweite Argument beinhaltet die Größe in Megabyte oder eines der folgenden Schlüsselwörter: existing – die Größe einer bestehenden Partition soll erhalten bleiben. auto – automatisches Zuweisen der Größe durch die Installationssoftware. free – Zuweisen des noch freien Festplattenplatzes. Das dritte Argument ist der Mountpoint oder eines der folgenden Schlüsselwörter: overlap – Anlegen einer übergreifenden virtuellen Partition. unnamed – Anlegen einer Partition ohne Dateisystem (Standardeinstellung). ignore – Anlegen einer Partition, die Solaris ignorieren soll. swap – Anlegen einer Swap-Partition. Als letztes Argument können verschiedene Optionen angegeben werden, wie zum Beispiel preserve, um ein bestehendes Dateisystem vor Änderungen zu bewahren. Die angegebenen Dateisysteme werden nach dem Erzeugen auf dem Client in die Datei /etc/vfstab eingetragen.
filesys *hostname:verzeichnis ip-adresse mountpoint parameter*	Das Schlüsselwort lässt sich auch zum Anlegen von NFS-Dateisystemen verwenden, indem der Hostname und das freigegebene Verzeichnis sowie die IP-Adresse des NFS-Servers angegeben werden. Danach wird der Mountpoint festgelegt und anschließend können noch Mountoptionen definiert werden. Die angegebenen Dateisysteme werden nach dem Erzeugen in die Datei /etc/vfstab eingetragen.
install_type initial_install | upgrade	Dieses Schlüsselwort muss sich in jeder Installationsdatei an erster Stelle befinden. Bei der Auswahl initial_install erfolgt eine Neuinstallation, mit upgrade wird eine Aktualisierung des Betriebssystems vorgenommen.
isa_bits 32 | 64	Mit diesem Schlüsselwort kann ausgewählt werden, ob die 32- oder die 64-Bit-Version des Betriebssystems installiert werden soll.

Tabelle 19.4: Die Schlüsselwörter der class*-Datei (Forts.)*

Regelwerk erstellen

Schlüsselwort	Beschreibung
layout_constraint *gerät schlüsselwort grösse*	Dieses Schlüsselwort wird nur für Upgrades des Betriebssystems verwendet. Damit lassen sich Dateisysteme vergrößern, die für ein Upgrade zu klein sind, und andere Dateisysteme verkleinern, deren Platz benötigt wird. Für diese Aktion ist ein Eintrag des Dateisystems in der Datei /etc/vfstab notwendig (siehe auch Schlüsselwort filesys). Zuerst erfolgt die Angabe des Geräts, dann das Schlüsselwort, das die Veränderungen des Dateisystems bestimmt. Dazu gehören: available – der Speicherplatz des Dateisystems kann für Änderungen verwendet werden. Das Dateisystem darf nicht in der Datei /etc/vfstab eingetragen sein. changeable – das Umkopieren und das Ändern der Größe des Dateisystems wird zugelassen. collapse – Aufnahme eines untergeordneten in ein übergeordnetes Dateisystem, wodurch dessen Festplattenplatz freigegeben wird. moveable – das Dateisystem darf nur umkopiert, aber nicht in der Größe geändert werden. Das letzte Argument legt die Mindestgröße fest.
locale *lokalname*	Mit diesem Schlüsselwort werden alle Pakete in der angegebenen internationalen Version eingespielt. Durch die Angabe locale de erfolgt zum Beispiel die Installation der deutschsprachigen Pakete.
num_clients *zahl*	Wenn als Systemtyp server ausgewählt wurde, lässt sich mit Hilfe dieses Schlüsselworts die Anzahl der unterstützten Autoclients und Diskless Clients angeben. Der Standardwert ist 5.
package *paketname* add | delete	Mit diesem Schlüsselwort können einzelne Software-Pakete hinzugefügt oder entfernt werden. Das Schlüsselwort package darf mehrmals in einer Installationsdatei verwendet werden. Beim Einspielen von Anwendungsprogrammen müssen sich deren Pakete im gleichen Verzeichnis wie die Betriebssystemsoftware befinden.
partitioning default | existing | explicit	Dieses Schlüsselwort legt fest, wie die Festplatten partitioniert werden sollen. Eine automatische Partitionierung wird mit default entsprechend dem Installationsumfang durchgeführt. Die Angabe existing behält die bisherige Partitionierung bei und explicit bedeutet, dass die Partitionierung mit Hilfe des Schlüsselworts filesys erfolgt.

Tabelle 19.4: Die Schlüsselwörter der class-*Datei (Forts.)*

Autoinstallation (Jumpstart)

Schlüsselwort	Beschreibung
root_device *gerät*	Mit diesem Schlüsselwort wird das *root*-Dateisystem definiert, was bei Festplatten mit mehreren installierten Betriebssystemen wichtig ist. Wird das Schlüsselwort nicht verwendet, dann wird der Wert von boot_device verwendet oder das System nach einem *root*-Dateisystem durchsucht.
system_type standalone | dataless | server	Mit diesem Schlüsselwort erfolgt die Angabe des zu installierenden Rechnertyps. Die Standardvorgabe ist standalone.
usedisk *gerät*	Dieses Schlüsselwort definiert die Festplatten, die für die Partition verwendet werden sollen. Dem Schlüsselwort können mehrere Gerätenamen von Festplatten als Argumente übergeben werden. Das Schlüsselwort dontuse darf nicht gleichzeitig für eine dieser Festplatten verwendet werden.

Tabelle 19.4: Die Schlüsselwörter der class*-Datei (Forts.)*

Das folgende Beispiel zeigt eine class-Datei:

```
# cat general_class
install_type      initial_install
system_type       standalone
cluster           SUNWCuser
package           SUNWman              add
package           SUNWaudmo            add
package           SUNWbash             add
locale            de
isa_bits          64
partitioning      explicit
filesys           rootdisk.s0          400            /
filesys           rootdisk.s1          500            swap
filesys           rootdisk.s2          free           /usr
filesys           suso1:/opt/soffice   192.103.129.7  /opt/soffice
boot_device       c0t0d0s0             update
```

In diesem Beispiel wird eine Neuinstallation für einen Standalone-Rechner durchgeführt, der Installationsumfang umfasst das Enduser-Konfigurationscluster (vgl. Tag 2). Zusätzlich erfolgt eine Installation der Manual-Seiten, der Audio-Tools und der Bourne-Again-Shell. Es werden die deutschsprachige und die 64-Bit-Version verwendet. Die Partitionierung erfolgt nach expliziten Vorgaben, wobei die lokale Festplatte in drei Partitionen für /, swap und /usr aufgeteilt wird. Vom Netzwerkrechner wird die NFS-Freigabe /opt/soffice gemountet.

Start- und Endeskripte

Diese Skripte können beliebige Namen haben, müssen aber im selben Verzeichnis wie die rules- und class-Dateien abgelegt sein. Es handelt sich um normale Shellskripte, wobei das Startskript gelesen wird, bevor die Installation beginnt, und das Endeskript nach der Installation.

Das Startskript lässt sich zum Beispiel zum Sichern von Konfigurationsdaten vor der Installation oder zur Erzeugung einer von der aktuellen Konfiguration abhängigen Installationsdatei verwenden.

Das Endeskript kann nach der Installation automatisch wichtige Konfigurationsaufgaben ausführen, zum Beispiel um Dateien wie /etc/passwd, /etc/shadow, /etc/groups und /etc/inet/hosts auf dem neu installierten Rechner anzupassen.

> Sie sollten dabei beachten, dass während der Installation der Verzeichnisbaum des Install-Clients unter dem Verzeichnis /a gemountet ist.

Wenn Dateien vom Server kopiert werden sollen, muss das Regelverzeichnis durch einen Eintrag in die Shellvariable SI_CONFIG_DIR definiert werden. Der Kopierbefehl kann dann zum Beispiel wie folgt lauten:

```
# cp $SI_CONFIG_DIR/passwd /a/etc/passwd
```

Das Endeskript sollte auch die Passwortabfrage am Ende der Installation automatisch beantworten, damit das System dieses nicht interaktiv abfragt. Dafür und für weitere Endeskripte und Installationsdateien finden Sie Beispieldateien auf der Betriebssystem-CD-ROM von Solaris im Verzeichnis /cdrom/cdrom0/s0/Solaris_8/Misc/Jumpstart_sample.

> Beachten Sie beim Erstellen eines Endeskripts für die Passwortabfrage, dass das Skript das Passwort unverschlüsselt enthält, was ein Sicherheitsrisiko darstellt.

19.3 Autoinstallation testen

Bevor Install-Clients nach dem Erstellen des Regelwerks installiert werden, müssen zunächst eine syntaktische und anschließend eine semantische Überprüfung des Regelwerks erfolgen. Der letzte Schritt sollte dann noch eine erste Testinstallation bei einem Client vorsehen, um hinterher überprüfen zu können, ob die Installation wunschgemäß durchgeführt wurde.

Die Syntaxprüfung

Die Syntaxüberprüfung erfolgt mit Hilfe des Befehls check, der den syntaktischen Aufbau der Datei rules überprüft und daraus die für die Installation eigentlich verwendete Datei erzeugt. Diesen Befehl finden Sie auf der Solaris-Betriebssystem-CD-ROM 1 von 2 im Verzeichnis /cdrom/cdrom0/s0/Solaris_8/Misc/Jumpstart_sample. Sie können den Befehl der Einfachheit halber auf dem Installationsserver in das Verzeichnis /usr/sbin kopieren.

Der Befehl überprüft die Syntax der Datei rules, die sich im aktuellen Verzeichnis befinden muss. Mit der Option -p wird das Verzeichnis angegeben, in dem sich das zu installierende Solaris-Betriebssystem befindet, zum Beispiel:

```
# check -p /cdrom/cdrom0/s0/Solaris_8
Checking validity of rules ...
Checking validity of host_class file ...
Checking validity of basic_class file ...
Checking validity of class_net file ...
Checking validity of class_sparc file ...
Checking validity of prog_class file ...
Checking validity of general_class file ...
The autoinstall configuration is ok.
```

Damit wird eine Datei mit der Bezeichnung rules.ok erzeugt, die das Jumpstart-System verwendet, um die Rechner zu klassifizieren.

Sie können den Befehl check auf für andere Dateien mit Regeln verwenden, dazu muss aber die Option -r angegeben werden. Außerdem wird in diesem Fall keine Datei mit dem Namen rules.ok erstellt.

Die Semantikprüfung

Mit Hilfe des Befehls pfinstall kann ein erster Probelauf der Autoinstallation auf der Grundlage der Datei rules.ok erfolgen. Dieser Befehl spielt die Installation durch und meldet eventuell auftretende Fehler, wie zum Beispiel falsche Angaben zur Partitionierung. Dazu muss aber der Hardware-Aufbau des Install-Clients bekannt sein. Seine Festplattengröße lässt sich mit dem Befehl prtvtoc ermitteln und die Ausgabe des Befehls kann in eine Datei umgelenkt werden. Diese wird dann in das Verzeichnis kopiert, das auch das Regelwerk enthält.

> Sie sollten dabei beachten, dass der Befehl nur erfolgreich sein kann, wenn der Konfigurations- und Installationsserver zu einem System gehören oder auf beiden dieselbe Solaris-Version installiert ist.

Der Befehl hat folgende Syntax:

`# /usr/sbin/install.d/pfinstall -D | -d` *datei* `[-c` *verzeichnis*`]` *class-datei*

Dem Befehl wird als Argument die zu testende `class`-Datei mitgegeben. Er kennt folgende Optionen:

Option	Beschreibung
`-D`	Die Größe der lokalen Festplatte wird für den Simulationslauf verwendet.
`-d` *datei*	Zur Simulation der Größe der Festplatte wird eine Datei verwendet, die die Ausgabe des Befehls `prtvtoc` des Install-Clients enthält.
`-c` *verzeichnis*	Angabe des Verzeichnisses, das die zu installierende Betriebssystemversion enthält.

Tabelle 19.5: Die Optionen des Befehls `pfinstall`

Im nachfolgenden Beispiel wird die Installationsdatei `basic_class` mit Hilfe der Größe der lokalen Festplatte simuliert. Das zu installierende Betriebssystem befindet sich auf der Betriebssystem-CD-ROM:

```
# /usr/sbin/install.d/pfinstall -D -c /cdrom/cdrom0/s0 basic_class
Parsing profile
        0: install_typeinitial_install
        1: locale en_US
        2: system_typestandalone
        3: partitioningdefault
        4: clusterSUNWCuser
...
Installation complete.
Test run complete. Exit status 0.
```

Im nächsten Beispiel wird die Datei *vtoc.txt*, die die Ausgabe des Befehls `prtvtoc` des Install-Clients bzw. eines Rechners gleicher Festplattengröße enthält, verwendet. Das zu installierende Betriebssystem befindet sich dieses Mal im Verzeichnis /export/o_system. Die getestete Datei heißt `class_sparc`:

```
# prtvtoc /dev/dsk/c0t0d0s0 > vtoc.txt
# /usr/sbin/install.d/pfinstall -d vtoc.txt -c /export/o_system class_sparc
```

19.4 Konfiguration des Installationsservers

Die Datei sysidcfg

Die Informationen zur Konfigurationen für Install-Clients lassen sich in der Datei `sysidcfg` eintragen, unabhängig von der Verwendung eines Namensdienstes. Auf diese Datei können mehrere Install-Clients gemeinsam zugreifen bzw. für jeden Install-Client kann eine eigene Konfigurationsdatei erstellt werden. Die Datei wird entweder über ein NFS-Verzeichnis für die Clients freigegeben oder auf einer Diskette für den Client lokal bereitgestellt. Mit Hilfe der Angabe der Datei `sysidcfg` wird die Installation dann teilweise oder vollständig automatisch durchgeführt.

Die Konfigurationswerte werden mit Hilfe von Schlüsselwörtern in die Datei eingetragen, denen Werte in Hochkommata zugewiesen werden. Weitere Angaben erfolgen in geschweiften Klammern hinter den Schlüsselwörtern. Mögliche Schlüsselwörter sind:

Schlüsselwort	Beschreibung
buttons	Angabe der Anzahl der Maustasten, nur für die INTEL-Version.
display	Angabe der Monitorauflösung, nur für die INTEL-Version.
keyboard	Angabe des Tastaturtyps, nur für die INTEL-Version.
layout	Angabe des Tastaturlayouts, nur für die INTEL-Version.
monitor	Angabe des Monitortyps, nur für die INTEL-Version.
name_service	Angabe des zu verwendenden Namensdienstes, zum Beispiel NIS, NIS+, OTHER oder NONE. In geschweiften Klammern lässt sich der Domainname angeben, zum Beispiel name_service=NIS {domain_name=test11 name_server=suso1 (192.103.129.5)}.
network_interface	Angabe der zu konfigurierenden Netzwerkschnittstelle mit dem Namen oder NONE oder PRIMARY. In Klammern lassen sich der Rechnername (hostname), die IP-Adresse (ip_address) oder die Subnetzmaske (netmask) angeben.
pointer	Angabe des Gerätetyps der Maus, nur für die INTEL-Version.
resolution	Angabe der Monitorauflösung, nur für die INTEL-Version.
root_password	Angabe eines verschlüsselten Passworts für den Client.

Tabelle 19.6: Die Schlüsselwörter der Datei `sysidcfg`

Konfiguration des Installationsservers

Schlüsselwort	Beschreibung
system_locale	Angabe der Sprachunterstützung für die Installation und die grafische Oberfläche.
terminal	Angabe des Konsolterminaltyps.
timeserver	Angabe der IP-Adresse des Rechners, der dem Install-Client die Uhrzeit und das Datum liefert.
timezone	Angabe der zu verwendenden Zeitzone.

Tabelle 19.6: Die Schlüsselwörter der Datei sysidcfg *(Forts.)*

Der Aufbau einer Datei sysidcfg sieht zum Beispiel wie folgt aus:

```
# cat sysidcfg
name_service=NONE
netwerk_interface=hme0 {hostname=suso1 ip_address=192.103.27.5}
netmask=255.255.0.0
root_password=Xn7rt23ln3wUt
system_locale=en_US
timeserver=localhost
terminal=vt220
timezone=MET
```

Netzwerk-Autoinstallation

Bei dieser Art von Autoinstallation müssen Rechner im Netzwerk die benötigten Funktionen anbieten, entweder zusammengefasst auf einem Rechner oder auf mehrere Rechner verteilt. Der Install-Client bootet dann über das Netzwerk und fordert die notwendigen Daten vom Bootserver an. Der Client wird mit Hilfe des Nameservers und der per NFS zur Verfügung gestellten Datei sysidcfg identifiziert und dann unter das Verzeichnis /a eingehängt. Der Installationsserver liefert die Pakete des Betriebssystems und per NFS wird auf das entsprechende Regelwerk für die Installation zugegriffen.

Für die Autoinstallation müssen die entsprechenden Server, wie zum Beispiel Installationsserver, Bootserver, Konfigurations- oder Regelwerkserver und gegebenenfalls ein Identifikationsserver zur Verfügung stehen (vgl. Abschnitt 19.1).

Um einen Installationsserver zu konfigurieren, muss von der Betriebssystem-CD-ROM das Shellskript setup_install_server aufgerufen werden, das sich im Verzeichnis /cdrom/cdrom0/s0/Solaris_8/Tools befindet. Über den Installationsserver kann der Client entweder auf die gemountete CD-ROM mit dem Betriebssystem zugreifen oder der Inhalt der CD-ROM kann vollständig auf die Festplatte kopiert werden, was den Installationsvorgang beschleunigt. Wenn die CD-ROM auf den Server gespielt wird, muss das Skript `setup_install_server` mit dem Verzeichnisnamen aufgerufen werden, um den Zielpfad anzugeben, zum Beispiel:

```
# cd /cdrom/cdrom0/s0/Solaris_8/Tools
# ./setup_install_server /export/solaris_8
Verifying target directory ...
Calculating the required disk space for the Solaris 9 product
...
```

Nach diesem Befehl befinden sich alle für die Installation benötigten Dateien im angegebenen Verzeichnis.

Anschließend müssen die Verzeichnisse mit dem Regelwerk und der Datei `sysidcfg` auf den entsprechenden Servern mit dem Befehl `share` freigegeben oder in die Datei `dfstab` geschrieben werden, zum Beispiel:

```
# share -o anon=0 /export/regel_verz
```

Die Option `anon` gibt jedem unbekannten Benutzer beim NFS-Zugriff die Administratorrechte.

Außerdem benötigt der Client einen Bootserver, der ihn mit den notwendigen Informationen zum Starten des Systems versorgt und angibt, von welchem Rechner das root-Dateisystem zur Verfügung gestellt wird. Wenn sich Installationsserver und Client im selben Netzwerk befinden, ist kein separater Bootserver notwendig, ansonsten kommt wieder das Shellskript `setup_install_server` mit der Option -b zum Einsatz. Es muss auch das Verzeichnis angegeben werden, in das die Daten abgelegt werden sollen, zum Beispiel:

```
# cd /cdrom/cdrom0/s0/Solaris_8/Tools
# ./setup_install_server -b /export/installation
Verifying target directory ...
Calculating the required disk space for the Solaris 9 product
...
```

Alle notwendigen Dateien befinden sich nun im angegebenen Verzeichnis `/export/installation`, das bei der Konfiguration des Install-Clients angegeben werden muss.

Lokale Autoinstallation

Eine lokale Autoinstallation kann bei Rechnern durchgeführt werden, die nicht an das Netzwerk angeschlossen sind oder sich in einem leistungsschwachen Netzwerk befinden. In diesem Fall wird das Regelwerk (`rules`- und `class`-Dateien) auf einer Diskette gespeichert, die bei Sparc-Rechnern mit dem Dateisystem `ufs` konfiguriert sein muss. Die Dateien dürfen nicht in einem Unterverzeichnis stehen und die benötigten Daten werden nach dem Booten von der CD-ROM über die auf der Diskette befindliche Datei `sysidcfg` oder einen Namensdienst zur Verfügung gestellt. Der Rechner wird dann dem Regelwerk entsprechend installiert und anschließend von der Systemfestplatte hochgefahren.

Es wird immer zuerst versucht, Autoinstallationsdaten lokal zu finden, bevor im Netzwerk gesucht wird.

19.5 Konfiguration des Install-Clients

Der Befehl add_install_client

Mit Hilfe des Shellskripts `add_install_client` erhält der Boot- oder Installationsserver Informationen über die zu installierenden Clients und das dafür notwendige Regelwerk. Das Skript ist auch auf der Betriebssystem-CD-ROM 1 von 2 zu Solaris 9 im Verzeichnis `/cdrom/cdrom0/s0/Solaris_8/Tools` zu finden und muss von dort oder aus dem auf die Festplatte kopierten Image der CD-ROM gestartet werden. Der Befehl muss für jeden Install-Client durchgeführt werden. Die Syntax des Skripts lautet:

`# ./add_install_client -e` mac-adresse `-i` ip-adresse `-s` install-server:/verzeichnis `-c` konfig-server:/verzeichnis `-n` namensdienst `-p` sysidcfg-server:/verzeichnis client-name client-hardware

Der Befehl kennt folgende Optionen:

Option	Beschreibung
`-c` konfig-server	Angabe des Namens des Konfigurationsservers und des entsprechenden Konfigurationsverzeichnisses.
`-e` mac-adresse	Angabe der MAC- oder Ethernet-Adresse des Install-Clients, falls diese nicht über einen Namensdienst zur Verfügung gestellt wird.
`-i` ip-adresse	Angabe der IP-Adresse des Install-Clients, falls diese nicht über einen Namensdienst zur Verfügung gestellt wird.
`-n` namensdienst	Angabe des zu verwendenden Namensdienstes, zum Beispiel `nis`, `nis+` oder `none`.
`-p` sysidcfg-server	Angabe des Namens des Konfigurationsservers und des Verzeichnisses, in dem sich die Datei `sysidcfg` befindet.
`-s` install-server	Angabe des Namens des Installationsservers und des entsprechenden Verzeichnisses, in dem sich das Betriebssystem befindet.

Tabelle 19.7: *Die Optionen des Befehls* `add_install_client`

Autoinstallation (Jumpstart)

Im folgenden Beispiel wird ein Install-Client mit dem Namen *moon1* und der Hardware-Architektur sun4u hinzugefügt. Außerdem werden seine MAC-Adresse, der Installationsserver *suso1* mit dem Betriebssystem Solaris 9, der Konfigurationsserver *sun11* mit dem Regelwerkverzeichnis, der Konfigurationsserver *sun12*, der die Datei sysidcfg enthält, und der NIS-Server *sun13*, der bereits einen Eintrag für *moon1* in seiner Datei /etc/hosts enthält, angegeben:

```
# cd /cdrom/cdrom0/s0/Solaris_8/Tools
# ./add_install_client -e 8:0:20:3e:4a:e5 -s suso1:/opt/solaris
-c sun11:/opt/regeln -p sun12:/install -n sun13:nis\(255.255.255.0\) moon1 sun4u
Adding Ethernet number for moon1 to /etc/ethers
Adding "share -F nfs-o ro,anon=0 /opt/solaris_8" to /etc/dfs/dfstab
making /tftpboot
enabling tftp in /etc/inetd.conf
updating /etc/bootparams
copying inetboot to /tftpboot
```

Das Skript erzeugt in diesem Fall also sowohl Einträge in der Datei /etc/bootparams als auch in /etc/ethers und in /etc/dfs/dfstab. Die Datei /etc/bootparams aus diesem Beispiel sieht nun wie folgt aus:

```
# cat /etc/bootparams
moon1 root=suso1:/opt/solaris/Solaris_8/Tools/Boot
install=suso1:/opt/solaris boottype=:in
sysid_config=sun12:/install install_config=sun11:/opt/regeln
rootopts=:rsize=32768
```

Die Datei /etc/ethers nimmt die angegebene MAC-Adresse auf und in der Datei /etc/dfs/dfstab werden die notwendigen Freigaben hinterlegt.

Des Weiteren wird das Verzeichnis /tftpboot erzeugt und der Dienst tftp wird in der Datei /etc/inetd.conf aktiviert. Anschließend wird das Programm inetboot in das Verzeichnis /tftpboot kopiert.

Der Befehl rm_install_client

Ein Install-Client und die entsprechenden Einträge in den Dateien /etc/bootparams und /tftpboot lassen sich auch wieder entfernen. Dazu wird das Shellskript rm_install_client verwendet, zum Beispiel:

```
# cd /cdrom/cdrom0/s0/Solaris_8/Tools
# ./rm_install_client moon1
removing moon1 from bootparams
removing /etc/bootparams since it is empty
removing /tftpboot/inetboot.SUN4U.Solaris_8
removing /tftpboot
disabling tftp in /etc/inetd.conf
```

In diesem Beispiel handelt es sich um den letzten konfigurierten Install-Client, daher wird zusätzlich auch der Prozess tftp gestoppt und die Datei /etc/bootparams gelöscht.

19.6 Autoinstallation starten

Nach dem Erstellen des Regelwerks, dem Testen der Autoinstallation und der Konfiguration der Install-Clients kann auf den Install-Clients die Autoinstallation gestartet werden. Dazu wird im PROM-Monitor der folgende Befehl aufgerufen:

```
ok boot net - install
Boot device: /pci@1f,0/pci@1,1/network@1,1 File and args: - install
21b00 hostname: moon1
whoami: no domain name
root server: suso1
root directory: /opt/solaris/Solaris_8/Tools/Boot
SunOS Release 5.8 Version generic [UNIX(R) System V Release 4.0]
...
```

Die Schritte der Autoinstallation werden angezeigt. Der Autoinstallationsprozess läuft folgendermaßen ab:

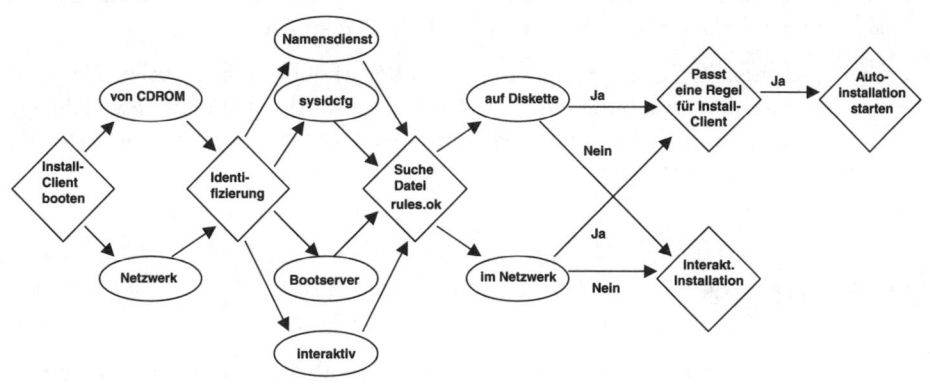

Abbildung 19.1: Der Autoinstallationsprozess

19.7 Zusammenfassung

Dieser Tag beschrieb, was man unter einem Jumpstart versteht und wie ein Jumpstart-Server konfiguriert ist. Sie lernten die Vorteile einer automatischen Installation von Clients kennen. Es wurde erläutert, wie ein Regelwerk für die Installation erstellt wird und wie die Installationsdatei für die Autokonfiguration aufgebaut ist. Im Anschluss erfolgte eine Beschreibung, wie die Autoinstallation zu testen ist und wie der Install-Client konfiguriert wird. Nach einer kurzen Darstellung der Möglichkeiten einer lokalen Autoinstallation wurde anschließend die Autoinstallation über das Netzwerk im Detail erläutert. Dabei wurden die Rechnertypen und die Serverkonfiguration näher betrachtet. Schließlich haben Sie noch erfahren, wie eine Autoinstallation gestartet werden kann.

19.8 F&A

F In meinem Netzwerk werden alle neu zu installierenden Rechner mit völlig unterschiedlichen Konfigurationen aufgesetzt. Ist es in diesem Fall sinnvoll, eine Autoinstallation zu konfigurieren?

   A Nein, das Einrichten einer Autoinstallation lohnt sich nur, wenn mehrere Rechner mit ähnlichen Eigenschaften dieselbe Konfiguration bei der Installation erhalten.

F Muss ich für die Konfiguration der Autoinstallation unbedingt vier verschiedene Rechner als Installations-, Boot-, Konfigurations- und Identifikationsserver verwenden?

   A Nein, es ist auch möglich, dass ein Rechner alle diese Server-Funktionen bereitstellt. Ein separater Bootserver ist auch nur notwendig, wenn sich der Installationsserver nicht im gleichen Subnetz wie der Install-Client befindet.

F Ich habe eine Datei `rules` und eine `class`-Datei für die Autoinstallation erzeugt. Ist es unbedingt notwendig, auch ein Start- und Endeskript zu erstellen?

   A Nein, das Erstellen dieser Skripte ist nur bei Bedarf notwendig. Es sollte allerdings beachtet werden, dass ohne ein Endeskript, das zum Beispiel die Passwortabfrage am Ende der Installation automatisch beantwortet, dieser Vorgang interaktiv am Client durchgeführt werden muss.

19.9 Übungen

1. Erstellen Sie eine Datei `rules`, mit der Regel, dass für alle Rechner mit der Hardware-Architektur UltraSparc (`sun4u`) die `class`-Datei `class_ultra` und das Endeskript `all_ultra` ausgeführt wird. Fügen Sie eine weitere Regel für alle Clients mit einem RAM-Speicher von 256 Megabyte und einer Sparc-Hardware mit der `class`-Datei `class_sparc` hinzu. Ergänzen Sie eine letzte Regel, die für alle übrigen Rechner gilt und die `class`-Datei `general_class` verwendet.

2. Erstellen Sie die drei `class`-Dateien aus Übung 1, `class_ultra`, `class_sparc` und `general_class`. Den Installationsumfang für die einzelnen `class`-Dateien können Sie frei wählen.

3. Erstellen Sie ein Endeskript `all_ultra`, das die Passwortabfrage am Ende der Installation beantwortet. Sie können dabei das entsprechende Beispielskript der Betriebssystem-CD-ROM 1 von 2 im Verzeichnis `/cdrom/cdrom0/s0/Solaris_8/Misc/Jumpstart_sample` verwenden und gegebenenfalls anpassen.

4. Führen Sie eine Syntax- und Semantikprüfung mit der Datei rules durch und korrigieren Sie gegebenenfalls aufgetretene Probleme.

5. Konfigurieren Sie einen Installationsserver so, dass eine Netzwerk-Autoinstallation durchgeführt werden kann. Geben Sie dazu auch das entsprechende Verzeichnis frei.

6. Konfigurieren Sie die Install-Clients mit dem Befehl `add_install_client` und starten Sie anschließend die Autoinstallation.

Tag 20

Namensdienste

Namensdienste

Dieser Tag beschreibt, was Namensdienste oder so genannte Name Services oder Directory Services sind und welche Arten von Namensdiensten es gibt. Sie erhalten jeweils einen kurzen Überblick über die Namensdienste DNS, NIS+ und das Protokoll LDAP. Sie lernen außerdem die Datei /etc/nsswitch.conf kennen, die den Zugriff auf Namensdienste regelt.

Des Weiteren wird der Namensdienst NIS einschließlich seiner Komponenten, Master-Server, Slave-Server und Client, sowie seiner Prozesse ausführlich besprochen. Sie erfahren, wie Sie einen Master- und Slave-Server sowie einen NIS-Client konfigurieren und eine neue NIS-Map anlegen.

> Auch dieser Tag kann wiederum nur eine Einführung zu Namensdiensten darstellen. Über das Thema NIS+ allein ließe sich ein vollständiges Buch verfassen.

20.1 Einführung

Mit Hilfe von Namensdiensten lassen sich Informationen über in einem Netzwerk zusammengefasste Rechner zentral verwalten. Der Verwaltungsaufwand wird dabei erheblich verringert, wenn administrative Daten, wie zum Beispiel Benutzerkonten, IP-Adressen oder Automounter-Informationen, auf einem einzigen Rechner, dem so genannten Name-Server, zur Verfügung gestellt werden. Dadurch ist es nicht mehr notwendig, auf jedem einzelnen Rechner des Netzwerks dieselben Informationen zu pflegen.

Der Einsatz eines Namensdienstes bietet folgende Vorteile:

- Die Datenbanken lassen sich einfacher verwalten, da diese nur auf einem Rechner administriert werden müssen und auf diese Weise auch die Informationen im Netzwerk konsistent bleiben.

- Die Änderungen der Datenbanken werden für alle Clients gleichzeitig wirksam und auch von allen Clients wahrgenommen.

- Die Fehleranfälligkeit bzw. die Nichtverfügbarkeit kann durch den Einsatz von Replica- oder Backup-Servern verringert werden, die jeweils eine Kopie der Datenbank des Master-Servers verwalten und auf diese Weise auch gleichzeitig die Netzwerklast besser verteilen.

Die Netzwerk-Clients stellen Anfragen nach den Informationen der Datenbanken der Name-Server. Die Anfragen werden entweder aus den Daten des Cache-Speichers oder lokal von der Festplatte gelesen. Eine zentrale Rolle spielt dabei die Datei /etc/nsswitch.conf (vgl. den Abschnitt „Die Datei /etc/nsswitch.conf"), die den Zugriff auf die Informationen der Namensdienste steuert. Die folgende Abbildung zeigt den Ablauf von Anfragen an einen Name-Server:

Abbildung 20.1:
Anfragen an einen
Name-Server

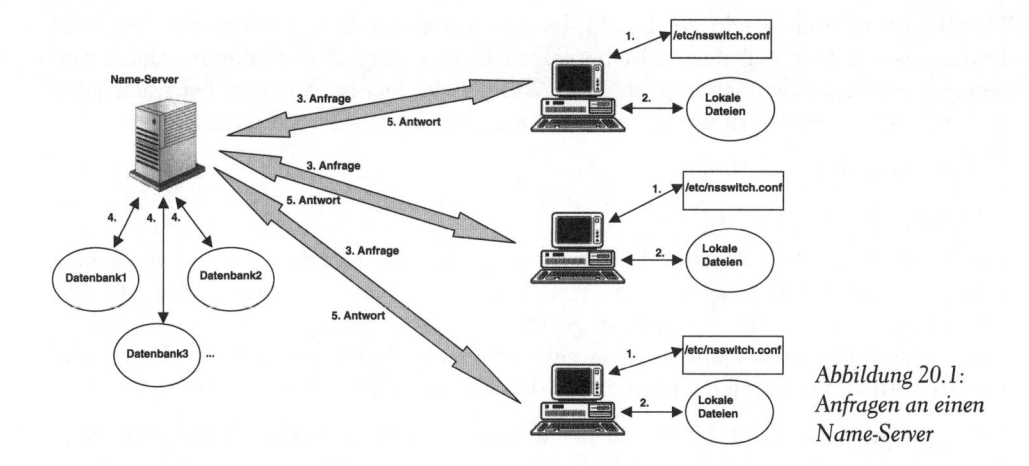

Arten von Namensdiensten

Es gibt unter Solaris vier verschiedene Arten von Namensdiensten, die im weiteren Verlauf des Tages zum Teil ausführlicher erläutert werden:

- Den Network Information Service (NIS), der die verschiedenen Daten eines Netzwerks, wie zum Beispiel Benutzerkonten, IP- und Rechneradressen, Drucker und Automounter-Informationen zentral verwaltet.

- Den Network Information Service Plus (NIS+), der eine Erweiterung zu NIS darstellt, indem er eine hierarchische Organisation des Namensraums und eine Verteilung der Administration anbietet. Außerdem stehen bei NIS+ Möglichkeiten zur Authentifizierung zur Verfügung.

- Den Domain Name Service (DNS), der in einem TCP/IP-Netzwerk verwendet wird, um die Rechnernamen in IP-Adressen und umgekehrt aufzulösen.

- Das Lightweight Directory Access Protocol (LDAP), das den Namensdienst durch einen Directory Service ergänzt. Normalerweise werden bei einem Namensdienst die Objekte immer über ihre Namen referenziert, während ein Directory Service auch die Verwaltung von Attributen einzelner Objekte und damit die Referenzierung über Attribute ermöglicht.

Der Befehl getent

Mit Hilfe des Befehls getent können Sie Informationen, die über Namensdienste hinterlegt sind, abfragen. Der Vorteil dieses Befehls liegt darin, dass Sie nicht mehr Namensdienst-spezifische Tools, wie zum Beispiel ypcat, niscat oder ldaplist verwenden müssen.

Darüber hinaus durchsucht der Befehl die Informationsquellen genau in der durch die Datei nsswitch.conf festgelegten Reihenfolge (vgl. den folgenden Abschnitt). Dabei werden gleichzeitig die definierten Codes und Aktionen der Statusmeldungen der Datei getestet, das heißt, der Befehl kann auch nicht ordnungsgemäß gesetzte Aktionen feststellen.

Der Befehl hat folgende Syntax:

getent datenbank [schlüssel]

Die Angabe datenbank ist der Name der zu prüfenden Datenbank, das heißt die Dateien passwd, group, hosts, ipnodes, services, protocols, ethers, networks oder netmasks. Die Angabe schlüssel muss in einem geeigneten Format angegeben werden, damit die entsprechende Datenbank durchsucht werden kann, zum Beispiel kann sie der Name oder die UID eines Benutzers sein, wenn passwd durchsucht wird.

Im folgenden Beispiel durchsucht der Befehl getent zuerst die lokalen Dateien und dann in NIS:

```
# getent passwd adm
adm:x:4:4:Admin:/var/adm:
# getent group 100
einkauf::100:
# getent hosts suso1
192.168.6.1     suso1 loghost suso1.
```

Die Datei /etc/nsswitch.conf

In der Regel fragen Programme die notwendigen Benutzer- oder Rechnerinformationen über lokale Konfigurationsdateien ab. Diese lokalen Dateien können aber durch den Einsatz eines Namensdienstes ersetzt werden, wobei die Datei /etc/nsswitch.conf als zentrale Steuerdatei definiert, welcher Namensdienst bzw. in welcher Reihenfolge Namensdienste verwendet werden.

Unter Solaris gibt es für jeden Namensdienst eine Musterdatei für die Datei /etc/nsswitch.conf, die über die Originaldatei kopiert werden kann. Die Originaldatei ist so konfiguriert, dass nur lokale Dateien zur Abfrage von Informationen verwendet werden:

```
# more /etc/nsswitch.conf
# /etc/nsswitch.files:
# An example file that could be copied over to /etc/nsswitch.conf;
# it does not use any naming service.
# "hosts:" and "services:" in this file are used only if the
# /etc/netconfig file has a "-" for nametoaddr_libs of "inet" transports.
passwd:     files
group:      files
hosts:      files
```

```
ipnodes:       files
networks:      files
protocols:     files
rpc:           files
ethers:        files
netmasks:      files
bootparams:    files
publickey:     files
# At present there isn't a 'files' backend for netgroup; the system
# will figure it out pretty quickly, and won't use netgroups at all.
netgroup:      files
automount:     files
aliases:       files
services:      files
sendmailvars:  files
printers:      user files
auth_attr:     files
prof_attr:     files
project:       files
```

Die Vorlagendateien für die Namensdienste lauten:

- /etc/nsswitch.files für die Verwendung von Dateien.
- /etc/nsswitch.dns für die Verwendung von DNS.
- /etc/nsswitch.nis für die Verwendung von NIS, wobei die lokalen Dateien passwd, group, automount und aliases zuerst gelesen werden.
- /etc/nsswitch.nisplus für die Verwendung von NIS+, wobei die lokalen Dateien passwd, group, automount und aliases zuerst gelesen werden.
- /etc/nsswitch.ldap für die Verwendung von LDAP, wobei die lokalen Dateien passwd, group, automount und aliases zuerst gelesen werden.

Die Datei ist wie folgt aufgebaut:

schlüsselwort:namensdienst [parameter] namensdienst [parameter] namensdienst [parameter]

Pro Schlüsselwort lassen sich beliebig viele Namensdienste angeben, die dann nacheinander abgefragt werden können. Mögliche Schlüsselwörter sind:

Schlüsselwort	Beschreibung
aliases	Abfrage von Abkürzungen von Mailadressen.
automount	Abfrage von Dateien des Automounters.

Tabelle 20.1: Schlüsselwörter der Datei /etc/nsswitch.conf

Namensdienste

Schlüsselwort	Beschreibung
bootparams	Abfrage von Informationen zu NFS-Boots für Install- oder Diskless-Clients.
ethers	Abfrage von MAC- bzw. Ethernetadressen für RARP.
group	Abfrage von Gruppennamen.
hosts	Abfrage von Rechnernamen und deren IP-Adressen.
netmasks	Abfrage von Subnetzmasken.
networks	Abfrage von Netzwerknamen.
passwd	Abfrage von Benutzerkonten und Passwörtern.
protocols	Abfrage von Netzwerkprotokollen.
publickey	Abfrage von Passwörtern für Secure RPC.
rpc	Abfrage von Programmnummern zu RPCs.
sendmailvars	Abfrage von Makros und Klassendefinitionen für sendmail.
services	Abfrage von Netzwerkdiensten.

Tabelle 20.1: Schlüsselwörter der Datei /etc/nsswitch.conf (Forts.)

Als Namensdienste können folgende Angaben verwendet werden:

Namensdienst	Beschreibung
dns	Abfrage von Informationen über DNS (ausschließlich für die Datei /etc/hosts gültig).
compat	Dient der Abwärtskompatibilität zu NIS unter SunOS 4.x (erforderte den Eintrag des Pluszeichens in den Dateien passwd und group).
files	Abfrage der lokalen Dateien.
ldap	Abfrage von Informationen über den LDAP-Directory Information Tree (DIT), vgl. Abschnitt 20.5.
nis	Abfrage von Informationen über NIS.
nisplus	Abfrage von Informationen über NIS+.
user	Abfrage der Datenbank printers.

Tabelle 20.2: Namensdienste der Datei /etc/nsswitch.conf

Ein Zugriff auf die Namensdienste führt zu verschiedenen Ergebnissen. Eventuell ist ein Dienst nicht verfügbar oder die benötigte Information ist nicht vorhanden, daher kann ein entsprechender Parameter definiert werden, der das Verhalten in einem solchen Fall definiert. Jeder der nachfolgend erläuterten Stati nimmt entweder den Wert continue an, das bedeutet, dass die nächste Quelle abgefragt werden kann, oder den Wert return. In diesem Fall soll die Suche abgebrochen werden. Die möglichen Stati lauten:

Status	Beschreibung
NOTFOUND	Die abgefragte Quelle enthält die gewünschte Information nicht. Das Standardverhalten lautet continue.
SUCCESS	Die abgefragte Quelle enthielt die gewünschte Information, das heißt, die Abfrage war erfolgreich. Das Standardverhalten lautet return.
TRYAGAIN	Die abgefragte Quelle ist verfügbar, antwortet aber nicht innerhalb der vorgegebenen Zeit, da sie beschäftigt ist. Das Standardverhalten lautet continue.
UNAVAIL	Die abgefragte Quelle ist nicht verfügbar. Das Standardverhalten lautet continue.

Tabelle 20.3: Stati der Namensdienste der Datei /etc/nsswitch.conf

Im nachfolgenden Beispiel wird zuerst nach der Datei /etc/hosts auf einem NIS-Server gesucht. Wenn dieser nicht erreichbar ist, soll als Nächstes ein DNS-Server konsultiert werden. Findet dieser die gewünschte Information nicht, dann soll eine entsprechende Fehlermeldung erfolgen. Ist er nicht erreichbar oder beschäftigt, dann soll die lokale Datei gelesen werden:

```
hosts: nis [UNAVAIL=continue] DNS [NOTFOUND=return] files
```

Der Name Service Cache Daemon (nscd)

Der Name Service Cache Daemon stellt für die Anfragen der meisten gebräuchlichen Namensdienste, nämlich für die Dateien passwd, group, hosts, ipnodes, exec_attr, prof_attr und user_attr, einen Cache zur Verfügung. Er wird im Multiuser-Modus gestartet und kann mit Hilfe der Datei /etc/nscd.conf konfiguriert werden. Dort kann zum Beispiel für alle Cache-Daten eine eigene Time-to-Live definiert werden. Wenn die lokale Datenbank, zum Beispiel /etc/resolv.conf, geändert wird, wird der Cache beim nächsten Aufruf von nscd ungültig. Die Datei shadow wird grundsätzlich nicht gecacht.

> Der Cache des nscd liegt im Hauptspeicher und nicht auf der Festplatte. Daher sollten Sie beachten, dass der Name Service Cache Daemon sehr viele Ressourcen verbrauchen kann, wenn Sie einen stark frequentierten Webserver betreiben.

Der Name Service Cache Daemon funktioniert gleichzeitig als sein eigenes Verwaltungstool. Wenn eine Instanz des nscd bereits läuft, werden Befehle der laufenden Version transparent übergeben.

Der Daemon kann mit folgender Syntax gestartet werden:

nscd [-f konfigdatei] [-g] [-e cachename, yes| no] [-i cachename]

Die Optionen haben folgende Bedeutung:

Option	Beschreibung
-f konfigdatei	Veranlasst den nscd, seine Konfigurationsdaten aus der angegebenen Datei zu lesen.
-g	Gibt die aktuelle Konfiguration und Statistiken an der Standardausgabe aus. Dies ist die einzige Option, die auch von normalen Anwendern ausgeführt werden kann.
-e cachename, yes|no	Aktiviert oder deaktiviert den angegebenen Cache. Unterstützte Cachenamen sind: passwd, group, hosts, ipnodes, exec_attr, prof_attr und user_attr.
-i cachename	Macht den angegebenen Cache ungültig.

Tabelle 20.4: Optionen des nscd

Sie können den Name Service Cache Daemon jederzeit manuell dazu veranlassen, seinen Cache neu aufzubauen, indem Sie den Daemon stoppen und anschließend neu starten:

\# **/etc/init.d/nscd stop**
\# **/etc/init.d/nscd start**

Die Datei nscd.conf enthält die Konfigurationsinformationen für den nscd. Jede Zeile definiert entweder ein Attribut und einen Wert oder ein Attribut, einen Cachenamen und einen Wert. Die Felder werden entweder durch ein Leerzeichen oder einen Tabulatorsprung getrennt. Das Hashzeichen # leitet einen Kommentar ein.

Die Datei sieht standardmäßig wie folgt aus:

```
# Copyright (c) 1994 by Sun Microsystems, Inc.
# All rights reserved.
#ident    "@(#)nscd.conf  1.5     99/04/07 SMI"
#       Currently supported cache names: passwd, group, hosts, ipnodes
#            exec_attr, prof_attr, user_attr
#       logfile                 /var/adm/nscd.log
#       enable-cache            hosts           no
        debug-level             0
```

```
positive-time-to-live    passwd       600
negative-time-to-live    passwd       5
suggested-size           passwd       211
keep-hot-count           passwd       20
old-data-ok              passwd       no
check-files              passwd       yes
old-data-ok              passwd       no
check-files              passwd       yes

positive-time-to-live    group        3600
negative-time-to-live    group        5
suggested-size           group        211
keep-hot-count           group        20
old-data-ok              group        no
check-files              group        yes

positive-time-to-live    hosts        3600
negative-time-to-live    hosts        5
suggested-size           hosts        211
keep-hot-count           hosts        20
old-data-ok              hosts        no
check-files              hosts        yes

positive-time-to-live    ipnodes      3600
negative-time-to-live    ipnodes      5
suggested-size           ipnodes      211
keep-hot-count           ipnodes      20
old-data-ok              ipnodes      no
check-files              ipnodes      yes

positive-time-to-live    exec_attr    3600
negative-time-to-live    exec_attr    5
suggested-size           exec_attr    211
keep-hot-count           exec_attr    20
old-data-ok              exec_attr    no
check-files              exec_attr    yes

positive-time-to-live    prof_attr    3600
negative-time-to-live    prof_attr    5
suggested-size           prof_attr    211
keep-hot-count           prof_attr    20
old-data-ok              prof_attr    no
check-files              prof_attr    yes

positive-time-to-live    user_attr    3600
negative-time-to-live    user_attr    5
```

Namensdienste

```
suggested-size      user_attr    211
keep-hot-count      user_attr    20
old-data-ok         user_attr    no
check-files         user_attr    yes
```

Die Angaben haben folgende Bedeutung:

Option	Beschreibung
logfile *debug-dateiname*	Gibt den Namen der Datei an, in die Debugging-Informationen geschrieben werden sollen.
debug-level *wert*	Setzt den gewünschten Debugging-Level. Die Angaben können von 0 (Standard) bis 10 reichen. Wenn diese Option verwendet wird, läuft der nscd im Vordergrund und nicht als Daemon.
enable-cache *cachename wert*	Aktiviert oder deaktiviert den angegebenen Cache. Der Wert kann entweder yes oder no lauten.
positive-time-to-live *cachename wert*	Definiert die Time-to-Live für erfolgreiche Anfragen für den angegebenen Cache. Der Wert wird in ganzen Sekunden angegeben. Größere Werte erhöhen die Trefferquoten des Caches und reduzieren die Antwortzeiten, aber gleichzeitig wachsen Probleme mit der Cache-Kohärenz.
negative-time-to-live *cachename wert*	Definiert die Time-to-Live für erfolglose Anfragen für den angegebenen Cache. Der Wert wird in ganzen Sekunden angegeben. Dies kann zu deutlicher Performanceverbesserung führen, wenn es mehrere Dateien gibt, die zu UIDs gehören, die nicht in Systemdatenbanken stehen. Der Wert sollte niedrig gehalten werden, um Cache-Kohärenz-Probleme zu vermeiden.
suggested-size *cachename wert*	Definiert die vorgeschlagene Anzahl von Hashzugriffen für den angegebenen Cache. Dieser Parameter sollte nur geändert werden, wenn die Anzahl von Einträgen im Cache die vorgeschlagene Größe um mehr als das Vier- oder Fünffache übersteigt. Da dies die interne Hashtabellengröße ist, sollte der Wert eine Primzahl bleiben, um eine optimale Effizienz zu gewährleisten.

Tabelle 20.5: Optionen des nscd

Option	Beschreibung
keep-hot-count *cachename wert*	Dieses Attribut ermöglicht es dem Administrator, die Anzahl der Einträge festzulegen, die der nscd aktuell im angegebenen Cache halten soll. Der Wert ist eine Integerzahl, die ungefähr der Anzahl von Einträgen entsprechen sollte, die häufig während des Tages verwendet werden.
check-files *cachename wert*	Aktiviert oder deaktiviert die Überprüfung nach Änderungen der Datei, die zum angegebenen Cache gehört. Wenn die Option aktiviert ist (Standard), dann veranlasst sie, dass der Cache innerhalb von 10 Sekunden ungültig wird. Diese Option kann deaktiviert werden, wenn Dateien niemals geändert werden, wodurch besonders bei NFS eine leichte Performanceverbesserung erreicht werden kann. Der Wert kann entweder yes oder no lauten.

Tabelle 20.5: Optionen des nscd *(Forts.)*

20.2 Network Information Service (NIS)

Überblick über NIS

Der Namensdienst NIS wurde von der Firma Sun Microsystems entwickelt und bietet die Möglichkeit, in einem lokalen Netzwerk unterschiedliche Informationen, die sich in verschiedenen Dateien im Verzeichnis /etc befinden, zentral zu verwalten. Zu den verwalteten Daten gehören Benutzer- und Gruppendaten (passwd, group), IP-Adressen und Rechnernamen (hosts), Netzwerkdaten (netmasks, services usw.) und Automounter-Maps (auto_master, auto_home usw.).

NIS kann auch für andere Unix-Varianten eingesetzt werden und ist relativ einfach zu verwalten, wobei allerdings die Sicherheitsanforderungen von NIS nicht sehr hoch sind. So ist es zum Beispiel möglich, dass die bei Anfragen unverschlüsselt übertragenen Passwörter abgefangen werden können.

Ab Solaris 9 sind sowohl die Client- als auch die Serverfunktion von NIS fest in das Betriebssystem integriert, wenn die Software-Pakete SUNWypu und SUNWypr installiert werden.

Namensdienste

Eine zentrale NIS-Datenbank bietet gegenüber der lokalen Dateipflege die Vorteile, dass sich die Datenbank leichter pflegen und aktualisieren und bei anwachsendem Datenbestand besser skalieren lässt.

Alle Server und Clients, die Informationen gemeinsam verwenden, werden durch eine NIS-Domain in einem Namensraum zusammengefasst. Es handelt sich in diesem Fall um einen flachen oder einstufigen Namensraum, da keine hierarchische Domains unterstützt werden, wobei sich aber mehrere NIS-Domains parallel in einem Netzwerk befinden können.

> Eine NIS-Domain darf nicht mit einer DNS-Domain verwechselt werden!

Eine NIS-Domain kann zum Beispiel wie folgt aufgebaut sein:

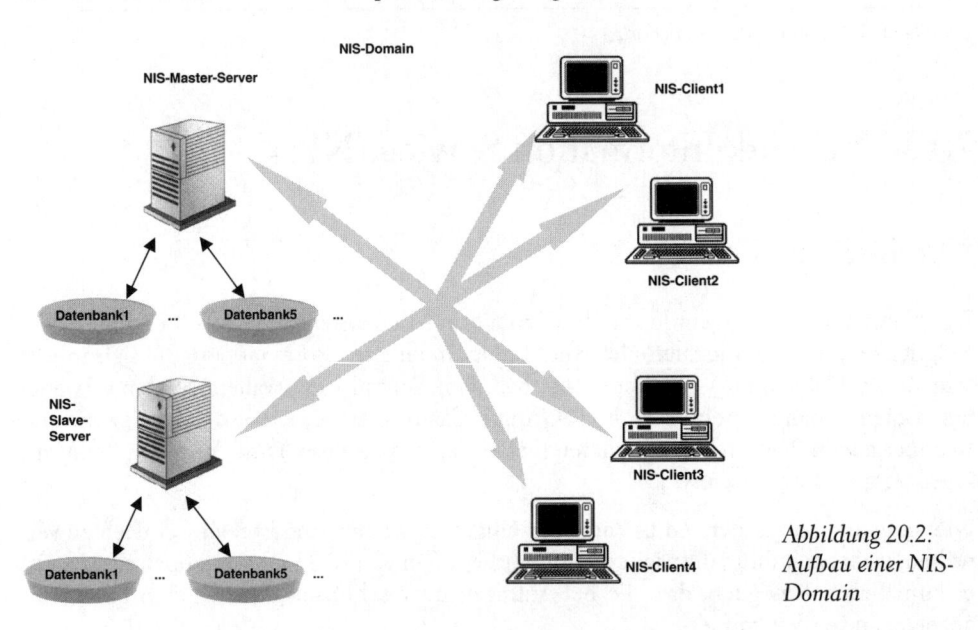

Abbildung 20.2: Aufbau einer NIS-Domain

Beim Einsatz von NIS lassen sich mehrere Server redundant konfigurieren, so dass beim Ausfall eines Servers ein anderer dessen Aufgaben übernehmen kann. Aktualisierungen finden aber stets zentral auf dem Master-Server statt und werden dann auf die Slave-Server repliziert.

Wenn der Dienst NIS verwendet werden soll, kann die Musterdatei /etc/nsswitch.nis auf die Datei /etc/nsswitch.conf kopiert und dann angepasst werden. Die Musterdatei ist wie folgt aufgebaut:

```
# more /etc/nsswitch.nis
# /etc/nsswitch.nis:
# An example file that could be copied over to /etc/nsswitch.conf;
# it uses NIS (YP) in conjunction with files.
# "hosts:" and "services:" in this file are used only if the
# /etc/netconfig file has a "-" for nametoaddr_libs of "inet"
# transports. the following two lines obviate the "+" entry in
# /etc/passwd and /etc/group.
passwd:     files nis
group:      files nis
# consult /etc "files" only if nis is down.
hosts:      nis [NOTFOUND=return] files
ipnodes:    files
# Uncomment the following line and comment out the above to resolve
# both IPv4 and IPv6 addresses from the ipnodes databases. Note that
# IPv4 addresses are searched in all of the ipnodes databases before
# searching the hosts databases. Before turning this option on,
# consult the Network Administration Guide for more details on using
# IPv6.
#ipnodes:    nis [NOTFOUND=return] files
networks:   nis [NOTFOUND=return] files
protocols:  nis [NOTFOUND=return] files
rpc:        nis [NOTFOUND=return] files
ethers:     nis [NOTFOUND=return] files
netmasks:   nis [NOTFOUND=return] files
bootparams: nis [NOTFOUND=return] files
publickey:  nis [NOTFOUND=return] files
netgroup:   nis
automount:  files nis
aliases:    files nis
# for efficient getservbyname() avoid nis
services:       files nis
sendmailvars:   files
printers:       user files nis
auth_attr:      files nis
prof_attr:      files nis
project:        files nis
```

Die Dateien /etc/passwd und /etc/group sollen in diesem Fall zuerst lokal und dann erst auf dem NIS-Server gelesen werden. Die NIS-Datenbankdateien werden im nächsten Abschnitt genauer erläutert.

NIS-Dateien und NIS-Maps

In das NIS-Format umgewandelte Dateien werden als Maps bezeichnet und auf den Master- und Slave-Servern im Verzeichnis /var/yp/*domainname* abgelegt. Es gibt zwei Arten von NIS-Maps, die unterschiedliche Funktionen haben:

- Maps mit der Endung .dir enthalten den Index bzw. Suchbegriff für den Zugriff. Diese Datei kann leer sein, falls die Map mit der Endung .pag klein ist.
- Maps mit der Endung .pag enthalten die eigentlichen Daten.

Der Name einer NIS-Map ist wie folgt aufgebaut:

map.*schlüssel*.pag oder map.*schlüssel*.dir

Der Namensteil map ist der Basisname der Map, zum Beispiel hosts oder passwd. Der Namensteil *schlüssel* bestimmt den Suchbegriff der Map, zum Beispiel byname oder byaddress. Wenn eine Datei über NIS verwaltet wird, wird ihr Name verändert und in mehrere Maps mit unterschiedlichen Suchbegriffen aufgeteilt, um den Zugriff zu verbessern. Welche Indexarten für eine Datei erzeugt werden, wird durch die Datei Makefile bestimmt. Für eine Domain *xyz* können zum Beispiel vier verschiedene Maps für die Datei /etc/hosts erzeugt werden:

- /var/yp/xyz/hosts.byname.pag
- /var/yp/xyz/hosts.byname.dir
- /var/yp/xyz/hosts.byaddr.pag
- /var/yp/xyz/hosts.byaddr.dir

Auf dem Master-Server existiert außerdem zu jeder Map eine leere Datei im Verzeichnis /var/yp mit der Endung .time. Diese Dateien werden nur als Zeitstempel verwendet, um Veränderungen abzugleichen.

Folgende Dateien sind standardmäßig in der Datei Makefile enthalten, um über NIS verwaltet zu werden:

Datei	NIS-Map	Beschreibung
aliases	mail.aliases mail.byaddr	Verwaltung von Abkürzungen von Mailadressen.
auto-home	auto.home	Verwaltung von indirekten Verzeichnispfaden des Automounters.
auto-master	auto.master	Verwaltung von Informationen des Automounters.

Tabelle 20.6: Die Datenbanken und Maps von NIS

Datei	NIS-Map	Beschreibung
bootparams	bootparams	Verwaltung von Informationen zu NFS-Mounts zum Booten von Install- oder Diskless-Clients.
ethers	ethers.byaddr ethers.byname	Verwaltung von MAC- bzw. Ethernet-adressen für RARP.
group	group.bygid group.byname	Verwaltung von Gruppennamen.
group.adjunct	group.adjunct.byname	C2-Sicherheitserweiterung der Gruppendatei.
hosts	hosts.byaddr hosts.byname	Verwaltung von Rechnernamen und deren IP-Adressen.
netgroup	netgroup.byhost netgroup.byuser netgroup	Verwaltung von Rechnern und Benutzer über Namensdienst bezüglich der Zugriffsrechte für das Remote-Mounten, Remote-Anmelden und Remote Shells.
netid	netid.byname	Verwaltung von Rechner- und Benutzernamen für Secure RPC.
netmasks	netmasks.byaddr	Verwaltung von Subnetzmasken.
networks	networks.byaddr networks.byname	Verwaltung von Netzwerknamen.
passwd	passwd.byname passwd.byuid	Verwaltung von Benutzerkonten und Passwörter.
passwd.adjunct	passwd.adjunct.byname	C2-Sicherheitserweiterung der Benutzerdatei.
protocols	protocols.byname protocols.bynumber	Verwaltung von Netzwerkprotokollen.
publickey	publickey.byname	Verwaltung von Passwörtern für Secure RPC.
rpc	rpc.bynumber	Verwaltung von Programmnummern zu RPCs.
services	service.byname service.byservice	Verwaltung von Netzwerkdiensten.
timezone	timezone.byname	Verwaltung der Zeitzone einer Domain oder eines Rechners.

Tabelle 20.6: Die Datenbanken und Maps von NIS (Forts.)

Namensdienste

> Die Datei shadow wird von NIS nicht unterstützt. Bei Bedarf können auch weitere Dateien von NIS verwaltet werden.

NIS-Konfigurationsdateien

Die Datei /var/yp/Makefile

NIS-Maps werden aus den ASCII-Quelldateien erzeugt, wobei entweder die Dateien verwendet werden können, die sich direkt im Verzeichnis /etc befinden, oder die in ein anderes Verzeichnis auf dem Master-Server kopierten Dateien. Es ist besser, diese Dateien in ein separates Verzeichnis zu kopieren und anzupassen. Die andere Vorgehensweise führt zu Sicherheitslücken, zum Beispiel durch das Kopieren der Datei passwd, womit der Eintrag für *root* allen NIS-Clients bekannt gemacht würde.

Wenn sich die Quelldateien in einem separaten Verzeichnis befinden, muss das in der Datei /var/yp/Makefile hinterlegt werden. Diese Datei wird vom Befehl make verwendet (vgl. nächster Abschnitt), wenn die ASCII-Quelldateien in NIS-Maps umgewandelt werden. Die standardmäßig vorhandene Datei Makefile enthält bereits Vorbereitungen für verschiedene Quelldateien. Die Datei kann aber jederzeit für weitere über NIS zu verwaltende Dateien ergänzt werden. Die Anpassung für ein separates Verzeichnis für die ASCII-Quelldateien erfolgt zum Beispiel über die Zeilen DIR=/etc und PWDDIR=/etc, die auf das neue Verzeichnis verweisen sollten.

> Erstellen Sie zuerst eine Sicherheitskopie der Datei Makefile, bevor Sie diese verändern.

Nachfolgend ein Auszug der standardmäßigen Datei Makefile:

```
# cat /var/yp/Makefile
# Copyright (c) 1996-1999, by Sun Microsystems, Inc.
# All rights reserved.
#pragma ident    "@(#)Makefile    1.26    00/02/14 SMI"
#----
# It is somewhat confusing to note that Solaris 2.x uses
# /etc/auto_master instead of the 4.x /etc/auto.master file name
# because of NIS+ treating a "." in a special way.
# Set the following variable to "-b" to have NIS servers use the
# domain name resolver for hosts not in the current domain.
#B=-b
B=
```

```
DIR =/etc
# If the ipnodes (IPv6 hosts file) lives in a directory other than
# /etc/inet, then you'll need to change the following line.
INETDIR=/etc/inet
# If the passwd, shadow and/or adjunct files used by rpc.yppasswdd
# live in directory other than /etc then you'll need to change the
# following line.
# DO NOT indent the line, however, since /etc/init.d/yp attempts
# to find it with grep "^PWDIR" ...
PWDIR =/etc
DOM = `domainname`
NOPUSH = ""
ALIASES = /etc/mail/aliases
```

Die Datei besteht aus drei Basiskomponenten:

- Variablendefinitionen oder so genannte Macros
- Zielobjekte oder so genannte Targets
- Abhängigkeiten oder so genannte Dependencies

Macros werden wie Variablen verwendet und am Anfang der Datei definiert. Später kann ihr Wert durch das vorangestellte Dollarzeichen ausgelesen werden, zum Beispiel $DIR. Der Befehl make (vgl. den Abschnitt „Der Befehl /usr/ccs/bin/make") erzeugt die im Makefile definierten Targets, wobei er die Dependencies berücksichtigt. Wenn Targets von anderen Targets abhängig sind, müssen diese zuerst erzeugt werden.

Die Datei Makefile besteht aus vier Sektionen:

- Die erste Sektion definiert die Macros, zum Beispiel DIR =/etc.
- Die zweite Sektion enthält das erste Target mit der Bezeichnung all, wobei jeder Eintrag hinter dem Target eine Dependency ist, für die eine NIS-Map erzeugt werden muss. Das Target all wird erst erzeugt, wenn alle Dependencies generiert wurden:

  ```
  all: passwd group hosts ipnodes ethers networks rpc services
       protocols netgroup bootparams aliases publickey netid
       netmasks c2secure timezone auto.master auto.home auth.attr
       exec.attr prof.attr user.attr audit.user
  ```

  Eine neu zu erzeugende NIS-Map muss einfach der Liste hinzugefügt werden.

- Die dritte Sektion enthält die eigentlichen Instruktionen, um einzelne NIS-Maps zu erzeugen. Für jede neue NIS-Map müssen hier die entsprechenden Zeilen eingefügt werden, zum Beispiel:

  ```
  group.time: $(DIR)/group
      @(awk 'BEGIN { FS=":"; OFS="\t"; } /^[a-zA-Z0-9_]/ { print $$1, $$0 }' $
  (DIR)/group $(CHKPIPE))| $(MAKEDBM) - $(YPDBDIR)/$(DOM)/group.byname;
  ```

Namensdienste

```
    @(awk 'BEGIN { FS=":"; OFS="\t"; } /^[a-zA-Z0-9_]/ { printf("%-10d ", $$
3); print $$0 }' $(DIR)/group $(CHKPIPE)) | $(MAKEDBM) - $(YPDBDIR)/$(DOM)/
group.bygid;
    @touch group.time;
    @echo "updated group";
    @if [ ! $(NOPUSH) ]; then $(YPPUSH) -d $(DOM) group.byname; fi
    @if [ ! $(NOPUSH) ]; then $(YPPUSH) -d $(DOM) group.bygid; fi
    @if [ ! $(NOPUSH) ]; then echo "pushed group"; fi
```

Mit Hilfe der Befehle awk oder sed werden zunächst Schlüsselwertpaare aus den Quelldateien extrahiert und diese dann an den Befehl makedbm (vgl. den Abschnitt „Der Befehl makedbm") übergeben, wodurch das NIS-Map im DBM-Format erzeugt wird. Der Befehl touch aktualisiert den Zeitstempel der Datei *mapname*.times, so dass Maps nicht neu erstellt werden, wenn keine Quelldateien verändert wurden. Anschließend wird die Nachricht über die Aktualisierung der Map ausgegeben und die Map zum Slave-Server mit dem Befehl yppush übertragen, was ebenfalls als Meldung ausgegeben wird.

- Die vierte Sektion enthält für jede Dependency des Targets all wiederum eine Abhängigkeit, zum Beispiel ist group von group.time abhängig. Für neue Maps müssen an dieser Stelle die entsprechenden Abhängigkeiten eingetragen werden.

```
passwd: passwd.time
group: group.time
project: project.time
hosts: hosts.time
ipnodes: ipnodes.time
ethers: ethers.time
...
$(DIR)/netid:
$(DIR)/timezone:
$(DIR)/auto_master:
$(DIR)/auto_home:
$(PWDIR)/shadow:
$(DIR)/auth_attr:
$(DIR)/exec_attr:
$(DIR)/prof_attr:
$(DIR)/user_attr:
$(DIR)/audit_user:
```

Beim Ändern des Makefile sollten folgende Punkte beachtet werden:

- Abhängigkeitseinträge können Dateien sein, zum Beispiel ist auto.home.time von $(DIR)/auto_home abhängig. Der Befehl make vergleicht in diesem Fall den Zeitstempel der Target-Datei mit dem Zeitstempel der Abhängigkeit und überspringt die Sektion, falls das Target ein neueres oder dasselbe Datum wie die Abhängigkeitsdatei hat. Andernfalls werden die Anweisungen des nachfolgenden Abschnitts gelesen und die NIS-Map wird gegebenenfalls neu erzeugt.

- Befehlszeilen der Datei Makefile müssen unbedingt mit einem Tabulatorsprung eingerückt sein.
- Die Macros der Datei Makefile können von den Befehlsanweisungen verwendet werden.
- Befehle mit vorangestelltem At-Zeichen @ werden nicht am Bildschirm angezeigt. Das Symbol kann für die Fehlersuche entfernt werden. Steht vor dem At-Zeichen ein Minuszeichen –, werden auch keine Fehlermeldungen ausgegeben.

> Wenn eine neue Map hinzugefügt wird, die der Slave-Server nicht kennt, verläuft die Übertragung nicht erfolgreich und der Prozess yppush bleibt hängen. Sie müssen ihn mit Ctrl+c abbrechen und den Befehl ypxfr auf dem Slave-Server ausführen, um die neue Map zu übertragen, was aber nur einmalig notwendig ist.

Die Datei /var/yp/securenets

Wenn diese Datei auf einem Server vorhanden ist, dann lassen die Daemonen ypserv und ypxfrd (vgl. den Abschnitt „Der Daemon ypxfrd") nur Zugriffe von Clients zu, die in dieser Datei eingetragen sind. Es ist möglich, einzelne Rechner oder ganze Netzwerke in dieser Datei abzulegen. Für Netzwerke muss die Netzwerkmaske und der Netzanteil der IP-Adresse angegeben werden, für einzelne Rechner muss zuerst das Schlüsselwort host und dann die IP-Adresse hinterlegt werden, zum Beispiel:

```
# cat /var/yp/securenets
255.255.255.0    193.103.139.255
host    195.104.201.12
host    195.104.201.13
```

Die Datei /var/yp/nicknames

Mit Hilfe dieser Datei können Abkürzungen für NIS-Maps auf einem Rechner hinterlegt werden. Sie ist nur lokal gültig. Die erste Spalte enthält die Abkürzung, die zweite Spalte den Namen der Originaldatei, zum Beispiel:

```
# cat /var/yp/nicknames
passwd    passwd.byname
group     group.byname
...
```

Die Datei /etc/netgroups

Diese Datei kann zu den NIS-Datenbankdateien gezählt werden, wird aber gesondert behandelt, da sie in der Regel keine Bedeutung hat, wenn sie lokal erstellt wird. Sie wird auf einem Master-Server erstellt, um Benutzer, Rechner oder Domains zu Gruppen zusammenzufassen und diese Gruppen statt der einzelnen Namen für Befehle, wie zum Beispiel share oder mountd, oder Konfigurationsdateien, wie zum Beispiel hosts.equiv, zu verwenden.

Die Datei enthält in der ersten Spalte den neu definierten Gruppennamen und anschließend in Klammern die einzelnen Mitglieder, wobei das Wildcardzeichen – ein Platzhalter für einen beliebigen Eintrag darstellt. Die Mitglieder werden in der Reihenfolge *Rechnername*, *Benutzername* und *Domainname* hinterlegt. Die Datei kann zum Beispiel wie folgt aufgebaut sein:

```
# cat /etc/netgroups
all_sun (sun11,-,borsig16) (sun12,-,borsig16) (sun13,-,borsig16)
verw_gruppe (-,her,-) (-,doo,borsig16)
domain_borsig (-,-,borsig16)
```

Die erste Zeile fasst alle Rechner, deren Name mit *sun* beginnt, zur Gruppe *all_sun* zusammen. Die zweite Zeile fügt die Benutzerin *her* unabhängig vom Rechner- oder Domainnamen und den Benutzer *doo* der Domain *borsig16*, unabhängig vom Rechnernamen, der Gruppe *verw_gruppe* hinzu. Die letzte Zeile fasst alle Benutzer und Rechner der Domain *borsig16* unter dem Gruppennamen *domain_borsig* zusammen.

NIS-Befehle

Die NIS-Befehle befinden sich in den Verzeichnissen /usr/lib/netsvc/yp, /usr/bin und /usr/sbin. Sie lassen sich in folgende Anwendungsgebiete untergliedern:

- Befehle zur Erzeugung der Datenbank: ypinit, make, makedbm
- Befehle zur NIS-Verwaltung: yppush, ypxfr, yppoll, ypset, ypwhich
- Befehle zur Anwendung von NIS: ypcat, ypmatch, yppasswd. Diese Befehle können auch von einfachen Benutzern verwendet werden.

Der Befehl ypinit

Mit diesem Befehl werden NIS-Server und -Clients konfiguriert. Er kennt folgende Optionen:

Option	Beschreibung
-c	NIS-Client-Konfiguration
-m	NIS-Master-Server-Konfiguration.
-s	NIS-Slave-Server-Konfiguration.

Tabelle 20.7: Die Optionen des Befehls ypinit

Ein Beispiel zur Anwendung des Befehls finden Sie im Abschnitt „Konfiguration des Nis-Master-Servers".

Der Befehl /usr/ccs/bin/make

Dieser Befehl gehört zur Entwicklungsumgebung von Solaris und ist im Software-Paket SUNWprot enthalten. Er ist nur auf dem Master-Server notwendig, um neue NIS-Maps hinzuzufügen. Der Befehl liest seine Anweisungen aus der Datei Makefile.

Wird eine neue Domain implementiert, dann werden automatisch alle in der Datei Makefile eingetragenen Dateien in NIS-Maps umgesetzt. Später können mit Hilfe des Befehls make auch einzelne NIS-Maps neu erzeugt werden (vgl. den Abschnitt „Der Befehl /usr/ccs/bin/make"), die sofort durch den Befehl yppush an die Slave-Server übertragen werden. Mit Hilfe der Option -dd können ausführliche Informationen zum Ablauf des Makefile ausgegeben werden.

```
# cd /var/yp
# /usr/ccs/bin/make hosts
updated hosts
pushed hosts
```

> Der Befehl make kennt als Entwicklertool sehr viele Optionen, die Sie mit Hilfe des Befehls man make nachschlagen können. Zur Erstellung von NIS-Maps sind diese aber nicht unbedingt notwendig.

Der Befehl makedbm

Dieser Befehl wird in der Datei Makefile verwendet, um die Quelldateien in das Datenbankformat von NIS umzuwandeln. Der Befehl erzeugt jeweils eine Datei mit der Endung .dir für die Suchbegriffe und eine Datei mit der Endung .pag, die die eigentlichen Daten enthält. Der Befehl wird selten direkt aufgerufen. Er kennt folgende Optionen:

Option	Beschreibung
-b name	Das Kennzeichen YP_INTERDOMAIN wird in die angegebene Datei eingetragen, wodurch Rechnernamen über den DNS-Dienst statt über NIS gesucht werden.
-d name	Das Kennzeichen YP_DOMAIN_NAME wird in die angegebene Datei eingetragen. Es kann zur Kennzeichnung von Maps aus verschiedenen Domains verwendet werden.
-i name	Das Kennzeichen YP_INPUT_FILE wird in die angegebene Datei eingetragen, wodurch ein Verweis auf die Quelldateien möglich ist.

Tabelle 20.8: Die Optionen des Befehls makedbm

Namensdienste

Option	Beschreibung
-l	Der Inhalt der eingelesenen Datei wird in Kleinbuchstaben umgewandelt.
-m name	Das Kennzeichen YP_MATER_NAME wird in die angegebene Datei eingetragen, um die Information zu speichern, von welchem Rechner die Datei verwaltet wird.
-o name	Das Kennzeichen YP_OUTPUT_FILE wird für die Ausgabedatei definiert.
-s	Das Kennzeichen YP_SECURE wird in die angegebene Datei eingetragen, wodurch bei der Verwendung von Secure RPC nur noch Clients Anfragen stellen dürfen, die in der Datei /var/yp/securenets eingetragen sind.
-u	Der Inhalt einer NIS-Map wird direkt angezeigt.

Tabelle 20.8: Die Optionen des Befehls makedbm *(Forts.)*

Der Befehl yppush

Auch dieser Befehl wird in der Datei Makefile verwendet, um alle Slave-Server mit den neuen Informationen des Master-Servers zu aktualisieren. Wenn eine zusätzliche Datei in die NIS-Verwaltung integriert wurde, muss diese auf jedem Slave-Server zuerst erstellt werden.

Der Befehl ypxfr

Mit Hilfe dieses Befehls kann ein Slave-Server Master-Maps zu sich übertragen, was in der Datei /var/yp/ypxfr.log mit protokolliert wird, wenn diese Datei zuvor erzeugt wurde. Der Befehl kennt folgende Optionen:

Option	Beschreibung
-c	Die Übertragung kann auch ohne den Daemon ypserv durchgeführt werden.
-f mapname	Übertragung der Map vom Master-Server, auch wenn diese kein aktuelleres Datum als die Map des Slave-Servers hat.
-h rechnername	Angabe des Rechners, von dem die Map übertragen werden soll.
-s domainname	Übertragung von Maps von anderen Domains.

Tabelle 20.9: Die Optionen des Befehls ypxfr

Der Befehl yppoll

Mit Hilfe dieses Befehls lässt sich ausgeben, welcher Rechner eine Map in welcher Versionsnummer oder Order Number verwaltet. Der Befehl kennt folgende Optionen:

Option	Beschreibung
-d *domainname*	Angabe des Domainnamens.
-h *rechnername*	Angabe des Rechnernamens.

Tabelle 20.10: Die Optionen des Befehls yppoll

Der Befehl ypset

Mit diesem Befehl kann eine Bindung eines NIS-Clients an einen NIS-Server manuell festgelegt werden, wenn zuvor der Daemon ybbind auf dem Client mit der Option -ypset oder -ypsetme gestartet wurde. Der Befehl kennt folgende Optionen:

Option	Beschreibung
-d *domainname*	Angabe des Domainnamens.
-h *rechnername*	Angabe des Rechnernamens.

Tabelle 20.11: Die Optionen des Befehls ypset

Der Befehl ypwhich

Dieser Befehl gibt aus, an welchen Server der lokale Rechner oder der angegebene Rechner gebunden ist. Der Befehl kennt folgende Optionen:

Option	Beschreibung
-d *domainname*	Angabe des Domainnamens.
-m	Ausgabe des Rechners, der als Master-Server für eine Domain oder Map dient.
-t	Verhindert, dass Abkürzungen für Mapnamen umgesetzt werden.
-x	Ausgabe einer Liste von Abkürzungen für Mapnamen.

Tabelle 20.12: Die Optionen des Befehls ypwhich

Der Befehl ypcat

Dieser Befehl gibt den Inhalt einer über NIS verwalteten Datei aus, die dem Befehl als Argument übergeben wird. Der Befehl kennt folgende Optionen:

Option	Beschreibung
-d *domainname*	Angabe des Domainnamens.
-k	Ausgabe des Schlüssels der Datei.
-x	Ausgabe der Abkürzungen für den Dateinamen.

Tabelle 20.13: Die Optionen des Befehls ypcat

Der Befehl ypmatch

Mit Hilfe dieses Befehls können Sie eine NIS-Map nach einem bestimmten Suchbegriff durchsuchen. Die Syntax des Befehls lautet:

ypmatch [*-option(en)*] *suchbegriff mapname*

Der Befehl kennt folgende Optionen:

Option	Beschreibung
-d *domainname*	Angabe des Domainnamens.
-k	Ausgabe des gesuchten Werts und des dazugehörigen Schlüssels.
-t	Verhindert, dass Abkürzungen für Mapnamen umgesetzt werden.
-x	Ausgabe einer Liste von Abkürzungen für Mapnamen.

Tabelle 20.14: Die Optionen des Befehls ypmatch

Der Befehl yppasswd

Mit diesem Befehl kann ein Benutzer sein Passwort von einem NIS-Client aus auf dem Master-Server ändern. Der Daemon yppasswdd führt die notwendigen Änderungen in der NIS-Datenbank durch und überträgt diese an die Slave-Server. *root* kann auf dem Master-Server die Passwörter aller Benutzer ändern. Das Passwort für einen lokalen Benutzer wird wie zuvor über den Befehl passwd geändert.

NIS-Daemonen

Zu den wichtigsten Hintergrundprozessen gehören:

- `ypserv` – dieser Prozess läuft auf den Master- und den Slave-Servern.
- `ypbind` – dieser Prozess läuft auf den Master- und den Slave-Servern sowie auf allen NIS-Clients.

Die folgenden drei Hintergrundprozesse müssen nur auf dem Master-Server aktiv sein:

- `ypxfrd`
- `rpc.yppasswdd`
- `rpc.ypupdated`

Der Daemon ypserv

Dieser Daemon wird verwendet, um Anfragen von Clients an Master- oder Slave-Server zu beantworten, die durch `ypbind`-Requests erzeugt werden. Er wird durch das Skript `/etc/init.d/rpc` beim Hochfahren des Systems oder durch den Befehl `ypstart` aktiviert. Der Prozess liest die Datei `/var/yp/securenets`, um herauszufinden, welche Clients berechtigt sind, Anfragen an NIS-Server zu stellen. Nach Änderungen dieser Datei muss der Daemon neu gestartet werden. Er kennt folgende Optionen:

Option	Beschreibung
-d	Angabe, dass Hostnamen grundsätzlich über DNS aufgelöst werden sollen.
-v	Ausgabe von ausführlichen Informationen der Aktivitäten von `ypserv`.

Tabelle 20.15: Die Optionen des Prozesses `ypserv`

Der Daemon ypbind

Dieser Prozess läuft auf jedem Rechner einer NIS-Domain und stellt die Bindung zu einem Server her, um Anfragen an diesen Server zu stellen. Die Bindungsinformation wird in der Datei `/var/yp/binding/domainname` hinterlegt, die PID des Prozesses `ypbind` in der Datei `/var/yp/binding/ypbind.pid`. Wenn der bisherige Server nicht mehr antwortet, wird die Bindung dynamisch auf einen anderen Rechner umgestellt.

Die Bindung eines Clients erfolgt beim Starten des Systems und kann auf drei verschiedene Weisen durchgeführt werden:

Namensdienste

Bindungsarten	Beschreibung
ypbind -broadcast	Es wird versucht, über einen Broadcast einen NIS-Server zu erreichen. Damit kann eine automatische Aufteilung der Server zu NIS-Clients erreicht werden.
ypbind -ypset	Es wird eine Bindung von beliebigen Rechnern mit Hilfe des Befehls ypset durchgeführt.
ypbind -ypsetme	Die Veränderung ist nur lokal durch den Benutzer *root* auf dem NIS-Client möglich, was die Sicherheit erhöht.
ypbind	Ohne Angabe einer Option wird in der Tabelle /var/yp/binding/ *domainname*/ypservers nach einem Server gesucht. Diese Liste wird erstellt, wenn ein Client konfiguriert wird (vgl. weiter unten den Abschnitt „Der Daemon ypbind") und ist die Standardeinstellung des Startskripts ypstart.

Tabelle 20.16: Die Bindungsarten des Prozesses ypbind

Der Daemon ypxfrd

Dieser Hintergrundprozess ist nur auf dem Master-Server aktiv. Er wird für die Beantwortung der Map-Requests der Slave-Server mit dem Befehl ypxfr benötigt, wodurch die Master-Maps auf die Slave-Server übertragen werden.

Der Daemon rpc.yppasswdd

Auch dieser Prozess läuft nur auf dem Master-Server. In einer NIS-Domain wird das von einem Benutzer geänderte Passwort in die NIS-Datenbank statt in die lokale Datei eingetragen. Anschließend muss die NIS-Quelldatei wieder mit Hilfe des Befehls make in das entsprechende Format übersetzt werden. Für diese Aktionen ist der Daemon rpc.yppasswdd zuständig. Der Prozess kennt folgende Optionen:

Option	Beschreibung
-D	Direkte Angabe des Verzeichnisses, das die Quelldateien des NIS-Dienstes enthält.
-m	Diese Option wird standardmäßig verwendet und sorgt für eine sofortige Aktualisierung der Datenbank und eine Übertragung an die Slave-Server.
-nogecos	Keine Veränderung des Kommentarfelds über das Netzwerk möglich.
-nopw	Keine Veränderung des Passworts über das Netzwerk möglich.
-nosh	Keine Veränderung der Shell über das Netzwerk möglich.

Tabelle 20.17: Die Optionen des Prozesses ypserv

> Am besten ist es, alle Optionen im NIS-Startskript `/usr/lib/netsvc/yp/ypstart` zu hinterlegen. Der Ablauf von Passwörtern wird von NIS nicht unterstützt.

Der Daemon rpc.ypupdated

Dieser Prozess läuft wiederum nur auf dem Master-Server und erweitert die Funktion des Daemons `rpc.yppasswdd`. Dazu sollten entsprechende Angaben im Skript `/var/yp/updates` hinterlegt werden. Diese Funktion kann nur verwendet werden, wenn sich die Benutzer mit dem Verfahren `publickey` am System anmelden, das heißt, wenn Secure RPC aktiviert wurde.

Konfiguration des NIS-Master-Servers

Der Dienst NIS ist nach dem Client-Server-Prinzip aufgebaut, wobei der Master-Server oder einer der Slave-Server die Anfragen der Clients der NIS-Domain beantworten kann. Zuvor müssen die Rechner in einem Netzwerk zu einer NIS-Domain zusammengefasst und die Rollen der Master- und Slave-Server verteilt werden. Umfasst eine NIS-Domain mehrere Subnetze, dann sollte der Master-Server ein möglichst zentral erreichbarer Rechner sein, der sich zum Beispiel an den Schnittstellen der Subnetze befindet. Außerdem sollte in jedem Subnetz ein eigener Slave-Server eingerichtet werden, so dass auch beim Ausfall eines Routers NIS-Abfragen möglich sind.

Die Aufgaben des NIS-Master-Server sind:

- Die Verwaltung der ursprünglichen ASCII-Dateien des Verzeichnisses `/etc`.
- Die Erzeugung der NIS-Maps aus diesen ASCII-Dateien.
- Die zentrale Verwaltung der gesamten Domain.

Auf dem zu konfigurierenden NIS-Master-Server müssen die Pakete `SUNWypr`, `SUNWypu` und `SUNWsprot` installiert sein. Dann können Sie die Konfiguration durchführen, indem Sie folgende Schritte ausführen:

1. Kopieren Sie die Datei `/etc/nsswitch.nis` auf die Datei `/etc/nsswitch.conf` und führen Sie die eventuell notwendigen Änderungen an der Datei durch.
2. Wählen Sie einen Domainnamen, der bis zu 256 Zeichen lang sein darf (üblicherweise werden maximal 32 Zeichen verwendet). Definieren Sie dann den Domainnamen mit dem Befehl `domainname` *neuer-domainname* und tragen Sie ihn in die Datei `/etc/defaultdomain` ein.

3. Erstellen Sie die ASCII-Quelldateien auf dem Master-Server. Am besten kopieren Sie dazu die notwendigen Dateien aus dem Verzeichnis /etc in ein speziell dafür angelegtes Verzeichnis und passen Sie die Dateien in diesem Verzeichnis an. Legen Sie mit dem Befehl touch die folgenden leeren Dateien in diesem Verzeichnis an, damit die NIS-Maps des Makefiles ohne Fehlermeldungen erzeugt werden können: ethers, bootparams, locale, timezone, netgroup und netmasks.

4. Passen Sie die Datei Makefile an das neu erstellte Verzeichnis an, indem Sie die Eintragszeilen DIR und PWDDIR entsprechend aktualisieren. Entfernen Sie gegebenenfalls alle Einträge der Zeile all, die Sie nicht benötigen und für die Sie keine Datei erzeugt haben.

5. Initialisieren Sie den Master-Server mit Hilfe des Befehls ypinit -m. Der lokale Rechner wird dabei automatisch als Master-Server verwendet.

Der Ablauf dieses Befehls sieht wie folgt aus:

```
# ypinit -m
In order for NIS to operate successfully, we have to construct a list of the
NIS servers. Please continue to add the names for YP servers in order of
preference, one per line. When you are done with the list, type a <control D>
or a return on a line by itself.

        next host to add:   sun11
        next host to add:   sun12
        next host to add:
The current list of yp servers looks like this:
sun11
sun12
Is this correct? [y/n: y]   y
```

- Zunächst müssen die Slave-Server in der gewünschten Reihenfolge eingegeben werden. Dies ist aber auch später durch eine Wiederholung des Befehls ypinit möglich. Die Eingabe kann durch einen Leereintrag oder durch [Ctrl]+[d] beendet werden.

- Anschließend werden Sie gefragt, ob beim Auftreten von weniger schweren Fehlern ein Abbruch erfolgen soll, wenn beispielsweise nicht alle Dateien der Zeile all vorhanden sind. Bei schweren Fehlern erfolgt in jedem Fall ein Abbruch.

- Wurde bereits eine Domain auf dem Master-Server konfiguriert, werden Sie gefragt, ob diese gelöscht werden soll. Dann werden aus den Quelldateien mit Hilfe des Befehls makedbm NIS-Datenbanken erzeugt.

6. Starten Sie im Anschluss die NIS-Serverprozesse auf dem Master-Server mit dem Befehl /usr/lib/netsvc/yp/ypstart.

7. Testen Sie dann mit Hilfe der Befehle ypcat, ypmatch und ypwhich, ob der NIS-Dienst tatsächlich aktiviert ist.

Wenn Sie nachträglich neue NIS-Maps bei einem Master-Server hinzufügen, müssen Sie zuerst die Datei Makefile anpassen (vgl. weiter oben den Abschnitt „Die Datei /var/yp/Makefile"), indem Sie dort eine Erweiterung der Zeile all vornehmen und für das neue Target einen entsprechenden Abschnitt hinzufügen. Anschließend müssen Sie die neue ASCII-Datei in das Verzeichnis mit den Quelldateien kopieren und diese Datei auch auf den Slave-Servern als leere Datei mit folgendem Befehl anlegen:

makedbm /dev/null /var/yp/*domainname*/*neue-map.index*

Anschließend führen Sie den Befehl make auf dem Master-Server aus, um die Map in die NIS-Datenbank zu übernehmen:

cd /var/yp
make *neue-map*
updated *neue-map*
pushed *neue-map*

Konfiguration eines NIS-Slave-Servers

Wenn ein NIS-Master-Server ausfällt oder überlastet ist, werden die NIS-Client-Anfragen nicht mehr beantwortet, was zu Störungen führen kann. Um dies zu vermeiden, konfiguriert man NIS-Slave-Server, die jeweils eine Kopie der Master-Server-Maps gespeichert haben.

Die Aufgaben eines NIS-Slave-Servers, der im Gegensatz zum Master-Server keine ASCII-Datenbanken enthält, sind:

- Verwaltung der Kopien der NIS-Maps des Master-Servers.
- Bereitschaft als Backup-Server bei einem Ausfall des Master-Servers.
- Bereitschaft zur Auskunftserteilung, wenn der Master-Server nicht antwortet.
- Verteilung der Netzwerklast.

Ein NIS-Slave-Server benötigt dieselben Software-Pakete für den NIS-Dienst wie der Master-Server. Zur Konfiguration eines NIS-Slave-Servers gehen Sie wie folgt vor:

1. Benennen Sie die Datei /var/yp/Makefile um, da diese auf keinen Fall auf dem Slave-Server verwendet werden darf.
2. Kopieren Sie die Datei /etc/nsswitch.nis auf die Datei /etc/nsswitch.conf und führen Sie die eventuell notwendigen Änderungen an der Datei durch.
3. Aktualisieren Sie gegebenenfalls die Datei /etc/hosts so, dass alle Master- und Slave-Server der NIS-Domain mit ihrer richtigen IP-Adresse enthalten sind.
4. Definieren Sie dann den Domainnamen mit dem Befehl domainname *neuer-domainname* und tragen Sie ihn in die Datei /etc/defaultdomain ein.

5. Initialisieren Sie den Rechner als NIS-Client mit dem Befehl `ypinit -c`. Geben Sie auf Anfrage die Namen des Master- und der Slave-Server ein.
6. Überprüfen Sie mit Hilfe des Befehls `ps -ef | grep ypserv`, ob der Daemon `ypserv` auf dem Master-Server aktiv ist. Starten Sie den Daemon gegebenenfalls auf dem Master-Server.
7. Starten Sie auf dem NIS-Client den Daemon `ypbind` mit dem Befehl `/usr/lib/netsvc/yp/ypstart`, so dass der Rechner Mitglied in der Domain wird. Überprüfen Sie diesen Vorgang zum Beispiel mit Hilfe des Befehls `ypcat hosts`, der eine entsprechende Ausgabe anzeigen sollte.
8. Initialisieren Sie das System als NIS-Slave-Server mit dem Befehl `ypinit -s master-server-name`.
9. Der Client-Prozess muss nun mit dem Befehl `/usr/lib/netsvc/yp/ypstop` nochmals gestoppt und mit dem Befehl `/usr/lib/netsvc/yp/ypstart` erneut gestartet werden.
10. Testen Sie die Konfiguration mit dem Befehl `ypwhich -m`, der Ihnen den Namen des NIS-Master-Servers und die Liste der verfügbaren Maps ausgeben sollte.

NIS-Client

Die Mehrzahl der Rechner in einer NIS-Domain sind NIS-Clients, die Anfragen an die Server stellen. Sie besitzen keine NIS-Maps oder NIS-Datenbanken und binden sich an einen Master- oder Slave-Server, um Informationen der NIS-Maps zu beziehen. Sollte dieser Server nicht mehr erreichbar sein, binden sich die NIS-Clients dynamisch an einen anderen Server.

Zur Konfiguration eines NIS-Clients gehen Sie wie folgt vor:

1. Kopieren Sie die Datei `/etc/nsswitch.nis` auf die Datei `/etc/nsswitch.conf` und führen Sie die eventuell notwendigen Änderungen an der Datei durch.
2. Aktualisieren Sie gegebenenfalls die Datei `/etc/hosts` so, dass alle Master- und Slave-Server der NIS-Domain mit ihrer richtigen IP-Adresse enthalten sind.
3. Definieren Sie dann den Domainnamen mit dem Befehl `domainname neuer-domain-name` und tragen Sie ihn in die Datei `/etc/defaultdomain` ein.
4. Initialisieren Sie den Rechner als NIS-Client mit dem Befehl `ypinit -c`. Geben Sie auf Anfrage die Namen des Master- und der Slave-Server ein.
5. Starten Sie auf dem NIS-Client den Daemon `ypbind` mit dem Befehl `/usr/lib/netsvc/yp/ypstart`, so dass der Rechner Mitglied in der Domain wird.
6. Testen Sie die Konfiguration mit dem Befehl `ypwhich -m`, der Ihnen den Namen des NIS-Master-Servers und die Liste der verfügbaren Maps ausgeben sollte.

20.3 Network Information Service Plus (NIS+)

Aufbau und Namensraum

Dieser Dienst wurde mit Solaris eingeführt und kann außerdem für Linux und IRIX verwendet werden. Er ermöglicht die zentrale Verwaltung von Systemdateien ähnlich wie NIS, also zum Beispiel der Datei /etc/passwd, /etc/group usw. Der Dienst ist voll kompatibel mit den Diensten DNS und NIS, wobei er nicht nur die Vorteile dieser beiden Namensdienste übernimmt, sondern darüber hinaus zusätzliche Möglichkeiten bietet.

Im Gegensatz zu NIS ist der Namensraum von NIS+ auch hierarchisch strukturiert, wodurch er sich zum Beispiel leicht der Organisationsstruktur eines Unternehmens anpassen lässt. Auch eine dezentrale Datenhaltung ist möglich, wobei auf allen Servern durch eine relationale Datenbank auch die Verwaltung großer Netzwerke möglich wird. Der Namensraum von NIS+ kann in mehrere Domains mit einer selbständigen Verwaltung untergliedert werden. Auf diese Weise können mit entsprechenden Rechten ausgestattete Clients auch auf die Informationen anderer Domains zugreifen.

Auch das Sicherheitskonzept ist gegenüber NIS wesentlich verbessert worden. Zum einen müssen sich alle Clients und Benutzer entsprechend identifizieren und authentifizieren, zum anderen werden die Passwörter über ein Verschlüsselungsverfahren ausgetauscht. Diese zusätzlichen Möglichkeiten haben allerdings den Nachteil, dass die Konfiguration von NIS+ wesentlich komplexer ist als die des NIS-Dienstes.

Eine NIS+-Domain erhält einen Namen, über den sie identifiziert werden kann. Dieser Domainname muss bei einem der Domain zugeteilten Rechner in seiner lokalen Datei /etc/defaultdomain abgelegt sein. Ein NIS+-Domainname ist hierarchisch aufgebaut, wobei der Name aus den Namen der übergeordneten Domains und der lokalen Domain durch Punkte getrennt aufgebaut wird. Von NIS+ wird der Punkt am Ende eines Domainnamens als *root*-Punkt betrachtet, daher muss dieser stets am Ende des Namens stehen, so ist zum Beispiel stuttgart.deutschland.xyz.com. ein gültiger NIS+-Domainname.

> Die Konfiguration von NIS+ kann mit Hilfe des grafischen Tools Solstice Adminsuite erfolgen. Dieses Tool wird hier nicht besprochen, da es ein eigenständiges umfangreiches Thema darstellt.

Für jede NIS+-Domain muss zuerst ein NIS+-Root-Master-Server konfiguriert werden. Er beantwortet die Anfragen der Clients zu den von ihm verwalteten Datenbanken. Diese Dateien werden als Tables bezeichnet und auf den Master- und Slave-Servern abgelegt. Wenn ein Server eine Anfrage nicht beantworten kann, wird die Datenbank des übergeordneten Servers durchsucht.

In der Regel wird mindestens ein Replica-Server für eine Domain konfiguriert, der bei einem Master-Server-Ausfall dessen Aufgaben übernimmt. Veränderungen des Datenbestands des Master-Servers werden direkt in dessen Datenbank eingetragen und mit protokolliert. Anschließend werden diese Veränderungen an die Replica-Server weitergeleitet. Ein Replica-Server enthält immer eine Kopie der NIS+-Master-Datenbank, so dass er Client-Anfragen genauso wie der Master-Server bearbeiten kann, wodurch dieser entlastet wird. Ein Replica-Server ist gleichzeitig wiederum ein NIS+-Client in der von ihm betreuten Domain.

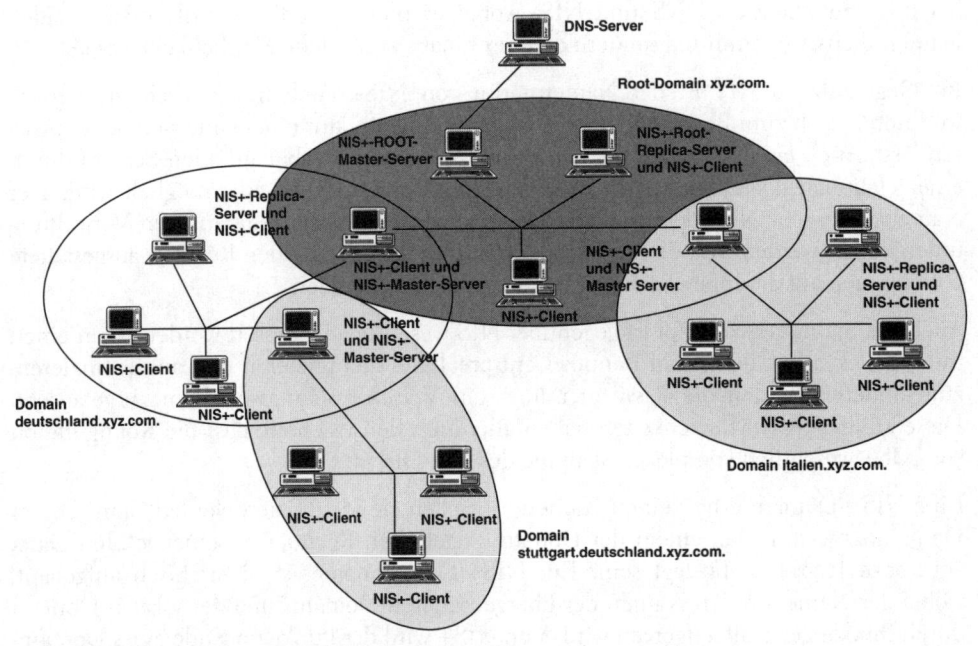

Abbildung 20.3: Aufbau einer NIS+-Domainhierarchie

Wenn NIS+-Domains hierarchisch aufgebaut sind, ist jeder Master-Server wiederum ein NIS+-Client der ihm übergeordneten Domain. NIS+-Clients haben keine feste Bindung an einen Server, sondern erhalten in der Regel von dem am schnellsten zur Verfügung stehenden Server eine Antwort.

Tables von NIS+

Lokale Dateien, wie zum Beispiel /etc/passwd, werden von den NIS+-Clients nicht oder erst nach einer erfolglosen Anfrage über NIS+ verwendet. Dies kann wiederum über die Einträge in der Datei /etc/nsswitch.conf gesteuert werden. Wenn der Dienst NIS+ ver-

Network Information Service Plus (NIS+)

wendet werden soll, kann die Musterdatei /etc/nsswitch.nisplus auf die Datei /etc/nsswitch.conf kopiert und dann angepasst werden. Der Aufbau der Musterdatei sieht wie folgt aus:

```
# more /etc/nsswitch.nisplus
# /etc/nsswitch.nisplus:
# An example file that could be copied over to /etc/nsswitch.conf;
# it uses NIS+ (NIS Version 3) in conjunction with files.
# "hosts:" and "services:" in this file are used only if the
# /etc/netconfig file has a "-" for nametoaddr_libs of "inet"
# transports . the following two lines obviate the "+" entry in
# /etc/passwd and /etc/group.
passwd:     files nisplus
group:      files nisplus
# consult /etc "files" only if nisplus is down.
hosts:      nisplus [NOTFOUND=return] files
ipnodes:    files
# Uncomment the following line and comment out the above to resolve
# both IPv4 and IPv6 addresses from the ipnodes databases. Note that
# IPv4 addresses are searched in all of the ipnodes databases before
# searching the hosts databases. Before turning this option on,
# consult the Network Administration Guide for more details on using
# IPv6.
#ipnodes:    nisplus [NOTFOUND=return] files
# Uncomment the following line, and comment out the above, to use
# both DNS and NIS+. You must also set up the /etc/resolv.conf file
# for DNS name
#server lookup. See resolv.conf(4).
#hosts:      nisplus dns [NOTFOUND=return] files
services:   nisplus [NOTFOUND=return] files
networks:   nisplus [NOTFOUND=return] files
protocols:  nisplus [NOTFOUND=return] files
rpc:        nisplus [NOTFOUND=return] files
ethers:     nisplus [NOTFOUND=return] files
netmasks:   nisplus [NOTFOUND=return] files
bootparams: nisplus [NOTFOUND=return] files
publickey:  nisplus
netgroup:   nisplus
automount:  files nisplus
aliases:    files nisplus
sendmailvars:   files nisplus
printers:       user nisplus files xfn
auth_attr:  files nisplus
prof_attr:  files nisplus
project:    files
```

Namensdienste

Die Musterdatei ist so eingerichtet, dass die meisten Dateien über NIS+ abgefragt werden. Es ist auch möglich, den Dienst DNS parallel zu NIS+ zu aktivieren.

Jede NIS+-Domain kann folgende Table-Objekte verwalten:

Table-Objekt	Beschreibung
auto-home	Verwaltung von indirekten Verzeichnispfaden des Automounters.
auto-master	Verwaltung von Informationen des Automounters.
bootparams	Verwaltung von Informationen zu NFS-Boots für Install- oder Diskless-Clients.
client_info	Verwaltung einer Datei, die Server-Präferenzen für die Domain enthält, in der sie sich befindet. Diese Table ist eine optionale interne NIS+-Table.
cred	Verwaltung einer Datei, die Referenzinformationen zu NIS+-Hauptpersonen enthält. Jede Domain besitzt eine solche Table, die Referenzinformationen der Clients speichert, die zu dieser Domain gehören, und zu Client-Benutzern oder so genannten Hauptpersonen (principals), die sich dort anmelden dürfen.
ethers	Verwaltung von MAC- bzw. Ethernetadressen für RARP.
group	Verwaltung von Gruppennamen.
hosts	Verwaltung von Rechnernamen und deren IP-Adressen.
mail_aliases	Verwaltung von Abkürzungen von Mailadressen.
netgroup	Verwaltung einer Table, die netzwerkweite Gruppen definiert, die dazu verwendet werden, Zugriffsrechte für das Remote-Mounten, Remote-Anmelden und Remote Shells zu überprüfen. Workstations sind Mitglieder von Netzwerkgruppen für Remote-Mounten, Benutzer sind Mitglieder von Netzwerkgruppen für Remote-Anmelden und Remote Shells.
netmasks	Verwaltung von Subnetzmasken.
networks	Verwaltung von Netzwerknamen.
passwd	Verwaltung von Benutzerkonten und Passwörtern.
protocols	Verwaltung von Netzwerkprotokollen.
rpc	Verwaltung von Programmnummern zu RPCs.
sendmailvars	Verwaltung von Makros und Klassendefinitionen für sendmail.

Tabelle 20.18: Table-Objekte für NIS+

Table-Objekt	Beschreibung
services	Verwaltung von Netzwerkdiensten.
timezone	Verwaltung einer Table, die die Standard-Zeitzone für jede Workstation der Domain enthält.

Tabelle 20.18: Table-Objekte für NIS+ (Forts.)

> Ausführliche Informationen zum Einsatz und zur Konfiguration von NIS+ erhalten Sie auch auf der Website *http://docs.sun.com*.

20.4 Domain Name Service (DNS)

DNS wird hauptsächlich für die Verwaltung von Rechnernamen eingesetzt, wobei die Verwaltungseinheiten Domains genannt werden. Es hat einen hierarchisch aufgebauten Namensraum mit einer baumartigen Struktur. Die Rechner werden in Domains eingeordnet und die Administration dieser Domains erfolgt durch einen oder mehrere Server. Einem Domain Name Server sind die Rechnernamen und IP-Adressen von allen untergeordneten und übergeordneten Rechnern bekannt und er kann darüber Informationen an andere Rechner liefern.

DNS wird häufig mit dem BIND-Daemon (Berkeley Internet Name Daemon) verwendet und im Internet eingesetzt. Wenn ein Netzwerk direkt an das Internet angebunden werden soll, muss DNS verwendet werden. Dazu verwendet man eine Internet-Adresse und einen DNS-Server.

Eine Domain ist eine Rechnergruppe, die zu einer Verwaltungseinheit gehört. Die Namensbildung von Domainnamen erfolgt durch Punkte getrennt, wobei der Rechnername dem Domainnamen vorangestellt wird. Die Wurzel des Namensraums ist die *root-*Domain, die durch einen Punkt dargestellt wird. Darunter befinden sich die Top-Level-Domains, die durch die Gesellschaft NIC verwaltet werden und wiederum Subdomains enthalten. Top-Level-Domains haben sowohl eine organisatorische Gliederung, zum Beispiel com, org, gov, mil, edu usw., als auch eine geografische Aufteilung, zum Beispiel de, fr, it usw. Im nachfolgenden Beispiel wird der Rechnername *suso2.reutlingen.germany.xyz.com* aufgelöst:

Namensdienste

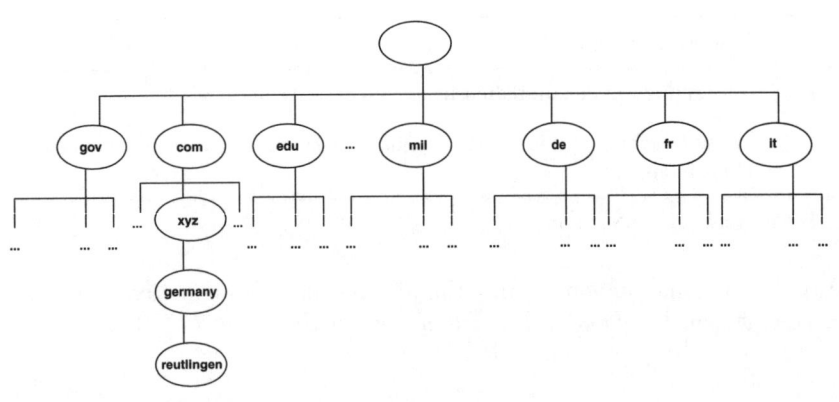

Abbildung 20.4: Hierarchischer Domainaufbau

Der Befehl nslookup

Dieser Befehl durchsucht Domain Name Server, indem er diesen Anfragen sendet. Er kann im interaktiven oder nicht interaktiven Modus arbeiten. Im interaktiven Modus kann der Benutzer beim Domain Name Server Informationen über verschiedene Hosts und Domänen abrufen oder sich eine Liste von Hosts in einer Domäne anzeigen lassen. Im nicht interaktiven Modus kann nur der Name und die gewünschte Information für einen Host oder eine Domäne angezeigt werden. Die Syntax des Befehls lautet:

`nslookup [- option]... host [server]`

oder

`nslookup [- option]... - [server]`

Ohne Optionen oder Argumente gibt der Befehl Informationen zum Default Name Server zurück, zum Beispiel:

```
# nslookup
Default Server:  pc3cali01.168.192.hertzog-edv.de
Address:  192.168.3.52
> exit
```

Der Befehl kennt folgende Optionen in beiden Modi:

Option	Bedeutung
all	Auflisten der aktuellen Einstellungen
class=*classname*	Beschränkung der Suche auf die angegebene Klasse

Tabelle 20.19: Optionen des Befehls `nslookup`

Option	Bedeutung
d2	Aktivieren des ausführlichen Debugging-Modus
nod2	Deaktivieren des ausführlichen Debugging-Modus
debug	Aktivieren des Debugging-Modus
nodebug	Deaktivieren des Debugging-Modus
defname	Aktivieren des domänenanhängenden Modus
nodefname	Deaktivieren des domänenanhängenden Modus
domain=string	Einrichten der anhängbaren Domäne
ignoretc	Ignorieren von Fehlern bei abgeschnittenen Paketen
noignoretc	Bestätigung von Fehlern bei abgeschnittenen Paketen

Tabelle 20.19: Optionen des Befehls nslookup *(Forts.)*

Der Befehl kennt folgende Argumente:

Argument	Bedeutung
host	Stellt Anfragen über den angegebenen Rechner.
-	Bewirkt die Ausgabe von zusätzlichen Informationen.
server	Leitet Anfragen an den hier angegebenen Nameserver weiter anstelle an den in der Datei /etc/resolv.conf aufgeführten.

Tabelle 20.20: Argumente des Befehls nslookup

Der nicht interaktive Modus wird gewählt, wenn der Name oder die IP-Adresse des gesuchten Rechners als erstes Argument übergeben wird. In diesem Modus können vor dem Namen des Hosts durch Leerzeichen getrennte Optionen angegeben werden. Im nachfolgenden Beispiel werden ausführliche Rechnerinformationen vom Host jupiter angefordert, wobei die zur Verfügung stehende Zeit auf 10 Sekunden gesetzt wird:

nslookup -query=hinfo -timeout=10 jupiter

Um zu vermeiden, dass eine immer wieder verwendete Option jedes Mal eingegeben werden muss, können Sie in Ihrem Homeverzeichnis einen entsprechenden Befehl set in einer Datei .nslookuprc hinterlegen. Der Befehl set wird nachfolgend genauer erläutert.

Sie gelangen in den interaktiven Modus, wenn Sie den Befehl nslookup entweder ohne Argumente verwenden oder einen Bindestrich als Hostargument übergeben. Der interaktive Modus kann mit Control-d oder dem Befehl exit beendet werden.

Namensdienste

Eine Befehlszeile im interaktiven Modus kann höchstens 255 Zeichen lang sein. Sie wird ausgeführt, sobald die Return-Taste gedrückt wird. Das erste Wort der Befehlszeile muss ein Befehl von nslookup oder der Name des Rechners sein, an den die Anfragen gestellt werden.

Zu den wichtigsten interaktiven Befehlen von nslookup gehören:

Befehl	Bedeutung
exit	Das Programm nslookup verlassen.
help oder ?	Die Befehle von nslookup anzeigen.
host [server]	Informationen über den Host werden mit Hilfe des aktuellen Defaultservers oder des angegebenen Servers gesucht.
ls [-options] domain [>> dateiname]	Listet die Informationen über die Domäne auf und erstellt oder hängt diese dem Dateinamen an. Die Standardausgabe enthält Rechnernamen und deren IP-Adressen.
a	Listet die Aliase der Hosts in der Domäne auf (der Befehl entspricht: ls -t CNAME)
d	Listet alle Sätze der Domäne auf (der Befehl entspricht: ls -t ANY)
set option=wert oder set schlüsselwort	Bildet eine erweiterte Möglichkeit, Suchoperationen durchzuführen.

Tabelle 20.21: Befehle des interaktiven Modus von nslookup

In der nachstehenden Tabelle finden Sie die am häufigsten verwendeten Optionen und Schlüsselwörter für den Befehl set:

Option	Bedeutung
all	Zeigt die häufigsten Werte von oft verwendeten Optionen an.
do[main]=string	Ändert den standardmäßigen Domänennamen, der an alle Suchanfragen angehängt wird, auf *string* ab. Diese Option wird nur wirksam, wenn gleichzeitig die Option defname aktiviert wurde.
search nosearch	Aktiviert oder deaktiviert, dass die Domänennamen in der Domänensuchliste an die Anfrage angehängt werden. Standardmäßig ist die Option aktiviert.

Tabelle 20.22: Optionen des Befehls set

Option	Bedeutung
q[uerytype]=*wert* ty[pe]=*wert*	Ändert den Informationstyp, der von einer Anfrage zurückgegeben wird, auf einen der folgenden: A = Die IP-Adresse des Hosts CNAME = Der kanonische Name eines Aliases HINFO = Die Host-CPU und der Betriebssystemtyp MD = Der Mailbestimmungsort MX = Der Mail Exchanger MB = Der Mailbox-Domänenname MG = Das Mailgruppenmitglied MINFO = Die Mailbox oder Mailinglisten-Information NS = Der Nameserver PTR = Der Hostname, wenn die Anfrage in Form einer IP-Adresse erfolgt, ansonsten der Pointer auf andere Informationen SOA = Die Domäneninformation »Start of Authority« TXT = Die Textinformation UINFO = Die Benutzerinformation WKS = Die unterstützten well-known Dienste
recurse norecurse	Aktiviert oder deaktiviert, dass andere (übergeordnete) Nameserver befragt werden, bevor eine Suche abgebrochen wird.
ret[ry]=*zähler*	Legt die maximale Anzahl von Versuchen fest, eine Anfrage zu wiederholen, bevor eine Suche abgebrochen wird.
t[imeout]=*interval*	Ändert die Wartezeit für eine Antwort auf die Angabe *interval* in Sekunden ab. Der Standardwert ist 5 Sekunden.

Tabelle 20.22: Optionen des Befehls set *(Forts.)*

Im folgenden Beispiel wird der Inhalt der Domäne aufgelistet:

```
# nslookup
Default Server:  pc3cali01.168.192.hertzog-edv.de
Address:  192.168.3.11
> ls hertzog-edv.de
[pc3cali01.168.192.in-addr.arpa]
 $ORIGIN hertzog-edv.de.
 pc2suli04              10h40m IN A     192.168.2.10
 nb5w98                 10h40m IN A     192.168.5.1
 pc7xp                  10h40m IN A     192.168.7.2
 pc7nt2000p             10h40m IN A     192.168.7.1
 pc3cali01              10h40m IN A     192.168.3.11
 sb6suso1               10h40m IN A     192.168.6.1
 localhost              10h40m IN A     127.0.0.1
>
```

Mit dem Befehl set q=ns wird der Nameserver und seine IP-Adresse für die angegebene Domäne aufgelistet:

```
> set q=ns
> hertzog-edv.de
Server:    pc3cali01.168.192.in-addr.arpa
Address:   192.168.3.11
hertzog-edv.de    nameserver = pc3cali01.hertzog-edv.de
pc3cali01.hertzog-edv.de      internet address = 192.168.3.11
>
```

Einen DNS-Client einrichten

Wenn Namensauflösung in einer Domäne eingesetzt werden soll, ist clientseitig ein so genannter Resolver notwendig. Der Resolver ist eine Reihe von Routinen, die Zugang zum Internet Domain Name System bieten. Die Datei /etc/resolv.conf ist die Konfigurationsdatei, die Informationen enthält, die von den Resolver-Routinen gelesen werden, wenn diese zum ersten Mal von einem Prozess aufgerufen werden.

Die Datei enthält eine Liste von Schlüsselwörtern, die verschiedene Arten von Resolver-Informationen zur Verfügung stellen, dazu gehören folgende Konfigurationsanweisungen:

Anweisung	Bedeutung
nameserver	Definiert die IP-Adresse eines Nameservers (in Punktnotation), den der Resolver befragt. Es können bis zu drei Nameserver angegeben werden, die vom Resolver in der genannten Reihenfolge abgefragt werden. Wenn keine Nameserver-Einträge vorhanden sind, versucht der Resolver so lange einen Nameserver zu finden, bis die Abfragezeit endet.
domain	Definiert den lokalen Domänennamen. Die meisten Namensanfragen in dieser Domäne können kurze Namen verwenden, die sich auf die lokale Domäne beziehen.
search	Definiert die Suchliste für die Hostnamensuche. Diese Liste wird normalerweise durch den lokalen Domänennamen bestimmt. Standardmäßig enthält er nur den Domänennamen. Dieses Standardverhalten können Sie ändern, indem Sie die gewünschten Domänensuchpfade auflisten, gefolgt von dem Such-Schlüsselwort, wobei die Angaben durch Leerzeichen oder Tabulatoren getrennt sind. Die meisten Resolveranfragen versuchen, jede Komponente des Suchpfads hintereinander zu verwenden, bis ein Treffer erzielt wurde. Die Suche wird abgebrochen, wenn kein Server für eine der Domänen zur Verfügung steht. Die Suchliste ist im Moment auf sechs Domänen und insgesamt 256 Zeichen begrenzt.

Tabelle 20.23: Konfigurationsanweisungen von resolv.conf

Anweisung	Bedeutung
sortaddresslist	Ermöglicht, dass die vom Resolver zurückgegebenen Adressen sortiert werden. Eine Sortierungsliste wird durch Paare von IP-Adressen-Netzwerkmasken definiert. Die Netzwerkmaske ist optional und standardmäßig die ursprüngliche Netzwerkmaske. Die IP-Adresse und die optionalen Netzwerkmaskenpaare werden durch Schrägstriche getrennt. Es können bis zu 10 Paare definiert werden, zum Beispiel: `sortlist 130.155.160.0/255.255.240.0 130.155.0.0`

Tabelle 20.23: Konfigurationsanweisungen von `resolv.conf` *(Forts.)*

Die Datei /etc/resolv.conf kann zum Beispiel wie folgt aufgebaut sein:

```
# more /etc/resolv.conf
nameserver 192.168.3.11
nameserver 192.168.4.17
search train.hertzog-edv.de transl.hertzog-edv.de hertzog-edv.de
```

Um den Domänennamen festzulegen, wird heute nicht mehr die Anweisung `domain` verwendet, da seit Solaris 9 standardmäßig immer das erste Argument der Anweisung `search` als lokale Domäne angegeben wird.

Einen DNS-Client bei der Installation konfigurieren

Um während der Installation den Rechner als Client für einen Domain Nameserver zu konfigurieren, gehen Sie wie folgt vor:

1. Im Fenster NAME SERVICE wählen Sie DNS als Namensdienst und drücken dann [F2] Continue.

2. Im nächsten Fenster DOMAIN NAME geben Sie den Namen der DNS-Domäne ein und drücken wieder [F2] CONTINUE.

3. Anschließend erscheint das Fenster DNS SERVER ADDRESS, in dem Sie die IP-Adressen von bis zu drei DNS-Server eingeben können, auf die der Client für Anfragen zugreifen kann.

4. Im nachfolgenden Fenster DNS SEARCH LIST müssen die Suffixe eingegeben werden, die an nicht voll qualifizierte Rechnernamen angehängt werden sollen, zum Beispiel `train.hertzog-edv.de`. Nicht voll qualifiziert bedeutet, es sind Namen, die keinen vollständigen Domänennamen aufweisen.

5. Zuletzt erscheint das Fenster CONFIRM INFORMATION, in dem Sie die getätigten Eingaben überprüfen und mit [F2] CONTINUE bestätigen können. Alternativ können Sie diese mit [F4] Change nochmals ändern.

Einen DNS-Client nach der Installation konfigurieren

Sie können aber auch jederzeit noch nach der Installation den Rechner als Client einer DNS-Domäne hinzufügen. Gehen Sie dazu wie folgt vor:

Erzeugen Sie die Datei /etc/resolv.conf. Orientieren Sie sich dazu an diesem Beispiel:

```
# more /etc/resolv.conf
; Beispielsdatei resolv.conf für den Host jupiter in der Domäne test.com
domain test.com
; zuerst den lokalen Nameserver zu erreichen versuchen
nameserver 10.0.0.1
; wenn dieser nicht erreichbar ist, sollen diese Server versucht werden
nameserver 192.168.26.13
nameserver 192.168.26.14
; die von gethostbyname(3c) zurückgegebenen Adressen sollen sortiert werden
sortlist
130.155.160.0/255.255.240.0
130.155.0.0
```

Die erste Zeile listet den Domänennamen in der Form `domain domainname`, wobei der Domänname ein von InterNIC oder DENIC registrierter Name oder ein unternehmensintern verwendeter Name ist. Beachten Sie, dass keine Leerzeichen oder Tabulatoren am Ende des Domänennamens zulässig sind. Vergewissern Sie sich, dass Sie direkt hinter dem Domänennamen die Return-Taste betätigt haben.

Die zweite Zeile gibt den Loopback-Nameserver in der Form `nameserver 10.0.0.1` an.

Die nächsten beiden Zeilen verwenden die Syntax `nameserver IP_adresse`, um die IP-Adressen von bis zu drei DNS-Master-, Slave- oder Cache-only-Nameservern aufzulisten, die der Resolver befragen kann, um Anfragen aufzulösen.

Die fünfte Zeile listet die Adressen-Sortierliste in folgender Form auf:

```
sortlist
adressenliste
```

Die Angabe `adressenliste` definiert die Sortierreihenfolge der Adressen, die von der Funktion `gethostbyname(3c)` zurückgegeben werden. In diesem Beispiel gibt `gethostbyname` das Netzwerkmaskenpaar 130.155.160.0/255.255.240.0 vor der IP-Adresse 130.155.0.0 zurück.

Verändern Sie im nächsten Schritt die Datei /etc/nsswitch.conf, indem Sie diese Ihren Namensdiensten anpassen (vgl. den Abschnitt zu dieser Datei zu Beginn des Kapitels).

20.5 Lightweight Directory Access Protocol (LDAP)

Überblick und Einsatzmöglichkeiten

NIS+ hat gegenüber NIS den Vorteil, dass zusätzliche Sicherheitseigenschaften und eine hierarchische Struktur implementiert sind. Ein Nachteil bleibt jedoch bestehen: Sowohl NIS als auch NIS+ sind proprietäre Produkte, wodurch der Austausch von Informationen zwischen Systemen anderer Hersteller oder anderen Betriebssystemplattformen mit hohem Aufwand verbunden ist.

> Ausführliche Informationen zu LDAP finden Sie auf der Website *http://docs.sun.com*, wenn Sie dort nach dem Stichwort LDAP suchen. Über das Thema LDAP wurden auch schon komplette Bücher verfasst.

Ein standardisierter Directory Service dagegen kann den Verwaltungsaufwand deutlich verringern, indem gemeinsame Regeln für Objektzugriffe, Namensraumstrukturierung, Autorisierung, Authentifizierung und Konfiguration von zusätzlichen Attributen für alle beteiligten Systeme definiert werden. Einen solchen Standard stellt das X.500 Directory Access Protocol (DAP) dar, das allerdings mit einer aufwändigen Verwaltung und einem großen Ressourcenbedarf verbunden war. Aus diesen Gründen wurde eine Light-Version mit der Bezeichnung LDAP (Lightweight Directory Access Protocol) von der Firma Netscape, der University of Michigan und 40 weiteren beteiligten Unternehmen entwickelt.

LDAP-Anwendungen lassen sich in drei Hauptgruppen einteilen:

- Lokalisieren von Ressourcen
- Verwaltung von Ressourcen
- Verwaltung von Autorisierungs- und Authentifizierungswerkzeugen

LDAP kann auf verschiedene Arten eingesetzt werden, wobei auch die von NIS oder NIS+ verwalteten Informationen über LDAP administriert werden können. Der Einsatz von LDAP sollte allerdings vor allem in Umgebungen erfolgen, die zwar viele Lesezugriffe zu verarbeiten haben, aber keine häufigen Aktualisierungen der Datenbanken erfordern. Einsatzmöglichkeiten sind zum Beispiel:

- Automatisches Lokalisieren von Netzwerkressourcen, wie zum Beispiel Drucker, Datei-Server oder Netzwerkdienste.
- Vereinfachte und zentrale Verwaltung des Netzwerks, indem die Informationen in einem zentralen Verzeichnis anstatt auf verschiedenen Servern gespeichert werden.

Namensdienste

- Verbesserte Sicherheitsfunktionen, da Autorisierungen und Authentifizierungen genau definiert werden können, um die Zugriffsrechte auf Ressourcen zu steuern.
- Verwaltung eines Online-Telefonbuchs, wobei es möglich ist, dieses von bestimmten berechtigten Benutzern ändern oder ergänzen zu lassen.
- Verwaltung eines Adressverzeichnisses für E-Mail-Clients.

Die Datei /etc/nsswitch.ldap

Wenn der Dienst LDAP verwendet werden soll, kann die Musterdatei /etc/nsswitch.ldap auf die Datei /etc/nsswitch.conf kopiert und dann angepasst werden. Die Musterdatei ist wie folgt aufgebaut:

```
# more /etc/nsswitch.ldap
# /etc/nsswitch.ldap:
# An example file that could be copied over to /etc/nsswitch.conf;
# it uses LDAP in conjunction with files.
# "hosts:" and "services:" in this file are used only if the
# /etc/netconfig file has a "-" for nametoaddr_libs of "inet"
# transports. the following two lines obviate the "+" entry in
# /etc/passwd and /etc/group.
passwd:     files ldap
group:      files ldap
# consult /etc "files" only if ldap is down.
hosts:      ldap [NOTFOUND=return] files
ipnodes:    files
# Uncomment the following line and comment out the above to resolve
# both IPv4 and IPv6 addresses from the ipnodes databases. Note that
# IPv4 addresses are searched in all of the ipnodes databases before
# searching the hosts databases. Before turning this option on,
# consult the Network Administration Guide for more details on using
# IPv6.
#ipnodes:   ldap [NOTFOUND=return] files
networks:   ldap [NOTFOUND=return] files
protocols:  ldap [NOTFOUND=return] files
rpc:        ldap [NOTFOUND=return] files
ethers:     ldap [NOTFOUND=return] files
netmasks:   ldap [NOTFOUND=return] files
bootparams: ldap [NOTFOUND=return] files
publickey:  ldap [NOTFOUND=return] files
netgroup:   ldap
automount:  files ldap
aliases:    files ldap
# for efficient getservbyname() avoid ldap
services:   files ldap
```

```
sendmailvars:   files
# role-based access control
auth_attr: files ldap
exec_attr: files ldap
prof_attr: files ldap
user_attr: files ldap
# audit
audit_user: files ldap
project:    files ldap
```

LDAP-Client konfigurieren

Damit ein Solaris-Client LDAP als Namensdienst verwenden kann, müssen folgende Bedingungen erfüllt sein:

- Der Domänenname des Clients muss vom LDAP-Server verwaltet werden.

- Die Datei `/etc/nsswitch.conf` muss bei allen notwendigen Diensten auf LDAP verweisen (vgl. den Abschnitt zu dieser Datei zu Kapitelbeginn).

- Der Client muss mit all den Parametern konfiguriert werden, die sein Verhalten definieren.

- Der Dienst `ldap_cachemgr` muss auf dem Client laufen.

- Mindestens ein Server, für den der Client konfiguriert wird, muss laufen.

Authentifizierung und Autorisierung des Clients

Wenn ein LDAP-Client versucht, eine Sitzung oder ein so genanntes Binding mit dem Server aufzubauen, muss er authentifiziert werden. Erst dann kann der Client Such- und Änderungsanforderungen durchführen, das heißt, er ist dazu autorisiert, auf bestimmte Systemressourcen zuzugreifen. In der Regel hat der LDAP-Client einen Lesezugriff auf Datenbanken des Namensdienstes, wie zum Beispiel Rechnernamen, und zusätzlich haben Benutzer einen Schreibzugriff, um ihr eigenes Passwort ändern zu können. Administratoren haben in der Regel auch auf andere Daten Schreibzugriff. Der LDAP-Server besitzt die Informationen, wie ein Client authentifiziert wird und für welche Zugriffe er autorisiert ist.

Die Verwaltung von LDAP-Clients wird durch Erstellen von Client-Profilen auf dem LDAP-Server erleichtert. Ein Client-Profil fasst die Konfigurationsparameter für eine Gruppe von gleichartigen LDAP-Clients zusammen. Es definiert die Sicherheitsinformationen des Clients, den Vorgang der Authentifizierung und die Konfigurationsparameter für den Client. Dann wird ein Proxykonto erstellt, damit mehrere LDAP-Clients eine Sitzung an einem Server mit denselben Zugriffsrechten aufbauen können. Diese Clients haben dazu einen gemeinsamen Namen und ein gemeinsames Passwort.

Der Befehl ldapclient

Dieser Befehl wird dazu verwendet, einen LDAP-Client aufzusetzen. Er erfüllt alle oben genannten Bedingungen für den Client, mit Ausnahme des Startens eines Servers. Die Syntax des Befehls lautet:

`ldapclient [-v| -q] keywort [-a proxyName=profil] [-a domainName= domain] [-a proxyDN=proxyDN] [-a proxyPassword=passwort] [-a certificatePath=pfad] LDAP_serveradresse[:portnummer]`
`ldapclient [-v| -q] keywort [-a attrName=attrwert]`
`ldapclient [-v| -q] keywort -a profileName=profilname [-a attrName=attrwert]`

Der Befehl kann für folgende Bereiche verwendet werden:

- LDAP-Clientrechner initialisieren.
- Die Netzwerkdienstumgebung auf LDAP-Clients wiederherstellen.
- Den Inhalt des LDAP-Client-Caches in lesbarem Format auflisten.

Die Schlüsselwörter haben folgende Bedeutung:

Schlüsselwort	Bedeutung
init	Initialisiert einen LDAP-Client mit Hilfe eines Profils eines Servers.
manual	Initialisiert einen LDAP-Client manuell mit den angegebenen Attributwerten.
mod	Ändert die Attributwerte in der Konfigurationsdatei nach einer manuellen Initialisierung des Clients.
list	Listet den Inhalt des Caches eines LDAP-Clients an der Standardausgabe in lesbarer Form auf.
uninit	Löst eine Konfiguration eines LDAP-Clients unter der Annahme, dass dieser mit dem Befehl ldapclient initialisiert wurde, wieder auf.
genprofile	Erzeugt ein Konfigurationsprofil im LDIF-Format, das im Verzeichnis gespeichert wird, damit Clients es in Verbindung mit dem Schlüsselwort init des Befehls verwenden.

Tabelle 20.24: Die Schlüsselwörter des Befehls `ldapclient`

Wenn eine Datei während der Installation von LDAP verändert wird, wird diese im Verzeichnis /var/ldap/restore gesichert. In der Regel werden folgende Dateien während der Initialisierung geändert:

- /etc/nsswitch.conf
- /etc/defaultdomain (wenn vorhanden)

Lightweight Directory Access Protocol (LDAP)

- /var/yp/binding/`domainname` (bei einem NIS-Client)
- /var/nis/NIS_COLD_START (bei einem NIS+ Client)
- /var/ldap/ldap_client_file (bei einem vorhandenen LDAP-Client)
- /var/ldap/ldap_client_cred (bei einem vorhandenen LDAP-Client)

Folgende Optionen werden unterstützt:

Option	Bedeutung
-a	Definiert das Attribut attrName und seinen Wert.
-q	Stiller Modus, es gibt keine Ausgabe.
-v	Modus mit detaillierter Ausgabe.

Tabelle 20.25: Die Optionen des Befehls ldapclient

Es gibt nur einen Operanden, der unterstützt wird. Dieser heißt defaultServerList und ist eine durch Leerzeichen getrennte Liste von Server-IP-Adressen, wobei die Portnummer optional ist. Die standardmäßig vom LDAP-Server verwendete Portnummer ist 389. Es können voll qualifizierte Rechnernamen verwendet werden, aber dazu müssen Sie die Datei /etc/nsswitch.conf so konfigurieren, dass für die Datenbank hosts die Einstellung files oder dns und nicht ldap verwendet wird.

Zu den wichtigsten Attributen, die von ldapclient unterstützt werden, gehören:

Attribut	Bedeutung
authenticationMethod	Definiert die standardmäßige Authentifizierungsmethode, die von allen Services verwendet wird, bis sie vom Attribut serviceAuthenticationMethod überschrieben wird. Der Standardwert ist none.
bindTimeLimit	Die Höchstzeit in Sekunden, die ein Client aufwenden darf, um eine Binding-Operation durchzuführen. Standardwert ist 30.
certificatePath	Der Pfad, in dem sich die Zertifikate-Datenbank befindet, das heißt, dort liegen die Sicherheits-Datenbankdateien. Der Standardpfad lautet /var/ldap.
domainName	Definiert den DNS-Domänennamen. Dieser wird Standard für den Client. Die Vorgabe ist der aktuelle Domänenname.

Tabelle 20.26: Die Attribute des Befehls ldapclient

Attribut	Bedeutung
preferredServerList	Definiert eine durch Leerzeichen getrennte Liste von IP-Adressen bevorzugter Server, die kontaktiert werden, bevor die Server durch das Attribut defaultServerList definiert werden. Standardmäßig wird der LDAP-Serverport 389 verwendet.
profileName	Definiert den Profilnamen. Bei der Initialisierung eines Clients ist dies der Name eines vorhandenen Profils, das vom Server heruntergeladen werden kann.
proxyDN	Definiert den Bind Distinguished Name für die Proxy-Identität. Diese Option ist notwendig, wenn der Vertrauenslevel proxy lautet.
proxyPassword	Definiert das Proxy-Passwort des Clients. Diese Option ist notwendig, wenn der Vertrauenslevel proxy lautet.
searchTimeLimit	Definiert die maximale Anzahl von Sekunden, die eine LDAP-Suchoperation dauern darf. Standardwert ist 30.

Tabelle 20.26: Die Attribute des Befehls ldapclient *(Forts.)*

Einen Client initialisieren

Es gibt zwei Möglichkeiten, einen LDAP-Client zu konfigurieren. Beide setzen voraus, dass der LDAP-Server bereits mit dem geeigneten Client-Profil konfiguriert wurde, ansonsten ist es nicht möglich, Clients einzurichten.

Einen DNS-Client bei der Installation konfigurieren

Um während der Installation den Rechner als LDAP-Client zu konfigurieren, gehen Sie wie folgt vor:

1. Im Fenster NAME SERVICE wählen Sie LDAP als Namensdienst und drücken dann [F2] CONTINUE.

2. Im nächsten Fenster DOMAIN NAME geben Sie den Namen der Domäne ein, in dem sich der Client befindet, und drücken wieder [F2] CONTINUE.

3. Anschließend erscheint das Fenster LDAP PROFILE, in dem Sie den Namen des Profils und die IP-Adresse des LDAP-Servers eingeben.

4. Zuletzt erscheint das Fenster CONFIRM INFORMATION, in dem Sie die getätigten Eingaben überprüfen und mit [F2] CONTINUE bestätigen können. Alternativ können Sie diese mit [F4] CHANGE nochmals ändern.

Einen DNS-Client nach der Installation konfigurieren

Sie können aber auch jederzeit noch nach der Installation den Rechner als LDAP-Client einrichten. Dazu gibt es wiederum zwei Möglichkeiten mit dem Befehl ldapclient:

- Das Schlüsselwort profile: Hier müssen Sie mindestens die Serveradresse, die das Profil enthält und die zu verwendende Domäne angeben. Wenn Sie keinen Profilnamen angeben, wird das Standardprofil verwendet. Die restlichen Informationen werden dann vom Server geliefert, mit Ausnahme der Proxy- und Zertifikat-Datenbank-Information.

- Das Schlüsselwort manual: Sie konfigurieren in diesem Fall das Profil direkt auf dem Client, das heißt, dass Sie alle Parameter an der Befehlszeile definieren. Auf diese Weise wird die Profilinformation in Cachedateien gespeichert und niemals vom Server erneuert. Diese Vorgehensweise wird nicht empfohlen.

Im ersten Beispiel wird beschrieben, wie mit Hilfe von Profilen ein Client konfiguriert wird. Sie müssen dazu root sein und den Befehl ldapclient init verwenden:

```
# ldapclient init -a profileName=neu -a \ domainName=test.beispiel.com
192.168.0.0
  System successfully configured
```

Das nächste Beispiel verwendet so genannte Proxy Credentials, das heißt, es werden Proxywerte konfiguriert:

```
# ldapclient init -a proxyDn=cn=proxyagent,ou=profile,dc=test, \
dc=beispiel,dc=com -a domainname=test.beispiel.com -a \ profilename=prof1 -a
proxypassword=testneu 192.168.0.0
System successfully configured
```

Die Proxy-Information wird dazu verwendet, die Datei /var/ldap/ldap_client_cred zu erstellen und die restlichen Informationen werden in die Datei /var/ldap/ldap_client_file gestellt. Diese Dateien dürfen nicht von Hand editiert werden. Verwenden Sie stattdessen den Befehl ldapclient.

Die Dateien haben in unserem Beispiel folgenden Aufbau:

```
# cat ldap_client_cred
 # Do not edit this file manually; your changes will be lost. Please use
 ldapclient(1M) instead.
  NS_LDAP_BINDDN= cn=proxyagent,ou=profile,dc=test,dc=beispiel,dc=com
  NS_LDAP_BINDPASSWD= {NS1}4a3788e8c053424f
# cat ldap_client_file
 # Do not edit this file manually; your changes will be lost. Please use
 ldapclient(1M) instead.
  NS_LDAP_FILE_VERSION= 2.0
  NS_LDAP_SERVERS= 192.168.0.0
  NS_LDAP_SEARCH_BASEDN= dc=test,dc=beispiel,dc=com
  NS_LDAP_CREDENTIAL_LEVEL= proxy
```

Mit Hilfe des Befehls `ldapclient list` können Sie die Konfiguration des Clients überprüfen:

```
# ldapclient list
NS_LDAP_FILE_VERSION= 2.0
NS_LDAP_BINDDN= cn=proxyagent,ou=profile,dc=test,dc=beispiel,dc=com
NS_LDAP_BINDPASSWD= {NS1}4a3788e8c053424f
NS_LDAP_SERVERS= 192.168.0.0
NS_LDAP_SEARCH_BASEDN= dc=test,dc=beispiel,dc=com
NS_LDAP_CREDENTIAL_LEVEL= proxy
```

Die Konfiguration eines LDAP-Clients aufheben

Sie können die Konfiguration eines LDAP-Clients jederzeit wieder aufheben. Sie müssen dazu root sein und den Befehl `ldapclient uninit` verwenden. Dadurch werden die Client-Dateien im Verzeichnis `/var/ldap` gelöscht, die ehemalige Datei `/etc/nsswitch.conf` wieder hergestellt und der Prozess `ldap_cachemgr` wird angehalten. Hinterher ist kein Neustart des Clients erforderlich.

```
# ldapclient uninit
System successfully recovered
```

20.6 Zusammenfassung

In diesem Tag wurde erklärt, was Namensdienste oder so genannte Name Services oder Directory Services sind und welche Arten von Namensdiensten es gibt. Sie erhielten jeweils einen kurzen Überblick über die Namensdienste DNS, NIS+ und das Protokoll LDAP. Sie lernten außerdem die Datei `/etc/nsswitch.conf` kennen, mit deren Hilfe der Zugriff auf Namensdienste geregelt wird.

Des Weiteren wurde der Namensdienst NIS einschließlich seiner Komponenten, Master-Server, Slave-Server und Client, sowie seiner Prozesse ausführlich besprochen. Sie erfuhren, wie Sie einen Master- und Slave-Server sowie einen NIS-Client konfigurieren und eine neue NIS-Map anlegen.

20.7 F&A

F Ich möchte Benutzerkennungen, Hostadressen, Mailadressen, Drucker und Netzwerkdienste über einen Namensdienst verwalten. Kann ich dazu DNS verwenden?

A Nein, mit dem Namensdienst DNS können ausschließlich Hostnamen in IP-Adressen und umgekehrt umgesetzt werden. Sie sollten für Ihre Zwecke entweder NIS, NIS+ oder LDAP verwenden.

F Muss ich unbedingt eine der Vorlagedateien im Verzeichnis /etc auf die Datei /etc/nsswitch.conf kopieren, wenn ich einen Namensdienst verwenden möchte?

A Nein, es ist auch möglich, die Datei /etc/nsswitch.conf manuell anzupassen. Der Änderungsaufwand reduziert sich vermutlich aber, wenn zuvor die entsprechende Musterdatei des gewünschten Namensdienstes auf diese Datei kopiert wurde.

F Ich habe einen NIS-Master-Server, einen NIS-Slave-Server und mehrere NIS-Clients konfiguriert, indem ich die entsprechenden Dateien angepasst, den Domainnamen bekannt gemacht und die notwendigen Befehle gestartet habe. Die Rechner scheinen aber nicht erkannt zu werden. Welche Ursache kann das haben?

A Überprüfen Sie nochmals, ob Sie tatsächlich alle notwendigen Schritte durchgeführt haben und ob auch die IP-Adressen der NIS-Master- und -Slave-Server in den jeweiligen Dateien /etc/hosts eingetragen sind. Gegebenenfalls führen Sie die Konfiguration nochmals anhand der in diesem Tag aufgeführten Liste durch.

20.8 Übungen

1. Wählen Sie in Ihrem Netzwerk drei Rechner aus, die Sie jeweils als NIS-Master-, NIS-Slave-Server und NIS-Client konfigurieren möchten.

2. Konfigurieren Sie zuerst den NIS-Master-Server gemäß der Vorgehensweise in Abschnitt 20.2.6. Sie können die Datei Makefile dabei Ihren eigenen Wünschen entsprechend anpassen.

3. Konfigurieren Sie dann den NIS-Slave-Server gemäß der Vorgehensweise in Abschnitt 20.2.7.

4. Konfigurieren Sie schließlich noch einen NIS-Client gemäß der Vorgehensweise in Abschnitt 20.2.8.

Tag 21

Solaris Management Console (SMC)

Solaris Management Console (SMC)

An diesem letzten Tag lernen Sie die Solaris Management Console kennen. Dieses Programm ist eine grafische Schnittstelle für das Betriebssystem Solaris, mit dem Sie die meisten in den ersten 20 Tagen besprochenen Verwaltungsaufgaben durchführen können. Alle Aufgaben der Systemadministration, die an diesem Tag erläutert werden, lassen sich von erfahrenen Systemverwaltern auch wesentlich schneller mit Hilfe der Befehlszeile oder Shellskripten durchführen. Sie erfahren, wie Sie die SMC starten und was eine Toolbox ist. Anschließend werden die einzelnen Komponenten der SMC anhand von Beispielen erläutert, dazu gehören die Verwaltung von Benutzern, Gruppen, Computern, Patches, Prozessen, Protokollen, Cronjobs, seriellen Ports, Festplatten, Datei- und RAID-Systemen. Im zweiten Teil erfahren Sie, wie Sie die SMC mit Hilfe des so genannten SMC Toolbox-Editors Ihren eigenen Wünschen anpassen können.

21.1 Die Solaris Management Console anwenden

Überblick über die SMC

Die Solaris Management Console ist eine Art Container für grafische Administrationstools, die gesammelt in so genannten Toolboxes gespeichert werden. Die SMC enthält eine standardmäßige Toolbox mit vielen grundlegenden Verwaltungswerkzeugen, wie zum Beispiel Benutzer-, Prozessverwaltung usw. Es ist jederzeit möglich, neue Toolboxes oder Tools hinzuzufügen (vgl. Abschnitt 21.2).

Die SMC besteht aus drei Hauptkomponenten:

- SMC-Client: Hier handelt es sich um die Console selbst als sichtbare Schnittstelle mit den verschiedenen Verwaltungsmöglichkeiten.

- SMC-Server: Diese Komponente befindet sich entweder auf demselben oder einem Remote-Rechner und stellt als Back-End die Verwaltungsfunktionalitäten zur Verfügung.

- SMC-Toolbox Editor: Diese Anwendung sieht aus wie die Console selbst und wird dazu verwendet, weitere Toolboxes, Tools oder einen erweiterten Funktionsumfang hinzuzufügen.

Die Solaris Management Console kann folgende Bestandteile enthalten:

- Die Haupt-Toolbox mit der Bezeichnung MANAGEMENT TOOLS, die die lokale Toolbox des Rechners enthält.

- Verknüpfungen oder URLs (Universal Resource Locator) auf Toolboxes des lokalen Rechners oder von Remote-Rechnern.

- Tools, die einfach in die SMC integrierbare Programme sind und mit dem SMC Software Development Kit (SDK) erstellt wurden.

Die Solaris Management Console anwenden

- Ordner, die entweder Tools oder sonstige Anwendungen enthalten können.
- Sonstige Anwendungen, die kein SMC-Tool sind, sondern ein Solaris-Befehl, eine X Window-Anwendung oder eine URL.

Wenn die Solaris Management Console gestartet wird, wird automatisch die Haupt-Toolbox mit der URL *http://rechnername:898/toolboxes/smc.tbx* geladen. Sie befindet sich im Verzeichnis /var/sadm/smc/toolboxes/smc/smc.tbx und stellt den Zugriff auf andere Toolboxes zur Verfügung. Auf die Standard-Tools selbst kann über die URL *http://rechnername:898/toolboxes/this_computer.tbx* zugegriffen werden, die im Verzeichnis /var/sadm/smc/toolboxes/this_computer/this_computer.tbx liegt.

Den SMC-Server starten

Um die Solaris Management Console zu starten, muss auch der Prozess für den Solaris Management Console Server gestartet werden. Der SMC-Server wird normalerweise automatisch gestartet, sobald die Solaris Management Console aufgerufen wird.

Sie können den Status des SMC-Servers mit folgendem Befehl feststellen:

```
# /etc/init.d/init.wbem status
Solaris Management Console server version 2.1.0 running on port 898
```

Die ausgegebene Meldung besagt, dass der SMC-Server läuft.

Mit folgendem Befehl können Sie den SMC-Server beenden:

```
# /etc/init.d/init.wbem stop
Shutting down Solaris Management Console server on port 898
```

Starten können Sie den SMC-Server bei Bedarf auch manuell mit dem Befehl:

```
# /etc/init.d/init.wbem start
Starting Solaris Management Console server version 2.1.0
endpoint created: : 898
Solaris Management Console server is ready
```

Die SMC starten

Die SMC kann entweder durch Doppelklick auf das entsprechende Symbol im Applications Manager oder File Manager oder mit folgendem Befehl gestartet werden:

```
# smc
```

Beim erstmaligen Starten werden die dazu gehörigen Java-Applets initiiert, was ungefähr ein bis drei Minuten dauern kann. Anschließend befinden Sie sich auf der Eingangsoberfläche der SMC.

Solaris Management Console (SMC)

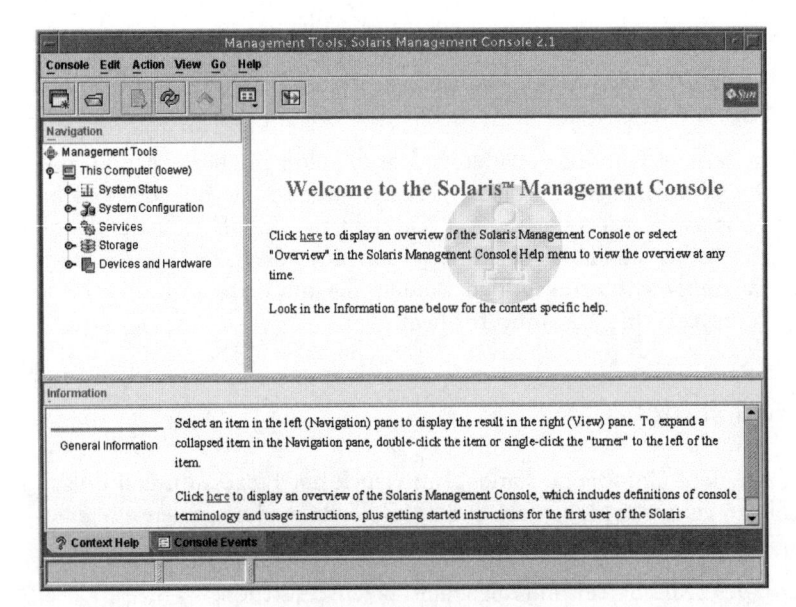

Abbildung 21.1:
Die neu geöffnete Solaris Management Console

Auf der linken Fensterhälfte sehen Sie den Inhalt der Toolbox MANAGEMENT TOOLS. Wenn Sie auf eine der Optionen links klicken, erscheint auf der rechten Seite der dazugehörige Inhalt.

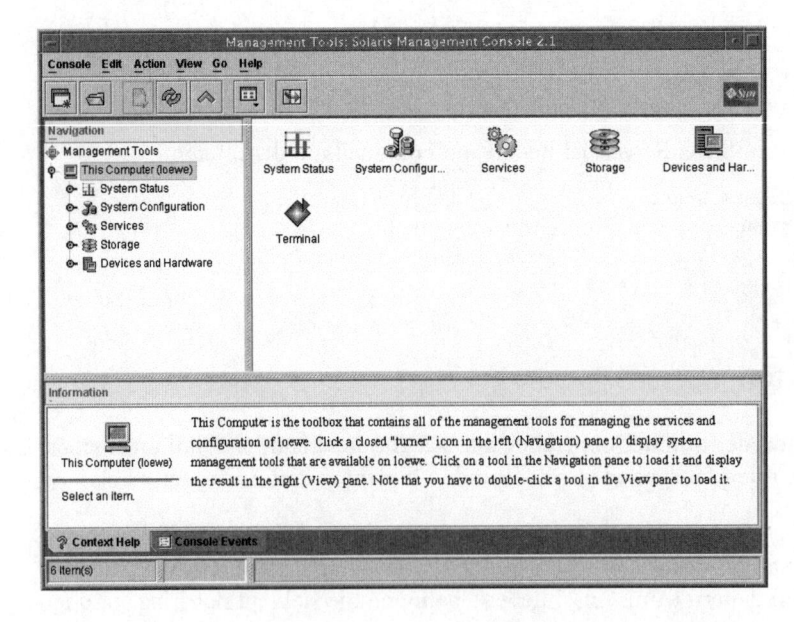

Abbildung 21.2:
Die Bestandteile der SMC

Die Administrationsmöglichkeiten der SMC gliedern sich in folgende Bereiche auf:

- SYSTEM STATUS
- SYSTEM CONFIGURATION
- SERVICES
- STORAGE
- DEVICES AND HARDWARE

Das Symbol TERMINAL in der SMC bietet die Möglichkeit, aus der SMC heraus ein Terminalfenster zu öffnen. Die anderen Möglichkeiten werden in den nachfolgenden Abschnitten genauer beschrieben.

Wenn Sie auf die Menüfolge CONSOLE – PREFERENCES klicken, erhalten Sie ein Fenster, mit dem Sie das Aussehen der SMC Ihren Wünschen anpassen können.

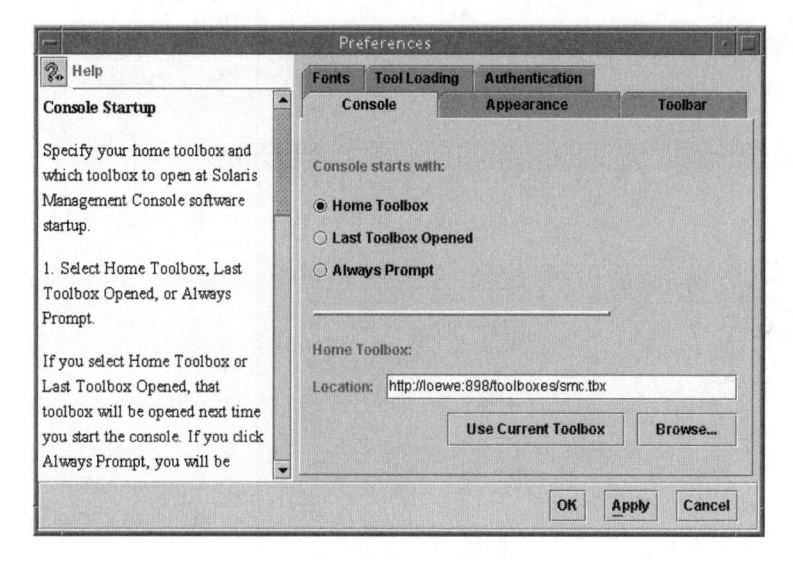

Abbildung 21.3: Das Fenster Preferences

Die Kategorie System Status

Diese Kategorie enthält die Bereiche Systeminformation, Anzeige der Protokolldateien, Prozesse und Systemleistung.

Wenn Sie zum ersten Mal nach dem Aufrufen der SMC eine der Funktionen der untersten Ebene anklicken, um sie zu öffnen, müssen Sie sich als root durch die Passworteingabe authentifizieren, auch wenn Sie sich als root am Rechner angemeldet haben.

Solaris Management Console (SMC)

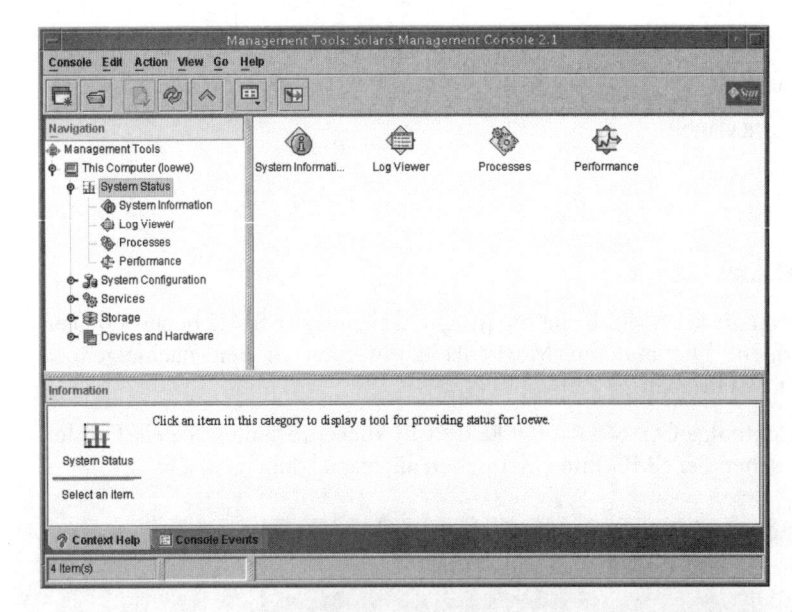

Abbildung 21.4: Die Kategorie System Status

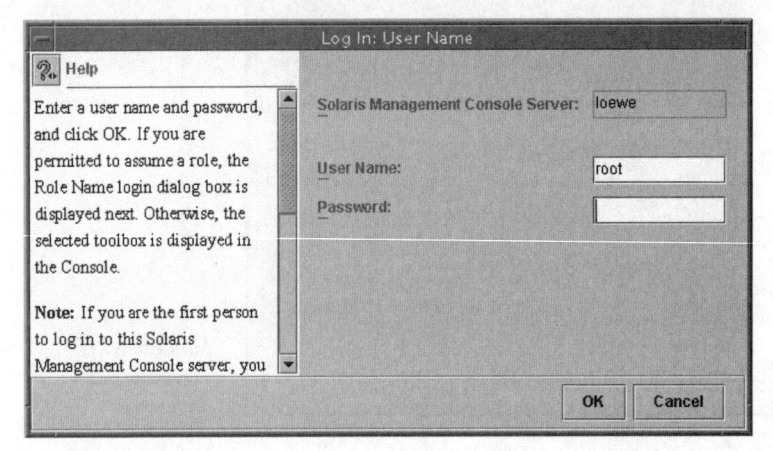

Abbildung 21.5: Authentifizierung als root

Systeminformation

Wenn Sie diese Funktion wählen, werden Ihnen Informationen zum Rechner, wie zum Beispiel der Hostname etc., sowie Informationen zur Hardware und der Betriebssystemversion angezeigt.

Die Solaris Management Console anwenden

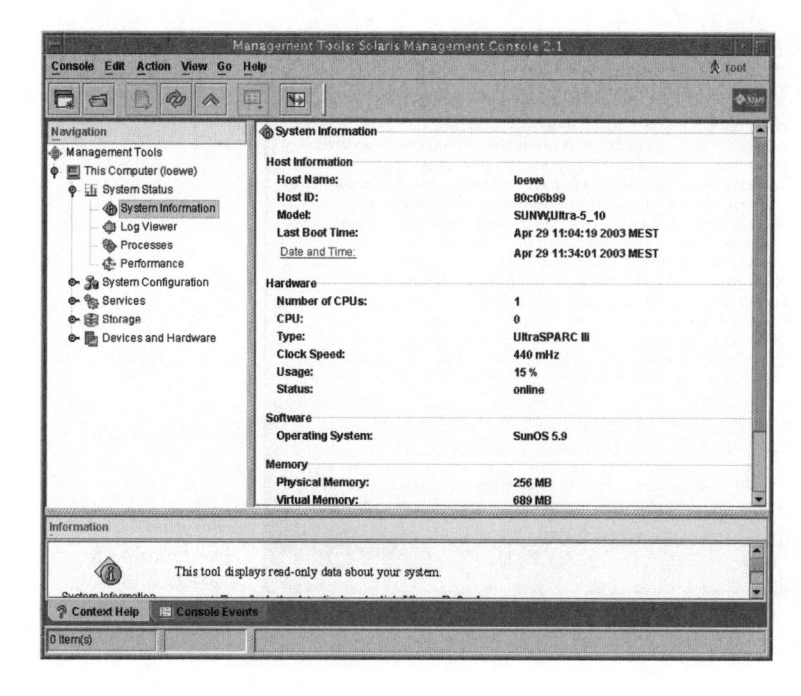

Abbildung 21.6:
Die Funktion
System Information

Protokolldateien

Mit dieser Funktion können Sie drei verschiedene Protokolldateien einsehen:

- Die SMC-Protokolldatei
- Die Datei /var/adm/messages
- Die Datei /var/log/syslog

Die Anzeige kann über das Pull-Down-Menü LOG FILE verändert werden. In unserer Abbildung wird die Datei /var/adm/messages angezeigt.

Solaris Management Console (SMC)

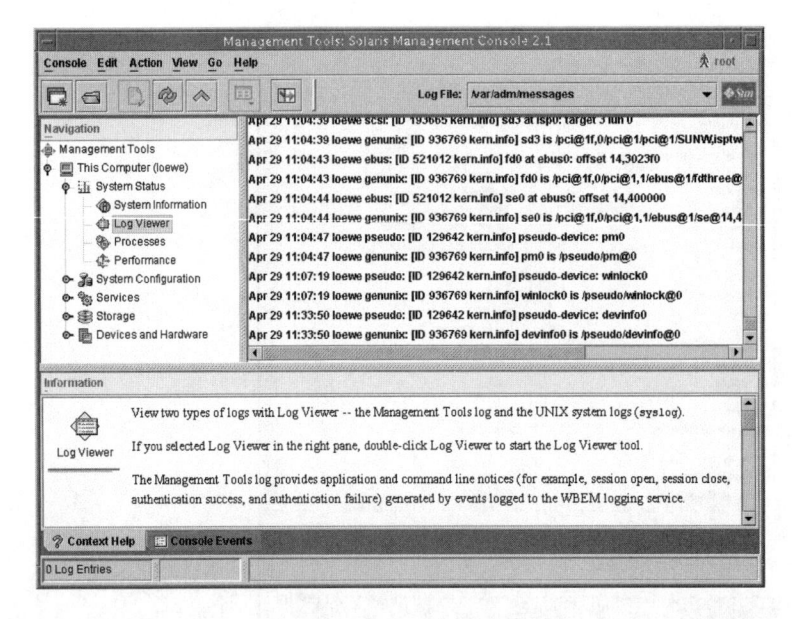

Abbildung 21.7: Die Protokolldatei /var/adm/messages

Systemleistung

Der Menüpunkt PERFORMANCE enthält einen Untermenüpunkt SYSTEM, der sich wiederum in SUMMARY, PROJECTS und USERS aufteilt.

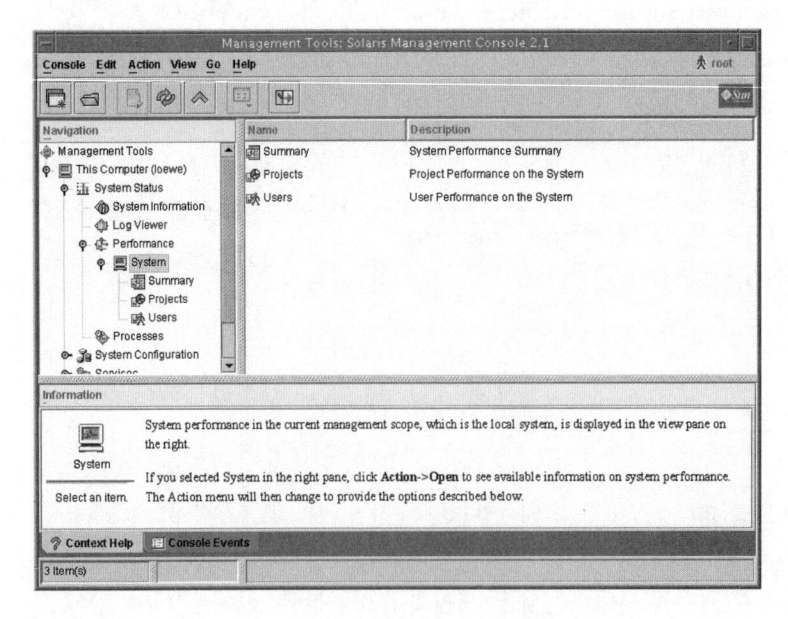

Abbildung 21.8: Anzeige der Systemleistung

Die Solaris Management Console anwenden — Tag 21

Die Funktion SUMMARY zeigt eine Art Zusammenfassung von Daten zur Systemleistung an, wie zum Beispiel die Anzahl aktiver Prozesse, die Größe des benutzten und noch freien Speichers etc.

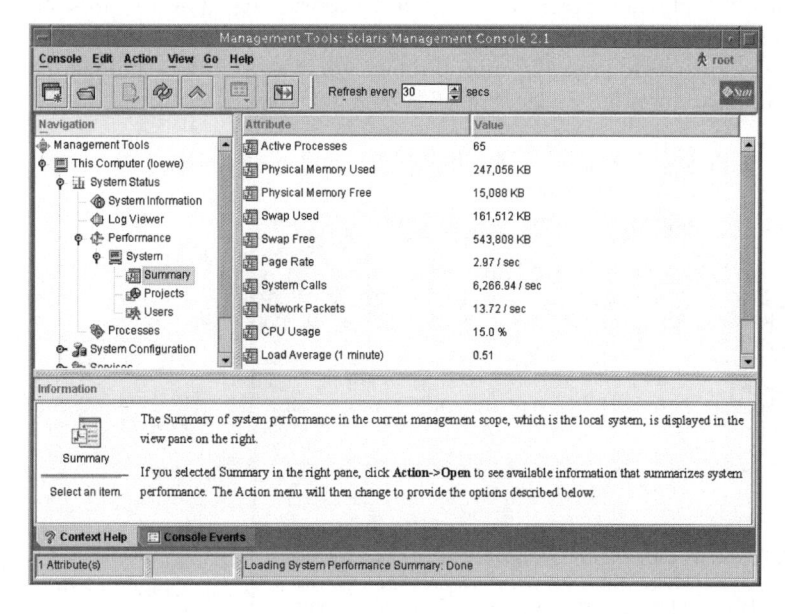

Abbildung 21.9:
Anzeige von Daten zur Systemleistung

Das Menü PROJECTS zeigt den aktuellen Verwaltungsumfang an Projekten im System an.

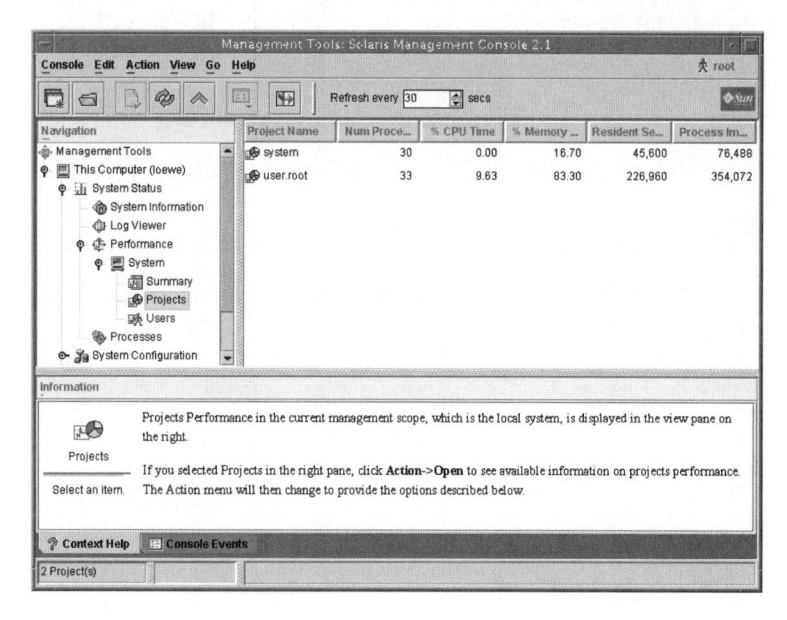

Abbildung 21.10:
Anzeige vorhandener Projekte im System

773

Solaris Management Console (SMC)

> Unter Solaris 9 können Benutzer und Gruppen Mitglieder eines Projekts sein. Ein Projekt ist ein Name für eine von Ihnen definierte Auslastungskomponente, mit der Sie die Systemauslastung oder den Ressourcenverbrauch verfolgen können. Projekte sind Teile der Solaris Ressourcenverwaltung. Benutzer müssen Projektmitglieder sein, damit sie sich unter Solaris 9 anmelden können und gehören deshalb standardmäßig zum Projekt *group.staff*. Informationen zu Benutzerprojekten werden in der Datei /etc/project gespeichert.

Das Menü USERS zeigt die Systembelastung durch die angemeldeten Benutzer.

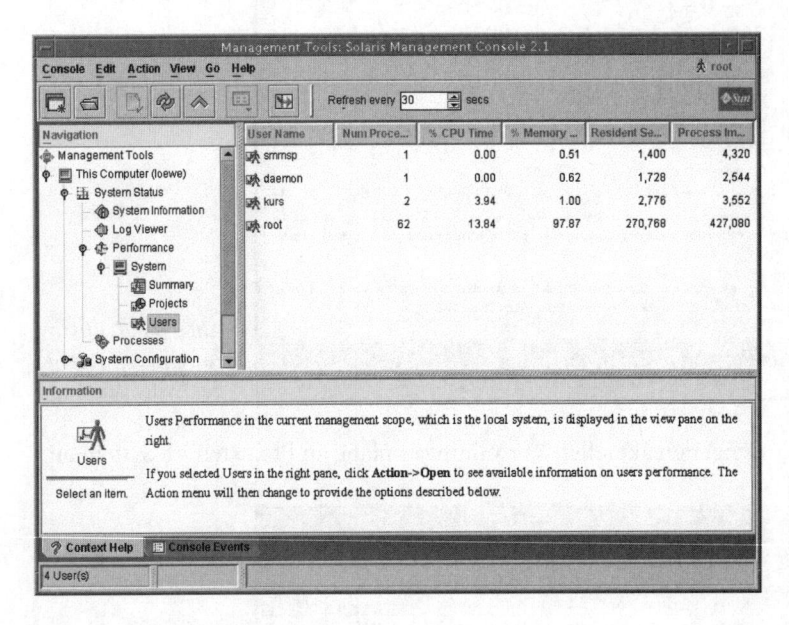

Abbildung 21.11: Systembelastung durch die angemeldeten Benutzer

Prozessverwaltung

Die Funktion zeigt die im System laufenden Prozesse an.

Dieses Tool dient nicht nur zur Information, sondern kann auch für die Prozessverwaltung verwendet werden. Über das Menü ACTION kann mit der Funktion SUSPEND ein Prozess angehalten und mit RESUME fortgesetzt werden, wobei die Menüfolge EDIT – DELETE einen Prozess beendet.

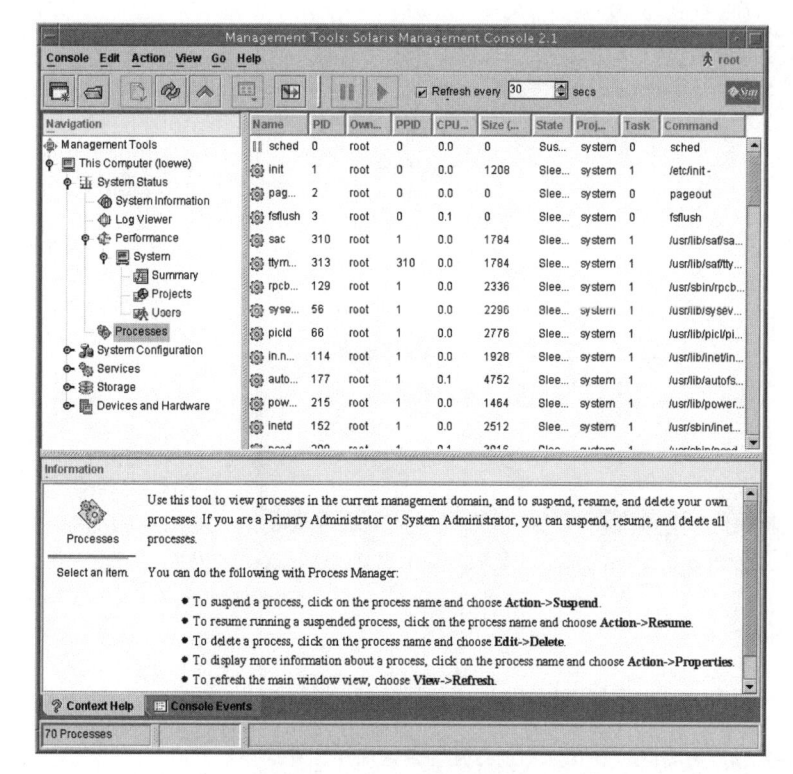

Die Solaris Management Console anwenden — Tag 21

Abbildung 21.12: Prozessverwaltung der SMC

Die Kategorie System Configuration

Die Systemkonfiguration der SMC umfasst die Unterkategorien Benutzer-, Projekt-, Patch- und Computer- und Netzwerkverwaltung.

Solaris Management Console (SMC)

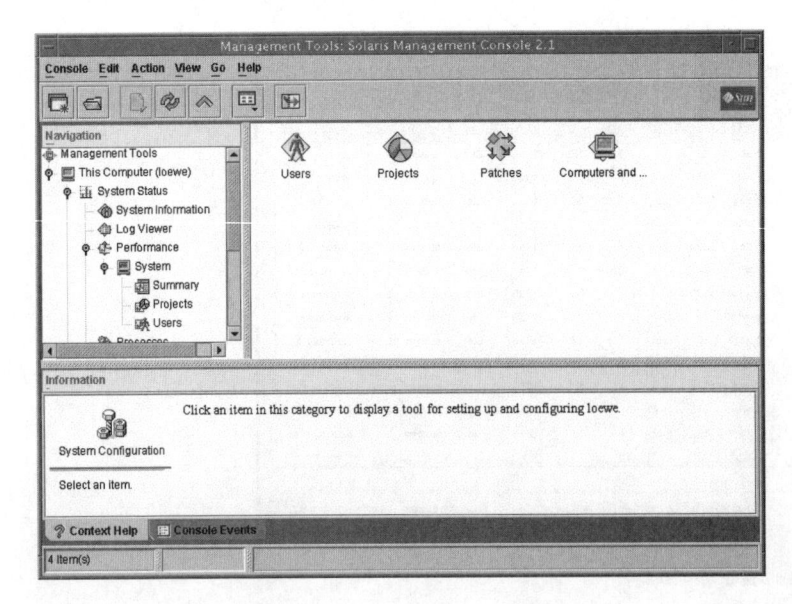

Abbildung 21.13:
Die Systemkonfiguration

Benutzerverwaltung

Auch die Benutzerverwaltung besitzt mehrere Untermenüpunkte.

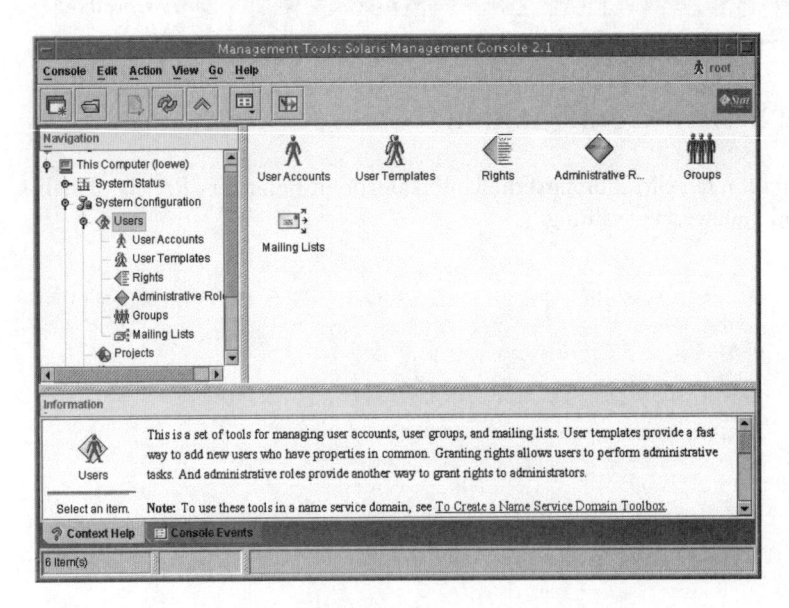

Abbildung 21.14:
Die Benutzerverwaltung der SMC

Sie können hier nicht nur neue Benutzer und Gruppen einzeln anlegen, sondern auch eine Benutzervorlage (USER TEMPLATE) erstellen und diese für gleichartige Benutzer verwenden. Es ist auch möglich, eine größere Gruppe von Benutzern auf einmal anzulegen. Des Weiteren können Sie die Möglichkeiten von RBAC (Role Based Access Control) hier grafisch nutzen, indem Sie Rollen, Profile und Autorisierungen anlegen. Auch Mailinglisten lassen sich hier erstellen.

Benutzer verwalten

Wenn Sie auf den Menüpunkt USER ACCOUNTS klicken, sehen Sie alle bereits angelegten Benutzer.

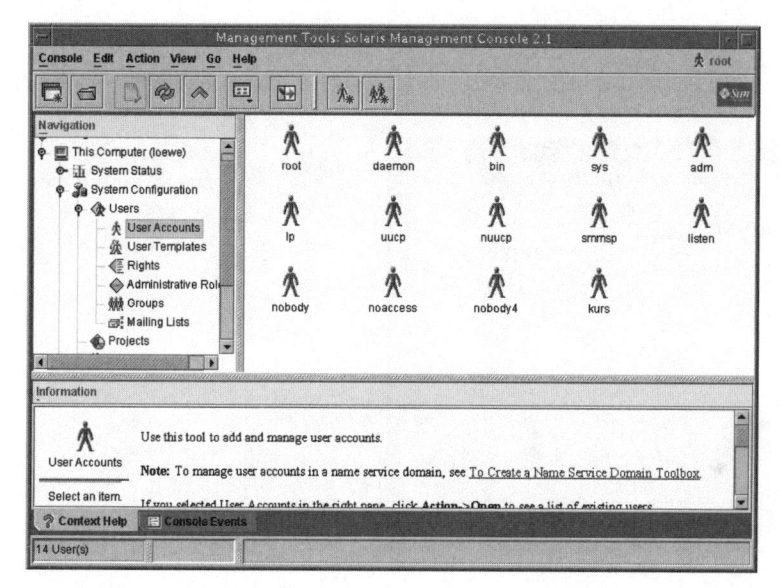

Abbildung 21.15: Vorhandene Benutzerkonten

Mit Hilfe des Menüs ACTION – ADD USER – WITH WIZARD oder des entsprechenden Symbols rechts in der Symbolleiste können Sie einen neuen Benutzer von einem Assistenten unterstützt anlegen. Dabei treffen Sie dieselben Angaben wie mit den Befehlen useradd und passwd. Im ersten Schritt muss der Benutzername und die Beschreibung eingegeben werden.

Im nächsten Schritt können Sie die Benutzeridentifikationsnummer (UID) auswählen.

Anschließend legen Sie fest, ob der neue Benutzer sich nur mit einem Passwort anmelden darf, das Sie an dieser Stelle vergeben.

Solaris Management Console (SMC)

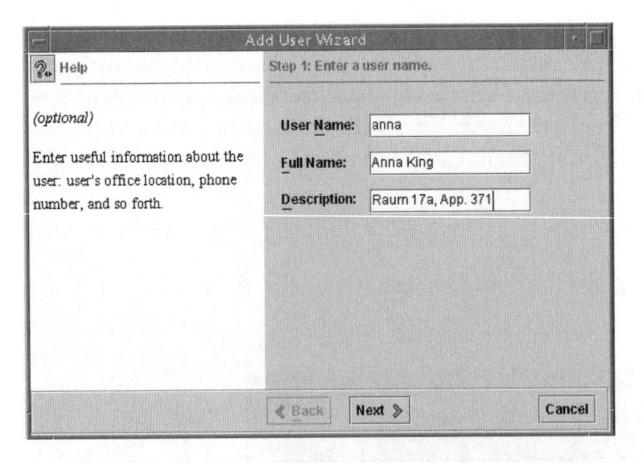

Abbildung 21.16:
Benutzername eingeben

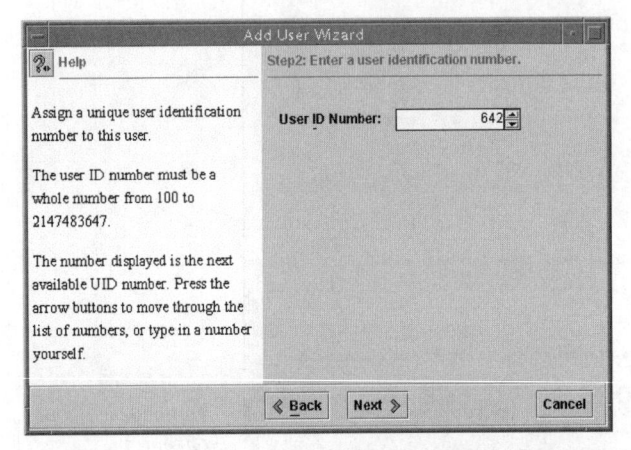

Abbildung 21.17:
Auswahl der UID

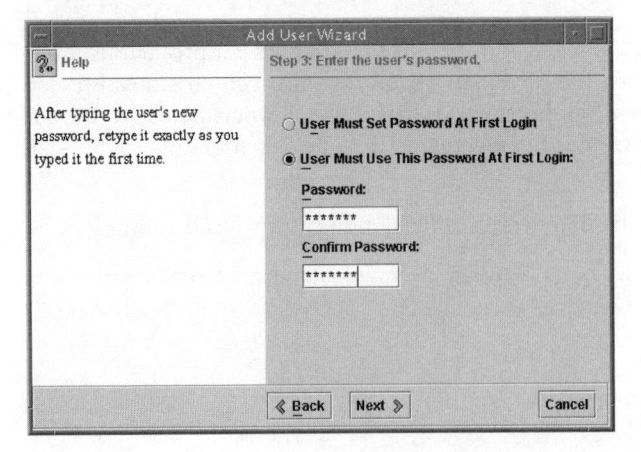

Abbildung 21.18:
Passwort vergeben

Die Solaris Management Console anwenden

Im Gegensatz zum Befehl `passwd` wird hier kein Passwort akzeptiert, das nicht den Bestimmungen von Solaris entspricht, auch wenn es von *root* vergeben wird. Es darf also weder mit dem Benutzernamen übereinstimmen noch kürzer als sechs Zeichen sein und muss sowohl aus Buchstaben als auch aus einer Zahl oder einem Sonderzeichen bestehen.

Mit dem vierten Schritt weisen Sie dem neuen Benutzer eine primäre Gruppe zu.

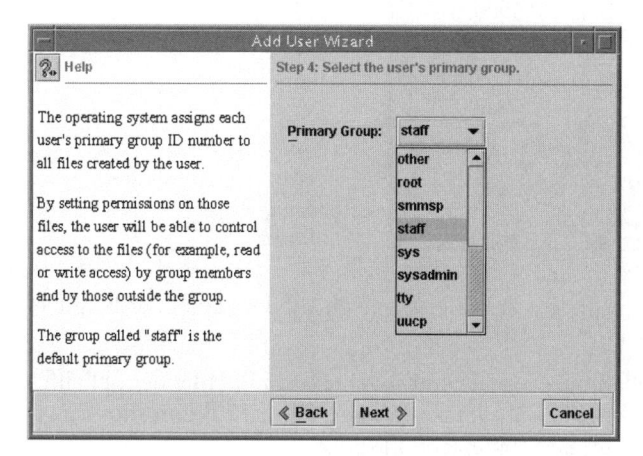

Abbildung 21.19:
Primäre Gruppe zuweisen

Dann legen Sie den Namen des Homeverzeichnisses fest.

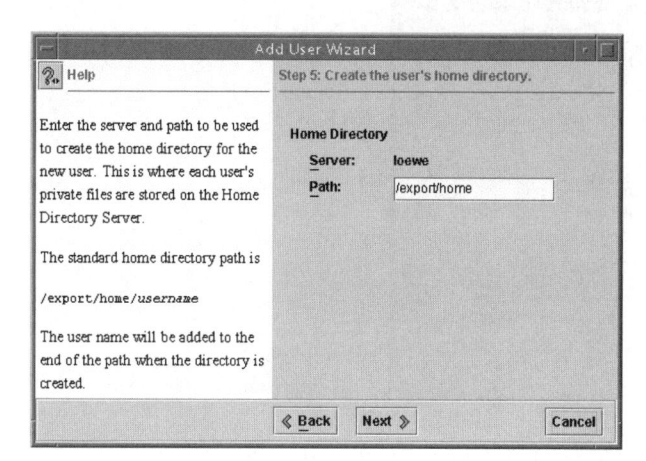

Abbildung 21.20:
Homeverzeichnis festlegen

Beachten Sie hier, dass die SMC das Homeverzeichnis eines Benutzers so anlegt, dass es per Automounter gemountet wird (vgl. Tag 18).

Der folgende Schritt legt den Mailserver fest.

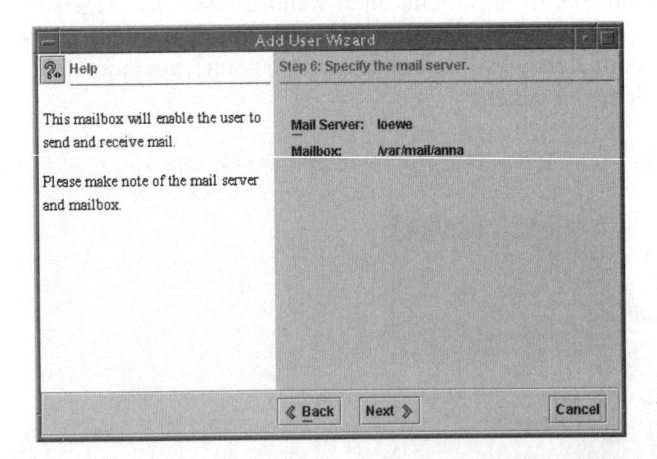

Abbildung 21.21:
Mailserver

Standardmäßig wird eine Mailbox auf dem Rechner angelegt, auf dem auch der Benutzer erstellt wird.

Schließlich werden alle Daten nochmals angezeigt und Sie haben mit Hilfe der Schaltfläche BACK die Gelegenheit, gegebenenfalls Änderungen vorzunehmen. Wenn Ihre Eingaben in Ordnung sind, klicken Sie auf die Schaltfläche FINISH.

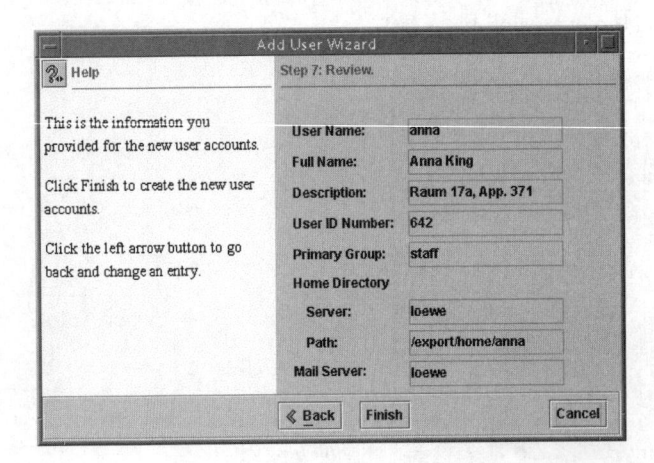

Abbildung 21.22:
Überprüfung der Eingaben

Anschließend wird der neue Benutzer im Fenster der Benutzerverwaltung angezeigt.

> Die Benutzerverwaltung der SMC ergänzt, verändert oder löscht Einträge in den Dateien /etc/passwd, /etc/shadow und /etc/group. Gleichzeitig legt sie im Verzeichnis /export/home Benutzerverzeichnisse an, die per Automounter auf das entsprechende Unterverzeichnis unter /home gemountet werden.

Sie können die Angaben zu einem Benutzer ändern, indem Sie das Benutzersymbol mit der rechten Maustaste anklicken und die Funktion PROPERTIES wählen. Mit der Funktion DELETE wird ein Benutzer gelöscht.

Wenn Sie mehrere Benutzer auf einmal anlegen möchten, verwenden Sie die Funktion ACTION – ADD MULTIPLE USERS – WITH WIZARD. Der Assistent leitet Sie dann durch folgende 10 Schritte:

1. Geben Sie an, ob die Namen der anzulegenden Benutzer in einer Textdatei stehen, ob Sie jeden einzeln eingeben wollen oder ob die Namen automatisch erzeugt werden sollen.

2. Nun geben Sie an, wie viele Benutzer angelegt werden sollen, zum Beispiel 12, und eine allgemeine Beschreibung der Benutzer, zum Beispiel Verkaufsmitarbeiter. Gegebenenfalls muss festgelegt werden, wie die Textdatei heißt bzw. wie die einzelnen Namen lauten oder bei einer automatischen Namensgenerierung der Präfix des Namens, zum Beispiel sales, und dazu die Startnummer des ersten Namens, zum Beispiel 1. Für dieses Beispiel würden 12 Benutzer mit den Namen sales1, sales2 ... sales12 erzeugt werden.

3. In diesem Schritt weisen Sie den Benutzern eine Shell zu und geben an, ob die Konten ein Ablaufdatum haben oder nicht.

4. Dann definieren Sie, ob eine erste Anmeldung ohne Passwort möglich ist, oder vergeben für alle Konten dasselbe Passwort.

5. Danach können Sie die Mindestanzahl von Tagen, an denen das Passwort gültig sein muss, die Anzahl von Warntagen, bevor das Passwort geändert werden muss, und die Anzahl der Tage, an denen das Passwort maximal gültig ist, definieren. Außerdem können Sie festlegen, nach wie vielen Tagen das Benutzerkonto automatisch inaktiv wird, wenn keine Anmeldung erfolgt ist.

6. In diesem Schritt geben Sie die Startnummer für die Benutzer-UID vor.

7. Dann weisen Sie die primäre Gruppe zu.

8. Hier definieren Sie, wie der Pfad des Homeverzeichnisses lautet und ob es per Automounter gemountet werden soll.

9. Danach wird der Pfad für die Mailbox der Benutzer angezeigt.

10. Im letzten Schritt werden alle Angaben nochmals angezeigt. Sie können mit der Schaltfläche BACK Änderungen vornehmen oder Sie klicken auf die Schaltfläche FINISH.

Es erscheint eine Nachricht, dass die Benutzer im Hintergrund erzeugt werden, und dass die Anzeige anschließend mit REFRESH aktualisiert werden soll.

Solaris Management Console (SMC)

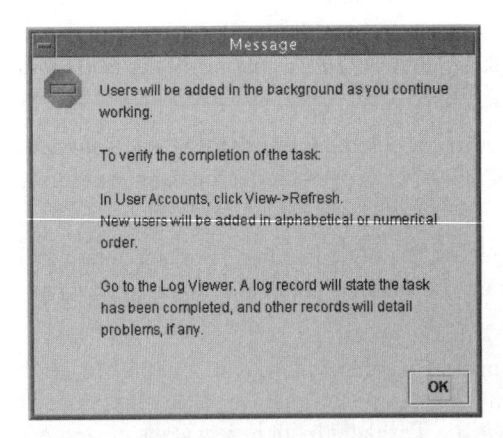

Abbildung 21.23:
Nachricht zur Aktualisierung

Anschließend werden die neuen Benutzer angezeigt.

Vorlagen anlegen

Um einen Benutzer mit Hilfe einer Vorlage anzulegen, muss zuerst eine Vorlage (TEMPLATE) erstellt werden. Klicken Sie dazu auf die Funktion TEMPLATE, wählen dann die Menüfolge ACTION – ADD USER TEMPLATE oder klicken auf die entsprechende Schaltfläche in der Symbolleiste. Hier werden Sie in mehreren Schritten mit Hilfe von Registerkarten durch das Menü geführt.

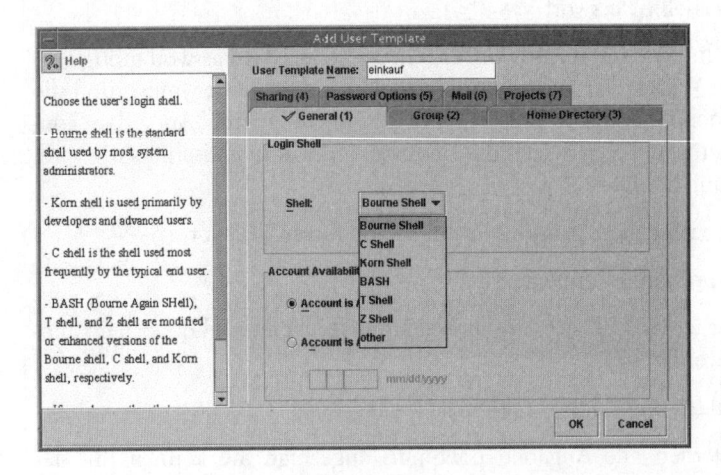

Abbildung 21.24:
Eine Vorlage zum Anlegen von Benutzern erstellen

Im ersten Fenster können Sie der Benutzervorlage eine Shell und einen Gültigkeitszeitraum für das Benutzerkonto zuweisen. Die Registerkarte GROUP legt die primäre und die sekundären Gruppen fest. In der Registerkarte HOME DIRECTORY wird der Fileserver und der Pfadname für das Homeverzeichnis sowie der Pfad, in dem sich die Vorlagen der Initialisierungsdateien befinden, definiert. Sie können außerdem bestimmen, ob das Verzeichnis per Automounter gemountet werden soll oder nicht.

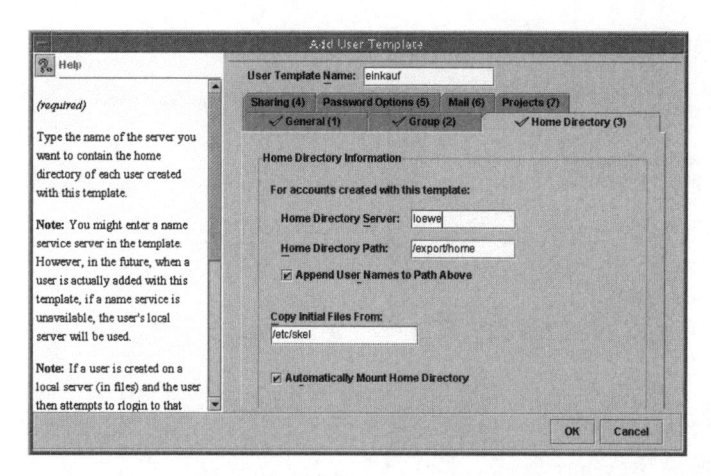

Abbildung 21.25:
Definition des Homeverzeichnisses

In der Registerkarte SHARING legen Sie fest, ob das Verzeichnis für Mitglieder der primären Gruppe nur lesbar, beschreibbar oder nicht zugänglich ist. Dieselbe Auswahl für die Rechtevergabe haben Sie auch für die Anderen (OTHER). In der Registerkarte PASSWORD OPTION können Sie die Mindestanzahl von Tagen, an denen das Passwort gültig sein muss, die Anzahl von Warntagen, bevor das Passwort geändert werden muss, und die Anzahl der Tage, an denen das Passwort maximal gültig ist, definieren. Außerdem können Sie festlegen, nach wie vielen Tagen das Benutzerkonto automatisch inaktiv wird, wenn keine Anmeldung erfolgt ist. Mit Hilfe der Registerkarte MAIL können Sie den Mailserver bestimmen. Die letzte Registerkarte PROJECTS weist die Benutzervorlage einem primären Projekt zu, standardmäßig *group.staff*. Es ist auch möglich, die Vorlage noch weiteren Projekten zuzuordnen. Mit OK wird die Vorlage gespeichert und angezeigt.

Die Funktion ACTION – CLONE USER TEMPLATE kopiert eine Benutzervorlage, die Sie dann verändern können, indem Sie diese mit der rechten Maustaste anklicken und den Menüpunkt PROPERTIES wählen.

Wenn Sie mit Hilfe einer bereits erstellten Vorlage einen neuen Benutzer anlegen möchten, dann wählen Sie die Menüfolge ACTION – ADD USER – FROM TEMPLATE.

Sie müssen hier nur noch die Vorlage, den Benutzernamen und die -beschreibung, die UID und gegebenenfalls das Passwort hinterlegen, die übrigen Daten werden von der Vorlage übernommen. Es erscheint ein entsprechender Warnhinweis, der Sie darüber informiert, dass Sie einen Benutzer dem lokalen Server hinzufügen, auf dem dann auch eine Mailbox und ein Homeverzeichnis für diesen Benutzer eingerichtet wird. Wenn Sie damit einverstanden sind, müssen Sie die Meldung mit OK bestätigen, andernfalls den Vorgang mit CANCEL abbrechen.

Auch mehrere Benutzer lassen sich gleichzeitig mit einer Vorlage anlegen. Verwenden Sie dazu in der Benutzerverwaltung das Menü ACTION – ADD MULTIPLE USERS – FROM TEMPLATE.

Solaris Management Console (SMC)

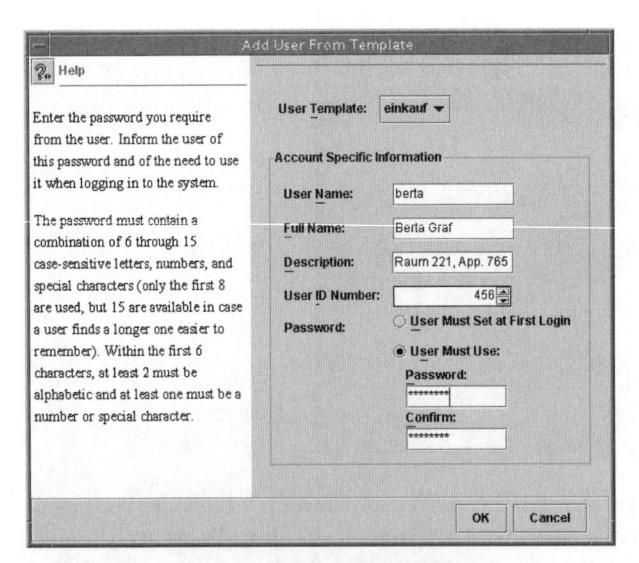

Abbildung 21.26:
Benutzer mit Hilfe einer Vorlage anlegen

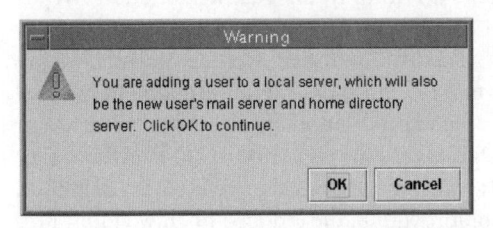

Abbildung 21.27:
Warnhinweis bei der Vorlagenverwendung

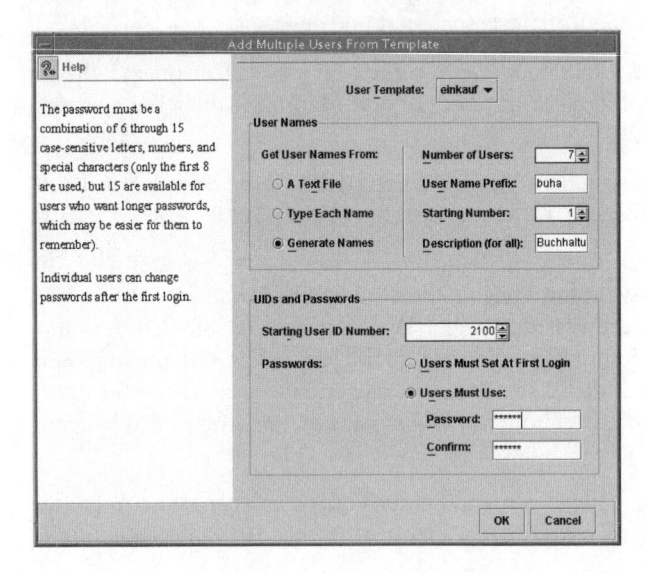

Abbildung 21.28:
Mehrere Benutzer mit einer Vorlage hinzufügen

Die Solaris Management Console anwenden

Geben Sie wieder an, wie die Vorlage heißt, woher die Benutzernamen kommen, und wie viele Benutzer Sie anlegen möchten. Definieren Sie dann die UID, mit der begonnen werden soll, sowie gegebenenfalls das Passwort. Die neu angelegten Benutzer werden nach einer Aktualisierung der Ansicht angezeigt.

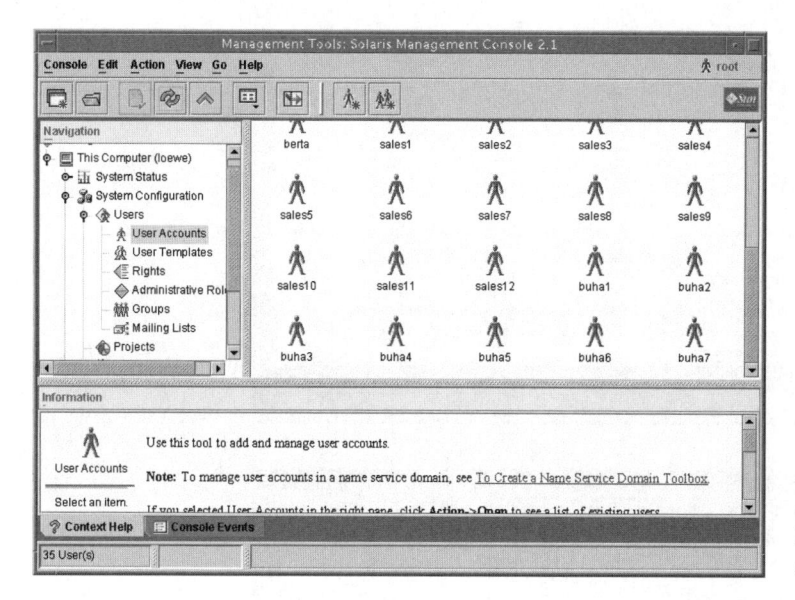

Abbildung 21.29: Neue Benutzer anlegen

Rechte definieren

Mit Hilfe der Funktion RIGHTS können Sie über die Menüfolge ACTION – ADD RIGHT oder die entsprechende Schaltfläche in der Symbolleiste neue Profile oder Autorisierungen anlegen.

Dazu stehen vier Registerkarten zur Verfügung, in der ersten machen Sie allgemeine Angaben zu dem Namen und der Beschreibung des neuen Rechts und gegebenenfalls hinterlegen Sie den Namen der HTML-Datei, die dazu Hilfeinformationen enthält.

Dann wählen Sie die Befehle aus, die zum neu angelegten Recht gehören sollen. In unserem Beispiel sind es sämtliche Paketmanipulationsbefehle.

Geben Sie dann über die Schaltfläche SET SECURITY ATTRIBUTES pro Befehl ein, mit welcher UID und GID bzw. EUID und EGID er ausgeführt werden soll, zum Beispiel mit der UID 0 von root.

In der dritten Registerkarte AUTHORIZATIONS können Sie alternativ oder zusätzlich zu den Befehlen noch Autorisierungen auswählen, die dem Recht zugeordnet werden sollen.

In der letzten Registerkarte SUPPLEMENTARY RIGHTS können zusätzliche Rechte für das neue Profil ausgewählt werden.

Solaris Management Console (SMC)

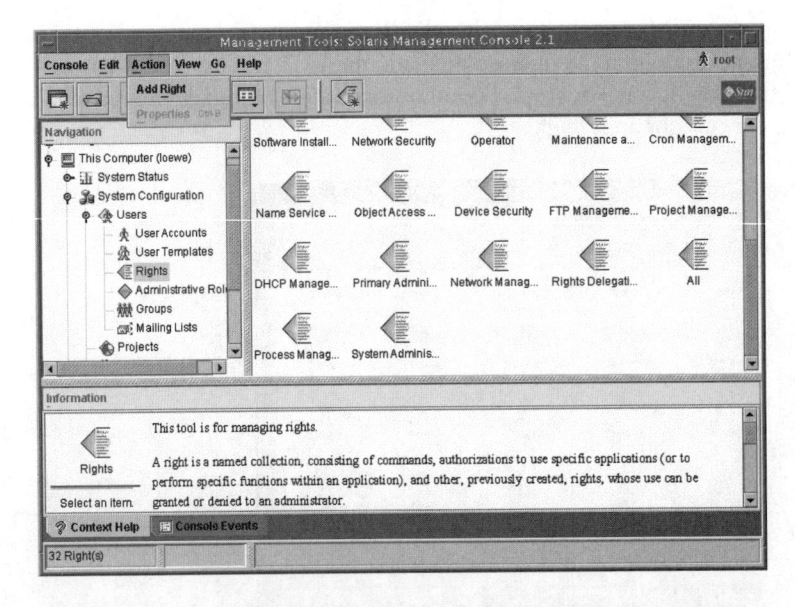

*Abbildung 21.30:
Rechte anlegen*

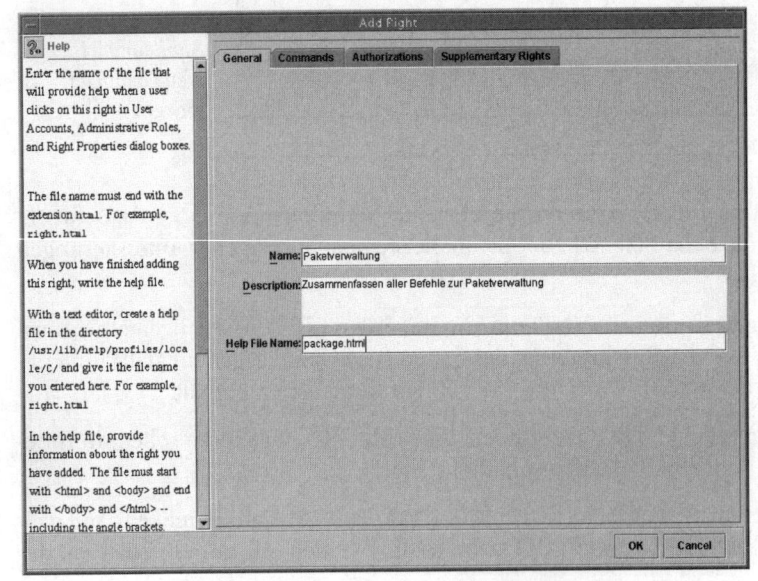

*Abbildung 21.31:
Allgemeine Angaben beim Anlegen von Rechten*

Die Solaris Management Console anwenden

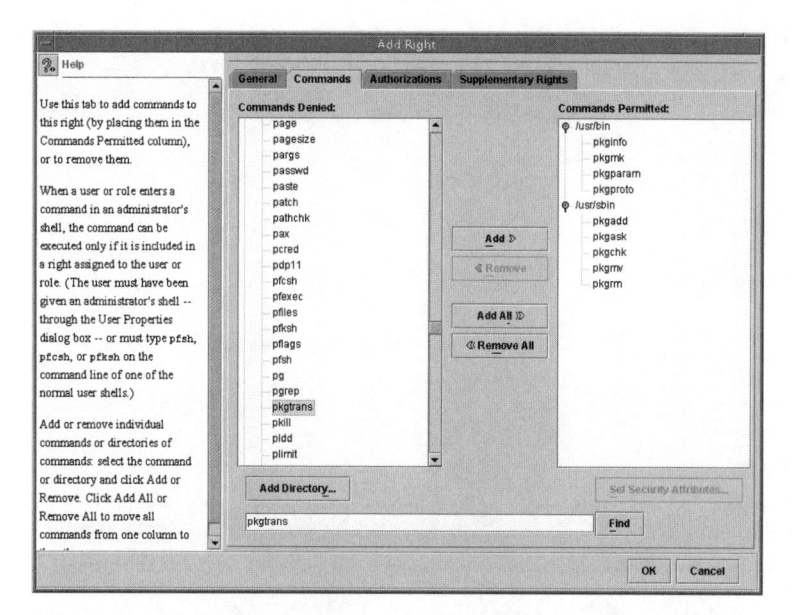

Abbildung 21.32:
Auswahl von Befehlen, die zu einem Profil gehören

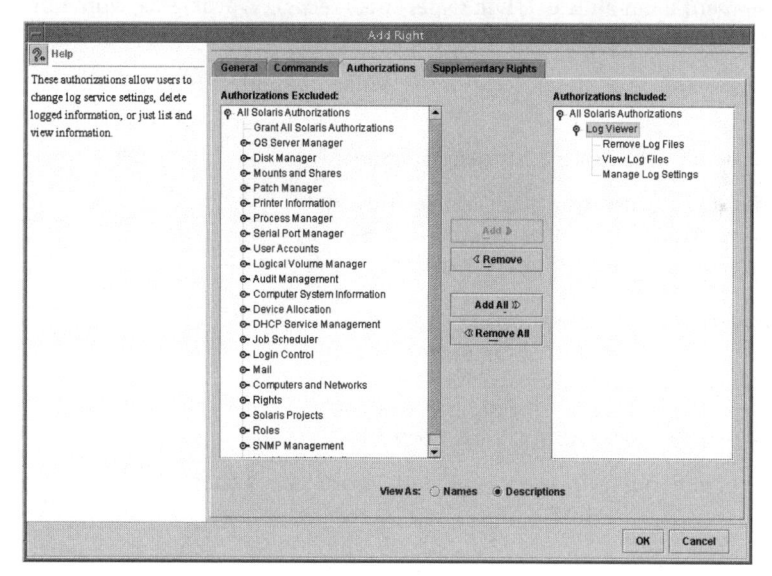

Abbildung 21.33:
Auswahl von Autorisierungen

787

Solaris Management Console (SMC)

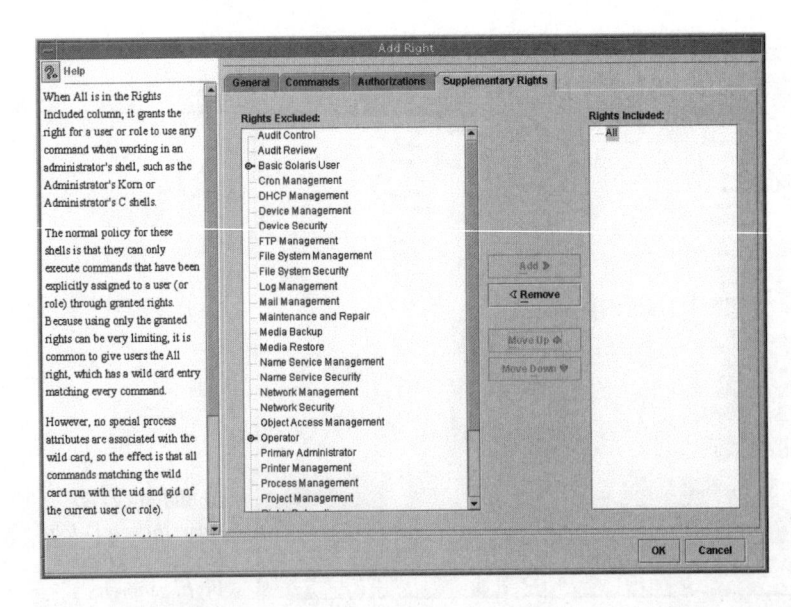

*Abbildung 21.34:
Auswahl von zusätzlichen Rechten*

Das neue Rechteprofil wird dann angelegt. Die Datei /etc/security/prof_attr wurde um einen neuen Eintrag ergänzt:

```
Paketverwaltung:::Zusammenfassen aller Paketbefehle:profiles=all;
auths=solaris.admin.logsvc.*;help=Package.html
```

Auch die Datei /etc/security/exec_attr hat neue Einträge:

```
Paketverwaltung:suser:cmd:::/usr/bin/pkginfo:uid=0;gid=0
Paketverwaltung:suser:cmd:::/usr/bin/pkgmk:uid=0;gid=0
Paketverwaltung:suser:cmd:::/usr/bin/pkgparam:uid=0;gid=0
Paketverwaltung:suser:cmd:::/usr/bin/pkgtrans:uid=0;gid=0
Paketverwaltung:suser:cmd:::/usr/sbin/pkgadd:uid=0;gid=0
Paketverwaltung:suser:cmd:::/usr/sbin/pkgask:uid=0;gid=0
Paketverwaltung:suser:cmd:::/usr/sbin/pkgchk:uid=0;gid=0
Paketverwaltung:suser:cmd:::/usr/sbin/pkgmv:uid=0;gid=0
Paketverwaltung:suser:cmd:::/usr/sbin/pkgrm:uid=0;gid=0
```

Wenn Sie Autorisierungen anlegen oder verändern, wird die Datei /etc/security/auth_attr verändert.

Rollen anlegen

Profile und Autorisierungen können nicht direkt Benutzern zugewiesen werden, sondern nur einer Rolle, die anschließend ein Benutzer erhält. Daher muss jetzt noch eine Rolle erzeugt werden. Klicken Sie auf die Funktion ROLES und dann auf ACTION – ADD ADMINSTRATIVE ROLE.

Die Solaris Management Console anwenden

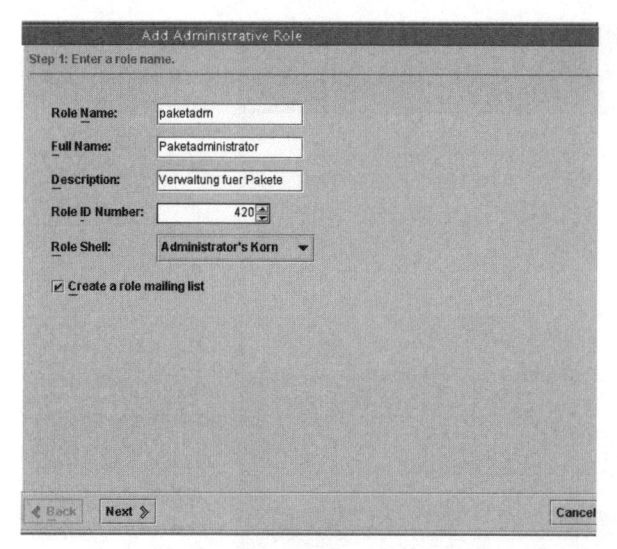

Abbildung 21.35:
Anlegen einer Rolle

Geben Sie im ersten Schritt des Assistenten den Namen sowie die Beschreibung, die UID und die Shell der Rolle ein. Im nächsten Schritt hinterlegen Sie das Passwort der Rolle, zur Bestätigung müssen Sie es ein zweites Mal eingeben. Im dritten Schritt weisen Sie der Rolle die Rechte zu.

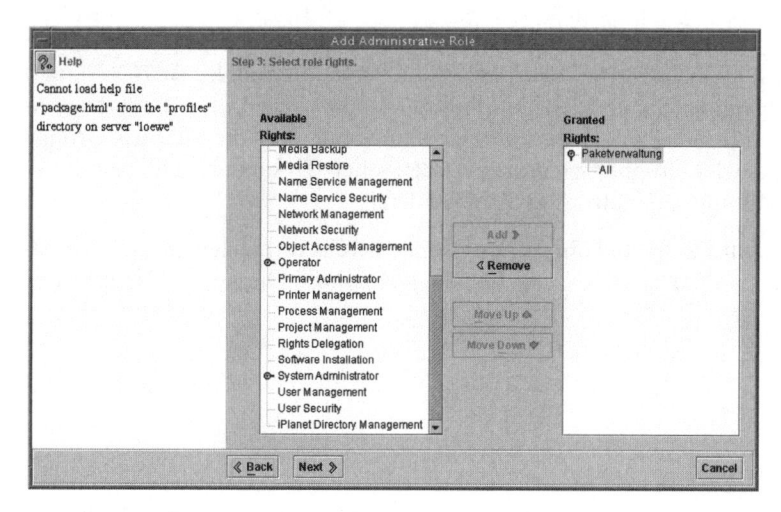

Abbildung 21.36:
Zuweisen der Rechte einer Rolle

Im vierten Schritt wird das Homeverzeichnis bestimmt und anschließend die Rolle den Benutzern zugewiesen. Abschließend werden noch einmal alle Daten angezeigt und können entweder geändert oder übernommen werden. Mit der Übernahme wird die Rolle angelegt.

Solaris Management Console (SMC)

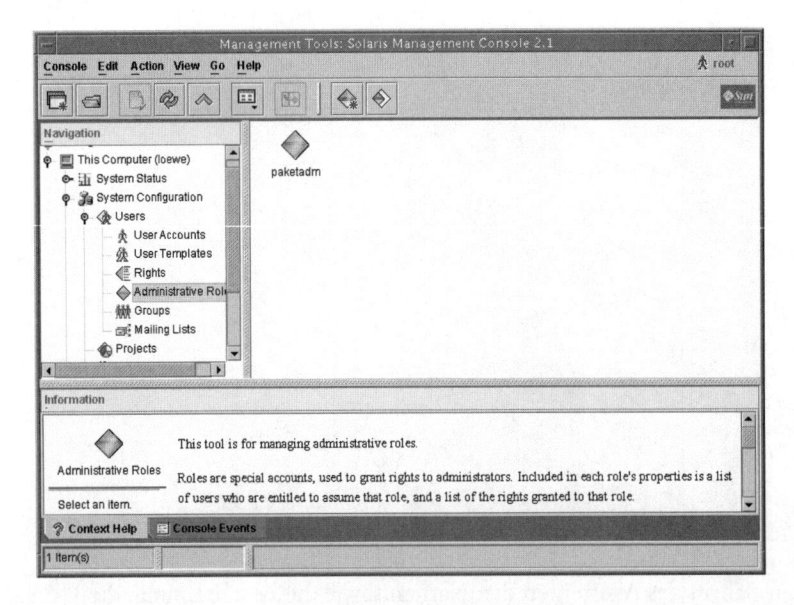

Abbildung 21.37: Eine neu angelegte Rolle

Die Rolle enthält einen entsprechenden Eintrag in den Dateien /etc/passwd und /etc/shadow. Die Benutzer, denen die Rolle zugewiesen wurde, und auch die Rolle werden in der Datei /etc/user_attr hinterlegt.

Gruppen verwalten

Wenn Sie auf die Funktion GROUPS und anschließend auf die Menüfolge ACTION – ADD GROUP klicken, können Sie eine neue Gruppe anlegen, wodurch die Datei /etc/group verändert wird. Im ersten Registerblatt hinterlegen Sie den Namen und die GID der Gruppe sowie die Benutzer, die der Gruppe zugeordnet werden sollen. Es kann mit Hilfe einer Filterfunktion nach bestimmten Benutzern gesucht werden.

Im zweiten Registerblatt PROJECTS können der Gruppe bereits vorhandene Projekte zugewiesen werden, standardmäßig ist es das Projekt *group.staff*. Die neue Gruppe wird anschließend angezeigt.

Die Solaris Management Console anwenden

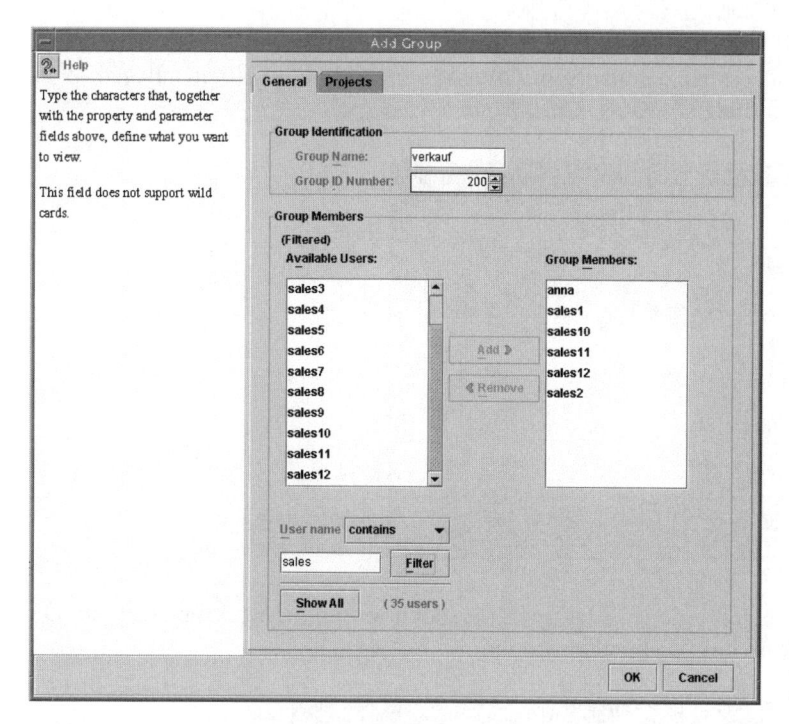

Abbildung 21.38: Eine neue Gruppe anlegen

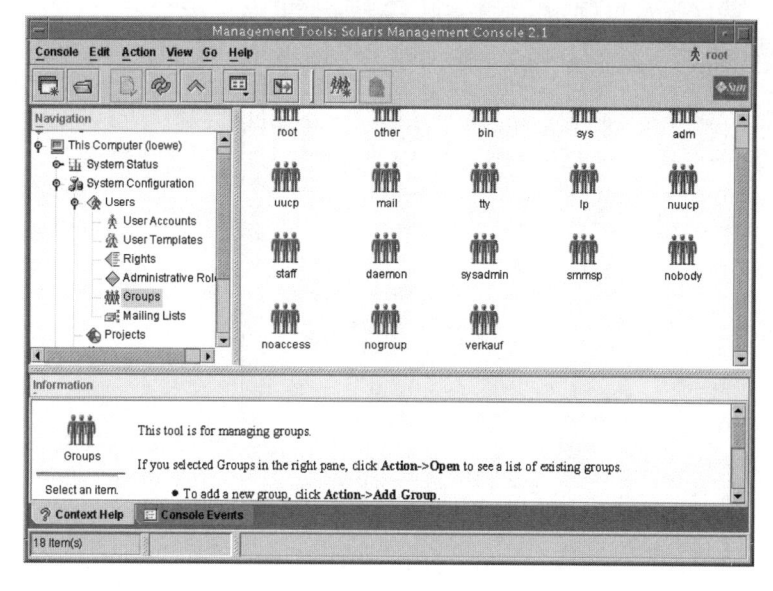

Abbildung 21.39: Eine neue Gruppe anlegen

Solaris Management Console (SMC)

Mailinglisten definieren

Mit der letzten Funktion der Benutzerverwaltung können Sie Mailinglisten anlegen. Wählen Sie dazu die Menüfolge ACTION – ADD MAILING LIST.

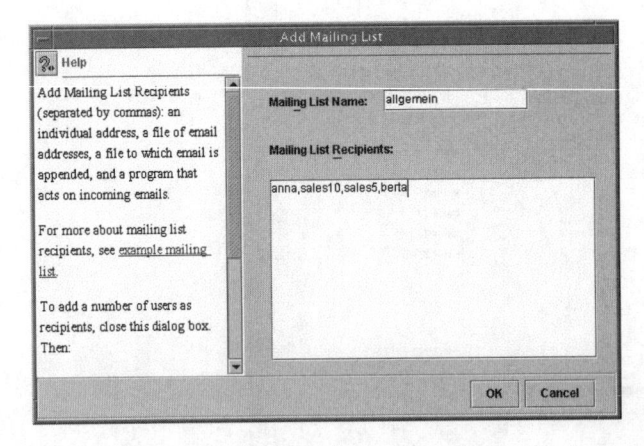

Abbildung 21.40: Mailinglisten anlegen

Geben Sie den Namen der neuen Mailingliste ein und weisen Sie ihr Empfänger zu. Die neue Mailingliste wird anschließend angezeigt.

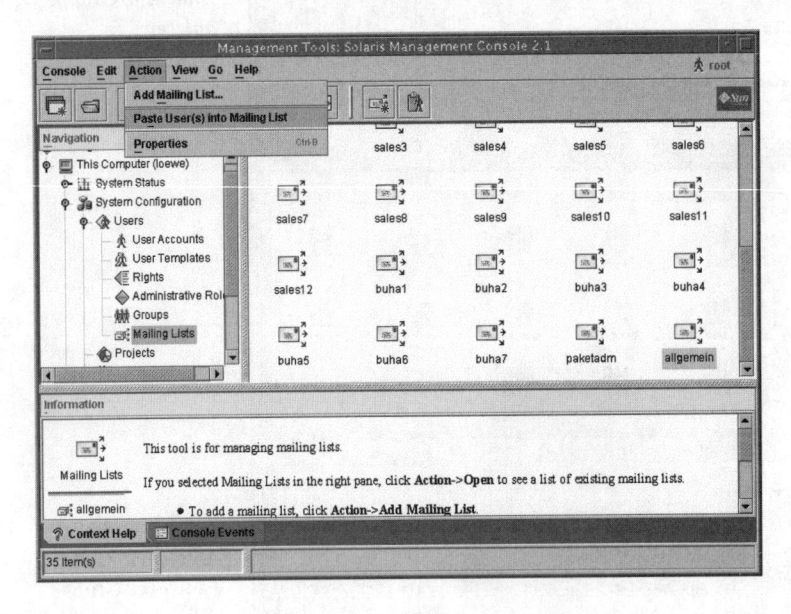

Abbildung 21.41: Neue Mailingliste anlegen

Projektverwaltung

Die Funktion PROJECTS enthält bereits fünf standardmäßig unter Solaris 9 vorhandene Projekte, zum Beispiel *group.staff*.

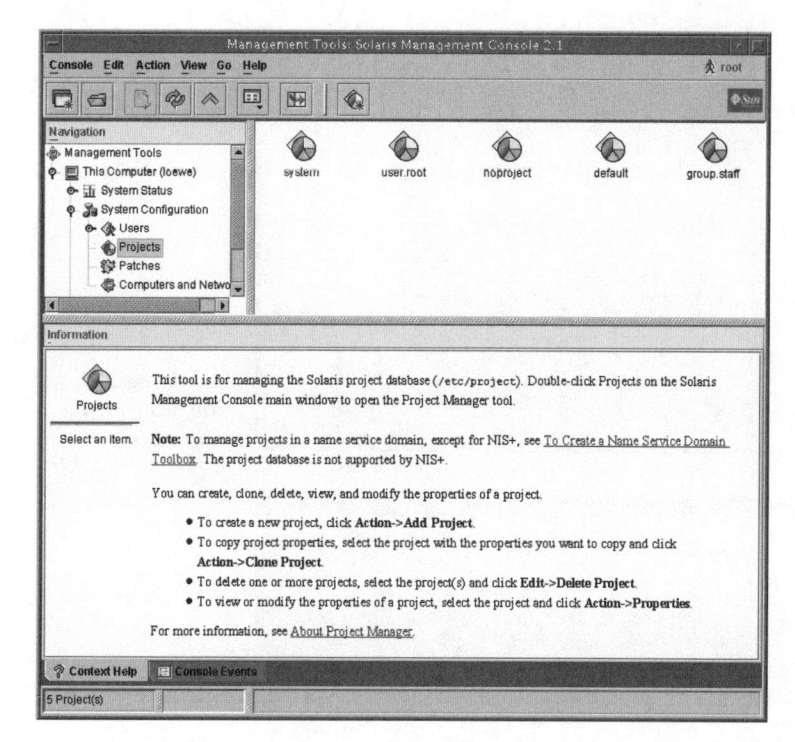

Abbildung 21.42: Projekte unter Solaris 9

Ein neues Projekt kann mit der Menüfolge ACTION – ADD PROJECT hinzugefügt werden.

In der ersten Registerkarte werden der Projektname, die Projekt-ID und Beschreibung angegeben. In der zweiten Registerkarte RESOURCE CONTROL wählen Sie mit der Schaltfläche ADD die Ressourcen und ihre Schwellwerte aus, die für das Projekt überwacht werden sollen. Sie können der Ressource auch bei Überschreiten des Schwellwerts ein Signal zuweisen oder eine Aktion.

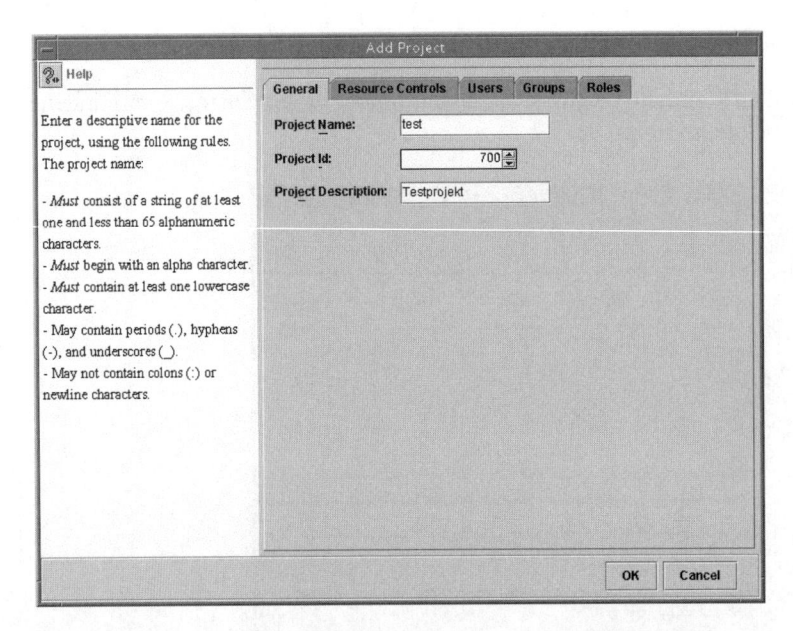

Abbildung 21.43:
Ein neues Projekt hinzufügen

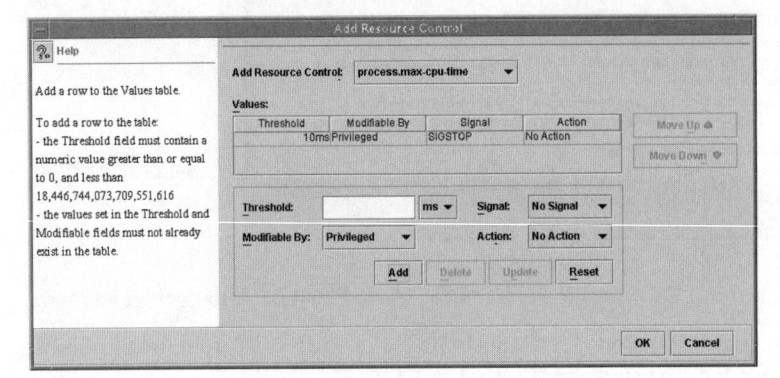

Abbildung 21.44:
Hinzufügen der Steuerung einer Ressource

Die Auswahl muss mit ADD bestätigt und mit OK beendet werden. Sie wird anschließend angezeigt und mit ADD können weitere Ressourcen gewählt werden.

In der nächsten Registerkarte USERS weisen Sie das Projekt Benutzern zu.

In den Registerkarten GROUPS und ROLES kann das Projekt entsprechend Gruppen und Rollen zugewiesen werden. Nach der Bestätigung mit OK wird das Projekt angezeigt.

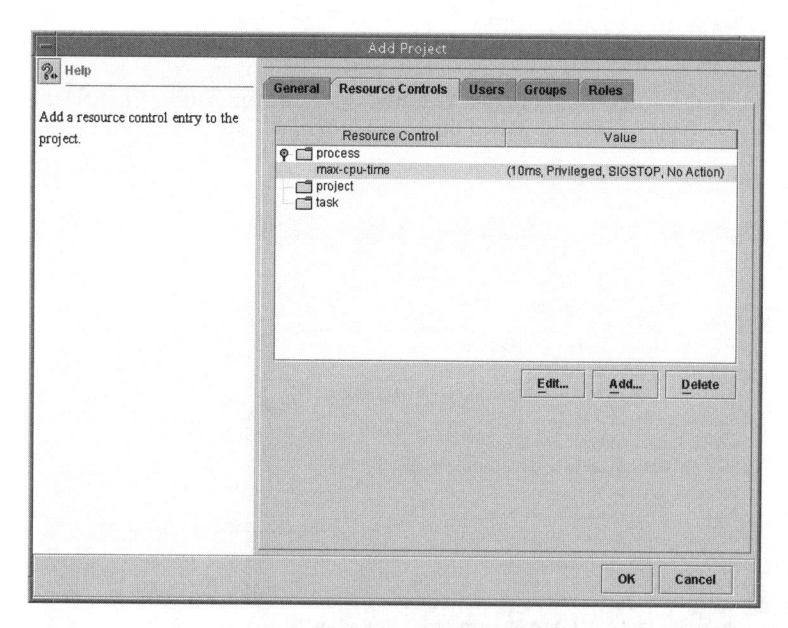

Abbildung 21.45:
Eine Ressourcensteuerung hinzufügen

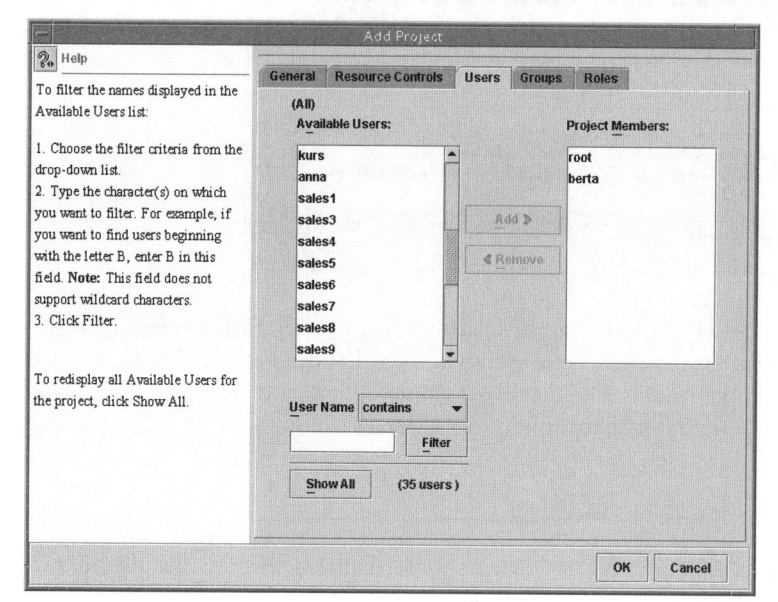

Abbildung 21.46:
Benutzer einem Projekt zuweisen

Patchverwaltung

Diese Funktion bietet Ihnen die Möglichkeit, Patches über die grafische Oberfläche anstatt mit dem Befehl `patchadd` einzuspielen. Alle eingespielten Patches werden angezeigt.

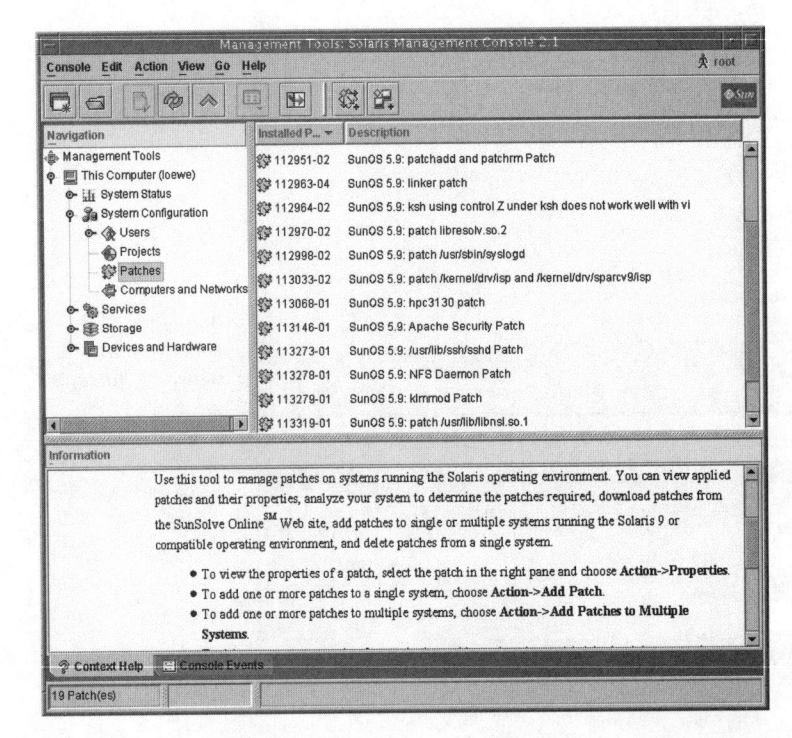

Abbildung 21.47: Alle eingespielten Patches

Sie können nur Patches einspielen, die für Solaris 9 relevant sind. Dabei werden Sie wieder von einem Assistenten angeleitet und geben an, wo sich der Patch befindet und welchen Patch Sie einspielen wollen. Die Patchverwaltung hinterlegt entsprechende Einträge in den Verzeichnissen `/var/sadm/patch` und `/var/sadm/pkg`.

Computer- und Netzwerkverwaltung

Die Funktion COMPUTERS AND NETWORKS zeigt drei Untermenüs an: alle Rechner im Netzwerk (COMPUTERS) und zwei Subnetzwerke.

Mit der Funktion COMPUTERS und der Menüfolge ACTION – ADD COMPUTER lässt sich ein Rechner dem Netzwerk hinzufügen. Dazu müssen der Rechnername und die IP-Adresse angegeben werden.

Die Solaris Management Console anwenden

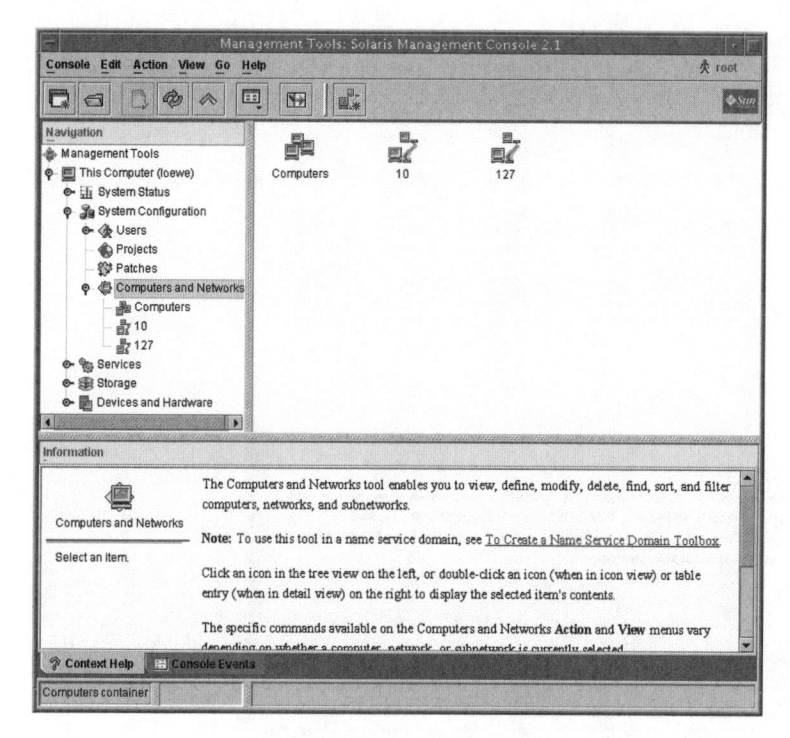

Abbildung 21.48: Die Computer- und Netzwerkverwaltung

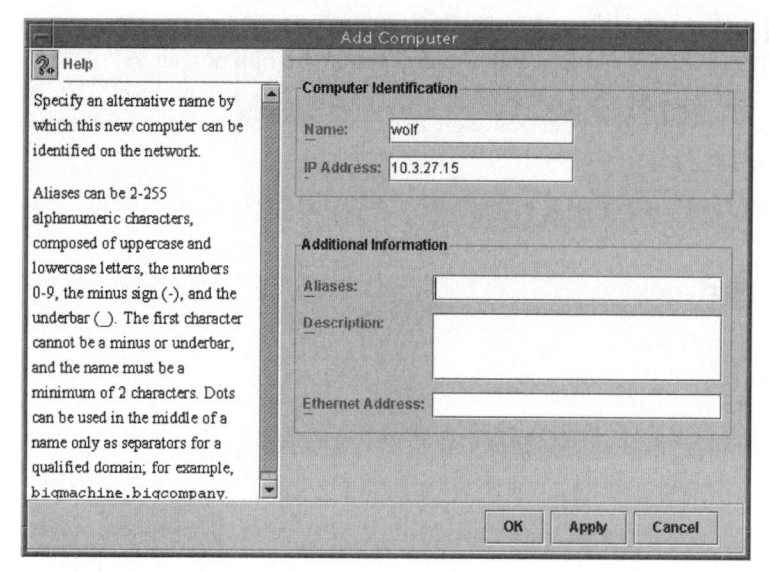

Abbildung 21.49: Einen Computer einem Netzwerk hinzufügen

Der hinzugefügte Computer wird anschließend angezeigt.

Solaris Management Console (SMC)

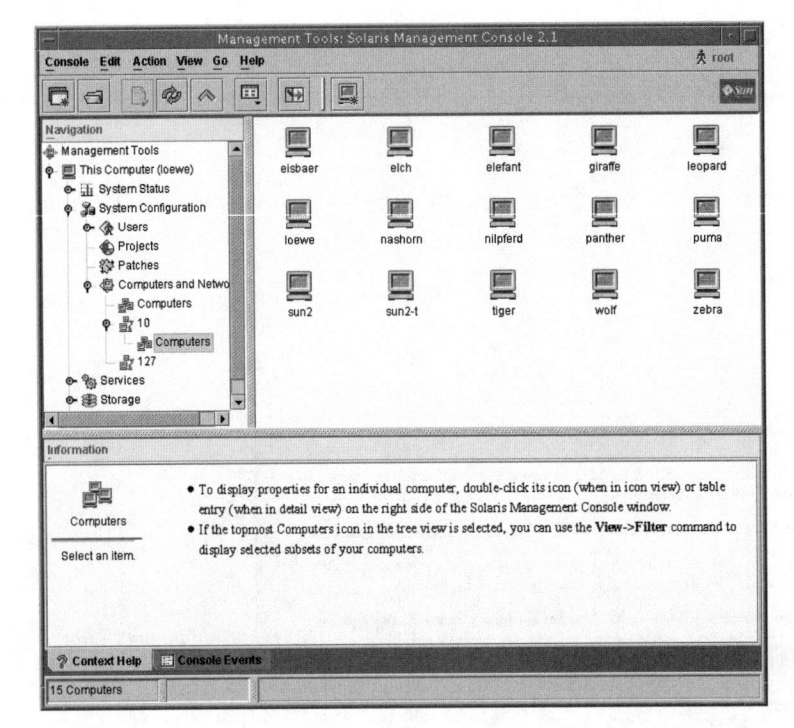

Abbildung 21.50: Die Computer eines Netzwerks

Wenn Sie auf ein Subnetzwerk klicken, können Sie mit den Menüfolgen ACTION – ADD NETWORK oder ACTION – ADD SUBNETWORK weitere Netzwerke hinzufügen.

> Die Computerverwaltung der SMC ergänzt, verändert oder löscht Einträge in der Datei /etc/hosts.

Die Kategorie Services

Cronjob-Verwaltung

In der Kategorie SERVICES können Sie Cronjobs grafisch verwalten.

Die Solaris Management Console anwenden

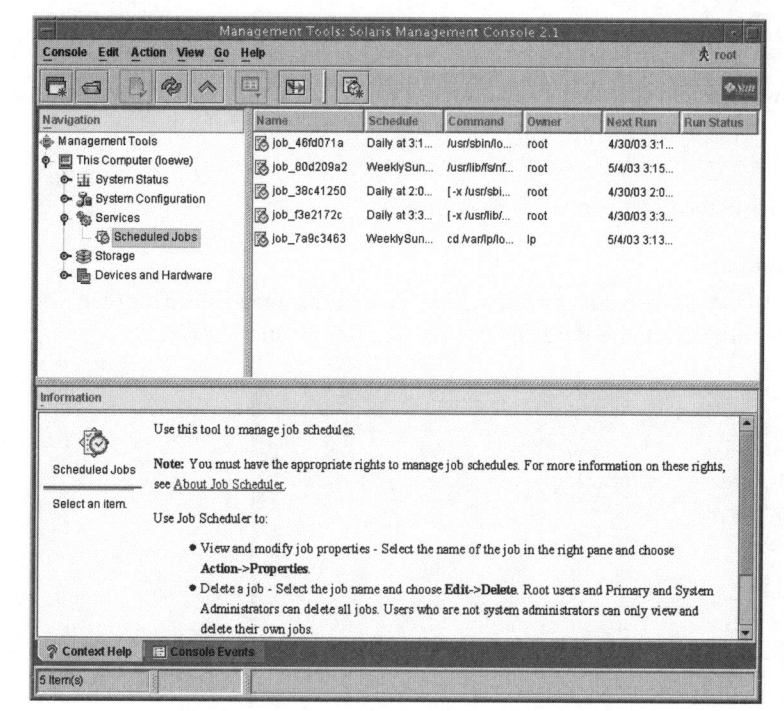

Abbildung 21.51: Cronjobs eines Systems

Neue Cronjobs legen Sie mit dem Menü ACTION – ADD SCHEDULED JOB in fünf Schritten an:

1. Im ersten Schritt geben Sie dem Job einen Namen und definieren den Besitzer des Jobs.

2. Dann geben Sie den Befehl ein, den der Job ausführen soll, zum Beispiel `/usr/bin/lp /var/liste/monatslisten` zum Ausdruck einer monatlichen Liste.

3. Anschließend legen Sie fest, ob der Job täglich, wöchentlich, monatlich oder in einem anderen Zeitabstand ausgeführt werden soll.

4. Danach geben Sie die Uhrzeit und den Tag des Monats (wenn Sie monatlich gewählt haben) ein, an dem der Job ausgeführt werden soll.

5. Zuletzt erhalten Sie wieder eine Übersicht über Ihre Eingaben und können diese ändern oder bestätigen.

Ein bereits vorhandener Job kann bearbeitet werden, indem Sie ihn mit der rechten Maustaste anklicken und PROPERTIES wählen. In der ersten Registerkarte GENERAL können Sie den Jobnamen, den Besitzer und den Befehl ändern und in der zweiten Registerkarte SCHEDULE die Zeit der Ausführung. Die Cronjob-Verwaltung verändert den Inhalt in der Datei `/var/spool/cron/crontabs/root`.

Die Kategorie Storage

Der Bereich STORAGE besteht aus den Funktionen MOUNTS AND SHARES, ENHANCED STORAGE und DISKS.

Verwalten von Mountvorgängen und Freigaben

Eine Ressource mounten

Die Funktion MOUNTS AND SHARES unterstützt Sie beim Freigeben und Mounten von Ressourcen. Sie unterteilt sich in die Bereiche MOUNTS, SHARES und USAGE.

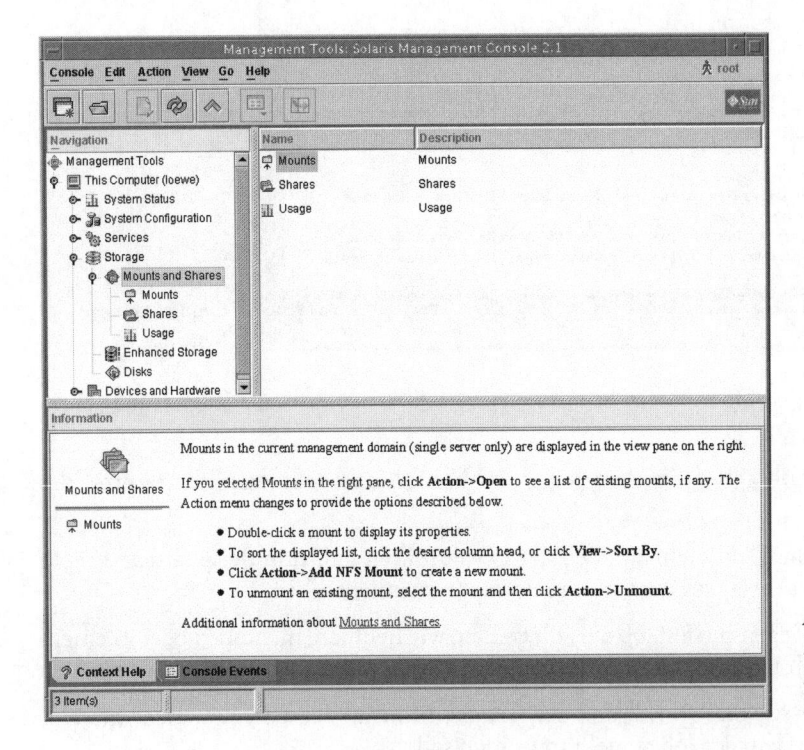

Abbildung 21.52: Die Funktion Mounten und Freigeben

Wenn Sie auf die Funktion MOUNTS klicken, können Sie über die Menüfolge ACTION – ADD NFS-MOUNT eine freigegebene Partition per NFS mounten. Dazu werden Sie von einem Assistenten in sechs Schritten angeleitet:

1. Zuerst müssen Sie den Rechnernamen eingeben, auf dem sich die zu mountende Freigabe befindet.

2. Im zweiten Schritt werden alle Freigaben des Rechners in einer Liste angezeigt und die gewünschte Freigabe kann durch Anklicken ausgewählt werden.

Die Solaris Management Console anwenden

3. Dann geben Sie das Verzeichnis auf dem lokalen Rechner an, das als Mountpoint dienen soll. Es muss bereits vorhanden sein und sollte ein leeres Verzeichnis sein.

4. Anschließend können Sie festlegen, ob die Ressource schon beim Booten gemountet werden soll. Wenn ja, wird ein entsprechender Eintrag in der Datei /etc/vfstab hinterlegt.

5. Danach bestimmen Sie, ob die Ressource nur lesbar oder auch beschreibbar gemountet wird.

6. Im letzten Schritt werden alle Informationen nochmals angezeigt und durch Anklicken der Schaltfläche FINISH übernommen.

Die gemountete Ressource wird nun angezeigt.

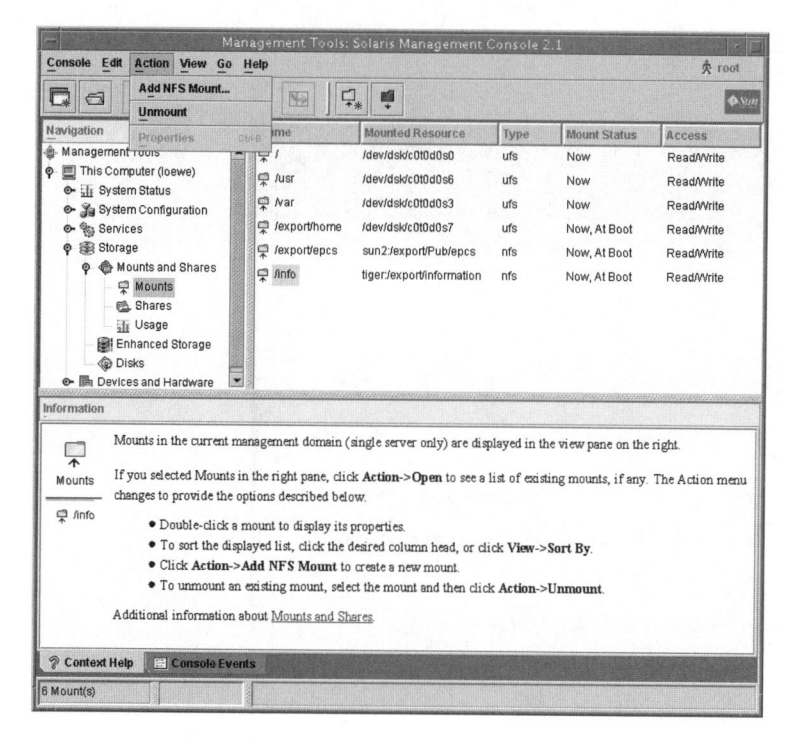

Abbildung 21.53: Anzeige aller gemounteten Ressourcen

Mit der Option ACTION – UNMOUNT lässt sich eine Ressource auch wieder unmounten.

Eine Ressource freigeben

Mit der Funktion SHARES können Sie Ressourcen auf dem lokalen Rechner freigeben. Dies geschieht in vier Schritten:

Solaris Management Console (SMC)

1. Zuerst geben Sie den Namen und eine Beschreibung des freizugebenden Verzeichnisses ein. Außerdem legen Sie fest, ob auch die Unterverzeichnisse freigegeben werden und ob die Freigabe schon beim Booten erfolgen soll.

2. Dann bestimmen Sie, ob es eine einfache (BASIC) oder eine komplexe (ADVANCED) Freigabe sein soll. Eine einfache Freigabe umfasst die Zugriffsrechte Lesen oder Lesen/Schreiben für alle Benutzer, während eine komplexe Freigabe die Definition einer Authentifizierung und von Zugriffsrechten bedeutet.

3. Wenn Sie die einfache Freigabe wählen, legen Sie anschließend fest, ob das Zugriffsrecht Lesen oder Lesen/Schreiben gilt.

4. Im letzten Schritt werden wieder alle Eingaben angezeigt und können übernommen werden.

Anschließend wird die neue Freigabe angezeigt, die in der Datei /etc/dfs/dfstab hinterlegt wurde.

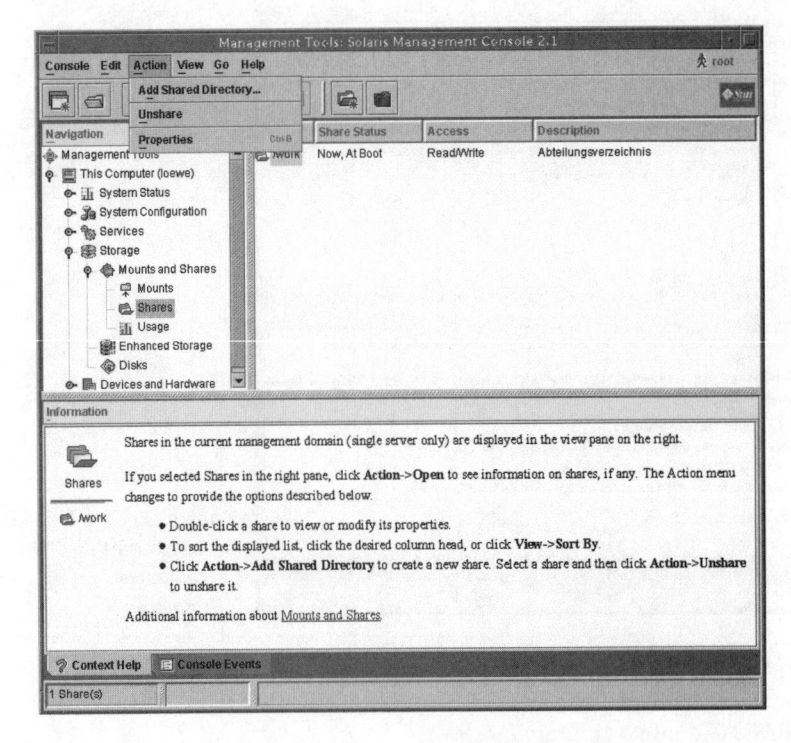

Abbildung 21.54: Anzeigen aller Freigaben

Mit der Option ACTION – UNSHARE lässt sich eine Freigabe wieder aufheben.

Die Verwendung der gemounteten Partition anzeigen

Hinter der Funktion USAGE verbirgt sich die Anzeige der gemounteten Partitionen, also der Befehl df.

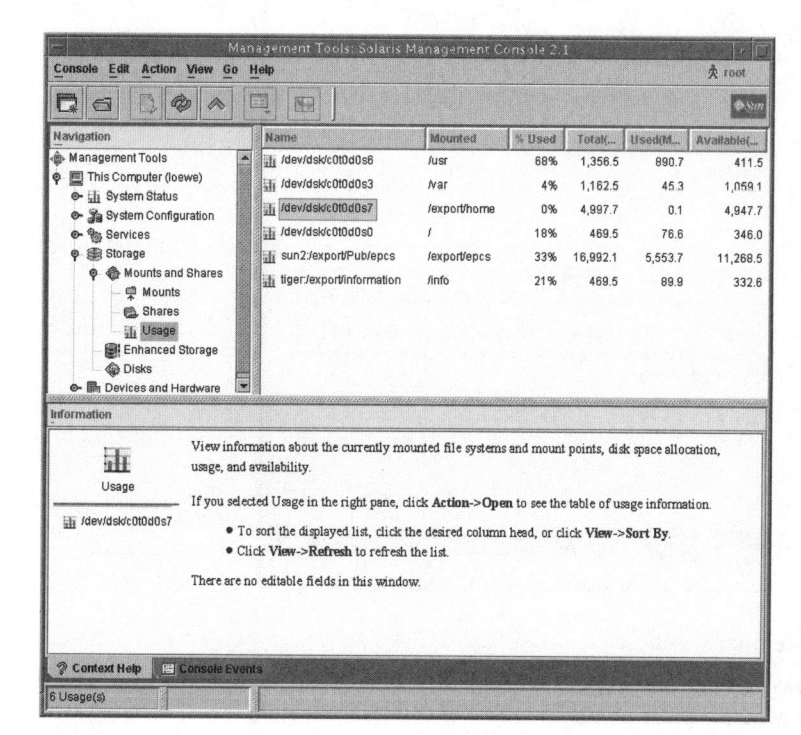

Abbildung 21.55: Verwendung der gemounteten Partitionen

Enhanced Storage Tool

Der Bereich ENHANCED STORAGE bietet Ihnen die Möglichkeit, Metadevices grafisch zu erzeugen.

Sie können damit Volumes (RAID 0, RAID 1), Hot Spare Pools, Statusdatenbank-Repliken und Disk Sets erzeugen.

> Da es den Umfang dieses Tages sprengen würde, jede einzelne Funktion zu beschreiben, werden in diesem Abschnitt beispielhaft zunächst Statusdatenbank-Repliken erzeugt, dann werden zwei RAID 0-Systeme angelegt und zu einem RAID 1-Volume zusammengefasst.

Solaris Management Console (SMC)

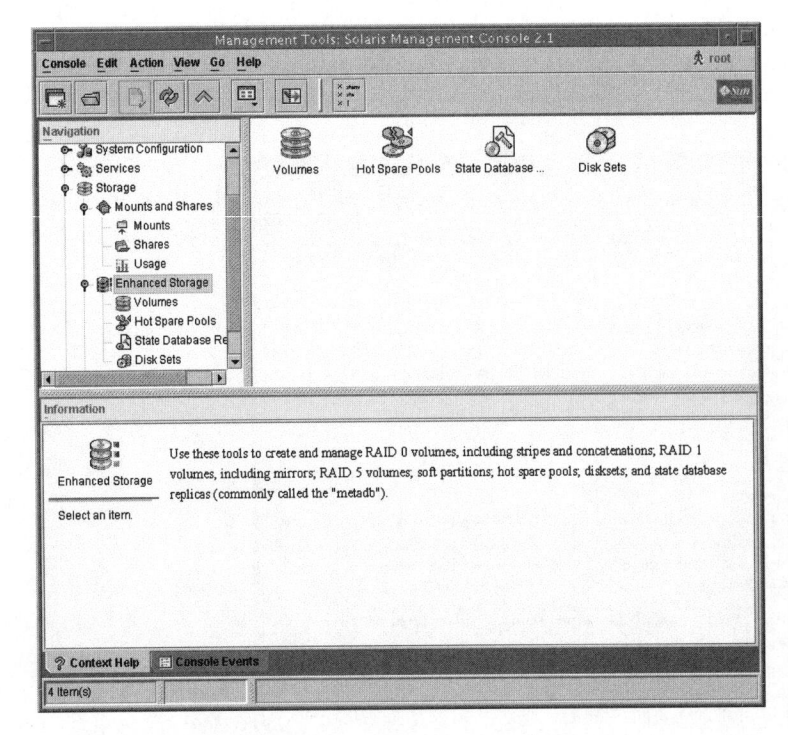

*Abbildung 21.56:
Das Enhanced
Storage Tool*

Statusdatenbank-Replika erstellen

Klicken Sie auf das Symbol oder die Funktion STATE DATABASE REPLICA. Im ersten Schritt werden Sie gefragt, ob Sie einen Disk Set verwenden möchten.

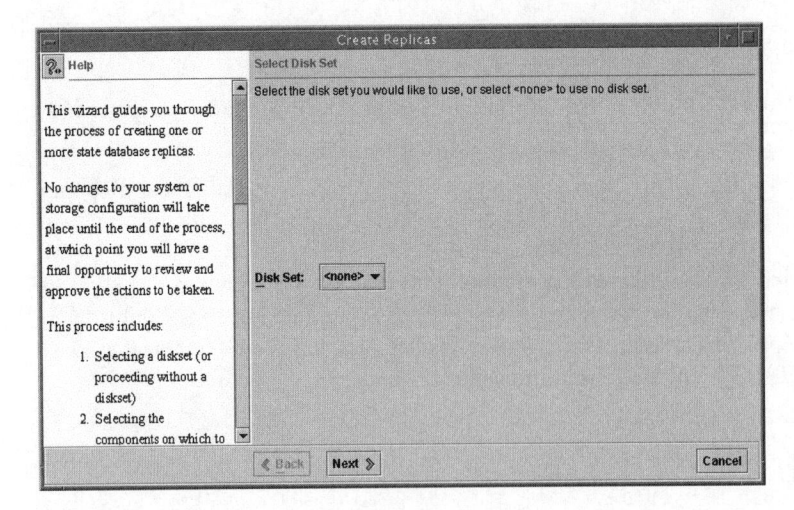

*Abbildung 21.57:
Repliken erstellen*

Die Solaris Management Console anwenden

> Ein Disk Set fasst gemeinsam verwendete Festplatten zu einer Fail-Over-Lösung zusammen: Logische Volumes werden hier nicht gleichzeitig, sondern von einem von zwei Rechnern verwendet.

Da in diesem Beispiel noch kein Disk Set vorhanden ist, gibt es nur die Auswahl NONE. Klicken Sie auf die Schaltfläche NEXT. Wählen Sie im nächsten Fenster die Komponenten der Replika im oberen Bereich aus und fügen Sie diese mit der Schaltfläche ADD dem unteren Bereich hinzu.

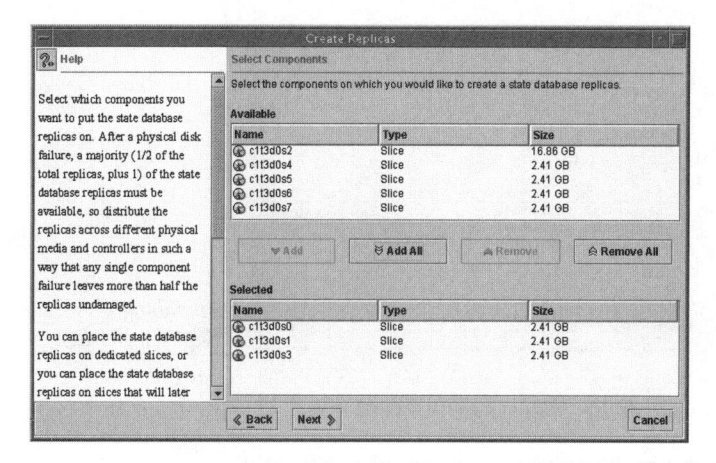

*Abbildung 21.58:
Auswahl von Komponenten für Repliken*

In unserem Beispiel wurden drei Partitionen einer zweiten Festplatte im System gewählt. Wählen Sie dann die Größe und die Anzahl der Repliken pro Partition. Sie können die Standardwerte hier übernehmen. Die Angabe 8192 Blocks bedeutet ca. 4 MByte.

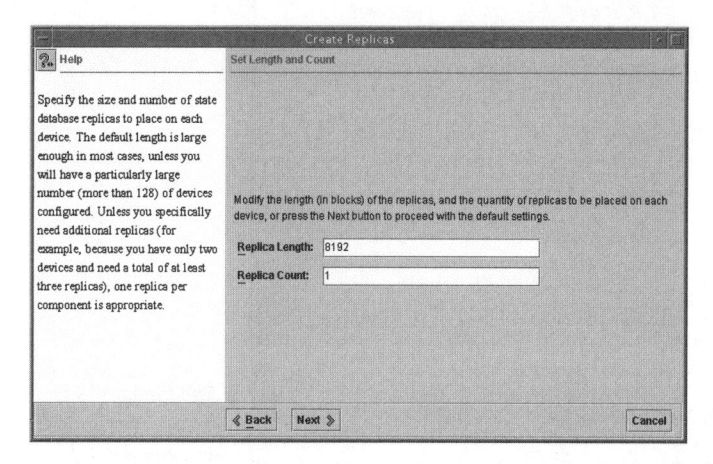

*Abbildung 21.59:
Auswahl der Größe und Anzahl der Repliken pro Partition*

Solaris Management Console (SMC)

Das letzte Fenster zeigt nochmals alle Einstellungen an, die angegeben wurden. Mit Hilfe der Schaltfläche SHOW COMMANDS können die Befehle angezeigt werden, die ausgeführt werden, wenn die Schaltfläche FINISH betätigt wird. Damit werden die Repliken endgültig erstellt.

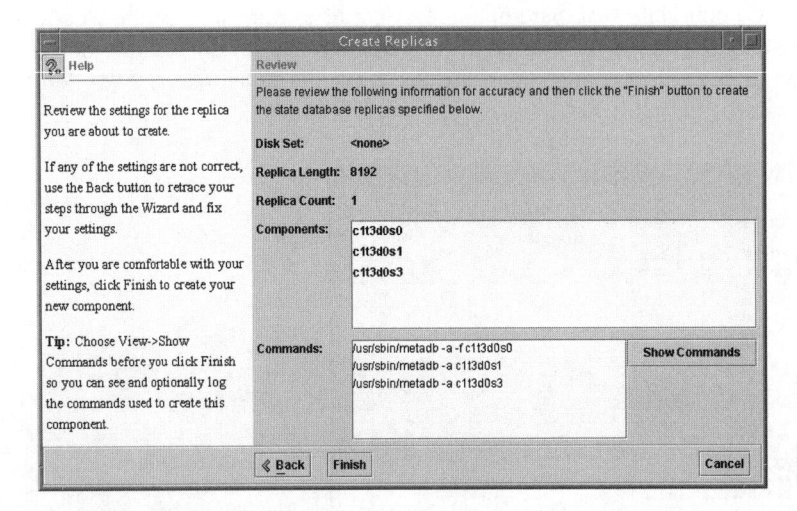

Abbildung 21.60:
Repliken erstellen

Anschließend werden die neu erstellen Repliken angezeigt.

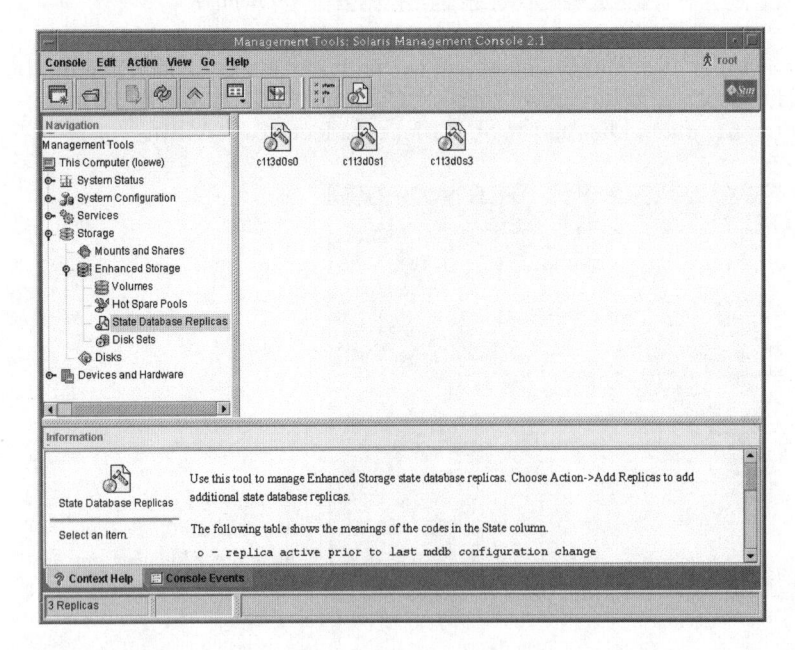

Abbildung 21.61:
Anzeige der Statusdatenbank-Repliken

RAID 0-Volume erzeugen

Nun wird das erste RAID 0-Volume erzeugt. Klicken Sie dazu auf die Funktion VOLUMES und dann auf die Menüfolge ACTION – CREATE VOLUME. Im ersten Schritt werden Sie gefragt, ob Sie Statusdatenbank-Repliken erstellen möchten.

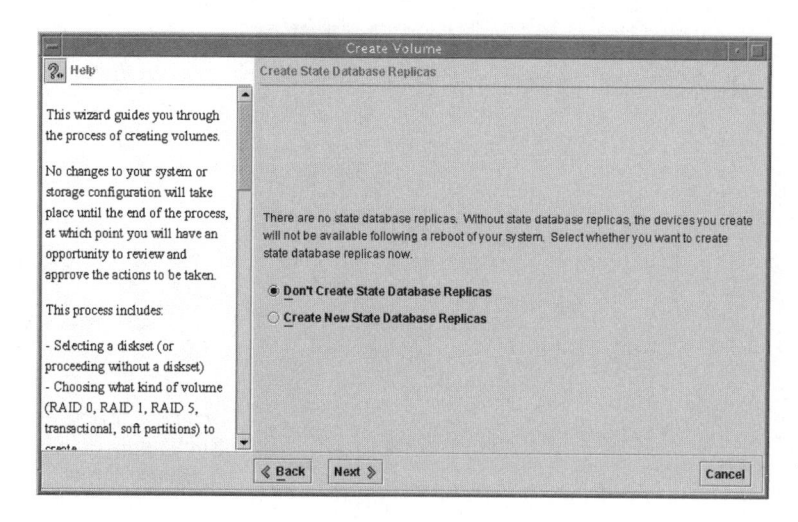

Abbildung 21.62: Volumes erzeugen

Es ist nicht mehr nötig, neue Statusdatenbank-Repliken zu erstellen, da diese im ersten Teil bereits erzeugt wurden. Klicken Sie auf NEXT. Im nächsten Fenster wird wieder gefragt, ob ein Disk Set verwendet werden soll, wählen Sie wieder NONE. Dann können Sie auswählen, welche Art Volume Sie anlegen möchten.

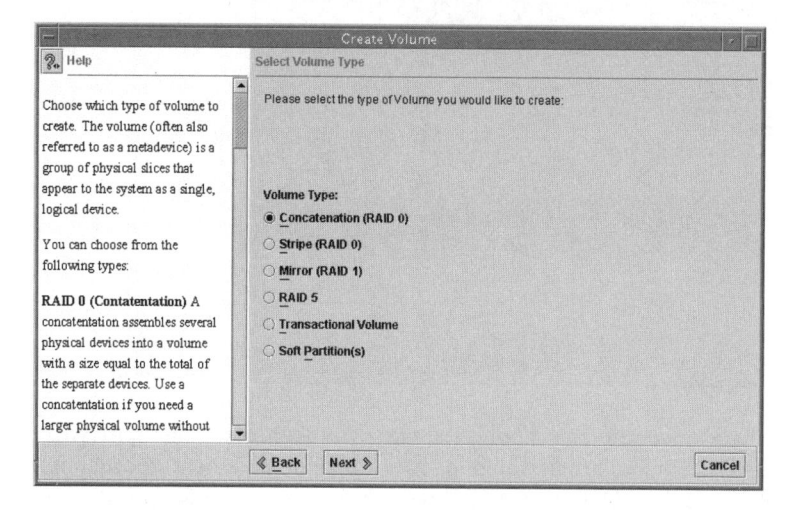

Abbildung 21.63: Volume erzeugen

Solaris Management Console (SMC)

Wählen Sie hier die Option CONCATENTATION (RAID 0). Im nächsten Fenster können Sie den Namen des Volumes festlegen, er beginnt aber immer mit dem Buchstaben d. Sie bestimmen nur die laufende Nummer, zum Beispiel 0, wodurch das Volume dann d0 heißt.

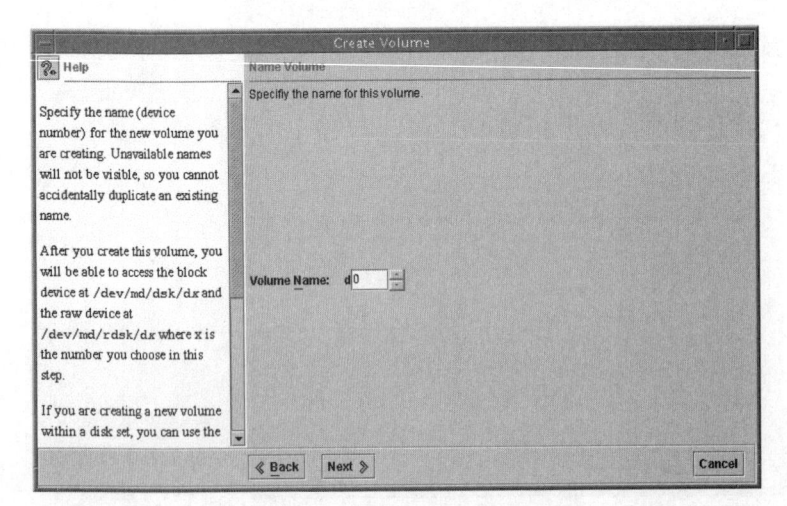

Abbildung 21.64: Ein Volume benennen

Nun wählen Sie die Partitionen aus, aus denen das RAID 0-Volume gebildet werden soll.

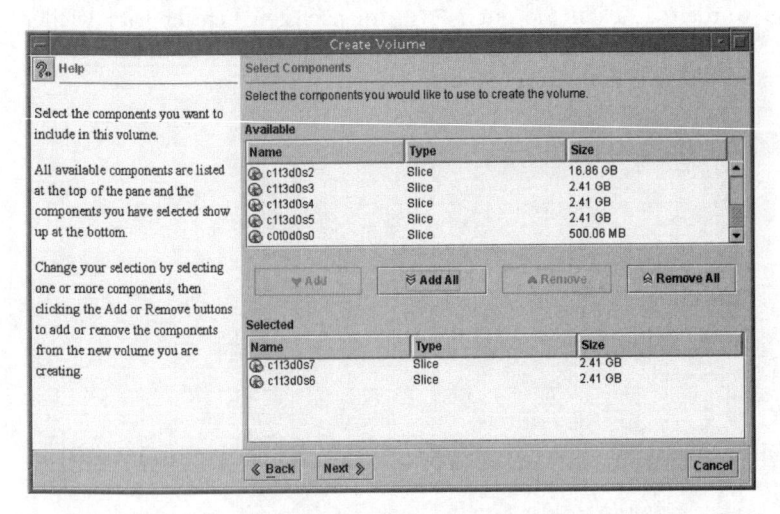

Abbildung 21.65: Auswahl der Partitionen

Mit dem Enhanced Storage Tool ist es im Moment noch nicht möglich, gemountete Partitionen auszuwählen, da dies am Ende zu einem Abbruch mit Fehlermeldung führt. Gemountete Partitionen zu einem RAID 0-System zu verbinden, ist bisher nur mit den Meta-Befehlen möglich.

Die Solaris Management Console anwenden

Wählen Sie zwei ungemountete Partitionen aus und klicken Sie auf NEXT. Nun markieren Sie beide Partitionen und klicken auf die Schaltfläche CREATE STRIPE, um ein Stripe zu erzeugen.

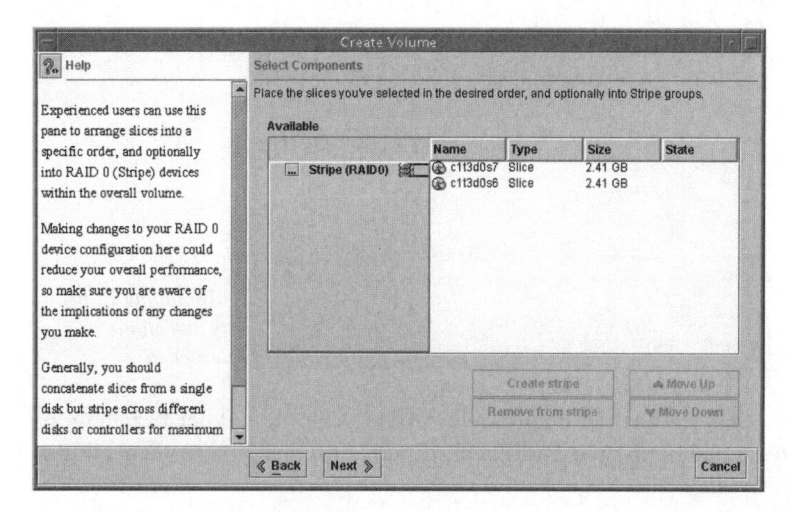

Abbildung 21.66: Ein Stripe bilden

Danach werden Sie gefragt, ob Sie einen Hotspare-Pool verwenden oder erstellen möchten. Wählen Sie hier NO HOT SPARE POOL.

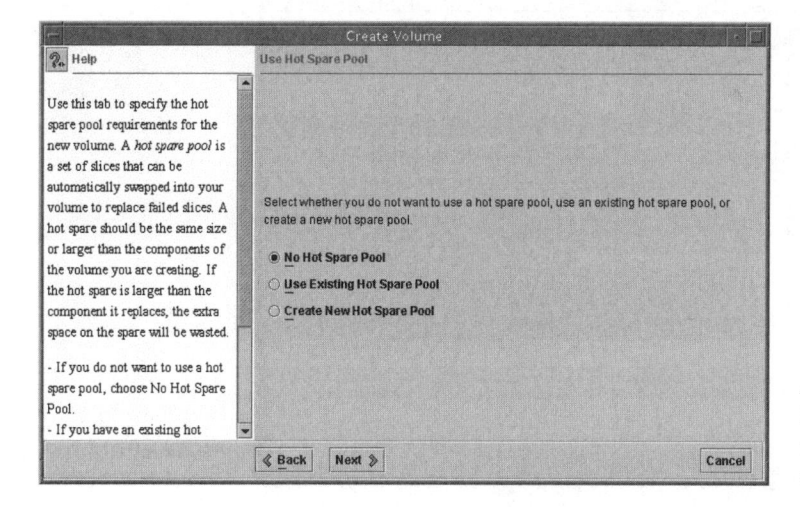

Abbildung 21.67: Hotspare-Pool verwenden oder erstellen

Das letzte Fenster zeigt nochmals Ihre Eingaben sowie die Befehle an, die nach der Bestätigung mit FINISH ausgeführt werden.

Solaris Management Console (SMC)

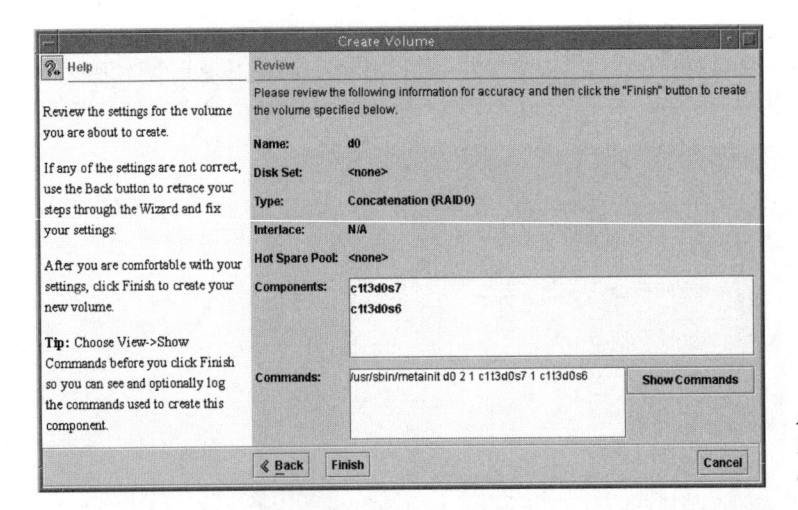

*Abbildung 21.68:
Ein Volume
erstellen*

Führen Sie dieselben Schritte noch einmal für ein RAID 0-Volume mit der Bezeichnung d1 und zwei weiteren ungemounteten Partitionen durch. Anschließend werden die neu erstellten Volumes angezeigt.

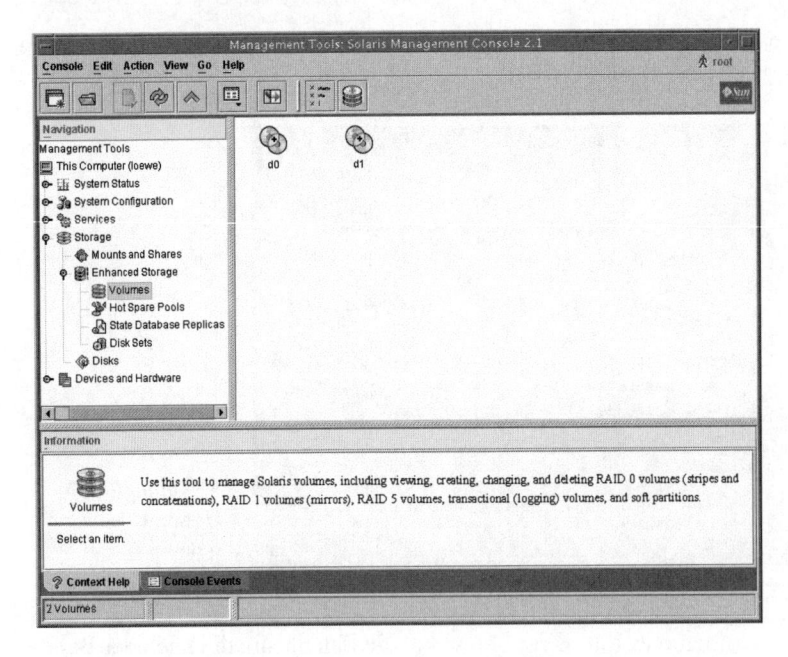

*Abbildung 21.69:
Neu erstellte RAID
0-Volumes*

RAID 1-Volume erzeugen

Aus den beiden RAID 0-Volumes wird nun ein RAID 1-Volume erzeugt. Gehen Sie dazu wie folgt vor:

1. Wählen Sie wieder die Menüfolge ACTION – CREATE VOLUME.
2. Erstellen Sie keine neuen Statusdatenbank-Repliken.
3. Wählen Sie den Volumetyp MIRROR (RAID 1).
4. Geben Sie dem Volume den Namen d2.
5. Wählen Sie als ersten Submirror d0 aus.

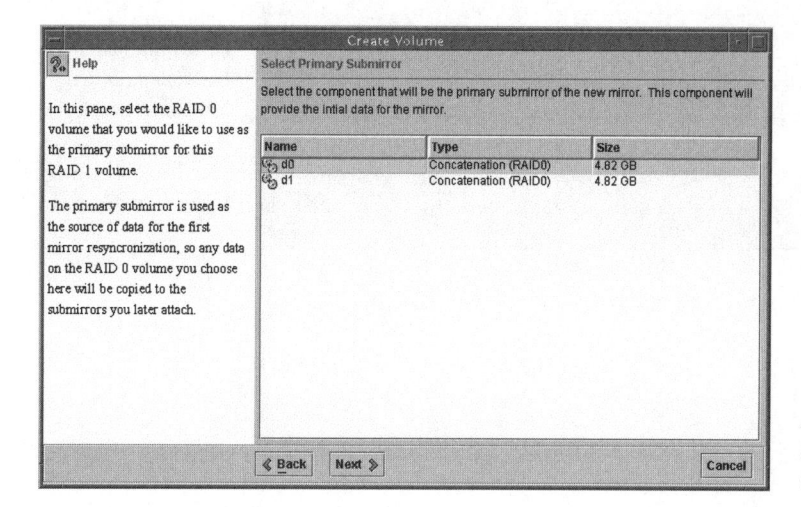

Abbildung 21.70: Submirror auswählen

6. Wählen Sie als weiteren Submirror d1 aus.
7. Wählen Sie dann die Spiegeloptionen aus, zum Beispiel ROUND ROBIN (gleichmäßiges Lesen) und PARALLEL (paralleles Beschreiben).
8. Bestätigen Sie dann Ihre Angaben mit FINISH.

Anschließend wird das RAID 1-Volume angezeigt.

> Beim Hinzufügen eines zweiten Subspiegels tritt beim Enhanced Storage Tool manchmal der Fehler auf, so dass das Auswahlfenster keinen weiteren Subspiegel anzeigt. Verwenden Sie in diesem Fall beim Hinzufügen des Subspiegels die entsprechenden Meta-Befehle.

Solaris Management Console (SMC)

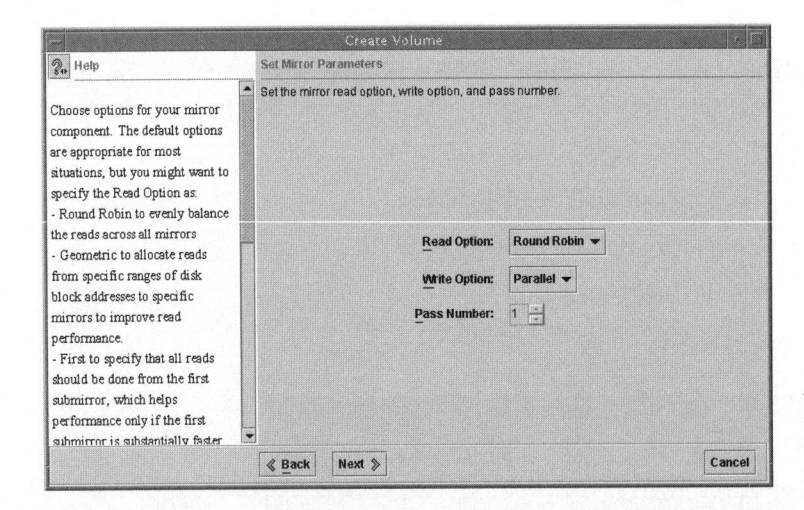

Abbildung 21.71:
Lese- und Schreiboptionen für den Spiegel festlegen

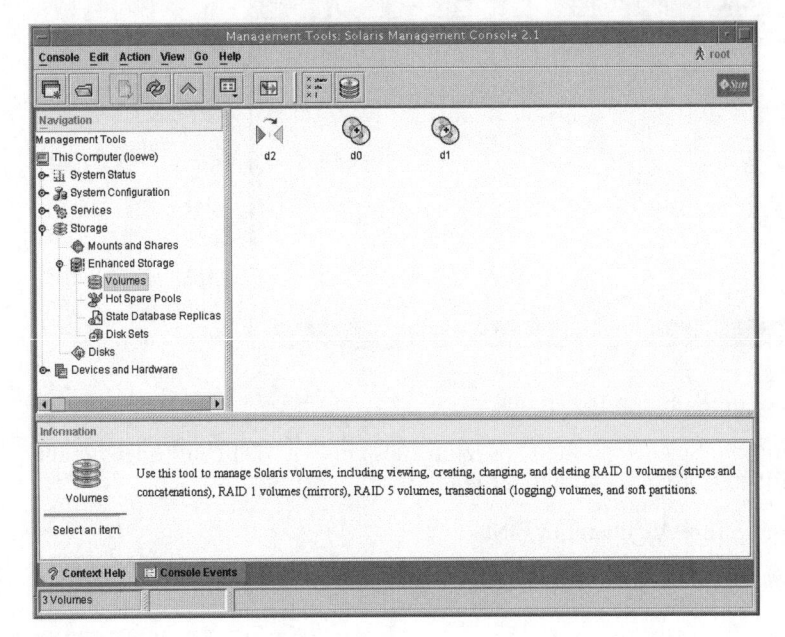

Abbildung 21.72:
Neu angelegtes RAID 1-Volume

Festplattenverwaltung

Die Funktion DISKS beinhaltet die Festplattenverwaltung und zeigt die am System angeschlossenen Festplatten mit verschiedenen Informationen, wie zum Beispiel Größe, Typ usw., an. Sie ist das grafische Gegenstück zum Befehl `format`.

Die Solaris Management Console anwenden

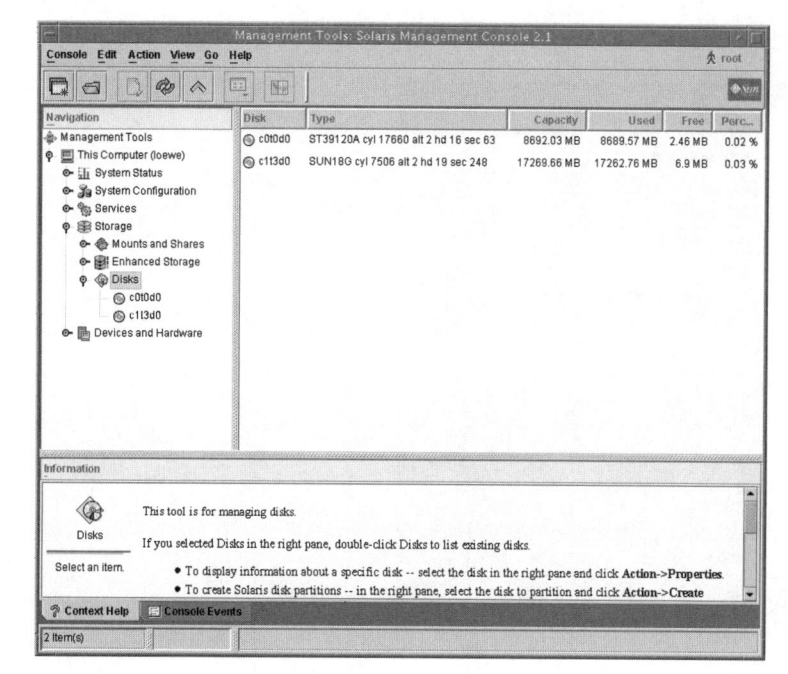

*Abbildung 21.73:
Die am System
angeschlossenen
Festplatten*

Durch Doppelklick auf eine Festplatte kann die Partitionstabelle angezeigt und bearbeitet werden. Mit dem Menü ACTION – CREATE SOLARIS PARTITIONS kann die Partitionstabelle verändert werden.

*Abbildung 21.74:
Eine Partitions-
tabelle ändern*

Solaris Management Console (SMC)

Sie werden zuerst aufgefordert, die gewünschte Anzahl der Partitionen einzugeben.

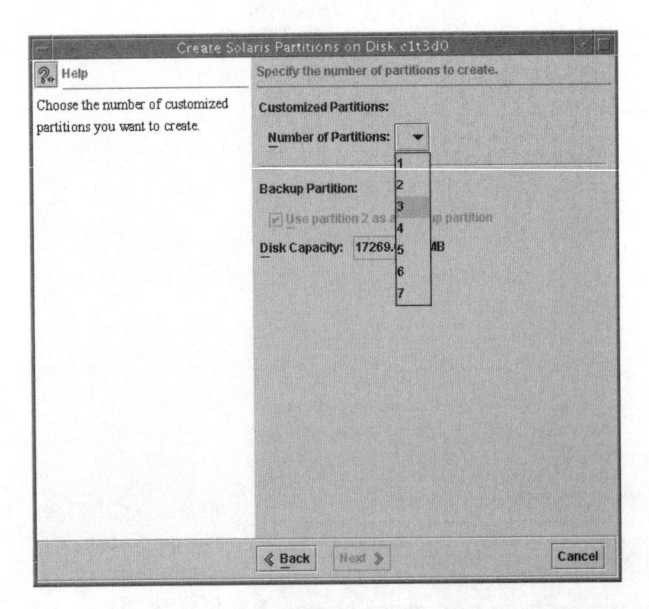

Abbildung 21.75:
Anzahl der Partitionen festlegen

Dann können Sie die erste Partition einrichten, indem Sie die Größe in MByte oder Prozent eingeben und den Verwendungszweck, zum Beispiel root, var usw., definieren.

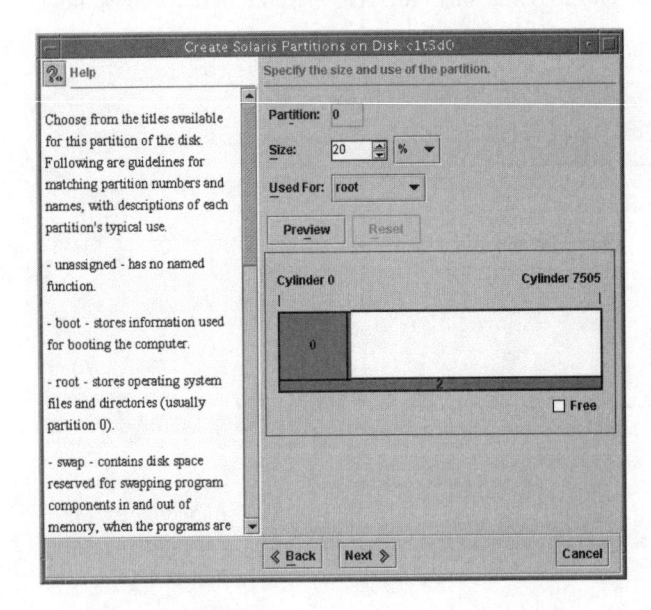

Abbildung 21.76:
Partition einrichten

Die Schaltfläche PREVIEW bietet Ihnen in der Fenstermitte eine entsprechende Vorschau. Die Vorgehensweise für die übrigen Partitionen ist gleich. Schließlich werden alle von Ihnen gewünschten Partitionen angezeigt und Sie haben die Möglichkeit, pro Partition ein Kontrollkästchen zu aktivieren, damit die Partitionen nicht nur angelegt, sondern auch mit einem ufs-Dateisystem formatiert werden.

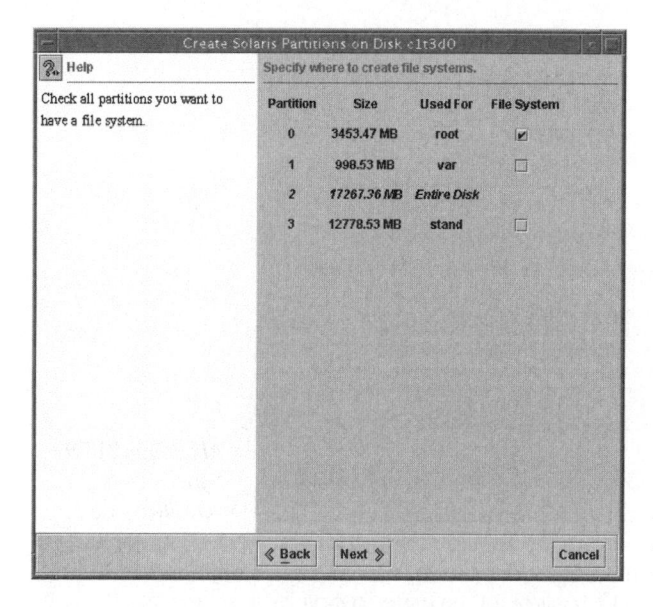

Abbildung 21.77: Anzeige der anzulegenden Partitionen

Bevor die Partitionen endgültig erstellt werden, erscheint ein letztes Fenster, das alle Angaben nochmals zusammenfasst und Sie warnt, dass dieser Vorgang die bisherigen Daten auf der Festplatte zerstören wird. Erst wenn Sie auf FINISH klicken, werden die Partitionen endgültig erzeugt.

Sie können die Partitionen auch noch später mit einem ufs-Dateisystem formatieren, indem Sie die entsprechende Partition markieren und die Menüfolge ACTION – CREATE FILE SYSTEM wählen.

Die Kategorie Devices and Hardware

Serielle Ports einrichten

Mit der Kategorie DEVICES AND HARDWARE können Sie die seriellen Ports des Rechners verwalten.

Solaris Management Console (SMC)

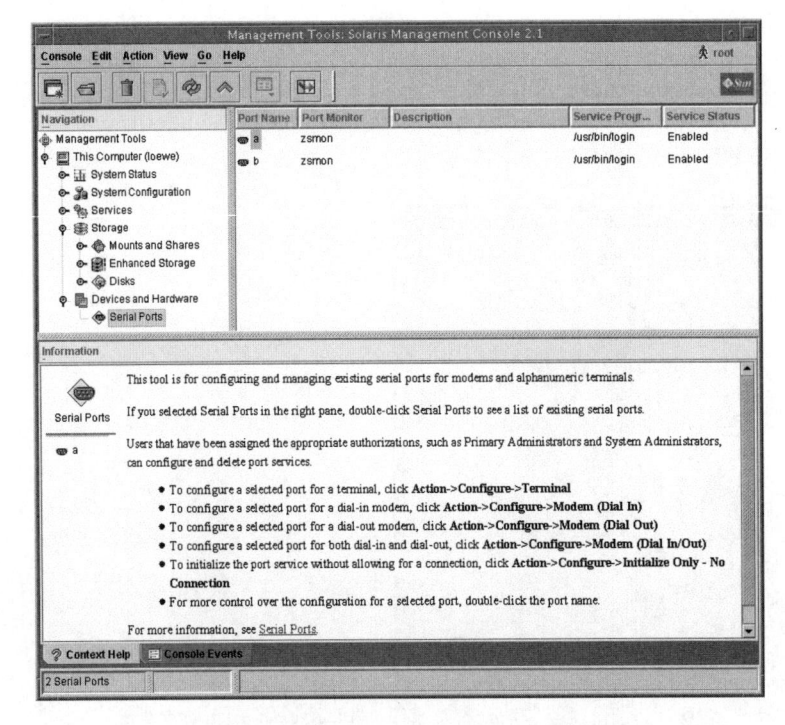

Abbildung 21.78: Serielle Ports verwalten

Dazu wählen Sie über das Menü ACTION das Gerät, das an dem markierten Port angeschlossen werden soll, zum Beispiel MODEM – DIAL IN AND OUT.

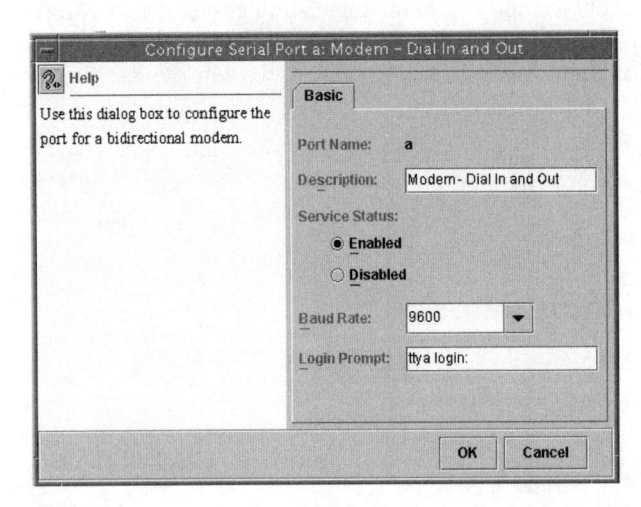

Abbildung 21.79: Modem einrichten

Dann legen Sie den gewünschten Status, die Baudrate und den Anmeldeprompt fest.

21.2 Die Solaris Management Console anpassen

Den SMC Toolbox-Editor starten

Der Toolbox-Editor der Solaris Management Console wird mit folgendem Befehl gestartet:

`smc edit`

Im Toolbox-Editor können Sie sich die SMC Ihren Wünschen gemäß einrichten, zum Beispiel neue Toolboxes oder Tools hinzufügen bzw. sonstige Applikationen einbauen. Die Titelleiste der Applikation weist Sie deutlich darauf hin, dass Sie nun nicht mit der SMC, sondern dem Editor arbeiten. Mit Hilfe des Menüs ACTION können Sie Ihre SMC erweitern.

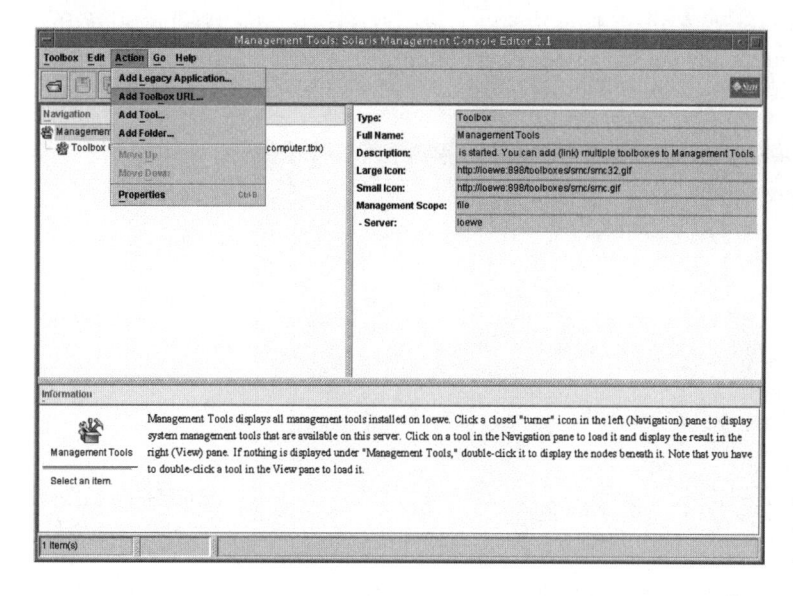

Abbildung 21.80: Der SMC Toolbox-Editor

Eine Toolbox-URL hinzufügen

Zuerst fügen Sie eine Toolbox-URL eines anderen Servers, auf dem Sie auch root-Rechte besitzen hinzu. Beachten Sie, dass auf diesem Server der SMC-Server-Prozess gestartet sein muss, zum Beispiel dadurch, dass dort auch einmal die SMC gestartet wurde oder manuell von einem Terminalfenster aus. Sie werden von einem Assistenten in mehreren Schritten angeleitet. Im ersten Schritt wählen Sie, ob Sie die lokale Toolbox oder die eines anderen Servers hinzufügen.

Solaris Management Console (SMC)

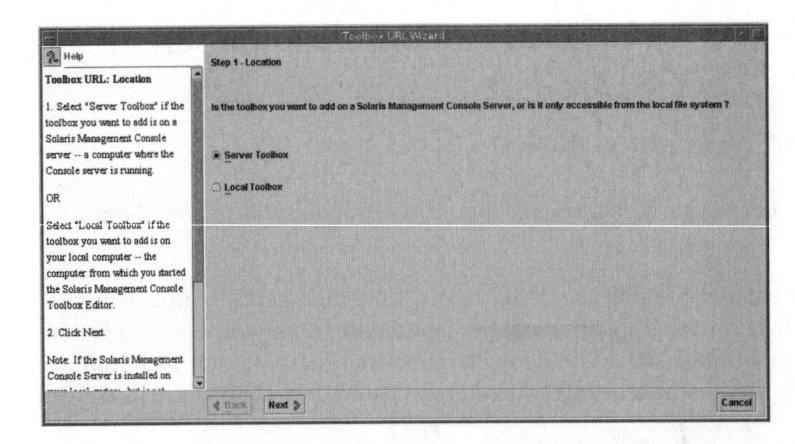

Abbildung 21.81: Toolbox-URL hinzufügen

Im zweiten Schritt geben Sie den Namen des Servers an, für den die Toolbox eingefügt werden soll. Die Combobox enthält in der Regel zu Beginn nur den Namen des eigenen Servers, der aber mit dem gewünschten Servernamen einfach überschrieben werden kann.

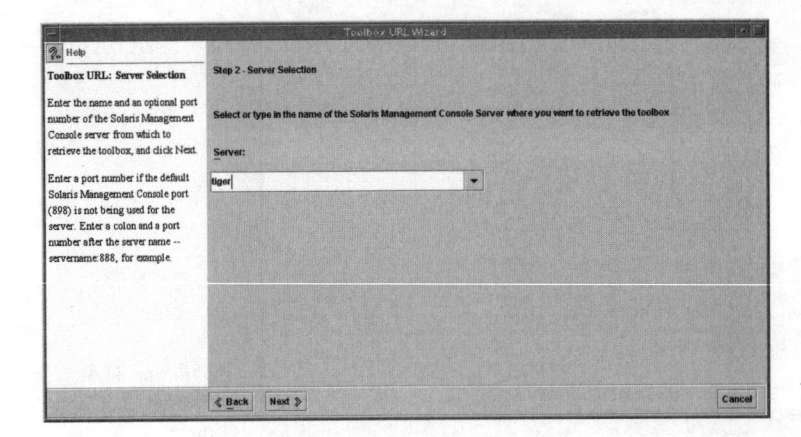

Abbildung 21.82: Servername angeben

Im dritten Schritt klicken Sie auf die Toolbox des ausgewählten Servers, wodurch die URL automatisch angezeigt wird.

Im folgenden Fenster können Sie der neu eingefügten Toolbox einen eigenen Namen und eine eigene Beschreibung geben. Die Schaltfläche NEXT wird erst aktiv, wenn beide Felder bei entsprechender Auswahl ausgefüllt wurden.

Nun können Sie der Toolbox ein anderes als das Standardsymbol zuweisen. Die Auswahl ist allerdings nicht sehr umfangreich, daher empfiehlt sich in der Regel der Standard.

Im letzten Schritt bestimmen Sie noch, ob die Verwaltung wie bei der übergeordneten Toolbox oder durch einen Namensdienst erfolgen soll.

Die Solaris Management Console anpassen

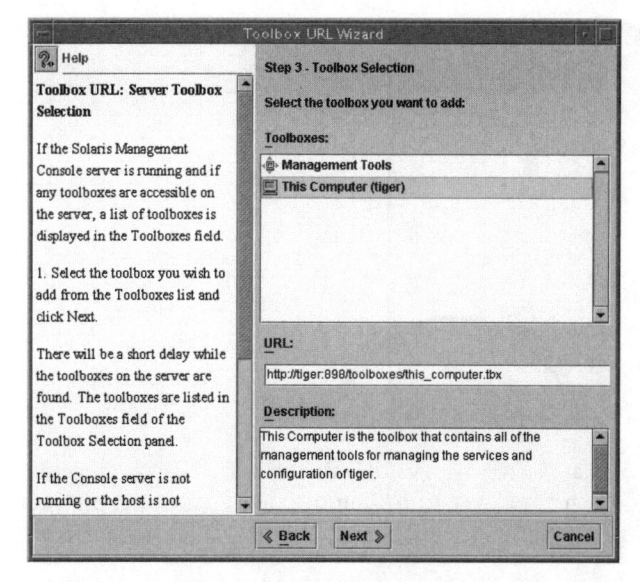

Abbildung 21.83:
Toolbox auswählen

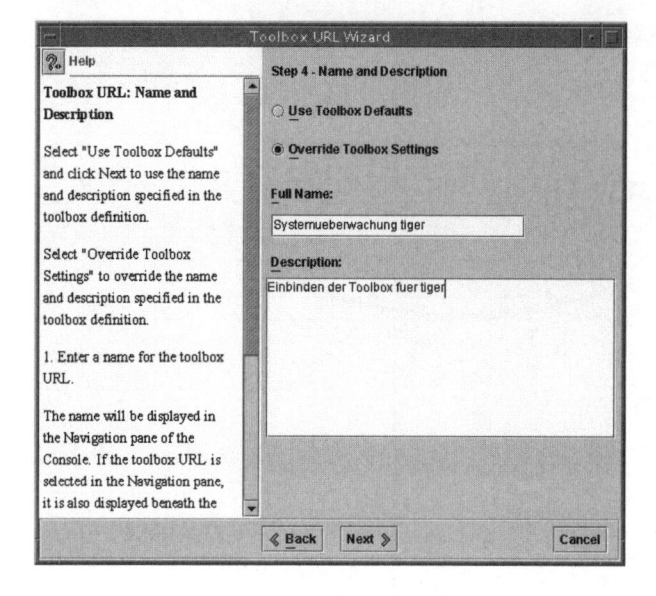

Abbildung 21.84:
Toolbox beschreiben

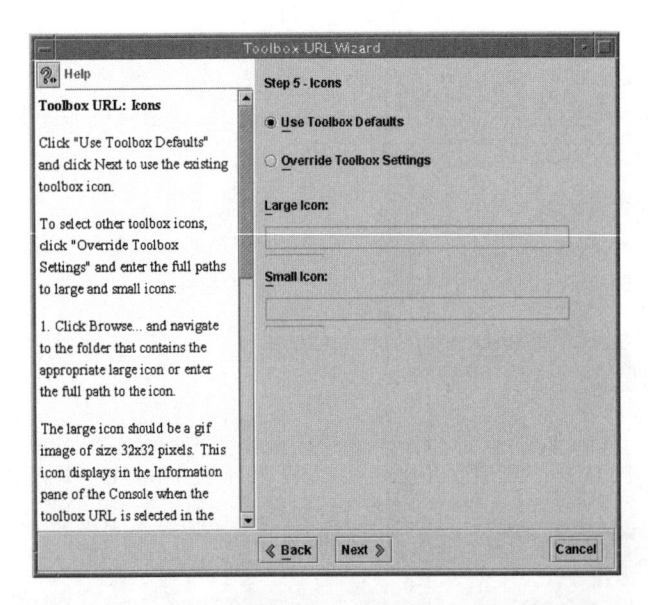

Abbildung 21.85:
Symbol zuweisen

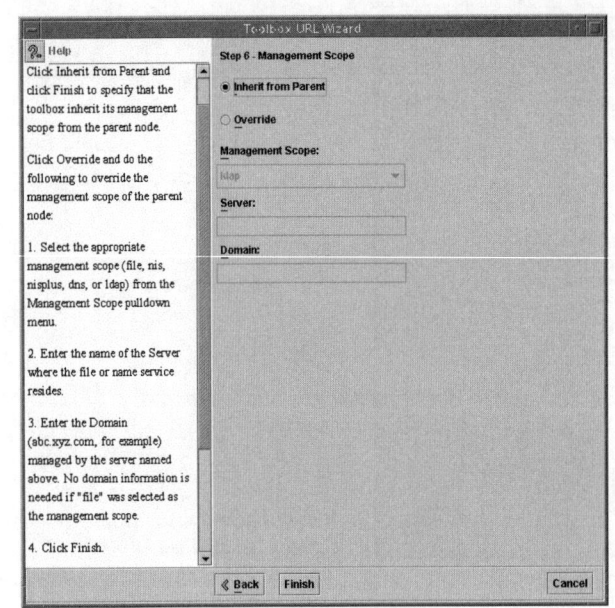

Abbildung 21.86:
Verwaltungsart wählen

Wenn Sie im SMC-Editor irgendeine Veränderung vorgenommen haben, müssen Sie die Toolbox erneut speichern. Verwenden Sie dazu das Menü TOOLBOX – SAVE AS und wählen Sie den Pfad /var/sadm/smc/toolboxes/smc und den Dateinamen smc.tbx.

Die Solaris Management Console anpassen

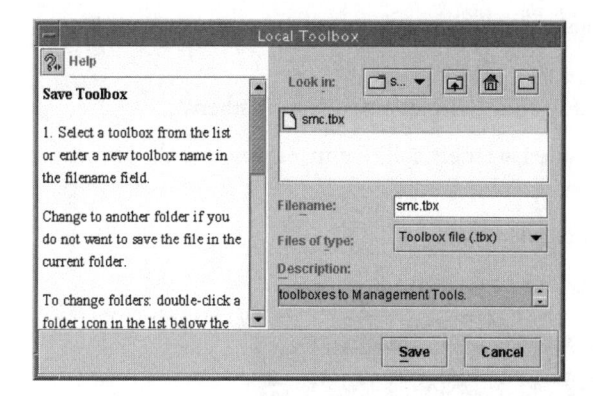

Abbildung 21.87:
Toolbox speichern

Erst jetzt sind die Änderungen gesichert. Damit diese in der SMC selbst angezeigt werden, müssen Sie in der Solaris Management Console die Menüfolge GO – HOME TOOLBOX wählen, so dass die Anzeige aktualisiert wird.

Ein Tool hinzufügen

Wenn Sie ein einzelnes Tool hinzufügen möchten, dann wählen Sie die Menüfolge ACTION – ADD TOOL und führen folgende Schritte durch:

1. Geben Sie den Namen des Servers ein, für den das Tool hinzugefügt werden soll.
2. Wählen Sie das Tool aus, das Sie hinzufügen möchten, zum Beispiel DISKS.

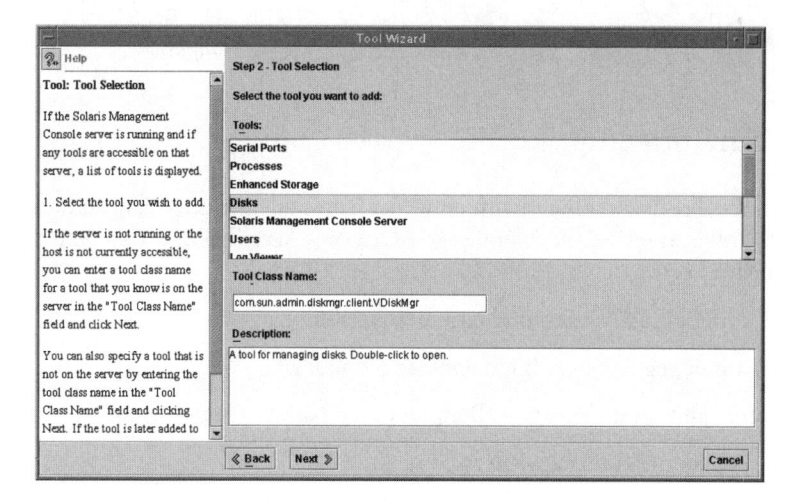

Abbildung 21.88:
Tool auswählen

Solaris Management Console (SMC)

3. Verwenden Sie den standardmäßigen Namen oder vergeben Sie einen eigenen Namen und eine Beschreibung.

4. Wählen Sie den Verwaltungsumfang, zum Beispiel einen Namensdienst.

5. Entscheiden Sie, ob das Tool geladen werden soll, wenn es ausgewählt wird, oder bereits wenn die Toolbox geöffnet wird.

6. Speichern Sie die geänderte Toolbox wieder ab.

Die Veränderungen werden auch im Editor angezeigt.

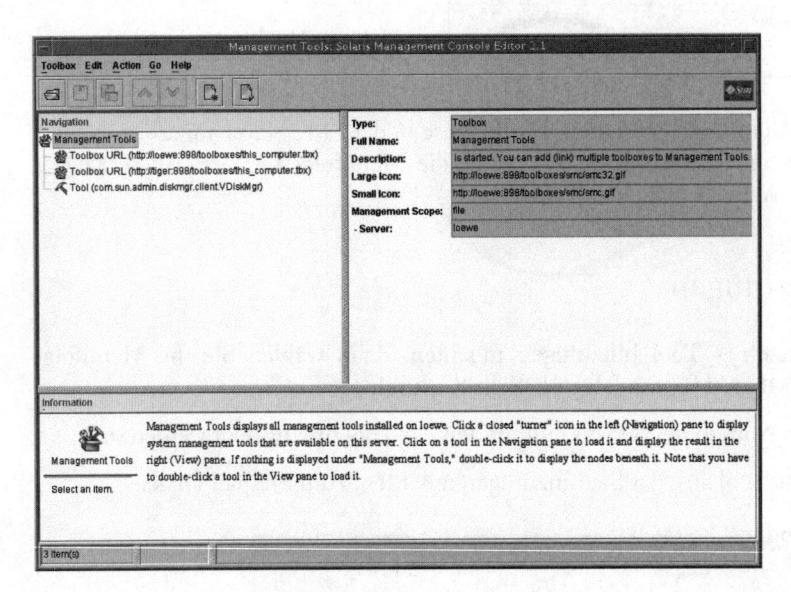

Abbildung 21.89: Die Toolbox anpassen

Einen Ordner hinzufügen

Sie können Ordner in die Toolbox einfügen, um entweder Tools oder sonstige Anwendungen zu gruppieren. Wählen Sie dazu die Menüfolge ACTION – ADD FOLDER und gehen Sie in folgenden Schritten vor:

1. Geben Sie dem Ordner einen Namen und eine Beschreibung.

2. Weisen Sie dem Ordner gegebenenfalls ein anderes Symbol zu.

3. Wählen Sie den Verwaltungsumfang, zum Beispiel einen Namensdienst.

4. Speichern Sie die geänderte Toolbox wieder ab.

Eine Legacy Application hinzufügen

Eine Legacy Application ist eine Anwendung, die kein SMC-Tool ist. Es kann entweder ein Befehl, eine URL oder eine Anwendung des X Window-Systems sein. Markieren Sie den neu angelegten Ordner, damit die Anwendungen in diesem gesammelt werden.

Im ersten Schritt fügen Sie einen Befehl hinzu, dazu starten Sie die Menüfolge ACTION – ADD LEGACY APPLICATION.

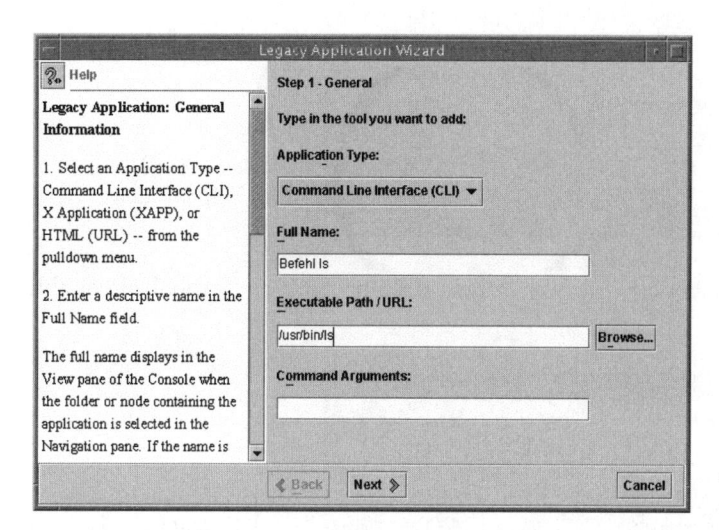

Abbildung 21.90: Einen Befehl hinzufügen

Wählen Sie die Option COMMAND LINE INTERFACE (CLI) und geben Sie im Feld FULL NAME eine Beschreibung der Anwendung ein. Im Feld EXECUTABLE PATH/URL wird zum Beispiel der Befehl /usr/bin/ls mit Pfadangabe eingetragen und eventuelle Befehlsargumente im Feld COMMAND ARGUMENTS. Im zweiten Schritt kann wieder ein Symbol ausgewählt werden.

Danach fügen Sie eine grafische Applikation hinzu. Verwenden Sie die Menüfolge ACTION – ADD LEGACY APPLICATION und wählen Sie die Option X APPLICATION(XAPP) und geben Sie im Feld FULL NAME wieder eine Beschreibung der Anwendung ein. Im Feld EXECUTABLE PATH/URL wird zum Beispiel der Befehl /usr/openwin/bin/xclock zum Aufruf der Analoguhr eingetragen und die Befehlsargumente -update 1 zur Anzeige des Sekundenzeigers gehören in das Feld COMMAND ARGUMENTS. Im zweiten Schritt kann wieder ein Symbol ausgewählt werden.

Als letztes Beispiel fügen Sie eine URL hinzu. Starten Sie die Menüfolge ACTION – ADD LEGACY APPLICATION und wählen Sie die Option HTML(URL) und geben Sie im Feld FULL NAME wieder eine Beschreibung ein. Im Feld EXECUTABLE PATH/URL wird zum Beispiel die URL http://www.suse.de eingetragen. Die URL muss komplett angegeben wer-

Solaris Management Console (SMC)

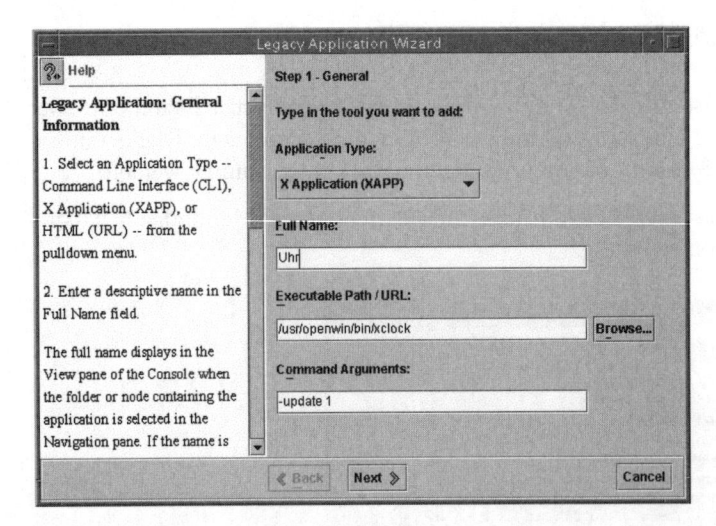

*Abbildung 21.91:
Eine X-Applikation
hinzufügen*

den, damit der Aufruf funktioniert. Im zweiten Schritt kann wieder ein Symbol ausgewählt werden.

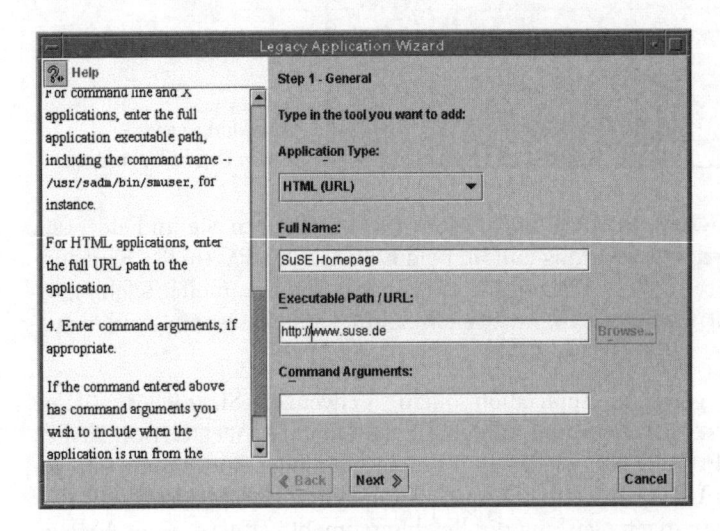

*Abbildung 21.92:
Eine URL hinzufügen*

Wechseln Sie dann in die SMC und aktualisieren Sie die Ansicht mit Hilfe des Menüs GO – HOME TOOLBOX. Wechseln Sie in den neu angelegten Ordner mit den Legacy Applications.

Wenn Sie auf das Symbol mit dem Befehl ls klicken, öffnet sich ein Mitteilungsfenster.

Die Solaris Management Console anpassen

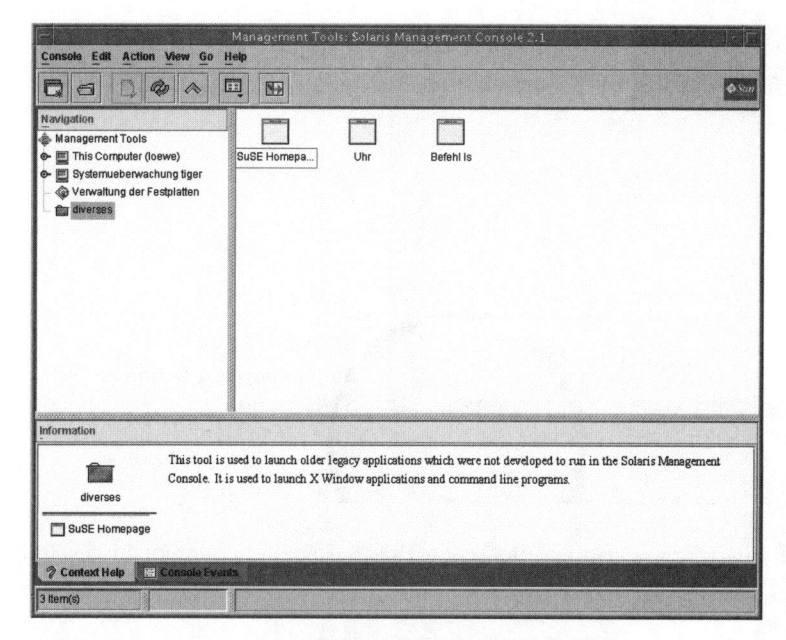

*Abbildung 21.93:
Die aktualisierte
SMC*

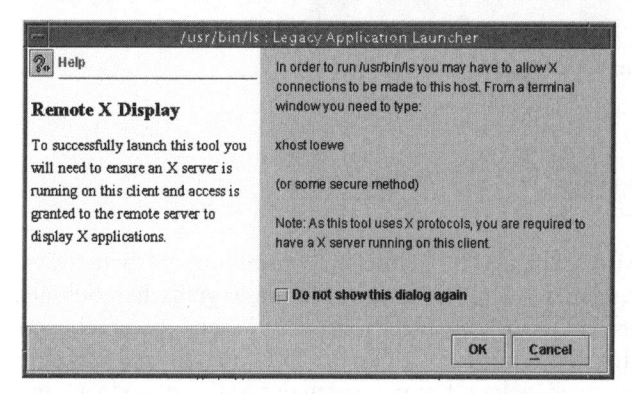

*Abbildung 21.94:
Mitteilungsfenster beim Aufruf
einer Legacy Application*

Die Meldung teilt Ihnen mit, dass ein X-Server auf dem Rechner laufen muss, damit die X-Anwendung ausgeführt werden kann. Diese Meldung kann dauerhaft ausgeblendet werden. Anschließend wird ein Terminalfenster geöffnet, in dem der Befehl ls ausgeführt wird.

Wenn Sie auf das Symbol für die Uhr klicken, wird die Analoguhr mit Sekundenzeiger angezeigt.

Beim Anklicken des Symbols, das für die URL der Firma SuSE eingerichtet wurde, wird der Netscape Browser gestartet und die entsprechende Website aufgerufen.

Solaris Management Console (SMC)

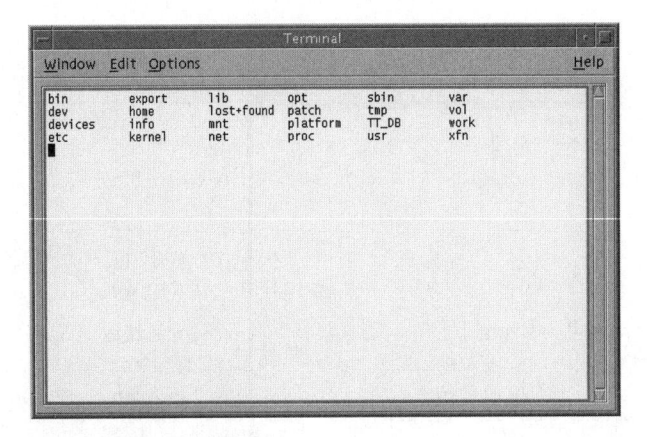

Abbildung 21.95:
Ausführung eines Befehls aus der SMC heraus

Abbildung 21.96:
Starten einer Analoguhr

21.3 Zusammenfassung

Sie lernten in diesem Tag die Möglichkeiten der grafischen Verwaltung des Betriebssystems Solaris mit der Solaris Management Console kennen. Mit dieser grafischen Schnittstelle haben Sie die bereits in den vorangegangenen Tagen besprochenen Verwaltungsaufgaben durchgeführt. Sie erfuhren, wie Sie die SMC starten und was eine Toolbox ist. Anschließend wurden die einzelnen Komponenten der SMC anhand von Beispielen erläutert, wie zum Beispiel die Verwaltung von Benutzern, Gruppen, Computern, Patches, Prozessen, Protokollen, Cronjobs, seriellen Ports, Festplatten, Datei- und RAID-Systemen. Im zweiten Teil lernten Sie, wie Sie die SMC mit Hilfe des so genannten SMC Toolbox-Editors Ihren eigenen Wünschen anpassen können.

21.4 F&A

F Ich möchte die Toolbox-URL eines zweiten Rechners in meinem Netzwerk in meine SMC integrieren. Aber die URL wird nicht angezeigt, auch wenn ich den Rechnernamen im zweiten Schritt des Assistenten zum Hinzufügen einer Toolbox-URL eingegeben habe. Was ist dafür die Ursache?

  A Dieser Effekt tritt auf, wenn der SMC-Server-Prozess auf dem anderen Server nicht gestartet wurde, das heißt, die SMC muss dort einmal aufgerufen werden.

F Ich suchte im Enhanced Storage Tool vergeblich nach einem Gegenstück zum Befehl `metaroot`, um die Dateien `/etc/vfstab` und `/etc/system` automatisch zu aktualisieren, wenn ich das root-Dateisystem in ein RAID 0 intergrieren möchte. Wo finde ich die entsprechende Anwendung?

  A Es gibt für diesen Befehl keine Anwendung im Enhanced Storage Tool. Es ist im Moment auch nicht möglich, mit diesem Tool ein gemountetes Dateisystem, wie zum Beispiel das root-Dateisystem, zu einem RAID-System zu machen. Sie müssen in diesem Fall weiterhin die Meta-Befehle verwenden.

F Ich habe eine häufig benötigte URL als Legacy Application in die SMC eingebunden: Beim Starten über das Symbol erhalte ich aber immer nur eine Fehlermeldung. Welche Ursache kann das haben?

  A Überprüfen Sie nochmals, ob Sie tatsächlich die komplette URL eingetragen haben, also einschließlich der Angabe http://. Überprüfen Sie auch, dass auf Ihrem System ein Browser installiert ist.

21.5 Übungen

1. Fügen Sie Ihrem Übungsrechner zwei Festplatten hinzu und partitionieren Sie diese mit der SMC so, dass alle beide Festplatten sieben identisch große Partitionen besitzen.

2. Legen Sie mit Hilfe von drei dieser Partitionen Statusdatenbank-Repliken an.

3. Wählen Sie von den Partitionen jeweils zwei aus, um aus diesen jeweils ein RAID 0-System mit der SMC zu erstellen.

4. Verwenden Sie diese beiden RAID 0-Systeme, um daraus mit Hilfe der SMC ein RAID 1-System zu erzeugen.

5. Fügen Sie Ihrer SMC mit Hilfe des Editors jeweils eine Legacy Application für einen Befehl, eine X-Anwendung und eine URL Ihrer Wahl hinzu und testen Sie die neuen Funktionen in der SMC.

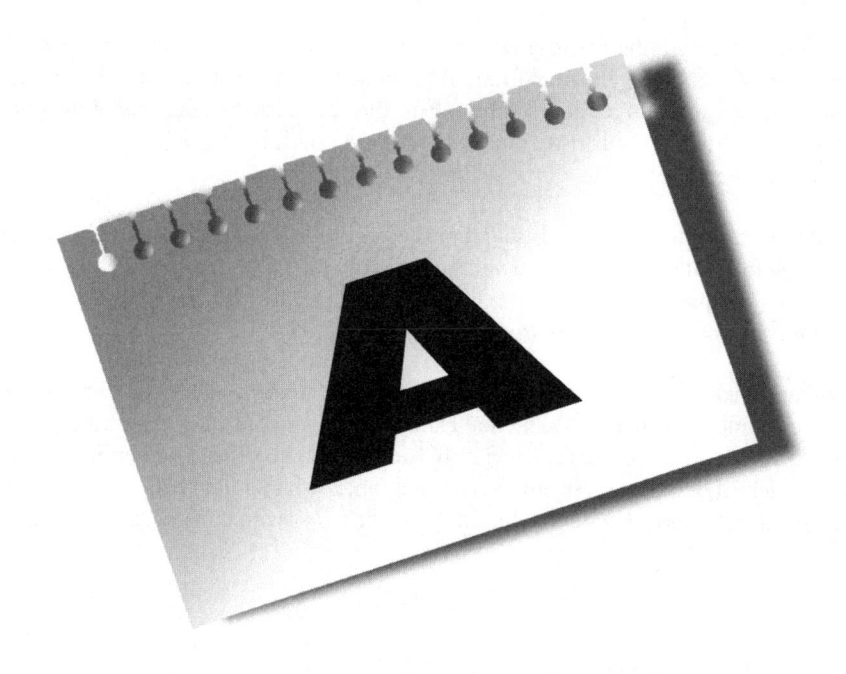

Installation von FreeSolaris 9 für Intel-PCs

Installation von FreeSolaris 9 für Intel-PCs

Wir danken Sun Microsystems Deutschland für die freundliche Erlaubnis, FreeSolaris 9 x86 auf den Buch-CDs beilegen zu dürfen. Bitte beachten Sie vor der Installation die Lizenzbestimmungen am Ende des Buches. Für die Überlassung der nachfolgenden Installationsbeschreibung bedanken wir uns außerdem herzlich bei Lutz Brockmann, yasc Informatik GmbH, Braunschweig.

> Sollten trotz der genauen Installationsbeschreibung oder nach der Installation Probleme mit der Intelversion von Solaris auftreten, können Sie auch Hilfe bei einer entsprechenden Mailingliste finden, zum Beispiel unter *http://groups.yahoo.com/group/solarisonintel*.

Für die Installation von FreeSolaris 9 benötigen Sie keine Unix-Vorkenntnisse. Bei meinen Tests mit zugegebenermaßen recht aktueller Hardware sind keine Probleme aufgetreten. FreeSolaris 9 lässt sich ohne weiteres als zweites Betriebssystem installieren. Allerdings gibt es dabei je nach anderem Betriebssystem einiges zu beachten. Deshalb möchte ich bei derartigen Fragestellungen auf die entsprechende Internetseite *http://www.sun.drydog.com/faq/9.html* verweisen.

A.1 Voraussetzungen

Hardware-Anforderungen

Prozessor	Ihr Rechner sollte mindestens über einen Intel Pentium oder einen vergleichbaren Prozessor verfügen. FreeSolaris 9 unterstützt die 32 Bit Prozessor Familie von Intel, also Pentium, Pentium Pro, Pentium II, Pentium II Xeon, Pentium III, Pentium III Xeon, Celeron oder die kompatiblen Prozessoren von Cyrix und AMD.
Speicher	Minimum sind 64 MByte RAM. Empfehlen würde ich allerdings 128 oder noch besser 256 MByte. Maximal werden im allgemeinen Betrieb bis zu 32Gbyte Speicher unterstützt.
Bus	FreeSolaris 9 unterstützt ISA-, PCI-, VLB- und SCSI-Systeme.
Platten	FreeSolaris 9 unterstützt IDE-, Enhanced-IDE- und SCSI-Platten.
Plattenplatz	Minimal müssen Sie für END USER Installation mit 650 MByte rechnen. Es empfiehlt sich allerdings, für Ihr FreeSolaris 9 eine Partition oder eine Platte mit 1 Gbyte zu spendieren, denn schließlich wollen Sie ja auch noch ein paar Daten ablegen.
Mögliche Probleme	Nicht alle Hardware-Konfigurationen werden problemlos von FreeSolaris 9 unterstützt. Um hier genaueres zu erfahren, empfiehlt sich eine Recherche auf der Web Page von Sun für die Hardware Compatibility List (hcl) für Solaris 9 (*http://soldc.sun.com/support/drivers/hcl/8/701/p2.html#TOC-1*).

Installationsmedien

Zur Installation ist nur die CD-ROM, welche dem Buch beiliegt notwendig. Sollte Ihr System allerdings nicht über die Möglichkeit verfügen, von einer CD-ROM zu booten, benötigen Sie noch eine Bootdiskette, die Sie von der Seite *http://soldc.sun.com/support/drivers/dca_diskettes* herunterladen können und das Hilfsprogramm dd.exe, welches Sie unter *http://soldc.sun.com/support/drivers/tools* downloaden können. Mit dem Buch wird das FreeSolaris 9 Release 07/01 für Intel ausgeliefert. Wenn Sie die Bootdiskette erzeugen müssen, kopieren Sie diese beiden Dateien in ein Verzeichnis auf einem Windows 98, Windows NT 4.0 oder Windows 2000 Rechner. Legen Sie eine formatierte 3,5" Diskette in Ihr Diskettenlaufwerk (in dem nachfolgenden Beispiel wird davon ausgegangen, dass das Diskettenlaufwerk das Laufwerk A: ist). Öffnen Sie ein Command-Fenster und geben Sie folgendes Kommando (c:> ist das Prompt) ein:

```
c:> dd.exe s8_0701.3 A:
```

Nach einigen Sekunden ist die Bootdiskette erzeugt.

A.2 Installation

Wenn Sie alle Voraussetzungen erfüllt haben, können Sie zur Installation schreiten. Ich werde hier nur einen Standardfall einer Installation beschreiben. Sollten Sie weitere Anforderungen oder Wünsche haben, empfiehlt es sich z.B. die Webpage *http://www.sun.drydog.com/faq* aufzusuchen und sich dort zu Informieren.

Partitionen

Um FreeSolaris 9 auf Ihrer Festplatte installieren zu können, benötigen Sie eine Partition von mindestens 650 Mbyte Größe, ich empfehle Ihnen aber mindestens 1 Gbyte zu verwenden. Solaris legt innerhalb dieser Partition noch eigene Slices an, die wie in Tag 2 beschrieben benannt werden.

Booten

FreeSolaris 9 installiert im Boot-Sektor Ihrer Festplatte einen Boot Manager. Über diesen kann sowohl Solaris als auch ein anderes Betriebssystem gebootet werden. Bevor Sie Solaris auf einem Rechner installieren, auf dem bereits ein anderes Betriebssystem installiert ist, sollten Sie auf jeden Fall die Seite *http://www.sun.drydog.com/faq/9.html* lesen. Auf jeden Fall empfehle ich bei einer derartigen Konstellation auf jeden Fall eine komplette Sicherung der Windows-Partitionen.

Installation von FreeSolaris 9 für Intel-PCs

Installationsvorgang

1. Schalten Sie Ihren Rechner ein und legen Sie dann die CD-ROM *FreeSolaris* 9 1 von 2 *Software* in das CD-Laufwerk. (Falls Ihr Rechner nicht von CD bootet, legen Sie zuvor die Boot Diskette aus dem Abschnitt „Installationsmedien" aus diesem Anhang ein. Sorgen Sie dafür, dass die Diskette keinen Schreibschutz hat.)

   Es erscheint zunächst ein Bildschirm mit dem Titel SOLARIS DEVICE CONFIGURATION ASSISTENT, der Hinweise enthält, wie bei der Installation vorzugehen ist. Wenn Sie sich die Informationen aufmerksam durchgelesen haben, bestätigen Sie den Bildschirm durch Drücken von [F2].

   Nun wird die Hardware Ihres Rechners durch das Installationsprogramm gescannt (SCANNING DEVICES), was ein paar Minuten dauern kann. Als Ergebnis wird eine Liste mit der gefundenen Hardware (IDENTIFIED DEVICES) angezeigt. Drücken Sie in diesem Fenster [F2]. Anschließend werden Treiber für die erkannte Hardware geladen.

2. Es erscheint der Bildschirm BOOT SOLARIS zur Auswahl des Installationsmediums. Wählen Sie hier die CD-ROM aus. Dazu bewegen Sie den Cursor mit den Cursortasten auf die entsprechende Auswahl und betätigen dann die Leertaste. Dann drücken Sie [F2], um weiter zu machen.

3. Der Bildschirm wird schwarz und nach einiger Zeit erscheint die Frage nach der Installationsmethode. Wählen Sie hier 1 SOLARIS INTERACTIVE durch Eingabe einer 1 und drücken Sie [↵].

   Nun wird der Kernel gebootet, was wiederum einige Minuten dauern kann.

4. Als nächstes erscheint die Auswahl der Installationssprache (SELECT LANGUAGE). Wählen Sie hier 0 ENGLISH durch Eingabe einer 0 aus und drücken Sie dann [↵].

5. Als nächstes wird der Zeichensatz (SELECT A LOCALE) abgefragt. Wählen Sie hier 49 U.S.A. (EN_US. ISO8859-1) durch Eingabe einer 49 und drücken Sie danach die Eingabetaste [↵].

6. Den nächsten Bildschirm (THE SOLARIS INSTALLATION PROGRAM) können Sie einfach mit [F2] überblättern.

7. Die nun folgende Konfigurationen (KDMCONFIG – INTRODUCTION) für das Fenstersystem sollten Sie unbedingt durchführen, damit Ihr System gleich mit einer grafischen Oberfläche bootet.

   Es werden drei Unterpunkte angeboten:
   - Grafikkarte/Monitor anpassen
   - Keyboard Layout
   - Maus/Pointing-Device

Befindet sich Ihre Grafikkarte und Ihr Monitor nicht unter den von FreeSolaris 9 unterstützten Geräten, können Sie den Modus VGA 640x480 16 COLORS für die Grafikkarte wählen und IBM VGA (31,5 KHZ) ODER SUPER VGA (35,5 KHZ) für den Monitor. Als virtuelle Auflösung sollten Sie auf jeden Fall 800x600 einstellen.

Ist für die Tastatur nicht GENERIC GERMAN ausgewählt, sollten Sie diese Auswahl einstellen, wenn Sie eine deutsche Tastatur haben.

Für die Maus wird in der Regel bereits die richtige Einstellung vorgeschlagen. Kontrollieren Sie aber die Einstellung für die Anzahl der Maus-Tasten.

Wählen Sie zum Abschluss der Einstellungen den Punkt NO CHANGES NEEDED – TEST/SAVE AND EXIT aus, und drücken Sie [F2].

8. Es erscheint der Bildschirm KDMCONFIG WINDOW SYSTEM CONFIGURATION TEST, der zum Testen der soeben gemachten Einstellungen auffordert. Starten Sie den Test durch Drücken von [F2].

9. Auf dem Testbildschirm erscheinen nun verschiedene farbige Flächen und ein Mauszeiger. Wenn sich der Mauszeiger bewegen lässt, positionieren Sie ihn über die Schaltfläche YES und klicken Sie mit der linken Maustaste.

10. Das System wechselt nun in den Grafikmodus, und ein Fenster mit der Überschrift INSTALL CONSOLE erscheint. Im weiteren Verlauf der Installation erscheinen eine Reihe von Fenstern, in denen nur die Default-Einstellungen bestätigt werden müssen. Auf diese Fenster möchte ich nicht weiter eingehen. Fenster, die nicht in dieser Installationsanweisung beschrieben sind, bestätigen Sie mit CONTINUE.

11. In dem Fenster NETWORK CONNECTIVITY klicken Sie die Auswahl NO an und anschließend betätigen Sie bitte die Schaltfläche CONTINUE. Falls Ihre Netzwerkkarte nicht erkannt wird, wird diese Frage übersprungen.

12. Das nächste relevante Fenster fragt den Rechnernamen ab. Klicken Sie in das Eingabefeld nach HOST NAME, und geben Sie den Namen für Ihr System ein. Sie müssen hier mindestens zwei Zeichen eingeben. Der Name sollte nur aus Buchstaben, Ziffern und dem Minuszeichen bestehen. Deutsche Umlaute sollten Sie unbedingt vermeiden! Klicken Sie nach der Eingabe auf CONTINUE.

13. Die nächste Auswahl, die zu treffen ist, ist die der geographischen Region. Es erscheint zunächst ein Fenster TIME ZONE. In diesem ist die Schaltfläche SET... zu betätigen. Anschließend erscheint ein Fenster mit zwei Listen. In der linken Liste sind die Kontinente aufgeführt. Wählen Sie hier EUROPA aus, indem Sie auf den entsprechenden Listeneintrag klicken. Wählen Sie dann auf die gleiche Art aus der nächsten Liste GERMANY aus. Klicken Sie auf CONTINUE, um die Eingaben zu bestätigen.

Installation von FreeSolaris 9 für Intel-PCs

14. Im nächsten Fenster können Sie gegebenenfalls Veränderungen am Datum und der Uhrzeit vornehmen. Klicken Sie im Anschluss auf CONTINUE, um die Einstellungen wirksam werden zu lassen.

15. Dann werden Sie gefragt, ob Sie eine Standard- oder eine Flashinstallation (vergleiche Tag 2) vornehmen möchten. Wählen Sie hier [F2] STANDARD.

16. Als nächstes fragt Sie das Installationsprogramm nach der geographischen Region (SELECT GEOGRAPHIC REGION). Wählen Sie hier die von Ihnen gewünschte Region oder NORTH AMERICA (PARTIAL / USA ISO8859-1) aus und drücken Sie dann CONTINUE.

17. Das nächstes Fenster (SELECT SOFTWARE) dient zur Einstellung der zu installierenden Software. Als Default wird hier END USER SYSTEM SUPPORT vorgeschlagen. Bestätigen Sie diese Auswahl oder klicken Sie auf den Installationsumfang Ihrer Wahl und dann auf CONTINUE.

18. Im nächsten Fenster (SELECT DISKS) werden die für die FreeSolaris 9 Installation verfügbaren Platten angezeigt. Wählen Sie die Platte für die Installation aus, und klicken Sie dann auf EDIT FDISK. Sie können nun Veränderungen an der Partitionierung Ihrer Platte vornehmen. Beachten Sie, dass Größenveränderungen von Partitionen zum Verlust des Inhalts auf dieser Partition führen. Sie können also auf diese Art und Weise ein eventuell schon vorhandenes Betriebssystem zerstören. Stellen Sie für die Partition, auf der Sie FreeSolaris 9 installieren wollen, SOLARIS ein.

19. Als nächstes (AUTOMATICALLY LAYOUT FILE SYSTEM) werden Sie nach dem Layout für die Dateisysteme gefragt. Klicken Sie bitte auf die Schaltfläche AUTO-LAYOUT. Es erscheint ein Fenster, in dem das Layout für die Dateisysteme angezeigt wird. Bestätigen Sie hier und in allen weiteren Fenstern bitte den Default durch Drücken der CONTINUE-Schaltfläche, bis Sie zum Fenster PROFIL kommen. Klicken Sie hier bitte auf die Schaltfläche BEGIN INSTALLATION.

20. Im nächsten Fenster werden Sie gefragt, ob nach der Installation ein automatischer Neustart erfolgen soll. Klicken Sie in diesem Fenster bitte auf die Schaltfläche AUTO REBOOT. Damit dieser durchgeführt werden kann, muss die Diskette aus dem Laufwerk genommen werden. Entfernen Sie also die Diskette und bestätigen Sie das Info-Fenster durch Drücken auf OK.

21. Die Installation beginnt, und es erscheint ein Fenster, in dem der Installationsfortschritt angezeigt wird. Ist der erste Teil der Installation abgeschlossen, bootet der Rechner neu.

22. Entfernen Sie auch die CD-ROM aus ihrem Laufwerk, wenn Sie von dieser gebootet haben, sobald der Rechner neu startet. Legen Sie gleich die CD-ROM FreeSolaris 9 2 von 2 Software ein. Der Rechner setzt nach dem Booten automatisch die Installation fort. Sie können das Booten ein wenig beschleunigen, wenn Sie bei Erscheinen des Boot-Interpreters den Buchstaben b für boot eingeben.

23. Anschließend fordert Sie das System auf einem blauen Bildschirm zur Eingabe eines Passwortes für den Benutzer *root* auf. Da *root* der Unix-Systemverwalter ist, sollten Sie für diesen Benutzer ein Passwort vergeben. Das Passwort muss zweimal eingegeben werden.

24. Eventuell werden Sie noch nach einer dritten CD-ROM gefragt, zum Beispiel der Solaris Language CD. Klicken Sie in diesem Fall einfach auf die Schaltfläche SKIP oder ÜBERSPRINGEN.

25. Der Rechner bootet ein letztes Mal. Es erscheint der CDE-Anmeldebildschirm, an dem Sie sich als root mit Ihrem Passwort anmelden können.

> Ein gute Quelle für weitere Software ist die Seite *http://www.sunfreeware.com*. Hier ist nützliche und kostenlose Software für FreeSolaris 9 zu finden.

Glossar

Glossar

Absoluter Pfadname
Eine Adressierungsmöglichkeit für Dateinamen, die vom Wurzelverzeichnis / ausgeht.

ACL
Access Control List – mit Hilfe von ACLs können Sie nicht nur für den Besitzer und die Gruppe einer Datei oder eines Verzeichnisses, sondern auch für weitere Benutzer oder Gruppen individuelle Berechtigungen definieren.

Admintool
Ein grafisches Werkzeug von Solaris, um Benutzer, Gruppen, Rechner, serielle Schnittstellen und Software-Pakete zu verwalten.

Alias
Eine Abkürzung oder ein Alternativname für einen längeren Ausdruck. Aliase können zum Beispiel für lange Befehle definiert werden.

ARP
Address Resolution Protocol, dient zur Umwandlung von IP-Adressen in Ethernet- bzw. MAC-Adressen.

Autoclient
Ein Autoclient lädt sein Betriebssystem von einem Netzwerkserver. Er verfügt aber über eine eigene Festplatte für Caching und Swaping.

Autoinstallation
Siehe Jumpstartinstallation.

Automounter
Der Automounter ist ein Dienst, der Dateisysteme nur bei Bedarf und automatisch mountet.

Backup
Siehe Datensicherung.

Bootserver
Ein Server, der einem Client das Booten über das Netzwerk ermöglicht, indem er ihm die notwendigen Betriebssystemdateien gibt.

Bourne-Shell
Die älteste Shell unter Unix, benannt nach ihrem Entwickler Steve Bourne. Sie kennt keinen Historymechanismus, keine Aliasfunktion usw.

Bourne-Again-Shell (bash)
Die Standard-Shell unter Linux, die ab Solaris 8 mit dem Betriebssystem ausgeliefert wird. Sie kennt verschiedene komfortable Funktionen, zum Beispiel die History- und Aliasfunktion.

BSD-Unix
Berkeley Software Distribution Unix. Einer der beiden Hauptzweige von Unix.

Cache-FS
Ein Dateisystem, das als zusätzlicher Pufferbereich für das temporäre Zwischenspeichern von Daten dient.

Client-Server-Prinzip
Ein Server ist ein Rechner oder ein Prozess, der anderen Rechnern oder Prozessen, so genannten Clients, Dienste anbietet.

Core-Dump
Speicherabzug eines von einem Prozess belegten Speicherbereichs, der bei einem fehlerbedingten Absturz des Prozesses erzeugt wird.

CPU
Central Processing Unit – wird auch Zentraleinheit oder Prozessor genannt und stellt das Kernstück des Computers dar, das alle Eingabe-, Ausgabe- und Rechenvorgänge steuert und alle im RAM befindlichen Prozesse verarbeitet.

C-Shell
Eine Shell, die der Syntax der Programmiersprache C ähnelt und von Bill Joy entwickelt wurde. Sie kennt verschiedene komfortable Funktionen, wie zum Beispiel die History- oder Aliasfunktion.

Daemon
Ein Prozess, der bestimmte Aufgaben im Betriebssystem erfüllen muss, zum Beispiel die Überwachung des Druckdienstes.

Dateisystem
Ein Dateisystem übernimmt die physikalische Organisation von Dateien und Verzeichnissen auf einer oder mehreren Festplatten oder Partitionen von Festplatten.

Glossar

Dateizeiger
Siehe File Descriptor.

Datensicherung
Bei einer Datensicherung werden Dateien und Verzeichnisse auf einen anderen Datenträger, wie zum Beispiel ein Magnetband, kopiert, um im Falle einer Beschädigung oder Löschung des Originals wieder zurückkopiert zu werden.

DNS
Domain Name System – ein Namensdienst, der IP-Adressen in Rechnernamen und umgekehrt umwandelt.

Domain
Eine Domain ist eine Struktur, um Computer in einem Netzwerk zu organisieren und zu identifizieren.

Door
Eine Verweisdatei für die Interprozesskommunikation.

EEPROM
Electrically Erasable Programmable Read Only Memory – ein Speicherchip für die dauerhafte Speicherung von OpenBoot-PROM-Software und -Variablen.

EGID
Effektive Gruppenidentifikationsnummer, das heißt die GID, die ein Benutzer im Moment tatsächlich besitzt.

Environmentvariable
Eine Schlüsselvariable in Form einer Zeichenfolge, die einen Wert darstellt, der von der Shell interpretiert wird.

Ethernet-Adresse
Eine Ethernet-Adresse oder MAC-Adresse (Medium Access Control) ist eine eindeutige 6 Byte lange Adresse für ein Netzwerkinterface. Eine solche Adresse wird als eine durch Doppelpunkte getrennte Sequenz von ein- oder zweistelligen Hexadezimalzahlen geschrieben, zum Beispiel 8:0:c0:8a:b2:c5.

EUID
Effektive Benutzeridentifikationsnummer, das heißt die UID, die ein Benutzer im Moment tatsächlich besitzt.

File Descriptor

File Descriptors oder Dateizeiger werden vom Betriebssystem für den Zugriff auf Dateien verwendet. Sie entsprechen den Kanalnummern bei der Ein-/Ausgabeumlenkung. Wenn ein Programm eine Datei lesen oder schreiben möchte, muss diese Datei geöffnet werden, wobei die Shell mit dieser Datei einen File Descriptor verknüpft.

FNS

Federated Naming Service – dieser Dienst bietet eine neutrale Schnittstelle für Anwendungen, um Namensdienste wie DNS, NIS, NIS+ usw. abzufragen.

FTP

File Transfer Protocol – ein Protokoll zur Datenübertragung im heterogenen Netzwerk.

Gerätedatei

Eine Datei, über die Geräte und Ports für die Kommunikation mit der Hardware zugewiesen werden.

GID

Group Identification Number – eine eindeutige Nummer, unter der eine Gruppe dem System bekannt ist.

Hard Link

Ein weiterer Dateiname für einen bestehenden Inode-Eintrag, das heißt, es wird kein neuer Inode-Eintrag erzeugt, sondern nur ein weiterer logischer Name, der auf die Datei verweist.

Heterogenes Netzwerk

Ein Netzwerk mit Rechnern, die unterschiedliche Betriebssysteme haben, also zum Beispiel Windows NT, Solaris, VMS usw.

Homogenes Netzwerk

Ein Netzwerk mit Rechnern, die ein einheitliches Betriebssystem haben, zum Beispiel verschiedene Unix-Varianten.

Homeverzeichnis

Das Verzeichnis, das dem Benutzer gehört und in dem er Dateien und Unterverzeichnisse anlegen darf. Beim Anmelden gelangt der Benutzer in sein Homeverzeichnis.

Init-Prozess

Der erste Prozess des Betriebssystems Solaris, der beim Hochfahren eines Rechners gestartet wird. Er wird als Elternprozess für alle anderen Prozesse betrachtet, da die von ihm aufgerufenen Run Control-Skripte weitere Prozesse starten.

Inkrementelle Datensicherung
Eine Art der Datensicherung, bei der nur die Dateien und die Verzeichnisse gesichert werden, die sich seit der letzten Sicherung mit einem niedrigeren Dumplevel geändert haben oder neu erzeugt wurden.

Inode
Ein Inode enthält sämtliche Informationen zu einer Datei oder einem Verzeichnis, einschließlich der Adressen der Datenblöcke, in denen die eigentlichen Informationen zu Dateien gespeichert sind.

Internet-(IP-)Adresse
Die Internet Protocol-Adresse des Rechners ist eine logische Adresse, mit deren Hilfe das System im Netzwerk adressiert werden kann. Die Rechner werden nicht über den Hostnamen, sondern über die IP-Adresse identifiziert, wobei im System eine entsprechende Umsetzung des Hostnamen vorgenommen wird.

Jumpstartinstallation
Installation einer Reihe von Rechnern über das Netzwerk, die sich über gleiche Merkmale gruppieren lassen, mit einem einheitlichen Installationsumfang, der durch das Regelwerk des Jumpstartservers definiert wird.

Kernel
Der Kern eines Unix-Systems, der die Schnittstellen zwischen der Hardware und den Benutzerprozessen überwacht und steuert.

Korn-Shell
Eine Shell, die von David Korn entwickelt wurde. Sie kennt verschiedene komfortable Funktionen, wie zum Beispiel die History- oder Aliasfunktion.

Link
Siehe Hard Link und Symbolischer Link.

Local Area Network (LAN)
Lokales Netzwerk, das in der Regel räumlich auf ein Firmengebäude oder -gelände begrenzt ist.

Logische Gerätenamen

Ein logischer Gerätename einer Festplatte besteht immer aus Controller-, Target-, Disk- und Partitionsnummer und stellt einen symbolischen Link auf einen physikalischen Gerätenamen dar.

Logical Unit Number (LUN)

SCSI-Geräte, wie zum Beispiel Festplatten, CD-ROMs usw., haben mindestens eine, maximal bis zu acht Logical Unit Numbers. Ein SCSI-Controller, an dem zum Beispiel vier Festplattenlaufwerke hängen, erhält vier LUNs. Mehrere Geräte lassen sich aber auch in RAID-Systemen unter einer LUN zusammenfassen.

MAC-Adresse

Siehe Ethernet-Adresse.

Metazeichen

Ein Sonderzeichen der Shell, das entweder als Platzhalter dient oder durch seine besondere Bedeutung bestimmte Funktionen der Shell unterstützt.

Mounten

Einhängen eines Geräts, zum Beispiel einer Festplattenpartition oder CD-ROM, in den lokalen Verzeichnisbaum eines Rechners, so dass es über ein Verzeichnis angesprochen werden kann.

Multitasking

Gleichzeitige Abarbeitung von mehreren Prozessen oder Tasks auf einem System.

Multiuser-Fähigkeit

Die Möglichkeit, mehrere Benutzer lokal oder über ein Netzwerk auf einem leistungsfähigen Computersystem arbeiten zu lassen.

Named Pipe

Eine spezielle Datei für die Interprozesskommunikation.

Namensdienst

Ein Namensdienst verwaltet zentral Daten und Informationen über Systeme eines Netzwerks und stellt diese Informationen Clients im Netzwerk zur Verfügung.

Netzwerkmaske

Eine Netzwerkmaske stellt eine Möglichkeit dar, die IP-Adresse so zu maskieren, dass die Adressbestandteile den Host und das Netzwerk bezeichnen können.

NFS
Network File System – ein Standard-Netzwerkprotokoll für den transparenten Zugriff auf Ressourcen von Rechnern im Netzwerk.

NIS
Network Information Service – ein Namensdienst, mit dessen Hilfe wichtige Konfigurationsdateien, wie zum Beispiel die Datei passwd, zentral verwaltet werden.

NIS+
Network Information Service Plus – eine Erweiterung von NIS, die einen hierarchischen Namensraum unterstützt und mehr Sicherheit bietet.

NVRAM
Non Volatile Random Access Memory – der NVRAM-Chip befindet sich in der Regel auf dem Systemboard und speichert nicht nur die Konfigurationsparameter des Sparc-Systems im EEPROM, sondern enthält auch noch die Ethernet-Adresse (MAC-Adresse), die Host-ID und die Uhr.

OpenBoot-PROM
Der OpenBoot-PROM ist ein Speicherchip von Sparc-Systemen, der genormt ist und sich in der Regel auf dem gleichen Systemboard wie die CPU befindet. Die Hauptaufgaben des OpenBoot-PROM bestehen darin, die Hardware zu testen und das Betriebssystem zu booten.

OSI-Modell
Dieses Modell stellt eine internationale Standardisierung für die Untergliederung von Netzwerkfunktionen in ein 7-Schichten-Modell dar.

Partition
Partitionen teilen eine Festplatte in verschiedene Bereiche auf, um die Installation unterschiedlicher Betriebssysteme oder die Aufteilung des Betriebssystems Solaris zu ermöglichen.

Physikalischer Gerätename
Ein physikalischer Gerätename spiegelt die physikalische Zusammensetzung eines Geräts hierarchisch wider, in Abhängigkeit von der Hardware-Plattform, und befindet sich immer im Verzeichnis /devices.

PID
Prozess Identification Number – eine eindeutige Nummer, die jedem im System laufenden Prozess zugeordnet wird.

POSIX
POSIX ist ein IEEE-Standard für die Definition von Schnittstellen zwischen Anwendungen und dem Betriebssystem.

POST
Power on self test – ein Selbsttest der wichtigsten Hardware-Geräte, der beim Booten durchgeführt wird.

Quotas
Quotas oder Benutzerquoten beschränken den Festplattenverbrauch von Benutzern auf einen vom Systemadministrator festgelegten Wert.

RARP
Reverse Address Resolution Protocol – unterstützt Rechner dabei, ihre IP-Adresse beim Bootvorgang herauszufinden.

Regulärer Ausdruck
Ein regulärer Ausdruck beschreibt Suchmuster, die mit den Befehlen vi, grep oder sed in Textzeilen gesucht werden sollen.

Relativer Pfadname
Eine Adressierungsmöglichkeit für Dateinamen, die vom aktuellen Verzeichnis ausgeht.

RIP
Routing Information Protocol – definiert in einem Netzwerk dynamisches Routen.

root
Eine andere Bezeichnung für den Systemadministrator oder Superuser eines Unix-Systems. Dieser Benutzer verfügt über sämtliche Rechte am System.

Runlevel
Ein Runlevel ist ein Systemzustand unter Unix, der definiert, welche Dienste und Ressourcen im System zur Verfügung stehen.

SAF
Service Access Facility – das SAF-System wird verwendet, um an die seriellen Schnittstellen eines Rechners Terminals anzuschließen. Es besteht aus verschiedenen Verwaltungs- und Überwachungsdaemons, wobei das zentrale Programm sac (Service Access Control) ständig als Hintergrundprozess aktiviert ist.

Shell
Die Shell oder der Kommandointerpreter umfasst einen Satz von Befehlen, mit denen ein Benutzer dem System Anweisungen erteilen kann. Sie überprüft die Befehle auch auf ihre Syntax, ersetzt Metazeichen und führt den Befehl aus.

Socket
Eine spezielle Datei für die Interprozesskommunikation.

Streams
Das Ein-/Ausgabesystem für das Erstellen von modularen Gerätetreibern.

Subnetzmaske
Siehe Netzwerkmaske.

Swap-Speicher
Wird der Speicherplatz des RAM zu klein, dann beginnt Solaris damit, alle Seiten von Prozessen, die im Moment nicht zur Verarbeitung eines Prozesses notwendig sind, in den virtuellen Speicherbereich, den so genannten Swap Space oder Swap-Speicher, auszulagern.

Symbolischer Link
Ein symbolischer Link ist ein Verweis auf eine Originaldatei, die sich an einer anderen Stelle im Verzeichnisbaum befindet. Im Gegensatz zu einem Hard Link wird für einen symbolischen Link ein eigener Inode-Eintrag angelegt. Außerdem sind symbolische Links partitionsübergreifend und auch für Verzeichnisse möglich.

System V Release 4-Unix
Eine Unix-Variante, die auf einer Standardisierung durch AT&T und Sun Microsystems basiert.

TCP
Transmission Control Protocol – ein Netzwerkprotokoll.

TCP/IP
Ein Verfahren, um Daten in Netzwerken zu übertragen, wobei die Daten in Pakete zerlegt und am Zielrechner wieder zusammengesetzt werden.

ToolTalk
Der ToolTalk-Dienst ermöglicht es unabhängigen Anwendungen, miteinander zu kommunizieren, ohne dass sie einander direkt kennen.

UDP
User Datagram Protocol – ein Netzwerkprotokoll.

UID
User Identification Number – eine eindeutige Nummer, unter der ein Benutzer dem System bekannt ist.

Umask-Filter
Wenn ein Benutzer oder ein Prozess eine neue Datei oder ein neues Verzeichnis erzeugt, dann erhalten diese die Standardzugriffsrechte. Diese Standardeinstellung ist in der Shell fest einprogrammiert, lässt sich aber mit Hilfe des Filters umask verändern.

Umgebungsvariable
Siehe Environmentvariable.

Volume Management
Durch das Volume Management von Solaris werden CD-ROMs und Disketten automatisch gemountet, wodurch auch Benutzer ohne root-Rechte oder andere Systeme im Netzwerk auf diese Medien zugreifen können.

VTOC
Volume Table of Content – das Label einer Festplatte, das die Festplattengeometrie und -partitionierung enthält.

Wide Area Network (WAN)
Ein Netzwerk, das sich über räumlich voneinander getrennte Bereiche ausdehnt, zum Beispiel zwischen Städten oder Ländern.

X Window-System
Dieser Standard legt fest, wie Programme Fensterinhalte und -anzeigen steuern und verändern können.

YP
Yellow Pages – ein älterer Name für NIS, der nicht mehr verwendet wird, da dies ein Warenzeichen der British Telecom ist. Die meisten NIS-Dateien und -Befehle beginnen aber weiterhin mit »yp«.

Zugriffsrechte
Diese Rechte legen fest, welche Benutzer eine Datei oder ein Verzeichnis lesen, ändern oder löschen dürfen.

Stichwortverzeichnis

/bin 386
/dev 354, 361, 386
/devices 352
/etc 387
/etc/.login 251
/etc/acct/holidays 492
/etc/auto_master 674
/etc/bootparams 608, 616, 708
/etc/coreadm.conf 473
/etc/cron.d/at.allow 334
/etc/cron.d/at.deny 334
/etc/cron.d/cron.allow 339
/etc/cron.d/cron.deny 339
/etc/default/cron 340
/etc/default/init 235, 467
/etc/default/login 285
/etc/default/passwd 279
/etc/default/su 284
/etc/default/sys-suspend 468, 493
/etc/default/utmpd 468
/etc/defaultrouter 612
/etc/dfs/dfstab 653, 658, 662, 708
/etc/dfs/sharetab 653, 662
/etc/dumpadm.conf 470
/etc/dumpdates 545
/etc/ethers 604, 708
/etc/format.dat 371
/etc/ftpusers 613
/etc/gateways 613, 648
/etc/group 267
/etc/hostname.hme0 609
/etc/hosts 603
/etc/hosts.equiv 619, 635, 644, 645
/etc/inet/hosts 603
/etc/inet/inetd.conf 610
/etc/inet/netmasks 605

/etc/inet/networks 604
/etc/inet/protocols 606
/etc/inet/services 605
/etc/inetd.conf 615, 618, 708
/etc/init.d/power 493
/etc/init.d/syslog 478
/etc/logindevperm 593
/etc/lp 582
/etc/lvm/md.cf 448
/etc/lvm/md.tab 447
/etc/lvm/mddb.cf 449
/etc/mnttab 405, 654, 663
/etc/motd 226, 252
/etc/net 607
/etc/netconfig 607
/etc/netgroups 731
/etc/networks 648
/etc/nodename 609
/etc/nologin 468
/etc/notrouter 613
/etc/nscd.conf 719
/etc/nsswitch.conf 714, 716, 724, 745, 756, 757
/etc/passwd 274
/etc/power.conf 493, 494
/etc/printers.conf 577, 581
/etc/profile 225, 239
/etc/rmmount.conf 423
/etc/rmtab 654
/etc/rpc 610, 614
/etc/saf 587
/etc/security/auth_attr 297
/etc/security/exec_attr 299
/etc/security/prof_attr 298
/etc/shadow 276, 277
/etc/shells 613

/etc/skel   227, 252, 271
/etc/statmon/sm   655
/etc/statmon/sm.bak   655
/etc/statmon/state   655
/etc/sttydefs   591
/etc/syslog.conf   478
/etc/system   456
/etc/TIMEZONE   235, 467
/etc/ttydefs   592
/etc/user_attr   296
/etc/vfstab   291, 403, 405, 406, 426, 666, 671
/etc/vold.conf   422
/export/home   388
/home   388
/kernel   388
/kernel/drv   362
/kernel/drv/st.conf   525
/lost+found   388
/mnt   388
/net   388
/opt   388
/platform   388
/proc   388
/sbin   388
/tmp   388
/usr   389
/usr/bin/vold   422
/usr/dt/bin/sdtperfmeter   483
/usr/dt/config/sys.dtprofile   228
/usr/lib/lp   583
/usr/sadm/defadduser   271
/usr/share/lib/terminfo   584
/var   389
/var/adm/loginlog   287
/var/adm/messages   478
/var/adm/patch   517
/var/adm/sulog   283
/var/cron/log   340
/var/lp   583
/var/lp/logs/requests   565
/var/mail   233

/var/sadm/install/adm/logs   512
/var/sadm/install/adm/pkgs   512
/var/sadm/install/admin/default   510
/var/sadm/install/contents   512
/var/spool/cron/atjobs   333
/var/spool/cron/crontabs   339
/var/spool/lp   584
/var/spool/lp/requests   565
/var/spool/lp/tmp   565
/var/yp   726
/var/yp/Makefile   728, 729
/var/yp/nicknames   731
/var/yp/securenets   731
/vol   390
~/.cshrc   253
~/.dtprofile   228
~/.kshrc   239
~/.login   252
~/.logout   253
~/.profile   227, 239
~/.rhosts   619, 635, 644, 646
~/.sh_history   247

A

absoluter Pfadname   838
accept   576
Accounting-System   488
acctcom   234, 492
acctcon   492
ACL   838
–, Default   189
adb   461
add_drv   365
add_install_client   707
Address Resolution Protocol siehe ARP
Admintool   276, 838
–, Software verwalten   504
Alias   838
Aliasfunktion   248, 257
Anmeldename   270
Anmeldeshell   271, 275
apptrace   477

ARP   625, 838
arp   625
at   333
atq   335
atrm   336
ausführbares Map   678
Ausführungsmodule   455
auths   304
Auto-Client   686, 838
autofs   393, 670, 671
Autoinstallation   690, 838
–, Installationsserver   704
–, Install-Client   707
–, lokal   706
–, Netzwerk   705
–, Semantikprüfung   702
–, starten   709
–, Syntaxprüfung   702
–, sysidcfg   704
–, testen   701
automount   673
automountd   670, 672, 673, 674
Automounter   388, 393, 670, 838
–, Konfiguration   674, 675
Autorisierungen   785

B

Backing-Store-Datei   552
Backup   522, 838
–, Superblock   393
Banddichte   525
Bandgeräte   524
–, steuern   541
Bandlaufwerk   387, 523
batch   335
Befehle
–, accept   576
–, acctcom   234, 492
–, acctcon   492
–, adb   461
–, add_drv   365
–, add_install_client   707

–, apptrace   477
–, arp   625
–, at   333
–, atq   335
–, atrm   336
–, auths   304
–, automount   673
–, batch   335
–, busstat   483
–, cachefslog   682
–, cachefspack   683
–, cachefsstat   682
–, cachefswssize   683
–, cancel   571
–, cd   232, 236
–, cfsadmin   680
–, chargefee   492
–, check   702
–, ckpacct   491
–, clri   421
–, command   245
–, compress   538
–, coreadm   471
–, cpio   532
–, crontab   232, 235, 336, 339
–, dd   535
–, devfsadm   399
–, devinfo   380
–, devlinks   362
–, df   417, 674
–, dfshares   659
–, dfsmounts   658
–, disable   576
–, disks   362
–, dispadmin   332
–, dmesg   483
–, dodisk   489
–, drvconfig   362, 399
–, du   418
–, dumpadm   469
–, edquota   291
–, eject   424

–, enable   576
–, env   231
–, /etc/init.d/power   493
–, /etc/init.d/syslog   478
–, exec   236
–, exit   236
–, export   230
–, fc   245
–, fdisk   376
–, ff   419
–, finger   618, 635
–, flar   60
–, flarcreate   59
–, fmthard   380
–, format   370
–, fsck   388, 415, 685
–, fssnap   552
–, fstyp   403
–, ftp   632
–, function   250
–, fuser   413
–, getent   715
–, groupadd   267
–, groupdel   270
–, groupmod   269
–, grpck   282
–, hash   237
–, hashstat   256
–, history   247, 256
–, hostname   234
–, ifconfig   623
–, in die Shell eingebaute   236, 244, 256
–, infocmp   589
–, installboot   381
–, iostat   484
–, ipc   347
–, ipcrm   348
–, jar   537
–, kdb   466
–, kdmconfig   364
–, kill   323, 340
–, killall   324

–, labelit   421
–, ldapclient   758
–, ln   398
–, lockfs   414
–, logger   482
–, login   237
–, logname   282
–, logout   256
–, lp   569
–, lpadmin   566, 573
–, lpfilter   578
–, lpforms   580
–, lpmove   577
–, lpr   569
–, lpset   577
–, lpstat   571
–, lpusers   578
–, m64config   467
–, make   733
–, makedbm   733
–, metaclear   444
–, metadb   433
–, metadetach   444
–, metainit   434
–, metaroot   446
–, metastat   441
–, metattach   442
–, mkdir   398
–, mkfs   399, 401
–, modinfo   463
–, modload   464
–, modunload   464
–, monacct   491
–, mount   405, 406, 408, 663, 684
–, mountall   413
–, mpstat   486
–, mt   541
–, ncheck   421
–, netstat   604, 626
–, newfs   399
–, nfsstat   659
–, nice   325

–, nlsadm 589
–, nohup 325
–, nslookup 748
–, pack 539
–, patchadd 515
–, patchrm 517
–, pfinstall 702
–, pgrep 328
–, ping 620
–, pkgadd 501
–, pkgask 504
–, pkgchk 505
–, pkginfo 499
–, pkgmk 498, 507
–, pkgrm 503
–, pkgtrans 509
–, pkill 327
–, pmadm 587
–, pmap 328
–, pmconfig 493
–, ports 362
–, prdaily 491
–, prioctnl 330
–, profiles 304
–, prstat 321
–, prtconf 358
–, prtvtoc 379
–, ps 314, 318
–, psig 329
–, ptree 329
–, pwck 281
–, pwconv 281
–, pwd 237
–, quot 288
–, quota 289
–, quotacheck 292
–, quotaoff 290
–, quotaon 290
–, rcp 635
–, rehash 256
–, reject 576
–, rem_drv 365

–, renice 326
–, repquota 291
–, rlogin 619, 635
–, rm_install_client 708
–, rmmount 423
–, roleadd 300
–, roledel 302
–, rolemod 303
–, roles 304
–, route 649
–, rpcinfo 629
–, rsh 619, 636
–, runacct 489
–, rup 637
–, ruptime 637
–, rusers 619, 636
–, rwall 619, 638
–, rwho 638
–, sacadm 586
–, sar 487
–, savecore 469
–, sdtprocess 323
–, set 228, 241, 253
–, setenv 254
–, setup_install_server 705
–, sh 225
–, share 655
–, shareall 658
–, showmounts 658
–, showrev 516
–, snoop 638
–, spray 626
–, stty 227, 590
–, sttydefs 591
–, su 282
–, swap 426
–, sync 419
–, sysdef 460
–, sys-suspend 493
–, sys-unconfig 465
–, tapes 362
–, tar 530, 556

–, tcopy 542
–, telnet 630
–, time 326
–, touch 398
–, traceroute 621
–, trap 238, 324
–, truss 474
–, ttyadm 589
–, tunefs 403
–, type 238
–, typeset 246, 251
–, ufsdump 543, 556
–, ufsrestore 546, 548, 557
–, ulimit 238, 292
–, umask 227, 238, 253
–, umount 412, 663
–, umountall 413
–, uncompress 538
–, unhash 256
–, unpack 539
–, unset 230, 254
–, unshare 657
–, unshareall 658
–, unzip 540
–, useradd 271, 272
–, userdel 280
–, usermod 279
–, /usr/dt/bin/sdtperfmeter 483
–, vi 235
–, vmstat 486
–, volcheck 422, 423
–, wall 619
–, whence 246
–, ypcat 736
–, ypinit 732
–, ypmatch 736
–, yppasswd 736
–, yppoll 735
–, yppush 734
–, ypset 735
–, ypwhich 735
–, ypxfr 734

–, zcat 539
–, zip 540
Benutzer 267
–, ändern 279
–, anlegen 270, 272
  Standardwerte 271
–, löschen 280
Benutzername 270, 274, 278
Benutzerquoten 288
–, aktivieren 290
–, aktualisieren 292
–, bearbeiten 291
–, deaktivieren 290
–, prüfen 289
Benutzerverwaltung 266, 776
Benutzervorlagen 782
Betriebssystemkonfiguration 454
Block Devices 354
blockorientierte Geräte 354
Blöcke 366
bootblk 381
Bootblock 393, 395
Bootdiskette 55
Bootserver 48, 608, 691, 705, 706, 838
Bourne-Again-Shell (bash) 839
Bourne-Shell 225, 839
–, Optionen 235
Bridge 599
BSD-Gerätenamen 357
BSD-System 564
BSD-Unix 839
Build-in-Map 678
busstat 483
Byte-Level-Striping 430

C
Cache-FS 839
cachefs 392, 679
–, mounten 684
–, Verwaltung 680
cachefslog 682
cachefspack 683

cachefsstat 682
cachefswssize 683
cancel 571
cd 232, 236
CD-ROM 523
–, mounten 422
cfsadmin 680
Character Device 354
chargefee 492
check 702
Chunksize 431
ckpacct 491
class-Datei 691, 692, 696
Client 598, 599
Client-Server-Prinzip 598, 651, 839
Client-Server-Technologie 614
clri 421
Codesegment 308
command 245
compress 538
Computerverwaltung 796
Content type 567
Controller-Nummer 355
coreadm 471
Core-Datei 471
Core-Dump 839
cpio 532
CPU 839
–, Zeit 311, 313
Crash-Dump 469
Cronjob 798
crontab 232, 235, 336, 339, 492
C-Shell 251, 257, 839
–, Aliasfunktion 257
–, Dateiergänzungsfunktion 257
–, File Completion Mechanismus 257
–, History-Funktion 256
–, Optionen 255

D

Daemon 314, 315, 839
–, /usr/bin/vold 422
–, automountd 670, 672, 673, 674
–, fingerd 618
–, in.ftpd 617, 632
–, in.rdisc 649
–, in.routed 613, 648
–, in.telnetd 620
–, in.tftpd 618
–, inetd 610, 615
–, listen 616
–, lockd 654
–, lpd 564
–, lpsched 564, 565, 583
–, mountd 653
–, nfsd 653
–, powerd 493
–, rarpd 616
–, rpc.bootparamd 616
–, rpc.rlogind 619
–, rpc.rshd 619
–, rpc.rusersd 619
–, rpc.rwalld 619
–, rpc.rwhod 619
–, rpc.yppasswdd 738
–, rpc.ypupdated 739
–, rpcbind 614
–, rpld 617
–, rstatd 618
–, statd 655
–, syslogd 478
–, ypbind 737
–, ypserv 737
–, ypxfrd 738
Dateien 398
–, /etc/.login 251
–, /etc/acct/holidays 492
–, /etc/auto_master 674
–, /etc/bootparams 608, 616, 708
–, /etc/coreadm.conf 473
–, /etc/cron.d/at.allow 334
–, /etc/cron.d/at.deny 334
–, /etc/cron.d/cron.allow 339
–, /etc/cron.d/cron.deny 339
–, /etc/default/cron 340
–, /etc/default/init 235, 467

–, /etc/default/login   285
–, /etc/default/passwd   279
–, /etc/default/su   284
–, /etc/default/sys-suspend   468, 493
–, /etc/default/utmpd   468
–, /etc/defaultrouter   612
–, /etc/dfs/dfstab   653, 658, 662, 708
–, /etc/dfs/sharetab   653, 662
–, /etc/dumpadm.conf   470
–, /etc/dumpdates   545
–, /etc/ethers   604, 708
–, /etc/format.dat   371
–, /etc/ftpusers   613
–, /etc/gateways   613, 648
–, /etc/group   267
–, /etc/hostname.hme0   609
–, /etc/hosts   603
–, /etc/hosts.equiv   619, 635, 644, 645
–, /etc/inet/hosts   603
–, /etc/inet/inetd.conf   610
–, /etc/inet/netmasks   605
–, /etc/inet/networks   604
–, /etc/inet/protocols   606
–, /etc/inet/services   605
–, /etc/inetd.conf   615, 618, 708
–, /etc/logindevperm   593
–, /etc/lvm/md.cf   448
–, /etc/lvm/md.tab   447
–, /etc/lvm/mddb.cf   449
–, /etc/mnttab   405, 654, 663
–, /etc/motd   226, 252
–, /etc/netconfig   607
–, /etc/netgroups   731
–, /etc/networks   648
–, /etc/nodename   609
–, /etc/nologin   468
–, /etc/notrouter   613
–, /etc/nscd.conf   719
–, /etc/nsswitch.conf   714, 716, 724, 745, 756, 757
–, /etc/passwd   274
–, /etc/power.conf   493, 494

–, /etc/printers.conf   577, 581
–, /etc/profile   225, 239
–, /etc/rmmount.conf   423
–, /etc/rmtab   654
–, /etc/rpc   610, 614
–, /etc/security/auth_attr   297
–, /etc/security/exec_attr   299
–, /etc/security/prof_attr   298
–, /etc/shadow   276, 277
–, /etc/shells   613
–, /etc/statmon/sm   655
–, /etc/statmon/sm.bak   655
–, /etc/statmon/state   655
–, /etc/sttydefs   591
–, /etc/syslog.conf   478
–, /etc/system   456
–, /etc/TIMEZONE   235, 467
–, /etc/ttydefs   592
–, /etc/user_attr   296
–, /etc/vfstab   291, 403, 405, 406, 426, 666, 671
–, /etc/vold.conf   422
–, /kernel/drv/st.conf   525
–, /usr/dt/config/sys.dtprofile   228
–, /usr/sadm/defadduser   271
–, /var/adm/loginlog   287
–, /var/adm/messages   478
–, /var/adm/sulog   283
–, /var/cron/log   340
–, /var/lp/logs/requests   565
–, /var/sadm/install/adm/logs   512
–, /var/sadm/install/admin/default   510
–, /var/sadm/install/contents   512
–, /var/yp/Makefile   728, 729
–, /var/yp/nicknames   731
–, /var/yp/securenets   731
–, ~/.cshrc   253
–, ~/.dtprofile   228
–, ~/.kshrc   239
–, ~/.login   252
–, ~/.logout   253
–, ~/.profile   227, 239

–, ~/.rhosts 619, 635, 644, 646
–, ~/.sh_history 247
–, archivieren 532
–, core 471
–, crontab 492
–, drucken 569
–, rules 691, 692, 693, 695
–, rules.ok 702
–, sysidcfg 690, 692, 704, 707
Dateiergänzungsfunktion 247, 257
Dateisysteme 386, 390, 839
–, / 549
–, /usr 550
–, /var 550
–, anlegen 399
–, autofs 393, 670, 671
–, cachefs 392, 670, 679
–, ext2fs 391
–, FAT 391
–, fdfs 392
–, fifofs 392
–, hpfs 391
–, hsfs 391
–, lofs 393
–, lokal 390
–, mntfs 392, 405
–, mounten 404, 408
–, namefs 392
–, netzwerkbasierend 391
–, ntfs 391
–, pcfs 391
–, procfs 392
–, Pseudo-Dateisystem 391
–, RAM-basiert 392
–, reiserfs 391
–, s5 391
–, sichern 543
–, specfs 392
–, sperren 414
–, swapfs 392
–, tmpfs 392
–, udfs 391

–, überprüfen 415
–, ufs 390, 393
–, unmounten 412
–, volfs 393
–, vxfs 391
–, wiederherstellen 546, 549
Dateisystemtreiber 455
Dateityp 567
Dateizeiger 392, 840
Datenblock 393, 397
Datenredundanz 429
Datensegment 308
Datensicherung 522, 524, 537, 545, 840
–, Befehle 530
–, differentiell 526
–, Gründe 522
–, inkrementell 526, 527
–, logisch 526
–, Medien 523
–, physikalisch 526
–, selektiv 526
–, Sicherungsarten 525
–, Sicherungsstrategien 527
–, Strategien 525
–, Vollsicherung 526
–, wiederherstellen 546, 549
DAT-Laufwerke 524
dd 535
Default-ACLs 189
Deinstallation 503
devfsadm 399
Device Files 352
Devices and Hardware 815
devinfo 380
devlinks 362
df 417, 674
dfshares 659
dfsmounts 658
DHCP 387
Direct Access Device 353
Direct-Map 677
Directory Services 714, 755

direktes Map 677
disable 576
Disk Set 805
Diskette
–, mounten 422
Diskettenlaufwerk 523
Disk-Nummer 355
disks 362
dispadmin 332
Distributed Filesystem 387, 651
DLT-Gerät 524
dmesg 483
DNS 714, 715, 747, 840
–, Client, einrichten 752
–, Server 747
dodisk 489
Domain 747, 840
Domain Name Server 748
Domain Name Service 715, 747
Domain Name System siehe DNS
Door 840
Doors 344
Druckauftrag
–, löschen 571
–, Priorität steuern 578
–, starten 569
–, Status anzeigen 571
–, verschieben 577
Druckdienst
–, starten 566
–, stoppen 566
Drucken
–, Filter 583
–, Formulare 580
–, Interfaceprogramm 583
Drucker
–, aktivieren 576
–, deaktivieren 576
–, entfernen 573
–, Konfigurationsdateien 582
–, konfigurieren 573, 581
–, verwalten 573
–, Zugriff konfigurieren 577, 581

Druckerkonfiguration 387, 566
Druckername 567
Druckertypen 567
–, lokal 566
–, Netzwerkdrucker 566
–, Remote 566
Druckerverwaltung 564, 567
–, BSD-System 564
–, SunSoft-Drucksystem 564
–, SVR4-System 564
Druckerwarteschlange 571
–, aktivieren 576
–, deaktivieren 576
–, verschieben 577
Druckfilter 583
Druckformulare
–, definieren 580
Druckjobnummer 565
Druckprotokoll 567
Druckprozess
–, lokal 565
–, Remote 565
Drucksystem
–, Druckaufträge spoolen 584
–, Filter aktivieren 578
–, Protokolldateien 583
drvconfig 362, 399
du 418
dumpadm 469
Dumplevel 526, 544
DVD-Geräte 523
Dynamic Host Configuration Protocol siehe DHCP

E
edquota 291
EEPROM 840
EGID 840
eject 424
Elternprozess 309
enable 576
Endeskript 701
Energiesparmodus 493

Enhanced Storage Tool 803
env 231
Environmentvariable 840
Ethernet-Adresse 605, 840
EUID 840
Exabyte 8-mm Cartridges 524
exec 236
Executable-Map 678
exit 236
export 230
exportierte Variable 228
ext2fs 391

F
FAT 391
fc 245
fdfs 392
fdisk 376
Federated Naming Service siehe FNS
Festplatte 523
–, Aufbau 380
–, Blöcke 366
–, Hardwareaufbau 366
–, konfigurieren 366
–, Partitionierung 368, 373
–, Partitionstabelle 376
–, Plattenlabel 369, 375, 380
–, Sektoren 366
–, Spuren 366
–, Tracks 366
–, VTOC 369, 375, 380
–, Zylinder 366
Festplatten
–, logisch 427
Festplattencontroller 367
–, IDE-Controller 367
–, SCSI-Controller 367
Festplattenverwaltung 812
ff 419
fifofs 392
File Completion Mechanismus 247, 257
File Descriptor 392, 841
File Transfer Protocol siehe FTP

Filehandle 651
Filter aktivieren 578
Filter umask 227, 253
finger 618, 635
fingerd 618
flar 60
flarcreate 59
Flasharchiv 58
–, erzeugen 59
–, verwalten 60
Flashinstallation 47, 58, 61
fmthard 380
FNS 841
format 370
Freigaben 801
fsck 388, 415, 685
fsflush 419
fssnap 552
fstyp 403
FTP 617, 632, 635, 841
ftp 632
function 250
Funktionen 250
fuser 413

G
Gateway 600
Geräte
–, anzeigen 357
–, konfigurieren 362, 364
–, Rekonfiguration 366
–, Treiber hinzufügen 365
Gerätedatei
–, blockorientiert 399
–, zeichenorientiert 399
Gerätedateien 352, 354, 841
Gerätekonfiguration 352
Gerätenamen
–, BSD-Namen 357
–, Instanznamen 356
–, logische 354, 386, 524
–, physikalisch 352, 387
Gerätetreiber 352

Geräteverzeichnisse 360
getent 715
GID 268, 275, 841
Grafikkarte 386
groupadd 267
groupdel 270
groupmod 269
grpck 282
Gruppe 267, 790
–, ändern 269
–, anlegen 267
–, löschen 270
–, primäre Gruppe 270
–, Systemgruppen 268
Gruppenname 268
Gruppenpasswort 268

H
Hamming-Algorithmus 430
Hard Link 398, 841
Hard-Limit 288, 293
hash 237
hashstat 256
Header-Formate 532
Heapsegment 308
heterogenes Netzwerk 841
Hintergrundprozess 309, 314
history 247, 256
History-Funktion 247, 256
History-Liste 245, 247, 256
Homeverzeichnis 271, 275, 841
homogenes Netzwerk 841
Hostname 40, 770
hostname 234
hpfs 391
hsfs 391
Hub 599

I
ICMP 620
–, Router Discovery 648, 649

IDE 352
–, Controller 367
–, Festplatte 353, 355, 363
Identifikationsserver 691
ifconfig 623
in.ftpd 617, 632
in.lpd 565
in.rdisc 649
in.routed 613, 648
in.telnetd 620
in.tftpd 618
Indirect Map 677
inetd 565, 615
infocmp 589
init 309
Initialisierungsdateien 388
–, /etc/.login 251
–, /etc/profile 225, 239
–, /usr/dt/config/sys.dtprofile 228
–, ~/.cshrc 253
–, ~/.dtprofile 228
–, ~/.kshrc 239
–, ~/.login 252
–, ~/.profile 227, 239
Init-Prozess 842
inkrementelle Datensicherung 527, 842
Inode 393, 396, 421, 842
–, Shadow Inode 398
Inodetabelle 393, 396
Installation 40
–, INTEL-Version 54
–, Sparc-System 48
Installationsarten 45
Installationsclient 47
Installationsdaten 40
Installationsserver 691, 705
Installationsumfang 41
installboot 381
Install-Client 690, 692, 704, 708
Instant Images 551
Instanznamen 356
interaktive Klasse 312

interaktiver Prozess 313
Interfaceprogramm 565, 583
Internet Control Message Protocol siehe
    ICMP
Internet Daemon 615
Interprozesskommunikation 340, 346
–, Doors 344
–, Message-Queues 346
–, Named Pipes 343
–, Semaphoren 346, 347
–, Shared Memory 346
–, Sockets 343
–, Streams 344
iostat 484
IP-Adresse 40, 602, 603, 842
ipc 347
ipcrm 348

J

jar 537
Jaz-Drives 523
Jumpstart 690, 691
–, class-Datei 696
–, Endeskript 701
–, Installation 46, 842
–, Installationsserver 704
–, Install-Client 707
–, lokal 706
–, Netzwerk 705
–, rules-Datei 692
–, Semantikprüfung 702
–, Server 48, 690
–, starten 709
–, Startskript 701
–, Syntaxprüfung 702
–, sysidcfg 704
–, testen 701

K

kdb 466
kdmconfig 364

Kernel 454, 842
–, Aufgaben 454, 455
–, dynamischer Kernel 455
–, Konfiguration 463
Kernelmodule 388, 454, 455
Kernelparameter 456
Kernelvariablen 456, 460
kill 323, 340
killall 324
Kindprozess 309
Kommandointerpreter 846
Komprimierung 525, 538
Konfigurationsserver 691
Konkatenierung 429, 435, 443
Korn-Shell 239, 842
–, Aliasfunktion 248
–, Dateiergänzungsfunktion 247
–, File Completion Mechanismus 247
–, Funktionen 250
–, History-Funktion 247
–, Option, noclobber 244
–, Optionen 241

L

labelit 421
LAN 842
LDAP 714, 715, 755
–, Authentifizierung 757
–, Autorisierung 757
LDAP-Client
–, einrichten 757
–, initialisieren 760
–, löschen 762
ldapclient 758
Legacy Application 823
Leight Weight-Prozess 311
Lightweight Directory Access Protocol siehe
    LDAP
Link 842
–, Hard 398
–, symbolischer 398

listen 585, 616
ln 398
Local Area Network (LAN) 598, 842
lockd 654
lockfs 414
lofs 393
logger 482
Logical Unit Number siehe LUN
login 237
logische Gerätenamen 354, 843
logische Volumes 432
logname 282
logout 256
lokale Variable 228
Loopback 604, 623
lp 569
lpadmin 566, 573
lpfilter 578
lpforms 580
lpmove 577
lpr 569
lpsched 565, 583
lpset 577
lpstat 571
lpusers 578
LUN 843
–, Nummer 353, 355

M

m64config 467
MAC-Adresse 604, 605, 625, 843
Magnetband
–, kopieren 542
Mailingliste 792
Mailsystem 387
Major Device Number 353
make 733
makedbm 733
Manual Pages 500
Master-Server 726, 739
Medienwechsel 532
Message-Queues 346

Meta-Befehle 433
metaclear 444
metadb 433
metadetach 444
Metadevices 434, 441, 442, 447, 803
–, löschen 444
metainit 434
metaroot 446
metastat 441
metattach 442
Metazeichen 843
Minor Device Number 354
Mirroring 429, 432
mkdir 398
mkfs 399, 401
mntfs 392, 405
MO-Datenträger 523
Modem 816
Modemgerät 386
modinfo 463
modload 464
modunload 464
monacct 491
mount 405, 406, 408, 663, 684
mountall 413
mountd 653
Mounten 404, 408, 800, 843
Mountoption 409
Mountpoint 404, 408
mpstat 486
mt 541
Multiprocessing 310
Multitasking 310, 454, 843
Multithreading 310, 653
Multiuser-Betrieb 454
Multiuser-Fähigkeit 843

N

Name Information Service
–, Daemonen siehe NIS
Name Service Cache Daemon 719
Name Services 714

Stichwortverzeichnis

Named Pipe 843
Named Pipes 343, 392
namefs 392
Namensauflösung 752
Namensdienste 41, 690, 714, 715, 719, 843
Nameserver 705
ncheck 421
netstat 604, 626
Network File System siehe NFS
Network Information Service Plus siehe NIS+
Network Information Service siehe NIS
Netzwerkarten 598
Netzwerkbefehle 620
Netzwerkdaemons 614
Netzwerk-Dateisystem 391
Netzwerkdrucker 566
Netzwerke 598
–, heterogen 599
–, homogen 599, 644
–, Routing 647, 649
Netzwerkinformationen 626
Netzwerkkomponenten 599
Netzwerkmaske 843
Netzwerkprozesse 614
Netzwerksystem 266
Netzwerktopologie 599
Netzwerkverwaltung 796
Netzwerkzugriff 266
Neuinstallation 41, 48
newfs 399
NFS 391, 644, 651, 652, 844
–, Client 651, 654, 663
–, Dienste 653
–, Funktionen 666
–, Informationen 659
–, Konfiguration 655, 662, 663
–, Protokoll 651
–, Prozesse 652
–, Server 651, 653, 654, 655, 662
nfsstat 659

nice 325
NIS 690, 715, 723, 844, 847
–, Befehle 732
–, Clients 742
–, Daemonen 737
–, Dateien 726
–, Datenbank 724
–, Domain 724
–, Maps 726, 728, 733
–, Master-Server 726, 739
–, Slave-Server 741
NIS+ 690, 714, 715, 743, 844
–, Domain 743
–, Tables 744
nlsadm 589
nohup 325
nscd 720
nslookup 748
ntfs 391
NVRAM 844

O

Online-Backup 551
OpenBoot PROM 844
Ordner
–, hinzufügen 822
OSI-Modell 844
OSI-Referenzmodell 598, 600

P

pack 539
Package 498
Paging 425
Parität 430
Paritätsprüfung 430
Paritätsverfahren 430
Partition 368, 844
–, INTEL 376
Partitionen anzeigen 803
Partitionierung 43, 368, 373, 814
Partitionsnummer 355
Partitionstabelle 369, 375, 376, 813

Passwort 41, 270, 276, 278
–, Änderungsdatum 278
–, Maximumtage 278
–, Mindesttage 278
–, Warntage 278
Passwortablauf 276
–, Defaultwerte 279
Passwortvergabe 276
Patch 513
–, anzeigen 516
–, beziehen 513
–, einspielen 515
–, entfernen 517
–, Updates 513
patchadd 515
patchrm 517
Patchverwaltung 513, 796
–, /var/adm/patch 517
pcfs 391
PCI-Bus 353
pfinstall 702
pgrep 328
physikalische Gerätenamen 352, 844
PID 844
ping 620
Pipe-Mechanismus 343
pkgadd 501
pkgask 504
pkgchk 505
pkginfo 499
pkgmk 498, 507
pkgrm 503
pkgtrans 509
pkill 327
Plattenlabel 369, 375, 380, 393, 394
pmadm 587
pmap 328
pmconfig 493
Portmonitor 585, 586, 587
–, listen 585
–, ttymon 585
Portnummer 605, 614
ports 362

POSIX 845
POST 845
PostScriptdrucker 565
PostScriptfilter 565
Power on self test siehe POST
powerd 493
Powermanagement 493
prdaily 491
Printserver 565, 567
prioctnl 330
procfs 392
Profile 785
profiles 304
Programm
–, bootblk 381
Programmiersprache C 251
Projektverwaltung 793
Protokolldatei 771
Prozesse 388, 425
–, Aufbau 308, 309
–, automatisch ausführen 333, 336
–, automountd 670, 672, 674
–, Codesegment 308
–, CPU-Zeit 311
–, Daemon 314, 315
–, Datensegment 308
–, Elternprozess 309
–, erzeugen 309
–, fingerd 618
–, fsflush 419
–, Heapsegment 308
–, Hintergrundprozess 309
–, in.ftpd 617, 632
–, in.lpd 565
–, in.rdisc 649
–, in.routed 613, 648
–, in.telnetd 620
–, in.tftpd 618
–, inetd 565, 610, 615
–, init 309
–, interaktive Klasse 312
–, interaktiver Prozess 313
–, Kindprozess 309

–, Klassenpriorität 313
–, Leight Weight-Prozess 311
–, listen 616
–, lockd 654
–, mountd 653
–, nfsd 653
–, Paging 425
–, Prioritätsverwaltung 313
–, Prozessklassen 312
–, rarpd 616
–, Realtimeklasse 312
–, Realtimeprozess 312
–, rpc.bootparamd 616
–, rpc.rlogind 619
–, rpc.rshd 619
–, rpc.rusersd 619
–, rpc.rwalld 619
–, rpc.rwhod 619
–, rpc.yppasswdd 738
–, rpc.ypupdated 739
–, rpcbind 614
–, rpld 617
–, rstatd 618
–, Scheduler 311
–, Signale 340
–, Stacksegment 308
–, statd 655
–, Swaping 425
–, Systemklasse 312
–, Systemprozess 312
–, Textsegment 308
–, Threads 311
–, Timesharingklasse 312
–, Timesharingprozess 313
–, ypbind 737
–, ypserv 737
–, ypxfrd 738
–, Zombieprozess 321
Prozessklassen 312, 330, 332
Prozessverwaltung 308, 318, 774
prstat 321
prtconf 358

prtvtoc 379
Prüfinformationen 430
ps 314, 318
Pseudo-Dateisystem 391
Pseudogerät 387
psig 329
ptree 329
pwck 281
pwconv 281
pwd 237

Q

QIC ¼-inch Cartridges 524
quot 288
quota 289
quotacheck 292
quotaoff 290
quotaon 290
Quotas 845

R

RAID 427
–, Array 428
–, Level 428
RAID 0 428, 807
RAID 0+1 432
RAID 1 429, 811
RAID 1+0 432
RAID 2 430
RAID 3 430
RAID 4 431
RAID 5 431
RAID 6 431
RAM-Speicher 425
RARP 845
rarpd 616
Raw Device 354
RBAC 295, 785, 788
–, Ausführungsprofil 295
–, Autorisierung 295
–, Autorisierungen auflisten 304
–, Profile auflisten 304

865

–, Rolle 295
–, Rollen ändern 303
–, Rollen auflisten 304
–, Rollen hinzufügen 300
–, Rollen löschen 302
RBAC-Befehle
–, auths 304
–, profiles 304
–, roleadd 300
–, roledel 302
–, rolemod 303
–, roles 304
RBAC-Datei 296
–, /etc/security/auth_attr 297
–, /etc/security/exec_attr 299
–, /etc/security/prof_attr 298
–, /etc/user_attr 296
rcp 635
RDISC 648
Realtimeklasse 312
Realtimeprozess 312
Regelwerk 690, 695
Regelwerkserver 691
regulärer Ausdruck 845
rehash 256
reiserfs 391
reject 576
Rekonfigurationsreboot 366
relativer Pfadname 845
rem_drv 365
Remote Procedure Call Protokoll siehe RPC
Remote Procedure Calls 610
Remote-Drucker 566
Remote-Shell 636
renice 326
Repeater 600
Replika 433
Repliken 434, 447, 449
repquota 291
Resolver 752
Ressourcen beschränken 292

Reverse Address Resolution Protocol 845
RIP 647, 845
R-Kommandos 644
rlogin 619, 635
rm_install_client 708
rmmount 423
Role Based Access Control 295
roleadd 300
roledel 302
rolemod 303
roles 304
Rolle 788
root 845
route 649
Router 599
Routing 647, 649
Routing Information Protocol siehe RIP
Routingprozesse 648
Routingtabelle 648, 649
RPC 610, 614, 629
rpc.bootparamd 616
rpc.rlogind 619
rpc.rshd 619
rpc.rusersd 619
rpc.rwalld 619
rpc.rwhod 619
rpc.yppasswdd 738
rpc.ypupdated 739
rpcbind 614
rpcinfo 629
rpld 617
rsh 619, 636
rstatd 618
rules 691, 692, 693, 695
rules.ok 702
Run Control-Skripte 388, 652, 653, 670
runacct 489
Runlevel 845
rup 637
ruptime 637
rusers 619, 636
rwall 619, 638
rwho 638

S

s5   391
sacadm   586
SAF   388, 616, 845
–, System   585, 616
sar   487
savecore   469
Scheduler   309, 311, 332
–, Module   455
SCSI   352
–, Controller   367
–, Festplatte   356
sdtprocess   323
Sektoren   366
Semaphoren   346, 347
serielle Leitungen   387
serielle Ports   815
serielle Schnittstellen   387
Server   47, 598, 599
Service Access Facility siehe SAF
Services   798
set   228, 241, 253
setenv   254
setup_install_server   705
sh   225
Shadow Inode   398
share   655
shareall   658
Shared Memory   346
Shell   225, 846
Shelloptionen   235, 241, 255
Shellvariable   228, 253
–, anzeigen   229, 254
–, CDPATH   232
–, COLUMNS   240
–, cwd   254
–, definieren   254
–, DTSOURCEPROFILE   228
–, EDITOR   232, 247
–, ENV   239, 240
–, ERRNO   240
–, exportieren   230
–, exportierte Variable   228
–, FCEDIT   240
–, filec   254
–, FPATH   240
–, HISTFILE   240, 247
–, history   256
–, HISTSIZE   240, 247
–, HOME   232
–, home   254
–, HZ   232
–, IFS   233
–, LANG   233
–, LINENO   240
–, LINES   241
–, löschen   254
–, LOGNAME   233
–, lokale Variable   228, 253
–, MAIL   233
–, MAILCHECK   233
–, MAILPATH   233
–, OLDPWD   241
–, OPTIND   233
–, PATH   233, 253
–, PPID   241
–, PS1   234
–, PS2   234
–, PS3   241
–, PS4   241
–, PWD   234
–, RANDOM   241
–, SECONDS   241
–, SHACCT   234
–, SHELL   235
–, shell   254
–, TERM   235, 253
–, term   254
–, TERMCAP   235
–, TMOUT   241
–, TZ   235
–, Umgebungsvariable   228, 253
–, user   254
–, VISUAL   235, 247

showmounts 658
showrev 516
Sicherungslevel 526, 544
Sicherungsstrategien 527
Signale 324, 340
Slave-Server 741
Slice 368
SMC 433, 766
–, Autorisierungen 785
–, Befehl hinzufügen 823
–, Benutzerverwaltung 776
–, Benutzervorlagen 782
–, Client 766
–, Computerverwaltung 796
–, Cronjob 798
–, Devices and Hardware 815
–, Disk Set 805
–, Enhanced Storage Tool 803
–, Festplattenverwaltung 812
–, Freigaben 801
–, Gruppe 790
–, Konkatenierung 807
–, Legacy Application 823
–, Mailingliste 792
–, Metadevices 803
–, Mirror 811
–, Modem 816
–, Mounten 800
–, Netzwerkverwaltung 796
–, Ordner hinzufügen 822
–, Partitionen anzeigen 803
–, Partitionieren 814
–, Partitionstabelle 813
–, Patchverwaltung 796
–, Profile 785
–, Projektverwaltung 793
–, Protokolldatei 771
–, Prozessverwaltung 774
–, RAID 0 807
–, RAID 1 811
–, RBAC 785, 788
–, Rolle 788

–, Serielle Ports 815
–, Server 766, 767
–, Services 798
–, Spiegelung 811
–, starten 767
–, Statusdatenbank-Replika 804
–, Storage 800
–, Subnetzwerk 796
–, System Configuration 775
–, System Status 769
–, Systeminformation 769
–, Systemkonfiguration 775
–, Tool 821
–, Toolbox Editor 766
–, Toolbox-Editor 817
–, Toolbox-URL 817
–, URL hinzufügen 824
–, X-Anwendung 823
snoop 638
Socket 846
Sockets 343
Soft-Limit 288, 293
Software
–, deinstallieren 503
–, installieren 498
Software Development Kit 766
Software-Cluster 42
Software-Konfigurationscluster 42
Softwarepakete
–, überprüfen 505
  42, 498
–, anzeigen 499
–, automatisch installieren 504
–, deinstallieren 503
–, erstellen 507
–, installieren 501
–, konvertieren 509
Softwareverwaltung
–, /var/sadm/install/adm/logs 512
–, /var/sadm/install/adm/pkgs 512
–, /var/sadm/install/admin/default 510
–, /var/sadm/install/contents 512

Solaris Management Console siehe SMC
Solaris Volume Manager   432
Solstice Adminsuite   690
specfs   392
Spiegel
–, entfernen   444
Spiegelung   429, 442, 444
spray   626
Spuren   366
Stacksegment   308
Standalone System   48
Startskript   701
statd   655
Statusdatenbank   433, 434, 447, 449
–, Replika   804
Storage   800
Streamer   523
Streams   344, 846
–, Module   455
–, Systemdienst   392
STREAM-Treiber   387
Stripe   435
Striping   429, 432
stty   227, 590
sttydefs   591
su   282
Submirrors   430, 442, 444
Subnetzmaske   41, 602, 605, 846
Subnetzwerk   796
Subspiegel   430
SunSoft-Drucksystem   564
Superblock   393, 395, 415
Superuser   845
SVR4-System   564
swap   426
Swap Space   427
swapfs   392
Swaping   425
Swap-Partition   392, 425
Swap-Speicher   846
Switch   599
Symbolischer Link   398

symbolischer Link   846
sync   419
sysdef   460
sysidcfg   690, 692, 704, 707
syslogd   478
sys-suspend   493
System
–, wiederherstellen   58
System Status   769
System V Release 4-Unix   846
Systemabrechnung   488, 492
Systemaufrufe   455
Systemgruppen   268
Systeminformation   769
Systemklasse   312
Systemkonfiguration   465
Systemkonten   275
Systemleistung   488
Systemmeldung   478
Systemprotokollierung   478
Systemprozess   312
Systemsicherheit   266
Systemüberwachung   483
sys-unconfig   465

T

Tape Devices   523
tapes   362
tar   530, 556
Target-Nummer   355
Task   308
tcopy   542
TCP   846
TCP/IP   651, 846
TCP-Protokoll   653
telnet   630
Terminalinstallation   592
Terminalverwaltung   585, 586, 589
terminfo-Datenbank   584
Textsegment   308
TFTP   618
Threads   311

time 326
Timesharingklasse 312
Timesharingprozess 313
tmpfs 392
Tool
–, hinzufügen 821
Toolbox 766
–, URL 817
ToolTalk 345, 846
touch 398
traceroute 621
Tracks 366
Transmission Control Protocol siehe TCP
Transport Independent Network
    Service 388
Transport Independent Network
    Services 607
trap 238, 324
Treiber
–, hinzufügen 365
Treibermodule 455
Trivial File Transfer Protocol siehe TFTP
truss 474
Trusted Host-Umgebung 644
ttyadm 589
ttymon 585, 592
tunefs 403
type 238
typeset 246, 251

U

udfs 391
UDP 847
–, Protokoll 653
ufs 391, 393
ufsdump 543, 556
ufsrestore 546, 548, 557
UFS-Snapshot 551
–, anlegen 554
–, anzeigen 554
–, löschen 555
–, sichern 556

UID 275, 847
ulimit 238, 292
umask 227, 238, 253
Umask-Filter 847
Umgebungsvariable 228, 847
umount 412, 663
umountall 413
uncompress 538
unhash 256
Unmounten 412
unpack 539
unset 230, 254
unshare 657
unshareall 658
unzip 540
Update-Installation 41
User Datagram Protocol siehe UDP
useradd 271, 272
userdel 280
usermod 279

V

v 653
verteiltes Dateisystem 651
Verzeichnis 398
–, / 386
–, /bin 386
–, /dev 354, 361, 386
–, /devices 352
–, /etc 387
–, /etc/lp 582
–, /etc/net 607
–, /etc/saf 587
–, /etc/skel 227, 252, 271
–, /export/home 388
–, /home 388
–, /kernel 388
–, /kernel/drv 362
–, /lost+found 388
–, /mnt 388
–, /net 388
–, /opt 388

–, /platform   388
–, /proc   388
–, /sbin   388
–, /tmp   388
–, /usr   389
–, /usr/lib/lp   583
–, /usr/share/lib/terminfo   584
–, /var   389
–, /var/adm/patch   517
–, /var/lp   583
–, /var/mail   233
–, /var/sadm/install/adm/pkgs   512
–, /var/spool/cron/atjobs   333
–, /var/spool/cron/crontabs   339
–, /var/spool/lp   584
–, /var/spool/lp/requests   565
–, /var/spool/lp/tmp   565
–, /var/yp   726
–, /vol   390
Verzeichnisbaum   386
vi   235
vmstat   486
volcheck   422, 423
volfs   393
Vollsicherung   526
Volume Management   393, 422, 423, 670, 847
Volume Table of Content   847
VTOC   369, 375, 380, 393, 394, 847
vxfs   391

W
wall   619
WAN   598, 847
WebStart-Installation   45, 48
Wechselplatte   523
whence   246
Wide Area Network siehe WAN
WORM-Geräte   523

X
X Window-System   847

Y
Yellow Pages   847
YP   847
ypbind   737
ypcat   736
ypinit   732
ypmatch   736
yppasswd   736
yppoll   735
yppush   734
ypserv   737
ypset   735
ypxfr   734
ypxfrd   738

Z
zcat   539
Zeitzone   41
zip   540
Zip-Drives   523
Zombieprozess   321
Zugriffsrechte   847
Zylinder   366, 369
Zylindergruppen   368, 393, 395
Zylindergruppenblock   393, 395

Licensing Policies Regarding the Solaris Operating Environment[1]

Solaris Operating Environment – End Users

A. Getting the License

- **New Sun Computer Systems.** The end user is authorized to use the latest version of the Solaris Operating Environment (or any other version still commercially offered by Sun) with the new Sun computer system and system board purchased from Sun or an authorized reseller.

- **Binary License Program.** End users can receive a license to use the Solaris 9 Operating Environment via Sun's Free Solaris[sm] Binary License Program. An end user must register with Sun to receive a free license to use the Solaris 9 software on SPARC- or x86-based computers with a capacity of 1 CPU. Certain restrictions apply.

  For systems with a capacity of 2 or more CPUs, users can purchase licenses from a Sun sales rep, Sun authorized reseller or Sun online store (US only), and should then download the software from Sun or buy a media kit from their Sun sales rep, Sun authorized reseller or the Sun online store (US only).

B. Terms of the License – the BCL

A Binary Code License (BCL) always accompanies the Solaris Operating Environment software. The BCL sets forth the terms under which Sun Microsystems, Inc. allows an end user to use the Solaris software and is a binding legal agreement between Sun and the end user. End users should be sure to review the BCL in its entirety; any legal questions should be directed to the end user's own legal counsel.

Please note that because the license granted by Sun is non-transferable, end users may not give the Solaris software to any third party, or allow any third party to use their Solaris media or software.

C. Getting the Software Initially

Many new Sun computer systems ship with the latest Solaris software pre-installed. End users of Sun systems who purchase a support contract from Sun or an authorized Sun reseller receive access to the latest Solaris updates and upgrades throughout the term of their contract. End users with a valid license can also get the latest Solaris software by purchasing a media kit from a Sun sales rep, Sun authorized reseller or from Sun's online store (US only). Free downloads of Solaris software are available; some restrictions apply. Downloads are only recommended for end users with a high-speed Internet connection. *www.sun.com/solaris/binaries*.

---

1 Wie unter *http://wwws.sun.com/software/solaris/licensing/policies.html.*

D. Upgrading the Solaris Software

The Solaris Operating Environment has specific named releases, such as 'Solaris 8'; each release may also have updates. A license to use a certain version of the software, such as Solaris 8, includes the right to use all current and future Solaris 8 updates, but does not include the right to use the later version such as Solaris 9. To move from one version of the Solaris Operating Environment to a later version, the end user must have the right to upgrade.

- **Annual support contract.** End users of Sun systems who buy an annual support contract are authorized to use all updates and upgrades to Solaris that ship during the term of the contract. Contract customers have access to the latest Solaris software during the contract period.

- **Upgrade license.** Existing Sun computer systems customers without a support contract may purchase Solaris upgrade licenses from a Sun sales rep, Sun authorized reseller or Sun online store (US only), and should then download the software from Sun or buy a media kit from their Sun sales rep, Sun authorized reseller or Sun online store (US only).

    Customers may upgrade or migrate their existing 1 CPU capacity systems to Solaris 9 at no charge by simply registering with the Free Solaris Binary License Program. Certain restrictions apply. The latest version of the Solaris 9 software is available at: *www.sun.com/software/solaris/binaries/get.html*. For systems with a capacity of 2 or more CPUs, users can purchase licenses from a Sun sales rep, Sun authorized reseller or Sun online store (US only), and should then download the software from Sun or buy a media kit from their Sun sales rep, Sun authorized reseller or the Sun online store (US only).

E. Used Sun Computer Equipment

- **Remanufactured or Used Sun Computer Systems Sold by Sun:** When Sun sells a used or remanufactured Sun system, the price includes the right for the end user to install and use the latest version of Solaris (or any other version still commercially offered by Sun). End users can buy a media kit from their Sun sales rep, authorized reseller or Sun's online store (US only) or download the latest Solaris software from the web via the Free Solaris Binary License Program.

- **Used Sun Computer Systems Sold by Others:** A very limited number of companies are authorized to include a valid Solaris license when they resell used Sun equipment. Except for these few authorized used equipment resellers, no broker, dealer, auction house or other third party that sells a used Sun system has any right to distribute Solaris software with that system. An end user buying from such non-authorized brokers, dealers etc. should be aware that it has no valid license to use the Solaris software, and must take action to obtain a legal Solaris license. In almost all cases, the Solaris Operating Environment should be stripped from used Sun equipment sold by brokers, dealers, etc. before it is transferred to a new end user.

    This program is limited to supplying licenses for use with systems in the following categories:

    - Systems supplied to you by Sun or its authorized distributors
    - Systems based on the Intel x86 architecture

    All other systems, new or used, require the purchase of a license through Sun or its authorized distributors.

F. Leased Sun Computer Systems

When Sun computer systems are leased commercially to third parties, the lessor of the system has the license to use the Solaris software, but may permit the lessee to use the Solaris software under the lease. When the lease expires, the Solaris license remains with the lessor, not the party who leased the computer. If and when the lessor of the Sun equipment sells the system, the same rules apply as noted above, and the Solaris license does NOT transfer with the system. The new purchaser is responsible for obtaining a valid Solaris license as well as the appropriate software.

... aktuelles Fachwissen rund um die Uhr – zum Probelesen, Downloaden oder auch auf Papier.

www.InformIT.de

InformIT.de, Partner von **Markt+Technik**, ist unsere Antwort auf alle Fragen der IT-Branche.

In Zusammenarbeit mit den Top-Autoren von Markt+Technik, absoluten Spezialisten ihres Fachgebiets, bieten wir Ihnen ständig hochinteressante, brandaktuelle Informationen und kompetente Lösungen zu nahezu allen IT-Themen.

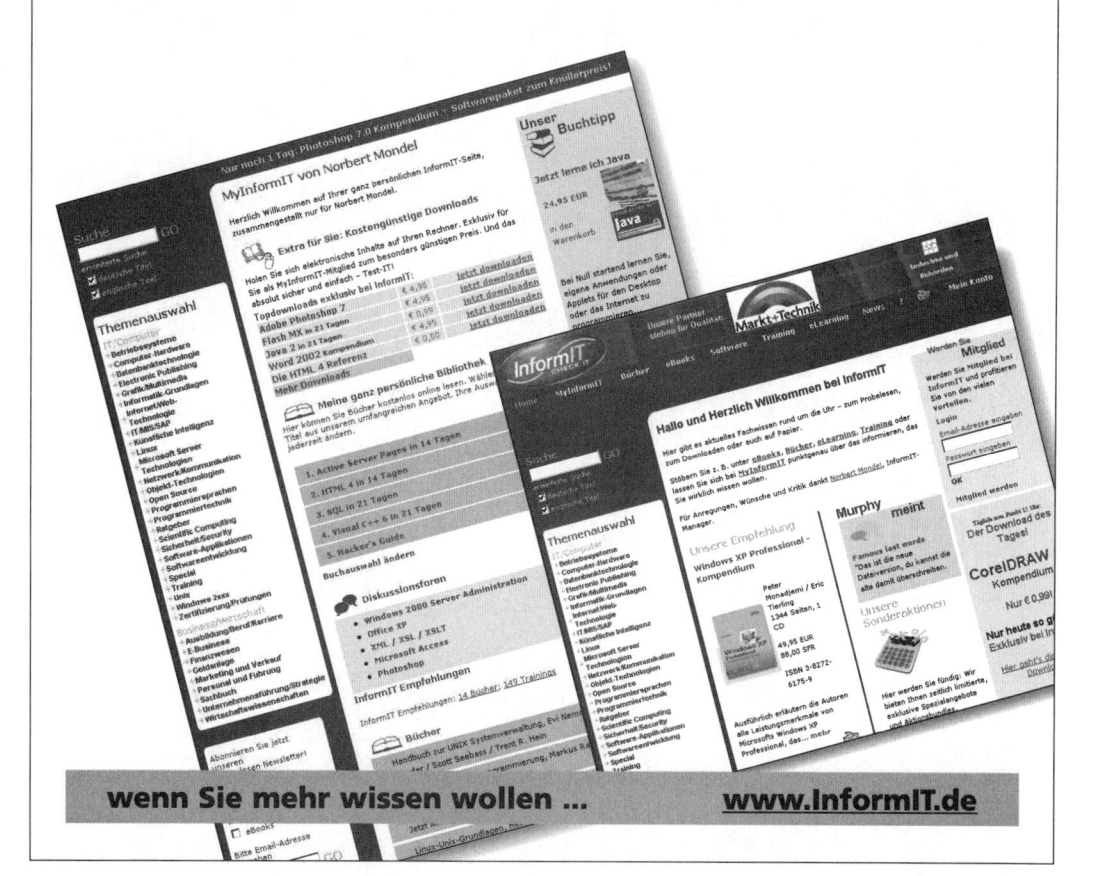

wenn Sie mehr wissen wollen ... **www.InformIT.de**

Erkennen und analysieren Sie Ihre Angreifer!

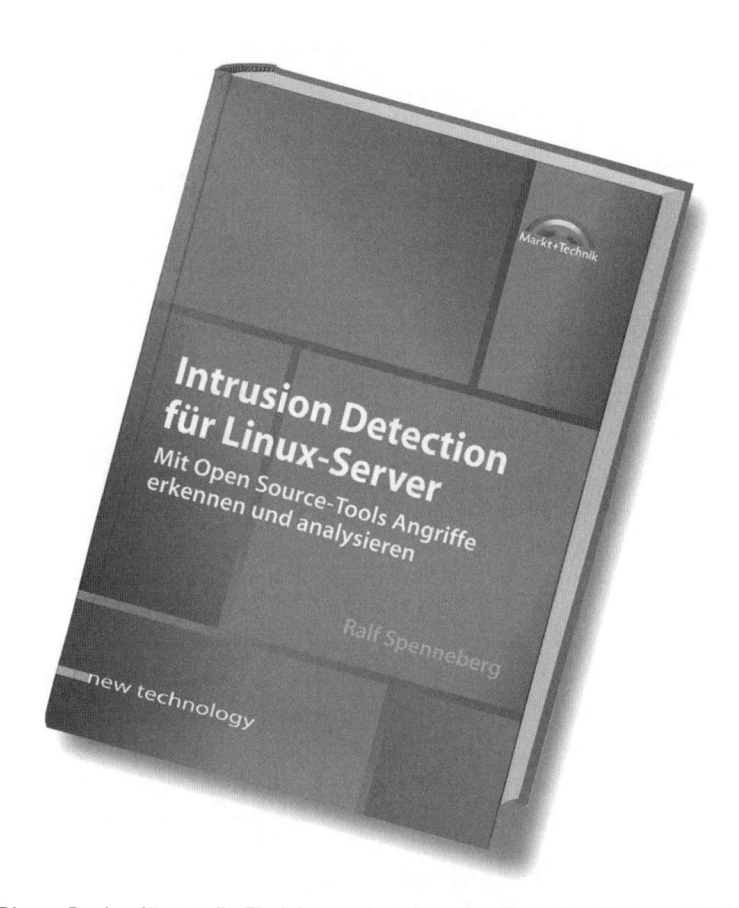

Dieses Buch erläutert die Einrichtung eines Intrusion Detection-Systems (IDS) mit Linux-Bordmitteln. Autor Ralph Spenneberg zeigt den Einsatz von IDS in komplexen Netzwerken, beschreibt die Arbeit mit den wichtigsten Tools (Tripwire und Snort) zur System- und Netzwerküberwachung, schildert ausführlich die Analyse der gewonnenen Daten sowie ihre Interpretation und gibt Richtlinien für die richtige Reaktion im Ernstfall. Auf CD: Ein Rescue-System und eine VMWare-Trialversion.

Von Ralf Spenneberg
ISBN 3-8272-**6415**-4, 624 Seiten, 1 CD
€ 49,95 [D] / € 51,40 [A] / sFr 77,50

Sie sind Administrator, Webdeveloper oder Programmierer? Und wollen stets auf der Höhe der Zeit sein? New technology bietet Ihnen aktuelles Wissen zu den Themen Betriebssystem, Netzwerk, Internet, Datenbank und Programmierung. Aktuell, professionell und konkret.
Unter **www.mut.de** finden Sie das Angebot von Markt+Technik.

Markt+Technik

J2EE-Projekte mit Tomcat, Struts, ANT und Jboss

Dieses Buch zeigt anhand eines konkreten Webprojekts die Programmierung von J2EE-Anwendungen mit Hilfe verschiedener Open Source-Tools wie ANT, Tomcat, Jakarta, AXIS und Struts. Umfassende Quellcode-Beispiele und eine ausführliche Fallstudie garantieren für den nötigen Praxisbezug und einen erfolgreichen Übertrag auf Ihre eigenen Java-Projekte. Auf CD alle Tools und Code-Beispiele aus dem Buch.

Von Dieter Eickstädt / Thomas Reuhl
ISBN 3-8272-6462-6, 528 Seiten, 1 CD
€ 49,95 [D] / € 51,40 [A] / sFr 77,50

Sie sind Administrator, Webdeveloper oder Programmierer? Und wollen stets auf der Höhe der Zeit sein? New tech bietet Ihnen aktuelles Wissen zu den Themen Betriebssystem, Netzwerk, Internet, Datenbank und Programmierung. Aktuell, professionell und konkret.
Unter **www.mut.de** finden Sie das Angebot von Markt+Technik.

Markt+Technik

Das führende Handbuch von Paul DuBois

Die Neuauflage des Standardwerks zu MySQL. Der Autor Paul DuBois dokumentiert in Zusammenarbeit mit den MySQL-Entwicklern alle neuen und bereits bestehenden Features der beliebtesten Open Source-Datenbank: neue Datenbanktabellen-Formate, Transaktionen, erweiterte Replikationsfähigkeit und optimierte Volltext-Suchfunktionen.

Paul DuBois
ISBN 3-8272-**6548**-7, 1000 Seiten, 1 CD
€ 59,95 [D] / € 61,70 [A] / sFr 92,50

Zugeschaut und mitgebaut! Bei Betriebssystemen, Programmiersprachen und Datenbanken unter Open Source-Lizenz ist der Quellcode frei verfügbar und veränderbar. Lesen Sie bei uns alles zu Linux, FreeBSD, Perl, PHP, MySQL, Apache u.v.a.m.
Unter **www.mut.de** finden Sie das Angebot von Markt+Technik.

Markt+Technik

Werden Sie ein kompetenter Windowsprogrammierer!

● ●

.NET bietet mit den WindowsForms eine praktische Klassenbibliothek, die es erlaubt, Benutzeroberflächen für klassische Windows-Applikationen ohne Rücksicht auf bestimmte Programmiersprachen zu entwickeln. Erfolgsautor Chris Payne lehrt und beschreibt die objektorientierte Programmierung von professionellen, komplexen Windows-Anwendungs-Oberflächen und Benutzerschnittstellen im Rahmen des .NET Framework. Angefangen bei einfachen Applikationen steigen Sie auf zum kompetenten Windowsprogrammierer.

Von Chris Payne
ISBN 3-8272-**6455**-3, 840 Seiten, 1 CD
€ 49,95 [D] / € 51,40 [A] / sFr 77,50

Sie lernen gern in kompakten Zeiteinheiten? Mit diesen didaktisch ausgereiften Lehrbüchern steigen Sie gründlich und strukturiert in die Programmierung ein. Jedes Kapitel mit Praxisworkshops und F&A-Sessions.

Unter **www.mut.de** finden Sie das Angebot von Markt+Technik.

Markt+Technik

Ihr perfekter Einstieg in Java!

Lernen Sie Java von der Java-Syntax über OOP bis zur GUI-Programmierung in kurzer Zeit. In der Bonuswoche werden überdies die Themen Environments, Applets, Accessibility, Java Servlets, XML und mehr behandelt. Auf CD: Alle Sourcedateien zu den Beispielen sowie das Java-Entwicklungspaket (JDK) von SUN.

Von Laura Lemay / Roger Cadenhead
ISBN 3-8272-6528-2, 850 Seiten, 1 CD
€ 44,95 [D] / € 46,30 [A] / sFr 69,50

Sie lernen gern in kompakten Zeiteinheiten? Mit diesen didaktisch ausgereiften Lehrbüchern steigen Sie gründlich und strukturiert in die Programmierung ein. Jedes Kapitel mit Praxisworkshops und F&A-Sessions.
Unter **www.mut.de** finden Sie das Angebot von Markt+Technik.

Markt+Technik